盐城年鉴

2019

Yancheng Nianjian

盐城市人民政府 主办
盐城市地方志办公室 编纂

方志出版社
Publishing House of Local Records

图书在版编目（CIP）数据

盐城年鉴. 2019 / 盐城市地方志办公室编. —北京：方志出版社，2019. 11

ISBN 978-7-5144-3982-3

Ⅰ. ①盐… Ⅱ. ①盐… ②盐… Ⅲ. ①盐城—2019—年鉴 Ⅳ. ①Z525. 33

中国版本图书馆CIP数据核字（2019）第273805号

盐城年鉴（2019）

编　　纂：盐城市地方志办公室

责任编辑：王　俊

出 版 者：方 志 出 版 社

地址　北京市朝阳区潘家园东里9号（国家方志馆4层）

邮编　100021

网址　http://www.fzph.org

发　　行：方志出版社发行中心

电话（010）67110500

经　　销：各地新华书店

印　　刷：南京顺和印刷有限责任公司

开　　本：889×1194　　1/16

印　　张：29

字　　数：1162千字

版　　次：2019年11月第1版　　2019年11月第1次印刷

印　　数：0001～1500册

ISBN 978-7-5144-3982-3　　定价：320.00元

编辑说明

一、《盐城年鉴》是由盐城市人民政府主办、盐城市地方志办公室组织编纂的地方综合年鉴。1998年创刊，本卷为第22卷。

二、《盐城年鉴（2019）》以马克思列宁主义、毛泽东思想、邓小平理论、“三个代表”重要思想、科学发展观、习近平新时代中国特色社会主义思想为指导，坚持辩证唯物主义和历史唯物主义的立场、观点和方法，旨在全面系统地记述盐城市2018年度自然、政治、经济、文化、社会、生态建设等方面的情况，客观真实地反映全市各行各业所取得的新成就、新经验以及需要解决的新矛盾和新问题，为社会各界了解盐城、研究盐城提供资料信息，为各级领导科学决策提供参考依据，为编修地方史志积累地情史料，注重资料性、思想性和科学性的统一。

三、本卷年鉴以章节体辅以条目体的体例形式架构编目。章节为宏观结构，条目是微观形式，由此构建资料体系。框架设置，总体按照国民经济行业分类标准，结合地方实际，力求门类完备、不缺要项，分类合理、归属得当，体现科学性；层次构架，力求结构严谨、层次分明，逻辑严密、遵循规律，体现规范性；记述内容，力求立意得当、要素齐全，重点突出、特色鲜明，体现专业性。

四、本卷年鉴以图版、特载开卷，附录殿后，全书由卷首、卷末和主体内容三大版块构成。卷首图版以图说盐城为栏目，设城市名片、特别报道和年度要闻三个类别，并以世界遗产、“两海两绿”为主题，通过25版95张图片，辅以二维码链接影像音频，直观展示2018年盐城黄海湿地申遗、“两海两绿”发展路径、盐城城市风貌及年度重大活动、重点工程；特载以《中国黄（渤）海候鸟栖息地列入〈世界遗产名录〉》《壮阔七十年——盐城经济发展纵览》《盐城综合交通运输体系建设跨越升级》为专题，与图版形成对应，用史实文字展示盐城的发展成果。卷末附录设重要文献、组织机构、文件目录、荣誉榜、出版书目、媒体报道六个部分。年鉴主体内容，以编章节三个基本层次，新增设公共管理编、调整沿海开发编章节层次、重新设置产业结构编，并根据盐城生态建设实践，调整生态环境编内容，最终形成盐城概览、沿海开发、城市功能、生态环境、产业结构、政治、文化、社会民生、公共管理、区域发展、人物共11编46章218节563目，章下设综述，宏观介绍各行业年度情况，不同章节下相近或相同内容，以参见法处理。人物编，主要收录2018年新任和职务变动的市领导，国家级、省级荣誉获得者及“中国好人”等各类先进人物。条目标题，以同号黑体字并空一字距接排正文。全书设计各类示意图9幅、表格70份。

五、本卷年鉴文稿，主体部分由市直相关单位和各县（市、区）政府办公室，按盐办发电〔2019〕29号文件要求指定专人撰写，并经单位负责人审定签章；盐城年鉴编辑部另组织力量采编或补写部分特色专题和相关稿件。入鉴数据以市统计局公布的统计数字为准，统计数据四舍五入后保留小数点后2位，除表格外正文不保留小数点后无实质意义的“0”，表格中无数据、内容部分以“—”字代替，一次性文献中的数据和计量单位保持原貌。表格的编号以章序号-表序号表示，图照的编号以章序号-图序号表示。所有数据采用法定计量单位，个别遵从习惯。入鉴图照，由盐城年鉴编辑部向各专业部门和有关摄影家专题征集，所有收录照片均署名摄影者或供稿单位。

六、本卷年鉴卷首设有总目、目录和图表目录，卷末附索引。全书统一页眉，读者可依据上述检索系统查阅相关内容资料。2008年起，《盐城年鉴》随赠数据光盘。2013年起，《盐城年鉴》入载盐城史志网。2017年起，《盐城年鉴》通过二维码形式链接全文。2018年起，制作《盐城年鉴》手机版。

盐城市地方志编纂委员会

（2019年4月1日起）

主 任 委 员　曹路宝

副主任委员　羊维达　崔　浩　常新生　邹毅实
葛启发　姜友新

委　　　员　郭玉生　刘光球　王克林　王　胜
赵　勃　华林泰　张玉春　史学健
季　放　高维华　茆贵鸣　张玉辉
苏　冬　陈　斌　戴红光　崔文军
谷红彬　肖汝宏　嵇红梅　徐增产
符文华　许德智　施建霞　王　亚
季德荣　徐　杰　董玲玲　胥传广
羊维元　李晓奇　徐龙波　王旭东
祁从峰　吴冈玉　张利华　刘永轩
单永红　宋　勇　王　娟　张宏春
杨雪峰

办公室主任　茆贵鸣

副　主　任　王海燕　吴建新　张守中

（盐政传发〔2019〕64号）

盐城年鉴（2019）编辑委员会

编 辑 部　地　址　盐城市行政中心大楼2325室

邮　编　224005

电　话　0515-86662325 / 88192325

传　真　0515-86662323

电　邮　ycnj2325@126.com

历年盐城年鉴

盐城年鉴（2019）手机版

盐城年鉴（2019）审稿人员

（按姓氏笔画为序）

丁　洪	丁俊根	马志宏	王　峰	王　娟	王　琦	王旭东
王甫同	王连春	王绪林	韦凯昌	尹同阳	石　磊	叶茂楼
史学健	冯一飞	朱　杰	朱开俊	朱礼荣	朱如万	朱志和
朱国华	朱照伟	乔　静	庄号召	刘　青	刘文明	刘古佐
刘永轩	刘永前	刘会军	刘怀瑞	羊维元	祁从峰	许　虎
许　亮	孙　潮	孙大明	孙红青	孙秀丽	孙秀春	严　中
苏正芳	李一平	李仁和	李庆芳	李晓奇	李健松	杨　军
杨君明	吴　刚	吴冈玉	吴启飞	何玉良	沈卫民	沈为民
宋　勇	张玉国	张玉辉	张永辉	张利华	张宏春	张国锋
张国瑞	张定云	张建军	张晓东	张琍琍	张曙光	陆　帅
陈夫岩	陈永斌	陈汝进	陈苏宁	陈洪军	陈锦还	季　放
季卫军	季德荣	金　鑫	周永军	庞　勇	单玉梅	单永红
赵　明	赵宏贵	郝达富	俞　翔	施保华	姜学儒	姜统华
姜菊萍	洪家宁	胥传广	胥江华	胥晨霞	姚　刚	姚盛锋
袁万龙	袁志亚	顾　明	顾强生	徐　宁	徐华栋	徐翠华
高清华	高维华	唐仕洪	唐海峰	黄　实	黄益成	曹　中
曹　钧	曹有成	曹晋杰	崔文军	阎怀东	寇淮海	蒋　斌
程　欣	童加舟	裴森森	薛　松	薛杰堂	戴　军	戴为洋
戴红光	戴荣江					

盐城年鉴（2019）撰稿人员

（按姓氏笔画为序）

丁介玉	丁德富	马文浩	王　伟	王　岚	王　盼	王　俊	王　轼
王　盛	王　敏	王　淼	王　静	王　瑶	王　慧	王　蕙	王　鑫
王冬梅	王建怀	王春明	王常江	王道洲	王誉名	仇　勇	邓君亭
石　惠	卢云岭	叶子林	吉　鸿	成　慧	吕　霏	吕文静	吕景林
朱　政	朱金兵	朱栋材	朱昭元	乔　连	华　娟	刘　菊	刘金才
刘建潮	刘春琳	刘振东	刘海峰	闫　超	祁　勇	阮成伟	孙　波
孙成刚	孙宏军	严士祖	苏红民	杜　彦	杜阿金	花　露	李　俊
李　煜	李建忠	杨　芳	杨文昕	杨林森	杨金辉	肖立春	吴　昊
吴少春	吴碧玉	余　佳	余维云	邹湘彬	沈　平	沈亚军	沈碧云
宋　坤	张　弛	张　涛	张　琳	张　静	张　骢	张永涛	陆　勇
陆　舰	陈　可	陈　伟	陈　军	陈　怡	陈　健	陈　锋	陈　鑫
陈卫中	陈旭东	陈远远	陈李金	陈宏流	陈昌帅	陈建芳	陈荣鑫
陈潇潇	罗发富	季　明	季　鹏	季立军	季荣容	金玉鑫	周　峰
周本东	周立菲	周鸿铭	郑乾坤	郑朝兵	宗　耀	房　雯	赵　嘉
胡中耕	咸国庆	侯立冰	俞　浩	祝春燕	费如星	秦　雨	袁　悦
夏景涛	夏燕萍	顾永云	顾其军	钱　成	倪　侃	皋古平	徐　艳
徐　静	高　岑	高　峥	高　峰	郭　红	郭人杰	唐友伟	唐修祥
唐监怀	陶振华	黄传标	曹志康	曹征雷	崔　健	韩　泽	惠恒松
智通海	程晓丽	游善涛	赖　珊	虞　扬	蔡中源	蔡志芳	臧滨城
熊　玮	潘建良	薛文星	薛正州	戴鼎霖	戴舒婷		

一千里湿地风光　两千年海盐古韵

中国海盐历史文化名城

中国　盐城

Zhongguo Yancheng

城市坐标

城市位置：江苏沿海中部　长江三角洲北翼

城市性质：沿海新兴中心城市　现代工商贸易城市　湿地生态旅游城市

城市文化：海盐文化　铁军文化　湿地文化　海洋文化　淮剧杂技文化

城市历史：2138年建置史　1608年建城史

市树市花：女贞和银杏　紫薇和牡丹

行政区划：东台市　建湖县　射阳县　阜宁县　滨海县
响水县　大丰区　盐都区　亭湖区

一类口岸：盐城港大丰港区　盐城港滨海港区　盐城南洋机场

城市荣誉

中国优秀旅游城市	全国绿化模范城市	国家可持续发展试验区
中国投资环境百佳城市	国家园林城市	国家生态文明先行示范区
全国双拥模范城	国家卫生城市	国家新能源示范城市
全国科教兴市先进市	国家创新试点城市	国家新能源汽车推广城市
全国粮食生产先进市	全国科技进步先进市	国家智慧城市试点城市
全国无偿献血先进城市	国家知识产权试点城市	全国社会治安综合治理优秀市

城市数字（2018）

总 面 积：16931平方千米（江苏省第一）
总 人 口：824.73万人（江苏省第二）
海 岸 线：582千米（占全省海岸线总长度的56%）
海涂面积：4553平方千米
（占全省海涂总面积的70%）
海域面积：18897平方千米

地区生产总值：5487.1亿元
人均GDP：11483美元
一般公共预算收入：381亿元
社会消费品零售总额：1778.7亿元
城镇居民人均可支配收入：35896元
农村居民人均可支配收入：20357元

城市风物

世界级自然遗产：中国黄（渤）海候鸟栖息地（第一期）
国家级非物质文化遗产：盐城淮剧　建湖杂技
董永与七仙女的传说
国家级自然保护区：江苏盐城国家级珍禽自然保护区
江苏省大丰麋鹿国家级自然保护区
国家AAAAA级旅游景区：中华麋鹿园
全国重点文物保护单位：新四军重建军部旧址——泰山庙
东台海春轩塔

从陆地走向海洋——中国第一处滨海湿地类型世界自然遗产诞生记

2018年4月，国务院正式同意盐城黄海湿地项目作为2019年国家申报世界自然遗产项目，正式申报名称为中国黄（渤）海候鸟栖息地（第一期），范围包括江苏盐城国家级珍禽自然保护区射阳河以南区域，江苏省大丰麋鹿国家级自然保护区全境，东台条子泥、高泥区域

2019年7月5日，在阿塞拜疆首都巴库召开的第43届世界遗产大会上，联合国教科文组织世界遗产委员会审议通过将中国黄（渤）海候鸟栖息地（第一期）列入《世界遗产名录》，填补中国滨海湿地类型遗产空白，成为全球第二块潮间带湿地遗产、江苏省首个世界自然遗产

孙华金/摄

盐城黄海湿地，太平洋西海岸原始生态保持最完好的海岸型湿地，中国沿海植物演变规律保护最完整的区域，栖息着世界上最大的野生丹顶鹤种群，拥有世界上最大的麋鹿种群，是东亚—澳大利亚鸟类通道中最重要的驿站，被多个国际保护组织称为勺嘴鹬最后一块栖息地，其独特的岸外辐射沙洲地貌是世界海岸带中非常稀少的自然奇观 市自然资源局/供

江苏盐城国家级珍禽自然保护区　　珍禽保护区/供

江苏省大丰麋鹿国家级自然保护区　　孙华金/摄

绿色湿地　　孙华金/摄

勺嘴鹬

震旦雅雀

丹顶鹤

反嘴鹬

白琵鹭、黑脸琵鹭

东方白鹳

孙华金/摄

滩涂雄风——麋鹿

孙华金/摄

多彩湿地

陈建强/摄　盐阜大众报社/供

条子泥观潮区　　市文化广电和旅游局/供

黄海海滩

和谐湿地

市文化广电和旅游局/供

水天一色　孙华金/摄

孙华金/摄

2018年7月27日，盐城市委七届六次全会确立“开放沿海、接轨上海，绿色转型、绿色跨越”新发展路径，抢抓长三角区域一体化发展上升为国家战略重大机遇，全力打造北上海“飞地经济”示范区和上海科创成果转化基地、长三角生态旅游康养基地、长三角优质农产品供应基地

盐阜大众报社/供

中国盐城

开放沿海
接轨上海

绿色转型
绿色跨越

2018年12月26日，盐青铁路（盐城—青岛）正式开通，盐城驶入“高铁时代”

王亚洲　李思远/摄　射阳县地方志办　滨海县政府办/供

一楼到达层

二楼到达层

2018年5月31日，盐城南洋机场T2航站楼正式运营　　　　盐城南洋机场/供

二楼值机柜台

1 2018年11月20日，东风悦达起亚汽车有限公司首批400辆焕驰轿车，在盐城港大丰港区码头发运出口埃及
悦达集团/供

2 国家一类开放口岸——盐城港大丰港区
盐阜大众报社/供

3 国家一类开放口岸——盐城港滨海港区
陈其龙/摄

4 国家一类临时开放口岸——盐城港射阳港区
王万舜/摄

5 国家一类临时开放口岸——盐城港响水港区
响水县政府办/供

3

射阳港
4

大丰港
2

5

2018年，盐城市拥有公路总里程2.37万千米

李思远/摄　市交通运输局/供

2018年11月14日，2018中国盐城（首尔）经贸合作交流会暨中韩（盐城）产业园投资说明会在韩国举行

盐阜大众报社/供

2018年6月11—12日，第一届中韩产业园合作交流会、中韩产业园合作协调机制第二次会议在盐城召开

2018年5月18日，中韩（盐城）产业园投资说明会暨第十一届海盐文化节在盐城开幕　　王亚洲/摄

盐阜大众报社/供

2018年5月8日，江苏省政府、上海市政府在大丰召开沪苏大丰产业联动开发建设推进协调领导小组第二次联席会议，充分发挥沪苏两地合作共建园区的实践经验，高起点谋划集聚区开发建设，打造长三角区域合作园区标杆

盐阜大众报社/供

2018年11月30日，盐城市政府与中国宝武钢铁集团有限公司在南京签署合作协议，2000万吨级“绿色、智慧、精品”钢铁生产基地落户盐城滨海港工业园区　王亚洲/摄

1 2018年1月16日，盐通高铁在盐城正式开工建设，盐城全速融入上海经济圈
王亚洲/摄

2 2018年6月23日，盐城市委、市政府在上海举行2018盐城（上海）先进制造业投资说明会
孙海鹏/摄

3 2018年10月24日，盐城市委、市政府在上海举行2018盐城（上海）服务业发展暨园区合作共建推介会
孙海鹏/摄

1

2018
盐城（上海）先进制造业投资说明会
2018 Yancheng（Shanghai）Advanced Manufacturing Industry Investment Conference
中共盐城市委 盐城市人民政府
2018.06

2

区位优越、交通便捷
2018 盐城（上海）服务业发展
暨园区合作共建推介会
丝绸之路经济带
北京
江苏沿海发展
韩国
日本
盐城
淮河生态经济带
长江经济带
上海
2018.10.24

3

2018年9月15日，盐城市政府在上海举行“走进大美湿地·畅游水韵盐城”盐城市旅游（上海）推介会

2018年11月30日，盐城市委、市政府在上海举行2018盐城名特优农产品（上海）专场推介活动

王亚洲/摄

大丰荷兰花海

盐阜大众报社/供

市农业农村局/供

盐城生态大米受上海市民推崇

盐阜大众报社/供

2018年1月10日，新东方盐城学校在城南新区开业　　城南新区/供

盐城学生参加华东师范大学“华师启航”夏令营活动　　市发改委/供

2018年11月25日，在中国盐城·第八届沿海发展人才峰会上，上海长海医院消化内科李兆申院士团队工作站、上海市红房子妇产科医院徐丛剑教授工作室签约落户盐城　　孙海鹏/摄

2018年11月24日，盐城市政府在上海召开盐城市医疗卫生接轨上海恳谈会　　盐阜大众报社/供

2018年10月18日,“智创未来 慧聚终端”2018盐城5G商用智能终端会议在盐城召开

盐阜大众报社/供

2018年10月26—27日,EPIF2018第七届中国盐城环保产业博览会暨绿色产业创新发展大会在盐城召开

盐阜大众报社/供

2018年9月6—7日，2018盐城绿色智慧能源会议在盐城召开　　王亚洲/摄

2018年6月28日，中海油江苏滨海LNG项目现场推进会在盐城港滨海港区召开　　盐阜大众报社/供

响水长江三峡海上风电项目

位于东台市沿海经济开发区内的风光渔一体化电站

光伏组件产品——双玻组件

金风科技风机测试平台

风电塔筒

风电产品生产车间

盐阜大众报社/供

江苏摩比斯汽车零部件有限公司生产线　　市开发区/供

新能源海水淡化生产线　　盐阜大众报社/供

远洋探海机器人东台有限公司生产的机器人　　东台市地方志办/供

盐城东山精密制造有限公司

中汽盐城试验场

盐都区政府办/供

盐阜大众报社/供

水产健康养殖示范场——学富碧水蓝天家庭农场　　市农业农村局/供

东台市三仓镇兰址村连栋大棚　　市农业农村局/供

大丰区恒北村梨园风光

市农业农村局/供

盐城大洋湾长乐水世界　　长乐水世界/供

2018“大丰好玩呢”金秋旅游季开

大丰港城夜景　　盐阜大众报社/供

盐阜大众报社/供

盐城欧风花街

盐阜大众报社/供

盐城金融城商圈夜景

王亚洲/摄

新四军重建军部纪念塔

冯　羽/摄

世纪公园

串场河畔

盐渎公园

李思远/摄

李思远/摄

盐城电视塔

吴朝斌/摄

王亚洲/摄

2018年4月25日，盐阜大众报创刊75周年纪念大会在盐城举行　　盐阜大众报社/供

2018年9月16日，盐城师范学院举行建校60周年庆祝活动　　盐城师范学院/供

2018年9月28日，盐城工学院举行建校60周年庆祝活动　　盐城工学院/供

2018年11月20日，“匠心品质 走向世界”东风悦达起亚整车出口发车仪式在盐城港大丰港区举行　　悦达集团/供

2018年4月9日，东风悦达起亚500万辆产销达成纪念活动在盐城举行　　悦达集团/供

2018年9月9日，射阳县杂技团杂技《扇舞丹青·头顶技巧》在第六届莫斯科“偶像”国际马戏艺术节上获金奖

射阳县地方志办/供

2018年10月4日，射阳县杂技团魔术《羽》在第十届中国杂技金菊奖全国魔术比赛中获“金菊奖”

盐阜大众报社/供

2018年10月27日，盐城市淮剧团淮剧《送你过江》获2018紫金文化艺术节优秀剧目奖

市文化广电和旅游局/供

2018年5月17日，中央芭蕾舞团舞剧《鹤魂》首次在盐城展演 市文化广电和旅游局/供

首届大洋湾龙舟赛　　李思远/摄

沿海湿地公共自行车赛　　盐阜大众报社/供

少儿国际象棋比赛　　盐阜大众报社/供

全民健身　　盐阜大众报社/供

总 目

目　录

特　载

大事记

盐城概览　编

第01章　市情概况

第02章　年度总情

沿海开发　编

第03章　开发园区

第04章 开放合作

第05章 港口口岸

城市功能 编

第06章 城市建设

第07章 乡村振兴

第08章 水利建设

第09章 交通运输

第10章 信 息 化

生态环境 编

第11章 绿色生态

第12章 环境监管

产业结构 编

第13章 农 业

第14章 工业 建筑业

第15章 现代服务业

政　治　编

第16章　中共盐城市委员会

第17章　盐城市人民代表大会

第18章　盐城市人民政府

第19章　中国人民政治协商会议盐城市委员会

第20章　中共盐城市纪律检查委员会　盐城市监察委员会

第21章　民主党派　工商联

第22章　人民团体

第23章　法　　治

第24章　军　　事

文　化　编

第25章　科　　学

第26章　教育事业

第27章　文化事业

第33章 人民生活

公共管理 编

第34章 经济事务管理

第35章 社会事务管理

区域发展 编

第36章 东台市

第37章 建湖县

第38章 射阳县

第39章 阜宁县

第40章 滨海县

图表目录

特　载

□中国黄（渤）海候鸟栖息地列入《世界遗产名录》

□壮阔七十年——盐城经济发展纵览

□盐城综合交通运输体系建设跨越升级

特　　载

编　　辑　许寅生

中国黄(渤)海候鸟栖息地列入《世界遗产名录》

盐城位于江苏沿海中部，东临黄海，是江苏省面积最大、海岸线最长的地级市，有着得天独厚的海洋、滩涂资源。盐城全市海岸线长582千米，占全省海岸线总长度的56%；全市滩涂面积近4553平方千米，占全省滩涂总面积的70%。市域东部拥有太平洋西岸和亚洲大陆边缘面积最大、生态保护最好的海岸型湿地，湿地面积逾77万公顷，是全球八大候鸟迁徙通道之一，是国内国际社会特别关注的生态保护热点地区。为守护好这片大美湿地，盐城在20世纪先后建立江苏盐城国家级珍禽自然保护区、江苏省大丰麋鹿国家级自然保护区2个国家级自然保护区。其中，江苏盐城国家级珍禽自然保护区先后加入联合国教科文组织人与生物圈保护区网络、东亚—澳大利西亚迁徙涉禽保护区网络、国际重要湿地3个国际公约组织，是中国最大的滨海湿地类型保护区，是全球最大的野生丹顶鹤种群保护地，是国际重要生物多样性富集的热点地区，享有东部沿海"国家重要湿地基因库"之誉。

世界遗产是被联合国教科文组织和世界遗产委员会确认的人类罕见的、目前无法替代的财富，是全人类公认的具有突出意义和普遍价值的文物古迹及自然景观。世界遗产包括文化遗产、自然遗产、文化与自然遗产和文化景观四类。其中，世界自然遗产是人与自然和谐共生的国际公认典范，凡提名列入《世界遗产名录》的自然遗产项目，必须符合下列一项或几项标准方可获得批准：构成代表地球演化史中重要阶段的突出例证；构成代表进行中的生态和生物的进化过程和陆地、水生、海岸、海洋生态系统和动植物社区发展的突出例证；独特、稀有或绝妙的自然现象、地貌或具有罕见自然美的地带；尚存的珍稀或濒危动植物种的栖息地。按照《世界遗产公约操作指南》规程，遗产申报通常需要经历4个阶段，分别为列入预备清单阶段、申请预审阶段、正式申报阶段、世界遗产大会审核表决阶段。盐城黄海湿地，是太平洋西海岸原始生态保持最完好的海岸型湿地，是中国沿海植物演变规律保护最完整的区域；湿地栖息着世界上最大的野生丹顶鹤种群、拥有世界上最大的麋鹿种群，同时是东亚—澳大利西亚鸟类通道中最重要的驿站，被多个国际保护组织称为勺嘴鹬最后一块栖息地；独特的岸外辐射沙洲地貌是世界海岸带中非常稀少的自然奇观。盐城黄海湿地具有陆地、海洋兼有的特殊生态和景观系统，符合世界自然遗产申报标准。

在国家相关部门和江苏省委、省政府的支持下，盐城依托湿地珍禽、麋鹿2个国家级自然保护区，自2014年开始谋划申报世界自然遗产工作。

2016年12月，盐城成立由市长任组长的申遗工作领导小组，正式开启申遗工作。2017年2月，联合国教科文组织世界遗产中心将中国渤海—黄海海岸带(自然遗产)列入世界遗产预备清单。

2017年3月，盐城专门聘请北京大学、复旦大学、北京林业大学等高校专家成立申遗技术支撑团队，经过国内专家团队综合科考以及国际专家现场评估，认定盐城珍禽保护区射阳河口以南至东台条子泥区域具有突出的价值和独立的完整性，启动申报文本编制。2017年9月15日，盐城市政府向江苏省住建厅提交《关于请求将盐城黄海湿地列为世界自然遗产2018年度申报项目的函》；9月19日，盐城市政府向江苏省政府提交《关于请求同意盐城黄海湿地申报世界自然遗产的请示》；9月29日，江苏省住建厅向住建部提交《关于提请对盐城黄海湿地申报世界自然遗产项目进行预审的请示》。至此，盐城于2017年9月底前向住建部提交全部预审有关材料。

2017年10月，申遗预审文本通过联合国教科文组织世界遗产中心审查，盐城于2017年11月开始编制正式申报文本。2017年11月13—16日，住建部组团参加在法国巴黎举行的世界遗产公约缔约国大会第21次会议，会议持续两天，共193个缔约国参加，盐城相关领导应邀随团参会。法国当地时间2017年11月14日，在联合国教科文组织巴黎总部举行的《保护世界文化和自然遗产公约》缔约国大会第21次会议上，中国以128票当选联合国教科文组织世界遗产委员会委员国，任期为2017—2021年。联合国教科文组织世界遗产委员会是《保护世界文化和自然遗产公约》的执行机构，主要职能包括审批新的世界遗产、讨论世界遗产全球战略、评估各国遗产地的保护和管理，以及管理世界遗产基金。中国当选世界遗产委员会委员，有利于中国进一步加强多边国际合作，保护国内外文化和自然遗产。中国将进一步提升国内外民众的遗产保护意识，鼓励中国有关机构支持国内外世界遗产保护工作，同时支持世界遗产基金的持续发展。

2017年12月13—14日，黄（渤）海湿地可持续发展与世界自然遗产2017盐城国际研讨会议在盐城举行。会议规模约300人，其中联合国教科文组织世界遗产中心、世界自然保护联盟、世界鸟盟等国际组织和有关国家嘉宾50多人。此次会议上，与会专家围绕黄（渤）海湿地突出普遍价值（OUV）展开充分研讨，就"黄渤海湿地是全球最大的潮间带湿地，拥有独特的辐射沙脊群""盐城市沿海滩涂是珍稀鸟类迁徙、繁衍必经之地"达成广泛的国际共识。12月14日，盐城海滨湿地研究院揭牌成立，聘请一批国内外知名湿地、鸟类、生态等方面专家为研究院特约研究员。

2018年1月15日，盐城市政府向江苏省政府提交《关于请求同意黄（渤）海湿地—盐城提名地正式申报世界自然遗产的请示》。1月18日，江苏省住建厅在北京主持召开盐城黄海湿地申报世界自然遗产项目专家论证会。1月24日，江苏省委、省政府同意盐城黄海湿地申报世界自然遗产。1月26日，江苏省住建厅向住建部提交《关于黄（渤）海湿地—盐城提名地正式申报世界自然遗产的请示》。1月31日，住建部部长在正式申报文本上签字；2月1日，联合国教科文组织世界遗产中心签收中国黄（渤）海候鸟栖息地（第一期）正式申报文本。4月，国务院正式同意盐城黄海湿地项目作为2019年国家申报世界自然遗产项目，至此盐城黄海湿地与浙江良渚古城遗址一起列入2019年中国申报世界遗产项目，正式申报名称为中国黄（渤）海候鸟栖息地（第一期），范围包括江苏盐城国家级珍禽自然保护区射阳河以南区域，江苏省大丰麋鹿国家级自然保护区全境，东台条子泥、高泥区域。

2018年10月14日，世界自然保护联盟专家赴盐城考察中国黄（渤）海候鸟栖息地（第一期）申报世界自然遗产项目，对盐城申遗各项筹备工作表示认可。2018年11月16—17日，2018黄（渤）海湿地盐城国际会议在盐城召开。此次会议向全球发布湿地保护"盐城倡议"，向9位国内外湿地保护专家颁发盐城海滨湿地研究院特约研究员聘书，并宣布建立盐城市条子泥市级湿地公园。盐城海滨湿地研究院与联合国湿地公约组织东亚中心签订"深化生态保育与滨海湿地保护合作备忘录"。盐城海滨湿地研究院、天合公益基金会、世界自然基金会（瑞士）北京代表处签订"盐城湿地生态保护和管理实验合作备忘录"。

2019年6月30日，第43届世界遗产大会在阿塞拜疆巴库开幕。7月5日，联合国教科文组织世界遗产委员会正式审议通过将中国黄（渤）海候鸟栖息地（第一期）列入《世界遗产名录》，盐城黄海湿地成为中国第54处世界遗产、江苏乃至长三角地区首项世界自然遗产，成为中国第一块滨海湿地类型自然遗产、全球第二块潮间带湿地遗产。

中国黄（渤）海候鸟栖息地（第一期）成功申报世界自然遗产，是贯彻落实习近平新时代中国特色社会主义思想、践行"五大发展理念"，以盐城"两海两绿"发展路径的硕果，折射出国际社会对中国生态文明实践的广泛认可，凸显出共谋全球生态文明建设的中国担当。申遗的"盐城实践"，为经济发达和人口稠密地区绿色转型发展、新时代生态文明建设提供了创新典范。 （严志鉴）

壮阔七十年——盐城经济发展纵览

新中国成立之初的盐城经济基础非常薄弱。新中国成立后，全市人民在党和政府的领导下，自强不息，艰苦创业，奋力拼搏，创造了骄人的发展奇迹。改革开放以来，特别是中共十八大以来，全市上下贯彻落实党中央国务院、省委省政府的重大决策部署，盐城经济发展突飞猛进，社会事业跨越发展，国际化进程步履铿锵，综合实力显著增强。三次产业结构发生深刻变化。1949—2018年，三次产业构由1949年的86.5∶4.2∶9.3，呈"一三二"结构，发展为2018年的10.5∶44.4∶45.1，呈"三二一"结构。以第二产业、第三产业为主共同带动经济增长的新格局已经形成，第三产业已经成为盐城经济中举足轻重的组成部分和推动力量。1949年，盐城地区生产总值仅有2.8亿元，1990年突破百亿元关口；2005年突破千亿元关口；2018年达到5487.1亿元，是1949年的1939倍、1978年的295倍，经济总量位列全国大中城市第36位、同类地级市第13位。2018年，盐城人均地区生产总值75987元，是1949年的905倍、1978年的277倍。2018年，盐城聚焦"开放沿海、接轨上海，绿色转型、绿色发展"的"两海两绿"路径，全面推进"产业强市、生态立市、富民兴市"战略，在高质量发展的新征程中阔步前进。

城市区划发展与构架

1948年底，盐城地区获得解放，成为江苏省最早赢得全境解放的地区之一。1949年3月，华中五地委和专署机关由阜宁东沟迁至盐城县城。4月，经中央和华东局批准，成立苏北区党委和苏北行署，原华中第五行政区改为盐城行政区，成立盐城地委和专署，辖盐城、盐东、建阳、阜宁、阜东、射阳、滨海、淮安、涟东9县，东台、台北县隶属泰州行政区。盐城地委书记高峰、副书记刘阳生，专署专员陈书同、副专员王伯谦。各县委、县政府机关由农村迁驻城镇。11月，盐东、阜东分别并入射阳和滨海。1950年1月起，东台、台北划属盐城行政区；6月，涟东县划属淮阴行政区。1951年7月，台北县更名大丰县，建阳县更名建湖县。1953年1月，江苏省人民政府成立，盐城专区辖盐城、东台、大丰、建湖、射阳、阜宁、滨海和淮安8县。1954年10月，淮安县划归淮阴专区。1966年3月，析滨海县中山河以北建响水县。1968年3月，盐城专区革命委员会成立，各县相继成立县革委会。1971年5月，盐城专区改称盐城地区，仍辖8县。1978年10月，撤销盐城地区革命委员会，成立盐城地区行政公署。

改革开放后，为加快城乡一体化建设，中共中央在1982年作出改革地区体制、实行市管县制度的指示，并首先在江苏省试点。1983年3月，经国务院批准，撤销盐城地区行政公署和盐城县，设立盐城市，实行市管县体制，撤销盐城地区和盐城县，建省辖市盐城市，同时以原盐城县盐城镇范围设立盐城市城区，以原盐城县农村范围设立盐城市郊区，全市辖东台、大丰、建湖、射阳、阜宁、滨海、响水7个县和城区、郊区2个区。市本级系原盐城县县属镇，"小马拉大车"难以辐射带动各县，市管县体制后数次调整主城区行政区划：1986年4月，将市郊区新兴镇袁庄村、盐湾村和张庄乡城西村、东河村及潘黄乡耿伙村、北港村划入市城区。1987年12月，东台撤县改市。1996年7月，市郊区改设盐都县时，将原市郊区南洋镇、青墩乡、新兴镇、永丰乡、张庄乡和伍佑镇三墩村及其以北部分划归市城区。"一城两区"利于统一规划，做大市区，解决市县同城弊端，便于实施分片发展、合力建成方略，但体制上也有诸多矛盾，如城市规划，用地的统分有矛盾；分片建设，管理与行政辖区不一致有矛盾；财政体制、税费征收、利益配置有矛盾；招商政策有碰撞，主城区城市化改造和市属企业改制后，老企业和许多新增项目进入两区，市直经济出现萎缩等。撤区建市虽初步解决了行政区划，但盐城大市区的格局还没真正形成。市管县新体制后，农村管理体制上改革人民公社体制。1983年，县以下行政区划先实行政社分设（设公社经济管理委员会），后撤销人民公社，同时成立乡镇人民政府，下设村民（居民）委员会和村民（居民）小组并确定新的职能，将原来以生产队为基本核算单位的"统一经营、统一核算、统一分配"制度，转为户交户结的合同和上交提留制度。是年，全市建178个乡14个镇。此后，县以下行政区划又多次撤乡建镇并进行乡镇分与合的较大调整。1996年8月，大丰撤县改市；9月，市郊区改设盐都县。2003年盐城市政府南迁，带动城南经济发展，因城南是盐都县辖区，因此，市委市政府决定撤销盐都县设立盐都区。盐都区政府南迁至盐都新区选址重建。2004年，市城区更名亭湖区，盐都县更名为盐都区。2015年8月，经国务院批准，撤销县级大丰市，设立盐城市大丰区。2018年，盐城市下辖东台1个县级市和建湖、射阳、阜宁、滨海、响水5个县，以及盐都、亭湖、大丰3个区，设有盐城经济技术开发区和城南新区，有30个街道、95个镇，2438个村（居、社区）。盐城城市区划因城市经济的发展而调整变化，盐城现代化城市格局已然形成。

盐城经济发展六个历史时期

1949—1958年，盐城经济恢复和发展时期。新中国成立之初，盐城经济基础十分薄弱，全区经济以农业为主，农业以单一的种植业为主，产量低而不稳。围绕生活办工业，工业生产水平低下，地方财力薄弱，人民生活仍相当贫困。这一时期，大规模开展农田水利建设，开挖苏北灌溉总渠，整治射阳河、黄沙河、新洋港和斗龙港等入海水道，建造射阳河间、新洋港用等一批大中型涵闸，提高抗御自然灾害的能力。通过对农业、手工业和资本主义工商业的社会主义改造，确立和巩固社会主义经济制度。

1958—1978年，经济波浪式发展时期。这期间，盐城地区重视农田基本建设，全面推广沤改旱、旱改水和普及盐碱土改良技术，农业生产取得一定发展。工业生产围绕农业办工业。因受"左"的思想干扰，"大跃进""文化大革命"期间，经济遭受巨大损失，经调整、巩固，经济得到一定恢复和发展。

1978—1992年，改革开放和现代化建设发展时期。十一届三中全会以后，加强工业管理，调整工业内部结构，加强技术改造，工业产值大幅增长。1980年全部工业总产值21.48亿元，占工农业总产值52.59%，首次超过农业总产值。工业生产发展成为以纺织、机械、电子、化工、食品、建材等门类较为齐全、协调发展的工业生产体系。1986年，盐城被列为沿海开放城市。农业生产全面推行以家庭联产承包责任制为中心的农村经济体制改革，农村经济由单一经营向专业化、商品化转变。

1992—2002年，社会主义市场经济体制建立和巩固时期。1993年，粮食产量列全省第三位，棉花产量列全省之首，是全国重要的优质粮棉生产基地之一。射阳、大丰、东台3县（市）先后跻身全国产棉十强县的行列。这一时期，全市国有、集体企业稳步推进股份制，发展企业集团，扩大合资经营，悦达和江动股票成功发行上市。优化农村经济结构，健全完善农村市场体系，加快扶贫工程建设成为全市农村改革发展重点，完成为期30年的新一轮土地承包任务。1992年，成立盐城经济技术开发区。同年，市政府提出加快发展第三产业，围绕产业结构调整方向，突出市场体系培育，以深化改革、扩大开放为动力，以交通运输、邮电通信为基础，大力发展为生产生活服务的内外贸易、金融保险、房地产及旅游娱乐业，加快发展科技教育、信息咨询、技术服务和社会保障体系，形成结构合理、协调发展格局；第三产业产值以年均15%速度递增。1998年，盐城招商场交易额突破30亿元，成为苏北最大室内日用消费品批发市场、全省十大样板市场。盐城商业大厦、雅家乐集团公司等商贸企业规模不断扩大，盐阜人民商场跻身全国百强商业企业。

2002—2012年，全面建设小康社会时期。立足富民强市、跨越发展，盐城市委、市政府组织实施"科教兴市、结构优化、外向带动、沿海开发和可持续发展"五大战略，加快信息化、工业化、城市化步伐。实施农村税费改革，纵深推进企事业单位改革。2003年，悦达集团实现销售额超百亿元，成为盐城市第一家百亿元企业。2005年，全市地区生产总值突破千亿元。2009年6月，《江苏沿海地区发展规划》上升为国家战略，盐城沿海迎来了大发展的机遇期。当年，市区城市居民人均可支配收入首次超过江苏全面小康标准。2010年，城乡居民收入双双超小康目标值，财政收入增幅、高效农业面积、汽车产销量、风电装备制造水平位居全省第一，成为同时拥有海港和空港一类开放口岸的地级市。

2012年至今，历史变革与高质量发展新时期。中共十八大以来，全市围绕高水平全面建成小康社会、高质量发展走在苏北苏中前列的"两高"发展目标，沿着"开放沿海、接轨上海，绿色转型、绿色跨越"的"两海两绿"发展路径，加快沿海开放开发、全方位接轨上海、大力推进绿色转型、奋力推进绿色跨越。生态特色加快彰显，中国黄(渤)海候鸟栖息地成功列入世界自然遗产名录。城市能级全面提升，对外交通陆、海、空齐头并进，正式迈入高铁时代。国家电投、金风科技、宝丰特钢、德龙镍业、金光纸业等一批战略性重大产业项目相继落户沿海，成为助推盐城高质量发展的新动能。盐城综合实力大幅提升，经济总量跃居全国338个地级以上城市第36位，人均地区生产总值跨入中等发达地区水平。

70年经济发展成就

农业经济发展成就。新中国成立后，盐城农业生产不断发展，特别是改革开放以后，实现由产品农业向商品农业的转变，进一步促进农业经济发展。农业生产规模大幅提高，高效农业稳步发展，农业结构调整优化成效明显。1949年全市农林牧渔业总产值只有3亿元，1978年为18亿元，2018年达到1183.9亿元，连续五年超千亿元，年均增长9.1%，是1949年的393倍，1978年的66倍。至2018年底，全市设施农业面积超过14.67万公顷，位列全省第一。全市建成各类现代农业园区183个，其中国家级4个、省级13个，省级园区实现县县全覆盖。全市培育家庭农场4858家，发展农民专业合作社10895家。乡村振兴战略稳步实施。盐城成为全国知名的鱼米之乡，是全国首批粮食生产先进市，也是全国重要的、“长三角”地区最大的农产品生产和供应基地。全市通过认证的有机农产品、绿色农产品、无公害农产品达到2640个，“三品”认证数量在江苏省名列前茅。2018年全市创意休闲农业和生态农业景点数达553个，累计接待游客1520万人次，实现综合收入106亿元。至2018年底，盐城网上销售超千万元农业电商企业53家，农产品网上销售超140亿元。

工业经济发展成就。工业发展六大阶段。包括起步、徘徊、两次飞跃、轻重结构调整、新型工业化发展等。1949年全市仅有小型工业企业130家，工业总产值4300万元，工业增加值1040万元，仅占地区生产总值的3.7%。1978年全市有乡镇以上工业企业2476家。“十五”期间，盐城坚持把以工兴市作为第一方略，市区工业迅速崛起。这一时期是盐城工业增长较快，增长质量较好，综合经济实力显著增强的重要时期。全部工业增加值年均增长17.5%，规模以上工业企业数量达2073户左右，比“九五”末翻了近一番。坚持抓项目推进，“十五”期间，完成全社会技术改造投资758亿元，是“九五”时期的3.3倍，年均增长34.2%。加快园区开发，重点发展百亿级开发区和特色园区。坚持把民营经济作为第一动力。南学温台、全民创业、北学胶东、加快发展，实施“十百千万”和“凤还巢”工程。“十五”期末，市区民营经济实现增加值、销售收入、税收及技改投入等主要经济指标，占市区规模以上工业的比重均达到60%左右。2018年全市各类工业企业超3万家，是1949年的240倍多，工业总产值达6247亿元。新型工业化发展迅速，2018年全市战略性新兴产业实现产值1482亿元，占规模以上工业比重23.7%。工业占比先升后稳，主体地位十分明显。70年来，盐城工业规模持续攀升，经济实力显著增强；生产能力大幅提高，产品产量积聚增加；高新产业迅猛发展，创新能力显著增强；三大板块竞相发展，沿海地区更为突出。制造业日益先进，产能持续升级。盐城已成为江苏最大的乘用车制造基地，有“东方车城”之誉，形成从汽车整车到汽车零部件、从传统汽车到新能源汽车完整的汽车产业链，全力打造汽车整车、零部件、服务业“三个千亿”产业链。盐城是中国沿海最重要的新能源产业基地，海上风电已建容量、在建容量均位居全国第一，被誉为“海上三峡”，被列为国家海上风电产业集聚发展试点城市、国家新能源海水淡化产业发展试点城市和国家首批创建新能源示范城市。领胜、科森、东山精密等一批投资主体实力强、投资规模大、产业层次高的重大项目落户盐城，电子信息主营收入增幅位列全省第一，总量位列苏北第一。

第三产业发展成就。新中国成立70年来，盐城服务业从小变大、从弱到强，保持持续稳定健康增长态势。1949—2018年，全市第三产业增加值从2616万元扩大到2477亿元。全市服务业规模日益壮大，综合实力显著增强，运行质量效益大幅提升，转型升级加快推进，新产业新业态层出不穷，对经济增长贡献率不断提高，逐步成长为全市经济的第一大产业，成为推动经济发展的主动力和新引擎，对全市经济各领域的影响力越来越大，在经济增长、就业、外贸、外资等方面发挥着“稳定器”作用。中共十八大以来，互联网行业跃入高速增长期，在全省最早发展大数据产业。2018年，全市规模以上信息传输、软件和信息技术服务业企业83家。全市已构建以现代物流、商贸服务、金融服务为引导，以科技服务、大数据、文化创意为先导，以共享经济、现代供应链等新兴业态为主导的现代服务业体系。现代服务业质效持续攀升。金融业增加值占地区生产总值比重超过5%。

城市建设和发展成就。新中国成立初期，盐城因饱受战争摧残，千疮百孔，百废待兴，城市凋敝，市景凄清，以“中市桥”为中心，仅有东、西、南、北四大街。“一条马路两幢楼，一个交警管两头”，成为当年的形象描述。县城总面积不足5平方千米，1949年全市户籍人口数只有336.2万人，1953年，盐城地区开展第一次人口普查，全区总人口为389.15万人。1956年，盐城进行城市改造，东西大街被更名为“建军路”，南北大街则被更名为“解放路”，此后也逐渐发展成为盐城最为繁华的两条路。市中心地委大楼是盐城当时最高的楼。一直到70年代，盐阜人民商场落成，成为盐城的城市地标建筑。1983年建市时大市区(含城区、郊区)只有1714平方千米，122.5万人，老城区(今亭湖区)面积更小，只有9.2平方千米，人口仅12.9万人。1983年建市后，城市化进程加快推进，市区建设进入一个崭新阶段，发展空间不断拓展。1992年，开展卫生城市、文明城市创建活动，1997年获省级卫生城市荣誉称号，2000年获评创建国家级卫生城市工作先进市，1999年、2002年连续两次获评省级创建文明城市工作先进城市。2003年以后，市区启动新一轮建设会战，城市化发展进入新阶段，以市政府南迁工程为标志，城市建设速度加快，城市人口快速增长，市区范围迅速扩大。随着盐城经济的飞

速发展，城市建设步伐明显加快，城市面貌发生翻天覆地的变化。2009年，根据《江苏沿海地区发展规划》，盐城被定位为中国沿海地区现代化工商城市，目标至2020年建成经济实力较强的特大中心城市，盐城在全国沿海城市中地位明显提高。2018年，全市人口增长到824.7万人，较1949年增加了488.5万人；大市区面积达5131平方千米，是1983年的3倍，人口244.1万人，是1983年的2倍。全市城乡一体化进程也不断加快，全市城镇化率由改革开放初的5.2%提高到至今的64.03%。

生态立市建设成就。盐城建市以后，盐城市委市政府始终高度重视生态建设。1983年，江苏盐城珍禽自然保护区成立，1992年经国务院批准晋升为国家级自然保护区。1985年，建立江苏省大丰麋鹿自然保护区，1997年晋升为国家级自然保护区。2006年，盐城市9个县(市、区)均建成国家级生态示范区。盐城最早在全省将生态创建推广到农场，大丰最早在苏北创建国家级生态示范区。打造太平洋西岸最大的盐城湿地生态国家公园，将丹顶鹤生态旅游区、麋鹿生态旅游区、东台中华鲟自然保护区和弶港海滨、射阳河口、灌河口游览区连成一体。加强生态文化基础设施建设，建设大纵湖、九龙口、马家荡里下河湖荡湿地风景区，展现"水乡泽国"旖旎风光，建造并提升改造串场河海盐文化历史风貌等生态旅游景观景点建设，如中国盐城海盐博物馆、盐渎公园、水街、盐龙湖等。2016年，实施"生态立市"战略，加强湿地保护，以最严格的生态保护制度，坚守绿色发展。2016年底，盐城实施建设沿海百万亩生态防护林工程，于千里海疆之上构筑"一片林"，建设海岸森林。2017年，造林总量全省第一。在全省造林面积前十位的县(市、区)中，盐城占4席。2018年盐城新建成片林1万公顷、改造提升1万公顷。2019年11月，盐城市被全国绿化委员会、国家林业和草原局联合授予"国家森林城市"称号。2014年底，盐城新水源地及跨区域引水工程正式启动；历时4年，2018年6月，新水源地及引水工程宝应取水水泵站开闸放水，工程主线正式通水。从1983年到2017年底，盐城市林木资源总面积由9.87万公顷增加到33.4万公顷、森林覆盖率由6.6%提升到22.28%。射阳新建2666.67公顷成片林；阜宁在射阳河畔遍植绿廊；滨海在沿海种下百里风光带；盐都推行"林长制"，用数千亩新林地守护新水源；东台造林2000公顷，努力打造长三角"绿色磁场"，大丰在112千米的海岸线和以斗龙港、通榆河为主的26条大中型骨干河堤全部绿化成林，形成纵横交错的骨干林带。从盐城第一座城市森林公园"水韵龙湾"开园，到沿海三大万亩林场初具规模，盐城全力打造人与自然和谐共融的绿肺。2014年10月，盐城开始着手调研、研究黄海湿地申报世界自然遗产工作，历经近5年努力，2018年1月，中国联合国教科文组织全国委员会正式推荐中国黄(渤)海候鸟栖息地(第一期)作为2019年世界自然遗产申报项目，2019年7月5日，在阿塞拜疆举行的第43届世界遗产委员会会议上，中国黄(渤)海候鸟栖息地(第一期)被联合国教科文组织列入世界自然遗产名录，成为全球第二块潮间带湿地遗产、江苏省首个世界自然遗产，填补了中国滨海湿地类型世界自然遗产空白，为推动全球自然遗产事业发展做出了中国贡献，为盐城走向国际舞台打通了生态通道。

综合交通体系建设成就。1983年建市以前，盐城地无寸铁、地无寸油(柏油路)。改革开放后特别是近20年间，全面加快交通基础设施建设步伐，倾全市之力快修公路、快上铁路、突破民航、完善站场，不断加大对交通基础设施的投入，现代综合交通运输体系日臻完善。其间，第一条高速宁靖盐高速公路，第一条铁路新长铁路，第一个国家一类开放口岸大丰港区……盐城对外交通方式发生天翻地覆的变化：全市公路总里程超2万千米、全省第一，其中高速公路396千米、县县通高速；铁路总里程262千米，包括盐通高铁、盐徐高铁和盐连高铁等，盐城人的高铁梦渐成现实；盐城港"一港四区"打开海上对外开放大门，建成生产性泊位85个，货物通过能力突破亿吨；南洋机场为一类开放口岸，通达首尔、曼谷、北京、上海等国内外30多个城市。以高速铁路为重点的现代化综合交通"一张网"，逐步改写盐城的

水绿盐城　　盐阜大众报社/供

经济地理版图，推动盐城驶入发展快车道。

“立体交通”新跨越。2012年，启动建设内环高架快速路网工程，一期工程实施范公路北起盐靖高速盐城北出口、南至世纪大道段，2015年9月正式通车。二期工程全程高架，呈“一环四射”形式，按城市快速路标准设计，2014年底开工，2016年底全线通车。三期工程“一环四射”路网，覆盖盐城主城区，满足市区未来十年城市发展需要，形成城市快速路网体系，2017年底开工，2019年通车。盐城快速路网构架大市区交通立体版图。

密植高速路线网。世纪交替的前后十年，盐城掀起了第一轮高速公路建设热潮。2002年底，宁靖盐高速公路全线建成通车；2005年和2006年，盐通、盐淮、盐连高速相继通车，盐城进入全国沿海高速公路大通道。此后，盐丰高速直通大丰港口，打开市区东向出海通道，阜建高速通车实现全市县县通高速目标。在江苏新一轮高速公路网规划中，盐城市新增盐宁高速、滨海至淮安高速、盐城至射阳高速、兴化至东台高速、临沂至盐城高速5条线路。其中，备受关注的盐宁高速，将掀起盐城高速公路建设新热潮，进一步加密完善高速路网。

迈入高铁新时代。2005年7月1日，新长铁路正式并入全国铁路网，盐城正式通火车；2015年6月底，徐宿淮盐高铁项目通过评估，盐城迈入高铁时代的序幕由此拉开。2018年1月16日，设计时速350千米的盐通高铁开工建设，12月26日，盐青铁路正式投入运营，开通“复兴号”“和谐号”动车组，盐城迈入高铁时代。徐宿淮盐铁路、盐通铁路加快建设，盐城全面融入“北京一日商务圈”“上海一小时经济圈”。另有在建铁路连淮扬镇铁路（盐宁高铁联络线）、盐泰锡常宜高铁。盐城加快构筑高速铁路大通道。

海上交通向海生。盐城经济社会发展长期背朝大海，临海而不向海。建设海港、扩大开放。20世纪90年代，大丰港区开发建设在茫茫滩涂上破题，2007年9月，大丰港区国家一类开放口岸实现国际航线首航。盐城港一港四区（大丰港区、射阳港区、滨海港区、响水港区）建设提速。盐城沿海港口围绕“特色产业港”“区域枢纽港”发展定位，加大基础设施投入，提升港口发展规模，拓展港口功能，培植港口经济。至2018年底，盐城港建成国家一类开放口岸2个（大丰、滨海港区）、国家一类临时开放口岸2个（射阳、响水港区），实现全面对外开放。建成生产性泊位85个。

对外开放新空港。盐城南洋国际机场，在改革开放初期为军民合用机场，2009年盐城南洋机场国际空港口岸正式对外开放，2018年5月底，T2航站楼正式启用，9月加入东部机场集团，站上了新的发展平台。2018年，南洋机场实现旅客吞吐量182.21万人次，民航在综合交通枢纽“一张网”中的地位和作用日益凸显，也加快了盐城国际化发展步伐。以机场为依托的航空物流业方兴未艾，全省第三家、苏中苏北首家国际快件监管中心在盐城加快建设。

社会事业发展成就。科技兴市驱动发展。1978年以后，全市加大财政投入，完善体制机制，出台惠民政策，各项社会事业逐渐呈现与经济同步协调发展的良好态势。20世纪90年代以后，实施“科教兴市”战略，“十二五”期间，全市科技事业快速发展，高新技术产业提质增速，科技实力显著增强。全市53家企业列为江苏省上市培育计划入库科技企业，47家企业列为国家火炬计划重点高新技术企业，384家企业列为国家高新技术企业。以新能源、节能环保、电子信息、高端装备为主导的战略新兴产业发展迅猛，年均增幅30%以上。2018年，实施创新驱动发展战略，培育创新型企业、打造创新型园区、建设创新型城市。全市科技进步贡献率56%，全市战略性新兴产业产值增长22%；高新技术企业总数达898家，居苏北苏中第一。盐城市先后获评国家创新试点城市、全国科技进步先进市、全国科教兴市先进市、国家信息消费试点市、国家新能源汽车推广城市、国家智慧城市试点地区。

文化强市繁荣发展。盐城地域文化底蕴丰厚，是淮剧的发源地和著名的杂技之乡，具有优良的创作传统和丰厚的文化底蕴。但屡遭战火洗劫，文化事业发展遭受重创。1949年，全区只有3个文化馆。50年代初，全区才开始进行文物征集工作。进入21世纪以后，盐城大力发展和繁荣文化事业，不断提升文化建设软实力，加强重点文化设施建设，围绕海盐文化、乡土淮剧文化、杂技文化、麋鹿丹顶鹤文化、湿地生态文化、新四军与根据地红色文化、民宿和民间艺术文化等，打造了一批高质量的原创舞台剧目、动漫连续剧、杂技音乐剧以及文艺类图书，一批精品力作荣获“文华奖”“梅花奖”“银狮奖”等国家级大奖。248处革命遗址遗迹被挖掘、打造并改造修建，打造以128个以烈士命名的镇村红色文化品牌，一大批独具盐城地方特色的文化项目被列入省级非物质文化遗产目录，全国“淮剧之乡”“杂技之乡”相继落户盐城。文化惠民工程扎实推进。全市拥有公共图书馆11个、文化馆（站）136个，建成县级图书馆分馆340个，文化馆分馆28个，各级公共文化设施全面实施免费开放，基本实现城市15分钟“阅读圈”和农村3千米“文化圈”建设目标。盐城荣获“江苏省首批书香城市建设先进市”称号，全民阅读“天天悦读1+X”获得国家公共文化服务体系示范项目创建资格，系苏北唯一。

教育事业欣欣向荣。新中国成立初期，盐城教育层次较低，全市仅有中学7所、小学2948所，中学生1614人，小学生12.52万人，没有中等和高等学校。1958年，创建盐城师范、盐城工业、盐城农业、盐城医学、盐城中医、盐城中医、盐城食品、盐城水利等8所高等专科学校。“文化大革命”期间，教育工作遭受重大摧残，大部分学校停办。改革开放后，逐步恢复工专、师专和盐城教育学院，之后陆续新建盐城广播电视大学和盐城职业大学等大中专院校。经过多年持续的教育投资建设，不断推进义务教育均等化、高等教育大众化发展，至2018年底，全市拥有各级各类学校1307所，其中盐城工学院、盐城师范学院等普通高校6所，在校生6.39万人；普通中专5所，在校生2.26万人；职业高中10所，在校生2.21万人；普通中学282所，在校生30.51万人；小学333所，在校生45.42万人。幼儿园在园幼儿21.16万人。全市有教职工数9.09万人，其中专任教师7.56万人。全市民办教育机构超过400家。

医卫发展成就瞩目。1949年，全区只有公立机构17

个，床位75张，卫生技术人员189名。当年，滨海县流行黑热病，受感染患者达5000余人，县政府紧急组织救治，及时控制疫情。1952年，全区国家机关和事业单位工作人员实行公费医疗制度。同年消灭了流行于滨海、阜宁等县的黑热病。改革开放以后，全市加快医疗卫生事业发展，建立遍及城乡的基本医疗服务体系，医药卫生体制改革不断深化，医疗保障制度逐步建立，全力推进"健康盐城"建设。2018年全市拥有卫生计生机构3211个，是1949年的247倍。其中医院、卫生院301个，疾病预防控制机构10个，妇幼卫生机构11个。各类卫生机构拥有床位3.99万张，卫生技术人员4.28万人，是1949年的226倍。1982—2018年，盐城医疗卫生领域投资年均增长20.4%。已经设立院士工作站5个、名院名医工作室85个，群众可享受家门口的高水平医疗技术服务。基本医疗覆盖范围不断扩大。实现市级所有医院与县（市、区）远程医疗互联互通、"120"急救途中诊疗信息实时共享、全市远程医疗在基层医疗卫生机构乡镇卫生院覆盖率达85%。免费为全市居民提供14类55项基本公共卫生服务，全省考核第一。盐城获"国家卫生城市"称号，连续12年蝉联6届"全国无偿献血先进城市"称号。

康养保障成绩骄人。1959年崇秀云在第一届全国运动会上夺冠，实现盐城全国冠军"零"突破；1994年孙军、曹效军在第12届亚运会上分获1枚金牌和2枚铜牌，实现盐城亚运会金牌和奖牌"零"的突破；2006年骆晓娟获世锦赛女子重剑团体冠军，并于2012年获伦敦奥运会女子重剑团体冠军，实现盐城奥运会金牌零的突破；2007年於秀敏获世锦赛女子双向飞碟团体冠军，并打破世界纪录，实现世界纪录"零"的突破。至2018年底，全市健身步道总长度约805千米，位列苏北第一。2018年，全市接待海内外游客3333.9万人次，比上年增长13.7%，实现旅游总收入374.2亿元。有国家AAAAA级景区1家，AAAA级景区16家，省级旅游度假区5家，省五星级乡村旅游区4家。先后获最美中国·生态旅游特色魅力目的地城市、美丽中国之旅十佳绿色生态城市、中国特色乡村旅游目的地品牌等荣誉。近年来，伴随着民生事业蓬勃发展，社会保障日益完善，健康、养老等产业发展迅速，公共服务规模、水平快速提升。2018年全市共保障城乡低保对象6.7万户11.8万人，累计发放最低生活保障金6.2亿元。全市建有养老机构211家，城乡居家养老服务中心2215家。农村敬老院改造全部达到省定星级标准。（王海燕　赵　丽）

盐城综合交通运输体系建设跨越升级

2018年，盐城推动高速铁路、高速公路、城市高架、干线航道、干线公路、航空和农村公路同步建设，加快构建市域城乡全覆盖、多种运输方式充分衔接、对外联通对内畅达、功能齐全层次清晰、结构合理快捷高效的现代化综合交通运输体系。至年底，盐城全市有公路总里程2.37万千米，其中国道994千米、省道952千米；有等级公路2.34万千米，其中高速公路396千米、一级公路1394千米、二级公路2553千米。全市铁路总里程262千米，新长铁路盐城段里程157千米，盐城站开通客运列车13对26列次；青盐铁路盐城段里程105千米，盐城北站开通客运列车4对8列次。全市内河航道总里程4346千米，其中三级航道283千米、四级航道209千米、五级航道297千米、六级航道284千米、七级航道466千米。有一类开放口岸盐城南洋国际机场和盐城港大丰港区、滨海港区。初步形成北京、首尔、上海"一日商务圈"，通航大型枢纽和省会机场数量位居苏北前列。

迈入高铁新时代。4月，盐徐高铁盐城段全线轨通，年底达到通车运营条件；年内，盐通高铁正式开工，盐泰锡常宜铁路获得国家发改委批复；12月26日，盐青铁路正式投入运营，开通"复兴号""和谐号"动车组，提前实现"县县通铁路"目标，正式迈入高铁时代。

打造对外开放新空港。5月31日，盐城南洋国际机场T2航站楼正式投入运行，成为盐城城市形象新地标。同时，南洋机场跑道由原来的2200米延长至2800米，满足C类飞机全载起降和部分D类飞机起降条件。年内，南洋机场通航点增至34个，通航大型枢纽和省会机场数量位居苏北前列。建成建湖、射阳2个通用机场并开放使用。

形成内联外畅公路网。近年来，盐城建成204国道、228国道、331国道、226国道、348国道、352国道盐城段等一批国省干线网络，以及阜建高速公路、盐丰高速公路和盐靖高速盐城西出口改造等重点工程。2018年，新增盐宁、东兴、盐射、盐临、滨淮5个高速公路建设项目，新增里程全省第一；344国道东台弶港至五烈段、610省道东台段、348省道滨海段等一批国省干线公路建成通车，通车一级公路171千米；农村公路三年提档升级6258千米，改造桥梁3837座。

架起贯通城市高架网。盐城建成通车里程57千米的内环高架一、二期工程，构成大市区"一环五射"内环高架快速路网，实现市区内部交通的内联外通，市民在市区内任意一点出发，15分钟内基本可以进入城市外围高速公路环线。总里程33千米的内环高架三期工程建设之中，主体工程已完成50%以上，建成后可实现盐城市区内与高速公路主要出入口、城市各组团、重要节点之间快速通达。

绘就一港四区新海港。盐城沿海港口岸线规划为128.24千米，其中深水岸线64.9千米，建成以"一港"——盐城港、"四区"——大丰港区、射阳港区、响水港区、滨海港区为主的海上大通道，与世界直航实现全覆盖。至2018年底，盐城港建成国家一类开放口岸2个，国家一类临时开放口岸2个，生产性码头泊位85个，其中万吨级以上泊位22个，泊位年综合通过能力1.05亿吨，集装箱年通过能力10.7万标箱；拥有国内外航线28条。盐城港全年货物吞吐量完成9808.4万吨，集装箱20.93万标箱，其中外贸吞吐量完成1801.1万吨。（严志鉴）

大事记

□1月
□2月
□3月
□4月
□5月
□6月
□7月
□8月
□9月
□10月
□11月
□12月

大事记

编　辑　许寅生

1月

2日　南海未来城核心区项目开工建设。

3—6日　盐城市政协八届二次会议在盐城召开。

4—7日　盐城市八届人大二次会议在盐城召开。

5日　在教育部公布的2017年度长江学者特聘教授、讲座教授和青年学者名单中，盐城籍学者侯晋（海军军医大学免疫学研究所暨医学免疫学国家重点实验室教授）当选为长江学者、青年学者。

8日　盐城市监察委员会挂牌成立。

△　在北京举行的国家科学技术奖励大会上，盐城中学校友、中国工程院院士李立浧作为第一完成人研究的“特高压±800千伏直流输电工程”项目，获国家科技进步奖特等奖。

9日　盐城市与新东方教育科技集团有限公司签署全面战略合作框架协议。

△　大丰区被省卫生计生委授予“江苏省妇幼健康优质服务示范县（市、区）”称号。

10日　在中央文明办主办、中国文明网承办的“我推荐我评议身边好人”活动中，市政协委员、东台市人大代表、东台市义工联合会会长、东台市中医院主治医师葛敬军当选助人为乐类“中国好人”。

12日　盐都区和东台市被农业部列入第三批全国渔业健康养殖示范县名单。

14日　射阳大米获农业部农产品地理标志登记证书。

15日　江苏黄海海滨国家森林公园获批省级旅游度假区。

16日　盐通高铁在盐城正式开工建设。

17—18日　共青团盐城市第八次代表大会在盐城召开。

18日　盐城南洋机场开通盐城—南京、盐城—长春航线。

20日　盐城籍雕塑家吴为山当选法兰西艺术院通讯院士，成为继著名画家吴冠中之后当选该院通讯院士的第二位中国艺术家。

22—23日　盐城市妇女第七次代表大会在盐城召开。

26日　央视《新闻联播》以“江苏：科技富农，打造农业发展新引擎”为题，报道响水县西兰花等高效特色农业发展情况。

27日　央视《焦点访谈》播出《灾后重建的契机》，聚焦阜宁县康居工程建设，向全国介绍乡村振兴的盐城经验。

29日　江苏射阳港经济开发区、盐城市纺织染整产业园、盐城国家高新技术产业开发区、盐城经济技术开发区入选首批省级创业型园区。

2月

6—7日　江苏省委书记娄勤俭在盐城调研，就开好省委常委会年度民主生活会征求各方面意见，并考察盐城抗击“6·23”特大龙卷风纪念馆和新四军纪念馆。

11日　市委、市政府召开全市目标任务综合考核总结表彰大会。会议表彰2017年度全市目标任务综合考核先进集体和个人、“争星创优”活动优胜企业和企业家。

13日　市委、市政府在东郊迎宾馆举行2018年春节团拜会。市主要领导与300多位各界人士欢聚一堂，共迎新春佳节，向全市人民致以新春问候和美好祝福。

28日　全市第三轮产业园区项目载体建设现场推进会在盐城召开。

3月

1日　《盐城市城乡规划条例》正式实施。

2日　盐城响水西兰花、大丰南阳辣椒、东台西瓜、恒北早酥梨入选2017年度全国名特优新农产品目录。

9—10日　“2018江苏·新北智慧社区论坛”在盐城举行。江苏和中国台湾新北市的200多名村、社区主任（里长），以“新时代新家园——从社区服务到社区建设”为主题，交流和分享智慧社区建设经验。

21—23日　中国驻白俄罗斯大使崔启明率外交部驻外使节团到盐城调研。驻外使节团就大丰港经济开发区、盐城新能源淡化海水产业示范园、大丰麋鹿国家级自然保护区等进行考察。

27—28日　韩国产业通商资源部投资政策官张瑛真和韩国驻华使领馆相关负责人员在盐城考察中韩(盐城)产业园建设发展情况。

30日　在中宣部、中央文明办主办的3月份“中国好人榜”评选活动中,阜宁县板湖镇孔荡村农家妇女周为华被评为孝老爱亲类“中国好人”。

4月

3日　在中宣部、中央文明办召开的全国学雷锋志愿服务工作推进会上,建湖县以老助老志愿服务项目被评为全国“最佳志愿服务项目”。

4日　东台市被省政府授予江苏人居环境奖。

10—11日　全国人大常委会委员、全国人大华侨委副主任委员、致公党中央副主席曹鸿鸣带领致公党中央调研组在盐城就“推动产城融合促进高质量发展”开展专题调研。调研期间,调研组实地考察大洋湾生态区、智能终端产业园等并召开座谈会。

12—13日　“平安中国之珠”国际执法交流合作窗口单位建设现场会在盐城举行。公安部国际合作局授予盐城市公安局全国首个“平安中国之珠”国际执法交流合作窗口单位和“国际执法培训盐城基地”牌子。

19日　全市领导干部会议在盐城召开。会议宣布省委决定:戴源任盐城市委书记,王荣平不再担任盐城市委书记、常委、委员职务,曹路宝任盐城市委委员、常委、副书记。

20日　市八届人大常委会第十一次会议在盐城召开。会议决定接受戴源辞去盐城市人民政府市长职务的请求,并报市第八届人民代表大会第三次会议备案,任命曹路宝为盐城市人民政府副市长,代理市长职务。

21日　在北京召开的2018区域协调发展与精准扶贫成果报告会上,射阳县获“2018中国十佳最具投资营商价值城市”称号。

25日　《盐阜大众报》创刊75周年纪念大会在盐城举行。

5月

3日　由共青团盐城市委、市青联主办的纪念改革开放40周年青春故事汇在宝龙城市广场举行。

8日　第二届全国农民体育健身大赛在阜宁开赛。大赛有来自全国25个省(区、市)的近300名农民运动员参赛。

14日　万科集团与悦达集团在盐城签订战略合作协议。

18日　中韩(盐城)产业园投资说明会暨第十一届海盐文化节在盐城开幕。

Δ　全省数据交易和流通领域首个创新平台——江苏大数据交易和流通工程实验室,在城南新区揭牌。

19—20日　由国家体育总局社会体育指导中心、中央电视台体育频道、中国龙舟协会、盐城市政府共同主办的2018年中华龙舟大赛(江苏·盐城站)在大洋湾生态旅游景区举行。中华龙舟大赛是国内规格级别最高、竞技水平最高、影响力最大的龙舟赛事,盐城站是今年大赛的第三站。

24—26日　第二届中韩环境科技学术研讨会在盐城举行。专家学者就两国环境保护、资源利用、污染处理等方面展开学术探讨,在环保污染处理方法和技术应用上达成共识。

31日　盐城南洋机场T2航站楼正式运营。T2航站楼可满足高峰小时起降飞机15架次,年旅客吞吐量300万人次。

6月

1日　中国少年先锋队盐城市第三次代表大会在盐城召开。

8—9日　6月9日是第11个“国际档案日”。8日,盐城市以“档案见证改革开放”为主题在市行政中心举行“国际档案日”宣传展示系列活动。9日,市档案局会同盐都档案局、亭湖档案局等单位在市区迎宾公园举行“国际档案日”庆祝宣传活动。

12日　盐城市红十字会第六次代表大会在盐城召开。会议审议通过《盐城市红十字会第五届理事会工作报告》,选举产生市红十字会监事会,这是全省首个设区市红十字会监事会。

26日　东台西溪旅游文化景区和大丰荷兰花海景区获得“江苏十大旅游新目的地”称号。

28日　2018届中高职衔接毕业典礼暨全国技能大赛表彰会在盐城生物工程高等职业技术学校举行。

30日　新水源地及跨区域引水工程主线建成仪式在盐龙湖水厂举行。

7月

5日　新组建的国家税务总局盐城市税务局举行挂牌仪式,标志着原江苏省盐城市国家税务局、江苏省盐城地方税务局正式合并。

11日　射阳通用机场获民航华东地区管理局颁发的通用机场使用许可证,成为华东地区首个A1类仪表导航机场。

17—19日　由江苏省外事办和盐城市共同主办的“感知江苏——外国驻沪总领馆官员盐城行”活动在盐城举行。此次活动有来自菲律宾、智利、英国等7个国家的15名驻沪总领馆官员参加。代表团到盐都区、城南新区、大丰区和东台市的重点高新产业园区和文化旅游项目进行现场考察。

30日　由盐城市纪委、市监委主办的舆论监督栏目《清风盐城》在市广播电视总台演播大厅举行开播仪式。

8月

1日　在江苏省第十一届双拥模范城(县、区)命名暨双拥模范单位和先进个人表彰大会上,滨海县、阜宁县、射阳县、东台市、盐都区、亭湖区6个县(市、区)被命名为"江苏省双拥模范城(县、区)"。

9日 市委主要领导率代表团赴青岛与北部战区领导一起出席海军第二十八批护航编队回国欢迎仪式,向官兵们致以诚挚问候和崇高敬意。

17日 盐城市召开庆祝2018年中国医师节大会,表彰优秀乡村医生、优秀医务工作者和医德标兵。

22日 响水县与徐州宝丰特钢有限公司签约建设现代化钢铁基地项目。

23日 海外华侨华人高层次人才江苏行暨盐城海外人才年会在盐城举行。

31日 在中央文明办主办、中国文明网承办的"中国好人榜"评选活动中,滨海县63岁老人吕其俊当选见义勇为类"中国好人"。

9月

5日 在第四届"江苏慈善奖"表彰大会上,东风悦达起亚汽车有限公司被授予"最具爱心慈善捐赠企业"称号,"东风悦达起亚家园"房屋援建项目被评为最具影响力慈善项目。

6—7日 由中国能源研究会指导,盐城市政府与远景科技集团共同发起的"2018盐城绿色智慧能源会议"在盐城召开。英国前首相戴维·卡梅伦应邀出席会议并作演讲。会议成立智慧能源示范区专家指导委员会,举行长三角新能源专委会成立大会和智慧电网、海上风电发展及产业链、光伏产业发展、天然气产业发展、电动汽车及储能等分场会议,通过《长三角协调会新能源产业专业委员会章程》。

13日 推广智能信包箱建设全国现场会在盐城召开。

15日 盐城市在上海举行"走进大美湿地·畅游水韵盐城"盐城旅游(上海)推介会。

15—21日 第28届东亚保龄球锦标赛在盐城市全民健身中心举行。赛事有来自中国、韩国、朝鲜等国家和地区的69名运动员参赛,其中盐城市运动员10人。中国一队(盐城)的选手们取得3金7银3铜的成绩,这也是中国一队(盐城)在参加东亚保龄球锦标赛中取得的历史最好成绩。

16日 盐城师范学院举行建校60周年庆祝活动。

17日 江苏丰山集团股份有限公司在上海证券交易所挂牌交易,这是盐城继悦达集团后第二家在A股主板上市的本地企业。

21日 由盐城市政府、中国汽车工业协会和中国机械国际合作股份有限公司主办,盐城经济技术开发区、盐城联合国际展览有限公司联合承办的2018中国东部沿海(盐城)第七届国际汽车博览会在盐城国际会展中心开幕。

28日 盐城工学院举行建校60周年庆祝活动。

30日 盐城市社会各界纪念革命烈士活动在新四军纪念馆广场举行。

△ 2018金秋旅游季暨第五届荷兰花海百合花文化月活动在大丰荷兰花海开幕。

10月

2—3日 盐城市首届大洋湾龙舟赛在大洋湾生态旅游景区举行。

4日 在第十届中国杂技金菊奖全国魔术比赛中,由射阳县杂技团创作的魔术节目《羽》获中国杂技界最高荣誉"金菊奖"。

10日 2018年全国大众创业万众创新活动周"创响盐城"启动仪式暨第五届盐城市科技创业大赛颁奖大会在盐举行。

12日 由北京新四军研究会和新四军纪念馆联合举办的"永恒的丰碑——2018盐城·红色文物保护公益宣传活动"在盐城举行。

18日 中国光大银行入驻盐城。

30日 2018中国美丽乡村百佳范例经验交流会在亭湖区黄尖镇举办。

11月

8日 第七届江苏省青年科学家年会在盐城举行。

12日 在2018年美国AGA世界造景大赛中,东台青年葛俊峰创作的水景缸——《Huanghai Forest》(黄海森林)入选全球十佳作品。

16—17日 2018黄(渤)海湿地盐城国际会议在盐城召开。会议向全球发布湿地保护"盐城倡议",向9位国内外湿地保护专家颁发盐城海滨湿地研究院特约研究员聘书。盐城海滨湿地研究院与联合国湿地公约组织东亚中心签订"深化生态保育与滨海湿地保护合作备忘录"。盐城海滨湿地研究院、天合公益基金会、世界自然基金会(瑞士)北京代表处签订"盐城湿地生态保护和管理实验合作备忘录"。

30日 盐城市政府与中国宝武钢铁集团有限公司在南京签署合作协议,在盐城滨海港工业园区新建2000万吨级"绿色、智慧、精品"钢铁生产基地。

12月

5日 第六届中韩公共外交论坛在盐城举行。

18日 在北京举行的庆祝改革开放40周年大会上,盐城人许立获"改革先锋"称号,获颁改革先锋奖章。

21日 民革盐城市支部成立会议在盐城工学院举行。

24日 盐城市国际商会第二届会员代表大会在盐城召开。

26日 盐青铁路(盐城—青岛)正式开通,标志着盐城驶入"高铁时代"。

28日 以"奋进新时代"为主题的2018年盐城公安工作报告会在盐城举行,会上为第六届盐城最美警察、首届盐城黄海名探、首届见义勇为好市民颁奖。

(王 静 张永涛)

盐城概览

- 市情概况
- 年度总情

第01章　市情概况

编　　辑　许寅生

综　　述

盐城位于江苏沿海中部，地处北纬32°34′～34°28′，东经119°27′～120°54′之间。东临黄海，南与南通市、泰州市接壤，西与淮安市、扬州市毗邻，北隔灌河与连云港市相望。盐城有着得天独厚的土地、海洋、滩涂资源，是江苏省土地面积最大、海岸线最长的地级市。全市土地总面积16931平方千米，其中沿海滩涂面积4553平方千米，占全省沿海滩涂面积的70%；海岸线长582千米，占全省海岸线总长度的56%。射阳河口以南沿海地段还以每年10多平方千米的速度向大海延伸，被称之为“黄金海岸”，是江苏最大、最具潜力的土地后备资源。盐城海陆空交通便捷，形成高速公路、铁路、航空、海运、内河航运五位一体的立体化交通运输网络。城市快速公交(BRT)运行，盐城成为全省第二个、江北首个拥有快速公交系统的城市。盐城南洋机场和盐城大丰港区、滨海港区是国家一类开放口岸，盐城市是同时拥有空港、海港两个国家一类开放口岸的地级市，盐城空港开通国际、国内航线36条。新长铁路盐城站开通全国客货运。青盐铁路通车，盐城正式进入“高铁时代”。盐靖、盐通、盐连、徐淮盐高速公路四通八达，实现盐城“县县通高速”目标。

盐城是沪、宁、徐三大区域中心城市300千米辐射半径的交会点，是江苏沿海中心城市，长三角新兴的工商业城市，湿地生态旅游城市，是江苏省委、省政府确定的“重点发展沿江、大力发展沿海、发展东陇海线”的三沿战略及“海上苏东”发展战略实施的核心地区，是“京沪东线”的重要节点，是国家沿海发展和长三角一体化两大战略的交汇点，盐城在区域经济格局中具有独特的区域优势。

2018年，全市年末户籍总人口824.73万人，常住人口720万人(城镇化率64.03%)，是江苏面积第一、人口第二的大市。全市地区生产总值达到5487.1亿元，全年地方一般公共预算收入381亿元。盐城先后被评为中国优秀旅游城市、全国科教兴市先进市、全国双拥模范城、全国无偿献血先进城市、中国投资环境百佳城市、国家创新试点城市、全国科技进步先进市、国家知识产权试点城市、全国粮食生产先进市、国家园林城市、国家卫生城市、全国绿化模范城市、国家可持续发展试验区、国家生态文明先行示范区、国家新能源示范城市、国家新能源汽车推广城市、国家智慧城市试点城市、全国社会治安综合治理优秀市等，盐城对外来投资的吸引力进一步增强，经济社会实现又好又快发展。

(草　木)

第一节　政区环境

一、建置区划

建置沿革　西周前为“淮夷”地。汉武帝元狩四年(前119年)始建盐渎县。东晋安帝义熙七年(411年)，因“环城皆盐场”更名盐城。南北朝先设射阳郡，后改盐城郡。隋大业末年(618年)，韦彻据盐城称王立射州，分射阳、新安、安乐3县。唐武德七年(624年)，废射州复盐城县，属楚州；乾元元年(758年)，置盐城监以管楚州盐务。南唐升元元年(937年)，划属泰州并设海陵监驻东台场，以监管南北盐场，东台名始见史书。宋代属楚州。元代隶扬州路、淮安路(后改扬州府、淮安府)。明清时分属扬州、淮安两府。其间，阜宁于清雍正九年(1731年)建县，东台于乾隆三十三年(1768年)建县。民国年间先属淮扬道，后废道隶省，先后设江苏省行政第十督察区、盐城行政督察区、第六行政督察区，治所均设盐城。1941年9月，盐阜区行政公署成立，盐城分为盐城、盐东、建阳3县，阜宁分为阜宁、阜东2县，盐阜行政区辖盐城、盐东、建阳、阜宁、阜东、淮安、涟水7县和涟灌阜边区办事处；东台县属苏中二分区。1942年4月，析射阳河以南、串场河以东、黄沙港以北建射阳县，同时将涟灌阜边区改为潮南县(后改滨海县)；5月，析东台北部建台北县，均属苏中二分区；11月，东台、泰东2县并为东台县。1944年10月，台北县并入东台县，因二分区撤销改隶苏中四分区。1945年10月，盐阜行政区改为盐阜分区；11月，东台县析出小海、滨海和堤东区，与9月成立的大中集垦区特区合并为台北县；12月，盐阜分区改为苏皖边区五分区，辖盐城、盐东、建阳、阜宁、阜东、射阳、滨海、淮安、涟东9县；原苏中三、四分区合并为苏皖边区一分区，东台、台北二县均隶一分区。1947年2月，以通榆公路为界改五分区为新的五分区和十一分区，路西的盐城、建阳、阜宁、涟东、淮安5县为五分区，路东的盐东、射阳、阜东、滨海4县为十一分区；9月，五分区和十一分区又合为五分区，仍辖9县。1949年5月，苏皖边区一、五分区改为泰州行政区和盐城行政区，盐城行政区辖盐城、盐东、建阳、阜宁、阜东、射阳、滨海、淮安、涟东9县，东台、台北属泰州行政区；11月，盐东、阜东分别并入射阳、滨海。1950年1月起，东台、台北划属盐城行政区；6月，涟东县划属淮阴行政区。1951年7月，台北县更名大丰县，建阳县更名建湖县。1953年1月，江苏省人民政府成立，盐城专区辖盐城、东台、大丰、建湖、射阳、阜宁、滨海和淮安8县。1954年10月，淮安县划属淮阴专区。1966年3月，析滨海县中山河以北建响水县。1968年3月，盐城专区革命委员会成立，各县相继成立县革委会。1971年5月，盐城专区改称盐城地区，仍辖8县。1978年10月，撤销盐城地区革命委员会，成立盐城地区行政公署。1983年3月，实行市管县新体制，撤销盐城地区和盐城县，建省辖市盐城市，同时将原盐城县盐城镇范围设置为市城区，原盐城县农村范围设置为市郊区，全市辖东台、大丰、建湖、射阳、阜宁、滨海、响水7个县和城区、郊区2个区。1987年12月，东台撤县改市。1996年8月，大丰撤县改市；9月，市郊区改设盐都县。2004年3月，市城区更名亭湖区，同时撤销盐都县设立盐都区。2015年8月，经国务院批准，撤销县级大丰市，设立盐城市大丰区。

湿地脉络　　徐　行/摄

行政区划　2018年，盐城市下辖东台1个县级市和建湖、射阳、阜宁、滨海、响水5个县，以及盐都、亭湖、大丰3个区，设有盐城经济技术开发区和城南新区。共有30个街道、95个镇，2438个村(居、社区)。

二、环境资源

成陆演变　盐城是沿海成陆较早的地区之一。市境海陆几经变迁，经历了桑田沧海、沧海桑田的演变过程。距今2万年左右，现市境均为陆地。距今7000年左右，气候普遍转暖，一次大规模海浸，今盐城辖境均为大海，成为浅海湾的一部分。距今7000年至5000年的新石器时期，海面基本稳定。长江、淮河搬运入海的大量泥沙在浅海湾底部逐步堆积，形成了呈西北—东南走向的岸外沙堤，海岸线长期稳定在阜宁、盐城一线，即被称之为西冈的今羊寨、龙冈、大冈、安丰一线。秦汉前，距今约3900年至3300年，西冈以东开始形成新的内堤，即被称之为东冈的今施庄、上冈、盐城、草埝、东台一线。南宋建炎二年(1128年)黄河夺淮，历700余年，带来巨量泥沙入海与长江口入海北移的泥沙会合，使盐城海岸线迅速向东淤长，海涂渐成陆地。

地貌特征　盐城市全境为平原地貌，西北部和东南部高，中部和东北部低洼，大部分地区海拔不足5米，最大相对高度不足8米。全境分为3个平原区：黄淮平原区、里下河平原区和滨海平原区。黄淮平原区位于苏北灌溉总渠以北，其地势大致以废黄河为中轴，向东北、东南逐步低落。废黄河海拔最高处达8.5米，东南侧的射阳河沿岸最低处仅1米左右。里下河平原区位于苏北灌溉总渠以南，串场河以西，属里下河平原的一部分，总面积4000多平方千米，该平原区四周高、中间低，海拔最低处仅0.7米。滨海平原区位于灌溉总渠以南，串场河以东，总面积为7000多平方千米，约占全市总面积的一半，该平原区大致从东南向西北缓缓倾斜。东台境内地势较高，一般海拔为4米~5米间，向北逐渐低落，到射阳河处为1米~1.5米。

气候特征　盐城地处北亚热带向暖温带气候过渡地带，一般以苏北灌溉总渠为界，渠南属北亚热带气候，渠北属南暖温带气候，具有过渡性特征。气候受海洋影响较大，与同纬度的江苏省西部地区相比，春季气温低且回升迟；秋季气温下降缓慢且高于春温；年降水量也比江苏省西部地区明显偏多。季风气候明显，冬季受欧亚大陆冷气团影响，盛行偏北风且多寒冷天气；夏季受太平洋副热带高压影响，盛行偏南风且多炎热天气，空气温暖而湿润，雨水丰沛。

2018年，全市年平均气温偏高，降水量总体正常，局部偏多，时间分布不均，日照时数正常。冬季(2017年12月至2018年2月)平均气温正常，降水量北部地区偏少，中南部地区正常，日照除响水偏少外，其余各站均在正常范围内；春季(3—5月)降水偏多，气温偏高，日照基本正常，雨日除盐都偏少外，其余各站偏多；夏季（6—8月）气温偏高，降水分布不均，呈正常或偏少的状态，日照正常，部分地区偏多；秋季（9—11月）降水北多南少，中前期降水偏少，出现了干旱天气，后期降水增多，气温正常，雨日总体正常，日照正常。全市极端最高气温36.9℃，7月26日出现在大丰；极端最低气温-10.4℃，1月12日早晨出现在建湖。

2018年，入梅偏晚，出梅正常，梅期偏短。全市6月27日入梅，较常年相比偏晚（常年6月18日）；7月10日出梅，出梅正常（常年7月10—12日）。梅期长13天，梅期偏短（常年23～24天）。降水总量分布不均，与常年相比，淮河以南地区偏少，淮河以北偏多。

气温。全市年平均气温为14.9℃（射阳）～16℃（东台），与常年相比，响水、滨海、阜宁和射阳正常略偏高0.7℃～0.9℃，其余各站偏高1.1℃～1.2℃。冬季（2017年12月至2018年2月）平均气温为2.1℃～3.1℃，与常年相比，各站正常略偏低0.1℃～0.4℃；春季（3—5月）平均气温为14.1℃～15.8℃，其中射阳比常年同期正常略偏高1.0℃，建湖、盐都和东台比常年同期异常偏高2.0℃～2.1℃，其他地区比常年同期显著偏高1.5℃～1.9℃；夏季（6—8月）平均气温为26.3℃～27.5℃，与常年同期相比，射阳偏高0.9℃，其余各站比常年同期显著偏高1.4℃～1.8℃；秋季（9—11月）平均气温为16.0℃～17.4℃，与常年同期相比，滨海正常略偏低0.1℃，其余各站正常略偏高0.1℃～0.7℃。其中，3月、4月和8月平均气温比常年同期异常偏高2.1℃～2.5℃，7月、11月平均气温比常年同期偏高1.2℃～1.4℃，5月、6月和9月平均气温比常年正常略偏高0.6℃～1.0℃，1月、2月和10月平均气温与常年相比正常略偏低0.3℃～0.8℃。全市极端最高气温36.9℃，7月26日出现在大丰；极端最低气温-10.4℃，1月12日早晨出现在建湖。

降水量。全市年降水总量为922.9毫米（响水）～1300.5毫米（滨海），时间分布明显不均。与常年相比，滨海偏多三成至四成，其余各站均在正常范围内，其中建湖、盐都和东台比常年正常略偏多一成以上，其他各站与常年基本持平。冬季（2017年12月至2018年2月）总降水量41.3毫米～104.1毫米，其中盐都、大丰和东台与常年基本持平，其余各站偏少二成至四成；春季（3—5月）总降水量218.9毫米～413.8毫米，与常年相比，盐都和东台偏多四成至五成，大丰异常偏多1倍以上，其他地区均比常年显著偏多五成至八成；夏季（6—8月）总降水量为358.5毫米～613.6毫米，其中滨海、建湖、盐都和东台与常年同期基本持平，其余各站偏少二成至四成；秋季（9—11月）总降水量为100.3毫米～309.1毫米，与常年同期相比，阜宁基本持平，滨海显著偏多八成不到，响水偏多二成至三成，射阳正常略偏多近二成，建湖正常略偏少二成不到，盐都和东台偏少三成至四成，大丰显著偏少五成多。其中，10月降水显著偏少五成多，2月和4月偏少二成至五成，6月和7月基本与常年持平，9月偏多四成左右，1月、3月、11月和12月显著偏多五成至八成，5月和8月异常偏多1倍左右，全年总雨日103～122天，比常年偏多7.1～16.8天。

日照。全年全市总日照时数为1872.6小时（响水）～2271.7小时（滨海），与常年相比，各站均在正常范围内，其中响水和大丰正常略偏少一成至二成，建湖和盐都正常略偏少一成左右，其余各站与常年基本持平。冬季（2017年12月至2018年2月）日照时数384.8小时～492.3小时，与常年相比，响水偏少二成多，滨海、射阳和东台与常年基本持平，其余各站正常略偏少一成左右；春季（3—5月）474.4小时～593.3小时，与常年相比，响水偏少二成多，其余各站均在正常范围内；夏季（6—8月）总日照时数为572.3小时～724.0小时，与常年相比，响水、滨海和射阳偏多二成至三成，其余各站均在正常范围内；秋季（9—11月）总日照时数为463.7小时～572.6小时，与常年同期相比，各站均在正常范畴。其中，1月、5月、11月和12月平均日照时数比常年同期偏少二成至四成，其余月份日照时数均在正常范围内。

自然资源 盐城市自然资源十分丰富，拥有海洋和滩涂资源、岸线港口资源、石油天然气资源、生态旅游资源等自然资源。

土地资源。盐城市土地面积16931平方千米，其中耕地8378平方千米、园地155平方千米、林地123平方千米、草地66平方千米，城镇村及工矿用地2288平方千米、交通运输用地522平方千米、水域及水利设施用地4817平方千米，其他土地581平方千米。

海洋和滩涂资源。全市海岸线长582千米，占全省海岸线总长度的56%；全市海域面积1.89万平方千米，占全省48%。全市滩涂总面积4553平方千米，占全省滩涂面积70%，其中潮上带面积2080平方千米，潮间带面积1139平方千米，辐射沙洲面积1334平方千米。

岸线港口资源。盐城沿海岸线总长582千米，占全省海岸线总长度的56%，规划港口岸线128.24千米，其中深水岸线64.9千米，已利用24.67千米。海域面积1.89万平方千米，其中内水面积1.21万平方千米，领海面积6753平方千米，沿海海域是中国唯一无赤潮的内海水域。盐城港下辖大丰、射阳、滨海、响水4个港区。大丰港区北距青岛港210海里、距连云港港120海里，东距日本长崎港460海里、距韩国釜山港465海里，南距中国台湾基隆港620海里、距上海港280海里，是国家一类开放口岸。滨海港区地处江苏沿海中部、连云港与长江口之内，与日本、韩国隔海相望，-10米等深线离岸最近处为1.22海里，深水直通大海，可建5万吨至10万吨级码头泊位，是江苏沿海水深条件最好的岸段之一、国家一类开放口岸。射阳港区拥有建成生产性码头泊位25个（万吨级以上泊位4个），泊位年综合通过能力861万吨，2017年获批国家一类临时开放口岸。响水港区距连云港港27海里，距日照港59海里，集、疏、运条件比较优越，为国家一类临时开放口岸。至2018年底，盐城港建成国家一类开放口岸2个，国家一类临时开放口岸2个，生产性码头泊位85个，其中万吨级以上泊位22个，泊位年综合通过能力1.05亿吨，集装箱年通过能力10.7万标箱；拥有国内外航线28条。盐城港全年货物吞吐量完成9808.4万吨，集装箱20.93万标箱，其中外贸吞吐量完成1801.1万吨。

生态旅游资源。市域东部拥有太平洋西海岸、亚洲大陆边缘最大的海岸型湿地，被列入世界重点湿地保护区和《世界遗产名录》，建有世界上第一个野生麋鹿保护区和国家级珍禽自然保护区，为联合国人与自然生物圈成员。市域西部地处里下河地区腹地，大纵湖、九龙口、马家荡等湖泊水域面积近百平方千米，为典型的潟湖型湖荡湿地，原始生态环境保存较好，被誉为“金滩银荡”。2018年，全市有景点93个，其中国家级自然保护区2个，国家AAAAA级旅游景区1个，国家AAAA级旅游景区(点)16个。（草 木）

第二节　城市文脉

一、人文历史

历史述略　盐城历史悠久，是中国东部沿海开发利用较早的地区之一。20世纪70年代以后，阜宁县施庄镇东园遗址、东台市溱东镇开庄遗址、阜宁县板湖镇陆庄遗址等发现的为数众多的古人类活动遗存证明，在五六千年前的新石器时代，黄海之滨，淮河两岸，射阳湖畔，已有盐阜人民的先民在这块狭长的土地上劳动、生息、繁衍，孕育了盐城的远古文明。战国时期，先民们利用近海之利“煮海为盐”。秦汉时代，境内“煮海兴利、穿渠通运”，盐铁业相当发达，当时这里人口较多，使用铁制农具和牛耕技术比较普遍。汉武帝元狩四年(前119年)，朝廷将古射阳县东部靠黄海的一部分划出来单独设县，因这里遍地皆为煮盐亭场，到处是运盐的盐河，故称盐渎县。初时有县无治，由射阳丞(今扬州市宝应县)代管。东汉时，富春人(今浙江省杭州市富阳区)孙坚，因讨平许昌、许韶父子农民起义军有功，出任盐渎丞，他是见之于史书的最早的盐渎县丞。他的次子孙权，后来当了吴王。三国时，曹操令江淮民西迁，废盐渎县。300多年后，西晋复县。东晋安帝义熙七年(411年)，盐渎因“环城皆盐场”而更名为盐城，盐城成为名副其实的产盐之城。盐城因“盐”置县，因“盐”兴城，在之后漫长的时间里，盐城的海盐生产无论是技术，还是产量、质量，在海盐生产历史上都独领风骚。盐城以海盐文化著称于世，海盐文化是这座城市文明的根基和灵魂。北齐时于盐城设射阳郡，陈时改为盐城郡。隋大业末年(618年)，江淮农民起义军领袖韦彻据盐城称王立射州，分为射阳、新安、安乐3县。唐初，废射州(直至清末，境内未设过州、郡)，复置盐城县。唐朝时期，盐城曾是长安与海外交往的要津之一。日本僧人粟田真人、日本遣唐使阿倍仲麻吕(即晁衡)、新罗国太子金士信等，均由射阳河口登陆，西去长安。宋代，盐城属楚州，岳飞和韩世忠、梁红玉夫妇在盐城一带抗金。元末张士诚率盐民起义，建立大周政权，前后坚持了14年，是震撼和瓦解元朝腐朽统治的一支重要力量，最后在平江(今苏州市)称吴王。明初，盐城属应天府，民间传说朱元璋“洪武赶散”(古称“红巾赶散”)，苏州、松江、嘉兴、湖州、杭州等地4000余名无田农户迁往江北，一部分落户盐城。清初，先属江南省，后划归江苏省。民国初年张謇废灶兴垦，又迁来一部分启海棉农。清雍正九年(1731年)建阜宁县。乾隆三十三年(1768年)建东台县。民国期间(1912—1949年)，境内先后设江苏省盐城第十行政督察区、盐城行政督察区、第六行政督察区。盐城区辖盐城、东台、阜宁、兴化4县。1940年10月，东进北上的新四军与南下的八路军在白驹狮子口会师，成立了华中总指挥部。皖南事变后，新四军在盐城重建军部，陈毅为代军长，刘少奇为政治委员。从此，盐城成为苏北抗日根据地的心脏。华中党校、抗大五分校、鲁艺华中分院，在盐城为党培养了大批抗日干部和各业人才。刘少奇、陈毅等老一辈革命家在此留下了战斗足迹。1941年9月，成立盐阜区行政公署。1947年10月底，盐城获得解放。1948年上半年，全盐阜区回到人民怀抱，成为解放战争的大后方，为淮海战役、渡江战役的胜利，为解放全中国做出了贡献。

文化名人　盐城文化底蕴丰厚，历代人文荟萃。汉末“建安七子”之一的陈琳文雄海内，蜚声华夏。宋代晏殊、吕夷简、范仲淹先后在西溪任盐官，后相继入朝为相，人称“西溪三杰”，被传为千古佳话。晏殊的《浣溪沙》：“无可奈何花落去，似曾相识燕归来”、吕夷简《咏牡丹》：“异香浓艳压群葩，何事栽培近海涯？开向东风应有恨，凭谁移入王侯家”、范仲淹《至西溪感赋》：“谁道西溪小，西溪出大才。参知两丞相，曾向此间来”都写在西溪任上。“先天下之忧而忧，后天下之乐而乐”的范仲淹，在任西溪盐仓监时倡修的捍海堰，屏蔽盐灶，泽被后世，世人传颂为“范公堤”。南宋左丞相陆秀夫以身殉国，成为流芳百世的抗元民族英雄。元末盐民张士诚揭竿起义，建立大周政权，在平江(今苏州)自称

盐城市水浒文化博物馆　　刘钟越/摄

吴王。元末明初，文学巨匠施耐庵与弟子罗贯中曾隐居白驹场，撰写中国古典小说《水浒传》《三国演义》。明代哲学家王艮创立的“泰州学派”名闻全国。书法家宋曹的作品漂洋过海，饮誉扶桑。明末清初著名评话艺术大师柳敬亭，以其精湛的技艺名闻天下。清初布衣诗人吴嘉纪，在中国文学史上与历代群贤共放异彩，被称为“清初三大家”之一。孔尚任、李汝珍用盐城的水墨润就了不朽名篇《桃花扇》《镜花缘》。晚清武状元徐开业镇守潼关，以身殉国。水利专家冯道立治水有方，著就《淮扬治水论》《测海蠡言》等名篇40余部。爱国志士臧在新、伏龙等追随孙中山先生反帝反封建，为国捐躯，被国民政府追授为中将衔。“五卅”反帝爱国先驱顾正红，新闻史研究的开拓者戈公振，左联作家孙石灵，爱国科学家喻兆琦等著名人物，在中国近现代史上尽显风采。1941年“皖南事变”后，新四军在盐城重建军部，这里一度成为华中抗日根据地的指挥中心。在刘少奇、陈毅、黄克诚、粟裕等老一辈无产阶级革命家的领导下，盐城人民前仆后继，浴血奋战，涌现出许多可歌可泣的英雄人物和革命烈士。当代更是人才辈出。佛教居士高鹤年，书法家高二适，教育家陈中凡，杰出外交家乔冠华，马克思理论家、被誉为“中共一支笔”的胡乔木等等，难以一一列举。为了纪念历代名人，缅怀他们的业绩，1986年建成新四军纪念馆，2000年在迎宾公园内兴建了盐城历史文化名人长廊，各县(市、区)修复了一批名人故居，以供后人瞻仰、凭吊。

民族宗教 盐城市境内原为汉民族聚居区。大约在元末明初，陕西、河南一带回民因饥荒陆续迁居境内，至此，境内始有少数民族居住。后因饥荒或战乱，其他如满族、苗族、蒙古族等人口亦相继迁居境内。1949年中华人民共和国成立后，因工作调动、婚姻嫁娶等原因，境内少数民族逐渐增多，特别是在1978年实行改革开放政策以后，西部的少数民族妇女大量婚进境内，最多的年份有数百人之多。盐城市境内民众信仰的宗教主要有佛教、道教、伊斯兰教、天主教和基督教。

境内1953年第一次全国人口普查有8个少数民族952人；1964年第二次全国人口普查有14个少数民族1559人；1982年第三次全国人口普查有20个少数民族2537人；1990年第四次全国人口普查有28个少数民族3447人；2000年第五次全国人口普查有47个少数民族13609人；2010年第六次全国人口普查有53个少数民族15064人。2018年，境内有48个少数民族、常住少数民族人口2.4万人、流动少数民族人口约1万人；有民族村5个、民族组2个、民族小学4所、新疆内地高中班承办学校1所、在校少数民族大学生1200多人；市区、东台、射阳、响水各有1处回民墓地。

境内佛教、道教传入最早，起于汉唐，盛于明清，其影响甚广。清末，东台县有大小寺庙、宫观800余座，出家僧尼3000多人，古台城有“九寺十三庙七十二庵”之说；盐城县有寺刹400多座，城内永宁寺为诸寺之首。清末民初，美国牧师白秀生夫妇和法国司铎晁德礼、蓬士禄等人先后带领传教士在境内建堂、办学、布道，遂将基督教和天主教传入境内。境内宗教的分布具有一定的区域性：佛教、道教主要分布在东台、大丰、盐城、建湖；伊斯兰教主要分布在回民聚居的盐城市区和响水、滨海；天主教主要分布在东台、大丰；基督教主要分布在响水、滨海、阜宁、射阳。2018年，全市佛教、道教、伊斯兰教、天主教、基督教五大宗教齐全，经登记开放的宗教活动场所748处，信教群众约50万人，其中佛、道教近20万人，伊斯兰教约5000多人，天主教约100多人，基督教信徒约30万人。

民情风俗 盐城地僻海边，先民们一直以渔、盐、耕种等业为主。落后的经济文化、艰辛的渔耕生活，养成勤俭、简朴的美俗，民风古朴、淳厚，旧志云“士淳礼让之风，民乐鱼盐之利”，表现出明显的沿海地域特征和水乡自身特色。随着时代变迁，境内民俗风貌纷繁复杂，主要体现在岁时节庆、礼仪习俗、生活习俗、生产习俗、娱乐习俗等涉及社会生活和乡风民情的各个方面。

盐城方言 盐城方言的历史可以追溯到秦汉时期。汉初，这里已“煮海利兴，穿渠通运”，有不少居民居住于此，操吴扬江淮语。三国魏晋之际，战乱频繁，中原居民南迁，有一部分留居于此，当地语言与中原语言融合。经过漫长的时期，形成了盐城方言的基本面貌。从秦汉到南宋，盐城方言的范围还只限于今通榆河以西地区，在宋高宗建炎二年(1128年)黄河夺淮入海以前，盐城县城距海仅500米，海岸线长期维持在今上冈、盐城、草堰、东台一线。由于黄河夺淮入海，大量泥沙不断沉积，海岸线不断东移，至清咸丰年间(1851—1861年)，大体形成了今盐城市的地理格局，盐城方言也随之东扩。盐城方言属于江淮官话区，具有江淮官话的典型特征，如有入声等，同时还具备一些自身混合性的语言特征。盐城方言可以粗略地分为东南片、中片、西北片三片。东南片以步凤为代表，中片以市区为代表，西北片以龙冈为代表。西北片基本保留了江淮官话洪巢片的特点，中片开始对混合性的语言特征有所反映，如部分古全浊声母仄声字今读塞音、塞擦音声母时送气，而东南片表现尤为明显。

二、城市文明

城市性质 1985年9月，江苏省政府批准盐城市的城市性质为：新四军抗日革命根据地，以发展食品、轻纺、机械工业为主的工商城市，市域中心。1990年12月，经江苏省政府批准，盐城市的城市性质调整为：苏北沿海中心城市之一，以发展轻纺、食品、机电工业为主的工商城市，新四军抗日革命根据地。1995年1月，《盐城市城市总体规划修编纲要》通过专家论证，明确盐城市的城市性质为：江苏省沿海中心城市，滩涂、海洋工程开发基地，新四军抗日革命胜利纪念地。2003年9月，《盐城市总体规划纲要(2003—2020)》通过专家论证，明确盐城市城市性质为：江苏沿海中心城市，新兴工业城市，海洋经济服务基地。2006年8月，中共盐城市委第五次党代会明确盐城市城市性质为：江苏沿海中心城市，长江三角洲新兴的工商业城市，湿地生态旅游城市。2009年，国务院通过《江苏沿海地区发展规划》，根据省委、省政府关于贯彻落实《江苏沿海地区发展规划》实施意见的精神，将盐城定位为：中国沿海新兴临港工商业城市、长三角产业北拓承接基地、西太平洋国际湿地旅游城市、200万人口特大中心城市。2010年，国家发改委印发《长江三角洲地区区域规划》将盐城定位为先进制造业基地、能源基地和现代农业示范区、重要生态湿地旅游目的地，沿海地区现代工商城市。2012年，《江苏城镇体系规划(2012—2030)》中盐城定位为：东北亚特色物流转运基地、长三角新兴工商业城市、沿海湿地生态旅游城市。2013年，《盐城市城市总体规划(2013—2030)》确定盐城的城市性质为：沿海新兴中心城市，现代工商贸易城市，湿地生态旅游城市。

铁军精神 听党指挥、服务人民、维护团结、执纪严明、艰苦奋斗、不怕牺牲。

市树市花 2005年7月，经市人大常委会批准，决定将市树由“合欢、水杉”调整为“女贞、银杏”，市花由“紫薇、石榴”调整为“紫薇、牡丹”。 （草 木）

第三节 风物揽胜

一、风景名胜

2018年，全市有国家级自然保护区2个，国家AAAAA级旅游景区1个，国家AAAA级旅游景区16个，国家AAA级旅游景区19个，国家AA级旅游景区16个，全国农业旅游示范点3个，国家水利风景区1个，全国重点文物保护单位2个，省级重点文物保护单位1个，省级旅游度假区5个，省级工业旅游示范点5个，省五星级乡村旅游区4个，省四星级乡村旅游区20个，省三星级乡村旅游区14个，省二星级乡村旅游区4个。

江苏省大丰麋鹿国家级自然保护区 国家级自然保护区，其中中华麋鹿园景区为国家AAAAA级旅游景区。保护区创办于1985年10月，1997年12月晋升为国家级自然保护区，2002年被联合国列入国际重要湿地名录，并作为永久性保护地。保护区核心区面积2700公顷，是迄今世界上第一个野生麋鹿自然保护区。2018年，麋鹿种群增加到4556头，其中野生种群总量905头，繁殖率和存活率均居世界首位。这里同时生存着1800多种野生动植物，构成了一个原始古朴、奇异斑斓的湿地景观。在保护区中华麋鹿园内，不但可以看到百鹿奔腾的壮观场面，还能观赏到丹顶鹤、天鹅、大雁、白尾海雕、大白鹭等30多种国家一、二级保护动物。保护区先后被中国科学院、南京大学等高校和科研院所定为科研、教学、实验基地。2008年，被国际休闲产业协会、国际生态安全合作组织、中国管理科学研究名牌与市场专家委员会联合推荐为“中国十佳湿地旅游目的地”。2009年，中华麋鹿园新建“世界麋鹿分布图”“麋鹿奔腾”群雕等项目，创建成为江苏自驾游基地试点单位。2010年，保护区获评国家环保科普教育基地、全国湿地科普教育示范区、全国科普教育基地、长江湿地保护与管理先进集体和中国低碳旅游示范区，并成功建立博士后科研工作站。2011年，景区完成麋鹿文化园二期工程建设，鹿神亭、鹿神铭、神鹿雕塑、麋鹿岩画、麋鹿还家纪念碑等景点对外开放，获“江苏最美的地方”“中国生物多样性保护与绿色发展示范基地”称号。2015年10月8日，中华麋鹿园获批为国家AAAAA级旅游景区。2016年，保护区举办麋鹿回归30周年大型庆典活动，其中30头麋鹿野放南黄海湿地，央视、《新华日报》等百家媒体予以报道。2018年，“鹿鸣呦呦”被评为新“盐城十景”之一。

江苏盐城国家级珍禽自然保护区 国家AAAA级旅游景区，保护区成立于1983年，1992年经国务院批准晋升为国家级自然保护区，并先后加入联合国教科文组织人与生物圈保护区网络、东亚—澳大利西亚迁徙涉禽保护区网络、国际重要湿地3个国际公约组织，是中国最大的滨海湿地类型保护区，是全球最大的野生丹顶鹤种群保护地，是国际重要生物多样性富集的热点地区，享有东部沿海“国家重要湿地基因库”之称，其主要保护对象为珍稀野生动物及其赖以生存的北亚热带边缘的典型淤泥质海涂湿地生态系统。保护区栖息着中国品种最多的珍稀鸟类。区内记录到鸟类415种，其中国家一级重点保护鸟类11种、国家二级重点保护鸟类69种。2018年，“鹤舞翩翩”被评为新“盐城十景”之一。

新四军纪念馆 国家AAAA级旅游景区，全国100个红色旅游经典景区和30条红色旅游经典线路之一。位于盐城市区建军东路159号，是国内全面系统地反映新四军抗日斗争史的综合性纪念馆。全馆由主馆区、建军广场（铜马广场）、新四军重建军部旧址3个部分组成，占地面积8公顷。主馆区有东进雕塑、新四军重建军部纪念碑、新四军军史陈列馆和新四军人物馆、碑林、抗日纪念苑、兵器苑、游客服务中心等设施；建军广场在市中心，以新四军骑兵铜像为主体的新四军重建军部纪念塔，是盐城的地标性建筑；新四军重建军部旧址——泰山庙位于盐城市建军西路118号，有刘少奇、陈毅等领导人的旧居，陈列着文物、史料、图片等，为国家级重点文物保护单位。纪念馆主馆区广场正中立有一座11.75米高的“国民革命军新编第四军重建军部纪念碑”，碑的正面为李先念的题字，背面刻有黄克诚写的《盐城会师记》碑文。展厅展出新四军在华中坚持敌后抗战八年的近千余幅照片、大批文物史料及发绣、铁画、木雕、油画等艺术作品。其中，人物馆展示刘少奇、陈毅、李先念等近千名新四军代表人物的光辉人生和叶挺、项英、彭雪枫等先烈的英雄业绩。2014年，纪念馆被列入国务院公布的80处国家级抗战纪念设施、遗址名录。

海盐历史文化景区 国家AAAA级旅游景区，由中国海盐博物馆、盐镇水街、盐渎公园、串场河景观带以及东进路文化休闲美食一条街5个部分组成，总占地面积约106公顷，总投资13亿元。中国海盐博物馆是经国务院批准的全国唯一一座全面反映中国海盐历史文明的专题博物馆，全面展现中国古代海盐生产与盐民生活的多层次文化场景，系统地反映海盐发展史。盐镇水街是海盐历史文化风貌区的重要组成部分，是展示传统民俗风情的大型临水建筑群。景区内建有水城门、烟雨桥、水云阁、漂舟戏苑、翰墨阁、八卦盐田、永兴寺等特色景点，展现盐城的水乡风情和海盐历史文化风貌。盐镇水街又是市民每年元宵灯会的集中活动场所。盐渎公园是市区内第二大综合性水绿湿地生态公园，园区内以大面积湖泊、绿地、树林为主体，是大型的水文化主题公园。串场河是贯穿盐城市区的母亲河。最初的串场河是为了运盐而修凿，而今天的串场河，是一条流动的历史文脉和水绿交汇、生态宜人的城市景观轴。

大纵湖旅游景区 国家AAAA级旅游景区、省级旅游度假区、省级湿地公园，位于盐城市区西南端，面积30平方千米，是苏北里下河地区最大最深的湖泊。湖水清冽甘甜、水草丰茂、野鸟翔集、水产品极为丰富，“大纵湖清水大闸蟹”闻名四海，“盐城八大碗”“纵湖十鲜湖鲜宴”誉满江淮，八方食客慕名而来。湖区内有各种植物120种，野生动物50余种。这里不仅物华天宝，更具人杰地灵，“建安七子”之陈琳、明末清初的大书法家宋曹、“扬州八怪”之一郑板桥均在此留下墨宝。这里有“二十四孝”之“王祥卧冰求鲤”“宗保救母”的美丽传说、近400年历史的水上古刹——龙兴寺、高达25米的苏北水乡第一佛——湖中观音、吉尼斯世界之最——芦荡迷宫等。景区形成以“赏美景、游迷宫、品湖鲜、找野趣”为主打的旅游产品。景区东侧新建的“东晋古城”，占地65公顷，由综合服务区、历史人文主镇区、旅游商品餐饮购物区、特色会所集中区、酒店休闲娱乐区等组成。环湖景观大道围绕在景区的东侧，沿路有亲水平台、水晶花苑、滨湖公园，建成后成为大纵湖又一道靓丽的风景。景区西侧的悦达大纵湖影视城，占地6.67公顷，一期工程建成并对游客开放，电视剧《我的绝密生涯》等影视作品在此拍摄。2009年，景区被评为国家AAAA级旅游景区，获“国家水利风景区”“江苏省自驾游基地”“江苏省房车露营地”称号。2015年6月，获省政府批复为省级旅游度假区。2017年，大纵湖绿露营基地获评“江苏省房车旅游标准化示范营地”和“长三角房车旅游标准化示范营地”。2018年，“纵湖秋色”被评为新“盐城十景”之一。

阜宁金沙湖旅游景区 国家AAAA级旅游景区、省级旅游度假区、省生态旅游示范区，位于阜宁县城南端，总面积22.61平方千米，其中核心区8.09平方千米。2010年开发建设，2011年11月，在海南举行的2011年中国体育旅游博览会暨第九届中国（海口）国际旅游商品交易会上，该景区被组委会评为中国体育旅游精品推荐项目。2012年，景区创建成为省级旅游度假区；2013年，创建成为国家AAAA级旅游景区；2014年，被评为江苏十大旅游避暑胜地；2015年，被评为江苏省生态旅游示范景区。

射阳息心寺 国家AAAA级旅游景区，位于射阳县射阳岛上，占地约6.67公顷。原名镇龙庙、息心庵，始建于明万历年间（1573—1620年），明清时期位列盐阜三阁九庙四观七十二庵；民国18年（1929年），民国四大法师之一、净土宗第十三代祖师——印光法师住持寺院，盛极一时，后毁于战火。1993年复建，礼请时任中国佛教协会副会长的茗山长老为住持。景区建有大雄宝殿、五百罗汉堂、万佛塔、钟楼、息心素斋馆等设施。寺院建筑恢宏，僧侣有序，银杏苍翠，百鸟翔集，是一个集旅游观光、礼佛修心、文化交流于一体的佛教文化圣地，享有“黄海福地”“江淮第一佛寺”“国家和谐寺院”诸多美誉。寺院每年的新春祈福法会、正月初五财神法会、万佛文化艺术节、观音圣诞庙会等佛教活动，都会吸引苏、沪、浙、鲁、豫、港、澳、台地区和新加坡等国家的香客居士、政商人员、观光游客参佛体验。

大丰上海知青纪念馆 国家AAAA级旅游景区。占地5.87公顷，建成上海知青馆、海丰少年馆、知青文史院、北上海历史展陈馆、中国知青主题馆5个特色展馆。馆藏当年知青生活、生产实物及资料4万余件。建成知青影视创作院，知青礼堂，知青宿舍。初步形成独具特色的“知青文化”。2010年，景区开始建设大丰知青影视拍摄基地并开拍知青题材电视剧《北上海1950》三部曲，2014年完成电视剧《两个女人的战争》的拍摄。2014年，景区创建成为国家AAAA级旅游景区。

大丰港海洋世界 国家AAAA级景区，是集科普、体验、互动、探秘、观光于一体，以海洋为主题的情景剧式互动体验馆。景区占地面积53.33公顷，由海洋科技馆、热带植物馆、海洋乐园、海洋剧场、海洋时尚美食坊、海洋风情街、海滨市集等组成。其中，海洋科技馆共分为三层：一层为海洋迪士尼与海洋好莱坞；二层为产业展示区、咖啡厅及商务会议中心；负一层为海洋科普厅、海洋水族馆等。景区于2012年10月1日对外营业，先后被评为全国休闲农业与乡村旅游四星级示范企业、国家级科普教育基地、江苏省科普场馆协会水族馆专业委员会主任委员单位、盐城市首批对外文化交流示范基地、盐城市旅游工作先进集体等。2015年1月，景区创建成为国家AAAA级旅游景区。

大丰荷兰花海 国家AAAA级旅游景区、省级四星级乡村旅游点。1919年，张謇聘请世界上围海造田经验最丰富、技术最先进的荷兰水利专家到新丰规划农田水利工程，建立了区、匡、排、条四级排灌水系，新丰因此获得了“中华民国村镇规划第一镇”的美誉。荷兰花海项目，就是深度挖掘中华民国村镇规划第一镇的历史底蕴，依据原有地形，在不变动原有地貌的基础上加以修整，以“田园、河网、木质建筑、风车、花海”为设计元素，以荷兰名花郁金香为特色，打造集观光、娱乐、餐饮、种植于一体的颇具荷兰风情的花海，成为新丰文化旅游的一张靓丽名片。2013年荷兰花海创建成为省级四星级乡村旅游点，2015年10月创建成为国家AAAA级旅游景区。2017年被省政府列为全省旅游风情小镇创建培育单位。2018年，“荷兰花海”被评为新“盐城十景”之一。

建湖九龙口风景区　　盐阜大众报社/供

建湖九龙口风景区　国家AAAA级旅游景区、国家湿地公园、省级旅游度假区、省级风景名胜区。因有9条河呈辐射状汇聚一小岛——龙珠岛，故称“九龙口”。九龙口资源丰富，有64种野生动物，75种野生植物，62种树木，36种水产品，2500公顷荡滩，被誉为天然的“聚宝盆”“金滩银荡”“里下河明珠”。阳春三月，芦芽出水，柳垂倒影，紫燕掠天；炎炎烈日，露珠滴翠，绿叶摇曳，荷花映日，为避暑之佳地；金秋季节，风吹荻草声瑟瑟，多见芦花少见人；严冬季节，渔村临水风来阔，海国无山落日迟。“龙楼倒影”“晨雾轻纱”“荷港观鱼”“绿波泛舟”等11处自然景观令人心旷神怡。龙珠岛上的五谷树因其结的果实形似五谷杂粮而得名。中央电视台、江苏教育电视台先后将“九龙口”美景拍摄成专题片分别在《九州神韵》《经济万象》栏目中播放。2018年，“九龙神韵”被评为新“盐城十景”之一。

东台西溪旅游文化景区　国家AAAA级旅游景区，位于东台市区西郊古运盐河畔，是东台历史文化的发祥地，两淮海盐文化的起源地，国家级非物质文化遗产“董永传说”的源头地，素有“东台之根”的雅称。景区主要景点包括董永七仙女文化园、西溪古城、海春塔苑、犁木街等，并与北面的西溪乐园、西溪植物园形成互动串联。其中，董永七仙女文化园是以生态景观风貌为基地，以孝贤文化和爱情传说为特色的休闲文化主题公园；西溪古城和犁木街是以宋朝三宰相、海盐文化、民俗展示、市井体验等为主体的古镇文化商业集聚城；海春塔苑是以唐塔宋寺为核心，以传统礼佛、素食养生、佛学展示为主体的佛教文化体验园。西溪乐园以活泼、欢乐、探险、奇幻为主题，建有摩天轮、海盗船、丛林飞鼠、激战鲨鱼岛、海啸冲浪等近30种娱乐项目；西溪植物园以40公顷人工湖为中心，集农业生产、科研培训、试验示范、展示展销和生态旅游等功能于一体，是东台的“绿色之肺”“天然氧吧”。景区文化底蕴深厚、主题特色鲜明，是一个集文化休闲、古镇游览、佛学体验于一体的综合性文化旅游景区。2014年景区创建成为国家AAAA级旅游景区，2015年被评为盐城市首批风景名胜区。2017年，获评“江苏品牌”。

江苏黄海海滨国家森林公园　原东台黄海森林公园，国家AAAA级旅游景区、省级旅游度假区，是华东平原最大的生态林园。总面积2800公顷，森林覆盖率86%，是人与自然和谐共处的“天然氧吧”。园内各类植物600多种，鸟类等动物近百种。广袤的人工成片林为建设森林公园提供了森林景观，林相整齐，空气清新，环境宜人，景观优美。2014年景区创建成为国家AAA级旅游景区，2015年12月31日经国家林业局批准，东台黄海森林公园升格为国家级森林公园，正式更名为江苏黄海海滨国家森林公园。2016年创建为国家AAAA级旅游景区。2017年，景区风景道创建为省旅游风景道。2018年，“黄海叠翠”被评为新“盐城十景”之一。

东台安丰古镇　国家AAAA级旅游景区，位于苏北首家中国历史文化名镇安丰镇。历史上安丰七里长街拥有九坝十三巷七十二庙堂千家店铺，安丰古街是“七里长街”南段保留较为完好的一部分，全长约500米。2012年起，安丰镇突出保护性修缮，遵从“修旧如旧”的原则，整治改造古街区周边环境，使古街表现出特有的历史沧桑感。重修大悲庵寺庙、古戏台及广场，再现显卿古井等景点，有鲍氏大院、吴氏家祠、戈湘岚故居、盐课司4个公益展馆，以及中华壶文化博物馆、稠州钱庄、观珍古瓷馆、毛泽东像章珍藏馆和华夏烟标馆、刘用明麦秸画展示馆、吉宝轩7个私家珍藏馆，有安丰特产、老字号何氏理发店、海产品专卖、特色鱼汤面、虎头鞋手工坊等40多家店铺商户在景区经营。

大丰梅花湾景区　国家AAAA级旅游景区，梅花湾是盐城斗龙港生态组团双核之一，建于2011年，总面积约200公顷，园内种植梅花近2万株、200多个品种，其中精品梅苑约13.33公顷，种植梅花5000余株。景区内绿化面积约66.67公顷，水体面积约66.67公顷，其他配套设施占地约

66.67公顷。整个景区以景观绿化和斗龙港河分支湖泊为主体，利用斗龙港裁湾进行生态修复并利用开挖的土方堆坡造型，种植大面积梅花、樱花、海棠、茶花等不同花季的花灌木和香樟、桂花、广玉兰、红叶石楠球等苗木，有数十种如白鹭、啄木鸟等鸟类栖息，并大面积铺设约40公顷的草坪，更有仿古建筑观景阁和东方园林穿插其中，展现了斗龙港沿线地区的生态风貌，也体现了东方古典园林艺术和人与自然的融合。2017年12月，景区通过国家AAAA级旅游景区评定，是全国休闲农业与乡村四星级旅游企业、全国休闲渔业示范基地。

大丰梦幻迷宫 国家AAAA级旅游景区，位于江苏省盐城市大丰区草堰镇，以"植物迷宫、餐饮住宿、休闲运动、观光购物"四种不同特色的游乐区域，打造以当地地域文化为特色的游玩项目。梦幻迷宫集聚旅游要素，着力打造亮点。植物迷宫区占地约8公顷，由蜀桧柏、红叶石楠作为绿篱隔断，面积超过法国海纳安德尔的植物迷宫，成为世界第一。休闲运动区——室内休闲运动馆，建筑面积6000平方米，内有蹦床馆、射箭馆、VR体验馆、淘气堡·拓展馆、DIY手作馆等。占地面积3.2万平方米的幻影卡丁车赛场，符合国际B级卡丁车赛场标准。占地面积2万平方米的雷霆CS对抗基地，可以身临其境地体验现代战争带来的刺激与挑战。2018年9月，景区创成国家AAAA级旅游景区。

大丰施耐庵故里 国家AAAA级旅游景区，位于盐城市大丰区白驹镇，景区主要分为三块：花家垛核心文化展示区（约2公顷）、施家垛水浒文化体验区（约5.33公顷）、古镇历史文化保护区（约6.67公顷）。核心景区主要由施耐庵纪念馆、施耐庵书院、施氏碑林、水浒文化体验馆、徐培晨艺术馆等景点组成。施耐庵纪念馆是以施耐庵故居旧址为依托打造，馆藏《施氏家薄谱》、"施让地照""苏迁施氏宗木主"等多件国家级文物。施耐庵书院，建筑面积980平方米，主要介绍施耐庵在此讲学、会友、祭祀、藏书等轨迹，突出"收授罗贯中、会友刘伯温、兵起张士诚"等内容。施耐庵碑林，占地面积为0.67公顷，由108米碑廊和远观榭、长啸亭、莲池等景观组成。徐培晨艺术馆展陈面积1000平方米，馆内有著名书画家徐培晨精心创作的书画作品及其个人收藏的杨建侯、贺敬之、喻继高等名家书画珍品近150幅。2018年9月，景区创成国家AAAA级景区。

盐城科技馆 国家AAA级旅游景区。科技馆坐落于市行政中心东南侧，2009年5月18日建成开放。占地面积约5公顷，建筑面积近2.8万平方米。整体建筑地上4层，分为6个功能区域，分别为常设展区、临时展区、培训区、备用展区、青少年活动中心和特种影视区。其中，常设展区8210平方米，位于主体楼二、三层，是科技展品集中展示区，也是科技馆基本功能区。由"科学与发现""技术与创新"和"科技与社会"3个主题展区及"儿童科技乐园""湿地与海洋"2个特色专题展区构成，概括了盐城地方区域特色和科普特点，是全国科普教育基地、江苏省科普教育基地、盐城市爱国主义教育基地。

护国永宁禅寺 国家AAA级旅游景区，始建于唐武德六年（623年），古有"淮东首刹，江北名蓝"之称，为当时三十六名刹之一，1938年毁于战乱，1993年恢复建设。永宁禅寺历史上高僧辈出，雪松法师、茗山法师和盐城佛教奠基人乘愿法师都曾任寺院住持。景区有山门、天王殿、钟鼓楼、大雄宝殿、念佛堂、藏经阁等设施。2011年，景区创建成为国家AAA级旅游景区。

欧洲风情花街 国家AAA级景区，位于市城南新区聚龙湖畔。2017年，城南新区按照"一街一世界、一店一风情"的总体思路，对欧风花街进行升级改造，围绕"青年人"和"特色餐饮"的定位要求，用"鲜花"和"绿色"营造空间氛围，以"品牌"和"创意"来构塑商业形态，着力打造城市最靓"微旅游"目的地、最美"城市客厅"。整个街区既清新怡人，又充满了时尚气息，让人感受与众不同的欧式风情与生态自然景观的完美融合。这里有大型裸眼3D楼体秀、全国最美的融书阁和阅读广场、音乐喷泉、水上集市、创意卫生间，还有全国最长的花仙子绿植墙、鲜花护栏和各具特色的景观桥等。景区集聚80多家品牌店铺、花车，有全省首家"4D全息宴会中心"幸福来临宴会中心；有被称为"终极咖啡"而火爆全球的猫屎咖啡；有备受消费者喜爱、具有历史悠久的哈尔滨马迭尔冰棍；有烘焙面包领导者、全球轻餐饮前三大品牌的"面包好了"连锁店；还有比埗利精品酒店、时光花町、本色朋友圈音乐酒吧等时尚餐饮品牌以及50多个花车小吃遍布街区，汇聚全国各地各种各样特色美食。为游客提供一种全新的吃、游、玩、购的体验式生活方式。2018年，"聚龙花语"被评为新"盐城十景"之一。

江苏永丰林农业生态园 国家AAA级旅游景区、全国农业旅游示范点和省四星级乡村旅游区。核心区占地面积400余公顷，首期投资1.5亿元，是一个以生态农业为基础，集旅游观光、商务会议、拓展培训、休闲度假、科普及环境教育于一体的苏北最大的生态旅游度假区。区内建有7个无公害种养基地，生态循环经济初具雏形，是观赏、体验、休闲度假有机集合的生态农业示范区。内部设有婚纱摄影基地、水上高尔夫球场、网球场、垂钓中心、生态科普馆、生态酒坊、豆腐坊、中华鲟观赏区、跑马场、烧烤区、风车水车群、渔村人家农具展览馆等30多个项目及由长堤木屋村、水上茶吧、会务度假中心别墅、宾馆组成的商务会议区。三星级酒店永丰林会务度假中心可同时容纳500人开会、食宿。园区同时开发出生态草鸡蛋、灰天鹅蛋、生态美酒、蜂蜜、水飞蓟油、醉蟹以及螺旋藻、淮山药、灵芝、百合、何首乌系列营养保健品等特色旅游商品。园区先后获得"全国农业旅游示范点""国家AAA级旅游景区""全国乡村旅游行业百强""江苏省科普教育基地""江苏省环境教育基地""江苏省首批农业观光园"等称号。

东台甘港旅游景区 国家AAA级旅游景区、省五星级乡村旅游区，位于五烈镇甘港村境内，以中国第一座村史馆、百坊园、百草园、百果园"一馆三园"为核心，体现自然生态特色，洋溢浓厚水乡风情。村史馆以农村改革发展历程为主线，全方位、广角度展示各个历史时期农村变迁和基层组织发展的情况。百坊园汇聚了戏坊、豆腐坊、酒坊、手工坊、老街坊等民间作坊，百草园里悠闲小憩，百果园里可实景体验农耕文化。

东台甘港旅游景区 孙海鹏/摄

盐城世纪公园 国家AAA级旅游景区，位于盐都区新都路，占地18.67公顷，由中心活动区、民族风情区、科技文化区、儿童活动区、密林烧烤区五大功能区组成，设有下沉月亮广场、旱喷太阳广场、瀑布、水中森林、沙滩、绿岛、湿地、日晷雕塑、浮雕景墙、科普长廊、竹篱茅舍、亭台楼阁等20多个景点，集科普、休闲娱乐、健身、集会、购物、旅游于一体，是一个多功能绿色生态园林式市民广场。

阜宁庙湾古城景区 国家AAA级旅游景区，起初为防倭寇入侵骚扰，保地方安宁而建。景区位于阜宁县城射阳河北岸，由庙湾古城、兴国古寺和射河外滩等核心部分组成。古城采用明清时期徽派建筑风格，融入江南园林建筑形式，有江淮文化第一城之称。

建湖西塘河风光带 国家AAA级旅游景区，位于建湖县城南新区，总投资3.8亿元，紧依建湖的母亲河——西塘河，全长9.3千米，绿地总面积100公顷。景区按照打造城市慢生活的理念，布设彩色沥青自行车道，铺装人行道，与新区慢行系统相连接，园林、绿化、铺装、亮化、驳岸等项目精心设计，龙舟码头、樱花水池、雾森景观、曲水流觞、西塘彩虹、城市初阳台、松香咖啡屋等景点精彩纷呈。2015年，景区创成国家AAA级旅游景区。

大丰东方湿地公园·东方1号创意产业园 国家AAA级旅游景区、省旅游商品研发基地。总投资1.2亿元，占地面积1.5万平方米。产业园背枕东方湿地公园，前临新村路，采用"大色块、大板块、大写意"的表现手法，精心构筑"现代时尚、特色鲜明、创意无限、国内一流"的产业园区，展品是国内乃至世界工业领域和生活领域新、奇、特的高端产品前沿，产业园内布局以时尚展览和现代办公为主。一楼为展馆，包括蓝馆（工业创意设计展品）、红馆（生活创意设计展品）和综合馆；二楼为国内外知名设计公司办公区和多功能会议厅；三楼为产学研交流中心、创意设计院服务中心和大丰创意产业办公区。2011年3月，创意产业园创建成为国家AAA级旅游景区。

大丰港动物园（大丰丹顶鹤珍禽园） 国家AAA级旅游景区，位于大丰港日月湖畔，占地面积33.33公顷，2012年11月1日正式开园，是集科普、观赏、娱乐为一体的大型主题游乐园。建成大熊猫乐园、乌邦斯麋鹿苑、猛兽部落、动物竞技场、智鸟演艺大舞台、跑马场、非洲食草区、爬行馆等精品景点。园内有各种鸟类、动物类300余种、6000多只，有大熊猫、麋鹿、丹顶鹤、东北虎、火烈鸟、白鹤、褐马鸡、红腹锦鸡、绿孔雀等十余种国家一类保护动物，有黑天鹅、南美金刚鹦鹉、非洲犀鸟、斑马、非洲狮等十余种国外珍稀野生物种。2013年，景区创建成为国家AAA级旅游景区。

阜宁铁军纪念馆 国家AAA级旅游景区。2008年10月1日，阜宁将1995年5月建成的原阜宁人民革命史陈列馆拆移，在烈士陵园东南方位新建铁军纪念馆。铁军纪念馆为四合院式的古典园林型建筑，建筑面积1000平方米，布馆面积603平方米，总投资450万元。内设红色丰碑、铁军风采、英烈永生、精彩阜宁5个展厅，声、光、电并用，雕塑、图片、实物、绘画兼备，全方位、多角度地展示阜宁人民革命斗争史。2014年，景区创建成为国家AAA级旅游景区。

射阳后羿文化园 国家AAA级景区，位于合德镇锦阳桥西北侧，占地近40公顷，总投资5000多万元。2004年初公园动工建设，2005年5月10日开园接纳游客。公园根据"射阳"县名的来历及"后羿射日"的文化传说而设立，包括"后羿射日"的文化景观以及垂钓中心、水上游船、游览车、儿童广场、清雅茶室、文化岛等休闲娱乐项目。2014年，景区创建成国家AAA级旅游景区。

盐都郝氏故里旅游景区 国家AAA旅游景区，省四星级乡村旅游区，地处里下河合陇圩的郝荣村，距离盐城市区20千米，为台湾前"行政院长"郝柏村先生的故里。主要包括里下河水乡——郝荣村、郑板桥读书处——净土庵、台胞会所、钓鱼岛、郝柏村先生故居、郝氏宗祠、郝墓及根系两岸第一树——百年银杏等景点。2011年，被省旅游局评定为江苏省四星级乡村旅游区。2016年，景区创建成为国家AAA旅游景区。

盐都鞍湖三胡陈列馆 国家AAA级旅游景区，位于盐城市盐都区龙冈镇鞍湖街道境内，蟒蛇河边。2015年12月由鞍湖街道出资建设，总投资达3亿元，核心区占地面积11公顷，开放有胡乔木纪念故居、爱国主义纪念广场、古运码头、古戏台、滨河游道、特色商业街等项目。"三胡"为胡启东、胡乔木、胡公石，"胡氏三杰"分别在中华民国史、中国近现代史、中共党史、中国书法艺术史上留下了光辉的业迹和丰厚的遗产。"三胡故里"景区人文、地理风貌独特，蟒蛇河蜿蜒曲折、灵动多彩，百年轮船码头遗址，让人们留存了记忆中的乡愁。

盐都大云山佛教文化园 国家AAA级旅游景区，以大云山寺为主体扩建而成，占地面积9.33公顷。大云山寺历史悠久，佛教文化底蕴深厚。始建于唐朝武则天时期，距今已有1300多年的历史，原建筑于1942年毁于战乱。2001年至今，分期重建观音殿、地藏殿、大雄宝殿、藏经阁等，再现了大云山寺的神圣和雄伟。

亭湖千鹤湾温泉风情小镇 国家AAA级旅游景区、江苏省特色旅游风情小镇，建成孝德林荫大道、千鹤湖及32幢2000张床位的温泉度假酒店及民宿、温泉别墅等功能区，有鹤鹿文廊、寒塘鹤渡、菩提美泉、得一泉韵、云堤映月、嫦娥奔月和天赐家园等景点，是集养生养老、休闲度假于一体的综合景区。

阜宁马家荡旅游景区 国家AAA级旅游景区，景区沟河纵横，荡滩连片，河鲜美味。马家荡地处江淮生态走廊北端，阜宁西南边陲，为古射阳湖的一部分。与三市四县接壤，是苏北里下河地区一片广阔的丰润泽国，"马良独修金山寺，不用江南一锹土"的佳话更是传颂千古。这里是鱼、虾、蟹栖身之福地，又是家禽饲养的天然好场所，既宜长菱藕、茨菇，又宜河蚌育珠。30千米的经济林道犹如一条绿色长带，绵延在锦绣大地上。马家荡自然村落形似水中卧龟，俗称神龟福地，有久雨不沉的传奇。景区内有千年古寺、马良乐园、湖上索道、水上游艇等游玩景点。

阜宁盘龙古寺 国家AAA级旅游景区，始建于明朝万历二十六年，2003年经阜宁县人民政府批准复建。寺内高48米的汉白玉舍利宝塔被称为"东南亚第一巨塔"。

滨海南湖文化主题公园 国家AAA级旅游景区，位于滨海县城都市核心区，占地40.93公顷，其中水域面积18.53公顷，陆上面积22.4公顷，由原滨海公园与南湖公园两部分组成，该景区依托滨海书法之乡、楹联之乡、中华诗词之乡的文化底蕴，在景观中植入书法、楹联、诗词内容，处处体现文化的主题公园。2018年，创成国家AAA级旅游景区。

盐都龙冈桃花园 原华都森林公园，省四星级乡村旅游区、江苏省自驾游基地、全国农业旅游示范点。景区围绕"一园、八区、两节"布局，把龙冈桃花园打造成以观花、采摘为主要特色活动，集健身、休闲、娱乐、度假为一体的郊野公园。核心区建有南北入口广场、桃红柳绿线、健身赏景线、寿星广场、宗教文化区、民俗动态展示区、林地烧烤区、空中栈道、赏花阁、青少年军事教育基地等。

东台仙湖现代农业示范园（东台西溪植物园） 全国科普教育基地、全国五星级休闲农业与乡村旅游园区、省四星级乡村旅游区，位于新204国道旁，台城西入口北海西路南侧。园区核心区总面积133.33公顷，以40公顷人工湖"仙湖"为中心，分为现代农业展示区、高效园艺示范区和农业观光旅游区三大功能区。园区中央40公顷仙湖碧波荡漾、鹭飞鱼跃，镶嵌以曾任过东台盐官的宋代宰相晏殊、吕夷简、范仲淹命名的三座宝岛。整洁的环湖大道绵长蜿蜒，两侧高大的银杏和香樟青翠欲滴。全园绿化覆盖率75%，花团锦簇四季飘香，6336平方米智能温室在国内堪称一流，13.33公顷连栋和钢架大棚整齐壮观。

大丰丰收大地现代农业示范区 省五星级乡村旅游区，是省政府首批认定的江苏省现代农业产业园区，也是省科技厅唯一以盐土农业认定的第二批江苏省现代农业科技园。总体规划面积3.33万公顷，总投资9.6亿元，

盐都龙冈桃花园　　李思远/摄

其中核心区面积1333.33公顷，包括现代农业展示区、农产品加工集中区、现代农业物流园区等。2017年，列入省五星级乡村旅游区创建单位。

大丰希望的田野现代农业示范园 省四星级乡村旅游区，地处大丰区草庙镇，总规划面积666.67公顷，主要以生态旅游、观光农业为卖点，以麋鹿文化、采摘体验、垂钓休闲为特色，集农业旅游、休闲、娱乐项目为一园。园区面积宽广，旅游产品丰富多彩，可分为观赏性、互动性、科教性三大类。观赏性旅游，主要以园区各植物园为特色，以红叶石楠园为代表，园内花果树木四季盛开，同时配有集生产与展览花卉为一体的温室大棚；互动性旅游，以采摘体验区、垂钓中心、QQ农场、庄稼乐园等为主，包括采摘观光、垂钓休闲、农事体验等诸多互动式项目；科教性旅游，以珍禽养殖园等为主，可向游客科普孔雀、牙獐等动物的外形特征、生活习性等知识。园区内旅游要素齐全，设施高档，游客可参与、观赏，游玩内容形式多样，内涵丰富。2014年12月，创建成为省四星级乡村旅游区。

大丰东方桃花洲 省四星级乡村旅游区，地处大丰区大桥镇新镇区东侧，规划面积666.67公顷，核心区面积200公顷，启动区面积133.33公顷。景区坚持规划引领、多元发展、科技创新，围绕农业观光旅游、果品采摘、文化旅游商品品牌运营等三大功能定位，将现代农业发展和农业休闲观光结合打造。2015年12月，被省旅游局评定为省四星级乡村旅游区。

盐都仰徐乡村乐园 省四星级乡村旅游区，江苏省乡村旅游创客基地。位于盐城西郊，盐徐高速和盐靖高速交会处，全村总面积10平方千米，2010年获"全国文明村"称号。村内设有游客接待中心、千米景观长廊、节庆广场、乡村少年宫、秀城生态园、洪圣休闲山庄、污水生态处理参观、农博园——膜立方以及社会主义新农村建设成果展示厅等景点。2011年，被省旅游局评定为省四星级乡村旅游区。

江苏杨侍农业生态园 省四星级乡村旅游区，位于盐城市区西部，市区快速公交K6直达，中国最美休闲乡村，总投资1.5亿元，占地10公顷，主要由商务服务区、体验互动区、休闲娱乐区、旅游观光区、科技示范区5个部分组成。2012年10月1日景区对外开放；2012年被省旅游局评定为江苏省四星级乡村旅游区。2017年，列入省五星级乡村旅游区创建单位。

盐城市台湾农民创业园 省四星级乡村旅游区，位于盐城市盐都区西南侧，涵盖三湾、郝荣等12个村居，面积50平方千米。作为盐城推进与台湾农业交流合作的国家级平台，盐都台湾农民创业园开启盐台农业合作的先河。园区形成"一个中心，五大功能区"的布局结构，即台创园研发孵化服务中心、台资农产品加工区、花卉苗木产业区、设施果蔬生产区、循环农业示范区、郝氏故里农业休旅区。

盐都三官农庄 省五星级乡村旅游区，三官农庄突出生态、休闲、民生、文化主题，占地32.07公顷、8.5万平方米的明清古村落风貌建筑群，集休闲娱乐、农家美食、民居下榻、婚庆文化于一体。三官农庄分为入口服务、农家乐园、生活配套、村民居住、景观游览、果蔬采摘、特色游乐等功能区。以婚庆文化展示馆、民俗婚宴中心、婚庆特色街、灵麝阁、爱情岛、喜船游湖等系列项目，主打里下河民俗水乡文化；以龙文化展示馆、龙舞、荡湖船、担花篮等表演展示中国龙舞之乡特色；以鱼鹰捕鱼、扳罾、果蔬采摘、农家生活等参与性项目演绎里下河渔耕文化底蕴；以真人CS、骑马、滑草、射箭、自驾游等猎奇项目增加游乐情趣；以乡村大米、五谷杂粮、鱼虾螃蟹、家畜良禽、水果蔬菜等美食显示生态养生之道。

大丰恒北村 省五星级乡村旅游区，位于大丰区大中镇恒北村，建设形成"两轴一心三片区"的功能布局。两轴为：恒北北中心路和恒泰中心路景观轴线；一心为：以村部、宾馆餐饮为主的休闲娱乐中心；三片区为：东部生态观光区、中间生活聚居区、西部休闲娱乐区。

射阳友爱生态农业观光园 省四星级乡村旅游区、省级农业示范园，位于射阳县合德镇友爱村境内。园内核心区占地200公顷，是一处集园区服务、生态农业、休闲娱乐、果蔬采摘、扳罾垂钓、花卉观赏和农业科技展示为一体的综合性旅游景区。建有休闲木屋群、生态餐饮农庄、果蔬采摘园、花卉游览园、马术俱乐部、葡萄长廊、水上乐园、景观鱼池、鲜切花基地、开心农场等众多休闲游乐设施，初步形成了尝农家果、吃农家饭、住农家屋、干农家活、享农家乐的特色乡村旅游局面。游客在感受苏北乡村自然风光的同时，可亲手体验采摘水果蔬菜，体验扳罾、捕鱼和骑马的乡村生活乐趣。

盐都泾口湿地风情园 省四星级乡村旅游区。位于盐城市最美乡村——秦南镇泾口村东部。风情园占地30余公顷，总投资7000万元，内设游览景观及游乐设施50余项，集湿地观光、滨水休闲、民俗体验、农家美食、亲子游乐、采摘垂钓、企业文化展示、狮舞为一体，再现里下河地区湖荡湿地生态特色，显现乡村休闲度假旅游独有风格。

建湖登达生态园 省四星级乡村旅游区，位于建湖县芦沟镇芦北村，紧邻231省道，距建湖县城10千米。规划面积133.33公顷，总投资2.5亿元，2013年2月开工新建。园区坚持"生态立园、景观造园、休闲养园、科技兴园、产业富园"的发展理念，构建返璞归真、风格各异的建筑群，打造加州长廊、农耕体验区、度假木屋、生态农庄、垂钓文化长廊、湖景休闲区、荷塘月色、高效农业区、芦沟禅寺、生态猪场、樱花岛、桃花岛、桂花岛、自驾游基地等生态景观。

建湖现代农业示范园 省三星级乡村旅游区。2007年投资兴建，总占地面积666.67公顷。是以花卉苗木、果蔬、优质粮新品种展示、无公害水产品养殖为主,以农耕文化、科普教学、生态休闲和旅游观光为辅的综合型园区。景区建成植物博览园、果蔬采摘园、花卉盆景园、特种水产品和保健蔬菜生态混合种养区、生态餐饮服务区等功能区和60多个景点及游览、体验项目。2011年,创建成为省三星级乡村旅游区。

盐都朱升文化生态园 省三星级乡村旅游区,位于盐都区北龙港街道,朱升文化园是为纪念元末明初政治家、文学家朱升而设立,占地12万平方米,建筑面积3000平方米,拥有朱升墓、正德庵、东岳禅寺、五谷神树、桃花岛等景点,2010年10月5日经改造对外开放。2013年,被省旅游局评定为省三星级乡村旅游区。

大丰七彩花田 省四星级乡村旅游区,位于盐城市大丰区草堰镇三元村。规划面积666.67公顷。核心区66.67公顷,以玫瑰为主题,打造核心观光旅游花卉主题公园、玫瑰种植园、科普研发区、生态加工区、专业市场区"一园四区"的总体布局,建成接待中心、玫瑰剧场、儿童乐园、萌宠园、农具展示馆、月季园、玫瑰园、梦田花园、花田里、垂钓中心、采摘园、红枫林等。2015年12月,被省旅游局评定为省三星级乡村旅游区(点)。

射阳黄沙港生态园 省三星级乡村旅游区,位于黄沙港镇海星路,总体规划面积18.67公顷,其中核心区面积10公顷。园区东临临海高等级公路(228国道)进出口及黄沙港国家中心渔港。园区以农业旅游休闲观光及体验为主,各景点将现代旅游业与现代农业融为一体,富有参与性,是集休闲、娱乐、疗养、健身、垂钓、采摘观光、家禽养殖园、饮食服务为一体的生态农庄,农庄内旅游要素齐全。建有垂钓中心、生态农场、果品采摘园、观光游步道、篮球场、健身房等项目。

阜宁羊寨黄河故道乡村旅游景区 位于阜宁县羊寨镇329省道南侧,景区规划面积333.33公顷,地势高亢,田园秀美,春有花,夏有荫,秋有果,冬有景,是游客踏青采摘、野趣美食、乡野观光、乡村度假、乡俗体验的梦中乐园。建有苹果自摘园、紫金葡萄庄园、木子美桃园等核心采摘区,游客服务中心、生态停车场等设施配套完善。

阜宁晓光村乡村旅游景区 省三星级乡村旅游区,位于阜宁县罗桥镇境内,占地面积100公顷,建有竹海听涛、东塘观月、农事展览、垂钓中心等景点,农家院落错落有致,田园风光恬静秀美,充满乡野乡趣。

阜宁花木大世界 省三星级乡村旅游区,位于阜宁县204国道沟墩段条岗村,项目占地面积40公顷。是集农业旅游观光、花卉苗木生产、盆景苗木交易为一体综合景区。园内设有花卉观赏交易区、花器工艺品交易区、鱼鸟观赏交易区、绿化布置样板区、苗木生产区、儿童游乐区、水果采摘区、旅游接待区、露天烧烤区、垂钓区等。2015年12月,获批省三星级乡村旅游区。

东台富安茧丝绸园区 全国农业旅游示范点,景区以蚕家乐、茧丝绸历史文化为特色,有茧丝绸文化馆、采桑问茶园、染整园、茧都花园、丝腺园、丝绸园、科技园、富安大厦8个景点。其中,茧丝绸文化馆于2006年建成并对外开放,建筑面积2300平方米,是一个系统介绍茧丝绸历史、文化知识和富安茧丝绸产业化发展历程,展示古、今丝绸实物、制品的大观园;采桑问茶园建有简易蚕房,游客可以看到蚕宝宝4个龄期不同的发育生长以及上蔟结茧的全过程,真正领悟"春蚕到死丝方尽"的内涵;染整园有世界最先进的丝绸织造染整生产工艺设备;茧都花园展示茧都新农村、新文化、新生活的新民居文化;丝腺园内游客可以亲身体验缫丝工艺;丝绸园集中展示茧丝绸从半成品到成品的过程;科技园内集中展示先进的育蚕技术和独特的"富安模式"。

射阳鹤乡菊海现代农业产业园 全国农业旅游示范点,位于"中国药材之乡"射阳县洋马镇境内。洋马镇中药材种植历史悠久,药材种植面积6666.67公顷,其中菊花种植面积2666.67公顷,是华东地区最大的中药材种植基地。每年11月菊花盛开时节,绵延数十里的菊花竞相开放,黄白相间,景色蔚为壮观。每当此时,射阳都会举办"菊花节",以花为媒,以花会友,广邀国内外游客前来赏菊、品菊,尽享大自然的风光。2017年12月,创建为省四星级乡村旅游区。

宋曹故居 位于市区儒学街。宋曹(1620—1701年),字臣,号射陵,明朝崇祯时官至中书,后辞官隐居。宋曹居山林隐逸,博学鸿词,屡招不就;性好游,善书法,工诗文,有真草书石刻、书法约言、会秋堂诗集等作于世,是古盐城唯见史册的著名书法家。宋曹故居庭院奇石抱水拥竹,屋宇亭廊古朴典雅,更有书碑墨迹之古今大观,是别具明清风貌的人文景观。

亭湖东城一罾生态园 省四星级乡村旅游区,位于亭湖区黄尖镇境内,占地26.67公顷,有"吉尼斯纪录"渔罾1.49万平方米。生态园先后被评为全国休闲农业示范园区、江苏省四星级乡村旅游点、江苏省巾帼农家乐示范基地、盐城市最具魅力休闲农业景点,是国家旅游局"金牌农家乐项目"、CCTV《美丽中国乡村行》《味道》栏目合作伙伴。2017年12月,创建为省四星级乡村旅游区。

七彩阜宁国家农业公园 省四星级乡村旅游区,位于阜宁县城南郊,231省道、329省道和建阜高速从公园边缘穿过,占地面积303公顷,东濒AAAA级景区金沙湖,西临苏北地区最大的自然河流射阳河,北连喻口古镇。拥有河流、湖泊、湿地、岛屿、古村落等多种生态形式,底蕴深厚。2017年12月,创建为省四星级乡村旅游区。

滨海随耕生态园 省四星级乡村旅游区，位于滨海县现代农业产业园套稍村，占地面积66.67公顷，建有苏北农耕文化展示园、天然氧吧、花卉展示厅、采摘区、真人CS、水上餐厅、动物观赏区、少儿农耕体验区等。2017年1月创建为省四星级乡村旅游区。

建湖铁丝湾生态园 省四星级乡村旅游区，位于建湖县上冈镇冈西村，紧邻204国道上冈路段西侧，占地20公顷。生态园以"铁丝湾"旧址为龙头，依托串场河良好的生态环境与上冈古镇的千年古韵，建成游客服务中心、垂钓中心、临水木屋、孔雀园、扳罾捕鱼、瓜果漂流、农家小灶、田间拾趣、丛林迷宫等配套景点。2017年12月，创建为省四星级乡村旅游区。

东台生态苗木示范园 省四星级乡村旅游区，位于东台市新街镇，核心区面积200公顷，有公共服务功能区、现代农业示范区、农业观光旅游区三大功能区，建有游客服务中心、垦殖文化馆、生态养殖观光中心、亲水平台、特色作坊、林家客栈等配套景点，举办过金秋柿子采摘节、民俗文化展演、广场舞展演等活动，吸引广大游客。2017年1月，创建为省四星级乡村旅游区。

陆公祠 省级文物保护单位，位于市区儒学街陆公祠巷内，是为纪念南宋末丞相、爱国民族英雄陆秀夫而设的祠堂，建于明代嘉靖十年(1531年)。陆公祠占地1500平方米，建筑面积554平方米，为"三进两厢"式，整个建筑和面饰充分体现了明、清古建筑的风格和特点，庄严素雅，古朴大方。一进为门厅，正中保留了原"宋丞相陆公祠"碑刻；二进为仰止堂；三进为浩然堂。浩然堂内主匾"海嶽忠贞"系原国务委员兼国防部部长张爱萍题写。祠内还有许多古今碑刻、历代古井陈列、名人楹联和有关陆秀夫的史料、研究资料等。陆公祠总占地面积约6750平方米，修复、扩建面积2680平方米，其中祠堂等占地3375平方米，文化街区占地2250平方米，总投资3000多万元。2009年11月24日，经过修扩建后的陆公祠在陆秀夫诞辰771周年纪念日开馆。 (王常江)

二、珍稀物种

盐城是"东方湿地之都"，生态独特，生物多样性特征显著，有着众多的奇花名木和珍禽异兽。拥有江苏盐城国家级珍禽自然保护区和江苏省大丰麋鹿国家级自然保护区2个国家级自然保护区。其中，珍禽自然保护区是中国最大的滨海湿地类型保护区，是全球最大的野生丹顶鹤种群保护地，是国际重要生物多样性富集的热点地区，享有东部沿海"国家重要湿地基因库"之称，其主要保护对象为珍稀野生动物及其赖以生存的北亚热带边缘的典型淤泥质海涂湿地生态系统；大丰麋鹿保护区是迄今世界上第一个也是最大的重返大自然野生麋鹿自然保护区，拥有麋鹿4556头。

奇特的枯枝牡丹 便仓枯枝牡丹位于盐城市亭湖区便仓镇，距盐城市区正南12千米处。便仓枯枝牡丹以奇、特、怪、灵而饮誉古今，驰名天下，与琼花、并蒂莲一道被誉为江苏三绝、花中奇葩。其一枝枯而不朽。每逢花盛时节，便仓牡丹园中的鲜花恰似胭脂凝成，美艳润泽，芬芳馥郁；繁密厚实的叶片，也青翠欲滴。其枝梗，却如摇曳在寒风中的枯枝，憔悴欲朽，若折取一枝，放入火内，如干柴一般，顿时即可燃着。其实，枯枝牡丹枝梗，只是貌似枯朽而实非枯朽，它的枝梗内不仅有营养丰富的水分，而且含有特殊的因子，它能不断地输送养料给花苞和叶片，又易于燃烧。其二是闰月花为单瓣。正常年份，每朵花通常为12个花瓣，而到了农历闰年，花瓣就会奇妙地增加到13个花瓣。其三是放花时节性较强。每年都是谷雨前后三日开始放花，花信儿准确无误。然而这花似乎能感应世事时势，颇有灵性，有时还会在深秋和初冬时节两度开放，枝干无叶却有花，蔚为奇观。尤其神奇的是，中华人民共和国成立的那一年，枯枝牡丹盛开在举行开国大典之日；国庆10周年时，枯枝牡丹曾两度开花；1972年，联合国恢复中国的合法席位时，枯枝牡丹又在隆冬时开放；1987年，中共十三大之后，园内和园外散植的单瓣红白牡丹，再次开放若干无叶之花。对此，报纸和电视都有过报道。这虽然是自然界生态变化与政治事件的偶然巧合，但却给枯枝牡丹染上了更加迷人的色彩。人们借此以抒怀，赞其为"神花"。殊不知，枯枝牡丹偶尔于秋冬开花的这一现象，与便仓一带的自然环境有着密切关系，这里正好有着北亚热带向南暖温带过渡的温和湿润、四季分明、冷暖适度的气候条件，以及排水性能良好的酸性土壤，再加上护爱管理得当，枯枝牡丹便能一年两度开花。1990年7月，市政府将

便仓枯枝牡丹 张友余/摄

枯枝牡丹列入文物植物加以保护；2006年，便仓枯枝牡丹园被评定为国家AA级旅游景点；2009年，枯枝牡丹被列为江苏省非物质文化遗产。

神奇的五谷树 盐城有300年以上一级古树名木10株，其中建湖县九龙口镇谭赵村就有一株。该树苍劲古老，树高7米左右，有合抱之粗，春天开花，夏天结果、无核，所结果实年年形状各异，有时像小麦，有时像水稻，有时像高粱，有时像黍子，有时像荞麦，由此人们称其为“五谷树”。所结果实只可观赏不能食用，每年长什么，没有定律，结稻谷的年份最多，有些年份结出的果实，还有像鱼虾的。更为奇特的是，五谷树还有预报当地收成丰歉的功能，当年果实形似水稻，则水作物丰收，形似高粱，则旱作物丰收，1991年结的果实似小鱼，夏季就遭了水灾。人们认为五谷树能预测来年的五谷丰收，将其视为神树。五谷树，结五谷，预天灾，兆丰年，令人叫绝。五谷树来自何处？传说不一。据九龙口镇老人介绍，相传此树乃明代郑和下西洋携回的“海外来客”共两株，这是其中的一株，原种在南京古庙内，后被收成庄渔民移植在此。这棵奇树虽已有了几百年，但依然枝繁叶茂，树干的侧枝由于岁月的消磨都赤条条地伸向半空，显得古老而苍劲，新生的枝叶葱葱郁郁。当地人民十分爱惜这棵树，建湖县将其列为县级保护文物，砌了围栏，吸引了海内外众多人士前来观赏。五谷树，在盐阜大地上其实还不止一株。近年来，学者研究发现，在建湖县近湖镇蔡徐村、盐都区北龙港镇正德庵院墙东、东台市安丰镇大港村也均发现有五谷树。有学者通过资料研究得知，“五谷树”的学名原来叫“雪柳”。《辞海》中对“雪柳”给出的注释中，注明“雪柳”亦称“五谷树”，另外还有一个名字叫“过街柳”。五谷树究竟原产哪个国家？功用有哪些？专家们还未作出定论，仍有许多未解之谜。

“湿地之神”丹顶鹤 丹顶鹤，属于国家一级保护动物。它身披洁白羽毛，喉、颊和颈为暗褐色，长而弯曲的黑色飞羽呈弓状，覆盖在白色尾羽上。特别是裸露的朱红色头顶，像一顶小红帽，因此得名丹顶鹤。丹顶鹤素以喙、颈、腿“三长”著称，直立时可达一米多高，它丰姿秀逸，性情幽娴，矜持华贵。在中国、朝鲜和日本，人们常把高雅洒脱的鹤和挺拔苍劲的松画在一起，在中国古代神话和民间传说中被誉为“仙鹤”，成为高雅、长寿的象征，在诗词和中国画中，常被文学家、艺术家作为主题而称颂。丹顶鹤多栖息于开阔的芦苇丛或多草的沼泽地带，主要以鱼、虾、贝类和植物根茎为食，常被人冠以“湿地之神”的美称。是典型的候鸟，每年随季节气候的变化，有规律地南来北往迁徙。盐城东部沿海具有较高自然性和完整性滩涂湿地生态系统，属于典型的亚热带向北温带过渡的海岸带湿地，既是丹顶鹤的典型越冬栖息地，也是大量水禽迁飞栖息点。1983年，经省政府批准，建立江苏盐城国家级珍禽自然保护区；1992年10月，经国务院批准为“国家级自然保护区”，成为联合国教科文组织盐城生物圈保护区，并被纳入世界生物圈保护区网络；1996年，被纳入东北亚鹤类保护区网络；2002年，被列入国际重要湿地名录。保护区是丹顶鹤的主要越冬地，每年到这里越冬的丹顶鹤占世界野生种群的60%以上。

“四不像”动物麋鹿 麋鹿是中国特有的珍稀动物，可与国宝大熊猫相媲美，相传是姜太公的坐骑，因其“角似鹿，脸似马，尾似驴，蹄似牛”，俗称“四不像”（亦有人称其“角似鹿，颈似驼，蹄似牛，尾似驴”）。麋鹿是一种非常特殊的大型鹿类，它体长约2米，肩高可达1.3米。雄鹿较大，体重可达250千克，雌鹿较小；雌鹿无角，雄鹿有角。麋鹿的尾巴比其他鹿类长得多，可达65厘米，是鹿科动物中最长的，末端生有丛毛。麋鹿作为世界珍稀动物，曾经仅产于中国。早在五六千年前，盐城沿海湿地就成了麋鹿的生活栖息地。1865年，法国博物学家兼传教士大卫在北京南郊进行动植物考察，无意中在南海子皇家猎苑中发现了这种奇特的动物，这是世人第一次从学术角度知道麋鹿。此后的几十年间，西方驻清朝公使及教会人士通过明索暗购等手段，从北京南海子猎苑弄走几十头麋鹿，饲养在各国动物园中。1900年，八国联军攻入北京，南海子麋鹿被西方列强洗劫一空。至此，麋鹿在中国故土绝迹，长期漂泊海外。20世纪80年代，经专家考证，中国确定并划出土地近300公顷，建立大丰麋鹿自然保护区。1986年8月14日，39头漂泊异乡的麋鹿，从远隔重洋的英国返回故土，重新回到了野生祖先最后栖息的沿海滩涂。为了拯救濒危物种，恢复其野生种群，1998年开始进行野生放养实验，当年挑选8头放归大自然。2002年又挑选6头放归大自然。它们分别于1999年、2000年、2001年、2003年在野外顺利地各产下一仔，开创了1000多年以来世界上没有野生麋鹿的先河。2003年开始实施大规模野生放养实验，又一次将18头麋鹿放归大自然，次年又产下5头幼仔。2006年又有21头麋鹿奔向大自然。至2018年底，麋鹿种群已增殖到4556头。盐城麋鹿在总量、繁殖率和存活率方面均居世界首位，中国麋鹿已走出《国际濒危动物名录——红皮书》，盐城为人类拯救濒危野生动物物种做出了杰出的贡献。 （草　木）

第02章　年度总情

编　　辑　许寅生

综　　述

2018年，盐城实现地区生产总值5487.1亿元，总量居全省第七位，按可比价计算，比上年增长5.5%。其中，第一产业实现增加值573.4亿元，比上年增长3.2%；第二产业实现增加值2436.5亿元，比上年增长3.7%；第三产业实现增加值2477.2亿元，比上年增长8.1%。产业结构持续优化，三次产业增加值比例调整为10.5∶44.4∶45.1。人均地区生产总值75987元（按2018年年平均汇率折算约11483美元），比上年增长5.8%。年内，市区居民消费价格总指数（CPI）同比上涨1.9%。其中，食品烟酒类上涨1.9%，衣着类上涨2.3%，居住类上涨1.2%，生活用品及服务类上涨3.8%，交通和通信类上涨3.8%，教育文化和娱乐类上涨1.1%，医疗保健类上涨1.1%，其他用品和服务类下跌0.3%。全市工业生产者出厂价格指数（PPI）同比上涨3.5%，工业生产者购进价格指数（IPI）同比上涨4%。

第一节　经济建设

一、固定资产投资

2018年，全市固定资产投资比上年增长9.4%。其中，项目投资比上年增长9.8%；房地产开发投资比上年增长6.6%。投资结构进一步优化，全市第一产业完成投资比上年增长9%；第二产业完成投资比上年增长16.1%；第三产业完成投资比上年增长0.3%。

工业投资质量提升。全年全市工业投资比上年增长16.2%，增幅列全省第一位，高于全省平均水平8.2个百分点。其中，高质量发展重要考核指标制造业占项目投资63%，比上年同期提高5.7个百分点，制造业对全部投资增长的贡献率为107.7%，拉动全部投资增长10.1个百分点。

民间投资快速增长。全年全市民间投资比上年增长15.1%，占全部投资76%，比上年同期高3.8个百分点，对全市投资增长的贡献率为116.6%，拉动全市投资增长10.9个百分点。其中，制造业民间投资比上年增长21.7%，对全部民间投资增长的贡献率为90.4%。全市民间投资在结构上逐渐向信息技术类、社会民生类等领域倾斜，上述行业民间投资较往年实现较快增长。年内，住宿和餐饮业民间投资增长48.3%，教育业民间投资增长34.8%，科学研究和技术服务业民间投资增长33%，卫生和社会工作民间投资增长32.3%。

房地产销售总体平稳。全年全市房地产开发完成投资454.9亿元，比上年增长6.6%，其中住宅投资完成360.6亿元，比上年增长4.5%。全市实现商品房销售面积1111万平方米，比上年下降6.1%，其中住宅销售面积885万平方米，比上年下降7.7%；实现商品房销售额566.9亿元，比上年增长1.7%，其中住宅销售额497亿元，比上年增长4.4%。

二、工业和建筑业

2018年，全市规模以上工业企业实现总产值6247亿元，比上年增长10%，规模以上工业增加值增长4%。民营工业持续向好。全年全市民营企业实现产值4503.7亿元，比上年增长11%，占规模以上工业比重72%。全市工业用电量212.5亿千瓦时，比上年增长11.8%。

支柱产业稳定发展。全年全市工业企业实现全口径开票销售5528.7亿元，比上年增长17%，其中汽车、机械、纺织、化工四大传统支柱产业实现工业开票销售3511.6亿元，占工业总量的63.5%，其中机械装备制造业实现开票1755.2亿元，汽车产业实现开票631.1亿元。汽车累计产销突破500万辆，东风悦达起亚焕驰轿车出口埃及、菲律宾，迈出开辟海外汽车市场第一步。非车产业实现开票销售4897.6亿元，比上年增长21.3%。

建筑业稳步增长。全年全市完成建筑业总产值1750.6亿元，比上年增长4.6%，建筑业企业在省外完成产值743.5亿元，比上年增长12.9%。全市有资质的建筑业企业总产值超亿元的共307家，比去年增15家，实现总产值1572.8亿元，占建筑业总产值的89.8%，其中产值超10亿元的建筑企业有39家。

三、农林牧渔业

2018年，全市实现农林牧渔业总产值1183.9亿元，可比价增长2.9%。全市粮食总产量704.3万吨，比上年减少9.4万吨，比上年下降1.3%；粮食播种面积98.31万公顷，比上年减少1.45万公顷。粮食亩产477.6千克，比上年增加0.7千克。棉花播种面积693.33公顷，比上年减少1866.67公顷，棉花总产量0.08万吨。全市油料作物播种面积4.27万公顷，比上年减少3866.67公顷，油料总产量13.1万吨。

农业机械化规模扩大。全年全市农机总动力703.8万千瓦。大中型拖拉机、联合收割机、水稻插秧机保有量分别达2.85万台、2.76万台和2.5万台。全市秸秆机械化还田面积62.2万公顷。全年农机化作业收入53.2亿元。

农业现代化进程加快。全年全市累计新增设施农业6866.67公顷，总规模14.67万公顷，总面积全省第一。全市绿色优质农产品比重62%，比上年提高20%，建成部级绿色食品原料标准化生产基地6个，省级绿色食品原料标准化生产基地75个。全市新增省级农业产业化重点龙头企业11家，总数达84家，全省第一。全市累计认定家庭农场共4858家，经营总面积7.47万公顷，创成省级示范家庭农场141个，市级示范农场306个。

四、交通运输和邮电业

至2018年底，全市有公路总里程2.37万千米，其中国道994千米，省道952千米。拥有等级公路2.34万千米，其中高速公路396千米、一级公路1394千米、二级公路2553千米。全年全社会客运量6428万人，比上年下降6.9%，客运周转量67.7亿人千米，比上年下降4%；全社会货运量1.79万亿吨，比上年增长3.3%，货运周转量485.5亿吨千米，比上年增长3.7%。全年保障航班1.67万架次，年旅客吞吐量182.2万人次，分别比上年增长27.4%、39.8%；货邮吞吐量6587.2吨，比上年增长18.9%。

邮电业务平稳发展。全年全市完成邮电业务总量92.37亿元，比上年增长15.6%。邮政业务收入（不包括邮政储蓄银行直接营业收入）累计完成21.2亿元，比上年增长14.8%。快递服务企业业务量累计完成1.4亿件，比上年增长30.8%，实现业务收入11.2亿元，比上年增长18%。电信业务收入52.2亿元，比上年增长4.7%。

五、国内贸易

2018年，全市实现社会消费品零售总额1778.7亿元，比上年增长6.8%。分城乡看，乡村消费增速领先城镇，全年城乡分别实现社会消费品零售总额1669.8亿元和108.9亿元，比上年分别增长6.4%和11.9%。分行业看，批发、零售、住宿、餐饮业分别实现零售额198.8亿元、1380.8亿元、20.9亿元和178.2亿元，比上年分别增长6.7%、6.5%、12.1%和8%。分规模看，限额以上零售额631.9亿元，比上年增长0.9%；限额以下零售额1146.9亿元，比上年增长10.3%。

消费升级步伐加快。在限额以上批发和零售业主要经营类别中，肉禽蛋类实现销售额18亿元，比上年增长6.1%；烟酒类实现销售额95.1亿元，比上年增长4.1%；建筑及装潢材料类实现销售额48.6亿元，增长18.5%；化妆品类、电子出版物及音像制品类和计算机及其配套产品类销售增长较快，均超过15%。全体居民消费支出1.76万元，增长5.7%。其中，交通通信支出2399元，增长21%；医疗保健支出1148元，增长45%；生活用品及服务支出1015元，增长19.3%；居住支出3454元，增长7.3%。

六、对外经济和旅游业

2018年，全市实现进出口总额95.5亿美元，比上年增长10.4%。其中，出口60.3亿美元，比上年增长3.3%，进口35.2亿美元，比上年增长25.1%。新批利用外资项目144个，其中3000万美元以上项目46个，比上年增长4.5%。注册外资实际到账9.1亿美元，比上年增长15.8%，高于全省平均水平14个百分点。

旅游业蓬勃发展。全年全市接待海内外游客3333.9万人次，比上年增长13.7%；实现旅游总收入374.2亿元，比上年增长16.9%；旅游外汇收入8821.9万美元，比上年增长7.4%。景区建设进一步加快。江苏黄海海滨国家森林公园创成省级旅游度假区，全市有6家省级旅游度假区，总数位居全省第二。年内，全市创成国家AAAA级旅游景区4家，全市共有国家AAAA级以上景区17家，总数位居全省第五。乡村旅游集聚发展。大丰丰收大地创成省五星级乡村旅游区，全市共有4家省五星级乡村旅游区，总数位居全省第二。旅游业态更加丰富。荷兰花海在全省首批13家省级旅游风情小镇考核中名列优秀等次（全省仅3家）。旅游品牌渐已打响。年内，盐城获评2018锦绣中国榜·新时代中国最佳文化旅游名城、2018最美中国榜·首批全国优质康养休闲旅游胜地。

七、财政、金融和保险

2018年，全市实现一般公共预算收入381亿元，比上年增长5.8%，其中税收收入305.1亿元，比上年增长12.2%，税收占一般公共预算收入的比重为80.1%。主体税种保持稳定，实现国内增值税74.8亿元、改征增值税（含营业税）47.4亿元、企业所得税31.9亿元、个人所得税14.6亿元。财政惠民力度不断加大。全年全市用于民生保障支出601.3亿元，占一般公共预算支出的71.1%。

信贷规模持续扩大。全年全市有银行业金融机构42家，年内净增1家，为光大银行盐城分行。金融机构年末本外币存款余额6421.4亿元，比年初增长3.3%，其中储蓄存款2902.1亿元，比年初增长5.8%。金融机构年末本外币贷款余额4998.8亿元，比年初增长16.6%，其中中长期贷款2560.4亿元，比年初增长11.6%。

保险业健康发展。全年全市拥有各类保险机构78家，其中市级产险公司22家，寿险公司39家，保险专业中介一级法人机构11家，保险经纪分支机构3家，保险公估分支机构3家。保险分支机构及营销网点646个，保险从业人员4.8万人。全市保险业实现保费收入176.4亿元，其中财产险40.9亿元，人身险135.5亿元；全年各项赔偿和给付52.5亿元。

第二节 社会发展

一、科学技术和教育事业

2018年，全市科技研发投入占地区生产总值的比重为2.09%，科技进步贡献率56%，全市战略性新兴产业产值增长22%。全市国家高新技术企业898家，净增285家。全年申请发明专利10547件，比上年增长15.4%；授权发明专利1490件，上年增长7.2%；有效发明专利量5497件，比上年增长37.7%。持续实施“515”人才引进计划，全年发放人才资助资金1.12亿元，引进各类领军人才361名。

教育事业协调发展。全年全市有普通高校6所，招生1.99万人，在校生6.39万人，毕业生1.75万人；普通中专5所，在校生2.26万人；职业高中10所，在校生2.21万人；普通中学282所，在校生30.51万人；小学333所，在校生45.42万人。全市初中毕业生升学率99.51%，在校生年巩固率99.6%；小学毕业生升学率98.99%，在校生年巩固率99.8%。学龄儿童入学率100%。幼儿园在园幼儿21.16万人。全市有教职工数9.07万人，其中专任教师7.55万人。

二、文化、卫生和体育事业

2018年，全市文化建设成果丰硕。文化惠民工程扎实推进。全年下基层送戏2000多场，送电影2.2万多场，送展览200多次。新建阅读新空间60家、阅读便民设施100个，一批图书馆自动借还系统等设施相继投入使用，基本实现城市15分钟“阅读圈”和农村3公里“文化圈”建设目标。全年新创作大戏17部、小戏23部。淮剧《小镇》走进中央党校，第四次进京展演，戏剧创作的“盐城现象”进一步放大。2018紫金文化艺术节，盐城获奖作品数和受表彰人数均居全省前列；第十三届江苏省五星工程奖，盐城2部作品分获小戏类、曲艺类第一名，4部作品受邀参加江苏20台优秀现代戏沿大运河城市巡演。

卫生体系更加健全。至2018年底，全市有卫生计生机构3211个，其中医院、卫生院301个，疾病预防控制中心10个，妇幼卫生机构11个。各类卫生机构有床位3.99万张，卫生技术人员4.28万人，其中执业(助理)医师1.88万人，注册护士1.67万人。

体育赛事蓬勃开展。年内，盐城承办第28届东亚保龄球锦标赛、2018中华龙舟大赛(盐城站)、江苏省第十九届运动会群众项目乒乓球比赛等大赛。体育设施不断完善。年内完成市区50个老旧小区体育设施安装更换工作，市区新建25千米健身步道，全市健身步道总长度约805千米。体育产业质效明显提升。悦达健身广场、大丰梦幻迷宫项目入选全省首批14家体育服务综合体认定名单。全市9个体育产业项目获省级体育产业发展专项资金，总金额740万元，比上年增长124%。

三、人口、人民生活和社会保障

2018年末，全市户籍人口824.7万人，比上年末减少1.42万人，其中城镇人口496.5万人，乡村人口328.2万人。全年人口出生率为9.89‰，死亡率为6.45‰，自然增长率为3.44‰。年末常住人口720万人，城镇化率64.03%，比上年提高1.13个百分点。

生活水平不断提高。全体居民人均可支配收入29488元，比上年增长8.9%。城镇常住居民人均可支配收入35896元，比上年增长8.4%；人均消费支出19731元，比上年增长7%。农村常住居民人均可支配收入20357元，比上年增长8.8%；人均生活消费支出14515元，比上年增长2.6%。

城镇就业基本稳定。至年底，全市从业人员431.8万人，比上年减少9.8万人，其中第一产业从业人员95.9万人，第二产业从业人员158.5万人，第三产业从业人员177.4万人。新增城镇就业人员12.2万人，城镇登记失业率保持1.78%的较低水平。

社会保障日臻完善。全年全市保障城乡低保对象6.8万户11.8万人，累计发放最低生活保障金6.2亿元。年内，将1.1万名失去劳动能力的建档立卡低收入农户纳入低保，将1800多名低保边缘家庭的成年无业重度残疾人纳入低保，安排413名生活不能自理的“五保”“三无”老人入住护理型特困人员护理机构，全市2.6万户建档立卡低收入农户全部纳入托底救助，给予因灾、因祸、因病、因残等重大支出救助累计近2000万元。全市建有公办养老机构140家，民办养老机构62家，城乡居家养老服务中心2215家。每千名

聚龙湖健身步道 李思远/摄

老人拥有养老床位数34.76张，农村敬老院改造全部达到省定星级标准。

四、城市建设和环境保护

2018年，全市交通基础设施建设完成投资173.6亿元，比上年增长7.9%。高铁高速高架全面推进。盐青铁路正式通车，盐城驶入“高铁时代”。规划新增的盐宁高速等五条高速公路，全部进入新一轮省高速公路网调整规划，新增里程218千米，是江苏省高速公路新增规划里程最多的省辖市。内环高架快速路网已建成通车57千米，三期项目已完成主体工程50%，建成后全市快速路网总里程将达90千米，基本覆盖整个大市区。年内，区域供水通达全市所有乡镇，建成城镇污水处理厂3座，城市（县城）污水处理率超92%，建制镇污水处理设施覆盖率100%，生活垃圾无害化处理率100%。

生态环境持续改善。全市始终坚持生态优先、绿色发展新理念，转型发展取得新成效。“一片林”工程加快推进，新增成片林1.03万公顷，改造提升1.12万公顷，建成森林小镇24个，森林村庄112个，新增城镇绿地面积3447公顷，绿化造林总量保持全省第一，林木覆盖率达27%。全年整治城市黑臭河道21条，城镇污水集中处理率84%，空气质量六项指标综合指数全省第一，其中PM2.5平均浓度和优良天数比例位居全省前列。新水源地及跨区域引水工程建成通水，在全省率先完成全市域水源地达标整治任务，让全市人民喝上更加安全优质的饮用水。

（张　静）

2018年全市行政区划人口及土地面积统计表

表02-01

指标名称	计量单位	全市	亭湖区	盐都区	大丰区	响水县	滨海县	阜宁县	射阳县	建湖县	东台市
镇	个	95	5	8	11	8	11	13	13	11	14
街道办事处	个	30	7	6	2	—	3	4	—	3	—
村民委员会	个	1821	91	170	208	100	261	247	152	198	363
居民委员会	个	615	84	80	55	52	35	94	86	47	42
行政区域土地面积	平方千米	16931	800	1015	3008	1474	1950	1439	2606	1157	3176
年末总户数	万户	269.69	23.79	23.73	26.87	16.90	34.66	35.25	30.99	28.70	38.48
年末总人口	万人	824.73	69.52	71.13	71.09	62.36	122.57	112.28	95.18	78.42	109.81
#男	万人	425.45	35.32	37.15	35.51	32.86	64.49	58.81	48.85	40.62	55.38
#女	万人	399.28	34.21	33.98	35.58	29.50	58.08	53.47	46.32	37.80	54.44
#农村人口	万人	328.22	14.06	23.44	25.21	29.04	57.50	54.19	46.57	32.03	41.48
#城镇人口	万人	496.51	55.46	47.69	45.88	33.32	65.07	58.09	48.61	46.39	68.33
年平均人口	万人	825.44	69.77	71.14	71.27	62.38	122.55	112.50	95.39	78.59	110.19
当年出生人口	人	81607	6865	7058	4999	7341	13702	11831	8134	8328	8684
出生率	‰	9.89	9.84	9.92	7.01	11.77	11.18	10.52	8.53	10.60	7.88
当年死亡人口	人	53253	4056	5355	5925	3541	5929	7456	6582	3901	9043
死亡率	‰	6.45	5.81	7.53	8.31	5.68	4.84	6.63	6.90	4.96	8.21
自然增长人数	人	28354	2809	1703	−926	3800	7773	4375	1552	4427	−359
自然增长率	‰	3.44	4.03	2.39	−1.30	6.09	6.34	3.89	1.63	5.64	−0.33
迁入人数	人	50501	5504	2938	1720	3950	3397	3584	2692	5114	9965
迁出人数	人	86871	5462	4258	4339	7908	10743	11653	8508	12618	17107

说明：盐城经济技术开发区、城南新区非行政区划未列出，土地面积、人口数据在统计之中

2018年全市国民经济主要指标统计表

表02-02

指标名称	计量单位	全市	亭湖区	盐都区	大丰区	响水县	滨海县	阜宁县	射阳县	建湖县	东台市
一、地区生产总值（当年价格）	亿元	5487.08	478.95	546.72	699.93	349.86	475.42	482.83	536.61	561.68	878.68
第一产业	亿元	573.40	35.57	46.76	83.09	42.82	63.45	58.88	87.67	50.17	99.03
第二产业	亿元	2436.45	173.41	261.83	273.77	173.91	193.75	210.42	196.71	238.93	356.12
第三产业	亿元	2477.23	269.97	238.13	343.07	133.13	218.22	213.53	252.23	272.58	423.53
二、规模以上工业主要指标											
工业总产值	亿元	6246.96	216.40	684.76	850.94	768.23	368.20	570.23	531.22	524.16	925.78
利润总额	亿元	298.31	6.95	44.28	34.14	68.12	25.59	21.18	23.78	32.74	48.25
三、农业总产值及主要产品产量											
农林牧渔业总产值（当年价）	亿元	1183.89	62.87	98.23	174.12	80.23	120.66	120.25	196.81	100.27	219.54
粮食产量	万吨	704.31	25.06	48.59	86.99	60.17	96.46	94.26	112.61	71.50	100.05
棉花产量	万吨	800.00	—	—	—	—	140.00	—	460.00	50.00	150.00
油料产量	万吨	13.10	0.44	0.55	2.91	1.12	1.67	1.08	0.76	1.13	3.23
四、固定资产投资增速	%	9.4	9.0	11.2	8.6	8.2	8.6	10.3	9.6	8.6	11.9
五、社会消费品零售总额	亿元	1778.74	291.33	196.92	187.89	77.69	130.93	134.70	190.02	157.14	290.10
六、进出口总额	亿美元	95.49	8.75	10.56	23.07	6.62	5.46	3.81	4.73	3.88	9.52
七、注册外资实际到账	亿美元	9.13	0.56	1.04	1.50	0.58	0.55	0.35	0.61	0.38	0.90
八、一般公共预算收入	亿元	381.00	33.93	34.56	55.13	25.35	28.94	27.70	26.36	28.32	56.70
一般公共预算支出	亿元	840.08	39.39	64.65	91.06	61.54	81.00	86.52	85.11	87.34	115.34
九、年末金融机构各项存款余额(本外币)	亿元	6421.42	—	—	751.88	230.08	378.65	472.35	488.02	484.49	830.87
#居民储蓄存款(本外币)	亿元	2902.09	—	—	360.94	124.67	217.78	308.91	312.76	296.08	564.97
年末金融机构各项贷款余额(本外币)	亿元	4998.76	—	—	561.58	195.76	335.10	278.86	346.47	339.33	509.21
十、人民生活											
城镇常住居民人均可支配收入	元	35896	42472	38755	36462	30086	31234	30074	31254	34873	38351
农村常住居民人均可支配收入	元	20357	23010	22356	23055	17020	17746	18282	19653	20184	23317

说明：盐城经济技术开发区、城南新区非行政区划未列出，经济数据在统计之中

2018年江苏省辖市国民经济主要指标统计表

表02-03

指标	南京市	无锡市	徐州市	常州市	苏州市	南通市	连云港市	淮安市	盐城市	扬州市	镇江市	泰州市	宿迁市
年末总人口(万人)	696.94	497.21	1044.77	382.20	703.55	762.52	534.34	561.33	824.73	458.83	270.78	503.39	591.26
国内生产总值(当年价格)(亿元)	12820.40	11438.62	6755.23	7050.27	18597.47	8427.00	2771.70	3601.25	5487.08	5466.17	4050.00	5107.63	2750.72
第一产业增加值	273.42	125.07	631.39	156.25	213.99	397.77	325.57	358.70	573.40	273.34	138.40	280.05	300.84
第二产业增加值	4721.61	5464.01	2812.02	3263.29	8933.28	3947.88	1207.39	1508.11	2436.45	2623.24	1976.60	2434.01	1279.54
第三产业增加值	7825.37	5849.54	3311.82	3630.73	9450.20	4081.35	1238.74	1734.44	2477.23	2569.59	1935.00	2393.57	1170.34
规模以上工业主营业务收入(亿元)	11945.91	16576.71	5030.28	11394.03	33840.03	14029.55	2493.70	3866.77	5815.97	6803.15	4162.10	6979.70	2188.65
规模以上工业主营业务成本(亿元)	9645.12	14194.75	4095.55	9810.25	29115.78	12023.81	1814.33	3268.32	5070.18	5896.95	3570.02	5636.39	1743.46
规模以上工业利润总额(亿元)	894.96	1204.94	292.71	726.26	2034.08	1165.55	230.47	213.40	298.31	424.88	233.36	455.51	271.83
工业用电量(亿千瓦小时)	331.27	551.49	219.91	373.05	1227.77	295.86	106.52	115.97	212.54	165.64	183.42	205.74	123.84
固定资产投资增速(%)	9.4	5.8	2.0	7.5	4.5	8.8	6.7	9.0	9.4	11.0	-26.5	9.2	7.0
社会消费品零售总额(亿元)	5832.46	3672.70	3102.00	2613.19	5746.90	3088.77	1121.31	1239.66	1778.74	1557.03	1360.92	1282.87	833.82
进出口总额(亿美元)	654.91	934.44	117.44	343.86	3541.14	385.91	95.51	50.10	95.49	119.93	118.39	147.30	36.01
#出口总额(亿美元)	378.79	567.81	97.08	250.72	2068.31	254.53	41.53	33.67	60.31	85.42	79.80	95.31	27.17
注册外资实际到账(亿美元)	38.53	36.91	18.98	24.22	45.25	25.81	6.03	11.82	9.13	12.20	8.68	15.07	3.77
一般公共预算收入(亿元)	1470.02	1012.28	526.21	560.33	2119.99	606.19	234.31	247.27	381.00	340.03	301.50	357.15	206.20
金融机构存款余款(人民币)(亿元)	33740.63	15568.68	7107.39	9798.55	28560.45	12001.61	3218.79	3638.01	6177.28	5997.55	5042.97	6119.38	2746.69
#住户存款(人民币)	6914.84	5511.59	3604.84	3841.90	9168.45	6287.26	1420.02	1605.25	3171.33	2860.65	2161.07	2876.63	1344.78
金融机构贷款余额(人民币)(亿元)	28402.34	11971.55	4912.47	7533.42	26546.23	8811.69	2921.36	3303.44	4887.74	4630.51	4450.60	4784.04	2563.61
城镇常住居民人均可支配收入(元)	59308	56989	33586	54000	63481	46321	32749	35828	35896	41999	48903	43452	28281
农村常住居民人均可支配收入(元)	25263	30787	18206	28014	32420	22369	16607	17058	20357	21457	24687	21219	16639

沿海开发

- 开发园区
- 开放合作
- 港口口岸

第03章 开发园区

编　　辑　高兰会

综　　述

2018年，全市19个经济技术园区完成进出口总额77.3亿美元，实际使用外资7.9亿美元，税收收入285.3亿元，规上工业开票销售收入3556亿元，一般公共预算收入174.4亿元。至年底，全市有国家级经济技术开发区1家、国家级高新技术产业开发区1家、国家级综合保税区1家、省级经济开发区10家、省级高新技术产业开发区3家、市级重点经济园区4家。在全省省级以上开发区综合考核中，列入考核的盐城14家省级以上开发区（不含江苏射阳港经济开发区）平均综合排名55.2位，比上年进1.6位。江苏大丰经济开发区、江苏东台经济开发区、江苏建湖经济开发区在82家省级开发区中分别位列第九名、第十一名和第二十六名，江苏大丰经济开发区是苏北唯一一家进入省级开发区前十的开发区；盐城经济技术开发区、江苏大丰经济开发区、江苏东台经济开发区、江苏建湖经济开发区在40家苏北省级以上开发区中分别位列第四名、第六名、第七名和第十三名；盐城高新技术产业开发区在48个省级以上高新区中位列第十九名。常州国家高新技术产业开发区大丰工业园连续九年在全省南北共建园区中考核中位列前五名。

加快载体建设。《中韩（盐城）产业园实施方案》获省政府批准。围绕中韩（盐城）产业园合作产业，发挥江苏省商务厅代表处作用，成立对韩“H5”招商代表处（江苏省商务厅驻首尔招商代表处，盐城经济技术开发区驻首尔、釜山、京畿道、济州、新万金招商代表处）。9月27日，省政府印发《中韩（盐城）产业园建设实施方案》。加快省级开发区建设。江苏东台经济开发区创成国家级绿色园区；江苏射阳港经济开发区获批为省级经济开发区；江苏省盐南高新技术产业开发区、江苏省盐城环保高新技术产业开发区、江苏省建湖高新技术产业开发区获批为省级高新技术产业开发区；盐城经济技术开发区被认定为省级创新（产业）示范园区。全年全市经济技术园区获批国家级载体品牌16项，省级载体品牌60项。

加快项目建设。全年全市经济技术园区组织重大招商活动206场，新签亿元以上工业项目205个，计划总投资2352.1亿元。年内，总投资1000亿元的宝武精品钢项目、总投资500亿元的宝丰特钢项目签约落户，总投资850亿元的金光纸业项目进入备案审批阶段。全年新开工总投资超亿元以上工业项目115个，当年完成投资159.7亿元；新竣工总投资超亿元以上工业项目82个，当年完成投资154.9亿元；在建（含续建）总投资超亿元以上的工业项目412个，完成投资755.1亿元。

推进人才引进。结合产业发展，引进高层次人才，打造科技创新人才高地，新增省“双创”人才12人，新增创新创业人才2703人，至年底，全市经济技术园区拥有专门人才2887人，其中“双创”人才320人。加大招商引资人才队伍建设，新增招商人才276人，其中新增专业招商人才43人，至年底，全市经济技术园区有驻点招商机构122个，其中境外驻点招商机构23个；拥有招商人员852个，其中专职招商人才291人，英语专业275人，韩语专业39人，其他语种专业18人。

推进园区“放管服”改革。盐城经济技术开发区全面推行“不见面审批”，承接外国人到华工作许可审批权限，完成“三测合一”公共信息服务平台建设和试运行工作，实施“联合踏勘”改革，“2330”审批改革目标初步实现。其他开发园区结合“放管服”改革，推行大项目代办制、一般项目网上办理，在“不见面审批”“办事不出区”等方面取得进展。推进“区域能评、环评+区块能耗、环境标准”覆盖项目能评、环评试点工作，盐城经济技术开发区制定《盐城经济技术开发区“区域能评+区块能耗标准”改革实施方案》，并编制完成区域节能报告，推动工作进程。　（陆　勇）

2018年全市经济技术园区主要经济指标统计表

表03-04

开发园区名称	一般公共预算收入（亿元）	税收收入（亿元）	规上工业开票销售收入（亿元）	实际使用外资（万美元）	进出口总额（万美元）
盐城经济技术开发区	20.69	40.60	672	22128	169671
盐城高新技术产业开发区	21.65	33.70	162	10070	89207
江苏省盐城环保高新技术产业开发区	2.42	4.10	56.90	1137	8712
江苏亭湖经济开发区	6.44	9.40	52.50	3628	15313
江苏省盐南高新技术产业开发区	22.44	33.10	31.70	4511	21177
江苏大丰经济开发区	11.50	19.70	242.70	3685	53483
江苏大丰港经济开发区	14.06	21.20	396.20	5579	154142
江苏东台经济开发区	17.26	18.30	235.60	6657	49715
东台沿海经济区	3.92	3.80	61.80	2067	7761
江苏建湖经济开发区	9.60	12	211.10	2026	16259
江苏省建湖高新技术产业开发区	5.33	9.50	63	1684	7708
江苏射阳经济开发区	3.94	11.90	80.30	3035	26014
江苏射阳港经济开发区	2.65	6	114.60	1060	12988
江苏阜宁经济开发区	5.01	8.70	114.10	2310	27267
江苏阜宁高新技术产业开发区	1.41	2.10	41.20	224	5586
江苏滨海经济开发区	2.96	6	66.40	1353	10209
滨海沿海工业园	8.15	15.40	201.30	2129	42243
江苏响水经济开发区	4	3.90	42	2565	10017
盐城市响水工业经济区	11.01	25.70	710.70	3204	45818

第一节　中韩(盐城)产业园

中韩(盐城)产业园总体规划面积50平方千米，包含产城融合核心区和临港产业配套区。产城融合核心区，依托盐城经济技术开发区，规划面积42平方千米，东至峨眉山路、普陀山路、希望大道一线，西至天山路，南至步凤港、南环路一线，北至世纪大道。临港产业配套区，依托大丰港区国家一类开放口岸和大丰港保税物流中心(B型)，规划面积8平方千米，分为北部区、中部区和南部区。北部区域东至蛇口港路，西至上海港路，南至园区道路，北至神户港路，规划面积0.6平方千米；中部区域东至日月湖大道，西至大丰港路，南至疏港复河，北至中港大道，规划面积1.2平方千米；南部区域东至海堤复河，西至江阴港路，南至四级航道，北至通港大道，规划面积6.2平方千米。中韩(盐城)产业园重点发展汽车(包括新能源汽车、智能网联汽车)、电子信息和新能源装备产业，培育临港产业和现代服务业。

推进产业园建设。全面贯彻落实《国务院关于同意设立中韩产业园的批复》要求和《中华人民共和国政府和大韩民国政府自由贸易协定》精神，推进中韩(盐城)产业园建设发展，江苏省政府印发《中韩(盐城)产业园建设实施方案》，明确中韩(盐城)产业园建设的总体要求、功能布局、主要任务、保障措施，全面推动产业园建设。江苏省政府成立江苏省中韩(盐城)产业园发展工作协调小组，并召开会议研究产业园重点推进事项。中韩(盐城)产业园厅、盐城市联席会议研究事项加快实施。紧扣商务部中韩产业园建设发展水平评价指标和江苏省《中韩(盐城)产业园建设实施方案》目标任务，按照项目化的工作要求，盐城编制市级中韩(盐城)产业园建设实施方案任务分解表和区级三年行动计划任务表。

加快产业招商。围绕中韩(盐城)产业园合作产业，瞄准巨人型、科技型、财源型、外向型项目，推动投招基金、基金招投。依托中国亚洲经济发展协会，发挥江苏省商务代表处作用，成立对韩"1+5"招商代表处(江苏省商务厅驻首尔招商代表处，盐城经济技术开发区驻首尔、釜山、京畿道、济州、新万金招商代表处)。承办第一届中韩产业园合作交流会和中韩产业园合作协调机制第二次会议，举办第二届中韩环境科技及学术研讨等活动，受邀韩方官员和客商近500人。在全省率先开展人民币跨境结算便利化试点，助推产业招商。年内，中韩盐城产业园基金出资项目22个，投资总金额69.29亿元；设立产业基金7只，(韩元贷)撬动

11月14日，中韩（盐城）产业园驻韩联络处揭牌　　盐阜大众报社/供

20.69亿元、进出口总额16.97亿美元、注册外资实际到账2.21亿美元。东风悦达起亚汽车有限公司全年产销汽车37万台。汽车产业实现开票销售530亿元，电子信息产业实现开票销售45亿元，新能源产业（光电光伏）实现开票销售42亿元，服务业实现开票销售421亿元，其中东风悦达起亚汽车有限公司新设立销售公司实现开票销售238亿元。

全年新签约亿元以上项目44个，总投资581.48亿元，设备投资69.72亿元。其中，设备投资超亿元项目9个、超10亿元项目2个。全面对接上海，加强盐沪合作。挂牌成立中国盐城（上海）科创中心，设立产业基金7只，新增企业信贷融资45亿元。与华人运通联合设立新能源汽车技术研发公司，驻上海开展“飞地研发”。“燕舞东方”登陆上海资本市场，资产出租率86%。盐城东方投资开发集团有限公司完成营业收入17.4亿元、利润3.2亿元、税收2.7亿元、上缴国有资本收益6000万元；江苏世纪新城投资控股集团有限公司完成营业收入19.3亿元、利润1亿元、税收4488万元、上缴国有资本收益2000万元。

全年新开工亿元以上项目14个，竣工12个。盐城阿特斯阳光能源科技有限公司、江苏润阳悦达光伏科技有限公司等10个盐城市重大项目完成投资47.6亿元；未来科技城、东方之洲等21个盐城市重点工程完成投资25亿元；北京师范大学盐城附属学校、中舍花园三期等12个盐城市民生实事项目完成投资13.6亿元。全年实施“智能制造”重点项目11项，完成投资17.9亿元。佛吉亚（盐城）汽车部件系统有限公司、江苏鸿佳电子科技有限公司、江苏盐城润阳悦达光伏科技有限公司成功申报省级智能车间。全区累计获批省级智能车间9家，位列全市第一。全年引进“两院院士”“千人计划”等高层次人才32名，获批省级科技孵化器4个，达成产学研合作项目60个，万人有效专利拥有量20件，通过江苏省知识产权示范园区验收。

全年25项为民办实事工程基本完成，北京师范大学附校幼儿园小学部、城南新区实验学校如期开学，市妇幼保健院工程加快建设，通过省基本公共卫生服务项目绩效考核。农村居民人均收入2.3万元，城镇居民收入4.2万元。全年脱贫773人，2个经济薄弱村实现摘帽。启动中心村和集中居住点规划建设，新建中心村4个。完成低保专项清理整治工作，9类对象22种病种纳入医疗救助范围。完成12个城乡社区居家养老服务中心标准化建设，社会老人参保率连续三年列全市第一位。1个家庭入选“全国最美家庭”，4人（组）入选“江苏好人”。完成镇街农村集体资产产权清产核资工作和农民资金互助合作社的转籍关停工作。竣工45个“三治三化”项目，新增绿地面积800公顷。通榆河水源保护区截污工程正式投入使用，污水处理厂扩能项目主

合作银行贷款6亿元，新增企业信贷融资45亿元。

完善功能配套。核心区——盐城经济技术开发区启动编制河东新城整合规划和盐城经济技术开发区控规编制工作，与北京师范大学合作设立盐城附校，建成盐城外国语学校。开工建设智尚汽车小镇、未来科技城、上海君庭创客城等功能配套项目，打造创新创业载体。启动韩风国际文化名城规划编制工作，建设中韩文化交流中心、科研总部街区、名品商贸街区、影视文娱街区、医疗健康街区，发展韩国特色商贸、文化创意、现代金融，打造中韩（盐城）产业园高端服务业集聚区。

《中韩（盐城）产业园建设实施方案》印发　9月27日，省政府印发《中韩（盐城）产业园建设实施方案》。《中韩（盐城）产业园建设实施方案》明确中韩（盐城）产业园建设发展的总体要求、功能布局、主要任务、保障措施4个方面，对具体发展目标、合作产业、基础设施建设、加强择商选资、开展制度创新和拓展人文领域合作交流等方面进行部署落实。方案指出，要全面加快中韩（盐城）产业园的建设，盐城市政府、省各相关部门要充分认识新时代深化对外开放对于建设现代化经济体系、促进经济转型升级的重要意义，高度重视、主动作为，确保各项措施落地见效；省商务厅要会同有关部门加强监督检查，重大问题及时向省政府请示报告。

第一届中韩产业园合作交流会在盐城举办　（参见第187页同名条目）

第二节　盐城经济技术开发区

2018年，盐城经济技术开发区实现地区生产总值349亿元、规模以上工业开票销售672亿元、一般公共预算收入

体竣工。区镇村三级河长体系实现全覆盖，空气优良天数列全市第三位。挂牌设立区镇村三级网格化管理服务中心，区“12345”平台工单办结率、群众满意率均100%。实施“行政财政简政”改革，划分界定园区服务范围，建立相对独立的园区运行体制和项目决策机制。推进“不见面审批”“证照分离”“多证合一”改革，实行数字化“多图联审”，加快建设“一窗一网”和“三测合一”平台，网上综合服务旗舰店正式上线运行，全程电子化办理率100%，项目审批代办事项办结率100%，成为江苏省首家获得外国人来华工作审批权限的开发区。

研究出台“2+6”工作意见 年内，盐城经济技术开发区为加快园区建设，研究出台“2+6”工作意见。“2”指《2019年盐城经济技术开发区工作意见》《2019年中韩（盐城）产业园建设工作意见》；“6”指《关于加快建设韩资密集区的实施意见》《关于加快建设汽车科技园的实施意见》《关于加快建设电子信息港的实施意见》《关于加快建设东部光谷的实施意见》《关于加快建设临港产业高地的实施意见》《关于加快建设现代服务名城的实施意见》。（陈 军）

第三节 盐城高新技术产业开发区

盐城高新技术产业开发区成立于2006年，前身为江苏省盐都经济开发区；2012年，经省政府批准，成为全市首家省级高新技术产业开发区；2015年2月经国务院批准，升格为国家高新技术产业开发区，与盐都区实行“区政合一”体制，下辖盐龙、盐渎、潘黄3个街道。总规划面积116平方千米，包括45平方千米高新产业区、46平方千米融合发展区、25平方千米生态涵养区。2018年，盐城高新技术产业开发区实现地区生产总值263.3亿元，一般公共预算收入21.65亿元，全口径工业开票销售162亿元，外资实际到账1.01亿美元，外贸进出口8.92亿美元，园区综合考核排名在全国168家国家高新区中从125位跃升到77位，在全市等级园区考核中获得经济技术园区类别“5A级园区”第一名。年内，园区集聚以东山精密为代表的各类项目智能终端项目近百个、投产达效50多个，建成和在建多层厂房200多万平方米，产品涵盖智能手机、智能穿戴、智能视听、智能安防、智能家居等领域，初步构建起从核心部件到品牌整机、从硬件生产到软件研发的全产业链，全年实现开票销售120亿元，成为盐都首个百亿级产业集群。盐渎街道乘用车销售占大市区65%以上，入驻电商快递企业200多个，订单日处理量占大市区80%以上，创成国家级优秀物流园区、省级电子商务示范基地。加快科技创新，中科院计算所高通量盐城创新研究院、吉林大学盐城智能终端产业研究院、南京理工大学国家技术转移中心等创新载体落户，省级质检中心获批建设。年内，净增国家高新技术企业26家、总数101家。全年专利申请、发明专利申请总量均占全市15%以上，创成国家知识产权试点园区。产城融合步伐加快。BRT公交枢纽、南京师范大学盐城实验学校、枫叶国际学校、科技广场建成使用，邻里中心、吾悦广场加快建设，高新区科创新城、盐龙体育公园启动实施，神州路、万达商圈、秦川路等精细化建管示范点推进建设，总投资10亿元“智创谷”总部研发区投入运行，世纪大道绿化提升、小马沟绿廊、冈沟河景观带等绿色示范工程加快实施，园区绿化覆盖率46%以上，盐城高新技术产业开发区区域环评获环保部批准，智创小镇获批省级特色小镇。（张 弛）

第四节 盐城综合保税区

2018年，盐城综保区完成工业开票销售64.2亿元、一般公共预算收入1.75亿元、进出口总额7.93亿美元、固定资产投资12.72亿元；新注册工业项目7个、服务业项目16个，工业项目开工4个、竣工2个，服务业项目开业13个；实现注册外资实际到账3761.2万美元；新增工业定报企业2个、非工业定报企业5个。年内，深圳英锐集团英锐6英寸晶圆流片项目等项目开工建设，佛吉亚（盐城）汽车部件系统有限公司二期、盐城海达瑞泰机械设备有限公司项目竣工投产，江苏力艺机电设备安装工程有限公司、盐城市华悦汽车部件有限公司等项目落户，2018年跨境单量均居全省前列。加快载体建设，盐城东方投资开发集团有限公司34.24万平方米标准厂（库）房建成，总建筑面积16.37万平方米的国投自贸园二期加快建设。年内，盐城综合保税区完成区划调整，所辖面积增加至6.65平方千米，其中封关区2.03平方千米，产业联动区4.62平方千米，形成封关区内、封关区外企业联动运行格局。（郑朝兵）

第五节 省级开发区

2018年，盐城有省级经济开发区10家，省级高新技术产业开发区3家。9月21日，江苏省政府下发《省政府关于设立江苏南通通州湾经济开发区等26家省级开发区的批复》，江苏省盐南高新技术产业开发区、江苏省建湖高新技术产业开发区、江苏省盐城环保高新技术产业开发区获批省级高新技术产业开发区。10月30日，江苏省政府下发《省政府关于设立江苏徐州云龙经济开发区和江苏射阳港经济开发区》的批复，江苏射阳港开发区获批省级经济开发区。

一、江苏省盐南高新技术产业开发区

2018年，江苏省盐南高新技术产业开发区实现地区生产总值127.38亿元、一般公共预算收入22.44亿元，社会消费品零售总额75亿元，固定资产投资突破215亿元，注册外资实际到账4511万美元。产业发展加快，大数据产业园实现开票销售、税收增幅均超30%，成功举办“印象盐城数创未来”天池大赛。“数梦小镇”成为全市唯一的省级优秀特色小镇，创成省级生产性服务业集聚示范区。聚龙湖商务服务业集聚区税收突破10亿元。金融城累计落户各类企业

360多家，总投资35亿元、30万平方米的金融智慧谷部分主体封顶。楼宇经济新招引企业500多家，新增税收1.1亿元，金融城基金保险、创投中心总部经济、华邦国际建安设计、钱江财富商务办公4幢楼宇税收超亿元。新获批高新技术企业16家，新获批省级以上科技孵化器、省级以上技术研发中心、省级众创空间等各类品牌10多项。实施"数聚英才"计划，引进"双创"（创新创业）领军人才（团队）项目25个，国家"千人计划"专家项目4个。推动城市建设。在全市率先探索打造城市建管示范区，7平方千米的启动区基本建成。全年累计实施城建工程132项，完成投资84亿元，南海未来城核心区5大类16个项目全面开工建设，湖体开挖基本完成，中华海棠园加快建设。"三治三化"［水环境治理、棚户区（危旧房、城中村）治理、违法建设治理和城市绿化、亮化、美化］专项行动扎实推进，启动建设100多个重点工程，亮化工程获得中国照明奖，新都街道获批省级垃圾分类示范街道。串场河东"三清"（"僵尸"企业、闲置土地、低效厂房项清理）工作有序推进，马庄、高铁存车场等重点地块搬迁全面完成。推进配套民生工程建设。华东师范大学盐城实验学校全面开工，西环路东、串场河东小学启动建设，7个名医工作室开诊服务。金融城、钱江方洲等邻里之家加快实施，建成5个五星级社区、6个四星级社区。在全市率先建成示范性老年人日间照料中心。人民南路农贸市场正式运营。

盐城大数据产业园 年内，盐城大数据产业园完成开票销售32.94亿元，税收1.79亿元。至年底，园区集聚微软、阿里、华为、浪潮、东方国信等世界500强、国内100强、行业前10强企业近30家，大数据产业链重点项目350个，新获批江苏省版权示范基地、江苏省生产性服务业集聚示范区、江苏省首批电子商务众创空间试点单位，成功登陆央视王牌栏目《中国舆论场》。5月，园区与阿里云合作成功举办阿里天池大赛颁奖仪式、数字经济论坛、投资说明会等活动；7月，园区组织参加长三角大数据产业发展合作联席会议和2018长三角数据智能合作峰会。

数梦小镇 年内，数梦小镇新增投资27.7亿元，实现总产值28亿元，一般公共财政收入1.8亿元，开票、税收增幅均超30%，创成全省首批优秀特色小镇。至年底，小镇入驻微软、华为、阿里、360等各类大数据企业100多家，培育国家高新技术企业10家、规上企业24家、省装备智能化示范企业1家，省电子商务示范企业1家，市级高新技术企业21家，纳税超100万元企业和超50万元企业数量同比实现"倍增"。集聚"两院"院士、国家"千人计划"专家20多人，就职员工8000多人，其中硕士学历以上近400人。申报专利等自主知识产权近千项。推进产业培育。汇聚导师链、资金链、创新链、政策链、服务链"五链"功能，强化专业孵化器、双创基地和众创空间建设，微软、软通等双创载体2018年招募创客团队约600个，其中80多个优质创业项目通过评审并注册公司。年内，小镇通过国家科技企业孵化器、省级众创集聚区复核，建成省级高校重点实验室1个、省级工程实验室1个、省级研究生工作站3个。推进项目建设，江苏省电子政务数据灾备中心一期项目投入运营，悦达数梦新能源车辆监控平台入选长三角最佳数据解决方案，云上仲裁项目与盐城市仲裁委合作建成华东首家云上仲裁基地，盐城鼎盛科技发展有限公司成为全市唯一一家为上海进博会提供智能服务解决方案的企业。年内，小镇获批江苏省生产性服务业集聚区、江苏省版权示范基地、江苏省首批电子商务众创空间试点单位等品牌。

南海未来城 年内，南海未来城规划和项目建设加快推进。完善规划方案。完成道路交通、水质水系、地下管线、公共设施、城市防洪等34专项规划编制。优选国际国内一流设计单位，参与南海公园、核心区文化场馆等项目方案编制。推进工程项目建设。开工南海公园、华师大盐城实验学校、市民中心、胜利路、滨河环路等16个项目。其中，南海公园80公顷湖体开挖工程完成，东侧沿湖地形完成工程量的80%，滨湖环路、胜利路、公园内部道路、地下管线等基础设施工程推进。推广应用先进技术。学习南京等地新城建设经验，制定南海未来城海绵城市建设指标体系，构建统一的窄带物联网、感知数据库和公共服务平台，探索零能耗的未来建筑，形成区域独特领先优势。谋划产业布局。坚持生产性服务业和生活性服务业双轮驱动，规划布局数字经济、总部楼宇、智慧康养、科教文旅四大产业，打造产城融合升级版，提高城市运营价值。

"印象盐城 数创未来"大数据总决赛颁奖仪式举行 5月18日，"印象盐城 数创未来"大数据总决赛颁奖仪式暨大数据产业投资合作说明会在盐城市大数据产业园内举行，近300名国内外大数据知名企业、高校院所的嘉宾和客商参会。现场签约一批合作项目。"印象盐城 数创未来"大数据竞赛作为阿里云天池大赛的重要组成部分，于2017年10月在"杭州云栖大会"上面向全球发布，聚焦盐城汽车行业设置课题，吸引全球14个国家和地区、超5100支队伍参赛，经过多轮激烈角逐，武汉大学、高德云图等14支队伍获奖。在随后举行的重大项目签约仪式上，11家企业以及天池大赛落户团队代表与城南新区签订战略合作协议。

（李 煜）

二、江苏亭湖经济开发区

江苏亭湖经济开发区位于盐城大市区东部，是亭湖区行政中心所在地和大市区政治、经济、文化和商贸副中心。2002年启动开发区建设，2006年被认定为省级经济开发区，2010年挂牌成立新城街道，规划面积30平方千米，下辖社区居委会8个、行政村1个，人口近10万人。先后获评国家级生态街道、江苏省"两化"融合示范区、江苏省知识产权试点园区、省级生态工业园区等。2018年，开发区完成地区生产总值60.5亿元，实现规上工业企业开票销售52.5亿元，完成注册到账外资3628万美元，进出口总额1.53亿美元。全年新开工项目14个，新竣工项目11个，动态实施80个"两重一实"项目，电子信息产业园三期12万平方米厂房主体竣工，新投产企业5家；青洋智能装备产业园新建厂房11万平方米，园区道路、污水管网、水处理等配套设施加快完善。加快推进铠胜产业园等基地型大项目建设，其中铠胜产业园一期实现开票销售6亿元，二期设备进场安装，为市“家家到”观摩提供4个高层次项目，开创“集成现场”的新模式。推进农村集体产权制度改革，成立8家村居股份经济合作社。加快推动“放管服”改革措施落地见效，新增公司制企业485户，新发展个体工商户302户。实施创新驱动和人才强区战略，新创成省级以上研发中心1家，新增高新技术企业9家，新获批企业授权发明专利17件。坚持“双招双引”，赴北京、上海等地延揽高端人才，新引进高层次创新创业人才6名，组织4名专家申报省、市人才资助项目。

三、江苏省盐城环保高新技术产业开发区

2018年，江苏省盐城环保高新技术产业开发区实现地区生产总值31.25亿元，规上工业开票销售56.9亿元，服务业增加值2.92亿元，固定资产投资58.4亿元，一般公共预算收入2.42亿元，新增规上工业企业9家。全年新签约亿元以上项目24个，其中5亿元以上项目14个；新开工亿元以上工业项目14个，其中8个项目经过市发改委认定；新竣工亿元以上项目11个，并经过亭湖区发改委认定。加快园区建设。按照规划先行、完善整体布局的原则，完成市政管线综合规划、环保小镇城市设计等方案编制，5月，委托中国环保产业协会编制的《环保产业发展路线图》形成讨论稿。启动宝瓶湖商业配套建设，超市、餐饮和银行入驻运营；完成11千米污水管网建设和5千米世纪大道绿化，污水处理厂投入运营；完成420户拆迁，启动建设4.39公顷安置房一期。7月13日，环保科技小镇入选江苏省第二批特色小镇创建名录。搭建产业平台，成功落户中科院生态中心国家工程实验室、中国—澳大利亚健康土壤联合研究中心、东北大学节能环保新型板材研究中心3个科研平台项目；新增创新中心等科技孵化平台，获批省级工程技术中心1家，高新技术企业后备库企业16家，获批国家高新技术企业11家。全年园区申请专利478件。全面完成农村集体产权制度改革试点工作，启动农业产业结构调整工作，调整方案和土地流转现状分布图；“河长制”工作有序推进，完成农路农桥建设任务，拆建桥梁18座，硬化道路9.8千米；环科城便民服务中心交付使用，“残疾人之家”建成；开展低保专项整治行动，清退133户306人；完成新农保预存代扣工作，参保村民6246人，保费收缴243.75万元；投入资金150万元，推进环保实验学校校园文化建设。

2018盐城环博会（EPIF）　10月26—27日，由省生态环境厅、中国环境保护产业协会、盐城市政府共同主办的第七届中国盐城·国际环保产业博览会暨生态文明建设创新发展大会举行。2018盐城环博会（EPIF）以环保经济引领新增长为宗旨，以“构建市场导向的绿色技术创新体系，实现绿色产业跨越发展”为主题，举办高峰对话、专题论坛、2万平方米展览及园区行等活动。展览会吸引国内外300多家企业和机构参展，展示千余种最新技术、产品和解决方案，参观人数将超过2万人。展会期间，签约产业项目6个和产学研项目3个。　（张　骢）

四、江苏大丰经济开发区

2018年，江苏大丰经济开发区完成一般公共预算收入11.5亿元，增值税6.27亿元，规模以上工业开票销售242.7亿元，完成外贸进出口总额5.35亿美元，实现固定资产投资60.6亿元，新增规模以上企业11家。服务业定报企业营业收入5.5亿元，规模以上服务业增加值完成4.1亿元。创成省级智慧园区、省级生态工业园区。在省级开发区中排名第九位，在苏北同类开发区中排名第一位。加快发展新能源及装备制造、新能源汽车及零部件、新一代电子信息产业，全年新开工亿元项目10个，竣工亿元项目5个，盐城大丰阿特斯阳光电力科技有限公司项目竣工投产。江苏金风科技有限公司国家地方联合实验室一期、海上求生实训平台竣工交付使用。国新深通智能科技产业园竣工投产，突破芯片、半导体、封装测试、贴片等电子信息产业链项目和手机、平板电脑等智能终端产业项目。16家规模以上汽车零部件企业实现开票销售30亿元。年内，江苏丰东热技术有限公司主营产品“可控气氛热处理炉”获工信部单项产品冠军，实现盐城零的突破；江苏中车电机有限公司、江苏森威精锻有限公司被认定为国家企业技术中心分中心；江苏正大丰海制药有限公司获批全省唯一一家特殊医药用途配方食品工程研究中心，并成为盐城市首家获“省长质量奖”的企业；江苏博敏电子有限公司入选国家“两化”融合管理体系贯标试点企业。江苏佳丰粮油工业有限公司被评为农业产业化国家重点龙头企业。全年新增定报企业11家，新增高新技术企业9家。纳税超5000万元企业6家，其中江苏金风科技有限公司、江苏中车电机有限公司、江苏正大丰海制药有限公司3家纳税超亿元企业被评为盐城市五星级企业。推动科技创新，江苏金风科技有限公司被省科技厅认定为江苏省创新型领军企业，并入选江苏省创新型企业100强，名列第43位；江苏丰泰流体机械科技有限公司“致密性油气田井口同步回转增产装置”获江苏省首台（套）重大装备及关键部件认定；江苏中车电机有限公司发电机应用项目获国家产学研合作创新成果一等奖；江苏理研科技股份有限公司获批设立江苏省博士后创新实践基地，员工束剑鹏成功申报2018年江苏省苏北领军人才；江苏金风科技有限公司翟恩地获批2018年度江苏省“双创”人才；江苏大丰经济开发区科技孵化园博士党锋成为盐城唯一入选人力资源和社会保障部“中国留学人员回国创业启动支持计划”人选。　（杨金辉）

五、江苏大丰港经济开发区

2018年，江苏大丰港经济开发区完成一般公共预算收入14.06亿元，增值税7.9亿元，完成全口径工业开票375亿元，规模以上工业开票396.2亿元，规模以上服务业营业收入16.5亿元，完成外贸进出口总额15.41亿美元，实际使用外资5579万美元，全社会固定资产投资65.6亿元。规模以上工业企业开票超亿元28家，新增工业定报企业6家，江苏

博汇集团有限公司、盐城联鑫钢铁有限公司实现开票超百亿元。纳税超千万元企业23家，其中超亿元企业4家，分别是江苏博汇集团有限公司4.5亿元、盐城联鑫钢铁有限公司4.3亿元、江苏大丰海港控股集团有限公司1.07亿元、江苏兄弟维生素有限公司1.03亿元。全年参加盐城市、大丰区组织的境内外招商活动12次，组织海洋生物、木材造纸等专题招商活动6次，签约亿元以上项目26个。新开工亿元以上项目20个，竣工亿元以上项目12个。年内，江苏丰山集团股份有限公司在上交所主板上市，江苏大丰海港控股集团有限公司下属的华丰种业、黄海港城实业先后登陆资本市场，江苏丰海新能源淡化海水发展有限公司等6家企业获批国家高新技术企业，新获批省级科技计划项目6项。推进港口建设。深水航道一期工程完成一阶段工程任务，二期散货、杂货码头扩建交工验收，通用码头内侧泊位正式对外开放。国际集装箱物流中心开工建设，大丰港物流园区发展规划通过省级评审，绿色循环低碳港口主题性项目通过国家验收，东风悦达起亚汽车有限公司首批400辆轿车通过大丰港装运出口埃及。大丰港区被明确为中韩（盐城）产业园核心区外唯一的临港产业配套区，前期规划编制工作有序推进。购置“申丰之春”号集装箱货轮，与上港集团达成集装箱板块战略合作，至上海港航班增至每周3班。完善港城功能。日月湖北大道、上海港路与通港大道景观绿化工程加快推进，博汇生活区污水膜处理设施建成投入使用，公租房二期工程竣工交付使用。举办量产汽车性能大赛、汽摩旅游嘉年华、亚洲巨星演唱会等活动。

（杨金辉）

六、江苏东台经济开发区

2018年，江苏东台经济开发区完成全口径工业开票销售266.2亿元、规上工业开票销售235.6亿元、外贸进出口总额4.97亿美元、实际利用外资6657万美元，综合实力上升到全省省级开发区第11位，创成国家级绿色园区、盐城AAAAA级园区。年内，新开工亿元以上项目13个，竣工亿元以上项目8个，科森科技东台有限公司、领胜城科技（江苏）有限公司列入省重点工业投资项目计划。全年销售超亿元企业29家，纳税超500万元企业21家，创成盐城五星企业2家、四星企业1家、三星企业3家。国家高新技术企业发展到49家，高新技术产业产值占规上工业比提高到52.4%。年内，开发区有5家企业获批国家知识产权优势企业，“峰峰及图”注册商标被认定为中国驰名商标；领胜无线充电模组车间被认定为省示范智能车间，科森科技东台有限公司和东台船用配件有限公司分别建成省工程技术研究中心和省企业技术中心，江苏新技机械有限公司高速智能化电线挤出生产线获评省“专精特新”产品。与上海青浦工业园和张江高科技园区康桥工业园开展战略合作，与东南大学共建联合创新研究中心。按照国家级开发区标准，完成东区控制性详规修编、城市形象设计。新建提升园区主次干道7千米，新增绿化面积60万平方米，迁移110千伏高压杆线11.2千米。设立新特产业投资基金，为企业新增金融授信10亿元。新引进4家人力资源公司，加强与云南彝良县劳务协作，帮助企业新招员工1.3万人。

（韩　泽）

七、江苏建湖经济开发区

江苏建湖经济开发区为省级经济开发区，区域面积91.7平方千米，规划面积47.3平方千米，集聚工业企业476家，形成节能电光源、高端装备、电子信息和现代物流等产业集群，是全国首家中国节能电光源制造基地核心区，先后建成全国首家县办博士后科研工作站、首家导入CIS识别系统的苏北开发区、江苏省文明单位、江苏和谐劳动关系工业园区。园区与高等院校、科研院所共建产学研联合体20多个、研发机构12个，拥有院士工作站2家、企业博士后科研工作站4家、中国驰名商标8个、国家级高新技术企业19家。至年底，规划区域内项目用地全面实现“九通一平”，商务中心、实验初中东校区、建湖县三院、社会福利中心、市民休闲广场、四星级宾馆等重点项目和金融、商贸等现代服务业项目顺利建设投入使用，教育、医疗、商业、休闲等配套服务一应俱全。2018年，开发区实现一般公共预算收入9.6亿元、规模以上工业开票销售211.1亿元，完成工业固定资产投资32亿元，注册外资实际到账2026万美元。

（吕　霏）

江苏先云云计算数据中心　　建湖县政府办/供

八、江苏省建湖高新技术产业开发区

江苏省建湖高新技术产业开发区位于建湖县城南部片区，2012年12月获批市级园区；2015年11月，获批筹建省级高新区；2016年8月，经报盐城市委、市政府批准，将塘河街道并入高新区，实行“区、街合一”管理；

2018年1月，被国家发改委等6部委列入新修订的《中国开发区审核公告目录》，2018年9月，获批省级高新技术产业开发区。开发区区划面积40.4平方千米，开发建设面积23平方千米，年末户籍人口3.2万人；实现进驻企业（项目）150家，有高新技术企业54家、省级以上高新技术产品25个，实施国家星火计划项目10项，申请专利1200多项，专利授权432件；有企业工程技术研究中心12家、企业技术中心11家、中国驰名商标6个，设立院士工作站6家、研究生工作站6家；有国际最高T4级水平、苏北规模最大的江苏先云云计算数据中心，建成国家级石油机械产品质量检验检测中心1家，国家级、省级科技企业孵化器各1家，入孵企业120多家；国家级众创空间3家、省级众创空间2家。2018年，开发区实现税收9.5亿元，规上工业企业开票销售63亿元、应税销售58亿元，注册外资实际到账1684万美元。（吕　霏）

九、江苏射阳经济开发区

江苏射阳经济开发区成立于1992年，1993年被批准为省级经济开发区。辖区面积138平方千米、规划面积60平方千米，整体通过ISO 9001质量体系和ISO 14001环境体系认证，重点打造航空科技城、南京大学科技园、电子信息产业园、生物科技产业园、新能源汽车及零部件产业园等特色园区，先后获评中国最佳投资环境开发区、长三角园区共建联盟示范园区、江苏自主知识产权试点园区、江苏区域创新十强产业园区。2018年，园区实现一般公共预算收入3.94亿元，规上工业开票销售80.3亿元，规上工业入库税收2.43亿元，固定资产投资163亿元，其中工业固定资产投资90.72亿元。利用外资、外贸进出口分别实现3035万美元、2.6亿美元。全年新签约亿元以上项目45个，新开工亿元以上项目35个，新竣工亿元以上项目22个，新达产亿元以上项目15个，新招引外资项目10个。年内，江苏易电通智慧能源股份有限公司等9家企业获批国家高新技术企业，江苏庆缘康生物科技有限公司等7家企业获批江苏省民营科技企业，江苏金羿射日新材料科技有限公司等21家企业获批江苏省科技型中小企业，射阳县达金电气有限公司等5家企业进入江苏省高新企业培育库。

2018年通用航空产业发展（射阳）研讨会　2月25日，2018年通用航空产业发展（射阳）研讨会在江苏射阳经济开发区召开。中航工业规划院、江苏省航协、国内外知名通航企业和省市县有关部门负责人等近100人参加研讨。研讨会上，江苏射阳经济开发区与AOPA国际飞行器协会、ASA美国通航协会、美国轻型运动飞机协会、美国航空小镇协会、加拿大通航产业协会、国家通航产业联盟、中国民用航空运输协会达成战略合作关系。近年来，射阳县抢抓国家空域管理改革和低空空域开放机遇，加快发展新兴产业，实现航空装备产业从无到有，并初步构建通航全产业链框架结构。至年底，建成华东地区首家2B级仪表导航通用机场并通过国家飞行校验中心校飞；航空装备产业园占地4平方千米，落户通航产业项目19个，其中引进整机制造项目3个、通航发动机项目2个、无人机项目4个、通航运营企业7个；吸引中澳航空、天空联盟等企业，其中中澳航空专业从事飞机、飞机引擎生产及销售，在全球的保有量超过7000台，首架佳宝整机和首台发动机在射阳基地成功下线。（朱　政）

十、江苏射阳港经济开发区

江苏射阳港经济开发区是射阳沿海发展的核心区域，2018年10月获批省级经济开发区。规划面积3.83平方千米，由2个区域构成：区域一面积1.26平方千米，东至新复堆河，南至中节能，西至东匡河，北至七中沟南；区域二面积2.57平方千米，东至新复堆河，南至射阳河入海水道，西至东匡河，北至中节能。开发区户籍总人口6970人，常住人口1.3万人。2018年，实现一般公共预算收入2.65亿元，规上工业开票销售114.6亿元，规上工业入库税收3.75亿元，全社会固定资产投资55.6亿元，其中工业固定资产投资45.3亿元。利用外资、外贸进出口分别实现1060万美元、1.3亿美元；签约项目50个、开工项目30个、竣工项目20个，其中央企、国企投资项目10个；招引国家“千人计划”专家3人；新增发明专利15件、实用新型专利45件；净增国家高新技术企业5家；新增五星级、三星级企业各1家，新增规模以上工业企业9家、总数28家；盐城普鲁泰克炭素有限公司、江苏长风海洋风能装备制造项目获批省科技型中小企业，盐城海普润膜科技有限公司建成省级研发中心，新建省级研究生工作站2家、市级众创空间1家；培植市级农业产业化龙头企业4家，省出口农产品示范基地1个。加强与上海嘉定工业区开展合作共建，规划专业园区，签订产学研一体化项目2个，引进“千人计划”专家1人，签约项目7个，儒佳纳米材料项目当年开工、当年投产。年内，在盐城市19个重点经济园区中综合排名列第七位；获评省级创业型园区、省知识产权试点园区、省优质服务示范单位、省级科技孵化器。

江苏射阳港首届石材产业峰会　12月30日，江苏射阳港首届石材产业峰会暨玉石品鉴大会在江苏射阳港经济开发区举行，中国石材协会常务副会长兼秘书长齐子刚、中华全国工商联石材业商会副秘书长李妙连、上海石材协会秘书长范林根、中共射阳县委书记唐敬等领导和嘉宾出席活动。与会嘉宾先后参观射阳港石材文化基地、射阳港新材料产业园，并参加峰会配套的石材行业论坛。江苏射阳港经济开发区新材料产业园规划面积3.2平方千米，以“石材加工、新型材料”为主导，重点引进新型墙体材料、新型防水密封材料、新型保温隔热材料、装饰装修材料、石材加工、木材加工、建材机械、五金制品、灯具制造、钢材、电梯产业等。至年底，园区建成面积70万平方米，落户钱江国际石材市场、恒峰石业、莆田异形石材、绿宝石新型建材等40多个项目。其中，总投资30亿元的钱江石材项目一期10万平方米标准厂房建成投产，二期5万平方米标准厂房建成，三期5万平方米标准厂房开工建设，投资1亿元的名品石材展示中心全面对外开放。（朱　政）

十一、江苏阜宁经济开发区

江苏阜宁经济开发区创建于1998年8月，规划面积48.87平方千米。2002年4月，被省政府批准为省级经济开发区。园区形成风电装备、光电光伏等为主导，机械电气、轻工食品等为支撑的产业格局，进区企业300多家，拥有中粮集团有限公司、中国长江三峡集团有限公司等央企、上市公司和国内外知名企业投资的重点项目50多个；先后获批省级特色产业集群、省级知识产权试验基地、江苏省创业创新基地、江苏省生态工业园区等；建成国家级博士后工作站、国家级科技孵化器，拥有国家级高新技术企业19家，省级以上企业研发机构20家，企业研究生工作站9家。2018年，园区完成财政收入7.15亿元，一般公共预算收入5.01亿元，全社会固定资产投资89.04亿元，规上工业开票销售114.1亿元，规上服务业增加值1.84亿元，注册外资实际到账2310万美元。全年新签约千万元以上项目16个，其中亿元项目7个；新开工千万元以上项目22个，其中亿元项目8个；竣工千万元以上项目16个，其中亿元项目5个。

中海油阜宁燃气发电厂项目　11月28日，中海油阜宁燃气发电厂项目开工建设。该项目位于阜宁县经济开发区境内，由中海油江苏天然气有限责任公司投资建设，总投资11亿元，建设2台10万千瓦的燃气发电机组及相关配套公共设施。项目配套建设天然气管道管网（阜宁段）40千米，总投资6亿元。　（曹征雷）

十二、江苏滨海经济开发区

江苏滨海经济开发区工业园成立于2001年8月，2006年被省政府批准为省级经济开发区。2018年，园区实现一般公共预算收入2.96亿元，全口径开票销售77亿元，规模以上工业开票销售66.4亿元，规模工业入库税收2.39亿元，外贸进出口1.02亿美元。接轨上海，开展上海“区区行”系列活动，先后组织招商推介、客商考察、交流会谈等活动8次。新签约中汽汽车产业基地、科道智能家居等项目13个，其中亿元以上项目8个。组织集中开工、开业活动3次，新开工亿元以上项目11个，新竣工项目9个。8月，矽润半导体项目竣工试产创造电子企业建设的新速度；舒马克电源科技（滨海）有限公司年内带动滨海就业800人；电子信息智慧园一期13万平方米厂房交付使用；威森美微电子、科道智能家居、查斯特科技3个项目签约入驻；电商产业园创成省级电子商务示范园；中汽（盐城）汽车产业基地项目开工建设。　（王　敏）

十三、江苏响水经济开发区

江苏响水经济开发区为2006年6月经国家发改委审核、省政府批准成立的省级经济开发区，是江苏省科技创业园、江苏省轴承座产业之都、江苏省传动件特色园区、长三角园区共建联盟试点园区，园区西与县城毗连，连盐铁路、沿海高速、204国道、326省道贯穿全境。园区总规划面积50平方千米，人口3.5万人，先后吸引上海茂腾针织有限公司、上海钜成集团、江海电容器股份有限公司等企业进驻，180余家企业建成投产，形成新型建材、机械电子和高端纺织染整三大主导产业，生物医药产业初具规模，智能终端、电子信息等新兴产业快速崛起，成为江苏省最大的色纺纱生产基地、电子储能材料生产基地和全国最大的轴承座生产基地。2018年，江苏响水经济开发区完成地区生产总值42.2亿元，全社会固定资产投资39亿元，全口径开票销售29亿元，注册外资实际到账2565万美元，进出口总额1亿美元，一般公共预算收入4亿元。至年底，园区有市县星级企业6家，其中市级四星级企业1家、市级三星级企业2家、县级二星级企业3家。年内，江苏金米兰纺织有限公司等5家企业通过规模以上企业认定，江苏荣生电子有限公司、江苏嘉文医疗用品有限公司等3家公司创成国家级高新技术企业；江苏北林纺织有限公司等16家企业创成省级民营科技企业。全年新获批省级以上品牌23个、江苏响水亚邦医药有限公司获得市长质量奖和县长质量奖。

钜成新能源项目　7月28日，钜成新能源（响水）有限公司竣工投产典礼举行。钜成新能源项目由上海钜成集团投资新建，项目总投资5亿元，占地8公顷，收购6幢2.4万平方米闲置厂房，新建1幢1.6万平方米综合楼，建设电芯自动化生产线、PACK自动化生产线。项目采取具有自主知识产权的锂电池制造工艺模式，核心工艺通过欧盟质量体系认证，引进6台ABB机械手，建设电芯和PACK自动化生产线，实现自动化流水作业，成组电池产品一致性高，生产效率较常规提高20%，人工节约80%。至年底，公司与超威集团、天能集团等企业达成合作协议，并与法国ACE公司签订每月200组的磷酸铁锂电池组订单。

光融充电桩及电容器项目　光融新能源项目由法人股东上海恺亦国际贸易有限公司以及自然人股东庞猛共同投资建设。项目总投资5亿元，占地8公顷，新建建筑面积9.6万平方米。公司主要设备购自意大利A.Celli、诚捷智能等设备制造商，建设工业储能元器件、电池正极材料和新能源汽车充电桩等生产线20条，年可生产2500万颗牛角电容器、15万套交流充电桩、2万套直流充电桩。产品通过美国UL、欧盟CE、中国国标等认证，兼容性符合国际、欧美SAE Combo等快速充电标准，生产的充电桩主要供应吉利汽车、东风汽车、广汽集团、雷诺汽车等国内主流整车制造商；储能元器件主要供应中船重工、中兴通讯、国电南瑞、特变电工等大型央企国企；电池正极材料主要供应比亚迪等国内外锂电池生产龙头企业。

响水智能终端产业园项目　响水智能终端产业园由江苏响水经济开发区投资建设，总投资10亿元。项目位于响水县城灌江东路南侧、香江路东侧、沈海高速西侧，项目规划占地面积36.67公顷，建设42万平方米标准厂房。年内，开工建设项目一期，占地13.33公顷，规划建设建筑面积15.6万平方米，包含标准厂房8幢、容积率1.35，建筑密度44.87%，绿地率22.14%。

8幢厂房均为3层，高度15.3米。项目建成后主要承接电子信息、智能终端等科技产品研发生产等。（潘建良）

第六节　特色园区

一、盐城城西南现代物流园区

盐城城西南现代物流园位于盐城高新技术产业开发区盐渎街道，于2016年启动建设，规划占地面积284公顷、建筑面积270万平方米，重点建设公路物流港、电商快递谷和城乡配送基地，打造集约化、智慧化、融合化的现代物流园区，形成"汽车整车和零部件、家用电器、医药、公路港、快递"五大物流集群，建成投入使用物流公共信息服务平台，初步形成商贸物流产业生态圈，先后获评国家级优秀物流园、省级示范物流园区、省级重点物流基地、省级现代服务业集聚区、江苏省优秀管理示范单位、盐城市服务集聚区AAAAA级园区，被列为"十三五"期间江苏省新一轮服务业综合改革试点区域，连续两年全市服务业集聚区等级创建考核综合排名第二位、同类园区第一位。至2018年底，园区建成面积143公顷、建筑面积85万平方米。全年园区实现主营业务收入76亿元，税收2.5亿元。7月28日，在2018年全国物流园区工作年会上，盐城城西南现代物流园再次获评全国优秀物流园区。（张　弛）

二、盐城市现代物流园区

盐城市现代物流园区（与盐城市新洋经济区系二块牌子一套班子）成立于2007年1月，位于盐城城北核心区域，总规划面积31平方千米，其中物流核心区域4.34平方千米，人口约9.4万人，常住人口6.68万人，下辖行政村7个、社区居委会5个，是盐城市率先挂牌的市级重点物流园区，是盐城大市区唯一的综合物流基地，建有综合物流港、公铁水联运中心、电商物流中心、分销配送中心，入驻包括国药控股、中运物流、东风物流等大型物流企业和商户近千家，货物配载量占大市区配送总量60%以上。先后获评全国优秀物流园区、中国物流实验基地、中国专业市场示范区、中国物流示范基地、江苏省"两化"融合试验区等。2018年，完成地区生产总值56亿元，实现一般公共预算收入4.61亿元，税收收入3.88亿元，完成规上工业增加值13亿元，规上工业开票销售27.7亿元，固定资产投资55亿元，服务业增加值23.8亿元，社会消费品零售总额22.5亿元。年内，启动棚改项目9个、2020户，签约1972户，征收搬迁房屋1814户。完成袁河片区控制性详规，完成百河文创小镇、水城路、北闸老工业园区、盐汽驾校等地块及2017年卫生执法监察道路图斑范围调整。建成农机桥10座，开工防洪闸4座，建成永新河20个流量防洪闸。实施土地整治6公顷，项目新增耕地5.67公顷，新开发城镇低效用地2.87公顷。完成绿化栽植面积约10.3万平方米，完成绿化养护工作50万平方米，实施高速绿化防护林33.33公顷。办理9批次土地换保障、新增参保311人，全年保障城市低保家庭314户、认定城市特困家庭97户，救助困难家庭242人次、16.46万元，认定其他困难家庭28户，发放残疾人"两项"补助100人、80岁以上老人尊老金162人，新增各类参保人数519人。启动新洋实验学校初中部建设，建成新洋实验学校学术报告厅。建成村综合文化服务中心7个、健身步道5千米，升级老旧小区健身设施7处。（张　骢）

三、沪苏大丰产业联动集聚区

沪苏大丰产业联动集聚区是上海市政府和江苏省政府主导建设的产业开发区，总规划面积33平方千米，先期开发12平方千米，重点发展高端装备制造、健康食品、新能源汽车三大产业。集聚区作为"共建共享共赢"合作新模式，被纳入《长三角地区一体化发展三年行动计划（2018—2020年）》。2018年，集聚区完成财政一般预算收入2120万元，完成全口径工业开票销售27.4亿元，规模以上工业开票销售1.7亿元。全年开工亿元以上项目2个，分别是总投资10亿元，一期投资5.8亿元、占地13.6公顷的奥为智能门窗项目；总投资3亿元的智造园标房项目。签约亿元以上项目5个，分别是总投资10亿元的光明乳制品项目、总投资3亿元的锢邦摩擦焊机项目、总投资1.5亿元的新疆康源沙棘深加工项目、总投资1.2亿元的上海开创海产品深加工项目以及光明特色小镇项目。竣工亿元以上项目2个，分别是投资1.2亿元的耕耘百年营养素提取项目、投资1亿元的海丰米业烘干仓储项目。实施东拓工程。6万平方米的智造园一标（标房）开工建设，110千伏扬帆输变电工程主体工程竣工，中油中泰天然气利用工程投入运营。道路框架加快建设，江都路、登丰路基本竣工，贤丰路、临港路、共青路等6条主干道加快建设。（杨金辉）

四、常州国家高新技术产业开发区大丰工业园

常州国家高新技术产业开发区大丰工业园是按照江苏省委、省政府关于南北挂钩、合作共建苏北开发区的统一部署，常州市与盐城市合作，常州国家高新技术产业开发区与盐城大丰区共同承建的工业园区。园区于2006年11月挂牌成立，2007年4月开工建设，总体规划面积10平方千米，以建设南北共建示范区和苏北一流现代工业园区为发展目标，重点发展高端装备制造、新能源新材料和电子信息产业。至2018年底，园区5平方千米范围建成，基础设施配套功能完善。2018年，园区完成全口径工业销售收入28.51亿元，完成规模以上工业销售收入26.87亿元，完成一般公共预算收入2.05亿元。年内，特瑞、恒润、艾锑威等项目开工建设，缪斯等项目竣工，完成投资4.6亿元。其中，特瑞环保节能畜牧专用设备项目由上海特瑞机械设备有限公司投资建设，总投资1.5亿元，占地3.2公顷。推动企业科技创新，组织企业申报各类扶持项目54个，其中省级以上项目25个，市级以上项目29个。组织申请专利113件，其中发明专利40件、实用新型专利73件，授权专利85件。协助江苏谷登工程机械装备有限公司"谷登"商标成功申报为中国驰名商标。（杨金辉）

五、东台市城东新区

2018年，东台市城东新区实现全口径工业开票销售110亿元、规上工业开票销售59.8亿元，服务业主营业务收入92亿元，注册外资实际到账1550万美元，外贸进出口总额1亿美元，新增规上工业企业6家。年内，新开工5000万元以上项目6个，江苏富乐德半导体科技有限公司半导体项目被列入江苏省2019年重大项目投资计划。东台捷士通通信科技有限公司成为华为公司5G射频系统定点生产基地。成功举办首届东台市机器人产业投资说明会，机器人产业园及企业先后亮相中国开发区创新发展大会、第七届中国国际机器人展，江苏美之好机器人有限公司再次作为盐城唯一机器人企业参展世界智能制造大会。东台科技服务业集聚区获批省级生产性服务业集聚示范区、省级创业孵化基地、省和谐劳动关系示范园区，获评盐城市甲等服务业集聚区。好创e众创空间、颐高万创空间获批省级众创空间。东台科技·智慧城市馆建成，智慧城市云计算数据中心投入运营，成功举办东台智慧互联网产业招商暨网景区块链产业融合发展大会。

六、东台市富安印刷包装机械产业园

东台市富安印刷包装机械产业园创建于2006年2月，位于沈海高速富安出口东西两侧，园区规划面积9平方千米。区内开放大道、富源大道、东进路、迎宾大道形成“三纵三横”的道路框架，基础设施“六通一平”。园区主导产业定位智能印刷包装机械、数控装备制造产业，有配套企业50多家，实现印刷包装机械从覆膜机、模切机、贴双面胶机、穿扣机、喷码机到烫金机、制盒机、贴窗机、糊盒机、裱纸机、皮壳机、打包机等12个系列全产业链生产制造，有规模以上企业29家，拥有CNC加工中心600台套，各类智能设备1800多台，创成国家高新技术企业9家，获批各类专利160多项，产品畅销德国、美国、东南亚等10多个国家和地区。2018年，园区实现全口径开票销售20.15亿元，入库税金6086万元，年出口创汇超1800万美元，带动富民就业6080人，获评省小型微型创业创新示范基地，创成盐城市AAAAA级工业园区。

（韩　泽）

七、建湖县建阳石油装备产业园

建湖县建阳石油装备产业园是国家级石油装备制造业基地的重要功能区，由南京大学城市规划设计院编制控制性建设详规，规划总面积13.6平方千米。园区划分建设石油机械配套区、液压设备产业区、专用车产业区、信得产业区和功能配套服务区5个区域，产品集中在石油机械前道大型铸锻件、中间高中压系列阀门、采油装置、井控装置、后道钻机配件、钻机整机、抽油设备等，其中重点打造石油装备和液压机械2个特色产业。至2018年底，建成区面积4平方千米，建成标准厂房近75万平方米，落户企业68家，其中当年新入园企业12家。全年园区工业总投资3.5亿元，实现规上销售25亿元，税收超千万元企业1家，超百万元企业15家，新增高新技术企业5家，列盐城市AAAAA级工业园区第九位。

（吕　霏）

八、盐城市现代高端纺织产业区

2018年，盐城市现代高端纺织产业区实现一般公共预算收入1.2亿元，全口径开票销售50.2亿元，规上工业开票销售16.8亿元，规模工业入库税收7100万元，固定资产投资45亿元，工业投资35亿元，利用外资2019万美元，外贸自营出口6600万美元；全年新签约项目38个，新开工项目22个，新竣工产业项目16个，新达产项目5个，新增定报企业6家；总投资30亿元、获得国家科技进步一等奖的江苏康平纳智能印染有限公司筒子纱智能工厂一期厂房主体工程竣工，全市纺织类体量最大、投资60亿元的上海题桥江苏纺织科技有限公司一期投产达效；获批国家高新技术企业1家、省工程技术研究中心2家、市众创空间1家。年内，园区获评全国智能印染示范园区、江苏省纺织产业转型升级创新示范基地。

（朱　政）

九、滨海港经济开发区

滨海港经济开发区是以滨海港区为依托建设的沿海开发区，辖区面积139平方千米，规划建设面积72平方千米。至2018年底，沿海开发建设面积18平方千米，其中港口区域开发建设面积8平方千米，临港产业区开发建设面积7平方千米，港城区域开发建设面积3平方千米。建成和在建项目总投资702.5亿元，其中港口54亿元、港产568亿元、港城44亿元、基础设施34.3亿元。累计完成投资380亿元，其中重大基础设施40.7亿元、港口21亿元、港产306.6亿元、港城11.7亿

沿海风光带上的滨海之门　　陈其龙/摄

元。11月30日，总投资超千亿元的中国宝武钢铁集团有限公司2000万吨绿色精品钢生产基地落户滨海港区；总投资超100亿美元的金光循环经济产业园加快推进；引进国家电力投资集团有限公司、中国海洋石油集团有限公司等7家央企全面参与滨海港区开发建设，重点建设清洁燃煤发电、储配煤中心、海上风电、陆上风电等产业项目，总投资568亿元，完成投资306亿元。其中，国家电力投资集团有限公司200万千瓦燃煤发电项目全面达产，亚洲最大单体海上风电场建成运营，中海油江苏滨海LNG接收站项目开工建设，2000万吨LNG储运基地项目初步列入国家规划布点，中石油1000万吨LNG、150万吨LPG正式签约。继续加快月亮湾旅游景区建设，完成投资11.7亿元，打造3平方千米月亮湾海滨风情小镇，实施沿海百里风光带、海滨浴场等36个项目，月堤海景公园、灵龙湖生态公园等3个旅游项目建成投用。全年开发区实现规模以上开票销售44.73亿元，规模以上入库税收1.06亿元。（王　敏）

十、盐城市响水工业经济区

盐城市响水工业经济区前身为2006年8月成立的响水县陈家港沿海经济区；2010年2月更名为江苏响水沿海经济开发区；2016年1月，市政府批复同意设立盐城市响水工业经济区，规划区域面积220平方千米。园区发展新能源、新材料、节能环保、高端装备制造、海洋工程装备等战略性新兴产业，统筹管理陈家港船舶配套产业园和响水沿海造纸产业园、沿海冶金产业园、循环经济产业园、沿海港口物流产业园、新能源材料产业园。2018年，园区完成规上工业开票销售收入710.7亿元，其中江苏德龙镍业有限公司开票销售收入超601亿元、纳税超10亿元；完成固定资产投资138亿元；一般公共预算收入11.01亿元；新增规模以上工业企业4家，培育星级企业7家，其中纳税亿元以上五星级企业4家。在全市19个经济园区综合考核中，园区连续两年位列第四名，创成盐城市AAAAA级经济技术园区。全年实施各类项目20个，新开工项目14个，其中总投资亿元以上项目9个、10亿元以上项目5个；新竣工项目7个。年内，总投资4.5亿元的金属新材料产业园，20万平方米标准化厂房建成，入驻投资超10亿元项目3个；总投资3.5亿元的智能制造装备产业园，20万平方米标准厂房及配套设施工程开工，入驻投产超10亿元项目3个。提升载体功能，5万吨级码头群投入运行；投资约5亿元，新建6条20多千米黑色主干道路及配套工程建设；投入近4亿元，启动建设一期日处理3.6万吨的浦港污水处理厂和一期日处理2万吨的陈北污水处理厂及配套管网工程。加强科技创新，成立合金材料产业技术研究院。年内，园区获批国家级高新技术企业1家，省级工程技术中心2家，申请专利40多项和省级以上品牌、商标5件；累计引进本科及以上高层次人才1600多名，其中博士、高级职称42名。（潘建良）

第七节　乡镇工业园区

2018年，全市有乡镇工业园区108家，实现全口径开票销售1294亿元，占全市工业开票销售总额的23.7%、占乡镇工业开票销售总额的70%，比上年提高5个百分点。其中，有地方产业特色的乡镇工业园区36个，东台溱东、时堰不锈钢制品、大丰西团抛丸机、盐都张庄齿轮等乡镇工业园区主导产业形成规模，开票销售占当地乡镇工业园区开票销售总额的70%以上。全年全市乡镇工业园区完成工业投资224.57亿元，新增投产企业630个，新增专精特新企业64个。至年底，全市乡镇工业园区集聚企业8034家，其中规模以上企业1484个，分别占全市乡镇工业企业总数和全市规上企业总数的66%、46%；有从业人员31.2万人。

加快乡镇工业园区建设。全年全市乡镇工业园区新建标准厂房280万平方米，新入驻企业958户。新盘活闲置厂房超过80万平方米、占现有工业厂房约3%，盘活闲置土地近166.67公顷，占园区工业用地约2.1%。全年全市乡镇工业园区亩均开票销售82.32万元、亩均投资19.11万元、亩均税收3.18万元。各县（市、区）加大镇村园区污水处理设施建设力度。大丰区新建园区污水处理厂2座，建设园区污水提升泵站7座，新增污水管网84.05千米，园区企业污水接管率达到七成。东台市新建安丰园区日处理8000吨的污水处理厂1个。建湖、阜宁、响水等县也启动建设园区污水处理厂。至年底，全市乡镇园区新建污水处理厂10座。

打造精准扶贫就业车间　年内，响水县依托响水县乡镇工业园区载体，选择部分企业建设“精准扶贫就业车间”，搭建以低收入贫困户家庭劳动力“就地就近就业”为核心，以“一人就业、全家脱贫、可持续发展”目标，实现企业发展与低收入户脱贫“双赢”的就业脱贫模式。市经信委就响水“精准扶贫就业车间”运行情况专题调研，总结响水通过强化组织推动、建立信息档案、确定就业车间、落实政策激励等措施推进精准扶贫的经验，并在全市中小企业条线产业扶贫、就业富民现场推进会上进行推广。全年全市乡镇工业园区新增就业人员超过2万人，其中属于扶贫对象的超过1500人。（季　鹏）

第04章 开放合作

编　　辑　高兰会

第一节　招商引资

2018年，盐城加强产业招商力度。围绕中韩（盐城）产业园确定的汽车（包括新能源汽车、智能网联汽车）、电子信息、新能源装备、临港产业和现代服务业五大合作产业，瞄准巨人型、科技型、财源型项目，推动基金招投、资本引投。依托中国亚洲经济发展协会，发挥江苏省商务代表处作用，成立对韩“1+5”招商代表处（江苏省商务厅驻首尔招商代表处，盐城经济技术开发区驻首尔、釜山、京畿道、济州、新万金招商代表处），研究韩国前20强企业在中国投资年度计划，包括已在中国投资企业总部动态，每月派员在韩国开展活动。开展经贸交流活动。盐城市多次组织赴韩拜访产业通商资源部、保健福祉部、中小企业部、大韩贸易投资振兴公社等政府部门、商协机构和现代起亚、三星、LG、SK等企业集团，参加在韩国举办的中韩CEO圆桌会议、泛黄海经济技术交流会等活动，宣传中韩（盐城）产业园营商环境和发展现状。中韩（盐城）产业园与韩国《中央日报》《今日亚洲》《每日经济》、经济TV等媒体建立合作，邀请韩联社、《朝鲜日报》、KBS、MBC等主流媒体到盐城宣传报道，不定期投放专版宣传。年内，市政府承办中韩产业园合作协调机制第二次会议、第一届中韩产业园合作交流会和第六届中韩公共外交论坛，中韩（盐城）产业园举办第二届中韩环境科技及学术研讨活动、新韩银行2018年全球金融座谈会、2018中韩科技型企业技术合作洽谈等活动，受邀在盐城考察的韩方官员和客商超500人；举办中国盐城（首尔）经贸合作交流会暨中韩（盐城）产业园投资说明会、2018江苏盐城（首尔）沿海发展交流会以及新能源汽车产业、电子信息产业等专题招商活动。至年底，全年新签约韩资项目23个，总投资4.3亿美元，协议利用外资2.29亿美元。

11月12日，盐城市经贸代表团考察走访韩国新万金开发厅　盐阜大众报社/供

对韩经贸交流活动　5月8—12日，盐城市经贸代表团到韩国开展经贸交流活动，重点推介中韩（盐城）产业园和对韩合作重点项目，各县（市、区）、盐城经济技术开发区、城南新区和市有关部门、悦达集团、国投集团负责人等参加活动。5月11日下午，2018江苏—盐城（首尔）沿海发展暨中韩（盐城）产业园投资合作说明会在韩国首尔举行。韩国产业通商资源部、大韩贸易振兴公社、大韩商工会所、韩国贸易协会、现代、LG、海成、摩比斯等近150家韩国经贸团体、企业界、金融界代表出席，畅叙合作、共商发展。中国驻韩国大使馆公使衔参赞谷金生，韩国产业通商资源部投资政策局局长李镐俊出席说明会并致辞。会议集中签约一批重点项目，涉及汽车、新材料、机械制造、生物科技、影视传媒、新一代信息技术等领域。在韩国期间，盐城市经贸代表团拜会中国驻韩国大使馆，拜访现代汽车、LG Hausys、海成等8家韩国企业、商协会，与韩国政商界人士接触共同商讨推动中韩（盐城）产业园建设。

11月11—15日，盐城市经贸代表团到韩国开展经贸交流、产业招商活动。盐城市经贸代表团考察走访韩国新万金开发厅、现代汽车总部、现代汽车南阳研究所、SKC株式会社、韩国汽车研究院、韩国电子信息产业振兴会等政府机构、企业和商协会，在汽车、新能源、电子信息、新材料等方面达成合作共识。在韩国期间，举办中国盐城（首尔）经贸合作交流会暨中韩（盐城）产业园投资说明会、2018中国盐城（首尔）新能源汽车产业投资合作交流会、2018盐城（首尔）电子信息产业投资合作说明会3场专题活动，累计洽谈项目63个，签约项目40个。11月14日，举办中国盐城（首尔）经贸合作交流会暨中韩（盐城）产业园投资说明会，韩国工商团体、企业界、金融界等150多家机构和企业代表参加，中国驻韩国特命全权大使邱国洪、韩国产业通商资源部经济自由区企划团长金用采、中国驻韩国大使馆公使衔参赞谷金生、中国国际贸易促进会驻韩代表处首席代表杨晓军、起亚汽车中国战略担当林均国专务、中国亚洲经济发展协会常务副会长陈军、东洋机电株式会社社长李贵荣等出席。现场签约项目12个，总投资2.3亿美元，协议利用外资1.13亿美元。

参加中国国际进口博览会 11月6日，市委书记戴源率盐城交易分团参加在上海举行的首届中国国际进口博览会，副市长蒋巍，市有关部门负责人参加。盐城交易分团一行先后参观国家馆、消费电子及家电馆、智能及高端装备馆、汽车馆等展馆，就风电产业发展、中韩贸易合作、智能装备制造、新能源汽车技术等领域与相关负责人深入沟通。参会期间，代表团先后考察上海电气集团股份有限公司、上海申和热磁电子有限公司等企业，与光明食品（集团）有限公司签订合作协议；邀请韩国贸易协会副会长韩珍铉及韩国参展企业代表团到盐城考察访问，推进中韩（盐城）产业园建设。

参加第十七次泛黄海中日韩经济技术交流会 11月18—22日，由盐城市副市长蒋巍带队，市政府办、商务局相关负责人组成的盐城市代表团赴韩国群山市参加第十七次泛黄海中日韩经济技术交流会议及其系列活动。11月20日，在泛黄海产业园区和特区合作论坛上，蒋巍专题推介盐城市和中韩（盐城）产业园，并与参会代表就园区建设、运营模式、招商政策和经验、跨国地方合作等进行交流探讨。在韩国期间，代表团一行考察拜访LG Display株式会社、YOUCEL株式会社、世钟工业株式会社、高丽大学等韩国企业、高等院校，与大韩商工会所、中国银行首尔分行、现代产业开发株式会社等进行洽谈，在新能源汽车、电子信息、新材料和节能环保等领域达成系列合作共识。

第二节　接轨上海

2018年，盐城抢抓长三角区域一体化上升为国家战略的机遇，围绕打造接轨上海"一区三基地"建设目标，加快产业接轨、市场接轨、科创接轨，纵深发展盐沪合作。构建接轨上海高效机制。市委七届六次全会明确将"接轨上海"作为推动高质量发展走在苏北苏中前列的现实路径，市委七届七次全会提出深入开展对接服务上海招商年活动，打好"上海"特色牌。设立盐城市接轨上海工作领导小组，办公室设在市发改委，负责统筹组织全市接轨上海工作，各县（市、区）和部门建立相应工作专班，落实接轨责任，开展对标合作。启动接轨大上海融入长三角五年规划编制工作，制定接轨上海"一区三基地"建设行动方案。牵头成立长三角协调会新能源产业专委会，组织1026家单位参加首届中国国际进口博览会，全年在上海成功举办先进制造业、服务业发展及园区合作共建、生态旅游、文化产业、农产品展销、人才峰会等系列专题推介活动，签约59个重大项目，总投资1512亿元。年内，盐城市与上海普陀区建立友好城区关系，市政府与上海电气集团股份有限公司签署全面战略合作框架协议。

一、产业对接合作

2018年，盐城承接上海先进制造业的"溢出效应"，加快构建与以上海为龙头的长三角城市群协同配套的现代产业体系。围绕战略性新兴产业和现代服务业，加大招商引资力度，完善对沪招商体系，创新对沪招商方式。全年新签约上海投资亿元以上项目51个，总投资1628.3亿元，其中5亿元以上项目35个，10亿元以上项目24个，中国宝武钢铁集团有限公司2000万吨级绿色精品钢生产基地项目落户

3月18日，盐城市"接轨大上海，融入长三角"高层专家战略研讨会在上海召开
市发改委/供

滨海。新开工上海投资亿元以上项目41个，总投资138.8亿元，其中5亿元以上项目13个，10亿元以上项目5个。

二、“一区三基地”建设

2018年6月22日，盐城市党政代表团赴上海学习考察，首次提出把盐城建设成为北上海“飞地经济”示范区和上海科创成果转化基地、长三角生态旅游康养基地、长三角优质农产品供应基地的“一区三基地”战略构想。创建北上海“飞地经济”示范区，以沪苏大丰产业联动集聚区为核心，推进盐沪合作共建园区提档升级，加快完善基础设施和功能配套，深化合作机制创新，营造良好营商环境，创塑园区特色，推进重大项目落户。5月8日，沪苏大丰产业联动开发建设推进协调领导小组第二次联席会议召开，两地共同推动集聚区打造长三角区域合作园区标杆。打造上海科创成果转化基地。在上海设立盐城（上海）国际科创中心，16家企业入驻，推动产业研发在上海、生产制造在盐城。推动长三角新能源汽车产业研究院、大数据产业研究院全面融入上海全球科创中心建设，承接上海创新资源“溢出效应”。提升上海优质农产品供应基地。至2018年底，盐城建成上海市外农产品主供应基地10个；上海蔬菜（集团）有限公司在盐城设立农副产品外延基地2333.33公顷，其中设施面积1000公顷，获得上海市补助近200万元。加快实施与光明食品（集团）有限公司战略合作协议，引进乳制品深加工项目，打造光明特色小镇。举办盐城名特优农产品（上海）专场推介活动，洽谈签约农业项目66个，协议总额近165亿元、外资1500万美元。建设上海生态旅游康养基地。9月15日，在上海举行盐城旅游（上海）推介会，签约旅游投资、旅游市场开发等三大类35个项目，总投资超150亿元。围绕长三角客源市场，设立盐城旅游上海、南京推广中心。“十一”黄金周期间，接待市外游客数量增长40%，其中上海、南京等长三角地区游客占80%。

三、社会领域合作交流

2018年，盐城常态化开展对接交流，全面深化与上海宽领域、多层次的合作，放大对接效应，实现融合发展。深化教育合作。与上海复旦附中、上海晋元高级中学等28所名校签订合作协议，华东师范大学盐城实验中学建成。深化医疗合作。推进盐沪“医保一体化”试点工作，建成上海名医工作室28个，先后邀请上海专家到盐城坐诊、手术示范500多人次。深化人才合作。持续推进“盐城515”人才引进计划，在上海、杭州、苏州等地开展“双招双引”和“招工引匠”活动28场次，签订科技人才合作协议86个，邀请230名上海科研院所专家到盐城考察交流。（王　辉）

第三节　南北挂钩

2018年，全市10家省批共建园区参加省考评全部合格，共获“以奖代补”和奖励资金5500万元。全年10家省批共建园区投入基础设施建设资金33.6亿元，落户项目70个，总投资119.3亿元，实现开票销售720.3亿元，一般公共预算收入15.64亿元。其中，常州国家高新区大丰工业园、上海嘉定工业区建湖科技工业园、上海西郊工业园区东台工业园新落户项目23个，总投资39.5亿元，实现开票销售收入256.3亿元、一般预算收入4.97亿元。

年内，盐城与常州两市签署2018年度挂钩合作计划，明确加快共建园区建设、推进产业转移、发展农业经济、增进旅游合作、加强社会事业交流、开展县乡层面结对挂钩等。盐城市人社部门与常州市人社部门开展互访活动3次。盐城技师学院与常州汉诺威（中国）控股有限公司达成汉诺威产业学院人才实训培养合作事项达成协议，常州汉诺威（中国）控股有限公司出资设立盐城汉诺威产业学院暨共享工厂，总投资人民币2亿元，一期投资5000万元，并提供部分设备及设施，满足40个工位的实训需求。加强农业合作交流，农业科技干部80人次到常州参观培训；邀请常州农业专家10多人次到盐城现场考察指导，组织开展水稻种子生产、蔬菜园艺技术及休闲观光农业建设等培训，全市受训人数300多人次。加快旅游合作，市旅游局组织重点旅游景区、地接旅行社和市区四星级以上旅游饭店营销人员到常州重点旅游联盟、旅行商、新闻媒体开展业务交流，推动两地新闻媒体（电视台、电台、报社等）旅游专栏开展互动宣传。加强名校名师引进力度，江苏省常州中学和盐城市田家炳中学结成联盟校合作成果，在教育教学管理、课程基地建设、学科交流、师生互派等方面签订协议，双方定期走访。至年底，盐常教育挂钩合作由派遣教师进行支教的单一模式，发展为管理骨干挂职锻炼、业务骨干开设示范课或专题学术讲座、受援学校教师跟岗学习、共同开展教科研活动和建立网络平台共享校本研修资源等方式。帮助扶贫，常州钟楼区、天宁区各支持响水县精准扶贫金额500万元，常州市新北区和溧阳市分别向滨海县拨付扶贫金额350万元、230万元。（庄　雷）

2018年全市南北（盐沪）合作共建园区情况一览表

表04-05

园区名称	共建单位	成立日期	注册资本	规划面积（平方千米）	启动区面积（平方千米）	产业定位	获省共建园区批准日期
常州国家高新区大丰工业园	常州国家高新区 大丰区人民政府	2006.11	1亿元（常州9000万元、大丰1000万元）	10	2.30	电子、机电、新材料和工程装备制造	2007.5
武进高新区阜宁工业园	武进高新区 阜宁经济开发区	2006.9	6000万元（常州3600万元、阜宁2400万元）	5	1	风电装备和机械制造	2007.6

续表 04-05

园区名称	共建单位	成立日期	注册资本	规划面积(平方千米)	启动区面积(平方千米)	产业定位	获省共建园区批准日期
上海西郊工业园区东台工业园	上海西郊经济技术开发区 江苏东台经济开发区	2009.11	5080万元(上海独资)	1.80	1.70	机械制造、电子电气、新材料和高科技	2010.11
上海嘉定工业区建湖科技工业园	上海嘉定工业区 江苏建湖经济开发区	2009.11	1亿元(上海6000万元、建湖4000万元)	4.16	1.30	绿色照明、机械制造	2011.3
上海南汇工业园区响水工业园	上海南汇工业园区 江苏响水经济开发区	2009.4	5000万元(上海3000万元,响水2000万元)	6	1	新材料、先进装备制造、机械电子、纺织服装	2011.4
上海漕河泾新兴技术开发区盐城工业园	上海漕河泾新兴技术开发区发展总公司 盐城经济技术开发区	2009.3	5200万元(上海3120万元、盐城2080万元)	9.50	9.50	新能源汽车及汽车零部件、新光源和新能源装备制造、生产性服务业和区域总部经济	2011.6
上海闵行(盐都)工业园	上海市莘庄工业区 盐城市高新技术产业区	2010.4	5000万元(上海3000万元、盐都2000万元)	16	0.27	风电装备、通信电子等主导产业	2011.11
上海市工业综合开发区滨海工业园	上海市工业综合开发区 江苏滨海经济开发区	2011.4	5000万元(上海3000万元,滨海2000万元)	9.80	2	泵阀机械、新材料、新能源	2011.11
武进经济开发区射阳工业园	武进经济开发区 射阳经济开发区	2011.11	5000万元(常州3000万元、阜宁2000万元)	3.93	0.53	精密机电、生物食品、新材料、高端纺织	2012.4
上海嘉定汽车产业园区亭湖工业园	上海嘉定汽车产业园区 江苏亭湖经济开发区	2011.9	5000万元(上海3000万元、亭湖2000万元)	10	4	光电产业	2012.4

第四节 利用外资及港澳台资

2018年,全市新设外商及港澳台商投资项目144个,协议注册外资及港澳台资19.85亿美元,实际使用外资及港澳台资9.13亿美元,增幅列全省第一位,其中新设(增资)总投资3000万美元以上项目46个。先进制造业、现代服务业、战略性新兴产业均实现快速增长,其中新设战略性新兴产业项目65个,协议注册外资及港澳台资11.18亿美元,实际使用外资及港澳台资5.7亿美元,占全市利用外资及港澳台资比重62.46%,列全省第一位;新设现代服务业项目24个,协议注册外资及港澳台资3.49亿美元,实际使用外资及港澳台资2.29亿美元。至年底,全市新设韩资企业28个,协议注册韩资6684万美元,实际使用韩资5219万美元;新设新加坡投资企业2个,协议注册外资1.02亿美元,实际使用外资9074万美元。全年全市新设中外合资企业51家,协议注册外资6.16亿美元,实际使用外资2.91亿美元;中外合作企业1家,协议注册外资2977万美元;新设外商独资企业92家,协议注册外资13.94亿美元,注册外资实际到账6.17亿美元。

外商投资企业管理 4—7月,市商务局会同市财政局、国税局、地税局、统计局、外汇管理局等部门对全市外商投资企业开展网上联合年报工作,参加年报的外商投资企业有1234家,出具回执的企业有1234家,通过率100%。

2018年全市外商及港澳台商直接投资情况统计表

表 04-06

	实际使用外资及港澳台资(万美元)		协议注册外资及港澳台资(万美元)		新设外商及港澳台商投资企业数(个)		总投资3000万美元以上项目数(个)
	当年累计	同比(±%)	当年累计	同比(±%)	当年累计	同比(±%)	当年累计
合　计	91314	15.79%	198505	-34.77%	144	-8.28%	46
东台市	9013	10.20%	13807	-52.77%	18	20%	6
建湖县	3791	-6.44%	16017	311.54%	10	25%	4

续表04-06

	实际使用外资及港澳台资(万美元)		协议注册外资及港澳台资(万美元)		新设外商及港澳台商投资企业数(个)		总投资3000万美元以上项目数(个)
	当年累计	同比(±%)	当年累计	同比(±%)	当年累计	同比(±%)	当年累计
射阳县	6065	0.90%	27581	1.31%	14	-39.13%	5
阜宁县	3535	47.05%	5794	30%	9	28.57%	2
滨海县	5524	0.04%	13386	-12.05%	9	-25%	5
响水县	5769	14.97%	40910	23.50%	11	37.50%	6
市　区	57617	20.85%	81010	-57.62%	73	-13.10%	18

说明:市区数据涵盖大丰区、盐都区、亭湖区、市开发区、城南新区数据

2018年全市外商直接投资分国别(地区)情况统计表

表04-07

单位:万美元、个

国别(地区)	韩国	马来西亚	日本	美国	丹麦	英国	德国	新加坡	澳大利亚
项目数	28	5	3	4	—	1	3	2	5
合同投资	6684	9580	2241	1898	125	1000	529	10159	7525
实际投资	5219	180	2310	312	60	1137	124	9074	3444

国别(地区)	挪威	瑞士	土库曼斯坦	也门	喀麦隆	埃及	卢森堡	塞舌尔	荷兰
项目数	1	—	1	—	1	1	1	2	1
合同投资	—	935	200	—	0.15	43	25	5620	2584
实际投资	—	—	40	13	0.15	20	—	869	—

国别(地区)	芬兰	法国	斯洛伐克	开曼群岛	英属维尔京群岛	加拿大	萨摩亚	投资性公司投资
项目数	—	1	1	—	1	1	1	6
合同投资	—	600	147	—	1610	108	1050	11315
实际投资	118	—	—	100	3436	—	3388	6526

第五节　对外及对港澳台经济技术合作

2018年,全市新批境外投资项目8个,中方协议投资额2.35亿美元。外派劳务总人数547人,新签劳务人员合同工资总额1363万美元。开拓外经市场。组织150多家盐城企业参加尼日利亚—中国商业投资论坛、中韩技术投资说明会,举办推介会10起;组织80多家盐城企业参加第十五届中国—东盟博览会、中国国际进口博览会等展会8起;组织20多家盐城企业参加江苏现代服务业(日本、韩国)双向投资合作、赴缅甸、越南洽谈外经合作项目等出访团组。年内,江苏德龙镍业集团有限公司在印尼苏拉威西岛总投资9.29亿美元的年产80万吨镍铁合计项目建成投产;中港建设集团有限公司在莫桑比克投资的德尔加督水泥厂实现产值超千万美元;江苏杰龙农产品加工有限公司在坦桑尼亚投资的植物油加工项目实现销售额5900万美元,集团获批农业部和海关总署认定的指定棉粕进口许可证,全年实现国内销售2.3万吨。全市外派劳务主要是建湖华耀建筑装潢劳务有限公司、建湖县清华建筑工程劳务有限公司和盐城国际经济技术合作有限公司派往突尼斯、吉尔吉斯斯坦、阿尔及利亚和日本的劳务工人。其中,派往突尼斯的主要是承建突尼斯综合医院项目;派往吉尔吉斯斯坦主要是承建使馆维修项目;输出日本主要是护士,分别为江苏医药职业技术学院、江苏护理职业技术学院、泰州职业技术学院3家高校和盐城国际经济技术合作有限公司合作并且在盐城定点培训护士。

2018年全市境外投资企业情况一览表

表04-08 单位：万美元

序号	地区	境内主体企业名称	境外企业名称	总投资	盐城协议投资额	国 别	行业类别
1	建湖	江苏亿德隆石油机械有限公司	AASIA亿德隆阿拉伯制造有限公司	363.33	127.17	沙特阿拉伯	制造业
2	建湖	盐城良工建筑模板有限公司	印尼良工建筑科技有限公司	40	26.80	印度尼西亚	其他建筑业
3	建湖	江苏银翔纺织有限公司	银翔国际有限公司	217	217	越 南	制造业
4	响水	江苏德龙镍业有限公司	德龙镍业有限公司	22500	22500	印度尼西亚	有色金属冶炼及压延加工业
5	大丰	江苏丰泰流体机械科技有限公司	油气增长技术有限公司	199	100	美 国	通用设备制造业
6	盐都	江苏华盛电气股份有限公司	威众能源系统有限公司	2083.33	500	美 国	研究与试验发展
7	亭湖	江苏长虹智能装备股份有限公司	长虹智能装备印度私营有限公司	76	76	印 度	批发业

第六节 对外及对港澳台贸易

2018年，全市实现进出口贸易95.5亿美元，其中出口贸易60.3亿美元，进口贸易35.2亿美元。全市实现一般贸易进出口81.72亿美元，其中出口贸易53.21亿美元，进口贸易28.51亿美元。实现加工贸易进出口11.2亿美元，其中出口贸易6.91亿美元，进口贸易4.29亿美元。高质量发展指标一般贸易进出口总额占货物进出口总额比重85.6%，列全省第二位。

全市主要出口商品有有机化学品、纺织品、电话机、服装、汽车零配件、阀门、汽柴油机、灯具、床垫、钢材、玩具、塑料制品等。全市高新技术产品实现出口贸易9.71亿美元，机电产品实现出口贸易25.07亿美元，化工产品实现出口贸易12.78亿美元，纺织原料及制品实现出口贸易8.75亿美元，农产品实现出口贸易1.98亿美元。

全市出口商品销往175个国家和地区。对亚洲、欧洲、北美洲三大传统市场实现出口贸易52.72亿美元；对拉丁美洲、非洲、大洋洲等新兴市场实现出口贸易7.58亿美元；对“一带一路”沿线国家和地区实现出口贸易16.5亿美元；对印度、俄罗斯、巴西和南非等“金砖国家”实现出口贸易5.8亿美元；对欧盟、东盟分别实现出口贸易9.82亿美元、7.25亿美元。

全年全市进出口、出口和进口有实绩企业分别达1827家、1605家和672家，较上年增加140家、121家和45家，其中进出口、出口超千万美元企业分别较上年增加12家、5家。全市173家进出口超千万美元企业实现进出口贸易72.54亿美元，其中盐城维信电子有限公司进出口贸易突破3亿美元，江苏博汇纸业有限公司、益海（盐城）粮油工业有限公司等企业进出口成倍增长。

参加展销洽谈会 年内，盐城组织200多家企业参加华交会、广交会、江苏出口商品展览会等展会，累计实现意向成交2.4亿美元。4月15日至5月5日，在第123届中国进出口商品贸易会（广交会）上，盐城交易分团有展位224个，其中品牌展位22个、特装展位122个；有参展企业94家，其中新参展企业3家；有参展正式代表660余名。展会期间，接洽客商7500多人次，实现意向成交1.1亿美元。10月15日至11月4日，第124届中国进出口商品贸易会（广交会）上，盐城交易分团有展位225个，其中品牌展位26个、特装展位118个；有参展企业92家，其中新参展企业4家；有参展正式代表660余名。展会期间，接洽客商7300多人次，实现意向成交1.12亿美元。

2018年全市进出口贸易完成情况统计表

表04-09 单位：万美元

地　区	进出口		出　口		进　口	
	当年累计	同比(±%)	当年累计	同比(±%)	当年累计	同比(±%)
全　市	954948	10.40	603064	3.30	351884	25.10
东　台	95247	8.90	86774	6.90	8473	35.20
建　湖	38830	16.70	36889	21.50	1941	-33.20
射　阳	47307	6.70	27342	-10.60	19965	45.10
阜　宁	38139	21.40	31277	7.60	6862	191.40
滨　海	54631	7.70	46993	17.40	7638	-28.50
响　水	66204	-1.10	60127	-3.10	6077	25.20
市　区	614590	13.20	313662	4	300928	25.20

说明：市区进出口总额、进口总额、出口总额包含大丰、盐都、亭湖、市开发区、城南新区数据

2018年全市进出口贸易主要国家情况统计表

表04-10 单位：万美元

国　家	进口额	出口额	进出口总额	国　家	进口额	出口额	进出口总额
美　国	144941	23535	168476	泰　国	13670	4572	18242
韩　国	35817	95063	130880	澳大利亚	13625	22219	35844
日　本	25344	26285	51629	荷　兰	11598	707	12305
印　度	24276	3646	27922	越　南	11171	4737	15908
印度尼西亚	22591	6424	29015	英　国	10141	544	10685
德　国	22001	13305	35306	加拿大	9793	7479	17272
巴　西	16721	41013	57734	新加坡	8973	13746	22719
俄罗斯	14526	7782	22308	西班牙	8475	585	9060
意大利	14263	2830	17093	阿联酋	7691	4	7695

2018年全市进出口贸易国际市场分布情况统计表

表04-11 单位：万美元

地　区	出口额	比重(%)	同比(±%)	进口额	比重(%)	同比(±%)
合　计	603064	100	3.30	351884	100	100
亚　洲	253662	42.06	—	206391	58.65	16.20
非　洲	19481	3.23	11.60	449	0.13	74.80
欧　洲	118840	19.71	1.90	45315	12.88	60.20
拉丁美洲	41696	6.91	2.50	44017	12.51	55.30
北美洲	154736	25.66	8.40	31015	8.81	44.30
大洋洲	14649	2.43	12.60	24697	7.02	-2.30

续表04-11

地　区	出口额	比重(%)	同比(±%)	进口额	比重(%)	同比(±%)
其中:东盟	72533	12.03	14.40	51242	14.56	249.40
欧盟	98232	16.29	1.60	36592	10.40	100.20

说明:2018年,全市进口商品主要来自90个国家和地区;出口商品销往175个国家和地区

2018年全市进口1000万美元以上企业情况一览表

表04-12

单位:万美元

序号	企业名称	进口额	序号	企业名称	进口额
1	盐城维信电子有限公司	28558	29	盐城国际妇女时装有限公司	2841
2	江苏博汇纸业有限公司	26307.50	30	江苏科利新材料有限公司	2786.50
3	大丰海融国际贸易有限公司	21931	31	天泰供应链管理(江苏)有限公司	2570.70
4	盐城市物资集团有限公司	20755.50	32	利富高(盐城)精密树脂制品有限公司	2515.50
5	盐城硕禾电子材料有限公司	16014.90	33	耀崴光电(盐城)有限公司	2498.90
6	江苏摩比斯汽车零部件有限公司	13650.40	34	江苏海兴化工有限公司	2440.60
7	盐城东山精密制造有限公司	11375	35	江苏森工国际贸易有限公司	2422.70
8	江苏北大荒油脂有限公司	10600.60	36	伟巴斯特东熙汽车配件(盐城)有限公司	2271.20
9	东风悦达起亚汽车有限公司	10404.40	37	领胜城科技(江苏)有限公司	2225.70
10	盐城大丰和顺晟达国际贸易有限公司	8596.70	38	复汉海志(江苏)科技有限公司	2025.70
11	益海(盐城)粮油工业有限公司	8567.10	39	江苏大丰和顺电子有限公司	2016.70
12	江苏国林林产品有限公司	7382.80	40	盐城大圆汽车配件有限公司	1886.50
13	江苏京信电子有限公司	6649.30	41	达伯埃(江苏)纸业有限公司	1726.30
14	江苏斗天汽车配件有限公司	6334.90	42	星宇科技汽车部件(盐城)有限公司	1678.90
15	江苏省农垦麦芽有限公司	6045.20	43	江苏东熙汽车配件有限公司	1638.50
16	江苏英锐半导体有限公司	5165	44	江苏斗源汽车空调有限公司	1632.30
17	江苏海力化工有限公司	4673.30	45	盐城联益肠衣制品有限公司	1577.80
18	江苏金羚纸业有限公司	4406.10	46	佛吉亚(盐城)汽车部件系统有限公司	1549.20
19	江苏荣威娱乐用品有限公司	3985.30	47	盐城东国汽车配件有限公司	1535.30
20	江苏德龙镍业有限公司	3882.90	48	盐城大有迪安希汽车部件有限公司	1465.70
21	大丰华盛皮业有限公司	3856.50	49	江苏悦达棉纺有限公司	1375
22	迪皮埃风电叶片大丰有限公司	3698.30	50	江苏辉丰农化股份有限公司	1314.40
23	江苏科森光电科技有限公司	3447.50	51	亚曼捻线(盐城)有限公司	1257.40
24	晨泰物流大丰有限公司	3305	52	盐城世明电子器件有限公司	1247.50
25	依恩爱汽车部件(盐城)有限公司	3233	53	江苏中正生化有限公司	1175.40
26	盐城海越麦芽有限公司	3097.70	54	盐城裕信汽车配件有限公司	1073.80
27	大丰明进机械有限责任公司	2990.90	55	江苏德英特电子有限公司	1036
28	盐城耀崴科技有限公司	2982.50			

2018年全市出口1000万美元以上企业情况一览表

表04-13

单位：万美元

序号	企业名称	出口额	序号	企业名称	出口额
1	江苏联化科技有限公司	18527.10	65	江苏杰森纺织制品有限公司	2095
2	迪皮埃风电叶片大丰有限公司	15364	66	盐城市东港药物化工发展有限公司	2058
3	江苏辉丰农化股份有限公司	10433	67	盐城世嘉恒业进出口有限公司	2045
4	江苏海力化工有限公司	10372.50	68	盐城联合伟业化工有限公司	2021.60
5	江苏中恒宠物用品股份有限公司	9977.50	69	江苏谷登工程机械装备有限公司	2007.30
6	江苏斗天汽车配件有限公司	8954.40	70	江苏逸晨进出口有限公司	1905.90
7	江苏剑牌农药化工有限公司	8145.20	71	联化科技(盐城)有限公司	1834.60
8	响水县沪响供应链管理有限公司	7933.40	72	江苏中泓铝业有限公司	1821.80
9	盐城天合国能光伏科技有限公司	7665.60	73	亚曼缝纫线(盐城)有限公司	1816.50
10	东台市宝德电子科技有限公司	7366.10	74	盐城捷康三氯蔗糖制造有限公司	1815.20
11	盐城福汇纺织有限公司	7074.20	75	亚曼捻线(盐城)有限公司	1790.20
12	江苏江淮动力有限公司	7059.20	76	阜宁金戈家纺有限公司	1780.60
13	江苏江动集团进出口有限公司	6812	77	纽曼(盐城)阀门制造有限公司	1729.80
14	响水康阳贸易有限公司	6708.90	78	盐城市春竹香料有限公司	1717.40
15	江苏荣威娱乐用品有限公司	6702.70	79	阜宁协鑫光伏科技有限公司	1691.10
16	盐城经纬纺织有限公司	6607.30	80	舒马克电源科技(滨海)有限公司	1639.40
17	江苏瀚隆家纺有限公司	6009.60	81	东台世目防护用品有限公司	1607.60
18	盐城市对外贸易有限公司	5328.80	82	江苏峰峰钨钼制品股份有限公司	1569.10
19	响水昌隆贸易有限公司	5322.50	83	响水县泉富贸易有限公司	1554.40
20	江苏丰山集团股份有限公司	5099.70	84	盐城利民农化有限公司	1554.10
21	江苏馨瑞香料有限公司	5010.50	85	滨海博坤进出口贸易有限公司	1552.50
22	佛吉亚(盐城)汽车部件系统有限公司	4987	86	响水县源铭进出口贸易有限公司	1547.80
23	江苏大丰和顺电子有限公司	4781.20	87	盐城艾伦弗罗机械制造有限公司	1536.50
24	江苏华源医疗科技股份有限公司	4610	88	响水县吉瑞进出口贸易有限公司	1534.50
25	和顺骅扬供应链盐城大丰有限公司	4115	89	盐城苏海制药有限公司	1521.40
26	江苏兄弟维生素有限公司	4095.10	90	大丰恒卫针织品有限公司	1508.90
27	江苏里斯特通用机械制造有限公司	3886.20	91	响水县汇茂进出口贸易有限公司	1498.70
28	江苏海兴化工有限公司	3838.50	92	江苏宇翔化工有限公司	1492
29	盐城恒盛国际贸易有限公司	3762.30	93	滨海金海立医药化工有限公司	1470.80
30	盐城维信电子有限公司	3749.40	94	盐城市方天贸易有限公司	1459
31	江苏摩比斯汽车零部件有限公司	3748	95	盐城威迪进出口有限公司	1438.40
32	江苏鹏涛供应链管理有限公司	3636.50	96	德纳化工滨海有限公司	1433.10
33	阜宁金诚家纺有限公司	3605	97	江苏盛泰克纺织印染有限公司	1407.90
34	江苏万恒铸业有限公司	3488.40	98	盐城创捷供应链有限公司	1405.30
35	百通达科技(东台)有限公司	3475.90	99	盐城市苏普尔化学科技有限公司	1385.40
36	大丰海聆梦家纺有限公司	3474	100	江苏寰宇天成轻纺科技有限公司	1358.30

续表04-13

序号	企业名称	出口额	序号	企业名称	出口额
37	江苏捷士通射频系统有限公司	3443	101	响水县康柳进出口贸易有限公司	1350.40
38	江苏沙印集团盐城纺织品进出口有限公司	3353.10	102	阜宁协鑫光伏科技有限公司	1348
39	江苏圣泰阀门有限公司	3243.50	103	智美达(江苏)数字技术有限公司	1345.60
40	盐城联益肠衣制品有限公司	3117.30	104	大丰跃龙化学有限公司	1336.70
41	江苏中正生化有限公司	3031.40	105	盐城合众联通信息技术有限公司	1334.10
42	山钢集团江苏经贸有限公司	3011	106	大丰鑫源达化工有限公司	1329
43	耀崴光电(盐城)有限公司	2995.80	107	响水县欣聚进出口贸易有限公司	1328
44	江苏爱利思达清泉化学有限公司	2974.20	108	响水县同久进出口贸易有限公司	1314.70
45	盐城万沙供应链有限公司	2955.20	109	东台力劲进出口贸易有限公司	1314.30
46	盐城宝鼎电动工具有限公司	2845.60	110	盐城捷珈进出口有限公司	1299.10
47	东台耀亨进出口有限公司	2783	111	江苏特思克阀门制造有限公司	1278.40
48	江苏华威机械制造有限公司	2762.10	112	盐城艾达无纺布制品有限公司	1274.70
49	盐城市怡美食品有限公司	2759	113	东风悦达起亚汽车有限公司	1268.70
50	东台宏炽商务服务有限公司	2677.40	114	盐城大地食品有限公司	1250.50
51	江苏盐电阀门有限公司	2632.60	115	江苏南纬悦达服装有限公司	1247.60
52	江苏生辉进出口有限公司	2557.20	116	东台市鸿达实业有限公司	1196.50
53	江苏厚睦莱照明科技有限公司	2472.30	117	江苏悦达棉纺有限公司	1189.50
54	盐城大丰阿特斯阳光电力科技有限公司	2466.70	118	东台同创玩具有限公司	1180.40
55	大丰舒润床上用品有限公司	2444.60	119	江苏合众力供应链有限公司	1139.20
56	拉森特博洛(江苏)阀门有限公司	2396.20	120	东台市华亿手套有限公司	1132.50
57	响水县巨润进出口贸易有限公司	2371.50	121	江苏桃园家饰有限公司	1132.10
58	盐城国际妇女时装有限公司	2361.70	122	盐城市恒欣对外贸易有限公司	1125.20
59	盐城大有迪安希汽车部件有限公司	2361.10	123	江苏生辉光电科技有限公司	1102.60
60	滨海智欧进出口贸易有限公司	2347.60	124	江苏非寻信息技术有限公司	1081.40
61	布雷维尼(盐城)行星减速机有限	2344.80	125	盐城东吴化工有限公司	1044.90
62	江苏万力生物科技有限公司	2239.70	126	射阳福川商贸有限公司	1034.50
63	盐城天地国际贸易有限公司	2220.80	127	东台市雅士缘纺织品有限公司	1000.10
64	东台煜泽进出口有限公司	2175.70			

第05章　港口口岸

编　　辑　高兰会

综　　述

2018年，盐城抢抓国家战略机遇，更高水平推进开放沿海，加速建设沿海经济带，打造东部沿海发展质量高、活力强的蓝色经济增长极。全年全市海洋新兴产业实现开票销售192亿元、税收9.5亿元。新能源发电量占全市用电量的39%，海上风电总装机容量150万千瓦，居全国首位。东台沿海经济区、大丰港经济开发区、滨海港经济开发区、响水工业经济区、射阳港经济开发区5个沿海经济区全年完成开票销售1783亿元、税收85亿元。盐城港新增万吨级以上码头泊位3个，全年吞吐量9808.4万吨。盐城港滨海港区20万吨级以上深水航道工程开展前期研究，滨海港区口岸开放配套工程加快建设；盐城港大丰港区部分泊位申报对外开放，盐城港射阳港区和响水港区实现一类临时开放口岸期限续延。以接轨上海推动开放沿海，牵头成立长三角协调会新能源产业专委会，与上海临港经济发展（集团）有限公司、光明食品（集团）有限公司开展深度合作；依托盐城（上海）国际科创中心推动上海科创成果在盐城转化应用；加强盐沪旅游合作，盐城主要农产品在上海市场占有率10%以上。加快重大载体项目建设。中韩（盐城）产业园实施方案获得省政府批准。推动滨海港工业园区建设，规划布局沿海绿色新型钢铁生产基地和循环经济产业体系，中国宝武钢铁集团有限公司2000万吨级绿色精品钢生产基地等项目签约落户。年内，总投资144亿元的中海油滨海LNG等项目开工建设，江苏博汇集团有限公司二期、领胜城科技（江苏）有限公司3C智造等重大项目加快推进。持续改善生态环境质量。实施大气环境质量提升工程，连续四年被省政府表彰为大气污染防治优秀城市。整治城市黑臭水体，城镇污水集中处理率84%，地表水国省考断面首次消灭劣Ⅴ类。实施湿地生态修复工程，江苏盐城国家级珍禽自然保护区内4666.67公顷湿地得到恢复。年内，国务院正式同意盐城黄海湿地作为2019年国家申报世界自然遗产项目，并接受世界自然保护联盟专家现场考察评估。实施"一片林"工程，推进国家森林城市创建工作，全年新增成片林1.03万公顷、改造提升1.12万公顷，绿化造林总量全省第一。

（陈　鹏）

第一节　港口建设

盐城沿海岸线总长582千米，规划港口岸线128.24千米，其中深水岸线64.9千米，已利用24.67千米。盐城港下辖大丰、射阳、滨海、响水4个港区。至2018年底，盐城港建成国家一类开放口岸2个，国家一类临时开放口岸2个，生产性码头泊位85个，其中万吨级以上泊位22个，泊位年综合通过能力1.05亿吨，集装箱年通过能力10.7万标箱；拥有国内外航线28条。全年盐城港完成货物吞吐量9808.4万吨、外贸吞吐量1801.1万吨、集装箱吞吐量20.93万标箱。

盐城港全年实际完成建设投资18.96亿元，新建成万吨级以上泊位3个，新增货物通过能力843万吨。大丰港区10万吨级深水航道一期工程二阶段完成初步设计；滨海港区北区10万吨级通用码头二期工程通过交工验收，南区5万吨级液体散货码头一期工程建设完成水工结构，1～4号物流园基础设施工程吹填作业基本完成，中海油LNG（液化天然气）码头工程全面开工；射阳港区5万吨级航道工程各专题报告编制报批工作基本完成，万吨级通用码头工程通过竣工验收；响水港区灌河5万吨级航道先导段疏浚工程开展招标工作，小蟒牛作业区公用码头4号、5号泊位建成并投入试运行。

一、大丰港区

大丰港区是国家一类开放口岸，首批对台直航口岸，省委、省政府确定重点建设的三大深水海港之一。拥有集装箱班轮直航航线10条，被20多家国际干线船公司纳入其全球集装箱运输网络，杂货航线已延伸至印度、巴基斯坦、埃及等国家，自主运营集装箱船舶2艘、汽车滚装船舶1艘。至2018年底，建成生产性码头泊位35个（万吨级以上泊位9个），码头总延长4712米，泊位年综合通过能力3162万吨。全年完成货物吞吐量5114.99万吨，集装箱20.49万标箱，外贸吞吐量1186.64万吨，装卸货种涵盖风电大件、汽车配件、粮食、煤炭等30多个品种。全年完成基础设施建设投资1.16亿元，10万吨级深水航道一期工程二阶段快速推进；二期散货、杂货码头扩建工程完成交工验收；国际集装箱物流中心开工建设，兴农大宗农产品保税仓、中南汇石化仓储罐区等重点配套项目稳步推进。加快港区产业发展，大丰港区8平方千米范围被确定为中韩（盐城）产业园除核心区外唯一临港产业配套区；与上港集团达成集装箱板块战略合作协议，至上海港集装箱直达航线航班增至每周3班；依托滚装码头首次从澳洲进口2600头优质种牛，开创盐城港外贸进口活畜先河；全省首批出口整车——400辆悦达起亚汽车经大丰港区滚装码头运往埃及。

大丰港区“和顺号”滚装船　　宋凯华/摄

大丰港区3个泊位申报对外开放　7月20日，大丰港区三期通用码头3个内测泊位对外开放验收会举行。省口岸办、南京海关、省公安边防总队、连云港海事局等省级查验单位的业务负责人参加验收会。会议听取大丰港区三期通用码头建设和开放相关情况介绍。专家组审阅有关资料，对码头的查验监管设施进行现场验收。经过审查，专家组一致认为，大丰港区开放水域三期通用码头内侧泊位生产设施、内部管理、规章制度及对外开放的条件基本具备，符合对外开放的要求，建议省口岸办公室报请省政府批准其正式对外开放。通用码头是大丰港区泊位最多，容量最大，设施最全的码头之一。码头总长560米，宽35米，外侧2个5万吨级通用泊位，配备8台40吨门机；内侧3个5000吨级的通用泊位配备5台40吨门机，设计年通过能力900万吨。

二、射阳港区

射阳港区是盐城港开港最早的港口，是国家一类临时开放口岸。至2018年底，建成生产性泊位25个（万吨级以上泊位4个），泊位年综合通过能力861万吨。全年完成货物吞吐量1243.39万吨，集装箱4400标箱，外贸吞吐量1.06万吨。全年完成基础设施建设投资1.3亿元，通用码头工程完成竣工验收，通用码头三期工程完成交工验收；5万吨级航道工程列入交通部“十三五”专项规划，工程可行性研究报告编制完成；做好临时开放口岸续延申报工作，一类开放口岸建设申报快速推进，进入国家审批层面。对接周边市县集装箱货源，推进麦芽、粮油、大豆、大麦等原料进出“散改集”，开通泉州港—射阳港集装箱内支线。11月，射阳港区被省交通运输厅评为全省交通运输行业文明单位；连续三年获评全市沿海港口工作先进单位。

射阳港区国家一类临时开放口岸期限续延　2月24日，射阳港区国家一类临时开放口岸续延第三期（2018.2.26—2018.8.25）获交通运输部批准。5月，射阳港区启动开展第四期临时开放口岸申报工作。9月19日，射阳港区国家一类临时开放口岸续延第四期（2018.8.26—2019.2.25）获交通运输部批准。11月，射阳港区启动开展第五期临时开放口岸申报工作。

三、滨海港区

滨海港区地处江苏东部沿海最凸出岸段，天然深水港，是国家一类开放口岸，江苏沿海开发国家发展战略重点支持的10万吨级以上港区，淮河流域出海枢纽港和淮河生态经济带出海门户。至2018年底，建成生产性码头泊位7个（万吨级以上泊位6个），泊位年综合通过能力4471万吨。全年完成货物吞吐量440.02万吨。全年完成基础设施建设投资11.84亿元。北区10万吨级通用码头一期工程通过竣工验收并正式运营、二期工程水工结构、港池及辅建区完工并通过交工验收；北区港池疏浚至5万吨级通航标准；南区5万吨级液体散货码头水工主体完工，进行挖入式港池疏浚阶段；3号、4号物流园基础设施工程筹备地基处理，1号、2号物流园基础设施工程完成吹填总量的80%。年内，中海油LNG项目等百亿级产业项目开工建设，6平方千米的临海新港城核心区启动建设。

中海油江苏滨海LNG接收站项目　6月28日，中海油江苏滨海LNG接收站项目开工建设。该项目位于滨海港区境内，由中海油江苏天然气有限责任公司投资建设，总投资71亿元，其中码头部分14亿元。接收站一期建设4座22万立方米的大型全容罐，二期增建2座22万立方米的大型全容罐。其功能主要是接卸天然气船舶运输的天然气，并加以储存，经汽化后通过输气管线外输，同时具备液态外输功能。项目建设规模为一期每年300万吨，其中槽车装车外输规模每年100万吨。项目配套建设天然气管道管网

（滨海段）90千米，总投资20亿元。

开展滨海港区20万吨级以上深水航道工程前期研究 年内，滨海港区启动20万吨级以上深水航道工程建设前期研究工作。10月，市委、市政府确定滨海港工业园区负责滨海港区20万吨级以上深水航道码头工程建设，盐城市港口局负责提供行政配合和技术支持及《盐城港总体规划》的修订工作。滨海港工业园区委托交通运输部规划设计院、中交第一航务勘测设计院、中交第三航务勘测设计院、南京水利科学勘察设计院完成滨海港区30万吨级航道船舶操纵模拟试验和30万吨级航道波浪、潮流及泥沙数学模型研究等专项试验研究，现场考察和调研。经考察研究，最终提出3个航道和码头的布置方案，并征求相关部门的意见探讨研究和分析。

四、响水港区

响水港区位于灌河南岸，是国家一类临时开放口岸，港区初步形成电力能源、金属冶炼、环保化工、再生造纸、船舶修造五大支柱产业。至2018年底，建成生产性码头泊位18个（万吨级以上泊位3个），泊位年综合通过能力2000万吨。全年完成货物吞吐量3010万吨，外贸吞吐量613.4万吨，主要货种有金属矿土、煤炭、矿建材料、化工产品、石油、粮食、钢铁等。全年完成基础设施建设投资4.66亿元。加快港区建设。灌河口5万吨级航道整治工程获得交通运输部专项补助资金4.67亿元，进入施工准备阶段。大桥作业区4×1000吨级公用码头工程完工并投入试运营。小蟒牛作业区建成2万吨级大重件码头1座；小蟒牛作业区二期4号、5号2个5万吨级公用码头工程水工部分建成并通过验收；小蟒牛作业区公用重件码头工程获得初步设计批复。小蟒牛作业区1号、2号、3号、6号泊位使用获交通运输部批准。年内，中联码头项目建成4个1000吨级泊位（上游2个为响水中联水泥公司专用泊位，下游2个泊位为公用泊位）进入试运行；现代物流园占地面积约10.60公顷，一期工程完成投资1.66亿元。

响水港区列入国家“十三五”中期调整计划 9月，交通运输部批准响水港区一类对外开放口岸列入国家“十三五”中期调整计划，确定增加约7.5千米导堤，按标准整治5万吨级航道，航槽29.15千米，总投资19.63亿元，其中国家补助4.67亿元，省及地方筹集14.96亿元。至年底，响水港区完成先导段工程招投标前期工作。 （王 鑫）

第二节 海关监管

2018年，盐城海关监管进出口货运量900万吨、42.2亿美元，监管集装箱3.85万箱次，监管进出境运输工具0.18万辆（艘/架），验放出入境人员12.2万人次，审结报关单2.38万票。全年实现入库税收33.1亿元；备案加工手册200份，手册备案金额7.99亿美元。做好服务发展工作，支持服务中韩（盐城）产业园发展，提出合理化建议20多条；签发中韩自贸区原产地证书4043份，总金额1.39亿美元，涉及中韩产业园企业42家，为企业减免关税692万美元；助力盐城首办“一带一路”沿线国家400台整车出口业务；保障风电装备出口，支持开辟江苏省“冰上丝绸之路”新航道；开通关区首家、全国第三家跨境通关现场从上海海运口岸转关至属地通关的跨境电商进口业务；支持口岸开放，实地调研滨海港区、射阳港区码头、T2航站监管场所建设，支持响水港区宏海码头和射阳港港口有限公司通用码头申请延续临时进靠国际航行船舶运营期限；协助出口企业通过美国食品安全检验局（FSIS）的官方检查；举办应对中美贸易摩擦、AEO认证等政策宣讲累计20余次。做好统计数据分析及地方外贸进出口调研，向地方报送工作专报11篇，新闻稿件2篇；完成执法评估综合报告8篇，专题报告4篇。

一、口岸监管

2018年，盐城海关做好压缩口岸整体通关时间、收费公示、降低集装箱综合物流成本等项工作情况，为报关企业量身定制提前申报、预约加班等解决方案，提升报关效率。盐城口岸出口整体通关时间1.59小时，进口整体通关时间49小时，口岸货物进口整体通关时间比全省平均水平高10.48和14.84个百分点。6月1日，盐城海关全面取消纸质“入/出境货物通关单”。试点税收征管制度改革措施。10月，盐城海关成功办理首票关税保证保险担保业务。至年底，累计开展税保证保险担保业务27票，担保金额6751万元。配合海关总署完成税单企业自主打印改革试点工作。年内，江苏悦达集团财务有限公司实现担保备案1000万元，累计征收税款1909万元；全市217家企业完成新一代海关税费电子支付系统签约，签约完成率85.9%。至年底，盐城海关自报自缴报关单比重为79.33%，新增汇总征税企业5家，汇总征税报关单比重为21.3%。

二、检疫执法

2018年，盐城海关检验检疫进出境货物1.48万批、12.9亿美元，检出不合格货物144批、货值1.4亿美元；签发原产地证书2.22万份、11.98亿美元；截获有害生物314种，6185种次；开展进出境人员健康检查4295人次、艾滋病监测4295人次、预防接种1021人次；检疫出入境船舶695艘次、飞机863架次、集装箱2.12万标箱；完成56批次2.82万吨援非大米的检验检疫任务。年内，盐城海关在全国首次截获沟翅筒腹叩甲、纹安内拟步甲、方喙象属、黄带蜂虻、长足纹肩隐喙象属5种有害生物；检疫非洲猪瘟疫区的船舶18艘次，查获并封存疫区猪肉产品18批次，总计832千克；检疫处理俄罗斯和加拿大等国的95批次44万立方米的原木。全年有2543头澳大利亚种牛和4952头乌拉圭种牛通过盐城口岸入境。加强进出口企业监管，实施企业（基地）监管366厂次，对7955批货值3.2亿美元的进出口食品、动植物实施检验检疫，疫情监控样品860个；协助苏海天滩涂水产品有限公司通过美国食品安全检验局（FSIS）的官方检查。

三、打击走私

2018，盐城海关组织开展打击“洋垃圾”走私“蓝天2018”专项行动、打击食糖走私等专项行动。立案侦办走私犯罪案件7起、案值4695.11万元、涉税1171.09万元，查获走私白糖2709.33吨，查获珍贵木材檀香紫檀16.32吨，其中“3·27”走私国家禁止进出口货物案、“1·26”走私白砂糖案被海关总署列为一级挂牌督办案件。立案调查行政违法案件61起，其中走私行为案件7起，“两简”案件46起，案值2.32亿元，涉税8033.82万元。

四、关检整合

2018年，根据国务院机构改革部署，出入境检验检疫管理职责和队伍划入海关。4月20日，根据海关总署统一安排，盐城出入境检验检疫局管理职责和队伍统一并入盐城海关。盐城海关受南京海关直接领导，负责盐城地区的各项海关管理工作，具体承担辖区进出境货物及物品的通关监管、出入境检验检疫及监督管理、征收关税和其他税费、查缉走私、编制海关统计等工作。改革期间，关检双方建立机构改革工作联席会议机制，召开联席会议及专项工作协调会14次，提出过渡期间工作要求，制定《关检机构改革过渡期对口联系配合办法》等文件，开展工作联系协调。建立队伍融合新机制，推进关检双方业务流程整合、执法协同、信息共享、设备联通。严格按照时间节点，落实机构改革各项工作任务，完成关检业务整合优化，综合保税区、驻大丰港办事处、驻机场办事处3个业务现场实现集中办公。设立3个对外“一个窗口”，推进“多报合一”“查检合一”以及关检融合整合申报等工作，8月1日起，盐城海关落实进出口货物整合申报，将原“报关单、报检单”合并，实行“一张大表”申报，将229个申报项目精简至105个。完成“业务互学”，举办专题讲座5期，200余人次参加培训。

（徐　艳）

7月5日，盐城市首个出入境自助查验通道开通　　李　俊/摄

第三节　盐城机场出入境边防检查

2007年7月4日经国务院批准，盐城机场边防检查站在盐城空港设立边检机构，隶属江苏省公安边防总队，正团级。2008年3月4日，开始组建；2010年8月31日，正式揭牌成立。2018年4月2日，根据《深化党和国家机构改革方案》，公安部的出入境管理、边防检查职责整合，建立健全签证管理协调机制，组建国家移民管理局，加挂中华人民共和国出入境管理局牌子，由公安部管理。盐城机场边防检查站根据改革要求，开展主官授课、心得交流、授衔仪式和红色传承体验等配套活动15场次，设计制作专题宣传展板16块，全面做好改革各项工作。2018年12月25日，公安边防部队正式退出现役，现役编制全部转为人民警察编制。2019年1月1日，中华人民共和国盐城机场出入境边防检查站挂牌，盐城机场边防检查站正式更名为盐城机场出入境边防检查站，隶属江苏出入境边防检查总站，正处级单位。盐城机场出入境边防检查站主要职责是对从盐城空港口岸出入国境人员、交通运输工具实施出入境边防检查，口岸限定区域管理，审核签发外国人临时入境许可，实施边控工作，防范查处非法入出境活动。年内，盐城机场出入境边防检查站围绕服务地方经济建设大局和边防检查中心工作，创新社会管理，开展“爱民固边模范空港”创建活动，推出“旅客我爱您，边检520”服务品牌，创建工作被盐城市政府纳入“政府争先创优十大实事”之一。先后多次为韩国、荷兰客商返程急救开辟绿色通道，为世界各国家（地区）政要、国际知名商业人士、政府招商引资团体提供礼遇服务和便利通关。刚性落实军政主官现场履职制度，建立起“现场办公、现场指导、现场参与执法执勤、现场解决问题”等制度，推动业务工作开展，全部队形成钻研业务、崇尚业务的良好氛围。协调地方党委政府和机场公司规范边检执勤用房和查验配套设施建设，完成T2航站楼转场工作。全年全站检查出入境航班875架次、出入境人员10.4万人次，查处外国人非法居留案8起、交通运输工具未按规定申报案2起，查获失效证件1本、漏盖验讫章2起。全年有4篇简报被公安部边防管理局政工网和江苏边防总队改革教育专刊刊载，《中国边防警察报》3次以长篇通讯的形式报道盐城改革教育经验做法；9条电视新闻在盐城电视台1套、2套黄金时段播出，21篇稿件被《盐阜大众报》《盐城晚报》刊载。

盐城首个出入境自助查验通道开通　7月5日，盐城南洋机场边防检查站出入境自助查验通道开通。该通道位于盐城机场入境大厅，对于符合自助通关的旅客只需“扫登机牌、刷护照、按指纹、拍照片”4个步骤即可自助通关，人均通关时间缩短至7秒～10秒，是盐城首个出入境自助查验通道。至年底，盐城南洋机场的边检自助查验通道数量增加至7条，其中入境4条，出境3条，构建起出、入双向自助通关便利。

盐城南洋机场T2航站楼出入境大厅启用 11月10日，盐城南洋机场T2航站楼出入境大厅启用。出入境大厅采用全新的边检查验设施和流程整体上线，设有查验通道21条，其中出境9条(含3条自助通道)、入境12条(含4条自助通道)，全面启用智能验证台、勤务督导台、指纹验讫章柜、智能员工查验通道和前置指纹采集机等信息化设备，设置安装全彩LED显示屏，用于投放视频宣传短片、警务公开、边检服务指南、便民措施等出入境咨询及各类功能导航。

(李　俊)

第四节　海事管理

一、通航管理

2018年，盐城海事局开展各类水上巡航执法活动358次，巡航时间671小时，巡航里程7808海里，出动执法力量1075人次。其中，海区巡航56次、巡航里程3354海里，巡航时间累计297小时；港区巡航302次、巡航里程4454海里，巡航时间为374小时；发布航行通告68期(涉及水上工程建设34期，助航设施26期，碍航物5期，水上活动2期，其他1期)，航行警告11期。全年审批水上水下工程19项，开工建设15项，在场施工船舶74艘次。

航运公司管理 年内，盐城海事局组织实施航运公司审核18家、船舶审核66艘次，派出审核员187人次，签发DOC、SMC等各类证书73份，对船舶不予签发(换发)安全管理证书2艘次。全年组织对辖区22家航运公司开展督查43次，发现问题101项。

二、船舶管理

2018年，盐城海事局实施港口国船舶监督检查30艘次、船旗国船舶监督检查125艘次(其中海船104艘次、河船21艘次)，滞留7艘次。完成4艘新建船舶吨位丈量抽查和1艘现有船舶吨位复核。核定船名71艘次，办理各项船舶登记323次，包括船舶所有权登记77艘次、国籍登记100艘次、抵押权登记26艘次、光租登记23艘次、注销登记75艘次、变更登记22艘次，对7艘次船舶登记申请不予批准(许可)；利用船舶抵押权登记支持航运企业融资5亿余元。至年底，盐城登记在册海上船舶294艘次。

盐城海上船舶交通管理系统竣工验收 年初，盐城海上船舶交通管理系统经过一年的设备测试运行，正式通过竣工验收。该项目由交通运输部投资建设，总额4300万元，于2016年开工建设，2018年测试运行。系统利用盐城海上船舶交管中心(VTS)，大丰VTS雷达站、射阳VTS雷达站、滨海VTS雷达站、响水VTS雷达站，实现对盐城港各港区和部分沿海水域的船舶交通实时监控和指挥，提升盐城市海上交通指挥和险情救援能力。

三、海上搜救

2018年，盐城海域发生交通事故12起，2起较大等级事故，1起一般事故，9起小事故。事故中，船舶沉没3艘，人员死亡失踪10人，直接经济损失约2700万元。年内，盐城海上搜救中心(盐城海事局)处置各类险情27起，9艘船舶遇险、6艘获救，167名人员遇险、142名获救，协调、组织搜救船舶182艘次、飞机3架次，搜救成功率85%，挽回财产损失逾亿元。

处置渔船“苏射渔06666”轮搁浅事故 8月30日21:48，盐城海上搜救中心接到报警，“苏射渔06666”轮在33°50′300N/120°33′300E处搁浅，船上14人遇险。盐城海上搜救中心立即启动应急预案，派出“海巡06165”艇前方事发海域。经过两个多小时紧急行动，23:20，“海巡06165”艇接下遇险渔民10名，剩余4人在船，海巡艇现场监护；23:33，因涨潮，事故渔船在“海巡06165”艇协助下脱浅；8月31日1:15，事故渔船在“海巡06165”艇和“中国渔政32528”轮伴航下进港，险情解除，14人全部获救。

处置渔船“苏射渔08886”轮搁浅事故 10月26日2:36，盐城海上搜救中心接到报警，渔船“苏射渔08886”轮在射阳港北导堤搁浅，船上11人遇险。盐城海上搜救中心立即启动应急预案，派出“海巡06165”艇紧急前往事发现场。经过两个小时的紧急行动，4:15，事故渔船上所有人员均被救下。

(吴　昊)

城市功能

□城市建设
□乡村振兴
□水利建设
□交通运输
□信息化

第06章　城市建设

编　　辑　王　楹

第一节　城乡规划

一、规划编制

2018年，市规划局组织开展新一轮城市总体规划（规划期至2035年）修编工作，谋划全市未来发展的空间布局、城市（镇）形态、发展方向、产业特色、生态保护等一系列战略问题。加强城市总体规划与土地利用总体规划、国民经济和社会发展规划、生态环境保护规划等规划的协调衔接，推进“多规合一”。围绕城乡建设发展要求，做好近期建设规划编制工作，将城乡重点项目建设纳入近期建设规划。滚动控规修编。完成城南新区盐渎公园、聚龙湖、海洋路、职教园、环科城、开发区南部工业区、城南新区串场河东7个地段控规成果专家评审，对17个片区的控规进行技术审查，完成南海未来城核心区周边地块修编、开发区东环路以西控规动态更新招标编制工作。做好棚户区改造规划研究。对大洋城中村、五星东闸、文峰双元新村、先锋小海路莲花新村等12个棚户区改造地块的规划方案进行编制研究，同步完成棚改安置房选址和出具红线、规划设计要点。加强专项课题规划研究。普查全市文物保护建筑、老建筑和特色建筑；系统梳理市区商业网点情况；规划研究东环路以西通榆河以东建军路以北区域的空间和产业布局，为规划决策提供技术支撑。开展货运物流体系规划、城市街道设计导则、小街区规划建设、城市历史演变、空港物流园规划、城西片区发展规划、新洋港串场河通榆河概念规划、南海未来城与开发区互动发展、盐丰一体化发展通榆河东新洋港两侧地区规划等课题研究。推进农村集中居住点规划。依托全市3051个规划发展村庄，制定集中居住点规划编制三年行动计划，研究制定《盐城市村庄集中居住点选址指导意见》，编制完成《盐城市乡村基本设施配套标准》《村口与小品分册》《绿化与河塘分册》《院落与围墙道路与铺装分册》《公共建筑分册》《住宅建筑（新型农房）分册》5个图集，下发各县（市、区），为科学编制农村居住点规划提供支撑；以阜宁县灾后重建规划建设为契机，结合盐城市建筑气候分区、地形地貌分区、文化分区和江苏省特色风貌分区，完成《盐城市农房设计方案汇编》，将全市建筑特色风貌分为北部、中部和南部三个片区装订成册，南部片区17套（其中三人户7套，四人户3套，五人户7套），中部片区16套（其中单人户2套，双人户2套，三人户6套，四人户3套，五人户3套），北部片区12套（单人户1套，双人户1套，三人户5套，四人户3套，五人户2套）。　（钱　成）

先锋岛组团　　李思远/摄

二、规划审批

2018年，市规划局完善权力清单，对照省政府公布的标准化省市县三级行政权力清单，对规划行政权力进行梳理，城乡规划审批权力压缩至7项，其中行政许可4项，其他权力3项，同步编写办事指南并上传省政务服务网。推进简政放权，除需上报市规委会研究审议的项目外，将高速圈外符合批准条件的集镇（产业园区）总体规划工业项目，高速圈内市经济技术开发区范围内的工业项目，符合批准条件的农业产业化规划项目，符合审定总平面规划方案、单体设计方案的经营性项目和公建项目的建设工程规划许可，民房规划管理，一书两证的延期及遗失补证，一般项目的规划咨询全部下放给市规划局各分局直接办理。进一步简化审批流程，优化“不见面审批”、数字化“多图联审”“3550改革”、工业企业零用地项目“不再审批有效监管”“三测合一”等流程，使企业和群众享受到更高效的政务服务。全年累计受理各类规划审批项目3388件次，其中核发选址意见书68件次，选址面积653.4万平方米；核发建设用地规划许可证152件次，用地面积656.35万平方米；核发总平面方案及单体方案批复233件次；核发建设工程规划许可证1815件次，建筑面积1078.7万平方米。（钱　成）

三、规划执法

2018年，市规划局按照“三治三化”（水环境治理、棚户区（危旧房、城中村）治理，违法建设治理和城市绿化、亮化、美化）专项行动部署安排，推进违法建设专项治理。强化联合执法，起草委托执法协议，经审核、确认、对接相关程序，划分部分城乡规划管理职能至盐城经济技术开发区综合执法局，逐一与亭湖区、盐都区、城南新区签订执法委托协议，共同做好治理工作。加大宣传力度，在主流媒体广泛宣传报道，借助户外大屏、互联网平台制作标语条幅，宣传政策法规和专项治理行动，发动全社会齐抓共管违法建设。邀请专家宣讲综合治理工作经验，取得良好效果。开展违法建设清查，组织联合执法行动18次，拆除违法建设面积1.23万平方米。全年查处违反城乡规划的案件70件，结案64件；大市区范围内新增违法建设719起，拆除685起，总面积5.39万平方米，拆除存量违法建设5976起，总面积48.86万平方米。（钱　成）

第二节　城市工程建设与改造

一、城建重点项目

2018年，盐城围绕提升中心城市首位度、集聚度，修编新一轮城市总体规划，组织实施“三治三化”“五大组团”建设、饮用水安全、城市交通、城市基础设施配套、公共及商业服务设施配套、保障性住房、城市防洪、城市管理、规划编制十大类181项城建重点项目，项目计划总投资1103.24亿元，年度完成投资额351.97亿元，其中立项49项、开工建设32项、竣工100项。新水源地及跨区域引水工程主线和建湖、大丰、射阳支线全面建成通水，盐青高铁开通运营，高架三期开工建设、高铁枢纽、盐渎路通榆河大桥，棚户区改造规模扩大，新四军重建军部纪念塔（大铜马）复位，建军路商圈启动改造，城市“五大组团”建设推进之中。

2018年市区城建重点项目一览表

表06-14　　单位：万元

序号	类　别	项目名称		项目建设内容及规模	年度完成投资	项目进展情况
合计：181项					3519717.67	—
一、亭湖区政府（13项）					253286	—
1	三治三化	1	“三治三化”治河活水	整治外围引水河道1条，整治区内非骨干河道12条；拆除坝埂6道和老闸5座，新建改造板涵2处，疏通河道5条，断头河沟通1条	6940	完成外围新洋港城区段整治7.9千米；完成坝梗拆除4道和老闸拆除2座，疏通农庄河等河道5条，沟通跃东生产沟0.74千米；完成凌庄河等4条非骨干河道整治
2		2	五星农贸路周边地块棚改	东至开放大道、西至滨河路、南至肉联厂北侧沟、北至华城小区南围墙，占地约9.33公顷，新建约20万平方米住宅小区	60000	征收部分已完成
3		3	高速出入口绿化亮化建设	盐城东、青墩、新兴3个高速出入口绿化、亮化和美化建设	2800	青墩高速出入口完成；新兴高速出入口因方案调整，年内进场施工；盐城东绿化需与高架三期工程同步进行，根据现状不具备施工条件
4		4	东升河及富城路滨水景观带建设	建设东升河滨水景观带和富城路西侧滨水景观带	11000	完成
5		5	亭湖河东片区亮化工程	天山路亭湖大道、希望大道沿线幢楼宇亮化工程	4500	建成并投入使用

续表06-14

序号	类别		项目名称	项目建设内容及规模	年度完成投资	项目进展情况
6	城市交通	6	天山路(亭湖段)建设	天山路(盐城工学院西门至世纪大道段),全长约800米,道路宽50米,断面形式为机动车道28米,两侧各4米绿化带,11米非机动车道、3米绿化带,同步建设路灯、绿化等	3000	施工之中
7	公共及商业服务设施配套	7	先锋实验学校	征地5.33公顷,新建建筑面积4.7万平方米的6轨54个班的九年一贯制学校	20000	完成
8		8	文泽府邸小学	征地1.33公顷,投资6900万元新建建筑面积1.9万平方米的6轨36个班的小学	4600	完成
9		9	电子信息产业园三期	征地6.93公顷,建筑面积约10万平方米,规划建设厂房、研发中心及各类配套设施	20000	完成
10		10	五星财富广场	占地2公顷,建筑面积6万平方米,规划建设集酒店、公寓、办公、医疗为一体的财富广场	—	该项目的立项、环评、稳评、安评、交评年初到位,待火车站组团总体方案通过审批后,方可实施
11		11	维多利亚大酒店	建设6.2万平方米的五星级酒店	19000	建成
12		12	红星美凯龙	占地3.43公顷,新建8.6万平方米家居卖场,一楼、二楼主营建材,三楼、四楼主营家具	80000	试运行
13	城市防洪	13	亭湖区防洪工程	建设串场河三英闸站、永丰渠西闸站、中岗河南闸站、永新河南闸站4座闸站	21446	配合拆迁全部完成
二、盐都区政府(10项)					109808	—
14	三治三化	1	小马沟城市绿廊建设	小马沟城市绿廊,建设范围南环路至世纪大道、东进路至青年路,全长约6千米	14000	完成
15		2	大马沟生态公园西园	占地22.67公顷,宁靖盐西侧提升,集生态防护、绿地休闲、公共停车等功能,与大马沟公园互通	3000	完成
16		3	"三治三化"治河活水	整治外围引水河道3条,拆除老闸7座,新建改造管涵1处,疏通河道1条,断头河沟通2条	7408	新洋港、大马沟整治之中;其他工作完成
17	城市交通	4	开创路改造	世纪大道至南环路,长5千米,对原有路面、绿化及管网进行改造;建设世纪大道至盐塘河段道路2.3千米	10000	扫尾之中
18	城市基础设施	5	华锐路地下管廊	全长2.5千米(青年路至蟒南路段),现浇4舱管廊	—	完成图审,PPP招标程序报批
19		6	国信燃气发电	征地17.33公顷,建设2×100MW(F)燃气热电联产机组	—	办理省发改委核准,规划选址意见办结,土地指标对接完成
20	公共及商业服务设施配套	7	江苏北大方正软件技术学院	项目占地2.37公顷,建筑面积10万平方米,新建全日制大专层次高等职业院校,学院设置软件技术、动漫制作与技术、民航运输、飞机机电设备维修等专业	45000	土地征收到位,办理办学资质和前期规划工作

续表 06-14

序号	类 别	项目名称		项目建设内容及规模	年度完成投资	项目进展情况
21	公共及商业服务设施配套	8	盐渎农贸菜场	占地1.2公顷，建筑面积3万平方米，建设辐射西南片区的农贸市场项目	24000	完成
22		9	汽车广场立体停车楼	建筑面积约3.6万平方米，新建集汽车展销及停车服务于一体的综合服务楼	4000	桩基施工
23	城市防洪	10	盐都区城市防洪工程	项目涉及潘黄、张庄、龙冈等镇（街道），新（拆）建泵站2座、闸门12座，圩堤加固4千米	2400	郑通瓦瓷沟闸站在施工中，其余完工
三、大丰区政府（15项）					156950	—
24	三治三化	1	城市森林公园	项目一期占地面积28公顷，建成高品质城市森林氧吧	24000	完成
25		2	省园博园（斗龙港生态组团）	省园博园规划建设，初步选址斗龙港生态组团，面积约200公顷；大丰区政府负责征收等（该项资金自筹）基础工作	—	和省园林局对接
26		3	棚户区改造项目	缫丝厂地块：涉及被征收人约184户，征收面积约2.97万平方米	—	未实施
27		4	城市亮化工程	对“五纵五横”道路亮化进行提升	3000	完成
28	斗龙港生态组团	5	盐城市大丰区斗龙港生态组团专项规划	规划总面积2600公顷；完成斗龙港生态组团项目范围内的水系、污水、防洪、供电等各项规划	750	水系（含水上游览线）、防洪、电力等专项规划完成编制；污水专项规划完成中期成果，提请大丰区政府办组织成果汇报
29	城市交通	6	常新路北延工程一期	常新路北延工程一期工程（纬二路—南环大道）长1559米，道路规划红线宽度55米，含四级航道斜拉桥梁1座，桥长674米	11000	基本完工
30		7	日月湖北大道	西起青岛港路，南至中港大道，呈弧状，道路红线宽度为44米，长3100米，含桥梁1座	6000	桥梁工程完成95%，等待施工桥面；道路工程完成42%，因征地问题项目暂停
31		8	常新路北延二期工程	常新路北延二期工程（新丰南环大道—港城高速段）长4800米，道路规划红线宽度55米	30000	基本完工
32		9	森林大道	森林大道（八灶河—港城高速段）全长3300米	1500	完成
33		10	大丰港支线铁路	全长59.5千米，单线国铁Ⅱ级	—	—
34	城市基础设施	11	城北污水厂迁扩建工程（一期工程）	位于集聚区，占地18万平方米，一期工程达到每日6万立方米的污水处理量	7500	设备安装完成，联动调试，通水完成
35		12	中俄东线大丰港接驳专线	65千米高压长输天然气管线安装施工	—	项目初审完成，土地规划完成，土地指标申请之中，可研报告完成，安评、环评、社会稳定评估完成，等待省发改委核准

续表06-14

序号	类 别	项目名称		项目建设内容及规模	年度完成投资	项目进展情况
36	公共及商业服务设施配套	13	高新区卫生服务中心	高新区实验小学东侧，占地1.33公顷，建筑面积1万平方米	7000	土建封顶，外幕墙粉刷，消防管道、水电施工
37		14	万佳城市广场	占地面积10.13公顷，总建筑面积26万平方米，综合建筑群含商业、办公、居住、会展等功能	50000	万佳城市广场城市综合体项目一期一标段（1-2#、3#）已竣工交付使用。一期二标段（2-2#、3-1#、4#、5#、6#）建成，竣工备案验收阶段；二期一标段（1-3#、2-1#）建成验收阶段；10#写字楼已建成封顶，外立面幕墙安装阶段；9#楼层高5.5米公寓施工之中
38	城市防洪	15	2018年度城市河道整治及防洪排涝工程	整治主城区支河8条；整治城区其他河道12条；配套泵站7座；实施防洪墙长1.68千米；实施信息化工程	16200	河道整治完成，泵站完成，实施防洪墙长1.68千米；实施信息化工程完成
四、市经济技术开发区管委会（21项）					250627	—
39	三治三化	1	区污水处理厂每日处理6万吨扩能工程	区污水处理厂在每日处理2万吨基础上扩能至每日8万吨，一级A排放标准	22000	土方开挖累计完成，混凝土累计浇筑完成90%，设备进场安装
40		2	高速公路两侧绿化	沈海、盐徐、盐大高速公路两侧绿化，长约22千米	15000	竣工
41		3	南环路（希望大道—步凤河）两侧绿化带100米	道路两侧绿化带100米，绿化面积66.7公顷	10000	竣工
42		4	峨眉山路以东、世纪大道以南、九华山路以西、新都路以北	峨眉山路以东、世纪大道以南、九华山路以西、新都路以北建设苗圃，绿化面积113公顷	5667	竣工
43		5	凤依湖水库等城市防洪工程	建设6个流量双向闸站1座，建设水库调节闸5座，开挖水面33.33公顷的水库，配套河道拓浚及沿线景观建设	300	完成设计方案和招标工作，参建单位确定，完成部分临时设施、道路施工
44		6	新都路（通榆河大桥—华山路）绿化	道路配套绿化工程，全长约3.5千米，绿化面积9公顷	1800	竣工
45		7	峨眉山路以东、西潮河以南、九华山路以西、南环路100米绿化带以北	峨眉山以东、西潮河以南、九华山路以西、南环路100米绿化带以北建设苗圃，绿化面积32公顷	1600	竣工
46		8	天柱山路（世纪大道—新都路）绿化	道路配套绿化工程，全长1.1千米，绿化面积7.7公顷	1160	竣工
47		9	盐渎路（希望大道—东环路）绿化	道路配套分隔带绿化，绿化面积2.6公顷	600	竣工

续表 06-14

序号	类别	项目名称		项目建设内容及规模	年度完成投资	项目进展情况
48	城市交通	10	德喜大桥	东起巨德路，西至铁路货场，长2.4千米	300	因涉及重大设计变更，根据区管委会会办精神，需进行重新招标
49		11	天柱山路	新建世纪大道至新都路段道路，长1.1千米	1200	竣工
50		12	武夷山路	新建湘江路至珠江路段道路，长0.5千米	450	竣工
51	公共及商业服务配套	13	北师大盐城附属小学	小学规划占地10.03公顷，总建筑面积5.3万平方米	30000	K1~K3、P1~P6楼全部完工；P7楼方案设计与施工图设计单位就屋面天窗、外立面方案未及时确定，方案设计单位对外立面材料样品调整之中
52		14	外国语学校宿舍、综合楼	盐城外国语学校新建综合楼、宿舍楼工程，建筑面积1万平方米	5500	竣工
53		15	东方之洲项目	项目占地32.3公顷，总建筑面积56.22万平方米，由门户区、标厂区和2.5产业区组成：门户区由友谊桥、B3、B8、B11地块组成；标厂区由C3、C4、C7地块组成；2.5产业区由B9、B10和B4、B5、B6、B10+组成	48500	门户区：B3研发办公楼、B8友谊桥、B11公共服务中心竣工验收，附属工程完工，绿化工程结束，初验合格；标厂区：竣工验收，附属工程施工；2.5产业区：B9研发办公楼竣工验收，附属工程施工；B4研发办公楼项目经集团党委会研究决定暂停实施
54		16	未来科技城	项目占地8.5公顷，总建筑面积29.6万平方米，包括科研楼2幢，办公楼6幢，酒店1幢，酒店式公寓1幢及人才公寓2幢；分2期建设，一期3幢，二期9幢	30000	一期工程：内装完成65%，安装工程完成，幕墙工程完成；二期工程：D区主体封顶，B1主体9层，B2B3土方开挖，A区暂停实施
55		17	创客城	项目占地1.44公顷，总建筑面积4.7万平方米，其中商业办公面积4万平方米	14500	1~6号楼主体验收完成，1~4号楼外架拆完
56		18	汽车小镇客厅	项目占地3.87公顷，建筑面积1.2万平方米	13000	主体封顶
57	保障性住房	19	中舍三期	项目占地10.27公顷，总建筑面积约28万平方米。其中幼儿园规划占地面积0.4公顷，建筑面积4250平方米、14栋安置房16万平方米、停车楼6.35万平方米	31000	14幢安置房进行楼面保温隔声施工、电梯安装、外墙真石漆面漆施工，完成外墙脚手架及塔吊拆除
58		20	雨露花园二期	雨露花园二期共10幢，建筑面积13.8万平方米，总投资约6亿元。其中住宅楼7幢、852套、10.8万平方米；幼儿园、停车楼、配套商业楼各1幢8300平方米；地下人防车库2.1万平方米	18000	主体封顶；二次结构施工基本完成，进行内外墙体粉刷

续表06-14

序号	类　别		项目名称	项目建设内容及规模	年度完成投资	项目进展情况
59	城市管理	21	公共厕所建设	新建公共厕所1座	50	竣工
五、城南新区管委会(22项)					714240	—
60	三治三化	1	三治三化相关整治工程	违法建设治理、城中村治理、水环境治理、小区雨污分流改造、北港花园等老旧小区整治、建筑垃圾堆放点改造、交通沿线环境整治、治河清淤、五项行动等工程	270000	违法建设治理:拆除违章建筑2551起,面积19.41万平方米;完成棚户区改造3127户,面积35万平方米;水环境治理:拆除16道坝埂及4座老闸,完成河道截污20千米,新建截污管道23千米;小区雨污分流:完成阳光世纪城、香苑小区等60个小区雨污分流改造工程,新建改造污水管道3.3千米;北港花园老旧小区整治完成,累计完成16幢楼的屋面和墙面防水出新、落水管维修、130套监控系统个摄像头安装、58樘对讲门安装和停车位改造;伏河路建筑垃圾存放点:完成伏河路垃圾填埋场外购种植土7万立方米,地形整理8万平方米,种植苗木3500株;交通沿线环境整治:出新标识牌40套;新建公交车站台35座,维修25座;治河清淤:完成盐塘河、定向河等20条河道整治,累计清淤40万立方米,疏浚河道超40千米;五项行动:拆除控制区范围内高炮广告1处,土地庙1处,通榆河水源保护区沿线拆除违章建筑2处,修复驳岸3千米,清理串场河沿线违规砂石场地磅13处
61		2	三治三化相关亮化工程	高架两侧景观亮化、串场河沿线楼宇亮化、建筑亮化、路灯照明提升改造、广场绿地亮化、河岸桥梁亮化、城市家具亮化等工程	8400	高架两侧景观亮化:完成高架沿线一期、二期亮化工程,完成盐城南高速出入口亮化提升项目;串场河沿线楼宇亮化、建筑亮化:完成初步实施方案;路灯照明提升改造:完成人民路、戴庄路、八营路、解放路、胜利路、海洋路等43条主次干道路灯改造工程,完成聚亨路、盐渎路等24条主次干道LED路灯改造,累计新增亮化7000盏;广场绿地亮化:对原有亮化维修完善;河岸桥梁亮化:完成聚亨路、海洋路等河岸桥梁亮化提升;城市家具亮化:完成189座公交站台亮化改造

续表06-14

序号	类　别		项目名称	项目建设内容及规模	年度完成投资	项目进展情况
62	三治三化	3	三治三化相关美化工程	老旧建筑整治出新、道路设施改造完善、围墙围挡改造建设、城市立面植绿美化、深化环境卫生整治、城市家具整治改造、广告店招提档升级、城市“牛皮癣”综合治理、占道经营整治规范、规范车辆停放秩序、专业场所整治提升、增设城市特色景观等工程	23540	老旧建筑整治出新：完成范公路高架两侧厂房、锦绣天第园等179个老旧建筑外立面出新，面积约45万平方米；广告店招提档升级：完成戴庄路油脂厂等沿街330户店招店牌出新，拆除违规、存在安全隐患以及影响市容市貌的各类广告牌约600块；城市“牛皮藓”综合治理：全面清理，完成辖区内80个便民张贴栏安装；占道经营整治规范：完成开元路疏导点、纬九路疏导点提升工程；规范车辆停放秩序：完成施画标线3.2万米，设置护栏5000米，放置石球350个、设置U型桩1300米；深化环境卫生整治：主城区垃圾分类设施覆盖率达到70%；特色街区提升：实施新河商业街、福裕路、海德路等道路提升工程；专业场所整治：串场河沿线28个砂石场拆除，完成农贸市场、东进路装饰城提升工程
63		4	数梦小镇一期绿化	景观大道西、西环路东、学海路南、南环路北侧新建公园绿地	8500	完成
64		5	南环路绿化提升	南环路（解放路—滨河路）北侧退让带绿化提升；（西环路—滨河路）侧分带、行道树提升	600	完成
65		6	高速两侧绿化	高速两侧50米范围内绿化	37500	高速南侧绿化完成；高速北侧绿化完成；高速圈内绿化：新建1200公顷苗圃，栽植苗木约75万株
66		7	盐城南高速出入口绿化	盐城南高速出入口绿化提升	2000	完成
67		8	串场河南段清淤	对串场河南北闸站之间约7.2千米河道进行整治	4000	完成
68		9	道路积水点改造	西环路、戴庄路等道路积水点改造	1000	完成
69		10	南海公园及周边部分节点公园（南海组团）	公园范围内的80公顷湖面开挖、商业配套、景观绿化、周边节点公园和滨河绿带、市政道路、滨湖道路、桥梁、地下管线道路工程、编制南海未来城各类专项规划、智慧交通及指挥中心项目	60000	南海未来城道路、桥梁、商业配套、节点公园等32个专项规划全部完成；核心湖区湖面开挖完成100%；南海公园及周边口袋公园完成沿湖岸塑形，沿河绿化种植，其余施工之中；完成滨湖环路、半圆路、胜利路道路、桥梁、地下管线工程建设；市民中心工程推进之中

续表06-14

序号	类别	项目名称		项目建设内容及规模	年度完成投资	项目进展情况
70	南海组团	11	水系、水质、闸站	南海公园湖体水处理及生态维护、引水工程、湖区湖区闸站建设、周边水系整理	10000	南海公园湖体水处理及生态维护完成50%;引水工程完成30%;湖区5个闸站完成桩基等下部结构、周边水系进行整理
71		12	房建项目	华东师范大学附中、地下空间、南海未来城规划展示及营销配套用房	52000	华东师范大学附中完成桩基施工,承台施工;市民中心完成主体施工,内装施工
72		13	土地收储、征用	66.67公顷土地征收项目	40000	完成66.67公顷土地征收
73		14	道路工程	按规划对人民南路等进行新建、改线工程	15000	完成人民南路改建排水工程、道路基层及3座桥梁下部结构
74	城市基础设施	15	南港路	将南港路与戴庄路断头路接通	1300	建成通车
75		16	125省道	中心河至西环路道路及相关配套设施建设,长3千米,宽度50米	5000	建成通车
76	公共及商业服务设施配套	17	数梦小镇体育中心"三馆一园"项目	建设2.7万平方米游泳馆、2.3万平方米体育馆和2万平方米综合馆,建设约1.5万平方米儿童公园	50000	征地拆迁完成;体育馆完成质安监备案、办好施工许可证;现场土方开挖,塔吊安装完成,相关材料进场;游泳馆图审通过,完成桩基施工;综合馆完成最新方案;网球馆桩基施工完成
77		18	新建学校及改造提升工程	新建区级6轨18个班公办幼儿园;日月路小学剧场改造,风雨操场、剧场建筑面积约4000平方米及内部装备;伍佑中学新建体育馆约7500平方米,学校部分设施、建筑等改造	4300	区级幼儿园:完成立项批复及方案初稿,设计勘探进场;日月路小学:完成土建施工80%;伍佑中学改造工程:12#教学楼改造完成100%,变电所增容完成100%,土建完成80%;华东师范大学科技园小学过渡校区改造工程完成
78		19	数梦小镇创业创新孵化中心	小镇客厅地上2.1万平方米建筑、地下4.1万平方米	25000	南侧渠丰河清淤回填施工完成,地下室及1~6号楼主体结构施工全部完成,幕墙施工完成50%
79		20	盐城金融智慧谷二期	世纪大道以南、戴庄路以东,占地面积7.07公顷,规划建设约32万平方米的智慧金融载体,融合"互联网+"理念,重点发展基金、证券、风投、创投等金融产业	80000	12号楼完成主体封顶、屋面,二次结构施工10层;13号楼完成主体封顶、屋面,二次结构施工20层;14号楼完成主体结构封顶、屋面,二次结构施工25层;15号楼完成主体结构22层、二次结构15层,样板间二套、玻璃幕墙三层;16号楼完成主体结构26层,二次结构20层,地下室土方97%、地下室结构90%、二次结构80%;17号楼主体结构地上二层

续表 06-14

序号	类　别		项目名称	项目建设内容及规模	年度完成投资	项目进展情况
80	城市防洪	21	新建泵站、闸站	第Ⅸ防洪区配套建设：新建、改拆建闸5座；新建、改拆建泵站1座	1100	完成5座圩口闸建设
81	城市管理	22	智慧城市管理项目	依据六朵云顶层设计要求，对平安城市云、医疗健康云、城市管理云、社区邻里云、现代教育云、政务服务云"六朵云"项目全面提升升级，打造出具有城南特色的智慧管理云平台	15000	城市管理方面：完成基于GIS的城市管理云平台项目，搭建防汛监测系统、地下三维管网系统、雨水管网监测系统等应用平台；教育服务方面：建成现代教育云平台、远程教育系统、教育城域网、智慧校园等项目；社区服务方面：完成香苑西园智慧小区、金融城邻里之家等项目；医疗服务方面：完成区域医疗卫生服务系统、基层卫生信息系统、卫生监督信息系统、妇幼计生信息系统等项目；政务服务方面：完成统一规范服务标准、优化服务流程和网上办理等项目；平安城市方面：完成"云眼""云网""云盾"工程，建设大数据指挥服务中心暨一体化指挥调度系统
六、市城乡建设局（35项）					796361.55	—
82	三治三化	1	市区第Ⅲ防洪区水环境综合治理	在市区第Ⅲ防洪区范围内实施全流域水环境治理，完善城市河道水系和污水处理设施，消除黑臭水体	100000	市区第Ⅲ防洪区全流域水环境治理完成可研批复和初步设计技术审查，PPP项目招标12月25日开标；完成60公顷雨污分流改造、盐马路污水管道非开挖修复，完成串场河沿线水环境治理，完成北港河城南段、跃北河、民乐河、小马沟体育公园段、城南污水厂周边湿地范围内房屋征收，实施肉联厂北侧沟、海纯河、木材厂沟、盐南第一沟等河道周边房屋征收搬迁工作
83	三治三化	2	市区污泥集中处置项目	在市静脉产业园内建设市区污集中处置项目，位于经一路西、新条河北，占地面积约1.33公顷。污泥由80%含水率经深度脱水至55%含水率后干化焚烧处置，工程规模每日处理200吨（55%含水率）	1000	项目建议书完成立项批复；招标代理单位合同、环评单位合同签订；项目建议书、可行性研究报告、能评、稳评编制单位招标完成，签订合同；项目建议书、可行性研究报告、能评报告、稳评报告编制完成，环评报告编制之中；取得规划设计要点及规划红线图；环评第一次结束，准备环境检测工作；土地出让合同签订

续表 06-14

序号	类　别	项目名称		项目建设内容及规模	年度完成投资	项目进展情况
84	三治三化	3	市区污水处理信息系统等	对市区城东、城南污水处理厂收集范围内30座泵站实行远程监控；全市城镇污水处理监管信息平台建设；市区污水管网地理信息系统建设	122.55	该项目的市区排水及地下附属设施探测工程完成；拿到经信委批复；12月根据可研报告内容启动信息系统招标文件修改工作，进入招标程序
85		4	市区污水管网检测维修	市区范围内建军路、范公路等100千米污水主管网、泵站疏通检查和结构性、功能性检测及维修、城南污水处理厂尾水管道改造（总长12.1千米，DN1400，设计能力每日15万吨，配套城南污水处理厂每日15万吨处理能力）	1270	盐马路管道非开挖修复工程竣工；城南尾水管道改扩建工程进行初步设计，设计单位和勘探单位进行现场探勘，初步设计初稿基本完成，准备报发改委评审；香苑西园污水管道全部建成；完成解放路、人民路、胜利路等12条路招标文件编制，施工图设计，办理规划许可
86		5	城东污水厂大气防护距离	完成城东污水处理厂防护范围内征收，实施绿化建设	3000	征收工作完成
87		6	市区路灯照明提升改造	市区主、次干道、支路巷道及主要节点亮化、小区路灯、路名牌灯箱提升改造	2000	完成解放路、世纪大道、盐马路、迎宾路等主次干道道路灯提升改造；完成创世纪广场、市政府周边、建军路等节点的灯光小品亮化提升改造；完成人行道灯及支路巷道、小区路灯改造完成；对路名牌灯箱更换画面及配件
88		7	城市桥梁亮化	对市区通航河道和景观河道桥梁亮化进行全面改造提升	79	对市区主要通航河道和景观河道桥梁亮化进行调查摸底，确定投资主体，设计、监理、造价咨询单位，完成施工图设计及项目建议书编制
89		8	后街巷道整治	对市区后街巷道进行路面、排水、路灯等进行整治完善；纯化路（县前路至迎宾路）长350米拓宽改造，亭湖区负责征地征收，市城乡建设局负责道路建设；双元支路（城中一号至沿河路）长650米拓宽改造，亭湖区负责征地征收，市城乡建设局负责道路建设	3400	取得项目建议书批复；后街巷道完成；纯化路完成征收和施工图设计，组织施工招标；双元支路方案设计优化，开展征收谈判
90		9	棚户区改造	对水上新村、腾飞路、盐都教师进修学校、建兴建工集团、海贸路两侧棚户区7102户进行征收，面积66.49万平方米，建设130.5万平方米安置房	260000	腾飞路完成搬迁工作；建工集团项目地块一和地块三基本完成房屋征收协议签订，地块二待启动；盐都教师进修学校计划春节前启动；水上新村项目一期范围内房屋已基本完成协议搬迁，二期范围内完成800多户协议搬迁；海贸路两侧3个地块征收补偿方案待上会认证

续表06-14

序号	类　别	项目名称		项目建设内容及规模	年度完成投资	项目进展情况
91	饮用水安全	10	盐城新水源地及引水工程	建设宝应县取水口至盐城盐龙湖主管线约85千米，支线148千米；中途增压站4座，主管线设置3座，支管线设置1座，调蓄水池1座	320000	工程主线和建湖、大丰、射阳3条支线全部建成，通水运行正常，水质稳定
92		11	市区二次供水设施改造	实施市区二次供水设施改造	2000	招标的31个小区开工建设，设备陆续到场
93		12	盐龙湖水厂二期工程	续建盐龙湖水厂每日30万平方米二期工程，达到每日60万平方米设计总规模	—	项目建议书和可行性报告编制单位招标之中
94	城市交通	13	盐渎路通榆河大桥	穿越新长铁路和盐通铁路，新建通榆河桥和雨水泵站，市城南新区、市开发区负责征地征收及资金，市城乡建设局负责桥梁建设	20000	直径1.2米桩基共280根全部完成；直径1.0米桩基120根完成29根；承台56个，完成48个；墩台身38个，完成31个；拉森桩1410套，完成1380套；支架搭设22跨，完成6跨
95		14	赣江路—海洋路连接大桥	穿越新长铁路和盐通铁路，新建通榆河桥和雨水泵站，市城南新区、市开发区负责征地征收及资金，市城乡建设局负责桥梁建设	3000	完成总体方案设计；取得选址意见书；完成土地分类勘界报告，报批用地预审，取得主桥段预审意见；完成可研文本编制，通过专家审查；取得稳评审批意见；完成灾评文本编制，环评公示；编制航评、工程总承包、监理等招标文件；市政府会办土地、立项等审批事项，出具会办纪要；一期项目建议书重新报批；会同铁路办与苏北公司协调土地、涉铁段设计施工等事项
96		15	西环路蟒蛇河桥改造	对西环路蟒蛇河桥进行改造	—	启动方案研究，确定代理单位
97		16	世纪大道串场河桥	桥梁拆除重建，接线段同步拓宽改造	—	取得项目建议书批复，确定平面方案，完成结构设计和桥型方案比选，进行深化设计，编制防洪评价报告、环评报告等相关文本
98		17	建军桥拆除重建	建军路小洋河桥拆除重建	—	取得项目建议书批复，办理选址意见书，进行深化设计，编制防洪评价报告、环评报告等相关文本
99		18	东进路东延	新建范公路至开放大道长2000米，宽50米的城市道路，包括市悦达集团办公楼东侧支路六合路，配套建设地下综合管廊；市城南新区管委会负责征地征收，市城乡建设局负责道路及地下综合管廊建设	12000	管廊地基水泥加固桩施工860米；拉森钢板桩施工810米；土方开挖720米；垫层砼浇筑680米；管廊本体结构施工546米；管廊预制件加工成品252件全部完成、安装185节；管廊回填土440米

续表 06-14

序号	类　别		项目名称	项目建设内容及规模	年度完成投资	项目进展情况
100	城市交通	19	腾飞路建设	迎宾路至解放路段，人民路至滨河路段，西环路至开创路段，长2200米、宽23米的道路改造，盐都区、亭湖区负责征地征收，市城乡建设局负责道路建设	15000	西环路至开创路段，盐都区完成拆迁工作，完成土地勘界、土地预审、可研、规划方案批复，取得建设用地规划许可证，初步设计审查中，编制施工图设计；迎宾路至解放路段，亭湖区完成拆迁工作，完成土地勘界，取得选址意见书，完成可研报告编制，办理土地预审，开展施工图设计；确定管线建设方案
101		20	人民路改造	建军路至城北大桥，长2300米，宽40米，实施道路改造，亭湖区负责征地征收，市城乡建设局负责道路建设	—	启动方案研究、征收调查
102		21	沿河西路	盐马路至西环路，长1300米、宽25米道路建设，亭湖区负责征地征收，市城乡建设局负责道路建设	—	启动方案研究，完成水上新村一期、二期搬迁协议
103		22	良友巷	人民路至迎宾路，全长300米，新建宽20米的城市道路	—	确定代理、设计单位
104		23	道路桥梁大修、低洼易淹易涝片区整治和城市道路两侧市政设施完善提升	部分道路桥梁大修，主要道路红线外铺装大修，世纪大道雨水管等城市排水设施改造，城市道路两侧市政设施完善提升	200	取得项目建议书批复；排定项目清单，包括盐马路、人民路等40条道路大修及两侧设施提升，体西路小一沟桥拆建等7个桥梁大修，世纪大道、体西路排水改造等10个易淹易涝片区整治，其中大铜马复位工程完工，一期23个项目完成施工图设计和预算编制、概算审查
105		24	交叉口提升改造	对解放路和青年路等道路交叉口以及登瀛桥、小海桥、太平桥进行改造优化，提升通行效率	—	三桥广场方案比选
106	城市基础设施	25	亭湖区青年东路、东环路、黄海东路供水主管网工程	青年东路、东环路、黄海东路DN800供水主管网约29千米	—	设计单位招标
107		26	北环路东延给水管道工程	北环路—X102—S234供水管道约11千米，扩建青墩供水泵站	6500	除铁路下穿外的给水管道全部完成，铁路下穿部分上海铁路局即将安排施工，青墩增压站主体完成60%泵站用电扩容准备12月21日开标；除铁路下穿外的给水管道全部完成，与上海铁路局签订穿越铁路涵洞顶管施工合同，合同金额440万元
108		27	活水通道	城东水厂至串场河约1.8千米输水管道，对盐龙湖取水泵站及管道进行改造提升，并配套实施河道消能设施	1200	西线盐龙湖活水通道基本竣工，自动控制系统调试结束，组织竣工验收，完成投资390万元；东线通榆河活水通道进入施工阶段，部分沉井下沉，顶管设备就位，准备顶管

续表 06-14

序号	类　别	项目名称		项目建设内容及规模	年度完成投资	项目进展情况
109	公共及商业服务配套	28	水博园	盐龙湖保护区内规划33.33公顷左右，打造集“一桶水”水工程展示、盐龙湖水源地保护、里下河水文化挖掘、广大市民水生物观赏、青少年水生态科普为一体的“盐城水博园”，盐都区政府负责征收等（该项资金自筹）基础工作	20	完成勘察、确定设计单位，履行设计合同签订流程
110	保障性住房	29	毓龙路学校周边地块征收及开发	临解放路西侧、毓龙路学校东侧地块、临毓龙路南侧、望海大厦西侧地块，总占地面积约2.33公顷	36000	编研方案报规划局；国税局办公楼拆迁合同未签，国发国税承租户6户移交5户，江苏银行签订合同，未搬迁让房
111	城市管理	30	市区地下管线信息管理系统完善	补测管线，完善市区地下管线信息管理系统	—	项目更改资金来源，重新审批
112		31	管道燃气特许经营情况中期评估	委托专业机构对市区管道燃气特许经营企业的经营情况进行中期评估	100	完成对新奥、紫源的中期评估报告初稿，征求相关部门和用户的意见
113		32	公投商务楼建设	新建公投商务楼，总建筑面积约1.48万平方米，其中地上建筑面积5700平方米，地下车库建筑面积9100平方米	9000	二层土方开挖
114		33	饮用水源智能调度管理平台	对京杭运河、盐龙湖、通榆河等饮用水源及自来水公司的视频监控、水质水量监测等智能系统进行集成，开发建设市区多水源智能调度管理平台；开发建设信息共享系统，实现城建、环保、水利、交通、公安、卫生等部门对原水、自来水的水量调度、水质预警等信息的实时共享；对市本级城市生活饮用水水质进行定期检（监）测，委托专业机构对市区盐龙湖水源地进行应急源地评估	40	编制饮用水源调度平台项目建议书和设计任务书的编制；开展对市区饮用水监督性检测，每季度定期公示
115		34	“智慧城乡建设与辅助决策”数据综合平台	“智慧城乡建设与辅助决策”数据综合平台建设	—	市政府、经信委、财政局审批通过，前期咨询服务招投标结束
116	规划编制	35	城建相关专项规划编制	编制《中心城区供水规划修编（2014—2030）》	80	完成规划初稿
				《市区节水规划》	150	完成规划初搞，征求水利等部门意见
				《市区燃气专项规划》	200	完成专项规划初稿，征求相关部门意见

续表 06-14

序号	类 别		项目名称	项目建设内容及规模	年度完成投资	项目进展情况
七、市地震局(3项)					134.46	—
117	防震减灾	1	市防震减灾中心	项目总用地面积0.67公顷,新建市防震减灾中心综合楼建筑面积3000平方米,并配套建设停车场、绿化及公用工程、辅助设施	—	取得不动产权证(土地),获得市发改委项目建议书批复;经市政府批示同意,由城投集团代建;与城投集团对接工作,协助办理相关审批手续;与城投集团签订代建协议
118		2	地震应急灾情速报获取与预评估系统	快速获取报送地震灾情,对地震灾情进行预评估	134.46	完成
119		3	城市活断层探测与地震小区规划	根据项目招标文件规定范围,探明地震活断层和编制地震小区规划	—	“盐城市活动断层探测与地震小区规划控制性浅层地震勘探”完成
八、市交通运输局(3项)					371371.12	—
120	范公堤综合交通枢纽组团	1	市区综合客运枢纽	新建集高铁、长途大巴、公交、出租、城市候机等为一体的零换乘公铁综合客运枢纽及其捷运系统,地下建筑面积32万平方米,地上建筑面积11.19万平方米	61371.12	完成枢纽工程初步设计批复工作;东广场完成土方开挖9%、边坡支护17%;西广场完成预制方桩47%、钻孔围护桩72%;道路工程完成用地指标向省国土厅报批工作,完成施工便道500米
121	城市交通	2	盐城市快速路网三期工程	世纪大道西延、青年路东延、黄海路东延、机场连接线和东环路等5条快速通道和配套设施,路线总长33千米	310000	全线完成拆迁90%,完成黄海路代建框架协议签订;完成桩基施工1.03万根、承台988个、墩柱786个、现浇箱梁33联、路基水泥搅拌桩8.2万延米、预制箱梁72榀,隧道完成桩基1428根、隧道底板8.5板
122		3	城西大桥建设	新建跨蟒蛇河大桥,亭湖区负责属地征收工作,市交通运输局负责桥梁建设,市城乡建设局负责道路建设	—	开展项目设计工作,完成工可报告编制
九、市房产局(2项)					511180	—
123	三治三化	1	老旧小区整治	完成市区南环组团及周边、旭日路18号小区及周边、海纯新村、东园南巷(2号、4号)小区、阳春小区、文港组团、北港花苑(安置小区)7个老旧小区的整治任务;对无人管理的老旧小区实行街道、社区托底管理	6000	危旧小区整治:亭湖区基本完成老旧小区整治任务,其中南环组团及周边、阳春小区、东园南巷2号、4号小区3个整治项目竣工验收;旭日路18号小区、文港组团2个整治项目进入工程扫尾阶段;海纯新村整治项目纳入棚改征收不再整治。城南新区:北港花苑整治项目已完成整治任务。老旧小区托底管理:亭湖区基本完成216个无人管理老旧小区街道社区托底管理工作;盐都区和城南新区基本实现无人管理老旧小区托底管理全覆盖

续表 06-14

序号	类 别	项目名称		项目建设内容及规模	年度完成投资	项目进展情况
124	保障性住房	2	保障性安居工程	完成省、市政府下达市区棚改安置住房新开工3500套、基本建成1500套年度目标任务以及棚户区征收5000户的年度目标任务；完成市委、市政府“三治三化”棚改年度目标任务	505180	市区新开工棚改安置住房4357套，其中亭湖区完成1970套、盐都区完成1325套、市开发区完成1062套；基本建成2771套，其中亭湖区完成1277套、盐都区完成1026套、城南新区完成468套；完成棚户区征收（拆迁）1.87万户。其中亭湖区完成1.21万户、盐都区完成2630户、城南新区完成3127户、市开发区完成781户
十、市城管局（14项）					37888.92	—
125	三治三化	1	环卫设施改造和装备采购	采购8吨道路保洁扫洗一体车5辆、多功能抑尘车2辆、高压冲洗车2辆、融雪剂撒布车1辆、车用除雪铲7套、小型高压冲洗车2辆、人行道电动保洁车4辆；双前路3000平方米垃圾中转场地重新浇筑；更换振兴路垃圾中转站压缩设备及转运车，大修双前路中转站压缩设备	902.57	年度设备采购和设施改造任务完成；双前路场地浇筑和双前路中转站压缩设备大修完成
126		2	老旧建筑整治出新	对道路两侧临街建筑进行整治出新，清理屋顶堆放杂物，整理立面杂乱管线，清除立面污迹污垢，拆除立面废弃附着物，对破损残缺的建筑立面，采用同色、同质材料进行修补或粉刷出新	2000	完成范公路、神州路、戴庄路等道路沿线120多幢建筑立面整治出新工作，改善街景容貌
127		3	围墙围挡改造提升	加大“拆墙透绿”力度，对内部景观较好单位、住宅小区统一拆除实体封闭围墙，设置栅栏；对墙体进行美化彩化或绿化，设置与周边环境相协调的喷绘、彩绘等公益宣传画面；对各类工地围挡实施标准化整治，确保达标	1000	完成市区主干道长约1万米实体围墙立面出新改造工作，并因地制宜设置创文公益广告，按照技术规范，组织完成市区建筑工地围挡改造提升工作；拆除2.2万平方米落地遮挡广告，完成迎宾路（腾飞路—大庆路）两侧、解放路与鹿鸣路交叉口东南角等地段绿化美化建设工作
128		4	户外广告提档升级	制定出台户外广告专项规划，建立市场化运作机制，规范户外广告设置管理，组织清理未经审批或过期设置、设施陈旧破损、严重影响市容和安全的各类户外广告和店招标牌设施；整治沿街一店多招、多层多招，对主街道两侧材质低劣影响市容的店招店牌进行改造提升；建设一批大型专用公益广告设施；对各类广告亮化设施进行整治规范，对保留的进行修复完善；健全完善市区“牛皮癣”野广告疏、堵、清长效机制，提高治理水平	500	完成《盐城市户外广告设置规划》的修编和《盐城市市区商业性户外广告有偿设置管理试行办法》《盐城市市区户外广告专项整治实施方案》的制定，组织拆除楼顶招牌、墙面广告、门头店招等广告店招约1500块，并对神州路、福裕路等路段店招门牌改造出新

续表 06-14

序号	类　别	项目名称		项目建设内容及规模	年度完成投资	项目进展情况
129	三治三化	5	占道经营整治规范	依法取缔无证流动摊点、拆除违章占道亭棚；优化临时经营疏导点布局，落实日常管理和保洁责任，按照“六统一”“十严禁”“一保持”要求，对市区邮政报刊亭、放心早餐点和小修理点等便民服务点进行整治提升	600	纠正出店经营行为2.7万人次，清理占道经营摊点1.8万人次，暂扣三轮车约700辆、各类经营装具约6000个；整治规范烧烤门店约3500家（次），取缔露天烧烤约550家（次）；签订“门前三包”责任书1.4万份，建立“城管+商户”微信群，在部分路段试行市容秩序管理市场化外包服务；制作安装1218块便民信息栏
130		6	规范车辆停放秩序	施划完善停车标线标识，完善机动车停放责、权、利相统一的管理机制，建立市区重点区域非机动车停放管理市场化外包，落实日常看管责任，继续加大车辆违停整治力度，严厉查处违规占道、逆向停车、占用盲道等突出问题；严格共享单车市场准入，加强运行管理，实现规范有序发展	300	设置非机动车泊位物理围栏8000米，停车线4.3万余米，绿色步道、彩色停车位7000多平方米，非机动车停放警示标牌200杆；累计规范引导机动车、非机动车乱停放行为2.6万辆次、清拖违停非机动车2500辆（起）、清拖违停机动车、僵尸车400辆（起）
131		7	市区景观亮化建设	市区高架快速路至高速合围圈之间纵深建筑及城市出入口、其他主干道两侧建筑实施亮化建设；媒体屏和双色温楼宇亮化动漫效果演示方案编辑；在大市区范围内重要节点、广场绿地、景区和人员休闲购物集中区域，高起点规划、高标准建设一批大、中、小型灯光雕塑（小品）	2300	实施完成东区155栋楼宇亮化建设；天山路、世纪大道、解放路等重要交通节点设置62座灯光雕塑
132		8	编制市区夜景照明专项规划	编制市区夜景照明专项规划，把控和引领大市区照明规划布局；对城市道路、水系、节点以及居住区、商业区、工业区、景区等功能区夜景照明进行分级规划控制；建立亮化专家库，提高景观亮化建设的科学性与合理性	—	《市区夜景照明专项规划》改为《盐城市市区新建建筑亮化设计导则》，由市城管局征求相关专家意见后出台
133	城市管理	9	静脉产业园生活垃圾焚烧发电项目	总规模日处理量1400吨，配套2炉1机，拟配置2台日处理量为700吨的机械炉排焚烧炉+2台中温中压余热锅炉+1台35兆瓦凝汽式汽轮发电机组	27000	垃圾仓40.3米层结构砼浇筑完成；主厂房结构到顶；汽机房0米设备基础、主变室、GIS设备基础施工完成，汽机房4米以上墙体砌筑完成，抹灰完成；渗滤液处理站工程交安；1号锅炉水压试验完成；综合水泵房0米层结构施具备浇筑条件；办公楼消防管道按安装完成30%，主体结构验收合格；坡道梁板柱脚手架搭设完成60%；400伏内隔墙抹灰完成，10千伏配电室墙体开始砌筑；烟囱2～3层平台钢梁安装完成；2号炉焚烧炉炉排安装完毕，验收合格

续表 06-14

序号	类　别	项目名称		项目建设内容及规模	年度完成投资	项目进展情况
134	城市管理	10	餐厨垃圾收运处置系统工程	总规模年日均250吨，分2期组织实施，其中一期规模每日100吨，包括餐厨垃圾预处理系统、地沟油处理系统、厌氧发酵及脱水系统、沼气净化等系统，分别建设生产调度楼、污水预处理车间、餐厨垃圾处理车间各一幢	1620	基本建成并投入试运行
135		11	环卫科研信息中心	建设一幢综合业务楼，包括环卫调度指挥中心大厅、各类垃圾检测用房、环卫物资库房、垃圾分类处理科普教育展览馆等；配套建设环卫专用设备修理车间、环卫车辆停车场等	818.79	环卫科研信息中心立体工程开工建设
136		12	新建公共卫生间	在市区主要交通枢纽、公共绿地新建2座一类公共卫生间	157.56	2座公共卫生间施工之中
137		13	城乡生活垃圾分类和治理	牵头做好全市城乡生活垃圾分类和治理专项行动的组织推进、宣传教育、学习培训、督查指导、考核奖惩、设备购置等	270	完成
138		14	市区数字城管系统提档升级项目	运用“互联网+”先进技术，引进“天地图”最新地理信息成果，并拓展长效管理考评、视频监控（新建点位30个）、应急指挥、公众互动等管理功能，提升发现问题、处置问题的能力	420	完成项目开发建设工作，进入试运行阶段
十一、市水利局（2项）					19400	—
139	三治三化	1	市区核心区“三治三化”治河活水	新建防洪闸6座、闸站8座，并实施自动化控制调度，对已建24座防洪闸、14座闸站自动化升级、改造	2400	完成
140	城市防洪	2	市本级城市防洪工程	续建中岗河南闸站、永丰渠西闸站、六支河西闸站、永新河南闸站、九支渠闸站等5座闸站工程；新建中心河闸站工程、凤西河闸站工程、青墩中心河南闸站工程、串场河三英闸站、串场河新兴闸站、中心河北闸站工程、龙灶河闸站工程等7座闸站工程	17000	续建中岗河南闸站等5座闸站工程完工；串场河三英闸站、串场河新兴闸站施工、监理单位进场，实施围堰填筑、场地布置等工程；主机泵、自动化等设备招标完成
十二、市规划局（2项）					846.50	—
141	公共及商业服务设施配套	1	规划展览馆改建、布展项目	保留2004年建设的一期工程外立面及主体结构，拆除、更新钢结构屋顶及内装和布展，改造面积4400平方米；更新2007年二期2100平方米的布展内容，整修改造1万平方米的东、南、北广场路面，设置合理的参观车辆到达路线。将原城投一卡通公司设在一期的办公区域500平方米与市规划馆置换，实现人流车流的合理分割，方便管理及参观人群和市民办事	—	调整改造内容及初步预算，列入2019年城建重点项目

续表 06-14

序号	类　别		项目名称	项目建设内容及规模	年度完成投资	项目进展情况
142	规划编制	2	城市总体规划修编	从空间管控、政策设计和指标体系、系统支撑等方面具体落实战略规划意图，解决城市发展中的核心问题	846.50	第一阶段现状调研、前期规划研究第一次对接、上一轮总规实施评估报告、中间成果方案完成
十三、市民防局(5项)					280	—
143	城市管理	1	民防宣传教育体验馆	民防宣传教育体验馆	—	完成省、市立项
144		2	高铁综合枢纽公共人防工程	公共人防工程建设	—	完成项目选址和前期论证
145		3	市人防预备指挥所	预备指挥所土建	—	完成项目选址和前期论证
146		4	市级指挥所升级改造	市基本和机动指挥所升级改造	280	完成
147	规划编制	5	南海未来城地下空间控制性详细规划	南海未来城和高铁综合枢纽地下空间控制性详细规划编制	—	进度根据南海未来城进度确定
十四、市公安局(1项)					5000	—
148	公共及商业服务设施配套	1	市公安局巡特警训练基地项目	用地规模13.33公顷位于步湖路以南，步凤路以北，五台山路以西，伍龙路以东地块9.33公顷；位于伍龙路以西，步凤路以南，新城路以北地块4公顷；总建筑面积约3.31万平方米	5000	主体建设完成
十五、市文广新局(1项)					4000	—
149	公共及商业服务设施配套	1	海盐馆展陈提升	海盐馆内部展陈提升、部分基础配套设施改造	4000	8月17日，城投集团在网上发布海盐馆提升工程布展项目EPC工程总承包前，市文广新局完成展陈提升的大纲、脚本和概念性设计方案的所有工作
十六、市档案局(1项)					—	—
150	公共及商业服务设施配套	1	综合档案馆	位于世纪大道以北、天山路以西、通榆河以东，占地约6.67公顷，建设建筑面积13万平方米的市档案馆、城建档案馆、不动产登记档案馆、规划档案室的综合档案馆	—	前期准备之中
十七、市体育局(2项)					620	—
151	公共及商业服务设施配套	1	建军路全民健身中心	建军东路23号(原老体育馆地块)总用地面积1.38万平方米，建筑面积2.93万平方米，其中地上1.67万平方米，地下1.27万平方米，建筑高度39.3米，主楼五层，裙楼二层，地下一层(局部二层)，主要功能包括羽毛球、乒乓球、攀岩、艺术体操、武术等项目以及室外健身步道等运动场地，并配套建设景观绿化和公用工程设施。	500	领取建军路全民健身中心工程可行性研究报告的批复、工程规划总平图和方案审查答复意见、市民防局准予行政许可决定书和建设工程规划许可证；完成项目方案设计招标工作、社会稳定风险评估和建设项目环境评审工作、人防设计审查和扩初设计方案的专家评审工作、项目管理(含监理服务)招标工作和绿色建筑专家评审工作；完成桩基工程开工、地质勘探图纸审查完成施工图设计，开展施工图审查

续表06-14

序号	类　别	项目名称		项目建设内容及规模	年度完成投资	项目进展情况
152	公共及商业服务设施配套	2	大庆路体育中心提档改造	总建筑面积9.68万平方米，地下3.4万平方米	120	完成体育中心总体规划重新调整的前期调研，并于11月27日发布二次招标公告，12日17日完成开标，3家方案入围
十八、市老干部局(1项)					—	—
153	公共及商业服务设施配套	1	盐城市老年大学教学楼改扩建工程	整合市财政局原办公楼，扩建市老年大学教学楼，占地约0.2公顷，地上六层8000平方米左右，地下一层，3000平方米左右	—	未实施
十九、市城投集团(15项)					247136.28	—
154	三治三化	1	串场河景观带	南起新都路，北至新洋港，沿线驳岸、桥梁、绿化、亮化等建设完善及提升改造	4649	串场河滨河路南延工程除了不具备施工条件的路段(金融城到中海地块)完成；串场河滨河慢行系统贯通工程满足后期景观带提升要求的现场情况基本完成；串场河东侧供热管道改造工程，广告牌拆除及恢复工程，串场河沿线桥下表面涂料装饰工程，串场河(人民桥东)截污管道改造工程，节点亮化，桥梁亮化，串场河沿线绿化移植工程全部完成；东进桥西南侧10千伏电力管道迁移实施之中；大新河桥梁工程进入招标流程，南延道路路灯工程由城投投资交由路灯处实施；串场河供热管道改造工程完成70%的工作量
155		2	大洋湾生态旅游景区(大洋湾生态组团)	规划占地面积13平方千米，以新洋港为界分南北两侧。南侧实施40公顷核心园林景观、温泉酒店、水上乐园、亭廊阁楼古建筑、商业配套等；北侧新建永宁寺以及生态养老、民俗文化等度假区	123252	美食街9号、11号、12号、13号、15号楼完工并投入使用；登瀛阁设备安装调试完成，对外使用；古镇风情街，古宅4幢已完成，其余17幢古宅基础施工完成；南大门及游客服务中心土建准备竣工前验收检查，一楼内装基本完成；西大门工程完成，投入运营；小瀛台建筑工程完成，室外绿化进场施工，室外铺装招标；桃花岛完成所有主体结构，屋面盖瓦，地面方砖、门窗安装、油漆、涂料施工，完成整个工作量的85%；远香堂工程基本完成；配套设施建设：青云桥完成投入使用，地下停车场完成90%，景观绿化施工，完成工作量的15%；核心景区、水上乐园开业

续表06-14

序号	类　别	项目名称		项目建设内容及规模	年度完成投资	项目进展情况
156	三治三化	3	海盐文化风景区提升	范围包括水街、盐渎公园、水城酒店等,共计90公顷。改造提升涉及策划、运营、招商、基础设施、功能设施、亮化、绿化、水系、游线等	2158.68	完成海盐景区内部分节点亮化、完成招商工作(麦当劳、古城饭店、琅琊阁酒吧)、完成滨河路及鹿鸣路绿化改造、完成景区内基础设施维修工程,成功举办春节元宵及中秋国庆灯会
157		4	市区污泥集中处置设施	在静脉产业园建设市区污泥焚烧工程,集中处置市区污泥	1000	完成
158	先锋组团	5	先锋组团	规划研究范围约12.7平方千米,控制范围约10.3平方千米,东至范公路,南至小洋河、潮声路,西至西环路,北至北环路,重点对老城区进行环境治理,包括棚户区改造,盐城文化挖掘,工业厂房改建,道路、桥梁、绿化等配套基础设施完善等	57052.60	城市设计方案通过市规委会评审;水泵厂地块二拆迁、瓢城记忆拆迁基本完成,潮声路两侧征收、拆迁开始,启动串场河以西新洋港沿线、东河嘉园周边拆迁及杆线迁移等手续办理及基础设施建设;组团内新洋港景观项目建议书通过发改委审批,进行可研申报工作;可保留建筑的鉴定报告初稿基本完成
159	城市交通	6	民安路	建设民安路(人民路—滨河路),路宽18米,总长约50米	60	完成项目选址意见书、建议书批复办理及稳评、环评、可研、勘界等报告编制,并完成用地预审手续办理;报市政府同意转2019年完成
160		7	健康路	健康路拓宽(黄海路—毓龙路)长700米,宽为32米,亭湖区负责征地征收,城投集团负责征收资金及道路建设及其投资	—	因道路西侧建筑物未列入到2018年三治三化征收任务中,已报政府同意2019年实施
161		8	天辰路	建设天辰路(新洋港—人民路),长2100米,宽32米,亭湖区负责征地征收,城投集团负责征收资金,亭湖区和城投集团负责道路建设及其投资	—	天辰路由先锋街道实施施工;报政府同意实施主体转为亭湖区政府
162		9	双元路大桥	建设双元路跨串场河大桥(从人民路向东,跨滨河路及串场河),长350米,宽18米	20	方案设计招标工作完成,进入方案规委会评审阶段;报政府同意2019年实施完成
163	公共及商业服务设施配套	10	城投置业—凤凰汇·紫园	占地6.84公顷,建设高层3幢、多层8幢、联排别墅26幢,商业、地下车库、配套用房等,建筑面积15万平方米	13253.12	电梯安装完成开始调试、智能化施工完成、景观绿化完成90%,地下车库环氧地坪及标识标牌进场施工

续表06-14

序号	类　别	项目名称		项目建设内容及规模	年度完成投资	项目进展情况
164	公共及商业服务设施配套	11	城投中庚—香城世家	神州路西、盐渎路南侧，占地77.43公顷，28栋单体，总建筑面积28万平方米，建设大型商住小区	21400	一期土建工程：单体已验收合格，安装及装饰工程均进入扫尾阶段；二期土建工程：单体验收合格，安装及装饰工程完成60%；三期土建工程：洋房验收合格进入装饰阶段，高层主体结构施工完成80%
165		12	城投置业—凤凰汇·天辰府	青年路北、交通运输局西侧，总建筑面积22万平方米	13957.13	1号楼至主体十层；8号楼、12号楼主体八层，9号楼、15号楼至主体六层；10号楼至主体三层；2号楼、3号楼一层梁板；5号楼、6号楼、16号楼土方开挖；7号楼、17号楼桩基工程完成
166		13	中心金库	海阔路北、吴抬路西，占地3.87公顷，总建筑面积5.2万平方米，包括金库楼、信息中心、停车楼、训练场及辅助设施等	5155	临时围挡、办公用房竣工待验收；临时用水竣工；临时用电待施工
167		14	市旅游集散中心	占地0.87公顷，建筑面积8000平方米，为旅客提供集散、咨询、综合服务等	2600	单体加固改造、水电、消防、内外装饰基本完成
168	城市管理	15	市区智能停车管理系统	建设智能停车二期工程，高速高架出入口30块诱导屏及城市建成区诱导系统、违停抓拍系统、路内停车泊位地磁安装等基础设施拓展、加密工程，并接入一期工程停车管理平台	2578.75	智能化二期工程进场施工；高速高架口30块诱导屏24块建设完毕(其中6块因高架三期建设冲突项目暂缓)，已进入调试阶段
二十、盐城市交通控股集团(5项)					11290.84	—
169	三治三化	1	BRT站台改造出新	市区BRT站台改造出新	80	完成可研送审稿
170		2	公交牌改造	市区公交牌改造出新	1300	竣工
171	城市交通	3	开创路北延	大庆路至沿河西路段，宽40米，长2.4千米	1700	取得环评报告材料、稳评报告；与潘黄街道办确定房屋征收方案；与交规院签订设计合同
172		4	228国道黄尖服务区	土地面积1.2公顷，建筑面积3000平方米	2500	竣工
173		5	228国道滨海服务区	土地面积5公顷，建筑面积3000平方米	5710.84	油气站方案评审完成；岩土勘察报告编制完成

续表06-14

序号	类 别		项目名称	项目建设内容及规模	年度完成投资	项目进展情况
二十一、盐城市铁路投资发展有限公司(2项)					7250	—
174	三治三化	1	范公堤森林公园	新都路南,南环路以北,范公路与通榆河之间,按照森林公园标准建设,面积约200公顷	—	项目调整,与范公堤组团统一规划实施
175		2	范公路东侧景观绿化	根据"三治三化"绿化行动方案建设高架系统生态廊道,范公路东侧,新洋港至青年路,范公路与通榆河之间绿化带景观建设。亭湖区负责征收,市铁路投资公司负责绿地建设,面积约200公顷	7250	完成
二十二、国网盐城供电公司(6项)					22047	—
176	城市基础设施	1	盐城学富220千伏输变电工程	新建220千伏学富变,变电容量18万千伏安,线路长度40.2千米	7111	土建:土建施工单位配合安装单位内外墙收尾;电气:220千伏GIS安装完成、110千伏GIS已安装完成、10KV开关柜安装完成、二次电缆敷设及接线已完成,一次设备试验
177		2	连盐铁路盐城北牵引站配套220千伏输变电工程	建设220千伏输电线路29千米,满足连盐铁路供电需求	2734	完成
178		3	江苏盐城盐城220千伏变电站增容改造工程	盐城变整体改造,变电容量由24万千伏安增容至48万千伏安,线路长度5.3千米	—	延期至2019年实施
179		4	江苏盐城高新110千伏输变电工程	新建110千伏高新变,变电容量10万千伏安,线路长度15.2千米	3091	场地平整,临建搭设
180		5	江苏盐城恒泰110千伏输变电工程	新建110千伏恒泰变,变电容量10万千伏安,线路长度20.6千米	4531	配电装置室基础完成,配电装置室主体完成65%,屋面工程完成30%,室内设备基础完成,电缆沟完成;围墙基础建设完成;室外、排水管道完成;事故油池完成
181		6	江苏盐城环城110千伏输变电工程	新建110千伏环城变,变电容量10万千伏安,线路长度2.9千米	4580	配电装置楼基础完成95%,围墙与大门完成75%,雨水管理完成95%,电缆沟完成95%,雨水泵站及水池完成90%,道路完成75%,内墙板施工中完成,外墙板施工70%

新水源地及跨区域引水工程全线建成通水 新水源地及跨区域饮水工程是省政府重大民生保障项目和市委市政府头号为民办实事项目，工程总投资62.03亿元，横跨扬州、盐城两市，全长213千米，总引水规模每日115万立方米，供水范围包括中心城区、大丰区、建湖县、射阳县，总受益面积8936平方千米。工程自2015年9月23日正式立项，完成房屋搬迁699户、清障面积650万平方米。2017年2月28日工程全线开工，历经16个月，工程主线和建湖、大丰、射阳支线分别于2018年6月30日、8月31日、9月28日、12月23日建成通水，受益人口近500万人。

盐渎路通榆河大桥开工建设 5月31日，盐渎路通榆河大桥开工建设。工程概算总投资约6亿元，起点位于城南新区盐渎路与范公路高架桥交叉，路基下穿范公路高架、盐通高铁、新长铁路改线，上跨东伏河、通榆运河后顺接天山南路交叉口，终点止于河东新城盐渎路与天山南路交叉口。设计全长1.46千米，时速60千米，双向8车道，含通榆河大桥1座，地面桥涵1座，主桥采用半穿式连续钢桁架结构方案。

"五大组团"建设 年内，盐城继续推进"五大组团"建设，实际开工项目32个，竣工项目11个，完成投资42.8亿元。南海未来城组团南海公园、华东师范大学盐城实验学校、市民中心等16个项目开工建设，其中南海公园湖体开挖基本完成，市民中心项目主体封顶。大洋湾生态组团建成登瀛阁、水上乐园、金丝楠木馆等项目，成功举办中华龙舟大赛江苏盐城站比赛，大洋湾樱花节连续两年被央视新闻联播报道。范公堤高铁综合枢纽组团开工建设综合客运枢纽。先锋岛生态组团水泵厂、瓢城记忆周边等地块拆迁和杆线迁移基本完成。斗龙港生态组团城市森林公园一期项目建成运营，荷兰花海参加中荷文旅项目签约，大丰梅花湾获评全省十大体育公园。

棚户区改造 全年全市实施棚改项目167个，完成改造3.36万户、475万平方米。其中，市区实施棚改项目120个，完成改造1.87万户、251万平方米，水上新村、双元新村、东闸新村等集中成片棚户区(危旧房、城中村)全面启动改造。坚持安置与征收同步，全市新开工棚改安置住房1.46万套(户)，基本建成1.03万套(户)。年内，市区新规划选址城西长坝、城西北先锋实验学校、农贸路地块、万泰时代城地块、新洋经济区等11个成片集中安置房地块建设2.7万套安置房。 (王 盛)

二、房屋征收

2018年，市政府印发《盐城市市区旧城区(棚户区)改建房屋征收及有关问题的处理意见》，对补偿面积认定(航测图的适用)、住宅房屋安置面积补助等进行明确、调整和补充。市房产局、市城乡建设局印发《盐城市区住宅房屋征收补偿资金结算凭证安置实施办法(暂行)》，完善征收补偿安置方式，满足多元化安置需求。规范征收行为，市城乡建设局编制《国有土地上被征收房屋价值评估分户报告示范文本》《盐城市国有土地上房屋征收补偿协议书格式文本(2018版)》，开展房屋征收评估机构名录申报工作，成立房屋征收房地产价格评估专家委员会。全年全市实施征收搬迁项目累计完成搬迁面积407.2万平方米，涉及住宅2.32万户，非住宅768个，其中房屋征收完成搬迁面积65.92万平方米，协商搬迁完成面积341.29万平方米。市区征收搬迁项目累计完成搬迁面积249.22万平方米，涉及住宅1.34万户，非住宅699个，其中房屋征收完成搬迁面积55.06万平方米，协商搬迁完成面积194.16万平方米。

年内，市区城建重点项目办公室先后参与实施并完成劝业场改造地块、城南高铁存车场地块、华夏路地块、高铁客运枢纽地块扫尾、盐龙体育公园地块、青年路北侧新城嘉园地块扫尾、东进路东延地下综合管廊建设地块扫尾、城南马庄地块、城南新河三号安置房地块、青年路北侧四号地块、大洋湾风景区建设地块扫尾、双元新村棚户区改造地块、腾飞路地块、水上新村棚户区改造一期、耿伙城中村改造一号地块、市中医院周边棚户区改造地块等近20个项目的房屋征收任务，完成房屋征收搬迁面积23.14万平方米，涉及住宅2112户、非住宅68个。

城南高铁存车场项目房屋征收 城南高铁存车场项目房屋征收涉及居民172户。4月23日，该项目正式签约；4月30日，172户居民全部签订征收协议；5月1日，全部搬家让房；5月4日，房屋全部拆除。

青年路北侧四号地块房屋征收 青年路北侧四号地块房屋征收涉及居民100户、单位28个。8月26日，征收工作启动；8月28日，完成100户居民的房屋征收任务；9月5日，28个单位全部签订征收协议。

耿伙城中村改造一期工程房屋征收 耿伙城中村改造一期工程房屋征收涉及居民558户，分2年实施，2018年征收270户，2019年征收288户。10月20日，征收工作启动；11月10日，270户居民全部签订征收协议，房屋征收任务全面完成。 (王 盛 王道洲)

第三节 市政公用设施建设

一、市政设施养护

2018年，市城乡建设局组织对市区大庆路、建军路、人民路等主次干道进行维修，维修沥青路面面积3.99万平方米、砼路面面积1.63万平方米、人行道面积4.47万平方米、路牙沿1.25万米、树围3400米，改造维修、油漆车止石350座。实施完成东园巷等24条后街巷道改造和易淹易涝片区排水管网整治，改造道路面积8600平方米，配套改造排水管网3600多米。加强桥梁巡查维修，完成世纪大道、通榆河大桥等栏杆维修、世纪大道和大庆西路沿线等桥梁石材维修、建军东路立交桥等桥面铺装层维修，人民路、开放大道等沿线桥梁伸缩缝及泄水孔清理。实施路灯照明亮化提升，改造完成解放路等29条主次干道、六合路等151条支路巷道，以及新苑小区等115个小区路灯，累计更换光源2.6万盏，实现主干道二维码故障报修全覆盖。

二、供　水

至2018年底，全市有水厂17座，年供水总量4亿立方米；深度处理总能力达每日169.5万立方米，自来水深度处理率97.05%。其中，市区建有盐龙湖、城东2座水厂，总供水能力每日60万吨，均采用深度处理工艺。通榆河原水预处理净化工程竣工运行，进一步完善城市多水源保障体系。年内，市城乡建设局制定新水源调度和盐龙湖、通榆河水源热备用方案，实现建设、调度、运行、管理无缝对接，原水水质保持持续稳定。实施完成盐城高铁站DN1020、DN1420管道改造工程、亭湖河东片区DN800、DN1000给水管道工程、新都路DN500给水管道工程（开放大道—文港路）。完成市区二次供水设施31个小区改造、用户近5.3万户。深化盐龙湖生态调查管控，加强数据分析研判，全年累计供应原水约9260万吨。委托第三方对市区饮用水出厂、管网、末梢水质进行监测、检测，每季度向社会公布。

三、供　电

至2018年底，全市电力装机容量1239.31万千瓦，比上年增加175.31万千瓦。全年全市新能源装机容量692.21万千瓦，占全省新能源装机容量29.23%。其中，风电装机容量496.26万千瓦，占全省风电装机的57.4%，其中海上风电装机168.86万千瓦，装机规模全国第一；光伏装机容量180万千瓦，占全省光伏装机的13.51%，其中分布式光伏395.88兆瓦（企业分布式1579个242.58兆瓦，个人分布式并网1.34万户153.3兆瓦；生物质装机容量15.95万千瓦，占全省装机的9.91%。全年累计发电378.63亿千瓦时。全市新能源发电企业累计发电125.74亿千瓦时，占全省新能源发电量的32.44%，占全市全社会用电量的39.18%。其中，全市风电发电企业发电96.02亿千瓦时，占全省风力发电量的55.65%；光伏发电企业发电19.62亿千瓦时，占全省光伏发电量的16.37%；生物质发电企业发电10.1亿千瓦时，占全省生物质发电量的10.64%。全年新能源发电减少排放二氧化碳1098万吨，二氧化硫3.56万吨，氮氧化物3.1万吨。全年全社会用电量320.93亿千瓦时，其中工业用电212.54亿千瓦时。

盐城发电有限公司　年内，盐城发电有限公司实现发电量17.44亿千瓦时，其中自发电量9.6亿千瓦时，被替发电量6.11亿千瓦时；合同转让电量1.73亿千瓦时；供热量20.57万吨。加强安全教育培训，组织应急预案演练，开展安全生产月活动，提高安全风险防范和应急处置能力。加强环保设施运行维护和烟气环保指标监控工作，确保环保设施投运正常，全年各项污染物均达标排放。至年底，公司实现连续安全生产5267天。坚持“控煤价、控自发”的经营策略，对接上级主管部门，多争取电量计划6.85亿千瓦时。关注煤炭价格走势，及时调整采购策略，加强煤炭接收、装船、运输、采制、掺配等全过程管理，降低煤炭成本。拓展供热市场，金山麦芽供热管道建成投运，城西线扩容改造工程完工，盐城先锋岛供热管道工程开工建设，供热量持续增长。　（苏红民）

江苏射阳港发电有限责任公司　年内，江苏射阳港发电有限责任公司完成发电量67.76亿千瓦时、供热量22.31万吨，实现营业收入22.31亿元，上缴税收2.2亿元。全年完成752项标准项目、153项非标项目建设。实施5号炉燃烧器升级改造、干煤棚屋盖彩钢板改造等43项技改项目、15项“两措”（反事故措施、安全技术劳动保护措施）项目，完成燃烧器改造后热态试验和深度调峰认定试验。加强设备日常维护管理，全年消除缺陷2550条，消缺率99.88%。加强技术攻关，解决6号机组冲转过程中瓦振大、凝汽器钛管频繁堵塞等重大技术难题。全年主要辅机故障次数比上年下降80%。抓好对标管理工作，通过实施小改小革、优化辅机运行方式等节能降耗措施，提升技术经济指标水平。贯彻落实环保新政策，做好二氧化氮标定及在线监测、烟气流场分布试验等工作，抓好脱硫、脱硝、电除尘等环保设施的运行维护管理。全年签订大用户直购电量25.6亿千瓦时，适时争取月度交易电量8.9亿千瓦时、替代电量7.23亿千瓦时。在燃料经营方面，全年采购煤炭252万吨，在保证安全环保的前提下，掺烧高硫煤、褐煤、印尼煤、杂煤等经济性煤种68.4万吨。抓好5号、6号机组安全生产、检修技改安全管理、外委队伍安全监管，以及消防、治安、交通、信息、资金、饮食安全等工作。开展防汛防台实战演练、氨站泄漏应急预案演练等各类应急演练活动36次。年内，公司获评江苏省节水型企业、盐城市工业五星企业。　（余　佳）

盐城供电公司　年内，国家电网盐城供电公司完成供电量313.80亿千瓦时、售电量304亿千瓦时；完成电网发展投入56.86亿元；投产35千伏及以上线路631.28千米、变电容量197.30万千伏安；线损率3.13%。固定资产原值379.46亿元。全年直接交易电量98.7亿千瓦时，减少用户电费支出1.79亿元。清退临时接电费9100万元。清理转供加价86户，减少用户电费支出4300万元。落实国家降低一般工商业电价工作部署，减少用户电费成本2.42亿元。加快电网建设。完成沿海500千伏第二通道等规划选所选线工作。竣工投运220千伏映照变等45项输变电工程，盐城电网实现220千伏南北分区，全市最大供电能力由640万千瓦提升至750万千瓦。完成1.5万个配农网项目，配电自动化线路覆盖率由70%提升至99.10%，农网绝缘化率由75.10%提升至92.60%。推进8个省属农场“两改”电网建设。市区A类供电区域实现4G无线专网全覆盖。优化新能源并网配套项目流程，支持大规模清洁能源发展，提前投运中电投大丰H3、三峡新能源两项配套220千伏送出工程。全额消纳新能源发电超百亿千瓦时，位居全省第一。新增岸电系统28套，新建充电设施22个。提供供电服务。开展报装接电专项治理，高压业扩平均接电57.79个工作日。促成市县政府制定优化电力营商环境专项文件，完成业扩配套立项1.74亿元，10千伏/20千伏客户外部接入工程实现免费全接入。企业缴费业务和农村用户业务基本实现"一次都不跑"。（宗 耀）

四、供 气

至2018年底，市区有高、中、低压管网1613.5千米，其中高压管网27.5千米，中压管网682.1千米，低压管网904.3千米；有天然气民用户32.2万户，商业户1890户，工业户125户，车用CNG（压缩天然气）加气车4500辆，冬季高峰用气量为87.3万立方米，夏季低谷用气量22.8万立方米。全年全市高中低压管网约3600千米，新增高中低压管线625千米，新增居民用户近10万户，城镇气化率提高到99.5%。推进储气能力建设，市城乡建设局督促各管道燃气企业落实冬季保供措施，满足企业生产经营和居民生活用气需求。先后5次组织对全市燃气安全保障工作进行督查，组织开展市区燃气事故应急处置现场演练，对全市燃气行业反恐怖防范达标建设情况检查通报。（王 盛）

五、污水处理

至2018年底，全市建有污水处理厂98座，其中城市污水处理厂19座，建制镇污水处理厂79座，另有在建污水处理厂11座。污水处理厂总规模为89.55万吨，其中城市污水处理厂总规模为67.4万吨，建制镇污水处理厂规模为22.15万吨。全市建成污水管道1965.49千米，231泵站座，其中城市已建污水管道861.51千米，泵站94座，建制镇已建污水管道1103.98千米，泵站137座。年内，盐城全面启动城市水环境治理工作，按照"先治标、后治本，标本兼治"的原则，推进控源截污、活水补水、生态修复、拆迁拆违等工作。完成市区第Ⅲ防洪区全流域水环境治理立项、可研、初步设计审查、方案编制、PPP项目入库和招投标，确定项目合作单位。推进黑臭水体治理，"一河一策"制定整治措施，按期完成市区21条黑臭河道整治，城市沟河水质得到明显改观。完成小洋河以西50公顷雨污分流改造、盐马路污水管道非开挖修复和串场河沿线水环境治理等工程，实施盐南第一沟污水设施完善、活水通道等项目建设，推进城南污水处理厂尾水管道改扩建工程。规范城市排水行为，发放排水许可38户，完成17个新开发项目污水接管指认和专项验收。组织对排水管道和河道排放口逐一核查，实行编号管理，挂牌消灭污水直排口。

第四节 园林绿化

2018年，全市深入贯彻"生态立市"战略部署，推进"一片林"战略工程，做好"大生态"文章，推动国家生态园林城市、国家森林城市、国际可持续发展示范城市和"联合国人居奖"创建，抓好全市城镇（城市、县城、小城镇、港区、园区）园林绿化建设，对骨干道路、重点河流、重要节点、公园绿地全面增绿增景，塑造精品，推进城市花园、特色园林建设。形成以公园绿地为中心，以道路绿化为骨架，以街头绿地、单位和居住区绿化为基础，逐步形成点线面相结合、人与自然和谐共融的城镇绿地系统。全年全市新增城镇绿化面积4020公顷，其中市区完成城市园林绿化重点工程项目170项，新增绿地面积2086公顷。

一、市区园林绿化

2018年，盐城坚持造林与造景相结合，进一步优化市区绿地系统空间布局，促进"城市公园绿地十分钟服务圈"尽早实现基本全覆盖，加大林荫路建设力度，建设城市森林生态系统。坚持大项目带动与品质提升相结合，突出大洋湾生态旅游景区、内环高架景观带、植物园、动物园等重大项目建设，同步开展城市公园绿地建设、主次干道及重要节点绿化提升工程，构建大市区美丽生态景观，完善城市园林绿化生态、景观、游憩、文化、科教、防灾等多种功能，组织实施公园绿地、生产绿地、防护绿地、附属绿地、绿道建设、立体绿化6类170项，总投资约72亿元，年内完成投资44.45亿元。完成小马沟绿廊等城市生态公园工程，实施盐塘河公园、小新河景观带等公园绿地和内环高架绿化及景观带、高速沿线等道路绿化提升改造工程，完成大马沟绿带、通榆河防护林带建设，全面完成市区"三治三化"年度园林绿化建设任务。

大马沟生态公园　　王仰林/摄

2018年市区园林绿化建设重点项目一览表

表06-15

类别		项目名称	地点及建设内容	2018年完成面积（公顷）	2018年完成投资（万元）	建设时间	项目完成情况
合　计				2086.28	444501	—	—
公园绿地	小　计			161.23	278617	—	—
	（一）	综合公园		20	104660	—	—
	1	省园博园	省园博园规划建设，初步选址斗龙港生态组团，面积约200公顷，大丰区政府负责征收等（该项资金自筹）基础工作，2018年开展选址、可研、申报、征收、方案等前期工作	—	—	2018—2020	取消
	2	大洋湾生态旅游景区	按照国家AAAAA级景区标准，建设环境优美、功能齐全、设施便利的生态旅游景区	—	11000	2018	完成
	3	人民公园改扩建	人民公园拆建至串场河（1.8公顷），并对人民公园改造提升。市市政公用投资公司负责征收等基础工作	—	3000	2019—2020	完成
	4	丽都公园提升	新都路至蓝海路，对原公园进行提档改造，重点做好地被改造，增加大乔木，提升植物造景效果	—	800	2017.12—2018.8	完成
	5	世纪公园提升	新建体育健身设施及景观小品，对健身步道两侧绿化进行提升	—	300	2017.9—2018.5	完成
	6	润都公园提升	对公园内的部分绿化进行提升，增加乔木，提升绿化景观效果	—	600	2017.10—2018.5	调为2019年实施
	7	东亭湖公园	栽植大乔木进行提升改造	—	300	2018.1—6	完成
	8	桥头公园	天山路以西、西潮河以南、通榆河圩堤以东、老潮中河以北，种植广玉兰、雪松、七叶树、香樟、红叶石楠树、黄金槐、高杆女贞、榉树、红叶李等	20	3000	2017.9—2018.6	完成
	9	竹园	东环路与赣江路交叉口，增加乔木，完善道路、座椅、果壳箱等游憩设施，提升景观效果，约0.4公顷	—	80	2018.3—11	完成
	10	安东湖绿地	九华山路与乌江路交叉口，增加乔木，完善游憩设施，提升景观效果，约3.7公顷	—	80	2018.3—11	完成
	11	数梦小镇一期	景观大道西、西环路东、学海路南、南环路北侧新建公园绿地（实施绿化、铺装、广场等）	—	5000	2018	完成
	12	南海公园	解放路东、串场河以西，2018年完成湖体开挖	—	80000	2018—2019	完成
	13	农示园核心区	农示园内，2018年完成规划方案	—	500	2018—2020	完成
	（二）	专类公园		28	92200	—	—
	14	动物园	初步选址亭湖区城东片区，按照城市动物园建设标准选址建设，面积约200公顷，2018年做好选址、可研、征收、规划设计等前期工作	—	500	2018—2020	完成
	15	植物园	东至新204国道，北至蟒蛇河、西至宁靖盐高速、南至世纪大道范围内，按照城市植物园建设标准选址建设，面积约300公顷，2018年做好做好选址、征收、规划设计等前期工作	—	500	2018—2020	项目暂停实施
	16	范公堤森林公园	新都路南，南环路以北，范公路与通榆河之间，按照森林公园标准建设，面积约200公顷，2018年做好选址、征收、规划设计等前期工作，沿高架实施景观林	—	2000	2018—2020	跨年

续表 06-15

类别		项目名称	地点及建设内容	2018年完成面积（公顷）	2018年完成投资（万元）	建设时间	项目完成情况
公园绿地	17	斗龙港生态组团城市森林公园	226省道西侧、德丰大桥以北，建设综合性森林公园	28	24000	2018.3—12	完成
	18	盐龙体育公园	小马沟两侧、世纪大道以北，按规划建设集体育健身场地和生态园林为一体的主题公园，盐都区政府负责征地拆迁建设，各投资平台筹资	—	60000	2018	完成拆迁
	19	水博园	盐龙湖保护区内规划33.33公顷，打造集“一桶水”水工程展示、盐龙湖水源地保护、里下河水文化挖掘、广大市民水生物观赏、青少年水生态科普为一体的“盐城水博园”，盐都区政府负责征收等（该项资金自筹）基础工作，2018年做好做好选址、征收、规划设计等前期工作，以及部分开工建设	—	5000	2018—2019	跨年
	20	盐塘河公园东园提升	人民路东、戴庄路西，原有公园绿地改造提升	—	200	2018	完成
	（三）	带状公园（含河道绿化）		97.20	78297	—	—
	21	小马沟城市绿廊	南环路—世纪大道绿化景观建设	12	8000	2017.10—2018.10	完成
	22		东进路—青年路绿化景观建设	6.70	670	2017.9—2018.6	完成
	23	冈沟河景观带	水泥厂—纬二路绿化景观建设	6.70	670	2017.9—2018.6	完成
	24	七里沟公园	张庄西徐居委会，森林绿地景观建设	8	1000	2018.1—6	完成
	25	四纵沟风光带	宝庆路—康庄大道绿化景观建设	6	500	2018.1—6	完成
	26	大马沟生态公园西侧湿地林带	盐靖高速西侧与经一路之间，从纬七路至东山精密段建成生态绿地	7.50	1500	2017.9—2018.5	完成
	27	大新河滨河绿化	建军东路—黄海路绿化景观建设	3	450	2018.1—3	完成
	28	朝阳河南侧绿带	东环路—跃进路绿化景观建设	5	150	2018.1—3	完成
	29	南洋机场南侧绿化	六丈河南，东至雷达河，西至新界河绿化景观建设	2.50	457	2017.12—2018.1	完成
	30	东升河滨水景观带	东升河滨水景观带建设	5	3000	2018.3	完成
	31	富城路西侧滨水景观带	富城路西侧滨水景观带建设	3	1500	2018.3	完成
	32	丰产河滨水景观带	234省道—富城路绿化景观建设，宽约30米	1.80	400	2018.5	完成
	33	小新河绿化提升	小新河（西环路—串场河）北侧绿化景观建设	—	4000	2018	完成
	34	教育公园	步湖路以南、串场河西街旁绿地建设	—	5000	2018	2019年实施
	35	商务休闲公园	小新河以南、湖区北侧街旁绿地建设	—	12500	2018	2019年实施
	36	生态体验公园	新盐道北、湖区南侧街旁绿地建设	—	7500	2018	2019年实施

续表06-15

类别	项目名称		地点及建设内容	2018年完成面积（公顷）	2018年完成投资（万元）	建设时间	项目完成情况
公园绿地	37	社区运动公园	人民路东、小新河南街旁绿地建设	—	5000	2018	2019年实施
	38	家庭娱乐公园	吉安路东、小新河南街旁绿地建设	—	5000	2018	2019年实施
	39	湿地康养公园	新盐道南、高速北侧街旁绿地建设	—	12500	2018—2019	跨年
	40	伍佑古镇滨河公园	伍佑镇串场河沿线街旁绿地建设	—	5000	2018—2019	跨年
	41	滨河绿化走廊	西潮河以北、天山路以西、通榆河以东、盐渎路以南绿化建设	30	2400	2018.5	完成
	42	安龙河、黄港渠、步凤河等河道绿化	步凤镇、新城街道境内的河道两侧栽植乡土适生苗木	—	1100	2018.5	完成
	（四）	街旁绿地		16.03	3460	—	—
	43	市区街头游园建设	根据“三治三化”绿化行动方案，建成区“十分钟服务圈”的要求，市本级建设开放大道与大新河交叉口西南角、世纪大道与新204国道西北角、青年园改扩建3个街头绿地	—	1200	2018	完成
	44	大丰街旁绿地	朝阳公园提升（黄海路与东宁路西南角）	0.50	50	2018.3—6	完成
	45		常新路与新村路交界处游园提升	0.50	50	2018.3—6	完成
	46		幸福游园提升（幸福小区西门）	0.50	50	2018.3—6	完成
	47	冈中公园	204国道与125省道交界处，按照公园绿地规范建设	4	500	2017.10—2018.6	完成
	48	黄刘森林绿地	森林绿地，栽植速生树种	6.70	100	2017.10—2018.3	完成
	49	西徐街心公园	张庄西徐居委会街旁绿地建设	1.20	150	2018.1—6	完成
	50	盾园改造	盐渎路南、204国道东，原有公园绿地提升改造	1	350	2017.10—2018.5	完成
	51	盐都区交通局东北角等节点改造	盐渎街道范围，道路节点街旁绿地建设	0.20	40	2018.6	完成
	52	崇礼路景观游园工程	崇礼路与赶海路交界处西南角街旁绿地建设	0.62	500	2017.8—2018.3	完成
	53	行政中心后侧绿地公园	亭湖区行政中心北侧、新河路南侧，对公园进行提升改造	—	300	2018.1—6	完成
	54	南映居住区小游园	南映小区西侧街旁绿地建设	0.51	150	2018.1—6	完成
	55	青洋装备产业园纬三路两侧	盐才路西、234省道北，实施街旁绿化，栽植乔木、地被植物等	0.30	20	2018.2	完成
生产绿地			小　计	469.63	15551	—	—
	56	储绿	江阴港路东侧，生产绿地建设	36.60	200	2018.3—10	完成
	57	黄刘生产绿地	栽植胸径3～8厘米榉树、榔榆、香樟、薄壳山核桃等珍贵乡土树种	6.70	250	2017.10—2018.3	完成

续表 06-15

类别		项目名称	地点及建设内容	2018年完成面积（公顷）	2018年完成投资（万元）	建设时间	项目完成情况
生产绿地	58	利民河南生产绿地	悦达纺织园北门对面栽植胸径3～8厘米榉树、榔榆、薄壳山核桃等珍贵乡土树种	2.70	100	2018.2—6	完成
	59	跃北河两侧生产绿地	跃北河两侧栽植胸径3～8厘米榉树、榔榆、薄壳山核桃等珍贵乡土树种	1.10	45	2018.2—6	完成
	60	青年路高架与204国道交界处生产绿地	青年路与204国道交界处栽植胸径3～8厘米榉树、榔榆、薄壳山核桃等珍贵乡土树种	2.80	115	2018.2—7	完成
	61	西徐生产绿地	西徐居委会五组栽植胸径3～8厘米榉树、榔榆、薄壳山核桃等珍贵乡土树种	4.60	180	2018.1—6	完成
	62	福利生产绿地1	盐都区高速圈以北福利境内，栽植胸径3～8厘米榉树、榔榆、薄壳山核桃等珍贵乡土树种	6.70	100	2017.12—2018.1	完成
	63	市开发区苗圃建设	峨眉山路以东、世纪大道以南、九华山路以西、新都路以北种植乡土植物	113.33	5667	2018.3—10	完成
	64	新伙生产绿地	高速圈以北（新伙境内）	55	1657	2018.1—3	完成
	65	福利生产绿地2	高速圈以北（福利境内）	35	1057	2018.1—3	完成
	66	兴民生产绿地	高速圈以北（兴民境内）26.67公顷	26	780	2018.1—3	完成
	67	成庄生产绿地	张庄街道	9.30	400	2018.1—3	完成
	68	伍康生产绿地	高速圈以北（伍康境内）	15	500	2018.1—3	完成
	69	125省道两侧绿化工程	125省道两侧（民生、花吉村）	26	800	2018.1—3	完成
	70	乔庄生产绿地	229省道东侧	8.20	200	2018.1—3	完成
	71	大李生产绿地	大李居委会	10.30	350	2018.1—3	完成
	72	跃马成片造林	秦川路东，青年路北，栽植榉树	3.30	150	2018.1—3	完成
	73	环科城生态林	环保科技城生态林工程，栽植106.67公顷生态林	107	3000	2018.3—5	完成
防护绿地	小　计			14	1800	—	—
	74	大马沟绿带	世纪大道—大庆路河西防护绿地建设	4	100	2017.11—2018.3	完成
	75	河道整治	青年路北，何桥、朱庄居委会河道沿线绿地建设	3	700	2018.1—6	完成
	76	通榆河防护林	胜利河南侧，通榆河西侧沿河防护林建设	7	1000	2018	完成
附属绿地	小　计			1440.82	148113	—	—
	（一）	道路绿地（含提档改造道路）		1357.52	118233	—	—
	77	内环高架	南环路（希望大道—步风河）两侧100米道路绿化建设，种植黄金槐、香樟、高杆女贞、广玉兰、红叶石楠树等	66.67	10000	2017.8—2018.6	完成
	78		九华山以东、南环路以南、普陀山以西、嘉陵江路以北，种植红叶石楠球、紫薇、海桐球、高杆女贞、红叶李、栾树等	52.87	2643	2018.3—10	完成
	79		峨眉山以东、西潮河以南、九华山路以西、南环路以北100米绿化带，种植黄山栾树、紫薇、海桐球、女贞、红叶李、红叶石楠球等	32	1600	2018.3—10	完成

续表 06-15

类别	项目名称		地点及建设内容	2018年完成面积（公顷）	2018年完成投资（万元）	建设时间	项目完成情况
附属绿地	80	内环高架	南环路（解放路—滨河路）北侧退让带绿化提升，南环路（西环路—滨河路）侧分带、行道树提升	10	1000	2018	完成
	81		沿南环路两侧（西环路—范公路高架，南环路两侧349公顷，范公路西侧32公顷，闲置地块172.5公顷）	699.30	17000	2018	完成
	82		沿西环路两侧（海洋路—高速南出入口）	49.95	3000	2018	完成
	83		范公路景观绿化，根据“三治三化”绿化行动方案建设高架系统生态廊道，新洋港至青年路，范公路与通榆河之间绿化带景观建设，亭湖区负责征收，市铁路投资公司负责绿地建设，面积约100公顷，2018年完成新长铁路以西，范公路两侧，青年路至新洋港面积约12公顷	12	7000	2018—2020	完成
	84		范公路两侧、新洋港北侧绿化景观建设	30	4500	2018	调为2019年实施
	85		南环路（西环路—204国道）园林式道路绿化建设	15	2000	2017.12—2018.12	完成
	86	高速沿线绿化	宁靖盐高速两侧道路绿化建设	10	1300	2017.11—2018.3	完成
	87		南洋高速出入口节点绿化、亮化、美化改造	3	500	实施时间与高架三期绿化同步	2019年实施
	88		新兴高速北出入口节点绿化、亮化、美化改造	15	1000	2018	2019年实施
	89		青墩高速出入口节点绿化、亮化、美化改造	3	200	2018	完成
	90		开发区境内高速两侧范围内能适宜绿化区域	108	16200	2018.3	完成
	91		城南新区境内高速两侧50米范围内绿化	70	21000	2018	完成
	92		盐城南高速出入口绿化提升	15	5000	2018	完成
	93	市区绿化完善提升	根据“三治三化”绿化行动方案对市本级道路、河道、公园绿地、立体绿化等现有绿化提升或新建	—	2000	2018	完成
	94	主要道路节点时令草花布置、道路硬隔离绿化改造	对世纪大道、人民路等重要道路节点、分车带，每年不少于6次时令花卉栽植布置，对开放大道等重要道路硬隔离实施绿化改造	—	1000	2018	完成
	95	城东路节点绿化工程	通港大道上海港路以东，道路节点绿化建设	9	850	2018.3—10	完成
	96	金丰路	金丰路绿化（工农路—飞达路）道路绿化建设	1.20	600	2018.1—3	完成
	97	纬八路	纬八路（229省道—振兴路）园林式道路绿化建设	6.40	520	2017.9—2018.4	完成
	98	鹿鸣路	鹿鸣路（振兴路以西）道路绿化建设	0.80	160	2017.9—2018.5	完成
	99	振兴路	振兴路（青年路—纬八路）道路绿化建设	8	800	2017.9—2018.3	完成
	100		振兴路（盐淮线—政通路）园林式道路绿化建设	1.50	200	2018.1—5	完成

续表 06-15

类别	项目名称		地点及建设内容	2018年完成面积（公顷）	2018年完成投资（万元）	建设时间	项目完成情况
附属绿地	101	纬五路	纬五路（龙乘路—大桥）新建绿化，纬五路（大桥—振兴路）改造提升	3	160	2017.9—2018.3	完成
	102	达信路	达信路（盐渎路——一沟河）林荫大道绿化建设	2	500	2017.12—2018.6	完成
	103	海阔路	海阔路（西环路—204国道）道路绿化建设	22.50	1500	2017.12—2018.12	完成
	104	惠民路提升	惠民路（腾飞路—青年路）林荫大道绿化建设	2	300	2018.1—5	完成
	105	大孙中心路	大孙中心路（中心路—前进河）园林式道路绿化建设	6.50	750	2018.5—12	完成
	106	建业路	建业路（盐淮线—镇通路）林荫大道绿化建设	3.60	360	2018.3—5	完成
	107	开创路	开创路（世纪大道—盐渎路）道路绿化建设	—	300	2018.9—2019.6	完成
	108	开元路	开元路（西环路—小马沟）道路绿化建设	0.50	50	2017.12—2018.5	完成
	109	盐渎路	盐渎路（西环路—204国道）道路绿化建设	5.80	900	2017.11—2018.2	完成
	110	世纪大道	世纪大道（环科城段）长约6000米，两侧20宽绿化带，种植高杆女贞、香樟、栾树等	24	6000	2018	完成
	111	中亭路	中亭路北段朝阳河南道路绿化建设	0.80	30	2018.1	完成
	112	泰山路	泰山路与甘泉路交界处西南地块围墙外绿化建设	0.40	20	2018.2	完成
	113	新洋西路	新洋西路道路绿化建设	0.50	150	2018.3	完成
	114	纬二、三、四路	纬二、三、四路等道路绿化建设	0.40	300	2018	完成
	115	港城路	港城路南、234省道北，长500米，宽30米，休闲绿地建设	1.50	100	2018.1	完成
	116	公路港	公路港北侧、东侧地块，休闲绿地建设	2.50	200	2018.3	完成
	117	富城路	富城路（盐湾）两侧地块，长约300米，休闲绿化带建设	0.20	150	2018.5	完成
	118	新龙路	新龙路（开放大道—人民路）道路绿化建设，长约1600米	0.50	200	2018.3	完成
	119	北环路	北环路两侧原有绿化提升，空白地块种植大乔木	3	50	2018.6	完成
	120	开放大道	开放大道与234省道、新华路、新洋路、北环路、新富路、盐青路交叉口节点绿化提升	0.50	50	2018.5	完成
	121	天柱山路	天柱山路（世纪大道—新都路）两侧10米道路绿化建设	7.73	1160	2018.4—5	完成
	122	新都路	新都路（通榆河—华山路）中分带、侧分带绿化建设，种植日本早樱、榉树、紫薇、日本晚樱、女贞、红叶石楠树、红枫、无刺构骨球等	9	1800	2018.3—7	完成
	123	盐渎路	盐渎路（希望大道—东环路）分隔道绿化建设	4	800	2018.3—5	完成
	124	五台山路	五台山路（南环路—步湖路）两侧100米道路绿化建设	28	2000	2018.4—5	完成

续表06-15

类别	项目名称		地点及建设内容	2018年完成面积（公顷）	2018年完成投资（万元）	建设时间	项目完成情况
附属绿地	125	高架沿线背景林	海阔路两侧，北至盐塘河、南至水泥路	5.60	130	2018.1—3	完成
	126		伍康社区北至南环路、南至高速口，高架沿线西（四块地方）	4.30	200	2018.1—3	完成
	（二）	居住绿地		60.47	24665	—	—
	127	中央名府	金丰路与育红路交叉口东南角，按规划完成居住区庭院绿化建设	3	1000	2018.3—10	完成
	128	万佳城市广场	高新区环湖路北侧，按规划完成居住区庭院绿化建设	1.90	480	2018.3—10	完成
	129	荣润理想城	幸福路与丰华路交叉口东北角，按规划完成居住区庭院绿化建设	3.19	2000	2018.3—10	完成
	130	学府名城	黄海路与西康路西南侧，按规划完成居住区庭院绿化建设	2.01	980	2018.3—10	完成
	131	瀚华苑	飞达路与东宁路西北侧，按规划完成居住区庭院绿化建设	2.14	860	2018.3—10	完成
	132	凰家御庭	幸福西路南侧，按规划完成居住区庭院绿化建设	1.75	1200	2018.3—10	完成
	133	星河花园	幸福路与大中路东南侧，按规划完成居住区庭院绿化建设	1.68	660	2018.3—10	完成
	134	东方一号	湿地公园东侧，按规划完成居住区庭院绿化建设	1.30	500	2018.3—10	完成
	135	莱茵城	飞达路与春柳路西南侧，按规划完成居住区庭院绿化建设	2.95	1000	2018.3—10	完成
	136	中交美庐城	黄海路与人民路西南侧，按规划完成居住区庭院绿化建设	1.55	1200	2018.3—10	完成
	137	新世家	建业路西侧，按规划完成居住区庭院绿化建设	3.20	300	2018.1—5	完成
	138	虹亚翰庭雅苑三期	北林路北、黄山路西，按规划完成居住区庭院绿化建设	2.10	250	2018.3	完成
	139	梧桐墅1~14号楼	天山路西、建军东路北，按规划完成居住区庭院绿化建设	1	100	2018.3	完成
	140	景山名门绿化三期	东亭路东、青年东路南，按规划完成居住区庭院绿化建设	2.30	200	2018.6	完成
	141	德惠尚书房绿化三期	北林路北、丰收河西，按规划完成居住区庭院绿化建设	3.10	285	2018.3	完成
	142	中南世纪城1A地块	解放南路东、民富路西、海阔路南、海潮路北，按规划完成居住区庭院绿化建设	1.80	900	2018	完成
	143	中南世纪城4B地块	民富路东、胜利路西、纳海路南、园林大道北，按规划完成居住区庭院绿化建设	2	1000	2018	完成
	144	奥体玫瑰园	民富路、胜利路西、园林大道南、蓝海路北，按规划完成居住区庭院绿化建设	3	1500	2018	完成
	145	珑悦华府	康居路和蓝海路交叉口，按规划完成居住区庭院绿化建设	2	1000	2018	完成
	146	望府景园	蓝海路北、人民路东，按规划完成居住区庭院绿化建设	3	1500	2018	完成

续表 06-15

类别	项目名称		地点及建设内容	2018年完成面积（公顷）	2018年完成投资（万元）	建设时间	项目完成情况
附属绿地	147	金辉城B地块项目	康居路与纳海路交界东南方向，按规划完成居住区庭院绿化建设	8.50	4250	2018	完成
	148	聚亨景园02地块	开放大道南路98号聚亨景园02地块首期小区内，按规划完成居住区庭院绿化建设绿化	2.50	1250	2018	完成
	149	日月星城	日月路10号，按规划完成居住区庭院绿化建设	2	1000	2018	完成
	150	观湖名邸	戴庄路和盐渎路交界处，按规划完成居住区庭院绿化建设	2.50	1250	2018	完成
	（三）	单位绿地		22.83	5215	—	—
	151	企想厂区	汇智路西端北侧，按规划实施单位庭院绿化建设	0.70	70	2018.1—5	完成
	152	迈腾厂区	盐渎路与秦川路交叉口西南角，按规划实施单位庭院绿化建设	0.78	80	2018.1—6	完成
	153	南师大盐城实验学校	青年路北、振兴路西，按规划实施单位庭院绿化建设	3.20	800	2018.1—4	完成
	154	电商产业园	良友路西、盐渎路南，按规划实施单位庭院绿化建设	6.60	300	2017.7—2018.3	完成
	155	电子商务园二期商墅项目	盐渎路与珍时路交叉口东南角，按规划实施单位庭院绿化建设	0.80	500	2017.12—2018.6	完成
	156	西城中央西苑	大庆路北，按规划实施单位庭院绿化建设	2	760	2018	完成
	157	金航财富大厦	开创路东、鹿鸣路北，按规划实施单位庭院绿化建设	0.60	600	2017.11—2018.12	完成
	158	绿地集团	按规划实施单位庭院绿化建设	4	600	2018	完成
	159	亭湖区法院	青年路北、西亭路西，按规划实施单位庭院绿化建设	0.50	60	2018.2	完成
	160	峰尚生活广场	机场路西、建军路北，按规划实施单位庭院绿化建设	0.20	15	2018.2	完成
	161	奥华家居北侧	奥华家居北侧、童家沟南侧地块，按规划实施单位庭院绿化建设	0.50	30	2018.6	完成
	162	科创园	按规划实施单位庭院绿化建设	0.60	500	2018.2	完成
	163	北师大附小绿化	天柱山路东侧、松江路南侧、新都路北侧、华山路西侧，按规划实施单位庭院绿化建设	1.80	700	2018.5—9	完成
	164	妇保院东院绿化	华山路西侧、世纪大道南侧，按规划实施单位庭院绿化建设	0.55	200	2018.4—8	完成
其他绿地	小　计			0.60	420	—	—
	（一）	立体绿化		0.60	120	—	—
	165	立体绿化	城区主要道路外侧围墙垂直绿化（藤本月季及蔷薇等）	—	40	2018.3—6	完成
	166		万达楼面屋顶绿化建设	—	—	2018.2—9	2019年实施
	167		乾坤路、新都路沿线单位垂直绿化	0.60	80	2018.1—2	完成

续表 06-15

类别	项目名称		地点及建设内容	2018年完成面积（公顷）	2018年完成投资（万元）	建设时间	项目完成情况
其他绿地	（二）	绿道建设		—	300	—	—
	168	绿道建设	重点结合河道整治，打造“亲水绿道”，设置指示牌、驿站等配套设施，建设不少于10千米绿道	—	300	2018	完成
规划编制	小　计			—	—	—	—
	169	盐城市城市公园绿地专项规划（2018—2030）	盐城市市区规划区及大丰区规划区	—	—	2018	2019年实施
	170	盐城市绿道系统规划	盐城市市域、规划区及大丰区规划区	—	—	2018	

二、城镇园林绿化

2018年，全市加快城镇园林绿化建设，通过植绿补绿与添景提质并举，打造层次分明、纵横交错、季相分明、全年有景的城镇绿化景观效果。全年组织实施城镇园林绿化建设工程620公顷，完成601公顷，计划完成城镇绿化总面积2900公顷、总投资50亿元，实际完成绿化面积4020公顷、总投资47亿元。

2018年全市城镇园林绿化建设情况统计表

表 06-16

地　区	建设任务		项目完成情况		
	总面积	项目数（个）	竣工项目数（个）	总面积（公顷）	完成投资（万元）
合　计	2900	617	596	4020.61	470084.11
东台市	104	46	49	141.37	14859.53
建湖县	142	56	49	124.08	6950.18
射阳县	319	78	77	401.83	33800.70
阜宁县	170	45	39	145	20178.80
滨海县	211	41	38	216.72	30106
响水县	130	40	29	90.90	23898.10
大丰区	465	96	96	541.34	55772.80
盐都区	376	96	107	568.96	114938
亭湖区	288	78	70	309.70	35085
市开发区	465	14	18	652.70	47870
城南新区	230	27	24	828.01	86625

第五节　城市管理

一、市容秩序管理

2018年，市城管局结合市区“三治三化”专项行动和新一轮全国文明城市创建，对照城市建管“十没有”负面清单，开展占道经营、露天烧烤、停车秩序、工地围挡、野广告等专项整治，提升城市精细化管理水平。制定《市区建设工程围挡设置规范》，统一工地围挡设置的材质、造型、规格；修订市区店招标牌设置技术规范和便民服务点管理规范，对不符合规范的标牌和点位进行清理；制定《非机动车停车标识标牌设置标准》《市区野广告清除保洁考核细则》等行业管理标准规范。通过媒体刊登整治通告、发送短信友情提醒和登门送达告知书等形式，全年累计发布各类整治通告7

次、印制《通告》10多万份、短信700多万条，引导市民群众配合和支持城市管理。在神州路等14条道路试行市场化服务外包，引入社会力量参与出店经营、车辆停放等城市日常管理。补充签订"门前三包"责任书2万余份，按辖区路段建立沿街商铺城管工作服务微信群17个，入群商户1500多户，接受商铺投诉，服务商铺需求。与公安部门建立横向联动机制，与区和街道城管执法队伍建立纵向呼应机制，营造集中整治、常态严管的声势，全年累计纠正出店经营行为2.8万人次、清理占道经营摊点1.9万人次、取缔露天烧烤516户。开展停车秩序百日整治行动，累计清除道路踏破1300多处，拆除地锁600余个，清拖违停车辆2800多辆，规范引导机动车、非机动车乱停乱放行为2.4万余辆次，在市区17条主次干道施划非机动车停车线13.2万余米，绿色步道、彩色停车位1.2万余平方米，设置非机动车泊位物理围栏7400米、非机动车停放警示标牌200杆，引进摩拜、哈罗共享单车2.8万辆并加强停放管理，通过约谈、清拖等有效手段，督促企业加强运营管理。疏堵结合治理"野广告"，在17个街道（镇）、169个社区（村）建立责任网络，形成长效管理运作机制，全年累计清理野广告约40万条，暂停通讯号码256个，约谈违法行为人501人次，移交公安部门45件，立案查处13件，基本消除城市公共场所和居民楼道"牛皮癣"。在维护和更新原有1258块便民信息栏的基础上，投入250余万元新建成1218块便民信息栏，方便市民发布信息。全面启动户外广告专项整治，对市区高速围合圈内3074块各类户外广告设施的具体位置、类型、产权等信息进行全面摸底，逐一进行身份登记，核准产权，并通过自拆、帮拆、强拆等方式，全年累计拆除落地围挡、楼顶和高炮广告400多块，拆除楼顶店招标牌1800多块。

二、环境卫生管理

2018年，市城管局响应"生态立市"战略，服务绿色转型发展，推进生活垃圾分类与治理，城乡环境卫生面貌明显改善。开展城乡生活垃圾分类试点工作。至年底，全市有424个小区、700多个机关事业单位、21个乡镇开展垃圾分类试点工作，新创成61个省级垃圾分类示范小区，3个省级垃圾分类示范乡镇，1个省级垃圾分类示范街道，居民小区垃圾分类收集覆盖率65.9%。全市城市道路、公园广场等公共区域基本实现垃圾分类设施全覆盖。年内，在省垃圾分类集中处置率高质量指标考核中，盐城市位列全省第四名、苏北苏中第二名，其中东台市位列全省县（市）考核第三名、射阳县位列全省县（市）考核第七名、滨海县位列全省县（市）考核第十名。推进垃圾终端处理能力提升。市静脉产业园焚烧发电项目超额完成年度投资计划，提前实现主体工程竣工；大丰垃圾焚烧厂二期工程、阜宁协鑫垃圾焚烧厂建成投产，新增日焚烧能力1200吨，全市城乡生活垃圾无害化处理率100%，生活垃圾焚烧比83.7%。建成餐厨废弃物处理厂2座，建筑垃圾资源化利用项目16个，有机易腐垃圾处理设施27座，对相关垃圾进行区域统筹处理。深化环境卫生综合整治，全面提升行业管理水平。开展市区环境卫生灭点行动，清理主干道两侧卫生死角近400处，清除道路碎砖瓦石等无主零星建筑垃圾100多吨；落实控尘降尘措施，新购置3辆"雾炮车"，加大对市区道路冲洗、扫洗力度，累计处罚违法渣土车300多辆次，督促清洗工地出入口347次，现场督促冲洗渣土车3000多辆次。推进"厕所革命"，全年新建改造公厕219座，增设指示牌938杆，增加坡道扶手及无障碍设施548套，更换标识标牌529套，对无主社会公厕全部托底管理。组织开展全市生活垃圾大排查大整治行动，排查清理整治生活垃圾非法倾倒点8处、非正规堆放点18处，建筑垃圾非正规堆放点14处。通过采取防护措施、增加临时调节池、提升渗滤液处理能力等途径，对相关县（市）填埋场积存渗滤液问题进行整改；督促江苏大吉发电有限公司按照环保督查要求完成2号炉技改，烟气排放达到国家标准。

三、城市景观建设与管理

2018年，市城管局推进城市美化亮化工作，推进城市景观建设与管理，盐城南高速入口亮化工程获中国照明协会照明工程设计奖三等奖、江苏省十大优秀设计奖，城市的宜居度、舒适感明显增强。强化新建楼宇亮化设计源头把控。制定《盐城市市区新建建筑亮化设计导则》，强化亮化建设方案源头把关，确保市区楼宇亮化设施整体连贯、风格统一。实施重点部位亮化设施完善提升。完成高架纵深拓展亭湖东区155幢建筑亮化以及高架沿线2个枢纽、4个断面和串场河沿线14座桥梁、9个节点亮化。完成市区部分公园广场、内环高架节点106座灯光雕塑小品建设。注重亮化设施日常运行管护。建立景观亮化日常巡查机制，对向阳水岸、金域华府等小区17栋楼宇亮化设施外立面线槽进行加固，对学林雅苑、八菱花园、软件园等30处楼宇亮化设施进行修复；维护景观亮化智能集控系统，累计接待国内外嘉宾夜景亮化观摩20多次。打造提升街景容貌。完成市区工地围挡整治提升，设置绿植围挡约8.16万米；整治出新老旧建筑立面120幢，粉刷出新沿街围墙近3万米；新建遮阳挡雨棚22座，采用新型材料安装公益宣传灯箱，在方便市民出行的同时打造市容新景观；开展"拆牌建园"行动，拆除迎宾路、解放南路部分路段大型落地围挡广告，配建街头绿地、体育器材、停车场所等公共服务设施。

四、城市建管示范创建

2018年，市城管局对照《全国文明城市（地级以上）测评体系》要求，制定城管系统创建全国文明城市三年行动计划，通过规范化、制度化、常态化手段深入推进新一轮全国文明城市创建行动，助力创建工作高分通过中央文明办组织的年度现场测评。造浓创建氛围，对照测评要求，设置市区公益宣传户外广告设施1026块；利用市区21块大型电子屏，发布各类公益宣传画作品98件。突出示范带动，细化分解任务，全面启动城市建管示范创建活动，以点带面，打造城南新区示范城区，盐渎街道、新都街道等4个示范街道，儒学社区、南港社区等12个示范社区，万达广场、神州路、欧风花街等17个示范街区。推进市区城管力量融合，主动下沉市级管理执法力量，开展市、区、街道三级联合行动，解决多头管理、相互扯皮问题。严格督查考核，学习借鉴常州城市常态长效管理经验，将城市管理考核与文明城市创建测评同部署、同讲评，提高日常城市管理考核的权威性、问题整改的及时率。

五、市区城市道路综合巡查

2018年，盐城市市区城市道路综合巡查总队继续与公安、城管、住建等部门建立协同巡查和执法处置工作机制。全年巡查发现问题2.18万条，督办处置问题2.12万条，结案率97.2%，查处各种违法运输工程作业车辆306台次。坚持日常巡查与重点巡查相结合，加强对重点路段、重点时间段、重点问题的巡查和整治，将城市主干道列为重点路段，将春、秋二季施工高峰期和上、下班高峰期列为重点时间段，将工程作业车辆违法运输、施工场地不设围挡和不洁施工以及影响车辆和行人通行安全的问题列为重点问题，进行严格巡查和重点整治，并建立重点问题管理档案，进行跟踪督查，确保所有发现的重点问题件件处置落实到位。对巡查发现并交办的问题及时回头看，跟踪检查问题处置落实情况，对不能按照规定时间处置到位的问题进行督办，限期完成整改，每月对总结案率和按时结案率同步进行考核、公示和通报，对结案率偏低的责任单位及时进行提醒和督促。

开展节日集中巡查整治行动　年内，市区城市道路综合巡查总队在国庆节和春节期间，开展集中巡查整治行动，延长巡查时间，提高巡查频次，扩大巡查范围，做到白天和黑夜无缝对接，主干道和次干道不留死角，一旦发现严重影响城市形象、损害市容市貌的突出问题，及时联系并移交相关职能部门按照上限进行处罚和整治，确保节日期间市容环境清洁卫生、道路交通安全有序。　（王道洲）

六、城管执法

2018年，市城管局严格执行行政执法公示制、行政执法全过程记录制、重大执法决定法制审核制“三项执法工作制度”，全面规范行政执法行为。根据市政府《关于在市场体系建设中建立公平竞争审查制度的实施意见》，印发《盐城市城市管理局关于做好公平竞争审查有关工作的通知》，明确公平竞争审查范围、审查原则、审查责任，规范公平竞争审查行为。强化权力公开。坚持应公开尽公开原则，主动公开城管部门的职责和行政权力清单、执法管理依据。全年报送“双公示”信息6万余条，受理审核信用修复申请3件，办理依申请公开事项2件。受理审核公民和法人单位信用修复申请3件，办理公民依申请公开事项2件，城市管理领域信用体系建设得到住建部专题调研推广。提升执法水平，委派执法业务骨干到上海跟班学习，委托复旦大学举办综合素质能力提升培训班，建立城市管理专家智库，选聘上海市容管理、城管执法方面3名专业人士入库；全面推行说理式执法和“721工作法”（70%的问题用服务手段解决、20%的问题用管理手段解决、10%的问题用执法手段解决），严格执行执法公示和全过程记录等制度，全年办理行政处罚案件1687件，无行政复议被撤销或行政诉讼败诉案件。年内，市城管执法支队被省住建厅表彰为年度“强转树”暨“规范执法行为年”表现突出单位，执法支队二大队中队长吕凯获住建部办公厅通报表扬全国城市管理执法队伍“强基础、转作风、树形象”专项行动突出个人。

住建部专题调研盐城城市管理领域信用体系建设　5月22日，由住建部城市管理监督局副处长王鹏领队的“城市管理领域社会信用体系建设”课题组一行到盐城市城管局调研城市管理领域社会信用体系建设工作。2017年10月，市信用办、市城管局等18个部门联合发文，率先在全省印发《盐城市市区城市管理领域失信联合惩戒办法试行》，对城市管理领域摆摊设点、乱张贴、出店经营等17类常见违法行为产生的失信行为进行联动惩戒。住建部课题组在听取相关办法实施情况后，对盐城城市管理领域信用体系建设工作予以肯定，并就城市管理领域信用体系建设工作等进行座谈交流。年内，住建部将盐城城市管理领域信用体系建设作为范例予以推广，有关条文被吸纳到住建部起草的诚信体系文件中。

七、城管服务

2018年，市城管局持续推进简政放权。深化“放管服”改革，按照能放尽放、能简即简的原则，下放6类行政权力事项，及时动态调整权力清单并在江苏政务服务网上进行完善；对列入江苏政务服务“一张网”的17个事项，完善拓展服务内容，全部调整列入“不见面”服务清单；行政许可服务坚持全年无假日受理，实现全部许可事项不见面审批和不收费办理。及时回应群众诉求。市城管局班子成员参加《清风盐城》直播活动3次、“盐城网站”在线访谈1次；畅通信访渠道，全年办理市长热线交办件663件，群众回访满意率99.53%；全年征收生活垃圾处理费2395万元，主动减免低保户、特困家庭等居民生活垃圾处理费240万元。开通“盐城城管”公众微信号，将市民通过网络、微信等举报的城市管理问题与数字城管系统平台无缝对接，对问题受理、处置、反馈等环节全过程留痕和市民满意度评价全方位公开，为市民参与城市管理提供便捷途径，全年累计发现交办问题10.32万个，按期整改率95.83%。　（丁介玉）

第07章　乡村振兴

编　辑　王　楹

综　述

2018年，盐城全面实施乡村振兴战略。推动农村产业兴旺，调减低效粮田面积4.95万公顷，粮食总产量70.35亿千克，新增设施农（渔）业面积0.69万公顷，兴办投资500万元以上农业龙头企业60家，培育销售超千万元农业电商企业53家，获批省现代农业科技园区4家，绿色优质农产品比重38%，响水获评中国西兰花之乡，东台、大丰通过全国农产品质量安全县验收。开展农村环境整治提升行动，建成省美丽乡村20个，大丰新丰镇全心村获评中国美丽休闲乡村。新改建农村公路1418千米、桥梁801座，15个镇新开镇村公交，行政村双车道四级公路实现全覆盖。完成农村康居工程三年行动计划，全面完成11.2万户B级危房改造任务。开展农民群众住房条件改善工作并启动“十镇百村”试点。深化农村土地“三权分置”、农村产权制度改革，新建家庭农场563家，新增农民专业合作社595家。

第一节　农村综合改革

2018年，盐城市农村承包土地确权登记颁证任务全面完成，发证村（居）1951个、发证农户146.85万户，分别占开展确权（居）和确权户数的98.49%和97.32%。推进农村“两权”（农村承包土地的经营权、农村住房财产权）抵押贷款工作，全市“两权”质押贷款3257笔，累计发放11.37亿元，贷款余额7.85亿元，比上年增加6.48亿元。开展宅基地确权登记发证、自愿有偿退出工作。试点开展农村宅基地及农房统一调查登记发证工作，12个试点镇全部完成，并进一步扩大试点成果，将农村不动产权籍调查全部纳入第三次全国国土调查工作。推进自愿有偿退出工作，自2016年阜宁县首先开始以来，全市通过城乡建设用地增减挂钩、同一乡镇布局调整等工作退出农村宅基地6.86万宗，复垦新增农用地面积3073.33公顷。推进农村产权制度改革试点，基本完成国家级试点单位亭湖区113个村改革任务，进入验收阶段；省级试点单位盐都区、射阳县完成首批31个试点任务；市级8个镇、118个村试点单位全部明确改革方案。基本完成农村集体资产清产核资工作，全市2239个村数据全部汇总上传，上传率100%。建成全市农村集体“三资”监管信息系统，实现对集体资产财务实时管理、实时监督、实时公开。推进农村集体产权交易市场建设，实现“有形市场、实质性交易、交易类别”“三个全覆盖”。至2018年底，全市农村产权交易累计成交1.72万笔，累计成交金额51.49亿元，溢价1.65亿元，溢价率3.2%。

（倪志成　周江勇）

第二节　镇村建设

2018年，盐城按照城乡融合发展和全面建设小康社会的总体要求，以改善农民群众住房条件为突破口，推进农村危房改造、美丽宜居乡村、小城镇建设等重点工作，完善农村基础设施和公共服务配套，探索乡村建设发展模式，稳步提升农村人居环境水平。推进农民群众住房条件改善，集成特色田园乡村、土地整治和农村人居环境整治等各项政策。启动“十镇百村”示范建设，各地因地制宜编制示范镇村布局规划和村庄规划，重点突破土地、资金等政策瓶颈，引导群众集中居住，推进空关户、零散户宅基地有偿退出，鼓励农民进城入镇，改善住房条件和人居环境。至2018年底，全市试点镇村签订房屋搬迁协议1.49万户、拆除房屋1.07万户，开工新建、扩建居住点104个。

一、小城镇（重点镇）建设

2018年，盐城坚持产业强镇、生态立镇、打造特色，加大特色城镇培育创建，加快推进国家和省级重点镇、沿海港镇、县城副中心建设，发展特色产业，完善配套基础设施，强化公共服务功能，通过产业和人口集聚，带动农业现代化和农民就近城镇化，构筑东部沿临海高等级公路、中部沿204国道、西部沿市域边界的“沿海、沿路、沿边”三条城镇发展轴线，促进形成“一核三轴多节点”“中心城市—县城—镇—新型农村社区”四级城乡发展体系。加强城镇基础设施建设和运行维护。市城乡建设局按照城镇建设规划，指导各地加大集镇内部道路、市政工程、老镇区整治、公共设施、房地产开发、绿色建筑发展等基础设施建设。推进城镇建设300万元以上重点工程项目，完善城镇服务功能，提升城镇吸收力、集聚力和综合承载能力。至年底，全市完成538项300万元以上村镇重点工程项目建设。加强全市重点中心镇、特色小城镇、特色景观旅游名镇的培育力度，鼓励具有特色产业、文化积淀、生态魅力的小城镇个性化发展。年内，盐都区郭猛镇入选省级重点及特色镇发展项目名单。挖掘培育具有独特禀赋和历史底蕴的镇村，保护利用自然风光、人文景观和特色地域文化资源，注重建设发展与地形地貌、自然环境和人文风貌相协调，科学确定特色景观资源保护开发、产业发展、规划建设等综合目标和实施计划，推进美丽宜居镇村建设，构建旅游目的地体系。年内，东台市弶港镇、射阳县洋马镇，大丰区大中镇恒北村3个村入选省级特色景观旅游名镇名村名单。开展镇区环境整治。落实全市镇区环境整治提升三年行动方案，指导各地从道路黑化、城镇绿化、镇区秩序、镇容环境、单位庭院、公共设施、长效管理7个方面开展整治工作，解决集镇环境脏乱差现象，改善镇容镇貌。至年底，全市所有乡镇全部达到“人居环境星级乡镇”四星级标准要求。年内，盐都区楼王镇获批江苏省人居环境范例奖。

“森林小镇”创建 年内，盐城按照“2020年全市所有集镇绿化覆盖率达到38%，建成森林小镇30个”目标，组织各地开展“森林小镇”创建活动。制定《盐城市森林小镇建设标准》，营造“森林景观”；明确省、市重点镇绿化覆盖率必须达到36%，其他集镇必须达到34%。各地对照指标任务在抓好新建项目的同时，对老街区实施“破硬建绿”，对原有绿地进行提档升级，并动员居民让出家前屋后菜地建绿，想方设法扩增绿量、提升品质。根据森林小镇建设标准，因地制宜，科学规划，重点抓好26个特色森林小镇创建工作，推动建制镇绿化覆盖率全面达标。通过第三方检测，全市15个镇通过“森林小镇”核查。

2018年全市创成“森林小镇”名单一览表

表07-17

序号	创建镇名称	序号	创建镇名称
1	大丰区草庙镇	9	东台市新街镇
2	大丰区西团镇	10	射阳县盘湾镇
3	盐都区楼王镇	11	建湖县恒济镇
4	盐都区龙冈镇	12	建湖县建阳镇
5	盐都区张庄镇	13	建湖县九龙口镇
6	亭湖区黄尖镇	14	建湖县颜单镇
7	市经济开发区步凤镇	15	阜宁县罗桥镇
8	东台市富安镇		

二、改善农村人居环境

2018年，盐城按照集聚提升、融入城镇、特色保护、规划新建的思路，优化城乡空间布局，科学合理推进建设改造，通过引导农民进城入镇、新建农村新型社区、改造提升既有村庄等方式，改善群众住房条件和生产生活水平。推进全市农村住房条件改善工作，解决农村“四类重点对象”危房改造，兼顾其他有住房改善意愿、愿意集中居住的农户，开展示范样板建设。全年全市完成农房改善3.11万户，开工新建或扩建集中居住点124个。各县(市、区)“一个镇十个村”列入市级改善农民群众住房条件示范建设名单。制定《盐城市农村人居环境整治三年行动实施方案》，统筹推进农村生活垃圾、生活污水治理和村容村貌整治提升工作。完善村庄长效管护机制，重点整治村庄公共空间和庭院环境，消除私搭乱建、乱堆乱放，解决村庄环境脏乱差现象，基本建立有制度、有标准、有队伍、有经费、有督查的村庄环境管护长效制度。开展“绿色村庄”创建和村庄亮化工程，以县(市、区)为单位整体推进，完善村庄内部道路、河塘沟边、公共场所、房前屋后的绿化工作。做好国家“绿色村庄”创建申报工作；组织推动各地在行政村主要出入口、主干道和公共场所建设路灯照明设施，保障交通安全，方便村民生活。推动徐宿淮盐高铁沿线环境整治工作，阜宁县、建湖县、亭湖区、城南新区等高铁沿线县区做好任务细化分解工作。推动村庄生活污水治理。按照“政府主导、企业运营、因村制宜、逐步推进”的总体思路，强化一体化推进、规模化建设、专业化管护，梯次推进村庄生活污水治理。至年底，各地完成年度治理目标，并根据《江苏省村庄生活污水治理工作考核办法》完成各县(市、区)自查、市级复查和省级考核工作。开展省级村庄生活污水治理试点县创建工作，探索契合各地特点、可持续、可复制的村庄生活污水治理路径和模式，各县(市、区)全部完成县域村庄生活污水治理规划编制，完成治理村庄355个，阜宁县、射阳县被列为省级村庄生活污水治理试点县。

颁布《盐城市农村人居环境整治三年行动实施方案》 10月29日，市委办、市政府办印发《盐城市农村人居环境整治三年行动实施方案》，明确到2020年，所有村庄规划优化调整全覆盖，农村户厕无害化建设改造基本完成，60%的行政村建有生活污水处理设施，全面建立农村生活垃圾处置体系，村庄道路通行条件明显改善，生态环境得到有效治理，培育打造40个左右省、市级特色田园乡村，建成900个左右美丽宜居村庄，有效保护10个左右传统村落、建筑组群和盐阜特色民居，实现农村人居环境明显改善，村庄环境干净整治有序，整治管护长效机制全面建立，村民环境健康意识普遍增强。

滨海县东坎镇新安农民集中居住区　　盐阜大众报社/供

康居工程 年内，盐城继续推进实施康居工程建设。至年底，全面完成农村11.2万户B级危险房屋改造任务，建成165个农村康居工程集中居住点，农村康居工程三年行动计划全面完成。

保障困难群众住房 年内，盐城对农村特别贫困的五保户、低保户、贫困残疾户予以托底安置，保障最基本的住房安全。至2018年底，全市完成部、省级危房改造4269户，其中翻建新建1272户、修缮加固2997户。

三、打造美丽宜居乡村

2018年，盐城按照设施配套完善、生态环境优美、产业特色鲜明、社会安定和谐、宜居宜业宜游的美丽乡村要求，开展美丽乡村建设示范创建工作。依据镇村布局规划，推进规划发展村庄基础设施建设和基本公共服务保障水平提升，逐步引导规划发展村庄建设成为“美丽宜居村庄”，至年底，全市完成241个“美丽宜居村庄”培育任务。加强村庄内部基础设施建设和公共服务配套建设，塑造自然景观、村庄风貌和产业发展的鲜明特色。合理确定村庄布点和建设规模，分类引导重点村、特色村、一般村建设，引导农民向新型农村社区集中居住。

2018年全市入选江苏省美丽乡村建设项目一览表

表07-18

县(市、区)	村　庄　名　称
亭湖区(2个)	黄尖镇涵洞村(涵洞村居民点)
	新兴镇镇南居委会(镇南居委会居民点)
盐都区(2个)	潘黄街道新民村(祁庵居民点)
	秦南镇灯塔村民委员会(车家庄)
大丰区(2个)	草庙镇丁东村
	南阳镇广丰村(广丰村村委会1号庄点)
东台市(2个)	时堰镇沙杨村(沙杨村集中居住点)
	东台镇团北居民委员会(团北居委会九组)
建湖县(1个)	庆丰镇董徐村(姜墩)
阜宁县(4个)	板湖镇孔荡村
	陈良镇新涂村(新涂家园)
	新沟镇大楼村
	羊寨镇单家港村(桃花源)

续表 07-18

县(市、区)	村 庄 名 称
射阳县(3个)	长荡镇西厦居委会(西厦美丽乡村示范点)
	兴桥镇万隆居委会(万隆美丽乡村示范村)
	合德镇张林村(张林村美丽乡村示范点)
滨海县(2个)	东坎镇广垛村(吴回庄)
	现代农业产业园区岭山村(西坝)
响水县(2个)	响水镇五河居委会(五河居居民点)
	老舍中心社区恩覃村

特色田园乡村建设 年内,盐城按照《江苏省特色田园乡村建设行动计划》《江苏省特色田园乡村建设试点方案》,并结合省试点方案和盐城农村实际,研究制定《盐城市特色田园乡村建设实施方案》,全面开展特色田园乡村培育创建工作。年内,东台市新街镇方东村、五烈镇甘港村2个村入选省第二批特色田园乡村建设试点村庄。盐都区大冈镇佳富村,大丰区大中镇恒北村、草堰镇三元村,建湖县恒济镇建河村,射阳县特庸镇王村纳入省第三批特色田园乡村试点候选村庄名单。至年底,东台市三仓镇兰址村、联南村、官苴村3个首批省级试点村庄申报建设项目71个,完成建设项目79个;东台市新街镇方东村、五烈镇甘港村2个第二批省级试点村庄申报建设项目54个,其中新街镇方东村开工17个、完成8个,五烈镇甘港村开工19个、完成10个。

(王　盛)

第三节　富民强村

2018年,全市以农业供给侧结构性改革为主线,以促进农民增收为中心,推进农业结构调整、农业产业化经营、农民创业就业、扶贫开发和农村改革工作,促进农民收入持续增长。全市农村常住居民人均可支配收入20357元。实施农村集体经济薄弱村市领导挂钩帮扶项目,市委办、市政府办印发《关于切实做好2018年度市领导挂钩帮扶经济薄弱村发展集体经济项目实施工作的通知》,挂钩集体经济薄弱村27个,落实扶持发展项目27个。全年全市实现农村集体经营性收入12.2亿元,每村平均54.2万元。推进农业保险市场化经营新模式,市政府办印发《关于进一步完善农业保险市场化经营的实施意见》,督促做好市场化经营改革过渡期内承保转接工作,确保农业保险工作稳定。全年完成农业保险保费收入5.03亿元,其中主要种植业1.87亿元,高效农业3.16亿元。全年全市有67.43万农户次获得受灾理赔,占参保农户的62%,赔款总额3.54亿元,总体赔付率为70.5%。 (周江勇)

第四节　脱贫攻坚

2018年,盐城市坚持精准扶贫、聚力扶贫、创新扶贫、阳光扶贫"四位一体"的盐城模式。制定《盐城市脱贫攻坚三年行动计划(2018—2020年)》,对全市脱贫攻坚工作进行科学布局。印发《盐城市"十三五"脱贫攻坚工作责任图谱》,明确各地、各部门的职责分工,建立严格的责任包干制度。印发《关于对全市经济薄弱村实行市、县(市、区)部门和企事业单位驻村帮扶全覆盖的意见》,实现全市所有经济薄弱村结对帮扶全覆盖、市县部门单位参与结对全覆盖。动员全市所有机关党员干部开展结对帮扶低收入农户活动,实现低收入农户结对帮扶全覆盖、市县镇村党员干部参与结对全覆盖。制定《关于规范做好低收入农户建档立卡工作的实施细则》,对全市建档立卡和脱贫退出工作统一程序、统一表式、统一标准。组织开展扶贫对象精准进退示范镇村建设工作,集中力量建成14个示范镇和368个示范村。探索缓解相对贫困创新机制,响水、滨海、盐都等地发展社区股份合作、差别化配股、土地众筹等资产收益模式;全市农村低保标准提高至每人每月580元,低保补差水平提高至每人每月330元以上,在苏北五市中居于首位,并首家整体实现城乡低保标准一体化;承办国家专项课题,在阜宁县开展扶贫扶志社会服务试点项目。全年全市投入各类扶贫资金29.11亿元,其中省级以上财政扶贫资金9.72亿元,市级财政扶贫资金3.4亿元,县级财政资金15.99亿元。至年底,全市建档立卡低收入人口实现脱贫6.5万户、14.5万人,农村贫困人口年人均纯收入全部达到国家4000元的脱贫标准,消除绝对贫困现象。省定经济薄弱村达标37个,低收入人口和省定经济薄弱村累计脱贫率分别达81.1%、94.29%,农村贫困发生率从2017年底的3.8%降至1.31%。

一、精准扶贫

2018年,盐城坚持开发式扶贫和救助式扶贫,制定"一村一策、一户一策"方案,对经济薄弱村,挖掘村资产资源优势，因地制宜实施资源开发型、资产经营型、合作共享型、入股分红型、化债增收型等项目，深化资产收益扶贫模式，形成稳定增收机制；对一般贫困农户和有劳动能力的低保户，坚持把产业、就业作为根本之策，发展特色产业，加大劳动力技能培训力度，加强就业岗位配送，帮助其早日实现脱贫致富；对符合条件的无劳动能力低收入农户，及时纳入低保兜底，确保同步脱贫。全年全市实施到村到户项目3.43万个；组织各类技能培训班164期，培训贫困劳动力1.84万人次，实现转移就业1.32万人，安排公益性岗位1911个。坚持“两不愁、三保障”脱贫标准，加强社会保障制度与扶贫开发政策的有效衔接，在稳定解决不愁吃、不愁穿的基础上，保障贫困群众义务教育、基本医疗、住房安全。从7月1日起，将全市农村低保标准提高至每人每月580元，在苏北五市中居于首位，并首家整体实现城乡一体化。将低保补差水平提高至每人每月330元以上，确保低保贫困人口每年低保收入稳定超过4000元的国家扶贫线。对2018年初确认为4000元以下的206户低收入农户，逐户落实重点帮扶措施，全程关注其脱贫进程，至年底，家庭人均纯收入全部超4000元，“三保障”全部到位，其中95户实现脱贫，绝对贫困现象全部消除。加大教育扶贫投入，制定《关于全市2018—2020年教育扶贫工作的意见》，加大对贫困学生的资助力度，全年为贫困家庭学生发放助学金1.46亿元，投入7.3亿元新建、改扩建中小学51所，实施城乡薄弱学校改造项目232个。推进健康扶贫工程。针对全市因病致贫户占比较高的实际，深入分析因病致贫原因，全面落实建档立卡低收入人口基本医疗保险个人自负部分财政全额代缴，住院“先诊疗后付费”，乡村医生签约服务等政策，将大病救治范围扩大至22种，大病保险起付线比一般居民降低50%，合规费用实际报销比例比普通参保患者提高10个百分点。至年底，全市建档立卡低收入人口基本医疗保险实现全覆盖，全面实行“先诊疗后付费”，家庭医生服务签约率96.33%。加快改善贫困农户住房条件。加快推进农村居民群众住房改善工作，优先实施建档立卡户、低保户、农村分散供养特困人员和贫困残疾人家庭四类重点对象的危房改造。2018年部省级4269户农村四类重点对象危房改造任务全面完成。在集中居住点的规划上，注重与休闲观光农业景点、农业特色产业基地、交通干道等相结合，促进农村居住、产业、旅游“三位一体”深度融合，改善贫困地区整体面貌，带动贫困农户增收致富。

阜宁县羊寨镇蒲鸠村川里河滩的10兆瓦光伏电站扶贫工程　盐阜大众报社/供

二、创新扶贫

2018年，盐城坚持创新扶贫导向，创新扶贫工作思路和帮扶模式。探索经济薄弱村资产收益扶贫模式。响水县发展社区股份合作社，整合扶贫资金为经济薄弱村进行配股，帮助111个经济薄弱村形成稳定收入，2018年每村分红16万元以上，整体解决经济薄弱村脱贫难题。滨海县整合3亿元资金，对全县226个经济薄弱村进行差别化配股，通过集中实施光伏、特色农业等项目，助村脱贫。盐都区将农村宅基地有偿退出等形成的建设用地指标众筹投入盐城高新技术产业开发区发展高新技术产业，每村每年可收益10万元~20万元。破解因病致贫难题。探索建立重大疾病保险制度，对首次诊断罹患56种重特大疾病的低收入人口，医疗费用个人实付部分按70%比例、不超过30万元的标准予以补偿性赔付。阜宁县全面推行“三免、三提、四保障、一控制”健康扶贫模式（免费参加基本医疗保险、免费享受家庭医生签约服务、免除医保结报起付线；县内定点医院住院治疗医保结报比例、村卫生室门诊结报比例、大病保险补偿比例分别提高5个百分点；保障县内定点医院住院先诊疗后付费、医疗救助全覆盖、重病救助、“三级包保”服务；实行住院费用自负上限控制，个人自付费用超出住院总费用10%的部分由县内定点医疗机构承担，确保建档立卡低收入人口在县内住院治疗费用通过基本医疗保险、大病保险、医疗救助、重病救助、商业保险等途径，实现综合报销比例不低于90%），将住院费用自负上限控制在10%以内，并实行“一站式”结算，2017年3月至2018年12月，共计为1.19万名低收入住院患者减免费用110.45万元。滨海县研发健康扶贫管理平台，对低收入人口患病、治疗、医疗费用等实时管理、动态分析和跟踪服务。响水、滨海、射阳、大丰等地对低收入农户免费赠送高血压、糖尿病等药物，减轻贫困家庭用药负担。创新建立按需结对帮扶方式。射阳县、滨海县等地创新按需结对模式，注重将医生、教师与因病致贫户、有在校生农户结对，结合每季度走访活动，为患病农户提供治疗服务和用药建议，为贫困学生开展课外辅导，利用专业特长为农户解决实际困难，提高群众满意度和获得感。

（赵汉清）

第08章　水利建设

编　　辑　王　楹

综　　述

2018年，盐城水利建设完成投资44.59亿元，其中12项省水利重点项目完成投资7.08亿元。完成农村水利投资19.56亿元，主要实施农村河道生态治理、小农水重点县、中小河流整治重点县、大中型灌区、新增千亿斤粮食、农村饮水安全巩固提升等项目。市区“三治三化”治河活水工程完成投资1.65亿元；农村河道整治完成投资5.4亿元，疏浚土方4945万立方米，建成104条生态示范河道；市区城市防洪工程建设完成投资2.6亿元。做好防汛抗旱工作，完善防汛抗旱指挥体系，市、县两级修订完善各类防汛应急预案91个；市、县、乡三级储备块石7.39万吨、编织袋770.61万只、木材1731.14立方米、土工布24.65万平方米；建立防汛抢险抗旱服务队伍约10.32万人；全市全年调引境外来水133.62亿立方米，调剂境内水量3.95亿立方米；成功抵御4次台风外围影响。加强水政执法，全年执法巡查2156次，出动执法人员4823人次，立案查处31起，现场处理193起，罚款26.52万元，拆除违章占用279处，拆除违章面积7万多平方米。

河道清淤　　王仰林/摄

第一节　水利规划

2018年，市水利局配合省水利厅开展里下河地区、渠北地区、沂南地区等区域水利治理规划编制工作；配合省水利厅做好江苏省入海河道河口治导线规划编制、全省骨干河道名录修编工作；开展全市治涝规划编制工作，完成规划初稿；组织开展里下河湖泊群水上旅游线路规划初步研究工作，形成报告初稿上报市政府会办研究；配合市发改委完成全市“十三五”规划实施情况中期评估工作；策应城南新区南海未来城的总体设计，在城市防洪规划布局的基础上对城市防洪第Ⅸ防洪区的水系优化调整，配合城南新区组织开展水系调整规划编制工作。组织开展新洋港闸下移工程、黄河故道治理后续工程、斗龙港上段整治工程等项目前期工作，配合省水利厅开展里下河洼地治理工程、淮河入海水道二期工程、临海引江调水工程的项目前期工作；配合省发改委完成川东港地区区域治理工程可研报告审批工作；组织开展盐城市区新水源地建设水资源补偿工程实施方案编制和审批工作；开展南水北调总渠灌区水源调整滨海县民便河影响处理工程初设报批工作和阜宁县四小站遗留问题协调报批工作；配合市交通、城建等部门做好盐城高铁站综合客运枢纽建设的前期工作，完成大新河河线调整、青年路高架东延、盐徐高铁等跨河建筑物；配合交通等部门开展通榆河总渠以北段航道升级相关前期工作。

开展新洋港闸下移工程前期工作　年内，市水利局继续推进实施新洋港闸下移工程。该工程是经国务院批准的《淮河流域综合规划》《淮河流域防洪规划》中明确的里下河区域洪水扩大泄海能力的重点工程措施之一，也是《江苏省"十三五"水利发展规划》中的既定项目。2017年，盐城市环保局组织编制完成《新洋港闸下移工程生态影响专题报告》，上报省环保厅审批；11月，省环保厅委托省生态环境评估中心组织专家评审；2018年1月省生态环境评估中心出具技术评估意见；省环保厅具函生态环境部自然生态保护司征求意见，报告编制单位按照生态环境部生态自然司意见完成专题报告修订完善工作，由市环保局上报省环保厅待批。

第二节 水利工程

2018年，盐城争取到省水利重点工程项目12个，其中四卯酉闸下移工程、新洋港整治工程、黄河故道后续工程、城市防洪等列入省、市重点项目。全年全市水利系统完成建设投资44.59亿元。沿海水利射阳县扁担港口南侧海堤防护、滨海县南八滩闸以南海堤保滩工程基本完成，滨海翻身河北段海堤水毁修复完成过半，大丰区四卯酉闸新闸水下主体工程基本完成。江河支流治理新洋港整治工程蟒蛇河中段工程完成，非整治段沿岸封闭建筑物工程完成，城区段除部分挡墙外基本完成。灾后中小河流东台河、西塘河征迁完成，河道及建筑物工程完成二分之一以上。川东港影响处理工程征地拆迁基本完成，建筑物工程实施下部结构施工。黄河故道后续工程征地拆迁完成，全面开工建设。

2018年全市实施省重点水利建设项目一览表

表08-19　　单位：万元

序号	项目名称	总投资	2018年实际完成投资
I	合　计	190201	70792
一	流域性治理项目	44090	26069
（一）	沿海水利建设	44090	26069
1	盐城市射阳河闸启闭机房处理工程	2827	500
2	大丰区四卯酉闸工程	32000	17200
3	射阳县扁担港口南侧海堤防护工程	3440	3440
4	滨海翻身河北段（28+818~30+740）海堤水毁修复工程	3144	2250
5	滨海县南八滩闸以南海堤（桩号51+480~53+407）保滩工程	2679	2679
二	区域性治理项目	146111	44723
（一）	中央补助项目	103568	27300
1	江河支流治理	75934	15500
（1）	新洋港治理	75934	15500
2	中小河流治理	27634	11800
（1）	东台市东台河整治工程	9438	7200
（2）	建湖县西塘河整治工程	4273	3100
（3）	盐城市西潮河整治工程	13923	1500
（二）	省补重点项目	42543	17423
1	重点区域治理	17323	6923
（1）	川东港影响处理工程	15000	6200
（2）	响水县海堤河三期治理工程	2323	723
2	黄河故道后续工程	25220	10500

第三节　河道整治

2018年，盐城继续实施市区“三治三化”[水环境治理、棚户区（危旧房、城中村）治理、违法建设治理和城市绿化、亮化、美化]治河活水工程，完成投资1.65亿元，新建闸站2座、整治外围引水河道2条等工程。继续开展通榆河河道水面漂浮物专项清除行动，2018年度通榆河市区段投入人员1.02万个工日、全自动保洁船1665台班、小挂桨船1850台班、拖草船1655台班，清理处置漂浮物约160.8万立方米。继续推进全市农村河道生态治理工程，完成投资5.4亿元，疏浚土方4945万立方米，建成104条生态示范河道。年内，东台市西溪旅游文化景区、大丰区新丰镇、亭湖区盐东镇、射阳县海通镇，弶港镇六里居、时堰镇三时村、唐洋镇乐元村等21个村分别被省水利厅评为江苏省水美乡镇、江苏省水美村庄。

市区“三治三化”治河活水工程　年内，市水利局按照《盐城市区“三治三化”工程三年行动实施方案（2017—2019）》要求，牵头组织实施治河清淤、连通水系及引水活水等工程项目，完成投资1.65亿元。其中，市水利局完成投资2400万元，亭湖区完成投资6955万元，盐都区完成投资6200万元，城南新区完成投资900万元。拆除坝埂23道、老闸4座，建桥5座；清理淤积河道9段；贯通河道3条；实施完成双向引排泵站2座；实施外围引水河道新洋港及大马沟整治主体工程。同时，市水利局组织编制完成市本级“三治三化”治河活水工程2018—2019年度工程项目建议书、可研报告及初步设计报告。市本级“三治三化”治河活水工程2018—2019年度工程项目纳入市区第Ⅲ防洪区水环境综合治理PPP项目。

第四节　农村水利

2018年，全市农村水利完成投资33.26亿元，其中社会投资13.7亿元，水利系统投资19.56亿元。主要实施农村河道生态治理、小农田水利重点县、中小河流整治重点县、大中型灌区、新增千亿斤粮食、农村饮水安全巩固提升等项目。其中，完成农村河道生态治理工程投资5.4亿元，疏浚土方4945万立方米，建成104条生态示范河道；完成小型农田水利重点县工程投资2.78亿元，建设任务全部完成；继续实施农村饮水安全巩固提升工程，完成投资2.58亿元，涉及大丰区、建湖县、射阳县、阜宁县、滨海县、响水县，项目受益人口136万人，全市农村供水入户率提高到100%；完成大型灌区续建配套与节水改造工程投资0.97亿元，建设任务全部完成；完成响水县淮北干渠中型灌区2017年度跨年度实施项目，以及响水县六套干渠灌区、大丰区川南灌区2018年度实施项目建设任务；完成中小河流重点县工程投资0.7亿元，建设任务全部完成；完成千亿斤粮食项目投资1.35亿元，建设任务全部完成；完成2018年度农村小型桥梁工程总投资1.71亿元；完成全市河堤生态防护林工程建设投资3.78亿元，新建河堤生态防护林面积3320公顷，改造河堤生态防护林面积4580公顷。年内，市水利局结合全市农业结构调整、设施农业建设等，因地制宜地发展低压管道灌溉以及喷滴灌等高效节水设施，完成高效节水灌溉面积5533.33公顷。全年新增旱涝保收农田面积1.13万公顷、有效灌溉面积7133.33公顷、节水灌溉面积3.35万公顷。全年全市新增水土流失治理面积26平方千米。

实施农业水价综合改革　年内，盐城各地按照管理服务、水价核定、水费收缴、政府监管“四个到位”的改革目标，推进梁垛镇等79个试点地区农业水价综合改革工作。全年完成农业水价改革面积28.44万公顷，其中堤东、五岸、渠南、三层灌区改革任务全部完成。2016年，市政府办公室制定《关于推进农业水价综合改革的实施意见》，成立以分管副市长为召集人的联席会议，全面指导全市农业水价改革工作。市财政、水利、农业等部门履行职责，加大对改革工作的指导和支持力度。按照水价核定到位的要求，加强对各供水单元或供水组织水价标准核定。各县（市、区）均印发农业水价核定办法。在完善水价形成机制的基础上，建立与农民承受能力、节水成效、地方财力相匹配的农业用水节水奖励和精准补贴机制，发挥县（市、区）物价局、水利（务）局、财政局、农民用水合作组织等在水费管理、水费计收等方面作用，阜宁县、射阳县等部分改革地区水费到位率95%以上。

实施农村河道生态治理行动　年内，市水利局实施农村河道生态治理行动。全年完成投资5.4亿元，疏浚土方4945万立方米，建成104条生态示范河道。《盐城市农村河道生态治理三年行动方案（2018—2020）》于2017年12月13日颁布。方案要求全面推行河长制，坚持打基础、补短板，重点突破，以改善农村水环境为目标，以疏浚河道、绿满河堤、长效管护为重点，对全市农村河道进行生态治理，提升全市农村水环境，还原美丽水生态，为建设“强富美高”新盐城提供水环境支撑保障。方案明确三年治理目标：疏浚大中小沟1.85万条，治理黑臭河道224条，总疏浚土方量1.4亿立方米；建设农村河堤生态防护林面积5126.67公顷，建成生态示范河道300条。

小型农田水利重点县工程　年内，盐城继续实施小型农田水利重点县工程。工程涉及全市9个县（市、区），工程投资2.78亿元，主要建设内容为新建泵站134座、水闸40座、闸站28座、机耕桥9座、防渗渠99千米、渠系配套建筑物2449座，铺设砼路8千米，新建高效节水灌溉面积2466.67公顷。至年底，建设任务全部完成。

大型灌区续建配套与节水改造工程　年内，盐城继续实施大型灌区续建配套与节水改造工程。工程涉及东台、射阳、滨海3个县（市），工程投资0.97亿元，主要建设内容为兴建泵站89座、机耕桥1座、水闸9座、倒虹吸3座、箱涵

4座、涵洞230座，疏浚河道10条、长28.9千米、土方52.15万立方米，新建高效节水灌溉面积141.33公顷。至年底，建设任务全部完成。

中小河流重点县工程　年内，盐城继续实施中小河流重点县工程。工程涉及盐都、建湖2个县(区)，工程投资0.7亿元，综合整治河道17条。至年底，建设任务全部完成。

千亿斤粮食项目　年内，盐城继续实施千亿斤粮食项目。项目涉及东台、盐都、建湖、阜宁、响水5个县(市、区)，工程投资1.35亿元，主要建设内容为发展高效节水灌溉面积1190.2公顷，兴建泵站61座、闸站11座、闸19座、机耕桥18座、防渗渠30.21千米、渠系配套建筑物769座，铺设砼路28.41千米，疏浚河道20条、土方28.5万立方米。至年底，建设任务全部完成。

大丰区东旺村建成生态清洁小流域　年内，大丰区东旺村建成生态清洁小流域。东旺村小流域位于大丰区南阳镇，一卯西河以北、广丰中心河以南、广丰河以东、大丰干河以西，流域面积7.77平方千米。治理项目区内的六号河，疏浚河道938米、土方0.53万立方米，修整河坡7000平方千米，新建木桩生态护岸1.88千米，栽植垂柳312棵、重阳木312棵，铺设草皮护坡面积8856平方千米。

第五节　防汛抗旱

2018年，盐城加强城市防洪工程建设，完成投资2.6亿元。其中，市本级建设完成中岗河南闸站、永丰渠西闸站、六支河西闸站、串场河三英闸站、串场河新兴闸站5座续建工程，开工建设串场河新兴闸站等7座建筑物工程，完成投资1.7亿元。优化完善防汛防旱指挥决策系统，建有水位测报站点231个、雨量测报站点141个、风情测报站点160个、工程视频监控655个；市、县两级全部建成高清视频会商系统，东台、大丰、射阳、阜宁、盐都、亭湖等地建成省、市、县、乡四级联通的防汛视频会商系统。市防汛防旱指挥部办公室组织实施河道视频监控点增加水位监测功能项目，在全市8处已建河道视频监控点增加水位监测装置，并进行水准测量，通过视频监控读取水位，全面掌握盐城河道水位情况。东台市、大丰区、盐都区、亭湖区分别投入196.62万元、426.73万元、263.85万元、198.82万元实施农村基层防汛预报预警体系建设项目。全年全市引境外来水133.62亿立方米，调剂境内水量3.95亿立方米，沿海“四大港闸”(射阳河闸、新洋港闸、黄沙港闸、斗龙港闸)排水131.27亿立方米。全年实现防汛抗旱减灾效益7.6亿元，其中抗旱减灾效益2.3亿元、防洪减灾效益5.3亿元。

2018年市区城市防洪工程一览表

表08-20　　　　单位：万元

序号	实施主体	建设内容及规模	2018年完成投资
合计			26100
1	市本级	续建中岗河南闸站、永丰渠西闸站、六支河西闸站、串场河三英闸站、串场河新兴闸站5座建筑物，开工建设串场河新兴闸站等7座建筑物工程	17000
2	盐都区	新(拆)建排涝站2座，水闸7座，河道疏浚1.5千米，加固小马沟闸站护坡及利民河泵站管理用房	1600
3	开发区	疏浚、治理河道10条24千米	500
4	城南新区	续建圩堤修筑6.8千米；新建5座闸、1座闸站，疏浚河道7.2千米	7000

一、备汛防汛

2018年，盐城加强备汛防汛工作。1月23日，市防汛防旱指挥部向全市发出开展水利工程汛前大检查的通知。各地、各单位组织成立防汛检查工作组，明确各类工程汛前检查行政责任人和技术责任人，按照“谁检查、谁负责”的原则，对河湖堤防、涵闸、泵站、船(套)闸、蓄滞洪区、城市防洪工程、涉水工程、在建工程、防汛防旱非工程设施等开展拉网式检查。3月22日，召开全市防汛防旱指挥部办公室主任会议，对汛前检查工作进行部署落实。3月5—9日、5月15—19日，市防汛防旱指挥部办公室2次派出4个督查工作组，督查指导各地备汛工作。4月18日，召开全市汛前备汛工作视频汇报会，听取各地、各单位汛前工作开展情况，推动防汛防旱各项工作任务的落实。5月10日，市防汛防旱指挥部将汛前重点工作督查情况通报至各地、各单位，并督促整改落实。市防汛防旱指挥部督促各地根据政府和部门领导人事变动情况，对防汛防旱指挥部成员进行调整充实，省、市、县、乡四级5167名防汛行政和技术责任人全部落实到位。5月1日起，全市各级市防汛防旱指挥部办公室实行24小时值班制度。6月11日，市防汛防旱指挥部印发《关于进一步细化分解市区易淹小区防汛责任的通知》，落实市区233个易淹小区防汛责任。6月12日，市防汛防旱指挥部在《盐阜大众报》等市级新闻媒体上公布全市流域性工程、城市重点水利工程等八片区，以及盐城市区易淹区域、度汛隐患等涉及安全度汛重点环节的党政责任人、技术责任人名单，接受社会监督。6

月13日，对亭湖、盐都、市开发区、城南新区印发《关于进一步细化分解市区易淹小区防汛责任的通知》，进一步落实易淹小区防汛责任。6月21日，市防汛防旱指挥部向防汛责任人寄送责任告知信，介绍责任区域情况，落实度汛责任和工作要求。至年底，市、县两级修订完善防汛、抗旱、防台、水灾害调度等各类预案91个，在建工程度汛预案9个；市、县、乡三级储备编织袋770.61万只、木材1731.14立方米、土工布24.65万平方米、块石7.39万吨，建立防汛抢险抗旱服务队伍约10.32万人。全年全市各级开展防汛抢险培训演练2992人次。

防汛调度 6月27日至7月10日，盐城梅雨期13天，与常年（23～24天）相比偏短，但梅雨期间全市平均降水量达219.5毫米。从6月中旬开始，盐城“四大港闸”一天两潮预降河道水位。6月27日盐城入梅，发生首次强降雨，全市有4个站点超警戒水位，最大降水点亭湖青墩农业中心24小时雨量273.4毫米。强降水造成滨海、响水等地城镇多处积水，盐城市区63个小区和15条道路出现短时积水。市防汛防旱指挥部调度沿海射阳河闸、新洋港闸、黄沙港闸、斗龙港闸为里下河排涝。6月28日，盐城市出现持续性强降雨天气。6月27日，市防汛防旱指挥部调度大套一站、北坍站开机排涝。6月30日，市防汛防旱指挥部调度大套二站开机排涝。7月4日，全市中南部地区出现大到暴雨局部大暴雨，与省防汛防旱指挥部协调，7月6日开启江都站、高港站，同时，调度市区城市防洪工程第Ⅲ、Ⅳ防洪区串场河闸站、小洋河东支闸站、南洋中心河泵站等，及时封闭口门、开机排水，市区内河水位控制在1.1米左右。截至7月6日8:00，沿海射阳河闸、新洋港闸、黄沙港闸、斗龙港闸、市区城市防洪泵站、大套一站、大套二站、北坍站等工程累计抽排涝水21.14亿立方米。全年“四大港闸”开闸1415潮次，累计排水131.27亿立方米。

防御台风 年内，第10号台风“安比”、第12号台风“云雀”、第14号台风“摩羯”、第18号台风“温比亚”先后对盐城造成风雨影响。其中，第10号台风“安比”贯穿全市，给盐城造成狂风暴雨，全市降水量63.1毫米，河道水位平均上涨0.21米，全市约1.44万公顷农作物受灾，倒伏树木1.16万棵，倒伏苗木面积15.13公顷，倾倒电杆4根。第10号台风“安比”到达前，市防汛防旱指挥部多次下发通知，要求各地及时转移危险地区群众和沿海船只回港避风。抗台期间，全市组织35支抢险队伍1.1万人，出动1.3万人次进行工程巡查，转移人员1.28万人，回港避风船只2303艘，加固设施926处，停工工地717个，拆除广告牌534处。

二、抗旱保水

7月10日出梅后，盐城市平均气温异常偏高2.3℃、降水量偏少6成～9成。温高雨少导致全市大部分地区出现中、重度气象干旱，在田作物也出现较重旱情。废黄河、苏北灌溉总渠水位较常年偏低，其中废黄河中山河闸水位一度降至2.27米。市防汛防旱指挥部与省防汛防旱指挥部沟通协调，加大境外水源调引力度，从江都东闸和高港节制闸等引江、引淮，累计引水量约22.67亿立方米。对全市沿海涵闸实行调度控制，加强管水保水。8月19日，启用大套一站向废黄河地区增供抗旱水源；8月23日，启用北坍翻水站向苏北灌溉总渠补充抗旱水源；9月3日，启用大套二站抬高通榆河北段水位。三站累计补水1.55亿立方米。

生态调水 年内，市防汛防旱指挥部办公室组织对市区第三防洪区实施常态化生态调水，运行40轮188天，翻水约3.92亿立方米，改善水生态环境质量。

第六节 水利依法行政

一、水行政审批

2018年，市水利局制定《盐城市水利局规范性文件制定管理规定》《盐城市涉水审批中介机构星级评定管理办法》，完成《盐城市城市河道管理办法》立法后评估工作。深化审批制度改革，全面落实“不见面”审批、审批服务便民化、“一枚印章管审批”等改革任务，市水利局6类26个权力清单子项全部实现“不见面”审批。强化“项目联审”“多评合一”制度实效，构建并联审批模式，针对涉及多种技术报告、多个审批权限的项目，召开项目联合审查会，最大限度减少中转环节、促进审批提速，年度受理62件行政许可事项，均按期办结。承接下放审批权限，动态调整市水利局行政权力清单，全年办结原省级审批事项22件。委托软件公司开发完成“双随机”抽查管理系统软件，以抽查管理系统为基础建立涉水行政许可事项电子档案库，常态化开展随机抽查；委托第三方中介机构对2015—2017年10余个审批项目开展事中事后监管。严格执行法律顾问制度，对465份合同开展合法性审查。

二、水政执法

2018年，全市开展水政执法巡查2156次，出动执法人员4823人次，立案查处31起，现场处理193起，罚款26.52万元，拆除违章占用279处，拆除违章面积7万多平方米。首次公布全市水行政执法典型案例，盐城市水政监察支队直接对盐城供电公司未经批准擅自占用通榆河枢纽管理处范围架设高压电线案等7起水事案件进行立案查处，结案6起；组织对射阳河闸管理范围内长海船厂违法所凿1眼水井实施封填。执法约谈苏北铁路有限公司等7个违法单位和2个乡镇党委政府主要负责人，发出各类执法文书28份。全市新审核通过133名水政监察员，完成全市641名水政监察员执法证件的年审、换证和注册工作，注销33人。年内，盐城市水政监察支队代表队在省水利厅、省总工会、省人社厅联合举办的2018年全省水行政执法技能竞赛决赛中获团体一等奖，3名选手获“全省水行政执法能手”称号，获奖人数列全省第一位。

开展全市非法鱼罾鱼簖和养殖网箱专项清理整治行动 12月，市政府在全市部署开展非法鱼罾鱼簖和养殖网箱专项清理整治行动，对在全市129条骨干河道中的违法设置鱼罾403樘、鱼簖1585道、养殖网箱3.4万只进行清理整治。12月26日，市水政监察支队会同市城南新区管委会、公安等部门出动执法人员和工作人员199人，对城南新区三墩港上违法设置的拦河鱼罾及违法建筑物实施联合拆除，拆除违法搭建在堤坎上的建筑物、构筑物1000平方米，网箱400平方米，拦河大罾1个6400平方米，钢制罾基座4个。

办理省水利厅挂牌督办重大案件 年内，市水利局督促东台三水滩生态休闲有限公司按照省水利厅要求完成梁垛河闸下游违法建设项目第一阶段的整改。东台三水滩生态休闲有限公司拆除圩堤1009米、拆除景观木房1座、清除土方2.6万立方米、退出占用梁垛河闸下游港槽管理范围7公顷，整改后滩面平均高程3.11米，沿三水滩浴场黑色路面退建圩堤700米，整改结果于2018年1月通过省水利厅、市水利局和东台市政府组织的联合验收。整改完成后，市水利局为东台三水滩生态休闲有限公司补办水行政许可手续，结案。对大丰区三龙镇南美对虾养殖户擅自开凿282眼浅层咸水井养殖南美白对虾案进行联合现场督办，大丰区水利局对违法当事人处以5万元罚款。经督办，282眼未经批准擅自开凿的浅层咸水井中，154眼被封填，128眼补办取水许可手续。省水利厅对上述2起挂牌案件予以销号。

办理市水利局挂牌督办重大案件 年内，市水利局对响水县交通运输局毁坏通榆河局部堆堤案启动市级挂牌督办，约见响水县政府及响水县相关部门负责人2次，组织现场督查3次，发出督查通报2份。经督办，被毁堆堤已修复并经响水县水务局验收确认，报市水利局备案后予以销号。

第七节 水利管理

一、水利建设管理

2018年，市水利局继续推进工程建设监、管分离为主要内容的建管体制改革，基本形成项目法人、主管部门(领导小组)和质监、安监机构之间“三权分立”、各负其责的工程建设管理新格局。继续推广工程建设“代建制”，新洋港亭湖区境内工程、四卯酉闸下移工程实行代建。市运东套闸除险加固工程获2017—2018年度中国水利工程优质(大禹)奖。推进河湖和水利工程管理范围划定工作，基本完成全市境内省骨干河道、海堤、省管河湖以及大中型闸站工程管理范围划界工作，完成外业长度9326千米，现场埋设界桩近6.5万根、告示牌近8000个。推进水利工程精细化、规范化管理，市通榆河枢纽工程管理处及处属大套第一抽水站管理所、大套第二抽水站管理所、废黄河立交工程管理所、废黄河引水调度闸管理所、大套船闸管理所、响水船闸管理所6个单位整体创建为国家级水利工程管理单位，市运东船闸管理所创建为省二级水利工程管理单位，大丰区川东港闸管理所创建为省三级水利工程管理单位。完成东台市东台抽水站、梁垛河闸管理所、建湖县通榆河管理所3个水利工程管理单位复核验收工作。组织开展2018年度水闸运行管理督查工作，对市运东船闸管理所、大丰区川东港闸管理所、射阳县利民河地区涵闸管理所运行管理工作进行抽查。完成新洋港闸、方塘河闸、西潮河闸、梁垛河闸、梁垛河南闸、红卫河闸6座大中型涵闸安全鉴定工作，其中新洋港闸、方塘河闸评定为四类闸；西潮河闸、梁垛河闸、梁垛河南闸评定为二类闸；响水县红卫河闸评定为一类闸。继续加强农田水利设施建设，全年全市农村河道管护投入资金1.6亿元，农田水利工程管护资金1.2亿元。

二、水利科技管理

2018年，盐城市水利系统在组织申报2018年度水利科技研究“沿海地区滩涂围垦水资源调配与综合利用优化研究、挡潮闸下移工程实体混凝土均等寿命与质量提升施工技术应用研究、高效节水灌溉工程标准化研究与应用推广、盐城市通榆河枢纽工程一体化运行管控关键技术研究及应用、水闸结构开裂实时监测与加固技术研究、潮流影响下响水船闸下游引航道淤积机理研究、“亚低压”砼管道灌溉关键技术研究与应用推广、基于CFD的格栅损失对泵站性能影响与改善措施研究、防台大数据应用、“互联网+”水政监察执法管理信息系统、阜宁县罗桥镇高效节水灌溉有机稻米种植基地项目”11个课题的基础上，配合省水利厅开展研究课题评选工作，督促各课题研究项目承担单位严格按照水利科技项目合同规定要求完成课题项目，并组织开展课题验收评定工作。混凝土表层致密化技术研究与推广应用、新洋港闸下港道泥沙输运过程研究及在沿海四港闸下清淤保港中的应用、江苏省沿海滩涂水盐动态监测调控关键技术研究及应用、沿海地区规模化节水灌溉集成技术推广示范基地4个项目通过省水利厅组织的验收。

（臧滨城 蔡志芳）

第09章 交通运输

编　辑　王　楹

综　述

2018年，全市累计完成交通基础设施建设投资173.6亿元(不含沿海港口)；沿海港口完成投资18.96亿元。公路建设：新增盐宁、东兴、盐射、盐临、滨淮5个高速公路建设项目；344国道东台弶港至五烈段、610省道东台段、348省道滨海段等一批国省干线公路建成通车，通车一级公路171千米(含地方连接公路)；农村公路三年共提档升级6258千米，改造桥梁3837座。铁路建设：盐青铁路正式投入运营；盐徐高铁盐城段梁桩基、承台、墩身全部完成；盐通高铁正式开工，拆迁工作提前2个月完成；盐泰锡常宜铁路获得国家发改委批复；大丰港铁路支线开展初步设计招标；滨海港铁路支线编制工程可行性报告及推进各项前期工作。航道建设：滨海船闸完成试通航；盐宝线航道整治工程可行性报告通过省发改委审查；连申线响水至大套船闸段航道整治工程和淮河入海水道二期配套通航工程可行性报告通过省交通运输厅审查；刘大线、连申线东台段航道整治工程完成竣工验收；市区港区楼王作业区完成码头主体工程。城市交通：全长近33千米的高架三期联网工程，主体工程完成50%；大市区新购公交车172辆；优化调整公交线路26条，新辟常规公交13条、定制公交线路32条；开通盐丰公交东线；市区城市公交客运量突破1.3亿人次；新增15个乡镇通镇村公交，镇村公交开通率100%。

至年底，全市拥有公路总里程2.37万千米，其中国道994千米、省道952千米；拥有等级公路2.34万千米，其中高速公路396千米、一级公路1394千米、二级公路2553千米；公路密度为每百平方千米139.8千米。全市铁路总里程262千米，新长铁路盐城站开通客运列车26列次，青盐铁路盐城北站开通客运列车8列次。全市内河航道总里程4346千米，其中二级航道25千米，三级航道(通榆河、灌河、泰东河)283千米，四级航道209千米，五级航道297千米、六级航道284千米、七级航道466千米、等级外航道2782千米。全年累计完成旅客运输量6610.1万人次(不含铁路)，旅客运输周转量66.74亿人千米；完成道路、水路货运量1.79亿吨，货运周转量485.5亿吨千米；盐城南洋机场公司全年安全保障航班1.67万架次，旅客吞吐量182.21万人次。

2018年全市重点交通工程项目一览表

表09-21

序号	项目名称	建设规模	建设年限	总投资(万元)	2018年完成投资(万元)	项目进度
一	内环高架快速路网			759000	310000	—
1	内环高架快速三期工程	建设三期工程约33千米	2017—2019	759000	310000	全线拆迁基本完成，完成黄海路代建框架协议签订；完成桩基施工1.03万根、承台988个、墩柱786个、现浇箱梁33联、路基水泥搅拌桩8.2万延米、预制箱梁72榀，隧道完成桩基1428根、隧道底板8.5板
二	铁路项目			4121700	732685	—
2	连盐铁路盐城段	新建105千米双线电气化铁路	2013—2018	1050000	279585	12月26日通车

续表 09-21

序号	项目名称	建设规模	建设年限	总投资（万元）	2018年完成投资（万元）	项目进度
3	徐宿淮盐铁路盐城段	盐城境内72千米	2015—2019	1105700	200900	全线完成桥梁桩基、承台、墩身100%，完成制梁1717孔，架梁1654孔，12月24日开始铺轨
4	盐城至南通铁路盐城段	盐城境内90千米	2017—2021	1270000	252200	完成全部995户拆迁工作，完成桥梁桩基1.38万根，承台297个，墩身124个，制梁146孔
5	大丰港铁路支线	全长59.5千米，Ⅱ级单线	—	350000	—	完成项目可行性研究审查
6	盐泰锡常宜城际铁路盐城段	盐城境内22千米	2019—2022	346000	—	预可行性研究报告完善修订，启动工可报告编制
三	公路项目			2756502	586586	—
（一）	高速公路及通道项目			970000	—	—
7	阜兴泰高速建湖至兴化段	新建73千米高速公路，其中盐城段35千米	2019—2021	400000	—	项目工程可行性报告通过省发改委审查待批，完成初步设计工作大纲审查，通过初测、初勘、外业验收审查，开展初步设计工作
8	盐城至南京高速公路	全长123千米	2019—2021	—	—	完成工程可行性中间审查和初步设计大纲审查
9	东台至兴化高速公路东台段	新建35千米高速公路，其中东台段26千米	2019—2021	250000	—	完成工程可行性中间审查
10	射阳至盐城高速公路	新建40千米高速公路	2019—2021	320000	—	完成工程可行性审查，基本完成初步设计文件编制
（二）	国省干线公路			1472246	260766	—
11	125省道盐城段	新建45.6千米一级公路	2012—2019	130564	6700	盐都204国道至大纵湖风景区段34.1千米、城南新区段3千米建成通车；大纵湖风景区至兴化交界段办理用地手续报批，完成监理、施工招标工作
12	233省道射阳至建湖公路	新建69.4千米一级公路	2013—2018	202558	20583	建湖204国道至建宝路段19.13千米、234省道至331省道段21.06千米、射阳段8.88千米建成通车；新长铁路段完工；204国道以东段完成基层87%、面层87%、涵洞100%、桥梁94%
13	610省道东台段	新建40千米一级公路	2013—2018	165273	42213	建成通车
14	351省道大丰段	新改建44千米一级公路	2016—2019	136020	41534	沈海高速以东段34千米建成通车；沈海高速至204国道段完成底基层99%、基层96%、面层70%、涵洞100%、桥梁99%
15	344国道东台段建设工程	新改建69.4千米一级公路	2014—2018	230528	58980	建成通车

续表 09-21

序号	项目名称	建设规模	建设年限	总投资（万元）	2018年完成投资（万元）	项目进度
16	229省道东台段改扩建工程	新建5.7千米一级公路	2017—2018	21489	3626	完成土方开挖81%、路基回填77%、底基层48%、基层40%、涵洞100%、桥梁55%
17	348省道滨海段	新建33.8千米一级公路	2017—2018	95633	39351	建成通车
18	328省道滨海段	新建24.4千米一级公路、36.2千米二级公路	2017—2020	167878	47779	规划226省道至规划新天大道段完成基层80%、面层20%、涵洞100%、桥梁89%
19	204国道响水绕城段	新建9.43千米一级公路	2018—2020	25000	—	初步设计获批复，准备开展征地拆迁
20	226省道大丰南段	新建41.3千米一级公路	2018—2021	136203	—	全线启动征地拆迁
21	331省道盐城市区段建设工程	新改建20.9千米一级公路	2018—2020	151100	—	修改完善路线走廊方案
22	城西大桥建设	新建跨蟒蛇河大桥	2018—2019	10000	—	开展项目设计工作，完成工程可行性报告编制
（三）	路网连接公路			155656	63888	—
23	建湖综合客运枢纽接331省道道路改造工程	改扩建15.6千米一级公路	2017—2018	20856	12736	建成通车
24	盐城南洋机场快速干线工程	新建3千米一级公路	2017—2018	28388	1500	建成通车
25	盐城高新区连接线工程	新建7.9千米一级公路	2017—2020	40600	22000	204国道至振兴路1.34千米建成通车，其余路段完成清表、便道、箱涵、灌注桩施工100%，完成水稳摊铺44%、梁板安装68%、平牙安装53%
26	阜建高速阜宁连接线	新建2.2千米一级公路，4.1千米二级公路	2018—2019	10812	4702	建成通车
27	东台海陵路南延至610省道连接线工程	新建4.2千米一级公路	2018—2020	55000	22950	完成路基填筑90%、中小桥99%、大桥70%、钢箱梁安装45%
（四）	农村公路			158600	261932	—
28	农村公路提档升级及桥梁改造工程	实施农村公路2848千米，改造桥梁1775座	2018	150000	258000	建成道路1417.58千米，改建桥梁801座
29	撤渡建桥	市开发区通榆河袁坎大桥、射阳射盐线黄沙港大桥、滨海正红蒋渡人行桥、滨海通榆化肥厂人行桥、滨海港勾股人行桥、亭湖通榆河立新大桥	2013—2019	8600	3932	袁坎大桥完成主桥建设；立新大桥完成钻孔灌注桩100%、立柱100%、墩台帽95%、预制箱梁25%、现浇箱梁27%；滨海蒋渡人行桥、化肥厂人行桥、勾股人行桥建成通车

续表 09-21

序号	项目名称	建设规模	建设年限	总投资（万元）	2018年完成投资（万元）	项目进度
四	港口航道项目			416722	6322	—
30	盐宝线航道整治工程	通榆河口至宝应界段50千米按三级标准整治	2018—2021	260000	—	完成项目工程可行性报告审查、稳评批复、环评批复，开展基本农田补划、土地规划调整和项目选址等土地预审前期工作和水工程许可报告编制工作
31	连申线大套至响水段整治工程	废黄河地涵至响水船闸段25千米航道按三级航道标准整治，新建大套、响水复线船闸	2019—2021	150000	—	省交通运输厅组织召开工程可行性内审会，启动洪评项目的招投标工作
32	干线航道养护改善及环境整治工程	部分干线航道养护改善，实施刘大线、连申线航道环境提升工程	2018	—	3100	养护改善工程和刘大线环境整治提升工程全部完成
33	盐城港市区港区楼王作业区码头工程	4个500吨级装卸泊位，1个500吨级待泊泊位，岸线长度为289米	2016—2018	6722	3222	建成
五	客运枢纽			598809	91188	—
34	T2航站楼建设	新建T2航站楼及配套建设停机坪和站前广场等设施	2015—2018	126769	6000	T2航站楼已建成启用，综合体完成施工招标
35	盐城市区综合客运枢纽	公铁综合客运枢纽	2017—2019	398868	61371	完成枢纽工程初步设计批复工作；东广场完成钻孔桩100%、土方开挖9%、边坡支护17%；西广场完成预制方桩66%、钻孔围护桩96%；道路工程完成用地指标向省国土厅报批工作，完成施工便道500米
36	连盐铁路响水公铁综合枢纽	占地面积约8.07公顷	2017—2018	7838	7738	建成投入使用
37	连盐铁路射阳站综合客运枢纽	占地面积约7.4公顷	2017—2018	8998	8498	广场大理石铺装、钢结构安装及绿化栽植100%；完成站房楼主体工程建设，进行内部装潢
38	连盐铁路阜宁东站综合客运枢纽	占地面积约11.47公顷	2017—2018	9597	6481	建成投入使用
39	徐宿淮盐铁路阜宁南站综合客运枢纽	占地面积约10公顷	2018—2019	31739	—	完成初步设计审查和县发改委初步设计审批，取得建设工程规划许可审批
40	徐宿淮盐铁路建湖站综合客运枢纽	占地面积约10公顷	2018—2019	15000	1100	完成客运枢纽沿规划施工红线现场围挡搭设、场地平整；完成办公区、生活区搭建、导线点布设及现场临时路铺筑
六	运输服务			13300	9601	—
41	干线公路服务区建设	新建临海高等级公路黄尖、滨海服务区	2018—2019	5000	8211	黄尖服务区建成；滨海服务区完成油气站方案评审，岩土勘察报告编制完成

续表 09-21

序号	项目名称	建设规模	建设年限	总投资（万元）	2018年完成投资（万元）	项目进度
42	大市区公交站台改造	改造出新市区BRT站台、普通公交牌	2017—2019	7000	1390	改造出新市区BRT站台完成可行性研究报告送审稿；大市区普通公交牌改造出新完成竣工验收
43	公交智能化改造升级	新建公交智能管理平台，完善更新部分公交车车载定位终端设备	2018	1300	—	可行性研究报告取得市经信委批复

第一节　空港建设

2018年，盐城南洋国际机场安全保障飞行1.67万架次，比上年增长27.36%；完成旅客吞吐量182.21万人次，比上年增长39.83%；完成货邮吞吐量6587.10吨，比上年增长18.9%。营运国内国际（地区）航线36条，每周航班量达412班次。3月25日，开通贵阳—盐城—呼和浩特航线，由国航A320机型执飞，每日一班。10月28日，开通宁波—盐城—银川航线，由春秋航空A320机型执飞，每日一班。11月16日，开通盐城—香港航线，由香港航空A320机型执飞，每周三班。

第二节　公路建设

2018年，全市干线公路完成投资26.08亿元。建成344国道15国道以东段41.28千米、125省道城南新区段2.99千米、233省道建湖新长铁路下穿段4.38千米、610省道东台344国道至204国道段15.17千米、351省道大丰226省道至15国道段21.08千米、348省道滨海段33.80千米，共计建成通车国省干线公路118.7千米。农村公路提档升级完成三年计划，共提档升级农路6258千米，桥梁3837座，实现全市行政村双车道四级公路覆盖率100%，提前两年完成省定高质量发展目标。亭湖区、盐都区创建成省级“四好农村路”示范县。实施农村公路生命安全防护工程1060.42千米。完成5个养护应急工程92.2千米、2个养护大中修调增项目、4个水毁抢修工程、38座桥梁支座专项维修工程。新建绿色通道323.48千米，提升景观通道61千米，种植各类乔木约83万株，灌木约173万株，草皮或花卉种植约118万平方米。持续开展全市交通干线五项整治工作，全面累计清除障碍物1930立方米、非标悬挂物1250余块，取缔马路摊点190余处，整治74座公路桥梁桥下空间，整治面积27.96万平方米。全年路政办理（含协办）路政管理许可273件、超限许可2件，投入标志标线日常维护经费2000多万元，建设343国道、226省道、231省道、329省道4条线路共440千米生命安全防护工程。全年征收车辆通行费1.02亿元，免费放行运输鲜活农产品车辆6.6万辆次，免收车辆通行费计143.28万元。协调指导204国道新兴收费站平稳推进撤站工作。

344国道东台弶港至五烈段建成通车　6月20日，344国道东台弶港至五烈段建成通车。路线起自与228国道交叉处，沿江苏黄海海滨国家森林公园北侧向西经新曹农场、弶港、头灶，绕越东台城区，于新长铁路、204国道交叉后，止东台与兴化交界处。路线全长69.6千米，于2011年10月30日开工建设，工程概算投资22.33亿元。

348省道滨海段建成通车　8月10日，348省道滨海段建成通车。路线起自于348省道滨海射阳交界处，接拟建的348省道射阳段，经五汛镇与蔡桥镇之间，向西上跨沈海高速公路、下穿连盐铁路，经正红镇北，止于与204国道交叉处。路线全长33.8千米，于2016年11月开工建设，工程概算投资9.56亿元。

610省道东台至溱东段建成通车　12月26日，610省道东台至溱东段建成通车。路线起自东台东部城区344国道与东进大道交叉处，沿规划经四路向南，跨东台河后折向西南，上跨新长铁路和通榆河，向西与老204国道、规划352省道交叉后向西南方向，在溱东镇南侧折向西至东台与姜堰两市交界处。路线全长41.10千米，于2013年4月18日开工建设，工程概算投资16.53亿元。

第三节　铁路建设

2018年，盐城铁路里程262千米，火车车站11个。全年完成铁路客运量182.1万人次，货运量19.01万吨，比上年分别上升6.9%、35.6%。盐青铁路正式投入运营，开通动车组，盐城“县县通铁路”目标提前完成。徐宿淮盐铁路盐城段基本完成线下工程。盐通铁路盐城段全面完成征地拆迁，完成桥梁桩基1.38万根，占设计数的62%。盐泰锡常宜城际铁路启动工程可行性报告编制。大丰港铁路支线工程可行性报告通过审查，开展初步设计编制。滨海港、射阳港等沿海港口铁路支线线位方案研究工作开展。

盐通高铁盐城段开工建设 1月16日，设计时速350千米、连接"南沿江"和"通苏嘉"的盐通高铁在盐城开工建设。盐通高铁自盐徐铁路盐城站引出，向南经大丰、东台、海安、如皋，终至沪通铁路南通西站，正线全长156.6千米，其中盐城境内全长94千米，途径盐城4区(市)、15镇(街道、开发区)，涉及民房拆迁995户、企业拆迁15家。截至4月30日，完成全部民房拆除工作；截至11月30日，完成全部企业拆迁。至年底，提供全部红线用地面积183.8公顷，临时用地面积153.07公顷，完成桥梁桩基1.38万根，完成投资30.07亿元。

12月24日，徐宿淮盐铁路铺轨进入盐城境内　　盐阜大众报社/供

盐青铁路通车 12月26日，盐青铁路(盐城—青岛)开通运营，盐城迈入"高铁时代"。盐青铁路北起青岛，南至盐城，分为青连段和连盐段，全长428.752千米，设计时速200千米，其中江苏省境内全长242千米。盐青铁路自2013年12月7日开工建设，其中盐城境内建设响水、滨海、阜宁、射阳、盐城北(临时客运)5个站台。8月31日，盐青铁路首列"和谐号"驶入盐城。

徐宿淮盐铁路铺轨盐城 年内，盐城加快徐宿淮盐城段建设，全部征地拆迁，红线用地、临时用地实现交付，桥梁桩基、承台、墩台身施工建设完成，架梁完成96%，加快盐城站站房建设。其中，盐城站站房于4月10日，经铁路总公司批复同意站房初步设计，按照5万平方米规模建设，采用高架线上式候车，设东西2个广场。至年底，盐城站站房施工单位中建一局进场施工，临建设施建设完成，完成桩基491根；枢纽地方配套工程东广场开展桩、围护桩施工，西广场工程桩及围护桩同步施工。12月24日，徐宿淮盐铁路铺轨进入盐城境内。

第四节　航道建设

2018年，全市航道建设累计完成投资6322万元。盐宝线航道整治工程工程可行性报告通过省发改委审查；连申线响水至大套船闸段航道整治工程和淮河入海水道二期配套通航工程工程可行性报告通过省交通运输厅内部审查，稳评、环评等工作全面启动。内河港口建设有序推进。市区港区楼王作业区完成码头主体工程，完成投资3772万元；市区港区新兴作业区7月开工，管桩、粉喷桩、堆场轨道梁、高真空地基处理、防风抑尘网基础全部完成；东台中心作业区施工图和初步设计获批，步凤作业区岸线用途调整获交通运输部批复，滨海海河联运码头工程获市发改委立项。开展项目竣工验收工作。市交通运输局完成刘大线、连申线东台段航道整治工程竣工质量评定、档案验收、环评验收、国家审计等各项工作；滨海港疏港航道船闸工程竣工结算工作完成，开展竣工跟踪审计等相关工作；阜宁船闸改造及小中河整治工程完成国家审计、竣工质量鉴定和档案验收工作。开展规划研究工作。完成《盐城市骨干水运航线研究》《进一步发挥通榆河航道水运功能的研究》《新洋港航道环境整治方案研究》3个专题研究报告并提请市政府审定。依法治航不断深化。严格执行"双随机一公示""不见面审批"制度，编制完善行政权力库，强化事中事后监管力度，实施行政许可29件，行政处罚(理)案件2件，开展航评19起。全年累计巡航10万千米。规范航道赔(补)偿费的收取和使用，收取赔(补)偿费298万元。通行保畅持续加强。实施清障扫床2752千米，清除旧桥墩4处18根，沉船26艘，堆、废弃物34处共70吨左右。拆除危旧碍航桥梁3座，新建桥梁1座，修复损毁护岸1600多延米，新建护岸4500米，疏浚土方105万立方米。新设浮标2座和标志标牌139个，全面掌握航道设施技术状况，对船闸设备定期检测、维修、保养，有效保障船闸设备处于良好技术状态，干线航道通航保证率100%，船闸通航时间保证率100%，航标正常率100%。

第五节　城市公共交通

2018年，市区公交总行驶里程6686.3万千米，客运总量1.3亿人次，公交出行分担率16.8%，市区万人拥有公交车辆标台数18.7标台。全年市区新辟公交线路8条，分别为75路、59路、89路、85路、304路、305路、Z1线、盐都旅游直通车1号线。市区优化调整公交线路14条，加密线路7条，延长5条线路营运时间。全年投入资金2.26亿元，新增纯电动公交车170辆，配套建设充电桩30根。年内，所有一元票制公交车及BRT站台刷卡机具完成更新升级，大市区公交车辆首次实现支付宝扫码支付、银联扫码支付、手机NFC支付和“云闪付”支付等多种结算方式。至年底，全市新能源城市公交车辆有1270辆，清洁能源出租汽车2679辆；市公交总公司公交车保有量1273辆。

公交场站建设 年内，青年路市中心公交首末站、客运西站公交回车场建成并投入使用，中南世纪城公交首末站建成，二墩公交停车场改建完成。全年新建港湾式公交候车亭168座。

第六节 交通运输管理

一、路政管理

2018年，市路政办理（协办）路政管理许可273件、超限许可2件。完成4条线路共440千米生命安全防护工程建设，里程达全省总任务的四分之一。完成全市普通国省道36个事故易发多发点的整治，建成2个生命防护工程示范点。成立盐城公路普法志愿服务队，开展公路法治宣传。加大执法监督力度，开展路政、治超问题整改专项通报8次，规范公路执法行为。应对行政复议诉讼，完成4件案件处理，有效维护公路部门合法权益。完善治超管控网络，228国道灌江口大桥响水治超站建成并投入运营，228国道盐城段超限率大幅下降。市路政联合市公安局印发《盐城市治理车辆超限超载联合执法实施方案》，建立严重违法失信超限超载运输行为相关责任主体联合惩戒机制；组织4期联合集中整治专项活动，全市平均超限率控制在省控线以内。强化基础管理，坚持依法征费，精心组织专项整治，有效遏制冲卡逃费现象。贯彻运输鲜活农产品车辆、持运政苏通卡货车以及重大节假日七座及以下客车收费优惠和免费政策，全年征收车辆通行费1.02亿元。204国道新兴收费站撤站工作平稳完成。

二、航道管理

2018年，市地方海事局检查各类船舶3.47万艘次，查处和纠正违章船舶6741艘次，排除航道堵塞69次，全市未发生一般等级以上水上交通事故，未发生因管理不到位而造成的航道堵塞事故，完成中华龙舟大赛盐城站和盐城首届龙舟赛期间的水上交通安保任务。推进“水韵江苏”旅游交通安全发展。督促乡镇人民政府渡口安全管理主体责任落实，加强渡船渡运安全监督检查和隐患排查治理；加大渡工宣传教育力度，促进渡工安全渡运意识提升；对在册的52道（正常营运36道）渡口监管等级重新划定，严格组织实施乡镇渡口渡船达标标准，推进辖区渡口渡船质量提升行动，超额完成干线航道渡口渡船质量提升达标率达50%的目标；推动撤销渡运量小、安全管理薄弱的乡镇渡口，全年撤销渡口16道，有效运行19个乡镇渡口视频监控，对位于干线航道或客流量大的重点渡口实施全方位动态监控，提高监管效率。推进全市14个水上游览经营活动项目的备案管理工作，在大丰组织召开推进会议，全市有8个水上游览经营活动项目完成备案。全市全年审批水上水下活动18项，制定《关于开展全市辖区水上水下活动专项检查的通知》，对全市在建水上水下活动项目海事许可手续办理情况、通航安全保障措施落实情况及警示标志设置等情况进行专项检查，同时，委托第三方组织排查并就存在问题提出具体监管指导意见，进一步规范水上水下活动监管工作。加强重点时段预警。国家重大活动、法定节假日和恶劣天气期间，以拉网式排查和督查相结合的方式，加强隐患排查和治理，做到情况早分析、工作早部署、措施早落实；密切与气象、水利、航道等部门的沟通联系，及时发布气象、航道、水文、事故等预警信息；加强应急值班值守，严格执行24小时值班制度和领导带班制度；提前检查各类应急资源，做好应急准备，保障水上交通安全。开展防范船舶碰撞桥梁专项整治活动，排查盐城辖区通航水域跨河桥梁847座，其中铁路桥梁27座、高速桥梁38座、干线公路桥梁116座，按照产权归属进行移交整改，并一桥一档建册。开展安全大检查大整治大落实除隐患防事故保安全专项行动、中小型运输船舶和船舶超载等专项整治活动，突出对重点航运企业、重点船舶、重点部位和薄弱环节的检查，坚持边检查边整改、以检查促整改。全市检查企业256家（次），检查船舶8342艘（次），排查隐患67项，整改完成66项，停业整顿企业1家。打击船舶超过航道等级航行，遮挡、涂改、毁损船名、船名灯箱、船籍港、载重线等标识，未按规定配备船员擅自航行，船舶配员低于最低安全配员规定等突出违法行为，实施行政处罚133.23万元。开展船舶进出港报告和船舶VITS（交通管理系统）使用专项整治行动，全面推进内河船舶进出港报告和船舶VITS（交通管理系统）使用，排查危化品船舶2011艘（次）、普通干货船1480艘（次）。

第10章　信息化

编　　辑　王　楹

第一节　基础设施

2018年，盐城市加快信息基础设施建设，完成建设投资13.48亿元。至年底，固定互联网方面：城域网出口总带宽2626Gbps（交换带宽）；光纤线路长度48.08万平方千米；固定电话用户数73.86万户；互联网固定宽带用户数279.47万户；FTTH（光纤到户）覆盖家庭数305.45万户，FTTH用户数234.28万户；新增100Mbps及以上互联网专线接入“企企通”用户数477户。移动互联网方面：有通信基站数2.98万个，其中4G基站数1.71万个，实现4G信号全覆盖，盐连高铁沿线4G移动网络无缝覆盖；移动电话用户数718.21万户，其中4G用户数481.19万户；移动互联网用户数528.81万户，其中移动互联网IPv6用户数98.21万户。

第二节　信息技术

一、技术创新

2018年，盐城实施创新驱动发展战略，着力提升企业自主创新能力。加快创建高水平企业研发机构，江苏森威精锻有限公司、江苏中车电机有限公司2家企业获批国家级企业技术中心；江苏长虹智能装备股份有限公司获批国家技术创新示范企业；新增省级企业技术中心24家、市级企业技术中心54家，规上企业建有市级以上研发机构覆盖率突破30%。150多个新产品通过省级鉴定，其中45个新产品（技术）列入省“双新”目录，新产品加速向高端化、智能化、服务化、绿色化迭代。

二、“两化”融合

2018年，盐城加快推进“两化”（信息化、工业化）融合进程。加强工业互联网核心平台建设，围绕“建平台、上平台、用平台”齐头并进、相互促进的思路，推进工业互联网布局发展。实施“千企上云”专项行动，制定《盐城市“千企上云”专项行动实施方案（2018—2020年）》，联合盐城电信、盐城移动等举办“企业上云”专场推进会；开展工业互联网（企业上云、智能制造）专家义诊活动，累计为30多家企业上门咨询诊断，并出具诊断报告书；举办盐城工业互联网发展论坛。全年累计超1000家企业上云，其中317家规上企业实现上云，创建13家省星级上云企业。实施工业互联网平台和标杆工厂培育行动，制定《工业互联网平台和标杆工厂培育实施方案（2018—2020年）》，遴选建立示范企业培育库，推动建立技术服务支撑、人才引进培养、金融配套服务、市场引导推广、政策聚焦支持等培育机制，科航智云环保产业工业互联网平台成为省首批重点工业互联网平台。悦达家纺C2M个性化定制平台、海聆梦智慧家居定制平台，及圣泰阀门互联网工

盐城大数据产业园　　城南新区/供

厂等加快规划建设。加快智造创新生态培育。引进上海电器科学研究所、博世力士乐、西门子工业软件、德国卡尔斯鲁厄理工学院共建盐城智能制造联合创新中心，年内启动建设。年内，4家本地化服务机构列入省首批工业互联网服务资源池。加快大数据与产业发展融合。全年签约备案大数据项目81个，其中国家信息中心大数据清洗加工（盐城）基地、浪潮集团、阿里创新中心等品牌项目18个；大数据产业园成功获批江苏省版权示范单位、江苏省首批电子商务众创空间试点单位、江苏省生产性服务业集聚示范区。

三、智慧盐城

2018年，盐城加快智慧盐城建设。加强智慧盐城安全顶层设计，在智慧盐城原有总体规划、实施方案和行动方案的基础上，结合新型智慧城市的要求，围绕数据应用分级管理等重点，研究制定《智慧盐城安全保障体系规划》和《盐城市数据应用分级管理制度》。全面推广政务云。至2018年底，盐城市有26个新上云系统，本地开发、本地部署的政务系统上云率超50%。实现政务审批一张网、市民一卡通、综合交通指挥平台、公安公众服务平台、教育云平台、中国盐城网站群等云化部署。全面整合信息资源。梳理涉及全市76个市级部门的政务信息资源，启动市级共享交换平台与省级共享交换平台的连通工作，形成国家、省、市三级数据共享交换平台的互联互通，国务院71个部门，694个数据项，508个数据服务接口逐步向各级政府部门提供共享服务。加快“数梦小镇”建设。“数梦小镇”在全省首批25家省级特色小镇考核中排名前六位，通过创建验收，获评省级优秀特色小镇，投资5亿元的小镇城市客厅全面启动建设，阿里巴巴创新中心挂牌投入使用。

第三节　无线电管理

2018年，盐城市无线电管理系统设有各类台站1.12万个，其中广播电台75个（声音13个、电视9个、差转台53个），甚高频、特高频电台中固定陆地电台36个、移动电台1228个，业余台站501个。全年市无线电管理处办理无线电台站执照36件。加强和规范业余无线电台管理，5月，举办业余无线电台操作技术能力A类考试、B类考试1次，参考人员36人次。开展全市旧版业余无线电操作证书换发工作，累计换发新证6件。向市供电公司等用频单位征收无线电频率占用费35.79万元。开展专项检查，会同市文广新局对全市范围内使用调频广播专用频率的无线电台（站）使用情况进行现场检查，梳理出市广播电视台等9个设台单位93个调频广播和无线电视台站，其中调频广播39个，无线电视54个（地面数字电视30个，模拟电视24个），并要求相关单位完善台站手续。加强无线电行政执法管理，全年查获“黑广播”事件12起；会同公安部门查处18起非法安装无线电干扰器影响移动通信案件，现场拆除没收3台无线电非法干扰器。加强无线电信号监测。全年固定监测累计6260小时，重点频率监测时间1266小时。做好重大活动保障工作。在盐城南洋机场等重要场所开展无线电安全检查和保障工作，做好2018年中华龙舟大赛（江苏盐城站）等重大活动及重要会议的保障工作，完成高考、研究生考试、公务员招录等重要考试无线电保障25场次，发现并处置作弊信号12起，在二级建造师、卫生专业技术等考试保障中查获8套无线电作弊设备。

数梦小镇概念规划图　　城南新区/供

生态环境

□绿色生态

□环境监管

第11章　绿色生态

编　　辑　潘其锐

综　　述

2018年，盐城贯彻落实生态立市战略，完善生态文明制度体系。在全省率先修编完成《盐城市生态文明建设规划（2018—2022）》，研究制定《盐城市生态文明建设目标评价考核实施办法》和绿色发展指标体系、生态文明建设考核目标体系，健全生态文明建设科学考评机制。建立健全市、县、镇三级政府向同级人大报告环境质量状况和环境保护目标完成情况制度。加大生态创建力度。建湖县获评国家级生态文明建设示范县、省级生态文明建设示范县，东台市、盐都区获评省级生态文明建设示范市（区）；全市46个镇、21个村获评省生态文明建设示范镇、村；东台市、大丰区、射阳县、亭湖区、阜宁县经济技术开发区获评省级生态工业园区。组织开展国家和省级生态红线划定与调整工作，划定的盐城国家级生态红线陆域、海域总面积为6348.28平方千米，占全省国家生态保护红线面积的34.9%，面积全省最大。推进覆盖拉网式农村环境综合整治工作，编制完成《盐城市畜禽养殖污染防治条例》，在全省率先启动生物多样性本底调查试点工作。打造生态特色品牌。组织开展盐城黄海湿地申遗工作，召开2018黄（渤）海湿地盐城国际会议，4月，国务院正式批复黄海湿地项目作为2019年国家申报世界自然遗产项目，10月，世界自然保护联盟（IUCN）委托国际专家在盐城现场考察评估。盐城继续创建国家森林城市，深入推进沿海百万亩生态防护林工程建设，突出沿海万亩新林场、森林小镇、森林村庄、绿色通道和国家森林公园、国家湿地公园等重点工程建设，全面构筑绿色生态屏障。全年全市投入造林绿化资金20多亿元，实施绿化重点工程101项，完成成片造林面积1.08万公顷，改造提升面积1.12万公顷，建设城镇绿地面积4020公顷，造林总量继续保持全省第一；全市建成森林小镇15个、森林村庄112个，经济林果、花卉苗木和蚕桑专业村37个。

《盐城市生态文明建设目标评价考核实施办法》　5月14日，市委办印发《盐城市生态文明建设目标评价考核实施办法》，明确考核的目的依据、适用范围、考核原则、考核主体、考核内容、考核方式、结果评定、结果运用、纪律监督、办法解释等内容。考核主要采取目标评价考核采取评价和考核相结合的方式，实行年度评价、五年考核。对各县（市、区）党委和政府，市开发区、城南新区党工委和管委会，实行党政同责、一岗双责。考核结果划分为优秀、良好、合格、不合格4个等级，考核结果作为各地党政领导班子和领导干部综合考核评价、干部任免的重要依据。　（王　轼）

第一节　水资源管理保护

一、水资源管理

2018年，市水利局牵头完成2017年度实行最严格水资源管理制度省技术核查和综合考核，获良好等次。坚持红线约束，全面落实水资源用水总量和强度双控管理，下达年度辖区内地下水、地表水及规模以上自来水年度取用水计划，实行用水总量三级管控。制定《盐城市用水总量指标调控方案》，实施“预测评估、统筹分配、保证重点”的总量调控方式，从严从实核定县级用水总量。落实用水总量预警制度，办理省级取水许可申请项目9个，申请许可水量474.7万立方米，完成阜宁渠北灌区、滨海陈涛灌区等12个大中型灌区的农业取水发证工作。落实地下水水量、水位双控管理，下达各县（市、区）2018年地下水开采总量，各地将年度用水总量下达到每眼深井用户，全年全市地下水开采量3567万立方米。开展地下水封井工作，全年封井254眼，完成省下达225眼目标任务。开展封井工作回头看，配合省水利厅开展2014—2017年封井工程第三方核查工作。加强地下水日常管理工作，优化调整地下水监测站网，完成2017年度盐城市地下水监测年报编制工作，并按月开展省级地下水水位、水质监测工作。开展全市地下水调查工作，重点调查地下水用量统计和水资源费征缴情况，依法依规依程序开展地下水管理工作。推进节水型社会建设，创建各级各类节水型载体172个，其中省级载体57个，完成省级节水减排示范项目11个，全市万元地区生产总值用水量较

2017年下降约10个百分点。年内，射阳县创成国家级节水型社会达标县，滨海县创成省级节水型社会示范区；射阳港发电有限公司等企业申报省级水效领跑者。至年底，全市建立158个农民用水合作组织，管理灌溉面积60.87万公顷，占全市有效灌溉面积的89.4%。阜宁县古黄河堆上用水协会、射阳十一支渠协会创建成为国家级农民用水合作组织。继续在通榆河、蟒蛇河、射阳河3条主要供水河道开展水环境区域双向补偿制度，每月组织监测并通报资金补偿测算情况，实行达标奖励、超标补偿。通过行政、技术、经济手段督促落实地方政府对辖区水环境质量负责的法定责任。

盐城通过全国水生态文明试点城市建设试点验收 6月28—29日，全国水生态文明建设试点评估验收专家组对盐城市全国水生态文明城市建设试点工作进行技术评估。经评议打分，盐城以93.2分通过全国水生态文明城市建设试点技术评估。盐城自2014年5月被列为第二批全国水生态文明城市建设试点市后，组织编制《盐城市水生态文明城市建设试点实施方案》，明确项目推进的时间节点及责任主体。试点期间，盐城市以建设"东方湿地之都、水绿生态盐城"为主线，以"河海安澜、碧水畅流、岸绿景美、水韵盐阜"为目标，结合自身东部沿海滩涂湿地和平原水网区域特色，按照中央生态文明建设要求和系统治理思路，开展水安全、水节约、水环境、水生态、水文化、水管理六大体系建设，完成大纵湖湿地生态修复等十大示范工程和各类项目70余项。2014—2017年，共计完成投资165亿元，全面完成23项考核指标。12月20日，受水利部委托，省水利厅提请省政府对盐城水生态文明城市建设试点进行行政验收。经验收，省政府认为盐城海陆共治的沿海滩涂湿地和平原河网区水生态文明城市建设模式，在全国同类地区具有重要推广应用价值，同意盐城水生态文明城市建设试点通过验收。

3个县(市)通过省级水生态文明试点技术评估验收 2013年，东台市、建湖县、阜宁县被列为全省水生态文明城市建设试点县，试点建设期2014—2017年，试点目标年2018年。试点建设期间，东台市累计投入63.71亿元，实施9项重点示范项目、65项建设项目，实现23项考核指标；建湖县累计投入45.05亿元，实施37项重点建设项目、10项示范工程，实现21项考核指标；阜宁县累计投入54.27亿元，实施10项示范工程、41项建设项目，实现20项考核指标。2018年10—11月，由南京水利科学研究院会同省水资源服务中心组成的水生态文明建设试点技术评估组，对东台市、建湖县、阜宁县水生态文明城市建设试点工作进行技术评估，认为东台市探索出沿海垦区水生态文明建设途径，建湖县探索出里下河腹部水网地区水生态文明城市建设途径，阜宁县创新苏北平原河网地区水生态文明建设途径，三县(市)均实现建设预期目标。经评议打分，东台市、建湖县、阜宁县水生态文明城市建设试点技术评估综合得分分别为92分、90.5分、93.2分，通过省级水生态文明城市建设试点技术评估验收。

二、水资源保护

2018年，市水利局加强水环境保护，抓好通榆河水环境治理等工作。开展生态河湖行动，根据《江苏省生态河湖行动计划(2017—2020年)》，市政府印发实施《盐城市生态河湖行动计划(2018—2020年)》，市水利局制定《盐城市水利局关于贯彻落实〈盐城市生态河湖行动计划〉专项实施方案》。推进水源地达标建设工作，根据省水源地达标建设工作要求，全面完成县城以上集中式饮用水源地达标建设任务。推进乡镇区域供水水源地达标建设工作，滨海县淤黄河、苏北灌溉总渠2个乡镇区域供水水源地完成达标建设，并通过市级验收；响水海堤河水源地和阜宁潮河水源地取水口迁址方案通过省水利厅审查。开展水功能区整治及监管工作，各县(市、区)根据下发的省级水功能区达标整治名录，开展水功能区达标整治工作，编制完成《省级水功能区达标整治方案》，并在通过省级审查的基础上，由各县(市、区)政府批准实施。强化水功能区监测，按月发布水功能区水质通报，全年全市省级重点水功能区达标率为76.9%，较上年同期提升5.7%。开展入河排污口调查和整改工作。调查登记规模以上入河排污口71个，规模以下入河排污口140个。市水利局联合市发改委、环保局、城建局制定实施《盐城市规模以上入河排污口整改工作方案》。各县(市、区)编制完成《规模以下入河排污口整治方案》，并通过市级审查。至年底，规模以上入河排污口整改任务全部完成。

退圩还湖 年内，盐城加快退圩还湖。推进退圩还湖规划编制。4月，盐都区五庄荡等退圩还湖规划通过省水利厅评审，并报省政府审批；6月，阜宁县射阳湖(马家荡)退圩还湖规划通过省水利厅专家咨询，年内完成修订完善工作；8月，建湖县九龙口等退圩还湖规划通过省水利厅专家咨询。推进实施湖泊湖荡全面实现"网格化"管理。阜宁、建湖、盐都制定湖泊网格化管理实施方案，建立"湖长+网格长+网格员"管理模式，将全市两湖九荡划分为29个基础网格，除县、镇、村三级网格长由相应湖长兼任外，明确村级网格员47名，具体负责湖泊湖荡管理与保护的巡查监督和日常管理工作。组织开展湖泊遥感核查工作。市河道管理处组织对盐城市里下河湖泊2017、2018年湖泊遥感监测变化点进行审核，核查数据通过省泰州引江河管理处审核。

三、河长制湖长制

2018年，盐城市继续部署实施河长制湖长制工作。完善组织体系。8月，市委办、市政府办出台《盐城市全面推行湖长制工作实施方案》《关于调整盐城市全面推行河长制领导小组成员的通知》《关于公布市级总河长市级河长湖长的通知》；12月14日，市河长办制定出台《盐城市河湖"三乱"整治违法行为整改验收和销号办法》等系列配套制度。落实河长巡河治河制度。盐城市各级河长履职尽责，开展巡河治河工作，全市县级以上河湖长累计巡河湖1170余次，其中市级河湖长巡河湖50余次。全面落实《"一河一策"行动计划》,通过分析河道管理保护与治理存在的主要问题,确定保护治理目标,针对水资源管理、河湖资源保护、水污染防治、水环境综合治理、生态修复、长效管护、执法监督、综合功能提升8个方面,提出河道管理保护治理的对策措施,拟定实施计划,明确责任分工,为河湖治理与管护提供基本依据。年内,市领导担任河长的21条省骨干河湖"一河一策"行动计划全面出台。加强督查考核。5月,市河长制办公室组织对全市河长制工作开展情况进行督察,重点了解各地河湖"三乱"(乱占、乱建、乱排)整治、工作计划出台、样本河道打造、管护队伍建立等情况,并形成督查通报报市总河长、河长及各地总河长;6月上、中旬盐城市委、市政府督查室牵头对农村生态示范河道建设情况进行专项督查;6月25日,市河长制办公室出台《盐城市河长制湖长制工作2018年度市级考核细则》,明确对各县(市、区)河长制湖长制工作、市级河长湖长所管河湖县级河长湖长的考核项目、考核指标等;8月下旬市河长制办公室牵头,市环保、城建、海渔、水利等有关部门参加,组成考核组对各县(市、区)2018年上半年河长制湖长制工作督察考核。至年底,全市打造完成26条河长制样本河道和104条农村生态示范河道。

建立"三长"并行的河湖管护责任机制 年内,盐城在主要河道设立"河长""断面长""警长"并行的河湖管护责任机制,"河长"统筹抓流域环境治理,"断面长"重点抓断面达标成效,"警长"长效抓河道安全保障。8月,对主要河道"断面长"进行优化调整,由市委、市政府主要领导担任"总断面长",12位市领导、31位县领导担任34个省考以上断面的市县两级断面长,高位推进断面水质达标工作。

落实河道长效管护机制 年内,盐城按照"安全、管护、治污、清洁、绿化"的原则,建立健全农村河道"五位一体"长效管护机制,落实管护队伍、管护经费。至年底,根据《省政府办公厅关于开展河湖和水利工程管理范围划定工作的通知》要求,全市各地完成骨干河湖和水利工程管理范围划定三年工作任务,各县(市、区)政府加大县镇两级河道管护投入,全年完成资金投入1.9亿元。

开展河湖"三乱"专项整治 年内,盐城各地按照省、市河湖"三乱"专项整治行动方案,开展河湖"三乱"专项整治工作,加强河湖空间管控,改善河湖水环境质量。市河长制办公室下发的省市领导担任河长的河湖2018年第一批、第二批主要违法问题清单1051个,至年底,整改到位845个,完成率80.4%。其中,省河长制工作办公室下发盐城市境内第一批河湖"三乱"问题150个,至年底整改完成110个,完成率73.3%。

建成市级河长制信息平台 年内,市河长制办公室通过购买社会服务,租用中国移动信息平台的方式,建立信息平台及河长APP为一体的市级河长制信息平台。该平台具有河长基础信息管理、河长考核督查管理、巡查检查、河湖信息查询、综合信息展示服务、一河(湖)一策、一河(湖)一档和移动服务等功能模块,采用地图、可视化、图表等手段为河长巡河治河提供服务。 (臧滨城 蔡志芳)

第二节 土地资源保护

2018年,市委、市政府印发《关于进一步加强耕地保护和改进占补平衡的实施细则》《盐城市县(市、区)政府(管委会)耕地保护责任目标考核办法》,将耕地和永久基本农田保护等耕地保护责任目标履行情况纳入党政领导班子和干部综合考核评价体系,落实地方党委政府耕地保护第一责任。全年全市实施完成耕地占补平衡项目库项目新增耕地面积4100公顷;完成省、市土地整治项目22个,投资8.4亿元,建成高标准农田面积2.24万公顷,新增耕地面积400公顷。参与省补充耕地指标交易面积539.28公顷,交易金额25.73亿元。在全市经济技术园区、服务业集聚区、旅游开发区、乡镇工业园区、现代农业园区"五大类"园区等级创建、南北共建园区考核评比中,发布"亩产英雄榜",引导开发园区盘活存量用地,逐步减少新增用地。开展闲置土地专项行动,全年处置批而未供土地面积700公顷,盘活利用存量建设用地面积3000公顷,全市建设用地亩均税收比上年同期增长10.6%。盐都区、亭湖区被表彰为全省高标准厂房建设和使用先进地区,盐都区、建湖县和阜宁县被表彰为全省国土资源节约集约利用模范县(区),射阳县被表彰为全省国土资源节约集约利用进步奖。至年底,盐城市土地面积16931平方千米,其中耕地面积8378平方千米、园地面积155平方千米、林地面积123平方千米、草地面积66平方千米,城镇村及工矿用地面积2288平方千米、交通运输用地面积522平方千米、水域及水利设施用地面积4817平方千米,其他土地面积581平方千米。 (吕景林)

第三节 森林资源保护

2018年,盐城坚持建立健全以林地林权管理为核心、综合监测为基础、监督执法为保障的森林资源保护管理体系,全面提升森林保护管理水平,为"一片林"建设提供保障。实行商品林、公益林分类经营管理,在林木采伐管理方面,对林木采伐管理实行分类指导,逐步做到"管严一块,放活一块"。"管严一块"就是对重点公益林要严格控制采伐,"放活一块"就是对商品林应允经营者依法采伐。强化林地保护管理,加强野生动植物保护、自然保护区建设和湿地保护管理,加强木材市场管理,做好木材运输和木材加工经营管理,严厉打击各种破坏森林资源的违法犯罪行为,提高林政管理队伍的素质和执法水平,切实保护森林资源。至2018年底,盐城市森林覆盖面积33.74万公顷,其中有林地面积21.33万公顷,灌木林地面积3.02万公顷,四旁树折算面积9.4万公顷,林木覆盖率27%。

2018年全市林场基本情况一览表

表11-22

序号	名　　称	区域面积(公顷)	林地总面积(公顷)	成立时间
1	盐城林场	2033.33	1741.65	1959年9月
2	大丰区林场	2466.70	2320	1959年10月
3	东台市林场	2847.80	2533.33	1965年11月
4	建湖县林场	373.33	316.15	1972年1月
5	射阳县林场	903.93	624	1972年4月
6	射阳县金海林场	933.30	853.30	2012年3月
7	大丰区沿海林场	866.67	866.67	2014年5月
8	东台市沿海新林场	2000	1333.30	2017年9月
9	响水县新奥沿海林场	1000	950	2017年9月
10	滨海县古黄河林场	1200	494.13	2017年11月

盐城林场　盐城林场创建于1959年9月，原称射阳林场，2012年4月区划调整后更名为盐城林场。盐城林场地处苏北沿海中部，经营总面积2033.33公顷，生态公益林面积1741.65公顷，职工400人，其中在职职工175人，退休225人。林场毗邻江苏盐城国家级珍禽自然保护区，紧依入海河道新洋港、西潮河，省级盐海公路、海堤公路贯穿其中。2004年获批为省级森林公园，2016年被中国林业产业联合会评为中国慢生活休闲体验区。2018年，林场完成造林面积243.33公顷，栽植的品种有：薄壳山核桃、中山杉、落羽杉、水杉、柳树、苦楝、榆树、柳杉、银杏、刺槐、池杉、朴树、广玉兰等十多个品种苗木，共计约126万株。年内，林场加强与南京林业大学、省林科院等科研院所合作，于2018年9月12日成立盐城市曹福亮院士工作站，科研地设立在林场东升、胜利管理区，主要开展智慧林业、都市林业和林业产业化相关技术研究、实验、示范、培训和推广活动，推进盐城市树种的持续更新升级和乡土树种资源的优化开发。

大丰区林场　大丰区林场成立于1959年10月，位于大丰区川东闸西首，区域总面积2466.7公顷，林地面积2320公顷，有省级生态公益林1640公顷，在编人员274人，常住人口780人，是从事公益管理二类事业单位，主要承担保护和培育森林资源、维护国土生态安全和提供生态公益服务职责。1993年，林场获评全国百强林场；2004年，经省林业局批准建立江苏大丰林海省级森林公园。2018年，林场完成新造林面积105公顷。至年底，林场有杨树种植面积740公顷，水杉种植面积400公顷，苗圃种植面积266.67公顷，耐盐树种种植面积360公顷，活立木总蓄积量7万立方米，森林覆盖率65%。年内，林场加强与南京林业大学、省林科院、南京中山植物园等科研院所合作，开展沿海地区耐盐苗木的育繁和推广，规划建设333.33公顷耐盐苗木基地，繁育中山杉、白榆、榉树、黄山栾树、楝树、弗吉尼亚栎等耐盐苗木近30种，年可育耐盐苗木80万株，可供沿海地区成片造林666.67公顷。

东台市林场　东台市林场成立于1965年11月，位于东台市弶港镇中部，东至228国道，西至潘堡村、盐村，南至前哨村、北与省属新曹农场接壤。总经营面积2847.8公顷，有林地面积2533.33公顷，均为省级重点生态公益林，森林覆盖率达到86%以上。2004年6月，省林业局批准在东台市林场基础上成立江苏黄海省级森林公园；2015年12月，国家林业局准予设立江苏黄海海滨国家森林公园；2016年11月，创建成为国家AAAA级旅游景区。2016年评为全国十佳林场，2017年评为中国最美林场。2017年以来，东台市林场结合黄海森林公园林相改造工程重点进行苗木品种升级优化，打造66.67公顷林木种业试验示范基地，栽植弗吉尼亚栎、薄壳山核桃、北美枫香、舒玛栎、纳塔栎等“三化”树种10万株；在黄海原种场北场营建耐盐乡土树种培育示范基地133.33公顷，栽植榉树、墨西哥落羽杉、榔榆、香椿、薄壳山核桃等珍贵乡土树种14.8万株；改造提升228国道两侧绿色通道，按照每侧50米的标准，栽种胸径7厘米~8厘米水杉2.3万株，提升黄海森林公园东入口的绿化效果，实施出入口1.5万平方米的景观绿化。

建湖县林场　建湖县林场成立于1972年1月，位于建湖县境内东部黄沙港两岸，西端从建湖县城向东与射阳县接壤，全长37.5千米，横跨近湖、开发区、庆丰、冈西、上冈五个镇区，场部设在上冈镇。区域总面积373.33公顷，林地面积316.15公顷，其中杨树种植面积186.82公顷，榉树种植面积66.97公顷，水杉种植面积15.57公顷，银杏种植面积7.14公顷，原梨园种植面积5.93公顷，其他硬阔类种植面积7.25公顷，有林地全部为省级生态公益林，活立木蓄积量2.2万立方米，全场森林覆盖率83.76%，在编人员25人，是从事公益管理二类事业单位（财政差额拨款），主要承担保护和培育森林资源，维护国土生态安全和提供生态公益服务。

射阳县林场 射阳县林场成立于1972年4月，原称射阳县黄沙港林场，2013年更名为射阳县林场。射阳县林场坐落在黄沙河两侧的堆堤和青坎上，境内东西总长35千米，东至黄沙港入海口，西与建湖县毗邻，沿途经过黄沙港镇、合德镇、新洋农场、兴桥镇、新坍镇五个镇一个农场，为差额拨款事业单位，股级建制，职能范围为：管理国有林场，促进林业发展，国有林场规划计划编制，林木种苗生产供应，护林防火，森林培育与经营，林木良种选育与新技术推广，林木种苗调剂。2014年林场成立县啄木鸟森林病虫防治服务部，服务于全县林木病虫害防治。河南侧冈合线的水杉林带已成为射阳县东西一条靓丽的景观带。至年底，林场有职工94人，其中在职60人，离退休34人。林场土地面积903.93公顷，其中有林地面积624公顷，水面、道路面积279.93公顷。林场各类林木蓄积4.47万立方米，森林覆盖率96.9%。主要树种为水杉、意杨、银杏等有林地，全部为省级生态公益林。

射阳县金海林场 射阳县金海林场成立于2012年3月，位于射阳港城幸福大道南、新海堤西侧。林场总区域面积933.3公顷，林地面积853.3公顷，有职工21人，栽植红叶石楠、中山杉、东方杉、女贞、弗吉尼亚栎、榉树、榆树等耐盐树种32个、近100万株。林场地处沿海，土壤含盐成分较高(3‰～7‰)，先后与南京林业大学、吉林大学等科研院所合作，采取完善进排水系、地膜覆盖、开沟起垄抬高地面等沿海造林技术，造林成活率、保存率均在85%以上；规划建设生态景观林区、苗材两用林区、珍贵树种培育区、耐盐苗木繁育区、休闲观光与综合服务区5个功能区；打造国家级森林公园，成立“金海国家森林公园”创建指挥部，“金海省级森林公园”可行性通过专家组评审；筹备碳汇交易，2015年与北京环境研究院洽谈合作，利用林地进行碳汇交易，各项手续报国家发改委，待国家发改委组织专家论证。

大丰区沿海林场 盐城市大丰区沿海林场成立于2014年5月，隶属于江苏大丰沿海开发集团有限公司，位于大丰区老川东闸北侧、海堤公路内侧、东方绿洲农业园区西南片。林场与南京大学、南京林业大学、国际竹藤中心、江苏省林业科学研究院等科研院校建立合作关系，先后建立南京大学滩涂生态化开发试验基地和林业新品种繁育与示范基地、南京林业大学大丰沿海林场教学科研基地、国际竹藤中心竹资源江苏培育基地等。至2018年底，栽植中山杉、水杉、榉树、柳树、榆树等耐盐树种130余万株，新造林面积200公顷，累计造林面积866.67公顷，率先在全市建成沿海万亩新林场。

东台市沿海新林场 东台市沿海新林场成立于2017年9月，是整合东台市特种经济植物园、弶港镇、林场新东区、堤闸处梁垛河南干河水管区、三仓农场等6家单位的林业资源成立的新林场，总区域面积2000公顷，核心区林地面积1333.3公顷。2018年，林场实施新川分场首期造林工程，以三区中心路以西为主，由南向北依次规划栽植舒玛栎(北美红栎)、大果栎、弗吉尼亚栎、乔木型柽柳等树种面积80公顷；对分场内所有道路绿化进行提档升级，全部栽植8厘米以上的大规格舒玛栎，至年底，形成沿海地区江苏最大的橡木培育基地。

响水县新奥沿海林场 响水县新奥沿海林场成立于2017年9月，隶属于响水县城市资产投资有限公司，负责沿海万亩生态林场和高速高铁两侧万亩薄壳山核桃的管理和运行。林地位于陈家港镇民生河和高速高铁两侧，规划总投资1.5亿元，规划区域面积1000公顷，其中薄壳山核桃面积733公顷。至2018年底，林场完成投资1.4亿元，实施造林林地面积950公顷，栽植主要树种为薄壳山核桃、中山杉、白蜡、白榆、栾树、水杉、女贞、杨树等。高速高铁两侧万亩薄壳山核桃主要栽植3厘米、4厘米、5厘米嫁接苗，培育果材两用林，三年后亩均收益达6000元，苗木成活率95%以上。

滨海县古黄河林场 滨海县古黄河林场成立于2017年11月28日，位于滨海港经济开发区首乌、友谊、三洪等村境内，东临黄海，西接银杏岛，古黄河贯穿其中，总区域面积1200公顷，核心区面积440公顷，银杏岛面积266.67公顷，古黄河水体面积413.33公顷，主要分为4个功能区，即生态森林、景观绿化、果园和耐盐植物园，以种植耐盐、防风、耐水树种为主，具体有银杏、女贞、栾树、白榆、樟树、中山松、落羽松等树种。林场为县属国有企业，投资主体为滨海县水务公司，有各类技术管理人员7人，临时管护人员5人。年内，主要实施沿海生态防护林、银杏岛森林公园绿化提升工程，主要栽植中山杉、银杏、池杉、垂丝海棠、樱花等27个品种的苗木，实行乔、灌、草搭配种植。至2018年底，林场营造成片林面积494.13公顷，植树36.7万株，苗木成活率在95%以上。 （刘建潮）

第四节 海洋资源保护

2018年，盐城市秉持生态优先、绿色发展理念，围绕建设海洋强市目标，突出海洋高质量发展主线，推进现代海洋经济发展、海域资源管理和海洋生态文明建设，全市海洋资源保护和利用取得新成效。年内，盐城市被国家发改委、自然资源部批准为国家海洋经济发展示范区。服务沿海开发项目用海，全市获批建设用海1000公顷。落实严格管控围填海要求，全面停止申报和审批新增围填海项目。推进填海竣工海域使用验收，华能江苏大丰300兆瓦海上风电示范工程集控中心等4宗填海项目通过省级验收。强化自然岸线保护，编制出台《海岸线整治修复三年行动计划(2018—2020年)》，完成射阳河口生态修复、滨海岸线整治和修复，全年整治修复海岸线20.98千米。清退保护区缓冲区养殖用海，射阳县完成清退缓冲区海域范围内养殖用海5宗1387公顷、大丰区完成清退11宗4567公顷。全市海洋生产总值1190亿元，全面完成全国第一次海洋经济调查工作。开展海洋环境监测，全年盐城市海洋环境监测中心组织开展5次33站位的入海河流河口监测，3个断面11个站位的海水入侵监测，3个断面12个站位的盐渍化监测，5次陆源入海口排污监测以及赤(绿)潮监视监测等工作。组织开展海洋执法监管，全市海洋执法机构组织开展海洋岸线巡查11次，组织检查海洋工程项目407次，检查环境保护(排污口)项目46次，立案14起，收缴罚金8738.7万元。组织开展海洋浒苔绿潮生态灾害防治，投入资金1000万元、117条船只、1000多人，打捞浒苔1900吨，实现浒苔不出市的目标，完成浒苔绿潮生态灾害防治任务。推进国家海洋督察反馈问题整改工作，涉及盐城市的23项问题整改任务基本完成。

盐城市获批国家海洋经济发展示范区　11月23日，国家发改委、自然资源部印发《关于建设海洋经济发展示范区的通知》，盐城市入选其中，获批建设国家海洋经济发展示范区。示范区位于盐城市东部沿海地区，以东台市临海部分成陆滩涂区和滨海县临海部分废弃盐田区2个片区为主。东台片区100平方千米，范围东至黄海岸线，南至201县道，西至黄海森林公园、川港河，北至东台河；滨海片区50平方千米，范围东至黄海岸线，南近宋公堤和滨海港地，西至引潮河，北至环海堤公路。示范区为2017至2020年，示范区建设期主要任务是探索滨海湿地、滩涂等资源综合保护与利用新模式，开展海洋生态保护和修复。

海洋工程生态补偿　年内，盐城市推进海洋工程用海单位落实海洋生态补偿措施，有28个项目签订海洋生态补偿协议，35个项目海洋生态补偿实施方案通过评审，汇集补偿资金1.12亿元。江苏沿海开发(东台)有限公司、中电投滨海海上风力发电有限公司等9家用海单位组织实施生态补偿项目，在东台、大丰、射阳、滨海海域放流各类渔业资源苗种2.3亿尾(只、颗)。

建成海域三维立体场景监管系统　年内，为提高海域管理信息化水平，盐城市海域使用动态监管中心开发建设重点工程用海三维立体场景监管系统。该系统通过三维激光扫描系统采集重点工程用海的构筑物、办公场所、码头等点云数据，建立该区域三维可量测模型，达到对重点工程用海实景复制，获取高精度高分辨率的海域数字三维模型。年内，该系统通过国家海洋局海域综合管理司论证监管处、江苏省海域使用动态监视监测中心、河海大学、南京师范大学等单位的专家组成的项目验收组的验收，并投入使用。

（陈卫中）

第五节　湿地和自然保护区保护

一、湿地保护

2018年，全市湿地总面积76.94万公顷，占全省湿地面积27.26%，其中沼泽湿地面积500公顷、湖泊湿地面积2600公顷、河流湿地面积3.62万公顷、人工湿地面积20.94万公顷和近海与海岸湿地面积52.06万公顷。年内，盐城加强湿地保护和自然保护区管理工作。开展第22个"世界湿地日"宣传活动，增强社会公众对保护湿地及其生态环境意识。启动"国际湿地城市"申报工作，编制创建规划和申报材料，完善湿地保护体系，成立盐城市湿地管理委员会，建立健全湿地科研监测、湿地保护宣传教育网络等重点工作，打造国际湿地城市品牌。开展省级湿地名录认定，对辖区范围内的16块省级重要湿地信息核实确认，明确重点湿地区域和范围，明晰湿地保护机构的责权。继续推进湿地生态修复，结合退圩(围、网)还湖(湿)等湖泊、河流治理工程项目，加快湿地公园、湿地保护小区建设，继续开展退化湿地修复治理。至年底，全市受湿地保护自然湿地面积增加1.2万公顷，自然湿地保护率46.5%。

2018黄(渤)海湿地盐城国际会议　11月16—17日，2018黄(渤)海湿地盐城国际会议召开。100多位国内外湿地专家学者，围绕候鸟迁飞路线、黄(渤)海湿地跨区域保护、湿地保护体制机制、湿地资源利用与可持续发展等主题，探讨湿地保护对策，提升湿地保护管理水平，促进人与自然和谐共生。大会向全球发布湿地保护"盐城倡议"，倡议深化湿地保护国际合作，促进人与自然和谐共生，并向9位国内外湿地保护专家颁发盐城海滨湿地研究院特约研究员聘书。会上，盐城海滨湿地研究院与联合国湿地公约组织东亚中心签订深化生态保育与滨海湿地保护合作备忘录；盐城海滨湿地研究院、天合公益基金会、世界自然基金会(瑞士)北京代表处签订盐城湿地生态保护和管理实验合作备忘录。

推进湿地保护与修复"12345"工作　年内，盐城推进湿地保护与修护"12345"工作。该工作计划三年内开展创建国家湿地公园1个，新建省级湿地公园2个，构建湿地生态景观走廊3条，完善提升湿地科普宣教基地4个，打造湿地生态特色小镇5个，新建一批分布较为均衡的湿地保护小区，因地制宜开展湿地保护修复工作。

建湖九龙口湿地公园通过国家湿地公园验收　12月，国家林业和草原局公布2018年试点国家湿地公园通过验收名单，建湖九龙口湿地公园列入其中，是盐城市首家并唯一获批的国家湿地公园。建湖九龙口湿地公园管委会秉持

“原生态、慢生活、深体验”的发展理念，实施湿地生态系统保护与修复工程，还原湖荡湿地，恢复原生植被，2018年完成塘口收储14个，退渔还荡200公顷。加大与高校科研合作力度，科学规划湿地功能片区，开展水文监测、鸟类及生物多样性调查，建成2处科研观测站、3处观鸟点、10多处水文水质及野生动植物监测点。完善湿地管理体系，细化湿地保护目标责任，加大湿地保护力度，丰富活动形式，全方位开展湿地主题宣教，切实提升公众生态保护意识，促进湿地资源可持续发展。12月14日，国家林业和草原局网站、《中国绿色时报》等在《湿地公园人与自然和谐共生的乐土》一文中，选取建湖九龙口湿地公园作为范例，介绍建湖九龙口湿地公园在开展国家湿地公园建设、落实国家湿地分级分类保护策略中的具体做法及取得成果。

开展“绿盾2018”和自然地检查工作 年内，市林业局根据《江苏省林业局关于开展“绿盾2018”自然保护区监督检查专项行动的通知》《江苏省林业局关于开展全省自然保护地大检查的通知》要求，对江苏省大丰麋鹿国家级自然保护区和建湖九龙口湿地公园、盐都大纵湖湿地公园、东台永丰湿地公园、阜宁金沙湖湿地公园4个省级以上湿地公园的生态环境问题进行检查，对有生态环境问题落实整改要求。（吕景林）

二、江苏盐城国家级珍禽自然保护区

2018年，江苏盐城国家级珍禽自然保护区根据全市打好污染防治攻坚战暨“263”（“两减六治三提升”）专项行动任务目标，结合中央环保督察“回头看”整改要求和生态环境部遥感卫星核查、国家海洋督察要求，加大涉区71个整改项目督查力度，年内68个项目完成整改。通过整改，缓冲区和实验区恢复湿地面积5333公顷，在“绿盾2018”自然保护区监督检查专项行动检查的20个自然保护区中，珍禽保护区是唯一没有被生态环境部约谈和通报的保护区。支持和配合盐城申遗工作，实施管护站的标准化建设，完善界桩界牌及核心区海域浮标，对三里河出海河道两侧及滩面进行环境整治。年内，珍禽保护区参加2018黄（渤）海湿地盐城国际会议，与湿地研究方面的专家开展盐城湿地保护体制与机制探究以及沿海湿地的综合管理规划和治理案例研究的专题研讨。

珍禽管护 年内，保护区在核心区重点区域设立8个监控探头，完善重点鸟类栖息地和觅食地的远程监控能力，利用无人机等现代化设备辅助开展巡护工作；开展打击核心区偷盗资源行动，累计收缴地笼500余个、小船2条等，抓获盗取资源人员25人，其中拘留22人；与市森林公安、市边防支队联合开展打击非法猎捕行动5次，收缴网具若干、鸭媒300余只，抓获非法猎捕人员5人；建成2艘巡护船用于核心区常态化海上巡护，确保潮间带自然资源安全。全年救助丹顶鹤2只、东方白鹳2只、鹭鸟2000余只、野鸭1000余只。成立鸟类研究中心，重点开展丹顶鹤人工繁育和驯养工作，成功育成丹顶鹤14只。

科研协作 年内，珍禽保护区利用视频监控、雷达探鸟、鸟类环志及卫星跟踪等方式开展鸟类监测，监测到环志鸻鹬类水鸟1905只；与南京大学合作在核心区沿海建立环境自动监测站，开展水位、大气实时监测；联合青岛海洋地质所开展核心区海岸线动态监测。首次成功申请江苏省重点研发计划社会发展项目——盐城湿地生态保护特区生物多样性保护与栖息地恢复科技示范项目；与省野保站、南京大学等单位签订科研项目合作协议，共同开展课题研究5项；与北京林业大学签订共建研究生工作站协议；与盐城师范学院合作共建的保护区生态监测中心正式挂牌。年内，珍禽保护区编制完成《保护区2017年度生态监测报告》和《运用雷达监测风电场对鸟类影响试验研究初报》。

科普宣传 利用“世界湿地日”“生物多样性日”“世界环境日”“爱鸟周”等重要纪念日，组织形式多样的宣传活动。编印出版《丹顶鹤》季刊4期；政务网发布通讯稿件20余篇，微信公众平台发布稿件81篇，其中原创文章62篇。在中央电视台新闻频道、省生态环境厅官网、新华网等省市各级媒体发布报道33条。完成保护区形象宣传片《一个真实的地方》的拍摄和制作。

社区共管 年内，珍禽保护区制定《网格化监管工作方案》，与大丰三龙镇、海北科技有限公司、东台弶港镇等社区政府和单位共同实施网格化管理试点。走访新洋港居委会、方强农场、盐城林场、斗龙乡等社区村镇和企业，介绍自然保护的理念和做法。保护区与东风悦达起亚汽车有限公司员工、社会志愿者进行“齐心添绿、关爱自然”的植树造林公益活动，生态林面积继续扩大。

生态旅游 年内，珍禽保护区对照国家AAAA级景区标准开展“标准化服务”活动，提升服务质量，通过AAAA级景区复核验收。以“鹤舞翩翩”为景区形象，获得“盐城十景”称号。完成丹顶鹤放飞场地笼舍改造、大学生实训基地绿化、鸟类栖息地改造等工程，完善宣传和导览等设施。成功打造2017—2018年越冬期生态观鸟活动，成为新亮点；组织开展研学旅游和科普活动，全年接待近6000多学生科普团体。

亚行项目建设 亚行贷款盐城湿地保护项目于2012年落地保护区，总投资2.1亿元，经过6年的建设，于2018年底完成建设。通过项目实施，建造单体建筑28座，建筑面积约1.25万平方米，完善保护区管护站点、监测站点的布局，重塑湿地修复与重建区（旅游区）的地形和水系，完善旅游区办公、卫生等基础设施和供水供电系统；在核心区实施引水补湿和退渔还湿工程和控制互花米草生长的试验性工程，改善核心区的湿地生境。（张　涛）

三、江苏省大丰麋鹿国家级自然保护区

2018年，江苏省大丰麋鹿国家级自然保护区的麋鹿种群数量达4556头，占全世界麋鹿种群的60%以上，是世界

上最大的麋鹿种群，其中野外种群增至905头；保护区内有植物284种，兽类27种，鸟类214种，两栖爬行类21种，鱼类156种，昆虫599种，其中国家Ⅰ、Ⅱ级保护动物41种。保护区切实履行好保护生物多样性的重要职责，对麋鹿种群实行分区、分片、分人的网格化管理，对野外麋鹿种群数量首次实行每月5日、15日、25日定期大范围、大规模统计，确保麋鹿种群安全持续生存与繁衍。加大麋鹿保护力度，联合大丰区森林公安、川东边防派出所建立联防机制，定期组织联合执法行动，严厉打击未经批准进入保护区核心区捕捞、小取等违法行为，确保野生麋鹿及其栖息地的安全。尝试麋鹿种群迁地保护，将6头（2雄4雌）麋鹿运送至宿迁运河湾森林动物园。年内，江苏省中国画学会写生创作基地落户保护区，江苏省中国画学会组织30多位艺术家走进野生麋鹿生活区，进行集中艺术创作。

麋鹿保护与研究 年内，保护区继续实施小麋鹿驯养项目，通过对驯养工作的实践和研究，积累大量基础科研资料，全年发表麋鹿科研相关论文13篇，申报科研项目3个，拓展了麋鹿遗传学、生理生化等科学方面的研究，为麋鹿的遗传育种、饲养管理和人工驯养条件下繁殖提供科学依据，为麋鹿种群可持续发展建立物种基因库。另外，通过驯化实现人鹿零距离互动，建立湿地、动物与人类和谐共生的良性循环。

鹿王争霸电视直播新闻发布会 5月26日，由大丰区政府与江苏省大丰麋鹿国家级自然保护区共同主办，盐城广播电视总台承办，2018鹿王争霸赛电视直播新闻发布会在盐城广播电视总台演播大厅举行。《新华日报》《扬子晚报》《盐阜大众报》《现代快报》、新华网、人民网、今日头条、网易新闻等媒体予以报道。

成功救护国家二级保护动物——牙獐 5月17日，麋鹿保护区接到群众报警，在剑丰农场的排灌渠道中有一只“小麋鹿”受困，保护区的救助小队立即出发赶往现场，到达事发地点，后经技术人员鉴定，确认被救动物是国家二级保护动物牙獐。在勘查现场地形之后，救助小队和民警合力用网具将牙獐拖出水渠，并将其放归到东川海堤东侧的野生麋鹿放养区内。

盐城黄海湿地展示中心对外开放 盐城黄（渤）海湿地是江苏省首个世界自然遗产申报项目，为成功申遗，盐城市委市政府决定在麋鹿保护区建设盐城黄渤海湿地申遗展示中心。展示中心占地面积1000平方米，局部两层设计，主体馆分为四部分，主要展示黄（渤）海湿地地形地貌、湿地特征、鸟类群落和各种特色湿地文化。10月16日，展示中心正式对外开放。

聚仙湖湿地公园开放 聚仙湖湿地公园位于江苏省大丰麋鹿国家级自然保护区内，占地约33.3公顷，投资约400万元，于2018年年底正式对外开放。公园整体设计运用麋鹿、八卦阵、姜子牙、百花仙子等文化元素，向公众全方位展示麋鹿文化、湿地文化和封神文化。公园内有湖泊、栈桥、百花仙子雕塑和荷花等景观，充分展现湿地与麋鹿文化内涵。

封闭海堤公路 7月1日起，市委市政府对海堤公路原K87至K95+100段交通实施永久性封闭，过往车辆和行人须绕道通行。公路封闭实施后，可杜绝利用海堤进入麋鹿保护区进行采集资源的行为，还可防止麋鹿被来往车辆撞伤或撞死，很多鸟类利用封闭段的海堤林进行繁殖、筑巢。

（侯立冰）

第六节 野生动植物保护

2018年，盐城加强对野生动植物的保护。市林业局组织“爱鸟周”（每年4月21—27日）和“野生动物保护宣传月”科普宣传教育活动，提高广大市民保护野生动物意识。全年发放《中华人民共和国野生动物保护法》《江苏省湿地保护条例》《野生动物保护法律法规文件选编》《中国常见鸟类小图册》《盐城滨海湿地常见鸟类》《探索盐城滨海湿地》和《预防禽流感 保护你我它》等宣传手册近2.5万份，发放保护野生动物倡议书2000份，发放宣传帽500顶、环保宣传袋4000个。依法维护野生动物产品生产、经营利用秩序，按照省林业局《关于进一步加强野生动物保护管理工作的通知》要求，对盐城辖区内野生动物驯养繁殖单位和个人驯养繁殖的野生动物有关情况进行摸底，检查野生动物驯养繁殖企业40多家。加强保护鸟类等野生动物资源，开展“盘羊三号行动”“2018护蛙行动”和沿海打击非法猎捕野生动物专项执法行动，打击乱捕滥猎野生动物和非法经营利用野生动物及其制品等破坏野生动物资源的活动。年内，全市接到举报电话10多个，出动警车、执法车100余次，执法人员300人次；取缔非法猎捕窝点20多处，清缴非法猎捕网具、鸟笼、电瓶、音响、矿灯、猎夹、媒鸭等猎捕工具300余件，解救、放生斑嘴鸭、绿翅鸭等野生动物活体100多只。做好野生动物疫源疫病监测防控，各省级监测点坚持日报制度，对江苏盐城国家级珍禽自然保护区、沿海滩涂和里下河地区等有野生鸟类聚集和迁徙的地段进行全天候巡护监测，全年全市未发生一起野生动物疫源疫病事件。依法加强野生动植物相关行政许可事项的审批管理，全年审批野生动物驯养繁殖、经营利用等各类材料83份，严格把关行政审批手续，有效地规范野生动物养殖经营行为。开展对伤病野生动物的救护工作，全年全市收容救护猫头鹰、红隼、苍鹰、夜鹭、草鹭、苍鹭等野生动物2200只。

（刘建湖）

第七节 资源节约

2018年，盐城市分解落实省政府下达的2018年度节能目标，全年全市单位地区生产总值能耗比上年下降0.2%，达到“十三五”总时序进度85.4%，超时序进度要求。严格项目节能量源头把控，对全市近三年的固定资产投资技改项目耗能情况进行摸排。加强事中事后监管，组织对部分项目节能审查意见实施情况进行现场检查。对全市所有企业和项目节能审查手续进行回头看检查。加大督查考核力度，定期对各县（市、区）节能目标完成情况进行督查通报，按月下发晴雨表，对大丰、滨海、响水等部分能耗增长较快的地区进行专项督查。加大节能监察力度，开展2018年度节能监察工作，组织对电力直接交易用户开展专项节能监察。发展节能环保产业，节能量交易在环科城碳交易市场挂牌；组织企业申报工信部第三批环保装备制造行业（大气治理）规范条件企业，江苏兰丰环保科技有限公司通过国家专家组现场验收。全市节能环保产业实现主营业务收入1023.8亿元。环保装备制造及节能环保服务业增势强劲，拉动效应明显，远达环保、龙净、清新环境、盐环实业等环保企业营业收入增长超过50%。推动节能环保产业与国内外知名院校、大院大所建立合作。至年底，全市节能环保产业与中国科学院、清华大学、复旦大学、南京大学、同济大学、美国明尼苏达大学等著名院校合作的研发机构22家，承担国家级研究课题30多项。年内，国家发改委批准的唯一的国家级大气污染治理和装备工程实验室，清华大学第一个校外国家级工程实验室投入运行；南京大学盐城环保技术与工程研究院新获得“国家中小企业公共服务示范平台”称号。

一、循环经济

2018年，全市在总结全市园区循环化改造成效和经验的基础上，编制印发《盐城市推进园区循环化改造三年行动计划（2018—2020年）》，推进全市省级以上经济开发园区和化工园区（集中区）加快实施园区循环化改造，打造绿色循环产业链条。推进秸秆资源综合利用，全市稻麦秸秆机械化还田面积62.2公顷，还田率由2013年的40%上升到2018年的79.3%，秸秆综合利用率93%以上。其中，稻麦秸秆机械化还田率60.9%，能源化利用占14.5%，肥料化利用占7.0%，基料化利用占4.0%，饲料化利用占4.1%，原料化利用占2.5%，其他方式利用占0.3%。全年，全市收贮利用秸秆主体222个，其中年收贮量达1万吨以上的29家，5000～1万吨41家，2000～5000吨49家，年收贮利用秸秆约150万吨。年内，盐城大吉环境科技有限公司盐城市市区餐厨垃圾收运处置系统工程项目纳入生态文明建设专项2018年中央预算内投资计划，获得中央预算内资金补助656万元，年内完成主体工程建设。

二、低碳经济

2018年，全市落实控制温室气体排放和应对气候变化工作。市发改委与江苏省区域经济研究中心、中国质量认证中心南京分中心联合举办全市重点企业温室气体排放报告能力培训班。市发改委向省发改委报送盐城市企业2016和2017年度碳排放报告、补充数据表及2018年监测计划。组织开展能源资源计量服务示范项目申报，推广应用重点节能低碳技术，推动实施绿色制造重点工程，完善绿色制造重点项目库，年内组织实施51项绿色制造重点项目。

全市重点企业温室气体排放报告能力建设培训班 3月10日，市发改委在常州华美达国际大酒店举办全市重点企业温室气体排放报告能力建设培训班。各辖市区发改系统资环条线分管领导、相关业务科室负责人，盐城市第一批纳入碳排放权交易范围内的31个重点单位的分管领导和填报负责人，共计80余人参加培训班。上午，专家讲解包括碳排放报告工作的相关政策、碳资产管理、碳排放报告编制及核查注意事项等内容；下午，各专家及市发改委分行业为企业做试填报的培训并为企业做进一步咨询。

三、节能降耗

2018年，全市重点推动节能降耗工作。加强节能宣传，组织2018黄海国家森林公园“地球一小时”大型生态节能公益活动系列活动，组织市相关部门开展2018年节能宣传周集中宣传活动。实施重点用能单位“百千万”行动，对全市重点耗能单位能源消费总量和消耗强度指标进行摸排，对“百千万”重点用能单位总量和强度指标进行分解，对“百千万”重点用能单位能源消费总量和强度双控目标进行中期评估，编制《盐城市削减煤炭消费总量2018年工作计划》，分解减煤时序任务，明确责任部门，督促各县（市、区）和市各相关部门按时序进度推进减煤各项具体工作。全年全市非电行业规上工业企业煤炭消费量316.3万吨，比2016年减少107万吨，完成省政府下达的减煤目标任务。印发《盐城市发展改革委关于落实省发展改革委下达我市“十三五”能源消费增量目标的通知》，将控制“十三五”及年度能源消费增量的目标下达到各县（市、区），进一步加强能源消费增量的控制。

创建绿色制造体系 年内，市经信委组织企业申报工信部绿色制造体系建设示范、省级绿色制造体系创建计划、国家绿色制造系统集成项目等，全市11家企业，2个产品，1个园区，1家绿色供应链列入省经信委《江苏省绿色制造示范创建计划企业名单》。继江苏中磊节能科技发展有限公司、东台中玻特种玻璃有限公司2家企业，东台经济开发区成功通过工信部第二批绿色制造体系建设认定后，盐城市钰明集团有限公司成功创建国家绿色工厂。组织企业申报工信部和国家质检总局的“能效领跑者”企业，东台中玻特种玻璃有限公司成功列入，是江苏省唯一入选企业，也是国内平板玻璃企业唯一入选企业。

第七届盐城环保产业博览会暨环保产业创新发展大会 （参见第41页相关条目）

（陈建芳　季　鹏）

第12章　环境监管

编　　辑　潘其锐

第一节　环境质量

一、空气环境质量

2018年盐城市区环境空气质量优良天数达264天，优良天数比例为72.3%。二氧化硫年平均浓度为每立方米9微克，二氧化氮年平均浓度为每立方米27微克，一氧化碳百分位浓度为每立方米1.26毫克，均好于国家二级标准；PM10（空气动力学当量直径小于等于10微米的颗粒物）平均浓度为每立方米81微克，PM2.5（空气动力学当量直径小于等于2.5微米的颗粒物）平均浓度为每立方米43微克，臭氧百分位浓度为每立方米166微克，分别超过国家二级标准0.16倍、0.26倍、0.04倍。PM2.5和一氧化碳保持持平；二氧化硫、二氧化氮和PM10分别下降30.8%、3.6%、9.9%；臭氧上升6.4%。

全年各县（市、区）空气质量总体与2017年持平。二氧化硫年均浓度在每立方米10微克～25微克，平均每立方米14微克，较上年下降10.3%，好于国家二级标准；二氧化氮年均浓度在每立方米19微克～29微克，平均每立方米25微克，较上年上升4.4%，好于国家二级标准；一氧化碳日均值无超标现象。PM10年均浓度在每立方米65微克～85微克之间，平均每立方米73微克，较2017年下降5.1%，东台、建湖、亭湖未达到国家二级标准；PM2.5年均浓度在每立方米39微克～47微克之间，平均每立方米41微克，较2017年下降4%，均未达到国家二级标准；臭氧日最大8小时均值超标率低于11.1%。

全年各县（市、区）空气质量优良天数比例在71.2%～86.3%之间，平均为77.8%，较2017年下降0.3个百分点，射阳最高，亭湖最低。对照全年考核目标要求，建湖PM2.5和优良天数比例双达标，滨海、阜宁、大丰PM2.5达标，射阳、响水优良天数比例达标。年内，按照《江苏省重污染天气应急预案》，全市发布蓝色预警4次、黄色预警4次、橙色预警1次。

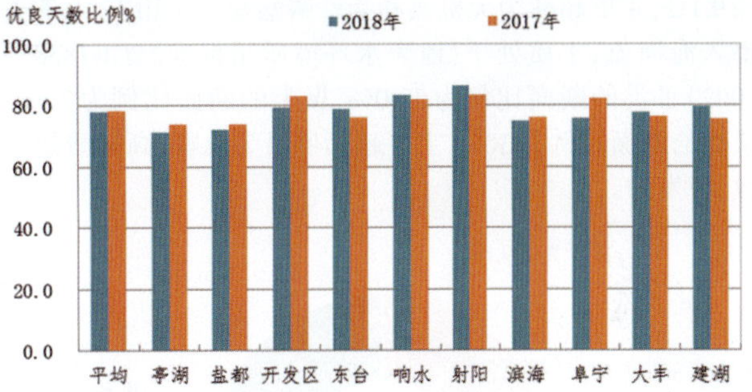

图12-01　2018/2017年全市环境空气质量优良天数比例对比图

各县（市、区）降水年均pH值范围在6.51～7.89之间，全市年均pH值为7.21，全年未监测到酸雨，与上年相比降水pH值变化不大。

二、水环境质量

流域地表水。2018年，盐城纳入国家《水污染防治行动计划》和江苏省“十三五”水环境质量目标考核的34个地表水断面中，年均水质符合Ⅲ类的断面比例为70.6%，Ⅳ类水质断面比例为17.6%，Ⅴ类水质断面比例为11.8%；与2017年相比，符合Ⅲ类断面比例上升3个百分点。

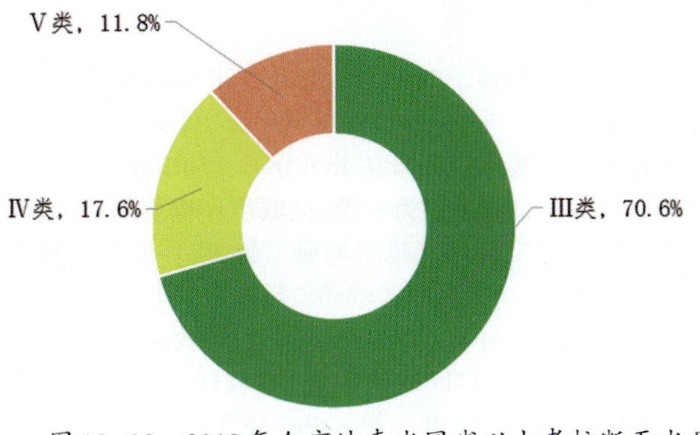

图12-02　2018年全市地表水国省以上考核断面水质类别比例图

饮用水源。全市饮用水以集中式供水为主，主要以地表水作为取水水源。年内，全市开展监测的14个县级及以上城市集中式饮用水水源地取水总量约为3.41亿吨，依据《地表水环境质量标准》(GB3838—2002)评价，全市县级及以上城市集中式饮用水水源地各次监测均达标。

主要河流。全市8条主要河流中，苏北灌溉总渠、黄沙港、射阳河、新洋港、灌河和通榆河水质状况为良好，串场河、斗龙港水质为轻度污染。

上游客水。全市5个主要跨市河流总体水质为轻度污染，Ⅲ类水断面占60%，Ⅳ类和劣Ⅴ类断面各占20%，主要超标项目为氨氮。

近岸海域。全市近岸海域设11个环境质量监测点位，符合或优于《海水水质标准》(GB3097—1997)二类标准的比例为54.5%，Ⅲ、Ⅳ和劣Ⅳ水质比例分别为9.1%、27.3%和9.1%，主要超标为无机氮和活性磷酸盐。全市有10条主要入海河流，水质处于《地表水环境质量标准》(GB3838—2002)Ⅲ类的断面比例为50.0%、Ⅳ类的断面比例为20%、Ⅴ类的断面比例为30%，主要超标项目为总磷、高锰酸盐指数、挥发酚。

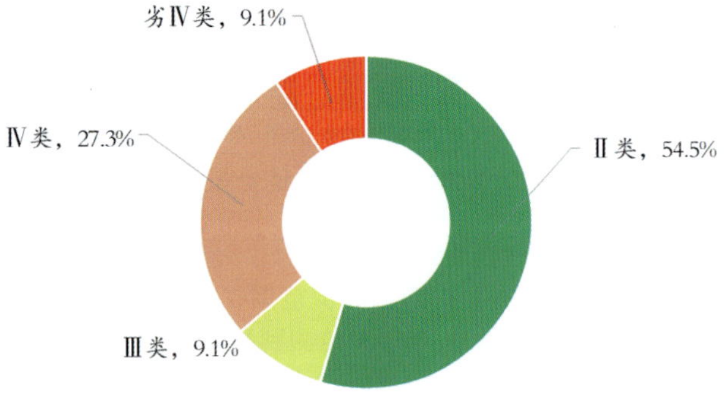

图12-03　2018年全市海水测点水质类别比例图

地下水。全市实测16口井中达《地下水质量标准》(GB/T14848—2017)三类的比例为81.2%，各县(市、区)中射阳地下水水质为Ⅳ类，其余均达到Ⅲ类标准。与2017年相比，盐都、阜宁和大丰地下水水质有所好转，其余县(市、区)地下水质级别无明显变化。

三、声环境质量

区域环境噪声。2018年，全市昼间平均等效声级为51.9分贝，总体水平为二级，区域声环境质量较好。全市城市昼间平均等效声级分布在48.6分贝～54.7分贝之间，其中大丰和东台总体水平为一级，区域声环境质量好；市区、响水、滨海、阜宁、射阳、建湖均属二级，声环境质量较好。与2017年相比，全市昼间区域环境噪声平均下降1分贝，污染状况总体有所好转。全市夜间平均等效声级为44.2分贝，总体水平为二级，区域声环境质量较好。全市城市夜间平均等效声级分布在36分贝～46.2分贝之间，其中东台总体水平为一级，区域声环境质量好；响水、阜宁和建湖属二级，声环境质量较好；市区、滨海、射阳、大丰均属三级，声环境质量一般。

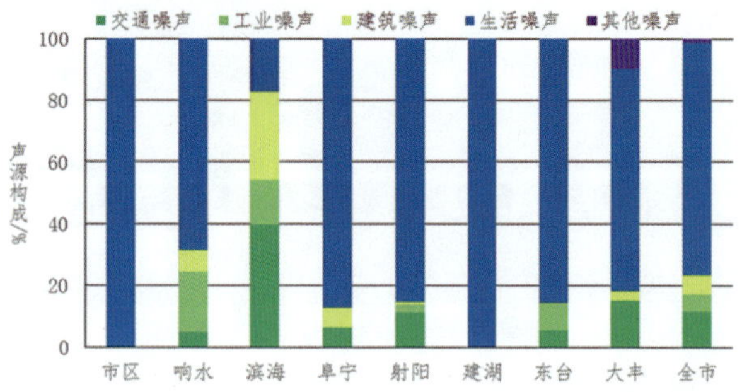

图12-04　2018年全市环境噪声主要声源结构图

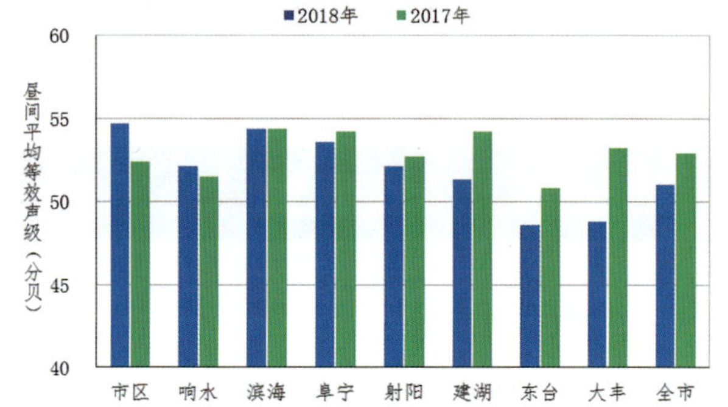

图12-05　2018/2017年全市昼间区域噪声平均等效声级对比图

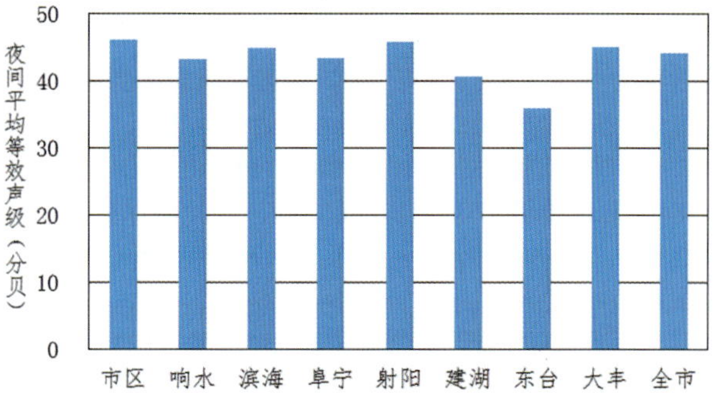

图12-06　2018年全市夜间区域噪声平均等效声级图

道路交通噪声。全市昼间道路交通噪声平均等效声级为65.6分贝，声环境质量状况评价为好。全市城市平均等效声级范围为62分贝～71.5分贝，其中大丰总体水平为三级，声环境质量状况为一般；射阳总体水平为二级，声环境质量状况为较好；市区、响水、滨海、阜宁、建湖、东台均属一级，声环境质量状况好。与2017年相比，全市昼间道路交通声环境质量保持稳定。全市夜间平均等效声级为54分贝，声环境质量状况评价为好。城市夜间平均等效声级在48.5分贝～57.9分贝之间，均属一级。

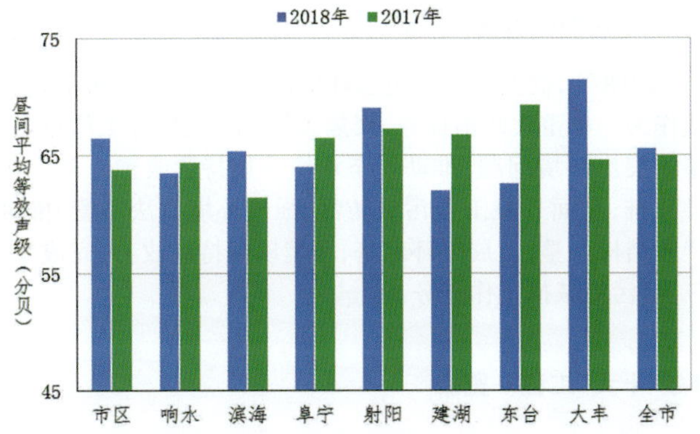

图12-07 2018/2017年全市昼间交通噪声平均等效声级对比图

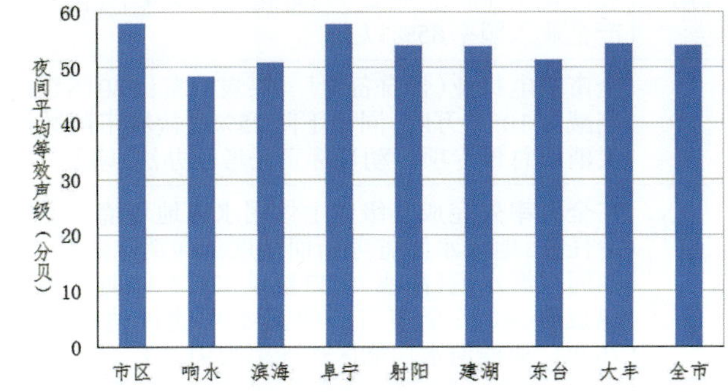

图12-08 2018年全市夜间交通噪声平均等效声级图

第二节 环境监测

2018年，根据市环保局下发的名单，对全市92家重点排污企业、2家VOCs（挥发性有机物）重点企业和4家危险废物处置企业开展监督性监测。结果表明，全市废水、废气、污水处理厂重点企业平均排放达标率为79.4%、95.1%和90.2%，VOCs重点企业和危废处置企业排放达标率均为100%。

重点排污企业。全年全市实测35家废水企业，34家参与评价，平均排放达标率为79.4%。其中，24家企业稳定达标排放，大丰跃龙化学有限公司、江苏博汇纸业有限公司、江苏海力化工有限公司、江苏海兴化工有限公司、江苏辉丰生物农业股份有限公司、江苏金羚纤维素纤维有限公司、江苏瑞科医药科技有限公司、盐城市大丰华盛皮革有限公司和东台市东华纺织印染有限公司9家企业废水超标排放。全年全市实测34家废气企业，平均排放达标率为95.1%。其中，32家企业稳定达标排放，江苏大吉发电有限公司和江苏吉华化工有限公司出现超标。全年全市22家污水处理厂参与评价，平均排放达标率为90.2%。其中，17家全部达标排放，盐城大丰城市污水处理有限公司（城北）、盐城大丰城市污水处理有限公司（开发区）、大丰电子信息产业园金达莱水务有限公司、东台沿海污水处理有限公司和建湖县城东污水处理厂5家企业出现超标。

VOC重点企业。全年对全市2家VOCs重点企业开展监督性监测，全年监测2次。结果表明，全市VOC重点企业排放达标率均为100%。

危险废物处置企业。全年对全市4家危险废物重点企业开展监督性监测，全年监测2次。结果表明，全市危险废物重点企业排放达标率均为100%。

第三节 环境管理

2018年，盐城加强环境管理。全面落实环境保护责任。市委、市政府坚持把打好污染防治攻坚战作为重大政治任务，市委常委会议、市政府常务会议等专题研究生态环境保护和突出问题整改工作，并先后召开中央环保督察整改工作推进会、全市生态环境保护大会暨污染防治攻坚战工作推进会等进行具体部署。市委、市政府主要领导、各分管领导多次深入一线、督查督办，市人大、市政协专题视察调研、监督检查，市人大常委会以“法律巡视”方式开展为期1个月的环保执法检查，市纪监委部署开展为打好污染防治攻坚战提供坚强纪律保障专项行动，建立健全市、县、镇三级政府向同级人大报告环境质量状况和环境保护目标完成情况制度。

一、环境问题整治

2018年，盐城推进环境突出问题整治。落实中央环保督察整改要求，继续实施“263”专项行动、“绿盾2018”等专项行动，统筹推进大气、水、土壤三大行动，打好污染防治攻坚战，在化工整治、减煤降耗、大气环境质量提升等方面列出挂牌督办“十大”工程，制定督办清单，逐一明确责任主体、整治措施、完成时限。中央环保督察“回头看”期间，交办盐城环境信访件256件，较2016年减少21件，全部程序性办结。盐城督察整改工作在中央环保督察组“回头看”反馈意见点名肯定。开展化工园区整治。成立化工园区整治工作领导小组，抽调专人驻点服务，指导园区和企业“一园一策”“一企一策”开展整治工作，聘请省环科院等15个技术团队近200多人参与排查整治，排查出园区层面环保问题39个，企业层面环保问题2562个。针对排查问题，组织专家团队对园区及152家企业的环保问题清单和整治方案审查把关。至年底，园区和企业方案审查工作全部结束。

开展“绿盾2018”专项行动 年内，根据国家、省“绿盾2018”专项行动部署，市环保局联合发改、国土、海洋与渔业等部门（单位）印发《关于组织开展全市“绿盾2018”自然保护区监督检查专项行动的通知》《关于继续做好国家级自然保护区内存在环境问题项目整改工作的通知》，提请市委、市政府召开专题会议，听取自然保护区重点环境问题整改情况。牵头组织开展“绿盾2018”、自然保护区风电光伏、畜禽养殖专项执法检查、生态环境部卫星遥感核查等工作，会同市政府督查室对整改项目进展情况进行督查，提请市人大、政协督查、视察。至年底，江苏盐城国家级珍禽自然保护区内71个需整改项目中66个项目整改完成，4666.67公顷的湿地有效恢复；江苏省大丰麋鹿国家级自然保护区内亚行贷款项目有序推进。在2018中央环保督察“回头看”，生态环境部组织对20个国家级保护区进行暗访督查，盐城是此次暗访督察中唯一未被列入通报、约谈的城市。9月，国家“绿盾2018”第四巡查组对盐城进行专项巡查，对盐城工作给予肯定。

二、环境污染防治

2018年，盐城把加强生态环境保护、打好污染防治攻坚战作为一项重大政治任务，聚焦大气、水、土壤等工作重点，整治突出环境问题，推动生态环境质量持续改善。落实污染减排，全面开展工业污染防治，强化环境执法监管，推进产业结构调整，发展循环经济，环境质量持续改善，完成“十三五”污染减排工作任务。

2018年全市污染防治挂牌督办“十大”工程一览表

表12-23

项目内容	年度目标	2018年实际完成情况
化工整治工程	关停化工生产企业14户，危化品码头4个，化工生产企业入园率85%	关停化工生产企业22户，危化品码头4个，化工生产企业入园率85%以上
减煤降耗工程	煤炭消费总量较2016年减少27万吨	全市非电行业（含自备电厂）煤炭消费比2016年同期减少105.7万吨，同比下降25%；《盐城市削减煤炭消费总量专项行动目标责任考核办法》印发
水环境整治工程	开展河道综合整治，清理整治入河排污口，确保地表水、入海河流断面水质达到国家、省考核目标，消除劣V类；50%以上省级水功能区达到水质目标，通榆河水功能区达标率达83.3%以上	在全省率先完成县级以上饮用水源地环境问题整治任务，地表水国省考断面年度全面消除劣V类；淮河入海水道（南泓）河口建设水质在线监测系统建成并运行；全市省级重点水功能区达标率为76.9%，通榆河水功能区达标率为91.7%
大气环境质量提升工程	PM2.5年均浓度降到每立方米42微克，空气质量优良天数比率达到79.3%；整治燃煤锅炉28个项目，推进非电行业深度减排，强化VOCs的综合治理和扬尘污染控制	全面完成燃煤锅炉整治项目28个，完成脱硝改造生产线12条，完成挥发性有机物治理项目208个；对全市应急管控清单进行更新，常态化开展市区建筑工地、道路、拆迁施工工地扬尘污染管控巡查
土壤环境安全保障工程	完成农用地土壤污染状况详查和重点行业企业用地土壤污染状况调查，推进实施大丰江海化工地块土壤修复工程等5个项目；新增危险废物安全处置能力每年3万吨，危险废物贮存量同比削减40%	样品实验室检测工作；重点行业企业用地土壤污染状况调查基础信息采集录入企业812家；完成原射阳磷肥厂、建湖沪强企业（盐城）有限公司、江苏克胜集团有限公司3宗地块修复工程，大丰江海化工有限公司完成地块场地调查和风险评估，城南新区和大丰等地的2个土壤治理修复工程进展顺利；全年全市削减积存危废5.13万吨，较2017年底削减55.6%，超额完成省生态环境厅下达40%的削减任务；新增危废处置能力6.2万吨，全市危废处置总能力19.6万吨，全省第二位
黑臭水体治理工程	整治完成70%以上的黑臭水体；启动实施市区第三防洪区水环境综合整治；市区完成3条省考黑臭水体整治，串场河大庆桥国考断面水质达标；新建、改造城镇污水管网200千米；加快新水源地及引水工程建设	市区3条黑臭水体全部整治完成；第三防洪区水环境治理项目完成立项审批、可研批复、初步设计等前期工作，并完成PPP招标；印发串场河水环境整治工作方案，完成26条河道清淤疏浚工作；大丰城北污水厂进入设备安装调试阶段；开发区污水厂提标改造进入土建施工阶段；新水源地及引水工程主线和建湖、大丰、射阳支线均已通水
生活垃圾治理工程	新增生活垃圾焚烧处理能力每日1400吨，建成60个垃圾分类示范小区，开展镇村全域垃圾分类试点；启动园林绿化等垃圾处理设施建设；静脉产业园生活垃圾焚烧发电项目完成主体工程；大吉发电有限公司机组实施达标排放改造	阜宁协鑫焚烧发电厂和大丰焚烧发电厂建成投运，新增生活垃圾焚烧处理能力每日1400吨；建成垃圾分类示范小区61个，开展全域垃圾分类试点乡镇20个；建成农村有机易腐垃圾就地生态处理设施9座、园林绿化和农贸市场有机易腐垃圾处理设施13座、建筑垃圾调剂场8座、可回收物分拣中心11座；大丰餐厨垃圾处理厂、滨海餐厨垃圾处理厂以及盐城静脉产业园生活垃圾焚烧发电项目有序推进；大吉发电有限公司2号炉烟气处理系统完成技改

续表 12-23

项目内容	年度目标	2018年实际完成情况
农业面源污染治理工程	规模化畜禽养殖场治理率达75%，化肥使用总量较2015年削减3%以上；推广测土配方施肥技术、水肥一体化技术、休耕轮作试点，压缩主要湖泊网围养殖	制定《关于大力推进畜禽养殖污染防治工作的意见》《畜禽养殖废弃物资源化利用考核办法》以及6条政策意见；建立3848家畜禽养殖污染治理清单，治理认定3674家，认定率95.5%；落实绿色防控示范区23个，化肥使用量（折纯）比2015年削减3%；压缩主要湖泊网围养殖面积286.67公顷，实施池塘标准化改造面积4266.67公顷，新增水产生态健康养殖面积1333.33公顷
生态保护修复工程	新增造林面积6666.67公顷，林木覆盖率提高至26.8%，自然湿地保护率46.5%；推进珍禽保护区核心区申报世界自然遗产	全市新增成片林面积1.08万公顷，改造提升面积1.12万公顷，新增城镇绿地面积3419公顷，森林小镇新增绿地面积566.56公顷，100个森林村庄新栽植树木258.8万株；完成湿地修复面积254.67公顷，自然湿地保护率46.5%；开展沿海遗产申报区域环境综合整治，通过世界自然保护联盟专家现场考评，举办2018黄（渤）海湿地盐城国际会议，起草条子泥湿地公园建设方案，完善申遗文本
自然保护区管护工程	开展“绿盾2018”专项行动，强势推进东台蹲门围垦养殖等10个项目彻底整改到位，科学推进缓冲区内大面积养殖（种植）等问题的整改	完成《珍禽保护区管理办法》（修订稿），制定《珍禽保护区网格化管理工作方案》，修改完善《珍禽保护区缓冲区生态修复五年行动计划》；完成东台蹲门围垦养殖、滨海新滩盐改淡等6个项目整改，大丰和亭湖海堤公路东侧缓冲区退渔还湿项目整改待销号，滨海沙滩浴场防波挡沙堤工程拆除中，响水旭强光伏发电项目停止发电，大丰和射阳缓冲区海域养殖用海问题整改中

大气污染防治　年内，盐城实施“大气质量提升工程”，围绕重点行业挥发性有机物整治、机动车船排气污染防治等8个方面重点任务，每天常态化开展大市区大气污染执法巡查，组织实施294个大气污染防治重点工程项目，整治黑烟囱近千个。全面保障空气环境质量，市政府制定印发《盐城市颗粒物无组织排放深度整治实施方案》，对火电、建材、船舶运输等重点行业进行整治；市大气办制定印发《盐城市改善空气质量强制污染减排方案》，对钢铁、水泥、焦化、玻璃、冶金铸造以及其他行业中大气污染物排放量较大的62家企业，采取强制停限产措施；市大气办制定印发《盐城市2018—2019年秋冬季大气污染综合治理攻坚行动方案》，明确秋冬季攻坚工作总体要求、主要目标、主要任务和责任单位，并强化组织推进，强化污染天气应急管控措施，开展国控站点周边环境专项整治，加强扬尘、机动车、工业企业等大气污染源督查控制，基本完成生态环境部下达的秋冬季攻坚工作任务。加大秸秆禁烧工作。围绕“全面禁烧、综合利用”，坚持“标本兼治、突出治本”，加强联防联控，层层落实责任，加强巡查督查，力推综合利用，严格考核奖惩。夏季禁烧期间，全市未被生态环境部卫星遥感监测和省、市巡查发现秸秆焚烧火点和秸秆抛河现象。年内，盐城空气质量综合指数4.45，位居全省第一；市区PM2.5平均浓度为每立方米43微克，位居全省第三。8月，盐城PM2.5月平均浓度降到每立方米18微克，是盐城历史最好水平，盐城空气环境质量再次进入全国前十名。年内，盐城连续四年被省政府表彰为大气污染防治优秀城市。

大气污染减排　2018年度省下达盐城减排目标（较2017年）：二氧化硫削减4%、氮氧化物8%、挥发性有机物4%。2018年度盐城编排燃煤锅炉整治、非电行业提标改造、挥发性有机物治理等大气污染物减排工程项目271个，同比削减二氧化硫3101.41吨、氮氧化物3433.8吨，挥发性有机物7272.33吨。至年底，盐城实际完成二氧化硫削减8.41%、氮氧化物8.21%、挥发性有机物10.21%，均完成省下达盐城年度目标任务。

水污染防治　年内，盐城严格落实水污染防治工作责任，市委、市政府主要领导担任“总河长”和“总断面长”，在国考通榆河草堰大桥、串场河大庆路桥、新洋港新洋港闸等交界断面实行“双断面长”，由上下游、左右岸党政主要领导担任同一断面的断面长，协同治理，共同发力。加强对重点断面水质的监测，每月向各地通报并向市级断面长报告断面水质状况，推进“一桶水”工程建设，总投资60多亿元的新水源地及跨区域引水工程主线和建湖、大丰、射阳支线全面建成通水。年内，全市重点考核断面水质有所改善，国省考断面年度消灭劣Ⅴ类。强化水污染防治监督管理。在项目准入和管理上，坚持“四个一律”要求，即重污染项目一律不引、未通过环评一律不建、影响和破坏生态一律不要、治理不达标一律不放。强化水污染物减排。完善环境执法司法联动机制。10月25日，盐城市环境行政执法与司法联动联络室揭牌。至11月30日，全市9个县级环境保护行政执法与司法联动联络室全部挂牌成立。保障饮用水源环境安全。以全国县级饮用水源地环境保护专项行动为抓手，依法推动问题整改。年内，盐城在全省率先完成自查发现的3个水源地5个问题和生态环境部现场督查交办的8个水源地12个环境问题的整改销号。全市14个县级以上集中式饮用水源地保护区均依法划分，规范开展饮用水源地环境状况评估，按月向社会公布水源地水质状况。

水污染减排 2018年度省下达盐城减排目标（较2015年）：化学需氧量削减7.94%、氨氮削减7.58%、总氮削减5.20%、总磷削减5.42%。全年全市实施主要水污染物减排项目79个，其中重点减排项目35个，非重点减排项目44个，累计削减化学需氧量4253.43吨，氨氮468.59吨，总氮794.49吨，总磷72.48吨。与2015年相比，2018年盐城实际完成化学需氧量削减8.01%、氨氮削减7.64%、总氮5.35%、总磷5.53%，均完成省下达盐城年度目标任务。

土壤、危废等污染防治 年内，盐城加强土壤、危废等污染防治，印发实施《盐城市土壤污染防治工作方案》，完成农用地污染状况详查工作，推进重点行业企业用地污染状况调查，完成原射阳磷肥厂等地块场地修复。推进全市危险废物规范化整治、开展打击固体废物非法转移处置专项行动以及进口废物单位整治等行动。加大危废"减库存、降风险"力度，全年全市处置危废超19万吨，削减积存危废5.13万吨，较上年底削减55.6%，超额完成年度削减40%的目标任务。加快推进危废处置能力建设，新增危废处置能力6.2万吨，超额完成年内新增3万吨的目标任务，全市危废处置总能力位居全省前列，已达19.6万吨。探索危废管理长效机制，开展并全面推行企业法人签订危废规范管理承诺书，实行企业法人负责制，鼓励企业开展自查自纠解决历史遗留问题，全面实施企业危废信息公开。

三、环保执法

2018年，市环保局分季度组织开展"重点检查""交叉检查""利剑斩污""百日攻坚"等环境执法专项行动。全年全市立案查处环境违法案件950件，处罚金额1.36亿元，其中运用《中华人民共和国环境保护法》配套办法查处违法案件447起。全面实行环境行政执法与司法联动机制，在全省首家挂牌成立环境行政执法与司法联动联络室，市委办公室、市政府办公室印发《关于建立环境保护行政执法与司法联动机制的实施意见（试行）》的通知，市中级人民法院、市检察院、市公安局、市环保局印发《关于建立环境保护行政执法与司法联动联络室的通知》，市中级人民法院、市检察院、市公安局、市环保局印发《盐城市环境保护行政执法与司法联动运行办法（试行）的通知》，全面健全组织体系和工作制度，推动案件联动办理、联合执法。做好环保服务，建立健全"企业环保接待日"制度，帮助基层和企业解决发展中的困难和问题；畅通环评审批"绿色通道"，为悦达汽车、宝武钢铁、高铁、高架等重大项目和重点工程提供环保服务，市环保局窗口持续保持"红旗窗口"称号。深化"放管服"改革，市环保局建立"盐城市网上环评中介超市"的做法被江苏省生态环境厅列入2018年环保改革创新工作在全省推广。

环境行政执法与司法联动联络室成立 10月25日，环境保护行政执法与司法联动机制启动仪式举行。省生态环境厅副厅长于红霞，市委常委、政法委书记张礼祥共同为"盐城市环境行政执法与司法联动联络室"揭牌。副市长蒋巍主持。至11月30日，盐城各县级环境保护行政执法与司法联动联络室的成立全部挂牌成立。环境保护行政执法与司法联动机制主要包括建立环保联络室、建立联席会议制度、建立案件联动办理机制、构建联合执法常态机制、落实环境公益诉讼制度、建立权责明晰责任体系等。联络室主要工作职责是加强信息收集、组织办理案件移交、协调环境执法与司法联动活动、筹备召开联席会议等工作。至年底，组织联动执法2次，联合办理涉嫌环境犯罪案件3件。

市网上环评中介超市 年内，市环保局全面放开环评中介机构网上服务超市入驻工作。2017年，市环保局创新环评中介监管方式，依托盐城市政务服务网网络平台，搭建环评中介机构、服务对象、行业监管部门三方互动的网上环评中介服务平台。12月，以本地环评中介机构为试点单位，开展环评中介机构网上服务超市入驻工作。2018年3月，市环保局全面放开环评中介入驻。至年底，29家省内外的环评中介机构入驻市环评中介超市。年内，市环保局将国家、省、市三级对环评中介机构考核情况及时发布在"网上环评中介超市"，引导业主单位根据考核结果挑选环评中介机构，在提高环评审批质量和效率的同时实现奖优惩劣的目标。该项工作被省生态环境厅写入《关于运用"试点工作法"加强生态环境保护改革创新典型经验复制推广的通知》，在全省范围内推广。（王 轼）

产业结构

- □农　业
- □工业　建筑业
- □现代服务业

第13章　农　业

编　辑　许寅生

综　述

2018年，盐城调减非优势区低效粮食作物种植面积4.95万公顷，新增设施农业面积0.69万公顷，总面积15万公顷。全市争取农业综合开发项目94个，开发总面积2.76万公顷，总投资6.45亿元，其中财政投资6.36亿元。全市10个蔬菜生产基地被认定为上海市外蔬菜主供应基地，盐城农副产品在上海开办直销窗口790个，全市农产品进上海总额超330亿元，约占上海市场鲜活农产品销售总量的10%。全市新拓和更新桑园面积533.33公顷，年末桑园面积1.4万公顷。全年生产蚕茧40.1万担，蚕茧产值10.2亿元，蚕桑生产规模持续六年保持全省第一位。全市新拓成片果园面积0.19万公顷，新植果树220万株（含散生果树90万株），成片果园面积累计2.87万公顷，散生果树累计1680万株。全年实现果品总产量47万吨，总产值17.9亿元，果品产量居全省第二位。全市蔬菜园艺新增播种62万亩次、累计播种591万亩次，新增产量102万吨、总产量1619万吨，新增产值21亿元、总产值273亿元。全市新增花卉苗木生产基地面积800公顷，花卉苗木保存面积1.59万公顷，实现销售额14.2亿元。全市生猪出栏787万头，存栏427万头；家禽出栏1.32亿只，存栏0.91亿只。肉类总产量86.3万吨，禽蛋95.7万吨，生猪大中型规模养殖场比重77%。全市水产养殖面积12.16万公顷，其中淡水养殖面积6.95万公顷、海水养殖面积5.21万公顷，实现水产品总产量119.8万吨、渔业总产值500.6亿元。全市新创成畜牧业绿色发展示范县等国家级牌子29个、稻田综合种养示范县等省级牌子110个。

一、现代农业

2018年，全市调减非优势区低效粮食作物种植面积4.95万公顷，新增设施农业面积0.69万公顷，总面积15万公顷，规模总量全省第一。新发展蔬菜园艺等经济作物面积4.13万公顷，全面培大育强西甜瓜、中药材、食用菌等十大精品产业，打造50个万亩以上特色基地，累计建成特色镇47个、专业村193个。畜牧业发展方式加快转变，全市生猪、家禽规模养殖比重分别达93%和94%，生猪大中型规模养殖比重77%。现代种业创新发展，江苏金色农业股份有限公司和江苏大丰华丰种业股份有限公司在“新三板”上市。年内，响水县南河镇被认定为第八批全国“一村一品”示范村镇、2018年全国农业产业强镇。

创意休闲农业。全年，全市新增创意休闲农业景点34个、总数553个，累计接待游客1520万人次，实现综合收入106亿元。大丰区全心村获评2018中国美丽休闲乡村，大丰区恒北村入选中国美丽乡村休闲旅游“秋采摘”精品线路。新创成全国休闲农业与乡村旅游星级企业园区9个，省级休闲农业精品村9个，省级主题创意

丰收大地现代农业示范区　　　市农业农村局/供

农园10个。至年底，市级以上休闲农业景点总数106个。

"互联网+"农业。年内，盐城启动"互联网+"农产品出村工程，拓展农资、休闲观光农业、农业服务等农业电商新领域，京东、苏宁易购、淘宝、邮乐网等电商平台"四大盐城特产馆"全部上线运行。射阳大米、大纵湖大闸蟹、响水西兰花等49个盐城名特优农产品上线"邮乐网""叮咚买菜网"、美菜网等电商平台，全年农产品网上销售额超140亿元。年内，新创省级农村电子商务示范村14个、总数46个，省级"一村一品一店"电商示范村40个、总数49个，培植市"一村一品一店"电商示范村100个，培育网上销售额超千万元农业电商企业53家。

开放型农业。全年全市农产品实现进出口总额8.08亿美元，其中进口6.1亿美元，出口1.98亿美元。江苏嘉农种业科技有限公司成为全省唯一取得进出口种子许可的民营企业，江苏桃园家饰有限公司在俄罗斯建立农产品生产基地，东台诺亚农业开发有限公司、江苏杰龙麦芽有限公司等企业境外生产经营状态良好。

培育新型农业经营主体。至年底，全市有家庭农场4858家，其中省级示范家庭农场141个，市级示范家庭农场306个。全市农民专业合作社新增595家、依法注销764家，总数1.09万家。其中，国家级示范社61家，省级示范社121家，农民合作社联合社54家；"苏合"农产品销售专业合作联社10家，入社成员180多万人，占全市总农户的98%以上，基本实现以高效种养业为主的产业全覆盖，以行政村为单位的区域全覆盖，以农民成员为主的农户全覆盖。全年全市培训职业农民7.45万人、新认定职业农民2002人，新型职业农民培育程度达47.92%；新建田间学堂、实训基地146个，新建省级新型职业农民培育实训基地2个，中农网购(江苏)电子商务有限公司(蜻蜓农服)创成全国新型职业农民培育示范基地。（花　露）

二、绿色农业

2018年，盐城实施"减治用"绿色农业推进行动。落实化肥农药减量增效，以"减"为先，化肥农药实现全域减量施用，全年全市化肥施用量(折纯)49.1万吨，较2015年削减3%以上，化肥施用量连续六年下降，主要农作物测土配方施肥技术覆盖率90.6%。东台继续创建国家茶果蔬有机肥替代化肥示范县，东台、大丰、响水创成省级耕地质量提升与化肥减量增效示范县。全年全市建立病虫绿色防控示范区23个，示范区核心面积1733公顷，辐射面积2.86万公顷。水稻、玉米、小麦三大粮食作物专业化统防统治面积207.5万公顷，覆盖率61.4%，绿色防控产品使用占比78%。

推动农业面源污染治理。加大畜禽、水产养殖污染防治工作力度，市政府领导3次会办研究畜禽、水产养殖污染防治与资源化利用工作。在全省首家施行《盐城市畜禽养殖污染防治条例》，推动畜禽养殖污染防治迈入法制化轨道；市政府制定出台《盐城市畜禽养殖废弃物资源化利用工作方案》《关于大力推进畜禽养殖污染防治工作意见》《盐城市畜禽养殖污染防治与废弃物资源化利用考核办法(试行)》等文件，重新划定禁养区、限养区，修改制定《盐城市畜牧业发展规划》。全市3848家规模畜禽养殖场通过治理认定3700家，治理率96.15%，治理认定养殖场数量全省第一，其中大型规模场治理认定1945家，治理率100%。全市新建和改造标准化池塘面积4133公顷，新增水产生态健康养殖面积2400公顷。新建扩建开发区碧水蓝天、建湖郁金香、阜宁杜园、射阳博海、康余等池塘生态循环养殖基地6个，新建水槽面积3.15万平方米，全市水槽面积累计11.45万平方米，占全省三分之一以上，规模全省最大。

推动农业资源化循环利用。推进畜禽粪污资源化利用，新实施中央财政畜禽粪污资源化利用试点县项目5个、总数6个，数量全省第一。推广"畜—沼(肥)—粮(果蔬)"等循环生态养殖模式，建成盐都泰和牧业、大丰欣运家庭农场、响水老舍生猪养殖小区等生态循环种养体30多个，全市养殖场粪污资源化利用率87.9%，全市畜禽粪污综合利用率96.91%。

《盐城市畜禽养殖污染防治条例》施行　5月1日，《盐城市畜禽养殖污染防治条例》正式施行，条例分为总则、预防、治理和综合利用、激励措施、法律责任、附则，共6章40条。该条例是全省首个对畜禽养殖污染防治工作进行的地方性立法，标志盐城市畜禽养殖污染防治工作迈入法制化轨道，对于推动全市畜禽养殖废弃物无害化处理和综合利用、促进畜禽养殖业绿色发展具有重要意义。

（徐　红　花　露）

三、综合开发

2018年，全市争取农业综合开发项目94个，开发总面积2.76万公顷，总投资6.45亿元，其中财政投资6.36亿元。年内，市农业资源开发局推广应用一体化智能泵站技术和低压管道灌溉技术，提升农业资源综合开发科技水平；运用农业资源开发项目建设管理平台，对项目开展实时监管，提高项目管理水平，保障工程建设质量。

国家农业综合开发土地治理项目　年内，全市实施国家农业综合开发土地治理项目51个，总面积2.33万公顷，总投资5.26亿元，其中财政投资5.25亿元。项目修筑硬质路528.34千米，建设排灌站372座，输电线路60.79千米，开挖疏浚排水河道85.19万立方米，衬砌渠道304.15千米，埋设管道78.83千米，修建各类渠系建筑物1.05万座，农田林网面积333公顷。

国家农业综合开发产业化发展项目　年内，全市实施国家农业综合开发产业化发展项目30个，扶持农业龙头企业26个、家庭农场4个。其中，财政补助项目5个，总投资863万元，财政补助资金420万元；财政贴息项目25个，争取中央财政贴息资金1050万元，银行贷款9.37亿元。

黄河故道农业综合开发项目　年内，全市实施黄河故道农业综合开发项目6个，总面积2067公顷，总投资4650万元。项目修筑硬质路53.29千米，输电线路4.25千米，开挖疏浚排水河道25.05万立方米，衬砌渠道37.26千米，建设灌排站25座，修建各类渠系建筑物2866座，种植防护林2.25万株。

沿海滩涂垦区配套项目 年内，全市启动实施东台渔舍垦区弶港镇渔舍村、东台黄海垦区弶港镇前哨村、东台渔舍垦区新街镇堤东村、大丰王港垦区现代农业示范区、射阳海通镇、滨海县滨海港经济区、响水县灌东盐场7个滩涂垦区配套项目，开发总面积2200公顷，总投资5329.08万元，其中省级财政投资4950万元。项目修筑硬质路51.28千米，输电线路10.24千米，开挖疏浚排水河道5.54万立方米，衬砌渠道1.46千米，建设灌排站21座，埋设管道5.37千米，修建各类渠系建筑物1012座，种植防护林1.308万株。至年底，东台渔舍垦区种植基地、大丰王港垦区现代农业示范区、射阳海通种植基地、滨海海港镇片材基地、响水灌东盐场高效淡水养殖基地等7个沿海滩涂垦区配套项目建设，形成垦区特色产业基地。 （陆 益）

四、基地建设

上海市外蔬菜主供应基地 年内，盐城组织本地农产品企业按照《上海市外延蔬菜基地生产经营评价指南》标准要求建设蔬菜生产基地。至年底，东台市岭松蔬菜瓜果专业合作社、大丰区新鑫蔬菜专业合作社、亭湖区大地禾农业科技有限公司、盐都区野绿芳地蔬菜家庭农场等10家企业被上海市商务委员会认定为上海市外蔬菜主供应基地。

现代农业园区 年内，全市新认定市级现代农（渔）业园区13个，累计建成各类农业园区183个，其中国家级4个、省级13个、市级142个。在园区等级创建考核中，评定AAAAA级园区4个、AAAA级园区6个、AAA级园区10个。市级以上园区新招引规模以上项目203个，投资额31.48亿元。亭湖现代农业产业园入选省级现代农业产业示范园。

优质稻米产业化示范基地 年内，盐城继续打造培育优质稻米产业化示范基地，建成家庭农场集群、农民专业合作社联社、粮食产业联盟、味稻小镇等各类优质稻米产业化示范基地（不含国有农场）65个、总规模5.33万公顷。

稻田综合种养基地 年内，全市坚持将稻田综合种养作为绿色生态、特色富民产业，示范推广稻渔、稻鸭共作等综合种养模式，以及稻菜、稻瓜等高效粮经轮作模式，实现“一地双业、一水双用、一田双收”。至年底，全市示范推广稻田综合种养总面积2.33万公顷，较上年新增面积0.89万公顷。盐都、建湖、东台、阜宁建成全省稻田综合种养示范县。

农产品出口示范基地 年内，盐城鼓励引导企业自建出口产品原料生产基地，组织有条件的企业开展省级出口农产品示范基地和示范企业申报和认定。盐城丰悦源钓饵有限公司沙蚕生产基地被新认定为省级出口农产品示范基地，全市出口示范基地总数19个。

智能农业示范基地 年内，全市新提升建设智能农业示范基地116个、累计建成509个，规模设施农业物联网应用占比25.5%，农业信息化覆盖率68.2%。其中，市级层面建成盐城市农业物联网公共服务平台；阜宁县建成覆盖全县所有有机稻米和“双减”基地的农业大数据平台；建湖上冈农旅数据小镇完成一期核心园区建设。

农业科技示范基地 年内，全市建成省级现代农业科技综合示范基地2个、累计建成8个，省级现代农业产业技术体系推广示范基地13个、累计建成23个，建设农业科技试验示范点48个、累计建成218个，开展新品种、新技术、新模式示范推广72项、试验研究39项、获成果专利11项。

绿色优质农产品基地 年内，江苏省启动建设绿色优质农产品基地，对原有的“无公害农产品”认定进行转型升级，基地定位为绿色食品的储备基地，必须符合绿色食品产地环境质量标准，选用优良品种种植，参照绿色食品技术标准、全程质量控制体系等要求实施生产与管理，建立健全并有效运行基地管理体系，具有一定规模的种植区域。盐城按照基地建设期申请程序进行申报，经江苏省绿色优质农产品基地审定委员会审查后，同意东台市头灶镇政府等75个单位开展江苏省绿色优质农产品基地建设工作，建设期1年，总建设面积11.63万公顷。 （花 露）

五、产业化经营

2018年，全市农产品加工产值突破2400亿元，农产品加工业产值与农业总产值之比为2.1∶1。持续实施“百家农业产业化龙头企业提升行动”，遴选103家农业产业化龙头企业参与提升行动，实现销售收入410亿元、利税20亿元，完成技改投入12亿元。新办规模以上农产品加工龙头企业（项目）60个，其中亿元以上项目18个，当年完成投资24.57亿元。推进农业产业化联合体建设，建成农业产业化联合体30个，其中8个被江苏省农业农村厅认定为省级示范农业产业化联合体。响水县西兰花产业和东台市现代农业示范园被认定为省级农村一二三产业融合发展先导区。引导农业产业化龙头企业在省股权交易中心挂牌上市，至年底全市有19家企业成功挂牌。 （姜 权）

六、农产品市场流通

2018年，全市新增绿色食品、有机农产品117个，总数293个，绿色优质农产品占比59.4%，“新街女贞”获农产品地理标志认证。全市新入选江苏省2018年农产品品牌目录35个、总数81个，“射阳大米”等5个农产品品牌进入农业农村部农产品品牌精粹。“丰收大地”“七彩阜宁”成功注册为集体商标，“射阳大米”“东台西瓜”“阜宁黑猪”“大纵湖大闸蟹”等23个产品品牌年销售额超亿元，其中“射阳大米”品牌价值185亿元，“响水西兰花”品牌价值28.86亿元。全市农产品质量安全监管基本形成市县镇村四级网格化，东台、大丰国家农产品质量安全县创建通过验收，盐都创成省级农产品质量安全示范县。围绕上海鲜活农产品外延基地建设，推进农业接轨上海，举办盐城名特优农产品（上海）专场推介会、盐城（上海）现代农业高端人才专场对接会，协办首届中国（上海）蔬菜食品安全高峰论坛暨上海长三角一体化蔬菜及农产品创新流通对接会等对接上海重大活动5次，签订湖羊养殖产学研合作、甜菊糖结晶技术研发等人才引进、技术支持协议10项；洽谈签订农业基础设施建设、农产品流通贸易、农业科技合作等项目66个，协议总额165亿元、外资1500万美元。年内，全市10个蔬菜生产基地被认定为上海市外蔬菜主供应基地。至年底，盐城农副产品在上海开办直销窗口790个，优质大米、四大家鱼、畜禽产品、西兰花、浅水藕等一批优质农产品登陆上海叮咚买菜网、盒马鲜生、美菜网等网上销售平台，全市农产品进上海总额超330亿元，约占上海市场鲜活农产品销售总量的10%。

（戚晓春　王玲梅）

供销合作　全年全市供销社系统实现销售总额1313.3亿元，农副产品收购额724亿元，利润2.4亿元，建办现代农业服务中心10个、农民综合性合作社10个、农民专业合作社49个，完成农村综合服务社提档升级103个（其中经济薄弱村20个）。完善提升农资、日用品、农产品连锁经营网络，经营网点实现镇村全覆盖，实现连锁经营总额127.3亿元。统筹推进五级农产品市场体系建设，响水灌江农产品市场投入运营，全系统农产品市场交易额260.6亿元。发展农村电商和农产品电商，市县两级上线运行电商公司18家，130多家企业进驻阿里巴巴、京东等电商平台，建成“网上双代店”“电商投递站”服务点474个，电商销售额27.6亿元。以土地托管为重点，推广“保姆式”“菜单式”等多种形式服务模式，实现农业社会化服务面积11.47万公顷。拓展服务新领域，全系统植保飞防面积2.84万公顷。发展烘干加工、仓储物流等项目，延长社会化服务链条，全系统新上粮食烘干项目13个，年烘干仓储能力30万吨。开展“接轨上海”工作，举办鹿鹤之乡·盐城禽蛋2018上海推介会，组织参加全市名优农产品专场推介会，现场签约鲜鸡蛋5万吨，总额约4亿元。对大市区和东台市2.17万公顷农田实行农药零差率统一配供试点，降低农药成本500多万元。年内，东台、大丰、盐都、阜宁4个县级供销社入选全国百强县社，25个基层社入选全国基层社标杆社。（荣海勇）

七、农业机械化

2018年，全市农机化持续快速发展，新增拖拉机1375台，新增插秧机1435台（其中乘坐式插秧机1036台），新增自走式喷杆喷雾机860台，粮食烘干机306台，植保无人机278台，农业机械化水平82%。推进粮食生产全程机械化示范创建，全市新增省级粮食生产全程机械化整体推进示范创建县5个、总数8个，全省最多；亭湖区通过首批省级粮食生产全程机械化示范县（市、区）考核评价；东台、响水、亭湖创成全国主要农作物生产全程机械化示范县（市、区），数量全省最多；射阳创成全国平安农机示范县。

秸秆机械化还田及综合利用　年内，全市争取农作物秸秆机械化还田作业补助资金1.71亿元，各县（市、区）财政配套7838万元。全市实施麦秸秆机械化还田面积36.73万公顷，还田率92%；实施稻秸秆还田在面积25.47万公顷，还田率66%；全年收贮利用秸秆约175万吨；秸秆综合利用率达97.55%。东台、滨海先后被列为全国秸秆综合利用试点县。

农机扶持政策实施　年内，全市落实农机购置补贴资金1.93亿元。东台、大丰、建湖、射阳、滨海、响水6个县（市、区）被确定为省农机购置补贴引导植保无人机规范应用试点县（市、区）。

农机合作社建设　年内，全市新注册农机合作社55个、总数1189个，新创建成功省级农机合作社示范社15个，农机社会化服务组织作业面积占农机作业面积超过60%。

农机安全监管　年内，盐城全面落实农机安全生产责任制，累计签订农机安全生产责任状4.2万份。开展农机安全检查，全年检验机具1.75万台次，办理驾驶证业务3968件。全市报废更新拖拉机、联合收割机237台，全省最多。全市“平安农机”示范合作社（家庭农场）数量102个。

（严春华　张尊忠）

八、农业科技

2018年，全市实施农业重大推广计划34项，实施基层农技推广体系改革与建设、农业科技综合示范基地、现代农业产业技术体系推广示范基地等项目33项，建设农业科技

水稻秸秆机械化粉碎还田　王仰林/摄

试验示范点48个，开展新品种、新技术、新模式示范推广72项、试验研究39项、获成果专利11项。培植部省农业科技示范户1.18万户，建成省级现代农业科技综合示范基地2个、累计建成8个，省级现代农业产业技术体系推广示范基地13个、累计建成23个。年内，全市农业系统获省农业丰收奖5项，获市科技进步一等奖、二等奖各1项。

开展农业科技服务。推进农业线上科技服务，16名地方专家在"农技耘"APP开展在线指导服务，及时发布技术指导意见，4.93万名基层农技人员、新型职业农民等农业管理、生产、经营主体注册应用"农技耘"，实现"全天候、保姆式"的线上农技服务。89名具有中级及以上技术职称的市级农技人员挂钩服务全市78名新型农业经营主体，全年累计开展到点服务530人次，指导推广应用新技术、新模式，宣传农业政策、市场信息，检查农业安全措施落实。开展农业社会化服务试点建设推进农业生产性服务业发展，全市范围内遴选建设9个农业全程社会化服务试点，形成合作社+服务、企业+合作社+服务、平台+专业服务组织+服务等社会化服务模式。

推广农业信息进村入户。实施信息进村入户整市推进二期工程，新建"益农信息社"197家，累计建成1947家，实现全市范围内涉农村(居)全覆盖。盐都区建成"盐都益农网"平台。（吕文靖　仓晶晶）

盐城市农科院　年内，市农科院推荐59个新育成的稻、麦、棉、油、蔬菜等新品系参加各级中间试验和联合体试验，其中参加国家生产试验6个，区域试验35个。水稻新品种"中科盐1号"获国家品种审定，4个油菜品种、2个蔬菜品种和1个大麦品种获国家(非主要)农作物登记；甘蓝型油菜"盐油4号"等4个新品种获农作物品种权保护。全年新申报农作物品种权保护8项；获国家专利授权17项，其中发明专利5项，实用新型专利11项；2项技术成为盐城市主推技术。全年获得各级成果奖17项。其中，获中国商业联合会科学技术二等奖1项；作为主持单位获江苏省科技进步三等奖1项；省农科院研究创新一、二等奖各1项；省农学会江苏农业科技一等奖1项，三等奖2项；盐城市科技进步一等奖1项，三等奖2项；盐城市政府专利金奖1项。全年发表学术论文80篇，其中学报级以上论文11篇，SCI收录论文12篇，其中第一作者第一单位SCI论文5篇。全年全院实现年度科技产业总收入673.35万元，其中科技成果转化与技术服务收入426.75万元，其他一般性收入246.60万元。

（邓　晔）

九、农业行政执法

2018年，《盐城市畜禽养殖污染防治条例》于5月1日起正式施行，标志着盐城市畜禽养殖污染防治工作迈入法制化轨道。全年农业系统落实法律顾问制度常态化，发挥法律顾问作用参与处理各类重大决策、行政诉讼、涉法矛盾纠纷等事项，全市农业系统落实法律顾问制度100%。逐步完善信用管理制度，在农业项目、资金、表彰、授牌等审批过程中，加大信用评价和应用力度。深入推进"谁执法谁普法""谁服务谁普法""谁主管谁普法"，把普法融入农业执法、农技服务、行业管理之中，全年组织开展"3·15"法制宣传、"放心农资下乡进村宣传周"等各类宣传活动20多次，发放宣传资料5万余份，现场咨询解答3000多人次。

农业行政许可服务　年内，全市农业系统开展行政权力事项动态调整，调整后有行政许可、行政处罚、行政强制、行政征收、行政奖励、行政确认、其他权力事项551项；梳理核定"应上尽上"政务服务事项清单108项；全面梳理"不见面"和"见一次面"清单，按照"不推一扇门、不见一个人、办成所有事情"的要求，编制105项"不见面"和3项"见一次面"事项清单，不见面率97.2%。坚持行政审批"一线通"服务标准，将申请受理、材料审查和现场勘察环节合并，简化审批流程，缩短审批时间，提供优质服务。全年市农委、市海洋与渔业局办理行政许可事项707件，无一件投诉、曝光或通报。

农业行政执法护农　全年全市农业系统立案查处案件806起，出动执法人员9989人次，罚没金额114万余元，移送司法机关案件34起。开展"绿剑护农"农资打假、放心农资下乡进村、打击电力捕鱼、渔罾渔簖网箱清理整治等各类行政执法专项行动，组织参与海上联合执法行动9次、组织市县"集中整治、现查现办"打假护农联合执法行动8次，累计检抽药样品343个、肥料样品63个，农产品质量监督抽样1161个，出动打捞渔船582艘次，打捞浒苔(含马尾藻)1.05万包、湿重1900余吨，清理整治违规渔罾298樘、渔簖982樘、网箱2.47万只。（魏小敌）

第一节　种植业

2018年，全市农作物播种面积136.58万公顷，粮食总产量704.3万吨，连续五年稳定在700万吨以上。调减非优势区低效粮食种植面积4.95万公顷，推广以"南粳9108"为主的优质食味稻米品种占比50.4%，专用麦规模产业化基地比例47.8%，引导籽粒玉米改种鲜食或青贮玉米0.78万公顷。全年全市水稻种植面积40.4万公顷，其中20亩以上水稻规模经营者近2.5万户、总面积15.4万公顷。全年申创部级果菜茶有机肥替代化肥试点县项目1个，省级耕地质量提升与化肥减量增效示范县项目3个；建成水肥一体化技术应用示范基地12个、推广面积2.07万公顷；推广使用商品有机肥14万吨，主要农作物测土配方施肥技术覆盖率89%。全市全年发生病虫害0.64亿亩次，防治1.09亿亩次，共挽回损失粮食209.51万吨，蔬菜42.87万吨，油料4.13万吨。

小麦赤霉病防控　年内，盐城探索重大病虫防控工作"政府垫资，主动防控，上级奖补，滚动使用"新模式。该模式以市为单位，由政府财政统一垫资2731万元用于小麦赤霉病防控，招标采购药剂350吨，实现一次用药全覆盖。全市小麦赤霉病发病面积14.14万公顷，平均病穗率0.96%。

之后在中央下达的6500万元抗灾资金中，盐城获得省级全额奖补资金2967万元，超财政垫资总额236万元。该模式避免上级下达资金过迟延误防控最佳时机，实现超前准备、及时防控。由于盐城赤霉病防控得力，小麦质效双提升，品质普遍好于周边地区，收购价格呈上涨趋势，部分优质专用麦收购价达每斤1.15元以上，最高价达每斤1.2元。

应对灾害性天气 全年全市农业系统按照灾前防、灾来抗、灾后救的基本思路，完善预测预报、应急响应、抗灾指导和灾情处置工作机制，提升防灾减灾应对能力。应对1月暴雪2次以及5月上旬、6月底、7月上旬强降雨和第10号台风等自然灾害天气，密切联系气象、水利等部门，提前发布预警信息，第一时间调度灾情，并及时上报。组织农技专家深入受灾一线开展救灾服务，指导农民生产自救，帮助参保农户开展理赔，同时多渠道发布救灾减灾技术意见，争取最大程度减轻灾害损失。

1月4日，全市普降大到暴雪，全市设施大棚受压受损123.8公顷，其中东台倒伏面积1.33公顷，大丰倒伏面积10公顷，盐都倒伏面积46.67公顷、棚膜撕毁面积0.67公顷，亭湖倒伏面积4.33公顷，建湖棚膜撕毁面积12公顷，阜宁倒伏面积12.2公顷，滨海倒伏面积3.27公顷，响水倒伏面积33.33公顷，主要是少数老旧棚和标准较低的大棚。

3月4日，受强对流天气影响，全市设施大棚受大风、冰雹灾害，出现不同程度损毁面积41.19公顷，主要集中在响水、阜宁、大丰、射阳等地。

5月16日下午至17日，受雷暴大风、短时强降水、冰雹等强对流天气影响，全市麦子不同程度倒伏面积1.91万公顷、其中严重倒伏面积2553.33公顷，油菜倒伏面积1100公顷，设施大棚受损面积50.13公顷，主要集中在大丰、开发区、亭湖、射阳、滨海等地。

6月27日，全市出现暴雨到大暴雨、局部特大暴雨，造成部分田块出现积水、作物倒伏，主要集中在射阳、亭湖、大丰、建湖、滨海等地。全市2.58万公顷农田出现不同程度积水，其中蔬菜面积1.43万公顷、玉米面积6533.33公顷、其他特粮特经面积4946.67公顷，玉米倒伏面积1706.67公顷。

7月下旬，受台风“安比”影响，全市农业生产受到一定影响，主要集中在东部沿海地区。据统计，作物倒伏面积1.82万公顷，其中严重倒伏面积5200公顷。分作物看，玉米面积1.68万公顷，蔬菜及特粮特经面积等1400公顷；大棚设施不同程度受损面积820公顷，其中设施倒塌面积186.67公顷、棚架薄膜损毁面积633.33公顷；倒塌圈舍1.31万平方米，因灾死亡生猪9头、受伤15头，家禽死亡2500只。 （黄婷婷）

第二节 林 业

2018年，全市新拓和更新桑园面积533.33公顷，嫁接桑苗5000万株，年末桑园面积1.4万公顷。全年发放蚕种51万张，生产蚕茧40.1万担，蚕茧产值10.2亿元，桑园综合利用产值1亿元，蚕桑生产规模持续六年保持全省第一位。全市新拓成片果园面积0.19万公顷，新植果树220万株（含散生果树90万株），改造低产果园面积200公顷，成片果园面积累计2.87万公顷，散生果树累计1680万株，全市果树种植规模位居全省第二位。全年实现果品总产量47万吨，总产值17.9亿元，果品产量居全省第二位。

（顾正将 韩成刚）

一、林木苗木

2018年，全市有苗圃3595处，育苗面积1.42万公顷，苗木产量2.64亿株，其中良种育苗1.85亿株。造林用苗株数2749万株，其中防护林924万株，用材林876万株，经济林467万株，其他林种482万株。年内，珍贵用材、彩色树种种苗行情总体向好。榉树、银杏、栾树、中山杉等特色树种育苗面积大幅提升，紫薇、海棠、樱花、石楠、红枫等彩色树种得到大面积推广。市林业局做好林木苗木检验检疫工作，全年签发调运检疫证书7000多份；实施苗木产地检疫18万多亩次，检疫率95%以上，发放林木种苗标签800多份；对木材经营户、加工企业发放检疫通知单1000多份。

二、科技兴林

2018年，盐城加快推进“一片林”工程建设，利用国有场圃和育苗大户的平台，推广培育耐盐良种树种中山杉、薄壳山核桃、弗吉尼亚栎、乌桕、柽柳、落羽杉、榉树、楝树等“三化”（彩色化、珍贵化、效益化）树种苗木。加强和南京林业大学、江苏省林科院合作，在大丰、射阳、滨海新林场继续开展沿海耐盐树种选育与示范推广工作，建立试验示范林200公顷，引进树种60多个，引进竹种40多个，共栽植苗木3万多株。年内，盐城市林业工作站作为主要完成单位参与实施的“江苏沿海防护林体系建设关键技术集成与推广”项目获第八届江苏省农业技术推广奖二等奖。

三、林业防害

2018年，盐城继续做好林业防害工作。全年全市林业有害生物发生面积3.47万公顷，其中美国白蛾发生面积2.80万公顷，草履蚧发生面积33.33公顷，蛀干害虫发生危害面积113.33公顷，其他食叶害虫发生面积6466.67公顷，病害发生危害面积140公顷。全年全市共投入防治经费1350多万元，投入高射程喷雾机、弥雾机、烟雾机、喷雾喷粉机、高枝剪、捕虫网、杀虫灯等应急防治药械近5000台（套），购买康宽、苦参碱、甲维盐、阿维菌素等农药60多吨，组织7000多名防治人员，成立460多个专业防治队伍开展突击防治。全市累计剪除美国白蛾网幕20多万个，投放生物天敌周氏啮小蜂1.55亿头，布置杀虫灯4000多盏，防治面积235.2万亩次（其中飞机施药防治面积2.11万公顷），无公害防治率94%。设立固定监测样地165个、临时监测样地205个，设专兼职监测调查人员171名，发布病虫情报74期、4万多份。全年全市应实施调查监测面积2348.5万亩次，实际监测面积2341.8万亩次，林业有害生物监测覆盖率达到99.8%。 （吕景林）

第三节　蔬菜园艺业

2018年，全市蔬菜园艺新增播种62万亩次、累计播种591万亩次，新增产量增102万吨、总产量1619万吨，新增产值21亿元、总产值273亿元。全市新增花卉苗木生产基地800公顷，花卉苗木保存面积1.59万公顷，实现销售额14.2亿元。年内，东台果蔬椒乡农业科技发展有限公司等15家蔬菜园艺作物标准园入选2018省级蔬菜园艺作物标准园建设名录，12个省级果品生产标准园得到完善提升；东台岭松蔬菜瓜果专业合作社等10家企业为上海市外蔬菜主供应基地；响水南河镇现代农业产业示范园区等8家企业获评中国蔬菜流通协会食品安全示范基地。

大棚房清理整治行动　年内，盐城开展“大棚房”清理整治行动，召开“大棚房”专项行动工作会议、专项行动推进会议、清理整治整改攻坚会议等专题会议，制定印发《开展“大棚房”问题专项清理整治行动坚决遏制农地非农化的实施方案》《关于扎实做好大棚房问题专项清理整治行动整改工作的意见》《关于开展“大棚房”问题整改复核工作的通知》等文件，明确整改标准、复核要求。组织开展4轮排查和3次疑似图斑核查，累计发现“大棚房”问题违法违规项目92个，面积27.61公顷，涉及违规设施或建筑259个，全部按序时整改到位。（张　磊）

第四节　畜 牧 业

2018年，全市生猪出栏787万头，存栏427万头；家禽出栏1.32亿只，存栏0.91亿只。肉类总产量86.3万吨，禽蛋95.7万吨，生猪大中型规模养殖场比重77%。全年新创建农业部畜禽标准化养殖示范场1个、总数19个，新创建省级生态健康养殖示范场20个、总数403个，通过考核评估生态健康养殖基地1856个、总数1856个，全市生态健康养殖比重56.2%；年内，东台市创成全国畜牧业绿色发展示范县。全市畜牧工作在全省年度考核中获第一名。（周　超）

一、动物疫病防控

2018年，全市使用高致病性禽流感疫苗1.2亿毫升，家畜口蹄疫疫苗1700万毫升，猪瘟疫苗1480万头份，高致病性猪蓝耳病疫苗730万头份，羊小反刍兽疫疫苗150万头份。年内，首次在全市范围内统一开展狂犬病集中免疫行动，大市区全面开展狂犬病免疫登记和发证工作，免疫宠物犬28.57万只。全市除亭湖区、建湖县外，7个县(市、区)的55家畜禽养殖场饲养的1120头奶牛、49.2万头猪、96.9万羽鸡参加强制免疫病种“先打后补”试点，3个规模养殖企业参加部、省兽用抗菌药使用减量化行动。

二、畜产品质量安全

2018年，全市累计开展市级以上畜产品质量安全监测660个批次，合格率98.5%。集中捣毁私屠滥宰窝点33个，屠宰环节病害猪无害化处理9754.93头，立案查处生猪屠宰违法案件76件，涉案物品107.9头，罚没金额14.98万元，移送案件6件。开展瘦肉精监督抽检5.09万份。

（王伯高）

第五节　渔　　业

2018年，全市水产养殖面积12.16万公顷，其中淡水养殖面积6.95万公顷、海水养殖面积5.21万公顷，实现水产品总产量119.8万吨、渔业总产值500.6亿元。年内，新增江苏正源创辉农业科技发展有限公司、江苏银宝控股集团有限公司射阳盐场(兴阳生态养殖区)2个农业部健康养殖示范场，盐都区七星农场创成国家级稻渔综合种养示范区。

一、水产养殖

2018年，全市206家水产苗种繁育场繁育鱼苗22.2亿尾、各类虾苗120.7亿尾、河蟹大眼幼体62.4万千克、紫菜苗种2.8亿贝壳。推广生态循环养殖，全市新增池塘综合生态健康养殖面积2400公顷，生态健康养殖面积6.75万公顷。发展稻蟹、稻虾、稻鱼等综合生态种养面积3600公顷，总面积9650公顷。新建扩建池塘生态循环养殖基地6个，新建水槽250条、面积3.61万平方米，全市池塘生态循环养殖总面积11.24万平方米，占全省池

海洋伏季休渔　　赵林耕/摄

塘生态循环养殖总面积三分之一以上，有专利技术5项。加快发展设施智能渔业，新增设施渔业面积2866.7公顷，总面积4.17万公顷。新增物联网应用基地4个，应用风送式投饵机械面积1.33万公顷，扩建工厂化养殖面积1.6万平方米。加强水生动物疫病监控，市水生动物疫病预防控制中心组织开展鲤春病毒血症、草鱼出血病、白斑综合症等水生动物重大疫病专项监测，全年分9个监测月度，在477个采集点，监测采集样品527个。开展水产病害流行趋势预测预报，发布测报信息9期。

二、渔业捕捞

2018年，全市有8680艘渔船开展捕捞生产，渔船吨位13.8万吨，动力28.4万千瓦。其中，海洋捕捞渔船2337艘、捕捞产量8.8万吨，淡水捕捞渔船6343艘、捕捞产量6.72万吨。全市有海洋渔业乡镇4个、海洋渔业村30个，1.1万户4.06万人从事捕捞、养殖、渔具生产、水产品收购加工等作业。海洋捕捞获物中，主要有鱼类4.52万吨、虾蟹类1.03万吨、贝类1.18万吨、头足类0.16万吨、海蜇等1.22万吨。

海洋伏季休渔 全年全市参加海洋伏季休渔渔船总数为1929艘，包括海洋捕捞渔船1923艘、辅助渔船6艘。市渔政监督支队联合渔港监督部门，开展3次伏休专项督查，对全市10个渔港进行拉网式检查。伏休期间，全市出动执法人员3929人次、渔政船229艘次，航程14232海里，查获涉渔“三无”船舶24艘，拆解取缔6艘。

海洋渔业资源增殖放流 全年全市有21个用海项目开展海洋渔业资源增殖放流，在大丰、东台、滨海、射阳、响水等地放流鱼类、虾类、蟹类等各类海洋渔业资源苗种2.67亿单位，放流蛤类40.5吨。

三、水产品加工流通

2018年，全市新建江苏粤海饲料有限公司、盐城市四海香食品有限公司等水产品精深加工生产线9条。至年底，全市有水产品加工企业217家，其中规模以上加工企业80家，水产冷库208座；有23家水产品加工企业通过IOS 9000系列质量标准认证，17家水产品加工企业施行HACCP（危害分析和关键控制点）管理模式，累计创建省级水产品出口示范基地15个。全年实现水产品加工产量68.35万吨，加工产值104.6亿元，加工出口供货值1.12亿美元。全市有水产品批发市场59个、约1.4万名经纪人参与水产品交易，在国内设立水产销售专区、专柜72个，实现水产品交易量46万吨、交易额54.3亿元。全年新建渔业电商平台5个、累计40个，实现网上销售额15.2亿元。

四、水产品质量安全

2018年，市海洋渔业局开展水产苗种生产经营及产地水产品等水产品质量安全专项整治行动4次，出动执法检查人员928人次，检查生产企业及养殖户378家，发现隐患问题37个，下发整治通知书36份，立案查处1起。开展药物残留快速检测3600个样品，完成农业部专项抽查45个样品，完成产地水产品监督抽检310个样品、市场水产品风险监测抽检15个样品、产地环境监测抽样244个样品，抽检合格率100%。（汤亚高）

第六节 特 产

2018年，“射阳大米”获评2018中国十大大米区域公用品牌，东台西瓜、大纵湖大闸蟹、阜宁生态猪、盐城草鸡、滨海白首乌、响水西兰花等一批名特优农产品蜚声海内外。全年组织盐城农产品参加盐城名特优农产品（南京）展销会、盐城名特优农产品（上海）专场推介活动、中国农交会、省农洽会和江苏省名特优农产品（上海）交易会等各类农业会展9场，累计参展企业500多家（次），展示产品达3000多种，现场销售近500万元，签订各类协议77份，协议额166亿元、1.15亿美元。（王玲梅）

2018盐城市名特优产品展销会 5月18—20日，由盐城市政府主办、市商务局承办的2018盐城市名特优产品展销会在市体育馆外广场举办。包括辽宁省阜新市、陕西省铜川市和新疆察布查尔县等对口协作城市15家企业在内的参展企业共104家，展位120个，展销的产品300多种，吸引6万多市民参与选购，展销会完成营业额200多万元。

四鳃鲈鱼 产于响水县灌河中下游，嘴大、鳞细、体侧扁，鱼身呈青灰色，两侧和背鳍上有黑色斑点，因鳃盖上有一条较深的折皱，外观好像是四个鳃而得名。常见每条1.5千克～2.5千克，大者可达数十斤。每年“芒种”前后，为鲈鱼最肥美季节。四鳃鲈鱼肉质洁白肥嫩，烹调后肉似蒜瓣，汤汁呈乳白色，色、香、味俱佳，可与“松江鲈鱼”媲美。

何首乌 药食两用的滋补品。何首乌、灵芝、人参、冬虫夏草历来被称为祖国中草药中的四大仙草。据李时珍《本草纲目》记载：首乌止心痛、益血气、乌须发、悦颜色，久服令人长筋骨、益精髓、延年益寿。相传清咸丰年间滨海就有种植。滨海沿海地区古为黄河故道，由黄河夹带的黄土高原沙土冲积而成，海岸又为侵蚀性地域，海洋性气候昼夜温差很大，生长首乌得天独厚。滨海县形成1300多公顷何首乌种植基地，年产量为2万吨左右，占全国产量90%以上。是全国著名的何首乌生产大县，被誉为中国的首乌之乡。首乌片、首乌粉等系列产品畅销国内外。

盐城大米 盐城地处北亚热带向暖温带过渡地带，兼具南北气候特征。全境为平原地貌，土壤中蕴含丰富的碘、钠、硒、钾等微量元素，非常适宜大米种植。“盐城大米”从选种、种植均选择临海地域，形成了盐城大米的地域性独特品质，米粒椭圆饱满，外观晶莹透亮，口感松软粘香，富含钙、碘、镁、磷、钾、钠、锌等多种人体必需的微量元素，淀粉值达90%，食之不厌，品质极佳。

东台鱼汤面 东台鱼汤面源于清乾隆三十三年(1758年),至今有200多年历史。“东台鱼汤面”独特品质决定于主要原料东台本地优质中筋小麦扬麦系列小麦麦粉和该地特定水质。东台市地处江苏沿海,地跨里下河和沿海区域,地理位置和自然条件优越,特有的淡水资源优质,气候水土非常适宜优质中筋小麦生长,小麦理化加工品质好,面团强度适中,耐揉性强,弹性和延展性协调,特有的面粉和水资源为“东台鱼汤面”面条的制作提供了优质原料,面条细软爽滑,鲜美不腻,口感极佳。

盐城大曲 “盐城大曲”白酒系列是产自盐城本地的招牌白酒之一。清末民初在盐城境内酿造“盐城大曲”的酒坊有500多家,当时“草艳浆”酒(“盐城大曲”前身)被列为中国名酒。盐城市属于北亚热带气候向南暖温带气候过渡的地带,一般以灌溉总渠为界,渠南为北亚热带气候带,渠北为南暖温带气候带,空气温暖湿润,淡水资源丰沛,河渠纵横,全年光照时间平均在2280小时左右,年平均气温为13.7℃~14.5℃,适宜优质大麦的生长,并具备酒曲发酵的天然独特条件。“盐城大曲”选麦考究,纯粮老窖发酵,清澈透明,芳香独特,醇厚绵甜,味净余长,荣获1992年首届曼谷国际名酒博览会金奖。

建湖藕粉圆 建湖藕粉圆是江苏建湖县的地方传统名小吃,相传已有200多年历史。建湖地域河渠众多,水质优良,土壤肥沃,荷荡飘香,种植出的莲藕藕身洁白,口感鲜嫩,脆甜清新,丰产喜人。当地人以上等藕粉为原料,用白糖、枣泥、芝麻粉拌以荤素油脂及桂花为馅丸,在开水中多次氽制而成。形如弹丸,呈淡紫色,娇嫩肥泽,柔软丰满,甜而不腻,桂香满口,享誉中外。

建湖虾稻米 建湖虾稻米是建湖地区采取的“虾稻共作”生态种养模式种植出的优质稻米,生产的大米色泽晶莹、香味浓郁、口感香糯、绵软顺滑,且出饭率高。建湖县素有“洪水走廊”之称,得天独厚的水源及土壤条件使“虾稻共作”的种养模式得以良好实现,水稻种植与龙虾养殖优势互补,显著减少田间施肥、施药,实现“建湖虾稻米”的全过程生态种植,提高大米的营养品质,对人体健康更加有益。“建湖虾稻米”一田两收的探索,有效破解种粮不增收的难题,为推动当地农村产业升级、促进农民增收提供了重要渠道。

耦耕山药 耦耕山药源于清末状元张謇“合资垦殖”,在射阳河土堆上深挖的根茎类“野地龙”,因其炖汤有“清补”功效,故称“药”。耦耕山药属淮山药系列,生长期为一年,以切段种植为主,于清明前后种植,喜油泥夹沙土。“耦耕山药”具有茎干笔直、毛孔均匀、肉质白嫩、汁液黏稠等特点,富含精氨酸、蛋白质、尿囊素、胆甾醇等多种活性成分,以及多种微量元素,具有清肺止咳、健脾养胃、降低血糖、预防心脑血管疾病、滋肾养生等功效。耦耕山药产品畅销,随着人们日益注重养身,已成为京、沪、宁等地市民热选的生活必需品和馈赠品。

合德微型薯 合德微型薯得益于射阳合德镇独特的气候,优良的空气,特定的水土,特别适宜微型薯的繁育。天津农科院马铃薯专家李晓旭、浙江大学蔬菜所所长卢刚、国内马铃薯知名专家居玉玲深度合作,使得困惑10多年影响微型薯产量加品质的因素得以解决,实现了合德微型薯进入全国顶尖行列。“合德微型薯”不带任何真菌和细菌,个体微型,黄皮,浅黄肉、芽眼浅,表皮光滑美观,口感脆嫩。合德微型薯成为全国微型薯的龙头,射阳县合德镇成为中国南方最大的马铃薯扩繁中心。

大纵湖醉蟹 大纵湖蟹个大黄多。洗净后,配以盐城曲酒、米酒、淮盐、花椒等原料醉制。该品具有外观似活、肉质细嫩、味醇浓郁、醉气惹人、佐酒品鲜、营养丰富、不需烹调、携带方便八大特色,为宴席、旅游、馈赠的佳品。

生炝条虾 条虾是盐城沿海地区的特产。制法独特:将生虾先加盐、曲酒杀菌去腥后,再加入腐乳汁、白酱油、白糖等辅料,即可食用。此菜尤以清明前食用最佳。

白炖鲻鱼 鲻鱼是盐城名特海产,肉肥味美,配以猪油丁、火腿片、香菇片、笋片等,上笼以旺火蒸熟。炖熟的鲻鱼肉呈蒜瓣状,汤清味浓,色泽美观,鲜嫩可口。

伍佑糖麻花 又名油绳,相传已有2000多年历史,被载入《中国风味特产指南》。特点是:香、甜、酥、脆,油而不腻,美味可口。

杨五香肠 生产历史悠久,最早为东台台城杨五熏烧店制作经营,故名。杨五香肠色泽鲜艳,味道鲜美,被列入《中国名食指南》。

阜宁大糕 已有2000多年历史,糕片白如雪,柔如云,上口香甜、滋润。以糯米粉为主要原料精制而成。

伍佑醉螺 又名糖泥螺,始于清乾隆年间(1736年—1795年)。其特点是:香、甜、脆、嫩,为助餐佐酒的佳肴。

龙冈茌梨 产于盐都区龙冈镇北的沙岗地带,该梨形似纺锤,味似嫩菱,平均单果重0.2千克,最大达0.8千克,果肉厚,含糖量在15%以上,在省有关评比会上曾三次夺魁。

葛武嫩姜片 盐都区葛武酱制品厂生产,特点是鲜甜脆嫩、形如薄纸、美味可口。制法是精选寒露前三天采收的鲜嫩生姜,经过13道工序制作而成。 (严志鉴)

第14章 工业 建筑业

编 辑 许寅生

综 述

2018年，盐城完成全口径工业开票销售5528.7亿元，全口径应税销售4636.9亿元，规模以上工业开票销售4419.4亿元，工业投资1874亿元，工业用电212.5亿千瓦时。全市规模以上工业企业增长面58.8%。全年全市建筑业完成总产值2104亿元，增加值580亿元，出市施工产值1360亿元，实现税金及附加收入40多亿元，转移农村劳动力近50万人。

一、工业经济运行

2018年，全市100项工业重点新增长点实现开票销售1083.8亿元，新增开票销售343.4亿元。年内，全市新增销售超百亿元工业增长点1项：响水德丰金属材料有限公司实现开票销售139.5亿元；新增销售10亿元～100亿元（不含）工业增长点4项：国家电投集团协鑫滨海发电有限公司实现开票销售28亿元、盐城维信电子有限公司实现开票销售18.6亿元、盐城东山精密制造股份有限公司实现开票销售10.5亿元、远景能源（江苏）有限公司实现开票销售10.3亿元；新增销售5亿元～10亿元（不含）工业增长点6项：益海（盐城）粮油供应有限公司实现开票销售7.3亿元、江苏润阳悦达光伏科技有限公司实现开票销售6.6亿元、领胜城科技（江苏）有限公司实现开票销售5.9亿元、江苏赛博宇华科技有限公司实现开票销售5.9亿元、江苏大丰新安德矿业有限公司实现开票销售5.5亿元、盐城阿特斯协鑫阳光电力科技有限公司实现开票销售5.1亿元；新增销售1亿元～5亿元（不含）工业增长点37项。

全年全市112家工业星级企业实现开票销售1738亿元，占全口径工业开票销售比重为31.4%。全年全市有开票销售超亿元企业740户，比上年增加49户，其中开票销售超10亿元企业59户，比上年增加12户。其中，开票销售超百亿元6户，50亿元～100亿元（不含）1户，20亿元～50亿元（不含）17户，10亿元～20亿元（不含）41户。

全年全市38个细分工业行业中，有34个正增长，行业增长面89.5%。全市重点监控的9大行业中，5个行业保持两位数增长，其中冶金行业实现同比增长61.8%、建材行业实现同比增长50.9%、机械装备行业实现同比增长30.6%、食品行业实现同比增长21.2%、轻工行业实现同比增长10.1%；2个行业实现个位数增长，其中能源行业实现同比增长6.7%、纺织行业实现同比增长2.2%。

二、工业投资

2018年，全市完成工业投资1874亿元，其中完成工业技改投资883.9亿元。全年全市在建亿元以上工业项目379项，当年完成投资668.2亿元；新开工亿元以上重点工业项目205项，当年完成投资364.5亿元，其中10亿元以上制造业项目14项，5亿元～10亿元（不含）25项；竣工亿元以上项目200项，当年累计完成投资357.2亿元。全市5亿元以上重大制造业在建项目56项，较上年同期增加24项，其中50亿元以上制造业项目2项。全年全市实施智能制造项目109项，竣工65项，完成投资193.4亿元。天合国能光伏组件智能生产车间、森威精锻汽车零部件精密锻造用模具智能生产车间等29个智能车间获评省示范智能车间。全年全市在建亿元以上新兴产业项目140项，当年完成投资346.5亿元。

三、重点工业项目

2018年，市委、市政府持续推进重点项目建设，加大政策扶持力度。年初，市政府办印发《2018年全市重点工业项目推进办法的通知》编制下达全市“三百工程”和智能制造重点项目实施计划；成立3个重点工业项目督查组，定期赴各地开展重点工业项目督查推进工作。至年底，全市35项列省重点工业项目完成投资199.4亿元，其中新开工项目19项，当年完成投资104.3亿元，竣工项目19项。发挥省、市技术改造综合奖补资金激励引导作用，组织56家企业申报省技改综合奖补资金，43家企业通过省经信委核查。组织62家大市区企业申报市工业和信息化转型升级专项资金产业投资和智能制造项目，组织安顺会计师事务所进行现场审核，有47家企业获得奖补资金6310.9万元。组织企业申报省示范智能车间，全市有13家企业申报2018年省示

领胜移动互联产业城智能生产车间　　盐阜大众报社/供

范智能车间，其中大市区8项，经过省经信委材料审核及专家组现场审核，润阳光伏高效电池片、领胜城无线充电模组、大洋精锻汽车零部件等5个项目获评省示范智能车间；对前两年获评省示范智能车间，但未获评省专项资金扶持的市开发区实联长宜磷酸铁锂离子电池、大丰区森威精密锻造车间2个项目每个给予20万元奖励。

四、工业经济转型升级

2018年，盐城加快发展新兴产业，推进工业经济转型升级。全市战略性新兴产业继续保持较快发展势头，同比增长22%，产值占工业总产值的23%。电子信息产业全年开票销售突破400亿元。盐都智能终端产业园累计入驻项目82个、投产达效53个，全年实现全口径开票销售115亿元，形成百亿级产业集群。新能源产业实现开票销售360亿元。新能源发电量占全市用电量比重39%，海上风电总装机容量150万千瓦，居全国首位。节能环保产业实现开票销售210亿元。全年全市新增江苏中车电机有限公司、江苏森威精锻有限公司2家国家级企业技术中心，实现外来大企业在盐城设立高水平研发机构的重大突破；新增24家省级企业技术中心，省级以上企业技术中心累计162家；全市规上企业市级研发机构覆盖率突破30%。新增国家技术创新示范企业1家、总数3家。年内，江苏丰东热技术股份有限公司被评为国家制造业单项冠军。至年底，全市获批省首台(套)重大装备及关键部件书突破100个，认定省“专精特新”产品27个，有45个新产品列入省“双新”(江苏省重点推广应用的新技术新产品)目录，有“科技小巨人”13户。

开展“企业上云”专项行动　1月23日，市经信委制定《关于印发盐城市“千企上云”专项行动(2018—2020年)实施方案的通知》。方案明确到2020年，全市新增5000家“上云”企业，规模以上工业企业“上云”覆盖率达到80%，创建省五星、四星、三星级“上云”企业10家、50家和300家，新接入5万台(套)生产设备到工业云平台；建成1～2个达到国内行业示范标杆的工业云平台，争创3～5个省级示范工业云平台，创建10个行业云应用平台、10个区域级云服务平台，形成30个“建云、上云、用云”的典型标杆案例；创建2～3个省级“互联网+先进制造”特色基地，打造6～8家省级工业互联网标杆工厂，实施30项“云+智能制造”的新模式新业态示范项目；引进5家国内一流的云平台服务商、15家国内知名的云应用服务商在盐城设立分支机构，培育3～5家盐城本地的省级企业互联网化优秀服务机构。全年全市上云企业数量超1000家，其中规上企业317家，创建省星级上云企业17家。年内，建湖5D智造谷有近千台i5机床入驻，成为省内共享制造、云制造新模式示范。

五、建筑业经济运行

2018年，全市有建筑企业3921家，其中施工总承包企业1369家、专业承包企业1711家、施工劳务企业370家，其中特级资质3家、一级总承包资质74家。年内，全市新增总承包特级资质企业1家、总数3家，新增一级总承包资质企业14家、总数74家，新增专业一级资质企业49家、总数154家，3家企业获评省“百强企业”。全年全市建筑业完成总产值2104亿元、出市施工产值1360亿元。年内，全市建筑业市场保持高质量发展。盐城建筑企业在长三角地区市场保持苏北领军地位，行业队伍规模10.2万人，全年完成施工产值100多亿元；在京津冀地区市场发展完成施工产值近80亿元，承建北京大兴国际机场航站楼、通州城市副中心、王府井品牌中心、中央歌剧院剧场等重大工程；在东北市场策应国家“振兴东北老工业基地”战略实现恢复性增长；依托央企、国企加大“一带一路”境外市场开拓力度，在蒙古、俄罗斯、中东、越南、印尼等国家和地区承揽26项工程，境外施工人数1500余人。全年新开工装配式建筑32.2万平方米，成品住房竣工建筑面积21.3万平方米，全市在建、投运装配式部品类生产基地14个，阜宁县绿色智慧建筑产业园获评省级建筑产业现代化示范园区。

第一节　支柱工业产业

一、汽车产业

2018年，盐城汽车产业拥有整车企业4家，规模以上零部件企业156家，汽车服务业企业3000多家，形成较为完整的整车制造、零部件生产和服务保障体系，是全国重要的承用车制造基地。市经济技术开发区建有韩资工业园、新能源汽车产业园2个专业特色产业园区，重点发展汽车产业，其中韩资工业园连续三年在全省148家专业特色园区考核中位居第一。全年全市汽车产业完成开票销售收入631.1亿元。

加快推进汽车产业项目建设。全年全市实施亿元以上汽车项目40项，总投资67.8亿元，当年完成投资35.5亿元。其中，计划总投资17亿元的捷威动力电池项目主要从事新能源汽车锂离子动力电池、模组及整体电池系统的研发、生产和销售，至年底，厂房、附属用房主体框架完成；计划总投资13.6亿元的江苏丰盈科技有限公司磷酸铁锂离子电池制造项目，磷酸铁锂离子电池年产能19.2亿瓦时，5号厂房净化工程施工，3号厂房主体施工，生产计划楼封顶，部分设备进场；计划总投资5亿元的江苏东西发动机配件有限公司年产发动机气缸盖、油底壳、进气管等发动机配件800万台(套)项目，3幢厂房和1幢办公研发楼建成，设备进场；计划总投资5亿元的吕巷汽车零部件江苏有限公司年产500万套汽车后视镜项目设备安装之中。年内，总投资26.3亿元的北汽巴顿新能源越野车项目通过省发改委备案，建成后可形成年产5万辆纯电动SUV汽车生产能力；总投资29.5亿元的江苏国新新能源乘用车有限公司碳纤维轻量化纯电动乘用车项目正式获省发改委批复，建成后可形成年产7万辆纯电动乘用车生产能力。

加大汽车产业研发创新力度。探索实践飞地研发转化模式，燕舞东方实业发展有限公司投资42亿元在上海购置6.7万平方米高端商务楼，设立中国盐城(上海)国际科创中心，吸引新能源汽车产业高端人才和研发团队入驻，华人运通、中国电子科技集团有限公司、上海源和智能科技股份有限公司等14家科技型企业入驻。与江苏省产业技术研究院合作共建的江苏新能源汽车研究院围绕纯电动和插电式混合动力汽车、智能网联汽车、动力电池、轻量化等方向，开展产业技术研发和集成创新，为盐城和全省新能源汽车产业发展提供技术支撑。长三角新能源汽车研究院聘请院士陈清泉担任名誉院长，引入高等院校16所、科研院所12家、高新技术企业24家、领军人物51位和研发人员200多名，形成“一院一盟十所(中心)”的研发创新体系，着力打造立足江苏省、辐射长三角，在国内外具有重要影响力的新能源汽车整车和关键零部件研发、试验、检测、认证及成果转化基地。至年底，新能源汽车领域相关企业累计申报受理及授权专利300多项。

二、化工产业

2018年，全市化工产业实现开票销售615.1亿元。其中，石油加工、炼焦和核燃料加工业实现开票销售31.3亿元，化学原料和化学制品行业实现开票销售417.3亿元，医药制造行业实现开票销售80.6亿元，橡胶和塑料制品业实现开票销售86亿元。全年生产盐酸2.14万吨，烧碱58.21万吨，合成氨12.85万吨，化肥5.08万吨，化学农药6.64万吨，化学药品原药4.45万吨，塑料制品2.95万吨。

全年全市化工产业亿元以上在建项目有16个，计划总投资19.2亿元，当年完成投资12.7亿元。重点项目包括响水恒利达科技化工有限公司年产5万吨高档染料项目，江苏之江化工有限公司年产2万吨高档活性染料企业智能化改造项目，盐城捷康三氯蔗糖制造有限公司年产2000吨三氯蔗糖项目，江苏神龙药业股份有限公司年产针剂2亿支、片剂5亿片项目，江苏正大丰海制药有限公司特殊医学用途配方食品项目，江苏普信制药有限公司年产200吨齐多夫定、500吨拉米夫定等抗艾滋病类医药原料药项目。

转型升级化工产业。盐城加快推进全市化工产业智能化绿色化转型升级。加强源头管理。严格执行“五个一律”审批制度，即化工园区外化工项目一律不批，安全、环保基础设施不完善化工园区项目一律不批，自动化升级改造不到位企业项目一律不批，连片用地3.33公顷以下企业新增品种和产能项目一律不批，坚决杜绝新上低层次小化工项目。至年底，全市有4家企业6个项目通过联合会审。全面进化工企业自动化升级改造。至年底，全市有178家企业完成现场诊断，105家企业实施自动化改造之中。市经信委对申报化工自动化升级改造竣工验收的项目做到即报即审，对初审通过的项目及时组织专家至现场验收，有41家企业通过验收。至年底，滨海沿海化工园区有化工生产企业115家。一期主要产业为精细化工、医药化工；二期产业发展重点为仓储物流、海洋医药、新材料化工、生物化工及盐化工、化工机械等二类工业，改造提升区内现有精细化工、医药化工等产业。园区开发使用面积11.5平方千米，累计完成工业总投资200亿元，有国家高新技术企业44家，上市公司22家，安全生产标准化二级企业78家，市三星级以上工业企业17家。全年园区实现规上工业企业开票销售164亿元，税收9.2亿元。响水生态化工园区有化工生产企业56家，主要发展盐化工、新材料、医药、染料等化工项目。园区开发使用面积7.78平方千米，累计完成工业总投资154.6亿元，有国家级高新技术企业19家，上市公司10家，安全生产标准化一级企业1家，二级企业31家，市三星级以上工业企业4家。全年园区实现开票销售78.8亿元，税收1.5亿元。阜宁高新技术产业园有化工生产企业40家，主导产业为化学纤维(以粘胶纤维为主)，配套发展基础化工(离子膜烧碱、硫磺制酸)，发展化学纤维的延伸产业(织造、染整、服装等)形成上下游一体化的化纤产业基地。至年底，园区开发使用面积7平方千米，累计完成工业总投资350亿元，有国家高新技术企业11家，上市公司1家，安全生产标准化二级企业20家，市三星级以上工业企业1家。全年园区实现开票销售68亿元，税收3.03亿元。大丰港石化新材料产业园有化工生产企业26家，主要产业定位为以大型石化企业为龙头，向上游重油、石脑油、天然气等基础原料生产，向下游发展烯烃、苯产业链延伸，并拓展为化工新材料、合成纤维、合成树脂、合成橡胶。远期规划根据港口条件，适度布局炼油化工项目。王港河以南区域主要推动现有农药、医药化学品制造业的升级换代，未开发区域主要发展高新医药产业。园区有国家高新技术企业11家，上市公司2家，安全生产标准化二级企业18家，市三星级以上工业企业7

家。全年园区实现规上工业开票销售107.05亿元，公共财政预算收入2.69亿元。

三、机械装备制造业

2018年，全市机械装备制造业实现开票销售1755.2亿元。其中，金属制品业实现开票销售472.1亿元，通用设备制造业实现开票销售361.2亿元，专用设备制造业实现开票销售284.6亿元，铁路、船舶、航空航天和其他运输设备制造业实现开票销售17.3亿元，电气机械和器材制造业实现开票销售275.5亿元，计算机、通信和其他电子设备制造业实现开票销售117.1亿元，仪器仪表制造业实现开票销售5.4亿元，其他制造业实现开票销售131.1亿元，废弃资源综合利用业实现开票销售87.2亿元，金属制品、机械和设备修理业实现开票销售4亿元。

全年全市机械装备行业亿元以上在建项目91个，计划总投资183亿元，完成投资159亿元。其中，传统装备制造5亿元以上项目3个，分别是江苏华东造纸机械东台有限公司智能成套装备项目、江苏森威精锻有限公司年产5万吨各类冷温热精密锻件项目和东台盛鸿大业智能科技有限公司年产数控车床、龙门加工中心、重切削加工中心机等智能装备3000台项目；新能源装备制造5亿元以上项目4个，分别是射阳远景能源科技有限公司年产风电整机300台（套）项目、盐城阿特斯阳光能源科技有限公司年产3GW太阳能高效电池及1GW硅片深加工项目、江苏润阳悦达光伏科技有限公司高效PERC太阳能电池片生产线项目、阜宁苏民新能源科技有限公司年产1GW太阳能高效电池片项目。江苏同和智能装备有限公司智能化输送装备生产线项目、富山阀门实业东台有限公司年产50万件高低压阀门项目、江苏苏盐液压阀门机械有限公司年产8000万吨液压锻件阀门项目等45个重点项目竣工投产。

全年全市机械装备行业有星级企业25家，其中五星级企业6家，四星级企业4家，三星级企业15家。重点企业运行态势良好，其中德龙系（江苏德龙镍业有限公司、响水恒生不锈钢铸造有限公司、响水德丰金属材料有限公司）合计实现开票销售602.6亿元，江苏万恒铸业有限公司实现开票销售6.3亿元，江苏中车电机有限公司实现开票销售42.4亿元，阜宁协鑫光伏科技有限公司实现开票销售15.3亿元。全年全市有11个装备被认定为江苏省首台（套）重大装备及关键部件。

2018年全市获评省首台（套）重大装备及关键部件产品名单一览表

表14-24

序号	申报企业名称	认定装备及关键部件名称
1	江苏坤泰机械有限公司	KT-LC 1800高性能烟气过滤材料热压贴合机
2	江苏申江环境科技有限公司	SJ140000m3/h制酸系统装置
3	江苏远华轻化装备有限公司	YHRF-3000型湿气反应热熔胶复合机
4	盐城市汉铜智能铸造设备有限公司	全自动上下射砂造型机（HT-650×750）
5	盐城雄鹰精密机械有限公司	LVT复合材料多功能分切机（XYJ-3/RT4000）
6	盐城市新永佳石油机械制造有限公司	7LZ-Φ172 7.0MPa DWG页岩气用耐油基螺杆钻具
7	江苏兰丰环保科技有限公司	LFB-FD722扁布袋除尘器
8	盐城市金巨石油机械制造有限公司	DYZY60/21型管杆一体化带压作业机
9	江苏双鑫集团有限公司	阻火抑爆自动感应断脱系统（JDT-250）
10	江苏和鹰机电科技有限公司	SM-IA（2.4m）型无张力伺服智能铺布机
11	射阳县宏瑞纺织机械制造有限公司	HR4000—水刺法非织造布联合生产线

四、纺织工业

2018年，全市纺织工业实现开票销售510.2亿元，其中棉纺织行业实现开票销售373.2亿元，纺织服装行业实现开票销售89.8亿元，化纤行业实现开票销售47.2亿元。全年全市纺织工业主要产品产量：纱产量44.25万吨，布6.88亿米，蚕丝2357.49吨，服装1.54亿件，化学纤维18.64万吨。

全年全市纺织工业亿元以上在建项目36个，完成投资61.5亿元。江苏题桥纺织染整公司年产2.06万吨高档功能性面料、2750吨医用纱布、6000吨散纤维及1.76万吨筒纱染色项目完成投资额6亿元，新增建筑面积约20万平方米，购置国内外先进的大圆机、染纱缸、染布机、园网印花机、平网印花机、数码印花机、脱水机、拉幅定型机、烘干机、剪毛机、烧毛机等生产设备及循环水泵、空压机、污水处理等设备1087台(套)。阜宁澳洋科技有限责任公司年产16万吨高白度、有色粘胶短纤项目完成投资额10亿元,新增建筑面积18万平方米。江苏康平纳智能印染有限公司计划总投资20亿元的色纱项目规划用地22公顷,总建筑面积约16.5万平方米,完成投资5.5亿元,全部建成后总生产规模可达年产色纱10万吨。

全年全市纺织工业部分重点骨干企业生产形势较好,大部分棉纺织企业满负荷生产,重点监控的10家重点棉纺织企业保持正常生产,其中江苏悦达纺织(集团)有限公司、盐城双山纺织有限公司、江苏东华纺织有限公司分别实现开票销售9.58亿元、9.55亿元和3.79亿元;印染行业中盐城福汇纺织有限公司实现开票销售9.22亿元,江苏沙印集团射阳印染有限公司实现开票销售7.98亿元;家纺行业中大丰海聆梦家纺有限公司实现开票销售10.23亿元,江苏瀚隆家纺有限公司实现开票销售9.22亿元;化纤行业中江苏宏泰纤维科技有限公司实现开票销售23.21亿元,江苏德赛化纤有限公司实现开票销售9.57亿元,阜宁澳洋科技有限责任公司实现开票销售20.1亿元。年内,纺织工业有9家企业在市争星创优活动中获评三星级企业。

江苏康平纳智能印染有限公司生产车间　　盐阜大众报社/供

五、船舶工业

2018年,全市有船舶修造企业(厂)57家,其中市区(不含大丰)10家、东台30家、大丰6家、阜宁3家、射阳2家、建湖2家、响水4家。盐城船舶修造企业(厂)主要建造30米以上80米以下的一般干货船,少数建造沿海工程船。全年盐城船舶修造企业(厂)造船126艘,实现造船完工量4.36万总吨,其中制造海船32艘,实现造船完工量1.01万总吨。至年底,全市有规模船舶配套企业24家,配套产品主要有船用轴承列、舵机、阀门、救生设备、液压件、绳网等。

六、建材行业

2018年,全市建材行业完成全口径开票销售274.3亿元。全市水泥产量1692.15万吨,人造板产量9700立方米。全年全市建材行业亿元以上项目11个,计划总投资11.4亿元,完成投资10.3亿元,竣工投产项目6个。主要项目有江苏博拓新型建筑材料有限公司住宅装配式构件项目、响水华益环境资源有限公司年可生产新型建材400万吨项目、江苏万华生态板业有限公司年产20万立方米秸秆生态板项目、江苏联合幕墙装饰工程有限公司智能门窗生产线项目、江苏东台天腾铝业有限公司铝型材加工项目、盐城正浩建材有限公司年产5万吨建筑材料项目。年内,全市建材行业星级企业5家,其中五星级企业1家:江苏磊达股份有限公司实现开票销售18.6亿元;四星级企业1家:江苏八菱海螺水泥有限公司实现开票销售10.6亿元;三星级企业3家:江苏联鑫建材有限公司、江苏同力建材集团有限公司、江苏中鼎建材集团有限公司,分别实现开票销售16亿元、1.9亿元、3.2亿元。

七、轻工(食品)工业

2018年,全市轻工(食品)工业实现开票销售904.3亿元,其中轻工行业实现开票销售223亿元,食品行业实现开票销售681.3亿元。全市轻工(食品)工业主要产品产量:机制纸及纸板134.93万吨,人造板0.97万立方米,皮鞋(靴)490.69万双,啤酒3.91万升。

全年全市轻工(食品)工业重点企业生产经营平稳。其中,江苏博汇纸业有限公司实现开票销售42.38亿元,江苏双灯纸业有限公司实现开票销售13.85亿元,江苏中恒宠物用品股份有限公司实现开票销售7.14亿元,江苏北大荒油脂有限公司实现开票销售36.02亿元,中粮肉食(江苏)有限公司实现开票销售17.78亿元,益海(盐城)粮油工业有限公司实现开票销售17.6亿元。年内,盐城市怡美食品有限公司获评省消费品工业"三品"示范企业。江苏丰源生物工程有限公司被省经信委认定为省企业技术中心。

第二节　战略性新兴产业

一、新能源汽车产业

2018年,全市新能源汽车产业实现主营收入25亿元,同比增长80%。整车企业方面,东风悦达起亚汽车有限公司、江苏奥新新能源汽车有限公司、江苏登达汽车有限公司3家新能源汽车整车企业全年生产新能源汽车7110辆、销售新能源汽车6145辆,实现整车销售额8.5亿元。"三电"

(电池、电机、电控)企业方面,江苏维科新能源科技有限公司、江苏正昀新能源技术有限公司、实联长宜(盐城)科技有限公司、江苏悦达新能源电池有限公司、江苏兴邦能源科技有限公司、江苏艾鑫科电气技术有限公司6家"三电"重点企业全年实现主营业务收入3.12亿元。推广应用新能源汽车。扩大新能源公交推广规模,规范分时租赁行业发展,支持个人购买使用新能源乘用车,全年推广新能源汽车2029辆,其中客车387辆,专用车175辆,乘用车1467辆,折合标准车6807辆;新建充电设施456个,其中直流充电桩126个,交流充电桩330个。

盐城市新能源汽车产业园 盐城市新能源汽车产业园规划建设面积20平方千米,一期建成2.21平方千米,完成基础设施投资10亿元,基本具备新能源汽车研发、展示、孵化、检测、服务和制造功能,初步形成整车、动力电池、电机、电控、三电总成全产业链发展格局,先后获批省新能源汽车产业基地、省新型工业化示范基地、省特色产业园。全年盐城市新能源汽车产业园实现开票销售30.9亿元。

基地平台建设 盐城有国家火炬特色产业基地——大丰汽车零部件产业基地、江苏省汽车及零部件特色产业基地、新能源汽车产业基地,形成以东风悦达起亚为龙头的整车、零部件、汽车服务业一体化的全产业链。建有盐城国际汽车试验场和中汽中心盐城汽车试验场2个试验平台。盐城国际汽车试验场总投资20亿元,规划建设5个分区:试车场、汽车产业配套功能区、汽车科研综合功能区、汽车文化综合功能区、试车场配套服务区,试验赛道总长超过60千米,能够满足所有类型车辆的法规和开发试验测试,场地和设施的技术指标均处于国内领先水平。中汽中心盐城汽车试验场作为国内领先、国际一流面向汽车行业的第三方技术服务平台,核心业务为汽车道路试验和测试服务,涵盖汽车整车和零部件系统的法规检测试验、研发试验和出口认证试验,除传统汽车外还同时兼顾新能源汽车和智能网联汽车的开发和测试,2018年实现开票销售2.58亿元,利润总额1.12亿元,税收2560万元。

二、新能源产业

2018年,全市新能源产业实现开票销售360亿元,其中新能源装备实现开票销售274.5亿元,新能源发电实现开票销售85.5亿元。年内,风电装备实现开票销售168.13亿元,光伏装备实现开票销售106.37亿元。至年底,新能源装机容量692.21万千瓦,占全省新能源装机容量29.23%。其中,风电装机容量496.26万千瓦,占全省风电装机的57.4%;光伏装机容量180万千瓦,占全省光伏装机的13.51%,包括分布式光伏装机容量395.88兆瓦(企业分布式1579个装机容量242.58兆瓦;个人分布式并网1.34万户装机容量153.3兆瓦);生物质装机容量15.95万千瓦,占全省装机的9.91%。全年全市新能源发电企业累计发电125.74亿千瓦时,占全省新能源发电量的32.44%,占全市全社会用电量的39.18%。其中,全市风电发电企业发电96.02亿千瓦时,占全省风力发电量的55.65%;光伏发电企业发电19.62亿千瓦时,占全省光伏发电量的16.37%;生物质发电企业发电10.1亿千瓦时,占全省生物质发电量的10.64%。新能源发电减少排放二氧化碳1098万吨,二氧化硫3.56万吨,氮氧化物3.1万吨。

三、节能环保产业

2018年,全市节能环保产业实现主营业务收入1023.8亿元,实现开票销售亿元以上企业15户。从地区分布看,亭湖18家重点节能环保企业实现开票销售22.9亿元;建湖节能电光源产业由传统的节能灯产品向半导体照明产品进行转型,实现开票销售13.58亿元;阜宁环保滤料产业链条逐步从基础滤布向前道高性能纤维材料、基布生产及后道的环保装备设计、研发、生产发展,实现开票销售19.12亿元。从园区建设看,全市节能环保产业形成盐城环保科技城、建湖节能电光源产业园、阜宁环保滤料产业园"一城二园"发展格局。盐城环保科技城全年新增规模以上工业企业9家,实现规上工业开票销售52.4亿元。年内,园区创成省级环保科技小镇、生产性服务业集聚示范区。阜宁环保滤料工业园全年开票销售17.21亿元。建湖节能电光源产业园有节能电光源及配套企业50多家,其中重点企业20家,节能电光源产业转型基本到位,形成以LED产品自产自销为主导、代工贴牌为辅的生产格局。10月26—27日,2018第七届中国·盐城国际环保产业博览会暨绿色产业创新发展大会在盐城举办,全球26个国家的环保商和知名人士近

中国盐城环保科技城 盐阜大众报社/供

2000人参加，9家世界500强企业以及51家国际知名环保企业参会，提升盐城节能环保产业影响力。

四、电子信息产业

2018年，全市电子信息产业实现开票销售428.26亿元，其中智能终端产业实现开票销售259.25亿元。电子信息制造业实现主营业务收入474.6亿元，产业规模首次超过徐州、淮安，位列苏北第一。全年全市实现软件业务收入25.10亿元。各县市区电子信息产业加快发展。其中，盐都区电子信息产业实现开票销售122.18亿元，东台市电子信息产业实现开票销售102.03亿元，盐城市经济技术开发区电子信息产业实现开票销售81.16亿元，其余各县（市、区）电子信息产业规模在20亿元左右。

至年底，全市有盐城高新技术产业开发区智能终端产业园、东台电子信息产业园2个重点产业集聚区，盐城市经济技术开发区光电产业园等5家电子信息产业专业园区，城南数字智能产业园等3家在建电子信息产业园区。全年全市有规模以上电子信息制造业企业300家。至年底，全市电子信息产业有开票销售超10亿元企业11家，超5亿元企业14家，超亿元企业70家。其中，盐城维信电子有限公司实现开票销售23.98亿元；领胜城科技（江苏）有限公司实现营业收入20亿元；东山精密（维信电子）实现开票销售18.31亿元；江苏博敏电子有限公司实现开票销售4.59亿元。年内，全市电子信息产业产品主要集中在手机及零部件、集成电路、半导体分立器件、半导体元件、通信设备等领域，拥有49个产品门类，产品由较为单一的电感电阻电子元件等低端环节逐步向手机零组件、电子器件等中端环节延伸，产品门类不断丰富，产品层次逐步提升。

智能终端产业园 年内，智能终端产业园建成和在建多层厂房200万平方米，累计招引85家智能终端上下游企业入驻，其中53家投产运营，初步构建起从核心部件、到整机智能终端全产业链，有20多个企业成为华为、苹果、中兴、小米等一线品牌供应商，建有吉林大学智能终端研究院、清华大学无人系统研究院、中科院高通量研究院。全年实现开票销售120亿元。

东台电子信息产业园 年内，东台电子信息产业园主攻关键零部件、智能终端、系统集成三大板块，紧盯新型显示、核心元器件、集成电路等前沿方向，深化与东南大学、省产业技术研究院的合作。全年实现开票销售84.7亿元。

光电产业园 光电产业园位于盐城经济技术开发区，规划面积11.2平方千米重点发展光伏光电产业。至年底，形成比较完整的集生产硅片—切片—打磨—生产电磁片—组件—应用的全光伏产业链集群。全年实现开票销售91.4亿元。

建湖节能电光源产业园 建湖节能电光源产业园是中国照明电器协会授予的“中国节能电光源制造基地”。全年实现开票销售16.48亿元。

亭湖电子信息产业园 亭湖电子信息产业园是省级特色园区，入驻酷石科技、日铠电脑等20多家企业，主要承载长三角、珠三角的产业转移，生产通信电子、医疗电子、教育电子产品。全年实现开票销售11.68亿元。

射阳电子信息产业园 射阳电子信息产业园总体规划面积173.33公顷，形成从精密配件、锂电池、电子触控面板的完整手机产业链。年内，新增江苏和鼎电子科技有限公司等3家规上企业。全年实现开票销售2.4亿元。

滨海电子信息产业园 滨海电子信息产业园规划用地40公顷，建设50万平方米智慧园区。年内，园区内2家企业开始运作，11家企业建设之中。全年实现开票销售2.13亿元。

五、高端装备产业

2018年，全市高端装备行业实现较好发展。智能制造装备行业，江苏长虹智能装备股份有限公司实现年销售收入4.2亿元，江苏同和智能装备有限公司实现年销售收入2.36亿元，江苏长虹智能装备股份有限公司入选国家《工业机器人行业规范条件》企业名单；高端风电装备行业，金风科技股份有限公司实现年销售收入33亿元，江苏中车城市交通装备有限公司实现年销售收入42.4亿元；环保科技装备行业，有江苏中建材环保研究院有限公司、江苏中科睿赛污染控制工程有限公司等一批科技研发平台，基本形成相对完整的环保科技装备产业链格局，江苏科行环保股份有限公司实现年销售收入6.7亿元，盐城市兰丰环境工程科技有限公司实现年销售收入2.8亿元；石油装备行业，有规上企业106家，主要集中在建湖县，生产的石油机械关键零部件有井口装置、采油树、节流压井管汇、防喷器、油管钳等，是全国最大的油田井口装置生产基地，有省级工程（技术、研究）中心22家、院士工作站4家、博士后科研站2家。

六、航空产业

2018年，全市航空产业主要以建湖、射阳两县为产业集聚地，其中建湖航空产业园实现年开票销售2.64亿元、入库税金1053.7万元。4月，艾雷奥特（江苏）飞机工业有限公司签约销售155架AT-3通用飞机，是近年来国内通航界最大数量的飞机订单。

七、新材料产业

2018年，全市新材料产业实现开票销售634.8亿元，有新材料企业182家，新材料产业主要产品集中在特种金属材料、新型纤维、节能环保材料、化工新材料、高分子新材料等领域。年内，江苏宏泰纤维科技有限公司实现开票销售23.2亿元，领胜城科技（江苏）有限公司实现开票销售21.6亿元，江苏德赛化纤有限公司实现开票销售9.6亿元。

全年全市新材料产业亿元以上在建重点项目16个，计划总投资105亿元，完成投资34亿元。主要有阜宁澳洋科技有限责任公司总投资15亿元、年产16万吨高白度、有色粘胶短纤项目；江苏新世寰宇再生资源科技有限公司总投资2.5亿元、年产20万吨合金新材料项目；江苏贝肯盛创新能源科技有限公司总投资4亿元、年产1万吨石墨锂电池负极材料及硅碳负极材料项目；盐城海普润膜科技有限公司总投资2亿元、年产1000万平方米增强型中空纤维膜项目。

加快产学研合作。建成信息中心、工程技术中心、博士后科研工作站、检测中心、培训中心、创业孵化中心等成果转化公共服务体系。至年底，全市新材料产业有各类创新载体和服务机构36个，其中国家级1个，省级23个，市级12个，全市新材料重点企业申请专利746项。其中，江苏中色锐毕利实业有限公司研发的高强度ZR6001材料，填补国内空白，成为国内高强度铝合金材料关键核心部件的唯一锻造供应商；江苏神鹤科技发展有限公司生产的超高分子量聚乙烯纤维材料，是国内已经实现工业化生产的强度最高的纤维，打破国外在该领域的垄断和技术封锁，填补国内空白。

第三节　规上工业企业

一、销售超亿元企业

2018年，全市有开票销售超亿元企业740户，比上年增加49户，其中开票销售超10亿元企业59户，比上年增加12户。其中，开票销售超百亿元6户，50亿元～100亿元（不含）1户，20亿元～50亿元（不含）17户，10亿元～20亿元（不含）41户。开票销售超百亿元6户企业（集团）实现开票销售合计1118.4亿元，占全市规模以上工业比重达25.3%。其中，东风悦达起亚汽车有限公司实现开票销售276.6亿元，江苏德龙镍业有限公司实现开票销售602.6亿元，盐城市联鑫钢铁有限公司实现开票销售113.3亿元，江苏博汇集团实现开票销售125.9亿元。

江苏悦达集团有限公司　年内，江苏悦达集团有限公司实现总营业收入915亿元，总净利润16.43亿元，上缴税收61.95亿元。至年底，集团直接就业4万人，间接就业9万人。年内，集团被江苏省委、省政府表彰为为改革开放作出突出贡献的先进集体，列2018中国500最具价值品牌142位、较上年上升13位，品牌价值超348亿元，营业规模继续位于全省前十强。至年底，集团有博士后科研工作站1家，国家高新技术企业18家，省级企业技术中心9家。东风悦达起亚汽车有限公司获评第九届起亚汽车全球维修技师技能大赛冠军。江苏悦达家纺有限公司获评改革开放40周年中国质量诚信家居品牌，入选国家重点跟踪培育服装家纺自主品牌企业。江苏悦达数梦技术有限公司获评2018长三角最佳数据智能产品奖。

汽车主业。做强汽车整车。全年销售汽车超37万台，高于行业平均水平。上市新一代智跑、奕跑、K5插电混动等6款新车型。累计产销超500万台，是目前合资公司中第九家达到这一体量的中国乘用车生产企业。公司对外品质指标位居行业前列，新车品质调查结果蝉联行业第二位。专用车公司新产品“智能化路面保洁专用车”性能达到国内领先水平。做优汽车服务业。在上海成立悦达智行汽车服务公司，以互联网大数据等新技术为传统4S店赋能，打造中国新能源汽车共享出行专家。汽车金融实现投放超5万台，投放金额36亿元。与全国最大的电动汽车分时共享品牌EVCARD合作，在盐城建成网点283个，投入车辆500多台，发展会员近6万人。投资亚洲最大的中汽中心盐城汽车试验场项目，占地420公顷，集研发、设计、测试、服务等于一体，能够满足所有类型车辆的法规和开发试验测试，盐城成为国内领先的第三方汽车道路试验基地、国内汽车道路试验技术服务的集聚区。做大汽车零部件。集团与上海复星集团合作在盐城投资天津捷威新能源汽车动力电池电芯项目，计划总投资60亿元，一期建设2.5吉瓦时、总投资20亿元。与江苏摩比斯汽车零部件有限公司合作新能源汽车电池总成项目落户盐城，实现当年签约、当年建成、当年投产。助力苏陕合作、盐铜协作，总投资10亿元、年产600万只大型铝合金轮毂的陕西达美汽车轮毂项目开工建设。加快汽车产业转型升级。与江苏省产业研究院共建的江苏新能源汽车研究院签约落地建设，被列入江苏省“先进制造业集群重点创新平台”。与东海岸（上海）股权投资管理有限公司合资成立华人运通（江苏）技术有限公司，发展中高端新能源车型。投资国内最大的民营汽车设计院阿尔特（中国）汽车技术有限公司，研发团队2000余人，自主研发能力行业领先。海外出口项目取得突破，全年实现整车出口1339台、发动机出口288台。

提质增效。集团旗下悦达能源平台年销售收入超100亿元，实现归属集团净利润超7亿元。悦达地产集团有限公司实现净利润超3亿元，旗下悦珑湾项目获评国家房地产行业最高奖项“广厦奖”成为盐城首个也是唯一获此荣誉的项目。悦达资本股份有限公司托管20亿元中韩产业基金，所属租赁公司成为江苏第二家、盐城首家接入中国人民银行征信系统的企业。江苏悦达集团财务有限公司作为全市首家、苏北第二家集团财务公司，三年累计为集团节约财务费用近6亿元。二级以下企业质效提升，黄陵二号矿实现净利润19.7亿元，京沪高速实现净利润11.8亿元，阿尔特实现净利润超2亿元，中汽中心盐城试验场实现净利润1.4亿元，汾平高速实现净利润1.3亿元，汇金公司净利润1.1亿元，西蒙悦达实现净利润1亿元，融资租赁实现净利润9700万元，天云煤矿实现净利润9079万元。

项目建设。推进新能源产业发展。投资苏州润阳光伏科技有限公司，一期2吉瓦产能的盐城润阳悦达高效光伏电池项目已投产，基本实现全自动、无人化生产。研发生产高效单晶硅光伏电池，转换效率约为22%，全年实现销售10亿元。与陕西煤业化工集团有限责任公司深化合作，在新能源、新材料、煤炭物流、煤电一体化等领域签署合作协议，共同投资建设王峰煤矿、黄陵2×66万千瓦坑口电厂等重大项目。加快“互联网+”和智能制造业项目建设。与阿里巴巴网络技术有限公司在汽车互联网、两化融合、工业云平台等领域开展合作，合资成立江苏悦达数梦技术有限公司并投入运营，依托阿里巴巴技术优势发挥汽车产业链作用，重点产品“悦企云”正式上线并已为数十家企业提供稳定的上“云”服务。打造现代供应链智慧服务平台——“悦达通”专注于解决中小企业成本高、效率低、融资难等问题，全年实现交易额超20亿元，其中进出口交易额突超2亿美元。与德国威马·弗格兰科技公司合资合作，发展智能化高端装备制造和机床再制造业务。发展大健康项目。盐城悦达瑞康医院开业运行，年内接待各类体检近万人次；自主品牌“金骆驼”血液净化中心运营3家，累计取得独立血透牌照12张；集团旗下悦达健身广场获评江苏省首批体育服务综合体、江苏省体育产业示范单位。（周本东）

东风悦达起亚汽车有限公司 年内，东风悦达起亚汽车有限公司累计完成销售汽车超37万台，上交税收21.28亿元。4月9日，东风悦达起亚第500万台汽车下线。新车品质调查结果（IQS）取得行业第二名，售后满意度（CSI）取得行业第五名，智跑、KXCROSS、新一代K2获得中国汽车用户满意度（CACSI）细分市场第一名。企业社会责任指数位居中国汽车企业第四位。年内，公司获评“江苏慈善奖”最具爱心慈善捐赠企业奖。11月20日，东风悦达起亚首批400台焕驰轿车自江苏省盐城市大丰港发往埃及。12月23日，第二批856辆焕驰轿车从上海港装船起航，其中200辆销往埃及，656辆销往菲律宾。12月26日，首批288台发动机装船出口，销往斯洛伐克，实现东风悦达起亚首次发动机出口。全年整车出口1339台，发动机出口288台。（华 娟）

江苏德龙镍业有限公司 江苏德龙镍业有限公司成立于2010年8月，位于江苏省盐城市响水工业经济区内，占地466.67公顷，注册资金2亿元，企业以进口红土镍矿为原料，采用国家产业政策鼓励的RKEF先进工艺技术冶炼镍铁合金。至年底，公司有国际先进水平的RKEF镍铁合金生产线20条，有员工7000余人。有专业技术及研发人才700余人，拥有专利技术30余项，建成江苏省工程技术中心，是国家级高新技术企业，并与北京科技大学、山东大学等高校合作共同创办合金新材料产业研究院，全力突破国内首条2250热轧以及后道冷轧生产线技术，为国内外客户提供最具综合竞争力的300系列不锈钢产品。全实现开票销售收入超600亿元，纳税超10亿元。

江苏博汇集团 年内，江苏博汇集团强化过程管理，推动人才兴企，在项目建设上取得重大进展。总投资32亿元的二期造纸项目设备安装进入尾声；投资3000万元改造厂区绿化，计划2年内达到“绿色企业、环保企业”的标准要求；加快化工安全自动化实施进程，进入验收阶段；改造完成丰源热电超低排放，消减污染物排放量每年1585.5吨；量化用水规模，通过“以新带老”的标准要求，更换节能用水设备，降低用水量；成立技术课题研究团队，与天津大学、中国天辰设计院合作，改进环己烯法制取环己酮的生产工艺，自主研发催化剂，攻克国内环己烯法制取环己酮的生产工艺，降低产品成本。全年实现开票销售总额125.9亿元，纳税4.59亿元。

江苏摩比斯汽车零部件有限公司 江苏摩比斯汽车零部件有限公司是由韩国现代摩比斯株式会社出资，于2002年5月在盐城经济技术开发区成立，位于江苏省盐城市希望大道南路12号。公司注册资本8500万美元，总投资2.25亿美元。公司工厂分3个厂区，总占地47.73公顷，建筑面积为16.1万平方米，总人员近2000人。公司专业从事汽车零模块及部件生产销售，主要为东风悦达起亚汽车有限公司提供汽车模块（前底盘模块、后桥模块、驾驶舱模块、前围模块），汽车前后大灯，车载AVNT系统。企业灯工厂不仅为现代集团整车厂提供配件，而且还为长沙菲亚特、广汽三菱、美国克莱斯勒等整车工厂提供前后大灯配件。全年公司完成模块36万台、车灯70万台、电子设备20万台，实现开票销售90.6亿元，入库税收1.46亿元，出口2.5亿元，连续三年获评盐城市五星级企业。

盐城市联鑫钢铁有限公司 盐城市联鑫钢铁有限公司位于大丰区大丰港，成立于2000年6月。公司占地面积223公顷，有员工5000余人，有集烧结、炼铁、炼钢、连轧及相应配套公辅设施于一体的生产装备线。全年公司生产铁

东风悦达起亚汽车有限公司汽车总装线　　盐阜大众报社/供

235.6万吨，钢356.8万吨，实现开票销售113.3亿元，上交税收4.35亿元。年内，公司获评江苏省民营企业百强、进入中国钢铁企业竞争力优强行列，研制的耐火钢筋产品被评为2018年钢铁工业十大技术成果、获评中国钢筋品牌计划科技创新榜样。（季　鹏）

二、规上中小工业企业

2018年，全市规模以上中小工业企业2887户，实现主营业务收入4779亿元，占全市规模以上工业主营业务收入的82.2%。实现利润266.3亿元，占全市规模以上工业企业总利润89.3%。加快培育中小企业，推进小型微型企业创业创新示范基地建设、认定专精特新小巨人企业和专精特新产品。年内，全市新认定41家市级以上创业创新示范基地，东台市安丰电子信息产业园入选2017年度江苏省小型微型企业创业创新示范基地。至年底，盐城有国家级“双创”示范基地2家、省级“双创”示范基地32家、市级“双创”示范基地10家，其中国家级、省级“双创”示范基地数量位居全省首位。年内，盐城4家科技小巨人企业和5个专精特新产品入选2018年度江苏省专精特新小巨人企业认定名单。至年底，全市拥有省级“专精特新”产品27只，位居苏北第一；省级科技小巨人企业13家，与徐州、宿迁并列苏北第一。江苏丰东热技术有限公司跻身第三批单项冠军示范企业名单，实现盐城国家级制造业“单项冠军”零的突破。（季　鹏）

2018年全市入选江苏省专精特新产品企业名单一览表

表14-25

序号	地区	企业名称	申报产品名称
1	东台	江苏新技机械有限公司	高速智能化电线挤出生产线
2	建湖	江苏国瑞液压机械有限公司	可变换压力补偿方式的电液比例多路控制阀
3	建湖	江苏丰信航空设备制造有限公司	内流道闭式三元整体叶轮
4	亭湖	江苏圣泰阀门有限公司	厂形直流式压力密封截止止回阀
5	盐都	盐城市金洲机械制造有限公司	高精度低噪音工业机器人伺服减速机

2018年全市入选江苏省科技小巨人企业名单一览表

表14-26

序号	地区	企业名称
1	大丰	江苏谷登工程机械装备有限公司
2	亭湖	江苏长虹智能装备股份有限公司
3	亭湖	智美达(江苏)数字技术有限公司
4	盐都	江苏中恒宠物用品股份有限公司

中小企业服务体系建设　年内，全市以推进中小企业服务体系建设为中心、以强化服务绩效为主线、以助推企业转型升级为重点，帮助企业缓解融资、创业、人才、创新等发展难题。至年底，全市累计建成中小企业星级公共服务平台126家，省级三星级以上平台40家，其中省级四星级平台10家；市二星级平台86家。全市有4家中小企业服务机构入选江苏省管理咨询服务参与单位。做好中小企业服务工作，开展针对各类中小企业的培训活动。市经信委联合盐城师范学院开展2018年中小企业管理者研修班培训，组织实施小微企业成长培育计划和中小企业管理提升行动，建立市级成长型企业培育库，向省经信委推荐入库企业，按季报送企业运行数据。组织各县（市、区）对辖区内规模以上中小工业企业开展在线管理提升对标诊断，研究制定《盐城市管理提升规范化企业认定评价细则》建立线上线下相结合的评价机制，全市近500家规模以上中小工业企业进行在线测评。制定并实施中小企业“百千万”培育计划，组织100名中小企业主参加中小企业主管理研修班学习。举办企业主、企业高管人员及企业技术人员培训活动20余场，培训人员2000人左右。开展全市最具成长性中小企业评选工作，50家中小企业获评年度“最具成长性”中小企业。至年底，市经信委服务园区100多家、企业8500家，开展培训活动24场次，巡回讲座18场次，培训人数近万人。

盐城市中小微企业服务联盟　盐城市中小微企业服务成立于2016年5月23日，由市经信委发起、市中小企业服务中心牵头运作的“服务中心、服务机构、中小微企业园、中小微企业”四位一体的公益性平台。联盟以“服务中小微企业、助推转型发展”为主题，以整合社会优质服务为手段，搭建中小微企业公共服务平台，打造中小微企业与服务机构之间的信息通道，满足中小微企业服务需求，进一步提升服务效率，压降服务成本，优化服务环境，提升中小微企业竞争能力。至2018年底，联盟汇集138个中小企业园区，有257家规模服务机构、100名专家提供涉及金融服务、融资担保、管理咨询、信息化服务、法律服务、现代物流、人力资源、财务管理、创业辅导、用工服务、上市辅导、科技服务、企业内训、法律咨询、税务咨询、工业设计等16个领域方面的服务。年内，联盟组织开展以送政策、送服务为主题的全方位、一站式公益服务——“精准服务进园区”活动，根据企业发展需要，主动开展精准对接，邀请法律、财税、管理等领域专家现场答疑解惑，服务全市43个园区、730多家企业。全年帮助企业申报国家高新技术企业20多家、各类专利1000多件和软件著作权300多件；举办中小企业负责人各类培训讲座180多场，参培人数8500余人；先后为69家企业引进普工2218人次、管理人员162人次、安排大中专毕业生就业206人次；帮助中小企业化解法律纠纷100起，咨询300余家，挽回直接经济损失8000余万元。

第四节 建筑业

2018年，全市建筑业完成总产值2104亿元，增加值580亿元，出市施工产值1360亿元，实现税金及附加收入40多亿元，转移农村劳动力近50万人。至年底，全市有建筑企业3921家，其中施工总承包企业1369家、专业承包企业1711家、施工劳务企业370家，其中特级资质3家、一级总承包资质74家。年内，全市新增总承包特级资质企业1家、总数3家，新增一级总承包资质企业14家、总数74家，新增专业一级资质企业49家、总数154家，3家企业获评省“百强企业”。

一、绿色建筑

2018年，全市新增节能建筑面积983.53万平方米，其中城镇绿色建筑面积932.96万平方米，绿色建筑占新建建筑比例提升到94.86%，总节能量达13万吨标煤。全市新增二星级及以上绿色建筑设计标识项目62项，建筑面积721.2万平方米，获得绿色建筑运营标识项目4项，新增可再生能源应用建筑面积466.1万平方米。全市推广预拌砂浆43.8万吨，散装率89%，新墙材生产比例96%、应用比例98%，新增省级“禁粘”乡镇8个。

二、勘察设计

2018年，全市受理勘察设计合同备案计730项，总建筑面积2714万平方米。年内，市城乡建设局组织开展全市工程勘察设计质量及市场行为抽查工作，重点抽查全市15个勘察设计项目执行工程建设强制性标准、绿色建筑设计标准、高层建筑消防安全、电气火灾综合治理、工程勘察现场业5个方面的情况，复核勘察设计单位违反强条、强标42项，发现并整改审查机构错审、漏审问题7项。加快“不见面审图服务”机制建设，汇总梳理并优化322项系统功能，建立审图服务“只见一次面”工作机制，全年市城乡建设局受理数字化审查项目1069项，审结997项，审结项目建筑面积1071.9万平方米。

三、建筑业监管

2018年，市城乡建设局加强建筑施工安全管控，开展全市性安全督查4次，检查工地106处，发现各类安全隐患910条，下发整改意见书32份。强化事中事后监管，组织建筑工程综合大检查，开展信用综合评价。落实农民工专用账户等制度，推行施工从业人员实名制信息化管理，录入项目347个，涉及农民工4.1万人，从源头防范治理农民工工资拖欠问题。学习推广“精益建造”才良模式，开展质量安全标准化管理企业试点，落实工程建设各方主体责任，提升项目管理水平，以技术进步支撑装配式建筑、绿色建造等新型建造方式发展。规范工程质检机构检测行为，重点整治违规海砂，随机检查企业和工地30个，抽取砂样品45组，对氯离子超标项目进行通报督办。强化招投标活动信用管理，开展招投标及标后履约不良行为记录。简化招投标前期手续，拓展远程电子化评标应用，做到“应远尽远、应电必电”，大市区进场交易项目718个，工程造价约130亿元。推行全市域数字化多图联审，压降图审材料、环节、时间和成本，审结工程项目2800多项、建筑面积约2100万平方米，“多图联审”工作作为江苏省电子政务优秀实践成果参加首届数字中国建设成果展览会。做好国有投资项目招标控制价备案，定期开展咨询成果质量“双随机”检查，完成招标控制价审查项目575个，调处工程计价争议纠纷30余次。

城建执法 年内，市城乡建设局严厉打击查处建筑市场违法行为，全年稽查建设项目264次、发放整改通知书117份，立案查处40件；抽查全市在建工程26个、建筑企业36家，约谈企业负责人12次，向属地建设主管部门出具“执法建议书”6份。“行政执法案件主办人制度”入选全市依法行政示范项目，综合处罚卷宗连续三年被评为市级优秀案卷。加强行政复议与诉讼衔接，全年办结11件行政复议，妥善办理18件行政应诉案件。

14家建筑企业获评市“争星创优”活动星级企业 年内，在市委、市政府组织的2018年“争星创优”活动优胜企业评比中，建筑行业有14家企业被评为星级企业。其中，五星企业2家：江苏金贸建设集团有限公司、江苏晟功建设工程有限公司；四星企业8家：江苏盐城水利建设有限公司、江苏建业建设集团有限公司、江苏宏远建设集团有限公司、盐城市苏厦建设集团有限公司、盐城市大成建筑工程有限公司、江苏明华建设有限公司、江苏登达建设有限公司、蓝盾建设有限公司；三星企业4家：江苏海翔电气实业集团有限公司、江苏千和建设工程有限公司、江苏甲晨建设工程有限公司、盐城市隆嘉水利建设有限公司。（王　盛）

第15章　现代服务业

编　　辑　许寅生

综　　述

2018年，全市完成服务业增加值2477.2亿元，同比增长8.1%。服务业增加值占地区生产总值45.1%，比上年提高0.5个百分点。“三二一”产业结构进一步夯实，三次产业结构为10.5∶44.4∶45.1。全年完成服务业固定资产投资1211.9亿元，同比增长0.3%。全年实现服务业税收收入276.4亿元，同比增长14%，服务业税收收入占税收总收入55.5%，比上年同期增长2.3个百分点。全年实现全社会消费品零售总额1778.7亿元，同比增长6.8%。推进31个市级以上服务业集聚区建设，全年实现营业收入779.7亿元，税收42.1亿元，分别同比增长14.4%和10.2%。推动省、市级服务业集聚区提档升级，江苏省东台科技服务业集聚区、盐城智慧科技城和盐城环保科技城智慧谷获批省级生产性服务业集聚示范区。城西南现代物流园区推进“物流+电子商务”“物流+保税”“物流+先进制造业”等新业态发展，提升集聚区现代物流业和电子商务的综合竞争力，被列入省新一轮服务业综合改革试点。全市50个年度服务业重点项目完成投资185.1亿元，其中被列入省2018年服务业“十百千”重点项目中的13个项目，计划年度投资116.5亿元，实际完成投资122.7亿元。加快实施服务业名企、名品、名家“三名”工程，江苏悦达物流有限公司获批省级生产性服务业领军企业，江苏华生基因数据科技股份有限公司获批省级互联网平台经济“百千万”工程重点企业；森风集团有限公司“森风SENFENG”商标正式被国家工商行政管理总局商标局认定为中国驰名商标。

第一节　金融业

2018年，全市新成立光大银行盐城分行1家银行机构。至年底，全市有银行机构42家、营业网点944个。全市有各类保险市场主体75家，其中产险公司22家、寿险公司39家、保险专业中介一级法人11家、市级保险经纪公司3家。全市有证券期货机构40家，其中市区23家累计交易金额1579.85亿元。全市有融资性担保机构29家，其中23家为独立法人机构，6家为省属分公司。23家融资性担保机构总注册资本61.3亿元，其中国有及国有控股资本56亿元，占总注册资本的92.5%。

全市银行业资产为7267.9亿元，负债规模为7038.49亿元，其中本外币各项存款余额6421.42亿元，居全省第七位，比年初增加207.23亿元；本外币各项贷款余额4998.76亿元，居全省第六位、苏北五市之首，比年初增加710.1亿元。全年全市银行业实现净利润83.89亿元。年末不良贷款余额79.06亿元，比年初增加13.36亿元，不良率1.59%。全年全市各类保险机构实现保费收入176.39亿元；全年承担各类风险保障3.4万亿元，累计赔（给）付52.52亿元；全年满期结付件数3.26万件、金额7.4亿元，完成给付7.29亿元；全年向地方缴纳税费3.76亿元，代收缴车船税费2.58亿元。全年全市29家融资性担保机构为1330户企业新增担保额130.6亿元，期末担保余额121.4亿元；为1350户中小微企业提供担保114亿元，为146户涉农企业提供担保10.2亿元，为56户高新技术产业企业提供担保4.7亿元。

一、银　行

2018年，全市新成立光大银行盐城分行1家银行机构。至年底，全市有银行机构42家。

全年全市金融机构本外币各项存款余额6421.42亿元，总量列全省第七位，比年初增加207.23亿元。其中，非金融企业存款比年初新增55.79亿元；住户存款新增277.98亿元。全市金融机构本外币各项贷款余额4998.76亿元，总量列全省第六位，比年初增加710.10亿元。全市表外融资余额1247.27亿元，比年初增加36.58亿元。

全年全市大小额支付系统处理往来业务2266.04万笔，金额11.26万亿元。其中，大额支付发起467.16万笔、金额5.37万亿元，大额支付接收518.35万笔、金额5.67万亿元，小额支付发起493.14万笔、金额947.21亿元，小额支付接收787.39万笔、金额1255.12亿元。同城清算系统办理业务35.95万笔，清算资金4363.56亿元。全市新设人民币银行结算账户4.93万户,其中基本存款账户3.51万户,专用账户1865户,临时存款账户327户,一般存款账户1.2万户。全市个人征信查询31.73万人次。

全年全市跨境收支总额169.36亿美元。其中,跨境资金流入102.92亿美元,跨境资金流出66.44亿美元,跨境资金净流入36.48亿美元。全市银行结售汇总额79.09亿美元。其中,结汇52.46亿美元,售汇26.63亿美元,结售汇顺差25.83亿美元。全市跨境人民币结算总量17.34亿美元。其中,跨境人民币流入11.08亿美元,跨境人民币流出6.26亿美元,实现净流入4.82亿美元。 (唐友伟)

2018年全市金融机构存贷款年末余额情况统计表

表15-27 单位:万元

指　　标	总　额
一、各项存款	64214157
(一)境内存款	64186005
1.住户存款	31805125
2.非金融企业存款	20497740
3.广义政府存款	11505550
#财政性存款	649645
#机关团体存款	10855905
4.非银行业金融机构存款	377590
(二)境外存款	28152
二、各项贷款	49987581
(一)境内贷款	49963829
1.住户贷款	17760137
#短期贷款	4680962
#中长期贷款	13079175
2.非金融企业及机关团体贷款	32203692
#短期贷款	14964176
#中长期贷款	12525272
#票据融资	4691553
#各项垫款	22691
(二)境外贷款	23753

中国农业发展银行盐城市分行　年内,中国农业发展银行盐城市分行累计发放各项贷款37亿元,年末各项贷款余额171亿元。推进融资模式创新,获批系统内首笔经营性林业资源开发和保护中长期贷款30亿元。推动粮食购销改革,核定准入市场化收购企业20户,覆盖9个县(市、区)。全年发放粮食收购贷款29.8亿元。开展国际业务。为江苏北大荒油脂有限公司开立进口信用证8410万美元,支持大豆等农产品进口。全年国际业务结算量1.11亿美元,同比增长6258万美元;全年国际结算收入159万元,同比增长124万元。发挥政策性银行支持脱贫攻坚职能,向东台市国贸大厦有限公司发放农村流通体系建设短期扶贫贷款4000万元,助力"苏陕·盐铜·东耀"扶贫项目耀州区山羊养殖基地建设,耀州苹果等特色农副产品入驻东台销售,受益覆盖国家建档立卡贫困户68户241人。强化财务核算,收回历年表外欠息4565万元,增加利润3474万元,调控粮贷款欠息全部收回。强化粮油库存监管,市场化收购企业全部安装远程监控系统,市县行同步实现手机、PC客户端实时监控。 (咸国庆)

中国工商银行盐城分行　年内,中国工商银行盐城分行人民币全部存款余额345.47亿元,比年初新增23.77亿元;人民币各项贷款余额322.72亿元,比年初新增26.94亿元;表内外信用业务总量348.11亿元,比年初新增31.92亿元。在个人客户上,拓展代发工资和拆迁市场等源头市场,服务好市级财政统发单位集中支付改革,成功获得市社保准入资格。在对公客户上,抢抓政府机构重点领域改革机遇,在国土、土储、税务等领域实现突破。围绕"两海两绿"发展路径,加强与盐城经济技术开发区、盐城高新技术产业开发区等重点区域的战略合作,强化重大项目营销。拓展普惠金融市场,深化与重点开发商的按揭合作,至年底,个人住房贷款增量同业占比较2017年上升3个百分点。经营转型。改进机制体制。根据市场和业务发展需求,对市分行公司部和大客户中心经营管理职能进行优化调整,提升服务效能和信贷经营能力。渠道优化及服务工作取得实效。年内,全辖有2家网点迁建并开业,9家网点完成装修改造,累计16个网点完成装修改造。 (王誉名)

中国农业银行盐城分行　年内,中国农业银行盐城分行各项存款余额800.94亿元,比年初净增70亿元;各项贷款余额463.81亿元,比年初净增54.35亿元。全年实现营业净收入23.31亿元。至年底,个人贵宾客户20万户,个贷客户10.66万户。其中,个人住房信贷客户9.08万户,非住房个贷客户1.58万户,农户贷款客户4281户。个人掌银活跃客户61.11万户,个人信用卡有效客户37.3万户。对公人民币账户总量3.19万户,机构类账户1633户。对接重点工程、重大项目建设,全年累计投放项目贷款36.66亿元。成功审批盐城东方半导体产业基金3亿元、首笔发放0.85亿元;新拓展金辉、碧桂园地产2笔理财融资业务,实现投放各0.5亿元;悦达超短融5亿元在北金所注册;东方债权5亿元融资计划提交北金所备案;交通控股10亿元中票过中国农业银行总行债评会。全年完成不良贷款各项清收(含受托资产)2.75亿元,不良贷款处置1.56亿元;柜面堵截各类风险事件1032起,避免各类资金损失3562万元;全年检查问责追究责任693人次,给予纪律处分37人。年内,市分行被评为外汇监管A类行,获得"盐城市五一劳动奖状";东台溱东支行获评中国农业银行先锋号,中汇支行被表彰为全国金融系统职工代表大会制度建设示范单位。 (肖立春)

中国银行盐城分行 年内，中国银行盐城分行本外币存款余额525.2亿元，比年初新增18.08亿元，本外币各项贷款余额508.56亿元，比年初新增37.47亿元。全年实现中间业务净收入4.72亿元，营业净收入20.21亿元，国际结算量33.36亿美元。年内，先后为东山精密电子等项目提供信贷支持10.1亿元，投放7.8亿元、已批未放2.3亿元；为连盐铁路等工程提供信贷支持42.25亿元，投放4.75亿元、已批未放37.5亿元；为新水源地等为民办实事项目提供信贷支持13亿元。至年底，分行制造业贷款余额55.58亿元。开展涉外业务。在全省率先办理下出口海外融资业务，解决了多家出口企业的资金需求。为江苏摩比斯汽车零部件有限公司等11家重点进口企业办理海外代付业务1.14亿美元。全年累计办理福费廷二级市场业务9.63亿元，风险参与业务4.79亿元。率先在盐城推出汇总征税电子保函业务，累计开立金额超过1.3亿元。加大电费保函推介力度，成功实现电费保函的批量复制，累计为7家用电大户开立电费保函4880万元。为企业资金划转提供“绿色通道”，成功为江苏悦达集团有限公司办理盐城首笔资金池项下境外放款业务。运用大数据平台，依托标准化产品，开展批量化信贷服务，实现“中银税贷通”“中银结算通宝”授信产品放款150户，金额近3亿元；承办2018年盐城市知识产权融资“一站通”活动，与10家企业签约授信合作金额3500万元。加强银担联动，与省、市级财政性担保公司合作，开展“增保贷”业务，服务小微企业22户，授信金额6799万元；与江苏省农业信贷担保有限责任公司合作开展“中银扶农通宝”业务，实现合作金额5500万元；开展风险分担机制尝试，与江苏省信用再担保集团有限公司合作，获批阜宁县优质成长型企业风险分担批量化项目5亿元额度；参加盐城市首届“银保联动服务实体”交流活动暨签约仪式，现场与三大担保公司增加担保额度5亿元，并与6户中小企业客户代表签订授信合作协议。借助“中银跨境撮合服务”平台，成功组织82家盐城当地企业参加中国首届进口博览会，撮合企业和国外超百家展商进行154场次的“一对一”洽谈，其中12家企业和国外展商现场签约，签约金额近千万美元，助力中小企业融入全球价值链。助力乡村振兴、特色小镇、个人经营等重点领域和薄弱环节，全年累计投入7.43亿元助力乡村振兴，累计发放个人经营性贷款超过4.73亿元，其中益农贷6459.5万元，缓解个人创业和“三农”融资困难。

（陈　可）

中国建设银行盐城分行 年内，中国建设银行盐城分行本外币一般性存款日均余额443亿元，较年初新增22亿元。其中，对公存款日均新增19亿元，个人存款日均新增3亿元。各项贷款余额375亿元，较年初新增22.6亿元。其中，个人类贷款余额185亿元，较年初新增22.4亿元。全行实现税前利润8.78亿元，实现中间业务收入4.07亿元。全行不良贷款额6.61亿元，累计处置不良贷款4.95亿元，现金回收核销坏账655万元。全年新开各类对公账户8574户，对公账户总量4.88万户。其中，对公基本账户新增7495户，对公基本账户总量3.35万户。全行个人有资产客户148.35万户，年内新增20.44万户。国际收支客户新增61户。各类机构和同业账户新增124户。信用卡净增客户1.57万户。手机银行活跃客户数净新增11万户；移动支付户均交易额2002元，比上年同期增长745元。推进综合融资。支持国家和省级重点项目建设，加大对《中国制造2025江苏行动纲要》15个重点领域项目支持力度，年末制造业信贷余额35亿元，涉农贷款余额88.71亿元。践行绿色金融理念，严控五大产能过剩行业限额，全年无环境、安全等重大风险企业贷款，年末节能环保项目及服务贷款余额24.17亿元。降低企业成本，通过贷款利率下浮、减少融资环节等手段，全年共计减费让利1306.71万元。满足居民消费需求，全年个人消费贷款余额6.21亿元，个人快贷余额4.73亿元。创新使用投行与金融市场产品，累计发行债券20亿元，实现债券入池3.9亿元；和建信投资母子公司联动，签订江苏悦达集团有限公司债转股协议30亿元。开展住房租赁业务。与盐城市房管局、7家县域政府住建部门签订住房租赁业务（平台）框架合作协议，在市区成功上线住房租赁监管服务系统、住房租赁服务共享系统，在建湖县、阜宁县、大丰区和东台市陆续上线政府公共住房服务系统，为东方集团、盐高新集团等20家企业上线企业租赁服务管理系统。全年新增企业及共享房源4.7万套，新增政府公租房源数1129套，新增在线支付笔数971笔。实施普惠金融。年内，普惠贷款（银保监口径）较各项贷款增速高28.17个百分点；普惠客户（有贷款余额）总量较年初新增2016户；小企业贷款不良率较年初下降5.88个百分点；小微企业贷款利率水平（单户授信总额1000万元以下）持续下调，实现普惠贷款余额和普惠客户数量“双提升”。

（宋　坤）

中国邮政储蓄银行盐城分行 年内，中国邮政储蓄银行盐城市分行累计实现自营收入7.44亿元，累计实现拨备前利润4.35亿元、实现考核利润3.75亿元。金融总资产净增14.8亿元，个人储蓄日均余额84.5亿元，较年初增加4.12亿元。全年手机银行新增客户数6.9万户，信用卡新增发卡3.97万张，信用卡结存量10.72万张。全年零售信贷总规模157亿元，其中小额贷款年净增1.66亿元，个人商务贷款年净增2.9亿元，住房按揭贷款年净增20.8亿元。至年底，分行存款余额74.9亿元，年日均余额78.05亿元，较年初增长5.5亿元；信贷余额32.77亿元，净增8.47亿元；小企业贷款结余12.35亿元。年内，分行做好金融知识宣讲、反洗钱、反金融诈骗、普惠金融等公益活动，先后开展“防范非法集资”“金融消费者权益日”“普及金融知识万里行”等宣传活动20余次，并冠名协办全市首届金融讲师团选拔大赛活动。

（王　俊）

江苏银行盐城分行 年内，江苏银行盐城分行年末各项存款余额502.18亿元，较年初增加41.69亿元；各项贷款余额380.74亿元，较年初增加62.14亿元。服务地方发展，加大“一带一路”“两重一实”等重大项目对接力度，新增对公实贷投放40.24亿元。支持高新技术企业、智能制造企业、行业龙头企业及地方重点企业等目标客户，制造业贷款新增11.56亿元。持续搭建批量化平台，组织开展“进百家企业、访百户农场”等专项竞赛及银企对接活动，小微贷款新增31.62亿元。聚焦乡村振兴，加强“三农”产品推广应用，涉农贷款新增33亿元。服务地方企业“走出去”，成立国际业务部，举办跨境投融资业务论坛，实现国际结算6.19亿美元。应对资管新规，推进非标转标进程，发展债券承销业务，调整优化资产结构，投放投行类业务91.1亿元。以多样化产品为科技型企业提供综合化服务，科技贷款新增10.05亿元。创新绿色金融模式，推广应用固废贷、排污权抵押贷等新业务新产品，绿色信贷新增10.91亿元。坚持零售优先发展战略，“住房贷+消费贷”双轮驱动，满足城乡居民住房消费资金需求，个贷新增16.56亿元。年内，分行获评盐城市目标任务综合考核先进单位、四星企业，市级“2018年度执行人民银行政策A类机构”。（陈李金）

盐城农商银行 年内，盐城农商银行各项存款余额246.77亿元，较年初增加10.4亿元。其中，储蓄存款余额148.52亿元，较年初增加8.6亿元；对公存款达84.21亿元，较年初增加1.05亿元。各项贷款余额192.38亿元，较年初增加25.32亿元。其中，实体贷款余额134.45亿元，较年初增加24.25亿元；贷款客户数2.18万户，较年初增加1550户。年末不良贷款余额3.66亿元，占比1.9%，较年初下降0.02个百分点。全行资产总额317.05亿元，全年实现各项收入16.36亿元，净收入10.16亿元；实现净利润2.69亿元，比上年同期增加0.24亿元；金融增加值为9.37亿元，同比增长1.6亿元；全年入库税收2亿元。发展网络金融。年末手机银行客户数19.87万户，较年初增加8.43万户。激活社保卡21.13万户，较年初增加17.32万户，激活率49.35%。在全市1350辆出租车上安装闪付通，进一步拓展二维码收单市场。不断拓宽农商行社保卡应用，签订盐都区城乡居民医疗保险代收协议，全年为41.46万居民缴纳保费，收缴费用总额1.25亿元，签约代扣人数11.94万人。履行企业责任。年内，盐城农商银行一次性向中国金融教育发展基金会捐赠20万元，用于支持陕西省铜川市印台区教育扶贫；连续十二年举行捐资助学活动，累计资助金额超180万元。年内，盐城农商银行被盐城市政府评为“争星创优五星企业”，被盐都区政府评为“2018年度五星级企业”，被盐城市银行业协会评为“最具社会责任金融机构”“消费者权益保护工作先进单位”和“普及金融知识万里行活动先进单位”，被盐城市公安局评为“内部治安保卫集体三等功”。

（陈 健）

华夏银行盐城分行 年内，华夏银行盐城分行一般性存款余额112.97亿元，较年初增加11.33亿元；各项贷款总额为114.14亿元，比年初增加6.12亿元。全年办理债务融资工具、公司债监管、融资租赁、银团贷款等公司重点产品金额44.83亿元，其中成功发行超短融23.5亿元、定向工具7.33亿元，办理华夏银行全行系统中首笔双保理业务和南京分行首笔牵头银团贷款业务，办理融资租赁业务6.5亿元。至年底，对公实体客户户数363户，占全部对公户数的77.39%；实体客户授信余额72.93亿元，占比全部对公授信的48.51%；实体客户贷款余额40.95亿元，占全行对公贷款总额39.2%；小微企业贷款余额22.35亿元，较年初增加5.06亿元；小微企业贷款客户268户，较年初增加62户；普惠金融贷款余额5.81亿元，比年初增加1.37亿元；普惠金融贷款户数221户，比年初增加55户。连续七年被南京分行评为先进集体，银监评级连续四年评级“AA”；年内，所属亭湖新区社区支行在“中国金融创新奖”评选中获评“十佳社区银行创新奖”。（季荣容 陈旭东）

二、保 险

2018年，全市有各类保险市场主体75家，其中产险公司22家、寿险公司39家、保险专业中介一级法人11家、市级保险经纪公司3家。全年全市各类保险机构实现保费收入176.39亿元；全年承担各类风险保障3.4万亿元，累计赔（给）付52.52亿元，全年满期结付件数3.26万件，金额7.4亿元，完成给付7.29亿元；全年向地方缴纳税费3.76亿元，代收缴车船税费2.58亿元。至年底，全市保险机构支出大病保险赔款2.85亿元，惠及参保患者4.95万人；受理托底救助民生三项保险案件2451起，赔付3000万元；为全市181家养老服务机构、2018个居家养老服务站提供综合责任保险保障。全市保险机构开办农险产品45个，全年实现保费收入5.21亿元，覆盖农户132.3万户次，提供风险保障116.34亿元。“扶贫保险100”项目为4.66万户建档立卡贫困人口生命财产安全提供保障，“慈善扶贫项目”受益2714人次，累计赔偿577万元。开展援建希望小学、图书馆或捐赠书包、教材等爱心行动，全年全市保险行业帮扶特困户105户。（蔡中源）

2018年全市保险业务情况统计表

表15-28　　单位：万元

指　　标	总　额
一、承保额财产险	340237499
#企业财产	23620177
#家庭财产	130230386
二、保费收入	1763896
财产险	409074
#企业财产	11552
#家庭财产	3212
人身险	1354822
#人身意外伤害	38335
三、赔偿支出	525205
财产险	282990
#企业财产	5772
#家庭财产	1196
人身险	242214

中国人民财产保险股份有限公司盐城市分公司 年内，中国人民财产保险股份有限公司盐城市分公司全险种实现保费收入19.6亿元，其中车险保费收入13.5亿元，非车非农险保费收入4.4亿元，农险保费收入1.7亿元；全险种直接赔款13.9亿元，其中车险直接赔款8.8亿元，非车非农直接赔款3.8亿元，农险直接赔款1.3亿元。全年缴纳各项税费7260万元，代收车船税1.1亿元。全年为2.03万个法人单位、400多万名市民、4.22万辆车提供超过5万亿元的风险保障。全年支付单位或个人超百万赔款的案件26件，合计支付赔款4053万元，案均155万元。持续做好农业保险服务工作，在原有已开办24个种植、养殖政策性保险的基础上，新开大麦保险、水稻大灾保险、玉米大灾保险3个政策性农业保险险种和农作物火灾保险1个商业保险，农业保险险种达28个，惠及67.39万户(次)农户。响应政府扶贫攻坚工作号召，全市系统向阜宁县庄杨村、滨海西坎村等经济薄弱村的贫困家庭提供帮扶资金16万余元。推动扶贫保险在射阳、盐都、响水落地，为4.66万名建档立卡的贫困户的财产和生命提供保障，全年310人(次)受益，累计补偿68万元。发挥保险杠杆作用，开办普惠金融，为有资金需求的各行业生产者提供融资保证，促成19笔政银保贷款和392笔个人贷款，累计放款3555万元，其中政银保贷款放款320万元、个人贷款放款3235万元。

人财重大赔付案件。1月4日，盐城锦惠纺织制品有限公司因暴雪导致企业财产受损，公司支付财产综合险赔款120万元。1月5日，建湖县近湖镇董徐村徐某某种植的蔬菜钢架大棚因雪灾受损12.21公顷，公司支付蔬菜大棚保险赔款114.79万元。5月18日，江苏九阳生物制药有限公司发生火灾，公司支付财产综合险赔款951万元。5月26日，江苏伟运物流有限公司一辆轿运车爆胎起火，车上9台商品车全损，公司赔付公路货物运输保险103.93万元。(陈远远)

中国人寿保险股份有限公司盐城市分公司 年内，中国人寿保险股份有限公司盐城市分公司实现保费收入39.88亿元，年度总承保件数193.97万件，全年给付各类保险金2.38亿元，为全市3562户纳税企业、21.5万名在校学生、628万个人提供保险保障服务。11月，公司成功举办"司庆七十年荣耀共分享"新品首发仪式，庆祝公司年度保费连续两年突破35亿元，成为盐城保险业首家保费规模连续两年过35亿元平台的地市级公司。年内，公司先后获得江苏省"金融五一劳动奖状""放心消费示范单位""全国模范职工之家"等荣誉。

人寿重大赔付案件。3月30日，被保险人王某由盐城市大丰怀明装卸服务有限公司投保国寿绿洲意外身故团体定期寿险，年缴保费473.2元；8月1日王某驾驶电动车在大丰港区南港路发生车祸当场死亡，经核实，给付身故保险金70万元。被保险人周某，2006年、2009年和2014年分别投保康宁终身保险和国寿康宁终身重大疾病保险、国寿防癌疾病保险；6月9日，周某在上海交通大学附属第九人民医院确诊为右颊鳞状细胞癌并手术治疗，经核实，给付重大疾病保险金82万元。(吴少春)

三、证　券

2018年，全市有证券期货机构40家，其中市区23家累计交易金额1579.85亿元。年内，盐都城镇化债、滨海城建债申报材料由省发改委转报至国家发改委，盐都区国有资产投资经营有限公司2016债券实施项目变更，城南新区全国首个以智慧城市为主题的绿色企业债券10亿元成功发行。市场化债转股取得突破，江苏悦达集团有限公司15亿元市场化债转股项目获得工银投资审批，成为苏中苏北债转股首单，首期10亿元资金到位，悦达合并报表资产负债率下降1.5%。盐城市海兴集团有限公司获批8亿元全省首单绿色公司债券。(杨林森　王　慧)

2018年市区证券(期货)机构一览表

表15-29

序号	证券(期货)机构名称
1	华泰证券
2	国联证券
3	海通证券
4	东吴证券
5	东海证券
6	宏源证券(南)
	宏源证券(北)
7	国元证券
8	光大证券
9	南京证券
10	国信证券
11	东方财富证券
12	银河证券
13	国泰君安
14	国盛证券
15	中信证券
16	安信证券
17	东北证券
18	华林证券
19	长江证券
20	弘业期货
21	国联期货
22	前海期货
23	华泰期货

四、融资担保

2018年，全市有融资性担保机构29家，其中23家为独立法人机构，6家为省属分公司。23家融资性担保机构总注册资本61.3亿元，其中国有及国有控股资本56亿元，占总注册资本的92.5%。29家机构拥有从业人员271人。全年全市29家融资性担保机构为1330户企业新增担保额130.6亿元，期末担保余额121.4亿元。全年全市29家融资性担保机构为1350户中小微企业提供担保贷款114亿元，其中新增担保企业424户，新增担保贷款93.9亿元。市经信委会同市财政局、市科技局等部门落实好"成长贷"和"苏微贷""苏科贷"等支持小微企业发展的政策性贷款，建立企业项目库。至年底，入库企业1926户，三类贷款累计向小微企业授信22亿元，贷款余额15.4亿元。全年全市29家融资性担保机构为146户涉农企业提供担保10.2亿元，为56户高新技术产业企业提供担保4.7亿元。29家融资性担保机构中，4家业务规模超过10亿元，其中东台市信用担保有限责任公司、射阳县金诚担保有限公司业务规模超15亿元。 （季 鹏）

五、企业上市

2018年，全市有上市企业11家，在资本市场累计融资178.38亿元。新增"新三板"挂牌企业3家、总数46家，挂牌企业数位列苏北第一，实现融资12.08亿元。

丰山集团登陆A股主板 9月17日，江苏丰山集团股份有限公司正式在上海证券交易所挂牌交易，发行首日秒封涨停板，涨幅达44%。这是盐城继江苏悦达集团有限公司后第二家在A股主板上市的本地企业。 （王 慧）

2018年全市"新三板"挂牌企业一览表

表15-30

序号	区域	证券简称	企业全称	挂牌时间
1	响水	康生股份	江苏康生医疗股份有限公司	2015.3
2	滨海	日明消防	江苏日明消防设备股份有限公司	2015.12
3		托球股份	江苏托球农化股份有限公司	2016.4
4		清泉股份	江苏清泉化学股份有限公司	2016.4
5	阜宁	东方滤袋	江苏东方滤袋股份有限公司	2015.1
6		中成发展	江苏中成紧固技术发展股份有限公司	2015.11
7	阜宁	蓝天集团	江苏蓝天环保集团股份有限公司	2016.4
8	射阳	易电通	江苏易电通智慧能源股份有限公司	2016.6
9		金戈炜业	江苏金戈炜业环保科技股份有限公司	2016.7
10		银宝生物	江苏银宝生物科技股份有限公司	2017.2
11		中澳航空	江苏中澳航空科技股份有限公司	2018.2
12	建湖	诚赢股份	盐城诚赢照明电器股份有限公司	2015.1
13		几百粒	江苏几百粒食品股份有限公司	2016.7
14	东台	康杰股份	江苏康杰机械股份有限公司	2014.8
15		凯润精密	东台市凯润精密机械股份有限公司	2015.4
16		金瀚科技	江苏金瀚科技股份有限公司	2015.7
17		宏景股份	盐城宏景机械科技股份有限公司	2015.8
18		华源医疗	江苏华源医疗科技股份有限公司	2016.8
19		神农股份	江苏神龙药业股份有限公司	2017.2
20	大丰	焕鑫新材	江苏焕鑫新材料股份有限公司	2014.9
21		中德股份	盐城中德精锻股份有限公司	2016.4
22		科菲特	江苏科菲特生化技术股份有限公司	2016.5
23		凯嘉科技	江苏凯嘉橡胶科技股份有限公司	2016.7
24		金色农业	江苏金色农业科技发展有限公司	2018.5
25		江苏金色	江苏金色工业炉股份有限公司	2016.8

续表 15-30

序号	区域	证券简称	企业全称	挂牌时间
26	盐都	盛安资源	江苏盛安资源股份有限公司	2015.1
27		蔚联股份	江苏蔚联机械股份有限公司	2015.3
28		汉印股份	江苏汉印机电科技股份有限公司	2015.10
29		东九重工	江苏东九重工股份有限公司	2016.4
30		苏力机械	江苏苏力机械股份有限公司	2016.8
31		闳业机械	江苏闳业机械股份有限公司	2016.8
32		剑桥涂装	江苏剑桥涂装工程股份有限公司	2016.8
33		康杰股份	江苏康杰机械股份有限公司	2016.8
34		昶桦股份	盐城市昶桦户外用品股份有限公司	2016.10
35		维福特	江苏维福特科技发展股份有限公司	2014.8
36		维尔思	江苏维尔思环境工程股份有限公司	2018.5
37	市开发区	星月科技	江苏星月测绘科技股份有限公司	2015.5
38		华生基因	江苏华生基因数据科技股份有限公司	2015.8
39		双龙电机	双龙集团上海防爆电机盐城股份有限公司	2016.1
40		鹤鸣亭	盐城鹤鸣亭传媒股份有限公司	2016.8
41	亭湖	高和智能	江苏高和智能装备股份有限公司	2015.1
42		顺泰农贷	盐城市亭湖区顺泰农村小额贷款股份有限公司	2015.10
43		新亚自控	盐城市新亚自控设备股份有限公司	2015.12
44	亭湖	悦诚股份	盐城市悦诚新材料股份有限公司	2017.10
45		江苏光电	山东黑山玻璃集团江苏光电科技股份有限公司	2017.11
46	城南	江苏蔚金	江苏蔚金模塑股份有限公司	2015.11

六、金融管理

2018年，盐城加强金融机构监管。中国人民银行盐城市中心支行强化金融机构开业管理，批准光大银行盐城分行、南京银行大丰支行、招商银行盐城城中支行3家新设金融机构加入人民银行金融管理与服务体系。制定《盐城市银行业分支机构和银行业法人机构执行人民银行政策评价办法》，提升综合评价全面性与公正性，发挥对央行政策执行的指挥棒作用；对2017年综合评价等级为“C”类的3家机构主要负责人约见谈话，督促其按要求严格执行人民银行各项政策规定。全年开展反洗钱专项检查3次，涉及2家法人银行和1家保险公司，对1家异地农商行盐城分行开展综合执法检查，对2家村镇银行、2家农商行和1家股份制银行进行现场核查。

金融市场监管。中国人民银行盐城市中心支行持续关注银行业机构运行态势和非银行金融机构风险状况，对流动性比率指标偏低的1家金融机构及时发出风险警示，对资产质量有劣变苗头的3家金融机构进行跟踪调查并责令限期整改。开展可疑交易后续控制工作试点工作，制定《盐城市银行业金融机构可疑交易后续控制工作管理办法》《盐城市银行业金融机构可疑交易后续控制工作操作指引》，对辖区银行机构实行规范督导。探索特定非金融机构反洗钱监管模式，将盐城辖区的会计师事务所、公证机构、律师事务所等纳入反洗钱监管范畴，建立跨部门反洗钱合作机制。全年累计协助公安机关以非法经营罪(地下钱庄)立案6起，其中破案5起。

维护金融稳定。中国人民银行盐城市中心支行推动县域金融生态建设，持续跟踪关注县域地区担保圈链问题，推动建湖县制定《关于建立出险企业协同处置工作机制和支持担保圈重点企业破圈解链的政策意见》，联合亭湖区人民法院、《盐城晚报》开展“惩治‘金融老赖’在行动”活动。深化农村信用体系试验区建设，开发农村经济主体信用评价管理系统，为合理增加“三农”信贷投放提供支撑。联合开展打击非法集资专项活动，向工商部门致函推送相关非法放贷组织可疑线索3条并获答复和处置。全省金融生态环境评估结果显示，全市9个县(市、区)平均排名列全省第六位，比苏北地区(不含盐城)高12.3个位次，实现县域金融生态达标全覆盖。

提高金融服务。中国人民银行盐城市中心支行以推广移动支付提升支付便利性，以加快账户办理保障企业投资发展，以标准化金融服务站建设改善农村支付环境。在全省率先开发银行结算账户资料影像预审核系统，提高企业开户业务办理速度。加强农村金融综合服务站标准化建设，开发农村普惠金融服务站业务管理系统，实现对涉农金融机构及服务站的动态监管。拓展金融IC卡应用领域，完成市区800余辆公交车支付机具升级改造工作。指导南京银行盐城分行获批2018年度江苏省服务业标准化试点项目。完成"基于区块链技术的机房IT基础设施管理系统"项目开发，该系统将实现智能巡检、巡检存证、可视化展示等功能。推进冠字号码"双流"（人民币冠字号码信息流与实物流同步流转业务）同步试点工作，完成对12家开户行和13家被代理行系统升级。促进信用、信息、信贷"三信"融合，推动设立市中小微企业信保基金，开发"YC易贷"信息平台，汇集全市43家机构152个民营小微信贷产品。至年底，全市新增民营企业贷款31.6亿元，比上年度多35.6亿元；新增普惠小微企业贷款54.34亿元，是上年度的5.5倍；小微企业有贷户当年净增加1109户，同比多增956户；小微企业贷款加权平均利率5.82%，比年内高点下降0.32个百分点。

金融消费权益保护。全年盐城银保监分局处理依申请政府信息公开17件、信访投诉163件；组织银行业金融机构开展"金融知识进万家"宣传月活动，累计受众50万人次。中国人民银行盐城市中心支行推出"服务实体经济，耕耘美丽盐城""'3·15'国际消费权益日""金融知识普及月，金融知识进万家""拓宽服务渠道，助力民营经济"等主题宣传活动；与盐阜大众报报业集团、盐城电视台合作开设专版专栏，每周一开展金融政策、金融知识、金融动态等宣传教育活动，并通过微信公众号、移动客户端、直播平台等新媒体实现辐射效应；打造金融教育基地，与盐城市建军路小学签署合作协议在该校四年级开设金融知识课程。 （王　慧　唐友伟）

银行业监管　年内，盐城市金融办、中国人民银行盐城市中心支行、盐城银保监分局、加大对银行业的监管力度。中国人民银行盐城市中心支行执行稳健中性的货币政策，推进普惠金融发展，发挥金融对经济发展的支撑作用。通过专题行长联席会、"窗口指导"会议、现场调研等方式，就小微民营企业、乡村振兴等进行政策解读和工作部署，引导商业银行准确领会政策意图；制定《全市金融支持乡村振兴意见》、建立乡村振兴重点项目库、开展"金融惠企进千家"大走访专项活动、开展金融支持制造业提质增效专项行动，为金融机构明确支持目标和关键要务，确定重点支持对象，定期跟踪监督反馈结果。推进金融支持中韩产业园建设和跨境人民币便利化措施落地，制定《关于进一步落实便利化措施促进实体生产经营企业跨境人民币结算的指导意见》选择25家企业作为跨境人民币结算便利化试点企业。开展涉外企业大走访活动，筛选辖区30家代表性企业开展实地调研，针对性地进行政策宣传。全年全市银行机构累计投放专项支持小微、"三农"的再贷款、再贴现45亿元，落实4次定向，降准政策释放资金23亿元，发放常备借贷便利38亿元，增加宏观审慎评估体系小微企业贷款的考核权重。

盐城银保监分局督促银行机构申报目标任务、安排专项资源、改进考核机制、开展银信类业务自查自纠、落实"无还本续贷"政策与尽职免责制度，实施监管指标定期监测，组织开展政银企对接活动。至年底，全市制造业贷款止跌转增，较年初增长12.75%，增幅居全省第二位；小微金融服务整体达标，小微贷款余额1631.13亿元，较年初增长6.82%；涉农贷款余额1853.18亿元，较年初增长4.53%；减费让利力度明显，银行业合计减费让利2.5亿元。

加强银行业风险监管。全年全市银行业清收处置不良贷款44.58亿元，同比增加2.36亿元。盐城银保监分局改进债委会工作机制，加强大额信用风险处置，推进建湖、阜宁地区"化圈解链"，帮扶江动集团、辉丰农业等企业，稳定108.89亿元银行授信；推进市场化、法制化债转股，支持工银金融资产投资有限公司对江苏悦达集团有限公司实施其苏北首单市场化债转股项目，总规模15亿元；对建湖中成村镇银行不良高企、内控薄弱的问题，推动落实风险化解措施；突出案件与操作风险防控，开展农村中小法人银行机构"员工行为管理回头看"活动。通过召开全市银行业乱象整治工作推进会、整治阶段性工作情况通报会、政策辅导会、监管约谈、专项督查等方式，坚持机构自查、监管督查、现场检查并行，发现问题1551个，涉及业务1.95万笔、金额829.05亿元；对4家银行机构处以行政处罚，罚款合计270万元，对3名银行从业人员给予警告。至年底，全市银行机构整改问题1302个，整改率84%，实施内部问责2508人次。

盐城银保监分局挂牌　12月26日，根据中国银保监会机构改革要求和江苏银保监局统一部署，中国银行保险监

12月26日，盐城银保监分局挂牌成立　　戚龙坤/摄

督管理委员会盐城监管分局正式挂牌成立,主要职能为依照法律法规统一监督管理全市银行业和保险业,维护全市银行业和保险业合法、稳健运行,防范和化解金融风险,保护金融消费者合法权益,维护全市金融稳定。

(唐友伟　顾永云)

保险行业监管　年内,盐城持续强化保险行业监管。助力"平安盐城"建设。市保险行业协会协调市中级人民法院、市公安局交警支队、市司法局等多部门组织成立盐城市保险纠纷人民调解委员会,构建"行业自主调解、交警快处前置调解、仲裁调解和诉讼调解"四方联调机制,全年受理案件602件,第一轮调解成功121件,累计减少诉讼费支出28.43万元、鉴定费用支出21.94万元,案均赔款9.37万元,累计减损271.44万元。完善道路交通事故损害赔偿处理快处快赔模式,警保联动,全年全市快处快赔道路交通事故10万多起。全年市保险行业协会受理信访投诉179件,客户满意率95%以上,盐城保险业连续三年被评为江苏省放心消费创建示范行业。

防范化解风险。市保险行业协会建立保险行业舆情监测制度,关注寿险人员流动、车险"报行合一"等关键领域和重点公司风险,加强风险干预与预警。推出盐城保险业诚信管理系统,建立完善保险从业人员信用档案制度、保险机构信用评价体系和失信惩戒机制,至年底,该系统录入人力数据3.9万条。密切警保合作,组织全市保险行业配合公安部门开展安宁2018专项行动,净化市场环境,累计打假近千件,涉及金额近6000万元。

开展行业宣传。市保险行业协会通过盐城保险信息、盐城保险网、微信公众号等自媒体渠道,《盐阜大众报》、盐城电视台、《智慧盐城》等主流媒体渠道开展行业宣传的基础上,开展"美好生活,保险相伴""7·8保险扶贫健步走扶贫公益活动""我为7·8点个赞"手指舞行业形象推广、"发现保障背后的故事"行业开放日等主题宣传活动。组织全行业进农村、进社区、进企业、进学校、进机关开展宣传,全年覆盖大市区59个街道及社区,在全社会形成学保险、懂保险、用保险的良好氛围。

(蔡中源)

融资担保监管　年内,市经信委强化融资担保日常监管。定期召开融资性担保行业监管工作会议,与各县(市、区)监管部门和融资性担保机构签订责任书,明确责任要求。建立"融资性担保机构监管日"制度,明确每月10日为监管日,要求各地以资本金使用和业务经营为重点,对担保机构进行常规性现场检查,及时查处违法违规行为,防范和化解融资担保行业金融风险。加大随机抽查力度,每季度以监管信息系统数据的及时性、真实性和准确性为检查重点,对全市各融资性担保公司进行现场检查,抽查结果作为监管记分的主要依据,全年抽查范围超过70%。在全省率先成立担保服务联盟,通过联盟组织担保机构开展业务合作、学习交流等活动,促进融资担保行业稳定发展。

(季　鹏)

第二节　物流业

2018年,全市完成公路货运量5896万吨,公路货物周转量167.23亿吨千米;完成水路货运量1.19亿吨,水路货物周转量321.18亿吨千米。全年沿海主要港口货物吞吐量9808.4万吨,其中外贸货物吞吐量1801.02万吨;内河主要港口货物吞吐量4254万吨。完成铁路货运量110万吨,铁路货物周转量74800万吨千米。完成航空货邮吞吐量6587吨。全市完成物流总额15057.6亿元,实现物流业增加值373.6亿元。

年内,市城西南物流园等重点物流园主营业务收入、利税总额分别增长7.6%、7.1%,全年实现规上物流业主营业务收入20.7亿元,实现开票销售18.1亿元,利润总额2932.6万元。重点物流企业方面,大丰海港港口有限责任公司实现开票销售4.76亿元,盐城丰港物流有限公司实现开票销售1.39亿元,江苏晨泰物流有限公司实现开票销售2629万元,盐城市一航物贸有限公司实现应税营业收入2.05亿元,江苏富源物流有限公司应税营业收入1.1亿元。至年底,全市有国家AAAA级物流企业7家,省重点物流基地6家,省重点物流企业16家。

一、物流项目建设

2018年,盐城加快推进物流项目建设。顺丰盐城智慧电商物流产业园分拨中心项目竣工投产。射阳国有资产投资集团有限公司与江苏河海运输股份有限公司合作打造的江苏沿海港口规模最大的粮食仓储和中转基地一期工程河海物流园项目、盐城市新合作粮食物流有限公司投资建设的1万吨粮食中转物流仓及通用码头项目、盐城市怡美食品有限公司投资建设的年运输量8万吨水产品冷链物流项目、江苏中运物流集团有限公司投资建设的中运物流园项目、盐城远达物流有限公司投资建设的远达物流园项目等基本竣工。滨海港物流园项目、阜宁现代智慧物流港项目、大丰港石化仓储扩建改造项目、大丰港大宗农产品仓储物流中心项目、大丰泰和食品有限公司的30万吨粮食仓储项目、射阳港区物流园项目、射阳新合作电子商务仓储物流项目、盐城怡美公司水产品冷链物流项目、建湖中石化盐城公司上岗中心油库项目、盐电物贸产业园项目、盐都农机电商物流中心项目、三泰物流综合服务项目、同德高标准智能化药物仓储项目、盐城市中心金库项目、盐都物流公共仓项目建设之中。8月,总投资10亿元、占地19.6公顷亭湖港物流项目开工建设,该项目建设千吨级泊位10个,工程利用岸线长度803米,码头长度543米,设计能力357万吨。

二、现代物流转型

2018年,盐城现代物流园区、大丰港物流园区、建湖里下河物流园区、城西南物流园区等省重点物流园区加快推进转型发展,新增入园企业超过80家。建湖建刚现代物流集聚区、射阳河海联运物流园投入运营,射阳港物流园、滨海港物流园、中运物流园、远达物流园加快建设。推动制造业与物流业融合发展，江苏银海农佳乐仓储有限公司与全市40%以上棉纺企业达成棉花物流配送合作，建湖县荣达货物运输有限公司承揽森达鞋业、永林油脂、九龙阀门公司的物流外包服务，建湖万成物流有限公司与盐城环宇汽车零部件制造有限公司等10余家制造企业达成物流外包服务，江苏德龙镍业有限公司将原料、产品运输外包给响水宏海港务有限公司、海龙物流有限公司、希杰大通物流（青岛）公司、上海钢联电子商务股份有限公司。传统物流企业向第三方物流、供应链物流转型发展，盐城市亚通物流有限公司为江苏神科新能源有限公司等企业提供供应链物流服务，江苏鹏涛物流产业园（东台）打造国内一流的供应链服务基地。推进智慧物流，盐城市现代物流园以电商大厦为发展基地，发展“物联网+物流”，联手上海道洲信息科技有限公司和上海陆宥投资管理有限公司等知名企业，采用“科技孵化+运营管理+资本增值”的全产业链服务模式，为用户提供接入、服务托管及商务应用解决方案等专业服务。中运物流园与卡行天下和聚盟结成战略合作伙伴，建成二级智慧枢纽，实现线上平台与线下节点、多种运营模式、运载能力与货源流向的资源整合。建湖舟谱云仓“互联网+大数据”智慧物流项目租用建湖经济技术开发区1.5万平方米仓房开展经营活动。阜宁县现代智慧物流港项目，总投资10亿元，其中软件投入2亿元，打造集水陆联运、城市配送、信息配载、仓储管理、电子商务等物流功能于一体的现代智慧物流园区。

三、快递业务

2018年，全市快递服务企业完成业务量1.4亿件，完成业务收入11.22亿元，其中同城业务量完成2289.82万件，异地业务量1.17亿件，国际、港澳台业务量61.66万件。加强快递行业管理。市邮政管理局与市公安局、市城管局联合印发《盐城市区快递车辆及驾驶人管理办法（试行）》，对市区快递三轮车和用于快递运输的微型面包车、厢式货车等机动车辆给予一定的通行便利。4月19日，全市快递车辆统一管理启动仪式在市电商快递产业园召开，统一后的快递三轮车也成为城市一道亮丽的风景线。

（季　鹏　邓君亭）

第三节　通信服务业

一、邮政服务

2018年，中国邮政集团公司盐城市分公司实现业务收入9.6亿元，实现代理金融收入6.72亿元。寄递业务完成业务收入1.9亿元（含原邮政速递），标快业务量365万件，快递包裹业务量突破2000万件。渠道平台实现收入9100万元，累计建成加盟店4020个，实现代征税额1.6亿元。

全年改造邮政金融网点22处，购改造城南投递部等投递网点38个。新租赁4000平方米邮件处理场地，与原邮政速递网运整合，实施“进出口分离”作业模式。完成市、县邮件处理场地建设6处，新增（更新）汽车57辆、电动三轮车268辆。组开省际一干、省内二干、长三角相关邮路，密集组开区内邮路，提升网运时限。全市累计建成自提点2969个，全年自提量达进口快递包裹妥投量40%以上。全面承接“放管服”改革，推动警邮、税邮合作，建成邮政代办车管业务示范网点16个，税邮共建点12个。联合电信、移动、供电、中行、有线、石化、邮储银行等7家大型国有企业成立“同心·同行”党建联盟，累计开展精准扶贫、家电节等活动10余场，并带动成立县级联盟7个、支部共建10个、团建联盟6个。

邮政市场管理　年内，市邮政管理局开展邮政普遍服务、机要通信、邮票销售、“扫黄打非”“进博会”寄递安全专项检查、普服达标检查、平信寄递时限测试等监督检查工作，共计出检324人次，检查邮政营业场所115处，查处违规行为案件1起，下达书面通报2次；办理本市邮政企业提出的暂时停止办理邮政普遍服务业务和特殊服务业务备案3个、撤销邮政普遍服务场所审批1项。加大智能信报箱推广力度，督促所有新建小区全部建设使用智能信包箱、基本完成市区老旧小区智能信报箱建设改造工作。9月13日，国家邮政局组织的推广智能信包箱建设现场会在盐城举行，对盐城推广智能信包箱建设经验予以推广。

（成　慧　邓君亭）

二、电信服务

2018年，中国电信股份有限公司盐城分公司实现营业年收入22亿元，其中主营收入18.83亿元，年缴税额4483万元。至年底，盐城电信固定电话用户59万户，宽带用户113万户，网络电视用户83万户，天翼手机用户198万户，政府及企业客户11万户；FTTH（光纤到户）覆盖住户350万户，实现城乡光网全覆盖。1月26日，市经信委与中国电信盐城分公司联合举办全市“千企上云”行动专题推进会（天翼云·中国行·盐城站）。会上，市经信委与中国电信盐城分公司签署“企业上云”工程合作备忘录，参会企业代表与中国电信盐城分公司签订“企业上云”协议。年内，中国电信盐城分公司“通信网络安全保护提升法”入选2018年江苏省职工十大先进操作方法。

（邹湘彬）

三、移动服务

2018年，中国移动通信集团江苏有限公司盐城分公司实现运营收入30.8亿元，企业固定资产28.3亿元；有客户454万户，其中4G客户316.5万户、手机上网用户374万户、宽带用户107万户、Volte用户280万户、掌厅客户端用户224万户；有自有营业厅20家，合作营业厅1449家，各级服务网点遍及城区、乡镇、村（社区）覆盖率100%。全年新增4G基站4235个，新建NB基站776个，站点累计1.78万个；新建驻地网小区406个，共计覆盖9.5万户；新建管道工程182条、215沟千米，累计1.03万沟千米；新建各类光缆5700千米，累计11.27万千米。网络质量持续改善，网格综合覆盖率99.85%，机场、景区等重点场景覆盖率99.89%。提升客户服务品质。开展“满意客户打10分”“最优装维师”“最美营业厅”系列服务宣传活动，树立“移动优服务 满意打10分”口碑，全年参与用户27.4万人次，收集客户问题5814个，客户问题解决率96.1%。投入智慧城市建设。参与盐城市河长制平台、智慧旅游、基层防汛平台、数字环卫、校园安防、家庭医生、4G移动执法等各行各业信息化建设。东台市电子政务外网三级等保项目建设，助力“智慧政务”开展；建设斗龙港城市森林公园票务系统，助力盐城“智慧旅游”发展；实现国土卫士、蓝天卫士平台全市覆盖，建设秸秆禁烧自动预警系统，助力“生态盐城”发展；组织开展教育、“企业上云”等行业信息化推进会，推进教育、企业行业信息化发展；完成校园周界报警、录播教室、云桌面等项建设，助力“智慧校园”发展。12月，公司举办NB-IoT行业推介会，正式推广NB-IoT技术在智慧城市领域规模化商用。

（朱栋材）

四、联通服务

2018年，中国联合网络通信有限公司盐城市分公司完成主营业务收入4.77亿元，全年新增用户15.33万户。全年新增4G基站156个，NB基站622个，新增SDR语音站点350个；新增共建共享楼宇覆盖55栋，节省投资110万元；新投产宽带小区74个，新增覆盖5.34万户，新增端口1.08万个；共享广电小区635个，共享新增覆盖9.01万户，共享新增端口5.01万个；城域网出口带宽由160G扩容到400G。完成3017个小区、65万条九级地址的清查工作；绿网行动完成10个综合业务区，完成42个综合接入机房的优化，实现444个站点的BBU集中合并，下电传输设备243套，腾退管孔资源53.65子孔公里；移网攻坚完成33个居民小区和31个口碑场景的深度覆盖，实现连盐高铁盐城段的全线覆盖。提升电子渠道运营能力，成立商户专项攻坚团队，拓展大小业态连锁超市19家、近百家门店，电子渠道累计出账收入5858.1万元。政企业务取得新突破，先后中标亭湖区高空探头建设、城南新区教育局域网租赁等项目，项目总金额150余万元；与市残联开展“通信慧残”项目合作，累计发展移网用户3000余户。

（杨 芳）

五、广电服务

2018年，江苏省广电有线信息网络股份有限公司盐城分公司实现经营收入1.72亿元、利润1070万元，累计发展高清互动用户8.7万户、宽带用户4.43万户。年内，公司开展“3·15”现场咨询、“缤纷五月、感恩回馈”、暑期特价和“双十一”等促销活动，并通过开机画面、报刊电视、微信APP、户外大屏等渠道，突出“孝乐神州”“电影院线”“地方新闻”等新业务宣传。持续完善淘宝网、网上营业厅、掌上营业厅功能，全面开通支付宝、云闪付、微信电子渠道，实现用户续费和节目适时开通，业务销售较上年同比增长65%。加强城域骨干网、专线业务承载网、双向接入网优化与改造，在农村加快网络双向化改造，推进市区老旧网络提档升级，完成85%区域的双向网改。市县联动开展智能化业务市场竞争，市公司中标枫叶国际学校项目、盐都区公司中标海外海汽车城智能化项目、射阳县公司中标“雪亮工程”监控项目，盐都、建湖、东台、大丰、滨海等县区公司中标应急广播、益农信息社、高清视频会议系统等项目。推进智慧城市、智慧乡镇、智慧社区“三位一体”的智慧项目建设和服务，完成“魅力盐城”平台改版，开辟中国盐城、动感物价、电视图书馆、盐城交警、智慧盐城等栏目；启动市县三路由建设规划，推进酷开、TVOS等新业务全面落地。

（李建忠 胡中耕）

第四节 商贸流通

2018年，全市实现社会消费品零售总额1778.7亿元，同比增长6.8%。其中，批发业、零售业、住宿业、餐饮业分别实现198.8亿元、1380.8亿元、20.9亿元和178.2亿元，同比分别增长6.7%、6.5%、12.1%和8%。

2018年全市社会消费品零售总额情况统计表

表15-31

单位：亿元

指标及分类	实绩	同比(±%)	指标及分类	实绩	同比(±%)
全 市	1778.74	6.8	2.城镇的零售额	1669.79	6.4
1.市区	798.16	6.8	#城区	984.41	4.5
#开发区	49.56	6.5	乡村的零售额	108.95	11.9
#城南新区	72.45	7.8	3.批发业	198.82	6.7
#亭湖区	291.33	6.5	#限额以上企业	56.09	-7.6
#盐都区	196.92	6.8	零售业	1380.83	6.5
#大丰区	187.89	6.8	#限额以上企业	506.55	1.7
响水县	77.69	6.2	住宿业	20.94	12.1
滨海县	130.93	7.7	#限额以上企业	5.23	-5.6
阜宁县	134.70	6.5	餐饮业	178.15	8

续表 15-31

指标及分类	实绩	同比(±%)	指标及分类	实绩	同比(±%)
射阳县	190.02	6.3	#限额以上企业	63.99	2.5
建湖县	157.14	7.4			
东台市	290.10	6.5			

一、市场建设

2018年，盐城持续推进省、市级服务业集聚区提档升级，江苏省东台科技服务业集聚区、盐城智慧科技城和盐城环保科技城智慧谷获批省级生产性服务业集聚示范区。大市区有6个新建、改造农贸市场纳入市政府为民办事项目，分别是亭湖区幸福农贸市场、新洋港农贸市场，盐都区盐渎农贸市场、秦南农贸市场、葛武农贸市场，城南新区人民南路农贸市场，新建、改造面积2.5万平方米。至年底，大市区完成20个市政府为民办实事项目农贸市场建设工程，新建、改造面积6.93万平方米，方便周边35万居民生活，安排近3000人就业。

2018年全市市级以上服务业集聚区一览表

表 15-32

序号	集聚区名称	集聚区类型	区　域	备　　注
1	盐城市现代物流园	现代物流	亭湖区	省级生产性服务业集聚示范区
2	盐城城西南现代物流园区	现代物流	盐都区	省级现代服务业集聚区
3	盐城农副产品物流园区	现代物流	亭湖区	
4	大丰港现代物流集聚区	现代物流	大丰区	省级现代服务业集聚区
5	江苏里下河物流园区	现代物流	建湖县	省级现代服务业集聚区
6	阜宁港物流园区	现代物流	阜宁县	
7	建湖建冈现代物流集聚区	现代物流	建湖县	
8	盐城大数据产业园	科技服务	城南新区	
9	盐城国际软件园和服务外包基地	科技服务	市开发区	省级现代服务业集聚区
10	盐城高新技术创业服务中心	科技服务	城南新区	
11	东台市科技服务业集聚区	科技服务	东台市	省级现代服务业集聚区
12	盐城环保科技城智慧谷	科技服务	亭湖区	
13	国际汽车试验服务中心	科技服务	大丰区	
14	盐城市聚龙湖商务服务业集聚区	商务商贸	城南新区	省级生产性服务业集聚示范区
15	城南金融城	商务商贸	城南新区	
16	东方汽车广场	商品市场	盐都区	
17	大丰商品市场集聚区	商品市场	大丰区	
18	东台钢材市场集聚区	商品市场	东台市	
19	射阳县黄沙港海产品交易中心	商品市场	射阳县	
20	射阳商品市场集聚区	商品市场	射阳县	
21	盐城中小文化企业集聚区	文化产业	盐都区	
22	东方1号创意产业园	文化产业	大丰区	
23	东台西溪文化产业集聚区	文化产业	东台市	
24	聚龙湖文化产业集聚区	文化产业	城南新区	
25	建湖城南文化产业集聚区	文化产业	建湖县	

续表 15-32

序号	集聚区名称	集聚区类型	区 域	备 注
26	盐城市海盐历史文化风貌区	旅游休闲	市 直	
27	盐城大纵湖湿地旅游度假区	旅游休闲	盐都区	
28	阜宁县金沙湖旅游经济区	旅游休闲	阜宁县	
29	盐城汽车服务业集聚示范区	综合服务	市开发区	省级生产性服务业集聚示范区
30	响水县沿海产业发展服务业集聚区	综合服务	响水县	
31	滨海泵阀产业配套服务区	综合服务	滨海县	

“星级农贸市场”评比 年内，市商务局会同市城管局、市农委、市卫计委、市工商局、市食药监局等部门下发《关于开展2018年度盐城市区“星级农贸市场”评比活动的通知》，经过各区推荐、交叉测评、联合审核、网站公示、会议研究等程序，确定盐城市解放路农贸市场有限公司等20个单位为2018年度盐城市区“星级农贸市场”。

钱江财富广场 钱江财富广场位于解放路以东、迎宾路以西、青年路以南、东进路以北。钱江财富广场总占地面积2.02公顷，建筑面积6.34万平方米，由27层双子主楼组成，总楼高96米，包括裙楼商业、一座顶级写字楼和一座高端精品商务酒店及SOHO办公，主要有金融、餐饮、休闲、超市、美容、教育培训等便民服务业。2018年实现营业额2.06亿元，实现税收1亿元。

盐城金融城 盐城金融城位于盐城市城南新区，东至串场河景观带，北至世纪大道，西至人民路，南至紫薇花园，占地面积18.2公顷，由3个地块构成，有15幢建筑，基本都是100米以上的超高层建筑，最高建筑为153米，总建筑面积近100万平方米，融合金融、办公、生活、休闲、娱乐、文化等功能于一体，承担金融机构、总部经济、商务办公、后台服务及管理、信息平台等功能，是苏北地区金融业发展和金融机构集聚的核心承载区、盐城最具特色的金融机构和区域总部的集聚区、金融专业服务的集成区、区域性金融要素的汇集区和金融产学研实践平台。至年底，入驻金融和准金融企业将超过100家。2018年实现税收2.65亿元。

盐城国际创投中心 盐城国际创投中心位于盐城市区人民路西，南临盐城市科技馆，北临盐城市检察院，占地面积2.37万平方米，总建筑面积9.3万平方米，总投资约10亿元，是江苏省中小企业二星级公共服务平台、盐城市小型微型企业创新创业示范基地。整个建筑由南、北2幢楼组成，其中南楼定位为总部经济基地，北楼定位为国际创投中心。2018年实现税收1.19亿元。

华邦国际 华邦国际位于城南新区人民路西侧，总建筑面积10.52万平方米，地处盐城CBD商务核心，是盐城首座精装修纯商务写字楼，集聚房产、建筑、商贸等各类企业近百家。2018年实现税收1.09亿元。

金鹰天地 金鹰天地位于解放路东、府西路西、新都路南、聚亨路北，占地面积7.13公顷，建筑面积32.5万平方米，分为南、北2个区，南区主要建设12万平方米的商务写字楼和公寓楼，北区主体建筑32层，主要建设13万平方米的金鹰聚龙湖购物中心和4.5万平方米五星级酒店，是集购物、休闲、娱乐、酒店、商务、居住于一体的大型城市综合体。2014年9月6日，开业运营。2018年实现营业额8.6亿元，完成纳税1400万元。

盐城宝龙城市广场 盐城宝龙城市广场位于迎宾路以东、青年路以南、人民路以西、东进路以北区域，项目占地面积21.53公顷，由香港上市公司宝龙地产投资建设，注册资本7500万美元，总投资约25亿元，总建筑面积49.5万平方米，其中购物中心13.5万平方米、商业街5万平方米、SOHO办公6.8万平方米、商务酒店2万平方米、住宅区15万平方米，是集购物、休闲、酒店、商务、居住、餐饮、文化娱乐于一体的大型城市综合体。2011年9月开业运营。至2018年底，宝龙广场入驻永辉超市、五星电器、上海纯K、横店影城、雅乐轩酒店等大型品牌；超市、电影城、电器商场等主力店；拥有孩子王、H&M等时尚百货；海底捞、苏小主等品牌120多个，日客流量8万人次。2018年实现营业额5.9亿元。

中南世纪城购物中心 盐城中南世纪城购物中心是江苏南通中南集团开发管理的购物中心项目，位于解放路与海洋路交会处，总建筑面积28万平方米，单体面积14万平方米，是集购物、休闲、餐饮、娱乐为一体的一站式大型购物中心，有大型超市、国际影城、时尚KTV、儿童游乐设施、主力餐饮、时尚服饰等业态。2014年10月，开业运营。至2018年底，入驻商户200家，实现销售额7亿元，创利税3700万元。

金鹰奥莱城 金鹰奥莱城东靠人民南路、南临聚亨路、北依聚龙湖，占地面积约3.2公顷，总建筑面积6.36万平方米，主要功能集商业零售、特色餐饮、休闲娱乐、文化体育等为一体的综合体，其中D、E、F、G、H、M6栋楼主要业态为百货服饰，其余A、B、C、J、K、L6栋楼主要业态为特色餐饮、健康教育、家装用品等。2012年5月8日，开业运营。至2018年底，入驻灰姑娘、昂立STEM等品牌项目17个，集聚各类商家近100家，实现营业额1.6亿元，完成纳税221.45万元。

缤纷亚洲 缤纷亚洲位于盐马路以东、解放路以西、东进路以南、鹿鸣路以北,总建筑面积6.8万平方米,其中商业面积4.8万平方米,总投资超过2.5亿元。由江苏汇辰投资发展有限公司投资、盐城市汇隆置业有限公司开发建设,是集餐饮、娱乐、休闲购物与办公于一体的大型综合性项目,业态包括餐饮中心、娱乐城、城市酒店、商务公寓等。全年实现营业额2.08亿元。

凤凰汇城市综合体 凤凰汇城市综合体位于聚亨路以南、解放南路以东。项目占地面积2.6万平方米,总建筑面积7.8万平方米,主体商业3万平方米,主要业态包括大型影院、KTV、健身、早教、餐饮等,另有湖景办公楼2栋。2016年9月30日,全面运营。至2018年底,入驻商家企业111家,实现营业额2.7亿元,完成税收1672万元。

华润橡树湾欢乐广场 华润橡树湾欢乐广场位于人民南路及海潮路沿街,总建筑面积2.8万平方米。其中,临人民南路商业(华润欢乐广场)2万平方米,海潮路沿街商业面积0.8万平方米。欢乐广场以"亲子业态"为主题,荟萃精致餐饮、休闲生活馆、教育培训等业态。2018年完成税收132万元。

紫薇国际广场 紫薇国际广场位于人民路以东、戴庄路以西、世纪大道以南、新都路以北,占地面积5.47公顷,总建筑面积27万平方米。商业面积12.7万平方米,其中A区2.1万平方米,建设酒店公寓、机关医院和农行;B区4.1万平方米,建设农贸市场、餐饮、酒店等;C区6.5万平方米,建设餐饮、休闲娱乐等。2018年实现营业额2亿元。

棕榈泉广场 棕榈泉广场位于解放路与盐渎路交接处,总占地面积2.27公顷,其中商业面积5万平方米,集居住、商业、办公、休闲于一体的城市综合体。2018年完成税收5950万元。

江苏永辉超市有限公司(中南店) 江苏永辉超市有限公司(中南店)位于解放路与海洋路交会处中南世纪城购物中心地下一楼,建筑面积1.83万平方米,员工200余人,从事预包装食品兼散装食品、乳制品的批发与零售,图书、期刊、影像制品零售,日用品、家用电器及电子产品、通信器材、针纺织品、服装、文化体育用品及器材、珠宝首饰、汽车摩托车配件、自行车、电动自行车、五金交电、仪器仪表、家具、室内装修材料花卉玩具等销售,初级农产品的收购和销售,共2万余种商品的零售批发业务和超市连锁业。2014年10月31日,开业运营。2018年实现商品销售1.56亿元,实现利税283万元。

江苏永辉超市有限公司(宝龙店) 江苏永辉超市有限公司(宝龙店)位于迎宾路以东、青年路以南、人民路以西、东进路以北宝龙城市广场综合体内。建筑面积6988.5平方米,员工100余人,从事预包装食品兼散装食品、乳制品的批发与零售,图书、期刊、影像制品零售,日用品、家用电器及电子产品、通信器材、针纺织品、服装、文化体育用品及器材、珠宝首饰、汽车摩托车配件、自行车、电动自行车、五金交电、仪器仪表、家具、室内装修材料花卉玩具等销售,初级农产品的收购和销售,共2万余种商品的零售批发业务和超市连锁业。2011年9月23日,开业运营。2018年实现商品销售1.46亿元,实现利税277万元。 (李 煜)

二、市场管理

2018年,全市商务行政执法集中开展4次专项检查行动,出动执法车辆300余车次,执法人员1300余人次,立案查处行政处罚案件6起,发放责令整改通知书12份。强化监管单用途商业预付卡和成品油市场,对全市登记单用途预付卡经营者683家进行拉网式排查,会同市工商局对健身和美容2个重点行业,在全市范围内开展单用途预付卡集中整治专项行动;会同公安、安监、工商、交通等部门对全市成品油市场进行专项检查,查处非法加油站点40个,行政处罚22件,立案2件,罚款20.8万元,扣留油品14.2吨,规范成品油市场秩序。联合餐饮、摄影等行业协会开展"丹顶鹤小镇"杯盐城首届海鲜菜烹饪技能大赛、"杨侍"杯盐城地方菜烹饪技能大赛、盐城市"思科"杯儿童摄影艺术作品大赛,并适应行业发展需要成立盐城市美容、美发行业协会,放大行业协会对行业发展的促进作用。

三、电子商务

2018年,盐城加强电子商务发展。组织开展"电商扶贫镇村行"活动,共举办12次培训,参训人数达2000人。整合各类电商资源,加强与阿里巴巴、京东、苏宁等平台合作,设立8个县(区)级运营中心、473个村级服务站、100个"天猫优品店",培育300多名"淘帮手",农村电子商务生态链正在加速形成。打造电商平台载体,全市省级"电商村"总数已达36家,列全省第二位。东台市入选中国电商示范百佳县(市),位列第三十七位。

四、粮油商业

2018年,全市入库粮食380万吨,其中托市、储备小麦66万吨,优质优价收购150万吨,收购总量约占全省四分之一。在夏粮收购工作中,全市粮食系统支持民营企业开展粮食市场化收购,市场化收购达收购总量的57%;在秋粮收购工作中,全市粮食系统推广运用"满意苏粮"APP手机应用客户端,确保买粮、卖粮信息快速便捷地为种粮农民和相关企业所掌握,让广大群众卖"顺心粮""明白粮"。中央电视台《焦点访谈》专题报道盐城秋粮收购创新做法,引起良好的社会反响。年内,江苏佳丰粮油工业有限公司获评国家农业产业化重点龙头企业、国家高新技术企业;盐城市禾丰粮油储备有限公司获评中国十佳粮食产业发展标杆企业,并连续五年蝉联"中国百佳粮油企业"称号;中粮集团有限公司、北大荒粮食集团有限公司等一批国内外大型粮油加工企业先后落户盐城,形成央企、外企、国企、民企多态并存、竞相发展的良好局面。江苏黄海(大丰港)粮食产业园被省发改委、省粮食和物资储备局认定为全省重点建设的8个省级粮食物流产业园之一。

粮油品牌建设 年内，"射阳大米"牌大米、"恒喜"牌食用植物油、"金威"牌麦芽等7个粮油品牌被认定为中国驰名商标。在"苏米"10大区域公共品牌中，盐城有3个入选；在"苏米"20家核心企业中，盐城有7家企业入围。先后在福州、昆明、广州、上海等地举行推介会，盐城生态米、弱碱米深受消费者欢迎，累计签订订单超过100万吨。

五、烟草专卖

江苏省盐城市烟草专卖局（江苏省烟草公司盐城市公司）下辖响水、滨海、阜宁、射阳、建湖、大丰、东台7个县（市、区）局（分公司）和31个基层客户服务站，市局（公司）设职能部门13个，依据《中华人民共和国烟草专卖法》《中华人民共和国烟草专卖法实施条例》《烟草专卖行政处罚程序规定》《烟草专卖许可证管理办法》及《烟草专卖准运证管理办法》，代表国家行使卷烟批发经营和市场管理职能。2018年，全市销售卷烟22.7万箱，销售金额73.61亿元，实现税利20.41亿元，列江苏省烟草系统第五位，其中实现入库税收13.84亿元。至年底，全市有持证卷烟零售客户3.39万户。全年查处各类违法违规卷烟经营案件2537起，查获各类涉案卷烟1314.57万支，总案值1606.48万元，上报符合国标网络案件7起。年内，盐城烟草先后获评全国职工公共安全卫生应急避险普及竞赛优秀组织单位、全省卷烟打假工作特殊贡献单位等。（高　岑）

六、盐业专卖

盐城市盐务管理局与盐城市盐业有限公司合署办公，为"两块牌子、一套班子"。公司最早组建于1983年7月，2000年11月改制为江苏省盐业集团盐城有限公司；2008年4月江苏省盐业集团成立子公司江苏省苏盐连锁有限公司，盐城市食盐批发企业经合并组建成江苏省苏盐连锁有限公司盐城分公司，为江苏省盐业集团所属的国有企业，重点组织开展各类盐产品批发供应销售和流通贸易。2017年5月，成立盐城市盐业有限公司；2018年12月，江苏省苏盐连锁有限公司盐城分公司整体划入盐城市盐业有限公司。盐城市盐务管理局依法承担全市盐业行政执法职能，负责盐城市食盐安全保障工作。全年公司实现营业总收入9387万元；全年销售各类盐产品7.28万吨，其中销售小包装食盐1.78万吨。

食盐安全管理 年内，市盐务管理局加强宣传引导，保障全市食盐市场秩序稳定。密切配合政府部门开展食盐安全检查执法，针对低价倾销及非法经营食盐行为依法依规严厉打击。全年查处盐业违法案件1209件，移送司法机关10件，立案8件，涉案26人，判刑10人。

盐业零售终端建设 年内，市盐业公司强化KA商超维护，全年KA商超累计销售小包装食盐612吨。开展"淮盐"品牌BC形象店建设，全年推进完成BC形象店创建204家。参加盐城市首届农产品展示会，开展食盐零售样板农贸市场创建，创建样板农贸市场86家。加强特通渠道建设，推进直配直送工作。（丁德富）

七、成品油销售

2018年，全市销售成品油115.4万吨。至年底，全市有成品油零售企业688个，其中加油站508个（在营460个），农场加油点162个（在营145个），加油船18个。年内，市商务局会同市公安局、市安监局、市工商局、市交通局等部门对全市成品油市场进行专项检查，查处非法加油站点40个，行政处罚22件，立案2件，罚款20.8万元，扣留油品14.2吨，规范成品油市场秩序。（张　斌）

第五节　旅游业

2018年，全市有国家级自然保护区2个，国家AAAAA级旅游景区1个，国家AAAA级旅游景区16个，国家AAA级旅游景区19个，国家AA级旅游景区16个，全国农业旅游示范点3个，国家水利风景区1个，全国重点文物保护单位2个，省级重点文物保护单位1个，省级旅游度假区5个，省级工业旅游示范点5个，省五星级乡村旅游区4个，省四星级乡村旅游区20个，省三星级乡村旅游区14个，省二星级乡村旅游区4个。全市有星级旅行社24家、总数145家，有旅游星级饭店32家。全年全市接待游客3333.92万人次，实现旅游收入374.24亿元。全年招引旅游投资项目49个，总投资234亿元。年内，盐城获评新时代中国最佳文化旅游名城、首批全国优质康养休闲旅游胜地，东台市获评2018百佳深呼吸小城，射阳县获评中国最美休闲度假旅游胜地、中国最美生态文化旅游名县，盐都区获评首批国民休闲旅游胜地。

一、旅游景区

2018年，盐城加强旅游景区建设。建湖九龙口、大丰梦幻迷宫、中华水浒园、东台安丰古镇4家景区成功创建为国家AAAA级旅游景区。江苏黄海海滨国家森林公园获评省级旅游度假区。大丰丰收大地创建为省五星级乡村旅游区。大丰恒北村、盐都杨侍村、三官村被评为江苏省乡村振兴旅游富民先进村。东台西溪景区入选中国最具投资潜力旅游目的地TOP20，与荷兰花海一同入选江苏十大旅游新目的地。荷兰花海、新四军纪念馆等6家单位被评为2017年度江苏"旅游百佳"单位。弶港镇、五烈镇甘港村分别创成第五批省特色景观旅游名镇、名村。

新"盐城十景" 5月18日，新"盐城十景"评选结果在2018中国盐城丹顶鹤国际湿地生态旅游节暨第十一届海盐文化节活动现场公布，铁军丰碑、聚龙花语、荷兰花海、鹿鸣呦呦、鹤舞翩翩、西溪塔影、纵湖秋色、九龙神韵、黄海叠翠、洋畔飘樱被评为新"盐城十景"，展现盐城生态建设、旅游发展新成就、新面貌。

2018年全市主要旅游景区(点)一览表

表15-33

景区(点)名称	景区(点)级别	地　址
江苏省大丰麋鹿国家级自然保护区(中华麋鹿园)	国家级自然保护区(国家AAAAA级旅游景区)、省自驾游基地、省级生态旅游示范区、省级旅游度假区、价格诚信区域	大丰区草庙镇
江苏盐城国家级珍禽自然保护区	国家级自然保护区(国家AAAA级旅游景区)、省级生态旅游示范区	亭湖区黄尖镇
大纵湖旅游景区	国家AAAA级旅游景区、省级旅游度假区、省级房车露营地	盐都区大纵湖镇
海盐历史文化景区	国家AAAA级旅游景区	盐城市世纪大道与开放大道交叉口
新四军纪念馆	国家AAAA级旅游景区	亭湖区建军东路159号
阜宁金沙湖旅游景区	国家AAAA级旅游景区、省级旅游度假区、省级生态旅游示范区	阜宁县城南新区
东台西溪旅游文化景区	国家AAAA级旅游景区	东台市西溪景区
大丰上海知青纪念馆	国家AAAA级旅游景区	大丰海丰农场元华旧址
射阳息心寺	国家AAAA级旅游景区	射阳县海通镇射阳岛
大丰港海洋世界	国家AAAA级旅游景区	大丰区盐土大地海洋生物产业科技园内
大丰荷兰花海	国家AAAA级旅游景区	大丰区新丰镇淮海路
江苏黄海海滨国家森林公园	国家AAAA级旅游景区、省级旅游度假区	东台市弶港镇新曹社区
大丰梅花湾景区	国家AAAA级旅游景区	226省道和通港大道交汇处向北1公里
大丰梦幻迷宫	国家AAAA级旅游景区	大丰区草堰镇
大丰施耐庵故里	国家AAAA级旅游景区	大丰区白驹镇花家垛
建湖九龙口风景区	国家AAAA级旅游景区、省级旅游度假区	建湖县九龙口镇
东台安丰古镇	国家AAAA级旅游景区	东台市安丰镇
新四军重建军部旧址——泰山庙	全国重点文物保护单位	市区建军西路118号
盐城科技馆	国家AAA级旅游景区	市区城南新区
护国永宁禅寺	国家AAA级旅游景区	市区永宁路11号
盐城世纪公园	国家AAA级旅游景区	市区盐都新区
江苏永丰林农业生态园	国家AAA级旅游景区、全国农业旅游示范点、省四星级乡村旅游区	东台市新曹镇
大丰东方湿地公园·东方1号创意产业园	国家AAA级旅游景区	大丰区新丰路
欧洲风情花街	国家AAA级旅游景区	盐城市聚龙湖畔
射阳后羿文化园	国家AAA级旅游景区	射阳县城新客运站对面
阜宁庙湾古城景区	国家AAA级旅游景区	阜宁县射河外滩
建湖西塘河风光带	国家AAA级旅游景区	建湖县城南新区
阜宁铁军纪念馆	国家AAA级旅游景区	阜宁县城河路47号
东台甘港旅游景区	国家AAA级旅游景区、省五星级乡村旅游区	东台市五烈镇甘港村
大丰港动物园(大丰丹顶鹤珍禽园)	国家AAA级旅游景区	大丰区大丰港经济开发区青岛港路6号
盐都郝氏故里旅游景区	国家AAA级旅游景区、省四星级乡村旅游区	盐都区葛武社区党群服务中心

续表 15-33

景区(点)名称	景区(点)级别	地 址
盐都鞍湖三胡陈列馆	国家AAA级旅游景区	盐都区鞍湖街道
盐都大云山佛教文化园	国家AAA级旅游景区	盐都区大冈镇新冈南路
亭湖千鹤湾温泉风情小镇	国家AAA级旅游景区	亭湖区盐东镇
阜宁马家荡旅游景区	国家AAA级旅游景区	阜宁县马家荡居委会
阜宁盘龙古寺	国家AAA级旅游景区	阜宁县合利社区大街北首
滨海南湖文化主题公园	国家AAA级旅游景区	滨海县海滨大道28号
滨海通榆河水利枢纽风景区	国家AA级旅游景区、国家水利风景区	滨海县现代农业产业园套坎路北侧
亭湖便仓枯枝牡丹园	国家AA级旅游景区	亭湖区便仓镇
东台黄逸峰故居	国家AA级旅游景区	东台市区
大丰施耐庵公园	国家AA级旅游景区	大丰区幸福东大街21号
东台新街九莲寺	国家AA级旅游景区	东台市新街镇
建湖陆秀夫纪念馆	国家AA级旅游景区	建湖县建阳镇
射阳华中工委纪念馆	国家AA级旅游景区	射阳县后羿公园西侧
建湖延寿寺	国家AA级旅游景区	建湖县颜单镇兴颜路西首
东台市龙王古寺	国家AA级旅游景区	东台市弶港镇
阜宁桃花源生态农庄	国家AA级旅游景区	阜宁县羊寨镇黄河堆堤
大丰银杏湖公园	国家AA级旅游景区	大丰区常新路和益民路交会处
大丰姜尚公园	国家AA级旅游景区	大丰区草庙镇
东台通海湖公园	国家AA级旅游景区	东台市弶港镇通海大道
东台弶港文化展示馆	国家AA级旅游景区	东台市弶港镇港龙广场
射阳农建四师暨淮海农场陈列馆	国家AA级旅游景区	射阳县淮海农场
大丰刘庄净土院	国家AA级旅游景区	大丰区刘庄镇
盐都三官农庄	省五星级乡村旅游区	盐都区大纵湖镇三官农家乐
大丰恒北村	省五星级乡村旅游区	大丰区恒北村
大丰丰收大地现代农业示范区	省五星级乡村旅游区	大丰区通港大道
盐都仰徐乡村乐园	省四星级乡村旅游区	盐都区潘黄街道仰徐村
江苏杨侍农业生态园	省四星级乡村旅游区	盐都区郭猛镇杨侍村
盐都龙冈桃花园	省四星级乡村旅游区、省级生态旅游示范区	盐都区龙冈镇
盐城市台湾农民创业园	省四星级乡村旅游区	盐都区台湾农民创业园
东台仙湖现代农业示范园(东台西溪植物园)	省四星级乡村旅游区	东台市西环路与东五公路交界西北侧
射阳友爱生态农业观光园	省四星级乡村旅游区	射阳县合德镇友爱村境内
大丰多彩荷兰村	省四星级乡村旅游区	大丰区新丰镇淮海路
盐都泾口湿地风情园	省四星级乡村旅游区	盐都区泾口村
大丰希望的田野现代农业示范园	省四星级乡村旅游区	大丰区草庙镇
建湖登达生态园	省四星级乡村旅游区	建湖县芦沟镇芦北村
大丰东方桃花洲	省四星级乡村旅游区	大丰区大桥镇

续表 15-33

景区(点)名称	景区(点)级别	地　址
大丰七彩花田	省四星级乡村旅游区	大丰区草堰镇
东台生态苗木示范园	省四星级乡村旅游区	东台市新街镇方东村
滨海随耕生态园	省四星级乡村旅游区	滨海县现代农业产业园区327省道旁
亭湖东城一罾生态园	省四星级乡村旅游区	黄尖镇黄尖居委会七组
七彩阜宁国家农业公园	省四星级乡村旅游区	金沙湖街道营港村四组
射阳鹤乡菊海现代农业产业园	省四星级乡村旅游区	射阳县洋马镇贺东村八组
建湖铁丝湾生态园	省四星级乡村旅游区	建湖县204国道上冈大桥南侧
盐都朱升文化生态园	省三星级乡村旅游区	盐都区北龙港街道
建湖现代农业生态园	省三星级乡村旅游区	建湖县九龙口镇梅苏村金梅路1号
阜宁羊寨黄河故道乡村旅游景区	省三星级乡村旅游区	阜宁县羊寨镇果园村
阜宁晓光村乡村旅游景区	省三星级乡村旅游区	阜宁县罗桥镇晓光村
射阳黄沙港生态园	省三星级乡村旅游区	射阳县黄沙港镇
阜宁花木大世界	省三星级乡村旅游区	阜宁县沟墩镇
盐都番茄主题公园	省三星级乡村旅游区	盐都区尚庄镇
大冈镇锦绣果园	省三星级乡村旅游区	盐都大冈镇
亭湖黄尖牡丹园	省三星级乡村旅游区	亭湖区黄尖镇
响水泓益生态园	省三星级乡村旅游区	响水县326省道
大丰九州田园	省三星级乡村旅游区	大丰区大中镇
东台三仓现代农业生态园	省三星级乡村旅游区	东台市三仓镇
亭湖鹿苑生态园	省三星级乡村旅游区	亭湖区新兴镇
建湖县恒济镇建河村	省三星级乡村旅游区	建湖县恒济镇
建湖绿岛生态园	省二星级乡村旅游区	建湖县芦沟镇淳化村
射阳浦港渔村	省二星级乡村旅游区	射阳县合德镇浦港村境内(射阳河边)
射阳万寿墩景区	省二星级乡村旅游区	射阳县特庸镇大码头村
射阳景隆生态园	省二星级乡村旅游区	射阳县盘湾镇
射阳洋马菊香园	全国农业旅游示范点	射阳县洋马镇境内
东台富安蚕丝绸园区	全国农业旅游示范点	东台市富安镇南街105号
陆公祠	省级重点文物保护单位	市区儒学街
东风悦达起亚汽车有限公司	省级工业旅游示范点	市区希望大道东风悦达起亚汽车三厂
盐城环保产业园	省级工业旅游示范点	市区东部,新洋港以南,紧邻沿海高速公路
丰海新能源淡化海水发展有限公司	省级工业旅游示范点	盐城大丰港区
大丰区和顺电子有限公司	省级工业旅游示范点	盐城大丰港区
辉山乳业发展(江苏)有限公司	省级工业旅游示范点	盐城射阳港经济区
盐城沿海湿地旅游度假区	省级旅游度假区	黄尖镇人民路17号

二、旅游节庆

中国盐城丹顶鹤国际湿地生态旅游节暨海盐文化节 始于2007年，每年5月18日举办，成为展示盐城城市形象、旅游风采的城市名片。2018中国盐城丹顶鹤国际湿地生态旅游节暨海盐文化节注重旅游形象宣传与项目经济社会效益融合，包括“大美湿地·水韵盐城”盐城旅游招商推介、“盐城十景”评选活动发布、“赏美景 品盐城”2018江苏人游盐城暨长三角主流旅行商及媒体精品线路行、“全域旅游 美好生活”519中国旅游日系列惠民活动、“为美丽盐城加分”文明旅游广场宣传、2018“江苏旅游新干线 四城互动游”盐城站等。2018届旅游节成果丰硕，盐城旅游14个重点项目集中签约，投资总额83.42亿元。铁军丰碑（新四军纪念馆）、聚龙花语（聚龙湖·欧风花街）、荷兰花海（荷兰花海旅游度假区）、鹿鸣呦呦（中华麋鹿园）、鹤舞翩翩（丹顶鹤湿地生态旅游区）、西溪塔影（西溪旅游文化景区）、纵湖秋色（大纵湖旅游度假区）、九龙神韵（九龙口旅游度假区）、黄海叠翠（黄海森林公园）、洋畔飘樱（大洋湾生态旅游景区）入选“盐城十景”。5月18—19日，国家AAAAA级旅游景区中华麋鹿园和丹顶鹤生态旅游区、荷兰花海、大纵湖旅游景区、金沙湖旅游度假区、大丰港海洋世界、大丰知青农场、息心寺等国家AAAA级旅游景区推出门票五折。全市红色旅游经典景区、星级乡村旅游点对市民免费开放。市区各旅行社（除特价线）给予一日游、二日游、三日游等优惠政策，星级饭店也推出餐饮、住宿等优惠折扣，真正做到旅游惠民。

春季乡村旅游节 始于2010年，每年3月为繁荣全市春季乡村旅游市场而举办。2018年，市旅游局联手9家县（市、区）旅游局及重点景区策划“畅游大美湿地、感受水韵盐城”2018盐城春季乡村旅游系列活动。主要包括盐城大洋湾樱花节、东台董永七仙女文化节、大丰麋鹿文化旅游季、荷兰花海郁金香文化月、春游盐都主题活动、建湖登达欢乐乡村旅游节、阜宁金沙湖踏春节、亭湖黄尖牡丹旅游节等。4月13日，2018盐城春季乡村旅游季暨东台甘港老家首届民俗欢乐节启动仪式举行，活动现场盐城乡村旅游发展成果展、东台地方特色商品展销、特色美食小吃展销亮相，服务引导广大市民亲身体验“家乡美”。

2018中国·大丰第三届梅花文化节 始于2016年，每年2月至3月在大丰举办。梅花湾作为高颜值的新兴景区，受到国内外朋友的喜爱和关注，成为长三角地区广大游客春季赏花的首选目的地之一。2018中国·大丰第三届梅花文化节主要活动包括：第三届梅花文化节开幕式、寻梅祈福灯光秀、梅花报春、舞龙舞狮、秧歌、花船花担、打莲湘、人偶戏、旱驴、“梅来眼去”猜灯语、“十里梅花街”仿古街市、“梅花仙子”古装巡游、“情定梅缘”情景剧等。

2018中国·大丰麋鹿生态旅游季暨第五届荷兰花海郁金香文化月 始于2010年，每年4月至6月在大丰举办，成为展示大丰社会经济对外开放和发展业绩，丰富旅游资源的节庆品牌活动。2018中国·大丰麋鹿生态旅游季暨第五届荷兰花海郁金香文化月主要活动包括：2018中国·大丰麋鹿生态旅游季暨第五届荷兰花海郁金香文化月开幕式、举办第五届荷兰花海郁金香文化月、第三届郁金香音乐节、恒北梨花文化节、中华麋鹿园鹿王争霸赛、上海知青农场向日葵之旅、梅花湾春季之旅、东方桃花洲油桃采摘节等。

“花开盐都 春游水乡” 始于2017年。2018年活动时间为3月30日至5月30日，活动以“1+6”模式，即一个开幕式加六个系列主题活动。3月30日，2018第二届“花开盐都 春游水乡”暨第六届桃花节开幕式在龙冈桃花园举行。系列活动包括有：盐城首届大纵湖渔趣节、台海花卉港首届花卉展销会暨踏青品鲜节、“莓好时光、莓丽仰徐”第七届草莓节、泾口垂钓大赛、踏春享趣欢乐杨侍行。通过系列活动开展，结合全域旅游新概念，打造“花开盐都，春游水乡”旅游品牌。

大纵湖旅游景区　　　市文化广电和旅游局/供

畅游盐都金秋行 始于2015年。8月20日至10月30日，2018第四届畅游盐都金秋行活动举行，包括12项系列活动，共有11个镇（区、街道）参与活动，具体包括大纵湖第四届露营节、三官农庄长三角地区舞龙大赛、仰徐乡村乐园第四届葡萄节、“游秦南、忆党恩、谋跨越”——2018盐都金秋行系列活动、龙冈桃花园第六届金秋采摘节、杨侍农业生态园第三届美食节、台创园第四届台海菊花节、尚庄第五届番茄风情节、张庄首届葡萄文化节、大冈水果乐园金秋行、中兴第二届草房子朗读周、盐都旅游(上海)招商推介会等。

亭湖枯枝牡丹节 始于1998年，每年谷雨(4月20日前后)在亭湖区便仓镇举行，迄今已连续举办22届，形成集旅游观光、节庆活动和经贸洽谈相结合的大型旅游经济文化宣传活动。4月15日至5月5日，中国亭湖第22届枯枝牡丹节举办，吸引大批游客赏花、农家乐游，使亭湖牡丹文化深入人心。

黄海森林音乐节 始于2016年10月。以“低5度”为核心亮点，运用森林为音乐载体，引导人们开启“森呼吸，零距离”的音乐之旅。2018黄海森林音乐节不仅邀请到朴树、郝云、好妹妹、鹿先森、小娟&山谷里的居民等颇受听众喜爱的歌手、乐队现场演唱，还有专业顶级的舞台、超强阵容，森风名车展示、亲子互动专区、森林科普馆、情侣打卡、巨型热气球、草坪帐篷露营等，给游客们温柔的嗓音，动人的旋律和激情澎湃的感受，形成共同美好的回忆。黄海森林音乐节已成为黄海森林公园的品牌活动，大大提升公园的知名度和品牌形象。

黄海森林生活节 2018年森林生活包括书香森林悦读季、森林迷你马拉松、户外餐桌艺术SHOW、亲子绘本故事会、少儿绘画大赛等活动，奥运冠军杨威父子、知名作家丁立梅、餐桌艺术家毛雪蕾等到场助阵，让游客朋友乐在其中、印象深刻。

金沙湖2018系列活动 始于2018年，主要包括：金沙湖温泉养生节、金沙湖踏青季系列活动、金沙湖风筝节，金沙湖第二届帐篷露营节，金沙湖“庆五一”系列活动2018金沙湖第二届渔文化旅游节等活动。

九龙口生态湿地旅游节 始于2014年。10月1—7日，九龙口第五届生态湿地旅游节举行，活动包括亲子奇幻周、民俗文化节、百人相亲会、南京少儿春晚选拔赛、王者荣耀争霸赛、水乡传菜节、坐小飞机&游九龙口等，吸引长三角地区游客2.8万人次。

射阳第二届江苏菊花文化艺术节 始于2017年。10月，在洋马镇鹤乡菊海现代农业产业园举行，活动包括十里菊香开园、“菊香杯”医药健康知识大赛等。艺术节以“建设中国菊花之都，让人类更健康，让生活更美好”为主题，以洋马十里菊香观光赏菊为重点，组织国庆节、中秋节、重阳节、菊花节四个节点系列文化宣传活动。

射阳丹顶鹤文化艺术节 始于2007年，每年11月初举办，以鹤为媒、以节招商。2018年第十二届丹顶鹤文化艺术节暨经贸洽谈会期间，通过举办经贸洽谈、文艺汇演、民间画展、开园观摩等一系列活动，激发社会各界关注射阳、倾情鹤乡、合作共赢的正能量。 (王常江)

三、旅游推介

2018年，盐城举办“走进大美盐城·畅游水韵盐城”、盐城旅游(上海)推介会等旅游推介活动31项，承办2018全省乡村旅游节分会场活动，牵头江苏旅游新干线赴浙江、甘肃、宁夏、陕西4省7市开展旅游宣传推介荷兰花海王潮歌《只有爱》戏剧幻城项目。

“走进大美湿地·畅游水韵盐城”盐城旅游(上海)推介会 9月15日，盐城在上海举办“走进大美湿地·畅游水韵盐城”盐城旅游(上海)推介会，中国铁建港航局集团有限公司、上海星龙旅游发展有限公司、苏州园林发展股份有限公司等重点旅游企业，人民网、央视网、澎湃新闻、凤凰网等驻沪主流媒体，以及长三角地区重点旅行社、重点高校旅游专家学者近250人参加活动。会上，成功签约旅游投资、旅游市场开发和媒体宣传合作等三大类共35个项目，总投资额超150亿元。

2018全省乡村旅游节分会场活动 4月29日，“水韵江苏秀美乡村”2018江苏乡村旅游节暨“恒北恒美梨缘天下”大丰乡村旅游季活动在大丰区恒北村开幕，20余家新闻媒体记者参加启动仪式。“水韵江苏秀美乡村”2018江苏乡村旅游节暨“恒北恒美梨缘天下”大丰乡村旅游季活动为期三个月，包括梨园戏曲、欧美乡村乐队歌曲串烧、乡村民谣演唱等活动。

四、旅游业管理

2018年，市旅游局加强全市旅游行业管理。组织从业人员培训。承办全省旅游安全应急管理培训班，举办全市“全国旅游监管服务平台”操作使用培训班、导游证岗前培训班。射阳县举办首届海鲜莱烹饪技能大赛、滨海县举办首届旅游行业服务技能大赛。强化旅游市场监管。持续开展旅游市场秩序专项整治“利剑行动”，联合交通、公安、食消防等部门，组织开展市场集中检查、企业随机抽查、问题限时督查等活动17次，检查旅游企业及门店230多家，对6家旅游企业进行停业、罚款等处理。开展旅游市场安全检查，及时处理旅游投诉，提升游客满意度。年内，盐城有3名导游入选江苏省“最受游客喜爱导游”。

2018年全市星级旅行社一览表

表15-34

序号	旅行社名称	许可证号	星 级	经营范围
1	江苏悦达国际旅行社有限公司	L-JS-CJ00055	省四星	出境社
2	盐城海外国际旅游有限公司	L-JS-CJ00143	省四星	出境社

续表 15-34

序号	旅行社名称	许可证号	星 级	经营范围
3	东台市环球国际旅行社	L-JS09023	省四星	国内社
4	盐城万和国际旅行社有限公司	L-JS-CJ00063	省三星	出境社
5	盐城绿叶国际旅行社有限公司	L-JS-CJ00065	省三星	出境社
6	盐城中国青年国际旅行社有限公司	L-JS-CJ00152	省三星	出境社
7	江苏捷程国际旅行社有限公司	L-JS-CJ00168	省三星	出境社
8	江苏风光国际旅行社有限公司	L-JS-CJ00169	省三星	出境社
9	盐城市望海旅行社有限公司	L-JS09006	省三星	国内社
10	东台四季旅行社有限公司	L-JS09031	省三星	国内社
11	盐城市神龙旅行社有限公司	L-JS09037	省三星	国内社
12	盐城市航空假日旅行社有限公司	L-JS09043	省三星	国内社
13	盐城市神州旅行社有限公司	L-JS09050	省三星	国内社
14	盐城市四季之旅旅行社有限公司	L-JS09057	省三星	国内社
15	盐城市中恒国际旅行社有限公司	L-JS09060	省三星	国内社
16	盐城新都旅行社有限公司	L-JS09074	省三星	国内社
17	盐城市凯越体育旅行社有限公司	L-JS09080	省三星	国内社
18	盐城市光大国际旅行社有限公司	L-JS09085	省三星	国内社
19	大丰区环球旅行社有限公司	L-JS09088	省三星	国内社
20	盐城市春晖旅行社有限公司	L-JS09096	省三星	国内社
21	大丰区华夏旅行社有限公司	L-JS09125	省三星	国内社
22	大丰区中国旅行社有限公司	L-JS09016	省二星	国内社
23	大丰区丰东旅行社有限公司	L-JS09073	省二星	国内社
24	滨海县康辉旅行社有限公司	L-JS09110	省二星	国内社

2018年全市旅游星级饭店一览表

表 15-35

序号	饭店名称	星级	地 址
1	江苏驿都国际酒店有限公司驿都金陵大酒店	五星	盐城市盐都新区世纪大道603号
2	盐城大丰半岛温泉酒店有限公司	五星	大丰区大丰港区沿湖大道9号
3	江苏欧堡利亚实业有限公司滨海大酒店	五星	滨海县欧堡利亚路1号
4	盐城港汇国际酒店有限公司	四星	盐城市新都东路10号
5	江苏悦达国际大酒店有限公司	四星	盐城市开放大道80号
6	盐城市瀛洲宾馆有限公司	四星	盐城市开放大道76号
7	东台市国贸国际大酒店有限公司	四星	东台市金海中路2号
8	大丰新词大酒店有限公司	四星	大丰区健康西路31号
9	江苏永林国际酒店有限公司	四星	建湖县湖中北路66号
10	富建林海国际饭店有限公司	四星	阜宁县阜城大街116号
11	盐城天海元国际大酒店有限公司	四星	滨海县迎宾大道8号

续表 15-35

序号	饭店名称	星级	地　址
12	盐城市亭湖区盐海之家酒店	三星	盐城市建军东路33号
13	盐城市人民政府第一招待所温泉宾馆	三星	盐城市东进中路88号
14	盐城市城南新区棕榈泉假日酒店	三星	盐城市解放南路275号
15	东台磊达宾馆有限公司	三星	东台市台城红兰路86号
16	东台众达国际大酒店股份有限公司	三星	东台市望海东路16号
17	永丰林会务度假中心	三星	东台市新曹镇
18	东台苏臻喜事汇大酒店	三星	东台市望海东路69号
19	东台弶港国际大酒店有限公司	三星	东台市弶港镇工业园区1号
20	江苏川商餐饮文化管理有限公司川渝假日酒店	三星	东台市迎宾大道66号伟嘉装饰城A1幢
21	东台市东台镇美庐商务宾馆	三星	东台市北海东路15号
22	建湖宾馆有限公司	三星	建湖县向阳西路88号
23	建湖县皇廷国际酒店有限公司	三星	建湖县建宝路88号
24	建湖县登达大酒店	三星	建湖县城汇文路296号
25	射阳嘉丰贸易有限公司	三星	射阳县红旗路133号
26	江苏兴谷集团有限公司	三星	阜宁县阜城大街96号
27	阜宁县阜宁宾馆有限公司	三星	阜宁县阜城大街149号
28	滨海县人民政府招待所(滨海县滨海宾馆)	三星	滨海县新建中路88号
29	滨海县财苑宾馆	三星	滨海县城人民南路129号
30	滨海瑞荣国际大酒店	三星	滨海县八滩镇沿河路西侧阳光金城中心广场
31	响水县帝豪大酒店	三星	响水县204国道西侧(供电局对面)
32	射阳金阳大酒店	二星	射阳县交通路18号

第六节　文化产业

2018年，盐城以高质量、高水准的内容构建创新型的文化产业发展生态；加快发展数字出版、动漫游戏、创意设计和广告会展等新型文化业态，推动出版发行、影视制作、文艺演艺、文化娱乐等传统产业转型升级；全市文化产业创新发展取得实效，举办盐城市第三届文化创意设计大赛，并选送150余件优秀作品参加省“紫金奖”文化创意设计大赛，参赛作品数量及获奖数量均列苏北前列。做好各级各类文化产业专项资金项目申报工作，2018年度，有11个项目获得1000万元的扶持。抓好重大平台、重点企业和重大项目建设，延伸产业链，提升价值链，培育壮大一批龙头骨干文化企业、高科技文化企业和创意文化企业，打造特色鲜明、错位竞争、协同推进的区域文化产业发展新格局。聚龙湖文化产业集聚区依据国际创投中心、欧洲国际风情街、华邦国际等重大载体，聚集文化创意动漫制作等文化产业企业400余家。东方1号创意产业园以创意产业集聚为支撑，集聚50余家设计机构和产学研合作基地，拥有高端设计师300余名。突出“文化+科技”“文化+金融”“文化+旅游”等重点，增强文化产业对其他产业的引领和带动作用。城南新区大数据产业园的“文化+科技”融合，东台西溪、大丰荷兰花海、射阳十里菊香的“文化+旅游”融合，大丰东方1号的“文化+创意设计”融合，射阳壁纸、滨海油墨、阜宁玻璃制造、建湖节能灯的“文化+制造业”融合，东台发绣、大丰瓷刻、射阳盐雕、滨海草柳编的“文化+传统手工艺”融合等都已具有很大的发展空间和前景。推动文化企业和产品走出去。组织20多家企业4000多个特色文化创新创意产品分别参展南京文交会、苏州创博会、深圳文博会、长三角文博会等展会。

第七节　房地产业

2018年，全市房地产开发完成投资454.9亿元，其中住宅完成开发投资360.6亿元。全年全市房地产开发新开工建筑面积1586.83万元。其中，市区(不含大丰区)完成房地产开发投资267.9亿元，商品房新开工建筑面积635.4万平方米，施工面积1947万平方米，竣工面积211万平方米。

一、房产开发

2018年，全市实现房地产开发投资454.9亿元，其中住宅投资完成360.6亿元。全市房地产开发新开工建筑面积1586.83万平方米，其中市区（不含大丰区）新开工建筑面积674.32万平方米。年内，香苑西园、钱江绿洲、东都天润、欧堡利亚·臻园等小区被评价为省、市适老宜居项目。成品住房开发建设比例提高，全年市区成品住房新开工建筑面积72.4万平方米。至年底，全市有从事房地产开发经营企业569家，其中一级开发企业资质3家、二级开发企业资质370家、三级开发企业资质196家。悦达·悦珑湾房地产开发项目获国家“广厦奖”。悦达地产集团有限公司、江苏德惠建设集团有限公司、盐城欧堡利亚城市投资股份有限公司、江苏通银实业集团有限公司4家企业入选江苏省房地产开发行业综合实力50强。

二、房产销售

2018年，全市实现商品房销售1111万平方米，其中市区销售495万平方米；全市实现商品住房销售885万平方米，其中市区销售392万平方米。市区商品房新增供应653万平方米，其中商品住房新增供应462万平方米。市区商品房供销比例由年初的0.5∶1提高至1.3∶1，处于基本合理区间运行，供求关系逐步完善。

三、房产市场管理

2018年，市城乡建设局、市房产局加强房地产市场监管，开展规范房地产市场秩序专项行动，对房地产开发企业、经纪机构经营行为双随机抽查，对全市513个、市区121个在建或在售房地产开发项目和286家经纪机构经营行为进行联合检查和双随机检查，并对检查对象建档立卡，规范房地产市场秩序。市城乡建设局、市房产局联合中国人民银行盐城市中心支行、盐城银监分局对市区预售资金监管情况开展双月检查通报，规范银行、开发企业的预售资金收支行为。

四、房产管理

商品房销售管理 年内，市区办理商品房预售许可288件，批准预售总面积621.5万平方米，其中住宅面积463.2万平方米，办公面积25.1万平方米，商业面积43.4万平方米，其他面积89.9万平方米；办理商品房现售备案3件，现售备案总面积14.5万平方米。年内，市房产局下发《关于调整盐城市区新建商品房预售重点监管资金参考标准节点使用额度的通知》，对重点监管资金标准、使用额度比例进行调整；联合市工商局下发《关于在市区全面推广使用住建部工商总局新版〈商品房买卖合同示范文本〉的通知》，明确、细化交易双方的责权利，保护交易公平。

房屋产籍管理 年内，市国土资源局本级受理商品房项目入网备案335批次，办理商品房新入网备案845幢，变更134幢，新增入网商品房769.59万平方米，分12批次组织87套期房退房房源摇号报名工作。受理各类登记42.7万件，发放不动产权属证书（证明）近22.4万本，审核发放购房补贴约1.7万件、总计2.04亿元。

房屋专项维修资金管理 年内，市房产局对市区商品房屋专项维修资金新增资金、存量资金存放银行采用竞争性方式选择确定，并建立专项维修资金存储内部管理制度，在确保资金安全和正常使用的基础上最大限度实现资金的保值增值。规范房屋专项维修资金管理，下发《关于调整市区电梯、消防设施设备专项维修资金交存时点等事项的通

悦达悦珑湾全景　　悦达集团/供

知》；改进维修资金交存服务，开通微信、支付宝扫码支付功能，减少维修资金交存业务办理的时间；对申请使用维修资金进行维修的招投标工程项目统一纳入市公共资源交易中心平台实施，实现统一平台信息发布、统一评标专家库、统一现场评标。

房屋租赁管理 年内，市房产局指导各县（市、区）培育和规范房屋租赁市场，规范住房租赁交易流程，制定线上办理市区房屋租赁备案工作流程，组织开展房屋租赁备案培训，落实出租房屋租赁登记备案制度，规范房屋租赁行为。完善市房屋租赁登记备案系统，做好系统数据迁移，与市公积金管理中心建立平台数据共享，配合做好建行房屋租赁系统的安装调试。全年办理市区房屋租赁备案登记1520户，建筑面积15.5万平方米。

五、物业管理

2018年，全市有物业管理机构440家，从业人数5万人，实现营业收入10亿元。年内，市房产局加强全市住宅小区物业服务考核工作，从基础服务、共用部位和设施设备维护、公共秩序维护、保洁服务、绿化养护服务及社区建设等6个方面对住宅项目的物业服务进行考核。对56家企业、85个项目进行抽查，项目抽查率10.34%。对申报2018年度省级示范的21个项目和市级示范物业管理的40个项目进行服务质量评价。推进物业管理行业综合监管平台建设，初步搭建涵盖市房产局、县（市、区）房产局、街道社区和企业的“盐城市物业服务行业综合监管平台”，实现一网查询全市物业服务企业和物业服务项目资信信息，适时记录物业服务企业的诚信行为和不良行为，对全市物业服务企业和物业行业进行实时监管。 （王　俊）

第八节　中介服务

一、典当拍卖

2018年，全市注销典当企业1家。至年底，有典当企业40家。新设立拍卖企业6家、注销1家。至年底，有拍卖企业32家。全年全市拍卖行业交易额9.24亿元。年内，市商务局根据省商务厅统一部署，对全市32家拍卖企业进行年度核查。 （陆　勇）

二、人力资源服务

2018年，全市有各类人力资源服务机构600余家，从业人员近7000人。江苏盐城人力资源服务产业园入驻机构25家，年服务企业近1.8万家次。其中10家机构被认定为江苏省级人力资源服务诚信机构，数量居苏北第一位；盐城江苏国信人力资源服务公司被认定为江苏省人力资源服务行业骨干企业，为苏北唯一一家；有5家企业被认定为全省骨干企业，数量居苏北第一位。

就业服务。年内，第五届全国大中城市联合招聘高校毕业生春季（盐城站）专场活动在盐城首次举办，全国有色金属行业高校毕业生就业联盟在盐城设立就业服务工作站，开展高校毕业生就业服务对接活动。

人才服务。年内，盐城有13个项目入选江苏省第十四批“六大人才高峰”。全年市人力资源和社会保障局接转高校毕业生档案8592份，出具证明材料13.88万份，为高校毕业生就业提供档案服务近8000人次。

劳动保障事务代理。年内，市人力资源和社会保障局建立健全劳动代理工作基础台账。扩大劳动代理范围，为下岗失业人员提供各项劳动保障事务代理服务，免收代理服务费，拓展就业服务空间，完善市场就业机制。至年底，累计代保管各类人员档案5.19万份，为2123名劳动代理人员代办退休手续。为改制企业搞好服务，做好失业登记建档和录入处理工作，为企业改制分流职工办理失业登记手续，核发失业保险待遇，提供档案代管、社会保险关系续接等服务。 （殷开丰）

三、律师事务所

2018年，全市有律师事务所117家，律师1070人，其中党员律师272人；在执业律师中，大学以上学历占93.6%，其中硕士、博士132人。全市有52名律师担任当届县级以上党代表、人大代表、政协委员。全年全市律师办理各类案件2.69万件，担任企事业单位法律顾问2456家。

（刘　菊）

四、会计师事务所

2018年，全市有会计师事务所19家，其中AAAAA级分所1家、AAA级3家；从业人员367人，其中执业注册会计师119人，中国注册会计师协会资深会员6人，各级人大代表、政协委员和党代表14人；有共产党员81名、设党支部14个。全市有非执业会员近400人。业务范围包括财务报表审计、注册资本验证、高新技术企业认定、绩效考核评价、涉税鉴证、工程预决算审核、经济案件司法鉴定、企业清算（破产管理人）、管理咨询、政府和企业投融资服务、会计审计咨询和会计培训等。全年全市会计师事务所服务单位6275家，实现业务收入6681万元，缴纳税费651万元。

会计管理 年内，全市有3757人报名参加注册会计师专业阶段考试，71人取得专业阶段合格证，另有35人取得全科合格证；有1.68万人报名参加会计专业技术资格（初级）考试，2907人取得合格证；有5302人报名参加会计专业技术资格（中级）考试，686人取得合格证；有195人报名参加会计专业技术资格（高级）考试，78人取得合格证。有55人申报高级会计师资格评审，46人取得高级资格证书；有5人申报正高级会计师资格评审，3人取得高级资格证书。年内，市注册会计师协会对5家会计师事务所进行联合检查，对11名注册会计师给予谈话提醒处理，将2家会计师事务所列为2019年重点检查对象。 （曹志康）

2018年全市会计师事务所一览表

表15-36

名　　称	主任会计师	注册会计师人数	综合评价等级
江苏苏亚金诚会计师事务所盐城分所	饶景丽	22	AAAAA
江苏中信仁华会计师事务所	刘正华	7	AAA
盐城天翔丰华会计师事务所	李　凯	12	AAA
盐城信盛会计师事务所	宋兰芬	6	A
盐城正源会计师事务所	王　庚	6	AA
盐城友信会计师事务所	徐　镇	7	AA
盐城正信联合会计师事务所	王中林	4	AA
盐城正中联合会计师事务所	阚兆贵	2	A
盐城金穗联合会计师事务所	沙中林	2	A
盐城中博华联合会计师事务所	滕大勇	8	A
盐城兴阳会计师事务所	赵其军	6	AA
建湖苏盛联合会计师事务所	张利平	3	AA
盐城天则会计师事务所	樊克俭	4	AA
盐城天方会计师事务所	陈德祥	6	A
盐城方天园会计师事务所	李　杰	3	A
盐城山川会计师事务所	卞志山	5	AA
盐城立信如良会计师事务所	殷如良	5	AA
盐城安顺会计师事务所	刘　宏	5	AAA
盐城国和会计师事务所	吴曙光	2	A

五、房产中介服务

2018年，盐城加强房地产中介机构和人员监管。市房产局印发《关于进一步做好“多证合一”后全市房地产经纪机构公示的通知》，落实从业人员挂牌实名服务。开展全市房地产中介专项整治，分别检查经纪机构286家，重点整治房地产中介企业发布虚假交易信息、制造恐慌行为、违规代理销售、炒卖房号行为等，严厉打击房地产市场违法违规行为。组织实施打击侵害群众利益违法违规行为规范房地产市场秩序专项行动，通过部门联合执法，重点打击投机炒房行为和房地产“黑中介”，整顿和规范房地产市场秩序，健全房地产市场监管机制，促进全市房地产市场平稳健康发展。推进房地产中介行业信用体系建设，依托全市信用管理平台和市场监管平台，建立联动监管、失信联合惩戒制度，不断完善诚信典型“红名单”制度和严重失信主体“黑名单”制度。印发《盐城市房地产经纪行业信用评价暂行办法》，建立房地产中介企业诚信档案，开展房地产中介企业诚信服务承诺活动，在发布真实房源信息、从业人员实名服务、服务项目明码标价、不侵占挪用交易资金等10个方面向社会进行公开承诺。定期将信用不良记录向社会公布，提醒消费者审慎选择中介服务机构。

（王　俊）

政治

- □中共盐城市委员会
- □盐城市人民代表大会
- □盐城市人民政府
- □中国人民政治协商会议盐城市委员会
- □中共盐城市纪律检查委员会　盐城市监察委员会
- □民主党派　工商联
- □人民团体
- □法　治
- □军　事

第16章　中共盐城市委员会

编　　辑　潘其锐

综　　述

2018年，盐城市委坚持以习近平新时代中国特色社会主义思想为指导，团结带领全市广大党员干部群众，聚焦“高质量发展走在苏北苏中前列”目标定位，实施“产业强市、生态立市、富民兴市”，深入推进“开放沿海、接轨上海，绿色转型、绿色跨越”，全力打好“三大攻坚战”，统筹做好稳增长、促改革、调结构、惠民生、防风险各项工作，经济社会发展和党的建设各项事业取得明显进步，高质量发展起步良好。

牢牢把握政治站位，对标坚定、对表坚决。始终把深入学习贯彻习近平新时代中国特色社会主义思想、中共十九大精神和习近平总书记对江苏工作系列重要讲话指示精神，作为统领一切工作的总纲，市委常委会带头加强学习、及时贯彻，推动改革再深入、实践再创新、工作再落实。按照江苏省委对盐城高质量发展走在苏北苏中前列的要求，在全市范围内深入开展解放思想大讨论活动，建立高质量发展监测评价和年度考核指标体系，主要经济指标保持在合理区间，新增高新技术企业数量、制造业投资占比等多项高质量指标位居全省或苏北苏中前列。

切实加强系统谋划，方向明确、指向清晰。加强顶层设计，科学统筹谋划，明确“两高”目标、“三市”战略和“两海两绿”路径，致力走出一条符合中央和省委要求、具有盐城特色的高质量发展新路。突出开放沿海，获批国家海洋经济示范区，加快中韩（盐城）产业园建设，汽车出口实现零的突破，沿海发展全面起势。强化接轨上海，一批重大项目建设取得突破，沪苏（大丰）产业联动集聚区建设全面提速。推动绿色转型，高新技术产业产值占规上工业产值37%，战略性新兴产业同比增长22%，成为高质量发展的有力支撑。探索绿色跨越，生态旅游保持22%的增速，生态品牌影响力不断放大。

聚焦发展关键事项，亮点频现、重点突破。重抓关键性、撬动力强的工作，一批事关长远、牵动全局的事项取得实质性进展。产业项目实现历史性突破，宝武钢铁2000万吨绿色精品钢铁生产基地项目正式落户，成为盐城改革开放后首个单体千亿级特大产业项目。生态品牌取得历史性进展，国务院正式同意黄海湿地项目作为2019年国家申报世界自然遗产项目。区域交通格局发生历史性变化，12月26日盐青铁路正式通车，标志盐城迈入高铁时代，区域经济地理版图加速重构。农村贫困人口年人均纯收入全部达到国家4000元的脱贫标准，消除绝对贫困现象。

持续提振作风状态，塑形有效、铸魂有力。扎实开展“全面从严治党主体责任落实年”活动，提振干事创业“精气神”。着眼激励担当作为，制定出台鼓励激励、容错纠错、能上能下“三项机制”，为担当者担当、为负责者负责。开展“履职不尽责、服务不担当”专项整治，引导市级机关各部门服务意识再增强、履职能力再提升、办事效率再提高。各条线、各板块始终保持良好的精神状态、扎实的工作作风，形成凝心聚力、干事创业的浓厚氛围。支持人大、政府、政协围绕中心开展工作，加强人大立法工作，推进政协协商民主，深化群团组织改革，巩固团结奋进的良好政治局面。

第一节　重要会议

一、市委七届六次全会

7月27日，市委七届六次全会在盐城召开。全会由市委常委会主持，市委书记戴源代表市委常委会讲话。全会讨论《2018年度盐城市市级机关部门（单位）目标任务综合考核意见》《2018年度盐城市各县（市、区）目标任务综合考核意见》。会议指出，全市上下必须高举习近平新时代中国特色社会主义思想伟大旗帜，深入学习贯彻中共十九大精神，全面落实省委十三届四次全会部署，坚持稳中求进，坚持新发展理念，统筹推进“五位一体”总体布局，协调推进“四个全面”战略布局，按照高质量发展要求，坚定不移推进“产业强市、生态立市、富民兴市”，扎实做好稳增长、促改革、调结构、惠民生、防风险各项工作，坚决打好“三大攻坚战”，全面融入长三角一体化发展，深入推进“开放沿海、接轨上海，绿色转型、绿色跨越”，确保如期高水平全面建成小康社会、高质量发展走在苏北苏中前列。全会强调，全力推动高质量发展走在苏北苏中前列，要聚焦产业支撑，打造特色产业集群，加快转型升级步伐，加快发展现代服务业，推进创新驱动发展，着力推动经济发展高质量；要注重动能培育，推动全面开放，主动接轨上海，深化等级创建，持续深化改革，着力推动改革开放高质量；要紧扣品质提升，加快构建现代综合交通体系，提升城市发展品质，增强农村发展活力，着力推动城乡建设高质量；要建好精神家园，彰显特色文化，繁荣文化事业，坚持文化为民，着力推动文化建设高质量；要坚持生态优先，坚定生态自觉，抓好环境治理，做足生态文章，着力推动生态环境高质量；要围绕美好需求，聚焦富民增收，打赢精准脱贫攻坚战，切实增加群众获得感，着力推动人民生活高质量。全会要求，要传承铁军精神，强化政治意识，坚定维护党的核心；勇于解放思想，增强改革发展动能；健全“三项机制”，激励干部担当作为；夯实基层基础，建强一线战斗堡垒；严格正风肃纪，营造良好政治生态，凝聚起盐城高质量发展的强大力量。

二、市委七届七次全会

12月29日，市委七届七次全会在盐城召开。全会由市委常委会主持，市委书记戴源代表市委常委会讲话，市委副书记、代市长曹路宝就经济工作作具体部署。全会讨论《中共盐城市委常委会2018年度工作情况报告》《中共盐城市委常委会2018年度抓党建工作情况报告》。全会指出，2019年工作总体要求是，坚持以习近平新时代中国特色社会主义思想为指导，按照中共十九大、十九届二中、三中全会、中央经济工作会议和省委全会部署，统筹推进“五位一体”总体布局，协调推进“四个全面”战略布局，坚持稳中求进工作总基调，坚持新发展理念，坚持推动高质量发展，坚持以供给侧结构性改革为主线，坚持深化市场化改革、扩大高水平开放，加快建设现代化经济体系，继续打好“三大攻坚战”，按照“产业强市、生态立市、富民兴市”战略，走好“两海两绿”路径，统筹推进稳增长、促改革、调结构、惠民生、防风险各项工作，进一步稳就业、稳金融、稳外贸、稳外资、稳投资、稳预期，为高水平全面建成小康社会收官打下决定性基础，推动高质量发展走在苏北苏中前列。全会强调，全市上下要认真落实中央和省委决策部署，推动高质量发展不断取得新突破。要聚焦能级提升，加快构建现代化产业体系、交通运输体系、城镇体系“三大体系”；要围绕动能转换，激活改革、开放、创新“三大动力源”；要发挥比较优势，打好沿海、上海、生态“三大特色牌”；要决胜全面小康，打赢防范化解重大风险、精准脱贫、污染防治“三大攻坚战”；要着眼民生关切，提升群众获得感、幸福感、安全感“三大感受”。全会指出，全市上下要全面落实新时代党的建设总要求，凝聚高质量发展强大力量。要切实增强“政治统领”的思想自觉，营造心齐气顺劲足的良好氛围；要充分释放“三项机制”的现实效应，锻造忠诚干净担当的骨干队伍；要牢固树立大抓基层的鲜明导向，打造全面进步过硬的坚强堡垒；要始终保持常抓长治的恒心定力，弘扬严谨务实的优良作风；要一体推进不敢腐不能腐不想腐，维护风清气正的良好政治生态。

三、市委常委会会议

2018年，市委常委会召开会议32次。

1月15日，市委常委会召开第四十次会议。市委书记王荣平主持会议。会议传达学习全省组织部长会议主要精神，研究贯彻落实措施，听取全市组织工作情况汇报；听取斗龙港生态组团、先锋岛生态组团规划建设情况汇报。

1月22日，市委常委会召开第四十一次会议。市委书记王荣平主持会议。会议传达学习全国、全省宣传部长会议主要精神，研究贯彻落实措施，听取全市宣传思想文化工作情况汇报；研究讨论《关于党费收缴工作专项检查中清理收缴党费下拨使用方案》。

2月5日，市委常委会召开第四十二次会议。市委书记王荣平主持会议。会议传达学习十三届省纪委三次全会主要精神，研究贯彻落实措施，听取全市纪检监察工作情况汇报；听取关于全国开展扫黑除恶专项斗争有关精神及贯彻落实初步打算的汇报；听取关于2017年度全市企业“争星创优”评定工作情况的汇报；听取关于2017年度全市目标任务综合考核工作情况的汇报。

2月8日，市委常委会召开第四十三次会议。市委书记王荣平主持会议。会议研究《关于在全市开展以“不忘初心、牢记使命”为主题的“大学习大调研大落实”活动的通知》；听取市关工委2017年工作情况和2018年工作打算的汇报；研究有关机构编制事项。

2月9日，市委常委会召开第四十四次会议。市委书记王荣平主持会议。会议研究其他事项。

2月27日，市委常委会召开第四十五次会议。市委书记王荣平主持会议。会议听取市人大常委会、市政府、市政协、市中级人民法院、市检察院党组工作情况汇报；传达学习全省政法工作会议主要精神，研究贯彻落实措施，听取全市政法工作情况汇报；研究其他事项。

3月21日，市委常委会召开第四十六次会议。市委书记王荣平主持会议。会议研究讨论《关于贯彻实施乡村振兴战略的行动方案》；分析经济形势，研究部署下一阶段经济工作；研究讨论《关于加快盐城滨海新区（盐城滨海新区临港经济区）发展的意见》《盐城滨海新区（盐城滨海新区临港经济区）工作运行办法》。

4月19日，市委常委会召开第四十七次会议。市委书记戴源主持会议。会议学习习近平总书记在新进中央委员会的委员、候补委员和省部级主要领导干部学习贯彻习近平新时代中国特色社会主义思想和中共十九大精神研讨班上的重要讲话精神，研究讨论《中共盐城市委常委会关于坚决维护党中央权威和集中统一领导的规定》；学习习近平总书记在打好精准脱贫攻坚战座谈会和中央政治局会议听取2017年省级党委、政府脱贫攻坚工作成效考核情况汇报时的重要讲话精神，传达学习全省农村工作会议、全省扶贫开发工作会议主要精神，研究讨论《盐城市脱贫攻坚三年行动计划（2018—2020年）》；研究其他事项。

5月3日，市委常委会召开第四十八次会议。市委书记戴源主持会议。会议研究讨论《盐城市创建全国文明城市三年行动计划(2018—2020年)》《关于调整创建全国文明城市领导小组和指挥部组成人员的通知》《关于调整市领导联系街道、市各有关部门(单位)挂钩社区(村)开展创建全国文明城市工作安排的通知》;研究讨论《盐城市生态文明建设目标评价考核实施办法》《盐城市绿色发展指标体系(试行)》《盐城市生态文明建设考核目标体系(试行)》;研究讨论《中共盐城市委党的建设工作领导小组2018年工作要点》《2018年盐城市人才工作要点》;传达学习全省统战部长会议主要精神,研究贯彻落实措施,听取全市统战工作情况汇报。

5月15日,市委常委会召开第四十九次会议。市委书记戴源主持会议。会议研究部署全市解放思想大讨论活动,讨论《关于开展解放思想大讨论活动的实施方案》,研究全市解放思想大讨论活动动员部署会有关事项。

5月21日,市委常委会召开第五十次会议。市委书记戴源主持会议。会议研究讨论《市委常委会开展解放思想大讨论活动方案》;研究其他事项。

6月4日,市委常委会召开第五十一次会议。市委书记戴源主持会议。会议传达学习全省长江经济带发展工作推进会主要精神;传达学习省委常委、组织部部长郭文奇在盐调研座谈讲话精神;听取关于全省对台工作会议主要精神和贯彻落实打算的汇报;听取关于防范化解政府性债务风险情况的汇报;研究其他事项。

6月11日,市委常委会召开第五十二次会议。市委书记戴源主持会议。会议研究其他事项。

6月20日,市委常委会召开第五十三次会议。市委书记戴源主持会议。会议学习习近平总书记关于脱贫攻坚工作的重要指示精神;学习长三角地区主要领导座谈会精神;研究讨论《盐城市党政干部鼓励激励实施办法》《盐城市党员干部和公职人员容错纠错实施办法》《盐城市推进党政领导干部能上能下实施办法》;研究讨论《关于深化全市工业园区"等级创建"工作推进高质量发展的意见》;研究讨论《关于进一步加强市区土地出让与储备工作的意见》;听取关于全市优秀共产党员、优秀党务工作者、先进基层党组织推荐情况的汇报;研究其他事项。

7月15日,市委常委会召开第五十四次会议。市委书记戴源主持会议。会议研究其他事项。

7月16日,市委常委会召开第五十五次会议。市委书记戴源主持会议。会议学习习近平总书记在全国组织工作会议上的重要讲话精神;学习习近平总书记在中央政治局第六次集体学习时的重要讲话精神;学习《中共中央国务院关于全面加强生态环境保护坚决打好污染防治攻坚战的意见》;分析全市经济形势,研究部署下一阶段经济工作;研究讨论《中韩(盐城)产业园建设实施方案》;研究讨论《盐城市城乡规划委员会工作规则》。

7月25日,市委常委会召开第五十六次会议。市委书记戴源主持会议。会议传达学习省委十三届四次全会精神,听取市委七届六次全会筹备工作情况汇报,研究讨论市委七届六次全会报告;听取关于全省组织工作会议主要精神及贯彻落实初步打算的汇报;通报省委第四轮巡视18个县(市、区)发现的共性问题清单,研究讨论整改工作方案。

7月26日,市委常委会召开第五十七次会议。市委书记戴源主持会议。会议研究其他事项。

7月27日,市委常委会召开第五十八次会议。市委书记戴源主持会议。会议听取射阳县、响水县、亭湖区人武部党委第一书记党管武装工作述职,审阅其他县(市、区)人武部党委第一书记书面述职报告;听取盐城军分区政委常新生对人武部党委第一书记述职情况的讲评和关于国防后备力量建设情况的汇报;研究讨论进一步加强党管武装和国防后备力量建设相关工作。

8月16日,市委常委会召开第五十九次会议。市委书记戴源主持会议。会议传达学习省委务虚会主要精神;学习《正确认识妥善应对中美经贸摩擦》;听取关于农村集中居住点建设有关情况的汇报;听取关于当前意识形态领域相关情况的汇报;研究确定市委常委工作分工,通报市政府领导班子成员工作分工。

8月27日,市委常委会召开第六十次会议。市委书记戴源主持会议。会议研究讨论《中共盐城市委贯彻落实〈中共江苏省委关于《中央第七巡视组关于巡视江苏省的反馈意见》整改工作方案〉的具体整改措施》《中共盐城市委贯彻落实省委〈关于对江苏省委巡视工作开展专项检查的情况报告整改工作方案〉的具体整改措施》《中共盐城市委组织部贯彻落实《中共江苏省委组织部〈关于巡视检查江苏省委选人用人情况的报告〉整改工作方案的具体整改措施》;听取关于全市"两重一实"项目推进情况的汇报;听取关于全市河长制湖长制工作情况的汇报;听取关于全市安全生产工作情况的汇报;研究讨论《中共盐城市委关于进一步严格执行向省委请示报告制度的具体办法》;研究其他事项。

9月10日,市委常委会召开第六十一次会议。市委书记戴源主持会议。会议听取关于全省加快改善苏北地区农民群众住房条件工作会议主要精神及贯彻落实打算的汇报;听取关于全省科学技术奖励大会暨科技创新工作会议主要精神及贯彻落实打算的汇报;学习《中央巡视工作领导小组关于对14个省区党委巡视工作开展专项检查的情况通报》;听取关于全市扫黑除恶专项斗争工作情况的汇报;研究讨论《2018年度盐城市各县(市、区)目标任务综合考核意见》《2018年度盐城市市级机关部门(单位)目标任务综合考核意见》。

9月10日,市委常委会召开第六十二次会议。市委书记戴源主持会议。会议研究其他事项。

9月19日,市委常委会召开第六十三次会议。市委书记戴源主持会议。会议传达学习习近平总书记在全国教育大会上的重要讲话精神和省委书记娄勤俭在教师节座谈会上的讲话精神;传达学习省委书记娄勤俭在省委务虚会结束时的讲话精神;研究讨论《盐城市三年滚动政府投资计划(2018—2020年)》;研究讨论《中共盐城市委贯彻落实中共江苏省委〈关于巡视检查江苏省委落实意识形态工作责任制情况的报告〉整改工作方案的具体整改措施》。

10月15日,市委常委会召开第六十四次会议。市委书记戴源主持会议。会议学习新修订的《中国共产党纪律处分条例》;听取关于全国、全省政协系统党的建设工作座谈会主要精神及贯彻落实打算的汇报;研究讨论《关于加强城乡社区治理与服务的意见》;研究讨论《关于全市重点经济技术园区主导产业定位的方案》《关于开展2018年全市开发园区"等级创建"的意见》;听取关于中央和省防范化解地方政府隐性债务风险政策有关情况的汇报,研究讨论《盐城市本级政府隐性债务化解实施方案》;研究讨论《燕舞航空产业集团组建方案》《关于将联孚石化公司划入市国投集团的实施方案》《关于将盐城招商场划入市国投集团的实施方案》;研究有关机构编制事项和其他事项。

10月29日,市委常委会召开第六十五次会议。市委书记戴源主持会议。会议传达学习省委书记娄勤俭在省委常委会分析前三季度经济形势时的讲话精神;研究讨论《关于加快改善全市农民群众住房条件推进城乡融合发展的实施办法》;研究讨论《盐城市滨海港工业园区管理办法》;研究讨论《盐城市海兴集团有限公司组建方案》;研究其他事项。

11月12日,市委常委会召开第六十六次会议。受市委书记戴源委托,市委副书记陈红红主持会议。会议研究其他事项。

11月19日,市委常委会召开第六十七次会议。市委书记戴源主持会议。会议学习习近平总书记在中央政治局第九次集体学习时的重要讲话精神;学习中央政治局会议分析研究经济形势和经济工作主要精神;学习习近平总书记在民营企业座谈会上的重要讲话精神;学习中国工会第十七次全国代表大会主要精神,听取贯彻落实打算的汇报;学习中国妇女第十二次全国代表大会主要精神,听取贯彻落实打算的汇报;传达学习全省宣传思想工作会议主要精神,听取贯彻落实打算的汇报;传达学习全省地方政府隐性债务化解工作推进会议主要精神;听取全市政协工作会议筹备情况汇报,研究讨论《关于加强和改进新时代人民政协工作的意见》;研究讨论《关于集聚人才引领高质量发展的十条激励政策》。

12月10日,市委常委会召开第六十八次会议。市委书记戴源主持会议。会议学习习近平总书记在中央政治局第十次集体学习时的重要讲话精神;传达学习省委常委会讨论江苏省贯彻落实中央环保督察"回头看"及大气污染问题专项督察反馈意见整改工作有关精神;传达学习中央纪委和省委省政府集中整治形式主义、官僚主义有关文件精神以及省纪委督导工作要求,听取贯彻落实打算的汇报;传达学习全省整治群众身边腐败和作风问题工作推进会主要精神,听取贯彻落实打算的汇报;传达学习江苏党的组织工作助推民营企业发展会议主要精神,听取贯彻落实打算的汇报;听取关于全市高质量发展监测评价考核情况的汇报;听取关于召开市八届人大三次会议、市政协八届三次会议有关事项的汇报;研究其他事项。

12月14日,市委常委会召开第六十九次会议。市委书记戴源主持会议。会议研究其他事项。

12月24日,市委常委会召开第七十次会议。市委书记戴源主持会议。会议传达学习庆祝改革开放40周年大会和江苏省庆祝改革开放40周年座谈会主要精神;传达学习全国、全省党委秘书长会议主要精神,听取贯彻落实打算的汇报;传达学习全省市县机构改革推进会议主要精神和省委组织部《关于机构改革期间严格干部人事纪律的通知》要求;研究讨论《盐城市党政领导干部安全生产责任制规定实施办法》;研究讨论《盐城市生态文明建设规划(2018—2022)》;研究讨论《关于支持检察机关公益诉讼工作的意见》。

12月28日,市委常委会召开第七十一次会议。市委书记戴源主持会议。会议传达学习省委十三届五次全会精神,听取市委七届七次全会筹备工作情况汇报,研究讨论市委七届七次全会有关材料;听取关于2019年全市经济社会发展主要指标体系及预期目标编排情况的汇报;研究讨论《关于防范化解地方政府隐性债务风险的实施意见》;听取市委党校工作情况汇报;研究讨论《盐城市机构改革方案》;研究其他事项。

第二节　重要活动

盐城与中国宝武签署合作协议　11月30日下午,盐城市政府与中国宝武钢铁集团有限公司在南京签署合作协议,在盐城滨海港工业园区新建2000万吨级"绿色、智慧、精品"钢铁生产基地。江苏省政府与中国宝武钢铁集团有限公司共同签署战略合作协议。签约前,省委书记娄勤俭、省长吴政隆会见中国宝武钢铁集团有限公司董事长陈德荣、总经理胡望明一行,省委常委、南京市委书记张敬华,副省长马秋林,盐城市委书记戴源参加。省政府秘书长陈建刚主持签约仪式,盐城市委副书记、代市长曹路宝与宝山钢铁股份有限公司总经理邹继新代表双方签约。中国宝武钢铁集团有限公司总部在上海,是中国钢铁龙头企业。该基地落户滨海港工业园区,依托园区在港口、物流、土地等方面的优势,新建智能化水平领先、环保水平领先、设备工艺领先、全球先进的全流程钢铁联合企业。根据合作协议,双方共同推动宝武盐城绿色精品钢基地建设,促进双方在钢铁基地、城市建设港口码头、物流运输、科技创新等领域全方位、多元化合作。项目一次性规划,分阶段实施,一期产能规模800万吨～1000万吨,总投资500亿元。

第一届中韩产业园合作交流会在盐城举办　6月11—12日,由商务部和韩国产业通商资源部共同主办的第一届中韩产业园合作交流会、中韩产业园合作协调机制第二次会议在盐城召开。11日下午,市委书记戴源与到盐城出席会议的商务部副部长高燕一行,就如何更好全方位推进中韩(盐城)产业园建设发展,扩大盐城对外开放等进行工作交流。6月12日,商务部副部长高燕、韩国产业通商资源部新通商秩序战略室室长金昌圭共同主持召开中韩产业园合作协调机制第二次会议,双方围绕中韩烟台、盐城、惠州产业园和韩中新万金产业园4个合作园区建设进展情况、重点合作事项和下一步合作计划进行交流,达成共识,并约定2019年6月在韩国举行中韩产业园合作协调机制第三次会

11月16—17日，2018黄(渤)海湿地盐城国际会议在盐城召开　李思远/摄

议。12日下午，第一届中韩产业园合作交流会在盐城召开。商务部副部长高燕、韩国产业通商资源部新通商秩序战略室室长金昌圭同时为中韩(盐城)产业园、中韩(烟台)产业园和中韩(惠州)产业园揭牌。

2018黄(渤)海湿地盐城国际会议　11月16日，2018黄(渤)海湿地盐城国际会议在盐城开幕，100多位国内外湿地专家与学者出席会议，研究探讨湿地保护方案，促进人与自然和谐共生。市委书记戴源、世界自然保护联盟总裁兼理事会主席章新胜、国家林业和草原局自然保护地管理司副司长周志华分别致辞。联合国湿地公约组织秘书长玛莎·罗杰斯·乌瑞格、世界自然保护联盟世界遗产项目主任蒂姆·巴德曼向会议发送贺信。中科院院士、国家林业和草原局世界遗产专家委员会主任委员刘嘉麒，世界自然保护联盟全球理事阿姆兰·本·哈姆扎发表主旨演讲。

第三节　重大决策

一、"两海两绿"发展路径

2018年，市委七届六次全会明确提出"两海两绿"发展路径。"两海两绿"即"开放沿海、接轨上海，绿色转型、绿色跨越"。开放沿海，即充分发挥盐城对外开放的沿海区位优势。盐城既有江淮生态经济区，也有沿海经济带，但发展的最大空间和潜力在沿海，要以开放元素激活沿海动能，将"空间大"的资源禀赋变成"发展强"的现实优势，把盐城沿海建设成为聚集高端要素、参与高端竞争的开放引领区，打造东部沿海发展质量高、活力强的蓝色经济增长极。接轨上海，上海是长三角城市群的龙头，盐城与上海地缘相近，经济相融，人文相亲，要通过学习上海，服务上海，联通上海，加快融入长三角一体化，进而融入全球产业链，提升城市能级，把盐城建设成为北上海"飞地经济"示范区和上海科创成果转化基地、上海生态旅游康养基地、上海优质农产品供应基地。绿色转型，就是以存量调整推动发展方式转变，坚持以结构调整为主线，加快传统行业转型升级，加快园区循环化改造，推动传统产业"添绿、调绿、变绿"，提升发展含绿量，让绿色成为贯穿盐城发展转型最鲜明的底色。绿色跨越，就是以增量提升推动发展质量提高，坚持把绿色发展作为产业选择、路径抉择的根本遵循，从根本上摆脱粗放式投入、跟随式发展的传统模式，努力将盐城黄海湿地、国家级自然保护区、生态示范区等"绿水青山"变成"金山银山"，探索绿色发展、跨越发展的盐城路径。

二、机构改革

2018年，盐城市委统筹推进机构改革工作。市委组织部编制机构改革情况对照表，梳理市级机关部门职责、机构设置和班子分工，理清人员岗位结构，并就新组建、重新组建、职能优化调整3个类别组织专题调研，研究制定机构改革领导班子调整配备10条原则，先定原则再定人选，加强专业配备、优化班子结构、强化整体功能。10月29日，市委书记戴源主持召开市委全面深化改革领导小组第十九次会议，传达学习江苏省机构改革动员部署会议精神，对推进市县机构改革各项任务提出要求。市委成立市机构改革领导小组及其办公室，印发《关于严明纪律切实保证机构改革顺利进行的通知》。在深入调研、意见征集和反复摸排的基础上，《盐城市机构改革方案》初步拟定。《方案》提请市委常委会审议后以市委名义报省委批准，并通过省机构改革领导小组办公室审核。盐城市机构改革方案分4个部分：第一部分为"机构改革的总体部署"，明确机构改革的总体思路和任务要求；第二部分为"调整优化市级党政机构和职能"，部署市级党政机构改革的主要任务；第三部分为"统筹推进相关领域改革"，明确人大、政协、群团组织、事业单位、综合执法、审批服务便民化等改革任务，以及县(市、区)和乡镇(街道)机构改革、机构编制管理刚性约束有关要求；第四部分为"组织实施"，明确对市县机构改革推进工作原则要求。

第四节　督查调研

2018年，盐城市委办公室组织各类督查活动50多次，跟踪督办领导批示20件，编发督查通报专报80多期(篇)，市委、市政府主要领导批示20多次。市委办紧扣中心任务抓督查，围绕市委全会、市委常委会等市委重大决策部署，及时分解任务、明确责任、集中督查，确保各项工作有序推进。聚焦年度大事抓督查，围绕“两重一实”、改善农民群众住房条件等重点工作，及时跟进开展督查，层层传导压力、解决问题、推动落实。围绕批示落实抓督查，对领导批示交办和调研关注事项，严格按照“件件有着落、事事有回音”要求，动真碰硬、一督到底。激发工作成效抓考核，完成2017年度全市目标任务综合考核相关工作，组织2018年全市目标任务综合考核工作，同时加强对接协调，做好省对设区市年度综合检查考核各项工作。（周　峰）

第五节　组织建设

2018年，盐城市组织部门统筹推进基层组织建设、党员队伍建设、干部培养选拔、组工宣传等工作。构建组织工作质量管理体系，借鉴运用质量管理理念，印发《关于推进盐城组织工作高质量发展的实施意见》《关于构建全面全程全员的组织工作质量管理体系的实施意见》，集中梳理近五年印发的59个规范性文件，明确24项组工业务操作规程，建立涵盖组织工作全过程各方面的质量管理标准。

一、基层组织建设

农村基层党建　年内，市组织部门印发《关于推行农村党支部“强村十八策”引领农村高质量发展的通知》，将党建力量集聚到强村队伍、把党建资源延伸到强村产业、把党建成效体现到强村实效上，确保农村基层党组织有资源、有能力服务群众。同时，对全市各地发展壮大村级集体经济的一些成功案例进行总结梳理，汇编形成18种发展模式，编印《强村十八招》口袋书，组织学习推广，鼓励各地探索符合村情的强村之路，加快实现乡村振兴步伐。有关做法在全省组织部长会议上作经验交流，在中组部2次“飞行检查”中得到肯定。

党建引领网格化社会治理　年内，市组织部门印发全面加强党建引领网格化社会治理10项具体举措，以党的建设贯穿基层治理、保障基层治理、引领基层治理，不断提升全市网格化社会治理工作实效。筑牢全面覆盖的网格组织体系，在全市建立“街道党工委—社区党委（总支）—网格党支部—楼栋党小组—党员中心户”五级责任网络，划分网格1.86万个，配备专兼职网格员2.79万人，设立党员服务站282个。实施党组织为民服务项目，制定全要素网格工作事项清单，明确党建网格职能和网格党支部书记职责任务，在网格建立民情信息点，实行信息采集、分流指派、分级处置、会商研判、考核奖惩闭环运转，做到需求在网格发现、矛盾在网格化解、服务在网格开展。全年实施便民惠民项目1789个，打造“歇歇脚”爱心驿站、“幸福敲敲门”及“爱心素食馆”等一批有影响力的服务品牌。

“两新”组织“两个覆盖”指标体系建设　年内，市组织部门开展“两新”组织（新经济组织和新社会组织）“两个覆盖”（组织全覆盖、工作全覆盖）指标体系建设工作，围绕提高“两新”组织党建工作质量总体要求，按照“便于生产经营、便于组织管理、便于发挥作用”的原则，因地制宜创新党组织联合组建方式，突出抓好应建未建（应单独建未单独建）的“两新”组织党组织组建、“两新”组织集聚区的党组织组建、社会组织和重点行业的党组织组建、难点领域党组织组建和分散党员的兜底管理，推动党的组织应建尽建、党的工作全面覆盖，全市非公企业和社会组织党组织组建率分别提高8.9%、8.2%。《党的生活》报道盐城市有关做法。

二、党员队伍建设

党员学习教育　年内，市组织部门把握集中教育特点，运用经常性教育手段，常态长效推进党员学习教育。结合基层党组织统一活动日，集中开展“入党初衷大家谈”活动，以党支部为单位，以“三会一课”等组织生活为载体，组织全体党员“回想入党全过程，深刻悟初心，恳谈入党为了什么；回访入党介绍人，坚持守初心，恳谈在党做了什么；回看入党新变化，继续践初心，恳谈为党要干什么”，专门编发活动简报，制作12个微视频，组织全市党员集中学习，相关做法被共产党员网、省委办公厅《快报》推介。市县联动实施“双百双千”领学计划，开发整合党史教育、警示教育等资源，建成省、市、县三级示范点212个，编印《星火之光》工作画册，发放示范点建设奖补资金，发挥示范点作为“两学一做”教育基地作用，以基层经验指导基层实践，先后在省“双百双千”领学计划集中授牌仪式现场和示范点负责人培训班上作经验交流。规范党员徽章佩戴和《党员活动证》使用管理，编印《组织生活会和民主评议党员操作规程》，增强党内活动仪式感，提高组织生活质量。

“远教站点规范化建设”工程　年内，在全市范围内推行远教站点学用纪实管理系统，制定下发《关于加强全市党员干部现代远程教育终端站点规范化建设的实施意见》，开展星级站点创评工作，完成对响水县、滨海县共30个省定薄弱站点的帮扶改造工作。全市所有站点全部实现高标准配备，统一张挂站点标牌和公示栏，71%的村（社区）活动室面积达80平方米以上，党员群众学用环境得到较大改善、参学的主动性明显提高。市组织部门深化教学资源“精品化”工程，在第十四届全国党员教育电视片观摩活动中，盐城参与制作的《党章知识选粹》和独立摄制的《中国共产党廉洁自律准则（解读）》两部动漫系列片同时获得一等奖，党员教育公益广告《不忘初心：为人民服务到底》获得微视频一等奖和十佳创新作品奖。

乡镇党政正职队伍建设　年内，市组织部门加强乡镇党政正职队伍日常管理工作。认真落实任期制度，事前审核调整方案和资格条件，规范乡镇党政正职选拔流程，严把人选政治关、素质关和廉洁关。突出高素质专业化要求，强化教育培训，在市委党校举办2期乡镇党政正职专题培训班，赴复旦大学举办全市街道党（工）委书记能力提升培训班，提升服务推进乡村振兴和城市治理工作水平。常态化开展乡镇领导班子建设调研，通过召开座谈会、发放问卷、实地走访等方式，动态掌握乡镇党政正职队伍运行情况。加强乡镇党政正职队伍建设、乡镇领导干部心理压力问题及建议2篇工作信息被省委办公厅《快报》、省委组织部《江苏组工通讯》采用。

干部教育培训 年内，市组织部门召开全市党性教育基地建设工作现场推进会，着力打造1个省级、10个市级、100个县级党性教育基地示范点。组织专家学者、骨干教师，加强铁军历史、铁军精神理论研究，重点探索并推出4个教学专题，构造起富有时代特征和地方特色、务实管用的精品课程体系。依托红色资源和新四军干部学院举办市内外培训班318个，组织近3.1万人次学员到盐城开展党性教育和现场教学，分3个批次举办党员干部学习贯彻中共十九大精神轮训班，对全市1298名市管干部和乡镇(街道)党政正职，分别开展为期五天的集中轮训。针对党委群团、行政政法、工交城建和农教文卫4种类型干部特点，分类举办党校主体班13期，培训学员466名。市组织部门做好中组部、省委组织部调训干部的推荐、衔接和服务工作，完成42个班次、126人次的上级调训任务。强化专题培训，举办各类专题培训班137期，培训各级干部1.65万名。

三、干部培养选拔

领导班子和领导干部综合研判 年内，全市组织系统健全领导干部综合研判机制，提升选人用人精准度。重点围绕高素质专业化要求，通过谈心谈话、专题调研、对比分析等形式，对88个市直部门，9个县(市、区)、盐城经济技术开发区、市城南新区，国有企业、事业单位和高等院校领导班子进行综合研判，深入分析领导班子整体功能、运行质态和干部履职状态，做到精准知事识人、以事择人。加强干部专业能力分析，列出专业化干部分布情况，建立专业化干部人才库，找准班子建设薄弱环节，逐个提出优化配备建议，为选好干部、调优结构、配强班子打牢基础。

年轻干部培养选拔 年内，全市组织系统根据中央和省委组织部要求，对全市“80后”“90后”优秀年轻干部进行调研摸底，逐个分析成长经历、提出培养方向、明确培养措施，并择优推荐报送省委组织部。结合全市领导班子建设需要，通盘考虑、精准测算，合理制定年轻干部储备计划和数量规模。举办全市年轻干部专题培训班和选调生集训班，加强跟班考核，组织召开交流座谈会，在政治理论学习中增强政治定力、在专业化培训中提升专业能力。注重实践锻炼增加阅历，抽调安排年轻干部到扶贫攻坚、信访维稳、“三治三化”和文明城市创建等岗位磨炼学习。严格执行年轻干部统筹选配、专项预审、督查通报制度，压实各级党委主体责任，推进年轻干部选拔使用。

国有企业领导班子配备 年内，市组织部门按照市委、市政府关于深化推进国有企业改革发展相关会议精神要求，做好新成立的燕舞航空产业集团领导班子配备、重组合并后盐城联孚石化公司原有班子人员分流和江苏银宝控股集团主要负责人交流等干部任免调整工作，通过调优配强领导班子，助力市属国有企业改革发展。

市直机关遴选 年内，市组织部门印发《盐城市市直机关公开遴选公务员差额考察量化比选实施办法(试行)》，要求市直机关公开遴选公务员组织考察环节采取量化评分的办法进行，明确考察成绩由民主测评、年度考核、表彰奖励、岗位匹配、综合评价5项组成，并科学设置评分细则；考试综合成绩仅作为入围考察资格的条件，不计入考察量化比选总分；考察组根据考察成绩提出拟遴选人员，报公开遴选机关党委(党组)集体研究。通过实施差额考察量化比选，考察过程直观清晰、易于操作，考察结果公开透明、客观公正，有效防止简单以考分选用干部，切实强化党组织选人用人领导把关作用，进一步提高公开遴选工作的科学性、精准性和导向性。

四、组工宣传

2018年，全市组织系统在省级以上重点党报党刊用稿359篇。推介典型。参加全国基层党建创新典型案例评选，推送的“党员‘助力微梦’”“统一活动日制度”2个案例入选100个优秀案例，并赴北京参加第四届基层党建创新典型案例颁奖仪式，获奖数在全省设区市中名列第一。全方位策划宣传。用好《党建与经济》平台，有针对性地加强组织策划，全年确定12个主题，做到一期一策划、月月有重点。其中，盐城市乡土人才“百千万”培育工程专题得到中组部肯定。深入贯彻落实省委关于开展“寻找老支书精神”活动的部署，与《盐阜大众报》合作，设立《寻找老支书精神》宣传专栏，连续推出9篇报道，激励广大党员干部不忘初心、牢记使命。多渠道借力展示。邀请新华社江苏分社、《新华日报》等媒体记者到盐城采访退役士兵村(社区)干部培养选聘工作，《新华日报》要闻版以《基层组织迎来“最可爱的人”》为题进行长篇报道，人民网、新华网、中国网、新浪网等网站予以转载，形成广泛的社会效应。约请人民网、新华网、《中国组织人事报》《解放日报》《新华日报》等18家媒体参加第八届沿海发展人才峰会，38家报刊、网站、手机APP、广播、电视平台开展融合宣传，放大峰会成果效应。

“深学三十讲·领悟新思想”组工讲堂 年内，市组织部门创新举办“深学三十讲·领悟新思想”组工讲堂，每期讲堂围绕《习近平新时代中国特色社会主义思想三十讲》中一个重点，由组织部领导作专题辅导、处长谈学习心得、年轻同志话成长感悟，定期举行，形成常态。组工讲堂于10月12日正式开讲，市委常委、组织部部长柏长岭主讲第一讲。通过以讲促学、以学助讲，让组工干部更加直观、透彻地领会新思想的丰富内涵和精神实质，提高用新思想武装头脑、筑牢忠诚的政治能力以及解决问题、推动工作的专业能力。

五、组工调研

2018年，市组织部门开展组工调研工作，承担上级课题。完成全国党建研究会下达的重点课题“深化用制度管权管事管人专题研究”，在全国党建研究会分别召开的课题协调会和成果交流研讨会上，全国党建研究会领导和多家重点阅看单位对盐城市课题研究成果给予肯定。完成省委组织部重点调研课题“舆论引导视角下组织工作信息公开工作研究”，课题成果在全省专题研讨会上交流，同时参加中组部举办的专题研讨班并发言。开展专题调研。聚焦盐城党的建设最需要解决、组织工作最需要强化、干部群众最期盼改进的问题，从党内政治建设、干部队伍建设、基层组织建设、创新人才工作体制机制等方面确定13个课题任务，组织开展贯彻落实组织工作会议精神重点课题调研工作，形成一批高质量调研成果。推进转化运用。对市、县两级组织部门撰写的重点调研成果整理汇编形成组工调研文集《践行·渐知》，推动调研成果转化为决策依据、制度文件、具体举措、工作要求。建强研究队伍。从机关事业单位、高校党校和组织部门，聘请一批大局意识强、熟悉党建工作、理论功底扎实、综合文字能力较好的人员担任党建工作特邀研究员，与市委组织部有关处室、县(市、区)委组织部组成课题组联合攻关，保障全市党建研究工作在新起点上实现新提升。年内，盐城市委组织部获全国党建研究工作二等奖；获得省级以上优秀调研成果奖6个，其中一等奖4个。

(严士祖)

第六节　宣传工作

2018年，盐城宣传思想文化战线服务市委、市政府中心工作，回应群众关切，汇聚推动盐城高质量发展走在苏北苏中前列的精神力量。开展宣传文化系统大调研，征集各类调研文章97篇。发挥社科智库作用，编印6期《社科资政》，1项课题被市委主要领导批示。加强宣传，国庆期间盐城5次登上央视《新闻联播》《新闻直播间》等栏目；接轨上海，举办上海·盐城宣传文化周，全年在上海各类报刊及网络发稿400多篇；承办“洋眼看江苏”走进麋鹿故乡、感受绿色阜宁、“Show Jiangsu”海外媒体盐城采风行；“搭建中韩交流新平台　打造盐城开放新形象”项目获省外宣工作创新奖；江苏淮剧博物馆、安丰古街、东台市西溪旅游文化景区3家单位入选第二批“中华文化海外交流基地”。注重文化惠民，全年累计送戏2000场次，送展览超200场次，送电影2.2万场次。全市思想文化战线组织开展“庆祝改革开放40周年”盐城市精神文明建设“五个一工程”优秀作品巡演、“庆祝改革开放40周年”盐城市优秀舞台剧(节)目展演等系列活动，开展“迈进新时代·幸福舞起来”广场舞大赛，丰富人民群众精神文化生活。年内，盐城市被评为全省宣传思想文化工作先进集体。

一、理论宣讲

2018年，全市思想文化战线加强理论武装工作，凝聚全市干部群众思想共识。市委中心组每月集中学习一次以上、每两月举办一次报告会，中心组成员领学解读《习近平新时代中国特色社会主义思想三十讲》，先后开展25次集中学习和交流活动，盐城市委中心组被表彰为全省党委(党组)理论学习中心组示范点。深化学习型党组织建设，推进中心组学习巡听、巡查、巡讲、巡考“四巡”工作制度化、常态化，先后对80家县处级党委(党组)中心组开展“四巡”，征集调研文章323篇，评选表彰15个县处级和20个镇科级中心组学习示范点。基层党员冬训工作成效明显，冬训培训覆盖率达100%。举办盐城市“百姓名嘴”冬训宣讲现场推进会，成立全市冬训宣讲团。全面组织习近平新时代中国特色社会主义思想和中共十九大精神学习宣讲，全市各层各级共开展宣讲8000余场，累计受众120多万人次。整合“百姓名嘴”、大学生志愿者、政工社科工作者等各类宣讲资源，以“新思想我来讲”为主题，先后在东台、大丰、阜宁和射阳开展理论微故事和文艺化宣讲大赛。开展解放思想大讨论活动。利用报台网端等各类宣传媒介，开设《解放思想大家谈》《我为高质量发展献一策》等专题专栏，40多篇信息在省委办公厅内刊及省活动简报刊发，数量居全省前列。省委办公厅《情况与建议》专题介绍盐城“强化三个坚持推进解放思想大讨论”做法。

二、新闻宣传报道

2018年，全市思想文化战线加强主流宣传。紧盯重大事件活动和关键时间节点，深入盐通高铁开工、盐青铁路通车、宝武钢铁突破、黄海湿地申遗等重大项目推进现场，精准脱贫攻坚、实现全面小康的工作一线，新水源地开通、棚户区改造、农房改善等民生实事的基层实地，开展集中宣传报道。年内，省级以上主流媒体推出盐城专稿1200多篇(条)，其中《人民日报》单发稿件28篇，头版刊发《千里海疆植绿不止》，向全国介绍盐城推进生态文明建设的经验做法；中央电视台新闻中心用稿86条，其中《新闻联播》用稿37条。新华社客户端推出盐城市委七届六次全会精神的宣传报道《“两海两绿”：盐城高质量发展新路径》，阅读量达76万次。推动媒体融合，盐阜大众报报业集团构建“统一指挥、统一采访、统一编辑、统一运营和分开发布”的融媒体“4+1”平台，“报网微端”用户突破200万人；盐城广播电视总台推进形成广播、电视、报纸和新媒体“四位一体”的融媒体传播矩阵，智慧盐城客户端下载量达300万人次，被评为2018年度中国地市最强广电APP。在上海举办融媒体中心建设论坛，邀请上海、浙江等地相关专家介绍做法，为盐城县级融媒体中心建设提供路径探索和实践经验。全省首家以融媒体中心命名的县级中心——盐都区融媒体中心正式成立，东台、射阳、阜宁成为全国、全省县级融媒体中心首批建设单位。

2018上海·盐城宣传文化周 11月26日，2018上海·盐城宣传文化周在上海启动，“沪动盐城”（上海）创意传播中心同时揭牌。上海市政府新闻办领导，《解放日报》《文汇报》《新民晚报》、澎湃新闻、第一财经等上海媒体，人民网、新华网、中国网等网络媒体以及《中国日报》《上海日报》、香港《大公报》《文汇报》等媒体记者参加活动。文化周期间，盐城和上海两地同步开展交流活动，包括淮剧进上海社区、沪媒看盐城、上海知青农场行，以及文化产业推介和合作签约等，让上海媒体和市民更深入领略盐城的红色文化、绿色生态文化和蓝色海洋文化。

三、“文化+”融合发展

2018年，盐城推进“文化+”融合发展，组织盐雕、瓷刻、草编等百件特色产品参展首届长三角文博会、深圳文博会、南京融交会等特色展会。与上海对接，开展文化产业项目招商推介会，15个项目现场签约，投资总额37亿元。组织开展盐城市第三届文创大赛，围绕“文创产品创意”“公益传播”“建筑及环境”三个主题累计收到作品1356件。加大对中小文化企业扶持力度，将文化创意、文化旅游项目列入扶持重点，对23个重点项目扶持1000万元。推动文化惠民，健全公共文化服务体系。推进村（社区）综合文化服务中心及图书馆和文化馆建设，加速新四军纪念馆、海盐博物馆、淮剧博物馆改造升级。全市新成立13支文艺志愿服务队，组织开展系列志愿服务活动。推进“书香盐城”建设，开展“盐渎风”第六届全民读书节活动，建成190个“书香盐城”全民阅读示范点。全年文艺创作成果丰硕，淮剧《送你过江》《十品半村官》获2018紫金文化艺术节优秀剧目奖，入选2018年度省舞台艺术精品创作扶持工程；小淮剧《良心》亮相2018全国基层院团戏曲会演；小戏《方向盘》获第七届全国小戏小品优秀展演剧目奖；魔术《羽》获第十届中国杂技金菊奖；杂技《扇舞丹青·头顶技巧》获第六届莫斯科“偶像”国际马戏艺术节金奖。《小镇》连续三年进京演出，并作为全省5台推荐剧目之一，参加“江苏戏曲名作高校巡演”系列活动，总演出场次达166场。响水获“中国小戏艺术之乡”称号。与中央芭蕾舞团合作展演大型芭蕾舞剧《鹤魂》，展示盐城特色文化。

芭蕾舞剧《鹤魂》在盐城上演 5月17日，芭蕾舞剧《鹤魂》在盐城市文化艺术中心大剧院举行，200多位海内外嘉宾，近千名社会各界人士、市民群众共同观看演出。《鹤魂》是中央芭蕾舞团根据30年前发生在盐城、为救丹顶鹤献出年轻生命的养鹤姑娘徐秀娟的真实事迹所编创，通过芭蕾艺术化的语汇展现人与鹤相容共处的故事。（陈 伟）

第七节 精神文明

2018年，盐城精神文明建设战线围绕培育和践行社会主义核心价值观主线，开展社会主义核心价值观宣传教育，实施公民道德建设工程，推进未成年人思想道德建设，开展系列群众性精神文明创建活动，精神文明建设工作吸引力感染力和影响力得到增强。落实创建全国文明城市工作，中国文明网、荔枝新闻等媒体先后20余次报道盐城创文事迹。2018年，全市启动千名文明职工、百个文明窗口、十大文明行业评选活动，表彰“盐城市十佳文明职工”10名、“盐城市文明职工”102人、盐城市“五一文明示范岗（文明窗口）”58个。开展倡导文明新风行动，发出“文明婚礼、抵制低俗”倡议书，开展“倡导文明婚礼、抵制陈规陋习”行动；组织文明家庭、最美家庭推选表彰行动，举办家风评议会1050场次，评选市首届文明家庭20户、第三届最美家庭标兵户20个，第三届市“最美家庭”80户，崔卫香等6户家庭获评全国“最美家庭”、全国“五好家庭”；举办“家庭之美·文明之光”盐城市首届文明家庭、第三届最美家庭颁奖礼暨“传颂文明”集体婚礼，开展文明家庭巡讲行动，弘扬孝老爱亲、向上向善家风。

一、全国文明城市创建

2018年年初，中央文明办确定盐城为新一轮全国文明城市提名城市后，全市推动创建工作，年内盐城社会文明程度指数大幅攀升，位居全省3个创评城市之首，在全国120多个地（市）级提名城市中测评成绩位居前列。年内，盐城市委印发《盐城市创建全国文明城市三年行动计划（2018—2020年）》。对照“十没有、二十有”城市建管标准，推进“城市文明十大提升工程”，落实养犬、违建、交通秩序、市容管理、露天烧烤等专项整治；全年组织7次模拟测评，召开3次点评会、3次调度会，对各区、街道、镇和市各创建责任单位测评成绩进行排名公布。推动创建工作的规范化、制度化、常态化，全市开展“为创建全国文明城市建言献策”人民建议专题征集活动，征集有效建议100多条；在《盐阜大众报》整版公示市创建全国文明城市为民办实事项目，全年兴办实事项目101项，协调处理人民来信、来访、来电和各类矛盾问题1000余件；开展“点亮一盏灯、美化一面墙”专项行动，新增、维修284个老旧小区楼道灯1.4万只，彩绘90个小区楼道墙，财政托底管理老旧小区261个，整治老旧小区169个，提升改造集贸市场30个，查处流动摊点9933人次，清理野广告40余万条，主次干道施划停车线4.3万余米、绿色步道和彩色停车位7000多平方米，免费开放停车位3100个。组建创建网格，大市区1192个网格员投身创建工作，198个市直单位挂钩社区“联点共建”；招募百名志愿者组建“盐城市城市文明观察团”，开展礼让斑马线、垃圾不落地、文明风尚宣传等特色活动300多次，推动整改问题275件，组织“万支队伍齐舞动·城市文明加速度”巾帼志愿服务活动，开展“小手拉大手、共建文明城”主题活动。

二、核心价值观宣传教育

2018年，盐城强化“厚德盐城”品牌建设，11人当选“中国好人”，3人登上中国文明网《好人365》封面，22人（组）当选“江苏好人”。宣传好人事迹，邀请市内知名画家、摄影家为68位“中国好人”绘制和拍摄画像，在市区5条主干道84个公交站台张贴好人公益宣传画；在盐城发布、盐城宣传微信公众号推出“网上好人展馆”，宣传好人事迹；举办新闻发布会，表彰首批“新时代盐城好少年”6人，每季度发布“盐城好人榜”；利用BRT车载电视刊播好人公益宣传片。褒奖善行义举，向94位全国和省市道德典型发放春节慰问金40余万元，向232名生活困难的见义勇为人员发放抚恤帮扶金42.25万元。推动核心价值观宣传，举办“盐城市民文明16条”主题创意征集活动，推动价值观宣传融入百姓生活；编发《市民文明认知手册》6期30万册，宣传做文明人、行文明事；投入80万元进行公益广告设计招标，作品《方寸之间》在中央文明办组织的全国公益广告作品征集展示活动中获三等奖；开展“传承文明·爱在中秋”“浓情九九·欢度重阳”等主题活动100余场次；举办“迈进新时代、幸福舞起来”广场舞大赛，吸引1200多支队伍近4万人参加，获奖数和获奖等级均位居全省前列，其中射阳县获最佳表演奖；开展“为美丽盐城加分”文明旅游广场宣传活动，市县两级聘请75名文明旅游监督员，传播文明风尚；推动《盐城市文明行为促进条例》列入2019年全市立法规划，加快社会主义核心价值观入法入规。加强未成年人思想道德建设，开展“扣好人生第一粒扣子”主题教育实践，组织“为中华之崛起而读书”“我的2035”青少年征文大赛、“红领巾寻访新时代”“童画新时代、手绘价值观”等活动，推动社会主义核心价值观进校园、进课堂、进书本；开展“童”字系列美育活动，举办“厚德·传承”名家讲坛校园行、“大师牵小手”道德讲座等活动，用传统美德教育引导青少年；发挥乡村学校少年宫德育功能，承办全省乡村学校少年宫负责人培训活动，代表江苏省在“长三角地区未成年人思想道德建设与新时代城乡一体化学校少年宫发展论坛”上介绍盐城成功做法，2篇论文在发展论坛获奖，《新华日报》以《第二课堂，让农村娃快乐逐梦》为题，介绍盐城乡村学校少年宫成功做法；持续深化文明礼仪养成教育，推进“文明礼仪进万家”系列活动，征集推选一批“八礼四仪”优秀校本教材报省参评，获奖数列全省第一位；盐城市第一中学成为“全国中学生志愿服务示范学校”创建单位，33支优秀少先队中队被命名为全国优秀“动感中队”，位于全省前列。

8月28日，“万支队伍齐舞动　城市文明加速度”巾帼志愿服务主题活动启动
王仰林/摄

三、志愿服务

2018年，全市深化“文明盐城·月月行”活动，全年发布重点志愿服务项目170个，累计开展各类志愿服务活动4万余次，活跃志愿者人数68万人；印发《盐城市支持和发展志愿服务组织实施细则》，编发志愿者工作手册，规范社区志愿服务流程，推动志愿服务扎根城乡基层，在志愿江苏平台新注册志愿服务组织414个，在大市区开展“邻里互助”志愿活动2500余次，惠及居民12.1万人次；举办2018年“3·5”学雷锋志愿服务活动启动仪式暨“我的志愿故事”分享交流会，褒奖40个学雷锋志愿服务先进典型，弘扬志愿精神；志愿服务项目品牌化建设取得成效，“情暖夕阳”以老助老志愿服务项目获评“全国最佳志愿服务项目”，9名志愿者获评省优秀志愿者，3个社区获评省优秀志愿服务社区，3个组织获评省优秀志愿服务组织，获奖数位居全省前列。

四、新时代文明实践中心试点建设

2018年，盐城统筹推进全市新时代文明实践中心（所、站）建设，先后印发《盐城市新时代文明实践中心建设试点工作联席会议制度》和《关于建立部领导与新时代文明实践中心建设县（市、区）联系制度的通知》《关于盐城市新时代文明实践中心建设试点工作的实施意见》；市文明办指导阜宁、射阳、东台做好新时代文明实践中心全国和全省试点工作，阜宁县探索形成“4556”工作模式（即四级组织覆盖、五个志愿服务队伍、“五有”建设标准和六大活动品牌）。年内，阜宁正式挂牌成立1个县文明实践中心、20个文明实践所、341个文明实践站、68个文明实践点，发动千名文明实践志愿者深入341个村居开展文明实践活动，《江苏精神文明建设简报》予以宣传；射阳县在试点工作中聚焦“两文”（文化、文明）进村、“三创”（创现代农民、幸福农家、美丽乡村）兴家，建成1个县级文明实践中心、15个镇（区）文明实践所和237个村（居、社区）文明实践站，探索建设60个文明实践点，动员全县26个部门力量，整合7类平台，优化7支志愿服务队伍；东台市全面启动省级试点工作，建立联席会议、群众需求收集反馈、考核评价三项机制，组建新时代文明实践志愿服务总队，在东台市级、18个镇区、381个村居（社区）分别成立文明实践中心、所、站，深入开展系列文明实践活动。

（陈　伟）

第八节 统战工作

2018年，全市统一战线凝聚共识，汇聚力量，市委统战部服务市委中心工作，各领域统战工作取得新进展。落实政党协商制度。市委统战部协助市委制定2018年度政党协商计划，规范政党协商程序，丰富政党协商形式，全年开展会议协商、约谈协商、书面协商活动6次，向党外人士通报重大人事安排、党风廉政建设和反腐败工作、全市经济社会发展等情况，了解党派自身建设情况，交流专题调研成果。市委主要领导亲自参加政党协商活动，听取党外人士意见建议，有效扩大党外人士知情权、参与权和监督权。编发党外人士建言专报，各党派团体负责人就盐城高质量发展走在苏北苏中前列提出的17条建议，被市委主要领导批示。市委统战部向党外人士征求对中共盐城市委常委会进一步解放思想的意见建议，组织市各民主党派、工商联、无党派人士对市委常委会提出10条意见建议。市委统战部推进专题调研，围绕市委市政府中心工作，与各党派团体负责人协商确定专题调研课题，形成盐城打造沿海绿色发展新高地、沿海开发和海洋生态保护、实施健康扶贫工程、农业科技创新、打造千亿级智能终端产业等9个调研成果。在省委统战部考核中，盐城市获得全省统战工作实践创新成果奖1项，全省统战理论政策研究创新成果一、二等奖各1项。市委统战部坚持机关"双周学习"制度，开展"精读三十讲、贯彻新思想"主题研讨活动，举办多期"统战学堂"。开展接轨上海活动，组织机关工作人员赴上海普陀区考察学习，与普陀区委统战部签订缔结友好单位协议。

一、民主党派工作

2018年，市委统战部发挥市各党派团体人才荟萃、智力密集优势，支持各党派团体参加政党协商，履行参政议政、民主监督职能，开展社会服务活动，服从和服务于经济社会发展大局。加强思想政治引领，组织市各民主党派学习习近平新时代中国特色社会主义思想和中共十九大精神，学习习近平总书记在全国政协十三届一次会议民盟、致公党、无党派人士、侨联联组会上的重要讲话精神，牢固树立"四个意识"，坚定"四个自信"。开展主题教育，组织各民主党派开展"不忘合作初心，继续携手前进"主题教育活动，赴统一战线教育基地和红色教育基地开展学习教育活动5次，不断深化对中国特色社会主义新型政党制度的认识。以纪念中共中央发布"五一口号"70周年系列活动为契机，组织各民主党派和无党派人士积极参与征文活动，向省委统战部投递征文92篇，其中2篇征文被省委统战部评为优秀征文；在"盐城统战"微信公众号上开辟专栏刊登活动稿件9篇，扩大活动影响；4家民主党派召开座谈会，2家民主党派组织主题书画笔会、演讲比赛活动。推进"党派之家"示范点建设，组织各民主党派按照"八个一(一块牌子、一个场所、一套办公设备、一个制度、一个历史沿革、一个荣誉栏、一个组织机构图、一个活动安排表)"，建立5个"党派之家"示范点，搭建民主党派基层组织学习活动平台。新成立民革盐城市支部，统一战线进一步扩大。举办市各民主党派信息骨干培训班，提升民主党派成员反映社情民意的能力。各民主党派和无党派人士履行参政议政职能，累计提交市人大议案4件，建议20条，政协集体提案16件，个人提案120余件，为党委政府科学决策提供参考依据。市知联会调研报告《协同创新，推动长三角经济一体化发展》，入选第十届苏浙沪皖知联会主题论坛征文汇编。

发挥各党派团体民主监督作用，推进对口联系、特约人员工作。市交通运输局、市农委等单位同对口联系的民主党派开展联合调研、社会服务活动；市委统战部召开市政府有关部门与各党派团体对口联系工作经验交流会，总结交流近年对口联系工作情况，对市检察、审计、教育、监察等部门聘请特约检察员、特约审计员、特约教育督导员、特邀监察员情况进行调研，推动党外人士发挥民主监督作用。增强社会服务活动实效，组织市各党派团体在社会服务基地开发区步凤镇开展送科技、送健康、送温暖等社会服务活动8次，为贫困家庭和学生捐助款物2.8万元，组织戏曲演出1次，惠及群众900余人。组织致公党盐城总支与步凤镇全民创业园内的3个企业结对，合作建立实习基地；民进一小支部与步凤小学结对共建学校，实现教学资源共享。各民主党派发挥自身特长，在全市开展"进社区送健康""送春联进社区""百姓春晚""亮康行动在盐城"等社会服务品牌活动。

二、党外干部工作

2018年，市委统战部完善党外代表人士培养锻炼机制和履职考核机制。组织全市3名党外全国人大代表、17名党外省人大代表和12名党外政协委员，参加省委统战部组织的省级以上党外代表人士参政议政专题能力培训。组织10名县(市、区)统战部新任部长及部分副部长参加全省统战部长培训班。推荐2名县处级党外领导干部参加省第20期县处级党外领导干部培训班学习培训。举办第18期全市党外干部培训班，安排4个单元、17个专题课程的学习。开展党外干部实践锻炼调查研究，总结梳理全市加强党外干部实践锻炼的经验做法，在全省统战干部处长工作会议上进行交流，并向省委统战部提交《关于党外干部实践锻炼路径的调研与思考》调研成果。推进党外干部培养使用，从市级机关各部门及各有关单位，选派5名县处级、26名科级党外干部，到"两海两绿"重点项目和精准扶贫一线岗位挂职锻炼。将党外后备干部培养使用纳入全市干部队伍建设总体规划，7名副处级、39名科级党外干部纳入全市"789"青年干部培养规划，2名副处级、11名科级党外干部先后晋升到领导岗位。加强对党外代表人士的综合管理，协助市政协制定《市政协委员履职量化考核评分细则》。建立党外干部培养使用"成长档案"和考核管理"实绩档案"。市委统战部会同市、县两级法院对135名党外市人大代表、302名党外市政协委员和831名党外县人大代表、2449名党外县政协委员涉诉涉法情况进行排查，未发现党外代表人士有不宜当选或列入失信被执行人名单情况。

三、知识分子工作

2018年，市委统战部搭建平台加强市知联会自身建设。加强思想引导，在全市党外知识分子中开展"弘扬爱国奋斗精神、建功立业新时代"活动，用习近平新时代中国特色社会主义思想凝聚共识，引导广大党外知识分子自觉弘扬爱国奋斗精神。组织召开市党外知识分子联谊会三届二次理事会，学习习近平总书记重要讲话精神和全国"两会"精神，表彰优秀会员，引导广大党外知识分子贯彻习近平总书记讲话精神，学习先进典型。市委统战部发挥市知联会人才密集优势，组织会员专家赴盐城经济技术开发区智慧汽车小镇、城南新区大数据产业园、盐城高新技术产业开发区就盐城高质量发展情况开展调研，在参政议政等方面提供机会、搭建平台。组织学习交流，组织知联会骨干会员赴常州开展学习交流活动，加强知联会自身建设。创新推进新阶层人士统战工作。夯实组织基础，召开市新阶层代表人士联谊会第三次会员大会和三届一次理事会，选举产生新一届领导班子成员，完善组织架构，充实团队力量，会上表彰新的社会阶层人士统战工作特色品牌和先进个人各11个，树立新阶层人士工作的典型。挂牌实践基地，按照"平台载体建设年"的部署安排，召开全市新阶层统战工作推进会，在智能终端产业园、江苏仁禾中衡咨询集团等7家单位挂牌市级新阶层人士统战工作实践创新基地，各县(市、区)相继成立"助力微梦·统战之家"等39家新阶层人士统战工作示范点。打造品牌活动，加强市县联动，联合举办"盛世美盐"旅游景点直播活动10场，浏览点击总量28.95万人次，点赞数1.28万人次，达到推介"大美湿地、水韵盐城"旅游品牌的效果；开展"盐城市视力健康行"公益活动，为童家沟等20个社区1838名中小学生免费建立视力健康档案，赠送价值26.6万元的眼镜产品；开展"爱心连万家、智慧新力量、同心助成长、网络正能量、文艺漫生活"五大版块主题活动，引导新阶层人士热心关爱困难家庭、帮扶弱势群众、传播文化新风。

四、非公有制经济领域工作

2018年，市委统战部深入开展理想信念教育实践活动。突出盐商主题，以"发现盐商故事，弘扬盐商精神——向改革开放40周年献礼"主题宣传活动为重点，在全市非公经济人士中开展"不忘创业初心、接力改革伟业"为主题的理想信念教育实践活动。讲好盐商故事，邀请30名作家成立"盐商故事"采访团，走进48家民营企业调研采访，通过《盐阜大众报》《盐城晚报》和盐城电视台等主流媒体进行宣传报道，在全市营造向优秀企业学习的浓厚氛围。树立盐商典型，联合市委宣传部等5部门评选出20名"新时代盐商精神企业家"，举办盐城市"新时代盐商精神"发布会暨颁奖仪式，宣传弘扬"厚德、坚韧、圆融、创新"新时代盐商精神，并开通网络直播与16.8万名网友在线互动，扩大活动影响。优化民营企业发展环境。畅通交流渠道，协助市委召开民营企业座谈会，市委主要领导出席会议并讲话，听取民营企业家代表对发展民营经济的意见建议。建立党委、政府与非公经济代表人士沟通协商机制，市四套班子领导和市级部门320名县处级干部，每人挂钩服务一个民营企业，帮助企业解决困难。搭建合作平台，组织工商联执委、所属商会组织负责人赴上海考察学习，参观上海盐城商会及会员企业，市工商联与普陀区工商联签署友好合作协议，为两地商会企业合作搭建新平台。组织暖企行动，开展送政策、送服务、送温暖、解难题的"同心暖企行动"，帮助江苏珠花集团成功争取到江苏银行200万元科技创新贷款；向中国光彩事业促进会争取农行低息贷款，帮助江苏永宁实业投资集团有限公司成功争取到中国农行低息贷款4000万元，缓解企业融资难题。引导非公经济人士健康成长。重视教育引导，举办全市非公企业党组织负责人中共十九大精神学习培训班，邀请红豆集团柬埔寨公司副董事长戴月娥、圆方集团总裁薛荣介绍企业党建工作经验，185名学员参加学习。组织市工商联全体执委、所属商会会长听取全国人大代表、上海市工商联副主席汤亮的宣讲报告，学习贯彻中央关于非公经济方面的重要会议和文件精神，有效提升应对中美经贸摩擦的决策水平。对20名企业家进行综合评价，推荐评价合格的企业家担任省光彩事业促进会理事、苏商创业典型人物、盐城安徽商会和盐城钢铁商会会长，增补3名非公人士担任市第八届政协委员。推进"光彩行"扶贫活动，帮助阜宁硕集争取到省光彩事业基金会扶贫基金300万元，组织非公企业家向四川凉山少数民族地区捐款10万元、援助新疆察布查尔县教育事业10万元；指导成立东台光彩事业基金会、盐都光彩事业促进会，提供助学资金26.6万元，帮助贫困学子圆梦。　　　(沈　平)

第九节　机关党建

一、机关党组织建设

2018年，市级机关转入党员402人，转出党员600人，新发展党员55人，出党2人，死亡58人，受到违纪处分党员23人，其中开除党籍2人。截至2018年底，市委市级机关工委下辖直属机关党组织83个，其中机关党委41个，机关党总支30个，机关党支部12个，基层党支部517个，党员9734人，其中在职6944人、离退休2790人。年内，市级机关各级党组织加强党的领导和党的建设，围绕"走前头、作示范"的目标，突出"服务中心，建设队伍"两大核心任务，履职尽责，全面提高机关党建工作科学化水平。

二、党建活动

"两海两绿"建言献策活动　8月10日至11月30日，市委市级机关工委在全市机关党员干部中开展为"开放沿海、接轨上海，绿色转型、绿色跨越"建言献策活动，引导全市机关党员干部从不同角度向市委、市政府提出"开放沿海、接轨上海，绿色转型、绿色跨越"的建议。市委市级机关工委将"开放沿海、接轨上海，绿色转型、绿色跨越"建言献策活动，作为深化全市解放思想大讨论活动的一项重要内容。建言献策活动收到各类意见建议350余条，市委市级机关工委邀请有关专家开展专项评审活动，并将评出的优秀意见、建议汇编提交市委、市政府及相关部门。

市级机关"万名党员学党章、学宪法"活动 5月上旬至6月30日，市委市级机关工委联合盐阜大众报报业集团、盐城市司法局、盐城市烟草专卖局开展市级机关"万名党员学党章、学宪法"活动。活动分2个阶段进行。第一阶段，组织市级机关全体在职党员开展网上考试。6月中旬，市委市级机关工委等单位通过盐城发布新闻客户端、《盐阜大众报》、盐城机关党建网、盐城普法网等媒体，发布活动试题，组织开展网上答题，市级机关近6000名在职党员在相关网络系统进行实名登记。网上答题设参考人次、参考人数、参考率、满分人数、满分率、平均分6个统计指标。市委市级机关工委根据排名情况，定期开展点名提醒和个别督导，推动学《中国共产党章程》、学《中华人民共和国宪法》活动落到实处。第二阶段，组织活动现场答题竞赛。根据网上答题情况，6月28日，市政协办公室、市广播电视台、市公安局、市审计局、市教育局、市农委、团市委、市国税局8支代表队进入现场答题环节，参加决赛。现场竞赛题型分为简答、填空、判断、选择、案例、情景等，近千名党员干部观看比赛。最终，市审计局代表队获得决赛一等奖，徐捷获"最佳选手"称号，市广电台代表队获得二等奖，市教育局、团市委代表队获得三等奖，市政协办公室、市公安局、市国税局、市农委代表队获得优秀奖。

"周一大讲堂" "周一大讲堂"从2014年11月3日开课，截至2018年底，共举办134期(2018年举办17期)，听课人数近7万人次，先后邀请北京、上海、南京、杭州、广州等地著名院校相关领域里知名学者、专家进行授课，内容涉及政治理论、国学知识、环境保护、国际形势、干部管理、经济转型升级、解读中共十九大报告等。年内，为落实市委七届六次全会精神，加快盐城产业转型升级，市委市级机关工委邀请华东政法大学政治研究院副院长、教授阙天舒宣讲《产业转型升级与智慧城市建设》；为加强机关党员干部意识形态教育，邀请中国作家协会会员、中国当代文学研究会理事、文艺评论家陈先义宣讲《英雄主义的危机和国家安全》；为贯彻落实《中国共产党支部工作条例(试行)》，邀请省委党校副教授谌玉洁作专题辅导；为落实"两海两绿"战略路径，全面建成小康社会，走在苏中苏北前列，邀请省委党校经济学教研部主任助理、副教授、经济学博士孙耀武宣讲《以思想大解放引领高质量发展》。年内，"周一大讲堂"获得"江苏省优秀讲坛"称号和全市宣传思想文化工作创新奖，入选全省"紫金讲坛联盟"，人民网等多家媒体予以专题报道。

"市级机关读书月"活动 4月23日，市委市级机关工委举行市级机关"读书月"启动仪式，在"不忘初心，忠诚担当"读书征文竞赛的基础上，举行"不忘初心、砥砺前行"演讲比赛，表彰市级机关2017年度读书活动组织工作先进单位和读书体会及征文比赛先进个人，对市级机关2018年度读书活动进行部署，向市级机关广大党员提供推荐阅读书目200余种，并向机关基层党组织及党员代表赠书。活动期间，市委市级机关工委通过市级机关"周一大讲堂"，邀约知名专家教授作"机关干部读书""经典阅读""名著欣赏"等读书主题讲座。市区相关书店在部分机关单位举行书市，提供优秀优惠图书，供机关干部选购阅读。在各直属机关党组织组织一次主题读书活动，并树立一批读书典型。各直属机关党组织采用读书演讲比赛、读书报告会、交流共读、网上在线阅读等形式，推动读书活动开展。12月，市级机关各直属机关党组，向市委市级机关工委推送优秀读书心得体会200余篇。

第七届机关单身青年联谊会 11月11日，2018年市直机关"美丽青春　让爱成真"单身青年联谊会在城南新区汉花缘主题公园举办。此次联谊会与福利院志愿服务活动相结合。在福利院志愿服务活动期间，青年志愿者们为福利院的老人送上慰问品，根据自身特长爱好，与福利院的老人们互动。在党员之家，青年志愿者们为老人们读书读报；在书画室，老人们与青年志愿者们进行书法练习；在手工室，经过专业剪纸老师的精心指导，老人们与青年志愿者们一同学习剪纸，并将剪纸作品制作成一幅幅手工画。在联谊会终极配对环节，现场有22对男女青年牵手成功。

市、区级机关足球文化节暨关爱少年儿童系列志愿服务活动 年内，市委市级机关工委以市、区级机关足球文化节为平台，组织发动机关足球志愿者开展贯穿全年的关爱少年儿童志愿活动。足球文化节期间，12支球队开展30余场比赛，赛程持续半年，300余名机关足球志愿者参加，12支球队志愿者开展关爱少年儿童的志愿服务活动20余次。5月30日，市委市级机关工委组织机关足球志愿者走进射阳县新坍镇中心小学开展"足球进校园　书香润学子"关爱少年儿童志愿活动，亭湖区霆虎足球志愿服务队、盐都区机关足球志愿服务队、市水利局足球志愿服务队分别走进迎宾路小学、腾飞路小学、敬贤路小学等，向少年儿童捐赠学习书籍物品、教授足球技巧，与儿童谈心交流。

"警示教育月"活动 5月，市委市级机关工委开展"警示教育月"系列活动。活动的主要内容包括"四个一"，即参加一个警示会议，组织班子成员参加全市领导干部"510"警示教育电视电话会议，组织学习市纪委监委编印下发的《忏悔警示录》，市委市级机关工委班子带头开展专题学习并进行讨论；组织一次专题学习，由机关工委组织处长李宝仁专题解读新《中国共产党章程》，对机关党员进行辅导；开展一次现场教育，组织机关党员干部到盐城廉政文化公园廉政教育馆参观"清风盐城"法纪图解展、到监狱接受警示教育；参加一次廉政文化活动，组织党员干部到市图书馆观看廉政电影展播、聆听廉政专题讲座、参观廉政专题展览等系列活动，观看"清风盐城"专场廉政文艺演出。

"两提两进两整治"活动 6—11月，市委市级机关工委在市级机关党组织中开展"提振精气神、提升执行力，党章党规进机关、法制教育进机关，整治'四风'新表现、整治作风庸懒散"主题的"两提两进两整治"活动，包括学习动员、查摆问题、整改落实、总结提高4个环节，重点解决机关党员干部精神状态萎靡、热情低，贯彻落实不力、执行差，工作中不担当、怕担责等突出问题。通过活动的开展，推动机关党员干部作风风貌显著转变。

三、党建制度

制定《2018年市级机关部门单位党委（党组）落实机关党建领导责任任务清单》 年内，市委市级机关工委全面明确市级机关部门单位“一把手”抓党建的各项目标任务，以任务清单为引领，种好机关党建“责任田”。任务清单共计17条内容，每条都有量化指标，从政治建设、思想建设、组织建设、作风建设和纪律建设等四大方面，明确党组（党委）书记抓党建第一责任人职责，要求市级机关部门单位党委（党组）书记在抓党建中发挥更大作用。

举办“旗帜鲜明讲政治，不忘初心铸忠诚”培训班 5月，市委市级机关工委组织市级机关近100名机关党务干部，赴红色摇篮、红色圣地、红军长征出发地——古田、瑞金等地开展党性锻炼教育培训。通过现场教学、主题教学、专题教学、体验教学等多种形式，使参训学员深入了解80多年前老一辈革命家和红军战士在闽西、瑞金战斗的峥嵘岁月，感悟古田会议精神，在接受党性教育和思想洗礼的同时，提升机关党务干部政治站位。

组织《中国共产党支部工作条例（试行）》专题辅导 12月20日，市委市级机关工委邀请省委党校教授、党史党建专家谌玉洁，为全市市直单位400余名基层党支部书记和100余名专兼职党务干部进行《中国共产党支部工作条例（试行）》专题辅导。授课专家从出台背景、主要内容、贯彻落实等方面，作系统阐释和深入解读，具有较高的理论性和很强的操作性。 （王　淼）

第十节　巡察工作

2018年，市委巡察机构以习近平新时代中国特色社会主义思想为指导，以党的政治建设为统领，将“两个维护”作为根本政治任务，深入查找政治偏差，发挥巡察政治监督政治导向作用。助力清风行动，根据巡察发现的“资质挂靠和违规兼职取酬”等问题，市纪委监委先后启动整治违规挂证取酬、宕欠公款等“清风行动”，推动普遍问题深化整改。建立整改建议函制度，发出《整改建议函》6份，推动被巡察党组织抓好整改落实。承担“推动改革、促进发展”重要使命，深入查找系统性、区域性、普遍性、倾向性、政策性问题，形成《住房公积金存贷比专题报告》《建设工程招投标专题报告》等一系列专题报告，为市委决策提供参考，有效发挥巡察标本兼治战略作用。市委巡察机构对照中央巡视组对14个省区党委巡视工作开展专项检查的情况通报、中央对省委巡视工作专项检查情况反馈意见、省委巡视18个县（市、区）党委巡察工作专项检查发现共性问题，自查自纠，印发整改方案，推进市县一体整改。派巡察干部参加省委巡视，抽调基层巡察干部参加市委巡察，每轮巡察动员前进行业务培训，打造专业化巡察队伍。对全市巡察人才库进行动态调整，并建立健全优秀干部到巡察机构锻炼机制，首批5名优秀干部挂职1年。承担省委巡视办调研课题，形成《加强巡察队伍建设教案》《如何履行好巡察办主任职责》等课件和材料。探索建立巡察后评估制度，防止“灯下黑”，以铁的纪律锻造政治过硬、本领高强的巡察铁军。

一、重点巡察任务

2018年，盐城市委研究制定《七届市委巡察工作规划（修订）》《市委贯彻落实省委〈关于推进巡察工作向纵深发展的意见〉的实施办法》《关于推进全市对村（社区）巡察全覆盖的通知》《关于编制对村（社区）全面巡察专项规划的指导意见》《关于加强巡视巡察整改和成果运用工作的意见》，对市县党委巡察工作作出统一部署，全面启动对村（社区）巡察；印发《市委巡察工作领导小组工作规则》《市委巡察工作办公室工作规则》《市委巡察组工作规则》《被巡察党组织配合市委巡察工作规定（暂行）》等一系列制度文件，提升巡察工作制度化、规范化水平。年内，市委巡察工作办公室组织开展第五轮、第六轮、第七轮3轮巡察，先后巡察36个单位党组织，并延伸巡察下属的22个副处级以上企事业单位党组织。3轮巡察发现突出问题1226个，通过核查、印证等巡察手段，形成重要问题线索242条，并按有关规定转纪检监察机关、组织部门等有关方面处理。做好中央和省委巡视期间联络协调工作，发挥桥梁纽带作用。在省委巡视盐城市及建湖、射阳、滨海、响水、盐都期间，组建联动巡察组，对相关单位进行联动巡察。

第五轮巡察 4—5月，市委开展第五轮巡察。其中，8个巡察组先后对市公安局、市政务服务管理办公室、市住房公积金管理中心、市物价局、市安监局、市经信委、市旅游局、市文广新局、市粮食局以及建湖、滨海、射阳经济开发区12个单位进行巡察；配合省委第八巡视组对建湖、滨海和射阳县的巡视工作，分别对3个县的省级经济开发区开展“协同式”联动巡察。

第六轮巡察 8月中旬至9月下旬，市委开展第六轮巡察。其中，4个市委巡察组分别对市工商局、市民宗局、市侨联、市委农办、市农业资源开发局、市民防局、市司法局、市法制办、市残联、市卫生计生委等10个单位党组织开展常规巡察，并对其下属的7个副处级以上单位党组织开展延伸巡察；3个联动巡察组配合省委第六巡视组巡视工作，分别对盐城经济技术开发区、盐城幼儿师范高等专科学校和响水经济开发区开展“协同式”联动巡察。

第七轮巡察 2018年12月上旬至2019年1月中旬，市委开展第七轮巡察。其中，5个常规巡察组对市委台办、盐城生物工程高等职业技术学校、市委老干部局、市供销社、市外办、市委党史办、市委党校、市文联、市委市级机关工委、市机关事务管理局10个市直单位党组织进行巡察；1个专项巡察组对2017年11月市县联动巡察的4个镇和随机抽取的3个镇（街道）党组织问题整改情况进行巡察“回头看”。

街道党组织巡察 年内，市委巡察机构在对全市96个乡镇巡察全覆盖基础上，安排对街道党组织巡察工作，并对盐城经济技术开发区和城南新区下属5个街道工委开展提级联动巡察，以上率下带动各县(市、区)于6月30日前完成对26个街道巡察全覆盖任务。指导各地推进对村(社区)巡察，探索形成"巡镇(街)带村""巡察组+""交叉巡察""综合+党务+村务+财务"模块化巡察、"先审后巡"等有效路径。全市2433个村(居)党组织中，巡察903个，覆盖率为37.11%，发现问题2275个，移交问题线索1298个，推动纪检监察机关党纪和政务处分131人，移送司法机关7人。

二、巡察成果运用

2018年，盐城市委实行"提级整改"，市委主要领导部署，7月和8月，先后分市直单位和县(市、区)2个层面，召开巡察反馈问题整改工作推进会和巡视巡察发现问题整改情况汇报会，持续推动整改落实。将市直部门单位党组织的巡察反馈意见，向市分管领导通报，以市委巡察工作领导小组函的形式，督促履行巡察整改"一岗双责"。推进"未巡先改"，指导督促各县(市、区)委和市直各部门党组织严格对照省委第四轮巡视发现共性问题清单，举一反三，一改到底，并印发《关于做好市委前三轮巡察发现共性问题整改工作的通知》《关于做好市县联动巡察镇村党组织发现共性问题整改工作的通知》《联动巡察开发区发现共性问题清单》，要求各地各部门完成整改任务。坚持"边巡边改""边巡边查"，对群众反映强烈、明显违纪违规的问题线索，移交给纪检监察机关和组织部门。印发《关于建立纪检监察与巡察工作联动机制的通知》，构建市纪委监委机关、派驻机构支持配合巡察工作，共同做实巡察整改的工作格局，形成"1+1>2"的监督效应。创新巡察监督方式，开展"抽样回访"巡察质效工作，组建包含"两代表一委员"、纪检监察干部监督员、新闻记者在内的回访组，对市环保局和市民政局进行回访，推动巡察整改质效提升。9月，《中国纪检监察报》以《监督环环相扣，促巡察成果颗粒归仓》为题，报道盐城推进巡察整改的经验做法。11月，对10个单位党组织整改工作进行专项督查，并印发《市委前三轮被巡察党组织整改情况督查通报》。 (朱昭元)

第十一节 机构编制

2018年，市编办落实机构编制管理和事业单位分类改革工作。年内，召开市分类推进事业单位改革工作领导小组会议，细化工作任务，明确时间节点，各涉改主管部门涉改人员基本分流安置到位。指导市级涉改部门和试点市县做好改革试点后续工作，巩固深化改革试点成果。结合党政群机构改革，在县级全面推开承担行政职能事业单位改革。推进从事生产经营类活动事业单位改革。做好市级经营类事业单位改革组织实施工作，指导推动实施经营类事业单位改革，基本完成生产经营状况较好和经济效益一般但具有发展潜力的事业单位转企改制。梳理市级生产经营类事业单位基本情况，拟定改革初步方案。继续推进公立医院管理体制改革，落实《关于公立医院管理体制改革试点的指导意见》《关于创新公立医院人员编制管理的实施意见》，推进各县(市、区)公立医院管理委员会建设，全面推开编制备案制管理。抓住建湖县被列为全国第二批县级公立医院综合改革试点县和省深化医药卫生体制改革"先行先试"地区的有利契机，对公立医院编制备案制管理进行有效探索。

一、机构编制管理

2018年，市编办抓好用编计划管理。年度用编计划一经确定，原则上不再追加，因年度内新增编制、改革调整等特殊情况确需追加的，由单位书面申请，经机构编制部门研究同意后方可调整。配合市委组织部做好干部选拔任用预审工作，做好处级领导职数申报工作。严格开展科级领导职数预审工作，对县(市、区)申报的科级领导职数严格把关、从紧控制。加强股级领导职数管理，在实地调研的基础上形成《关于县(市、区)股级领导职数预审工作的调研报告》，推动所辖县(市、区)建立股级领导职数预审制度。强化机构编制日常管理。对2018年度各级行政编制进行重新确认，确保各级行政编制数严格控制在中央编办下达的基数内。严格执行机构编制管理各项政策法规，有效防止随意调职能、扩职能，增机构、升规格，增编制、加职数等现象，从源头上遏制机构编制违规现象。审慎处理各类机构编制事项，严格执行机构编制管理规范程序。加强机构编制实名制管理，统筹做好中央编办月报系统和市机构编制信息系统2个平台数据的统计报送和维护管理工作。梳理实名制库在编人员信息情况，对应出编而未出编、人员信息错误等异常情况进行修正。完善处级机构领导职数目录库，校对部门县(市、区)科级机构和领导职数。加强盐城经济技术开发区、城南新区实名制管理，审核上传到实名制管理系统的2100多名在编人员信息。重新梳理城南新区科级机构和领导职数目录库，并抄报市委组织部。做好机构编制统计工作，确保机构编制台账数据实时准确。做好机构编制督查，落实机构编制问题整改。对列入省台账目录的96个机构编制问题，全部建档立卡，实行"一案一档"，年内整改销号问题32个。开展专项督查。对射阳县、建湖县开展机构编制问题整改工作实地专项督查。

二、事业单位管理

2018年，市编办调整市直部分学校事业编制，缓解义务教育阶段学校缺编问题；成立盐城市邮政业安全中心，强化邮政快递安全监管；加强东台市、建湖县安全生产执法监察队伍人员力量；调整市工商局所属事业单位、市市区防洪工程管理处、市残疾儿童教育康复中心(市仁爱学校)等单位的编制结构，提高编制使用效益。以事业单位分类改革为契机，撤并整合任务弱化、职责相近、规模过小以及生产经营类的事业单位。开展事业单位法人年度报告公示工作，对市直、开发区和城南新区近500家事业单位法人年度报告书内容进行审核，重点对事业单位法人开办资金的真实性和财务账户独立性进行严格把关。对于开办资金变更不及时和财务账户未独立的单位及时退回，并跟踪督查其在规定时间内是否整改到位。全面推进事业单位信用等级评价工作，市直455家事业单位2017年度的信用等级全部形成，并反馈给各有关部门。针对评价等级非“A”的单位，重点进行沟通，确保达到评价预期效果。开展事业单位法人“双随机、一公开”核查。创新监管方式，转变监管理念，规范监管行为，提高监管效能，在全市抽取53家事业单位开展年度事业单位法人“双随机、一公开”监管工作，促进事业单位健康、有序发展。推进事业单位法人治理结构建设试点工作。年内，市编办深入试点单位实地调研，召开市直事业单位法人治理结构建设试点工作检查评估会议，对全市25家事业单位法人治理结构建设试点单位进行集中评估，由组织、编制、人社、财政及试点单位组成的16名成员，在听取市直6家试点单位的汇报和查阅资料后，现场无记名评分，推动各单位借鉴成功经验，推进试点有关工作。（刘春琳）

第十二节　老干部工作

截至2018年底，全市有离休干部1710人（不包括部、省属单位），平均年龄为90.4岁。其中，机关523人、事业单位467人、企业单位720人。按级别和待遇分，副省（部）级医疗待遇2人，地（厅）级1人，副地（厅）级32人，县（处）级676人，其他999人。按参加革命时间分，抗日战争前期70人，抗日战争后期281人，解放战争时期1359人。全市离休干部党员1392人，占离休人数的81.4%。全市退休干部7.6万人，共686个离退休干部党支部。

一、待遇落实

2018年，盐城市健全完善离休干部走访慰问工作制度，全年走访慰问900多人次。提高市直离休干部医疗费和遗属补助标准，医疗费标准由每人每年5.1万元提高至5.5万元，“双无”遗属补助标准每月增加600元。加强企业离休干部财政补助，住房补贴、专项经费、慰问经费、体检费4项经费全部由财政兜底发放，全年发放补贴395.39万元。推进离休干部看病就医“三有一落实”工作，制定《盐城市市直离休干部看病就医“三有一落实”工作实施办法》，在市直13家医院和所有县（市、区）重点医院建立就医绿色通道；市、县两级离休干部在看病就医时享有优先医疗服务保障；按照服务一位离休干部每年960元的标准，落实家庭签约医生保障经费并列入财政年度预算；全面落实社区卫生服务机构的职责和责任，开展家庭医生签约活动，自愿签约率100%。加强退休干部的服务管理，落实各项政治待遇，推动阅读文件、参观考察、报刊订阅等制度落实。加快老干部学习活动阵地建设，市财政局原办公楼改扩建工程全面启动，并被市政府列为2019年度“为民办实事”项目，拟新增1.1万平方米教学活动场所，满足1万名老年人教育活动需求。

二、服务管理

2018年，全市举办离退休干部党支部书记培训班15期，700多人参加培训；建成社区离退休干部党支部60多个，近2000名老干部到社区“亮身份”。转发省委组织部、省委老干部局《关于加强退（离）休干部管理服务工作的通知》，对讲座、论坛、出版等方面作出规定，推动建立离退休干部谈心谈话、新退休党员交接等制度。组织地市级老领导赴外地参观考察，使其亲身感受改革开放40年的巨大变化。开展“正能量+调研”活动，开展“壮阔四十载　奋进新时代”“新时代新担当新作为”等一系列“我看改革开放新成就”专题调研活动，召开座谈会、研讨会150余场次，有2400名老干部参加。开展“正能量+建言”活动，开展“解放思想大家谈”和“我为盐城高质量发展献一策”活动，引导老干部为盐城经济社会发展建言献策。开展“正能量+服务”活动，组织老干部开展志愿服务行动，组建老干部宣讲团、报告团，宣讲革命传统、中央大政方针和市委决策部署46场次、2860人参加。（刘金才）

第十三节　党校工作

一、干部培训

2018年，市委党校加大干部培训力度，全年主办、承办、联办各级各类培训班次318个，培训人数超3.1万人次，在全省党校系统稳居前列。举办中共十九大精神轮训班，培训对象为县处级干部及乡镇（街道）党政正职干部，为期5天；举办县处级进修班、正科级干部进修班、青年干部培训班以及党外干部进修班等主体班次共13个，培训520人次，其中恢复举办学制2个月的青干班；举办纪委监察部门干部、组工干部、宣传干部和党务干部等各类重点班次32个，培训2000多人次。全年市委党校为市直部门（单位）举办中共十九大精神、党性教育和业务工作培训班共186个，培训2.2万人次，其中承办市直部门（单位）委托的中共十九大专题培训班130多个。市委党校发挥阵地作用，组织开展基层理论宣讲活动，利用“党校流动讲堂”等平台，安排党校教师深入基层开展理论宣讲近200场次，听众人数超过2万人次。

二、教学改革

2018年，市委党校以习近平新时代中国特色社会主义思想为中心内容，加大课程开发力度，优化教学布局。围绕习近平新时代中国特色社会主义思想、中共十九大精神、省市委全会精神、盐城高质量发展及“两海两绿”路径等重点内容开发教学专题60多个，丰富党校教学课程。继续举办“校内大讲堂”活动，全年有15名老师走上讲台，形成一名老师讲课、述课，全体老师听课、评课，进一步提高教学专题质量。先后举办骨干教师、精品课培训班和现场教学竞赛活动，评出8节市级精品课和19节优秀奖课程。《盐城市干部培训案例教学教材》由中央党校出版社出版，《盐城市干部培训党性教育教材》完成初稿编写工作。

三、科研资政

2018年，市委党校推动课题立项和研究，提升科研成果层次。全年完成全省党校系统课题6项，申报全省党校系统重点调研课题1项、一般调研课题5项；申报江苏省社科院书记省长圈定课题1项；申报盐城市社科基金项目11项、盐城市社科应用课题15项；完成全市党校系统课题34项，新立项51项。举办学习中共十九大精神研讨会、纪念改革开放40周年理论研讨会，全校教职工全年发表论文92篇，其中中文核心期刊4篇。围绕市委、市政府中心工作，开展重大科研课题研究，《盐城与惠州、烟台中韩产业园建设比较研究》《对盐城农村康居工程建设的调查》等成果在省委、省政府的《调查与研究》《江苏通讯》等刊物上发表；《推动绿色发展的积极探索——关于盐城市实施"一片林"工程的调查》在省政府研究室《调查研究报告》上刊用，获市委主要领导批示。围绕"接轨上海"主题，与上海市委党校专家组成课题组，形成《关于"接轨上海"工作方略的建议》《实施长三角战略上海需要新发力点——以盐城为节点城市，发挥上海引领作用的若干建议》《精准接轨上海产业链、加快盐城经济跨越式发展——关于盐城精准接轨上海"重大高新"产业链的分析与建议》等调研报告。

四、新四军干部学院

2018年，市委党校参与省、市组织的各类研讨交流活动，组织教研人员深度挖掘和研究新四军历史和"铁军精神"内涵，一批科研成果在《学习时报》《新华日报》等重要报刊上发表，并被《红旗文摘》、光明网等平台转载。发挥新四军干部学院载体优势，全年举办生态环境部、公安部、中国浦东干部学院、省委党校及北京、上海、新疆、西藏等外省(市、自治区)在盐城培训班84个，培训学员5000多人次，对外培训人数在全省党校系统领先，扩大盐城红色文化、绿色文化和海洋文化影响力。新四军干部教育、"铁军精神"和党性修养等主题展馆正常面向学员开放，2000多人次进馆参观。争取"新四军文化林"工程立项并获得通过。加强与中国新四军研究会合作，继续办好《铁军·纵横》杂志，出版12期，在宣传研究新四军历史和"铁军精神"方面发挥积极作用。（陈　怡）

第十四节　保密工作

2018年，市保密局强化保密体制机制建设，提高依法治密能力和科技支撑水平，推动保密工作转型升级。4月上旬，市委保密委员会进行调整，新增加市人社局、市编办、市发改委和市检察院4个成员单位，进一步强化市委保密委员会的领导职能。4月10日，组织召开全市保密局长会议，传达学习省委保密委员会全体(扩大)会议精神，总结回顾2017年全市保密工作，对2018年重点工作任务进行研究部署，并围绕2018年度工作进行讨论交流。年内，全市保密系统做好市人大八届三次会议服务保障工作，制定具体工作方案和应急预案，对全体工作人员和服务保障人员集中组织专题保密培训，签订保密承诺书，并督促相关单位对主会场采取技术屏蔽措施。12月，采取分层考核、分类汇总的办法，在全市范围内部署开展党政领导干部保密工作责任制考核工作。

一、保密检查

7月中旬，市保密局部署开展保密自查自评专项督查工作，通过听取介绍、查阅台账、实地检查和现场反馈的形式，先后检查9个县(市、区)，并抽查市委政法委、市委党校、市人社局、市规划局等13个市级机关单位，现场反馈等级评定和意见建议，对不合格单位限期整改、限时复查。11月中旬，市保密局协同市政府办公室对全市政府办公室系统组织开展专项保密检查，检查内容以政府信息公开保密审查、门户网站、互联网政务邮箱和计算机为重点，共抽查市政府办公室及东台市、大丰区、盐都区等5个县(市、区)政府办公室，有效增强全市政府办公室系统信息化条件下的保密意识与防范能力。

二、保密管理

3月，市保密局完成2017年度涉密文件资料清理回收工作，共回收销毁中央、省发文件和其他涉密文件资料近1万余份。7月上旬，在全市部署开展定密管理统计工作，全面统计汇总全市国家秘密分布和定密责任人相关数据，系统了解掌握全市定密工作基本情况，促进定密工作规范化管理。做好2018年度中高考保密监管工作，于5月上旬制定下发通知进行全面部署安排，5月9—29日，组织对1个新建试卷保密室进行检查验收，同时对其余7个试卷保密室进行全面检查，于6月7—9日专门派员全程参与市教育考试指挥中心2018年度高考应急处置现场值班，确保高考工作顺利进行。

三、宣传教育

5月，市保密局在全市集中组织开展保密法治宣传月活动。健全保密教育机制，建立系统性、常态化、全过程的公务人员保密教育机制，实现从初任公务员到领导干部各层级的全辐射、全覆盖，全年为市政协办公室、市委党校主体班、市科级干部任职培训班、市军转干部培训班等地区和单位作保密专题讲座和形势报告19场次，近4000人次参加教育培训。9月中旬，在全市组织开展"七五"保密法治宣传教育中期检查督导工作，为《中华人民共和国保守国家秘密法》宣传造势，有效保证部门法律法规的普及实施。

四、技术保障

2018年，市保密局强化涉密网络建设监管指导工作，重点加强对市纪委系统监察信息网分级保护扩容项目、县(市、区)大组工网分级保护项目、市电子政务内网县级网络节点项目的服务指导，全年评审建设方案20个。加强武器装备科研生产单位保密服务与监管工作，对2家保密资质到期重新申请的军工单位开展上门服务指导，2家新申请保密资质的军工单位在服务指导下通过省测评审批，对2家涉密载体印制单位开展中期审查，指导1家涉密载体印制单位到期重新申请涉密印制资质并通过省保密局检查验收。（黄传标）

第17章　盐城市人民代表大会

编　辑　潘其锐

综　述

2018年，盐城市第八届人民代表大会召开全体会议1次，市八届人大常委会会议10次，制定地方性法规2件，听取和审议专项工作报告及计划、预算、审计报告26项，开展专题询问1次、执法检查3次，作出决议决定4项，依法任免国家机关工作人员65人次，组织代表视察调研36次。年内，市人大常委会依法决定重大事项，经过广泛征求政府部门和代表意见，作出《关于切实推动打好“三大攻坚战”的决定》和《关于推动沿海高质量发展的决定》。

强化监督职能。年内，市人大常委会加强重点领域执法检查，成立环境保护法执法检查组，列出问题清单交办落实；对《中华人民共和国旅游法》及《江苏省旅游条例》《江苏省农村扶贫开发条例》《江苏省城市民族工作条例》和《盐城市绿化条例》的实施情况进行随机抽查、暗访督查。市人大常委会完善财政监督工作，审议财政预算执行情况报告和审计工作报告，审查批准2017年市本级财政决算、2018年市本级财政预算调整方案；起草《关于建立市政府向市人大常委会报告国有资产管理情况制度的意见》《关于改进审计查出突出问题整改情况向市人大常委会报告机制的意见》，年内印发施行。加强司法工作监督，听取和审议环境资源审判工作情况的报告，视察调研司法公开工作、“七五”普法中期工作情况。围绕民生重点开展监督，听取和审议年度环境状况及突出环境问题整改情况、乡村振兴战略实施、精准脱贫工作情况、全市养老服务体系建设情况等报告；组织代表视察调研高铁建设、新水源地及引水工程推进等情况。加强对专项工作的监督。市人大常委会对全市中小学教育教学高质量发展走在苏北苏中前列开展专题询问，10多位常委会组成人员、人大代表和群众代表向5个部门主要负责人提出17个问题；围绕“两海两绿”重点工作，听取和审议市政府接轨上海专项工作报告，与上海市普陀区人大常委会建立合作交流机制，组织驻盐全国人大代表赴上海考察调研；专题审议全市沿海开发和重大项目建设情况、现代服务业发展情况、汽车产业发展情况；专题调研中韩（盐城）产业园发展、文化（创意）产业发展情况。听取和审议全市上半年经济运行、“十三五”规划中期评估等工作情况报告，保障经济平稳健康发展。

提高立法质量。年内，市人大常委会制定《盐城市革命遗址和纪念设施保护条例》，打造盐城文化标识；制定《盐城市旅游业促进条例》，推动旅游业高质量发展。开展人民调解、饮用水安全保护、生活垃圾分类管理等预备项目立法调研。加强宪法法律实施，召开学习宣传和贯彻实施宪法座谈会，开展“国家宪法日”活动，印发实施宪法宣誓制度具体办法。推动《盐城市城乡规划条例》《盐城市畜禽养殖污染

5月30日，市人大常委会和市政府联合召开《盐城市城乡规划条例》贯彻实施座谈会
市人大办/供

防治条例》实施，市人大常委会和市政府联合召开城乡规划条例贯彻实施座谈会。做好规范性文件备案审查工作，增强审查工作的科学性、公正性。编写出版《公务员读法》，推动公职人员增强宪法法律意识，提高依法决策、依法管理、依法办事的能力。

创新代表工作。年内，市人大常委会制定议案办理工作满意度测评办法，围绕加强村卫生室建设和管理等6件代表议案，逐件听取办理情况报告，开展专题审议和满意度测评。制定代表建议办理工作考核办法，对43个承办单位的办理工作进行考核。持续开展“万名代表大走访”活动，探索建立“代表工作志愿者”队伍，组织代表“定时定点”接待群众，实现代表联系群众制度化常态化。注重代表履职能力建设，先后举办2期代表履职学习班。

加强自身建设。年内，市人大常委会学习贯彻中共十九大精神，深入开展“解放思想大讨论”活动，召开专题民主生活会，党组成员自觉参加双重组织生活，落实全面从严治党主体责任，推进党风廉政建设各项规定落到实处。坚持走基层、察民情、听呼声、解民忧，定期到基层人大工作联系点调研。以党组中心组学习为引领、“周五大讲堂”为载体，组织机关人员围绕弘扬宪法精神、坚定制度自信、重温《共产党宣言》、打好“三大攻坚战”等专题进行讲解。举办全市人大干部学习培训班，帮助人大干部开阔眼界、提升能力。

第一节　重要会议

一、市第八届人民代表大会第二次会议

1月3—7日，市第八届人民代表大会第二次会议在盐城召开。大会应到代表551名，出席代表539名，符合法定人数。会议听取并审议市长戴源代表市人民政府向大会所作的政府工作报告，市人大常委会常务副主任倪峰所作的市人大常委会工作报告，市中级人民法院院长王世华所作的盐城市中级人民法院工作报告，市检察院检察长孙光永所作的盐城市人民检察院工作报告。会议审议《盐城市2017年国民经济和社会发展计划执行情况与2018年国民经济和社会发展计划草案的报告》《盐城市2017年财政预算执行情况和2018年财政预算草案的报告》。会议表决通过市八届人大二次会议关于盐城市人民政府工作报告的决议、关于盐城市2017年国民经济和社会发展计划执行情况与2018年国民经济和社会发展计划的决议、关于盐城市2017年财政预算执行情况和2018年财政预算的决议、关于盐城市人大常委会工作报告的决议、关于盐城市中级人民法院工作报告的决议、关于盐城市人民检察院工作报告的决议。会议选举产生盐城市出席江苏省第十三届人民代表大会代表75人，选举王小红为市监察委员会主任，选举尹同阳、严东升为市八届人大常委会委员。大会主席团成员，市政府、市政协负责人，市中级人民法院、市检察院主要负责人，曾任地市正职和市人大常委会副主任的老干部在主席台就座。列席大会的有：市政府组成人员，出席市政协会议的全体委员，市委副秘书长及市委各部门、群众团体主要负责人，市政府副秘书长、市政府有关直属单位主要负责人，各县(市、区)人民政府、盐城经济技术开发区管委会、城南新区管委会主要负责人，市中级人民法院副院长、市检察院副检察长，市区大中专院校、省属驻盐单位、市政府驻外联络处主要负责人，各县(市、区)人民法院院长、检察院检察长，盐城经济技术开发区人民法院院长、检察院检察长，市区部分重点企业主要负责人。

二、市人大常委会会议

1月7日，市八届人大常委会召开第八次会议。市委书记、市人大常委会主任王荣平主持会议并讲话。会议经过审议和表决，任命市监察委员会副主任和委员。

2月8—9日，市八届人大常委会召开第九次会议。市人大常委会常务副主任倪峰主持会议。会议听取并表决通过市八届人大常委会代表资格审查委员会关于个别代表的代表资格的审查报告。听取和审议市政府关于全市精准脱贫工作情况、市属国有企业改革发展情况的报告，关于推进市区节点绿化建设提升城市内涵和品味、进一步加强村卫生室建设和管理、依法开展农副产品批发市场食品安全检验检测工作、综合施策解决城市停车难问题、加强和规范城市老旧小区管理、实施城市公共厕所建设提升工程等议案处理意见的报告。

4月13日，市八届人大常委会召开第十次会议。市人大常委会常务副主任倪峰主持会议。会议听取和审议市政府关于接轨上海工作情况、全市养老服务体系建设情况的报告，审议并表决通过《盐城市人大常委会监督审计查出问题整改工作的办法》《盐城市实施宪法宣誓制度具体办法》，审议市政府关于提请审议《盐城市革命遗址和纪念设施保护条例(草案)》的议案。会议审议并表决通过有关人事任免事项，并进行宪法宣誓。

4月20日，市八届人大常委会召开第十一次会议。市委书记、市人大常委会党组书记戴源提请人事任命议案。市人大常委会常务副主任倪峰主持会议。会议听取戴源作的关于提请曹路宝职务的议案，审议市人大常委会主任会议关于提请曹路宝代理市人民政府市长职务的议案。会议决定接受戴源辞去盐城市人民政府市长职务的请求，并报市第八届人民代表大会第三次会议备案。会议决定任命曹路宝为盐城市人民政府副市长、代理市长职务。曹路宝进行宪法宣誓。

6月26—27日，市八届人大常委会召开第十二次会议。市人大常委会常务副主任倪峰主持会议。会议审议并表决通过《盐城市人大常委会关于切实推动打好“三大攻坚战”的决定》《盐城市人大常委会关于批准2017年市本级财政决算的决议》，审议市政府关于提请审议《盐城市旅游业促进条例(草案)》的议案。会议听取和审议市人大常委会执法检查组关于检查全市贯彻实施《盐城市绿化条例》情况，市政府关于全市开发园区建设情况、2017年市本级财政决算草案情况、全市2017年度环境状况和环境保护目标完成

情况、2017年度市本级预算执行和其他财政收支情况的审计工作报告，市中级人民法院关于全市法院环境资源审判工作情况的报告。会议审议并表决通过有关人事任免事项，并进行宪法宣誓。

8月2日，市八届人大常委会召开第十三次会议。市人大常委会常务副主任倪峰主持会议。会议审议盐城市人民政府关于提请任免羊维达等同志职务的议案，会议决定任命羊维达、顾云岭为盐城市人民政府副市长，决定免去陈红红、崔浩盐城市人民政府副市长职务。

8月14—15日，市八届人大常委会召开第十四次会议。市人大常委会常务副主任倪峰主持会议。会议审议并表决通过《盐城市人大常委会关于推动沿海高质量发展的决定》《盐城市革命遗址和纪念设施保护条例》，听取和审议市政府关于全市沿海开发情况、全市上半年国民经济计划和财政预算执行情况、全市乡村振兴战略实施情况的报告，市人大常委会执法检查组关于检查全市贯彻实施《中华人民共和国环境保护法》《中华人民共和国旅游法》《江苏省旅游条例》情况的报告，市检察院关于全市检察机关公益诉讼工作情况的报告。

10月24—25日，市八届人大常委会召开第十五次会议。市人大常委会常务副主任倪峰主持会议。会议审议并表决通过人事任免事项、个别省人大代表辞职事项。会议专题询问市政府关于推动全市中小学教育教学高质量发展走在苏北苏中前列情况。会议审议并表决通过《盐城市人大常委会关于批准2018年盐城市本级财政预算调整方案的决议》《盐城市旅游业促进条例》。会议听取和审议市政府关于推动经济高质量发展情况的报告，听取和审议市政府关于推进市区节点绿化建设、提升城市内涵和品位，进一步加强村卫生室建设和管理，依法开展农副产品批发市场食品安全检验检测工作，综合施策解决城市停车难问题，加强和规范城市老旧小区管理，实施城市公共厕所建设提升工程6件议案办理情况的报告。

12月19日，市八届人大常委会召开第十六次会议。市人大常委会常务副主任倪峰主持会议。会议审议并表决通过人事任免事项，表决通过市八届人大常委会代表资格审查委员会关于部分代表的代表资格的审查报告、《盐城市人大常委会关于召开盐城市第八届人民代表大会第三次会议的决定》。会议对议案办理情况进行满意度测评。会议听取和审议关于全市汽车产业发展情况，“十三五”规划纲要实施情况中期评估，2017年市本级预算执行和其他财政收支审计查出问题整改情况，2018—2020年突出环境问题清单，全市侨务工作情况，市八届人大二次会议代表建议、批评和意见办理情况的报告。

三、市人大常委会主任会议

2018年，市八届人大常委会召开16次主任会议，会议讨论研究并具体处理市人大常委会的重要日常工作，听取市政府、市中级人民法院、市检察院及有关部门工作汇报，以及市人大常委会各工作机构关于调查工作情况的汇报，讨论有关人事任免事项。会议讨论并原则通过《盐城市人大常委会2018年工作要点》《关于进一步严肃市人大常委会会风会纪的通知》《上海市普陀区和江苏省盐城市人大常委会加强工作合作交流的协议》《盐城市人大常委会关于开展议案办理工作满意度测评的实施办法(试行)》《盐城市人大代表建议、批评和意见办理工作考核办法(试行)》《盐城市人大常委会2019年立法计划》《盐城市人大常委会预算联网监督工作实施方案》。会议听取市政府关于全市春季绿化建设行动情况的汇报、关于全市现代服务业发展情况的汇报、关于市人大常委会上半年部分审议意见办理情况的汇报、关于2018年市政府为民办实事项目推进情况，市农委、市城管局工作情况的汇报，市扫黑办关于全市扫黑除恶专项斗争情况的通报，市人大常委会2017年下半年审议意见办理情况的汇报、关于市八届人大二次会议议案和主任会议重点督办的代表建议办理情况的汇报和关于全市人大思想政治建设和能力建设情况的调查汇报。

四、出席全国、省人民代表大会

1月26—31日，江苏省第十三届人民代表大会第一次会议在南京召开。盐城代表团共75名省人大代表出席会议。省委常委、副省长杨岳，全国人大财经委副主任委员李学勇参加盐城代表团审议。会议期间，盐城代表团向大会提交52件议案和建议。

3月5—15日，第十三届全国人民代表大会第一次会议在北京召开。市委副书记、市长戴源，江苏悦达集团有限公司董事局主席王连春，大丰区区长宋勇，市土壤肥料技术指导站站长秦光蔚，江苏科行环保科技有限公司董事长刘怀平，省淮剧团演员陈澄，远景能源(江苏)有限公司董事长张雷，建湖县天和生态农业专业合作社理事长鲁曼，江苏普信制药有限公司项目部材料员钱加艳9名盐城市十三届全国人大代表出席会议。

第二节　重要活动

一、执法检查

2018年，市人大常委会分别对《中华人民共和国环境保护法》《中华人民共和国旅游法》《江苏省旅游条例》《盐城市绿化条例》等法律法规的实施情况进行专项检查。

5月，市人大常委会成立以市人大常委会副主任马俊健为组长的执法检查组，对全市贯彻实施《盐城市绿化条例》情况进行检查。市八届人大常委会第十二次会议听取和审议执法检查报告。会议指出，要加大宣传力度，增强全民绿化意识；要坚持系统思维，推动城乡绿化均衡发展；要加强统筹协调，不断提升绿化建设能力和水平。

6月，市人大常委会成立环保法执法检查组，开展《中华人民共和国环境保护法》执法检查。7月6日，执法检查组召开第一次会议进行动员部署。7月16日至8月8日，各小组分赴各县(市、区)、开发区、城南新区及市环保局、城管局、海洋渔业局、司法局4个单位开展执法检查。8月9日，召开检查组第二次会议。市八届人大常委会第十四次会议听取和审议执法检查报告。会议要求，要进一步加大《中华人民共和国环境保护法》宣传贯彻力度，严格落实环保责任，按照中央环保督察整改要求，切实解决好环保突出问题；要加大环保执法力度，依法从严从重查处违法行为，确保环境执法的权威性、有效性。

7月，市人大常委会采取市、县(市、区)联动方式，对盐城市贯彻实施《中华人民共和国旅游法》《江苏省旅游条例》情况进行检查。市人大常委会副主任邹毅实率执法检查组赴东台市、阜宁县等地进行实地检查，各县(市、区)人大常委会进行自查。市八届人大常委会第十四次会议听取和审议执法检查报告。会议要求，要认真抓好"一法一条例"的学习宣传，提高普法实效；要进一步发挥规划引领作用，以科学规划引领和保障旅游产业健康有序发展；要完善旅游公共服务体系建设，让游客到盐城"游得放心、游得舒心、游得开心"。

二、专题询问

市八届人大常委会第十五次会议专题询问全市中小学教育教学高质量发展走在苏北苏中前列开展情况，顾其斌、吴敦、秦光蔚、姚刚、吴红明、蒋春、夏春柏7位市人大常委会委员，李建国、倪习龙、周俊3位市人大代表和陈浩芳、苏成华2位群众代表分别提问。市编办、教育局、财政局、人社局和规划局负责人到会应询作答。会议指出，教育事业是高质量发展的基础工程，市政府及有关部门要顺应群众期盼，始终坚持教育优先发展，完善教育规划布局，优化教育资源配置，加强教师队伍建设，坚持齐抓共管，切实解决制约中小学教育教学质量的关键问题，持续推动教育事业高质量发展。

第三节　议案及建议

2018年，市八届人大二次会议期间，代表提出议案和建议179件，其中6件被大会确定为议案，交市人大常委会在闭会后审议，其余173件(含转为建议处理的议案)分别交有关机关和组织办理。这173件代表建议中，属于党群部门主办的17件，占9.8%；属于市政府有关部门主办的156件，占90.2%。年内，所有建议办理情况全部答复代表并在盐城市建议提案网上公开。其中，问题得到解决和基本解决的59件，占34.1%；仍在解决和列入计划逐步解决的103件，占59.5%；因客观条件限制和其他原因，难以解决的11件，占6.4%。代表对办理结果满意和基本满意率为99.4%。为提升建议办理工作水平和质量，市人大常委会第二十六次主任会议讨论通过《盐城市人大代表建议、批评和意见办理工作考核办法(试行)》。

重要议案　市八届人大二次会议上，代表10人以上联名提出的议案中有6件被列为大会议案，交市人大常委会在大会闭会后审议。6件大会议案分别为：陆玉忠等10位代表提出的《关于进一步加强村卫生室建设和管理的议案》(第1号)、夏春柏等10位代表提出的《关于综合施策解决城市停车难问题的议案》(第36号)、吕锦等10位代表提出的《关于加强和规范城市老旧小区管理的议案》(第37号)；周俊等10位代表提出的《关于实施城市公共厕所建设提升工程的议案》(第60号)；刘连才等11位代表提出的《关于依法开展农副产品批发市场食品安全检验检测工作的议案》(第110号)；韦琴等11位代表提出的《关于推进市区节点绿化建设，提升城市内涵和品位的议案》(第117号)。市人大常委会农村委、教科文卫委、环资委根据市人大常委会主任会议要求，分别对6件议案进行调查研究，提出处理意见。2月8—9日，市八届人大常委会第九次会议分别听取和审议6件议案处理意见的报告，决定将这6件议案交市政府办理。市政府高度重视议案办理工作，主要领导亲自过问，召开专题会议研究部署，明确由分管副市长分别领办，负责协调解决疑难问题。各承办单位把议案办理作为工作重点，制定科学的工作方案，采取切实有效的措施，在法定时间内解决议案提出的问题。为推进议案办理工作，市人大常委会主任会议成员分别对议案进行督办，具体负责督办的农村委、教科文卫委和环资委与市政府及相关承办单位联系沟通，组织市人大常委会委员和市人大代表专题视察议案办理情况，召开督办会了解议案办理进度、提出办理要求。10月25日，市八届人大常委会第十五次会议分别听取和审议市政府关于6件议案办理情况的报告，并对议案办理情况进行满意度测评。　(袁　悦　倪　侃)

第18章　盐城市人民政府

编　　辑　潘其锐

综　　述

2018年，盐城市贯彻落实习近平新时代中国特色社会主义思想和中共十九大精神，围绕高水平全面建成小康社会、高质量发展走在苏北苏中前列目标，推进“产业强市、生态立市、富民兴市”，践行“开放沿海、接轨上海，绿色转型、绿色跨越”发展路径，打好“三大攻坚战”，做好稳增长、促改革、调结构、惠民生、防风险、保稳定各项工作，较好完成年度目标任务。

经济保持平稳健康发展。面对错综复杂的宏观环境和艰巨繁重的改革发展稳定任务，盐城市政府加强问题研判，强化要素保障，重视风险防范，全市经济社会呈现稳中有进、稳中向好态势。主要经济指标平稳增长。全市地区生产总值同比增长5.5%，一般公共预算收入同比增长5.8%，税收收入占一般公共预算收入80.1%，固定资产投资同比增长9.2%，社会消费品零售总额同比增长7.3%，城乡居民收入分别同比增长8.2%、8.8%。转型升级步伐加快。三次产业结构优化为10.7∶44.6∶44.7。全口径工业开票销售5528亿元，同比增长17%。深入开展“产业项目载体提升年”活动，“两重一实”项目完成投资1116亿元，全年新竣工亿元以上项目185个，制造业投资占固定资产投资比重达62.5%。传统产业提档升级，510个千万元以上技改项目完成年度投资428亿元，300家规模以上企业“上云”，新增省级智能车间示范项目9个，新创首(台)套重大装备及关键部件连续四年位居全省前列。新能源、电子信息、节能环保等战略性新兴产业占工业总产值23%，新能源发电量占全市用电量39%，电子信息产业产值同比增长30%。现代服务业加快发展，服务业增加值同比增长8%，对经济发展贡献率50%以上，新增省级生产性服务业集聚示范区3家，创成国家AAAA级旅游景区4家。现代农业水平加快提升，新增设施农渔业9666公顷，绿色优质农产品比重38%。创新活力明显增强。全社会研发投入占地区生产总值比重2.1%，提高0.07个百分点。新增高新技术企业285家，新创国家级企业技术中心2家、省级企业研发机构44家，高新技术产业产值占规模以上工业产值比重37%。要素保障支撑有力。全市年末贷款余额5004亿元，制造业新增贷款占新增贷款比重全省第二。推进企业股改上市，新增新三板企业3家，丰山集团在A股成功上市。持续实施“515”人才引进计划，实施人才激励“10条政策”，发放人才资助资金1.12亿元，引进各类领军人才361名。

发展活力不断增强。坚持把改革开放作为高质量发展的动力和源泉，以更大的力度推进改革，以更广阔的视野扩大开放，不断拓展发展新空间。开放沿海成效明显。全市抢抓“一带一路”、长江经济带、长三角一体化和淮河生态经济带等国家战略机遇，集聚吸纳各类资源要素，不断扩大对

12月15日，第六届中韩公共外交论坛在盐城召开　　盐阜大众报社/供

外开放合作优势。盐城港新增万吨级以上码头泊位3个，港口吞吐量9808.4万吨。宝武集团2000万吨级绿色精品钢生产基地等重大项目签约落户，东山精密电子等一批重大项目竣工投产。东风悦达起亚“焕驰”轿车出口埃及、菲律宾，迈出开辟海外汽车市场第一步。接轨上海全面深入。牵头成立长三角协调会新能源产业专委会，与上海临港集团、光明集团开展深度合作，组织1026家单位参加首届中国国际进口博览会，在上海举办各类招商推介活动，主动承接产业转移。依托中国盐城（上海）国际科创中心开展“飞地研发”，推动上海科创成果在盐城转化应用。加强盐沪旅游合作，签约旅游投资、市场开发和媒体宣传三大类35个项目，总投资超150亿元，主要农产品占上海市场10%。园区载体支撑有力。中韩（盐城）产业园建设实施方案获得省政府批准，中韩产业园合作协调机制第二次会议、第一届中韩产业园合作交流会和第六届中韩公共外交论坛在盐城召开，中韩（盐城）产业园发展基金完成投资76.3亿元，撬动社会资本59.6亿元，核心区外贸出口额、实际利用外资分别占全市12.5%、24.2%。推动园区等级创建，全市重点园区对经济增长贡献率达49.2%。

区域发展更加协调。树立全域思维、紧凑理念，大力提升中心城区首位度，推动市县协同发展。坚持规划引领。强化规划战略管控作用，组织开展新一轮城市（镇）总体规划修编工作，促进市县统筹、城乡融合，推动城乡高质量发展。空间布局不断优化。推动“五大组团”建设，南海未来城组团开工建设南海公园、市民中心等项目，大洋湾生态组团建成登瀛阁、长乐水世界等项目，高铁枢纽组团启动建设高铁站房，先锋岛生态组团完成部分地块拆迁，斗龙港生态组团城市森林公园一期项目建成运营。城市管理更加精细。开展“三治三化”专项行动，全市改造棚户区3.36万户、475.4万平方米，其中市区改造棚户区1.87万户、251万平方米，整治老旧小区6个，拆除各类违法建设54.2万平方米。新四军重建军部纪念塔（大铜马）复位，启动建军路商圈改造升级。制定城市规划建设管理标准导则，系统推进城市管理“十没有”“二十有”创建，全面开展工地围挡、店外出摊、户外广告、停车秩序等整治行动，全国文明城市创建深入推进。基础设施不断完善。开展新一轮基础设施建设三年行动计划，完成年度投资638亿元。盐青铁路正式通车，盐徐高铁完成线下工程，盐通高铁桥梁桩基工程任务过半，大丰港铁路支线可研通过审查。市区内环高架三期主体工程完成50%以上，盐城至南京、东台至兴化等5条高速列入省新一轮高速公路网规划。盐城南洋国际机场T2航站楼建成运营，新增宁波、长春、呼和浩特3条航线，恢复香港、南京等航线，旅客吞吐量突破180万人次。乡村振兴战略深入实施。坚持农业、农村、农民一体化推进，推动农业全面升级、农村全面进步、农民全面发展。完成农村康居工程三年行动计划，累计改造农村危旧房18万户，开展农民群众住房条件改善工作并启动“十镇百村”试点。新改建农村公路1112千米、桥梁684座，10个镇新开镇村公交，行政村双车道四级公路全覆盖。开展农村人居环境整治提升行动，建成省美丽乡村20个。深化农村土地“三权分置”改革、农村产权制度改革，新建家庭农场563家，新增农民农业合作社493家。

人居环境持续改善。树立绿水青山就是金山银山的发展理念，主动作为，打好污染防治攻坚战，加大生态环境治理力度，推动绿色转型、绿色跨越。绿色发展成效明显。推进节能减排降耗，新创建国家绿色工厂3家、国家绿色园区1家。突出抓好“四个一批”专项行动和沿海化工园区整治，全市关停化工生产企业22户、危化品码头4个，化工生产企业入园率85%。加强绿色施工管理，在全省率先制定《市区建设工程围挡设置规范》，推进施工扬尘治理标准化建设。环境治理扎实有力。坚决贯彻中央环保督察整改要求，中央环保督察“回头看”256件交办信访件全部程序性办结。深入推进“263”“绿盾2018”专项行动，一批历史遗留问题得到解决。全力实施“大气环境质量提升工程”，盐城连续四年被省政府表彰为大气污染防治优秀城市。整治城市黑臭水体，落实21条河湖“一河一策”整治措施，城镇污水集中处理率84%，地表水国省考断面首次消灭劣Ⅴ类。加强固体废弃物、有毒化学品和垃圾处置，全市危废处置总能力位居全省前列。推进以畜禽养殖污染整治为重点的农业面源污染治理，大型规模畜禽养殖场治理率100%。生态优势不断彰显。实施湿地生态修复工程，盐城珍禽保护区内4600余公顷湿地得到有效恢复。国务院正式同意盐城市黄海湿地项目作为2019年国家申报世界自然遗产项目，并接受世界自然保护联盟专家现场考察评估，成功举办2018黄（渤）海湿地盐城国际会议。实施“一片林”工程，加快推进国家森林城市创建工作，新增成片林1.03万公顷、改造提升1.12万公顷，建成森林小镇24个、森林村庄112个，城镇绿地新增3447公顷，绿化造林总量全省第一。

民生福祉不断增进。树立以人民为中心的发展思想，抓住老百姓最急最忧最盼的事情，尽力而为、量力而行，增强人民群众的获得感、幸福感和安全感。坚持民生优先发展。推进基本公共服务功能配置标准化建设，全市用于民生类的财政支出占一般公共预算支出77%，20件民生实事项目完成年度投资173.7亿元，公共服务供给更加均衡、质量持续提升。新水源地及跨区域引水工程建成通水，在全省率先完成全市域水源地达标整治任务。全市人民喝上了更加安全优质的饮用水。开展教育领域突出问题专项治理，不断扩大优质教育资源供给，新增各类学校66所，重奖名师、引进名校，普通高中招生录取率65.3%，提高10个百分点。推动“健康盐城”建设，市区及东台市通过“国家卫生城市”复审，新设立院士工作站2个、名院名医工作室8个，新增省示范乡镇卫生院11个、省示范村卫生室133个，完成省下达的4万座农村改厕任务。加强全民健身，成功举办第28届东亚保龄球锦标赛、中华龙舟大赛（盐城）站、首届大洋湾龙舟大赛、庆元旦长跑活动。坚持文化惠民，新建村（社区）综合文化服务中心629个。社会保障体系不断完善。制定实施新一轮促进就业创业政策，全年新增城镇就业11万人，城镇登记失业率控制在1.8%。实施全市统一的城乡居民医疗保险，城乡基本养老保险覆盖率97.5%。民生五项保险和兜底救助全面落实，实现城乡低保标准一体化。打好精准脱贫攻坚战，14.5万户建档立卡低收入人口和37个省定经济薄弱村实现脱贫，家庭年人均纯收入全部达到国家4000元的脱贫标准，消除绝对贫困现象。社会大局保持和谐稳定。深入推进法治盐城、平安盐城建设，开展扫黑除恶专项斗争，组织系列“黄海行动”和“梳网清格行动”，连续七年获得省社会治安综合治理工作先进市。加强社会矛盾预防和化解力度，妥善解决一批信访积案和历史遗留问题，进京、去省非访数持续下降。健全完善安全生产责任体系、风险防控体系、依法治理体系和基础保障体系建设，事故起数和死亡人数继续保持双下降态势。严格控制新增债务，妥善化解存量债务，政府债务管理得到加强。

自身建设不断加强。坚持用习近平新时代中国特色社会主义思想武装头脑、指导实践、推动工作，以人民为中心，不忘初心、牢记使命，提高政治站位，树牢“四个意识”，坚定“四个自信”，坚决做到“两个维护”，更好发挥政府作用，更加让人民满意。深化“放管服”改革。“3550”改革实现常态化、制度化，在全国首家全面推行投资项目可行性报告、节能评估报告、社会稳定风险评估“三书合一”，在全省首推投资建设项目“不见面”图审。市本级不见面审批事项占全部审批事项比例83.1%。坚持依法行政。优化完善重大行政决策程序规定，发挥政府法律顾问作用，做到依法决策、民主决策、科学决策。自觉接受市人大依法监督、市政协民主监督，听取民主党派、人民团体和各界人士意见，办理市人大代表议案建议162件、市政协委员提案346件，办结率100%，满意率和基本满意率99.8%。深化作风建设。落实党风廉政建设责任制，坚持把纪律和规矩挺在前面，深入推进廉洁从政。主动接受省委巡视，做好市委巡察涉及政府部门反馈问题的整改，支持纪委监委对政府系统存在的腐败现象进行严肃查处，对腐败问题切实做到零容忍、无禁区、全覆盖。严格执行中央八项规定及实施细则和省市委十项规定，严格遵守廉洁自律各项规定，打造为民务实清廉的政府形象。

第一节　重要会议

一、市政府常务会议

2018年，市政府召开常务会议12次。

1月23日，市政府召开第九次常务会议，听取2017年度企业“争星创优”评定工作情况，研究《关于全面治理拖欠农民工工资问题的实施意见》《关于创新政府配置资源方式的实施办法》《盐城市生态文明建设目标评价考核实施办法》《盐城市人民政府关于修改〈盐城市水文管理办法〉等6件市政府规范性文件的决定（草案）》《盐城市人民政府关于废止〈盐城市人口与计划生育实施办法〉等10件市政府规范性文件的决定（草案）》《盐城市市区煤热价格联动办法》《关于进一步保障和改善民生的实施意见》《盐城市生态河湖行动计划（2018—2020年）》等文件。

3月22日，市政府召开第十次常务会议，研究审议《2018年全市深化“放管服”改革工作要点》《全市促进化工产业转型升级培育发展医药产业的意见》《盐城市电动汽车充电设施专项规划（2018—2020年）》《2018年全市沿海发展工作要点》等文件。

5月25日，市政府召开第十一次常务会议，审议通过《市政府党组开展解放思想大讨论活动方案》《盐城市全面推进政务公开工作实施方案》《盐城市突发环境事件应急预案》《市区巡游出租汽车运价改革及调价方案》等文件，讨论《关于深化统计管理体制改革提高统计数据真实性的实施方案》。

6月15日，市政府召开第十二次常务会议，审议并原则通过《盐城市城镇新建居住区配建学校的实施办法（试行）》《盐城市“一窗通办、一网通行”利企便民不见面集成改革工作方案》《2017年度盐城市科学技术奖获奖项目名单》等事项。

7月14日，市政府召开第十三次常务会议，讨论研究《中韩（盐城）产业园建设实施方案》《盐城市旅游业促进条例（草案）》。

8月3日，市政府召开第十四次常务会议，听取全市“两重一实”项目推进情况汇报，审议并原则同意设立盐城明匠智能制造产业投资基金。

8月28日，市政府召开第十五次常务会议，研究《2018年度盐城市目标任务综合考核意见》《关于进一步推进畜禽养殖污染防治与资源化利用工作的实施意见》《关于加强城乡社区治理与服务的意见》等文件，讨论提高城乡困难群众基本生活保障标准、市区停车管理运营工作、调整盐城市职工生育保险费率等具体事项。

10月6日，市政府召开第十六次常务会议，研究《关于全市重点经济技术园区主导产业定位的方案》《关于开展2018年全市开发园区“等级创建”的意见》《关于加快全市物流业发展三年行动计划》《关于加快推进企业上市的意见》《盐城市食品安全事故应急预案》《盐城市本级政府隐性债务化解实施方案》《2018年盐城市本级财政预算调整方案（草案）》等文件，讨论10月份重点工作安排、国资国企改革等具体事项。

10月27日，市政府召开第十七次常务会议，听取高质量发展监测评价考核工作、污染防治攻坚战相关情况汇报，研究部署中央环保督察“回头看”反馈涉及盐城有关问题整改措施，审议2017年度（第五届）市长质量奖评审结果，讨论《关于加快改善全市农民群众住房条件推进城乡融合发展的实施办法》《盐城市慢性病防治中长期规划（2018—2025年）》《盐城市艾滋病防治行动计划（2018—2020年）》《盐城市结核病防治规划（2018—2020年）》《盐城市精神卫生工作规划（2018—2020年）》等文件。

11月21日，市政府召开第十八次常务会议，学习贯彻习近平总书记在民营企业座谈会上的重要讲话精神，集中学习《中华人民共和国宪法》《防范和惩治统计造假、弄虚作假督察工作规定》《盐城市城乡规划条例》等相关法律法规，听取“大棚房”专项清理整治工作情况汇报。

12月2日，市政府召开第十九次常务会议，讨论《盐城市党政领导干部安全生产责任制规定实施办法》《盐城市生态文明建设规划（2018—2022）》，审议通过《盐城市工业企业资源集约利用综合评价办法（试行）》《盐城市政务信息系统整合共享工作实施方案》。

12月30日，市政府召开第二十次常务会议，听取市属企业经营业绩考核情况，审议《盐城市停车管理办法》《盐城市交通投资建设控股集团有限公司组建方案》《盐城市城投集团改革重组方案》《2019年市级财政预算草案》等文件。

二、其他会议

第三轮产业园区项目载体建设现场推进会 2月28日，市委、市政府召开第三轮产业园区项目载体建设现场推进会，对大丰、东台的项目载体进行集中观摩。市委书记、市人大常委会主任王荣平出席会议并讲话，市委副书记、市长戴源主持会议，市政协主席李驰出席。市领导张礼祥、王荣、王小红、吴晓丹、羊维达、倪峰、马俊健、周键云、蒋巍、孙轶、崔浩、葛启发、王锦胜、顾云岭参加。会议贯彻落实中共十九大精神和习近平总书记对江苏工作的重要指示精神，按照省委"六个高质量"发展要求，进一步聚焦产业强市，加快构建现代化产业体系，夯实盐城高质量发展走在苏北苏中前列的基础。各县（市、区）、盐城经济技术开发区、城南新区，以及市各有关部门和单位主要负责人，驻盐重点金融机构主要负责人，省级以上产业园区党（工）委书记、各镇（街道、中心社区）党（工）委书记等参加。会议印发《关于在全市开展"产业项目载体提升年"活动的实施意见》，各地作了书面交流。

全市森林城市建设现场推进会 3月9日，市委、市政府召开全市森林城市建设现场推进会。市委书记、市人大常委会主任王荣平出席会议并讲话，市政协主席李驰等出席。市领导陈红红、王荣、羊维达、倪峰、周键云、崔浩、李逸浩、顾云岭参加。会议贯彻落实中共十九大精神，坚持以人民为中心的发展思想，深化供给侧结构性改革，深入实施"生态立市"战略，实体化、项目化、行政化推进国家森林城市建设，让森林走进城市、让城市拥抱森林，让广大市民进城"森"呼吸、出门"林"距离，为盐城高质量发展积累更多生态财富。会议下达市区园林绿化重点工程建设目标任务，发放园林适生植物选编、市区道路适生乔木推广名录、园林植物栽植与养护技术要点等专业书籍。各县（市、区）、盐城经济技术开发区、城南新区和所属各镇（街道），市有关部门和单位负责人参加。

全市第十次产业园区项目载体建设现场推进会 4月27日，市委、市政府召开全市第十次产业园区项目载体建设现场推进会，集中观摩盐城经济技术开发区、亭湖区、盐都区、城南新区的10个项目载体建设现场。市委书记、市人大常委会主任戴源出席会议并讲话，市委副书记、代市长曹路宝主持，市政协主席李驰参加。市领导张礼祥、陈红红、王荣、王小红、吴晓丹、羊维达、倪峰、马俊健、周键云、蒋巍、孙轶、顾云岭、姜友新参加。会议强调，要深入贯彻落实中共十九大精神，践行新发展理念，坚持创新引领绿色导向，推进产业强市，突破重大项目，推动盐城高质量发展走在苏北苏中前列。会上，各地进行书面交流发言，与会人员对观摩项目进行评价。各县（市、区）、盐城经济技术开发区、城南新区，以及市各有关部门和单位、驻盐重点金融机构主要负责人，省级以上产业园区党（工）委书记、各镇（街道、中心社区）党（工）委书记等参加。

全市污染防治攻坚战暨"263"专项行动电视电话会议 4月28日，全市打好污染防治攻坚战暨"263"专项行动电视电话会议召开。市委副书记、代市长曹路宝出席会议并讲话。市领导陈红红、邹毅实、蒋巍、孙轶、葛启发、李逸浩、王巧全、沈洪清参加。会议要求，按照中央和省市委决策部署，增强政治自觉和行动自觉，解决突出环境问题，打赢污染防治攻坚战，推动生态环境高质量。会上，市政府下达挂牌督办十大项目任务书，各县（市、区）政府、盐城经济技术开发区、城南新区管委会主要负责人递交目标责任书。市"263"专项行动领导小组、市大气污染防治联席会议、水污染防治联席会议成员单位主要负责人在市主会场出席。各县（市、区）、盐城经济技术开发区、城南新区设分会场。

全市创建全国文明城市动员大会 5月11日，市委、市政府召开全市创建全国文明城市动员大会。市委书记、市人大常委会主任市委书记戴源出席会议并讲话。市领导羊维达、孙轶、葛启发、李逸浩、王巧全、顾云岭等参加。会议强调，要深入贯彻落实中共十九大精神，以习近平新时代中国特色社会主义思想为指导，坚持以人民为中心发展思想，切实提高政治站位，增强思想自觉、行动自觉，以只争朝夕的精神和创则必成的决心高质量创建全国文明城市，为决战决胜全面建成小康社会提供重要支撑。市委常委、宣传部部长吴晓丹作工作部署。会上，下发《盐城市创建全国文明城市三年行动计划》等文件，与会人员观看盐城市创建全国文明城市暗访问题专题片，盐都区、亭湖区、市公安局、市城管局、市住房保障和房产管理局作表态发言。各县（市、区）、盐城经济技术开发区、城南新区，市各参创责任单位、挂钩联系单位和有关镇（街道）、社区（村）负责人，市创建指挥部全体人员参加。

全市解放思想大讨论活动动员部署会 5月19日，市委、市政府召开全市解放思想大讨论活动动员部署会。市委书记、市人大常委会主任戴源出席会议并讲话。市委副书记、代市长曹路宝主持，市政协主席李驰等出席。会议强调，要以习近平新时代中国特色社会主义思想为指导，深入贯彻落实中共十九大精神，按照省委、市委部署要求，动员全市上下掀起新一轮解放思想热潮，推进学习新思想、改革再出发、开放迈新步、发展高质量，为建设"强富美高"新盐城凝聚思想共识、集聚磅礴的精神力量。东台市、市发改委、悦达集团、盐都区盐渎街道、大丰区恒北村在会上作交流发言。会上下发《关于开展解放思想大讨论活动的实施方案》。会议以视频会议形式召开。市委常委，在盐市人大常委会、市政府、市政协领导，市中级人民法院院长、市检察院检察长，市各有关方面负责人在市主会场出席会议。各县(市、区)、盐城经济技术开发区、城南新区设分会场组织收听收看。

全市第十一次产业园区项目载体建设现场推进会 6月19日，全市第十一次产业园区项目载体建设现场推进会召开，集中观摩阜宁县、建湖县的6个项目载体建设现场。市委书记、市人大常委会主任戴源出席并讲话。市领导张礼祥、陈红红、王荣、王小红、羊维达、倪峰、马俊健、孙轶、吕拔生、顾云岭参加。会议强调，要学习贯彻习近平新时代中国特色社会主义思想，按照新发展理念要求，坚持生态优先、绿色发展，深入解放思想，推动产业升级，加快产业强市步伐，为盐城高质量发展走在苏北苏中前列奠定基础。市委副书记、代市长曹路宝主持，市政协主席李驰等参加。会议传达省委、省政府关于全力配合中央环保督察“回头看”工作的部署要求。各县(市、区)、盐城经济技术开发区、城南新区，以及市各有关部门和单位主要负责人，全市重点经济技术园区党(工)委书记等参加。

全市城市精细化规划建设管理现场观摩会 7月19日，全市城市精细化规划建设管理现场观摩会召开。市委书记、市人大常委会主任戴源出席并讲话。市委副书记、代市长曹路宝对现场观摩情况进行点评，并作工作部署。市领导王荣、羊维达、周键云、李逸浩参加。会议强调，要认真贯彻习近平总书记关于城市工作的重要指示精神，自觉践行以人民为中心的发展思想，按照省委对盐城高质量发展的最新要求，对标全国文明城市创建标准，提高规划建设管理精细化水平，打造更加文明、更有活力的现代化城市，让人民群众享有更加美好的城市生活。会议观摩市区城市精细化规划建设管理工作的特色亮点，盐都区、亭湖区、城南新区和市规划局、城建局、城管局负责人作交流发言。各县(市、区)、盐城经济技术开发区、城南新区，市各有关部门和单位负责人等参加会议。

庆祝2018年中国医师节大会 8月17日，庆祝2018年中国医师节大会召开。市委书记、市人大常委会主任戴源出席并讲话。市委副书记、代市长曹路宝，市政协主席李驰等出席。市领导王荣、崔浩、倪峰、周键云、葛启发、孙长春参加。会议表彰优秀乡村医生、优秀医务工作者和医德标兵，重奖省级以上临床重点专科带头人。各县(市、区)、盐城经济技术开发区、城南新区、市有关部门单位负责人等参加。

全市河长大会 8月28日，市委、市政府召开全市河长大会。市委副书记、代市长曹路宝出席并讲话。市政协主席李驰出席会议，市委副书记陈红红主持会议。市领导张礼祥、王荣、王小红、羊维达、崔浩、倪峰、葛启发、李逸浩、王巧全参加。会议强调，要深入贯彻中央和省关于推进河长制工作的决策部署，按照市委要求，围绕“两海两绿”发展路径，全面落实河长制，着力提升河湖管理保护水平，建设更加美好的水绿家园。会议以视频会议形式召开，市里设主会场，各县(市、区)、市开发区、城南新区，各镇(街道、园区)设分会场。

全市第十二次产业园区项目载体建设现场推进会 8月29—30日，全市第十二次产业园区项目载体建设现场推进会召开，集中观摩响水、滨海、射阳的9个现场。市委书记、市人大常委会主任戴源出席并讲话。市委副书记、代市长曹路宝主持，市政协主席李驰，市委副书记陈红红等参加。市领导张礼祥、王荣、王小红、柏长岭、崔浩、倪峰、马俊健、周键云、蒋巍、姜友新参加。会议强调，要深入学习贯彻习近平新时代中国特色社会主义思想，全面落实省委十三届四次全会和市委七届六次全会精神，找准“两海两绿”发力点，切实做好“海”“绿”文章，推进项目建设，为盐城高质量发展走在苏北苏中前列提供支持。会上，射阳、滨海、响水、建湖、阜宁作交流发言，其他县(市、区)进行书面交流发言，与会人员对观摩项目进行评价。各县(市、区)、盐城经济技术开发区、城南新区，以及市各有关部门和单位主要负责人，全市重点经济技术园区党(工)委书记等参加。

全市加快改善农民群众住房条件工作会议 9月14日，市委、市政府召开全市加快改善农民群众住房条件工作会议。市委书记、市人大常委会主任戴源出席并讲话。市领导王荣、李逸浩、顾云岭参加。会议强调，要深入贯彻落实习近平新时代中国特色社会主义思想和中共十九大精

8月17日，盐城市举行庆祝2018年中国医师节大会　盐阜大众报社/供

神，按照省委十三届四次全会和全省加快改善苏北地区农民群众住房条件工作会议部署要求，全面落实以人民为中心的发展思想，围绕实现“两高”目标，以实施乡村振兴战略为引领，尊重群众意愿，推进农民群众按城镇化规律集中居住，显著提升群众的住房条件、人居环境、公共服务和文明程度，真正让农民享有与时代同步的宜居生活。会前，与会人员观摩阜宁县改善农民群众住房条件建设现场。会议播放反映改善农民群众居住条件的专题片，各县（市、区）、市国土资源局、市城乡建设局作表态发言。各县（市、区）党委主要负责人，市各有关方面主要负责人，各镇（涉农街道、中心社区）党（工）委书记以及全市“十镇百村”党组织主要负责人等参加。

县（市、区）工作座谈会 10月15日，县（市、区）工作座谈会召开。市委书记、市人大常委会主任戴源出席并讲话。市领导张礼祥、王荣、王小红、吴晓丹、柏长岭、羊维达、崔浩、倪峰、孙轶、葛启发、李逸浩、顾云岭参加。会议强调，要深入学习贯彻习近平新时代中国特色社会主义思想和中共十九大精神，围绕“两高”目标，把准方向、挑起担子、办好实事、抓好落实、守住底线，坚决打好“三大攻坚战”，切实抓好巡视反馈意见整改，确保全面完成各项工作目标任务。市政协主席李驰参加，市委副书记陈红红主持会议。会议通报2018年前三季度全市经济运行情况和防范化解政府债务相关情况，各县（市、区）、盐城经济技术开发区、城南新区作交流发言。市中级人民法院、市检察院和市有关部门主要负责人等参加。

全市科技创新工作会议 11月19日，全市科技创新工作会议召开。市委书记、市人大常委会主任戴源出席并讲话。市领导柏长岭、崔浩、邹毅实、周键云、孙轶、葛启发、姜友新参加。会议强调，要坚持以习近平新时代中国特色社会主义思想和中共十九大精神为指导，学习贯彻习近平总书记关于科技创新的重要论述，落实全省科学技术奖励大会暨科技创新工作会议和市委七届六次全会精神，进一步解放思想、提升站位、务实作为，推进创新驱动发展战略，加快提升区域创新发展整体水平，推动高质量发展走在苏北苏中前列。各县（市、区）、盐城经济技术开发区、城南新区，以及市各有关部门和单位主要负责人，全市重点经济技术园区党（工）委书记，驻盐高校和科研院所，全市规模以上工业企业、高新技术企业、科技企业孵化器、众创空间等主要负责人代表参加。

第二节 重要活动

中韩（盐城）产业园投资说明会暨第十一届海盐文化节 5月18日，中韩（盐城）产业园投资说明会暨第十一届海盐文化节开幕。市委书记戴源致辞。韩国驻上海总领事馆总领事朴善源，国家电力投资集团有限公司副总经理夏忠，台湾工商协进会理事长、台玻集团董事长林伯丰，市政协主席李驰等出席。近400名国内外知名企业、高校院所的嘉宾和客商参会，现场签约一批重大合作项目。市委常委、常务副市长陈红红作推介。市领导羊维达、倪峰、蒋巍、孙轶、崔浩、王巧全，各县（市、区）、盐城经济技术开发区、城南新区和市有关部门负责人等参加。

市党政代表团赴上海学习考察 6月20—22日，盐城市党政代表团赴上海学习考察，认真学习借鉴上海改革创新先进经验，与上海虹桥商务区签订战略合作协议，成功举办先进制造业投资说明会，拜访驻沪知名企业。中共中央政治局委员、上海市委书记李强，上海市委副书记、市长应勇会见盐城市委书记戴源，市委副书记、代市长曹路宝一行。上海市委常委、秘书长诸葛宇杰，上海市副市长彭沉雷参加会见。浦东新区区委副书记冯伟等陪同考察。盐城市政协主席李驰参加考察。市领导陈红红、王荣、羊维达、倪峰、孙轶、顾云岭，各县（市、区）、盐城经济技术开发区和城南新区主要负责人，市有关部门和悦达集团负责人等参加学习考察。

6月30日，盐城新水源地及引水工程主线通水仪式举行 盐阜大众报社/供

盐城新水源地及引水工程主线通水仪式举行 6月30日，新水源地及引水工程主线正式建成通水。市委书记、市人大常委会主任戴源，市政协主席李驰出席。张礼祥、陈红红、王小红、吴晓丹、羊维达、倪峰等在盐市四套班子领导参加。作为全市历史上最大的跨区域引水工程，盐城新水源地及引水工程跨扬州、盐城两市，从京杭大运河宝应县氾水镇取水引入盐城。工程铺设1条83千米主线管道和大丰、建湖、射阳3条支线管道，连同支

线合计总长213千米,总引水规模为每天115万吨,供水范围包括盐城主城区、建湖县、射阳县、大丰区,受益面积约8936平方千米,总受益人口近500万人。工程于2017年2月28日全面开工建设。

中国盐城第八届沿海发展人才峰会 11月25日,中国盐城第八届沿海发展人才峰会主题活动在上海举办。市委书记、市人大常委会主任戴源,省委组织部副部长、省人社厅厅长戴元湖,上海交通大学党委副书记顾锋出席并致辞。市领导崔浩、周键云、葛启发参加。峰会期间,举行"两海两绿"人才招聘会、科技创新资源对接会、医疗卫生接轨上海工作恳谈会、现代农业高端人才专场对接会等对接活动。各县(市、区)、盐城经济技术开发区、城南新区,市有关部门负责人等参加。8所上海高校负责人、7名两院院士、300多名国家"千人计划""万人计划"专家等高层次人才参加峰会,现场签订"产业、人才、资本"合作项目182个,《新华日报》《解放日报》、新华网、人民网等18家媒体宣传报道峰会盛况。市人力资源和社会保障局、科技局、农业农村局、金融监督管理局等6个成员单位分11个板块举办形式多样的分会场活动,参加峰会高层次人才数、集中签约项目数、分会场活动数、媒体参与数为历届峰会之最。

市党政代表团赴广东深圳考察学习 11月26—28日,市委书记、市人大常委会主任戴源率市党政代表团赴广东深圳考察学习。市领导羊维达、周键云、蒋巍、李逸浩参加。在深圳举行新兴产业暨现代海洋经济推介会,深圳中介机构和行业协会代表,以及100多家在行业内具有影响力的龙头骨干企业嘉宾参加会议,高端装备、智能制造、电子信息、风电光伏等方面的25个项目成功签约。

第三节 实事工程

2018年,市政府20项为民办实事项目完成投资173.7亿元,完成年度计划的108.4%。

城乡基础设施得到改善。实施主城区黑臭水体和城乡河道整治完成投资37.5亿元,市区第Ⅲ防洪区全流域水环境治理开工建设,疏浚八灶河、老小洋河等682条大小河沟1097万方。新水源地及引水工程完成投资32亿元,主线和建湖、大丰、射阳3条支线全部建成,通水运行正常,水质稳定。推进城乡公交一体化完成投资32.2亿元,全市建成农村公路1418千米、改造桥梁801座,完成400座站杆(牌)改建和5条公交线路的开通。提升改造市区路灯照明完成投资5960万元,完成市区主次干道、人行道、支路巷道路灯的提升改造及世纪大道沿线等5个节点亮化。提升街头绿化完成投资6330万元,朝阳公园、幸福游园等12个公园(绿地)全部竣工。

便民利民服务提升。提升基层体育设施工程完成投资665万元,为50个老旧小区安装新的室外体育健身器材,完成25千米健身步道建设。规范编制门牌号码完成投资1700万元,完成8000条街巷、2000个住宅小区和1.5万个村组门楼牌的规划编制。实施公共法律服务全覆盖工程,完成投资1452万元,在全市办理法律援助案件8225件。建成6个农贸市场,完成投资8711万元,所建农贸市场如期竣工营业。实行"一窗通办、一网通行"利企便民集成改革完成投资1118万元,完成19类企业开办"一件事"办事指南编制,线上综合受理平台上线试运行。

公共资源持续供给。实施中心城区中小学、幼儿园建设,完成投资14.9亿元,亭湖长坝小学等10个学校开工建设;开发区北师大盐城附属中学等3个学校主体竣工;盐都区枫叶国际学校等5个学校投入使用。推进卫生信息化惠民工程完成投资1000万元,市一院、市二院、市四院、市中医院、市妇保院、市口腔医院6家市直三级医院接入远程医疗平台,9个县(市、区)人民医院远程医疗系统实现互联互通,电子健康档案得到推广应用。丰富群众文化生活完成投资8240万元,完成"三送"任务,建成60个阅读新空间。

社会保障得到加强。建设保障性安居工程和整治老旧小区,完成投资50.9亿元,市区新开工棚改安置住房4357套,基本建成2771套,完成"三治三化"棚改1.87万户,完成北港花苑等老旧小区整治。实施就业惠民"三助"行动完成投资1.26亿元,新增城镇就业12.2万人,服务企业用工4.8万人,帮助1.48万名就业困难人员再就业。开展关爱残疾人专项行动,完成投资4669万元,为1396名残疾儿童提供免费康复服务,为2270名残疾人免费适配辅助器具,完成333户贫困残疾人家庭免费无障碍改造。推进低收入农户脱贫致富,完成投资4988万元,70个扶贫项目全部实施,帮助2.84万户低收入农户增收。推进公共安全技防工程建设,完成投资7000万元,新建视频监控1526个,整合公安、交通、卫生视频监控8186个。实施兜底救助工程、实施政府民生综合保险,工程全部按期完成。 (马文浩)

第四节 对口援建

2018年,盐城对口帮扶陕西铜川,对口支援新疆察布查尔、青海同德、湖北秭归,对口合作辽宁阜新。对口帮扶陕西铜川,全年投入帮扶资金3497万元,实施扶贫协作项目71个。全年举办盐铜劳务协作专场招聘会15次,促成铜川155名贫困劳动力在江苏就业。组织就业创业培训26期1179人,其中贫困人口1108人,752名贫困劳动力培训后实现就业;开展两地干部人才教育培训交流活动,盐城安排14名干部到铜川挂职交流,铜川安排55名干部到盐城跟班学习;发挥两地红色资源优势,推动干部教育培训,组织两地干部人才轮训6期488人次;推动"盐企入铜",江苏悦达集团有限公司、江苏苏美达集团有限公司投资10亿元的铝合金车轮项目在铜川开工建设;动员盐城社会各界参与盐铜扶贫协作,先后向铜川捐资捐物1279万元。对口支援新疆,全年投入援疆资金8180万元,实施7大类21个重点项目,盐城援疆工作组被江苏省对口支援新疆伊犁州前方指挥部表彰为2018年度援疆工作先进单位。对口支援青海，全年安排项目13个，完成投资5970万元。支援建设的同德县人民医院、县城净化水厂、高原美丽乡村等一批民生实事项目如期交付使用。对口支援湖北，支援三峡库区移民社会公益项目援助资金120万元，年内全部拨付到位。对口合作辽宁阜新，落实《辽宁省和江苏省对口合作2018年度工作计划》，与辽宁阜新市签署对口合作工作框架协议，达成两地产业合作共识。（庄　雷）

第五节　政务公开

2018年，盐城市政府围绕“两海两绿”发展路径，坚持以“公开为常态、不公开为例外”，纵深推进决策、执行、管理、服务、结果公开，拓宽公开范围，创新公开形式，完善公开机制，增强公开实效，回应社会关切，提升政府公信力，为建设人民满意的政府提供有力保障。全年主动公开政府信息19.25万条，其中各县（市、区）公开11.9万条，市直部门公开7.3万条。做好政策解读，累计发布政策解读1581篇；举办政府新闻发布会122场。系统推进网上办事，市级1056项政务服务事项及其要件信息全部通过政务服务网向社会公开。开展政务服务“一号答”，全面整合21条政府热线，构建多功能、综合性、全方位和便捷高效的“12345”在线规范化体系。在市政府网站开设《盐城好大米》《盐城市全面推进交通“一张网”建设》等32期专题专栏，举办“全市食品药品监管情况介绍”“推进教育公平，切实做好中心城区义务教育招生工作”等在线访谈20期，权威发布热点信息。用好“两微一端”平台，年内累计公开政府信息3万条以上，“盐城发布”政务微博微信、“智慧盐城”、盐阜大众报新闻客户端等市级平台的影响力和覆盖面得到提升。

（马文浩）

第六节　体制改革

2018年，盐城市贯彻中央、省深化改革的总体部署，落实《中共盐城市委全面深化改革领导小组2018年工作要点》，在重点领域和关键环节的改革任务取得新进展。进一步推动“放管服”改革，盐城“三书合一”“多图联审”做法作为江苏省“不见面审批”改革经验获中央办公厅、国务院办公厅发文推广。推进农村改革，农村承包土地确权登记颁证任务全面完成，全市发证村（居）1951个、发证农户146.85万户；开展“三权分置”试点实践，年内12个试点镇完成试点任务。推进财税体制改革，在全省率先实施市级财政授权支付方式改革；落实增值税制度改革措施，推进个人所得税改革，推进社保非税征管职责划转，先行先试环保税开征工作。推进科技体制机制改革，全年全市新增高新技术企业285家，全市高新技术企业总数898家，净增数位居苏北苏中前列。推动国资国企改革，年内推进国资布局结构调整，组建成立燕舞航空产业集团、海兴集团；清理退出亏损或“僵尸”企业21户。构建开放型经济体制机制，提升中韩（盐城）产业园建设水平，复制上海自贸试验区政策和推广事项96项。推进教育体制改革，投入29亿元，新建、改扩建中小学幼儿园66所；推行主城区13所普通高中一体化招生，2018年全市高中阶段招生增加普通高中计划近5000人；加强教师队伍建设，新招聘教师2631人。推动医疗卫生体制改革，全市推进公立医院综合改革，12家公立医院、10家社会办非营利性医院制定医院章程，东台市人民医院被国家6部委确定为江苏省唯一一家县级现代医院管理制度试点医院。推动生态文明体制改革，在全省率先修编完成《盐城市生态文明建设规划（2018—2022）》，明确5大类48项重点工程任务；助推盐城申遗工作，成功召开2018黄（渤）海湿地盐城国际会议，国务院正式同意黄海湿地项目作为2019年国家申报世界自然遗产项目。全年全市营商环境呈现良好势头，在2018年全省营商环境评价中，盐城市位列全省设区市并列第五名、苏中苏北第三名，被通报表彰为营商环境综合评价先进地区。启动新一轮全国文明城市创建工作，年度测评成绩在全国120多个参创城市中位列第二。

一、“放管服”改革

2018年，盐城在全省率先推行“一窗一网”不见面集成改革，并将其列入2018年市政府为民办实事项目，梳理首批19类企业开办、不动产交易登记等“一件事”项目，整合申请材料和申报表格，让企业和群众办理，只提供“一套材料”、填写“一张表单”。同时，设置综合受理窗口，开发综合受理平台，完善“一张网”建设。深化不见面审批（服务）改革。梳理“不见面”清单。凡是能通过网上申办、邮政寄递、代办服务等方式，实现“不见面”的，全部纳入不见面事项清单。年内，全市梳理公布“不见面审批”事项万余项。巩固“3550”改革成果。按照“前台综合受理、后台分类审批、数据网上传输、统一窗口出件”审批方式，在开办企业方面，实现企业名称核准、营业执照办理、企业刻章、银行开户和发票申领“五个提速”。在不动产登记方面，将房产登记与交易职责整合到不动产登记中心，实施不动产登记交易“一窗通办、一网通行”改革，按服务功能设立“一台四区”，企业和群众只须排一次队、拿一次号、交一次申报材料。在施工许可方面，将流程整合为立项审批、用地审批、设计审批、施工许可4个阶段，实行“一窗受理、分段并联、同步办理、限时办结”。全市基本实现“3550”改革目标。实施“证照分离”改革。对企业准入领域的100项行政许可事项采取5类管理方式：取消审批，取消审批、改为备案，简化审批、实行告知承诺制，提升审批的透明度和可预期性，对涉及公共安全等特定活动加强市场准入管理。探索信用承诺制改革。在全省率先探索推进工业企业“零用地”技术改造项目信用承诺制改革试点和卫生许可证审批告知承诺制改革试点。其中，工业企业“零用地”技术改造项目信用承诺制改革后，符合条件的项目，审批环节从原来的16个压缩到4个，申报材料从原来的55份减少为1份立项申请和6份承诺书；卫生许可证审批时间从原来的平均5天缩短到1天，办理环节从原来的平均6个缩短到2个，申报材料费用从原来的平均每件1.5元减少到每件0.2元。

二、市县两级综合行政执法改革

2018年，盐城根据中央和省委对开展综合行政执法体制改革工作的要求，结合盐城实际，广泛开展调研，借鉴省内外先进地区经验，在摸清市本级和各县(市、区)执法队伍底数，包括执法队伍的数量、性质、在编人员、编外用工等情况基础上，起草《盐城市综合行政执法体制改革实施方案》。《实施方案》明确在交通运输、农业、城市建设管理、文化市场、市场监管等领域推进综合行政执法，组建5支综合行政执法队伍，实现“一个领域一支队伍管执法”。文件起草后，征求市直22个部门的意见，结合市直部门的修改意见，进行修改完善。在推进市级综合行政执法改革工作的同时，加快推进县级综合行政执法改革工作，选取阜宁县作为县域综合行政执法体制改革试点，并指导阜宁制定《阜宁县深化综合行政执法体制改革方案》。

三、经济发达镇行政管理体制改革

2018年，盐城在盐东镇前期试点工作基础上，进一步深化盐东镇行政管理体制改革工作，全面推进“便民服务一窗口、综合执法一队伍、管理服务一中心、镇村治理一张网”等经验推广，继续创新职能配置，整合行政资源，再造审批流程，强化权力监督和制度保障，打造人民群众满意的基层公共服务新模式，并通过省镇改办对盐东镇“四个一”落实情况的专项评估。上冈镇被列为新一轮经济发达镇行政管理体制改革试点后，制定《建湖县上冈镇行政管理体制改革方案》，并于9月获省政府批准实施。年内，上冈镇对照省《赋予行政管理体制改革镇经济社会管理权限指导目录》，审核确认首批下放权力事项279项，其中行政审批与公共服务类39项，行政执法类240项，占省赋权指导目录总数的68%，以县政府名义报省法制部门审核。

四、农业农村改革

2018年，盐城推进农村承包土地“三权分置”(三权即所有权、承包权和经营权)改革，农村承包土地确权登记颁证任务全面完成，全市发证村(居)1951个、发证农户146.85万户。开展“三权分置”试点实践，释放承包经营权抵押、担保等财产权能。开展宅基地确权登记发证、自愿有偿退出工作，2018年盐城市试点开展农村宅基地及农房统一调查登记发证工作，年内12个试点镇全部完成，并进一步扩大试点成果，将农村不动产权籍调查全部纳入第三次全国国土调查工作。推进农村产权制度改革，全市农村集体资产清产核资任务在年内基本完成。加快培育新型农业经营主体，建立家庭农场信息库，开展示范家庭农场、农民合作社培育认定工作，完善名录制度。全市家庭农场达到4858家，其中省级示范家庭农场141个，市级306个。强化农村集体“三资”(资金、资产和资源)管理，全市农村集体“三资”监管信息系统全面建成，实现对集体资产财务实时管理、实时监督、实时公开。

五、财税体制改革

2018年，全市推进财政支付方式改革，在全省率先实施市级财政授权支付方式改革，10月起市级预算单位运转经费全部实行财政授权支付。加大专项资金清理整合力度，市级专项资金由91个压降为71个。拓展“财政+金融”路径，市财政引导设立产业投资基金12支，协议投资项目48个，引导投资124.5亿元。全域拓展政府和社会资本合作，全市PPP入库项目实现县(市、区)全覆盖，涉及交通、市政、旅游等11个行业41个项目。建立成本费用控制机制，新水源地引水工程等3个市级重点PPP项目运营期政府付费节约111亿元。加强政府债务管理，研究制定隐性债务化解实施方案。落实政府合规举债，争取新增债券额度170亿元。严格监控债务风险，组织专项督查通报，逐家过堂控债化债和防风险措施。推进国税地税征管体制改革，编制落实255项改革任务、近700个具体事项的改革总台账。全市82个新税务机构挂牌，精简各级内设机构、派出机构、事业单位共149个。落实增值税制度改革措施，推进个人所得税改革，推进社保非税征管职责划转，先行先试环保税开征工作。

六、国资国企改革

2018年，全市推进国资布局结构调整，研究制定市属国资布局结构调整方案，组建成立燕舞航空产业集团、海兴集团，市政府常务会审议通过交投集团和城投集团改革重组方案。部署开展“提质增效攻坚年”活动，逐企确立高质量发展目标，加大经济效益指标考核权重，清理退出亏损或“僵尸”企业21户。市属企业质效得到提升，全年实现营收入1161.2亿元、利润27.7亿元。全面启动盐城肉联厂破产清算，职代会全票通过破产清算方案，至年底在职386名职工中签订解除协议和办理安置手续的382名，完成率99%，创造盐城市同类国企破产程序速度最快、职工最稳纪录。推进国资监管方式转变，上线运行全省首家国资信息化监管系统，将13家市属企业纳入信息平台监管，建成集中统一的国资国企监管数据中心。加强董事会建设，面向全国公开选聘外部董事，向11户市属企业委派外部董事，实现市属企业外部董事委派全覆盖。印发《加强市属企业董事会建设的实施意见》《市属企业董事会议事规则指引》，发挥董事会决策作用。推进国有企业办社会职能剥离，国有职工家属小区供水、供电、供热及物业管理等办社会职能完成年度工作任务。

七、教育体制改革

2018年，全市投入29亿元，新建、改扩建中小学幼儿园66所，每万人口幼儿园配置率1.02所，超过省定标准，教育资源供给水平明显提高。接轨上海成果初显，全市30多所学校与上海知名中小学结为联盟学校，常态化开展互动交流活动，近50位上海等地名师到盐城讲学并组建名师工作室，盐城市校长、教师21批次近千人次到上海参加专题培训，教育接轨上海向纵深拓展。综合改革迈向纵深，开展主城区办学状况调研，形成义务教育教师县管校聘和校长职级制改革等初步方案。推行主城区13所普通高中一体化招生，2018年全市高中阶段招生增加普通高中计划近5000人。加强教师队伍建设，全市新招聘教师2631人，年内新增全国教学名师1人、省特级教师24人，全市特级教师总数175人。组织开展教育领域突出问题专项治理，全市8万余名教师签订拒绝有偿补课公开承诺书，关停或取缔违规违法校外培训机构1444家。

八、文化体制改革

2018年，全市加强"两效统一"的综合考核，强化综合考核导向作用，推动国有文艺院团加快改革发展。全面完成文化市场综合执法改革、文联改革任务。推进传统媒体与新兴媒体融合发展，全省首家以融媒体中心命名的县级中心——盐都区融媒体中心正式成立。盐阜大众报"报网微端"用户突破200万人，智慧盐城客户端下载量达300万人次。推进公共文化服务体系建设，完成村(社区)综合文化服务中心建设全覆盖。推进图书馆和文化馆总分馆制建设，全年新建县级图书馆、文化馆分馆32个。实施文化惠民工程，精心打造"十馆联动"先进文化下基层巡演、"盐渎大舞台""盐渎风"读书节等文化品牌，全年累计送戏2000场次，送展览200场次，送电影2.2万场次。推进书香城市建设，建成190个"书香盐城"全民阅读示范点。组织开展盐城市第三届文创大赛，围绕"文创产品创意""公益传播""建筑及环境"3个主题累计收到作品1356件，吸引市内外众多设计者参与。全面启动新一轮全国文明城市创建工作，年度测评成绩在全国120多个参创城市中名列第二位。

九、医疗卫生体制改革

2018年，全市推进公立医院综合改革，探索管理体制改革，12家公立医院、10家社会办非营利性医院制定医院章程，东台市县级公立医院改革获得省政府通报表彰，东台市人民医院被国家6部委确定为江苏省唯一一家县级现代医院管理制度试点医院。推进紧密型医联体建设，市二院与省肿瘤医院建立紧密型医联体，并挂牌为省肿瘤医院盐城分院，滨海县院与14所乡镇卫生院建立县域医共体。加快建立分级诊疗制度，创新基层服务模式，东台市、射阳县盘湾中心卫生院等4家单位被列为全省家庭医生服务模式创新单位。推进胸痛、创伤、卒中、孕产妇和新生儿危急重症五大救治中心建设。全市双向转诊上转、下转病例与往年同期相比分别增长34.3%、49.5%，逐步建立起"小病在基层、大病去医院、康复回社区"的就医新秩序。药品供应保障有力，规范完成竞价、议价、限价挂网药品市级价格谈判，全市入围省挂网产品率57.3%，并全面执行新标和"两票制"。加强短缺药品供应保障，实行短缺药品月监测零报告，有序推动市级储备。

十、生态文明体制改革

2018年，全市完善生态文明制度体系，在全省率先修编完成《盐城市生态文明建设规划(2018—2022)》，明确五大类48项重点工程任务。研究制定《盐城市生态文明建设目标评价考核实施办法》和绿色发展指标体系、生态文明建设考核目标体系，健全生态文明建设科学考评机制。建立健全市、县、镇三级政府向同级人大报告环境质量状况和环境保护目标完成情况制度。开展生态文明示范创建，建湖县创成国家级生态文明建设示范县，东台市、盐都区创成省级生态文明建设示范市(区)。组织开展国家和省级生态红线划定与调整工作，划定盐城国家级生态红线陆域、海域总面积为6348.3平方千米，占全省国家生态保护红线面积的34.9%，全省最大。打造生态特色品牌，助推盐城申遗工作，成功召开2018黄(渤)海湿地盐城国际会议，国务院正式同意黄海湿地项目作为2019年国家申报世界自然遗产项目。

（徐　静　刘春琳）

第七节　外事工作

一、外事接待

2018年，盐城市接待到访团组37批475人次。其中，重要到访外宾有英国前首相卡梅伦，韩国国会议员、韩国政府前副总理金振杓，韩国驻沪两任总领事朴善源、崔泳杉，韩国驻华大使馆商务官朱泳俊，韩国公共外交大使朴尚勋，菲律宾驻沪总领事库玉甘，智利驻沪总领事伊格纳西奥·孔查，丹麦能源署副署长斯蒂格·乌菲·裴德森，丹麦驻华大使馆能源参赞安瑞，美国联邦众议员吉米·戈麦兹，罗马尼亚伊尔福夫省政府办公厅主任伊奥纳·斯克里奥斯达努，澳大利亚维多利亚州州长内阁厅官员杰西·贝尔彻等。

二、出国管理

2018年，盐城市外办召开全市因公出国管理工作会议1次，举办涉外工作专题培训班1期。全年全市审核审批因公出国团组302批1078人次，其中自组团197批810人次，省内双跨团组103批262人次，国家双跨团组2批6人次。全年全市申办APEC商务旅行卡42张。全年市外办办理邀请外国人签证函110批172人次。

三、友好交流

2018年，盐城市与韩国蔚山南区结好工作进入报批程序。年内，罗马尼亚伊尔福夫省政府代表团到访盐城，盐城与罗马尼亚德瓦市恢复交往。举办第六届中韩公共外交论坛、第二届江苏—加州市长对话会等活动。民间交往有序开展。举办2018盐城友城金秋行活动，韩国、日本、澳大利亚等友好城市代表46人参加，签订友好交流协议4个。组织参加第二届"友城绘"江苏省青少年国际绘画展。举办在盐外籍人士海盐文化体验活动、2018"一带一路"国际友好人士公园定向赛等活动。东台市与澳大利亚加拿大湾市正式结为友好城市。

第二届江苏—加州市长对话会在盐城举行 8月1日，第二届江苏—加州市长对话会在盐城举行。加州6个郡、市和江苏13个市、县(市、区)代表等参加活动。对话会上，加州圣伯纳迪诺郡、尼古埃尔湖市、曼哈顿海滩市等地代表围绕“智慧宜居·科技让城市更美好”“现代城市的低碳可持续发展之路”主题，与出席活动的省内市、县(市、区)负责人展开讨论，盐城城南新区作交流发言。 (顾其军)

第八节 侨务工作

2018年，盐城加强侨界沟通交流，服务全市重大活动。围绕“5·18”经贸洽谈会，成功举办“盐城海外高层次人士专场说明会”，美国、日本、德国、澳大利亚等国家的25位海外高层次人才代表为盐城经济社会发展提出意见建议，得到市领导肯定；举办“海外华侨华人高层次人才江苏行暨盐城海外人才年会”，美国、日本、德国等20多个国家和地区的170余名海外高层次人才参会，11名海外高层次人才被聘为引才大使，22个海外人才科技项目成功签约。

一、侨务文化交流

2018年，盐城举办2018海外华裔青少年“中国寻根之旅”夏令营——江苏盐城营活动，美国、加拿大、韩国72名华裔青少年深入体验盐城传统文化；选派8名教师赴泰国、印尼、智利华校任教；市淮剧博物馆、安丰古街、西溪旅游文化景区3家单位被评为“中华文化海外交流基地”；创建1家国家级、6家省级和20家市级华侨文化交流基地，为亲情中华·荷兰花海和乔冠华故居举行“江苏省华侨文化交流基地”揭牌仪式，精选射阳杂技、盐城淮剧和建湖杂技赴海外文化交流；全年在法国《欧洲时报》、俄罗斯《龙报》、美国《侨报》等海外华文媒体刊登4个盐城宣传专版。

二、侨界公益

2018年，盐城深入开展“侨爱工程·暖侨行动”，成立盐城市华侨投资权益保障协调委员会，鼓励华侨在盐城投资创业，维护华侨投资者的合法权益；举行盐城市涉侨纠纷调解中心揭牌暨特邀调解员聘任仪式，印发《关于侨联组织和特邀调解员协助调解涉侨民商事纠纷案件的意见》，依法护侨维权；举办困难归侨侨眷创业项目帮扶启动仪式，为5户困难归侨侨眷家庭发放12.5万元创业项目帮扶启动资金；办理“三侨生”身份认定9人，受理办结华侨华人来信4件、来访3件、来电8件，积极化解纠纷矛盾；组织归侨侨眷和海外留学生开展“看盐城新貌”活动、举办盐城经济社会发展侨界人士专场报告会。 (沈 平)

第九节 港澳事务

2018年，盐城与香港、澳门展开形式多样的经贸交流和人文交流。盐城接待香港中小企业家代表团到盐城考察，代表团成员涉及金融、地产、物业管理、法律咨询、高端餐饮、机械加工等行业，其间，举办盐港中小企业家圆桌会议，香港和盐城的企业家就寻觅商机、开展合作进行交流。7月，市政协主席李驰率团访问香港、澳门，走访盐城市港澳委员，听取他们对盐城高质量发展和市政协工作的意见和建议，同时宣传推介盐城旅游，为招商引资、招才引智牵线搭桥。10月，盐城市青年代表团赴香港、澳门考察访问，出席第八届江苏—澳门·葡语国家工商峰会，参加盐城(香港)中小企业家圆桌交流会，观摩香港秋季电子展、澳门国际贸易投资展览会，访问香港浸会大学、澳门大学、协鑫(集团)控股有限公司、澳门青年企业家协会等机构。

盐港澳青年菁英圆桌会议 1月11日，盐港澳青年菁英圆桌会议在盐城举办，会议由盐城市委统战部、市港澳办、共青团盐城市委、香港盐城青年联谊会、澳门江苏商会共同主办。会议以“相约盐港澳 青畅大开放”为主题。香港澳门青年联谊会代表、在盐青年企业家代表以及盐城青年联合会代表参加会议。与会青年菁英就抢抓“一带一路”机遇，共同做好“大开发”文章进行互动交流。

2018中国盐城(香港)旅游招商推介会 7月6日，“大美湿地·水韵盐城”——2018中国盐城(香港)旅游招商推介会在香港铜锣湾富豪酒店举行。外交部驻香港特派员公署副特派员宋如安，香港中联办行政财务部副部长孙忠新，文化和旅游部亚洲旅游交流中心副主任崔素香，江苏省政协常委、协鑫(集团)控股有限公司董事局主席朱共山，全国政协委员、圆核文旅集团董事局主席陈泽盛，香港江苏社团总会常务副会长、秘书长姚茂龙，中国国旅(香港)有限公司总经理张晖，春秋国际旅行社(香港)有限公司总经理张雯等30多人应邀出席推介会。宋如安以“来盐城、饱三福(品菜肴饱口福、听淮剧饱耳福、看风景饱眼福)”为主题，对盐城作宣传推介。朱共山表示协鑫集团将与盐城市在观光旅游、休闲度假、青年交流、文创产业等方面开展深度合作，并号召香港旅游、金融、传媒界的实业家到盐城考察访问、投资兴业。 (顾其军)

第十节 台湾事务

2018年，盐城以加强盐台经贸交流合作为重点，全年组织赴台团组65批次324人次，其中经贸团组46批235人次，交流团组19批89人次。全年全市新批台资项目26个，开工、投产21家，协议利用台资6.7亿美元。总投资6亿美元的铠胜(盐城)产业园项目6个月内完成厂房建设、设备安装调试，成功投产达效。全年走访台商台企186家(次)，先后帮助台资企业参加3次大型经贸洽谈会、5次大型用工招聘会。组织指导“银企对接”，与上海银行盐城分行签订服务合作协议，向在盐城台企提供20亿元的综合授信，首期为5家台资台企落实贷款4.5亿元。加强为台商台企及台胞服务水平，至2018年底，全市有20余家台企获市级转型升级、聚力创新、利用外资项目等各类扶持资金920万元，3家台企获得省市“双创”人才资助530万元，盐台空中直航增加一个班次，在盐城就业的台商台胞可享有缴存使用住房公积金待遇。协助180余名在盐城台胞申领“台湾居民居住证”，为台胞在盐城参加社会保险、劳动就业、上学、就医等提供便利。连续九年组织在盐城台商台胞进行身体健康检查。

一、经贸合作

2018年，全市推进盐台经贸合作，深化融合发展，先后举办“两岸（盐城）经贸合作交流会”“台资产业融合发展恳谈会”等经贸活动，承办江苏省第五届“海外台商江苏行”盐城参访活动。实联长宜集团董事长林伯实一行在盐城对接洽谈磷酸锂铁动力电池（LFP）项目，与亭湖区成功签订总投资5.2亿元的投资协议。举办“接轨大上海、融入长三角”——2018盐城台商投资说明会。10月中旬，专程赴沪开展接轨上海专题活动，先后拜访上海市及长宁区、青浦区、松江区、闵行区台办和台协，邀请50余名在沪台商参加投资说明会，取得较好效果。组织市政企代表团赴厦门参加两岸企业家峰会。

台资产业融合发展恳谈会　5月18日，盐城市举行台资产业融合发展恳谈会，会议邀请台湾工商协进会、昆山市台协会等20余名知名台商、重点台企负责人出席，市委书记戴源专门会见台湾工商协进会理事长林伯丰一行。

赴台招商考察　4月下旬，市有关部门及各县（市、区）、园区主要负责人赴台开展招商活动。在台湾期间，先后拜访台湾工业总会、工商协进会、商业总会、台北市电脑公会等7家工商团体，参访友嘉实业集团、台塑集团、和硕联合科技公司、白金科技公司、亿光电子公司等10多家企业，并在台北举办“盐台经贸合作交流推介会”。其间，全市签约11个项目，总投资3.63亿美元，协议注册台资1.62亿美元。

二、服务交流

2018年，盐台两地深化基层交流、校际交流和民间交流。在基层对口交流方面，策划实施4个对口交流项目。其中，“2018江苏·新北智慧社区论坛”“请到麋鹿故乡来——盐城·新北社区交流研讨会”“携手并进·共建家园——盐城·新北社区交流活动”3个交流项目邀请台湾78位里长在盐城参访交流，涵盖新北市的新店、乌来、贡寮、永和、莺歌5个区。“2018江苏·新北智慧社区论坛”是国、省台办交办的交流活动，江苏和台湾新北市的208名村（居）主任、里长参与交流，以“新时代、新家园”为主题，交流和分享智慧社区建设经验做法。亭湖区组织12位社区负责人赴台开展基层村里长交流活动。为继续深化盐台校际交流合作，盐城市先后组织盐城师范学院赴台湾静宜大学、彰化师范大学、东华大学访问交流，江苏医药职业学院与台湾弘光科技大学互访交流，邀请台湾长庚科技大学师生在盐城参加“两岸护理教育发展及盐城四色文化体验营”活动。成功协助盐城工学院和盐城师范学院引进9名台籍老师。全年共接待8批次118人次台湾青少年在盐城参访交流。7月19日，两岸青年参观江苏盐城国家级珍禽自然保护区。指导射阳县成功举办“后羿传说·仙鹤故里——神奇夏令营”活动，邀请台湾景文科技大学师生一行23人到盐城，并与盐城明达职业技术学院校篮球队举办友谊赛，通过以“球”交友，双方加深了解、建立友谊。依托旅台同乡会平台，拓宽民间交流渠道，推进盐台两地民间人员往来。邀请旅台盐城同乡会、旅台阜宁同乡会到盐城参访交流。

《关于促进盐台经济文化交流合作的若干措施》发布　中央《关于促进两岸经济文化交流合作的若干措施》（简称“31条惠台措施”）实施后，盐城市台办主动协调市有关部门，结合盐城实际，联合研究制定相关实施意见。9月12日，在全省率先发布盐城《关于促进盐台经济文化交流合作的若干措施》，细化落实包括促进盐台经贸合作、增进盐台人文交流、实现台胞生活便利化3个方面50条措施，既涵盖台企在产业、财税、用地、金融、就业等方面的各项优惠政策，也涉及台胞在教育、文化、社保、医疗、交通等方面的同等待遇，为台湾同胞在盐城学习、创业、就业、生活提供更多便利，创造更好条件。

7月19日，两岸青年参观江苏盐城国家级珍禽自然保护区　市委台办/供

三、涉台载体建设

2018年，盐城市加强对市台协会、市驻台经贸联络处、台湾农民创业园、海峡两岸渔业交流合作（射阳）基地、

青创基地东方1号创意小镇等涉台载体建设。两岸企业家峰会文创小组专程到盐城参观青创基地东方1号创意小镇。市台办加大对市台协会指导力度，规范协会工作机制，确保协会“月月有活动，企企都参与”。注重发挥市驻台经贸联络处作用，修订完善《考核办法》，重新聘请负责人，在协助岛内活动、提供招商信息、促进两岸交流等方面取得明显成效。推进海峡两岸渔业交流合作(射阳)基地的建设，落实国家级海峡两岸渔业交流合作基地的申报工作。

(薛正州)

第十一节　人才工作

2018年，盐城市人才工作着力以“重磅级”投入吸引“重量级”人才、以人才优势构筑发展优势，为推进“两海两绿”注入丰富的智慧内涵，提供坚实的智力支撑。加强对高层次人才的政治引领和政治吸纳，制定党委联系服务专家工作方案，开展党员领导干部联系服务专家工作，推选15名高层次人才成为全国和省“两代表一委员”，中组部《组工信息》推介盐城市打造“政治磁场”凝聚高层次人才经验做法。加大人才宣传力度，打造“盐城人才工作”微信公众号，开辟《盐城人才工作速递》专栏，常态化宣传展示全市各地各部门人才工作动态和人才典型，密切与人才的互联互通，构建线上“人才之家”，营造重才、爱才、惜才的良好氛围。年内，入选2018年度享受政府特殊津贴人员2人、江苏省有突出贡献中青年专家6人，选聘第三批省“苏北发展特聘专家”60人。

一、人才引进

2018年，盐城市全面推进“515”引才计划，全年累计发放各类“515”引才奖励、补助资金3051.6万元，人才绿卡领卡人数同比增长61%。紧扣新能源、节能环保、大数据、智能终端、高端装备与新材料等新兴产业，组织实施盐城市创新创业领军人才引进计划，向179个领军人才项目发放资助资金1.23亿元。深入开展“双招双引”工程，组织全市重点园区、1000家规模以上企业开展“双招双引”百日竞赛活动，先后在深圳、长沙、南昌、武汉等地举办人才合作专场对接交流会，推动人才向园区、企业集聚。全市企业与高校共建大学生实习实训基地105个，建设大学习见习基地188个，全年招引大学生2.4万人，其中本科以上高校毕业生1.52万名。全年，全市组织各类引才活动200多场，征集近2000家用人单位，提供就业岗位4万多个，签订就业协议2万多份。开展“政策宣传月”“江苏招才月”等系列活动。围绕“两海两绿”战略工程人才需求，举办“盐城市‘两海两绿’高层次(上海)人才招聘会”专场招聘会，组织全市交通、教育、医疗等行业系统28个事业单位和交投、铁投等29个规模较大的企业集团组团赴上海招才引智。

盐城人才政策“新十条”　年内，全市强化人才政策顶层设计，研究制定《关于集聚人才引领高质量发展的十条激励政策》，推出顶尖人才亿元支持、高层次人才贡献奖励、企业引才育才奖励、人才企业获利奖励、乡土人才项目资助、发展人才金融等27个政策点，保证政策力度领先苏北苏中。注重保持政策连续性，在保留“515”人才政策基础上，突出提优补强，抬高领军人才资助上限，提升高校毕业生租房补贴标准，实施留盐毕业生专项补贴，以政策“含金量”提升人才集聚竞争力。

二、海外人才

2018年，全市引进留学回国人员98人，创建省级留学回国人员创新创业园1家，注册留学回国人员创办企业15家，入选人力资源和社会保障部留学人员创业扶持计划1人、省级留创项目资助2人。创建国家级博士后科研工作站1家、省级博士后创新实践基地3家，撤销长期“空站”单位3家，引进博士后研究人员8名，入选省博士后科研资助项目2人。

首届海外人才年会　8月23日，海外华侨华人高层次人才江苏行暨盐城海外人才年会成功举行。美国、德国、日本、韩国、以色列等20多个国家和地区的170多名海外高层次人才应邀参会。会上，11名海外高层次人才被聘为引才大使，11个海外引才工作站获得授牌，22个海外人才科技项目成功签约。

第六届国际精英人才创业大赛　6月20日至8月20日，盐城市组织举办第六届国际精英人才创业大赛，吸引美国、德国、法国、日本、加拿大等20多个国家和地区的459名海内外人才参与比赛，涉及智能终端、新材料、大数据等对盐城产业发展有促进、支撑和引领作用的高成长性人才项目，国内和海外赛区分别遴选20名选手进行决赛，评审出一等奖2个、二等奖4个、三等奖6个。

三、人才培养

机关事业单位技能人才培养　年内，市工考办培训考核260名高级工，93名中级工，54名初级工。全年115人通过省人力资源和社会保障厅考评，获得机关事业单位技师技术等级。56人参加全省高级技师考评。11月1日，市机关事业单位工勤人员继续教育平台全面正式运行，全市机关事业单位工勤人员继续教育培训由“线下培训”方式向“线上培训”方式的转变。全年近7000人参加“线上”和“线下”继续教育培训。

高技能人才培养　年内，市人社局在盐都区文化艺术中心举行以“技创高质量　匠行新时代”为主题的盐城市高技能人才工作报告会暨“盐城技能状元”颁奖活动，全面宣传高技能人才先进典型事迹，弘扬技能成才、技能就业、技能创业。全年全市成功申报1个省级高技能人才专项公共实训基地，2个省级技能大师工作室，6名省级首席技师，4个省级乡土人才技能大师工作室；评选出20名盐城市企业首席技师。全年人社系统选派17名高技能人才赴澳大利亚、德国、英国进行研修，组织26名高级技师参加全省高级技师技能提升培训班并承担维修电工工种的全省培训任务，选派3名优秀木雕大师参加省人力资源和社会保障厅举办的乡土人才雕刻技能大师研修班，选派2名优秀高技能人才参加省厅组织的高技能领军人才休假疗养活动。

乡土人才“百千万”培育工程 年内，盐城围绕乡村振兴战略，实施盐城市乡土人才“百千万”[100名“三带”（“三带”即带领技艺传承、带强产业发展、带动群众致富）标兵、1000名“三带”能手、1万名“三带”新秀]培育工程，评选首批7个乡土名镇、56名“三带”标兵、364名“三带”能手、841名“三带”新秀。组织召开全市乡土人才工作现场推进会，为首批乡土人才代表颁奖，通过先进示范推动全市乡土人才队伍建设，用好用活“土专家”“田秀才”，助力乡村振兴。《新华日报》在头版头条位置，以《挖掘振兴乡村的能工巧匠 盐城：让乡土人才破“土”而出》为题，报道盐城市乡土人才经验做法。

培育企业人才资源 年内，盐城印发《关于实施全市百名新生代企业家英才培育工程的意见》，遴选建立百名新生代企业家英才库，开设企业家大讲堂，组织星级企业家和新生代企业家赴德国、清华大学考察培训、学习研修，优化锻造新型企业家队伍。推进人力资源服务产业园建设，联合中国人才研究会举办人力资源发展峰会，对100名企业经营高级职业经理人、69名中级职业经理人给予培训资助，以人力资源服务业发展带动专业人才培育。

（人社局 严士祖）

第十二节 人力资源管理

一、公务员人事管理

公务员录用和职位管理 年内，全市公务员考录共设置732个职位，计划招录851名，因报名人数不足，达不到开考比例，取消招考职位21个，核减招考计划30人，核减后全市公务员招考职位711个，招录数821名（含省以下垂直管理系统58名），有2.6万人网上报名，2.1万人在盐城参加笔试，2444人参加面试，经过体检、考察（政审）和公示等程序，最终录用公务员和参照公务员法管理事业单位工作人员740名。组织市级机关公务员、参照公务员法管理事业单位工作人员公开遴选，共遴选公务员、参照公务员法管理事业单位工作人员17名。完成市直建设、农业、林业三个系统承担行政职能事业单位改革试点的人员安置工作。

公务员考核 年内，市人力资源和社会保障局将公务员考核列为市委、市政府2018年度对市直部门单位综合考核的重要内容。严格审核各部门单位公务员年度考核意见、平时考核办法、年终考核方案和年度考核结果，严格控制优秀等次比例，严格审查违纪违规人员年度考核等次确定情况，严格兑现优秀处室人员、优秀等次和立功受奖人员的奖励政策。市直行政机关、事业单位工作人员2018年度考核结果的审核备案和奖励工作按期完成，2997人年度考核优秀被嘉奖。

公务员奖励 年内，市人力资源和社会保障局及时对承担急难险重任务有功人员授奖，为有突出贡献的集体和个人分别给予记功奖励。选树先进典型，全年累计推荐79名省级先进工作者（劳动模范）候选人，61个省级先进集体候选单位，5名国家级先进工作者（劳动模范）候选人，1个国家级先进集体候选单位。关心爱护先进模范人物，组织开展2期先进模范人物休假疗养活动。

公务员培训和监督 年内，市人力资源和社会保障局举办新录用公务员初任培训班5期，培训866人；举办市级机关科级公务员任职培训班4期，培训477人；协办苏南苏北对口培训班5期，调训55人；完成310名省新批参公单位工作人员登记前培训考试工作；组织全市1.34万名科级及以下公务员参加在职网络培训。省公务员局年初下达的公务员在职培训3.16万人次指标，实际完成9.32万人次，完成年度目标的294.94%，培训实绩位居全省前列。创新思路做好公务员监督和公务员申诉案件办理工作，做到有案必受，即时办结。

二、事业单位人事管理

2018年，盐城市贯彻落实《事业单位人事管理条例》，实施事业单位岗位管理、人员聘用和公开招聘3项制度，进一步深化事业单位人事制度改革，推进事业单位人事管理科学化、规范化和制度化。市人力资源和社会保障局转发《人力资源社会保障部关于事业单位公开招聘岗位条件设置有关问题的通知》《省委组织部、省人力资源和社会保障厅关于贯彻〈关于事业单位公开招聘违规违纪问题处理规定〉的实施意见》，进一步完善事业单位公开招聘办法，组织校园招聘，提升选才精度，建立事业单位人才集聚新机制。全年全市事业单位公开招聘各类人才4000多名。探索不同类型事业单位岗位管理办法，形成动态管理机制，优化岗位结构，服务社会事业发展。继续实施农村订单定向医学生培养工程和乡村教师委托培养计划，超前储备事业发展急需人才。全市贯彻落实《人力资源社会保障部关于支持鼓励事业单位专业技术人员创新创业指导意见》，鼓励事业单位专业技术人员创新创业，促进科技成果转化和全市经济转型升级，进一步激发专业技术人员创新创业活力。

三、军转干部人事管理

2018年，全市认真组织落实军转干部安置任务，强化责任落实、工作纪律、协同配合、宣传引导，确保军转安置工作有序开展，促进人岗相适，提高军转安置水平。全年，全市将军转干部分别安置到党政群机关、事业单位、企业，并做好随军家属的安置工作。做好自主择业军转干部管理服务工作。完成自主择业军转干部退役金审核上报、市直自主择业军转干部办理入户和医疗保险工作；指导、推荐、扶持全市自主择业军转干部就业和创业。至年底，全市累计接收自主择业军转干部189名。

四、工资福利和退休管理

2018年，按照市委、市政府要求，市人力资源和社会保障局联合市财政局开展规范津贴补贴和福利发放行为的自查自纠工作。调整市直机关事业单位工作人员基本工资标准和增加机关事业单位离休人员离休费。市人力资源和社会保障局为市直机关、省属驻盐机关6000多名工作人员晋升级别工资，调整津贴补贴；为机关人员审批年终一次性奖金；为事业单位1.2万余人晋升薪级工资；为军转干部和机关事业单位新进人员审批工资。年内，市人力资源和社会保障局印发《关于下达2018年度市直行政机关、事业单位新增工作人员计划的通知》，为机关、事业单位新增加的300余名工作人员办理增人计划审批手续；布置新一年度增人计划管理工作；完成市级44个部门所属244个事业单位2017年度绩效工资总量审批工作；同时审批在盐省属国土、农科院等事业单位绩效工资总量；完成市级机关事业单位工作人员应休未休年休假报酬的审批工作；汇总并向省人力资源和社会保障厅上报全市机关事业单位2018年度工资收入统计信息数据；审批市直机关事业单位近600名到龄人员退休手续，完成300多名遗属补助年审工作；组织市级机关优秀公务员健康休养活动。

五、人事考试

2018年，全市组织各类考试30余场次，应试考生7.65万人，累计开考14.9万科次；完成专业技术人员计算机应用能力考试323个模块、专业技术人员英语计算机化培训考核20人的任务；市人力资源和社会保障局与公安、无线电监测站等部门合作，进一步深化人事考试环境综合整治，组织开展人事考试工作人员警示教育活动，组织考务人员、各考点学校学习《人事考试工作人员警示教育案例选编》，强化警示教育，硬化考纪措施，严厉打击各类考试中的高科技作弊，全年查处各类违纪考生43人。3月24日，组织全市考录公务员笔试，招考821人，近2.65万人报名，2.14万人选择在盐城参加考试，安排10个考点、716个考场。4月15日，组织盐城市部分事业单位统一公开招聘人员笔试，招录609人，1.41万人报名应试，安排7个考点、508个考场。4月17日，举办一期全市公务员录用面试考官继续教育培训班，加强全市公务员录用面试考官队伍建设，提升面试考官综合素质和业务能力。5月12—13日，组织考录公务员面试，完成2444人考录公务员面试任务，确保公务员考录的公信度。5月26日，组织盐城市部分事业单位统一公开招聘人员面试，115人参加面试。6月2—3日，组织二级建造师考试，9312人报名参加考试，开考2.09万科人次，安排4个考点、699个考场。9月15—16日，组织一级建造师考试，7640人应考，开考2.17万科人次，安排3个考点、733个考场。10月13—14日，组织执业药师考试，1926人报考。11月3—4日，经济考试初中级全面实行机考，2889人报考，安排2个考点。11月10—11日，组织一级注册消防工程师考试，3394人报考。11月，选调青年干部赴上海交通大学培训学习，开阔视野，提升能力素质。盐城人事考试微信公众号推送各类人事考试服务，关注人数2.2万人，全年发布各类考试信息60余条，累计阅读人数12.5万人，阅读次数18万次，分享转发次数8289次，微信收藏次数512次。其中，《盐城市考录公务员笔试成绩微信查询》阅读次数1.15万次。全年发放各类人事考试证书3000余本。构建完善考试安全防控体系，加大硬件设施投入，年初购置700多个手机存放箱、495台屏蔽仪和550个金属探测器，印制15万个手机存放袋，确保每个标准化考场均配有屏蔽仪和金属探测器，确保考试顺利实施。（人社局）

第十三节　政务服务管理

2018年，市政务服务管理办公室按照“提速、集成、精准、高效”要求，改革创新，优化服务，推进政务服务高质量发展。年内，市政务服务中心累计办件128万件，其中即办件97万件；市公共资源交易中心完成各类应进场交易项目1560项，成交总额215.44亿元，节约资金41.33亿元，资金节约率16.15%；市“12345”在线平台接收群众来电来信62万件，派发成员单位工单26万件，办结率99.38%，回访群众21万件，满意率99.56%。

一、行政审批服务

2018年，市政务服务管理办公室深化全市政务服务“一张网”建设和应用，推进“不见面”审批。推动各县（市、区）和市直6个部门自建业务系统与市政务服务平台对接，实现数据交互。将市政务服务平台迁移至市大数据中心，与省级平台对接，实现市县证照信息向省证照库集中，全市共上传证照（批文）450多万条，居全省第二位。对照《江苏省不见面审批标准化指引》，除垂管部门外，梳理并公布“不见面”事项清单1084项，实现政务服务事项网上咨询、网上申请、网上审批、网上查询、网上评价。推进“掌上办事”便企利民，全市有43个APP应用汇聚至江苏政务服务网移动客户端，在全省率先实现社保、公积金全市域查询，盐城中考查询、在线预约、盐城自助移车等APP应用可实现网上查询和办理。推进网上镇村服务站点建设，公开镇级服务事项75项、村级服务事项35项。实施“一窗受理、一网通办”利企便民不见面集成改革，将其列入2018年市政府为民办实事项目，以办理“一件事”为标准，实现跨层级、跨区域、跨部门审批事项“前台综合受理、后台分类审批、数据网上推送、统一窗口出件”。年内，住宿行业、医疗机构、外商投资企业等首批19类企业开办项目以及企业投资建设项目全部上线运行。推行“代办制”。建立市、县、园区、镇（街）代办服务网络，负责从项目立项到开工建设全过程协调指导、帮办代办服务。按照“一个代办项目、一套服务手册、一个最优流程、一个推进团队”的工作模式，推动项目落地提速。年内，市、县（市、区）两级代办中心为企业群众免费代办各

4月21日，盐城市数字化"多图联审"项目亮相首届数字中国成果展
市政务办/供

类事项770件。实施"互联网+监管"。建成具有"全程监控、预警纠错、督查督办、统计分析"等功能的网上电子监察管理系统平台，对全市政务服务运行进行实时监控管理，有效压缩自由裁量空间，提升事中事后监管效能。

全市域数字化"多图联审" 1月1日起，市、县(市、区)原则上不再受理新立项的投资建设项目纸质图，统一通过盐城市数字化"多图联审"系统平台，实行数字化受理、审查、交付，审图时限由原来41个工作日压缩为7个工作日，审查费用降至原来的70%。至年底，系统平台受理图审事项3832个，其中联审267个。4月，该项目被省委网信办、省发改委评为2017年度电子政务优秀实践成果，并作为全省唯一一家在首届数字中国建设成果展上亮相。

建成"盐城市网上中介服务超市" 年内，市政务服务管理办公室打破市县管理界限和行业垄断，搭建服务对象、中介机构、监管部门三方互动的中介服务不见面平台，做到中介机构"一次入驻、全市通行"，实现中介服务网上展示、网上竞价、网上中标、网上评价。网上超市主要包括3个方面的内容：市县涉批中介机构入驻中介超市后，统一公开机构资质、服务内容、服务承诺、信用等级等信息，供群众自主选择；服务对象在网上发布需求信息，通过网上竞价中标，比质比价选择中介机构；强化中介监管，线上线下全流程跟踪监督履约情况，规范中介服务。全年有269家中介机构入驻，并在线开展业务。

二、公共资源交易

2018年，市政务服务管理办公室推进市公共资源交易平台功能整合，在全省率先实现医用耗材和检验检测试剂集中采购，制定《盐城市医疗卫生机构医用耗材和检验检测试剂集中采购实施细则》，实现医用耗材和检验检测试剂的招标人、代理机构、监管部门、交易服务机构四分离，降低医疗成本和廉政风险。年内，全市医疗机构确定招标采购26个类别2711条目录，接受2477家生产企业9.5万个产品投标，评审确定入围产品4.7万个。推进公共资源交易电子化。建设专用光纤通道，实现市公共资源交易平台与华为云服务连接。交通工程和政府采购部分环节启动电子化交易。推进市公共资源交易平台监控系统升级改造和电子档案系统建设，实时补充完善招投标主体信息，完成与省平台系统的CA互认改造和调试，基本实现交易数据与省公共服务平台的交互共享。加强公共资源交易监管。坚持规范管理，抓好制度建设，制定《关于开展建设工程领域招投标及标后履约不良行为记录的通知》《投标保证金退还规定》等文件。严厉打击围标串标等违法违规行为，依法查处投诉问题。年内，共接收、批转市公共资源交易平台招投标项目质疑投诉90件，向省政务办派驻纪检组和市纪委、作风办、派驻纪监组提交投诉查处报告9份。督促相关部门查处案件7起，处罚违法违规单位14家。

三、"12345"在线服务

2018年，市"12345"在线平台围绕"一个号码管服务"，加大民生诉求受理办理力度，提高群众满意度，形成服务民生"总管家"格局。年内，整合优化全市"123""96"开头的33条政务服务热线，实现22条小热线切割整合到位，11条大热线和紧急热线与市"12345"在线平台互联互通。建成1500平方米的"12345"在线平台新服务大厅，话务座席增设至70个，开通"12388"纪检监察专线，在全省率先实现省市县"12345"在线平台服务一体化。人民来信、网民留言划入市"12345"在线平台运行管理，实行政务服务"一号答"，市县联动，为群众提供"7×24"小时线上线下全方位服务。建立政情民意大数据分析系统。实时归集各县(市、区)"12345"平台数据进行研判，形成《月报》《专报》。

(孙宏军)

第十四节　机关事务管理

2018年，市机关事务局推进服务提质、管理提档、改革提效、素质提升，各项工作取得新成绩。在江苏省公共机构节能"十三五"中期评估暨节能工作实地考核评价工作中，盐城市公共机构节能工作综合得分位列全省第一；盐城市机关事务局连续四年被省机关事务局评为信息和宣传工作先进单位；市机关事务局党建、群团工作受到有关部门表彰，获得“先进基层党组织”“青年书香号”和“青年文明号”等称号；会计集中核算岗被市委宣传部、市文明办、市总工会联合表彰为“盐城市文明示范岗”；市机关幼儿园被表彰为全省机关事务管理系统先进集体，被评为首批省级教师发展示范基地校。

一、服务保障工作

2018年，市机关事务局完成市“两会”、中国盐城丹顶鹤国际湿地生态旅游节暨第十一届海盐文化节等重大活动的会务服务保障工作，全年服务保障大、中型会议409场，完成各类维修6757次，做到“零失误”。加强房产维修质量全程管控，组织完成市行政中心中庭石材维修加固等6个专项维修，及日常维修千余件。餐饮中心严把食品采购、验收、加工、销售、洗消关，规范高效完成日均1500人次的餐饮服务。市机关幼儿园深入开展STEM课题研究和主题活动，构建园本特色课程，成功申报1个省级立项课题和3个市级立项课题，25篇教育论文在省、市评比中获得一、二等奖。紫薇、城西2所分园多形式开展特色化教育活动，促进幼儿全面发展。城西幼儿园被省中小学教学研究室列为“基础教育课程教学改革重大项目基地学校”。组织走进阜宁县中三灶村开展“牵手致富”，每季度走访慰问80户贫困户，完成年度脱贫任务；走进新丰社区开展服务惠民活动，慰问帮扶8户城市特困户；走进大丰区北大荒油脂有限公司开展“强企行动”，落实惠企政策、提供精细服务。牵头组织新能源汽车试乘试驾活动，支持市新能源汽车产业发展。紫薇花园综合服务楼建成投用，打造服务干部职工和周边群众的新平台；机关老小区创文工作位居前列，老党校小区在全市第一轮创文模拟检查中获得亭湖区生活小区类第一名。

二、公车改革管理

2018年，市机关事务局会同相关部门，部署推进全市企事业单位车改工作，指导督促各地、各部门完成车改方案的审批、报备及取消车辆的停驶封存、拍卖处置工作，全市企事业单位公车改革工作按时完成。公务用车信息化管理水平全面提升，通过走访调研、业务指导，检查督促各地公车管理平台信息化建设工作，确保车辆管理数据信息实现省、市、县三级互联互通，“全省一张网”建设工作有效推进，全市市县两级通过中央车改办考核。推进新参改单位公车改革工作，有序完成3家新参公单位的车改工作。对保留车辆实行“二统三定”管理，加强统一编制、统一牌照管理，规范车辆购置更新手续，严格车辆配备标准，严防违规购置配备公车；有序完成公车定点加油、定点保险、定点维修管理职能接收工作。

三、资产经费管理

2018年，市机关事务局推动印发《盐城市市级党政机关办公用房权属统一登记工作实施方案》，接收20家单位移交的103本不动产权证书（含房产证、土地证），以及未办理产权证书的11处房产的不动产登记资料。其中，第一批权属变更登记工作完成，约占已办理证书的房产面积41.5%，建筑面积8万多平方米。办公用房集中统一管理制度体系日益完善，研究制定《办公用房管理工作手册（初稿）》《市属从事生产经营活动事业单位改革过程中有关党政机关办公用房处置意见》；指导督促县（市、区）健全办公用房管理长效机制，全市各个县（市、区）制定办公用房管理办法。房屋使用管理督查整改取得实效。落实省、市作风建设自查自纠专项行动的通知要求，对全市办公用房管理工作进行全覆盖式督查，对所有市管干部办公用房使用面积进行实测。全市9177名各级领导干部办公用房均登记造册报备，全部符合标准。组织对全市100名易地交流干部周转房使用情况进行排查梳理、登记造册，对存在的问题督促整改。开展机关事业单位公有房屋专项清理整顿，在做好系统内公有房屋清理腾退的同时，会同有关部门核实、梳理清理腾退工作存在的问题，研究会商处置政策口径。内部接待、财政资金管理更加严格。开展全市食堂内部接待自查自纠专项行动，对全市党政机关事业单位食堂内部接待管理情况进行督查，明确主管部门的指导监管责任，对督查中发现的问题提出整改要求。组织开展宕欠公款清收工作，每笔债权做到应收尽收、应清尽清。牵头推进通信套餐专项清理，对全市698家涉及单位的套餐办理费用予以追缴，所有追缴款项均上交国库。加强以国库集中支付、公务卡结算和政府采购为重点的支出管理，强化“三公经费”管理，保证财政资金规范使用管理。

四、公共机构节能

2018年，市机关事务局夯实节能基础，组织各地各部门进一步把控数据质量，切实做好全市公共机构能源资源消费统计数据汇总分析，组织开展集中会审，完成年度和“十三五”中期“双控”目标完成情况评估。每季度组织一次节能知识业务交流学习，每半年举办一次能耗统计知识和示范创建及复核专题培训，年底召开公共机构节约能源资源服务绿色发展工作推进会。健全节能工作引导机制，全市首批公共机构节能专项引导资金拨付到位。示范创建成果丰硕。盐都区行政中心等5家单位被评为国家级节约型公共机构示范单位，市委党校等7家单位被评为江苏省公共机构节能示范单位，生物工程学校等4家单位被授予“江苏省第一批能效领跑者”称号，市幼儿园等9家单位通过新一批省级示范创建初审。开展节能节水示范单位动态管理、节能效果评价复核，发挥示范单位长效示范引领作用，2012—2013年创建成功的示范单位全部通过省机关事务局复核验收。节能措施落地见效。完成全市第三批能源审计工作，2018年审计建筑面积约20万平方米。推进公共机构实施既有建筑节能改造，射阳县行政中心、大丰区行政中心、盐城市第一人民医院等改造项目基本完成。应用新能源新技术，大丰区中医院等3家单位分布式光伏电站项目进展顺利，累计投资超过2000万元。公共机构垃圾分类工作稳步推进，市、县行政中心率先完成生活垃圾分类示范点建设工作。

（赵　嘉）

第十五节　信访工作

2018年，市、县（市、区）两级信访部门受理群众信访件2.9万件次，同比下降3%。年内，市委书记戴源、市长曹路宝先后视察市人民信访接待中心，接待信访群众，调研全市信访工作。实施信访干部能力提升工程，增强信访干部处理信访事项、解决信访问题、化解矛盾纠纷、做好群众工作的本领。深入开展“争创人民满意的信访部门，争当人民满意的信访干部”、创建“人民满意窗口”“学先进、找差距，补短板、促发展”等活动。盐城市信访局被省委、省政府表彰为2015—2018年全省社会治安综合治理先进集体；盐城市、滨海县、大丰区、盐都区信访局被评为全省信访系统“人民满意窗口”；滨海县被评为全省信访工作“三无”县（市、区）；市信访局在全市年度考核中被评为综合先进单位。

一、信访工作机制

2018年，市委常委会、市政府常务会定期研究部署信访工作，将信访工作列入每月市委、市政府重点工作安排，强化信访工作责任。年初召开全市信访工作会议，市领导与各地党委分管负责人签订信访工作责任书，明确工作目标，推动属地落实责任。市信访联席办统一编印《领导干部信访工作手册》，全市所有科级以上干部人手一册，作为信访工作台账，全过程、全事项、全方位记录工作情况，定期不定期进行抽查，确保责任落实到位。市领导带头参加领导接待日，制定接待日期安排表，全年全市领导干部接访下访2682人次，处理信访事项4500件。

初信初访源头治理　年内，全市信访系统将源头预防化解、办好初信初访作为治本之策，市信访局印发《关于及时就地解决群众合理诉求，推进信访工作法治化建设的意见（试行）》《盐城市行政机关信访事项程序终结认定暂行办法》《盐城市信访人信用管理实施细则（试行）》等文件。市信访联席办组织对发生的所有初访进行梳理，全年交办209件。年内，省《信访简报》专门推介盐城市初信初访源头治理做法。

信访工作联席会议制度　年内，市委办、市政府办印发《关于调整市信访工作联席会议组成人员的通知》，及时调整联席会议组成人员；市信访局印发《关于建立镇（街道、园区）信访工作联席会议制度的意见（试行）》，在镇（街道、园区）建立联席会议工作制度。

多元化解机制　全市信访系统发挥社会力量参与化解信访问题，构建多元化解机制。充实调整疑难复杂信访问题专家库，邀请“两代表一委员”、专家学者、基层法律服务者、律师参与，定期会商解决信访积案。在各级信访部门建立法律顾问制度，引入律师参与信访工作，既为信访群众讲法明理、解疑释惑，引导信访群众理性表达诉求，又为相关部门提供法律咨询和服务，增强依法办事的自觉性。

二、信访积案化解

2018年，全市信访系统对国家和省级交办的所有重点信访事项，全部发函交办各地党委、政府，建立县处级领导牵头包案体系，明确“三亲四包”（亲自实地调研、亲自接待信访人、亲自组织汇办，包掌握情况、包思想转化、包办理化解、包吸附稳控）责任。市信访局印发《关于在全市开展“基层信访积案化解突击月”活动的通知》，对全市信访积案进行为期一个月的专项集中整治、突击化解。对重复上访人员，相关地区和部门的负责人亲自上门，帮助理顺情绪，分析问题根源，解决生产生活困难，推动停访息诉。合理使用信访救助资金，对个别确有困难且符合救助条件的信访人，进行合理救助。

“四查结案”工作机制　年内，全市信访系统实施自我检查、县（市、区）互查、回访抽查和集中审查“四查结案”工作机制，定期过堂，施行挂图作战、结案销号，确保每个积案真化解、真结案、不重访。全年国家信访局交办93件，全部结案；省信访局交办17件，全部结案。

（沈亚军　房　雯）

第19章　中国人民政治协商会议盐城市委员会

编　　辑　潘其锐

综　　述

2018年，市政协坚持以习近平新时代中国特色社会主义思想和中共十九大精神为指导，开展习近平总书记关于加强和改进人民政协工作重要思想学习研讨活动，加强新时代政协党的建设，把握团结民主两大主题，聚焦市委市政府中心工作，践行“两海两绿”发展路径，推进政治协商，强化民主监督，主动参政议政，深化“五型”“五新”政协建设，展现新时代政协新作为新气象。

强化提案工作惠民生。盐城市政协突出民生指向，引导委员找准“民心坐标”。市委办、市政府办和市政协办印发《盐城市政协提案办理协商办法》，制定《民主评议提案办理工作办法》，把办理过程变为联系群众、服务民生的过程。全年征集提案412件，审查立案382件，其中民生类提案占39%。遴选织密立体交通网、构建养老新格局、弘扬中医药文化等6个专题21件重点提案，由市委、市政府领导和市政协主席会议成员领衔督办。相关部门重视提案办理工作，件件有回音，事事有着落，意见和建议采纳落实率94.5%，立案提案办复率100%，委员满意和基本满意率100%，受到基层群众和社会各界好评。市政协围绕工会集体协商、城市公交、全民健身等16个专题，开展视察调研和监督评议；组织委员走基层、听民声、汇民情，帮助群众协调解决实际问题；畅通社情民意“直通车”，聚焦教育、医疗、文化、就业等民生热点问题和水电路桥灯、小区物业管理等群众的身边事，报送《委员意见》和《社情民意信息》72期。“加快推进城市生活垃圾分类投放和无害化处理”的建议，受到市政府和有关部门重视，在全市301个居民小区、456个单位开展垃圾分类试点，建成省级分类示范小区20个。

协商民主求实效。盐城市政协加强政协协商民主体系建设，印发《政协年度协商计划制定办法》，市委、市政府、市政协协商确定年度计划。全年形成3篇建议案、12篇调研报告、140多篇议政材料，一个建议产生一份成效、一条意见助推一项工作。市政协落实中共中央关于人民政协开展立法协商的要求，围绕《盐城市旅游业促进条例》《盐城市革命遗址和纪念设施保护条例》，开展立法协商。通过报纸、网络等媒体公开征集协商课题、建言材料，社会各界人士1000多人次参与政协协商议政活动，推动公民有序政治参与。持续关注协商成果的落实转化，连续五年跟踪督办饮用水安全问题，增强协商议政的实效。

民主监督亮实招。盐城市政协把市委、市政府重大决策贯彻落实和民生领域的突出问题作为监督重点，在专题视察、协商座谈、提案办理中增加监督性内容，加大民主监督力度。围绕富民政策落实、未成年人检察工作等开展民主监督10余次，提出各类监督意见80多条。按照省政协部署，围绕“长三角区域污染防治协作机制落实情况”“深化‘放管服’改革”开展省市县三级政协联动专题民主监督活动，300多名委员参与。向46个部门单位委派136名民主监督员，实现政协委员和派驻单位“广覆盖”。组织政协委员通过网络、微信等载体，创新开展“微监督”，监督形式更丰富、成效更明显。

文史宣传创精品。发挥政协文史工作“存史、资政、团结、育人”作用，征集各类文史资料70余万字，全年出版50余万字。纪念改革开放40周年，征集盐城老照片和新画卷。围绕老城墙遗址保护、“老字号”保护与发展等，组织文史调研视察。征编出版《大洋湾诗词联赋集萃》和《大洋湾历史文化寻踪》，助推文旅融合发展。稽考、出版周梦庄先生传记年谱、诗文遗篇《海红遗编》。完成省政协文史协作任务《江苏城市风采》“盐城篇”、《江苏农业文化遗产图录》。市政协编纂的《史海盐踪》获省第十五届社会科学优秀成果奖、“全省档案文化精品奖”一等奖。强化新闻宣传，《人民政协报》《江苏政协》等国家和省市级媒体多次报道全市政协工作、宣传政协委员风采。

强化团结统战功能。发挥政协最广泛的爱国统一战线重要作用，搭建党派合作平台，尊重和支持各民主党派、工商联、党外知识分子联谊会和新的社会阶层代表人士联谊会履行职能。市各民主党派、工商联参与重点调研视察活动30余项，以集体名义提交建言材料20篇、提交集体提案23件。全面贯彻党的民族宗教政策，促进民族团结宗教和顺。推进“五侨”联动，凝聚侨心侨力。广泛开展团结联谊，定期走访住香港、澳门市政协委员，对接经济、文化、旅游工作，举办旅游推介，讲好盐城故事，推动合作交流。加强市、县(市、区)政协系统学习交流、视察调研、协商议政，形成上下联动格局。

强化专委会和界别建设。年内，市政协印发实施专门委员会通则，8个专委会和办公室、研究室职能更加明确，流程更趋规范，充分发挥其专业优势，密切与委员的联系，围绕民航基础设施建设、法制盐城建设等课题，组织专题协商、对口协商。加强专委会与党政部门经常性联系，合作共事的协同性和精准度提高。落实界别活动办法，建立活跃有序、富有特色的界别活动机制。围绕新媒体创新发展、民族宗教工作、法律援助工作等开展20次“界别活动日”活动，500多人次委员参加，界别作用得到较好发挥。

第一节 重要会议

一、政协盐城市八届二次会议

1月2—6日，政协盐城市八届二次会议召开。盐城市委、市人大常委会、市政府在盐城全体领导，盐城军分区和市中级人民法院、市检察院主要负责人和曾担任过市政协领导职务的老干部，市委各部委办、市各委办局、市各直属单位、省属驻盐城部分单位主要负责人参加大会开幕式和闭幕式。会议听取并讨论市委书记王荣平在开幕大会上所作的《做好五篇大文章 勠力同心奔小康》的讲话。会议围绕高质量发展做好“五篇大文章”开展联组协商议政。市委书记王荣平、市长戴源、市政协主席李驰等四套班子领导分别到各联组听取委员发言，与委员们互动交流、深入探讨。委员们列席市八届人大二次会议，听取并讨论市长戴源所作的政府工作报告。市八届政协常务委员会委托，市政协主席李驰向大会作常委会工作报告。大会收到提案392件，立案356件；印发《委员意见》10期，反映社情民意200多条。受市八届政协常务委员会委托，市政协副主席王锦胜向大会作提案工作报告。会议增补史学健、成辉、金红祥3人为政协盐城市第八届委员会常务委员。6日，举行闭幕大会，通过会议《决议》，对30件优秀提案、50名“双岗双优”委员、9个社情民意信息工作先进单位和6名社情民意信息工作先进委员进行表彰。

二、市八届政协常委会议

2018年，市政协召开常委会议4次。

1月5日，政协盐城市八届六次常委会议召开。市政协主席李驰出席，市委常委、组织部部长尹卫东作有关人事说明。会议审议通过《关于授权主席会议审议政协盐城市八届二次会议期间有关事宜的决定》，审议有关人事事项，政协盐城市八届二次会议《选举办法(草案)》，政协盐城市八届二次会议总监票人、监票人建议名单，政协盐城市八届二次会议《决议(草案)》，决定将以上事项印发全体委员讨论。

3月12日，政协盐城市八届七次常委会议召开。会议传达学习全国政协十三届一次会议精神，中国人民政协理论研究会原秘书长原冬平应邀作“新时代新部署新章程新作为”专题讲座。

6月27日，政协盐城市八届八次常委会议召开。会议学习习近平总书记关于加强和改进人民政协工作的重要思想，传达6月25日市委常委(扩大)会议精神，围绕“坚持陆海统筹 打造盐城沿海发展新优势”课题开展专题协商议政。

10月15—16日，政协盐城市八届九次常委会议召开。会议传达学习全国政协习近平总书记关于加强和改进人民政协工作的重要思想理论研讨会，全国、全省政协党建工作座谈会精神和市委常委会第64次会议精神。围绕“实施乡村振兴战略”开展专题协商议政，中央党校教授石霞应邀作专题讲座。

三、市八届政协主席会议

2018年，市政协召开主席会议14次。

1月2—6日，政协盐城市八届十一次、十二次、十三次主席会议在市政协八届二次会议期间召开，研究全会有关事宜。

1月31日，政协盐城市八届十四次主席会议召开。会议传达学习省政协十二届一次会议精神，学习省纪委十三届三次全会精神；研究市政协2018年度工作要点和责任分工；听取市政协八届二次会议提案审查立案情况汇报，确定“坚持陆海统筹，打造蓝色增长极”等6大类提案为年度重点提案；听取全市政协系统“服务发展、聚焦民生”十大典型案例评选情况汇报；研究市政协有关工作。

2月27日，政协盐城市八届十五次主席会议召开。会议传达学习省委有关文件和市委常委会议精神，研究“坚持陆海统筹，打造蓝色增长极”常委会议协商课题调研事项，听取在市政协机关组织开展“学习当标兵、服务争一流、工作创佳绩”争先创优活动方案的汇报，研究市政协有关工作。

4月20日，政协盐城市八届十六次主席会议召开。会议传达学习全国政协十三届一次会议、省政协十二届二次常委会议和市委常委会第四十七次会议精神，集中学习中共盐城市委常委会关于坚决维护党中央权威和集中统一领导的规定要求，听取市政协常委专题培训班筹备工作情况汇报，研究驻县(市、区)市政协委员异地视察事宜，布置市政协有关工作。

5月21日，政协盐城市八届十七次主席会议召开。会议学习习近平总书记在纪念马克思诞辰200周年大会上的重要讲话、省委书记娄勤俭在全省党委中心组学习会上的讲话和市委书记戴源在全市解放思想大讨论活动动员部署会上的讲话精神；研究部署市政协党组开展解放思想大讨论活动方案；听取坚持陆海统筹，打造蓝色增长极常委会议专题议政调研情况汇报，布置市政协有关工作。

6月26日，政协盐城市八届十八次主席会议召开。会议传达学习市委常委(扩大)会议精神，讨论“坚持陆海统筹，打造沿海发展新优势”常委会议议政调研报告，围绕习近平总书记关于加强和改进人民政协工作的重要思想学习研讨活动和解放思想大讨论活动，进行学习交流发言，布置市政协有关工作。

7月23日，政协盐城市八届十九次主席会议召开。会议传达学习习近平总书记在十九届中央政治局第六次集体学习时的重要讲话精神和全省政协系统学习习近平总书记关于加强和改进人民政协工作的重要思想理论研讨会精神，专题协商"加快中韩（盐城）产业园建设"议题，研究市政协智库建设。市政府副市长蒋巍介绍市委、市政府关于中韩（盐城）产业园建设的实施意见和建设情况。

8月27日，政协盐城市八届二十次主席会议召开。会议传达市委常委会议精神，听取市政协机关开展习近平总书记关于加强和改进人民政协工作的重要思想学习研讨活动情况汇报，讨论"实施乡村振兴战略"常委会议协商课题调研工作方案。

9月27日，政协盐城市八届二十一次主席会议召开。会议传达学习中共中央办公厅《关于加强新时代人民政协党的建设工作的若干意见》和中共江苏省委办公厅《关于加强新时代人民政协党的建设工作的实施意见》，传达学习全省政协系统加强新时代政协党的建设工作座谈会精神，专题协商"黄海湿地申报世界自然遗产"议题。市政府副市长蒋巍介绍"黄海湿地申报世界自然遗产"工作相关情况。

10月31日，政协盐城市八届二十二次主席会议召开。会议传达学习全国政协召开的习近平总书记关于加强和改进人民政协工作的重要思想理论研讨会精神，研究市政协贯彻落实全国政协、省政协理论研讨会精神工作方案；传达学习全省政协"长三角区域污染防治协作机制落实情况"联动民主监督推进会、全市生态环境保护大会暨污染防治攻坚推进会和市委常委会议精神。

11月24日，政协盐城市八届二十三次主席会议召开。会议传达学习市委召开的全市政协工作会议精神和市委书记戴源讲话，研究贯彻落实措施。会议贯彻落实习近平总书记关于加强和改进人民政协工作重要思想和中央、省委决策部署，提出加强和改进盐城市新时代人民政协工作的新要求。

12月25日，政协盐城市八届二十四次主席会议召开。会议传达学习习近平总书记在庆祝改革开放40周年大会上的重要讲话、全国政协十三届四次常委会议、市委常委会第70次会议精神。

四、其他会议

召开全市政协经济科技委员会工作座谈会　2月6日，全市政协经济科技委员会工作座谈会召开。市政协副主席姜友新出席会议并讲话。会议传达学习中共十九大精神和省政协会议精神，明确2018年工作思路，交流全市政协经科委工作经验。姜友新指出，要以学习贯彻中共十九大精神为强大动力，提高经科委工作水平，为决胜全面建成小康社会、加快建设"强富美高"新盐城而不懈努力。要重点做好中韩（盐城）产业园主席会议专题协商调研，做好全市重大项目建设、高速铁路网建设、沿海港口和集疏运体系建设、科技人才队伍和研发机构建设，以及省市富民政协落实情况等界别协商、民主监督或专题视察。要精心组织界别活动，调动委员的积极性主动性，让委员通过专委会这个平台更好地参政议政。市、县政协经科委要加强联系交流，相互取长补短，更新观念，开阔眼界，推动全市政协经科委工作迈上新台阶。

通盐泰片区座谈会在盐城召开　7月11日，学习研讨习近平总书记关于加强和改进人民政协工作的重要思想通盐泰片区座谈会在盐城召开。省政协副主席、党组副书记阎立主持会议并讲话，盐城市政协主席、党组书记李驰，南通市政协主席、党组书记黄巍东作交流发言。省政协研究室副主任陈宏，泰州市政协副主席蔡德熙，南通、盐城、泰州市部分县（市、区）政协负责人参加会议。座谈会上，3市6县（市、区）政协负责人分别交流学习研讨活动开展情况，介绍学习研讨的典型和形成的重要成果。会议要求各市县政协把开展学习研讨习近平总书记关于加强和改进人民政协工作的重要思想活动作为一项重大政治任务，统筹推进各项工作。

召开全市政协工作会议　11月23日，市委召开全市政协工作会议，深入学习贯彻习近平总书记关于加强和改进人民政协工作的重要思想，总结交流全市人民政协工作成绩和经验，研究部署新时代人民政协工作。市委书记戴源在会上强调，要深入学习贯彻习近平新时代中国特色社会主义思想，全面落实党中央和省委关于政协工作的新要求，切实加强党对政协工作的全面领导，开创盐城市政协工作新局面，为盐城高质量发展走在苏北苏中前列凝聚政协智慧、贡献政协力量。市政协主席李驰出席，市委副书记陈红红主持。响水县委、大丰区委、盐都区委、射阳县政协党组、市经信委党组在会上作交流发言。会上印发《中共盐城市委关于加强和改进新时代人民政协工作的意见》。

第二节　重要活动

周健民到盐城调研　5月14—16日，省政协副主席周健民率调研组到盐城就生态文明建设和环境污染防治情况，重点围绕固体废弃物处理处置工作进行调研。省政协人资环委主任王奇，副主任刘习东、金传兴等参加调研。市政协主席李驰，市政府副市长李逸浩，市政协副主席孙长春、沈洪清和秘书长殷勇等分别陪同。调研组一行实地察看盐城市发电有限公司、江苏八菱海螺水泥有限公司、江苏龙净科杰催化剂再生有限公司。在调研座谈会上，周健民听取有关情况汇报，认为盐城生态文明建设有许多好经验、好做法值得总结和推广。

10月24—25日，省政协副主席周健民率调研组到盐城就长三角区域污染防治协作机制落实、深入实施"263"专项行动情况，开展专题调研。市政府副市长蒋巍、市政协副主席孙长春参加有关活动。调研组一行实地察看大洋湾河道整治、新洋港大新河口闸站建设等情况。在调研座谈会上，周健民听取有关情况汇报和工作建议，肯定盐城生态环境保护和污染防治工作成效以及在水环境治理区域联动、河长制警长制等方面创造的好经验好做法。省政协副秘书长郝星辰、人口资源环境委副主任金传兴等参加调研。

王荣平到盐城调研 9月6日，省政协副主席王荣平到盐城调研，察看盐龙湖水厂、南洋机场T2航站楼等重大民生实事和基础设施工程运行情况。市政协主席李驰、秘书长殷勇等陪同调研。王荣平详细了解新水源地及引水工程运行情况，询问日输水量和水质指标，要求切实管好用好这一重大民生实事工程，为盐城加快绿色跨越、实现高质量发展奠定坚实基础；走进南洋机场T2航站楼落客平台和值机大厅察看内外环境，沿着旅客通道参观T2航站楼空间布局，询问运行以来的旅客吞吐量情况，要求进一步塑造好机场周边环境，提升运营管理水平，方便老百姓交通出行，拉近盐城与世界的距离，把南洋机场打造成为展示盐城形象的靓丽名片、助推盐城高质量发展的现代化国际空港。

阎立到盐城调研 10月24日，省政协副主席、党组副书记阎立率队到盐城就渔业科技创新情况进行专题调研。市政府副市长顾云岭、市政协副主席姜友新参加。阎立参观考察建湖县恒济镇优质蟹苗培育基地，详细了解蟹苗养殖、销售情况；参观正源创辉循环水生态养殖项目，询问项目规划建设、投产效益情况。座谈会上，阎立听取盐城市、建湖县相关部门有关工作情况汇报。省政协科技委副主任汤建鸣、刘陈、黄华业，建湖县和市相关部门负责人等陪同。

张骥到盐城调研 12月5日，省政协副秘书长、办公厅主任张骥率队到盐城就2019年省政协主要工作安排进行专题调研。市政协主席李驰陪同，副主席吕拔生、王锦胜，秘书长殷勇等参加活动。省政协调研组召开座谈会，听取市政协2018年工作主要做法和经验，并围绕省政协2019年协商议政、专题民主监督与调研视察课题，进一步提高经常性工作质量，加强政协委员履职能力建设和政协自身建设，加强省市县政协工作联动等征求意见和建议。在盐期间，调研组一行实地考察盐城经济技术开发区和悦达集团“委员之家”，听取相关情况介绍。

上海市政协考察组到盐城调研 10月23日，上海市政协原副主席周太彤、上海市政协经济委员会副主任万大宁一行到盐城考察长三角城市群港口一体化协调发展情况。市政协主席李驰参加。在盐期间，考察组到大丰区大丰港集装箱码头、知青纪念馆、荷兰花海等现场进行考察。听取相关情况介绍，详细了解各处规划建设、管理情况及盐城港积极融入港口群的工作进展，并提出宝贵的对策和建议。考察组指出，盐城与上海市地域相近、文脉相通、经济相融，拥有独特的发展优势和广阔的发展前景，两地应进一步深度交流，加快大丰港、上海港的合作，实现互利共赢，为共同推动长三角城市群港口一体化协调发展贡献力量。省政协经济委副主任陆国庆、市政协副主席姜友新及大丰区、市港口局负责人陪同调研。

市政协到上海闵行区学习考察 9月17—18日，市政协主席李驰率队赴上海市闵行区等地学习考察。闵行区政协主席祝学军等陪同。市政协副主席王锦胜、姜友新，秘书长殷勇，各县（市、区）政协主席等参加。考察组先后学习考察上海紫竹国家高新区、中国上海网络视听产业基地，与闵行区政协进行座谈交流，签订两地政协友好合作协议。中共闵行区委书记朱芝松对考察组一行表示欢迎，闵行区政协主席祝学军介绍闵行区经济社会发展情况和区政协特色工作。李驰介绍盐城经济社会发展情况，特别是盐城市委七届六次全会提出的“两海两绿”发展路径实施工作。闵行区政协与盐城市政协将进一步密切联系合作，围绕学习贯彻习近平总书记关于加强和改进人民政协工作的重要思想，推进政协工作提质增效主题，切实加强工作联系与交流；利用两地干部培训、红色文化、爱国主义等特色资源，加强两地政协组织、政协机关干部和政协委员的学习、教育、培训工作；本着“优势互补、互利共赢、共同发展”的原则，为两地在经贸、教育、文化、旅游、体育、医疗、养老、生态环保和城市建设等广阔领域交流合作搭建平台，为推动以上海为龙头的长三角一体化战略和盐城市委市政府提出的“接轨上海”，建设“一区三基地”目标任务，推动盐城在高质量发展上走在苏北苏中前列贡献政协力量。

市政协到上海普陀区考察学习 11月7—9日，市政协主席李驰率队到上海市普陀区考察学习，与普陀区政协签订缔结友好政协协议。普陀区委书记曹立强会见考察组一行，普陀区政协主席钱城乡陪同。曹立强对考察组一行表示欢迎，希望两地政协以缔结“友好政协”为契机，加大交流力度，为各领域合作发挥更大作用，推动两地共同发展。在沪期间，两地政协开展座谈交流。市政协考察组考察M50文化创意产业园、普陀区行政服务中心，参观顾正红纪念馆。市政协副主席吕拔生、孙长春、王锦胜、沈洪清、姜友新、孙大明，秘书长殷勇，普陀区政协副主席周倩影、严永强，秘书长许为民等参加活动。

市政协到东台调研乡村振兴工作 9月29日，市政协组织部分委员到东台市调研乡村振兴战略实施情况。市政协主席李驰，副主席王锦胜、姜友新，秘书长殷勇等参加。东台市现代农业产业示范园是全国闻名的西瓜产地，园区农民人均可支配收入2.8万元。委员们详细了解示范园的整体规划和产业发展规划，对示范园深化一二三产业融合发展，发展“高效+品牌”现代农业给予肯定；建议强化品牌建设，发展好生态旅游，不断提高产出效益和富民效应。委员们走进省首批特色田园乡村建设试点村三仓镇兰址村，对兰址村不破坏乡村原生态，因地制宜规划建设，既关注乡村物质形态，又关注乡村人文形态给予肯定。委员们考察安丰镇红安村幸福小广场、文化大礼堂、村卫生室和书屋后，对该村发挥基层党组织“主心骨”作用、完善公共服务功能、弘扬文明新风的做法印象深刻。委员们集体参观国家AAAA级旅游景区安丰古街，建议不断提升景区服务功能，放大品牌优势，聚集更多人气，带旺旅游产业发展。

举办常委专题培训班 5月2—4日，市政协常委学习中共十九大和全国两会精神培训班在中国浦东干部学院举行。全国政协民族和宗教委员会副主任杨小波应邀作专题辅导。市政协主席李驰作开班动员。邹毅实、吕拔生、孙长春、王锦胜、姜友新、孙大明、殷勇等省政协委员、市政协常委会组成人员、各县(市、区)政协主席参加。

举办民生论坛 8月29日，市政协举办第三期“盐城政协·民生论坛”，围绕“教育均衡发展”进行协商议政。市政协主席李驰出席并讲话，副市长葛启发参加论坛，并就市委、市政府关于教育均衡发展的政策措施进行通报。市政协副主席吕拔生、沈洪清、唐伯平、孙大明，秘书长殷勇出席，市政协副主席孙长春主持。部分省市政协委员、市相关部门负责人和各界代表参加。参加论坛的委员、基层学校代表、学生家长、各界人士，围绕推进城乡义务教育一体化、加快教育资源供给、加强教育教学管理、强化师资队伍建设等提问题说建议，市政府分管市长和市教育局、编办、财政局、规划局等部门及县(市、区)负责人听取意见，客观回应关切，同委员和市民代表互动交流。

12月17日，市政协举办第四期“盐城政协·民生论坛”，围绕“养老服务体系建设”进行协商议政。市政协主席李驰出席并讲话，副市长顾云岭参加论坛，并就市委、市政府关于养老服务体系建设的政策措施进行通报。市政协副主席吕拔生、王锦胜、姜友新、唐伯平，秘书长殷勇出席，市政协副主席沈洪清主持。部分省市政协委员、市相关部门负责人和各界群众代表参加。参加论坛的委员、有关方面专家、群众代表，围绕提高养老服务有效供给、推进居家养老、完善医养结合制度、建立完善老年人法律援助长效机制等热点话题提问题说建议，市政府分管市长和市民政局等部门负责人听取意见，客观回应关切，同委员和市民代表真诚交流，共商解决问题的对策。

第三节 重要提案

2018年，市委、市政府主要领导高度重视政协提案工作，将重要提案列为市政协重要调研课题，明确要求将聚力沿海开放开发、实施乡村振兴战略、建设中韩(盐城)产业园、黄海湿地申报世界自然遗产等内容作为政协常委会议和主席会议协商议政课题。市政府牵头召开建议提案办理工作会议，将提案办理工作纳入全市目标任务绩效考核，将提案提出的重要建议列入年度为民办实事项目。政协盐城市第八届委员会第二次会议期间，政协委员、政协各参加单位和各专门委员会，围绕“两海两绿”路径，通过提案履行职能，为助推高质量发展走在苏北苏中前列发挥作用。全年政协委员、政协各参加单位提交提案412件，经审查，立案382件。在立案的提案中，集体提案31件，委员个人和联名提案351件。在所有立案提案中，围绕践行创新发展理念，培育经济增长新动能等方面的提案141件，围绕发展社会事业、保障改善民生方面立案提案149件，围绕促进社会和谐稳定等方面立案提案92件。提案交由84个市直承办部门单位和9个县(市、区)政府办理，至7月底，所有提案全部办结并答复委员。从办理情况看，解决采纳的提案137件，逐步解决的提案224件，作出解释的提案21件。从委员反馈情况看，表示满意的330件，基本满意的17件。

第四节 建言献策

2018年，市政协围绕“两海两绿”、乡村振兴及新水源地和跨区域引水工程建设等重点工作加强建言献策工作。

紧扣“两海两绿”履职。市政协八届二次会议围绕沿海发展、对外开放、接轨上海、生态文明建设等开展联组协商议政，提交建言材料157篇，65人建言资政。市政协常委会议围绕“坚持陆海统筹，打造盐城沿海发展新优势”协商议政，相关建议被市委七届六次全会报告采纳。主席会议围绕加快中韩(盐城)产业园建设、黄海湿地申遗组织专题协商，先后4次在省政协全会、常委会呼吁省级层面支持中韩(盐城)产业园建设。盐城市政协与上海闵行区、普陀区政协签订“友好政协”合作协议。政协委员赴上海市考察学习，围绕市委市政府提出的建设“一区三基地”目标，组织两地经济科技、教育卫生、文化旅游方面的委员互访。组织界别委员针对完善沿海港口集疏运体系、建设沪苏产业联动集聚区、打造科技创新载体等20多个课题开展对口交流。开展深度接轨上海战略研究，从加强系统性谋划、学习上海先进理念、推动招才引智方面提出建议，市委市政府主要领导分别批示，对市政协“接轨上海”工作和所提建议给予肯定，要求相关负责人和部门积极落实。

围绕乡村振兴建言。市政协八届九次常委会围绕乡村振兴战略专题协商，通过4个多月专题调研，听取20多个部门、基层单位和专家学者的建议，形成议政建言材料87篇，从农业转型、城乡融合、精准脱贫、农村住房改善、乡风文明打造提出意见建议。市委书记戴源、市政府代市长曹路宝分别作出批示。盐城市政协参加省政协发展·民生专题协商座谈会，围绕精准脱贫专题，提出对策建议，介绍盐城经验。开展“生态休闲旅游富民”专题视察，督办“改善农村生态环境”重点提案，助力全市乡村振兴战略实施。

着眼重点工作建言。盐城市政协组织省市县政协委员围绕打好“三大攻坚战”，务实资政建言。根据市委市政府部署安排，主席会议成员挂钩帮扶经济薄弱村，推动村级集体经济发展。参与新水源地和跨区域引水工程建设，完成市委、市政府交给的工作任务。专题视察督查“三治三化”专项行动、高铁高速内环高架工程建设、园区经济发展、绿化造林、文明城市创建等。全市政协系统围绕淮河生态经济带发展规划解读、文化创意产业发展等专题开展活动304次，参加委员累计5581人次。（俞 浩）

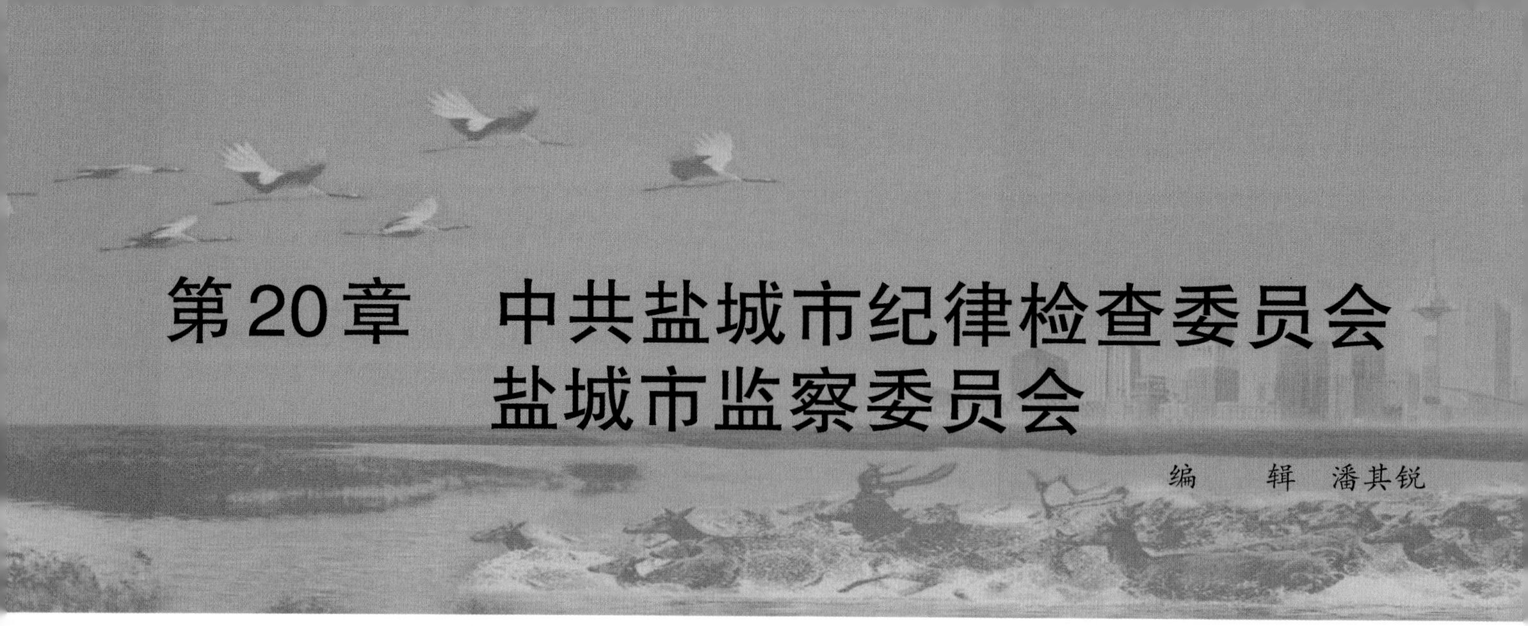

第20章　中共盐城市纪律检查委员会　盐城市监察委员会

编　　辑　潘其锐

综　　述

2018年,全市各级纪检监察机关坚守政治机关职责定位,组织开展习近平总书记对江苏和盐城重要指示批示贯彻落实情况“回头看”,制定《纪检监察机关服务保障民营经济发展八条措施》,强化监督职能,维护政令畅通。盐城市纪委监委落实“两海两绿”发展路径,主动接轨上海,与上海市纪检监察机关建立合作交流机制。深化监察体制改革,在全省设区市中率先完成市监委挂牌,2018年1月中旬9家县级监委组建完成,市、县两级纪委监委监督检查与审查调查部门分设全部到位。推进监察工作全覆盖,市监委向盐城经济技术开发区派出监察工委,赋予派驻机构监察权限,指导9家县级监委向镇一级派出36个监察员办公室。纵深推进巡察工作,坚持落实牵头任务与推动面上整改两手抓,协助市委制定整改工作方案,强化跟踪监督检查。市本级开展3轮常规巡察,对市直36个部门、22个副处级以上企事业单位党组织开展巡察,发现各类问题1226个、移交线索246条。探索构建上下联动监督网,对盐城经济技术开发区等7家单位党组织开展省市协同巡察,对5个街道党工委开展市县联动巡察,实现镇(街道)巡察全覆盖,村(居)巡察覆盖面37%。开展“打铁必须自身硬”专项行动,组织开展“踏上新征程、承担新任务”“入党初衷大家谈”等主题活动,通过理论宣讲、征文比赛、参观党性教育基地等形式,引导纪检监察干部讲政治、铸忠诚。建立分层分级谈心谈话制度,开展“集中家访+定期走访”活动,召开青年干部、军转干部座谈会,有效强化纪检监察干部的归属感、责任感。主动应对改革挑战,先后4次组织市纪委监委机关、派驻机构、巡察机构全员培训,举办全市派驻干部、镇(街道)纪委书记封闭式培训班,建立市纪委监委法律顾问制度,增强履职本领。坚持从严管理、刀刃向内,对4家县级纪委监委开展内部巡察,聘请百名纪检监察干部监督员,开通“纪委书记直通车”,组织“纪检监察开放日”、监督执纪执法回访等活动。

第一节　重要会议

市纪委七届三次全会　2月6日,市纪委召开七届三次全会,会议分3个阶段进行。9:00,召开第一次大会,市委常委、市纪委书记、市监委主任王小红主持会议,市四套班子领导,市中级人民法院院长、市检察院检察长,市直各部门(单位)主要负责人,市纪委委员及列席人员在市主会场出席会议,各县(市、区)、盐城经济技术开发区、城南新区在分会场收听收看会议。市委书记、市人大常委会主任王荣平出席会议并讲话。10:30,召开第二次大会,会议传达学习中纪委、省纪委全会精神,王小红代表市纪委常委会作题为《全面贯彻落实中共十九大精神,奋力谱写新时代盐城全面从严治党新篇章》工作报告。下午召开第三次大会,表决通过市纪委七届三次全会工作报告和全会《决议(草案)》。

《中华人民共和国监察法》专题学习会　3月23日,市纪委常委会召开专题会议,集中学习《中华人民共和国监察法》,并对学习贯彻工作进行安排部署。市委常委、市纪委书记、市监委主任王小红出席会议并讲话,市纪委监委班子全体成员参加会议。会上重点学习《中华人民共和国监察法》中关于监察机关及其职责、监察范围和管辖、监察权限、监察程序以及对监察机关和监察人员的监督等重点章节内容。会后,市纪委监委制定学习宣传方案,精心组织部署,明确要求所有纪检监察人员采取个人自学、领导领学、以考促学等方式,将思想和行动统一到最新部署和要求中去。年内,市纪委监委联合盐城广播电视台共同主办《黄海廉潮》栏目,推出“学习宣传贯彻《中华人民共和国监察法》”县(市、区)监委主任系列访谈节目,邀请全市各县(市、区)监委主任走进荧屏,畅谈学习宣传贯彻《中华人民共和国监察法》实施的实招、硬招,交流各地学习宣传贯彻《中华人民共和国监察法》的情况以及阶段性重点工作进展情况。

全市纪检监察系统重点信访问题化解专题会议　7月11日,市纪委监委召开全市纪检监察重点信访问题化解专题会议，会议传达全省纪检监察信访举报工作会议精神，分析纪检监察信访举报工作形势，专题研究会办纪检监察信访问题化解工作。市委常委、市纪委书记、市监委主任王小红出席会议，9个县（市、区）纪委书记，盐城经济技术开发区、城南新区纪工委书记分别汇报辖区内重点信访问题化解进展情况。会议要求全市纪检监察机关主动适应国家监察体制改革新形势新要求，将化解纪检监察信访问题作为“一把手”工程，增强做好新形势下纪检监察信访举报工作的政治自觉和行动自觉，压实信访矛盾化解责任，推动信访问题化解，有效服务社会和谐稳定。

市纪委监委召开专题警示教育大会 11月1日，市纪委监委在盐都区召开专题警示教育大会，通报典型案件。盐都区四套班子全体领导，各镇（区、街道）领导班子全体成员、中心（站、院、所）主要负责人，区直各部门全体班子成员、机关中层正职，市属驻盐都单位全体班子成员等近千人参加会议。会议强调，各级党员干部要深刻汲取腐败案件惨痛教训，永葆忠诚、干净、担当的政治本色；区级层面要重点开展选人用人工作、严肃财经纪律、个人重大事项申报、享乐主义奢靡之风、政商交往“五个专项治理”，全力推动盐都政治生态向善向好。与会人员集体观看市纪委监委制作的警示教育片《权欲膨胀必自溺》，盐都区委主要负责人作表态发言。

第二节 重要活动

市监察委员会成立 1月7日上午，盐城市第八届人民代表大会第二次会议选举王小红担任市监察委员会主任；下午，在召开的盐城市八届人大常委会第八次会议上，刘正秀、刘向阳、孙红亮被任命为市监委副主任，张鹏程、张永娣、路竞竞、徐定、胡中兵被任命为市监委委员。1月8日上午，盐城市监察委员会正式挂牌。盐城成为江苏省首个完成市级监察委员会组建的设区市。

建立法律顾问制度 1月9日，市纪委监委举行聘任仪式，聘请徐祥等4人为市纪委监委法律顾问。市委常委、市纪委书记、市监委主任王小红出席并讲话，市纪委监委领导班子成员和机关各部室、派驻纪检监察组主要负责人参加聘任仪式。市纪委监委法律顾问作为市纪委监委提供法律服务的重要参谋助手，起到参谋智囊作用、审查把关作用、传道授业作用和桥梁纽带作用，为市纪委监委依法决策、依法办事、监督执纪保驾护航。

蒋卓庆到盐城调研 9月3—4日，省委常委、省纪委书记、省监委主任蒋卓庆在盐城调研打好“三大攻坚战”、中央巡视反馈意见整改落实和监察体制改革实施等情况。蒋卓庆先后察看盐城市区水环境生态修复项目、环保生态科技城、沿海工业园智慧管理平台，深入射阳县、滨海县相关镇村了解脱贫攻坚、农村集体“三资”监管和村务监督等相关情况，并与当地基层干部群众深入交流。调研期间，蒋卓庆主持召开座谈会，听取盐城打好“三大攻坚战”、中央巡视反馈意见整改落实和纪检监察工作情况汇报，对相关工作予以肯定，强调要深入学习贯彻习近平新时代中国特色社会主义思想和中共十九大精神，进一步提高政治站位，强化责任担当，推动中央和省委各项决策部署落地落实。市委书记戴源参加调研并汇报盐城相关工作，市委常委、市纪委书记、市监委主任王小红汇报盐城纪检监察工作有关情况，市领导崔浩等参加。

江里程一行在盐城调研 3月26日，省纪检监察学会会长江里程率队在盐城调研盐城重点贫县脱贫攻坚工作，并召开调研座谈会。座谈会上，江里程听取有关情况汇报，对盐城脱贫攻坚、党风廉政建设和反腐败工作成效给予肯定。自2017年，盐城按照中央和省委部署，坚持把脱贫攻坚作为最大政治、最大任务，建立并不断完善责任体系、工作体系、政策体系、投入体系和帮扶体系，高质量推进脱贫攻坚工作，完成7.86万建档立卡低收入人口和36个省定经济薄弱村的脱贫任务。在盐城期间，江里程一行在滨海、响水等地实地调研。

省纪委在盐城举办信息技术保障工作交流会暨专题讲座 11月26日，省纪委在盐城召开信息技术保障工作交流会并举办专题讲座。省纪委以及徐州、南通、连云港、淮安、宿迁、盐城6家市纪委信息技术保障部门负责人和从事相关工作的技术人员参加会议。会议邀请全国检察系统信息技术方面的专家传授经验，并通过电视电话向全省纪检监察机关进行授课。市县两级纪委监委审查调查、案管等部门，各派驻纪检监察组120多人在主会场参加培训。

第三节 党风廉政

2018年，市纪委监委以全面从严治党主体责任落实年活动为载体，突出党风廉政建设责任制检查，压紧压实政治责任，开展全面从严治党主体责任落实年活动，健全完善述职述廉、主体责任清单、履责记实考核等制度，协助市委组织开展主体责任落实情况检查考核，持续拧紧责任链条。加大“一案双查”、责任倒查力度，先后对“两个责任”落实不力的101个党组织和359名党员干部实施问责。坚持与聚焦扶贫领域整治和查处群众身边不正之风和腐败问题相结合，深化自查自纠；与“正风肃纪镇村行”专项行动相结合，突出整改整治；与健全主体责任落实体系相结合，强化制度执行，推动各地各部门把抓基层、打基础作为治本之策和长远之计，探索防范侵害群众利益问题和“四风”问题的长效机制。加大明察暗访力度，市纪委牵头组织6个暗访督查组，采取不打招呼、不定时间、不定路线、不用公车的机动方式，直插一线、直面问题、直查快办，对相关线索专项处置、优先查处。

开展"510"警示教育系列活动 5月10日，市委专题召开全市领导干部"510"警示教育大会，全市3000多名科级以上领导干部通过电视电话会议形式参加会议。与会人员观看警示教育片《失守的政德底线》，市委书记戴源作专题报告，要求全市各级领导干部从反面案例中认真汲取教训，珍惜组织的培养和信任，珍惜干事创业舞台，警钟长鸣、防微杜渐，筑牢为政清廉坚固防线。同步开展"510"警示教育系列活动，用身边的事教育身边的人，达到警示效果最大化，凝聚拒腐防变"正能量"。全年市本级和各县(市、区)开展"510"警示教育活动近百个，以"讲政德、守法纪、颂清廉"为主题，以会场、基地为主阵地，以微信、网站等新兴媒体为主平台，线上和线下全覆盖。

召开"弘扬好家风，争当贤内助"领导干部家属座谈会 2月8日，市纪委监委、市妇联联合举办"弘扬好家风，争当贤内助"领导干部家属座谈会。市委常委、市纪委书记、市监委主任王小红出席座谈会并讲话。市纪委副书记、市监委副主任刘向阳通报2017年全市纪检监察工作情况和2018年主要任务措施。市妇联主席盛艳介绍盐城家风建设上的相关做法。座谈会上，20多名领导干部家属代表围绕如何弘扬好家风、争当贤内助畅所欲言，从各自家庭和职业特点出发，畅谈心得体会，分享经验。

第四节 监督检查

2018年，市纪委监委围绕重要时间节点、具体问题线索和"四风"问题新动向，开展作风建设自查自纠专项行动，集中整治形式主义、官僚主义，严防"四风"问题反弹回潮，全年查处违反中央八项规定精神问题300个、处理619人，通报曝光55批次。优化机关作风，组织实施"履职不尽责、服务不担当"问题专项整治，打造《清风盐城》舆论监督品牌栏目，组织明察暗访近400次，2次召开全市机关作风建设问题通报会，推动机关干部履职尽责、担当作为。

开展系列"清风行动" 年内，市纪委监委结合中央纪委和省纪委全会精神，探索以"清风行动"为载体的监督新路径，创新开展违规挂证取酬、宕欠公款、政务服务环境、吃空饷和到龄不退休、侵占公房、违规发放津补贴6项"清风行动"，清理挂靠人员1751名，清缴个人欠款2000余万元，清退违规占用公有住房375套，清退违规发放的津补贴4933万元。

开展全市"正风肃纪镇村行"专项行动 年内，市纪委监委开展"正风肃纪镇村行"专项行动。3月，在滨海县召开现场推进会，制定下发实施方案，明确提出要实现基层政治生态进一步优化、基层基础工作进一步夯实等4个"进一步"目标和15项具体措施，均逐一明确牵头单位、责任部门。5月，组织对专项行动推进情况进行暗访，及时发现推进过程中存在的责任落实不到位、基层干部顶风违纪等问题。6月，在射阳县召开全市深化"正风肃纪镇村行"专项行动工作推进会，总结推广射阳县小微权力清单制度和村会计异村任职经验做法，深入剖析工作推进中存在的突出问题，对相关工作进行再明确、再促进。7月，在全系统开展"正风肃纪镇村行"专项行动大走访活动，听取基层呼声，分析查找专项行动中责任落实、制度执行、作风建设等方面突出问题，督促推动问题解决，市、县、镇三级纪检监察干部走访4.2万人次，向县级纪检监察机关交办市纪委机关大走访活动中收集的问题线索和意见建议3345条，其中要求自行整改的1949条、反馈办理情况的1396条。《中国纪检监察报》《新华日报》、人民网等媒体多次关注并专题报道。

开展教育领域问题专项治理行动 11月1日，市纪委监委召开全市教育领域人民群众反映强烈突出问题专项治理工作动员部署会。市委常委、市纪委书记、市监委主任王小红，副市长葛启发出席会议并讲话。专项治理行动集中整治校外培训机构，重点治理部分校外培训机构未取得办学许可证违法经营等问题；从严查处教育领域违纪违法问题。年内，全市成立联合执法组27个，联合执法677次，发出整改通知单1462份，整改完成后继续经营218家，关停或取缔1444家，整改完成率100%。强化重点督办，对省纪委交办教育领域问题线索办结157件，查实或部分查实70件，立案处理49人、诫勉谈话等组织处理31人。

第五节 案件查处

2018年，市纪委监委运用"四种形态"处理8544人次，其中运用第一、二、三、四种形态分别占65.3%、27.9%、2.6%、4.2%。严查违纪违法问题，全市立案3704件，其中县处级干部案件31件、乡科级干部案件312件；采取留置措施27人，给予党纪政务处分2931人；市纪委监委重点办理5名县处级干部违纪违法案件。市纪委监委坚持行贿受贿一起查，探索构建贿赂案件双向查处机制，查处行贿人员41名；开展"外逃人员大起底"专项行动，抓获涉案外逃人员4名；发挥查办案件治本功能，先后向发案单位下发专责监督意见书2份，协助省纪委监委抓好对滨海县委、亭湖区委专责监督和对大丰区政府监察建议的整改落实，督促落实主体责任，堵塞制度漏洞；研究制定《关于加强党员干部和公职人员廉政教育的实施意见》，厚植廉洁土壤；制定实施《受处分党员干部教育帮扶工作暂行办法》，落实各级党组织帮扶责任，让受处分党员干部真诚悔过、重回干事创业的正确轨道。 (游善涛)

第21章　民主党派　工商联

编　　辑　潘其锐

综　　述

2018年，盐城市有民盟、民建、民进、农工党、九三学社5个民主党派市委会，致公党总支1个，民革支部1个。年内，各民主党派新发展成员120名。至年底，各民主党派共有成员1762名，遍及科技、教育、文化、卫生、农林、经济等领域。民主党派成员担任全国人大代表1人、省人大代表2人、省政协委员6人、市人大代表15人、市政协委员124人。全年，各民主党派继续开展坚持和发展中国特色社会主义学习实践活动和“不忘合作初心，继续携手前进”主题教育，围绕“纪念五一口号发布70周年”和“庆祝改革开放40周年”，组织开展征文活动、专题讲座、会员座谈会、参观学习等活动，深化学习效果。民建盐城市委组织会员赴西柏坡、上海胡厥文纪念馆和嘉兴南湖参观学习；民进盐城市委开展重访西柏坡革命旧址、“学习革命传统盐城行”活动；农工党盐城市委会组织党员赴延安开展主题教育活动；致公党盐城市总支举办“学习十九大，弘扬好传统”致公讲堂，邀请致公党江苏省委专职副主委兼秘书长米其智作《畅通民声通道　助力领导决策》讲座。各民主党派履行参政议政职能，建言献策，向市人大、市政协等提交各类议案、提案160件。民建盐城市委调研成果《关于保护我省近海海域生态环境的建议》被民建江苏省委采用为省政协全会的集体提案；民进盐城市委撰写的《关于推进我省新能源汽车发展的建议》等2篇调研报告作为2019年江苏省政协大会发言交流材料；农工党盐城市委组织开展“乡村振兴”主题调研，调研文章《实施品牌强农，助力乡村振兴》《健全冷链物流运输，打通生鲜农业最后一公里》分获农工党江苏省委一、三等奖；九三学社盐城市委的调研成果《基于生态文明建设背景下野生麋鹿的可持续发展建议》得到省领导批示；致公党盐城市总支全年有5个调研课题获省委立项，《新时代推动我省乡村振兴战略实施及深化改革的建议》获致公党江苏省委2018年“汇智论坛”三等奖。各民主党派结合自身优势开展各类社会服务活动。民盟盐城市委开展“黄丝带·三助工程”“送戏下乡”“送春联　进万家”等活动，组织相关企业参加第六届江苏民盟“助你启航”大型校园招聘会，为应届毕业生就业牵线搭桥；民建盐城市委在步凤镇开展第12次“思源工程——生育关怀”行动，向20户计生困难家庭发放1万元慰问金，参与民建江苏省委成立的思源爱民公益基金慈善活动，组织全体会员捐款5.16万元；民进盐城市委成功主办2019盐城市第七届百姓网络春晚，开展“未知课堂”巡回教学活动，到大丰、建湖等地巡回教学；农工党盐城市委组织两批次党员赴贵州毕节大方县开展“精准扶贫、精准脱贫”考察调研，安排大方乡村医生到盐城第一人民医院开展为期三个月的全科特岗医生培训；九三学社盐城市委持续开展“亮康行动”，全年免费为群众普查眼疾共1.44万人次，开展“盐城九三公益课堂”“盐城九三科普论坛”“盐城九三普法讲堂”等品牌活动，放大社会服务品牌效应；致公党盐城市总支开展“科技服务企业活动”，组织知识产权政策宣讲12次、业务培训讲座6场次，近500企业高管参加培训。　（沈　平）

第一节　民盟盐城市委员会

2018年，民盟盐城市委员会发展23名新盟员。至年底，全市有盟员442人，平均年龄53岁。其中，高等教育界盟员152人，普通教育界盟员139人，文艺界盟员34人，科技医卫界盟员31人，机关、团体中盟员31人，经济界盟员54人；高级职称235人，中级职称159人；有全国人大代表1名，省政协委员2名，市人大代表4名，市政协委员25名，区人大代表4名，区政协委员17名。民盟盐城市委下设基层委员会2个：盐城工学院基层委员会、亭湖区基层委员会；总支3个：盐城师范学院总支、盐都区总支、盐城中学总支；支部9个：机关一支部、机关二支部、盐阜中学支部、田家炳中学支部、农科院支部、文化支部、悦达支部、盐城幼儿师范高等专科学校支部、江苏医药职业学院支部。

一、参政议政

市政协八届二次会议期间，民盟盐城市委共提出集体提案3份，盟员个人提案24份，其中《立足风光优势　竭力打造"海上三峡"》《建设智慧滩涂生态圈　深度拓展海滨旅游业》参加市政协联组发言，6位盟员的建议被《委员意见》采用。市人大八届二次会议期间，盟员个人共提交6份建议案。市"两会"期间集体提案《快深度融入长三角城市群，拓展盐城发展新空间》被市政协表彰为优秀提案，王会珍被表彰为"双岗双优"委员，葛秀琴被表彰为社情民意信息工作先进委员。盟员陈澄参加全国人大"两会"期间，积极履职，提交《关于进一步强化戏曲进校园的建议》等涉及文化、教育等方面的议案和建议，得到有关部门重视和采纳。盟员顾颉递交的调研报告被民盟江苏省委转化为《关于改善我省戏曲文化生态的建议》的集体提案，呈交省政协十二届一次全会，获省政协副主席胡金波领衔督办。

二、专题调研

2018年，民盟盐城市委围绕市政协"陆海统筹"和"实施乡村振兴战略"等协商议政课题，先后组织盟员赴连云港、盐都区中兴街道和南洋镇等地开展调研。盟员撰写的《优化产业结构　彰显盐城特色　做大沿海经济》和《关于做好扶贫扶志，助力乡村振兴的几点建议》先后在市政协八届八次和九次常委会上作专题交流，5篇稿件参加市政协"教育均衡发展"民生论坛，1篇稿件参加市政协"养老服务体系建设"民生论坛。民盟盐城市委注重发挥盟员的智力优势，组织盟员撰稿参加民盟江苏省委组织的各类论坛，入选"教育论坛"2篇、"生态文明论坛"2篇、"文化研讨会"6篇，多篇稿件获奖。

三、组织建设

2018年，民盟盐城市委组织盟员参加民盟江苏省委、市委统战部等单位举办的盟员骨干、信息员等培训活动；组织赴盐都三官村开展2018骨干盟员暨新盟员培训活动；年底，召开2018新盟员座谈会，并首次探索开展新盟员入盟宣誓仪式活动，增强盟员的使命感和责任感。民盟田家炳中学支部及盐城中学总支完成换届工作。盐城工学院"盟员之家"被民盟中央表彰为"优秀盟员之家"，亭湖区基层委员会"盟员之家"完成筹建工作。广大盟员在各自岗位建功立业，成果丰硕。盟员孔建飞获"挑战杯——彩虹人生"全国职业学校创新创业大赛特等奖；盟员陈澄获"江苏省三八红旗手标兵"称号；盟员徐以利获"2017年度江苏省十佳青年志愿者"称号；盟员蒋洁当选省妇联执委；盟员薛琴获第十九届运动会群众体育节目乒乓球和手球比赛体育道德风尚奖；盟员赵军被省考试院表彰为优秀阅卷员；盟员倪国林获江苏省机械工业科技进步二等奖。

四、社会服务

2018年，民盟盐城市委广泛开展社会服务，赴江苏盐城方强强制隔离戒毒所开展"黄丝带·三助工程"，观摩戒毒学员康复成果展示，为学员开展心理咨询；赴步凤开展"送戏下乡"活动；赴亭湖区南洋镇开展"科技富民、文化惠民"活动；在佳美嘉生态农场挂牌设立社会服务基地；组织盟员书画家赴建湖县庆丰镇董徐村开展"送春联进万家"活动；组织相关企业参加第六届江苏民盟"助你启航"大型校园招聘会，为应届毕业生就业牵线搭桥；组织盟员赴盐城市金灿家庭农场参加"蜜桃有爱　公益有我"爱心采摘活动；组织书画家在市宝福娃幼儿园开展"笔墨传香·伴我成长"幼儿书法指导和演示活动。基层活动亮点突出，亭湖基层委员会赴大丰开展"活力基层天天行"活动，走进恒北村进行访贫问困慰问和心理疏导工作，并在建军节前与武警消防支队联合开展《永恒的军礼》"八一"主题文艺演出活动；盐都总支赴盐渎街道开展广场舞进社区公益培训活动，参与尚庄初级中学普法送教活动；机关二支部走进亭湖区先锋街道新街社区广场开展"浓情端午　与爱同行"——卫生健康知识宣传社区行活动。　（孙　波）

第二节　民建盐城市委员会

2018年，民建盐城市委发展新会员20人。至年底，全市有民建会员289名，本科以上学历244人，中级以上职称199人。全年民建盐城市委在中央级、省、市级各类媒体上发表新闻宣传稿件50多篇。理论研究方面，民建盐城市委完成《人民政协民主监督刍议》等3篇理论研究文章。深入开展主题教育活动，结合纪念中共中央发布"五一口号"70周年和改革开放40周年，围绕"不忘合作初心，继续携手前进"主题，开展征文、座谈会、报告会等学习教育活动。组织报送"纪念'五一口号'发布70周年"征文和"庆祝改革开放40周年"征文近20篇。召开学习中共十九大精神报告会、纪念"五一口号"发布70周年座谈会、骨干会员暨新会员培训班；组织赴西柏坡、上海胡厥文纪念馆和嘉兴南湖参观学习；在全会开展解放思想大讨论活动。民建盐城市委的综合工作、参政议政工作、组织管理系统工作等多项工作获民建江苏省委表彰。

一、参政议政

2018年，民建盐城市委做好政协提案工作。民建盐城市委就加快发展现代服务业集聚区等问题向市政协八届二次会议提交集体提案5件，其中1件提案被表彰为优秀提案。加强专题调研，分别就乡村振兴等课题深入开展调查研究，形成6篇调研报告，在市政协常委会、政协民生论坛和各党派团体专题议政会上发言交流。民建盐城市委调研成果《关于保护我省近海海域生态环境的建议》被民建江苏省委采用为省政协全会集体提案。反映社情民意，全年报送民建中央、民建江苏省委，市政协，市委统战部各类信息共100多条。

二、组织建设

2018年，民建盐城市委推进基层组织建设。定期组织基层支部工作交流，年底对基层组织工作进行考评，并在年度总结表彰大会上表彰先进，指导推动基层组织工作。年内，交通支部建成民建会员之家。加强会员发展和管理工作，及时更新会员数据库，组织管理信息系统工作连续多年获民建江苏省委表彰。加强与兄弟市委会交流。分别与安顺民建、大连民建缔结为友好市级组织。

三、社会服务

2018年，民建盐城市委组织扶贫帮困活动。在步凤镇开展第12次“思源工程——生育关怀”行动，向20户计生困难家庭发放1万元慰问金；组织医卫专家分别赴盘湾镇和步凤镇开展义诊支教、健康帮扶活动；阳光社区法律服务工作站常年为社区群众提供法律咨询和法律知识宣传；组织会员企业家和有关支部向市残联和市儿童福利院捐赠20台助残轮椅和价值5000元的儿童生活用品。各支部组织开展资助贫困学生、慰问福利院老人等公益活动。民建盐城市委还参与民建江苏省委成立的思源爱民公益基金慈善活动，组织全体会员捐款5.16万元。服务会员。成立服务企业界会员机构——企业委员会；召开企业家会员座谈会；组织企业家会员参加民建中央在成都举办的非公经济论坛和民建建华课堂培训以及有关考察交流活动。

（唐修祥）

第三节　民进盐城市委员会

2018年，民进盐城市委新发展会员24名。至年底，全市有会员303人。其中，省政协委员1人，市人大代表1人；市政协委员23人（副秘书长1人，常委2人）；亭湖、盐都区政协委员20人（常委3人）。民进盐城市委下设支部13个：机关支部、经济支部、文化支部、教育支部、盐城中学支部、高级职业学校支部、明达中学支部、一小支部、盐城师范学院支部、盐城工学院支部、盐阜中学支部、田家炳支部、新阶层支部；1个基层委员会：民进亭湖区基层委员会；1个总支：盐都总支。

一、参政议政

2018年，在市政协八届二次会议上，民进盐城市委提交提案22件、集体提案4件，其中提案《关于提高市民环保意识，积极倡导绿色健康生活方式的建议》作为政协联组发言材料进行交流；集体提案《挖掘历史文化资源，恢复重现盐城八景》，个人提案《关于解决我市停车难问题的建议》等被表彰为优秀提案，朱义刚、刘曙霞等人被评为“双岗双优”委员。年内民进盐城市委中标民进江苏省委“乡村振兴与城乡融合发展研究”课题，并联合民进连云港、南通市委实地走访农村县道、乡道，完成调研报告《助推“四好农村路”建设，打通乡村振兴“血脉”》；牵头江苏省新能源汽车方面课题调研，邀请专家学者交流点评，形成调研报告《关于推进我省新能源汽车发展的建议》，与民进盐城市委报告《以社区为依托，推进居家养老服务体系建设》共同作为2019年江苏省政协大会发言交流材料；围绕市政协2018年重点调研课题开展专题调研，主攻“坚持陆海统筹，打造蓝色增长极”和“实施乡村振兴战略”两大课题开展调研论证，撰写《建设海洋生态文明，护航“大海洋”开发》等4篇调研报告。继续做好“一支部一课题”。全年有14个支部（总支）参与投标，申报课题10项，形成调研报告9篇。

二、组织建设

2018年是民进中央确立的思想政治教育主题年，民进盐城市委围绕该主题，通过市委扩大会、专题报告会、新会员入会培训班等形式，提高会员思想政治认同，提高履职尽责能力，为多党合作事业做出新贡献。开展纪念“五一口号”发布70周年和改革开放40周年系列活动。利用民进中央、省、市搭建的各类理论研讨平台，开展“五一口号”征文、重访西柏坡革命旧址、“学习革命传统盐城行”交流活动等，组织全会广泛学习“五一口号”与统一战线、多党合作的历史意义和贡献，深刻理解和宣传改革开放、中国特色社会主义道路的现实意义，加深对中国共产党和中国特色社会主义道路的认同，增强在新时代“不忘合作初心，继续携手前进”的使命意识。构建多方位宣传平台，确保会刊《盐城民进》定期出刊，发挥民进网站、公众号、民进微信群等网络媒体的作用，强化宣传工作。围绕民进江苏省委《关于全省县级市（区）委员会（总支、支部）试点推广“虚拟机关”工作的意见》的要求，通过召开动员大会、成立领导小组、部署岗位等，在市委1室5部6会中，引入机关工作制度，进行岗位任命，发动骨干会员申报空缺的虚拟机关岗位，争取双岗建功。民进亭湖基层委员会作为盐城推荐的试点单位，在全省率先开展虚拟机关建设工作，其成功做法和经验被《中国统一战线》《民主》《挚友》《江苏民进》《新华日报》等中央和省级报刊相继报道。

民进盐城市委成立20周年庆典大会　11月18日，民进盐城市委20周年庆典活动在盐城市实验小学举行。市

11月18日，民进盐城市委成立20周年庆典活动在盐城市实验小学举行

民进盐城市委/供

委统战部副部长季放出席庆典大会并讲话，市委统战部、兄弟市民进市委领导应邀出席大会。会上，民进盐城市委主委朱雪梅向大会作工作报告。季放代表中共盐城市委、市委统战部向会议表示祝贺，并肯定民进盐城市委在参政议政、建言献策、服务群众、奉献社会方面的工作成效。

三、社会服务

2018年，民进盐城市委继续扩大民进传统品牌服务效果。继续开展民进书画家送春联进社区活动，组织会内知名书法家走进万达广场，开展"春联进万家"活动，免费为广大群众现场书写春联、赠送春联。推广校外教育研究会品牌，举办"智慧父母"家庭教育讲座。开展健康行义务培训，举办郭林气功义务培训班，由民进会员利用业余时间，免费教授30余人。继续做好文化惠民活动，举办盐城市第七届百姓网络春晚，以"传承经典，歌颂祖国"为主题，涵盖诗朗诵、歌舞、乐器、戏曲、书法、武术等艺术表现形式。发挥教育和文化优势开展对口活动，"书香彩虹"捐赠图书献爱心，参与民进中央"书香彩虹"捐赠图书公益活动，为省委对口帮扶的贵州省贫困小学捐赠书籍400册，价值5000余元。开展雕塑文化进基层活动，"塑德务滋——雕塑文化进基层"活动在敬贤路小学举行，会员夏一栋捐赠雕塑作品《铁军》和图书，并带领小学生们领略雕塑作品的魅力。开展"未知课堂"巡回教学活动。民进盐城市委主办、一小支部带领的未知教学研究团队奔赴大丰区、建湖县实验小学等地，开展"未知课堂"巡回教学活动，民进宣传部部长、未知教学研究团队领衔人祁生洋执教观摩课并作未知教学专题讲座。由民进盐城市委主办，会员何山原创音画作品2019"登瀛晚眺"第三届盐城笛箫新年音乐会在盐城师范学院成功上演。共建市各党派团体服务基地，赴步凤小学开展扶贫助学捐赠活动。民进企业家会员邵英向8名贫困儿童捐赠学习用品和爱心红包，共计1万元。　　（石　惠）

第四节　农工民主党盐城市委员会

至2018年底，农工党盐城市委有党员人数371人，其中担任各级政协委员35人、市人大代表2人。市委会下设参政议政、医卫与教育、人资环境与经济、社会服务和妇女5个工作委员会和1个法律援助中心，并建有21个基层组织：市第一人民医院总支、亭湖区总支、盐都区总支、机关支委、盐城生物工程高等职业技术学校支委、盐城卫生职业技术学院支委、市疾控中心支委、市第二人民医院支委、市第四人民医院支委、市卫生监督所支委、市妇幼保健院支委、大丰区支委、盐城工学院支委以及市中医院支部、盐城幼儿师范高等专科学校（南校区）支部、盐城幼儿师范高等专科学校（北校区）支部、法律支部、农林支部、经济支部、综合支部、环保支部。全年，农工党盐城市委报送各类社情民意、统战信息60多篇，其中《莫让"药占比"政策"误伤"百姓》被农工党中央采用，《科技创新需突破"四道坎"》被江苏省委采用，《对农村住房集中改造的五点建议》被省政协采用，6篇社情民意信息被市政协采用。农工党盐城市委会被市政协、市委统战部评选为社情民意信息工作先进单位。

一、参政议政

2018年，在市政协八届二次全会上，农工党盐城市委提交集体提案3篇，委员个人提案21篇，编入委员意见10篇。农工党5名委员在联组会议上发言，《稳步推进净土工程走好生态发展之路》的交流发言得到与会委员一致认可。集体提案《关于推进我市水生态文明建设的建议》被表彰为年度优秀提案。在市政协八次、九次常委会议专题协商议政中，农工党盐城市委会先后做《彰显多彩文化特色，提升沿海旅游层次》《实施品牌强农，助力乡村振兴》等会议发言。在市政协第三期"盐城政协·民生论坛"上，农工党盐城市委提出合理设置中小学学校布点，推进中小学教育区域的均衡发展的建议。开展调查研究，农工党盐城市委围绕党委、政府中心工作，组织党员对江苏金风科技有限公司、盐龙湖水厂、镇江医疗联合体等进行调研视察活动10余次。农工党盐城市委完成农工党江苏省委布置的《坚持陆海统筹打造我省蓝色增长极》《推进我省高铁建设全覆盖的建议》《促进乡镇学校健康发展的建议》和《推进传统媒体与新兴媒体深度融合的建议》4篇调研课题，完成市委统战部布置的《健全农村贫困人口医疗保障机制，深入开展健康扶贫攻坚》等调研课题。组织开展"乡村振兴"主题调研征文活动，提交调研文章12篇，其中《实施品牌强农，助力乡村振兴》《健全冷链物流运输，打通生鲜农业最后一公里》分别获得农工党江苏省委一、三等奖。

二、组织建设

2018年，农工党盐城市委规范发展程序，严格履行入党手续，全年发展新党员29名。新党员平均年龄40岁，大学学历14人，硕士11人，博士1人；医卫界10人，教育界9人，新主界别党员3人；中级职称11人，高级职称9人。农工党盐城市委通过新党员入党仪式、培训班等，向新党员介绍党派工作、明确党员责任与义务，学习农工党史，增强新党员的信念感、使命感。壮大基层组织力量，新成立农工党盐城市大丰区支部委员会，盐城工学院支部换届升级为支部委员会。推动"农工之家"建设。年内，农工党盐城市委在全市各基层组织中下发《关于在全市各基层组织建立"农工之家"的决定》，要求各基层组织积极筹建"农工之家"。农工党盐城市委通过为各基层组织提供相关文字图片资料、内容排版审核、现场指导、资金支持等，助推基层组织建立"农工之家"。至2018年底，全市有3个支部建成"农工之家"，7个基层组织落实筹备工作。强化自身制度建设，农工党盐城市委对组织建设、作风建设及能力建设等方面制度工作进行全面梳理。11月，农工党江苏省委副主任委员吴建坤率农工党江苏省监督委员会到盐城开展党内监督工作，听取农工党盐城市委加强基层组织建设有关情况。

三、社会服务

2018年，农工党盐城市委会先后组织两批次党员赴贵州省毕节市大方县开展“精准扶贫、精准脱贫”考察调研，现场向大方县黄泥塘镇同心圆博爱家园建设项目和贫困学生捐款2万元。参与大方县全科特岗医生培训项目，安排大方县乡村医生到盐城市第一人民医院开展为期三个月的全科特岗医生培训。持续开展品牌服务。组织开展环境与健康宣传活动，在盐渎公园开展主题为“空气质量与健康”的环境与健康宣传活动。第30届“国际科学与和平周”期间，组织市一院神经内科、内分泌科、普外科、营养科等10余名专家成员，赴市各党派团体社会服务基地——开发区步凤镇开展健康帮扶活动。带动各基层组织开展“扶贫帮困，奉献爱心”，阅读推广，义务献血，送医、送技下乡，“健康服务进校园”等各类社会服务活动。

（戴舒婷）

第五节　致公党盐城市总支部委员会

2018年，致公党盐城总支有主委1人，副主委3人，总支党员77人，其中省政协委员1人，市政协委员5人。下设基层支部7个：机关支部、高校支部、企业支部、盐都支部、新区支部、综合支部、大丰支部。年内，致公党盐城总支推进地方组织合作共建。承办致公党江苏省委地方组织合作共建推进会，与致公党无锡市委签订地方组织合作共建协议。派出骨干党员参加致公党无锡市委活动，现场学习和考察无锡的先进经验和做法。邀请致公党无锡市委到盐城现场指导工作，商讨合作事宜。联合致公党无锡市委法律专家在阜宁县开展法律进村社活动。联合致公党南京市委医疗专家在阜宁县开展送医送诊、心理讲座和心理咨询等活动。组织开展中韩（盐城）产业园发展情况调研。对中韩（盐城）产业园区基本建设情况、产业园区发展现状、发展目标、重点项目和政策措施落实情况进行走访调研，了解园区及企业在建设和发展过程中存在一些困难和问题，围绕产业园区发展方向，针对性提出加快推进园区发展的意见和建议。

一、参政议政

2018年，致公党盐城总支印发参政议政规范性文件。向各支部发出《关于加强参政议政工作的意见》，通过建立工作机构、完善培训制度、创新调研方法、鼓励参政议政、建立信息平台、设立奖励资金等方式，推进参政议政工作。举办“学习十九大，弘扬好传统”讲堂。邀请致公党江苏省委专职副主委兼秘书长米其智作《畅通民声通道　助力领导决策》社情民意专题讲座；致公党江苏省委调研联络处裘波对如何深入调查研究写出优秀调研报告作专题讲座。全年有5个调研课题获省委立项，其中新区支部调研课题《深化“互联网+先进制造业”加快建设和发展国际领先的工业互联网》被省政协十二届三次常委会采用；企业支部课题《基于物联网技术下的城市应急管理平台体系的构筑》和综合支部的课题《推动大数据和实体经济融合发展的对策和建议》获得省委课题资助；《新时代推动我省乡村振兴战略实施及深化改革的建议》获致公党江苏省委2018年“汇智论坛”三等奖。全年向省、市政协分别提交提案7篇和8篇，其中，《发展智慧养老的建议》在省政协大会上作书面发言；《坚持政府主导下的“三医联动”改革》在省政协十二届六次常委会作书面交流。

二、组织建设

2018年，致公党盐城总支邀请盐城市委党校专家为党员解读中共十九大会议精神，研读中共十九大文件，聚焦贯彻落实习近平新时代中国特色社会主义思想，将致公党智慧和力量凝聚到实现中共十九大确定的各项任务上，调研并形成《用新思想引领新时代，以新作为续写新篇章》学习报告。召开专题会议，学习全国“两会”精神、中国致公党十五届二中全会精神，学习领会习近平总书记在政协联组会上的讲话精神。按照全国“两会”和致公党十五届二中全会新要求，探索工作新形式、拓展新内容，为多党合作事业努力工作。开展解放思想大讨论。号召全体党员深入调查研究，撰写对策建议，组织各支部交流解放思想大讨论活动心得体会。深入开展纪念“五一口号”发布70周年和庆祝改革开放40周年活动。联合致公党无锡市委组织骨干党员赴广东进行调研学习。

三、社会服务

2018年，致公党盐城总支组织开展“科技服务企业活动”，赴盐城大捷实业有限公司、盐城杉智光学材料有限公司、江苏雨燕模塑有限公司、盐城市韩景汽车配件有限公司4家企业考察交流，了解企业产品开发需求，明确双方合作课题，达成初步合作意向。开展知识产权政策宣讲12次、业务培训讲座6场次，近500企业高管参加培训。参加在南京举办的2018年第九届“引凤工程”活动。致公党盐城总支联合盐城工学院、盐城师范学院参加集中对接洽谈活动。

（秦　雨）

第六节　九三学社盐城市委员会

2018年，九三学社盐城市委有社员357人，平均年龄52.6岁。其中，市级以上人大代表5人、政协委员31人。下设专业委员会8个：提案委员会、科技委员会、教育委员会、环保委员会、农业委员会、医卫委员会、妇女委员会、老龄委员会；基层委员会2个：第一人民医院基层委员会、盐都基层委员会；支社16个：机关支社、环保支社、农林支社、科技支社、经济支社、水文支社、农科院支社、盐城师范学院支社、盐城工学院支社、中医院支社、妇幼保健院支社、亭湖支社、大丰支社、东台支社、药监支社、燕舞支社；直属小组1个：生物工程高等学校直属小组。全年九三学社盐城市委报送社情民意信息56条，社员赵宝泉撰写的信息《关于将绿肥作物列入农业部非主要农作物品种登记目录的建议》被九三学社中央采用，20条信息被九三学社江苏省委采用，5条信息被市政协采用，40条信息被市委统战部采用。

一、参政议政

2018年，九三学社盐城市委在市政协八届二次会议期间，递交《抓机遇　谋布局　深度融入上海“一小时经济圈”》《聚力农业科技创新　促进农业农村发展》《关于建设盐城国家湿地公园的建议》3篇集体提案。其中，《关于建设盐城国家湿地公园的建议》被评为市政协优秀提案。九三学社盐城市委在市政协八届八次常委会议上建言《坚持陆海统筹　促进海陆产业协同发展》并作大会交流，在八届九次常委会议上建言《以产业富农为切入点实现乡村振兴》，在市各民主党派、工商联专题协商座谈会上建言《以农业科技创新驱动乡村振兴发展》。九三学社盐城市委参与九三学社中央“乡村环境综合治理”课题大调研，收集并报送调研材料《治理养殖污染　推进畜牧业绿色发展》。九三学社盐城市委围绕盐城经济社会高质量发展主题，组织和引导各支社和广大社员陆续开展老旧小区加装电梯、野生麋鹿保护现状、美丽乡村建设、光伏产业发展现状、养老服务体系建设、民营企业发展中存在问题和困难等考察调研活动，完成一批高质量调研报告。九三学社盐城市委主委孙大明带头撰写的调研报告《基于生态文明建设背景下野生麋鹿的可持续发展建议》中标社省委课题，调研成果被省政协以社情民意专报的形式报送副省长费高云，并得到批示。盐城师范学院支社撰写的调研报告《苏北地区光伏产业发展现状及建议》中标九三学社江苏省委课题。《打破“三不”壁垒　推进民营养老产业发展》《加快推进老旧小区住宅加装电梯　促进居家养老产业发展》2篇建言材料入选第四期《盐城政协·民生论坛》材料汇编。在九三学社江苏省委第十一届江苏九三论坛上，社员周汝琴撰写的《乡村振兴首先要产业振兴——响水县西兰花产业发展启示》、赵宝泉撰写的《江苏省科技创新驱动乡村振兴发展的对策研究》入选论坛论文集。

二、组织建设

2018年，九三学社盐城市委发展新社员24人，进一步优化社员界别和年龄结构。年内，组织机关支社完成换届工作，盐都支社升格为盐都基层委员会并完成换届，新成立九三学社青年工作委员会。加强民主党派阵地建设，在东台支社成立首个“九三之家”。激发基层组织活力，先后开展“庆三八，沿海行”“共庆重阳佳节，同看盐城发展”“我们的9·3”保龄球友谊赛、新春慰问座谈等活动。

三、社会服务

2018年，九三学社盐城市委继续开展“亮康行动”，全年送医下乡普查眼疾“村村到”380村次，免费为群众普查眼疾1.44万人次，为全市20所敬老院老人筛查308人次，开展免费白内障手术852人。开展“九三亮康”服务进校园活动，全年普查幼儿园21所，小学58所，合计1.83万名学生接受筛查，发放科学用眼、防治近视科普资料近3万份，对筛查后发现视觉异常的学生建立矫治档案1.13万份，社会反响良好。“盐城九三公益课堂”先后举办“国际记忆大师教你记和忆”“盐城市中小学生航模知识普及”等大型公益讲座，走出校园、走向社会，组织盐城中学名师到响水县中学观摩交流，组织师生和家长到亭湖区人民法院参加法庭案件审理旁听。“盐城九三科普论坛”邀请记忆研究专家陈进做题为《脑科学的记忆》的公益讲座，邀请南京大学地理与海洋科学学院教授任黎秀做题为《新时代旅游景区的发展与创新交流与研讨》的报告，并赴盐城康年颐养院举办“老年人常见病防治”讲座。“盐城九三普法讲堂”于年内正式启动，先后组织社员律师志愿服务团队深入企业、社区、学校进行公益宣讲活动10余次。助力乡村振兴发展，普法讲堂向乡村延伸，走进阜宁邹圩村开展驻村法律援助。各支社和广大社员主动投身到“开展普法宣讲，创建文明城市”活动中，开展一系列普法宣讲活动。亭湖支社联合亭湖区司法局开展“精准普法进社区、共建法治文明城”志愿服务活动。盐都基层委员会和民盟盐都总支在盐城市尚庄初级中学联合开展普法送教活动，为推动法治校园建设发挥积极作用。开展爱心帮扶、慈善捐赠活动。中秋前夕，九三学社盐城市委和市高级实验中学联合组织师生以及家长义工，为市社会福利院老人们奉上以“情暖夕阳，传递真爱”为主题的慰问演

9月23日，“盐城九三普法讲堂”、江苏零距离律师事务所设立的法律扶贫工作站在阜宁县吴滩街道邹圩村挂牌　　九三学社盐城市委/供

出。经济支社联合社员梁中宝在黄海街道举行“爱心组织、爱心企业、爱心企业家慰问困难群众”活动，为21名困难群众送去慰问金3万余元，制订“志愿助残阳光行动”三年行动计划，为特教中专就读的残疾人家庭子女捐赠1万元爱心款。亭湖支社走进亭湖区先锋街道健康路社区，中医院支社走进射阳益康医院、阜宁羊寨福利院，开展送医送药到基层活动。东台支社携手东台市义工联合会开展“爱心接力，助学圆梦”精准扶贫公益行活动，资助寒门学子。大丰支社在大丰特殊教育学校挂牌成立社会服务基地，组织爱心企业家捐赠11万元，用于改善学校办学条件。

（王　瑶）

第七节　盐城市工商业联合会

2018年，盐城市工商联有各类会员超1.72万个，其中企业会员超1.42万家、团体会员371个、个人会员2770人。全市有各类商会组织273个，其中行业商会104个，乡镇商会96个、街道商会17个、园区商会18个、异地商会14个，其他类商会22个。全市104个行业商会中，省级行业商会1个（江苏省鞋机商会）、地市级行业商会26个、县级行业商会77个、乡镇级行业商会1个。市工商联直属商会35个，其中异地商会6个、产业商会15个、服务类商会4个、贸易类商会4个、文化类商会2个、科技类商会1个、其他行业类商会3个。

一、参政议政

2018年，市工商联围绕非公有制经济市场环境、政策环境、法制环境、社会环境的改善等主题，形成多个优质提案。在政协盐城市八届二次会次上提交《关于营造民营企业发展良好环境的建议》等4项集体提案。工商联界别委员提交个人提案35件。各县（市、区）工商联和政协委员在“两会”期间提交个人提案、建议和意见150多件。

二、调查研究

2018年，市工商联与市经信委联合撰写《2017年度盐城市民营经济发展报告》。组织企业填报完成《民营企业“一带一路”可持续发展报告》《民营企业参与污染防治调查问卷》等调查问卷。开展全国工商联民营企业调查工作。与盐城师范学院商学院合作的《优化盐城营商环境，促进民营经济高质量发展》《凝练盐商精神、促进地方经济发展》2项调研课题，被列为市社科联重点课题。完成省工商联、市委统战部、市政协布置的调研课题8个并及时报送调研成果。

三、组织建设

2018年，盐城市工商联加强组织建设，新成立盐城市安徽商会、市房地产商会，钢铁商会完成换届工作，视光协会成功举办盐城市视光行业首届验光职业技能竞赛。按照“四好”商会建设要求，以实现“四好”商会建设目标作为标准，先后制订印发《行业（异地）商会规范化建设意见》《盐城市工商联“四好”商会建设工作实施方案》，通过划范围、定标准，开展直属商会考核工作。召开市直行业（异地）商会组织建设工作会议，总结工作交流思路，对商会工作提出具体要求。与市民政局联合制定《盐城市工商联直属商（协）会监督管理办法》，对商会的发起、筹备、运转等环节作进一步规范和要求。开展县级工商联商会组织建设情况调研，先后走访8个县（市、区）、15家县级商会组织，召开座谈会，听取意见、建议，掌握第一手资料，为《盐城市工商联2019—2021年度商会组织发展规划》的编制，为推动《关于促进工商联所属商会改革和发展的实施意见》在盐城市贯彻落实提供依据。开展“五好”县级工商联互查工作，赴连云港交流工作，接待扬州市工商联到盐城交流“五好”县级工商联建设。完成全国、江苏省“四好”商会的推荐上报工作。

四、服务企业

2018年，市工商联创新形式联系会员，落实联系会员“三个一”工作计划（即为所有执委订一份《中华工商时报》，为所有非公常委送一份生日蛋糕，为所有非公副主席、副会长送一份体检），紧密联系会员，增强工商联组织的凝聚力、影响力。2018年春节前夕与市文化产业商会召开企业家迎新春座谈会并组织挥毫迎新春，文化促发展——向民营企业家送春联活动。创新形式召开执委会、常委会，吸引非公企业家参加工商联活动。举办全市工商联界别政协委员培训班，就工商联界别政协委员如何参政议政、履行职能，进行专题培训。年内，市工商联会同市委统战部等部门开展以“讲好盐商故事，弘扬盐商精神——向改革开放40周年献礼”为重点的主题宣教活动。制定活动计划，广泛宣传发动，对推选出的50余家企业逐一走访座谈，请市作家协会进一步提炼盐商故事、盐商精神。面向社会有奖征集“新时代盐商精神”表述语，经评审确定新时代盐商精神：“厚德、坚韧、圆融、创新”。确定10名“最具新时代盐商精神企业家”和10名“新时代盐商精神企业家”，举行“新时代盐商精神”发布会暨颁奖仪式，市四套班子负责人出席活动并为获奖人员颁奖。

五、合作交流

2018年，盐城市工商联聚焦“两海两绿”战略，做好融入长三角、接轨上海相关工作。加强与上海盐城商会的联系，参加上海盐城商会会员大会和相关活动，打造“盐商”品牌，引导商会企业会员回盐城考察投资，引导商会会员参与扶贫活动，投身公益事业。加强与上海市友好商会的联系，吸引上海企业到盐城考察投资，并做好相关服务工作。与上海市普陀区工商联缔结友好商会，截至2018年年底，盐城市工商联与上海市7个区工商联缔结友好商会。注重异地盐城商会发展工作，2018年度新成立4家，总数达24家。

（王　岚）

第22章 人民团体

编　　辑　潘其锐

第一节　盐城市总工会

2018年，全市各类法人单位建会率动态保持在90%以上，25人以上法人单位建会率动态保持在90%以上。工会改革取得阶段性成效，全面完成市县两级工会领导班子结构调整，市、县（市、区）总工会29名兼挂职副主席配备到位，专职、兼挂职副主席达到各占50%的比例。各县（市、区）总工会常委会、工会委员会和工代会中劳模、一线职工和基层工会工作者代表比例分别不低于20%、40%、80%。年内，盐城市总工会5项工作受全国总工会表彰、11项工作受省总工会表彰、连续三年被市委表彰为全市目标任务综合考核先进集体。

一、宣传教育

2018年，盐城市总工会加强职工思想理论武装，在广大工会干部中开展“悦读新思想．启航新时代”读书活动。开展“践行新思想．拥抱新时代”——学习宣传贯彻习近平新时代中国特色社会主义思想和中共十九大精神职工演讲比赛，在微信公众号专题展播13期。开展以“学习新思想，改革再出发，开放迈新步，发展高质量”为主题的解放思想大讨论活动。深化中共十九大精神学习宣传，在报刊、网站、微信公众号等平台宣传中共十九大、习近平总书记同全国总工会新一届领导班子成员集体谈话时的重要讲话和中国工会十七大精神，盐城市总工会领导班子成员带头到各县（市、区）、基层工会开展学习宣讲19场次。开展中共十九大精神知识网上答题竞赛，12万名职工参加。开展改革开放40周年庆祝活动和“网聚职工正能量·争做中国好网民”系列活动。全市举办“中国梦·劳动美·幸福路”主题演讲比赛17场，4000名职工现场观看，网络直播点击量超过5万人，2人在省获奖。开展纪念推行厂务公开20周年系列活动和全市民主管理工作现场推进会、集体协商春季要约行动，建立完善企业民主管理制度，集体协商工作制度，推动企业履行社会责任，提升集体协商整体质效。开展职工队伍稳定调研排查化解专项工作，协同相关部门妥善处理改制企业信访问题。开展工会信访工作调研、“法制宣传月”“新宪法唱响在盐阜”主题活动和“学党章、学宪法”网上考试，走进270家企业，分发宣传资料4.23万份，惠及农民工2.8万人次。

二、劳动竞赛

2018年，市总工会深化重点工程劳动竞赛，联合开展“建功‘十三五’．建设新盐城”为主题的徐盐高铁、盐通高铁、全市农村公路提档升级和百万亩生态防护林工程劳动竞赛。开展助力生态文明建设“六大行动”，推动绿色转型、绿色跨越。开展地方海鲜菜烹饪、装表接电等100多个工种31场职工职业技能竞赛，400名职工受到省、市表彰。开展职工岗位立功竞赛活动，征集职工科技创新成果、先进操作法49例参加省评比，4人受表彰。协同组织126名职工参加省、市第八届职业技能大赛10个工种比赛，产生7名“盐城技能状元”“盐城工匠”，8人获省二、三等奖。

三、劳动保护

扶贫帮困　年内，市总工会走访建档困难职工，全市工会开展元旦春节送温暖、大病帮扶、金秋助学、生活救助活动，覆盖困难职工1万人次，帮扶资金1242万元。协助市委组织部认定城市特困职工家庭结对帮扶对象1142户。“牵手致富”结对帮扶阜宁县古河镇古凤村31户低收入农户，为省级经济薄弱村阜宁县羊寨镇孔苏村提供扶贫经费，配置办公设施。完成第二轮援疆任务，落实援疆资金总额320万元。

职工维权　年内，市总工会签订区域、行业集体合同8300份，覆盖企业1万家、职工44.6万人。参加肉联厂改制清算工作，协同开展农民工工资支付专项检查30个工地，督促整改20个单位。组织55家单位3.7万名职工参加全国职工劳动安全卫生防护与自救逃生知识竞赛和省总工会“网上安康课堂”、网上劳动保护馆等学习；开展“安康杯”竞赛、“安全生产月”“安全生产万里行”和全市职工“我身边的安全隐患随手拍”作品征集活动。参加14起生产安全事故的调查处理工作。全市工会筹集资金1346万元开展夏季

"安康三送"活动。

普惠服务 年内,市总工会以工会会员服务卡为载体开展会员职工普惠服务,与浙商银行、南京银行共同发展工会会员服务基地,为会员职工提供购物消费、医药健康等10余项普惠服务,发放服务卡15万张,落实服务基地426家,定期开展普惠活动,3万多名职工受惠。组织2批118名一线职工疗休养,建成爱心母婴室261家,培训育婴师1000名,为3000名女职工免费体检。开展青年职工交友会、百场公益婚礼和集体婚礼、最美幸福金婚夫妇活动,1000多人参加。

9月27日,盐城市第三期基层共青团干部参观延安革命纪念馆

共青团盐城市委/供

四、劳模先进

2018年,市总工会严格程序,评选推荐全国、省、市五一劳动奖章、荣誉奖章、"五一巾帼标兵"192名,工人先锋号126个,省、市五一劳动奖状、"五一巾帼标兵岗"112个。市总工会协助市委、市政府召开全市五一劳动奖获得者、工匠代表座谈会,市委书记戴源讲话,市委副书记、市长曹路宝主持会议。市总工会落实会议精神,开展盐城"金牌工人"评选活动,在全市战略性新兴产业和先进制造业、现代服务业企业一线岗位优秀职工中评选表彰10名"金牌工人"。弘扬劳模精神、劳动精神、工匠精神,开展"劳模双创双提升"活动,建成劳模党支部、党小组30个,党员先锋岗70个。承办"寻找最美劳动者"全省抖音大赛,全网点击量200万人次,关注超10万人。制作劳模工匠画册1万本向全市发放。在市各类媒体宣传劳模先进、"金牌工人"事迹133人次。组织9批次156名劳模疗休养。

五、职工精神文明创建

2018年,市总工会在全市职工中开展"学习道德模范、争做文明职工"等精神文明创建活动。参加文明创建,支持沿河社区创文资金5万元、价值5000元的物品。推荐评选省、市文明职工、十佳文明职工、最美女工130人,文明示范岗58个,书香企业20家,创建全国、省、市职工书屋50家。开展"不忘初心、牢记使命——放歌新时代"企业文化职工文化建设系列活动,联合举办"致敬四十年·唱响新时代"职工金曲大赛和第二届盐城大型市民文化节。承办省运会足球项目比赛;参加省运会职工部羽毛球等9个项目比赛,获1金1银;获职工部最佳赛区奖和优秀组织奖。 (罗发富)

第二节 共青团盐城市委员会

2018年,盐城市14~35周岁青年166.42万人,其中14~28周岁青年100.27万人;新发展团员1.93万人,团员21.92万人。共青团盐城市委下辖县(市、区)团委9个、经济技术开发区团工委1个、城南新区团委1个、市级机关团(工)委1个,市直属机关企事业单位团(工)委45个、直属院校团委8个。年内,共青团盐城市委获江苏省职业学校创新创效创业大赛优秀组织奖、第一季青年大学习活动先进单位、全省团属报刊宣传2018年度先进单位、诵读《梁家河》活动优秀组织单位。团组织建设三年行动计划——团建基础年项目获全省共青团工"10100"创新创优项目一等奖。在全省首届红领巾"创未来"创新创意创造征集活动中,盐城市有20件作品获一等奖,市少工委获评优秀组织奖。在2018年"挑战杯——彩虹人生"全国职业学校创新创效创业大赛决赛中,盐城市获得3个特等奖,获奖数量位列全国地级市之首。

一、青年人才培养

2018年,共青团盐城市委组织盐城团干部、青年组织负责人和青年企业家拜访上海团市委及团青组织,学习先进经验。实施"盐沪青加亲"团青合作项目,建立盐沪青年常态化交流互动机制,设立盐城市驻沪青年人才工作联络站,签署盐沪青年人才合作框架协议,建立与上海地区高层次青年人才的友好交流。印发《盐城青年助力高质量发展重点项目》,凝聚农村、文化、社会组织、志愿者、海归、高技能等10类青年人才。开展习近平新时代中国特色社会主义思想学习活动128场,全市156家青年学习社开展马克思主义学习活动360多场,覆盖5万余名青年。动员团员青年参加"青年大学习",组织"诵读《梁家河》"活动,7部作品入选全省优秀作品。组织开展"'两海两绿',盐城青年这样说""为祖国庆生!我和国旗合个影"等系列主题活动,引导当代青年坚定理想信念,投身盐城高质量发展实践。

开展"青春榜样"寻访活动 年内,共青团盐城市委开展盐城市纪念改革开放40周年"青春榜样"寻访活动,通过40个青春故事回顾和总结改革开放40年来盐城青年响应市委市政府号召,投身改革开放和社会主义现代化建设主战场,做出的青年贡献、展现的青春风采。激励当代青年坚定理想信念,投身盐城高质量发展的火热实践。

开展"I·YC·看遍盐城都是爱"大学生文明骑行活动 9月29日至11月10日,共青团盐城市委组织近4000余名市内外大学生和留学生围绕"我们爱学习""我们看民俗""我们爱生活""我们话创业"4条路线参与"I·YC·看遍盐城都是爱"大学生文明骑行活动。通过骑行,让大学生感受盐城发展变化,增强大学生对盐城的荣誉感、归属感以及对盐城发展的认同感。

二、服务青年

2018年,共青团盐城市委聚焦青年需求,破解服务青年资源和力量不足的问题,注重服务青年实效,提升服务青年能力水平。联合人社部门组织促进青年就业大型招聘会8场,每场组织300多家用工单位参与,帮助4000多名青年实现就业。联合市科协、市教育局等相关部门,开展青少年科技创新系列活动。推荐青年创业学院KAB、SYB送课进校园,举行大中专生职业生涯系列活动,邀请专家对重点团队进行一对一指导,造浓驻盐院校创新创业整体氛围。年内,在2018年"挑战杯——彩虹人生"全国职业学校创新创效创业大赛决赛中,盐城市3个团队获特等奖,2个团队获二等奖,在全国地级市中排名第一,共青团盐城市委连续三年获得"挑战杯——彩虹人生"省赛优秀组织奖。

2018年青年创意市集 5—12月,共青团盐城市委在宝龙广场、万达广场等商圈先后举办8期青年创意市集,通过创新创意产品展示、农副产品展销、创业故事分享等方式服务创业青年,近20万名青年参与创意市集。12月31日,《新闻联播》专题报道盐城青年创意市集。

2018年总经理助理见习计划 7月,共青团盐城市委举办2018年总经理助理见习计划活动,活动提供约1100个暑期实习岗位供在校大中专生选择,通过见习帮助提升大学生职业竞争能力、就业创业能力、社会适应能力,为大学生走向社会创新创业做好指引。

"益起青春 助力发展"2018盐城市青年创益大赛 8月,共青团盐城市委启动"益起青春 助力发展"2018盐城市青年创益大赛活动。全市有86个项目报名参赛,经海选,全市32青年社会组织进行现场路演,并邀请公益领域知名专家及青年观众裁判现场评分,评选出盐城市十佳创益项目。9月18日,"益起青春 助力发展"2018盐城市青年创益大赛决赛暨颁奖典礼举行,现场对盐城市十佳创意项目进行表彰。

2018年盐城市大中专生职业生涯规划大赛 9—11月,共青团盐城市委、市人力资源和社会保障局、市教育局、市学联、市联通公司联合举行2018盐城市大中专生职业生涯规划大赛。全市近10万名大中专生通过报名参赛、微信互动、现场观战等形式参与其中。大赛分校级初赛、集中评审、现场复赛、决赛等环节,评出高校组和高职组一、二、三等奖70名。比赛期间,主办方围绕践行"两海两绿"发展路径,举办生涯规划训练营活动,邀请相关行业领域专家进行授课讲座,带领参赛大学生实地考察观摩,帮助大中专学生对盐城产业发展和社会需求有进一步认识了解。

2018盐城创青春大赛 9月15日,由市经信委、市科技局、市人力资源和社会保障局、市农委、市商务局、共青团盐城市委、市青年联合会联合主办的"创动青春 赢在盐城"2018盐城创青春大赛决赛暨创青春市集在欧风花街举行。大赛鼓励海洋产业、电子商务、大数据、智能终端、节能环保、新能源、高端装备、创意休闲农业等领域的创业项目和企业参赛。大赛总奖金池为10万元。设一等奖1名、二等奖2名、三等奖3名、优秀奖4名,一等奖2万元、二等奖1.5万元、三等奖1万元、优秀奖5000元的创业扶持资金。有200多个青年创业项目参加大赛,内容涵盖智能制造、"互联网+"、新材料、现代农业等诸多领域。通过常规赛、复赛、实地考察、沙拉集训等环节的层层筛选,外骨骼机器人、新农人的"互联网+"、"桌鱼"游戏互动帖等10个项目进入决赛。最终,"分子精准调控的吸波导磁材料及工业解决方案"项目获一等奖,"消防水枪""新农人的'互联网+'"获二等奖,"外骨骼机器人""'桌鱼'游戏互动帖""大电流扁平线圈"获三等奖,"后印象旧物改造创意设计服务""网红猫"等4个参赛项目获优秀奖。

"乡村青年振兴梦"工作项目 10月,共青团盐城市委探索实施"乡村青年振兴梦"工作项目,亭湖区、盐都区、大丰区开展新农菁英乡村游学活动,培育"懂农业、爱农村、爱农民"的青年创业致富带头人队伍;在全市50个村选配首批"振兴团支书",阜宁县前三灶村团支部副书记葛克朗获江苏省"农村青年致富带头人"称号,有关做法被《中国青年报》刊登报道。

三、青少年公益项目

2018年,共青团盐城市委组织开展青少年公益项目。依托全市119家"青年之家",统筹各类资源,推动组织网络、工作力量、服务项目在青年身边实现有形化、常态化、功能化。用好"苏青U+"综合服务平台,全市各级团组织、各类青年组织、各类青年工作阵地实现全进驻,帮助青年随时随地找到组织、找到活动、找到服务。帮扶困境青少年,实施希望工程"圆梦行动",筹集资金99万元,资助198名建档立卡户高考学子圆梦大学。年内,共青团东台市委选送的"心唤醒 救在你身边"项目获得第四届中国青年志愿服务大赛银奖,共青团射阳县委选送的"非常5+1"项目入选全国青年社会组织"伙伴计划"优秀项目。组织参加全省首届红领巾“创未来”创新创意创造征集活动，盐城20件作品获一等奖。开展“盐察一家亲，共圆中国梦”为主题的少年儿童手拉手互助活动，援助新疆察布查尔鼓号器材、文体用品、爱心包裹、奖学金等共计43万元。7个单位被授予2018年度江苏新疆西藏青海少年儿童手拉手活动贡献奖，3人被表彰为2018年度江苏新疆西藏青海少年儿童手拉手活动先进个人。

第五届盐城市中小学生自我保护情景剧大赛 4月，共青团盐城市委启动第五届盐城市中小学生自我保护情景剧大赛。比赛期间，各有关单位组织全市中小学生以话剧、小品、歌舞等丰富的形式，演绎“校园欺凌”“网络侵害”“意外灾害”等主题的未成年人自我保护案例，通过寓教于乐的方式开展青少年自护教育，覆盖1.4万余名青少年，造浓全市青少年学习自我保护知识的氛围。经过学校预演、县级选拔赛，推荐15个优秀项目参加市级预选。9月28日，在市青少年活动中心举办第五届盐城市中小学生自我保护情景剧大赛决赛，毓龙路实验学校、阜宁县教师进修学校2支代表队获得金奖，并代表全市参加省赛，获得小学组三等奖和中学组二等奖。

“模拟法庭”进校园巡演活动 5—6月，共青团盐城市委组织在第三届中等职业在校生“模拟法庭”大赛中取得市赛金奖、省赛银奖的盐城技师学院代表队在全市各地连续开展10场“模拟法庭进校园”巡演活动，全市近1万名青年师生观看巡演。模拟庭审的案例来源于盐城市校园中真实发生的案件，富有针对性和教育意义。活动现场邀请知名律师、法官、检察官等法律工作者与学生进行互动，解答学生在日常生活中遇到的相关法律困惑。

开展“我是盐城小主人”暑假文明作业活动 7—8月暑假期间，共青团盐城市委、市文明办、市教育局、市少工委面向全市少先队员开展“小手拉大手　共建文明城”暑期助力全国文明城市创建活动，发动大市区12万名少先队员通过争当文明知识“小讲师”、传播文明“小使者”、志愿服务“小义工”、城市文明“小记者”，完成好“我是盐城小主人”暑假文明小作业，向全市少先队员发放助力创文倡议书，制作《小手拉大手　共创文明城》视频，号召全市少先队员和家长们一起，牢记文明市民16条，助力创建全国文明城市。

“话公益　思未来”公益沙龙活动 10月，共青团盐城市委组织开展“话公益　思未来”公益沙龙活动，组织全市33个青年社会组织骨干参观西团镇青年之家、恒北村希望来吧、大丰义工联，并在大丰区德承青少年公益服务中心开展公益沙龙。活动中，大家交流学习第四届中国青年志愿服务项目大赛入围项目——东台市蓝天救援队“心唤醒　救在你身边”项目，并围绕组织发展中遇到的困境及如何与共青团建立合作共赢关系开展主题讨论。

（张　琳）

第三节　盐城市妇女联合会

2018年，全市有妇女400.72万人，全市设有县（市、区）妇联9个、盐城经济技术开发区妇联、城南新区妇联，乡镇（街道）妇联122个，村（社区）妇联2435个，市级机关妇工委1个，市直机关单位妇联11个、妇委会31个，省及市属高校妇女组织9个，民办高校妇女组织1个，“两新”妇女组织（新经济组织和新社会组织）和企业女工委、妇女小组1153个。年内，新成立盐城市女企业家协会、盐城市女性创新人才协会、盐城市“三八”红旗手协会。盐城市妇联在全省妇女儿童工作会议、全省乡村振兴巾帼行动现场推进会议上作经验交流，“盐阜女性”微信公号位列全国地市级妇联排行榜首位。

一、引领妇女创新创业

2018年，市妇联举办“她绽放·共未来”盐城女性接轨上海、融入长三角合作发展峰会，与上海市嘉定区妇联确立共建关系，发表《长三角女性高质量发展盐城宣言》。委托上海零点调查集团发布《长三角一体化发展中盐城女性创新创业趋势》白皮书。与上海市家政服务协会合作，桥缘家政在上海注册创办分公司，组织首批100名盐城家政服务员考取上海市家政职业资格证书。部署实施女企业家成长助力、企业用工服务、女职工素质能力提升、劳资关系和谐、企业文化建设等“巾帼助推民营经济发展五项行动”。实施“巾帼绿色发展行动”，全市新增各类巾帼绿色基地近万亩。组织“千村妇女共创绿色庭院”，与邮储银行联合发放“绿色庭院贷”2320万元，在全市首批评选10个庭院绿化巾帼示范村、100户绿色庭院巾帼示范户，分别给予1万元和1000元的奖补。推进“巾帼巧手齐心创富”，新建来料加工坊320个、陪读妈妈车间210个。组织建档立卡低收入妇女以土地入股、劳动力入股、扶贫项目入股的方式联手苗木大户、林业合作社共同实施“绿色扶贫”，免费送树苗221.5万株，全年6.52万名建档立卡妇女实现脱贫。筹资105万元为全市2.03万名0～16周岁建档立卡家庭儿童投保人身意外伤害和健康保险。举办巾帼乡村振兴新农人创业大赛、“我记忆中的妈妈菜”乡村美厨娘大赛等活动，组建巾帼电商联盟，在村妇女儿童之家标配巾帼电商服务站，对地方特色农产品进行分级、包装和网络营销。推广村妇女议事会“五步走”工作法，发挥农村妇女在乡村治理中的重要作用。成立市女企业家协会、女性创新人才协会、“三八”红旗手协会，与盐城人才网每季度举办女性人才招聘会，在城南欧风花街设立女性人才“创业荟客厅”和“文化荟客厅”，在全市命名30家巾帼创业集聚区、巾帼众创空间和巾帼创业孵化基地。以“新时代新作为”为主题，表彰第四届“盐城市女性杰出人物”，广泛设立“三八”红旗手工作室。

“新时代巾帼建新功”五项行动动员大会 3月6日下午，盐城市纪念“三八”国际劳动妇女节108周年暨“新时代巾帼建新功”五项行动动员大会在盐城市行政中心三楼东报告厅举行，市政府副市长、市政府妇儿工委主任葛启发会见20名第四届“盐城市女性杰出人物”，并在大会上讲话。市妇联全体人员，各县（市、区）、盐城经济技术开发区、城南新区妇联主席，市级机关妇工委主任，市直及省属驻盐各单位妇联（妇委会、女工委）主席（主任），盐城市第四届女性杰出人物、部分妇女代表参加会议。会议发出在全市深入实施以巾帼创新创业、巾帼精准脱贫、巾帼岗位成才、巾帼绿色发展、巾帼文明提升为主要内容的“新时代巾帼建新功”五项行动的号召。

3月6日，盐城市纪念“三八”国际劳动妇女节108周年暨“新时代巾帼建新功”五项行动大会举行　　市妇联/供

全市巾帼增收致富“三项行动”现场推进会　6月28日，全市巾帼增收致富“三项行动”现场推进会在阜宁县召开。时任市政协副主席、阜宁县委书记顾云岭出席并观摩现场，市妇联主要负责人、分管负责人，阜宁县委分管负责人以及各县（市、区）妇联、盐城经济技术开发区、城南新区妇联主要负责人、职能处室负责人、镇村妇联干部代表等参加会议。会议总结全市“千村妇女争创绿色庭院”“百项技能助万名妇女增收”“巾帼巧手齐心创富”巾帼增收致富三项行动的工作成效。会议强调要进一步深化推进“三项行动”。

盐城女性接轨上海、融入长三角合作发展峰会　10月8日，由市人才办、市妇联联合举办的“她绽放·共未来”——盐城女性接轨上海、融入长三角合作发展峰会在盐城迎宾馆举行。上海市、上海市嘉定区、常州市等10余家妇联与女性组织，以及盐城市女企业家协会、女性创新人才协会、三八红旗手协会的600余名会员参会。省妇联主席、党组书记张彤，市委常委、组织部部长柏长岭参加活动并发表讲话。上海飞马旅集团CEO钱倩和云敞科技创始人CEO顾逸南分别作《投资人如何看女性创业者》和《带着谦卑，无所畏惧，朝着标杆奔跑》为主题的演讲，分享创业心得。上海零点有数集团总裁张军发布《长三角一体化发展中盐城女性创新创业趋势》白皮书，白皮书指出长三角一体化发展背景下，盐城女性创新创业的总体情况、趋势特征、社会环境以及即将面临的机遇与挑战。峰会以“构筑女性区域合作版图”为主题，进行圆桌对话。圆桌嘉宾共同发布《女性高质量发展盐城宣言》，号召各地女性强化合作理念，在高质量开放合作中激发创业动力。

二、维护妇女儿童权益

2018年，市妇联推进妇女儿童民生实事。编排2018—2019年度5类15件妇女儿童实事项目，召开妇女儿童工作推进会议进行专门部署，市政府督查室、市妇儿工委办联合开展专项督查妇女儿童工作。年内，“健康母婴”计划免费检查服务惠及全市建档立卡和低保家庭的488名孕产妇和480名新生儿；残疾儿童享受护理费补助对象从一、二级扩大至三、四级；每个镇中心小学均建立农村留守儿童“情感陪护室”；发放女童保护专门教材20万册；实现农村妇女“两癌”（乳腺癌和宫颈癌）筛查全覆盖。维护妇女合法权益，建立政策法规性别平等评估机制。实施“春蕾计划”“爱心妈妈·成长伙伴”“母亲邮包”等公益慈善项目，新创办“春蕾班”21个。开展妇联组织与人大代表、政协委员“面对面”恳谈活动，形成议案、提案提交市“两会”，其中“重视0～3岁托幼机构的发展与管理”被市人大列为重点议案督办。联合市综治办召开深化“平安家庭”建设会议，吸纳社会组织专业人士实施婚姻危机干预心理服务项目。开展农村土地确权颁证专项督查，普遍实现妇女证上有名、名下有地。与市中级人民法院联合召开新闻发布会，发布2017年度盐城市十大维护妇女权益典型案例。开展“万支队伍齐舞动·城市文明加速度”巾帼志愿主题活动，组织首届家庭文化月，举办“家庭之美·文明之光”——盐城市首届文明家庭、第三届最美家庭颁奖礼暨“传颂文明”集体婚礼和先进事迹报告会，联合市纪委、市监委召开“弘扬好家风、争当贤内助”领导干部家属座谈会。开展“最美巾帼”季评，走进所在单位、村（社区）举办“最美巾帼”故事现场分享会。

十大维护妇女权益典型家事案件　3月7日上午，市妇联、市中级人民法院联合举办2017年度十大维护妇女权益典型家事案件新闻发布会。市中级人民法院、市妇联分管负责人，市中级人民法院少年家事庭负责人、法官代表，市妇联权益部负责人以及《新华日报》、江苏广播电台、盐城电视台等省市媒体记者等参加新闻发布会。会议发布全市

2017年度十大维护妇女权益典型家事案件，并就反家暴工作答记者问。会议要求，各级妇联组织要加强与法院部门的联动，合力推进反家暴工作，继续引进社会组织参与妇女维权工作，持续实施“爱之旅安全岛”婚姻危机心理干预项目，将家暴庇护对象纳入项目范围，并将服务区域从大市区延伸至各县(市、区)。

“万支队伍齐舞动　城市文明加速度”活动　8月28日，盐城市“万支队伍齐舞动　城市文明加速度”巾帼志愿服务主题活动启动仪式在盐城工学院体育馆举行，活动由盐城市委宣传部、市文明办、市妇联、市体育局主办。全市各县(市、区)的11支广场舞代表队，千余名广场舞爱好者齐聚现场，展示投身创文的决心和风采。活动邀请“中国好人”武红梅、“江苏好人”徐静、盐城市“最美巾帼公益花”蔡雨兰、盐城市“文明家庭”代表王仰春家庭参与活动并带领全场共同宣誓：“争当文明使者，争做创建活动表率，做文明有礼盐城人，为文明盐城增光添彩”，汇聚“盐城有我，创则必成”的强大力量。

三、妇联建设与改革

2018年，盐城市妇联在全省创新开展市、县、镇、村妇联组织集中换届工作。推进非层级化妇联组织建设，《“三网”融合推进“两新”妇联组织建设》项目列入市党建重点创新项目，全年新建“两新”妇联组织1153个；培树“双优”型“两新”妇联组织30个；建立产业园区、商圈市场、行业协会等8类“两新”妇联组织示范基地。推进妇联干部队伍建设。按照统一标准充实各级妇联执委，市、县妇联按1:1的标准配备专职与挂兼职主席。开展“奋进新时代·担当新使命”妇联干部能力竞赛，编印《盐城市妇联干部应知应会300问》。在市委党校成立“巾帼英烈铁军魂”江苏巾帼党性教育基地，确立现场教学点，聘请专家顾问团队，开发现场教学节目。推行主席分工、常委轮值、执委提案、全员目标承诺等制度，广泛建立“妇女代表工作室”，组织妇联机关干部到村(社区)报到。推进妇联工作平台建设。将村(社区)“妇女儿童之家”纳入基层公共服务标准化配置。市县两级妇联以微信、微博、网站为标配，在“鹤鸣亭”等10个网站开通“女性频道”，设计市妇联“盐小芙”“盐小莲”城乡妇联姐妹花视觉形象系统。完成省妇联“women+”平台建设试点任务，3872个妇联组织、183个女性社会组织、2650个“妇女儿童之家”进驻平台并共享地理位置信息。

盐城市第七次妇女代表大会　1月21—23日，盐城市第七次妇女代表大会在盐城召开，全市各界，各行各业的476名妇女代表和特邀代表出席大会。大会开幕会上，市委书记、市人大常委会主任王荣平，省妇联主席、党组书记缪志红分别讲话。全体市委常委，市人大、市政府、市政协主要领导、分管领导出席。大会审议通过题为《服务妇女对美好生活的向往　凝聚建设强富美高新盐城的巾帼力量》的工作报告。大会选举产生盐城市妇联新一届执行委员会，执委会一次全会选举产生市妇联新一届主席、副主席、常务委员。盛艳当选为盐城市妇联第七届主席，徐丹、高清华、胡忠秀、洪磊、朱俊、蔡金兰、吴伟7人当选市妇联副主席，王艳、吴德霞、汪冬梅、陈超、周彩枫、高旭芹、陶正红7人当选市妇联常务委员，丁岚等61人当选市妇联新一届执行委员会委员。

盐城市“两新”妇联组织建设“1038”工程启动　7月20日下午，市委“两新”工委、市妇联、市工商局、市民政局联合召开全市“两新”妇联组织建设“1038”工程推进会，市委“两新”工委、市妇联、市工商局、市民政局有关负责人出席会议。各县(市、区)委“两新”工委书记，盐城经济技术开发区组织部、城南新区党工委组织人事部分管负责人，各县(市、区)市场监督管理局、民政局分管负责人，盐城经济技术开发区综合行政执法局、社会事业局负责人，城南新区工商分局、社会事务管理局负责人，各县(市、区)妇联主席、分管主席、组织部部长，盐城经济技术开发区、城南新区妇联主席，重点经济技术园区妇联主席参加会议。会上，市委“两新”工委、市妇联、市工商局、市民政局联合印发《关于深化“党建带妇建”，推进全市“两新”妇联组织建设“1038”工程的意见》，部署“两新”组织妇联建设的主要任务。会前，与会妇联干部观摩江苏中恒宠物用品有限公司、第六通道电子商务有限公司、中南世纪城商圈等“两新”组织妇联工作现场。

“巾帼英烈铁军魂”江苏巾帼党性教育基地揭牌　10月8日上午，“巾帼英烈铁军魂”江苏巾帼党性教育基地揭牌仪式在中共盐城市委党校(新四军干部学院)举行。省妇联主席、党组书记张彤，市委常委、组织部部长柏长岭，省妇联组织部部长苗宁出席活动。活动中，张彤、柏长岭共同为“江苏巾帼党性教育基地”揭牌，为“巾帼英烈铁军魂”现场教学点授牌，并为“巾帼党性教育基地”特聘专家颁发聘书。揭牌仪式后，与会人员观看由盐城幼儿师范高等专科学校表演的“寻找初心——巾帼英烈铁军魂；传承使命——巾帼建功新时代”现场教学会演。

“奋进新时代　担当新使命”盐城市妇联干部能力竞赛决赛　11月20日下午，由盐城市妇联主办、盐城农商行全程支持的“奋进新时代　担当新使命”盐城市妇联干部能力竞赛决赛在盐城广播电视总台演播大厅举办。市妇联领导班子、盐城农商银行负责人出席活动。相关县(市、区)妇联，乡镇(街道)妇联主席等到现场观摩学习。决赛分为心迹表白、知识比拼、情境考验、“三提三知”以及风险挑战5个环节，紧扣妇联干部应知应会知识和工作实务设计，全面检验选手们的理论功底、业务知识储备、语言组织与表达能力、联系服务妇女群众的能力实绩，以及团结拼搏、果敢担当的工作作风。射阳县妇联、市卫计委妇联等8支入围决赛的代表队24名选手同场竞技。经过5轮激烈比拼和评委综合评定，滨海县妇联等8支代表队分获优秀团队奖的一、二、三等奖，建湖县妇联挂职副主席张春玮等12人获妇联干部风采奖，市交通运输局妇委会代表队等12支队伍获优秀组织奖。

(虞　扬)

第四节 盐城市科学技术协会

2018年,全市有市级学会(协会)47个、市直科协33个,乡镇(街道)科协122个,行政村(社区)科普协会2433个,企事业科协564个、农技协533个,新建成海智工作站3家。年内,市科协加强科技服务,全年邀请64名专家担任市科协科技智库专家,组织28项软课题研究,发放课题资助近20万元,建言献策被市领导批示7次,通过2018年度江苏省科协"科技智库基地"评审。

一、科普工作

2018年,市科协配合市委、市政府推进黄海湿地申遗,开展湿地科普知识宣传,研究制定《盐城市湿地科普宣传工作实施方案》,组织编写《湿地科普微读本》。以2个国家级自然保护区为重点,举办湿地科普讲解员培训班4次。通过举办湿地科普大讲堂,现场讲解,送科普进社区、校园等形式,全面宣传湿地生态系统知识、湿地保护面临的形势和湿地保护法律法规等内容,展现盐城湿地生态资源优势和全球竞争力,进一步提高全民湿地保护意识,促进生态文明建设。盐城市科技馆全年举办科普主题活动189场(次),受众35多万人次。开展流动科技馆进校园活动,全年20多万名中小学生参观。利用全市电子科普画廊、BRT车载电视、楼宇广告屏,持续滚动播放主题科普动漫宣传片。

二、科技人才

2018年,市科协举办形式多样的科技活动。组织开展盐城市第七届十佳科技标兵、第十届优秀科技工作者推荐评选工作。承办第七届江苏省青年科学家年会,进行高新技术产品成果展示、科技服务项目对接、创新创业大赛项目路演等活动。举办盐城市科协青年会员创新创业竞赛,围绕信息技术、生命科学、工程与制造等6个领域,900多个项目报名参赛,15个优秀项目先后进入孵化与产业合作。承办第三届江苏省科协青年会员创新创业大赛暨工程与制造领域决赛,盐城市遴选的56个项目中有26个项目入围决赛,"高端滑轮轴承制备技术及产业化项目"等9个项目获表彰。市科协会同市委组织部、市人力资源和社会保障局联合评选2018年盐城市优秀科技创新团队5个、十佳科技标兵10名和优秀科技工作者20名。成功推荐1名候选人获十六届江苏省青年科技奖,3名科技人员获省科协2018年度"托举工程"资助。

承办第七届江苏省青年科学家年会 11月8日,第七届江苏省青年科学家年会在盐城举行,全省优秀青年科学家齐聚,交流学术思想、展示青年才华,通过科技资源服务地方创新发展。江苏省科协党组书记、副主席孙春雷出席并讲话,盐城市委书记戴源致辞,中国科学院院士都有为、《科技日报》总编辑刘亚东分别作主题报告。年会以"高质量发展与青年科学家的使命"为主题,创新建立"会展赛商于一体、产学研用相结合"模式,为青年科学家搭建学术研讨和成果转化平台,展示和宣传青年科技工作者先进事迹,促进青年科技人才成长提高。年会举办新工科发展、新能源汽车、人工智能产业融合专题学术报告以及专利信息培训、双创项目对接、"中国民营科技促进会盐城工作站"揭牌等6场学术交流、服务洽谈活动,中国民营科技促进会、省科协人才服务中心、省人工智能学会等全国和省级学会与盐城市相关园区签订合作协议。

三、科技服务

2018年,市科协组织召开企业科技信息服务推进会2次,邀请中国民营科技促进会副会长、原中国科协咨询中心主任盛小列等专家作专题辅导,200多名企业研发主管、企业专利工程师参加培训。先后组织参加全国、省企业科技服务项目负责人培训700多人次,科技信息服务平台新增用户200家,注册用户累计775家,年度培育优秀应用案例60个,用户新增新技术292项,新产品193个,企业科技信息服务成效在全省名列前茅。促进企业对外科技交流合作,与巴西、智利、卢森堡、芬兰等国家科技团体在科技交流、人才培养、青少年科普教育等方面达成合作意向。年内,新建成市级海智工作站3家,并给予适当资金支持。

2018中韩科技型企业技术合作洽谈会 10月16—20日,盐城市科协承办2018中韩科技型企业技术合作洽谈会。江苏省科协党组成员、副主席冯少东,盐城市政府副市长孙轶,韩国驻中国公使衔参赞李承源出席活动。韩国新进集团等15家韩国科技型企业负责人及盐城工业园区、企业代表100余人参与活动。活动期间,韩国企业负责人先后赴大丰经济技术开发区、滨海经济技术开发区进行考察,与盐城市创新创业投资有限公司、江苏悦达金泰基金管理有限公司等基金公司进行交流及项目路演,与33家中方企业进行深度洽谈。江苏真鹿科技有限公司、江苏正驰机电有限公司分别邀请Rotal株式会社、HYUDAI ST&P株式会社到企业进行实地考察,并就下一步合作达成实质性意向。

(陈荣鑫)

第五节 盐城市归侨侨眷联合会

2018年,市侨联学习宣传中国侨联"十代会"精神,举办贯彻新思想建功新时代,学习中国侨联"十代会"精神、践行盐城"两海两绿"发展座谈会,开展解放思想大讨论"五个带头"活动,参加上海浦东干部学院中共十九大和全国"两会"精神专题培训班,选派10人参加中国侨联、省侨联和市委党校干部培训班学习,践行宣传新时代新思想新精神。学习贯彻中央群团改革精神和侨联改革方案,自觉引导侨界群众听党话、跟党走。盐城市侨联组织参加纪念改革开放40周年全省书画展国际摄影赛,举办盐城市涉侨纠纷调解中心揭牌暨涉侨纠纷特邀调解员聘任仪式,先后与陕西铜川市侨联、上海普陀区侨联缔结"友好侨联"关系。组织侨界人士开展创业中华·盐城园区侨资侨智对接活动，推荐盐城高新技术产业开发区、盐城综合保税区、大丰留学生园区等园区参加2018年中国侨联新侨创新创业项目路演观摩，创建省级"五有"侨联组织2家、省级华侨创新创业基地3家。全年在人民网刊发宣传稿件6篇，在中国侨联网刊发30篇，用稿数居全省侨联系统第一位。年内，市侨联在省侨联"亲情中华·精彩故事"主题征文活动中被评为优秀组织奖。

一、参政维权

2018年，市侨联组织市政协侨界委员聚焦百姓民生工程，实地考察宝应引水工程、市文化馆文化惠民工程；组织侨界人士深入东台、滨海沿海走访调研，助推海归新侨杨言华创办的沿海"智慧渔光"创业项目和海归新侨徐红岩创办的生物医药项目提质增效，建言资政盐城"两海两绿"新发展。年内，市侨商会会长、滨海吉尔多肽有限公司董事长徐红岩，市侨青会副会长、江苏东智数据技术有限公司总经理姚正，市侨专委主任、江苏通软科技有限公司董事长夏志杰3名市侨界人士分别当选省人大代表、省政协委员、省政协特邀代表，出席全省"两会"参政议政；市侨联主席季卫军获市政协表彰的2018年度"双岗双优"政协委员。选派人员赴山西太原参加中国侨联举办的"法治中国·你我同行"2018年侨界法治学习培训班学习。坚持侨务工作无小事，帮助巴拿马归侨吴先生、加拿大籍华人陈女士协调处理滨海、盐都两地涉侨经济纠纷案件等，依法维权护侨、促进社会和谐发展。

市侨联五届十五次常委会议、五届十三次全委(扩大)会议 5月11日，市侨联召开五届十五次常委会议，集中学习研讨习近平新时代中国特色社会主义思想，以及中国侨联和江苏省侨联全委会议精神，讨论推荐出席第十次全国归侨侨眷代表大会盐城代表初步人选，讨论推荐申报大会表彰全国侨联系统先进集体和先进工作者、全国归侨侨眷先进个人、全国侨联系统先进组织和先进个人候选名单，讨论通过市侨联五届十三次全委会议议程和工作报告决议等。同日，市侨联召开五届十三次全委(扩大)会议，学习传达中央群团改革工作会议精神、中国侨联和省侨联全委会及全市"两会"精神和要求，总结部署全市侨联各项工作任务，选举产生出席第十次全国归侨侨眷代表大会盐城代表2名初步人选，审议通过盐城市侨联五届十三次全委会议工作报告的决议等。

参加中国侨联"十代会" 8月29日至9月1日，第十次全国归侨侨眷代表大会在北京举行，中国侨联主席万立骏作《贯彻新思想 建功新时代 团结凝聚广大归侨侨眷和海外侨胞为实现中华民族伟大复兴的中国梦而奋斗》工作报告，全省出席中国侨联"十代会"代表40人，其中盐城市侨联主席季卫军，射阳县税务局副局长李坚出席大会。会上，滨海吉尔多肽有限公司董事长徐红岩、盐城市税务局税务师平海清获中国侨联、国务院侨办表彰的"全国归侨侨眷先进个人"称号，建湖县侨联主席吴春安获中国侨联表彰的"全国侨联系统先进个人"称号。

市涉侨纠纷调解中心揭牌 11月30日，市侨联和市中级人民法院联合举办盐城市涉侨纠纷调解中心揭牌暨涉侨纠纷特邀调解员聘任仪式。市侨联和市中级人民法院联合印发《关于侨联组织和特邀调解员协助调解涉侨民商事纠纷案件的意见》《侨联系统涉侨纠纷多元化解机制文件汇编》等，完善全市诉调对接工作机制，维护侨界人士及侨资企业的合法权益。仪式现场宣读《关于聘请市涉侨纠纷特邀调解员的决定》，聘任19名侨联干部、侨联委员和律师为市中级人民法院的特邀调解员；市中级人民法院专家作《如何做好涉侨纠纷调解工作》辅导报告。

二、服务侨群

2018年，市侨联走访慰问侨界群众，调研座谈侨资企业，做好服务侨群工作。2月14日，省侨联主席、党组书记周建农等一行，走访建湖县庆丰镇东乔村慰问困难农户，送去春节慰问金慰问品，考察"盐城市华侨文化交流基地"乔冠华故居，与侨界群众交流座谈。春节前夕，市侨联开展春节走访归侨侨眷慰问活动，深入农场、企业、社区归侨侨眷家中，送去春节慰问金近4万元。8月6日，市侨联走进广东深圳医院和社区登门慰问盐城籍老归侨，送去关爱祝福和清凉慰问金，确保慰问老归侨"家家到""全覆盖"。开展"重温入党誓词、传承红色基因"文明祭扫活动，关爱全市侨界空巢老人、特困党员和困难党员"春风行动"。组织侨界代表参加春季植树造林、建设生态盐城活动。举行抗日将军之子、澳洲侨胞陈志情牵家乡教育事业助学金发放仪式。举办亲情中华·荷兰花海和乔冠华故居"江苏省华侨文化交流基地"授牌仪式。联合省侨联华侨书画院开展"翰墨丹青·侨心筑梦"书画切磋交流笔会。举办"亲情中华新时代·翰墨侨韵新作为"全市侨界纪念改革开放40周年书画创作座谈会，畅谈40年时代变迁和精神风貌传承，创作精品佳作讴歌新时代新变化新成就。

滨海侨资企业调研座谈会 2月24日，盐城市市长戴源深入滨海侨资企业调研座谈，市侨商会会长、美国麻省大学博士、滨海吉尔多肽有限公司董事长徐红岩详细汇报公司情况。滨海吉尔多肽有限公司是一家专业生产多肽、保护氨基酸、芴甲氧羰酰琥珀酰亚胺等产品的公司，可年生产多肽500千克、保护氨基酸100吨，产品总量位居世界第一，且80%产品出口欧美日等国家和地区，用于生物芯片等医药领域。戴源与滨海医药产业园区侨资企业家、民营企业家交流座谈，提出守住环保安全底线、加大研发投入创新发展、转型升级做大做强、高质量发展抓好品牌等强企兴园举措。

纪念40周年全省书画展国际摄影赛 12月16日，市侨联举办纪念改革开放40周年书画摄影获奖作品集中颁奖暨亲情中华·盐城市华侨文化交流基地集中授牌仪式，宣读盐城市侨界书画会和盐城市侨界摄影会参加全省侨界纪念改革开放40周年书画展和2018第十二届上海国际"郎静山摄影艺术奖"慈善摄影大赛获奖情况和《关于命名东台卢秉枢故居等10家单位为2018年度"盐城市华侨文化交流基地"的决定》。市侨界书画会成员孟怀良《版纳四季花果香》(佳作作品)、苏海涛《高山翠蔼图》(佳作作品)、胡志群《清气满乾坤》、孙启高《映日荷花别样红》4件中国画作品和郭列平、吴洪春、曹万峰、王宗年、时旭东、万载元6件书法作品获全省侨界纪念改革开放40周年书画展10件入选作品和2件佳作作品。市侨界摄影会成员陆军《雪夜求知》获金像奖、PSA优秀奖,顾炳龙《蓝天白云与滩涂对话》获金像奖、PSA优秀奖,张光明《自由飞翔》获金像奖,张友余《民族魂》获金牌奖。

三、交流联谊

2018年,市侨联发挥侨联组织桥梁纽带作用,加强同侨界人士、侨团组织、华文媒体、华人智库等友好往来,接待海外侨胞在盐城考察交流、洽谈对接、寻根访友。年内,全球杰出华人艺术家协会签约演奏家、知名少年钢琴家刘泽锴在盐城举办演奏会,盐城籍美国华人科学家、数字信号处理领域先驱者刘必治和德国中欧经济科技人才交流促进会等先后在盐城考察。市侨联组织开展菲律宾南安乡总会会长拜谒陈振东烈士活动,成立美籍华人张幼珠博士名师工作室,做好"请进来、走出去"交流联谊微信群和朋友圈建设,组织"友好侨联"、侨资企业家和侨联委员与省市外互访对接,促进市侨联与上海普陀、四川泸州、陕西铜川、山东日照、河南商丘、黑龙江鹤岗等地侨联交流联谊。年内,成功创建国家级华侨文化交流基地1家、省级华侨文化交流基地6家和市级华侨文化交流基地20家。

海外联谊 年内,市侨联用好盐城"侨"牌资源,组织市侨联干部、侨资企业家出访德国、英国、日本、缅甸等国家拓展海外联谊。盐城市农业龙头侨企江苏杰龙科技集团有限公司走进非洲投资创业,受到坦桑尼亚总理夸赞;射阳杂技、盐城淮剧、建湖杂技和荷兰花海走出国门进行文化交流和经贸洽谈。9月6—13日,市侨联副主席张中明赴英国、德国,先后拜访中欧金融协会、德国江苏总会总商会、中欧经济科技人才协会等侨社侨团,参加中欧金融协会和中欧经济科技人才协会举办的海外人才交流会,宣传盐城经济社会发展和全市招才引智政策,与剑桥大学中国留学生代表交流互动,开展问卷调查,建立微信群,与全英华人华侨中国统一促进会会长单声等10位海外侨领交流座谈并聘任这10位为"助梦大使",为盐城吸引海外人才积聚人脉资源。

盐城与铜川缔结"友好侨联"关系 11月13日,盐城与陕西铜川两市侨联共同举办"亲情中华·侨缘结对"缔结"友好侨联"关系签约仪式。11月14—15日,陕西铜川市侨联党组书记、主席韩兴利率团一行8人在盐城考察交流,盐城市侨联主席季卫军,盐都区委副书记冯明印,大丰区政府副区长,沪苏大丰产业联动集聚区管委会副主任夏霖等参与接待。先后考察市区新四军纪念馆、水街、欧风花街和聚龙湖公园等红色景点和生态景区,参观东台市金墩社区"全国侨法宣传角"、东台西溪景区"侨之家",观摩"侨心向党心"主题宣展,并在创客中心交流座谈,参观大丰区江苏久禾生物科技公司、上海知青纪念馆和大丰港口,参观盐都区东山精密企业、现代农业产业园台创兰博园、郭猛镇杨侍村新农村建设等,促进"友好侨联"互学互鉴、东西协作、共谋发展。

市侨联赴黑龙江鹤岗市考察交流 12月4—8日,市侨联副主席张中明组织侨联干部、侨资企业家等一行赴黑龙江鹤岗市考察交流。盐城市与鹤岗市于2017年缔结"友好侨联"关系。考察期间,盐城市侨联实地考察参观萝北名山口岸、互贸区贸易、双创联盟基地孵化电子商务产业园、金鹤啤酒有限公司、国信通科技讯息产业股份有限公司、尚志新侨创新创业基地等;两家互赠纪念品并就做好侨联工作交流座谈。

荷兰花海获评江苏省华侨文化交流基地 4月20日,市侨联举办亲情中华·荷兰花海"江苏省华侨文化交流基地"授牌仪式,省侨联副主席宫琳、市侨联主席季卫军、大丰区委常委统战部部长董坤等出席致辞并授牌,省市区侨联干部和当地领导及侨界代表一同见证参加。荷兰花海以荷兰水利专家规划大丰农田水系为渊源,围绕郁金香花园、荷兰欧洲异域风情两大特色定位,成为"中国郁金香第一花海",中央电视台《新闻联播》专题报道其围绕鲜花打造赏花经济的成功做法,得到荷兰国王和首相、荷兰大使和侨胞关注点赞,成为对外交流合作和联系海外侨胞的桥梁纽带。

乔冠华故居获评江苏省华侨文化交流基地 10月12日,市侨联举办亲情中华·乔冠华故居"江苏省华侨文化交流基地"授牌仪式。乔冠华曾是中国杰出外交家,成为新中国重返国际舞台标志。乔冠华故居是江苏省红色旅游景点、市级华侨文化交流基地。外交部原副部长、乔冠华之子乔宗淮及其夫人彭燕燕,乔冠华之女乔松都,振兴盐城北京咨询委员会主任王俊,国家原体改委办公厅副主任吴连登,国家市场监管总局中国质量万里行促进会副会长王斯洪,南京海军指挥学院大校乔光玉,浙江新湖控股集团董事长黄伟,浙江省工商联副主席林俊波等出席。市政协副主席姜友新为乔冠华故居颁发江苏省华侨文化交流基地匾牌。

盐城与上海普陀区缔结"友好侨联"关系 12月28日,盐城市侨联与上海普陀区侨联缔结"友好侨联"关系签约仪式,学习借鉴上海普陀区侨联开放理念和先进经验,发挥侨界作用,主动接轨上海,践行"两海两绿",助推盐城新发展。双方本着"优势互补、互学互鉴,互帮互助、共同发展"原则,自愿缔结"友好侨联"关系。 (乔 连)

第六节　盐城市台湾同胞联谊会

2018年，在盐城定居台胞有73人，其中高山族16人、汉族57人。其中，一代台胞1人，二代台胞22人，三代台胞28人，四代台胞22人，分别居住在盐城市区、盐都区、东台市、大丰区、阜宁县、滨海县。年内，市台联安排在盐台胞参加省台联组织的老台胞踏青活动、重阳节活动、小台胞夏令营等活动。年初逐户走访慰问25名在盐台胞及遗孀，发放困难补助金3.16万元。为3名困难台胞增加困难补助费3000元。为11名台胞更改户籍，为1名台胞申请中考加10分的优惠政策，向省台联推荐1名台胞担任省台联理事，1名台胞担任省台联青年委员会委员。引导台胞政协委员参政议政，向省台联报送建议提案2篇，台湾民情研究课题论文1篇。年内，对两岸婚生子女进行调查摸底，并为他们建立数据库，至年底，户籍在盐城市的两岸婚生子女共有7名。年底结合纪念《告台湾同胞书》发表40周年契机，组织台胞交流学习体会。　　　　（祝春燕）

第七节　盐城市青年联合会

2018年，盐城市青年联合会有共青团盐城市委员会、盐城市学生联合会、盐城市青年商会、盐城市青年书法美术家协会、盐城市青年志愿者协会及各县（市、区）青年联合会等14个会员团体。年内，市青联组织全市青年投身经济建设与社会进步事业，开展青联委员进校园，宣讲中共十九大精神，动员青联委员投身希望工程等社会公益事业，助力陕西铜川和新疆察布查尔精准脱贫。开展“盐城青年五四奖章”等评选工作，发掘、选树青年人才楷模。

市青年商会第四次会员大会　5月22日，盐城市青年商会召开第四次会员大会。开幕式上启动全市新生代企业家培养“新动力”计划。市青年商会和江苏银行盐城分行签订战略合作协议，从金融服务、信息联通、互动交流等方面建立全方位合作。会上还聘请第三届青年商会部分企业家为荣誉顾问，继续支持商会发展。在四届一次理事会上，选举江苏克胜药业有限公司总经理吴成伟为市青年商会第四届会长，戴爱明等11名企业家为副会长。会议当天，共青团盐城市委副书记徐健向与会企业家传达全市解放思想大讨论活动动员部署会会议精神，一起收看《厉害了我的国》。

市青年书法美术家协会第六次会员大会　8月10日，盐城市青年书法美术家协会第六次会员大会在市图书馆召开。大会听取审议协会第五届理事会工作报告，选举产生新一届理事会成员。后召开协会六届一次理事会，选举吴洪春为主席，吴健华、夏一栋、季荣、郑尧春、高正、薛媛为副主席，聘请郭列平为名誉主席。

市高层次青年人才联谊会第二次会员大会　9月25日，盐城市高层次青年人才联谊会第二次会员大会在盐城召开。大会深入贯彻落实市委七届六次全会精神，主动接轨上海，加强与上海地区高层次青年人才的交流和项目合作，联谊会与上海燕舞东方实业发展有限公司签订盐沪青年人才合作框架协议，市人才办主任邓小锋、共青团盐城市委书记、市青联主席尹同阳为“盐城市驻沪青年人才工作联络站”揭牌。会议选举产生新一届理事会，张勤芳当选会长，李志军、王清明、白夏冰、陈建军、王维、苏中祥当选副会长。大会向联谊会第一任会长符贵兴颁发感谢证书。

“青联组织助力脱贫攻坚”交流活动　11月12—16日，共青团盐城市委组织部分青联委员赴新疆察布查尔县开展“青联组织助力脱贫攻坚”交流活动，交流团一行先后走访坎乡坎村和阔洪奇乡阔洪奇村的20户贫困户，向结对贫困户赠送礼物和帮扶资金。为进一步引导盐城的青年企业家加强与察布查尔的商贸物流合作，青联委员们还重点考察察布查尔发展状况和投资环境，参观伊南工业园的园区建设和入园企业运营情况，并进行交流座谈。

市学生联合会第三次代表大会　11月27日，盐城市学生联合会第三次代表大会在市青少年活动中心举行，参会正式代表105名，列席代表35名。大会选举产生市学联第三届委员会。在随后举行的市学联第三届委员会第一次全体会议上，选举产生盐城市学生联合会第三届主席团。市委常委、市委组织部部长柏长岭出席大会开幕会并讲话。市人大常委会副主任尹金来、市政协副主席孙大明出席大会开幕会。市委教育工委书记、市教育局局长戴红光，共青团盐城市委书记尹同阳，省学联驻会主席朱熠晟先后致辞。

市青年联合会五届二次常委（扩大）会议　12月22日，盐城市青年联合会五届二次常委（扩大）会议在盐城召开，会议对部分指定席位常委、委员进行卸职替补，增补一批常委、委员，审议通过《盐城市青联改革任务清单（草案）》，对2018年度优秀履职委员进行表扬。会上，共青团盐城市委书记尹同阳全面总结2018年市青联的工作，并对2019年的青联工作提出新期望。　　　　（阮成伟）

第23章 法 治

责任编辑 潘其锐

综 述

2018年，盐城市以全面推进依法治市为引领，统筹推进平安盐城、强化队伍建设，各项工作取得新成效。深入开展“梳网清格”、道路交通安全“暴风”等专项行动，安全事故起数和死亡人数保持双下降态势，工作绩效居全省前列。盐城市连续两届获评全国社会治安综合治理优秀市，连续七年获评全省综治平安建设先进市；盐城市公安局被公安部国际合作局授予全国首个“平安中国之珠”；盐都区人民法院秦南法庭获评全国法院先进集体，亭湖区检察院被最高检记“集体一等功”。

推进依法治市建设。在全市范围内，开展学习《中华人民共和国宪法》系列活动，得到司法部肯定。探索制定《盐城市法治建设工作问询制度》，压实法治建设工作主体责任。加强重点领域立法，制定《盐城市革命遗址和纪念设施保护条例》《盐城市旅游业促进条例》。推进行政负责人出庭应诉工作。深化司法体制综合配套改革，持续开展执法司法规范化建设，构建完善党领导下政法机关分工负责、配合有力、制约有效的工作体系。培育法治信仰，深化诚信守法示范户等系列创建，开展系列主题宣传，创新开设《每周说法》电视专栏，高分通过省“七五”普法中期考核。

推动平安盐城建设。全市组织开展为期三年的扫黑除恶专项斗争，市委、市政府将扫黑除恶作为重大政治任务，多次专题研究，在全省率先印发工作方案，工作质效居全省前列，有效震慑黑恶犯罪，净化社会治安环境，受到中央扫黑办肯定。全面推进网格化建设，工作体系基本健全，网格化创建达标率全省领先。加强各类特殊人群服务管理，易肇事肇祸、严重精神障碍患者收治率全省领先，刑满释放、社区服刑人员重新犯罪率保持低位。实施立体化社会治安防控体系工程，技防覆盖率、联网率和路面见警率进一步提高。刑事案件破案率全省最高，万人刑事案件发案数全省最低，公众安全感居全省前列。运用法治思维和法治方式化解矛盾，保障社会大局持续稳定。全市政法系统贯彻落实习近平总书记关于“三到位一处理”（群众诉求合理的解决问题到位，诉求无理的思想教育到位，生活困难的帮扶救助到位，行为违法的依法处理）要求，省交办重点案件化解率居全省前列。

推动政法队伍建设。全市加强政法系统意识形态工作，严格落实意识形态工作责任制。全市政法系统坚持将学习习近平新时代中国特色社会主义思想作为首要政治任务，组织开展大学习大研讨大培训活动。落实中央和省委巡视反馈意见整改，即知即改、边巡边改，中央巡视组交办涉法涉诉信访件全部办结。政法系统策应长三角一体化发展，赴上海学习考察，加强司法领域协作，上海海事法院在盐城市设立巡回审判基地。突出全面从严主基调，结合解放思想大讨论，组织开展“政法干警永远忠于党”系列活动，政法系统思想政治建设持续加强。政法系统举办专题培训3次，开展业务培训和实战训练，推动政法队伍专业化建设。深入贯彻中央八项规定，组织开展形式主义、官僚主义专项治理，在市政法各部门分别开展警示教育的基础上，开展集中教育活动，增强干警纪律规矩意识。按照市委关于巡察工作的总体部署，市政法各部门对有关基层政法单位组织开展司法巡察，排查整改一批突出问题。

（祁 勇）

第一节 地方立法

2018年，市人大常委会推进科学立法、民主立法、依法立法，发挥人大及其常委会在立法工作中的主导作用，强化立法咨询专家组、法制专业代表组、民主立法联系点作用发挥，开展立法协商，扩大公民对立法工作的有序参与。市人大常委会围绕立法计划，制定实施方案，做好法规草案调研、起草、审议等工作。根据立法权限和立法需求，制定《盐城市革命遗址和纪念设施保护条例》《盐城市旅游业促进条例》等地方性法规，开展人民调解、饮用水安全保护、生活垃圾分类管理等立法调研，提高立法质量。

《盐城市革命遗址和纪念设施保护条例》 4月13日，市八届人大常委会召开第十次会议，审议市政府关于提请审议《盐城市革命遗址和纪念设施保护条例(草案)》的议案。8月14—15日,市八届人大常委会召开第十四次会议,审议并表决通过《盐城市革命遗址和纪念设施保护条例》。9月21日,江苏省第十三届人民代表大会常务委员会第五次会议批准《盐城市革命遗址和纪念设施保护条例》。条例分为总则、调查认定、保护管理、传承利用、法律责任、附则共6章41条,是盐城市自2015年行使地方立法权后制定的首部历史文化保护方面的地方性法规,也是江苏省首部红色文化资源保护方面的地方性法规。

《盐城市旅游业促进条例》 6月26—27日,市八届人大常委会召开第十二次会议,审议市政府关于提请审议《盐城市旅游业促进条例(草案)》的议案。10月24—25日,市八届人大常委会召开第十五次会议,审议并表决通过《盐城市旅游业促进条例》。并经江苏省第十三届人民代表大会常务委员会第七次会议于2019年1月9日批准。条例分为总则、规划引领和产业引导、政府扶持和市场促进、服务保障和监督管理、法律责任、附则共6章53条。

(袁　悦　倪　侃)

第二节　政法委及综治

2018年,全市政法综治战线将组织开展政治安全风险排查整治,推进专项行动,举办全民国家安全教育日等系列宣传。坚持"三到位一处理"化解矛盾,组织开展信访突出问题大化解大突破等专项行动,省交办重点案件化解率居全省前列。开展公共安全隐患大检查、大整治,组织开展"梳网清格"等专项行动,排查整改一批公共安全隐患,安全事故发生数和死亡人数保持双下降态势,工作绩效居全省前列。年内,盐城是苏北唯一连续七年获评全省综治平安建设工作先进市的城市。

一、开展扫黑除恶专项斗争

2018年,中共中央、国务院下发《关于开展扫黑除恶专项斗争的通知》,市委常委会第一时间专题研究,成立领导小组,由纪检、组织、政法委、法院、检察院、公安局等部门组成工作专班,在全省率先印发实施《关于开展扫黑除恶专项斗争的通知》的工作意见和实施方案,召开动员大会、现场推进会,印发《盐城市关于开展扫黑除恶专项斗争的通告》,全面推进专项斗争。聚焦打击重点,坚持重拳出击,开展集中收网、集中宣判,重点案件挂牌督办等活动,打击涉黑涉恶违法犯罪团伙,工作质效居全省前列。突出综合治理,坚持将扫黑除恶与反腐败斗争、基层"拍蝇毁伞"相结合,严肃查处涉黑涉恶腐败问题,整顿软弱涣散村(社区)基层党组织。完善工作机制,探索制定《重大黑恶势力犯罪案件重点侦办工作机制》等6项机制,组织开展专题培训,提高专项斗争工作规范化水平,相关做法得到省扫黑办的肯定和推广。

二、完善社会治安防控体系

2018年,盐城实施立体化社会治安防控体系"四个一"(打造一块压舱石、构建一张防控网、绘制一张全息图、形成一个有机体)工程,加强"升级版技防城""雪亮工程"建设,全市重点公共区域技防覆盖率、联网率、智能化率不断提高。加强专职巡防力量建设,组建摩托化"铁骑队""黄海突击队",开展社会面巡防工作,推进警灯闪烁工程,路面见警率进一步提高。依法打击各类违法犯罪,全市万人刑事案件发案率全省最低,破案率全省最高。强化特殊人群服务管理,易肇事肇祸、严重精神障碍患者收治率全省领先,刑满释放、社区服刑人员重新犯罪率保持较低水平。

三、创新社会治理

2018年,盐城围绕推进社会治理体系和治理能力现代化目标,全面推进网格化建设。至年底,全市网格化建设工作体系基本健全,网格划分完成,网格员配备到位,基础信息采集量、"网格通"配备率全省领先,网格化创建达标率全省领先。优化升级综治中心建设,按照国家标准委《社会治安综合治理综治中心建设与管理规范》的要求,推进市县镇村四级综治中心标准化建设,建设社会治理联动平台和社会治理大数据中心,提升社会治理预见性、精准性。

(祁　勇)

第三节　法治政府建设

2018年,盐城严格执行《法治政府建设实施纲要(2015—2020年)》《江苏省贯彻落实〈法治政府建设实施纲要(2015—2020年)〉实施方案》《2018年全省法治政府建设工作计划》《盐城市法治政府建设工作重点任务清单(2017—2020年)》的各项部署。市政府研究制定《2018年全市法治政府建设重点工作任务计划》,确定7项一级、28项二级重点工作目标任务,并在37家牵头单位和市法制办各职能处室进行任务分工,明确完成任务时序进度要求。进一步优化法治政府建设考核方式,首次尝试被考核单位相对集中查阅台账资料的考核方式,现场打分,并将考核结果通过"盐城政府法制"网站对外公示,接受社会监督。加强对2017—2018年市级依法行政和法治政府建设示范单位示范项目培育工作,各地、各部门共申报各类示范项目41个,经初审、专家评分、社会评议,评选出依法行政和法治政府建设优秀示范项目14个,内容涵盖不见面审批、依法决策、行政执法"三项制度"等领域,对于行政权力的规范运行、促进依法行政工作制度在实践中落地生根,起到示范引领与经验推介作用。以开展"学找补促"活动为契机,市法制办先后赴南通、苏州、淮安、扬州等地,就政府立法、规范性文件和政府合同的合法性审查、政府法律顾问配备情况、仲裁工作等进行调研,进一步找准政府法制服务全局工作着力点,在政府法律顾问团队建设、依法行政示范项目建设和网络仲裁建设等工作上形成自己的特色。提升法治思维和能力。市政府常务会议先后集中学习《中华人民共和国宪法》《盐城市城乡规划条例》等法律法规3部。联合西南政法大学举办全市领导干部和法制骨干法治能力提升专题培训班，各县（市、区）政府和市各有关部门分管领导、法制办主任、法制处室负责人及法制业务骨干共200多人参加培训。

合法性审查 市法制办对172件市政府文件、协议、规划等进行合法性审查，其中文件项目107件，各类协议项目30件，各类规划项目10件，专题事项25件。发放补正通知函105件，提出初步审查意见769条。审查市地方性法规草案2件，市政府规章3件。办理省地方性法规、省政府规章等各类征求意见稿11件，提出修改意见或建议90余条；办理市各部门征求意见稿20件，提出法律意见近80条。起草并提请市政府下发《盐城市人民政府办公室关于开展证明事项清理工作的通知》，开展涉及证明事项的市地方性法规、市政府规章和市政府规范性文件专项清理工作，对市政府设定的5项证明事项予以取消。完成关于涉及民营经济发展的规章、规范性文件的清理工作，完成盐城市涉及产权保护、生态环境保护的规章、规范性文件清理工作，完成全市涉及著名商标制度的地方政府规章和规范性文件专项清理工作。注重发挥外脑作用，提高依法决策能力，委托市政府法律顾问委员会委员参与对送审文件、协议或专题事项的合法性论证38件次。会同市政府法律顾问，对调整大丰港区海岸线事项、调整市开发区和城南新区房屋征收工作程序事项、落实小区配套幼儿园确权等专题事项召开座谈会。

行政复议应诉 年内，市法制办处理各类行政复议申请159件，其中受理93件、不予受理66件。全年审结行政复议案件91件，其中维持54件、驳回18件、终止17件、确认违法2件。案件办理合法合规，因行政复议所引发的行政诉讼案件无一件被法院判决败诉。全年处理市政府为被告的行政应诉案件132件，处理各类行政复议答复21件，其中由盐城引发的省政府为被申请人的案件17件，市政府为被申请人在省政府行政复议的案件4件。在应诉和答复过程中，对涉案部门提交的答辩答复材料和证据依据严格审查，督促依法应诉答复，并主动开展协调工作，稳妥化解行政争议纠纷。

行政执法培训 年内，按照利用3年时间对所有市级行政执法人员开展集中轮训工作的计划，市法制办联合市委党校组织市本级和亭湖区行政执法人员700余人参加培训，并进行现场闭卷考试和封闭阅卷，考试结果作为年底注册和申领行政执法证件的依据。同时，运用行政执法人员在线学习系统，开展网上学习培训工作。（刘 菊）

第四节 公 安

2018年，全市公安机关增强系统化思维，升级治安防控体系，保持全市社会大局持续平安稳定，人民群众获得感、幸福感、安全感明显提升，盐城市公安局被公安部国际合作局授予全国首个“平安中国之珠”国际执法交流合作窗口单位。完成青岛上合峰会、中非合作论坛、国际和平日纪念活动、中国进口博览会等系列重大活动安保任务；完成中华龙舟大赛、大洋湾樱花节等大型活动安保75场次。依法打击各类违法犯罪，抓获各类违法犯罪嫌疑人数千余名，现行命案、八类案件全破。创新开展“梳网清格”基层社会治理盐城实践，整治安全隐患1.2万余处、捣毁传销窝点18个、抓获违法犯罪人员2088人、收缴查获危险物品2760余件，全市370个村（居）实现“零发案、零事故”。全市道路交通事故形势持续向好，死亡人数和受伤人数比上年分别下降10.6%、13.2%，火灾事故起数持续下降。年内，《人民公安报》《新华日报》等主流报刊推介盐城“梳网清格”经验，北京、山东、重庆、宁夏等地公安机关专门到盐城考察交流；停车治理“盐城方案”在第二届中国盐城城市交通治理论坛上权威发布，得到国内外专家和同行一致认可。实施警务“亮灯见警”工程，织密巡防密度，做到“车亮警灯、人亮肩灯”，整合黄海突击队、铁骑队、机关合成行动队、内保特卫队、群防群治等巡防力量，配齐“亮剑壹号”移动终端，深化市际出入口、高速出入口、机场、火车站、汽车站智能化卡口建设，布建车辆抓拍、视频监控、人证一体采集安检门等全项数据信息采集前端，加强分析研判、预警布控，抓获各类逃犯985人，全市路面违法犯罪比上年下降60%。推出“预防金融风险提示、搭建‘网上公安局’、重大项目消防审批全程服务”等10项措施，创新完善保障民营企业健康发展服务举措，深入推进公安“放管服”改革，实施“互联网+警务”，研发“找警网”APP，将服务送到百姓和企业身边。制定《加强基层党组织建设十条意见》《正风肃纪十项规定》《领导干部十条禁令》等制度，建立“教、学、练、战、研”一体化教学体系，加强与法国、日本、韩国、巴基斯坦、吉尔吉斯斯坦、新加坡等国家警务交流合作，健全妇联、机关工会、团委等群团，成立警官艺术团、龙舟协会，首创《盐阜警风》杂志，在《人民日报》、中央电视台等媒体刊发深度报道。年内，全市有1名民警立一等功，9个集体、25名民警立二等功，71个集体、380名民警立三等功，23个集体、316名民警受到嘉奖。

一、案件侦查

2018年，市公安局将扫黑除恶专项斗争列为重大政治任务，成立扫黑除恶专项斗争领导小组，制定《全市公安机关扫黑除恶专项斗争实施方案》，依法严厉打击以高利放贷为主的“贷恶合流”犯罪、开设赌场为主的“赌恶合流”犯罪和农村地区扫黑除恶工作，成功侦破全国扫黑办交办的“十号专案”，摧毁贷恶合流涉黑组织2个，打掉恶势力犯罪集团30个、涉恶团伙211个，涉恶现行案件破案率全省第一，查封、冻结、扣押涉案资产近1.9亿元。以“新一轮黄海行动”为统揽，组织命案积案攻坚、打击“盗抢骗”等专项行动，维护全市社会治安大局平安稳定。全年抓获各类违法犯罪嫌疑人4492名，破获滨海“1993·1·9”、响水“2004·12·28”等命案积案3起。严打黑客类和侵犯公民个人信息类犯罪，完善“网警+N”网上情报导侦和合成作战机制，推进“净网1号”至“净网7号”集中统一行动，全年主、配侦各类涉网违法犯罪案件197起，抓获犯罪嫌疑人643人，其中黑客类和侵犯公民个人信息类案件公诉数110人。侦办“网络水军”利用软文平台发帖案，抓获涉案人员；破获公安部督办的“展某某破坏计算机信息系统案”，打掉非法提供身份证号码及证件照片服务的公司3家；破获“世界华人联合会”诈骗案，中央电视台在新闻频道滚动播出、专题宣传；破获城南装饰公司侵犯公民个人信息案，在公安部网安局全国会议上作经验交流；侦办“2·28”组织传销案、“亚泰坊”大型网络传销案件，冻结资金近10亿元。开展涉众经济犯罪“梳网清格”，排查录入风险单位598家，打击遣返涉传人员155人，传销警情比上年下降42.4%。侦办“4·5”生产销售假药，胡某等人污染环境，宋某等人假冒注册商标，顾某等人非法捕捞案件。推进全市涉羟“霹雳整治”专项攻坚，侦破8起公安部毒品目标案件，捣毁位于省内的羟亚胺生产窝点7处，缴获氯胺酮138.7千克以及邻酮、羟亚胺等制毒物品7.66吨。破获毒品刑事案件264起，抓获犯罪嫌疑人员342名，缴获毒品（折合海洛因）688.8克。完善毒驾治理机制，查处吸毒人员2509名，新发现吸毒人员857名，查获毒驾23起23人，吊销吸毒人员驾照632本。组织开展破案攻坚竞赛，划分责任区间，选配主侦员，24小时“即案即侦”快破模式全面铺开，全市接触式“盗抢骗”破案数比上年上升45%，发案比上年下降33.7%，先后涌现出150名“黄海名探”“侦查标兵”等优秀刑侦民警。市公安局刑警支队直接串并、侦破50余起串跨省市侵财案件，牵头摧毁潜藏在省内的广东电白籍电诈窝点。推进市县合成中心建设，反电诈中心研发通信反制平台，联合50余家单位，成立盐城市反电信网络诈骗协作联盟，健全“上下联动、横向呼应、开放共享、快速反应”的合成作战体系。深化侦勘一体，建强刑事技术，健全市县派出所三级专职图侦力量，落实现场勘查“一辅一警”，男性家族Y库建设在大丰试点运行。举办第34届江浙沪刑侦协作会，20城共同签订刑侦联动合作协议，同步搭建联动平台，推动打击犯罪能力水平实现新提升。

破获“2·28”组织传销案　2月28日，市公安局破获兰某某伙同李某某等人设立亚文仓亚元集团，并创建网上亚元币平台进行网络传销活动。经查，亚元币平台注册会员44万人，收取会员费用超过30亿元。市公安局抓捕主要犯罪嫌疑人32人，冻结该组织领导传销案涉案款项4.5亿元，扣押1.2亿余元。

破获“世界华人联合会”诈骗案　3月，市公安局破获“世界华人联合会”诈骗案。犯罪嫌疑人李某等人通过微信群大肆宣扬“世界华人联合”推出的精准扶贫项目，其会员缴纳会费后，才能享受所谓的民族资产解冻后的精准扶贫项目。

破获公安部挂牌督办系列“碰瓷”诈骗案件　7月，市公安局破获公安部挂牌督办系列“碰瓷”诈骗案件，抓获涉案人员50名，在逃人员5名，扣押作案车辆12辆，打掉1个流窜“碰瓷”诈骗犯罪团伙，破获案件72起。经查，犯罪嫌疑人卢某某、王某等人自2017年起在北京市怀柔区、密云区、朝阳区、大兴区等地以“老板”召集“运动员”“驾驶员”“谈判员”方式实施“碰瓷”诈骗。

二、治安管理

2018年，市公安局持续开展“梳网清格”，制定《全市公安机关开展“梳网清格”工作的实施意见（试行）》，成立市、县两级“梳网清格”办公室，编写《“梳网清格”手册》，设立“梳网清格”工作专栏，开展6次“梳网清格”集中统一行动，抓获各类网上逃犯377人，收缴管制器具521件，收缴枪支弹药253件，排查各类安全隐患1.2万余起，排查化解矛盾纠纷4580起，登记出租房屋1.34万户，登记流动人口3.9万人。推进社区警务平台开发工作，通过平台比对，抓获在逃人员48人。制定《盐城市社区警务考评办法》，完善社区警务考核体系，每季度进行实地考核和社区民警“一口清”测试。组织开展2017年度“5·11工程”评选活动，评选出50名优秀社区民警、10名优秀派出所所长、10名社区民警能手。开展矛盾纠纷大排查大化解专项行动，走访社区587个，乡村1196个，单位1914个，家庭1.44万个；排查矛盾纠纷7215起，化解矛盾纠纷4408起；及时制止预谋实施个人极端暴力犯罪案件4起，制止重大群体性事件21起；发现列管因矛盾纠纷激化有闹事行凶报复苗头、可能铤而走险的重点人员4人；筛查发现三级以上严重精神障碍患者164人。在大市区开展“旅馆业身份识别入住系统”应用试点，加大检查频次，检查旅馆、留宿洗浴场所4200余家次，抽查旅客1.8万余名，责令限期改正问题旅馆563家，立案查处未按规定登记旅客信息案件486起。深化平安文化娱乐服务场所创建活动，取缔无证无照经营场所153家，责令整改治安安全条件不达标、安全管理制度不落实的问题场所496家，拆除门禁、暗门、房中房等违规设施254处。强化二手交易、典当、寄卖、金银首饰加工置换、生产性废旧金属收购等特种行业日常管控，共排查登记二手物品交易业6500家，发放交易物品登记簿1万余本，新增交易物品信息2.2万余条，查处未按规定登记交易信息案件248起。检查寄递网点、分拨中心2300余家次，依法责令限期改正存在治安隐患的寄递企业153家，并约谈经营负责人58人，查处不执行开箱验视、实名收寄、X光机安检制度的案件58起，停业整顿问题突出寄递网点16家。

开展市区文明养犬专项整治行动　年内，市政府印发《盐城市区文明养犬专项整治行动工作方案》，市公安局联合农委、城管等部门制定《关于市区文明养犬的通告》，从8月24日起至11月底在市区规定区域内开展文明养犬专项整治行动。全年发放《致市区养犬市民的一封信》6.8万余份，悬挂标语横幅714条，张贴《关于市区文明养犬的通告》8000余份；排摸犬只2.71万只，其中危险犬983只；新注射免疫犬1.65万只；累计出动专业力量8000余人次，捕捉收容流浪犬、无主犬305只，纠正违规行为1500余起，外迁危险犬189只。

打击枪爆违法犯罪专项行动 年内，市公安局、市委宣传部、市中级人民法院、市检察院、市安监局等20个部门联合组成市打击整治枪支爆炸物品违法犯罪联席会议，开展为期两年的打击枪爆违法犯罪专项行动。全年全市收缴各类非法枪支369支、子弹2.5万发、炸药2吨、雷管807枚、黑火药55千克、废旧炮弹49枚、仿真枪959把、管制刀具930把、剧毒化学品70千克、易制爆危险化学品411.5千克，查处涉枪案件29起、查处涉枪违法犯罪人员30人。

打假"利剑行动" 年内，全市公安机关严厉打击整治侵害群众利益的生产销售假劣家居建材、工业器材、车辆配件、日用百货等违法犯罪活动，依法打击惩处一批严重危害人民群众生产生活和公共安全的违法犯罪分子。全年全市立案侦办制售假劣产品案件5起，其中生产销售假劣家居建材案件3起、假劣工业器材案件2起，捣毁制假售假窝点1个，抓获违法犯罪嫌疑人17人，刑事拘留7人，逮捕2人，移送直诉2人，起诉7人。

开展"扫黄禁赌"专项行动 年内，全市公安机关组织开展"扫黄禁赌"专项行动，查处黄娼赌案件1937起，其中刑事案件139起、治安案件1798起；抓获各类赌娼违法犯罪人员6776名，其中刑拘431人、逮捕125人、移送检察机关审查起诉285人、行政处罚6088人；打掉团伙46个，其中涉黑涉恶团伙3个，收缴赌博游戏机300余台，追缴、查封赌资2500余万元。

三、道路交通安全管理

2018年，市公安局践行"善治交通"理念，构建与经济社会发展相适应的公众出行综合服务体系，创建城市交通区域治理示范工程，对"乱施划、乱停车、乱收费"三大顽症开展百日攻坚，有效破解停车难题；对全市事故多发、高发道路实施严管严治，对事故高发的228国道开展交通安全管控会战，亡人事故数比上年下降60%，群众安全感和满意度明显提升。探索交通管理改革，将城市主、次干道和后街背巷切块包干，城市主次干道明确，209条路段明确136名路长，后街背巷119条支路明确辖区派出所，建立"人人有路、路路有人、人人有责、路路有序"的城市交通治理新格局。推进社会治安"铁桶工程"，组织缉查布控、夜间清查行动，全年全市共查处酒驾1504起，抓获逃犯255名、涉毒人员17名，拘留1300人，平均每日市区交通警情180起左右。组织开展"创十新、建百群、访千户、交万友"工程，上门走访群众12万余户，组织问卷调查18万次，收集意见与建议4.6万条，整改落实不合理交通设施600多处、优化调整交通组织70多处，合理分配路权，在学校开辟绿色通道，让学生优先通行，在医院开辟生命通道，让病人优先通行。深化公安交通管理"放管服"改革，推动车管业务下放，全面实现申请材料4个减免（免复印、免填表、免拓印、免提交）、补换领驾驶证等18项简单业务一证办理。试点推行"两个教育"互联网学习平台，优化窗口建设、创新服务举措，搭建警邮共建平台，成功打造车管"一千米服务圈"。建成"盐城交警微警务"微信服务号，涵盖违章处理、交通诱导、非紧急报警求助、自助移车、违法犯罪举报等40项服务事项。在市区选取8所重点中小学、4所大型医院、8处居民小区、4个城市商业广场、11个重点道路实施深化治理，以区域治理推动全域治理。推动社会单位履行职责，在农村"村村通"公路改造时，督促建设部门落实"建设、管理、养护和运营"四级管理体系，对临水、国省道搭接路口等71条路段、47个路口等事故高发地段，加强安全防护设施建设。推动集镇交通城市化管理，选取10个重点乡镇开展集镇城市化治理，在国、省道主要道口和重点集镇渠化路口，设置"严管路口"、礼让斑马线，施划停车泊位、禁停黄标线，增设禁停标志、抓拍设施，联合城管部门取缔路边流动摊点、清理沿街广告标牌，整治"杂车""僵尸车"等交通乱象，改善镇区交通面貌。5月中旬，启动主城区停车秩序整治攻坚战，按照"一个信息管理系统、一个停车设施建设标准、一个停车收费标准、一个停车管理办法""四个一"的工作思路，构建城市停车服务管理体系，从根本上解决群众反响强烈的"乱施划、乱收费、乱停车"问题。推进"暴风"、春雷、夏安、秋风、冬季攻势等系列行动，全年查处交通违法行为144万起，其中现场违法行为27.9万起，非现场违法行为116.1万起，查处涉牌涉证重点违法2.7万起、工程车3.76万辆，集中打击治安管控对象5000多名、查扣杂车2万余辆。全面推广交通违法"随手拍"，全年接受群众举报违法8.3万余起。探索"巡长制"改革，健全完善社会面巡防机制，最大限度地把警力装备摆到街面路面，全面加强"铁骑队"建设，发挥摩托机动化优势，规范勤务运行，提升巡逻防范、先期处警、应急处突能力。推进全市市际出入口、高速出入口等卡口智能化建设，布建车辆抓拍、视频监控、电子围栏、网络围栏、人证一体采集安检门等全项数据信息采集前端，全面采集进出盐城的车辆和驾乘人员信息。

中国·盐城第二届城市交通治理论坛 9月12—13日，由中国智能交通协会主办的2018年中国·盐城第二届城市交通治理论坛暨2018中国城市智慧停车高峰论坛在盐城举行。智能交通领域的国内外权威专家、领军企业、行业精英和全省公安同行近300名嘉宾参加论坛。论坛以"智慧停车、服务民生——城市让生活更美好"为主题，公安部、住建部、中国城市规划设计院、北京市交通发展研究院、同济大学等20余位国内外知名专家问诊城市交通痼疾——停车难问题，共同探寻城市交通治理之道。

四、网络安全管理

2018年，市公安局组建网上作战"猎影队"，以"净网"专项行动为载体，严打网络违法犯罪，创新互联网管理，净化网络环境。依法处置网络制造传播谣言、网上寻衅滋事和发表煽动、过激、虚假言论的网民125人，其中刑事拘留13人，行政处罚84人，教育训诫28人，全市未发生有重大影响的舆情炒作事件。强化互联网安全管理等新技术、新手段建设应用，部署对全市网吧实名认证系统人脸识别认证升级，走在全省前列。对全市政府网站和重要信息系统开展网络安全大检查，依法发送安全隐患告知书56份，整改通知书92份，全年全市未发生重大网络安全事故。推进“盐城网警”公开巡查执法，累计发布宣传、辟谣帖文884篇，“拍肩膀”警示轻微违法网民1571次，清理网上各类违法有害信息8000余条。利用市政府发布平台召开全市网络安全综合治理新闻发布会，号召全市新闻媒体、网站和自媒体共同构建网络治理综合体系。

五、出入境管理

2018年，市公安局加强出入境窗口服务品牌建设，国家移民管理局“只跑一次”、五项移民和出入境便利举措等在盐城落地实施，自助照相、免费照相、网上预约、双向速递等一系列便民服务举措推广有力。全市出入境受理窗口增至45个（1个市本级、11个县区级、33个派出所受理点）。推进出入境自助服务区建设，实现“自助服务”全覆盖。全年全市办理各类出入境证件20.91万件，比上年增长7.5%，窗口满意度始终保持在99.2%以上。开展全市涉外领域“梳网清格”行动，全年查处“三非”案件（外国人非法入境、非法居留、非法就业案件）56起79人，侦破妨害国（边）境案件9起，集中遣送“三非”人员6批35人。

首个“平安中国之珠”花落盐城　4月12—13日，“平安中国之珠”国际执法交流合作窗口单位建设现场会在盐城召开。会上，公安部国际合作局授予盐城市公安局全国首个“‘平安中国之珠’国际执法交流合作窗口单位”和“国际执法培训盐城基地”称号，平安法治建设“盐城模式”和盐城公安参与共建“执法安全命运共同体”的做法，被公安部在全国范围推广。

六、户籍管理

2018年，市公安局在完成门楼牌编制、“一标多实”信息管理系统升级改造、二维码门牌管理信息系统研发等工作的基础上，全面启动二维码门牌制作安装工作。制定《规范编制门牌号码项目年度实施计划》，梳理排查门楼牌“重、错、漏、损”等问题，对未命名的道路和小区及时命名，完成8000条街巷、2000个住宅小区和1.5万个村组的门楼牌的编制任务。加强户籍窗口规范化建设，落实公安派出所户籍窗口“一站式”办理业务，全市派出所户籍窗口全面受理居民户口、居民身份证、临时居民身份证、居住证等业务，推行户籍地、居住地一窗受理、网上运转、分级审批，实现群众办事就近办、一站办、一次办。全面启动港澳台居民居住证发证工作，布建受理点12个，办理港澳台居民居住证124张。开展居民身份证到期短期提醒服务，全年发送2万余条短信提醒。做好节假日期间办证服务工作，推行上门服务、延时服务、双休日服务、电话预约服务。通过网上公安局、微信平台等媒介对居民身份证办理有关规定进行宣传，将窗口工作时间、联系方式广而告之，增加群众知晓率，全年办理户口21.3万人次、审核居民身份证33.6万张、分拣下发居民身份证40.8万张、制发临时身份证10.1张。开展户口清理整顿和新增年满18周岁无相片人员清理工作，对重复、虚假、应销未销等户口开展全面清理，全年清理重复户口444人，累计清理应销未销户口8523个、清理纠正户口登记项目差错2186个、清理无相片人员1450人，先后注销死亡户口5万余人。　（程晓丽）

第五节　检　察

2018年，全市检察机关全面履行检察职能，各项工作取得新进展。盐城市检察院连续五年被市委、市政府授予“综合先进奖”，被省检察院书面通报表扬。全年全市检察系统依法批捕各类刑事犯罪3026人，起诉7214人；办理公益诉讼诉前程序案件489件，推动相关行政单位履职整改285件，提起公益诉讼13件；依法监督立案28人，监督撤案97人，纠正漏捕41人，纠正漏诉59人。加强司法救助，向涉罪未成年人提供法律援助229人次，办理司法救助案件226件，向271名特困刑事被害人发放救助金83.1万元，市检察院、阜宁县检察院通过司法救助精准扶贫的做法被《检察日报》报道。开展“全国科技强检示范院”争创工作，开发区检察院作为全国7家基层检察院之一，参加全国检察机关科技装备展。强化案件信息公开，提升司法办案透明度，主动公开各类案件信息1.1万条、法律文书4486份，接待律师阅卷1697次。发挥新媒体宣传优势，通过检察机关集群网站、微信微博等新媒体发布信息1.2万余条，3家基层检察院制作的新媒体作品，

4月12—13日，“平安中国之珠”国际执法交流合作窗口单位建设现场会在盐城举行
市公安局/供

在全国检察机关新媒体创意大赛中获奖。深化队伍建设，举办全市检察干警春训班，开展“入党初衷大家谈”活动，多篇论文在全省检察机关党建理论研讨中获奖。加强政治巡察，完善市检察院《巡察工作实施办法》，组织对6个基层检察院巡察整改情况进行集中“回头看”，联合县区巡察办对基层检察院开展新一轮巡察。运用监督执纪“四种形态”，全年开展谈心谈话400余人次，诫勉、提醒谈话18人次，确保用纪律规矩管作风、管队伍。落实全市检察机关加强人才建设的办法，丰富“课题制”“小课堂”活动形式，9个课题、案例获最高检、省检察院立项和选编。举办“晒业绩、比素能”擂台赛，在全省检察机关业务技能竞赛中，盐城代表队获得2个团体奖，5名选手获评“标兵”“能手”，1名干警在全国检察机关警务技能比赛中获单项第一名。全年全市检察系统有25个集体、29名个人受到省级以上表彰。其中，亭湖区检察院被最高检记集体一等功、获评全国检察文化建设示范院，东台市检察院、盐都区检察院获评全省检察机关先进集体，2名干警获评“中国好人”。

一、刑事检察

2018年，全市检察系统依法批捕各类刑事犯罪3026人，起诉7214人。投入扫黑除恶专项斗争，加强与公安、法院的沟通衔接，健全提前介入、捕诉衔接等工作机制，依法批捕涉黑涉恶犯罪147人，提起公诉242人。依法办理省公检法联合挂牌督办的董某某、腾某某等14人黑社会性质组织案、徐某某等17人黑社会性质组织案。加大危害民生民利犯罪打击力度，依法批捕危害食药品安全犯罪8人，起诉73人。加强产权司法保护，促进创新驱动发展，提起公诉侵犯知识产权犯罪53人。参与互联网金融风险专项整治，组建金融案件专业化办案组，提起公诉非法吸收公众存款、集资诈骗、传销等涉众型经济犯罪219人。健全两法衔接、联动办案等机制，依法批捕破坏环境资源犯罪51人，起诉196人，市县两级检察院提前介入江苏辉丰农化股份有限公司系列重大污染环境案，依法批捕犯罪嫌疑人14人。

二、民事行政检察

2018年，全市检察机关对民事行政生效裁判提出抗诉30件，再审审结19件，已审结案件原审裁判改变率100%；发出再审检察建议72件，已裁定进入再审50件；支持法院解决执行难问题，发出执行监督检察建议194件。开展虚假诉讼监督，重点打击劳动争议、工程建设、民间借贷等领域民事虚假诉讼，共办理虚假诉讼案件100件，涉案金额3000余万元，移送犯罪线索20件，依法追究刑事责任9人。滨海县检察院查办虚假诉讼工作做法被最高检转发推广。大丰区检察院依法监督的常某某等15人虚假诉讼案得到改判，帮助地方政府挽回损失72万元。

三、公益诉讼

2018年，全市检察系统强化生态环境保护，办理公益诉讼诉前程序案件489件，推动相关行政单位履职整改285件，提起公益诉讼13件。结合办案促进生态环境修复，滨海县检察院对最高检、公安部、生态环境部联合督办的胡某某等人污染环境案提起刑事附带民事公益诉讼，要求赔偿生态修复费用；建湖县检察院推动破坏环境主体出资3217万元进行生态环境修复；射阳县检察院办理的耦耕堂村畜禽养殖环境污染督促履职案，助力改善农村生态环境，获评“江苏检察机关保障民生十大优秀案件”。

四、诉讼监督

2018年，全市检察系统监督纠正执法司法不规范行为，建立重大监督事项“案件化”办理模式，依法监督立案28人，监督撤案97人，纠正漏捕41人，纠正漏诉59人。构建刑事抗诉一体化工作格局，严格执行诉判不一备案审查制度，依法提起刑事抗诉20件。加强刑罚变更执行同步监督，书面监督纠正减刑、假释、暂予监外执行不当52人。加强社区矫正检察，依法监督收监执行36人。开展羁押必要性审查，对249名无继续羁押必要的犯罪嫌疑人提出释放或变更强制措施的建议。开展维护在押人员合法权益专项检察活动，办理在押人员及其亲属控告、申诉103件，督促及时返还在押人员合法财物502.5万元。针对刑事执行活动不规范情形发出检察建议62份，促进监管部门依法履职。加强财产刑执行监督，发出纠正违法通知书283份，监督执行到位4047.8万元。（赖　珊）

第六节　法　　院

2018年，全市法院受理案件13.85万件，审执结案件12.36万件。全市员额法官人均结案243件，综合绩效指标位居全省前列。打造高质量司法，5篇案例成为全国法院典型指导案例，2篇案例被《最高人民法院公报》刊载。依法服务高质量发展，开展“司法推动经济高质量发展”专题调研，制定《关于为民营经济健康发展提供优质司法服务和保障的实施意见》。市中级人民法院在沪苏大丰产业联动集聚区设立巡回法庭，与上海海事法院签订全方位司法合作协议，设立巡回审判基地。创新普法宣传载体，与盐城广播电视总台联合推出大型法治专栏《每周说法》。培养选树先进典型，开展“盐城市首届十佳法官”评选活动并举行颁奖仪式。全市法院23个集体、38名个人获得省级以上表彰。市中级人民法院周联联被全国妇联授予“全国三八红旗手”称号，盐都区人民法院秦南人民法庭、射阳县人民法院董士玲分别被最高人民法院表彰为全国法院系统先进集体和先进个人，东台市人民法院被省高级人民法院记集体一等功，建湖县人民法院罗海峰被评为“江苏最美法官”。

一、刑事审判

2018年，市中级人民法院审结杀人、抢劫等各类刑事案件5771件7075人。市中级人民法院推进扫黑除恶专项斗争，开展防范和惩治“套路贷”与虚假诉讼专项活动，组织

5次集中宣判，判决黑恶势力犯罪案件10件107人，其中31人被判处五年以上有期徒刑。深化禁毒整治“雷霆行动”，审结毒品犯罪案件284件341人，对贩卖冰毒的崔某等4人依法判处死刑。维护市场交易秩序，审结破坏市场经济秩序犯罪案件254件556人，审结涉案1.3亿元虚开增值税专用发票犯罪案件。全面对接监察体制改革，审结职务犯罪案件97件112人。

二、民事审判

2018年，市中级人民法院审结婚姻家庭、劳动就业、住房医疗等各类民事案件约3.86万件。依法严惩恶意欠薪，开展执行“春暖行动”，追回农民工“血汗钱”6970余万元。服务供给侧结构性改革，审结破产案件35件，盘活企业资产2.4亿余元、厂房17万余平方米、土地100余公顷。加大产权司法保护力度，建立工作协调机制和责任体系，审结物权、债权、股权等涉产权案件约1.9万件。切实保障金融安全，制定《防控金融风险实施意见》，严厉打击非法吸收公众存款、集资诈骗等犯罪，审结借款、保险、证券等金融案件2.15万件。坚持最严格的生态环境保护制度，审结环境资源民事案件904件，射阳县人民法院责令倾倒危险固体废物的责任主体承担生态修复资金300余万元。服务乡村振兴战略实施，审结农村土地“三权分置”过程中的案件189件，推动现代特色农业健康发展。

三、行政审判

2018年，市中级人民法院坚持监督与支持并重，审结行政案件2311件，促进行政机关依法行政，服务“放管服”改革和“不见面审批”改革。与市政府联合召开行政复议与行政审判联席会议，共同研究解决行政执法司法中存在的突出问题，深化司法与行政良性互动。注重行政争议实质性化解，加大对涉群体性、区域性、政策性行政案件化解力度，行政案件一审协调撤诉率27.9%。推动行政机关负责人出庭应诉，在市委政法委统一领导下，与市依法治市办、市政府法制办联合下发通知，建立应诉回函、处前提醒、司法建议、月度通报等机制，推动行政机关负责人“出庭出声出效果”，出庭应诉率91.8%。

四、审判监督

2018年，市中级人民法院加强审级监督，审结各类二审案件7117件，对一审裁判确有错误的，依法改判或发回重审，促进基层法院提升裁判质量。强化再审监督，受理申诉、申请再审案件526件，依法启动再审程序50件，及时纠正生效裁判错误。加强业务指导，制定民间借贷、保险合同、房地产等类案审判指导意见，统一裁判尺度，增强司法公信。加强审限管理，审判质效持续提升，全市法院长期未结案件数全省最少。加强司法公开，运用审判流程、庭审活动、裁判文书、执行信息4个公开平台，互联网直播庭审3.23万件，网上发布裁判文书7.56万篇，发送案件流程节点信息12.8万余条。加强法院微信、微博等新媒体建设，召开新闻发布会54场(次)，主动公开司法信息。

五、案件执行

2018年，市中级人民法院常态化开展执行“利剑行动”，组织实施民生、金融案件专项执行，围猎“老赖”3660人，拘留1429人次，追究拒执犯罪27人。开展“执行零距离”活动，邀请代表委员视察调研、见证执行1229人次。组织执行行动“全媒体直播”，围观网民1200余万人次。加快财产变现处置，网拍成交金额28.9亿元。畅通“执转破”渠道，41家企业进入“执转破”程序，有效化解执行积案1200余件。全面规范执行行为，运用信息化手段，实现37个执行流程节点公开透明、规范可控。全年执结各类案件近4.45万件，执行到位金额119亿元。

六、便民诉讼

2018年，市中级人民法院完善诉讼服务中心功能布局，改进诉讼服务工作流程，为当事人提供案件查询、材料收转、诉讼指导、约见法官等服务3.5万余人次。深化案件繁简分流机制，全面落实“简案快审、繁案精审、类案专审”，全市法院适用速裁程序审结案件3.75万件，占民商事案件结案总数的60.7%，平均审理天数下降12.3天。推进类案集中审理、要素式庭审、令状式文书、示范性诉讼等机制创新，简化送达程序，提升审判效率。全面推行道路交通事故网上一体化处理，快速化解纠纷2202件。推动矛盾纠纷多元化解，完善诉调对接工作机制，诉前化解各类矛盾纠纷1.15万起。参与基层社会治理，全市40个人民法庭审结案件2.43万件。深入开展涉诉信访突出问题化解专项行动，有效化解重点涉诉信访案件78件。　（陈宏流）

第七节　司法行政

2018年，全市司法行政系统深化公共法律服务、推进体制机制改革等重点任务，全市受理各类矛盾纠纷7.16万件，调解成功7.15万件，办理法律援助案件8398件。法律援助工作连续十二年被列为市政府“为民办实事”项目。加强普法宣传，以《中华人民共和国宪法》学习为统揽，组织开展“新宪法唱响在盐阜”活动，得到省委省政府、省司法厅肯定，并被司法部在全国推广。抓好领导干部、国家机关工作人员学法用法工作，组织全市9万余名国家机关工作人员参与“万人学法”网上竞赛、5328人参加理论政策和法律法规知识考试、市直33名非人大任命领导干部参加任职法律知识考试。年内，盐城通过省“七五”普法中期考核。

一、法治宣传

2018年，市司法局健全落实“谁执法谁普法”责任制，建立普法责任制联席会议制度。全市创新开展“新宪法唱响在盐阜”主题宣传活动，组织盐城曲艺专家、普法达人以打鼓说唱、音乐快板等形式先后创作《宪法修改我点赞》《新宪法·放光芒》《宪法宣誓我履行》等十余部具有地方特色的法治文艺作品，组织开展“送法下乡”“农民工学法活动周”

"德法涵养文明·共建绿色生活""4·15"国家安全日、"关注她权益·普法在身边""6·26"国际禁毒日、国家宪法日、宪法宣传周等主题宣传活动。

二、人民调解

2018年，全市受理各类矛盾纠纷7.16万件，调解成功7.15万件，调解成功率99.98%，防止民间纠纷激化861件，劝阻群体性上访507批次5128人次，未发生因调处不及时或调解不当而引起自杀事件和"民转刑"案件。

三、社区矫正与安置帮教

2018年，全市新接收社区服刑人员2612人，解矫2677人，收监56人，年底在册社区服刑人员3429人；接收刑满释放和解除社区矫正的安置帮教对象5959人，其中重点帮教对象777人。在册解除强制隔离戒毒后续照管对象319人，后续照管率99%，一年保持操守率97%。

四、法律援助

2018年，法律援助工作连续十二年被列为市政府"为民办实事"项目，全市办理法律援助案件8398件，为受援人挽回经济损失7226万元，免除诉讼代理费2519万元，法律援助经费投入911万元，受援群众满意率达98.9%。

五、律师管理

2018年，全市律师办理各类案件2.69万件，担任企事业单位法律顾问2456家，52名律师担任县级以上"两代表、一委员"，为村（居）自治管理提供法律意见2585件，解答群众法律咨询5.86万人次，开展法治宣传2557场次，调处矛盾纠纷9233件。开展"一村居一法律顾问"工作，建成法润民生微信群2300多个。

六、公证管理

2018年，市司法局组织开展"公证服务能力提升三年行"活动，全市10家公证处全部完成机构改革任务。全年办理各类公证6.72万余件，新办公证事项无错证、无假证、无有效投诉。

七、司法鉴定

2018年，市司法局组织开展"严格准入，严格监管"专项整改活动，全年出具司法鉴定意见书9361份。持续推进人民监督员制度改革，116名人民监督员参与监督案件23件、检务活动28次。深入推进人民陪审员制度改革，市县两级选出人民陪审员865人。　（刘　菊）

八、狱政管理

江苏省方强强制隔离戒毒所　年内，江苏省方强强制隔离戒毒所强化重点领域监督，确保场所安全稳定。改善戒治生活环境，推行营养配餐制，确保戒毒人员饮食科学合理。提升医疗保障水平，健全急救措施，定期开展突发病情急救演练，有效急救处置急性脑血管意外3例、急性心梗1例。建立运行医联体，定期邀请盐城市亭湖医院等联合体医院专家对所内疑难及重症病号诊治，年内诊查处置病例76人次，排查确诊严重疾病6例。强化素质能力建设，开设鹤鸣大讲堂、支部书记讲堂、小警微讲台，开展"学制度用制度"知识竞赛等实战练兵、民警所内上挂下派、所外体验换岗等活动，宣传援疆民警和"最美警察""最美警嫂""最美职工"等先进典型，提高民警工作积极性和业务水平。参与优势戒治项目交流，组织撰写编报戒治案例70多篇，入选公安部汇编目录17篇，相关做法在江苏电视台等近10家媒体报道。严密安防机制，坚持凡动必报、挂屏监控、点名核查等跟踪管理，安装电子围栏，配置生命探测仪等，管教场所安防能力进一步提升；落实隐患整治，完成柴油罐入地改造、"智慧用电"建设；提升应急能力，完善值班备勤机制，组织突发疾病、消防等演练67次，实现第22个安全年目标。实施认知康复工程，深化书香戒毒所建设，建成文化大道等矫治阵地，按季度开展学经典、诵国学主题教育，提升戒毒人员人文素养。实施意志康复工程。常态化推进特色戒治项目建设，培养戒治毅力。实施社会康复工程。定期举办亲属学校，帮扶戒毒人员困难家庭；推进后续照管与社区戒毒、社区康复相融合，提高戒毒操守率。　（戴鼎霖）

盐城监狱　年内，盐城监狱持续安全稳定，连续20年11个月实现"四无"（无服刑人员脱逃、无重大狱内案件、无重大疫情、无重大安全生产事故）目标。年内，盐城监狱党委制定《监狱全面从严治党驻点巡察工作暂行办法》，对3个基层党支部开展驻点巡察。提升警务效能，制定监区、机关科部室考核量化评价办法，建立客观公正的工作绩效评价体系。突出差异化培训，开展分层业务轮训、分类岗位练兵考核活动。强化场容场貌改造整治，实施主干道亮化工程，建成208个车位的三级停车场，改造完成民警培训中心、工会"警民之家"和民警备勤楼，改善民警职工工作、居住环境。与驻地医疗部门协调解决离休民警的医保属地化管理，实现医疗保险全覆盖。重视警察文化建设，举办"美丽大中2018"新春联欢会、首届"大中好声音"歌唱比赛以及第四届群众性运动会。年内，盐城监狱先后获评省公安厅先进基层党组织、全省监狱工作先进单位。监狱强化内部管理，扎紧安全治理"笼子"。强化底线思维，常态化开展警示教育活动，教育广大民警牢固树立安全责任意识。严格制度落实，规范罪犯收押、分流、释放、提回重审、离监等环节，强化罪犯零星流动管理，建立晚间执勤区联勤联动机制，加强联防联控应急处突能力。加强分类管理，根据功能型监区建设标准，重新整合功能性监区，完善功能型用房建设，完善罪犯分类管理教育模式。常态化开展"强化监规纪律　净化改造环境"专项活动，严格落实周期性隐患排查整治。落实专项行动，深入开展扫黑除恶专项斗争，侦获4名罪犯隐有余罪，成功查获7名网上在逃人员。开展"清网行动"，成功捕回1名脱逃长达24年的在逃犯。加强政治改造，重点开展中共十九大精神、社会主义核心价值观学习。开展《中华人民共和国宪法》教育讲座，组织罪犯开展《中华人民共和国宪法》主题征文、知识竞赛和心得体会交流。盐城监狱与大丰司法部门联合，举办3次法制讲座和法律咨询活动。在盐城新四军纪念馆建立罪犯狱外爱国主义教育基地，组织罪犯实地接受爱国教育。完成入监、出监、老残和严格管控监区规范化建设。与地方职业教育机构联合举办烹饪等技能培训班，18名罪犯领取大丰人社部门颁发的职业等级证书，促进刑释人员回归就业。推进进监帮教常态机制建设，全年举办8次亲情、文化、就业、司法和心理帮教活动。发挥启迪文化技术学校教育品牌优势，有47名罪犯学员获得小学结业证书，11人完成脱盲。严格执行罪犯减刑假释、暂予监外执行有关规定，全年依法办案率100%。依法办理罪犯申诉、控告、检举，严格办理罪犯暂予监外执行，严格罪犯病情鉴定、提请标准，主动与盐城市人民检察院联合建立罪犯病情审查机制。及时向新入监罪犯及其亲属发放新修订的《狱务公开手册》。开展文明食堂创建活动，提升食堂管理水平。执行罪犯疾病防治管理办法，加强医疗巡诊工作，确保用药安全。落实好医疗保障工作，监狱医院设置康复病区，确保医疗质量水平不断提高。

（仇　勇）

第八节　仲　　裁

2018年，盐城市仲裁委员会受理各类仲裁案件308件，案件标的14.28亿元，审结案件337件（含往年210件），其中以裁决方式结案的186件，以调解和撤回申请方式结案的151件，撤调率为45%。推进仲裁廉政文化建设，组织第五届盐城仲裁委员会仲裁员培训班，邀请专家给所有仲裁员上廉政教育课，分析仲裁员廉洁办案的必要性和重要性。组织全体工作人员集体参观盐城廉政文化公园、观看廉政教育片、听取监察法专题讲座、开展法纪知识专题测试等，增强仲裁工作队伍的反腐倡廉意识。在仲裁庭、办公室、休息室等区域张贴廉政标语牌，将《盐城仲裁委员会仲裁员守则》《盐城仲裁委员会廉洁办案“十不准”》《盐城仲裁委员会仲裁员职业道德准则》在仲裁庭公示，并印入仲裁员证中，提醒仲裁员和全体工作人员恪守廉洁办案纪律。发挥专家咨询作用，落实专家咨询制度，实现仲裁委员会管理与仲裁庭独立裁决有机结合，加强仲裁委员会对仲裁程序与法律适用的管理监督，对仲裁庭存在分歧以及重大疑难等案件启动专家咨询程序。全年组织专家评审会5次，评审案件20余件，专家意见均被仲裁庭接受，取得很好的法律效果和社会效果。

第五届盐城仲裁委员会第一次全体会议　4月12日，第五届盐城仲裁委员会第一次全体会议在市行政中心召开，盐城市委常委、常务副市长、盐城仲裁委主任陈红红出席会议并讲话。会议审议通过《第四届盐城仲裁委员会工作报告》《盐城仲裁委员会仲裁规则》《盐城仲裁委员会仲裁收费管理办法》《盐城仲裁委员会仲裁员办案费用管理办法》《关于成立第五届盐城仲裁委员会专家咨询委员会的通知》等文件，并聘任313名仲裁员和31名专家咨询委员会委员。

建立“云上仲裁”综合基地　年内，市仲裁委创新网络仲裁合作方式，与城南科教城管委会等单位在盐城市大数据产业园共建华东首家“云上仲裁”基地。基地把握网络交易纠纷特征，探索用系统平台批量解决同类网络交易纠纷的工作机制，与系统研发科技公司对盐城网络仲裁系统运行需求进行采集，对案件数据安全与归属要求、外网内网定向流通技术参数、系统运行能兼容各类纠纷特征、系统接口对外开放与证据材料完整性认证、批量案件程序高速运行需求等方面技术进行研发升级，并经模拟案件实际测试，可达到每年办案数10万件的要求。市仲裁委邀请北京、盐城等地专家进行合法性、操作性论证的基础上，研究制定《盐城仲裁委员会网络仲裁规则》，保障当事人各类仲裁程序与实体权利，实现线上线下仲裁程序有效变换，确保网络仲裁文书的法律效力。10月，盐城仲裁委员会主任会议审议通过《盐城仲裁委员会网络仲裁规则》《盐城仲裁委员会关于网络仲裁案件收费标准与仲裁员报酬支付标准的通知》。11月30日，“云上仲裁”综合基地与盐城网络仲裁院揭牌。

清理长期未结案件专项整治活动　年内，市仲裁委提升仲裁办案质效，开展清理长期未结案件专项整治活动，整治“久拖不裁、久调不结”等超审限“顽疾”，提升仲裁办案效率。排查梳理积案，建立未结案件汇总表、超审限案件汇总表，掌握积案审理情况；实行责任分解，对清理出来的长期未结案件排查未结原因，实行定案件仲裁员、定具体承办人、定结案方案、定结案时间的“四定”原则进行清案；定期通报进度，每月通报一次积案审结情况，督促清案工作按进度开展；建立规章制度，研究起草《仲裁案件审限管理办法》，通过制度规范建立长效机制。全年审结2017年及之前的积案210件，清案率76%。

（熊　玮）

第24章 军 事

编 辑 潘其锐

第一节 盐城军分区

2018年，盐城军分区突出政治建军，坚定看齐追随、听从指挥。严格落实党委中心组理论学习制度，党委领导带头宣讲中共十九大精神，跟进学习习近平主席最新指示要求，军地联合组织副团职以下干部理论集训。开展“传承红色基因、担当强军重任”主题教育，邀请专家现场讲述党史军史，传承新四军“铁军精神”。协调召开市委常委议军会议，组织第一书记述职讲评，推动解决驻盐官兵家属就业、子女入学、转业安置等实际问题。参与打赢深度扶贫攻坚战，投入199万元，结对帮扶盐城市9个县（市、区）14个村、66名贫困学生和264户困难群众；探索“走出去”扶贫模式，与革命老区铜川市照金镇白瓜小学和高尔塬村结对帮扶，建立100万元助学基金，捐赠30万元援建村医务室，协调城南新区与铜川新区建立劳务帮扶协作。

一、练兵备战

2018年，盐城军分区党委定期议战议训，自上而下开展“和平积弊大起底大扫除”，牢固确立练兵备战鲜明导向。贯彻军事训练新大纲，3次组织军分区首长机关和人武部主官动员业务集中强化训练，以考兴训、以考强训。全面规范民兵军事训练，严密组织预编预备役兵员参加军兵种部队返岗训练，响水、阜宁、射阳、盐都人武部分别组织防化、抗洪等4个专业民兵骨干跨区联训。夯实战备基础，组织现地勘察，主动对接任务需求，拟制支援保障集团军战备拉动动员方案。海上民兵建设得到加强，组织参加系列海上实侦行动，落实实战化要求，在实际行动中锻炼作战能力。

二、军民融合

2018年，盐城军分区发挥军民融合协调职能，联合印发年度军民融合工作要点，主动对接高科技新兴产业项目，组织参观第四届军民融合发展高技术装备成果展。创新兵员征集工作，完成年度征集任务，集中观摩征兵体检站规范化设置，组织预定新兵役前训练。开展基层武装建设试点，分别探索乡镇、街道、开发区、高校4种类型基层武装部建设办法，联合市委、市政府印发《关于加强新时代基层人民武装工作的意见》，及时固化试点成果。开展人民武装工作量化考核，推动武装工作有效落实。建立专武干部分级组训和定期轮训制度，组织基层专武干部业务集训，有效提高履职能力。

三、调整改革

2018年，盐城军分区推进民兵调整改革，区分应急、专业、特殊3种类型，调整编实基干民兵。贯彻落实习近平主席“三个不降”（服务保障力度不降、标准不降、质量不降）指示要求，完成干休所机构整编和人员落编定岗，对老干部和遗属逐一登门走访，老干部和遗属满意度测评100%。坚决打赢停偿攻坚战，协调司法部门制定加快审理诉讼程序办法、开展军地联合执法行动，采取“政策宣讲、协商促停、法律诉讼、联合执法”工作模式，主动作为、合力推进，破解分布广、矛盾多、看管难的困局，按时完成全部停偿任务。

四、部队管理

2018年，盐城军分区加大依法治军、从严治军力度。集中开展“贯彻落实新条令、塑造军队好样子”和“学条令、学法规、正秩序”活动，组织“安全大检查”和“百日安全活动”，严格落实形势分析、检查巡查、情况通报、风险评估制度，组织全区正规化建设和安全管理工作观摩评比，指导亭湖区人武部完成省军区交办的安全管理建设试点任务，全年查改安全隐患126个。每季度分专题组织安全警示教育巡展，印发典型案例手册，并把教育对象延伸至军人家属、专武干部和驻盐部队，做到警钟长鸣。落实好军委审计反馈问题整改，对全区财务秩序进行专项检查，组织财务岗位人员轮岗交流，开展理财管财专题培训，全面加强财经管理规范工作。 （李 明）

第二节　武警部队

2018年，中国人民武装警察部队盐城支队紧扣新使命抓练兵备战，在实战实训中提高打赢能力，在正规秩序中筑牢安全基础，严密组织预提指挥士官集训、季度首长机关训练和警官全员额考核等活动。完成城市武装巡逻、武装押解等临时勤务几百余起，部队经受实战检验。加强队伍建设，严密组织"学训词、铸军魂、开新篇"专题教育，深入推进"传承红色基因，担当强军重任"主题教育，参加武警江苏省总队"学习主席讲话，做习主席好战士"主题演讲比赛并获得二等奖。推进扶贫攻坚工作，组织扶贫活动20余场(次)，帮助慰问贫困学生、残疾人、孤寡老人60余人，捐赠31.8万元。

一、部队管理

2018年，武警盐城支队加大执勤管控力度，贯彻"信息主导、以人为本、正规执勤、确保安全"十六字执勤工作思路，严格落实日检查、周通报、月讲评制度，采取过目标、过中队、过哨位、过哨兵的方法，排查整治各类隐患14处。推进以科技为支撑的"智慧磐石"工程建设，推动执勤工作由人力密集型向科技密集型转变，协调目标单位共赴武警安徽总队"智慧磐石"工程试点单位——淮南支队寿县中队参观见学。制定支队《树立大抓实战化训练导向八项机制》，开展"和平积弊大起底大扫除"和"学大纲、研大纲、用大纲"活动，真打实练，按照武警部队战备值班力量体系建设要求强化战备工作规范，经常性组织特战排、应急班检验性拉动，多次组织前指带特战分队实兵实装拉动演练。年内，武警盐城支队受到武警江苏总队通报表扬；在武警江苏总队条令知识竞赛获得冠军，在武警江苏总队四项大比武比赛中，取得综合排名第四名(教练员团体第一、指挥员团体第二、参谋业务团体第五)，2人代表武警江苏总队参加武警部队"巅峰"比武，并分别被武警部队表彰为标兵教练员、优秀教练员。

二、政治建设

2018年，武警盐城支队始终将政治建设作为党的根本性建设，按照学懂弄通做实的要求，学习贯彻中共十九大等会议精神，强化政治担当。紧跟习近平主席思想步伐，坚持将《习近平论强军兴军》和《军委主席负责制学习读本》作为"教科书""案头卷"纳入党委中心组、政治理论学习、党团活动计划，运用板报橱窗、警营广播、微信公众号等学习宣传载体，持续抓好铸魂育人工作。开展"卫士风采"系列文化活动，先后组织"盐阜卫士杯"篮球赛和乒乓球赛、"卫士丹青"美术书法摄影展、"强军战歌"歌咏赛等文化活动，丰富官兵生活，激发精武强能热情。重视做好暖心工作，开展官兵家庭大走访活动，慰问发放家庭困难补助10.6万元，协调解决5名官兵子女入学入托问题，为12名随军家属协调就业和经济补助，评选表彰十佳优秀老战士、十佳军嫂，组织军官、老兵退役仪式，提升官兵归属感、荣誉感。武警盐城支队提炼的基层教育日理论学习和新闻骨干队伍培养经验做法被武警江苏总队推广。

三、后勤保障

2018年，武警盐城支队严把经费预算、审批核销关，严格执行军网商城采购模式，经费管理使用更加正规。先后组织3次炊事员、驾驶员培训复训，10次司务长集体办公，后勤专业兵素质明显增强。坚持立足官兵需求和任务需要，确保伙食质量，每季度组织卫生队巡诊，每年组织官兵健康体检，建立健康档案，累计投入230余万元建设完善基层基础设施，解决部队执勤训练、文化娱乐、日常生活等实际困难。开展后勤领域重点问题"清仓归零"整治活动，累计整改问题106个，涉及金额3.73万元，整改率100%。

(陈　锋)

第三节　边　　防

2018年，盐城边防支队在推进划转改革的同时，听从政治号令、担起历史使命，落实改革划转任务。加强各项公安边防工作和部队建设，坚持打防并举、强化海防建设，确保沿海社会治安大局稳定，推进扫黑除恶专项斗争、缉枪治爆、禁毒"两打两控"、黄海系列、固边系列等专项行动，完成"上合峰会""进博会"等重大安保任务，沿海边防辖区持续安全稳定。加强后勤保障，全年安排30名优秀官兵疗养，协调盐城市第三人民医院为支队官兵和家属免费体检，为官兵和家属购买商业医疗保险并做好理赔，合理安排官兵探亲休假达90%，解决12名官兵子女入读优质学校，协调安排6名随军家属进社区工作，完成8个基层单位营房新建和改造任务，投入200余万元用于后勤农场建设丰富官兵菜篮子。

一、边防支队改革

2018年年初，盐城边防支队成立由军政主官挂帅的改革专班，先后召开专题会议6次，协调解决划转改革重大问题18项，向江苏省边防总队和市公安局作出专题报告6次，确保改革工作组织到位、力量到位、措施到位、保障到位。严格按照《改革宣传教育提纲》，开展改革宣传教育活动，主官带头讲课、开展专题解读、组织官兵撰写决心书、开展"改革强警、看我边防"主题讨论和"讲好官兵故事、投身改革大考"等专题宣传推介、制作《致敬军旅》画册纪念专刊、学习守岛英雄王继才事迹，激发官兵支持改革、参与改革、投身改革。3月，中共中央印发《深化党和国家机构改革方案》，明确提出公安边防部队改制。公安现役部队官兵集体退出现役，不再列武警部队序列，现役编制全部转为人民警察编制。中央方案下发后，盐城边防支队党委对官兵思想情况进行专题摸底调研，梳理分析出

4个需要重点关注群体和12项官兵普遍关心焦虑问题，形成专题调研报告供上级决策。年内，先后部署2轮全员大谈心活动，支队主官和党委常委深入各基层开展“一对一、面对面”谈心教育。

二、思想政治教育

2018年，盐城边防支队发挥党委核心领导作用，加强思想政治教育。深入学习贯彻中共十九大和十九届二中、三中全会精神，坚持用习近平新时代中国特色社会主义思想武装头脑，采取中心组学习、书记带头讲党课，邀请专家辅导讲座、巡回演讲等多种方式，开展“不忘初心、牢记使命”“传承红色基因、担当强军重任”主题教育，坚持用党的最新理论指导部队改革和各项公安边防工作。支队党委注重从政治上和全局上考量，落实改革部署，对事关改革进程、辖区维稳、部队建设和涉及官兵切身利益的重大事项，发挥支队党委核心领导作用，发扬民主、集体研究、把关定向、驾驭全局、敢于担当。

三、打击违法犯罪

2018年，盐城边防支队打处绩效实现“三降两升”(警情数、刑事和治安案件发案数三下降，案件查破数和查破率双提升)，查破各类案件1290起，刑事案件破案率30.84%，治安案件查结率78.2%。其中，破获“八类案件”(故意杀人、故意伤害致人重伤或者死亡、强奸、抢劫、贩卖毒品、放火、爆炸、投毒罪)6起，打击处理违法犯罪分子739人，抓获网逃人员20名。“盗抢骗”等侵财案件发案数比上年下降15%，“黄赌毒”案件查破128起，滨海头罾所和大淤尖所、射阳黄沙河所、大丰王港所、东台弶港所打处绩效位列各县局前列。抓好港船管理、打击走私偷渡和海防基础设施建设，办理成品油案件2起、收缴油品300余吨，破获“1·26”特大外轮走私和“6·10”“10·16”“10·18”4起走私白糖、珍贵木材案件，查获走私白糖等物品3360余吨，涉案价值5300余万元，抓获涉案人员92名。（吴 昊）

第四节 人民防空

2018年，盐城民防系统强化备战打仗鲜明导向，在法治民防建设、人防工程建管、战备训练工作、服务保障民生、清风民防建设等方面取得新进展，全市民防改革发展迈入良性发展轨道。根据“一中心三部门”(控制中心、情报信息部、政治工作部、综合保障部)编成要求，结合人员变动的实际，盐城民防系统调整充实人民防空指挥部成员，落实实名制，明确职责分工。围绕城市防空袭特点、实战要求，重新整组人防专业队伍，健全优化抢险抢修、医疗救护、消防、治安、防化防疫、通信、运输7支传统人防专业队，督促指导建湖县、东台市、大丰区组建信息防护、引偏诱爆、心理防护等新型人防专业队伍工作。市民防局牵头对各单位人防专业队组建情况进行点验，人员到点率和专业对口率均达100%。依据《人民防空训练与考核大纲》规定，按照时间、人员、内容、效果“四落实”要求，分层次、分类型抓好基础训练和合成训练，全年组织机动指挥所跨区联训4次，开展为期一周的军事理论、专业技能和拓展训练，配合做好在盐城组织的全省年度跨区拉动训练。年内，在全省民防系统无人机操控比赛中，盐城市代表队总分排名第一，获得团体一等奖；在全省行政执法案卷评查中以满分的成绩，获得全省第一名；在全省人防法律知识竞赛中，盐城市代表队获得团体二等奖。

一、人防工程

2018年，针对全市自建工程体量偏小、布局不合理、功能不配套的实际，盐城民防系统重抓大型公共人防工程建设、大型民防教育体验馆建设、预备指挥所建设、预警报知系统等建设任务。为规范自建人防工程建设管理，印发《自建人民防空工程等项目审查办法》。加强县级人防基础设施建设，滨海县、建湖县基本指挥所建设进入实施阶段，阜宁县、射阳县、盐都区完成选址确认，其他县(市、区)推进选址工作；地面指挥中心、机动指挥所建设实现市、县两级全覆盖，组网共享、互联互通。

二、人防管理

2018年，全市民防系统抓好结建人防工程建设，保持人防工程易地建设持续健康发展，市物价局、市财政局、市民防局联合制定《关于进一步调整防空地下室易地建设费收费标准的通知》。市政府办公室制定《盐城市人民政府办公室关于加强人防工程平时使用维护管理工作的意见》，对新建人防工程在核发竣工许可证时，同步发放“人防工程平时使用证”，签订维护管理协议，落实安全责任和维管经费，新竣工人防工程使用证发放率100%。对存量人防工程进行逐一核查、分门别类、重新建档，对发现的问题，深入调研、区别处置。利用“5·12”防灾减灾日、“9·18”防空警报集中试鸣日等契机，按照先行先试、逐步普及的办法，选定城南新区新都街道娱乐社区等4个社区作为民防工作进社区试点单位，集中开展人防知识宣传，举办民防知识和应急技能竞赛，举行人口疏散演练、消防技能普及等活动，完成1万套家庭实用应急器材采购，并发放到有关家庭手中。

（杜阿金）

文化

□科　学

□教育事业

□文化事业

□新闻出版

□档案史志

第25章 科 学

编 辑 赵 丽

综 述

2018年，市委、市政府召开全市科技创新工作会议。结合市情实际，在培育高新技术企业、提升企业自主创新能力、推进产学研合作、加强创新平台载体建设、强化科技人才支撑、促进科技成果转化、激发大众创新创业活力等方面明确目标任务、工作重点和关键措施。全市争取省级以上科技计划项目资金8980万元。落实市创新十条政策，兑现奖励资金8142万元。江苏悦达智慧农业装备科技有限公司“丘陵山区适度规模生产全过程机械化技术开发与产业化项目”获2018年国家重点研发计划“智能农机装备”重点专项1项，获中央财政无偿资金1466万元。年度新增高企285家，新增数列全省第四位、苏北苏中第一位。编制上海科创成果转化基地建设三年行动方案，盐城市与上海普陀区、浙江嘉兴市签订众创空间合作协议，城南新区与上海可可空间共建可可(盐城)科创中心，市科技局成为上海普陀区武宁创新发展轴理事会成员单位。签约和实施产学研合作项目1141项，全省领先。市县联动，在西安、上海举办产学研对接活动，集中签约一批项目。高新区在全国和全省进位。盐城高新区在全国高新区综合排名第77位、前移9位，并首次进入全省高新区综合排名前20位。盐南高新区、盐城环保高新区、建湖高新区正式获批省级高新区签约。中科院计算所盐城高通量创新研究院落户盐城高新区，盐城环保高新区清华大学国家工程实验室进入省产业研究院体系建设大气环境工程技术研究所。新获批省现代农业科技园数量全省第一。城南新区、盐都、东台、响水各有1家农业园区获批省现代农业科技园。

第一节 自然科学

一、科技计划项目

2018年，盐城市共获批国家级科技计划项目1个，省级科技计划项目135个，共获得国家、省财政资金8980万元。其中农业项目立项79项，共获得省财政资金3418万元，苏北专项立项数苏北第一。6个项目获省重点研发计划(产业前瞻和共性关键技术)立项，获得省财政资金290万元。19个项目获省自然科学基金立项，其中青年基金项目13个，每个项目分别获20万元无偿资金；面上项目6个，每个项目分别获10万元无偿资金。市科技局根据《关于推进聚力创新的十条政策意见》《推进聚力创新十条政策意见实施细则(试行)》，共兑现2017年度聚力创新项目1752项，奖励资金8142万元，政策惠及企事业单位577家。根据《关于实施科技企业家支持计划的意见》《关于做好科技企业家选拔工作的通知》文件精神，申报获批73名省级科技企业家。

二、高新技术产业

2018年，全市新增高新技术企业285家，新增数列苏北苏中第一位、全省第四位，高新技术企业总数898家。新增232家企业进入省高企培育库，获得省高新技术企业培育资金1387万元。全省48个高新区创新驱动发展综合评价中，盐城高新区首次进入全省前20名，环保高新区位居苏北省级高新区首位，建湖高新区前进8位，获得省财政奖励资金2080万元。盐南高新技术产业开发区、建湖高新技术产业开发区、盐城环保高新技术产业开发区正式获批省级高新区。

众创空间 年内，全市新增12家省级科技企业孵化器、1家省级科技企业加速器、6家省级众创空间，盐城高新区智能终端众创社区获批省级众创社区。全省孵化器绩效考核，1家获得A类，16家获得B类，获省奖补资金276万元。举办创业沙龙、项目路演、导师分享会、创业训练营等科技创业培训辅导活动，每周在“盐城众创”微信公众号发布活动信息，全年发布750多场活动信息。

科技金融 年内，全市共向332家企业发放“苏科贷”9.28亿元。与市财政局、市经信委联合印发《2018年度全市科技型中小企业库》，2018年全市有效期内科技型中小企业共1978家。组织科技金融进孵化器活动，摸清孵化器内企业融资需求。

2018年全市省级以上科技企业孵化器情况一览表

表25-37

序号	名　　称	级 别	地 区	序号	名　　称	级 别	地 区
1	盐城中小企业创业投资实业有限公司	国家级	盐城高新区	24	盐城大冈科技创业园	省级	盐都区
2	东台市高新技术创业园有限公司	国家级	东台市	25	大丰东方1号科技创业园	省级	大丰区
3	建湖县民营科技创业园有限公司	国家级	建湖县	26	江苏大丰留学生创业园	省级	大丰区
4	江苏省射阳县高新科技创业园有限公司	国家级	射阳县	27	射阳县胜利桥科技企业孵化器	省级	射阳县
5	大丰区科技创业园有限公司	国家级	大丰区	28	东台市东台镇科技创业园	省级	东台市
6	东方兴宇软件产业有限公司	国家级	市开发区	29	东台海滨科技创业园	省级	东台市
7	盐城高新技术创业园有限公司	国家级	城南新区	30	盐城盐龙科技创业园	省级	盐城高新区
8	滨海县宏智生物医药科技创业园管理有限公司(滨海沿海工业园生物医药科技创业园)	国家级	滨海县	31	盐城盐渎慧谷科技创业园	省级	盐城高新区
9	阜宁县科技创业园有限公司	国家级	阜宁县	32	盐城复旦环保科技创业园	省级	盐城环保高新区
10	大丰区高鑫投资有限责任公司(大丰高新技术创业服务中心)	国家级	大丰区	33	射阳港科技创业园	省级	射阳县
11	大丰区大中科技创业中心	国家级	大丰区	34	盐城永兴新能源装备创业园	省级	亭湖区
12	东台城东科技创业园	国家级	东台市	35	盐城市盐都区秦南科技创业园	省级	盐都区
13	盐城环保科技产业园五星科技创业服务中心	国家级	亭湖区	36	盐城郭猛科技创业园	省级	盐都区
14	盐城大学科技园	省级	盐城高新区	37	盐都区龙冈科技创业园	省级	盐城高新区
15	盐城亭湖高新技术创业园	省级	亭湖区	38	北方青鸟孵化园	省级	市开发区
16	响水灌江科技创业园	省级	响水县	39	盐城步凤科技创业园	省级	市开发区
17	响水县科技创业园	省级	响水县	40	盐城睿合博世科技企业孵化器	省级	市开发区
18	滨海县科技创业园	省级	滨海县	41	盐城市新能源汽车及关键零部件科技产业孵化器	省级	市开发区
19	滨海沿海工业园新材料科技创业园	省级	滨海县	42	东台安丰智能制造孵化园	省级	东台市
20	射阳闽豪科技创业园	省级	射阳县	43	盐城九十九度科技创业园	省级	城南新区
21	大丰常丰科技创业中心	省级	大丰区	44	盐城高新区高新技术创业园	省级	盐城高新区
22	建湖县高新技术创业园	省级	建湖县	45	射阳县海通科技创业园	省级	射阳县
23	盐城师范学院大学科技园(筹)	省级	市开发区	46	便仓镇科技创业园	省级	亭湖区

三、知识产权

2018年，全市共申请专利3.41万件，其中发明专利申请1.05万件，占申请总量的30.95%，专利授权1.59万件，其中发明专利授权1490件，占授权量的9.35%；企业专利申请3.02万件，占申请总量的88.7%，企业专利授权1.39万件，占授权量的87.47%。开展以专利权确权融资及质押融资为核心的金融服务，为拥有专利的中小微科创型企业提供融资新渠道，为54家企业发放专利质押贷款1.67亿元。年内，盐都区、东台市被认定为国家知识产权示范市(区)，阜宁县、亭湖区被认定为省知识产权强省示范县(区)，环科城高新区认定为省级知识产权试点园区。盐都区、东台市、阜宁县知识产权局和盐城经济技术开发区科学技术局被省知识产权局表彰为省知识产权工作成绩突出单位；罗利民、刘桂琦、王友余、王莹和徐维盛被省知识产权局评为省知识产权工作成绩突出个人；亭湖区、大丰区知识产权局和城南新区经济发展局被省知识产权局评为省知识产权宣传培训工作成绩突出单位；东台市知识产权局被省知识产权局评为省知识产权政务信息工作成绩突出单位，唐亚军被省知识产权局评为省知识产权政务信息工作成绩突出个人；响水县、建湖县知识产权局评为省专利行政执法工作突出单位；薛坚、沈晶、高国震和陈志永被省知识产权局评为省专利行政执法成绩突出个人，刘伟新、王天波和朱崇喜被省知识产权局评为省推进企业知识产权工作成绩突出个人。

企业知识产权建设 年内，江苏东强股份有限公司、江苏科行环保科技有限公司获批国家知识产权示范企业，江苏悦达专用车有限公司等54家企业获批国家知识产权优势企业，国家知识产权示范优势企业新认定数为历年之最。通过《江苏省企业知识产权管理规范》解析、企业实施知识产权管理规范实务辅导、企业知识产权管理标准化示范创建绩效评价体系解读的培训，加深企业对贯标工作意义和重要性的认识和理解，提高企业知识产权管理工作从业人员的业务水平，173家企业开展2018年度企业知识产权管理标准化示范创建工作，78家企业通过国家标准认证，73家企业通过省"贯标"(贯彻《企业知识产权管理规范》国家标准)绩效评价，7家企业被评为2018年度江苏省企业知识产权管理标准化示范创建工作先进单位。推动企业实施知识产权战略，江苏长虹智能装备集团有限公司获江苏省战略推进计划重点项目立项，盐城市昶桦户外用品股份有限公司、江苏悦达家纺有限公司、江苏和信石油机械有限公司、江苏谷登工程机械装备有限公司4家企业获省知识产权战略推进计划一般项目立项。

知识产权培训 年内，举办全市知识产权示范优势企业负责人培训班，邀请省有关专家对全市国家知识产权示范优势培育企业负责人进行培训，并联合省局，组织品牌服务机构"盐城行"活动，现场为企业在专利方面的问题进行解答和审查；举办知识产权总监、工程师培训班，对全市100多家高新技术企业的54位知识产权总监、101位知识产权工程师和内审员分别进行了业务培训，9人通过知识产权工程师职称认定；组织高校参加第二届江苏省大学生知识产权知识竞赛，盐城师范学院代表队获二等奖。

知识产权执法维权 年内，市市场监管局组织联合执法专项行动，开展省、市、县联合专利行政执法行动，立案查处假冒专利案件或专利标识不规范案件345件；探索电子商务领域专利行政执法维权新模式，快速处理跨区域电子商务领域专利侵权案件，受理办结电子商务领域专利侵权线上投诉88起，出具专利侵权判定意见书88份，认定专利侵权64起，删除或屏蔽涉案商品链接64个；简化专利侵权纠纷案件立案手续，推行专利侵权纠纷案件立案登记制，共处理和结案专利侵权纠纷案件12件。实施知识产权保护项目，盐城工学院科技有限公司获批江苏省重点产业专利预警分析新增项目，盐城大世界全球家居生活广场有限公司获批江苏省"正版正货"示范承诺街区，中农网购(江苏)电子商务有限公司获批江苏省电子商务平台知识产权保护项目，10家企业获批江苏省"正版正货"承诺企业。 (罗利民)

四、科技交流与合作

2018年，市科技局组织企业赴英国、法国、芬兰、荷兰、以色列等国家开展项目对接交流活动；组织企业参加2018中国(昆山)品牌产品进口交易会、2018中韩动漫·网漫洽谈会等对接交流活动、2018中韩现代产业技术项目对接交流会、中国—江苏第六届国际产学研合作论坛暨跨国技术转移大会、第二届中以创新创业大赛决赛(常州站)暨中以高科技企业对接会。年内，市科技局开展与清华、北大等高校的合作。征集盐城与北京方向产学研合作意向30多项，引进清华大学长三角研究院的科学家在线团队到盐城进行技术需求精准对接的演示宣讲。联合盐城高新区与清华大学进行深度沟通，形成双方认可的合作协议和研究院建设方案，邀请清华大学副校长尤政担任盐城联合研究院的管理委员会主任。

3项目获批省重点国别及机构产业技术合作项目 年内，江苏友和动力机械有限公司与英国利物浦大学合作的"锂电池供电高速大功率电动汽车增程器的合作研发"、江苏怡通控制系统有限公司、乌克兰国立造船大学与盐城工学院合作的"海洋工程装备温度保护器关键生产技术的合作研发"、中芬新能源江苏有限公司与芬兰METENER OY公司合作的"秸秆发酵制沼气及综合利用的合作研究"3个项目获批省重点国别及机构产业技术合作项目，获265万元资金支持。

五、科技活动

2018年，盐城采取市领导带队、企业自主对接、科技小分队对接、举办活动集中对接等方式，进一步深化与龙头企业、知名高校院所的产学研合作。组织开展第八届人才峰会上海科技创新资源对接会。推进上海科创成果转化基地建设，加强沟通对接。梳理盐城籍的上海高校院所专家教授、在上海创业的科技型企业家。11项合作项目参加人才峰会大会签约，44项合作项目参加专场活动签约。8月10—12日，组织由4个省级以上高新区科技部门负责人和部分企业负责人组成的代表团，参加第十三届中国西安国际科学技术产业博览会。会前征集全市企业研发需求74项，大会统一发布。

西安产学研活动 4月，市科技局收集西安高校院所最新科技成果，向全市企业发布。市、县科技部门联动，带领纺织、石油装备、电子信息等产业领域的部分重点企业，赴西安走访高校院所，与专家教授进行面对面交流，并邀请高校派员到盐城企业走访互动，谈成一批合作项目。6月7—8日，副市长孙轶带队分别在西安交通大学、西安工程大学、西安石油大学、西安科技大学举行66个项目的集中签约仪式。

六、科技成果转化

2018年,全市成果转化工作成效明显。建湖县永维阀门钻件有限公司承担的"海上油气井双向自锁式单头螺纹隔水装置研发及产业化"等2个项目获省重大科技成果转化专项资金立项,争取省科技经费1600万元。省技术产权交易市场盐城分中心获评2018年全省合同登记增幅第一先进集体。全市共有12个项目获省科学技术奖提名,其中由江苏东方滤袋股份有限公司实施的"智能化高效防爆除尘装备关键技术创新与工程应用"获二等奖,江苏中车电机有限公司实施的"2.0MW超低风速直驱永磁发电机"等11个项目获三等奖,为盐城历年数量最多。

七、农村科技

2018年,全市获省农业重点研发计划立项9项660万元。获苏北科技专项(富民强县、科技帮扶)项目立项70项2758万元,立项数、资金数均列苏北五市第一位。共有15家超市分店获省农业科技社会化服务奖补资金122万元,资金数、获奖补超市数列苏北第一位。19家企业被认定为省农业科技型企业,25家企业被认定为市级农业科技型企业。新增省级现代农业科技园区4家,获批省级农业产业技术创新联盟2家。

八、科技管理

2018年,全市有1151个企业、团队项目报名参加第五届盐城市科技创业大赛,报名数列全省第一位。45个项目参加第六届"创业江苏"科技创业大赛,获得三等奖3个,获奖数列全省第五位、苏北第二位。10个项目被省推荐参加第七届中国创新创业大赛,获得优秀奖5个,获国家财政奖励资金150万元。 (薛文星)

第二节　社会科学

2018年,盐城市社科联发挥智库作用,服务市委中心工作。开展理论研讨、学术交流、学会管理、社科普及和社科成果评奖,推动全市哲学社会科学事业的繁荣和发展。全年,市社科联编印《盐城市优秀决策咨询报告选编》和14期《社科资政》,及时向市委、市政府报送对策建议。其中市经济学会课题《关于尽快把磁悬浮产业打造成我市千亿级的战略性新兴产业的建议》受到市委书记戴源重要批示。

一、社科应用研究

2018年,市社科联对2017年度社科应用研究课题及市政府社科奖励基金项目进行结项评审、评奖和成果推广。经评审,53项市政府奖励基金项目和96项应用研究课题通过评审,准予结项。同时评选出2017年度市社科应用研究优秀结项课题,其中一等奖8项、二等奖20项、三等奖30项。组织2018年度市政府社科奖励基金项目和市社科应用研究项目课题申报立项工作。共申报课题277项,其中109项被立为2018年度盐城市政府社科奖励基金项目,93项被立为社科应用课题,选题主要围绕市委市政府重大发展战略开展研究。参与省社科应用研究"精品工程"项目研究,年内,全市共有8项课题获立项。开展第十二次社科优秀成果评奖工作,共收到申报成果429项,共评出获奖项目150项,其中一等奖10项,决策咨询一等奖5项,二等奖30项,决策咨询二等奖10项,三等奖75项,决策咨询三等奖20项。

二、学术研讨

2018年,市社科联举办盐城城市文化品牌建设研讨沙龙。围绕"盐城城市文化品牌建设"这一主题,就盐城城市文化的内涵、城市精神的提炼、城市文化的定位、城市文化品牌的打造、城市文化品位的塑造与提升等问题进行研讨,共收到论文27篇。召开"接轨上海,融入长三角,实现盐城高质量发展"研讨会。邀请11位上海市智库专家和11位盐城专家参加研讨活动。专家们围绕盐城更高质量接轨上海、融入长三角,拓展与上海在经济、社会、科技、教育等各领域交流与合作,港产城联动发展、善用上海资源、打造本土品牌、吸引各类人才等方面开展探讨交流,提出了好的意见和建议。召开全市"飞地经济"理论研讨会,组织上海、盐城社科多名专家及大丰区相关部门主要负责人共同探索"接轨上海"现实路径,促进"飞地经济"发展。召开全市社科界学习习近平总书记全面深化改革重要思想理论研讨会,参会论文共83篇。大会总结盐城改革开放40年成功经验,为盐城全面深化改革,扩大开放提供智力支撑。

三、社科普及

2018年,市社科联在社区"社科学堂"、高校"社科讲坛"和省、市社科普及基地举办社科知识讲座292场次。做好各社科普及基地资助项目的申报、推荐、评审工作,共收到符合申报条件的资助项目53项,创历年最高;经过省专家评审,其中10项被评为"一般资助项目",阜宁县社科联、阜宁华中局第一次会议旧址联合申报的"百姓名嘴"巡回说唱"改革开放40年"被评为全省重点资助项目。开展第十五次社科普及宣传周活动。开展以庆祝改革开放40年为主题的系列活动。实行县市联动,基地、学会广泛参与,共推出200多项活动。

四、学会管理

2018年,市社科联加强全市社科类社团规范化建设。6月,与市民政部门联合开展学会年检工作,对全市社科类学会、研究会领导干部兼职情况进行清理,对长期不活动的学会进行注销。与学会、研究会签订《全市社科类学会意识形态工作责任制》。修订《学会管理办法》,印发《盐城市社科类社团负责人约谈制度(试行)》,指导市经济学会、统计学会、教育学会进行换届。11月,举办学习贯彻全市宣传思想工作会议精神暨意识形态工作培训班,全市学会、研究会秘书长,市各社科普及基地负责人参加培训。邀请市委宣传部研究室主任郑智勇做了题为《强化责任感,落实责任制,牢牢把握意识形态工作领导权主动权》的专题讲座,强化做好意识形态工作的责任感。年内,全市有10个学会(研究会)被评为获2017年度先进学会、30名个人被评为优秀学会工作者。 (沈碧云)

第26章 教育事业

编 辑 赵 丽

综 述

2018年，全市各类教育保持协调发展，学前三年幼儿园入园率99.12%，全市初中毕业生升学率99.51%，在校生年巩固率99.6%；小学毕业生升学率98.99%，在校生年巩固率99.8%，高中阶段毛入学率100%。适度扩大普通高中招生规模，考生自主选择升学意愿得到充分保证。全市18周岁高等教育入学率61.38%，终身学习网络覆盖率87.33%，从业人员继续教育年参与率50.86%，城市和农村居民社区教育活动年参与率99.55%，新增劳动力人均受教育年限13.05年。全市2018年教育经费总投入184亿元，其中预算内教育经费投入158亿元。

义务教育优质均衡发展 年内，全市各地开展消除“大校额”“大班额”专项行动，全市小学、初中起始年级基本消除66人以上超大班额，起始年级超大班额比例控制在2%以内。小学起始年级超大班额仅占1.78%，初中起始年级超大班额仅占1.7%。2018年，新建、改扩建中小学幼儿园82所（含新建37所、改扩建45所），其中主城区35所（含新建16所、改扩建19所）。各地通过撤并、改扩建、拆除重建、整体新建等方式提升薄弱学校办学条件。年内，全市校园校舍建设完成投资12.66亿元，校园校舍竣工面积41.37万平方米，室外运动场竣工面积20.21万平方米。完成设施设备购置1.63亿元，其中购置生活设施2.36万台（件、套），总投入1917万元；图书137.78万册，总投入1658万元；课桌凳5.89万套，总投入963万元；计算机等教学仪器40.55万台（件、套），总投入1.13亿元。同时，开展改薄“20条底线”（全面改善贫困地区义务教育薄弱学校基本办学条件底线要求20条细化标准）专项督导检查，全市复查109所公办义务教育学校，全部达标，按序时完成省定任务。2018年盐城市教育经费总投入达184亿元，同口径增长19%。2018年，市本级教育债务全部化解，各县（市、区）共化解各级各类学校债务1.03亿元。

教育交流合作 年内，全市教育系统组织开展暑期“特级教师大讲堂”活动，聘请北京、上海等地教育专家50多人次在盐城开设讲座、交流指导。市教育局与上海杨浦区教育局签订合作协议，在管理团队建设、师资队伍建设、学生培养与课程建设等8个方面开展合作交流，全市28所学校与上海知名中小学幼儿园结为联盟学校，22位上海基础教育名师专家定期在盐城开展业务指导。围绕打造更加的开放的盐城教育，支持全市中小学开展对外合作活动，组建4个市级出国培训团组，共计120名校长教师出国培训。近30名青年教师通过省级选拔考试，参加出国培训活动。年内，全市有近180名校长、教师参加出国培训活动，近130名校长、教师赴境外开展短期交流活动。依托省级项目支持，开设16个省级引智项目培训班，引进近20名外籍专家走进教师培训课堂，对全市近500名中小学教师开展英语专业知识培训。根据国侨办、省市侨办要求，组织近10名中小学教师赴泰国、印尼、智利等国家开展中文教学和文化交流活动。根据省厅统一安排，邀请加拿大、美国、澳大利亚等国4名中小学校长到盐城访问，并开展交流活动。江苏省盐城中学、盐城市第一小学在建立友好学校的基础上与美国、澳大利亚等国家开展师生互访、文化交流活动。年内组织近300名中小学生赴境外开展修学旅行活动。2018年江苏省盐城中学国际班毕业生全部实现海外升学，有超过50%毕业生进入美国排名前50名高校就读，全市高中毕业生实现海外升学人数接近百人。

语言文字工作 年内，市教育局举办第21届全国推普周宣传活动；组织推普攻坚工作，开展“推普到乡镇”“小手拉大手”“青壮年务工人员专题培训”等活动，加强农村地区普通话普及力度；各地组织学校语言文字达标验收工作，共有371所学校（园）验收合格；盐城市实验小学五年级4个班参加江苏省中小学生国家通用语言口语试点监测；继续做好国家普通话水平培训测试工作，组织42期普通话培训，共有1.3万人参加普通话水平测试，其中社会人士2925人。

扶贫助学 年内，全市有10.44万名学生享受各级各类资助，资助金额为1.4亿元；发放免费教科书3566.82万本（册），累计金额约1.24亿元；同时为2762名普通高中学生减免学杂费，减免金额520.26万元；同时为6.59万名（含市直人社技工类学校）中职学生减免学费，减免金额1.37亿元；为4213名大学生办理生源地信用贷款，贷款金额3428.58万元。

2018年全市各级各类学校基本情况统计表

表26-38

类 别	学校数(所)	毕业生数(人)	招生数(人)	在校生(人)	教职工(人)	专任教师(人)
合 计	1332	284445	290770	1082792	90878	75590
普通高校	6	17547	19867	63873	4536	3653
普通中专	5	6169	7827	22622	1578	1314
成人中专	3	620	422	1376	129	83
职业高中	10	7982	7083	22130	2385	2156
高 中	52	30467	34502	93066	10320	9087
初 中	230	58757	76381	212050	21525	18746
小 学	333	77164	77294	454201	28897	27431
幼儿园	683	85369	67017	211594	21099	12787
特殊教育学校	10	370	377	1880	409	333

第一节 学前教育 特殊教育

一、学前教育

2018年，全年共新建幼儿园27所，改扩建幼儿园29所，新进编幼儿教师325人，创建省优质园41所（其中发文确认17所，进场验收24所），市优质园25所，36所省优质园通过省教育厅复审。全市625所成型园中省优质幼儿园359所，占成型园总数的57.4%。重视内涵提升，全市推进课程游戏化建设，3个幼儿园课程游戏化建设项目被确认为省级项目；强化教科研工作，组织1872篇论文和案例参加省学前教育学会优秀幼儿教育论文及案例评选活动，共有995篇获奖（一等奖32篇、二等奖239篇、三等奖724篇），11所幼儿园成功申报国家级课题《信息化时代智慧幼儿园建设与应用研究》；通过专题讲座、外派学习、技能竞赛、发展论坛等方式，不断提高幼儿教师的专业素质和业务水平。遴选170名园长参加省幼儿园园长任职资格培训，优化园长队伍结构，提高管理水平。

二、特殊教育

2018年，盐城和各县（市、区）落实第二期特殊教育提升计划以及省关于加强普通学校融合教育资源中心建设的指导意见要求，建立特殊教育联席会议制度和特殊教育指导中心制度，建成融合教育资源中心51个，全市基本建成"随班就读为主体、特殊教育学校为骨干、送教上门为补充"的特殊教育服务格局。全面落实《特殊教育学校建设标准》，实施特殊教育发展工程，推进特殊教育学校现代化建设，加快改善特殊教育办学条件，3个项目被省教育厅确认为特教发展工程建设项目。

三、学校选介

市幼儿园 年内，盐城市幼儿园一园两区共有幼儿1200名，班级45个，教职工205名。有特级教师2人，市名教师2人，学科带头人19人，教学能手3人，教坛新秀1人。年内先后被评为江苏省教科研先进幼儿园、江苏省教师发展示范基地校；先后承办市直新入职教师培训、乡村骨干教师培训、市直学校"特级教师大讲堂"、省"国培班"等十多项培训活动；1名老师完成国侨办组织的国外支教活动。年内，4名教师在省、市教育教学比赛中获一、二等奖，90余人次撰写的200多篇论文在省"师陶杯"等论文评比中获一、二等奖；省前瞻项目《幼儿科学关键经验的建构》进入中期汇报阶段，园本课程设计《1+1+1——幼儿园主题活动课程的开发与实践》获江苏省教学成果二等奖。年内新增儿童专用活动室（戏剧室、绘本馆、录播教室）3个，增加幼儿公共活动面积500多平方米。

市聋哑学校 年内，市聋哑学校有15个教学班，在校生182名，教职工39名。教师学历达标率100%，拥有市、区学科带头人、教学能手、教坛新秀15人。学校累计30多人受到国家、省、市表彰，多人参加省市教学基本功竞赛获一、二等奖，上百篇论文在各类刊物发表或在各级比赛中获奖。学校先后开设剪纸等具有地方特色的校本课程，针对学生特点开设电脑、缝纫、烹饪等职业技术项目。2018年，仓晓秀被评为“盐都区优秀教师”，邵兰芹被评为“盐都区优秀班主任”；学校排练的舞蹈节目《追梦》参加市少儿春晚节目选拔赛获一等奖，并入选盐城市2018年少儿春晚；师生参加全国特教学校统计图表大赛获一、二等奖；学校获得市基础教育职业教育教学成果奖二等奖。

第二节　义务教育　高中教育

2018年，全市继续开展“优质初中学校”建设工作，遴选出35所学校为盐城市“新优质初中”创建校，对首批创建学校开展中期评估。新增4个省初中课程建设项目，全市省级初中课程建设项目增加至34个。启动高品质示范高中建设工作，开展调研并指导符合申报条件、有创建意愿的学校做好申报材料的自评、填报和提交工作。组织对射阳县陈洋中学、盐城经济技术开发区中学三星复审学校的现场考察评估。新增省级高中课程基地3个，全市省级普通高中课程基地增加至30个。协同市教科院召开全市高中教学工作会议和初中教学质量分析会议。组织第二批“新优质初中”创建校及市直初中校长等共51人在华东师范大学参加培训，深化接轨上海、学习上海。组织全市星级高中校长50余人赴北京师范大学参加普通高中校长新课程实施能力提升培训班，应对新高考改革趋势，促进高中校长队伍专业发展，整体提高高中教育教学质量。推动主城区普通高中招生改革，做好政策解读和宣传，严格按规定程序做好高中阶段学校和市区初中招生，招生平稳规范有序。

一、教育内涵发展

2018年，市教育局研制《盐城市进一步加强中小学学业水平监测的指导意见》，建立全学校、全学段、全学科、大样本的质量监控体系，推动中小学教学质量整体提升。盐城中学、东台中学启动申报江苏省首批高品质师范高中创建，开启学校发展新征程。14个中小学特色课程和特色文化项目获省级立项，全市立项数为近年来最多。继续做好“新优质初中学校”建设工作，遴选出35所学校为盐城市第二批“新优质初中”创建校。组织对射阳县陈洋中学、盐城经济技术开发区中学三星复审学校的现场考察评估。新增省级高中课程基地3个，全市省级普通高中课程基地增加至30个。开展“让学引思”课堂教学改革攻坚年活动，全市中小学校课改覆盖面达到85%以上。新增优秀教学模式10个、课改先进学校20个和典型课堂案例200个。区域推进“让学引思”课堂教学改革的经验在《江苏教育研究》发表。在全国第二届基础教育教学成果奖评比中，盐城有4个项目获得二等奖，实现了零的突破。在省教育教学与研究成果奖评比中，盐城获得一等奖2项，二等奖4项，三等奖4项，获奖总数和层次位于全省各市前茅。在省教育规划“十三五”课题申报中，盐城获批重点资助课题5项，重点课题11项，立项课题25项，其他各类专项课题21项。2018年高考，全市本科达线率比上年提高近3个百分点，比全省平均水平高出5个百分点，主要指标均居苏北五市之首。清华、北大在盐城录取人数较上年有明显提升。职业教育专业建设和人才培养质量明显提升，2018年全市职教师生参加全省技能大赛夺得19金34银，国赛勇夺4金2银，获奖数量和获奖层次创近年来最好水平。与市科协、市广电总台联合开展全市青少年科技文化节系列活动，组织市科技创新大赛和科技模型竞赛、科技辅导员培训等各项活动。组织开展自然保护区湿地科普教育调研。与市环保局联合布置开展2018年度绿色学校（幼儿园）推荐申报工作，组织绿色学校创建辅导培训班，继续开展“青少年环境知识科普课堂——生命之水”项目。

二、中小学德育

2018年，全面落实全市创建全国文明城市动员大会精神，制定《盐城市教育系统创建全国文明城市三年行动计划（2018—2020）》以及2018年创文工作方案，组织开展“小手拉大手·共建文明城”主题活动。面向全市中小学组织开展“我的2035”征文、“崇尚英雄·精忠报国”主题班会、“雷锋活在童心里”、推选“盐城好人”、寻找“最美孝心少年”、“向国旗敬礼”等活动。组织开展“盐渎风”全民读书月、诵读国学经典和“书香盐城·放飞梦想”少儿绘画大赛专项赛事等活动。加强德育特色品牌建设，开展江苏省2018年江苏省中小学生品格提升工程申报工作，4所学校成功申报江苏省中小学品格提升工程。全面启动盐城市书香校园示范点建设工作，21所学校成功创建为盐城市书香校园示范点。公布全市中小学幼儿园德育工作特色活动项目评审结果，有59个项目获评为盐城市德育工作特色活动项目。组织第三批盐城市中小学心理健康教育特色学校评选工作，并推荐3所学校参评省级心理健康教育特色学校。指导盐城市未成年人成长指导中心正常开展各项工作，全年有近百人次到中心寻求心理辅导、咨询。组织开展“青春心语”校园行系列活动，走进文峰中学、三中和市少年宫面向学生、家长围绕青春期教育、中考考前心理疏导、家庭教育等内容开展形式多样的心理健康教育活动。联合大庆路社区面向社区适龄学生开展“呵护心灵·关爱成长”心理体验活动。开展生态文明教育“三走进”（走进校园、走进教材、走进课堂）活动。评选并公布盐城市2017—2018学年度德育工作先进集体60个、先进个人100名、优秀班主任300名，组织2018年度全市中小学班主任基本功竞赛，并选拔6名教师赴省参赛，1名教师获省一等奖，并代表江苏省参加长三角班主任基本功竞赛，其余5名教师均获省赛二等奖。全面推进素质教育基地课程开发，形成创客中心、国防教育、消防教育、禁毒教育、航空航天教育5个核心课程体系。加强社会主义核心价值观教育，依托盐城抗击“6·23”龙卷风纪念馆、128个“烈士镇（村）”红色资源、黄海湿地申遗项目等载体，构建具有盐城特色的德育工作、课程结构和绿色评价体系，传承红色基因，倡导生态文明，培养广大师生爱党爱国爱家乡的深厚情怀。市一小集团《“333”红旗讲堂的实践探索》等7个项目入选江苏省首批中小学校“一校一品”党建文化品牌项目建设成果。

三、学校体育艺术

2018年，全市新创建国家级青少年校园足球特色学校42所，滨海县被命名为江苏省青少年校园足球试点县（市、区）。至年底，全市有国家级青少年校园足球特色学校136所，占全市普通中小学总数22.1%。成功创建省级足球特色幼儿园8所，全市共有21所省级足球特色幼儿园。创建省级健康促进学校，共申报金奖学校12所、银奖学校36所、铜奖学校37所。东台市第一小学、东台市实验初级中学、大丰区城东实验小学、大丰区幸福路小学4所学校成功创建省级艺术教育特色学校，东台市实验小学作为省抽查复核单位，顺利通过专家组复核。举办第七届“市长杯”青少年校园足球联赛，全市共举办各级各类足球比赛3000多场次，参赛中小学生达4万人次。组织参加省级校园足球联赛。在“省长杯”校园足球联赛中，盐阜中学女子足球队获第三名，盐城市第三小学代表队在“省长杯”小学女子乙组夏令营比赛中获得第三名。具体承办“省长杯”校园足球联赛苏北片分区赛高中男子组和初中女子组比赛。市内组织培训足球骨干教师497人。组织参加省级以上培训，根据省校足办安排，先后组织2期E级教练员培训班，市内60名体育教师参加培训。8人参加省校园足球师资培训班，6人参加省中德校园足球教练员提高班培训，2人分别参加在法国和德国的教练员培训，还有部分优秀足球指导员参加亚足联D级教练员培训。举办全市第六届中小学生艺术展演活动，共有艺术表演类节目127个、艺术实践工作坊15个、艺术作品447件、艺术教育创新案例45篇参加了市级展演。举办全市中小学生独唱、独奏、独舞比赛，参赛学生近500名。组织参加江苏省第六届中小学生艺术展演。市教育局获优秀组织奖；表演类节目获省一等奖4个，二等奖7个，三等奖21个；艺术实践工作坊获省一等奖1个，二等奖2个，三等奖5个；艺术作品获省特等奖3个，一等奖10个，二等奖8个，三等奖13个；创新案例获省一等奖3个，二等奖4个，三等奖13个。

四、学校选介

市第一小学 10月，集团在初步形成“5＋4”办学联合体的基础上，与市城投集团联袂打造的六一幼儿园松江路园区建成运行，形成“一园两区”的学前教育发展新格局。至年底，集团实小校区、盐渎校区、聚亨路校区、串场河校区和六一幼儿园五个直办成员单位共有346个班级，近1.8万名学生，900多名教职员工。在岗全国“万人计划”教学名师1名、省人民教育家培养工程培养对象3名、正高级教师5名、省特级教师21名、省教学名师2名、市名教师9名、市级学科带头人68名、市级教学能手95名。年内，学校推进教育接轨上海工作，举办盐城市实验小学、上海市实验学校东校联盟学校揭牌仪式暨“接轨上海教育，深化课程建设”教学研讨活动。在中国盐城第八届沿海发展人才峰会上，学校引进上海名师卞贤俊组建名师工作室。学校与美国北卡罗莱纳州Pinnacle小学签约成为友好合作学校。举办首届教师发展“成达论坛”，出台《进一步加强教师队伍建设指导意见》。评审确定9个集团名师工作室、31个校区名师工作室，逐渐形成市级、集团、校级三级名师工作室联动互促的发展体系。3名教师获评江苏省第十五批特级教师，1名教师获评江苏省突出贡献中青年专家，1名教师被评为“盐城好人”，30名多教师在省级基本功或课堂教学比赛中获奖。《构建“读写社区”的实践研究》在2017年获江苏省教学成果特等奖之后，获国家级教学成果奖二等奖并亮相第四届中国教育创新成果公益博览会。1名教师主持的省中小学生品格提升工程项目阶段性成果《建设“成达E学堂”，砥砺品格促提升》获全国中小学德育工作典型经验。《构建学生“e学习”时空的实践研究》《科探营：“小创客”学习经验的建构》两个项目成功获批江苏省2018年基础教育前瞻性教学改革实验项目。实小马玉仁中队被授予“全国优秀中队”称号。1名毕业生入选新一届国家足球队，1名学生获评第十四届中国少年科学院“小院士”，有30多名队员被表彰为“江苏省好少年”，有100多名学生在省级以上科技创新、朗诵、演讲、绘画等竞赛中获奖。年内，学校被教育部评为国防教育特色学校，还获得全国性别平等教育进校园示范校、省教育科研先进集体、省教师培训基地、省十佳科技创新学校、省少先队文化建设基地学校、省公共机构节能示范单位等十多项市级以上荣誉表彰。

盐城中学 至2018年底，盐城中学教育集团有教职工1035人，专任教师961人，其中高中406人，初中555人，江苏省“人民教育家培养对象”3人，正高级教师18人，省特级教师22人，盐城市名校长、名教师28人，盐城市学科带头人101人，盐城市教学能手231人，中学高级教师324人。学校有初高中在校学生1.6万余人。2018年高考继续位居全市第一，全省前列，621人考取清华、北大、复旦、浙大、南大等“双一流”名校，盐中本一达线率90%以上，本科达线率100%，另有多名学生进入悉尼大学等国际著名学府就读；实验高中本一达线438人，达线率50%，本二达线852人，达线率98%。学业水平测试AAAA总人数名列全市第一，全省第三。中考完成了义务教育向高一级学校输送人才的任务，全市前20名中，盐城中学有10人；全市700分以上980人，盐城中学有204人，市直700分以上均出自盐城中学。继续深化和加强与境外友好学校及教育机构合作，牵头承办海外华裔青少年“寻根之旅”夏令营，协办“第十三届江苏中小学校长国际论坛”；优化美国大学奖学金和法国国立工程师学院联盟项目，拓宽学生海外升学渠道。2018届中美班在生源素质下降的情况下取得优异的升学成绩，15名学生全部被国际著名大学录取。学校被评为江苏省教师发展示范基地和盐城市平安校园示范校。初级中学被省教育厅表彰为江苏省教育科研先进学校、江苏省示范家长学校、盐城市“让学引思”课堂教学改革先进学校，校男女足球队双双获得“市长杯”冠军。

第三节 职业教育 社会教育

2018年，盐城生物工程高等职业技术学校创建成江苏省现代化示范性职业学校。遴选职业学校“做学教合一”教学改革项目第二批实验点10个。指导全市14所三星级以上职业学校编制并向社会发布2017年职业教育质量年度报告，编印《2017年盐城市中等职业教育质量年度报告》。继续推进现代职教体系项目试点，落实中职与普通本科“3+4”分段培养试点项目7个、中职与高职院校“3+3”分段培养试点项目27个，会同高校做好中职与本科“3+4”中高职衔接班质量检测和分析工作，358名“3+4”学生顺利转段进入本科院校学习。盐城机电高等职业技术学校、盐城生物工程高等职业技术学校、盐城市高级职业学校等9所学校的5个实训基地、9个专业群被认定为省职业学校现代化实训基地和省中高职现代化专业群。

一、职业教育

职业技能竞赛 年内，盐城组队参加2018年全国、全省职业学校技能大赛，省赛夺得19金34银80铜133枚奖牌，国赛勇夺4金1银，省赛金牌数创历史新高。市教育局和盐城机电高职校获国赛优秀组织奖，有8名师生被表彰为省技能标兵，8名教师表彰为省技能大赛优秀指导教师，2人表彰为省职业院校技能大赛先进个人，盐城机电高等职业技术学校、盐城生物工程高等职业技术学校、江苏省阜宁中等专业学校3所学校被表彰为省技能大赛先进单位。组织参加省第九届职业学校文明风采大赛，获得学校优秀组织奖3个，一等奖38个，二等奖60个，三等奖94个。

职业学校教学大赛 年内，盐城参加第八届省职业教育创新大赛，获创新作品一等奖1个、二等奖4个、三等奖6个。盐城生物工程高等职业技术学校获2018年江苏省职业学校技能大赛农林牧渔类专业优胜奖，盐城机电高等职业学校被省教育厅表彰为2017年江苏省职业学校信息化教学大赛先进单位，该校周海波等6名教师被省教育厅表彰为2017年江苏省职业学校信息化教学大赛先进个人。年内，全市职业学校教师参加省级培训460多人，国家级培训36人。在华东师范大学举办2018年盐城市职业教育管理干部培训班，培训人员69人。组织全市职业学校做好省教科院第3期江苏省职业教育教学改革研究课题中期评估和结题工作和第4期江苏省职业教育教学改革研究课题申报工作，全市共申报88项课题。关注职业学校教师专业成长，创建省职教名师工作室5个，市级职教名师工作室7个。组织教师参加省课堂教学大赛获一等奖1个、二等奖6个、三等奖12个；信息化教学设计获一等奖1个、二等奖6个、三等奖16个；微课设计与应用比赛获一等奖1人、三等奖2人。组织参加2018江苏省年职业学校班主任基本功研学提升活动，获二等奖1个，三等奖6个。

二、社会教育

2018年，市教育局指导盐都、建湖成功创建江苏省教育服务“三农”高水平示范基地2个，成功创建省标准化社区教育中心13个。首批省级社区教育工作室，盐城获评3家；改革开放40年40佳社教单位，盐城获评3家；2家社区教育中心获评省优秀成人教育院校（机构），其中大丰区草庙镇社区教育中心获省推荐参加国家级优秀成人教育院校（机构）评选并获奖；3家社区教育品牌获省社区教育品牌项目，其中东台市五烈镇社区教育中心获省推荐参加国家级社区教育品牌项目评选并获奖。 （市教育局）

第四节 高等教育

一、盐城工学院

2018年，盐城工学院有18个教学院部，65个本科专业，面向全国30个省、市、自治区招生，全日制在校本科生约2.2万人，联合及全程培养研究生210人。有教职工1500多人，专任教师1300余人，其中高级职称700余人、博士500余人（含在读）、研究生导师140人。“千人计划”国家特聘专家4人、长江学者特聘专家3人、特聘教授16人，聘请兼职教授180余人。学校在本科教学工作水平评估中获得优秀等级，是教育部“卓越工程师教育培养计划”试点高校。有国家级特色专业建设点3个、教育部“卓越计划”试点专业4个、省级重点专业（类）7个、专业入选江苏高校品牌专业建设项目3个、专业通过中国工程教育专业认证（评估）4个，3个工科专业进入全球工程教育“第一方阵”；建有国家级工程实践教育中心1个、国家级大学生校外实践教育基地1个、全国高校学生科技创业实习基地1个、教育部科技查新工作站1个、省级实验教学与实践教育中心11个、江苏省大学生创业示范基地1个。年内，学校通过国务院学位委员会新增硕士学位授予单位核查，正式获批硕士学位授权单位，同时获批化学工程与技术一级学科硕士学位授权点和工程硕士专业学位授权点。

科学研究 年内，学校实现科研总经费1.23亿元。获批国家自然科学基金项目27项，国家社会科学基金项目2项，资助经费首次突破千万元。获批省部级项目70项，其中青年科学基金项目9项。首次获江苏省重大创新载体项目，资助金额800万元。学校以第一单位获教育部高校科学研究优秀成果奖（自然类）二等奖，成为2018年度全国唯一以“学院”命名获此类奖项的高校。获省级以上自然科学奖励20项，其中以学校为第一单位获奖10项。获得市厅级自然科学优秀成果奖12项。发表三大检索论文600篇，其中SCI收录论文336篇。出版高水平学术专著（自科类）7部。授权发明专利287件，在全国非博士点高校中排名第1位，全国高校排名第67位。实现专利转让72件，最高单件转让金额50万元。

专业建设 年内，学校材料科学与工程等3个专业进入全球工程教育“第一方阵”。化学工程与工艺等2个专业通过中国工程教育专业认证专家组现场考查。新能源材料与器件等3个专业顺利通过专家实地评审，获得学士学位授权资格。完成材料科学与技术等3个省级一期品牌专业验收准备工作。

师资队伍 年内，学校印发《“2311”高层次人才和团队培育实施办法》等制度，完成首批“2311”校级人才工程培养对象“黄海学者”7人、“黄海精英”14人、“黄海新秀”23人、“黄海创新团队”4个的遴选工作。创新人才引进机制，坚持全职引进与柔性引进相结合，引进博士、教授50人，其中A类博士41人。招聘专职辅导员17人，紧缺专业教师岗、管理岗工作人员22人。柔性引聘院士、“长江学者”等人才7人。新聘、续聘特聘教授10人、兼职教授100余人、外籍专家11人。获批二级教授4人，新增高级专业技术职务任职资格47人，全校正高级职称人员增至160人。考取博士研究生10人，获得博士学位25人，全校获得博士学位教师增至438人。

学生管理 年内，学校校园文化品牌活动成效显著，“梦之声”合唱团蝉联全国第五届大学生艺术展演一等奖。10个班级被表彰为省级先进班集体，24名学生被表彰为省级优秀学生干部和三好学生，1名学生获“2017江苏省大学生年度人物”入围奖，1名学生获“江苏励志成才之星”提名奖。1人获“2018年全国高校辅导员年度人物”入围奖、1人获“2017江苏高校辅导员年度人物”提名奖、1人获第七届江苏高校辅导员素质能力大赛二等奖。

招生就业 年内，学校录取新生6386人，比2017年增加259人。2018届毕业生首次就业率91.9%，年底就业率98.1%，其中在长三角地区就业率93.7%。考取南京大学、英国诺丁汉大学等国内外知名高校硕士研究生803人，考研录取率17.6%。入选省名校优生定岗特选计划选调生3人、省委组织部选调生7人、西部计划和苏北计划13人。学校获评2018年江苏省高校毕业生就业创业工作考核优秀单位。

国际交流 年内，学校与美国底特律大学合作的车辆工程专业项目顺利通过教育部评估，3个中外合作办学项目运行规范有序。新增俄罗斯沃罗涅日国立工程技术大学等国外友好学校4所。选派资助11名学生赴波兰格但斯克工业大学参加“2+2”学分互认项目和“4+2”硕士项目，获批江苏省高校学生境外学习政府奖学金项目16人，赴海外学习交流学生161人。招收各类留学生85人，其中“一带一路”沿线国家留学生16人、联合培养博士6人。获批全省首批“外国专家工作室”。组织选拔56名优秀学生到江苏大学等4所高校交流学习。

继续教育 年内，学校修订《非学历教育管理办法》《自学考试自办助学专业本科第二学历教育工作管理办法》等文件，举办各类非学历教育培训2796人次。实现继续教育总收入1800万元，办学效益稳步提升。学校获批盐城市唯一省军队转业干部进高校培训基地。 （张炜炜）

二、盐城师范学院

2018年，盐城师范学院有全日制在校本科生2.1万人，设有17个二级学院。有76个本科专业，其中师范类专业14个、非师范类专业62个，国家级特色专业建设点3个、国家级综合改革试点专业2个、国家级大学生校外实践教育基地1个、省品牌专业4个、省级特色专业5个、省重点专业（类）7个、省级实验教学示范中心12个，是全国首家接受中学教育全科认证的试点高校、国家级语言文字规范化示范校、省级卓越教师和卓越工程师教育培养计划试点校、省级人才培养模式创新实验基地、省级国际服务外包人才培训基地，是全国沿海高校服务区域经济发展联盟和全国新建本科院校联盟理事长单位。学校拥有经济学、法学、教育学、文学、历史学、理学、工学、管理学、艺术学九大学科门类，建有省级实验室4个、省级研究基地4个、省级平台2个，学校沿海开发研究院是江苏省首批15家智库之一。学校有教职工1500余人，其中高级职称人员500余人、博士300余人，近百名教师应聘担任南京大学、武汉大学等高校博士生导师或硕士生导师。有6个省一级重点建设学科、4个省级优秀创新团队。拥有享受国务院特殊津贴人员、江苏省教学名师、江苏省有突出贡献中青年专家、江苏省“333”工程培养对象、江苏省“六大人才高峰”项目资助对象、江苏省高校“青蓝工程”中青年学术带头人和优秀青年骨干教师培养对象等各类杰出人才。学校与英国、俄罗斯、韩国、法国、澳大利亚等国家和地区69所高校建立友好合作关系，开设中外合作办学项目，推动学分互认、学位互授，开展国际教育文化交流。与南京师范大学、南京工业大学、河海大学、天津师范大学、青海师范大学等高校联合培养研究生。毕业生就业率97%以上，每年有近700名学生考取北京大学、中国科学院、南京大学、浙江大学等科研机构和高校的研究生，连续六次被表彰为省高校毕业生就业工作先进集体，2018年又被表彰为省高校毕业生就业创业工作考核优秀单位。

人才培养 年内，学校推进“教学质量工程”建设，《乡村卓越教师培养体系研究与实践》获国家级教学成果奖二等奖，实现国家级教学成果奖的零突破，获批国家级精品在线开放课程1门、国家级新工科研究与实践项目1项。以品牌专业建设引领专业发展，4个省级品牌专业均以良好成绩通过年度检查，经济学等2个专业通过学士学位授权评估，秘书学等4个新专业通过省教育评估院网评。获批省级重点教材9部，列省同类高校第一位，“马克思主义理论研究和建设工程”重点教材使用率100%。做精做优教师教育，获省高校第11届教育科学研究成果奖5项，全年共103名师生赴新疆实习支教。举办淮海经济区乡村卓越教师教育联盟2018年年会。重视学生创新创业精神和实践能力培养，获批教育部第二批产学研合作协同项目13项，承办第四届“互联网+”江苏省大学生创新创业大赛青年红色筑梦之旅决赛暨盐城对接活动。学生参加学科专业竞赛成果丰硕，获省级以上奖项299项，其中全国性奖项101项。获第四届“互联网+”大学生创新创业大赛国赛铜奖1项，省赛一、二、三等奖各1项；获省师范生教学基本功大赛奖项31项，其中一等奖7项，获奖率同层次高校领先；获省学生优秀毕业论文奖12项，其中一等奖1项。

师资队伍 年内，学校开展“师德师风建设月”主题活动，学习宣传捐资百万资助贫困大学生的“江苏好人”、离休教师包斌、陆一军夫妇先进事迹；组织评选2016—2017年度“三育人”先进个人63名。切实加大高层次人才引培力度，全年成功签约高层次人才100人，其中博士62人。签约海外博士14人，实现海外引才工作新突破。新增正高级职称13人，考取博士生27人，毕业博士14人。获省“六大人才高峰”、省“333工程”等项目资助3人，入选省“333工程”第三层次培养对象、省“青蓝工程”中青年学术带头人和优秀青年骨干教师培养对象10人，省“青蓝工程”优秀教学团队1个。新增南京大学、南京工业大学等高校研究生兼职导师37人。

科研创新 年内，学校获批国家社科项目9项，其中全国教科项目3项，居全国同层次高校第一位，国家自然科学项目9项；获批省部级项目23项，其中省社会科学项目15项，立项数在省同层次高校中排名第一；获批省厅重点、重大项目12项。获批省自然科学项目23项，创历史新高；首次获批省科技厅、省农科院、省农委项目各1项；获省第十五届哲学社会科学优秀成果奖3项，其中一等奖1项，在全省同类高校中仅有两所；获省高校教科成果奖5项，其中一等奖1项；获省社科应用精品工程奖4项，其中一等奖2项；获省优秀理论成果奖1项；获市哲社奖一等奖6项。大学科技园通过省级验收认定，联合技术转移中心获批江苏省技术合同登记机构，分析测试中心通过省级CMA资质认定，新获批省统计科学研究基地1个。

社会服务 年内，学校沿海发展智库再次入选CTTI高校智库百强；农教中心2份调研报告分别获教育部基础教育司与省教育厅领导批示；省盐土生物资源重点研究实验室参与研究在滩涂重盐碱地第一年大面积种出亩产千斤稻，《人民日报》海外版官网予以报道。横向科研到账经费6800万元，创历史新高。继续教育工作深入开展，获批教育部示范性项目2个，国培项目扩至10个省份，完成项目66个，办学效益显著增长。

学生工作 年内，学校加强招生就业工作，学校被评为省高校毕业生就业创业工作考核优秀单位。基层团建工作取得新成效，获全国、省“五四红旗团总支”称号各1个、团中央优秀学生社会实践团队1个、千校千项好项目1个。获全国第五届大学生艺术展演大赛一等奖1项、二等奖2项，获全国“创青春”大学生创业大赛银奖。连续第八年被评为省资助绩效评价优秀单位。

开放办学 年内，学校推进国际合作，新增国（境）外友好高校5所，与韩国圆光大学合办世宗学堂。全年派出教师干部68人次、学生196人次分别赴国（境）外进修访问、留学或带薪实习，组织80名卓越班学生赴澳学习，接收在华留学生125人，学历生47人，其中国际贸易（全英文授课）班29人，聘用外籍教师30人次。成功举办第三届“中俄杯”国际声乐、钢琴、小提琴大赛。获批国家汉办HSK汉语全等级水平考试考点，完成学校基金会理事会的换届工作。

举办建校60周年发展大会 9月16日，盐城师范学院举办建校60周年发展大会，省内外90多所高校代表、40多所中小学代表等2000多名嘉宾和数千名校友出席大会。大会期间，学校举办学术活动周、“在盐师精神引领下”主题文化活动、校庆作品展、《面向大海》宣传片、“六秩弦歌”文艺晚会、校友讲坛等活动。举办2018年中国高等教育学会师范教育分会“新时代·新师范·新师院”学术峰会；邀请诺贝尔奖获得者、中国科学院院士、国内外高校知名教授等专家学者50多名在校开设学术讲座。

包斌、陆一军夫妇捐赠百万助学基金 5月30日，学校举办离休教师包斌、陆一军夫妇百万助学基金捐赠仪式。包斌、陆一军夫妇在耄耋之年捐出多年积蓄100万元，在学校设立助学基金，用于资助品学兼优的贫困生。中国教育电视台、江苏卫视等媒体对包斌、陆一军夫妇的大爱善举进行报道。包斌、陆一军夫妇被评为“江苏好人”“盐城好人”。

（吴碧玉）

三、盐城工业职业技术学院

盐城工业职业技术学院是盐城地区第一所省属公办高职学院，也是江苏省优秀示范性高职学院。2018年，学校有在校生8000余人，其中留学生300余人。学校教职工450余人，拥有国务院特殊津贴专家1人，省333工程、青蓝工程、六大人才高峰、产业教授等高层次人才32人，省优秀教科研团队3个。专任教师中高级职称比例43%，“双师”素质教师比例85%。建有国家及省财政资助的实训基地7个、省级技术研发中心2个、省级技术转移中心1个、省级创业示范基地1个、专业实验实训室200余个。年内，学校获中国纺织工业联合会教学成果奖一等奖2项，省信息化教学大赛一等奖2项、二等奖4项；获批省级重点教材2部，组织申报省在线开放课程10门，立项国家级精品在线开放课程1门。学校是江苏省首批高等教育人才培养模式创新实验基地，江苏省高等职业院校内部质量保证体系诊断与改进试点院校，先后获“全国纺织行业人才培养示范单位”“全国纺织技能人才培养突出贡献奖”“江苏省文明单位”“江苏省职业教育先进单位”“江苏省产业人才培训示范基地”“江苏省大学生创新创业示范基地”“江苏省平安校园建设示范高校”“江苏省高校毕业生就业工作先进集体”等省级以上荣誉30多项，跻身全国高职院校国际影响力50强。

产教融合 学校与中国企业级网络安全市场的领军者360企业安全集团共建双主体"360网络安全学院",年内完成招生计划、专业调配、人才培养方案和师资培训等基础工作,落实场地并共商投资计划以及实训室建设项目。继续与建湖县政府共同推进智能制造学院建设。落实中德(SGAVE)职教机电合作项目。全校累计新增合作企业26个,校企合作的广度和深度进一步加大。

科研立项 年内,学校获批省高等教育综合改革试点项目1项。立项省高校自然科学研究面上项目1项,省科技厅产学研项目等省部级以上项目15项、市厅级项目77项,省科技厅农业支撑等10个省级项目顺利通过验收。江苏省智能农业装备工程技术研究开发中心获省教育厅立项,获批市工程技术研究中心2个。牵头成立江苏沿海经济带职业院校技术转移联盟,技术转移中心被正式吸收为省大学科技园联盟成员单位,在陕西省铜川市新设技术转移分中心。教师共发表SCI、EI、CPCI等论文26篇、核心期刊论文89篇,授权专利272件;获得江苏省科技进步奖三等奖1项。横向课题立项93项,纵横向到账经费超过770万元。

合作交流 年内,学校与美国文森斯大学签署"合作备忘录",与韩国蔚山科学大学达成初步合作意见,与哈萨克斯坦国际哈中语言学院开拓了"3+0"双专科留学项目。与天虹工业园区越南有限公司签署合作协议,共建天虹·越南海外技术技能人才培训基地。学校遴选38名优秀学生分别赴乌克兰、新加坡学习交流。学校有中亚与东北欧等9个国家的留学生334人,涉及国际商务、物流管理、机械制造及自动化、服装设计、建筑工程管理等8个专业,成为全省留学生规模增幅最快的高职院校,被评为2018年度江苏省来华留学生教育先进集体。

师资队伍 年内,学校共引进高层次人才23人。组织10名在职教师赴乌克兰基辅大学攻读博士学位。获批省高端研修团队1个、专业带头人高端研修1人、省第五期"333工程"培养对象2人、青蓝工程中青年学术带头人1人和优秀青年骨干教师2人、省产业教授2人。组织48名教师参加国培、省培项目,推荐优秀中青年教师境外研修和青年教师企业实践培训。

学生管理 年内,学校深化学生思想教育,开展学风建设月、梦想公开课、校园标兵评选等品牌活动。实施"一院一品牌"素质实践活动,获得江苏省高校辅导员素质能力大赛三等奖。学生资助工作连续七年获得省教育厅绩效评价优秀等级,微电影《阄》获省资助微电影特等奖,毕业生李敏被评为省励志成才典型。学校被评为省红十字示范学校、江苏省大中学生三下乡社会实践活动先进单位,机电工程学院团总支被评为江苏省五四红旗团总支,学生首度获江苏省大学生年度人物入围奖。

招生就业 年内,学校扩大生源类型,录取全日制专科生3145人。录取成人教育专科生1242人,招收本科学历教育学生1120人,成人学历教育收入850万元。全年,学校组织大型校内人才双选洽谈会,开设主题讲座,遴选大学生入园项目34项,在孵法人企业8家。开展大学生SYB(创办你的企业)创业培训班6期、大学生网络创业培训班4期共340人。2018届毕业生2381人,年终就业率98.5%。

(郭泽忠 闫 超)

四、江苏医药职业学院

江苏医药职业学院是一所全日制专科层次的普通高等学校。2018年,学校设护理学院等9个二级教学单位,开设临床医学、护理、药学等19个专业(方向)。有普通教育和继续教育学生近万名,专兼职教师768人,教授41人,硕博士学位教师272人。完成综合实训中心建设,建成1.7万平方米设备齐全、功能完善的现代化综合实训中心并投入使用,为学校实践教学改革、服务社会发展提供保证。学校发挥全国职教学会卫生教育专业委员会主任单位和全国康复治疗类专业教学指导委员会主任委员单位、全国药学服务类专业教学指导委员会主任委员单位作用,做好相关会议和全国、省级技能竞赛的组织工作。学校当选为全国食药行指委药学服务类专业教学指导委员会主任委员单位。在《2018年中国高职高专院校竞争力排行榜》中,学校位居全国高职院校第270名,较2017年排名提升45位。12月12—13日,学校通过江苏省示范性高职院校建设项目验收。

科研立项 年内,学校获批江苏省药物一致性评价工程研究中心,成为2018年获批的5所高职院校之一。"江苏基层卫生发展与全科医学教育研究中心"获批江苏省高校哲学社会科学重点研究基地,成为首批入选的2所高职院校之一;获批江苏省自然科学基金青年项目1项、江苏省自然科学基金面上项目1项,其他市厅级科研项目40项。获省市级科研成果奖6项,其中盐城市科技进步奖二等奖1项、三等奖1项,盐城市第十二次哲学社会科学优秀成果奖三等奖2项,2017年度江苏省社科应用研究精品工程二等奖1项;发表中文核心以上期刊论文67篇,其中SCI收录论文18篇。

师资队伍 年内,学校引进各类高层次人才、行业专家18名,实现双专业带头人全覆盖。建成省级优秀教学团队1个、校级优秀教学团队8个、校级科研创新团队7个,获批省级人才工程项目3个,选派28名教师赴国外研修访学,国培、省培57人次,承办省级培训项目2个。建立首批"双师型教师"培养基地9个,建立兼职教师优质"师资库",146名临床兼职教师取得高校教师资格。学校教师在第二届全国职业院校护理教师教学能力大赛中获团体二等奖和个人一等奖、三等奖各1项,在全国高校外语教学大赛江苏省赛区决赛中获一等奖,在江苏省高校微课教学比赛中获一等奖2项、二等奖6项、三等奖6项,获奖的级别和数量居全省卫生类高职院校之首。

招生工作 年内,学校计划招生2800人,录取2791人,计划完成率99.68%;江苏省普通类文理科最低投档线在全省90所高职院分列第14、17名，文科比2017年提升3名；江苏省内439人超过本科分数线，占省内考生的36.52%，比2017年提升2.11%，生源质量进一步提高。

内涵建设 年内，学校教学内涵建设实现新发展，完成药学和康复治疗技术2个国家级专业教学资源库建设任务，1门课程入选国家精品在线开放课程，3本教材入选2018年省重点教材立项建设，《"3+2"临床医学专业高职—本科分段培养模式的实践与探索》入选江苏省2018年高等教育综合改革试点项目。人才培养模式不断优化，进一步深化医教协同育人，形成具有行业特色和学校特色的"医教融合，一体双元"人才培养模式，教改成果《医教协同的江苏试验：东部欠发达地区基层卫生人才培养10年探索与实践》获2018年全国卫生行指委教育教学成果一等奖。（刘素芹）

五、江苏省盐城技师学院

2018年，江苏省盐城技师学院设有信息工程、机械工程、汽车工程、数控技术、电气工程、环境工程、现代服务、继续教育8个二级学院，拥有技师、高职、高技、中技办学层次，全日制在籍生1.4万多人。是国家综合职业培训基地、全国首批中等职业教育改革发展示范学校优秀建设单位、全国全省高技能人才培养示范基地，全国全省技工院校师资培训基地，江苏省人民政府高技能人才培养协调领导小组成员、全省创业培训基地、江苏省联合职业技术学院分院、江苏省退役士兵培训学院。学校先后被表彰为全国职业教育先进单位、全国教育系统先进集体、全国德育工作先进集体、省级文明单位，获国家高技能人才培育突出贡献奖、省政府高技能人才摇篮奖。

科研立项 年内，学校获115个中国职协优秀教学成果奖项，其中一等奖19个，学校被评为优秀科研单位奖、科研工作组织奖。《不解体汽车检测系统》等获第十七届全国技工院校实验实训设备类优秀成果评比2个一等奖、1个二等奖。中英IMI合作办学的实践与研究"等3项课题获中国职协立项，"技能人才培养与工匠精神培育的关联研究"等2项课题获江苏联院立项。"盐城八大碗"项目获批江苏省技工院校历史经典产业特色班，陈义华大师工作室被评为省级大师工作室，《服装CAD版型设计》被评为省级精品课程。学校成为江苏省首批改革发展示范学校建设单位。

师资队伍 年内，学校专职教师队伍中，有教授级讲师25人，高级讲师、高级实习指导教师、高级技师190人；有省级教学名师10人，学科带头人省级63人、市级39人、院级59人；拥有世界技能大赛集训专家8人，全国全省技能大赛的裁判长、裁判员及教练100多人；全国五一劳动奖章获得者3人，国务院特殊津贴3人，1人被授予全国模范教师，省"333"人才培养对象4人，全国技能大师工作室2个，1人获黄炎培职业教育奖，5人获省"五一劳动奖章"。学校有全国技术能手23人、全省技术能手55人。在首届全国技工院校教师职业能力大赛中，学校获电工电子类、交通类两个项目一等奖。

招生就业 年内，学校坚持"高级工+成人大专、技师+成人本科"的双高技能人才培养模式，高技能人才培养96%以上，成人大专、本科学生85%以上，2018年招收新生3574人。成人高等教育新生注册2006人，其中本科282人。五年制高职招收新生397人。对口单招升入高等学校73人，其中本科31人。毕业生供不应求，就业率多年保持100%，企业满意率98%以上。

校企合作 年内，学校与汉诺威（中国）控股有限公司签订战略合作协议，成立盐城汉诺威产业学院暨共享工厂，总投资5亿元。建成中一汽保集团校企联合共建汽车维保实训中心、盐城市智能制造工程技术研究中心。与江苏千寻共建数控技术应用专业（加工中心操作中/高级工）二年制学徒制班。服务大项目大企业，与昆山诺宇、丰东热技术等企业实施冠名办班，对接联鑫钢铁、江苏长虹等企业开展67名职工技师、106人中级工培训与鉴定，组织学生赴东山精密、新未来精密、江苏长虹、悦达起亚进行工学交替。完成印钞造币行业66人次培训及行业技能竞赛。

服务社会 年内，学校培训鉴定1.5多万人次，其中退役士兵1640人，招收当年秋冬季新学员560多人；农民工304人；下岗失业人员621人；企业在职职工644人，其中高级工546人；创业培训1467人。为驻城高校开展高技能人才合作培训84人，社会化高技能人才培训696人。组织残联人大赛及集训421人次、安检员培训581人、高级技师研修28人、事业单位技师培训128人、行业协会技能提升培训173人。

国际合作 年内，学校与英国诺丁汉学院合作建成中英IMI汽车国际职业资格培训认证中心，形成完整的人才培养标准与课程体系，共同培养汽车国际资格（二级）高端技能人才。与中德诺浩（北京）教育投资股份有限公司合作，开设的中德诺浩国际班开班。以模具制造技术AHK培训为切入点，聘请国外技术专家到校讲学。邀请电气装置、管道制暖等世界技能大赛项目国外专家到校交流。

（唐监怀）

六、盐城幼儿师范高等专科学校

盐城幼儿师范高等专科学校位于盐城市高职园区，分南、北两个校区，校园面积1000多亩，建筑面积20多万平方米，有19个高中起点三年制专科专业和11个初中起点五年一贯制专科专业，在校学生1万多人，教职工567人，其中高级职称238人，硕士以上研究生214人，省人民教育家培养对象、"333工程"、高校"青蓝工程"培养对象及省市学科带头人近100人。学校是省教育厅小学新课改教师培训基地；建设部、教育部确定的建筑行业技能型紧缺人才培养培训基地；国家级非遗人才培养基地。学校承袭百年师范历史积淀，形成了以学前教育专业为主体，小学音乐、美术、体育教育等专业为特色，艺术、建筑、外语等专业为优势的“一主多元”办学格局。成功申报江苏省普通高校与高职院校合作培养高素质技术技能人才项目——与晓庄学院联合培养学前教育专业本科层次学生。年内，学校倡导“德性为本、能力为重、实践为径、情志为翼”的专业人才培养模式，建立完善“专业基本功+技能特长”的培养体系和考核办法。学生获全国职业院校技能大赛学前教育专业教育技能赛项、全国“小梅花奖”、省师范生教学基本功大赛等一等奖52项，其他国家级、省级奖项83项。

科研立项 年内，学校邀请“长江学者”特聘教授等国家级权威专家、管理专家到校讲座近30场次；承办江苏省教师教育年会、省高校学前儿童音乐教育课程中心组活动、省人民教育家培养工程培养对象幼教组活动和江苏建筑职教集团年会4次。出台科研奖励办法等科研管理制度7项；科研立项、获奖200多项；获省部级课题立项55项，基金资助5项，省高校自然科学研究项目、省思政专项获得数列全省同类高校前列。年内，《担当民族复兴大任的时代新人内涵研究》获教育部人文社会科学研究专项立项；《学前儿童数学教育》获省教育厅十三五重点规划教材立项。

学生管理 年内，学校加强对学干、团干的选、培、管、用，提高学生“三自”管理能力。学校制定资助工作规范，建立贫困生库，资助帮扶成效显著。年内，全校学生1人获国家奖学金、92人获励志奖学金46.8万元；1992人次获国家助学金298.8万元；691人次获中职国家助学金69.1万元；建档立卡减免学费77人，计37.1万元；2674人获学校奖学金87.52万元；50人获胡友林励志奖学金10万元。学校还开展为经济困难学生送温暖活动，给125名学生送棉被。

招生就业 年内，学校升格后招生结构和招生政策发生变化，实行注册入学、提前招生和外省招生全方位推进。2018年招收新生2759名，其中三年制专科1121人，五年制专科1038人，三年制中专600人。加大外省招生力度，三年制专科已在广西、云南、贵州、甘肃、宁夏、青海、安徽、河北等9省招生，通过努力共录取外省高中起点200多名学生。邀请省就业创业专家和杰出校友到校作就业创业指导讲座，为学生开设就业创业课程的讲座。举办夏季、冬季两次大规模的校园招聘会和用人单位到学校小规模的用人招聘会及招工单位用人宣讲会，组织学生到苏南、市开发区、大数据产业园等用工企业进行面试。2018届毕业生2176人，至12月中旬，2018届毕业生就业率95.5%。

社会服务 年内，学校聚焦国家和区域重大战略，服务社会，彰显高校办学使命。面向地方产业发展需求，与中韩（盐城）产业园、盐城大数据产业园对接，创办应用韩语、大数据技术与应用等地方经济发展紧缺人才专业，共建盐城大数据产业学院。累计与全市200所幼儿园共建教研基地，新增江苏省华文教育基地。加大服务西部发展力度，对口支援新疆教育事业发展。发挥省教育厅小学教师培训、国家建设部建筑行业人才培养培训、国家级非遗人才培养三大基地功能，全年为社会培养、培训教育、建筑、淮剧和杂技表演类人才1万多人次。累计为广西、甘肃等地培训幼儿园园长、骨干教师700余人次。2018年学校组织育婴师培训两届，学生1000多人，考核300多人次。韩语、英语专业学生参与东亚保龄球锦标赛、中国盐城沿海湿地国际公路自行车赛现场翻译服务，受到好评。

合作交流 年内，学校与韩国国民大学、大邱大学，湖南大学等国内外高校就师生交流、合作办学、教学和管理成果共享等达成合作意向，并签署专科升本科项目合作协议；与台湾明新科技大学开展教师互访活动，推进两岸合作高校共赢。申办盐城工学院、盐城师范学院盐城幼专函授站；与城南新区科教城管委会签订共建数梦小镇合作框架协议；与江苏第二师范学院、龙信建设集团等十多所院校、企业在本科化培养、国际化课程体系衔接、实习实训等方面开展合作。 （张丽丽）

第五节 招生考试

2018年，全市共有5.62万名考生参加中考，4665名考生参加普通高校对口单招文化统考，2.87万名考生参加高考。全市高考本科达线1.95万人，其中文化本一达线6144人，达线率22.5%，超过省平均水平，并居苏北五市之首。全市1.83万人次参加高等教育自学考试，3462人参加全国英语等级考试。共有3.53万人参加全国计算机等级考试，5.88万人参加大学英语四六级考试，1.94万人参加成人高考，167人参加研究生考试，3万人次参加中小学教师资格考试，7913人参加成人学士学位英语考试。

第六节 教师队伍

2018年，市教育局统筹调剂编制，从县（市、区）调剂800名教师编制中，为市直学校增加编制40名，并根据市直学校生源变化情况，动态调整相关学校编制，用于招聘新教师。年内，通过面向社会公开招聘和校园招聘方式公开招聘教师，全市共招聘教师2631名，其中市直学校招聘研究生36名、本科生99名。年内，共认定教师资格1243人，共有3260人申请教师资格定期注册，最终注册合格3250人。全市共交流校长教师5399人，其中市直学校交流教师226人，持续推进区域内义务教育校长教师资源均衡配置。继续开展乡村教师定向培养工作，组织各地申报乡村教师定向培养计划，认真做好宣传工作，动员本地符合条件的高中应届毕业生报考乡村教师定向师范生。2018年普通高校在盐城市招收乡村教师师范生365名。教师节前，根据《盐城市高层次教育人才考核奖励暂行办法》等文件精神，组织对市直55名高层次教育人才进行考核，发放奖金634.22万元。根据省教育厅、市委组织部统一部署，年内共选派34名教师援疆。其中援助伊犁哈萨克自治州察布查尔县教师24名，援助克孜苏柯尔克孜自治州教师10名。

师资建设 年内，1名教师被评为全国教学名师，24名教师获评江苏省特级教师，7名教师被评为省级乡村优秀青年教师，19名教师被评为中小学正高级教师、1名教师被评为中职正高级讲师、1098名教师被评为中小学高级教师、63名教师被评为中职高级讲师。强化省优质课竞赛、青年教师教学基本功大赛等项目的组织工作，加强送省参赛选手的培训和指导。2018年，盐城教师在省优课评比和青年教师基本功大赛均取得历史最好成绩。在省优质课评比活动中盐城市获一等奖13人，二等奖14人。在省青年教师基本功大赛中，盐城市选手获一等奖10人，二等奖29人。

第七节 教育管理

一、督导与评估

2018年，东台、建湖、射阳、阜宁、大丰、盐都、亭湖7个县（市、区）通过“全国中小学校责任督学挂牌督导创新县（市、区）”评估，创建数量居全国各设区市之首。全市926名责任督学公示上岗，实现挂牌到位、督学到岗、督导到校。指导响水县、滨海县、开发区、城南新区等县（区）申报并做好各项工作，明确盐都区、亭湖区、射阳县、阜宁县分别与4个创建县（区）结成对子，在省级材料审核和现场核查中，4个创建县（区）均取得较好成绩，被推荐接受国家级评估认定。盐都区作为苏北唯一的省政府发文认定的15个（区划调整前为17个）省义务教育优质均衡发展县（市、区）之一，抓紧做好自评、申请、整改工作，申报江苏省和国家督导评估认定。对上半年申报的84所学校教育技术装备建设、配备、管理、使用、科研及培训情况分别进行材料核查和现场评估，最终，有83所学校被确认为盐城市第五批“省标教育技术装备先进校”，促进基础教育健康发展，加快推进全市教育现代化的进程。

二、师资培训

2018年，市教育局组织市级以上校长教师培训2.2万人次，针对不同层次校长教师专业成长实际需求，累计开设近60个培训班。开展分层分类培训，面向全市小学（幼儿园）教师开展培训活动近6000人次，其中集中培训2600多人次，网络培训近3300人次。年内，全市组织近千名校长教师参加省级以上集中培训，培训报到率、合格率均接近100%。承办省市合作培训项目4个，累计培训教师近400人次。“省名师团送培”项目6个，累计培训教师近千人。组织全市1.2万名教师参加省网络培训，培训合格率近90%。年内，全市承担省、市教育行政部门下达的省、市级各类师资培训班达近50个。盐城有4名教师入选省名师工作坊，5名教师入选教育部第二期名师名校长领航工作室成员。省第二届乡村骨干教师培育站优秀课评比活动中，盐城有3名教师获得一等奖，6位教师获得二等奖，优秀论文评比中盐城教师一等奖获得率近43%，居于全省前列。在第二届乡村骨干教师培育站终期考核中盐城有8个培育站被评为省优秀培育站，有27名导师被评为优秀导师，212名教师被评为优秀学员。组建第三批26个乡村骨干教师培育站，初步实现培育站在全市各学段各学科全面覆盖。年内江苏省盐城中学、盐城市实验小学等8所中小学（幼儿园）均成功通过省教师发展示范基地校专项评估。（吕文静）

第八节 教育信息技术装备

2018年，全市投入教育装备及信息化经费约6亿元，宽带网络校校通、优质资源班班通覆盖率均接近100%，50%以上中小学创成市级智慧校园。制定盐城智慧教育云平台建设项目总体规划，基本建成“基础数据”单元和“盐教网”单元中部分面向教师教学和教研的模块，总投入256.9万元。完成盐城教育城域网带宽升级项目，总投入约139万元。推动县级智慧教育特色应用平台建设工作。至年底，亭湖、阜宁、建湖、东台、滨海、盐都、射阳、城南新区、开发区等县（市、区）初步建成县级智慧教育云服务平台；大丰、响水等9个县（市、区）全面完成县级教育城域网建设工作，学校校园网和市、县（市、区）教育城域网100%实现互联互通。运用信息技术手段汇聚优质教育教学资源并实现共享，累计自建微课近9000节，覆盖从幼教到高中各个学段和学科。其中，通过组织开展“一师一优课、一课一名师”活动，汇聚市级以上“优课”5793节；通过组织开展盐城市信息化优质课评比、盐城市教师多媒体教学软件评比等活动，累计汇聚各类微课资源约3200节。组织信息化优质课评比活动，累计评选出市级信息化优质课130节、县级信息化优质课近800节。探索运用信息技术重构教育教学生态的新路径，“云教学”等数字化学习方式试点工作取得阶段性成果；“网络课堂”“网络教研”等新型教学与研究方式逐步成为新常态。开展一系列师生信息化应用能力培训项目，先后举办全市小学数学“智慧课堂”建设高级研修班、全市中小学物联网创客教育项目辅导员培训班、市直学校信息技术人员云平台使用培训班等专题培训活动。在盐城师范学院举办全市中小学物联网创客教育项目辅导员培训班，参训教师逾180人。举行全市首届“名师网络工作室”评比活动。举行全市中学物理化学教学说课选拔赛、初中化学实验教学技能大赛、全市中小学社会实践基地优秀课程评选等三项活动。在幼儿园优秀自制玩教具展评活动中，建湖县报送的3件作品代表省参加全国展评，均取得好成绩，分获一、二、三等奖。高旻烨、陆立菁、夏正保制作的《磁贴总动员》获全国一等奖，姜玲玲、陈玲制作的《瓶盖也疯狂》获全国二等奖，夏亦琴、彭玲玲、苗丹丹制作的《水彩笔的畅想》获全国三等奖。（市教育局）

第27章　文化事业

编　辑　赵　丽

综　　述

2018年，盐城市文广新局在市委、市政府的领导下，坚持以习近平新时代中国特色社会主义思想和中共十九大精神为指导，贯彻落实省委十三届四次全会和市委七届六次全会精神，围绕中心、服务大局，团结拼搏、务实创新，各项工作取得显著成效，文化事业、产业发展呈现市县联动、整体推进、全面发展的可喜局面，盐城文化的美誉度和影响力得到明显提升。

年内，全市新创作大戏17部、小戏23个，持续保持全省领先位次。淮剧《小镇》巡演165场，淮剧《送你过江》入选2019年度全国舞台艺术重点创作剧目和重点扶持剧目。《十品半村官》获2018紫金文化艺术节优秀剧目奖。小淮剧《良心》亮相2018全国基层院团戏曲会演，小戏《方向盘》获第七届全国小戏小品优秀展演剧目奖。魔术《羽》获第十届中国杂技金菊奖、杂技《扇舞丹青》问鼎第六届国际马戏艺术节金奖。年内，由盐城剧作者创作的作品，有4部入选国家艺术基金资助项目，2部入选全国基层院团戏曲会演，2部入选文旅部“戏曲剧本孵化计划”，6部作品参加全国优秀现实题材舞台艺术作品展演，13部作品入选江苏艺术基金资助项目，11部作品参加2018紫金文化艺术节新创和精品剧目演出。在江苏省文艺精品创作生产视频会议上，盐城作为全省设区市唯一代表作交流发言，戏剧创作的“盐城现象”进一步放大。年内，响水县获“中国小戏艺术之乡”称号。

年内，盐城书画家、摄影家围绕主题主线，积极创作，主动参与，举办各类展览、笔会超百场。成功举办“新时代新沿海　新画卷——庆祝改革开放40周年书法美术精品展”“怀抱古今”苏北五市书画院作品联展等市级书画展17个，开展书画惠民活动30多次，入展省级专业书画展作品50件，国家级书画展作品13件。其中入选第十届江苏省油画展15幅、3幅获奖，入展和获奖数量都取得历史性突破。

年内，全市文化系统为基层群众送戏（含演出）2000场次以上，送展览200场次以上，送电影2.20万场次以上。召开全市基层综合性文化服务中心建设工作推进会，全年建成村（社区）基层文化服务中心超1000个，提前实现全市村（社区）综合性文化服务中心全覆盖。文化惠民工程深入实施，盐都、大丰、阜宁应急广播体系建设顺利通过省局验收，达标总数位居全省前列。第二批（94艘）广播电视进渔船工程建设全部完成，改善渔民海上业余生活。启动市美术馆建设，滨海文化艺术中心、图书馆新馆、博物馆，大丰博物馆新馆、文化会展中心，东台图书馆新馆，建湖杂技传承基地，阜宁美术馆、文体公园，响水文化艺术中心、美术馆（民俗馆）等文化场馆在有序建设之中。

年内，全市文化系统举办“我们的节日”“戏迷乐”“小戏小品展演”“文化志愿者基层行”“青少年艺术大赛”等系列活动超300场次。东台的“幸福小广场周周演”、建湖的“淮杂周末剧场”、射阳的“群星大舞台·周末戏相逢”、阜宁的“欢乐进万家”、滨海的“文化预约”、响水的“文化艺术周”、大丰的“百姓星光大舞台”、盐都的“欢歌笑语走基层”、亭湖的“文化惠民乡村（社区）行”、经济开发区的“送戏下乡基层行”、城南新区的“璀璨城南　盛世华章”，各具特色。承办全国优秀现实题材舞台艺术作品江苏地区展演，组织“庆祝改革开放40周年”盐城市优秀舞台剧（节）目展演，举办“五个一工程”优秀作品巡演、新春团拜会、“两会”文艺演出及廉政文化系列活动。在第十三届省五星工程奖评比中，盐城8件群众文艺作品获奖，获奖数创历史新高。《方向盘》在小戏小品类别中得分第一名、《爱我你就抱抱我》在所有参赛节目中获最高分。

年内，全市新建阅读新空间60家、阅读便民设施100个，实现540个农家书屋与图书馆通借通还，一批“爱心”书柜、“图书漂流角”、鸟巢漂流书屋、朗读亭等设施相继投入使用，基本实现城市15分钟“阅读圈”和农村3千米“文化圈”建设目标。市图书馆牵头成立沿海城市全民阅读联盟。建湖县被评为书香城市建设示范县，滨海头罾社区书屋被评为全国五星级农家书屋，射阳的农家书屋专职宣传文化管理员制度被省新闻出版广电局肯定并在全省推广。新命名表彰全市各类书香示范点191家，盐都乐华泽、书香盐城微信公众号、浠沧月·湖畔阅读公社分别被评为全省十佳全民阅读推广人、推广平台和推广机构，盐城新华书店建军中路店被评为2018年度全省最美书店。举办“盐渎风”盐城市读书节系列活动500余场，受众20万余人。在亚马逊（中国）发布2018年年中图书排行榜单中，盐城等3城市人均借阅量最高。“图书馆公益联盟”志愿服务项目被评为全国基层文化志愿服务活动典型案例。“书香济困 悦读民心”获全国公共图书馆扶贫案例一等奖。

年内，全市文广系统共出动文化执法人员8000人次以上，检查各类文化经营场所6000余家（次），开展联合执法45次，取缔无证经营单位30家，行政处罚立案调查89次，结案75起，罚款超18万元，停业整顿20家，没收违法物品超1.4万件。完成审批服务事项283件、行政许可项目60余件和重大行政处罚法制审查1件。积极创新监管方式，提升执法效能。以监管工作市区网格化、县（市、区）属地化为抓手，形成各负其责、协调配合、齐抓共管的“责任共同体”，实现文化执法监管“全市一盘棋”。（王 伟）

第一节 文艺创作

一、戏 曲

4部作品入选国家艺术基金2018年度资助项目 年内，徐新华创作、江苏省淮剧团上演的淮剧《小城》，陈明创作、湖北省戏曲艺术剧院有限责任公司上演的楚剧《大哥大嫂》，袁连成与俞克平创作、江苏省演艺集团有限公司上演锡剧《通运桥》3部作品入选国家艺术基金2018年度大型舞台剧和作品创作资助项目。袁连成创作、涟水县淮剧团上演的小戏曲《鸡村大事》入选国家艺术基金2018年度小型剧（节）目和作品创作资助项目。

2部作品入选全国基层院团戏曲会演 年内，孙智宏创作、张家港市锡剧艺术中心上演的小锡剧《丫丫考零分》；朱福全、张赵凡创作、射阳县淮剧团上演的小淮剧《良心》入选中宣部、文旅部2018年全国基层院团戏曲会演江苏小戏组合。

淮剧《十品半村官》获评省紫金文化艺术节优秀剧目奖和优秀表演奖 10月27日，2018紫金文化艺术节在南京市江苏大剧院闭幕。闭幕仪式上，2018“江苏最美文艺志愿者”、2018紫金文化艺术节“优秀表演奖”、新创剧目“特别奖”和“优秀剧目奖”，以及2018紫金文化艺术节“组织奖”和“优秀组织奖”揭晓。阜宁县淮剧团的《十品半村官》获评省紫金文化艺术节优秀剧目奖和优秀表演奖。《十品半村官》以苏北水乡，射阳河边太平村为背景，讲述村民牛什么做了大半辈子平头百姓，在一次偶然的选举中，当上了村民主理财小组组长，村主任常有理，拿来了乡里贾主任的一张私人消费发票，要牛什么盖章报销，于是围绕这张发票该不该报销、能不能盖章，展开了一波又一波的喜剧冲突。全剧通过“讨印”“盖章”“刨树”“偷章”“诉情”等戏剧片段，勾勒出一则“谁来管村官”的现实故事！整个剧目无论是故事情节还是人物形象，都洋溢着浓浓的生活气息、乡土气息，展现出苏北农村的地域风情。

淮剧《送你过江》获省紫金文化艺术节优秀剧目奖 10月27日，2018紫金文化艺术节在江苏大剧院落幕。盐城市淮剧团选送的淮剧《送你过江》获优秀剧目奖，主演程红、周建文获得优秀表演奖。《送你过江》讲述在“渡江决战”的大背景下，以芦荻港女村长江常秀和渡江部队教导员郭逸夫的人物命运为主线，以江家两代人的感情纠葛为纽带，形象地演绎一出壮烈而温馨的英雄史诗，讴歌一批有着高度纪律性的解放军指战员的自我牺牲精神。

剧本获奖 年内，程旭江创作的大型原创戏曲剧本《菩提花开》获第32届田汉戏剧奖剧本二等奖。在2017年江苏省戏剧文学剧本评选中，徐新华创作的现代戏曲《小城》获一等奖；高新创作的新编历史剧《不负如来不负卿》获二等奖；仲春梅创作的现代戏曲《伤逝》、徐志玉创作的话剧《为钱癫狂》、吴振林创作的现代戏曲《远飞的大雁》、孙茂廷与宿迁剧目工作室张贵益联合创作的新编历史传奇剧《清清骆马湖》分别获得三等奖。

2018年，淮剧《十品半村官》获评省紫金文化艺术节优秀剧目奖和优秀表演奖
市文化广电和旅游局/供

二、书 画

2018年，市书画院坚持创新，以繁荣创作为中心，举办各类书画展览和交流活动。年内，吴洪春的楷书《历代妙语小品》获第十三届江苏省“五星工程奖”。高正作品《等风来》入选中国美术家协会主办的第三届中国民族美

术双年展并获奖，同时作品在中国美术馆展出；市书画院8人作品参加文化部主办的第五届丝绸之路国际艺术节今日丝绸之路国际美术邀请展；高正《从前慢》入选中国美术家协会主办的“金城流韵”——21世纪新丝绸之路中国画作品展；盐城4人作品参加第五届林散之·书法作品双年展。

苏北五市书画院作品联展在盐城举办 4月18日，“怀抱古今”——苏北五市书画院作品联展在水街举行。此次展览由江苏省文化厅主办，江苏省文化艺术研究院、盐城市文化广电新闻出版局承办。展出作品百余件，从不同视角反映了苏北地区的自然风光、民俗风情，社会经济发展成果和人与自然的和谐之美，具有浓郁的地方特色，展现近年来苏北五市书画院的创作成绩、总体水准和发展态势。

庆祝改革开放40周年书法美术精品展 9月27日至10月10日，“新时代　新沿海　新画卷”——庆祝改革开放40周年书法美术精品展在市图书馆和市书法家协会两个展厅展出。展览从全市500余件来稿作品中遴选290件书画精品集中展出。此次书画展以习近平总书记“文艺要反映人民心声，就要坚持为人民服务，为社会主义服务这个根本方向”重要指示精神为指导，得到全市文艺界的积极响应、群众的踊跃参与。

市书画院和韩国蔚山广域市南区文化院签署协议 10月24日，市书画院和韩国蔚山广域市南区文化院在盐城市签署国际文化艺术交流协议书。双方协议盐城市书画院与韩国蔚山广域市南区文化院将开展文化艺术各领域的合作交流，包括加强双方互访和在艺术作品展示、传统文化、青少年文化艺术教育等多种领域的文化交流、艺术展览和表演活动。签约活动期间还举办艺术交流笔会活动，切磋书画艺术，互赠书画作品，增进中韩两院的友谊。

三、杂　技

5—6月，江苏省杂技团、市杂技家协会赴新疆察布查尔县参加“盐察一家亲·特色文化援疆交流演出”活动，分别在察布查尔体育馆和民俗博物馆演出15场次。9月，杂技《扇舞丹青·头顶技巧》在俄罗斯第六届莫斯科“偶像”国际马戏艺术节中获金奖。10月，由江苏省杂技家协会主办，市杂技家协会和江苏省杂技团承办的杂技传承与发展研讨会在盐城召开。10月，第十届中国杂技金菊奖全国魔术比赛决赛暨深圳欢乐谷第十九届国际魔术艺术节在深圳顺利举办。魔术节目《羽》获中国杂技金菊奖。12月，由中华文化促进会、上海文化创意产业资源联盟和上海大世界主办的2018海狮发布·大世界城市舞台中国魅力榜年度颁奖盛典在上海举办，杂技剧《小桥　流水　人家》获金奖。年内，《小桥　流水　人家》先后参加盐城市“两会”专场文艺演出和第五届丝绸之路国际艺术节专场演出等，全年共计演出45场次；先后获江苏省优秀文艺成果、丝路文化贡献奖。年内，建湖县成功创建“中国杂技之乡”和以国家非遗项目“建湖杂技”为特色的“中国民间文化艺术之乡”称号（全省仅4县、6镇获此荣誉）。省杂技团先后被省文旅厅表彰为江苏省对外和对港澳台文化工作先进单位和全省艺术创作工作先进单位。

《扇舞丹青·头顶技巧》获第六届莫斯科“偶像”国际马戏艺术节金奖 9月9日，射阳县杂技团杂技《扇舞丹青·头顶技巧》在俄罗斯第六届莫斯科国际马戏偶像艺术节上获金奖。这是射阳杂技团继获第15届中国吴桥国际杂技艺术节最高奖项“金狮奖”、第五届西班牙菲格拉斯国际杂技艺术节最高奖“金象奖”、第二届俄罗斯国际马戏艺术节年度最佳节目编导奖后获的第四个国际大奖。《扇舞丹青·头顶技巧》是以头顶倒立为主要技巧的杂技节目，通过头顶头、手顶头、翻小翻、连续头顶跳跃等高难度表演形式，有机融合太极、传统舞蹈等艺术元素，营造出小而美、中国特色浓郁的空灵意境，为观众呈现一场唯美动人的古典画卷，淋漓尽致表现杂技艺术魅力。特别是节目里“三连翻”的高难度动作等，更增添了难度和可看性。

魔术《羽》获“金菊奖” 10月4日，射阳县杂技团魔术《羽》在第十届中国杂技“金菊奖”全国魔术比赛上获中国杂技界最高荣誉“金菊奖”。魔术《羽》是由射阳县杂技团打造的原创节目，利用鸟的羽毛，配合充满节奏感的音乐、炫幻的舞台灯光和演员精湛的表演手法，将人、鸟、羽毛巧妙地融为一体。舞台上，演员身着西装，手中从无到有，从有到无，一会儿变化出羽毛，一会儿羽毛又变成了鸟儿，明明是白色的羽毛，眨眼之间，却又变成了绿色的羽毛，演员服装也由黑色西装变为粉色时尚连衣裙，变幻莫测的表演获得在场评委和观众的一致好评和高度认可。节目问世后，2013年获第六届江苏省魔术比赛金奖，2014年获第五届长三角地区“金手杖奖”魔术比赛精英舞台组金奖，2015年获第三十届美国夏季国际艺术节银奖。

《小桥　流水　人家》获大世界城市舞台年度榜单金奖 12月16日，由中华文化促进会、上海文化创意产业资源联盟和上海大世界主办的2018海狮发布大世界城市舞台中国魅力榜年度颁奖盛典暨2019大世界爱奇艺全球海选活动启动仪式在上海大世界开幕。江苏省杂技团选送的诗词歌赋杂技剧场《小桥　流水　人家》获得年度榜单金奖。《小桥　流水　人家》讲述明朝永乐年间，船工刘水与初恋情人小乔历经重重困难后，最终有情人终成眷属，回归江南生活的故事。该剧富含中华优秀传统文化元素，区域文化特色鲜明，技艺精湛、思想精深、制作精良，充分展示建湖文化的发展成果，并向世界展示建湖形象以及人文风貌。

四、文　学

4月，由市文联、市文广新局主办，市作家协会承办的曹文轩与盐城作家座谈会在盐城召开，30余位作家、文学评论家参加座谈。为庆祝改革开放40周年，7—11月，市文联先后举办“书香易捷·我与改革开放40年”文学作品征文大赛、"江苏银行盐城分行杯"文学作品征文大赛、"改革开放40年,气象万千新盐城"主题征文活动。11月,由盐城师范学院、市文联、盐城广播电视总台和市文艺评论家协会主办,江苏省作家协会诗歌工作委员会等多家单位指导的"诗歌连接大洲"中美田园诗歌高峰论坛在盐城开幕。江苏省中华诗学研究会代表、美国基恩州立大学梅森图书馆馆长塞莉亚·拉宾诺维茨参加论坛并致辞。12月,由市文联、市文广新局主办的《盐城赋(续)》新书发布会举行。发布会上,《盐城赋(续)》作者许正和向盐城市档案馆、盐城市图书馆等单位现场赠书。12月,市作协获2018年度江苏省基层文学工作先进单位,《湖海》入选江苏文学内刊20强。

五、音乐舞蹈

7月,由省文联主办的2018年"朝霞工程"青少年才艺展演展示活动在南京举办,市文联获"优秀组织奖"。11—12月,由市委宣传部、市文联等单位主办的"庆祝改革开放40周年"盐城市优秀舞台剧(节)目展演顺利开演。江苏省淮剧团、盐城市歌舞剧院及盐城市9个县(市、区)推荐30余部优秀舞台作品参演,主要包括7部大戏、3台折子戏专场、1场小戏组台、1台杂技节目专场。参演节目主要以淮剧为主,同时也涵盖淮海戏、杂技、舞剧、话剧等多个艺术品种。大型原创舞剧《烽烟桃花飞》参加"庆祝改革开放40周年"盐城市优秀剧目展演。中央芭蕾舞团携原创芭蕾舞剧《鹤魂》在盐城市文化艺术中心大剧院为中国丹顶鹤国际湿地生态旅游节暨第十一届海盐文化节献礼。盐城市歌舞剧院青年演员姜尚孜获2018江苏省文艺大奖·茉莉花音乐奖声乐比赛美声组金奖,薛存已获通俗组铜奖。

六、摄　影

8月,市摄影家协会戚晓云获第二届江苏文艺大奖——摄影奖,射阳县摄影家协会主席周洪飞获摄影奖(提名奖)。12月,首届中国盐城沿海湿地国际摄影精品展在京开幕。此次精品展从全国及海外1万多幅参选作品中遴选而出,取材多样,风格各异,展示盐城的湿地风光,提升盐城的知名度和影响力。12月,上海、蔚山(韩国)、盐城三地摄影家凭海临风看盐城暨盐城市第四届摄影艺术展在盐城开展,共有100余幅摄影作品参展。

七、其　他

1月,由江苏省篆刻艺术研究会、市文联主办,盐城印社承办的《虞受言印存》首发式暨篆刻艺术座谈会在江苏省国画院举行。由市文联等单位主办,市雕塑家协会承办的"塑德务滋——雕塑文化进基层"活动在敬贤路小学举行。活动主要包括国际大师精品展、捐赠雕塑和图书、面塑展演互动等环节,国际著名雕塑大师罗丹(法国)、达·芬奇(意大利)等创作的12件雕塑作品首次在盐城展出。5月,第十四届中国(深圳)国际文化产业博览交易会在深圳举办,市雕塑家协会副主席陈银付创作的瓷刻作品《越洋电话》获"中国工艺美术文化创意奖"金奖。　(市文联)

第二节　社会文化

8件作品获第十三届江苏省"五星工程奖"　12月1日,在第十三届江苏省五星工程奖"颁奖仪上,盐城有8件作品获"五星工程奖",2件作品获评"网络最佳人气作品",获奖数在全省名列前茅。"五星工程奖"是江苏省为繁荣群众文艺创作、推出优系群众文艺作品、促进群众文化事业繁荣发展而设立的最高文化艺术政府奖,每两年举办一次,分为舞台艺术类和美术类两个项目。此届"五星工程奖"采用文艺评选与文化惠民相结合、专家评选与群众员评选相结合、线下与线上相结合的创新评选方式。全省各地共推荐音乐、舞蹈、戏剧、曲艺等表演艺术类参评作品205个,绘画、书法等美术类参评作品483件。经过初评、终评、公示,盐城的器乐演奏《弓舞苍穹》、群舞《九狮图》、淮海小戏《方向盘》、小戏《买房卖房》(原名《六出祁山》)、小淮剧《心路》、小戏《特殊任务》、数来宝《我你就抱抱我》及灵洪春的书法作品《历代妙语小品》8件作品获省五星工程奖",表演唱《悠悠牛歌故乡情》和小戏《买房卖房》获评网络最佳人气作品。

"欧风花街杯"盐城市青少年艺术大赛　7月8日晚,由盐城市文广新局、市文联主办,市文化馆等单位共同承办的"欧风花街杯"盐城市青少年艺术大赛决赛及颁奖典礼在欧风花街举行。此届赛事从4月上旬开始启动,吸引全市1000余名选手参赛。同时为兼顾选拔各县(市、区)的优秀选手,盐城市文化馆、盐城市音乐家协会组织奔赴各地进行节目选拔。经过初赛、复赛及半决赛的角逐,最终13个节目获金奖、14个节目获银奖、127个节目获铜奖。　(王　伟)

水浒文化研究　2018年盐城市水浒学会开展水浒学术研讨活动,施耐庵故里江苏学派的研究成果丰硕。11月9—11日,2018年全国水浒学术研讨会在中国水浒学会的发源地——湖北大学举办,盐城市水浒学会有7人、9篇论文参会。陈仕祥、仓显《来自施耐庵故乡的报告》,王玉琴《还原与激活——浦玉生〈施耐庵传〉读后》,王红花、戴艺飞《浅谈施耐庵的籍贯、白驹场及其他》编入《水浒争鸣》第17辑,由中州古籍出版社出版;浦玉生《罗贯中流徙江苏行踪考》等论文刊于《罗学》第6辑。年内,大丰白驹镇中华水浒园被评为国家AAAA级旅游景区,盐城盐渎明城水浒文化博物馆被评为江苏省首批32家中华文化海外交流基地之一。　(望　海)

第三节　公共文化设施

一、新四军纪念馆

2018年,新四军纪念馆全力推进展陈提升改造工程,组织实施"永恒的丰碑——2018盐城·红色文物保护公益宣传”活动，开展青少年研学教育活动，各项事业发展和党的建设取得明显进步，红色文化高质量发展引领性、示范带动性明显增强，社会认可度和行业影响力显著提升。全年，纪念馆共接待海内外观众162万人次，为观众提供讲解服务2800多场次，完成国务院原副总理刘延东，国务院原副总理吴桂贤，江苏省委书记娄勤俭等重要接待12批次，完成现场教学及党性教育及各项专题教育现场教学任务560多场次。年内，纪念馆以总分全省第一的成绩，通过国家二级博物馆的验收，这是盐城历史上第一个获得国家定级的博物馆。年内，纪念馆出版《刘老庄战斗》《朱家岗战斗》《中国纪念馆珍贵文物故事》3本书籍，出版馆刊1本。全年发表论文近20篇，应邀参加中国博物馆协会纪念馆专业委员会、中国人民抗日战争纪念馆联合举办的“全国抗战类纪念馆弘扬‘抗战精神’座谈会”，完成《刘少奇与华中局》《给青少年讲纪念馆的故事》书稿撰写工作等。年内，纪念馆、军部旧址泰山庙被评为省、市党员实境课堂示范点，2017年度江苏“旅游百佳”单位，江苏巾帼教育基地现场教学点。

展陈提升改造 年内，纪念馆围绕市委、市政府提出的“整合全国新四军红色文化资源，加快实施新四军纪念馆展陈提升改造工程，进一步扩大纪念馆在全国的知名度和影响力”的要求，提请市领导牵头组织召开新四军纪念馆展陈提升改造工作协调会，出台市委常委议事协调会议纪要，成立新四军纪念馆展陈提升改造工程建设指挥部，全面启动工程建设各项工作；整合展陈空间，提升展示效果。在保留现有主附馆建筑不变的前提下，对建筑物内部空间进行优化，整合主馆、人物馆，展陈面积由3000多平方米增加到6000平方米。完善教育配套功能，提升改造国防园和教育体验区。聘请国内知名策展专家，江苏省外事办原副主任、南京大屠杀纪念馆原馆长朱成山团队担任纪念馆展陈提升改造工作总策划，全程参与展陈提升改造的各项工作，为高质量完成工程建设任务提供指导和建议；委托中央党史研究室第一研究室原副主任、研究员李蓉与北京新四军研究会顾问刘华苏组成专家团队，完成展陈大纲、脚本的撰写工作。10月，在盐城召开省内专家征询会；10月下旬在京召开全国专家征询会，市委书记戴源在北京专家征询会现场讲话，对纪念馆展陈大纲编写报审工作提出明确要求，对展陈提升改造工程建设推进情况给予肯定。

文物管理 年内，纪念馆征集文物、资料、手印863件。申请国家专项资金近400万元，实施文物预防性保护和修复工程，两个项目的招标工作完成，进入施工阶段。提升馆藏文物利用效果，在原有展出文物的基础上，安排库房近百件文物参与展出，充实展陈内容，提升展示效果。完成馆藏文物、资料（含图书）账册电子化工作，完成展厅文物中英文说明牌的编写和更换工作，进一步规范文物资料的管理。

主题展览 年内，纪念馆送展18场次，原创展背负着民族的希望——纪念新四军成立80周年回顾展、文话物语——新四军纪念馆馆藏文物故事展、铁军印记——新四军在江苏抗战文物展、铁的新四军——新四军抗战历史专题展在深圳、嘉兴、大连、铜川等地开展。受白俄罗斯国家文化部邀请，赴白俄罗斯参加由国际二战博物馆协会主办，中国人民抗日战争纪念馆、新四军纪念馆、白俄罗斯伟大卫国战争历史博物馆等10家知名二战类纪念馆协办的东方主战场展览开展。

宣传教育 年内，纪念馆利用主题活动日开展多种社会教育活动，宣传革命历史，讲好红色故事。10月12日，为纪念新四军成立81周年，新四军纪念馆和北京新四军研究会在盐城联合举办“永恒的丰碑——2018盐城·红色文物保护公益宣传活动”。开展的“红星照童心”青少年研学教育活动，让纪念馆真正成为青少年学生的“校外课堂”，入选教育部第一批青少年研学教育基地，获得50万元全额补助。开展“传承红色基因　弘扬铁军精神”红色故事宣讲进校园活动。走进盐城小学、建军路小学、毓龙路实验学校、盐城外国语学校等中小学校，通过现场讲解、红色故事宣讲、主题班会活动以及各类综合实践课堂等形式，让中小学生接受红色文化的精神洗礼，唤醒红色记忆，激发爱国情怀。开展“学习革命史、聆听红色故事”“诵诗词　强党性”活动。组织讲解员和红色文化宣讲小分队，走进“黄海讲坛”，走进先锋社区、洋湾村等开展“主题党日”活动。应邀为盐城边防支队、盐城武警支队、驻盐空军部队入伍新兵开展革命传统教育，提升红色文化的“辐射力”。

（张树忠　王万军）

3月17日，陆公祠举办陆秀夫祭礼活动　　市文化广电和旅游局/供

二、中国海盐博物馆

2018年，盐城中国海盐博物馆完成展陈提升大纲、脚本的撰写与专家评审工作，获得市政府审定通过；公开招标确定空间布局暨展陈提升的概念性设计方案；公开招标确定布展项目EPC工程总承包中标公司，并对设计与施工方案进一步深化、优化。外立面更新、空调维修更换、亮化、绿化以及广场环境整治等提升改造项目均施工完成。年内，博物馆采取广泛征询与重点商谈相结合的方式，成功征集海盐文物与资料500余件（套）。文物库房预防性保护方案与馆藏金属类文物保护修复方案分别获得国家文物局与江苏省文物局认可，并下达专项文保经费776万元与30万元；馆藏38件纸质文物的保护修复工作全面完成，获得江苏省文物局组织的专家验收，有效提升文物保护能力。结合“国际博物馆日”“中国文化遗产日”以及“我们的节日”等纪念活动日，发挥博物馆独特资源优势，打造“崖山义节　魂载古今”陆公祠祭礼、“鉴照古今·石墨镌华之中国古代铜镜纹饰拓印体验”“对话文物”“博物馆+爱心课堂”“走进博物馆，手绘历史”“寻名人足迹、访水浒文化”等一系列社会教育、加强未成年人思想道德建设的品牌项目，累计开展各类活动45场次，举办海盐文化讲座15场次。全年，盐城中国海盐博物（盐城市博物馆、盐城市水浒文化博物馆）开放窗口接待国内外观众30余万人次，其中未成年人7万余人次，讲解接待500余场次。年内，盐城中国海盐博物馆获江苏省中小学社会实践基地优秀课程评选三等奖，被江苏省科普场馆协会表彰为2018年全国科普日活动先进集体。

（黄兴港）

三、盐城市图书馆

2018年，盐城市图书馆购买纸质图书11万余册，单一询价采购电子图书5万余册，分编入库图书7.5万余册，订阅各类报刊1900多种，征集地方文献472册，接受捐赠图书1.38万余册，其中朱冬生将军捐赠珍贵文史资料及图书1.35万册。新建成亭湖区三灶村、盐城市警校、先锋街道幸福路社区、陕西铜川、西藏川南5个分馆，送书2.9万册；分馆书刊借阅2.80万册次，各类读书活动70余场，参与人数3万余人。新建市科技馆、璞和丽致酒店、城南新区公安分局、市看守所、悦达十里香溪、野鹿荡、嘉泽文化7个盐渎书吧，共计配送图书8000余册。新增市福利院送书点，送书200册。开展流动图书车进校园、进社区、进企业29次，借还5081册次。打造书香电视、书香公交、自助图书馆、城市书房等一批阅读服务新载体，完善总分馆模式，在实地考察调研基础上，制定《盐城市图书馆阅读新空间合作共建实施方案》，并召开阅读新空间建设新闻发布会。全年，市图书馆共举办各类读者活动500余场，受众20万余人。其中黄海讲坛讲座55场，参与读者1.03万人；各类展览19场，巡展7场，累计参观读者10万余人；免费播放电影50场，观众3600余人。年内，盐城市图书馆的“图书馆公益联盟”志愿服务项目获全国基层文化志愿服务活动典型案例表彰，“书香济困　悦读民心”获全国公共图书馆扶贫案例一等奖。受省图学会委托，组建“新时代公共图书馆建设与服务”知识学习竞赛队代表江苏省赴河北廊坊参加现场复赛、决赛获得全国二等奖；慧吃慧动、开启健康生活——盐城市“全民营养周”暨营养健康科普宣教系列活动获评2018年全国科技活动周暨江苏省第三十届科普宣传周优秀活动；《市域全民阅读服务体系构建及实践研究》课题获2018年度江苏省社科应用研究精品工程课题立项项目（18SYC-189）；完成中国图书馆学会委托的《全国公共图书馆文化志愿者标准》文稿制定。

四、新华书店

2018年，盐城地区新华书店坚持把社会效益放在首位，发挥好图书流通主渠道作用。以服务好教育教学工作，完成“课前到书，人手一册”政治任务为重点工作，以加强“星级门店”建设、繁荣出版物市场和推动全民阅读为抓手，取得了社会效益、经济效益双丰收。年内，盐城新华书店中心门店全面重装升级，营业面积2200平方米，图书品种3万多种。盐城新华书店重视中国共产党和国家重要文献的发行工作，全年《习近平新时代中国特色社会主义思想三十讲》《新时代面对面》等重要文件文献出版物发行工作实现销售码洋近100万元。年内，盐城新华书店以阅读为核心，组织20余次“新华·阅读”“树下童年”活动；邀请学者康震、作家丁立梅、诺米姐姐等人到学校举办若干场名家讲座；4月，与房产局联合举办“书香房产”；5月，与工商

2018年，盐城市图书馆在“新时代公共图书馆建设与服务”知识竞赛中获全国二等奖

市文化广电和旅游局/供

局联合举办“红盾书市”；6月，与质监局联合举办“质监书香”，为推广全民阅读，建设“书香盐城”做出贡献。年内，“盐城新华书店”公众号通过定期推送图书活动、“智慧书城”助力助学读物征订等措施，使得关注人数增加近3.2万人。年内，盐城新华书店中心门店被评为2018年江苏最美书店。全年，全地区新华书店实现销售5.3亿元，实现利税3824万元。（王　盼）

五、盐城市科技馆

2018年，盐城市科技馆继续实施“科学碰碰乐”系列科普活动。开展“科学碰碰乐”趣味科普运动会、“盐城市湿地科普”文艺汇演、“气球Style”科普实验、“结构大力士”科普实验、“细说‘禽兽’”科普相声等300多场科普活动，受众近3万人。举办、引进各类专题展览活动，对阵地科普形成促进和补充。全年，市科技馆举办自主设计“狗年说狗”临展以及招标引进的“音乐中的科学”临展，受众约10万余人次。年内，市科技馆申报的“科学碰碰乐—吸管排箫DIY”以及“科学碰碰乐——带着智慧来‘掼’蛋”项目分别在第四届科普场馆科学教育项目展评中，获三等奖和优秀奖。5月，在中国地震局组织的“全国第二届防震减灾科普讲解大赛”中，市科技馆选手卞菁菁和张雯雯分别获得全国三等奖以及优秀奖的好成绩；9月，在省科普场馆协会组织的首届科普讲解员大赛中，市科技馆参赛选手侯晶晶以总分第一的优异成绩获一等奖，缪雅文获二等奖；11月，在省科普场馆协会组织的第二届科普论坛上，市科技馆共有5篇论文入选论文集，其中徐春凝的《“软硬兼顾”谈科技馆文化建设》获一等奖。全年，市科技馆共接待游客42万余人，比上年增长约15万人。5月，在江苏省全面科学素质工作小组办公室与省科普场馆协会联合开展的2017年度江苏省科普场馆绩效考评工作中，市科技馆与江苏省科技馆等4家科技馆获优秀等级；市科技馆还被省科普场馆协会评为2018年科普周活动先进集体。（刘晓曼）

第四节　文化遗产保护

2018年，全市开展各种文物保护、文化古迹修缮等文化遗产保护工作。12月1日，《盐城市革命遗址和纪念设施条例》正式实施。全市重要革命遗址修缮提升工程建设有序推进，大丰粟裕指挥部旧址完成修缮提升，刘少奇旧居等5处革命遗址竣工并对公众开放。新四军纪念馆被评定为国家二级博物馆，在盐、在京举办全省、全国展陈提升大纲专家征询会，与北京新四军研究会签订战略合作协议，与陕甘边革命根据地照金纪念馆、江苏省边防总队等签多家单位订共建协议；盐城中国海盐博物馆外围基础设施提升外墙改造基本完成，文物征集工作有序推进。协助省考古所完成城南新区亭威南侧地块重要汉墓抢救性发掘和文物保护工作。年内，盐城公布第四批市级非物质文化遗产代表性项目名录34个、扩展项目名录5个。开展非遗进校园、进乡村活动，全面推进“戏剧进校园”工作。组织优秀非遗项目参加江苏省非物质文化遗产精品展、中国第五届非遗博览会、苏北五市非遗联盟展、大运河文化带城市非遗展等活动，9件农民画作品入展2018全国农民画优秀作品展，5件农民画作品入展2018纪念改革开放40周年全国农民画展。大丰瓷刻作品《越洋电话》获得“中国工艺美术文化创意奖”金奖。编辑出版历史文化丛书《文韵盐城·散文卷》《红色盐城》《盐城红色文化烈士命名的村(居)》等书籍。提升公共非遗展示场馆、展厅12个。

2018年全市省级以上非物质文化遗产名录一览表

表27-39

序号	项目名称	项目类别	申报单位	批次
1	董永传说	民间文学	东台市董永传说研究会(国家级)	一
2	淮剧	传统戏剧	江苏省淮研会(国家级)	一
3	建湖“十八团”杂技	杂技与竞技	盐城市杂技团(国家级)	一
4	盐城老虎鞋	传统美术	盐都区文化馆(省级)	一
5	东台发绣	传统美术	东台市发绣协会(省级)	一补
6	沈拱山传说	民间文学	盐都区郭猛镇文化站(省级)	二
7	大丰麦秆剪贴	传统美术	大丰区南阳镇文化站(省级)	二
8	海盐晒制技艺	传统技艺	盐城中国海盐博物馆 江苏盐宝盐业有限公司(省级)	二
9	八桅立式大风车制作技艺	传统技艺	盐都区龙岗镇文化站(省级)	二

续表27-39

序号	项目名称	项目类别	申报单位	批次
10	东台陈皮酒酿造技艺	传统技艺	东台市天成酒业有限公司(省级)	二
11	施耐庵与《水浒》传说	民间文学	大丰施耐庵纪念馆(省级)	二
12	张士诚传说	民间文学	大丰区草堰镇文化站(省级)	三
13	建湖花炮制作技艺	传统技艺	建湖县文化馆(省级)	三
14	合成昌醉螺制作技艺	传统技艺	盐城合成昌食品有限公司(省级)	三
15	弶港渔民号子	传统音乐	东台市弶港镇文化站(省级)	三
16	响水五大宫调	传统音乐	响水县文化馆(省级)	三
17	溱湖刻纸	传统美术	东台市秦东镇文化站(省级)	三
18	工鼓锣	曲　艺	响水县文化馆(省级)	三
19	九龙口传说	民间文学	建湖县九龙口镇文化广电服务中心(省级)	四
20	民歌(牛歌)	传统音乐	阜宁县文化馆(省级)	四
21	农民画(射阳农民画)	传统美术	射阳县文化馆(省级)	四
22	面塑(阜宁面塑)	传统美术	阜宁县文化馆(省级)	四
23	瓷刻(大丰瓷刻)	传统美术	大丰区瓷刻世家工艺厂(省级)	四
24	草编(射阳草编技艺)	传统技艺	江苏桃园家饰有限公司(省级)	四
25	柳编(盐都柳编)	传统技艺	盐城市盐都区龙冈镇文化站(省级)	四
26	何首乌粉制作技艺	传统技艺	盐城陈氏食品有限公司(省级)	四
27	汤面制作技艺(东台鱼汤面制作技艺)	传统技艺	东台磊达宾馆有限公司(省级)	四
28	糕点制作技艺(阜宁大糕制作技艺)	传统技艺	阜宁县文化馆(省级)	四
29	膏药制作技艺(吴氏膏药)	传统医药	盐城市亭湖区吴登清中医诊所(省级)	四

第五节　文化交流

2018年，江苏省杂技团随江苏艺术团赴海外开展“欢乐春节·精彩江苏”系列文化活动。邀请中央芭蕾舞团原创芭蕾舞剧《鹤魂》、上海音乐学院原创歌剧《贺绿汀》等高雅艺术走进盐城。组织“草原丝路乐、盐城伊犁情”公益巡演和“盐阜文化铜川行”“箭乡文化盐城行”文化展示，举办“翰墨芳华”——“庆三八”铜川·盐城书画家交流笔会、铜川·盐城书画写生创作学术研讨会、盐城市书画院·韩国蔚山广域市南区文化院国际文化艺术交流会等活动，盐城书画艺术影响力不断扩大。淮剧《小镇》《送你过江》《十品半村官》3部作品受邀参加江苏20台优秀现代戏沿大运河城市巡演活动，淮剧《菜籽花开》作为江苏省文华大奖巡演剧目赴宿迁展演，杂技剧《小桥　流水　人家》受邀献演第五届丝绸之路国际艺术节并获丝路文化贡献奖，并在山西太原驻点演出40场。江苏淮剧博物馆、安丰古街、东台市西溪旅游文化景区入选第二批中华文化海外交流基地。

（王　伟）

第28章 新闻出版

编 辑 赵 丽

第一节 报 刊

一、《盐阜大众报》

2018年，盐阜大众报报业集团履行新闻宣传职责使命，为推动盐城高质量发展走在苏北苏中前列提供强有力的舆论支持。集团策划并组织开展系列庆祝《盐阜大众报》创刊75周年活动，举行纪念大会，举办高峰论坛。与《延安日报》《拂晓报》三家老区党报签订战略合作协议。先后获评全国城市日报20强、全国报纸自办发行先进集体、省广告经营诚信单位、省新媒体创新项目奖、市级机关优秀党组织等，第六次获得江苏新闻奖，涌现出江苏名记者等一批先进典型。

宣传报道 年内，围绕市委七届五次、六次全会，报业集团组织开展包括“五位一体”总体布局、“四个全面”战略布局、五大发展理念、乡村振兴战略、全面从严治党、践行社会主义核心价值观的盐城实践等报道，策划组织全市上下围绕“两高”目标、实施“三市”战略、走好“两海两绿”路径的重点报道，推出盐城在落实省“1+3”重点功能区战略中的决策部署和生动实践系列报道。《盐阜大众报》推出《改革再出发 奋进新时代》专栏和《壮阔东方潮 奋进新时代》专版。新闻客户端开辟专题，设立系列报道、一图读懂、征文比赛、网络直播系列栏目。盐城发布等制作的盐城融媒体地图，直观反映改革开放以来盐城的巨大变化和发展新貌。《盐阜大众报》推出《感动盐城》专栏，再次掀起“好人”宣传热潮。持续开展与《人民日报》、新华社、人民网、《新华日报》等知名主流新闻媒体的联系合作，从盐城新闻网平台向外推送外宣稿件4000多条，盐城新闻网有8万多条次新闻被国内外重点网站选用。市委全会报道《“两海两绿”：盐城高质量发展新路径》，在新华社客户端浏览量高达76万；《中国报业十九大传播峰会获奖优秀版面评选》《一张蓝图画到底 盐城推动“五大组团”建设》等浏览量实现100万+。加强与上海主流媒体合作，《盐阜大众报》新闻客户端加入长三角移动新媒体联盟。

作品获奖 年内，集团在省各类报纸优秀作品、全国报纸副刊优秀作品、全国赵超构新闻奖、中国地市报新闻奖摄影作品、省优秀新闻摄影作品评选中，共获得94件奖项，创历史新高。其中，《盐城20个安置点灾民新居全部建成交付》获得江苏新闻奖，《滨海全民免费体检惠及近百万民众》获得赵超构新闻奖特等奖。

媒体融合 年内，报业集团以媒体深度融合和传播手段创新为重点，继续探索媒体真融深融的实践路径。在组建新媒发展部、建成演播厅、公开招聘主持人的基础上，下半年微视频栏目《盐阜播报》在手机媒体上成功推出，集团开始进入“报纸+视频+新媒体”融合传播的新时代。“报网微端屏”全面发力，集团融合传播的能力明显提升。经省网信办审核，国家网信办同意，集团新媒体成功申请互联网新闻传播资质许可证。通过技术、人才、渠道、流程等方面整合，年内先后推出《一滴长江水的盐城之旅》等集合文字、图片、视频、音频、H5、图解、动漫等元素的新媒体产品，全年制作23个H5作品，新闻客户端和新闻网10万+稿件数量达147条，《“一号文件”系列图解》《盐通高铁开工》《创文接力棒》《共饮长江水》等作品20个，点击率都超过了20万+。“盐城发布”微博、微信公众号实现365天全天候推送、滚动发布，及时传递政务要闻和民生热点信息，微信公众号累计发布1083次、2237条，全年累计阅读量超过800万+，影响力排名位列全省第七。在继续做好市委宣传部文明盐城网、盐城人大、盐城政协的运营维护工作的同时，先后承接了盐城城管、盐城宣传、盐城镜鉴、盐城国资委等12家微信公众号和网站代维运营工作，点金新闻APP成功申办。

报业经营 年内，报业集团实现创收1.7亿元。其中，广告经营收入6700万元，经营业绩走在苏中苏北前列。以“改革开放40周年”贯穿全年，“两会特刊”“5·18”特刊等主题策划重点突破，展示盐城成就，提升经营增量。与有关部门合作，在北京、上海、盐城分别举办中国盐城沿海湿地国际摄影展获奖作品巡展和盐城“十景”推介活动。获江苏省广告协会成立30年行业发展显著成就奖、江苏省报业2017—2018年度经营创新项目优秀奖、中国报协改革开放40周年融合传播经典案例(作品)一等奖等。集团产业经营收入3600万元。印务公司强化技能改造,在做好集团“三报”印务基础上,通过“横联”“并购”等措施实现创收2900万元;科技公司在推广智慧城市项目建设的同时,进一步提高软实力,获批江苏省高新技术企业,并申请软件著作权13件,授权发明专利1件。

二、《盐城晚报》

2018年,《盐城晚报》抓住全国文明城市创建、重点民生工程建设、新水源地及引水工程主线贯通并联网供水、中高考、中小学开学、雨雪冰冻天气等主题,策划采写一批稿件。先后推出《最美警察》《黄海名探》《派出所长的一天》《最美家庭》等系列报道,同时对“智慧停车”“养犬整治”等群众关注的焦点和政府重视的工作,进行了全方位、多角度的报道,较好地引导了舆论。“城事”“帮办”“爱心”“帮你找”等平台注重正能量报道,全年为弱势群体解难事、办实事。《盐城晚报》微博、微信公众号“双微”常年正常运营,官方微博粉丝数近35万,位列全市主流媒体前列。独立主持18个话题,总阅读量超1亿人次。其中,话题“盐城正能量”当年阅读量超3000万人次,总阅读量近5000万人次;“盐城快新闻”阅读量超2500万人次;“刚刚发生”阅读量近1000万人次。年内,《盐城晚报》有5件作品获得赵超构新闻奖,其中作品《滨海全民免费体检惠及百万民众》(作者:崔宇宙　周俊　编辑:陆辉　梁鹤龄)获特等奖,作品《盐城首次发现丹顶鹤自然繁殖》(作者:龚增英　编辑:陆辉)获一等奖。在第十五届中国晚报优秀新闻论文评选中,征跟东的论文《从亲历实践看地方媒体环境报道的十个策略》获一等奖。

三、《东方生活报》

2018年,《东方生活报·老爸老妈》参与集团媒体融合,拓展传播平台和推送渠道,为老年用户提供展示自我、体现价值、表达诉求、共享幸福的全媒体服务。重点栏目《跨越半个多世纪的爱情故事》每周推出1期,聚焦的近百对金婚夫妇的爱情故事,亲情浓郁、温馨感人;《我的养老生活》栏目约请更多熟悉身边老年人的读者,分享养老故事和人生感悟,让广大老年读者从中受益得到启迪。努力经营好“人物”“开讲”“我家厨房”“祖孙乐”“墨香”等10多个板块,分别拥有自己的用户和粉丝群。在2018年度江苏省报纸好新闻评选中,《跨越半个多世纪的爱情故事》专栏获二等奖,另有1篇人物通讯获三等奖。

第二节　广播电视

2018年,盐城广播电视总台发挥主观能动性,按照“稳定电视、提升广播、开拓政务、突破产业”的思想和要求,打造联办栏目6个,承制各类专题宣传片100多部,举办各类大型活动近百场。以首届盐城广电节为载体,“40年·我与盐城共成长”为主题,组织十大系列活动,较好实现“塑品牌、扩影响、增创收”的目标预期。坚持把产业转型作为支撑发展的有力抓手,统筹做好产业项目的谋篇布局和推进落实,积极谋划文化旅游、农资市场、大型会展等可持续引领型产业,有力推动科技信息、教育培训、媒体剧场等项目扩大成效。年内,全台产业创收同比增长39%,实现稳健有序发展。全年组织各类工作研讨17次,征求职工意见5次,献计献策近千条次,有效汇聚发展合力。加强战略谋划,坚持把长远性目标和阶段性任务相结合,深化体制和机制改革,加强制度和文化建设。年内,总台被评为省广电系统先进集体、市文明创建先进集体,连续六年获得市委、市政府综合先进奖项。多个部门获得省新闻出版广电政府奖、省“三八”红旗集体、市“工人先锋号”等荣誉,15人被授予省、市级奖项,5人被市政府记功,彰显了盐城广电人奋发进取、担当有为的时代风貌。

一、广电宣传

2018年,市广电总台围绕市委战略部署,树立“以人民为中心”的宣传导向,推进内容生产供给侧改革。全年共推出挂牌专栏60多个,组织各类新闻行动30多个,报道全市经济社会发展重大活动30多场(次),组织中心工作深度解读和评论180多篇。省广电局年度新闻抽查评价,《盐城新闻》突出主题主线,强化正面引导,内容饱满,节奏明快,可看性强。坚持把优化传播格局作为有力支撑,上半年,广播电视舆论监督互动栏目《清风盐城》开播,受理群众反映问题2108件,转送相关部门办结90%以上;下半年,大型法治专题栏目《每周说法》开播,市中院、各基层法院院长、省市人大代表、政协委员,以及南京大学、华东政法大学、南京师范大学等多所院校知名法学专家组成的顾问团队,现场见证开播。策划大型电视问政栏目和媒体舆情信息内刊,构建“新闻宣传、舆论监督、决策服务”三位一体传播体系。坚持把扩大对外宣传作为重要职责,全年在央视用稿86条,其中《新闻联播》37条;在省台用稿702条,其中《江苏新时空》281条,策划推送的《中国舆论场》4分钟专题宣传、国庆期间在央视、省台集中宣传。参与组建全国首个跨地域全方位城市台联合体——江苏城市台协作联盟,为接轨上海发挥舆论先导作用。与韩国蔚山广域市电视台、新华网、上海广电等国内外主流媒体深化战略协作,联手打造系列论坛、活动和专题宣传,传播力、影响力不断增强。

廉政宣传　年内,市广电总台顺应国家监察机制改革,全面实施《政风热线》改版,在市纪委监委指导下,创塑《清风盐城》品牌栏目并推出《黄海廉潮》——县(市、区)监委主任访谈。7月30日,《清风盐城》开播后,受理问题519件,交由相关部门办结90%以上,初步形成盐城版《焦点访谈》的权威和影响。结合全市开展“正风肃纪镇村行”、做大“510”主题教育活动,总台党委充分发挥“六位一体”平台优势,创新实施“9+2”系列警示教育。3月29日,一图读懂“正风肃纪镇村行专项行动”,24小时全网总点击量接近10万人次,在全市形成前所未有的影响;播出1万多条廉政公益广告和短视频，举办廉政美文经典诵读和廉政书画笔会等，引导干部职工做政治上的明白人、工作中的实干家、廉洁自律的践行者。总台采写宣传盐城党风廉政建设工作的多篇报道在省级以上主流媒体播出，其中《我省首个市级监察委员会在盐城成立》《履行全面从严治党主体责任的“开卷考试”》等先后在江苏卫视《江苏新时空》栏目播出。

二、媒体融合

2018年，市广电总台坚持把发展新媒体作为传播能力建设的优先方向，摆在更加突出的战略层面谋划和推动，不断深化融合传播创新和实践。坚定不移推动平台建设提质扩量，“智慧盐城”下载用户量由2017年底的180万户增加到2018年底的300万户，实现历史性突破，连续两年被评为“中国地市广电APP全国十强”，再次拿下“最具创新传播力奖”，为深度开发服务功能，全面参与“智慧城市”建设，奠定坚实的用户基础。持之以恒创新主流话语表达方式，组建本土唯一持有网络视频直播认证资质的直播团队，开启移动直播元年，组织各类直播130场，总观看人数近1500万人次，其中“盐青高铁通车”“大铜马复位”“庆祝元旦长跑”直播观看人数24小时内破百万，策划制作“10万+”阅读量视频作品30多部，放大视频宣传网络扩散效应，显示“智慧盐城”不同凡响的传播能力。坚持不懈完善技术平台服务功能，与盐城经济技术开发区、悦达集团、城南新区、市总工会、市妇联等单位开展全媒体深度协作，成功打造本土首个“端微一体”政企号传播矩阵，构建客户端“微社区”“互助平台”，推动形成以移动客户端为前端，微信公号群为延伸，广播、电视、报纸等传统媒体为支撑的全媒型融合传播矩阵。

网络安全 年内，市广电总台专门成立信息网络安全领导小组，全面负责全台信息安全工作。年底，经省广电局、省网信办及省市公安部门认证，完成盐城网、智慧盐城APP网络安全等级保护工作，系统安全性得到进一步提升。加强督查演练和培训，定期组织信息安全防范演练，要求各机房维护员和值机员要熟练掌握操作流程和操作技能，通过反复演练，确保每个岗位、每个责任节点都能快速反应和正确处置；加强信息安全有关知识培训，全面提升相关工作人员信息安全意识和信息安全操作技能。全面落实各类网络信息系统等级保护工作，根据国家广电总局“十三五”科技发展规划提出的时间表，至2020年末，市广电总台将实现办公网及媒体融合平台、广播制播网及电视播出网等所有网络信息系统的等级保护工作，以保障全台网络信息系统的安全稳定运行。

三、安全播出

2018年，市广电总台顺利完成政府直录播盐城工匠颁奖典礼、第五届道德模范颁奖仪式、盐城“3·15”晚会、水务知识竞赛、“5·10”警示教育等28场次，以及经济责任部门和商家协调对接的直录播活动30场次。完成全媒体高清演播厅主持《走进春天》栏目开播仪式的技术保障任务。年内，全台安播时长累计25.76万小时，其中自办广播节目三套，播出时长3.48万小时；自办电视节目三套，播出时长3.27万小时。按照千分制考核分值分配表，逐项对照找差，逐项对照完善，强化安全播出重要保障期和日常安播管理管理，在技术层面上采取线路改造，完善播出核心系统存在单一崩溃点的问题，完善备份设备，及提供信号备份等保障措施；根据各机房的实际情况，制定各类相应的应急处置方案，加强演练提高操作技能；按时完成年度防雷接地电阻检测，消防设备及器材年度检测，落实设备定期维护检修制度；完善机房环境监控，实现核心机房7×24小时环境监控，包括机房实时温湿度监控报警，实时浸水报警，特别是对空调水重点监控，对机房的用电以及精密空调的温控也做到实时监控；配合供电部门停电、倒电时，加强操作的培训和演练，值班人员迅速熟悉设备处理、倒换、数据备份、系统维护等各项工作。 （王建怀　王春明）

第三节　出版管理

2018年，全市新闻出版事业和产业发展保持稳定发展。实现村级综合文化服务中心全覆盖，新建全民阅读新空间、便民设施近200处，创建书香建设示范点190多家，培树一批全民阅读先进典型。“书香盐城”微信公众号、浠沧月·湖畔阅读公社、乐华泽分别被评为江苏省十佳全民阅读推广平台、推广组织和推广人，盐城“邮政会读馆”、大丰“小城小爱”茶吧被认证为省级全民阅读新空间，盐城新华书店获评2018年度全省最美书店，建湖县获评第二届全省书香城市建设示范县（市、区）。全市有印刷企业367家，其中大市区印刷企业89家，同比增长3.67%；包装装潢印刷企业190家，同比增长7.34%，印刷业结构进一步优化。全市有出版物发行单位596家，其中大市区151家；有出版物批发单位15家，其中民营批发单位6家。

一、全民阅读

2018年，盐城围绕“书香盐城”建设目标，以“盐渎风”读书节活动为抓手，着力打造“天天悦读1+X”阅读品牌项目（每天阅读+多元化服务内容和服务方式），组织举办“盐渎风”读书征文演讲比赛、“阅读筑梦　书香人生”演讲比赛、“书香盐城·放飞梦想”少儿绘画大赛。邀请盐城文化名人曹文轩、著名作家赵丽宏等在盐城作专题讲座，进一步提升黄海讲坛、机关周一大讲堂、铁军文化大讲堂、三贤讲堂等品牌讲座品质，扩大知名度和影响力。年内，全市加强各类公共图书馆数字化标准化建设，完善图书馆总分馆体系“一卡通”建设，建立社区图书室、农家书屋文化共享工程基层节点，推广24小时图书自助借还服务，引导高校图书馆向公众免费开放，全方位满足市民阅读需求，设立一系列的阅读便民设施，提供相关配套服务，进一步营造出书香盐城浓厚的阅读氛围。全市农家书屋通借通还工作覆盖率80%以上，农家书屋数字化建设、出版物更新工作顺利完成，滨海头罾社区书屋获全国五星级农家书屋，射阳的农家书屋专职宣传文化管理员制度被省局肯定并在全省推广。提升改造了1200多家农家书屋、社区书屋、便民书吧等基层阅读设施，对数字图书馆、图书馆自动借还系统等数据内容，进行100多次更新维护。全市新建617个村（社区）综合文化服务中心，村级公共文化服务中心达标率90%以上。以阅读阵地建设为依托，新建阅读新空间60家、阅读便民设施100个，一批"爱心"书柜、"图书漂流角"、鸟巢漂流书屋、朗读亭、图书馆自动借还系统等设施相继投入使用，基本实现城市15分钟"阅读圈"和农村3公里"文化圈"建设目标。

"盐渎风"盐城市第六届读书节 4月23日下午，"盐渎风"盐城市第六届读书节启动仪式在盐城市图书馆举行。"盐渎风"盐城市第六届读书节以"新时代·新征程·新阅读"为年度主题，大市区将重点安排分享交流、经典传承、时代精神、快乐成长、关爱扶助、青春飞扬、阵地延伸、市县联动八大版块200多项1500多场次活动，进一步加强全民阅读基础设施建设，搭建更多的阅读平台，提供更加优质的服务，不断提高全民阅读活动的影响力和辐射力，使阅读活动成为重要的城市文化品牌。此届读书节历时12个月，在全社会营造全民阅读的"盐渎风"，开启"书香盐城"新征程，开展全民阅读，普及科学文化知识，为盐城市民开启全方位的文化盛宴。

全民阅读春风行动 2月7日，2018盐城市"全民阅读春风行动"在射阳县陈洋法治广场正式启动。启动仪式现场举行春风少年读书会、"春风行动"示范品牌、全民阅读志愿服务站、全民阅读志愿服务队揭牌、授旗仪式。省新闻出版广电局向盐城市困难儿童捐赠200套阅读关爱"书香礼包"，盐城市、射阳县文广新局，市发行行业协会、射阳新华书店、射阳艺博教育等政府部门和社会各界捐赠图书价值1.5万元、公益讲座100场，市图书馆与射阳实验小学结对共建并捐赠图书1000册。启动仪式结束后，嘉宾观看"书香润鹤乡·悦读乐农家"专场惠民演出和"镜头下的书香射阳"摄影图片展，并参观陈洋农民画之家、陈洋农家书屋等基层阅读阵地。从2月7日开始，盐城各县（市、区）按照省、市统一要求，广泛动员社会力量走进基层，开展阅读阵地建设援助、阅读关爱、阅读推广示范引领等系列惠民阅读活动，全面营造全民阅读氛围。

农村少年儿童阅读实践活动 8月22日至9月10日，盐城市文广新局、市教育局联合开展全市农村少年儿童阅读实践活动，动活旨在以农家书屋为平台，通过开展绿色阅读、文明上网等相关活动，推广全民阅读，宣传"扫黄打非"，引导农村少年儿童远离有害出版物和不良信息，学习做人、立志创造，传承中华优秀传统文化，培育和践行社会主义核心价值观，健康成长、全面发展。全市各地通过演讲诵读、读书征文、送书下乡、送教下乡等一系列活动，营造农村中小学生健康成长环境。

2018年农民读书节 9月29日，盐城印发《盐城市2018年农民读书节方案》，组织各地参加江苏省第八届江苏农民读书节。10月，全市以农家书屋为主阵地，以书香街道、书香村居建设为抓手，以服务"三农"工作、助力乡村振兴战略实施为出发点和落脚点，开展贴近农村实际、农民喜闻乐见的各类阅读活动，引导农民多读书、读好书，养成阅读习惯，提高农村综合阅读率和全民阅读工作满意率、知晓率，形成全社会关心帮助农民阅读和支持参与实施农家书屋提升工程的浓厚氛围。开展习近平新时代中国特色社会主义思想三十讲专题阅读、改革开放成就系列阅读宣传、阅读关爱送温暖、编辑记者走进基层书屋、阅读场所结对共建等多项相关阅读活动，通过组织图片展、读书会、农民画展、读书征文等活动结合小戏小品、广场舞大赛等形式展现盐阜新农村风貌，全面营造书香盐城建设良好氛围。

射阳县合德镇淮海农家书屋 卢云岭/摄

二、扫黄打非

2018年，盐城市按照全国全省"扫黄打非"电视电话会议工作部署和省"扫黄打非"办五大专项行动安排，推动"扫黄打非"各项工作持续有序有力开展。明确目标，多方位推动进位争先。1月16日，市"扫黄打非"工作领导小组根据人员和职能，对成员单位及时进行调整。6月5日，市委办、市政府办转发《2018年盐城市"扫黄打非"行动方案》。年内，市"扫黄打非"办多次协调宣传、网信、文化、公安等部门力量对各县（市、区）、市各成员单位的工作落实情况进行暗访督查。

元旦后，抽调专门力量组成暗访组，对各地全民阅读新空间进行专项督查，检查大市区重点部位的20余处书店、阅读城市旅馆、盐渎书吧、鸟巢书屋，抽查部分县（市、区）阅读新空间的图书流转和管理情况。4月初，对全市部分乡镇、社区、企业的图书馆、农家书屋、社区书屋、职工书屋出版物情况进行抽查，暗访部分印刷品批发零售市场和门店。全国"两会"期间，组织开展对重点印刷企业和印刷品市场的专项检查，抽查出版物印刷企业和具备出版物印刷能力的印刷企业30多家、各类图书发行网点80多个。先后会同有关部门组织开展网络游戏、全民阅读新空间、夏季地摊出版物市场等专项整治行动及2018年一、二、三、四、五批非法出版物查堵工作。对市区中小学、高校及其周边出版物市场、印刷复制企业、全民阅读新空间、邮政快递物流企业、市主要门户网站、网络销售网店等重点行业和单位进行多轮次、地毯式清查，出动人员3000多人次，检查网点2000多家次，收缴非法出版物1万余件。对于暗访和专项检查所发现的重要线索，各级"扫黄打非"办加强督办，一追到底。年内，全市共查办"扫黄打非"重要案件21起。建湖县查办的"吴某涉嫌传播淫秽物品案"、盐都区和市文化综合执法支队查办的"3·5"涉嫌贩卖淫秽物品牟利案、"9·16"涉嫌侵犯著作权案等五起案件被列为省以上督办案件。

全国"扫黄打非"办督办"盐城3·4侵犯著作权案"审结 3月27日，盐城市中级人民法院以犯侵犯著作权罪对"盐城3·4侵犯著作权案"被告人张某林、张某成、张某分别作出判处有期徒刑3年，缓刑4年，并处罚金2.8万元；判处有期徒刑3年，缓刑3年6个月，并处罚金2.5万元；判处有期徒刑1年6个月，缓刑2年，并处罚金5000元的判决。三被告人在规定期间内未提起上诉，判决生效，此案审结。2016年3月4日，盐都区公安局龙冈派出所，在龙冈镇凤凰居委会境内捣毁一个非法刻录盗版光盘的窝点，公安机关现场抓获了张某成、张某两名犯罪嫌疑人，现场查获电脑、刻录机、刻录的未包装光碟1.58万张、刻录的黑胶唱片、音乐CD、光碟等4695张。案发后，盐城市立即成立"盐城3·4侵犯著作权案"专案组。盐城市"扫黄打非"办、市文化行政综合执法支队、盐都区"扫黄打非"办等部门及时介入案件调查工作。省"扫黄打非"办、省版权局、全国"扫黄打非"办、国家版权局先后发文对此案进行挂牌督办。在各部门通力合作下，办案人员多次赴浙江等地查案，经过1年多时间的艰苦细致的调查取证，查明2014年7月至2016年3月期间，张某林以营利为目的，伙同张某成在盐都区盐龙街道北港村张某成的家中及出租屋等地方，雇佣张某等人刻录盗版光盘，并通过在淘宝注册的名为麦田里的小喜鹊音乐工作室、中国教育大学等网店销售。经鉴定，现场查获刻录的未包装光碟系未经批准擅自复制的非法出版物。2017年6月28日，该案由盐都区人民检察院移送至盐城市人民检察院审查。2017年12月19日，盐城市人民检察院向市中级人民法院提起公诉。

"扫黄打非"基层点位检查家家到活动 7月18—31日，盐城市集中开展"扫黄打非"基层点位检查家家到活动。市文广新局组成多个检查组，结合农村公共文化服务设施建设情况对全市11个县（市、区）近600个"扫黄打非"基层点位进行密集检查。此次检查以村级"扫黄打非"点位为主要对象。检查组每到一地，均对"扫黄打非"基层点位办公场所和设施建设、专兼职人员配备和在岗情况、职责分工制度制定执行、宣传监管活动开展等各项工作逐一对照检查。对不符合规范化、标准化建设的点位，现场指出问题并加以具体指导；对已经获得省"扫黄打非"基层示范点的单位，督促其继续创新完善、不断提升，充分发挥好示范带头作用。检查表明，近两年盐城市"扫黄打非"进基层工作成效明显，基层点位全部覆盖，专兼职人员配备到位，但标准化、规范化建设比率不高，部分地区设施和人员力量不足，基层点位宣传和辅助监管职能不强。盐城市根据此次检查情况，结合全市"扫黄打非"基层示范点创建工作，加大基层"扫黄打非"工作从业人员培训力度，统筹推进各地基层点位建设工作标准化、规范化建设，有效发挥"扫黄打非"基层点位在净化城乡文化环境、提升公共文化服务水平方面的重要作用。

三、新闻出版行业监管

2018年，市文广新局结合深化行政审批制度改革要求，以规范事中事后监管工作为重点，依法加强权力清单、服务清单建立及执行情况的监督检查，完成30余项行政许可项目，新成立二级出版物批发企业1家。通过开展行业培训工作，普及法律法规知识，提高企业负责人依法经营观念和管理水平，推动行业健康发展。6月，市局联合市印刷包装行业协会分别举办2018年度印刷企业培训班及新设立印刷企业负责人法规培训班，对新进行业人员开展岗位培训，全市200多名企业负责人参加培训，接受考核。年内，市文广新局在全市范围内对连续性内部资料出版物开展专项清理工作，对5家不能按时编印处于停办状态的实行注销，对另外9家编印单位责令限期整改。增设法制审查环节，对所有印刷单位设立申报进行严格审查，资料不规范、条件差的一律不予批准，对以前符合条件但不符合现行法规规定的，责令限期整改到位，一律以现行规定为准。

（卢云岭）

第29章　档案史志

编　辑　赵　丽

第一节　档案管理

2018年，盐城市档案系统围绕市委、市政府中心工作，坚持把改革、开放、创新作为高质量发展的三大活力源泉，不断夯实档案基础业务，提升服务水平，为促进全市经济和社会事业发展作出贡献。

一、档案馆室

2018年1月，盐城市城市规划委员会第一次例会，通过了市档案新馆综合体选址方案，即世纪大道以北、天山路以西、通榆河以东，占地100亩。10月初，市本级综合档案馆舍建设项目正式列入政府投资三年滚动项目，纳入2019年度“两重一实”项目。规划中的市档案馆综合体包括市档案馆以及市城建、交通、房产、规划档案馆。年内，射阳县档案馆新馆处于装修阶段；滨海县档案馆投入50万元专项经费，安装消防灭火装置和库房安全监控系统；响水县档案新馆正在建设中；盐都区档案馆对档案库房入侵报警及视频监控系统进行升级。引导、培育、扶持基层单位数字档案室建设，全市共创成AAAAA级数字档案室9家、AAAA级数字档案室3家、AAA级数字档案室10家。2018年4月，国家档案局正式批准大丰区数字档案馆为“国家级数字档案馆”，为苏北地区首家，全国第15家。

二、馆藏档案

至2018年底，市档案馆馆藏档案共计17.1万卷、21.6万件。全年共完成80万页档案扫描，馆藏档案数字化率由73%提高到82%。全市档案信息化发展进一步均衡。亭湖区档案馆争取到三年200万元的信息化专项资金，建成综合档案馆管理系统，并计划完成数字化扫描700万页；建湖县档案馆信息化工作启动。

三、征集编研

2018年，市档案馆接收市卫计委、文联、质监局、环保局等单位移交的文书档案215卷、1.21万件；接收市经信委、轻纺办移交的会计档案5644卷；接收原市纺织厂文书、会计、照片档案180箱(袋)；接收城南新区6个村3771户的土地确权档案进馆。征集市委宣传部、党史办电子照片3814张；征集各类家谱、图书17本；征集江苏悦达集团、江淮动力有限公司工业档案文献复制件50张。市档案局领衔，市委统战部、市工商联联合推进盐城乡镇企业和民族工商业档案征集工作，全市共征集到22个乡镇企业、2个民族工商业共24个企业的档案数据，报送省档案馆。开展“档案见证改革开放——江苏最美家庭档案”征集评选和资料报送工作，挖掘到有代表性、有时代印记的家庭档案资料1200页，被省委宣传部、省档案局授予组织奖。与市委宣传部联合举办盐城改革开放40周年图片展，为筹办展览提供反映盐城改革开放辉煌成就的图片120多张、史料100余件。在全省率先完成盐城25万字的“百村万户”口述历史采集和文字整理工作，作为唯一地级市在省“百村万户”口述历史采集工作推进会上作经验交流。编写每月1期的《盐城大事记》，共12期8万字。与市委党史办合作编写《中国共产党盐城执政实录》，完成了有关章节的编写。

四、开放利用

2018年，市档案馆规范档案利用工作，推动档案公共服务均等化，推行“档案服务快捷通”，完善查档会商制度，提高档案的查准率、查全率。全年接待查档4472人次，提供档案利用5.33万卷(件)次。收到单位赠送的表示感谢的锦旗3面。东台市档案馆接待查档7357人次，调阅档案1.23万卷(件)次，复制有效档案1.78万页；射阳县档案馆接待查档6320人次，调阅档案1.54万卷(件)次，出具凭证9150份；建湖县档案馆接待查档1000人次，提供档案利用5600卷(件)次，提供复印档案文件2529页；阜宁县档案馆接待查档2090人次，调阅档案4436卷(件)次；滨海县档案馆接待查档2050人次，查阅档案2730卷、3550件次，复印档案资料1.1万页；响水县档案馆接待查档3100多人次，提供档案证明600多份；盐都区接待查档近9000人次，出具档案证明近万份；亭湖区档案馆接待查档3500多人次；大丰区档案馆接待查档5700多人次。本着“资源共享、便民惠民”原则，市及9个县(市、区)档案馆与上海浦东新区档案

11月17日，盐城市档案馆与上海市浦东新区档案馆签订“长三角一体化”民生档案异地查档服务协议　　市档案馆/供

馆签订“长三角一体化”民生档案异地查档服务协议，打破区域壁垒，为两地群众提供快捷、便利的“一站式”查档服务。强化教化育人功能，加大档案资源开发利用，150多名中小学生走进市档案馆，参加“我是小小兰台人”夏令营活动。

五、指导服务

市档案局及时掌握辖区内重大建设项目进展情况，跟踪指导盐城牵头的9个省级重大工程项目、5个参与项目档案工作；围绕“五个一”战略工程，继续为盐城新水源地及引水、盐城港扩容、盐城海上风电等项目的建档工作提供指导服务。专项验收市区城市河道整治工程项目档案以及市区串场河蟒蛇河河道整治工程项目档案；以规范化建设为抓手，指导各有关单位开展档案工作规范化建设，140个单位通过档案工作年检，106家单位创成星级规范，较往年增加112%，其中市级层面17家。联合市经信委开展“星级企业建档服务年”活动，面向全市168家星级企业主动提供服务，帮助企业档案工作逐步达到规范化水平，3家企业获评省企业档案管理创新优秀案例。继续加强全市100多个镇、170万农户的农村土地确权登记档案监督指导工作，督促开发区、城南新区做好农村土地确权档案收尾和移交进馆工作。召开全市乡村振兴档案工作推进会，进一步推进村级建档和提档升级工作；加快建立精准扶贫档案，服务好全市22万贫困人口。

六、依法治档

以“6·9”国际档案日、“社科普及宣传周”“全国法制宣传日”为契机，开展形式多样、内容丰富的宣传活动。全市联动，启动市、县(市、区)、乡(镇)三级档案行政执法大检查，对16个县处级单位、9个县(市、区)直单位、9个乡镇开展现场检查，梳理出154个问题。市档案局下发档案行政执法检查整改通知书，要求存在问题的单位限时整改到位，对整改不力的及时进行通报，以增强行政执法的刚性和力度。全市基本实现档案执法全覆盖，进一步增强各部门单位对档案工作的认识，提高档案工作规范化管理水平。

（王冬梅　张永涛）

第二节　史志工作

2018年，市委党史办坚持“新快高大”目标追求，史志鉴宣各项工作取得新突破。启动市县两级“三卷本”编写工程，编纂《新四军领导人论铁军精神》，同时完成《新四军在盐城》丛书续编的编纂出版任务。续修《盐城市志》通过省志办终审和验收，年内基本完成出版前的最终审校。《盐城年鉴(2017)》被评为全国年鉴类优秀成果地市级综合年鉴一等第一名，赵丽、高兰会被市政府记三等功。盐城率先在全省实现市县两级综合年鉴的出版全覆盖和专项质量评比的获奖全覆盖。年内，市委党史办开通“盐城史志”微信公众号，与官网“盐城史志网”一起，及时发布全市史志动态和各类特色专题，宣传党的最新理论和地方史志编研新成果。

一、地方党史

2018年，市委党史办组织实施市县两级“三卷本”编写工程。5月14日，组织召开全市党史基本著作编纂和党史宣传工作会议，进一步明确党史“三卷本”编纂任务和要求。年内，滨海县完成党史“三卷本”送审稿并通过市级初审。东台市完成党史“三卷本”专题集《改革开放实录》(上下册)出版发行。加强新四军历史和铁军精神研究，全面收集整理新四军历史文献、苏北抗日根据地历史文献及新四军领导人传记、文选、文集等文献史料，编纂《新四军领导人论铁军精神》，同时完成《新四军在盐城》丛书续编的编纂出版任务。为配合即将开展的“不忘初心、牢记使命”教育活动，献礼新中国成立70周年，参与由盐城市委、省广电总台等部门联合拍摄六集专题文献纪录片《铁军魂》，并完成该专题片各分集大纲的审读。加强对《革命老区发展史》丛书编纂出版工作的跟踪和指导，市级专家指导组从专业视角出发，对各地的编写工作提出有针对性、建设性的指导意见，同时对各地已成书稿进行审读和把关。年内，9个县(市、区)均编纂完成老区发展史初稿，市级专家指导组完成对东台市和滨海县上报送审稿的审读。另外，盐都区委党史办组织编纂的《盐渎春秋——盐都区革命斗争时期口述史资料》交付出版。

二、地方志书

2018年，《盐城市志（1983—2005）》通过省地方志办公室组织的终审和验收，年内完成七校稿校红。年内，《响水县志》出版问世，《射阳县志》完成签印，《阜宁县志》通过验收并交付出版。重点跟进入选首辑江苏名镇名村志编纂候选名单的4部镇志和2部村志，其中《合德镇志》《富安镇志》通过终审，《东罾村志》通过复审。加快推进《援藏援疆志·盐城篇》编纂工作，通过与新疆工作组对接，选派专人赴疆征集资料，专程赴察布查尔及尼勒克推进指导和专题征集，年内形成7万字初稿并整理完成8个专题20多万字的原始资料报送省志办。加快《“6·23”盐城风灾志》编纂进度，通过史料核实、资料增补并追补阜宁、射阳重建资料，按篇目大纲形成近13万字初稿。年初策划组织的《盐城图志（1978—2018）》《盐城简史》完成初稿和评审。阜宁县完成乾隆《阜宁县志》、光绪《阜宁县志》和民国《阜宁县志》的影印件收集整理，并按原书规格重印线装本。大丰区编纂出版的《大丰方言志》，填补本地方言研究空白。盐都区不仅完成万历《盐城县志》和民国《续修盐城县志》2部旧志的点校并已交付线装书局出版，同时还指导完成尚庄的《庆福村志》《吉爱村志》，以及楼王的《庆西村志》和尚庄的《北堡村志》编纂工作。

三、综合年鉴

2018年，《盐城年鉴（2017）》被评为全国年鉴类优秀成果地市级综合年鉴一等第一名，率先在全省实现市县两级综合年鉴的出版全覆盖和专项质量评比的获奖全覆盖。2018卷《盐城年鉴》重点在图版、内容及数字化方面创新突破。卷首图版以图说盐城为栏目，设城市名片、特别报道和年度要闻三个大类，以改革开放40周年暨盐城建市35周年和产业强市、生态立市、富民兴市为主题，通过25版98幅图片，辅以8个二维码链接影像音频，直观展示盐城的改革开放成就，城市风貌、城市特色、城市品位及年度重大活动和重点工程。特载以《宣传贯彻中共十九大精神》《新水源地及跨区域引水工程建设回眸》《中国首位环保烈士徐秀娟牺牲30周年》为专题，展现年度要事特事。与此同时，手机版年鉴全面上线。通过二维码扫一扫的形式，实现年鉴全文手机化阅读；通过设置全文目录、页码跳转、内文检索、自动翻页等功能键，实现年鉴内容检索；采取分享、复制链接、在浏览器打开等传递模式，实现年鉴数字化流转。组织召开全市年鉴工作暨《响水年鉴（2018）》点评年会，研讨交流年鉴编纂经验和做法。

四、宣传研究

2018年初，市委党史办开通“盐城史志”微信公众号，与官网“盐城史志网”一起，及时发布全市史志动态和各类特色专题，宣传党的最新理论和地方史志编研新成果。出台《盐城市党史系统信息工作考核办法（试行）》，年内江苏党史网采用信息41条、江苏地情网采用信息31条，信息积分排名位列全省13市前列。创新打造“史志月讲坛”，全年开展10次活动，重点做好政治理论的学习与辅导、史志业务的研究与探讨、月度工作的谋划与交流，同时注重“史志月讲坛”与史志干部的教育培训和党员活动日有机结合，形成老中青三个梯队互相学习、互相促进的浓厚氛围，使之成为史志人才成长的新平台。市县联动，组织开展《江苏省地方志工作条例》系列宣传活动，并在“盐城史志”微信公众号、“盐城史志网”等载体进行宣传解读，扩大方志影响力。落实市委交办的重点工作，组织开展“接轨上海”考察调研。滨海县委党史办赴上海市顾正红纪念馆，关于交流沪盐两地顾正红烈士研究经验，互赠党史地情书籍，签订合作共建协议，建立常态化联系机制。启动并组织编纂全市128个烈士镇村烈士事迹党史普及读物《丰碑——烈士英灵永驻的地方》。与市委组织部联合审批并挂牌一批党史教育基地，发挥教化育人作用。盐都区委党史办与组织部、文广新局联合开展以“你的身影从未走远——盐都红色故事会”为主题的庆“七一”大型活动演出。建湖县委党史办启动建阳县抗日民主政府旧址纪念馆影像宣传片拍摄工作。大丰区委党史办牵头完成两军会师纪念馆展陈大纲，并形成相关调研报告。射阳县委党史办完成改革开放40周年大事记和新四军故事编写工作。（严志坚）

社会民生

□医疗卫生
□体　育
□社会保障
□人民生活

第30章 医疗卫生

编　辑 赵　丽

综　述

2018年，全市有卫生机构3211个，其中医院164个，卫生院137个，社区卫生服务中心27个，门诊部、诊所、卫生所、医务室456个；卫生防疫监督机构20个；妇幼保健机构11个；村卫生室2149个，社区卫生服务站146个；其他卫生机构101个。全市有病床3.99万张，每千人床位数为5.54张；卫生行业在职职工5.33万人，其中卫生技术人员4.28万人，占职工总数的80.38%。年内，完成市直机关事业单位1.71万人年度健康体检工作。做好重大活动医疗卫生保障工作，派出医护人员961人次、卫生监督员120人次，出动医疗急救车74辆次，完成47项重大活动期间医疗卫生保障任务。年内，健康盐城建设扎实推进，盐城市及东台市通过全国爱卫会复审继续被命名为“国家卫生城市”，盐城市连续12年蝉联6届“全国无偿献血先进城市”称号；主动接轨上海，争取上海等地优质医疗资源的辐射，全市共设立院士工作站5个、名院名医工作室85个，柔性引进高层次高学历人才87人；加强市直医疗机构建设，将市中医院南扩工程列入2018年度重点工程，市口腔医院扩建工程竣工运行，市妇幼保健院东院项目稳步推进；将智慧健康项目列入为民办实事项目，实现电子健康档案在市直医院共享应用，120急救途中诊疗信息实时共享，市、县(市、区)远程医疗互联互通，远程医疗在基层医疗卫生机构中覆盖率85%；基层卫生工作成效显著，省示范乡镇卫生院、省示范村卫生室创建数列全省第二位，在全省基本公共卫生服务项目年度考核中盐城市总得分列全省第一位，已连续四年接受省现场考核的县(市、区)均为优秀，优秀率100%；重大疾病得到有效控制，市政府制定出台《盐城市慢性病防治中长期规划(2018—2025年)》《盐城市艾滋病防治行动计划(2018—2020年)》《盐城市结核病防治规划(2018—2020年)》《盐城市精神卫生工作规划(2018—2020年》等规划；实现全市血吸虫病消除目标，响水建成省慢性病综合防控示范区(达标区)和省卫生应急工作规范县，以县为单位，实现了“示范区”和“规范县”全覆盖；射阳、阜宁、滨海通过全国基层中医药工作先进单位复评；全省健康扶贫现场推进会在阜宁召开，盐城经验在全省推广。

市第一人民医院　至年底，医院共设3个院区，实际开放床位3100张，职工3111人。其中，高级职称470人，中级职称602人；博士64名，硕士518名。在读博士59名，硕士32名，硕士以上人员在临床医师中的比重达到60%，医院有博士培养点1个，硕士培养点18个，博士生导师1名，硕士生导师34名，被确定为省“333工程”人才16名、省“科教强卫”工程人才8名，省青年医学人才7人，市医学重点人才21人、创新团队28个。医院建成一批特色鲜明的重点专科，有11个科室被评为江苏省临床重点专科；业务科室全部列为市级临床重点专科；肾脏内科等18个科室被评为市级临床重点学科。强化“五大中心”建设，提升心、脑血管疾病、重度创伤、孕产妇、新生儿危急重症的救治技术和水平。医院建立国家住院医师规范化培训基地，组建国家药物临床试验基地。医院拥有万元以上医疗设备3949台件，设备固定资产7.8亿元，医疗设备达到国内先进水平；有集成度较高的覆盖全院的信息系统。全年门急诊118.12万人次，出院病人11.87万人次；获国家自然青年基金1项，获淮海科学技术奖2次，省卫健委科研项目1项，获市医学新技术引进奖15项，市医学科研项目25项；论文成果200余篇，其中SCI论文30篇。

市中医院　至年底，医院实际开放床位800张，设病区21个。有职工870人，其中高级职称170人，中级职称217人，博士10人、硕士126人；全国名老中医药专家学术经验继承指导老师4人，省“333工程”第二层次培养对象1人，第三层次培养对象11人，省名中医6人，市名中医19人，院级名医35人，市政府有突出贡献专家和享受政府特殊津贴专家4人，全国优秀中医临床人才2人，全国中药特色技术传承人2人，全国中医护理骨干人才3人，柔性引进医学博士、学科带头人14人。医院开设临床及医技科室41个，其中国家级重点专科2个(儿科、肿瘤科)，省级重点专科6个(儿科、肿瘤科、骨伤科、脾胃科、心内科、针灸脑病科)，市级重点专科19个，国家名老中医传承工作室4个、国内知名专

2018年全市卫生计生基本情况统计表

表30-40

	数量	与上年比增长数	与上年比增长率(%)		数量	与上年比增长数	与上年比增长率(%)
卫生机构(个)	3211	-13	-0.09	卫生人员(人)	53273	1020	1.95
医院(卫生院、社区卫生服务中心)(个)	328	4	1.23	卫生技术人员(人)	42822	1965	4.81
床位(张)	39879	-106	-0.27	乡村医生(人)	2599	-1077	-29.30
医院(卫生院、社区卫生服务中心)床位(张)	39162		-0.15	个体诊所开业人员(人)	711	147	26.06
平均每千人口医院(卫生院、社区卫生服务中心)床位(张)	5.44	0.02	0.37	平均每千人口卫生技术人员(人)	5.95	0.31	5.50

常住人口	总数(万人)	720
	出生率(‰)	9.89
	死亡率(‰)	6.46
	自然增长率(‰)	3.43
医疗服务	诊疗总人次(万)	4747.42
	门诊人次(万)	4402.58
	急诊人次(万)	227.84
	住院总人次(万)	118.85

卫生费用(政府办)	医疗卫生经费(万元)	323082
	卫生系统固定资产(万元)	1217638
	卫生系统基建投资(万元)	73149
	平均每一门诊人次医疗费用(元)	155.50
	平均每一出院病人医疗费用(元)	7817.85

家名医工作室8个和国家规培基地2个。医院拥有万元以上医疗设备588台件，固定资产2.94亿元。全年完成门急诊人次68.26万；出院人次2.41万人次。2018年度获省新技术引进奖1项、江苏中医药科学技术奖1项，在研省级以上课题9项，获淮海科学技术奖2项、市科学技术奖4项、市医学新技术引进奖8项。

市第二人民医院 至年底，医院实际开放床位390张，有职工470人，其中卫技人员401人，具有高级职称105人，中级职称137人，肿瘤放疗科、肿瘤化疗科及感染科为市级临床重点专科，感染科同时为市级医学重点学科。6月13日，正式挂牌江苏省肿瘤医院盐城分院；7月13日，正式成立盐城市公安局病残违法犯罪人员收治中心暨盐城市第二人民医院监所管理病区。全年业务收入1.55亿元，同比增加7.51%，诊疗7.45万人次，增长14.1%；出院8319人次；药占比42.1%，同比下降2.04%；床位使用率92.2%，平均住院日16.4天。年内，医院承办江苏省第24届全国肿瘤防治宣传周启动活动；举办第三届“携手慈善，与爱同行”关爱肿瘤患者慈善公益救助活动，共有15批151人领取40万元慈善救助款；举办第二届关爱肿瘤患者大型慈善公益长跑活动，邀请奥运冠军骆晓娟及主持人于波担任形象大使。

市第四人民医院 至年底，医院共设有1个门诊、9个病区，实际开放床位400张。有职工总数315人(其中在编178人，编外137人)，其中卫技人员269人，具有高级职称62人。2018年门诊、住院人次分别为9.23万人次、3364人次。2项新技术获得市卫生计生委新技术、新项目引进二等奖，2项科研项目被市科技局同意立项，1项科研项目获市科技进步三等奖，发表论文18篇。

市妇幼保健院 至年底，医院有职工806人，其中卫技人员673人，高级职称140名，博士、硕士74名。全年总收入2.3亿元，门诊34.33万人次、出院1.59万人次。儿科是省临床重点专科，新生儿科是省妇幼保健重点学科，有市级重点学科、专科9个。医院设立上海市红房子妇产科医院“徐丛剑教授工作室”、江苏省人民医院“王水工作室”、南京市儿童医院“赵德育教授工作室”3个名院名医工作室。医院是上海市红房子妇产科医院技术协作单位，复旦大学附属儿科医院定点工作单位，江苏省人民医院战略协作医院。

市口腔医院 年内，医院分设南北两院，实际开放椅位112张，核定床位50张，设职能科室11个，业务科室13个，上海交通大学附属第九人民医院博士团队名医工作室1个。医院口腔种植科、口腔正畸科为市级临床重点专科，口腔内科为市级临床重点专科建设单位。医院有在职职工170余人，其中卫生技术人员148人，中高级专业技术人员61人，入选省“333工程”培养对象3人，省优秀科技工作者1人，盐城市名医生1人，盐城市医学重点人才1人。年内，医院门诊11万人次、住院175人次，实现业务收入3271.07万元，总收入3771.23万元。

第一节 妇幼保健

综合施策保障母婴安全，联合市发改委、教育局、财政局、物价局、人社局等6部门印发《关于推进生育全程基本医疗保健服务和妇幼健康领域风险防控工作的通知》，明确妇幼健康“十三五”工作重点和推进举措。贯彻执行省高危孕产妇管理24项制度，严格分级分色管理，实行评估橙、红色孕妇信息日报制度，印发《盐城市规范孕产妇和新生儿危急重症转诊救治工作方案》，建立分片包干、全面覆盖的救治网络，畅通救治绿色通道。制定《孕产妇死亡责任追究办法》，及时组织市级孕产妇死亡现场评审，对控降不力地区进行责任约谈和现场督查，严格落实死亡责任追究。加快妇幼保健体系建设，全面推进县级妇幼保健院、妇幼健康门诊规范化建设，射阳县妇保院、东台市妇保院年底主楼封顶、滨海县妇保院启动施工打桩。全市基层医疗机构妇幼健康规范化门诊建成率65%。建成省级儿童早期发展示范基地1家、省青少年近视防控基地1家，创成省妇幼健康优质服务示范地区1家、省示范基层妇幼健康规范化门诊1家。加强出生缺陷综合防治，印发《盐城市孕妇外周血游离DNA产前筛查与诊断工作实施方案》，进一步规范产前筛查和诊断工作。联合市财政局印发《盐城市出生缺陷综合防治民生实事项目实施方案》和规范流程的补充通知，明确项目资金，优化项目流程，对符合生育政策的所有盐城户籍孕产妇及其所生新生儿免费开展产前筛查和新生儿疾病筛查项目，全市婚检率64.97%，产前筛查率91.41%，产前诊断1.27万人，新生儿疾病筛查率99.21%，均超额完成时序目标任务，全市出生缺陷发生率控制为4.55‰。年内，全市农村孕产妇住院分娩补助、农村妇女叶酸补服和“两癌”筛查项目完成率分别为102.21%、106%，艾滋病、梅毒和乙肝母婴传播阻断项目检测率为100%，筛查出180例梅毒感染孕产妇，HIV孕产妇9例及7例所生儿童、1637例乙肝表面抗原阳性产妇所生1656例新生儿，全部实施了阳性干预，乙肝免疫球蛋白免费接种率达97.94%。开展免费孕前优生健康检查项目，规范项目室间质控，1—12月项目完成6.65万人，任务完成率102.6%。

第二节 疾病控制

一、重点传染病防治

2018年，全市严格执行传染病疫情报告制度，开展霍乱、手足口病、流感等传染病监测，及时分析和研判传染病疫情信息，每月在“盐城发布”等微信公众号发布疾病风险提示；落实联防联控工作机制，强化学校、幼托机构易发传染病的防控工作，全市甲、乙类传染病报告发病率为95.7/10万，发病率保持平稳。持续推进结核病分级诊疗和综合防治服务模式，加强重点场所、重点人员的防控工作，全年共登记报告肺结核2063例，病原学阳性病人1070例，病原学阳性率51.9%，确诊耐多药肺结核病人79例，疾控追踪医疗机构网报病人的总体到位率98.5%。艾滋病防治监测网络不断完善，全年开展HIV抗体筛查91.65万人次，占全人群的12.67%，新发现HIV感染者和艾滋病病人286例；加强联防联控，与市教育局、团委、红十字会等部门联合开展“盐城市艾滋病防治知识传播校园行活动”，提升青年学生防护意识。

二、计划免疫实施

2018年，全市推进各类各级预防接种门诊建设和规范设置，全市共有32个一级一般预防接种门诊和140个一级狂犬病预防暴露处置门诊通过县级验收，122个二级一般预防接种门诊和10个二级狂犬病预防暴露处置门诊通过市级验收，14个三级一般预防接种门诊通过省级复核评定，7人获得江苏省预防接种“十佳”模范人物、“江苏省预防接种特殊贡献奖”等称号。进一步规范预防接种管理，优化预防接种服务，以乡镇为单位免疫规划疫苗接种率稳定保持在95%以上。应对“长春长生疫苗事件”，主动发布相关信息，按要求开展情况摸排、召回封存、续种补种、跟踪观察、督导检查等工作。

三、慢性病防治

2018年，响水县建成省级慢性病综合防控达标区，全市实现国家级或省级慢性病综合防控达标区创建工作的全覆盖。持续推进慢性病综合防控门诊建设，共建成慢性病门诊73个，覆盖率50.7%。承办省卫健委布置的2018年“健康江苏行”盐城站启动仪式活动，开展“全国肿瘤防治宣传周”“三减三健、全民行动”等系列宣传活动，进一步倡导健康文明的生活方式。

四、严重精神障碍患者管理

2018年，全市首次组织举办覆盖到基层一线的全市严重精神障碍患者管理工作培训班，进一步提高基层业务水平。加强与综治、公安等部门协调配合，扎实落实以奖代补等管理服务措施，开展免费医疗救治服务，全市严重精神障碍报告患病率为4.33‰，在册患者规范管理率为96.57%，面访率为86.47%。

五、血吸虫病、地方病防治

2018年，东台市、大丰区强化查灭螺工作质量，共查螺6400万平方米，灭螺110万平方米，均超额完成省下达任务；盐城顺利通过省政府血吸虫病防治领导小组办公室消除血吸虫病考核验收，实现全市血吸虫病消除目标。进行全市居民户和生产、零售层次碘盐及儿童和育龄妇女碘营养监测，巩固碘缺乏病防治成果；完成全市晚期血吸虫病、Ⅱ度甲状腺肿大等地方病现症病人个案调查工作;开展人体感染肺吸虫病、海产品中异尖线虫、淡水产品中寄生虫、水中"两虫"监测,提供针对性防控寄生虫病依据。

第三节　中医中药

2018年,全市制定实施《盐城市中医药文化建设发展行动计划方案(2018—2020年)》,市县联合开展中医药健康文化义诊巡诊惠民服务。组织开展"中医药健康你我他"主题义诊咨询、中医药文化科普宣传周活动,提供公益义诊公益宣传服务。组织乡镇社区健康巡讲86场次、进企业院校健康培训讲座12场次,其中省级巡讲专家应邀进边防军营、进学校校园宣讲中医药健康文化活动2场次,全年提供中医药健康文化惠民服务1.8万余人次。

基层中医机构建设　年内,全市实现基层医疗卫生机构中医馆建设基本实现全覆盖,同步推进村(居)中医阁建设,建成1881个村卫生室(站)中医阁,覆盖率80%。评选出示范中医馆22个、示范中医阁30个。开展基层中医药适宜技术推广年活动,设立培训推广基地14个,全省基层中医馆健康信息平台软件部署现场会在盐都召开,盐城基层中医馆健康信息平台建设经验在大会交流;全市镇(街)中医馆基本全部纳入省中医健康服务综合信息平台。

中医药服务能力提升工程　年内,市卫生计生委联合发展改革、财政、人力资源社会保障及原食品药品监督管理等相关部门,制定基层中医药服务能力提升工程督查方案,组织开展提升工程实施进展单位自查自评、市县督查推进活动。注重中医传承,新增省名中医传承工作室建设项目4个。结合政务服务"放管服""一张网"要求,统一标准组织实施备案中医诊所、中医医术确有专长人员等卫生许可认定工作。全市新增设置31个备案制中医诊所,联合审验192人申请资料,核查提交26位人员参加中医医术专长医师的全省统一考试考核。

第四节　院前急救

2018年,市急救医疗中心组建重点学科建设团队,制定人才建设计划,提高人才梯队建设。9月14日,全省120联网运行监测预警研讨班在盐城举办,进一步推动全省院前急救联网运行管理,提高突发事件紧急救援处置水平。先后与市三院、市一院签订"胸痛中心、卒中中心、创伤中心"合作协议,参与市妇幼保健院"新生儿危重病救治中心、高危产妇救治中心"建设。围绕"五大中心"建设合作计划,制定学科建设规划,在中心的全力参与和配合下,市一院成功创成区域"胸痛中心、创伤中心",市三院顺利通过国家级"胸痛中心"创建考核。

一、急救培训

2018年,市急救医疗中心继续实施"全民自救互救素养提升工程",普及急救技能,提升自救互救能力。全年共开展急救技能培训35期、受训人员3400余人,其中进医疗卫生机构培训15期、受训1792人;进企业培训8期、受训320人;进社区培训4期、受训126人;进学校培训4期、受训人员1208人。

二、急救演练

5月7日、24日,市急救中心分别在市三院北院、南院进行急救救治流程转运演练。6月13日上午,中心配合中铁四局集团高铁项目部开展盐城新洋港大桥段应急处置演练,现场模拟"中铁四局集团高铁项目部盐城新洋港大桥段的一名施工人员在高空作业时不慎摔落,落水时有穿戴救生衣,被救起时处于无意识状态,疑为溺水,需要立即进行现场心肺复苏、并呼叫专业救护人员"。中心急救组现场对落水者实施抢救,进行心肺复苏、除颤等急救操作,成功救援患者,演练从发现险情到救援终止仅用时20分钟。11月21日,中心开展夜间应急演练活动,此次模拟现场为"当地某工厂发生突发安全生产事故,致数十余人受伤,需短时间集结中心所有力量开展应急救援工作",全程包括现场准备、应急响应、现场处置、集结报告四个环节。各项应急演练中,力求做到人员搭配科学,实战效果明显,为切实提高全市院前急救应急处置能力发挥作用。

第五节　基层卫生

2018年,盐城推进基层机构基础设施标准化建设、示范创建、基本公共卫生服务项目等重点工作。全市基层医疗卫生机构基础设施标准化建设三年行动计划圆满收官,据市财政部门组织的第三方测评,盐城市基层群众对镇村医疗机构基础设施满意度达97%;建成省示范乡镇卫生院11个、省示范村卫生室133个,创成数均列全省第二;在省年度考核中盐城市基本公共卫生服务项目总得分列全省第一位,阜宁、滨海县成绩均为优秀。

一、基本公共卫生服务

2018年,盐城为全市724.22万居民免费提供14类55项基本公共卫生服务。组织参加全国基层高血压防治知识在线培训,参训人数位全省各设区市之首,组织参加全国基层高血压防治知识竞赛,全省48人进入全国前200名,其中盐城11名。射阳县及海河中心卫生院在全省基本公卫项目基层优秀实施方案评审中得分分别列参评县区和参评乡镇卫生院第四名、第六名;通过国家基本公共卫生服务项目管理信息系统和"江苏基层卫生"微信公众号,向社会公开提供基本公共卫生服务机构基本信息,方便群众查询和接受社会监督;各地依托健康信息平台实现县、镇、村各类医疗卫生服务信息有效归集，通过电视、网站、APP等形式推进电子健康档案向居民开放。

示范创建 年内，全市累计建成省级示范乡镇卫生院85个、示范村卫生室485个，覆盖率分别为62.96%、23.74%，分别列全省第六、第二位；东台市金海、大丰区大中社区卫生服务中心创成省首批社区医院，盐都区大冈中心卫生院康复医学科、大丰区大中社区卫生服务中心妇产科、东台市安丰中心卫生院妇产科创成省基层医疗卫生机构特色科室，全市累计建成10个省基层医疗卫生机构特色科室。

家庭医生签约服务 年内，市卫生计生委推进家庭医生签约服务工作，优先做好老年人、孕产妇、0～6岁儿童、残疾人，高血压、糖尿病、结核病和严重精神障碍患者，以及农村建档立卡低收入人口、计划生育特殊家庭等重点人群签约服务工作。全市所有基层医疗卫生机构开展家庭医生签约服务，一般人群已签约272.1万人，签约率37.61%；重点人群已签约211.4万人，签约率64.12%。东台市"签约美好生活"作品获第二届中国基层医生好声音二等奖，"五大信息中心"获全国基层卫生信息化大赛硬件类唯一一个一等奖；射阳、滨海县全面实施城乡居民免费健康体检。

二、基层卫生队伍建设

2018年，市卫生计生委继续开展农村订单定向医学生免费培养工作，招录农村订单定向医学生310名，招录人数为全省最多。落实基层卫技人员培训，34人参加省城乡基层医疗卫生机构管理人员培训，26人参加全科医生转岗培训，组织1956人次参加村卫生人员常见病诊疗知识和初级急救知识培训。年内，盐城在省统一部署下组织第二轮基层卫生骨干人才遴选，确认250人为江苏省优秀基层卫生骨干人才；确认4人为江苏省优秀基层医师。鼓励各地实施"村医培养计划"，拓展村医来源渠道，定向培养中等学历农村医学专业毕业生，阜宁、射阳、滨海、大丰等地"村医培养计划"总数196人。组织108名乡镇医生、536名乡村医生到上级医疗机构务实进修和实用技能培训。建设东台市人民医院、安丰中心卫生院和盐都区楼王中心卫生院3个省基层实践技能培训试点基地，累计完成培训1.74万人次。

三、基层卫生体系建设

2018年，盐城在射阳县召开全市基层卫生工作现场推进会，推广先进经验，推动典型引路。启动"优质服务基层行"活动，组织全市社区卫生服务中心和乡镇卫生院开展自评，对标找差，落实整改。重抓村卫生室管理，制定出台《关于进一步加强村卫生室建设和管理工作的通知》《盐城市村级卫生机构星级评定办法（试行）》，评选星级村卫生室2051个，其中五星级326个、四星级1241个、三星级484个，实行星级评定结果与乡村医生基本药物、公共卫生服务项目等补助资金发放挂钩。

第六节　医教科研

2018年，全市卫生系统获国家自然科学基金（青年项目）1项，省医学新技术引进奖二等奖2项、省医学科研课题立项面上课题1项、指导性课题3项。评出市级医学新技术引进奖获奖项目91项，评出市级医学科研课题立项项目133项。实施市医学重点学科、人才动态考核，对46个市医学重点学科、185名市医学（中医）重点人才、青年人才中期考核评估并进行通报，对于末五位的重点学科、重点人才、青年人才予以黄牌警告。遴选补充市医学重点学科建设单位14个，市医学重点人才、青年人才52名，中医重点人才、青年人才10名。完成住院医师规范化培训任务，举办住院医师规范化培训教学查房竞赛和住院医师规范化临床技能竞赛活动。评审确定2018年度324项市级医学继续教育项目，规范实施市级远程继续医学教育项目，完善继续医学教育专家库，对获准举办的继续医学教育项目实施及完成情况，进行全过程信息化监管。

病原微生物实验室生物安全管理 年内，全市通过省卫健委病原微生物实验室生物安全备案的二级实验室69个、一级实验室220个，组织市病原微生物实验室生物安全专家委员会专家对辖区内病原微生物实验室进行集中检查和整治，举办了两期病原微生物实验室生物安全知识与技能培训班。

第七节　爱国卫生

2018年，市卫生计生委推进健康盐城建设，印发《市卫生计生委推进健康盐城建设2018年重点任务》，明确工作任务，落实部门责任。深化东台市省级健康城市试点市建设工作，东台市制定《健康城市发展规划》、"互联网+医疗健康"获世界卫生组织西太平洋地区健康城市联盟颁发的世界健康城市创新发展奖，盐都建成省健康促进区，新增7个省健康镇，26个省健康村、3个省健康社区、18个省健康单位。全市健康素养水平达22.4%。组织各地开展卫生健康创建工作，响水县、滨海县通过省卫生县城复审，盐都区秦南镇以及响水县运河镇桃园村等59个村通过省卫生镇、村复审。阜宁县益林镇等16个镇通过国家卫生镇评审，盐都区龙冈镇等7个镇被命名为省卫生镇，滨海县通榆镇三元村等98个村被命名为省卫生村。响水县通过省病媒生物单项控制先进城市复审。全市创成15个健康主题公园、53个健康小屋、5条健康一条街、18条健康步道、10个健康食堂、11个健康餐厅、1条健康长廊、17家健康促进医院。完成省下达的4万户农村改厕任务，农村无害化卫生户厕普及率90.38%。

第八节　卫生监督

2018年，全市共立案查处各类卫生计生违法案件703件，合计罚没款180余万元，移送公安机关7起，未发生行政复议撤销或行政诉讼败诉案件。全市共处理投诉举报366起，立案查处43起，投诉举报办结率、满意率100%。开展卫生计生监督"双随机"（随机抽取检查对象、随机选派执法检查人员）抽检工作，全年受领"双随机"任务清单1181件，任务完结率100%，抽检结果均按要求向社会进行公示。

公共场所监管　年内，市卫生计生委做好高考、中考、"两会"、中华龙舟大赛等重要会议和活动的卫生安全保障工作，未发生卫生安全事故。开展游泳场所和集中空调通风系统等卫生执法专项行动，检查游泳场所99家，抽检82家，对其中13家进行立案查处；抽检集中空调通风系统使用单位33家，均符合规范要求。开展生活美容场所非法从事医疗美容活动专项整治行动，对十多家存在违法行为的美容场所进行立案查处。

学校卫生监督　年内，市卫生计生委组织春、秋学期学校卫生综合监督检查，达到监督检查全覆盖，监督检查内容全方位。开展"2018学校卫监行动"，对辖区内所有学校的传染病及常见病防控、饮用水卫生、教学及生活环境卫生安全等进行全面检查，对"2017学校卫监行动"中发现的问题回头看，对曾经饮用水检测不合格的7所学校进行抽检，结果全部合格。对100多所中小学校开展学校卫生综合监督评价工作，对7所学校进行行政处罚。

饮用水卫生监督　年内，市卫生计生委开展生活饮用水卫生监督工作规范化建设年活动，加强对集中式供水、二次供水、农村水厂和涉水产品生产企业的监督检查，覆盖率100%，并及时通过媒体向社会公示水质监测结果。开展涉水产品生产企业专项检查，对8家生活饮用水和涉水产品生产经营单位进行立案查处，罚款金额5.14万元。开展二次供水和现制现售水监督抽检，全市共检查71家小区的二次供水设施和61台现制现售自动售水机，抽取水样132份，合格率94.7%。

传染病防治监督　年内，市卫生计生委开展传染病防治分类监督综合评价，共评价595家单位，覆盖率10%。开展预防接种专项检查，全市从事预防接种的9家疾病预防控制机构、207家医疗机构，均能够按规范要求开展工作。开展医疗废物处置执法监督专项检查，对发现违法行为的77家医疗机构进行卫生行政处罚。组织消毒产品和卫生用品专项检查，共检查1192份消毒卫生用品和19家消毒产品生产企业，抽检106份消毒卫生用品，抽检结果及时在网站公示。组织对全市取得营业执照的68家餐具集中消毒服务单位进行专项监督检查，对25家存在不法行为的单位进行立案查处。

医疗服务监督　年内，市卫生计生委开展2次医疗机构执业行为监督检查，共立案63件（医疗废物、放射案件除外）。加强对药店中医坐堂行医行为的巡查和中医养生馆的督查指导，对不法行为立案5件，罚款1.4万元。保持打击非法行医高压态势，全市打击非法行医立案数269件，移送公安7件。其中，非法口腔诊所立案数100件，非法医疗美容立案数15件，未备案中医诊所立案数7件。组织对各县（市、区）人民医院、中医院和市直医疗单位进行医疗机构综合执法检查，对检查发现的问题进行立案交办6件。

放射和职业卫生监督　年内，市卫生计生委开展放射诊疗单位日常监督检查，共监督检查单位311家，监督覆盖率100%，对发现的违法行为的9家单位进行立案查处。推进放射卫生项目审查，对25家放射诊疗场所（X射线影像诊断场所）进行审查及竣工验收。全面开展放射诊疗单位规范化建设，达到"亮证诊疗，警示醒目，管理规范，防护到位"要求。

食品安全风险监测　年内，市卫生计生委化学污染物和微生物致病因子的监测样品县（市、区）覆盖率100%。完成252份样品的化学污染物和有毒因素的常规监测和专项监测，完成率100%；完成249份样品的微生物及其致病因子常规监测和专项监测，完成率118.57%；检出致病菌67株，检出率为35.26%。完成34份样品的食品中放射性污染监测，完成率100%，未检出放射性污染物超标。食源性疾病病例监测工作扩大至全市一级以上综合性医院254家，监测覆盖率100%。

第九节　卫生管理

一、医政管理

改善医疗服务　年内，市卫生计生委组织专家对全市42所二级以上医院病历质量、处方质量和辅助药物合理使用等进行检查，共抽查病历1260份，抽查处方4200张，病历平均甲级率为92.3%，处方平均合格率为95%，门诊抗菌药物平均使用率为15%，病历抗菌药物及辅助用药合理率为72.46%。组织对全市48所二级以上医院特殊药品管理工作专项检查，加强对医院麻醉药品、精神药品、放射性药品、医疗用毒性药品等特殊管理药品的采购、贮存、出入库以及合理使用的管理。组织对全市22所二级以上公立医院进行行风及医疗服务明察暗访工作，并对发现的问题及时通报要求整改。推进"优质护理服务示范工程"，开展优质护理服务示范病区共420个，其中三级综合医院优质护理服务示范病区113个，三级专科医院优质护理服务示范病区61个，三级医院开展优质护理病区数占100%。

机构人员审批管理 全年，市卫生计生委共办理新设医疗机构申请事项33项，变更登记事项69项，到期换证事项29项。同时做好医疗机构台账“回头看”工作，对发证过程容易出现问题的关键环节和时间节点逐项排查，对排查出的问题及时整改。强化人员准入管理。对全市2488名网上报名参加全国医师资格考试的考生进行现场审核，2199人通过市级初审，2196人通过省卫健委审核。组织2106名考生参加实践技能考试，通过率84.8%，组织1859名考生参加综合笔试。完成1052名医师的首次注册，1670名医师的变更注册，347医师的注册备案，162名医师的注销注册，20人次外籍医师在华短期执业工作。依法完成1158名护士的首次注册准备工作，2572名护士的变更注册，6912名护士的延续注册工作。

医院基础管理 年内，市卫生计生委先后组织对全市二级以下检验科质控专项检查，对112家医疗机构进行检查，责令整顿21家，取消医院等级1家，处理违规检验工作人员6人。联合市人社局对全市二级以上医院进行专项检查，重点检查民营医疗机构是否存在挂床住院、虚假住院和合理检查、合理用药、合理诊疗等“三合理规范”等执行情况，对存在问题的4家医疗机构进行处罚。切实加强医院感染管理，组织专家对全市47所二级以上医疗机构固体废物管理和重点科室及重点环节院感管理等情况进行了现场督查指导。

临床用血供应 全年，全市无偿献全血7.34万人次、11.62万单位，机采成分血4149人次、6604单位，自愿无偿献血占临床用血的比例达105%。在满足全市医疗机构用血需求的情况下，支持省内兄弟单位，共调出红细胞4496单位，血浆9301单位，冷沉淀凝血因子380单位，血小板2单位，支持西藏临床用血170单位。

二、卫生改革

公立医院改革 年内，全市12家公立医院、10家社会办非营利性医院制定医院章程，东台市县级公立医院改革获得省政府通报表彰，东台市人民医院被国家六部委确定为江苏省唯一一家县级现代医院管理制度试点医院。落实公立医院基本建设、设备购置、重点学科发展、人才培养、离退休人员费用和政策性亏损补贴六大项投入政策。2018年，全市各级财政安排医改资金36.2亿元，近三年累计投入达101.5亿元。制定《医疗服务价格动态管理实施方案》，对护理、手术治疗类项目指导价实行动态管理，新增医疗服务项目价格60项，完善19项。

分级诊疗制度 年内，市卫生计生委推进紧密型医联体建设，市二院与省肿瘤医院建立形成紧密型医联体，并正式挂牌为江苏省肿瘤医院盐城分院，同时为江苏省肿瘤防治联盟创始成员之一，滨海县人民医院确定为县域医共体试点医院。年内，全市二级以上医院门诊量和住院人数与上年同期相比基本持平，门诊病人812万人次，住院病人62.19万人次；全市二级以上综合医院全面开展临床路径管理和双向转诊服务，全年共有14.79万例住院病人进入临床路径，转出路径1.36万例，完成路径13.44万例；全年上转病例5.68万人，下转病例1.02万人；综合医院药品比呈逐月下降趋势，推进日间手术，进一步完善日间手术按病种付费政策，增加日间手术试点病种。

医疗接轨上海 年内，市卫生计生委实施名院名医提质增效工程，召开专题推进会，赴沪举办恳谈会，对接合作，深度接轨。推进院际结对，全市各级医院与上海中山医院、上海红房子妇产科医院等20家医院建立合作关系，累计成立5个院士工作站、建立33个上海名院名医工作室。开展各类新的医疗服务合作项目32个，建成消化内镜国家级培训基地、区域性病理诊断中心，加入国家标准化代谢性疾病管理中心及复旦大学儿科医院等远程会诊中心。年内引进新技术新项目42项，省科研立项4项，省新技术引进奖项目2项，培养专科骨干42人，培养能独立开展新技术新项目专科团队33个，填补盐城医疗技术项目空白83项、科研项目空白25项。

三、行风建设

2018年，全市以“尚德敬业、关爱生命”为主题，组织开展盐城市首届医师节庆祝活动，8月17日，市委、市政府召开了盐城市庆祝2018年中国医师节大会，并对全市共90名优秀乡村医生、优秀医务工作者和医德标兵进行通报表扬并嘉奖。印发《盐城市医疗卫生行业新时代职业精神大讨论活动方案》，要求各地、各单位把医疗卫生行业新时代职业精神融入到具体工作中；加大对《中华人民共和国执业医师法》《医疗机构从业人员行为规范》《医疗机构从业人员违纪违规问题调查处理暂行办法》等法律法规、规范的培训教育力度，提高自律意识。加强行业长效管理。组织印发廉洁行医口袋书，全市共有118个医疗机构发放廉洁行医口袋书3.10万本。12月29日，市医师协会、市医学会、市护理学会向全市各级医疗机构和医务人员发出严守“九不准”倡议书，并组织全市医务人员在“九不准”倡议书上签字，有3.31万人签字，签字覆盖率99.6%。全市累计开展落实行风会议561次，观看警示教育片371场。 （刘海峰）

第31章 体　　育

编　辑 赵　丽

综　述

2018年，市体育局开展"体育为民服务年"活动，推进全民健身、青少年体育和体育产业融合发展。加快推进基层体育设施建设，新建成健身步道（自行车道）55千米，总长度约750千米，完成50个老旧小区体育设施安装更换工作。推动全市体育协会改革，着力构建体育协会、单项俱乐部、社会体育指导员、社区健身俱乐部"四位一体"的社会体育组织体系。竞技体育水平稳步提高，盐城田径运动员潘高琴夺得2018年国际田联黄金大奖赛日本大阪站女子4×400米接力赛冠军；乒乓球运动员蒯曼获2018年全国乒乓球锦标赛（U15组）暨全国少年乒乓球锦标赛女子U15组单打等大赛冠军。在江苏省第十九届运动会上，盐城代表团共获得金牌总数43.5枚、奖牌总数110.5枚、总分1634分的好成绩。体育产业效益明显提升，全市9个体育产业项目获省级体育产业发展专项资金，入选项目数居全省各市第三位。市悦达健身广场、大丰梦幻迷宫项目入选全省首批14家体育服务综合体认定名单，入选数位居苏中、苏北第一。体育彩票完成销售总额12.37亿元，创全市体彩销售历史最好水平。4所学校被省体育局、省教育厅命名为2018年度江苏省示范性体育传统项目学校，42所学校被教育部命名为2018年全国青少年校园足球特色学校。年内，盐城共进行健身教练、游泳救生员、游泳社会体育指导员、跆拳道4个项目、14个批次的培训与鉴定工作，937人次参加培训。市游泳馆首次开展游泳救生员、游泳社会指导员培训年审注册工作，150余人次报名参加。

第一节　群众体育

2018年，市体育局着力打造保龄球、龙舟、广场舞、马拉松、自行车、篮球、乒乓球、羽毛球等十大群众品牌赛事。保龄球方面，举办全市首届保龄球俱乐部联赛。龙舟项目方面，承办中华龙舟大赛（盐城站）比赛，举办全市首届大洋湾龙舟赛，全市22家单位56支队伍参赛，弘扬传统文化，促进体育和旅游的融合发展。广场舞方面，举办全市首届广场舞大赛，吸引全市近1000支队伍2万余人参赛，《中国体育报》对赛事进行报道。在悦达健身广场承办省一线社会体育指导员健身腰鼓、排舞项目再培训学习班2期，举办广场舞、太极拳、健身气功及教练员4期培训班，400多名一线社会体育指导员参加培训。年内，全市新增二级社会体育指导员281人，三级体育指导员4080人，培养一级社会体育指导员57人，国家级社会体育指导员26名。至年底，全市拥有各级各类公益社会体育指导员人数达3.54万人，万人

2018年，盐城市第十个全民健身日气功展演活动　　市体育局/供

拥有社会体育指导员人数为48.09。年内,协助市农委参加2018年江苏省农民健身秧歌、健身腰鼓大赛,获得健身秧歌、健身腰鼓规定、自选动作以及二个项目总分的6个金奖。全市共有11个单位和6名个人被省体育局评为全省群众体育先进集体和先进个人。

全民健身 年内,市体育局加强对群众健身的科学指导,不断提高公共体育服务能力和水平,推动全市建成功能明确、网络健全、城乡一体、惠及全民的公共体育服务体系示范区。城南新区成功创建省级体质测定与运动健身指导站,盐城有省级体质测定与运动健身指导站11个。8月8日上午,庆祝第十个"全民健身日"活动在市体育场举行。活动由市体育局主办,由市体育总会、市体育场、市健身气功协会共同承办。现场进行千人健身气功展演。年内,盐城代表队在江苏省第十九届运动会群众体育比赛广场舞项目比赛中获得自选动作金牌、规定动作动作铜牌;在2018年全国广场舞大赛总决赛上再获一等奖和最佳创编奖;在2018年全国健身秧歌(鼓)大赛(延安赛区)上获得健身腰鼓规定、自选动作两个第一名,手拍鼓第二名;在2018年全国广场舞大赛(安徽黄山站)上获得规定动作和自选动作两个特等奖;在2018年江苏省健身秧歌及健身腰鼓大赛中荣获健身腰鼓规定和自选动作2个第一名。

第二届全国农民体育健身大赛在阜宁举行 5月8—10日,由中国农民体育协会主办,省农业委员会、省农民体育协会、阜宁县政府承办的第二届全国农民体育大赛在阜宁七彩农业公园举行。全国25个省(区、市)的200多名农民运动员参加比赛。农业农村部党组副书记、副部长、中国农民体育协会主席余欣荣宣布大赛开幕,市委书记戴源,省农委主任杨时云出席开幕式。比赛项目凸显"三农"特色,分农业生产和乡村生活两大类,共8个大项,12个小项。其中,巧搓玉米送亲人、合力磨米满开怀等农业生产类项目,既增强活动的趣味性和观赏性,也反映农民体育健身的特色,传承农耕传统文化;众人拔河、健身路径大比拼、投飞镖、足球定点射门、运球过障碍投篮接力、1分钟单摇计数跳绳等乡村生活类比赛,灵活性、趣味性强,健身效果显著。

举办市首届广场舞大赛 4月26日,"美年大健康"盐城市首届广场舞大赛启动,大赛分为海选赛、分站赛、总决赛,历时半年,设中老年组、中青年组、展演组3个组别。各县(市、区)面向基层发动宣传,各广场舞团队和爱好者积极参与。6月底,完成乡镇(街道)、村(社区)的海选比赛,共有近1200支队伍、2万余名群众参赛;7月底,各县(市、区)组织分站赛,共有280多支队伍近5千人参加,共决出22支队伍264名选手参加市总决赛。8月7日,盐城市首届广场舞大赛总决赛在市体育馆举行。经过一天的角逐,亭湖区朝阳广场舞健身俱乐部代表队获得中老年组冠军,盐都区教育局代表队获得中青年组冠军,这两支队伍将代表盐城参加第十九届省运会广场舞项目总决赛。

第二节 竞技竞赛

一、体育竞赛

2018年,全市共派出近千名运动员参加江苏省第十九届运动会田径、游泳等29个项目的比赛,共获得比赛金牌43.5枚,奖牌110.5枚,总分1634分,成绩全面超上届超历史。其中竞技体育运动项目比赛金牌40.5枚。其中,游泳、田径、花样游泳、篮球、足球、自行车、乒乓球、网球、跆拳道等项目在金牌上都取得超历史的佳绩。承办"迎驾杯"国际男子篮球明星挑战赛、第28届东亚保龄球锦标赛等2项国际赛事;中华龙舟大赛、2018年中国足球乙级联赛、"风中足迹"风电行业马拉松邀请赛3项全国赛事;江苏省青少年田径锦标赛(县组第二赛区)、江苏省青少年田径锦标赛(单项赛)、江苏省青少年羽毛球冠军赛(第一站)、江苏省青少年网球锦标赛(15～17岁组)4项省青少年赛事。举办市中小学生阳光体育运动联赛田径、羽毛球、篮球、举重、游泳等20项目的比赛,全面启动全市"小足球、小篮球,大健康、大梦想"系列活动;组织开展全市羽毛球项目基层教练员和体育教师,全市足球项目基层教练员和校园足球特色学校体育教师,全市业余教练员和体育传统项目学校、特色学校教师3项次培训班;指导有关协会举办了车辆模型、钓鱼、门球、自行车、龙舟5个项目晋升二级裁判员培训班。年内,盐城1959健身中心、登达休闲运动基地、天池湖国际垂钓中心和东台西溪半程马拉松赛等9个体育产业项目获省级体育产业发展专项资金,入选项目数居全省各市第三位,总金额740万元。有响水东方健身俱乐部、盐城迈克仕健身俱乐部等4家单位获省健身俱乐部专项扶持资金,金额总计160万元。年内,市悦达健身广场、大丰梦幻迷宫项目入选全省首批14家体育服务综合体认定名单,入选数位居苏中、苏北第一。大丰梦幻迷宫景区等8家单位和项目获评2018江苏时尚体育好去处,推荐阜宁金沙湖等3家单位参加了2018年中国体育旅游精品项目评选。

举办第28届东亚保龄球锦标赛 9月15—21日,第28届东亚保龄球锦标赛在盐城举行,东亚6个国家和地区的8支队伍近70名运动员报名参赛。比赛设置男女单人赛、双人赛、三人赛、队际赛、全能赛和精英赛等12个项目。中国一队(盐城)取得了3金7银3铜的优异成绩,这也是中国一队(盐城)参加东亚保龄球锦标赛取得的历史最好成绩。《现代快报》《盐阜大众报》等媒体对赛事进行专门报道。

承办2018中华龙舟大赛(盐城站) 5月19—20日,2018中华龙舟大赛(盐城站)在大洋湾龙舟基地举行,全国48支龙舟队,1000多名运动员参赛,共决出公开混合组100米、男子精英组100米等15个项目金牌。经过两天角逐,名门世家九江、乐从罗浮宫、东北电力大学和聊城大学龙舟队分别斩获相应组别的100米、200米、500米直道赛决赛冠军。盐城市大洋湾龙舟队获得青少年女子组100米亚军,200米季军和500米季军。2018中华龙舟大赛共举办8站,盐城站是第三站。借助次次举办龙舟大赛的机会,盐城市体育局和市城投集团战略合作,共建盐城市大洋湾龙舟队,从青少年阶段开始打造本地水上竞技项目,将在龙舟、皮划艇、赛艇等方面全面开启水上运动项目。

中国(盐城)国际象棋大师巅峰赛 2017年12月29日至2018年1月3日,由国家体育总局棋牌中心、中国国际象棋协会、盐城市体育局、亭湖区政府主办,江苏省体育局棋牌中心、亭湖区体育局协办的中国(盐城)国际象棋大师巅峰赛开赛。此次巅峰赛由盐城籍选手韦奕和捷克头号棋手大卫·纳瓦拉进行为期四天的对抗。韦奕与纳瓦拉在前四盘慢棋中战平,最终韦奕凭借快棋加赛胜出,惊险夺冠。比赛期间,韦奕与纳瓦拉与亭湖区近40名国际象棋棋迷进行车轮大战。中央电视台CCTV5《体育晨报》栏目组专题报道中国(盐城)国际象棋大师巅峰赛。

二、体育训练

2018年,盐城创新推进"体教融合",在网球、游泳、高尔夫、羽毛球等项目上推进"专业教练进校园"和"专业场馆向学校开放",普及和提高青少年的体育技能,发现一批优秀体育苗子,《中国体育报》以《江苏盐城构建体教融合新格局》为题,对盐城这一创新举措进行专题报道。盐城市第二小学(乒乓球)、盐城市唐洋镇小学(篮球)、盐城市大丰区幸福路小学(篮球)、东台市第一中学4所学校被省体育局、省教育厅命名为2018年度江苏省示范性体育传统项目学校。盐城市第三小学、射阳县小学、阜宁县风谷中心小学、盐城市大丰区实验小学成功创建江苏省第三批青少年校园笼式足球场地。射阳县少年体育学校(跆拳道、摔跤)、盐城市盐都体校被省体育局命名为江苏省示范性青少年奥林匹克体育俱乐部。亭湖区儿童业余体校、射阳县少年体育学校被省体育局命名为2018-2019年度高水平体育后备人才单项训练基地。盐城市大丰区鹿鸣青少年篮球俱乐部、盐城市亭湖区南苑青少年体育俱乐部被省体育局命名为江苏省省级青少年奥林匹克体育俱乐部。盐城市新洋第二实验学校、盐城市解放路实验学校、盐城市亭湖区桂英初级中学、盐城市腾飞路初级中学等42所学校为2018年全国青少年校园足球特色学校。年内,蒯曼(乒乓球)、张文韬(棒球)被授予"运动健将"称号。

人才输送 年内,盐城向省优秀运动队输送4名优秀体育人才。分别为:蒯曼(乒乓球),程咪(田径)、王颖(自行车)、王昊(赛艇)。向省体校输送18名优秀体育苗子。分别为:高呈祥(田径),陈诺钰、吴亦菲、徐豪、蔡静怡(游泳),李航、李嘉琪(乒乓球),王建华、刘小小、刘苏宝、任秋娴(自行车),吴昕远、仇丹丹、张初祥(篮球),陈思行、卞金柔(艺术体操),傅可炘(花样游泳),韩军(橄榄球)。

20人被授予"国家一级运动员"称号 年内,陆玮(田径),陈诺钰、吴亦菲、蔡静怡、蔡昕昊(游泳),胡雯雯、吴楠、周宇新、董涛宁(乒乓球),石磊、张书恒(羽毛球)等20人被授予"国家一级运动员"称号。

69人晋升为国家一级裁判员 年内,温项凯、郝腾飞(足球),陈月霞、倪春、陈训梅、陈满洋、张石成、潘云峰、张阳光、徐凤婷(羽毛球),赵强(中国象棋)等69人晋升为国家一级裁判员。

第三节 体育设施

2018年,市区50个老旧小区完成室外体育设施安装更换工作,20家新建小区通过体育公建配套设施验收,10家小区体育公建完成配套图纸审查工作。市区4个笼式足球场、阜宁县笼式球场和板网球场、大丰笼式球场、射阳拼装式游泳池完成规划选址和招标等相关工作;市体育局全面参与盐都区盐龙湖体育公园的规划评审,组织召开盐龙湖体育公园专家论证会,汇总形成体育规划修改建议上报,继续指导盐都区蟒蛇河风景带体育设施规划和实际建设工作。年内,有盐城市体育实业发展有限公司(盐城市体育馆)、响水县体育馆、滨海县体育馆、阜宁县体育馆、建湖县体育中心体育馆、大丰区奥体中心体育馆6个丙类场馆获得370万元场馆免费低收费开放补助资金。盐城市全民健身中心游泳馆、盐城市温泉游泳馆、射阳县体育馆、盐都区体育馆、盐都区游泳馆、大丰体育场、大丰游泳馆7个丁类场馆获得330万元场馆免费低收费开放补助资金。

(高 峰)

第32章　社会保障

编　　辑　赵　丽

综　　述

2018年，盐城出台新一轮促进就业创业政策，推进就业惠民行动为民办实事，市县联动开展“春来归盐返乡乐业”百日行动，首次在盐城举办全国大中城市联合招聘高校毕业生专场活动，连续四年面向全国举办大学生创业创意项目大赛，启动实施创业精英人才三年培育计划，入选国家留学人员创业扶持计划人数位居全省前列，精准就业扶贫和援铜援察劳务协作进展顺利。创新应用全民参保登记和“五证合一”大数据精准扩面，启动实施第二期“同舟计划”，规范企业管理和技术岗位女职工退休认定，集中开展准备期机关事业单位养老保险费和职业年金清欠专项行动，社保基金运行总体平稳。牵头研究全市人民生活高质量指标体系，积极落实城镇居民增收政策举措，调增养老、工伤、失业保险待遇水平和企业最低工资标准，全年帮扶2097名断保困难职工续保，劳动人事争议调解仲裁力度加大，治欠保支攻坚战成效显著。整合市直社保经办窗口，实现退休审批待遇审核“一窗受理”、社保公共业务“一窗通办”，高分通过“全国社保标准化建设先行城市”评估验收。推进城乡居保“四个不出村”标准化平台和“互联网+城乡居保”平台全覆盖建设。推进人社服务“不见面审批”，拓展手机自助缴费、资格认证等移动社保服务，试点开发被征地农民社会保障不见面审批系统，在全省率先推行电子社保卡、电子劳动合同。完成人社自建系统与政务服务网全流程贯通，打通了与全国政务信息、市直部门的数据共享渠道，精简办事证明材料，切实解决群众办事难问题。

第一节　劳动就业

一、就业和再就业

2018年，全市以高校毕业生、城镇登记失业人员、农村转移劳动力为重点，将服务企业引才用工和促进就业有机结合，实施创业带动就业，促进返乡创业就业。组织1.73万人参加创业培训，扶持2.41万人实现自主创业，通过扶持创业带动7.07万人就业。推进创业担保贷款发放工作，扩大发放范围，提高发放额度。全市共向1561名城乡创业人员发放创业担保贷款2.19亿元。推动创业型城市建设向城乡基层和园区延伸，形成覆盖城乡的公共创业服务体系，全市4个园区、29个街道（乡镇）、568个村（居）被江苏省人社厅认定为首批省级创业型街道（乡镇）、社区（村）和园区。充分利用各类创业园区、各类市场等平台，结合城乡创业者的需求，建设一批市场型、门面型、楼宇型等多元化的创业载体，为城乡创业人员提供场地和资金支持，进行孵化培养，提高创业成功率。面向全市征集切合当前实际和需求的创业项目，充实和完善创业项目库，举办盐城市创业项目推介暨创业成果展示会。组织“中国创翼”和“创响江苏”创业创新大赛盐城选拔赛，在第三届“中国创翼”创业大赛中，江苏金羿先磁新材料科技有限公司的先进吸波导磁材料项目获得创新组二等奖和“全国优秀创业创新项目”称号。举办中国盐城2018年大学生创意创业项目大赛，涉及创新农业、互联网+、VR应用、大数据分析、教育培训、数据安全平台等产业的80个优秀项目入围总决赛。组织开展“就业援助月”活动，全面推进“零就业家庭”就业援助工作，动态消除“零就业家庭”。拓展公共就业服务功能和创新公共就业服务模式，开展服务企业引才用工专项行动，开设常态化的劳务集市，促进就业和服务企业用工。全市共举办各类招聘会695场（次），进场招聘企业1.68万家，提供招聘岗位57.3万个，进场求职人次数43.6万人，达成就业意向13.6万人。

高校毕业生就业　年内，全市高校毕业生就业超3.5万名。发放就业见习补贴40多万元。全市招募50名高校毕业生到基层支教、支医、支农和扶贫。组织实施2018年市级大学生就业见习基地、实习（实训）基地申报评审工作。组织开展“公益人才服务进校园”“就业指导进校园”等活动，加强对高校毕业生的就业指导和服务。升级高校毕业生更高质量就业的传统平台，主动对接高校、教育部门，组织近千名高校毕业生参加就业见习，提升高校毕业生就业能力，减轻企业用工成本。

专场招聘 2月21日(正月初六)、2月24日(正月初九)、3月3日(正月十六),在市人力资源市场举行2018年新春"春来归盐 返乡乐业"大型招聘会,共有655家企业提供3.74万个就业岗位,初步达成就业意向1.45万人。春节期间,全市人社部门市、县联动,同步举办鼓励返乡创业暨服务企业引才用工招聘活动225场,共有5226家企业提供20.77万个就业岗位,初步达成就业意向6.86万人。4月16—22日,举办民营企业招聘周。整个招聘周期间,全市共组织各类招聘洽谈会20多场,有1万多名人员进场求职,4200人与用人单位签订就业意向,其中高校毕业生2500人,进城务工农民860人,就业困难群体136人,维权及法律援助217人次,印发就业宣传材料5万份。4月24日,举办市区民营企业招聘周走进校园专场招聘洽谈会,组织76家企业单位参加,现场约2170名求职人员进场咨询,343人达成求职意向。

二、职业技能培训与鉴定

2018年,全市人社系统以就业前培训、岗位技能提升培训和创业培训为重点,加快政策落实,密切校企合作,提升城乡劳动者就业创业能力。全市共组织城乡劳动者技能培训4.58万人,企业职工岗位技能提升培训6.98万人,创业培训1.73万人。全市职业技能鉴定4.92万人,获证3.96万人,其中高级技师79人,技师645人,高级工0.99万人;专项能力认证773人,其中母婴护理623人;全市全年免费为重点群体开展专场鉴定20多场8600余人,其中下岗失业登记人员、退伍士兵6700余人获得相应的职业资格证书;结合企业生产经营和职工岗位实际、开展企业技能人才评价共计23家,涉评职业13个,参评职工2070人,取得高级工职业资格证书1800余人。

职业技能培训机构 至年底,全市有技工院校6所,在校生2.23万人,全年招生9273人,应届毕业生5946人;2018年,成功申报1个校企联合实训中心、2个历史经典特色班、3个技工院校特色专业和1个技工院校改革发展示范校项目;新增示范专业1个、省级精品课程4个;开展盐城—常州挂钩合作交流活动,选派20名技工院校初任班主任参加常州市人社局举办的技工院校班主任培训班;全市有民办职业培训机构86个,全年培训5.59万人,结业5.46万人,结业率97.64%。

技能竞赛 年内,盐城举办市第八届全市职业技能大赛暨第四届"江苏技能状元"大赛盐城选拔赛,产生7个青苗组第一名、7个职工组第一名并授予"盐城技能状元"和"盐城工匠"称号;组织选手进行强化集训,组队参加第四届江苏技能状元大赛全省总决赛,获1金5银9铜的好成绩。参加第45届世界技能大赛全省、全国选拔赛,获得5个全省第一名、1个全国第二名,盐城共有6名选手入选世界技能大赛国家集训队第一阶段集训,经过十进五淘汰赛,有3名选手进入第二阶段集训(电气装置、管道与制暖、空调与制冷3个项目各1名选手)。江苏省盐城技师学院被授予第45届世界技能大赛电气装置项目、管道与制暖项目中国集训基地。组队参加第八届全国数控大赛省选拔赛、全国决赛,获得2个全省第一名,2个全国决赛一等奖、3个二等奖。组队参加第一届全国技工院校教师职业能力大赛省级选拔赛,获得电工电子类、交通类2个项目第一名(共9个项目);两位选手又代表江苏省参加10月在广州举办的全国决赛,获得2个一等奖。组队参加第二届全国智能制造应用技术技能大赛江苏省选拔赛、全国决赛,获得2个全省第一名,3个全国二等奖。指导、帮助28家行业、部门开展技能竞赛,调动了职工学习技术、提高技能的积极性。

三、基层平台建设

2018年,按照江苏省人社基层平台建设标准和服务规范要求,持续推进基层人社平台标准化建设和服务前移、职能下移工作,全面完成全市100%的镇(街道、园区)、65%的村(社区)人社基层平台达到标准化建设要求的目标任务。至年底,大市区建立镇(街道、园区)人力资源社会保障服务中心46个,其中亭湖11个、盐都19个、开发区2个、大丰区14个;建立村(社区)人力资源社会保障服务站765个,其中亭湖214个、盐都260个、开发区29个、大丰区262个;为镇(街道、园区)人力资源社会保障服务中心配备工作人员291名;为村(社区)人力资源社会保障服务站聘用专(兼)职工作人员819名。

四、劳动工资水平

2018年,为全面贯彻落实省委、省政府"聚焦富民33条",市委、市政府"聚焦富民10条"政策措施,进一步提高城乡居民收入水平,实现居民收入与经济增长同步、劳动报酬与劳动生产率提高同步,市人社局根据省人社厅《关于进一步做好企业(行业)工资指导线工作的通知》的要求,结合盐城经济和社会发展状况,发布企业工资增长7%的指导线。及时调整最低工资标准,二类地区为1830元,三类地区为1620元。同时及时发布市区部分职位工资指导价位、企业人工成本价位。 (市人社局)

第二节 社会保险

一、职工养老保险

2018年,全市参加企业职工养老保险人数119.14万人,实际缴费人数115.59万人,比2017年末净增2.32万人;企业职工养老保险基金总收入120.26亿元;全市企业离退休人数49.42万人,全市全年支付企业离退休人员养老金110.84亿元,社会化发放率100%。其中,市区参加企业职工养老保险人数30.31万人,实际缴费人数29.47万人,比2017年末净增1.15万人;企业职工养老保险基金总收入31.46亿元;市区企业离退休人员9.23万人,市区全年支付企业离退休人员养老金24.96亿元。年内,盐城完成企业退休人员养老金第14次连调。调整后，全市企业退休人员人均养老金水平较上年每月增加125.4元。

通过全国社会保险标准化建设“先行城市”验收 11月，人社部社会保险标准化建设专家组对盐城开展社会保险标准化建设“先行城市”试点工作进行实地评估验收。专家组通过听取汇报、现场考察和查阅资料等方式对社会保险标准化体制机制建设、宣贯培训、标准实施、实施成效及创建品牌等方面进行逐项考核打分，最终盐城以良好成绩通过验收。

社保“一窗一网”利企便民改革 年内，市人社局贯彻落实国务院和省政府关于深化“放管服”改革、推进审批服务便民化工作部署，实施社保“一窗一网”利企便民改革。对参保登记、缴费申报、基础信息变更、参保凭证打印等社会保险公共业务实行“一窗通办”，对企业职工到龄退休申报、养老保险待遇审核与支付、遗属补助支付、个人账户结算业务实行“一窗受理”。企业职工社会保险费征缴、缴费基数核定、待遇审核、企业职工和离退休人员死亡及供养亲属待遇核定、养老保险个人账户余额一次性支付核定、社会保险登记、社会保险稽核事项实现在省政务服务网上“不见面”审批。

二、机关事业养老保险

至2018年底，全市上线参保单位4263家，在职13.10万人，退休8.39万人。其中，市本级上线参保单位465家，在职1.77万人，退休8404人。全市共征收基本养老保险费43.11亿元，职业年金19.95亿元，支付养老待遇70.97亿元。其中，市本级共征收基本养老保险费5.16亿元，职业年金1.54亿元，支付养老待遇9.29亿元。启动2017年、2018年度缴费基数申报工作，下发通知要求单位进行网上申报，公布申报缴费基数口径和操作流程；对参保单位申报基数进行现场审核，严格缴费基数口径，及时完成两年在职参保人员缴费基数申报审核和补收工作。年内，市人社局集中开展为期三个月的机关事业单位准备期养老保险费和职业年金的清欠专项行动，主动与欠费单位和主管部门联系，召开欠缴单位负责人座谈会，多次发放催缴通知书，登门宣传社保缴费政策。对于资金安排和周转原因欠费的单位协同争取财政补助，对于处于长期歇业无缴费来源的困难事业单位，由主管部门提出申请，财政人社商量研究具体方案，报政府研究解决。经过多方面共同努力，市本级完成准备期基本保费补缴1677万元、职业年金4143万元，清算补缴进度全省领先。

三、城乡居民养老保险

2018年，盐城按照兜底线、织密网、建机制的要求，进一步推进“四个不出村”标准化实体平台和“互联网+城乡居保”虚拟平台的“两个全覆盖”，巩固城乡居保参保率、发放率，规范被征地农民社会保障工作，加快建设覆盖全民、城乡统筹、保障适度、可持续的多层次社会保障体系。全市“互联网+城乡居保”系统网上经办业务27.8万人次，线上业务经办量达22%。年内，全市城乡居民基本养老保险累计参保182万人，当年缴费174.94万人，参保率99%，续保率96%，征收保费11.15亿元，人均每年缴费637元；60周岁以上城乡居民领取基础养老金140.82万人，领取率100%。进一步调增城乡居保基础养老金最低标准，由2017年每人每月125元调增为135元，其中大丰区在此基础上，提高到每人每月145元。贯彻省、市社保扶贫文件要求，由政府代缴最低标准（100元）的养老保险费，实现困难群体登记参保、代缴保费、享受城乡居保待遇3个100%。滨海县社保扶贫工作成功入选人社部“全国人社领域精准扶贫典型案例”。

四、医疗保险

2018年，盐城职工医保参保人数135.62万人，基金收入为55.36亿元。城乡居民医保参保人数629.67万人，基金收入为49.31亿元。实施市区定点零售药店互认机制。定点零售药店完成市区范围内的互认，执行统一医保服务协议，实现市区参保人员购药“一卡通”；市区定点零售药店费用结算启用新的结算办法和结算系统，由所辖区医保经办机构统一按月结算，不再由各区分别结算。健全医保扶贫机制。建立基本医保为基础、大病保险为补充、医疗救助为托底相互衔接的综合施救机制。重点医疗救助对象经医疗保险报销后的个人负担部分按70%的比例给予救助，医疗费用补助年度最高限额达到基本医疗保险封顶线的50%。2018年，全市实施医疗救助41.2万人，累计支出医疗救助金2.74亿元。完成省医保2018年版药品目录调整工作。新版目录的西药、中成药品种达到3780种，其中新增加的有328种，目录库对应增加了2720种剂型规格、4300种品牌。36种国家谈判药和17种抗癌药及时纳入支付范围，医保特药多次降价，报销范围显著扩大，参保人员个人负担水平进一步减轻。深化医保付费方式改革。全面推进总额控制下的多元复合式支付方式。总额控制费用占基金支出的比例达到96%，普遍实施门诊统筹按人头付费，2018年住院医疗按病种付费达到156种。将城乡居民医保和城镇职工医保参保人员、外出农民工和就业创业人员同步纳入异地就医平台。试点开展长三角异地就医门诊费用直接结算工作，实现了与上海15家三甲医院和8家社区卫生服务中心门诊费用直接结算。至年底，全市办理异地就医备案6.59万人，即时结算4.92亿元。

全面实施城乡居民医保一体化 1月1日起，盐城正式实施统一的城乡居民基本医疗保险制度，就此结束城乡居民医保二元化待遇格局，新型农村合作医疗成为历史。2017年4月，市政府印发《盐城市整合城乡居民基本医疗保险制度实施方案》，明确制定全市统一的城乡居民基本医疗保险办法，市、县两级同步推进城乡居民医保整合。盐城城乡居民医保制度整合涉及130万名城镇居民和560万名农村居民，“待整合地区数”居全省第一，“待整合人数”居全省第二。年内，新老制度逐步磨合，城乡居民的保障水平稳中有升，便捷化普遍提高。通过比对城乡参保人员基础信息，以“社会保障卡人人唯一”为抓手，加快清理参保人员信息库，实现医保关系“不重复”，核清38万名城乡重复参保人员，在做实应参保人数的基础上，有效组织续保缴费，采取银行网点代收、协议代扣以及“互联网+医保缴费”等多种方式，拓展自助缴费渠道，实现应保尽保；开发全市统一的城乡居民医保信息系统，改造升级镇村基层医疗机构网络，建立覆盖市、县、乡、村的四级医疗保险信息网络；完成镇村两级2365家乡村基层医疗机构客户端环境改造和客户端结算程序安装，从技术上保障城乡居民医保新制度的按时顺利实施；扩大医保“三个目录”范围，整合后可报销药品数3175种，比原新农合规定的药品目录978种增加了三倍多，重大疾病自费药品率从50%下降到10%左右。构建起普通疾病、慢性病、特殊病有效衔接的多层次门诊统筹待遇体系，有效满足不同类型病患者的保障需求。特殊病门诊费用报销上不封顶，且慢性病、特殊病病种数均有显著增加。城乡医保整合后，政策范围口径统一，政策范围内待遇水平稳中有升，政策范围外的个人实际负担明显减少。

五、生育保险

2018年，全市参加生育保险人数75.79万人，比上年末净增2.55万人，其中市区参加生育保险人数23.19万人，比上年末净增0.7万人；全市生育保险基金总收入2.54亿元，其中市区生育保险基金总收入0.94亿元；全市生育保险待遇支付3.13亿元，其中市区生育保险待遇支付1.31亿元。

（王义成）

六、失业保险

2018年，全市失业保险参保人数71.32万人（经省就业管理中心按实核定调整），失业保险参保率达98.10%，征收基金3.55亿元。全市共为1.25万名失业人员发放失业金1.53亿元。共向1000家企业发放失业保险稳岗补贴4152.45万元，受惠职工17万人。发放失业保险职业技能提升补贴1608人次，补贴资金226.69万元。

七、工伤保险

2018年，全市参加工伤保险人数89.27万人，其中市区参加工伤保险人数23.6万人。全市工伤保险基金总收入3.45亿元，其中市区工伤保险基金总收入0.9亿元；全市工伤保险待遇支付2.55亿元，其中市区工伤保险待遇支付0.66亿元。全市工伤认定5051件，工伤职工劳动能力初次鉴定2912人，工伤复核鉴定163人。工伤康复77人，工伤预防培训3664人。自5月1日起，市区（包括市直、亭湖区、市开发区、城南新区）、响水县、滨海县、阜宁县、射阳县和建湖县工伤保险基准费率下调50%，盐都区下调20%。

工伤保险定期待遇调整　年内，市人社局对6月30日前领取伤残津贴的工伤人员、领取生活护理费的工伤人员以及领取供养亲属抚恤金的人员的待遇进行调整。调整办法为：一级至四级工伤职工伤残津贴在原标准基础上每人每月分别增加244元、224元、204元、191元，调整后金额低于全市最低工资标准的，由工伤保险基金补足差额；与原用人单位保留劳动关系的五至六级工伤人员，在原伤残津贴基础上每人每月按不低于178元、167元的标准调增，调整后总额低于全市最低工资标准的，由用人单位补足差额；生活完全不能自理、大部分不能自理和部分不能自理的工伤人员护理费月标准，分别调整为2637元、2110元和1582元；供养亲属抚恤金在原标准基础上每人每月增加60元。

工程项目参加工伤保险　年内，市人社部门与发改、城建、交通、水利、安监、工会等部门会商研究工程建设项目参加工伤保险工作，联合出台《转发人力资源社会保障部等部门关于铁路公路水运水利能源机场工程建设项目参加工伤保险工作的通知》，统一全市铁路公路水运水利能源机场等工程建设项目参加工伤保险费率标准，将全市工程建设项目参加工伤保险从建筑行业拓展到交通、水利、能源、铁路、机场等领域。会同各行业主管部门建立盐城市工程建设项目参加工伤保险联席会议制度，创建工伤预防部门信息共享网上平台，组织开展全市工程项目参加工伤保险专项督查活动，促进工程项目参保。2018年，全市新增工伤保险参保项目1182个，征收工伤保险费0.53亿元。

八、规划财务和基金监督

2018年，市人社局进一步加强制度建设，严格预决算工作，强化财务监督，注重队伍建设，全年“三公”经费、会议费、培训费持续保持较低水平。努力提升规划统计工作成效，完成“十三五”规划中期评估，建立人民生活高质量监测考核指标体系，强化目标监测，按时完成月、季、年数据汇总上报，全年完成16篇统计调查分析报告。进一步加强内部审计工作，选调业务骨干分组交叉对直属单位开展年度内部审计，促进了各单位内控制度进一步健全，会计基础进一步规范，经费绩效进一步提高。年内，开展社会保险基金监督制度建设巩固年活动，组织工伤保险内部控制制度专项检查，开展打击欺诈骗取医疗保障基金行为，深化四项养老保险重点指标核查，持续开展社会保险基金安全评估试点工作，职业年金基金归集账户开设工作圆满完成，全市社会保险基金平衡安全运行。（市人社局）

第三节　住房保障

一、保障性住房

2018年，全市新开工棚改安置房1.46万套，基本建成1.03万套，完成棚改1.46万户。其中市区新开工棚改安置房4357套，基本建成棚改安置房2771套，完成棚户区改造4357户。全年，市区争取中央、省财政补助资金6527.44万元。至年底，全市政府投资公共租赁住房2.49万套，其有2.38万套分配入住，入住率95.23%。其中，市区7521套，有6684套分配入住，入住率89%。

棚户区改造　年内，市区累计争取棚改政策性贷款88亿元，商业银行贷款31.6亿元。其中，国开行融资授信额度76亿元、农发行融资授信额度12亿元（亭湖区大洋街道和盐东镇城中村改造项目）、省农行融资授信额度31.6亿元（盐都区盐渎、盐龙、张庄三个街道城中村改造项目）。根据市委、市政府"三治三化"专项行动部署要求，市政府出台市区棚户区（危旧房、城中村）改造整治三年行动方案，至2020年底，基本完成市区高速公路围合圈范围内集中成片棚户区（危旧房、城中村）改造任务，计划改造住宅总户数约5万户，住宅总面积约570万平方米。

保障房管理　年内，市区进一步强化住房保障动态管理，审查取消82户住房保障轮候资格，退出廉租房转公租房18户，清退家庭条件改善廉租房住户74户。出台《盐城市市区经济适用住房退出保障实施细则（试行）》。完成1018户城市中等偏下收入住房困难家庭、新就业及外来务工人员的公（廉）租房申请、审核、轮候、选房入住工作，191户公租房申请家庭的公示摇号工作。123户经济适用房轮候家庭的公示、放号、选（购）房、签约等组织工作。建立公租房管理系统与二手房交易信息系统网签系统联网，实现市本级公租房保障对象及其家庭成员购房全方位动态监管。按照省、市住房保障"五公开"制度，及时公开保障政策、房源信息、对象信息、审批流程、分配结果等信息，主动接受社会监督。　（王　俊）

二、公积金管理

2018年，全市共新增住房公积金开户单位1434家、7.94万人，归集67.18亿元。全市提取住房公积金53.24亿元，发放个人住房公积金贷款22亿元，个贷比为125%，逾期率为0.06%。

归集拓面　年内，市住房公积金管理中心推进"住房公积金扩面新三年行动计划"的落实，按照应建尽建要求，对辖区内企业宣传全覆盖，全市开展媒体宣传200多次，寄发催建催缴信函3000多封。每月公布县（市、区）扩面工作进度，按季考核通报承办银行委托业务实绩。制定出台《关于在盐城就业的港澳台同胞缴存使用住房公积金的通知》和《关于延长我市阶段性降低企业住房公积金缴存比例政策期限的通知》，贯彻落实国家为企业减负的有关指示精神，按政策要求把企业正常缴存比例由原来的8%～12%，调整到5%～12%，经营亏损单位经审批后缴存比例降低到1%～4%直至缓缴。制定出台《盐城市住房公积金联动执法暂行规定》，整理编印《行政执法日常工作材料汇编》，提升行政执法水平和能力。年内，中心共立案46件，发行政处罚事先告知书9份，发处罚决定书10份；被立案单位建立公积金制度后，终止执法流程8件；举办重大案件小组审议会议3场次；举办听证会议1场次。

使用管理　年内，市住房公积金管理中心与公安局联合出台《关于开展治理违规提取住房公积金工作的通知》，对骗支骗贷公积金的行为零容忍，识破十多起骗支住房公积金的行为，并配合公安部门，跨省捣毁一个制假证窝点。中心还根据贷款需求下降的实际，将利率9折及县（市、区）管理部9折以下公转商贷款，共计7.46亿元全部回转。12月底，实际回转公转商贷款12.27亿元。当年实现增值收益1.72亿元，同比增加0.42亿元，实现同比增长32%。从严执行支取和贷款政策，全市个贷率从2017年9月底的146%历史最高位开始回落，至12月底全市个贷率为125%，下降了21%。

三、老旧小区、城市危房整治

2018年，市区共有6个老旧小区纳入整治范围（亭湖区负责实施的南环组团及周边、文港组团、阳春小区、旭日路18号小区及周边、东园南巷2—4号小区，城南新区负责实施的北港花苑），整治面积约24万平方米，受益户数约2000户，投入资金近2600万元。稳步推进省级宜居示范居住区项目建设，全市9个省级宜居住区示范项目全部按计划完成任务。出台《关于进一步做好市区城市危房解危工作的意见》，明确城市危房解危工作的责任要求和目标任务、工作原则、危房监管治理的方式和工作流程，推动老旧建筑安全排查整治和危房解危工作。

第四节　社会救助

2018年，全市共有城乡低保对象6.7万户11.8万人，其中城市低保对象0.9万户1.6万人，农村低保对象5.8万户10.2万人。城乡低保标准统一提高到每人每月580元，全市以县（市、区）为单位实现城乡低保标准一体化。城乡低保人均补差水平分别达到每人每月360元和396元，切实保障困难群众的基本生活。

提高特困供养标准　年内，全市共有农村特困供养对象2.9万人，其中集中供养对象6724人，分散供养对象2.23万人，集中供养率23.2%；城市特困供养对象522人。2018年，全市农村特困人员集中供养标准为每人每年11760元，分散供养标准为每人每年9360元，城市特困人员供养标准为每人每月1600元，均列全省第五位，全年累计发放特困人员救助供养金2.7亿元。

临时救助　年内，市民政局进一步对临时救助对象的认定条件、审核审批程序、救助标准和救助方式等进行完善和细化。全市各地累计实施临时救助4万余次，支出临时生活救助金2900多万元，充分发挥临时救助制度在保障急难型贫困家庭、支出型贫困家庭和贫困新居民家庭基本生活中的重要作用。

救助管理　年内，市民政局做好救助管理机构和站外托养机构安全督查工作，防止安全事故发生，切实保障流浪乞讨人员合法权益。至年底，全市有滞留托养对象239人,分布在10个托养点。各救助管理机构借力互联网、人脸识别、DNA比对、全国救助寻亲网等现代化科技手段,帮助流浪乞讨人员快速寻亲,为滞留对象及时回归家庭创造条件。全年帮助54名救助对象回归家庭,社会反响较好。开展"寒冬送温暖""夏季送清凉"专项行动,实行24小时值班,开通24小时救助热线电话,做到"有求必应、有应必行、有行必果",为需要救助的流浪乞讨人员提供及时必要的帮助。全年共救助生活无着人员4500余人。贯彻落实中央办公厅、国务院办公厅《关于加强和改进生活无着的流浪乞讨人员救助管理工作的意见》和省民政厅救助管理三年行动计划精神,分别召开市流浪乞讨人员救助管理工作联席会议、全市救助管理站长座谈会。

第五节 社会福利

2018年,根据市政府办《关于加强孤儿保障工作的意见》《关于推进适度普惠型儿童福利制度建设的实施意见》要求,全面建立困境儿童养育标准自然增长机制,机构养育孤儿每人每月2200元,社会散居孤儿每人每月1450元,父母监护缺失的儿童、父母无力履行监护职责的儿童、重病重残等儿童基本生活补贴分别为每人每月1160元、870元、725元,切实保障困境儿童的生活质量,让困境儿童有更多的获得感和幸福感。为全市18周岁以下困境儿童办理平安健康险,并列入市政府2018年为民办实事项目,保费每人每年600元。市民政局联合市财政局、残联出台《关于将残疾等级为三、四级的残疾儿童纳入护理补贴发放范围的通知》,将全市残疾等级为三、四级的残疾儿童纳入护理补贴发放范围,进一步提升儿童福利水平。

农村留守儿童关爱保护专项行动 年内,全市各级民政部门认真落实国务院和省政府关于加强农村留守儿童关爱保护工作的相关要求,常态化开展专项行动,不断健全农村留守儿童关爱保护体系。至年底,由于农村留守儿童父母返乡就业、创业等因素,市农村留守儿童降低到5.97万人,动员109名留守儿童返校复学,为2186名留守儿童办理户口登记,为3500多名无人监护、父母一方外出另一方无监护能力留守儿童签订委托监护责任书。依托城乡社区、学校等建立70个农村留守儿童"关爱之家",全部达到省定标准,进一步提升农村留守儿童关爱服务能力。

落实残疾人两项补贴 年内,市民政局认真贯彻落实市政府办《关于完善困难残疾人生活补贴和重度残疾人护理补贴制度的实施意见》,全市共有8.24万名困难残疾人享受了3.31亿元生活补贴、6.03万名重度残疾人享受了5905万元护理补贴,残疾人两项补贴实现全覆盖,切实保障和改善残疾人基本生活。

第六节 劳动保障

一、劳动监察执法

2018年,市人社局接待来访咨询人员3.63万人,全市共受理投诉举报853件,办理省长信箱、市长信箱、市信访办、局长信箱交办的案件279件,书面审查用人单位1.28万户,巡查用人单位8352户;开展农民工工资支付情况、清理整顿人力资源市场秩序、用人单位遵守劳动用工和社会保险法律法规情况、夏季高温津贴发放情况等一系列专项行动;启动劳动保障监察应急预案,加强休息日、法定假日应急待警工作,处理群体性突发事件20余起。通过专项检查,责令用人单位累计为3014名劳动者补签劳动合同;为近3539名劳动者追回工资等待遇2945.2万元;督促319户用人单位为1610名劳动者补缴社会保险费1146.8万元;督促257户用人单位办理社会保险登记手续;查处一起非法使用童工案件。年内,市人社局通过落实责任、整合力量、强化培训、加强督查等措施,全面完善全省联动举报投诉平台,所有举报投诉信息全部通过平台予以反映和运行,实现"一点举报投诉,全市联动受理"。渠道进一步畅通,联动举报投诉平台的运行,辖区内劳动者通过窗口、电话、信件、网络等方式均可以进行举报投诉;效能进一步提高,有关举报投诉事项可及时告知当事人,举报投诉人也可以通过一定方式查询案件的受理、办理、处理等情况;监督进一步加强,上级劳动监察机构依托平台,全流程跟踪案件办理过程。2018年,全市联动举报投诉平台共受理咨询、投诉、举报等2.56万条。

"劳动监察效能提升年"活动 年内,市人社局在全市劳动保障监察中开展"劳动监察效能提升年"活动,不断加强劳动保障监察队伍及作风建设。坚持每周例会、每月案件过堂制度。通过案件过堂,交流案件办理情况,讨论重大疑难案件,组织全市劳动监察典型案例研讨,开展结构化说案竞赛活动,组织劳动监察案件卷宗评比。开展"树形象、强服务、全面提升劳动监察效能"活动,将日常理论、业务学习形成制度化正常化。全市共配备69名专职劳动保障监察员、192名兼职劳动保障监察员和488名劳动保障协理员。进一步优化网格设置,充分发挥"两网化"效能。

农民工工资支付专项检查 1月,市政府印发《关于全面处理拖欠农民工工资问题的实施意见》,成立市解决企业工资拖欠问题部门联席会议,明确市政府常务副市长为召集人,15个成员单位分管领导为成员。市委、市政府将保障农民工工资支付工作纳入对各县(市、区)年终的综合考核指标,农民工工资支付工作在全市的重视程度得到进一步提高。全市共检查各类用人单位1455户,涉及农民工13.6万人;查实37户用人单位拖欠2535人工资1736万元,督促责令支付2411人工资1675万元;办结工资类投诉举报案件162件，涉及农民工508人，涉及工资339万元；至年底，全市在建工程项目420个，其中政府投资工程项目100个，涉及农民工7.55万人。所有工程项目中，按月足额发放工资的415个，实名制管理的409个，缴纳工资保证金的420个，开设农民工工资专用账户的364个，占比分别为98.8%、97.4%、100%、86.7%。

二、劳动人事争议调解仲裁

2018年，全市各级劳动人事争议仲裁机构和调解组织共接处案件7537件，达成调解协议及和解共计6719件，调解成功率达89.14%。各级仲裁机构立案受理案件2447件，涉及职工2465人，涉及金额达8677.89万元，累计结案率100%，其中仲裁裁决案件703件(含一裁终局案件324件)。全市13个调解专家团队全年共处理省劳动人事争议调解服务平台推送案件5785件，占本地仲裁机构立案受理案件总量的236.41%，调解成功率达94.72%，满意度达100%。全市各级仲裁机构全面运行仲裁信息管理系统，信息系统网上运行率100%，仲裁结案率、信息系统网上运行率、省级调解服务平台运行案件占比三项指标列全省第一位。进一步明确大市区劳动人事争议管辖分工，科学界定劳动合同履行地与用人单位所在地，减少当事人管辖争议成本，防止“立案难”的情况出现。推进仲裁程序规范化，开展“劳动人事争议调解仲裁行风建设督查”活动，全市仲裁员分组、分批次前往全市各个仲裁机构，以案件审理程序、法律文书制作质量为重点督查领域，全方位监督各县区仲裁机构劳动争议案件办理全过程，促进立案受理便民化、仲裁程序合法化、处理结果合理化。全市各仲裁机构评分均在90分以上，实现案件运行程序零违规，让每一个当事人劳动人事争议案件都能在“阳光”下运行。与市中级人民法院联合推进加强劳动人事争议仲裁与诉讼衔接工作，建立工作联系制度、裁审联席会议制度、裁审信息共享和数据交换制度、联合培训学习制度、巡回法庭派驻制度，开拓劳动仲裁机构与人民法院常态化交流渠道，实现裁审两阶段案件信息“互通有无”，全面监控裁决类案件办理成为现实。同时，规范裁审衔接工作流程，重点完善受理衔接、财产保全、先予执行及“支付令”等工作难点的处理程序，杜绝让当事人在仲裁机构和人民法院受理窗口“来回跑”的现象。

三、农民工服务

2018年，市人社局开展农民工综合服务中心质量提升工作。完善农民工综合服务中心服务功能内容，提高服务标准，提升全市农民工综合服务中心整体公共服务能力、质量和水平，稳步促进农民工市民化步伐。加强家庭服务知名品牌建设。滨海桥缘家政服务公司被评为省级示范基地。盐城美好生活专业清洁服务有限公司、盐城喜悦家政有限公司、滨海桥缘家政服务有限公司3家被确定为省“百强”家庭服务企业。江苏好百邻家庭服务有限公司和盐城喜悦家政有限公司两家评为市级示范基地。滨海坎北街道办事处评为省级新市民大讲堂的示范点。组织参加首届江苏省家政服务行业职业技能大赛岗位大练兵活动。全省13个市代表队，180名选手参赛。盐城代表队有71名选手入围参赛，获团体总分第一，27人获取各类奖牌的好成绩。其中，获育婴员、家务助理、母婴护理、产后康复、清洗保洁、家电清洁6个项目第一名；大会还授予盐城市优秀组织奖，授予盐城技师学院特别贡献奖。1—3月，市人社局联合市扶贫办、总工会、妇联组织开展以“促进转移就业，助力脱贫攻坚”为主题的春风行动，做好返乡就业创业工作，通过开展摸底调查、集中发放“春风卡”、送岗下乡、多渠道发布就业信息、开展劳务对接、结合重点企业、重点项目吸纳就业、鼓励人力资源服务机构开展诚信服务、组织技能培训等，为进城务工和返乡就业创业的农村劳动者提供有针对性的就业服务。活动期间发放春风卡11.67万份、招聘会和岗位信息12万份，为7.9万人提供免费服务，为4914人提供劳动维权服务和法律援助。深化外省劳务协作，全市在巩固原有的劳务协作基地的基础上，新建劳务招聘联盟，共享各地劳务协作基地和资源，组织到陕西、贵州、山西等劳务协作基地，开展跨省招聘活动72场次，参加企业350家，提供招聘岗位2.13万个，协议录用人数4290人，协议培训人数1430人。

农村劳动力转移 年内，市人社局把加快农村劳动力转移作为促进农民持续增收、农村持续发展的重要举措，全力服务于农村劳动力创业就业工作，不断推进农村劳动力转移就业持续增长。全市累计转移农村劳动力213.04万人，其中劳务输出128.72万人。全年新增转移就业3.9万人，完成年度目标的130%。 (市人社局)

第33章 人民生活

编 辑 赵 丽

综 述

2018年，盐城城乡居民收入呈现高质量增长态势，百姓的获得感、幸福感进一步增强。年内，盐城全体居民人均可支配收入29488元，较上年增长8.9%，扣除价格因素后实际增长6.9%。按常住地分，城镇常住居民人均可支配收入35896元，实际增长6.4%；农村常住居民人均可支配收入20357元，实际增长6.8%。年内，盐城全体居民人均生活消费支出17580元，同比增长5.7%，增幅比上年同期下降1%，比全省增幅低0.9%。其中，城镇居民人均消费支出19731元，同比增长7.0%。农村居民人均消费支出14515元，同比增长2.6%，八大类消费支出呈三降五升态势。

第一节 收入与消费

一、全体居民收入

2018年盐城居民收入增幅比全省高0.1%。城镇居民收入增速比全省高0.2%，农村居民收入增速与全省持平。扣除价格因素后，盐城居民收入实际增长6.9%，连续两年超过地区生产总值增速。农村居民收入增幅比城镇居民收入增幅高0.4%，城乡居民收入比从上年的1.77∶1缩小到1.76∶1。在全省13个市中仅略高于宿迁(1.70∶1)，为全省第二低。2018年，全市各县(市、区)居民收入均保持较快增长。按收入水平排序，由高到低分别为：亭湖39815元、盐都32167元、东台31817元、大丰30590元、建湖28258元、射阳25953元、滨海24581元、阜宁24401元、响水23741元。按收入增速排序，由高到低分别为：响水和滨海增长9.2%，盐都和射阳增长9.0%，亭湖、建湖和东台增长8.9%，大丰和阜宁增长8.8%。

工资性收入 工资性收入仍是可支配收入最主要来源。人均工资性收入15385元，同比增长8.3%，占可支配收

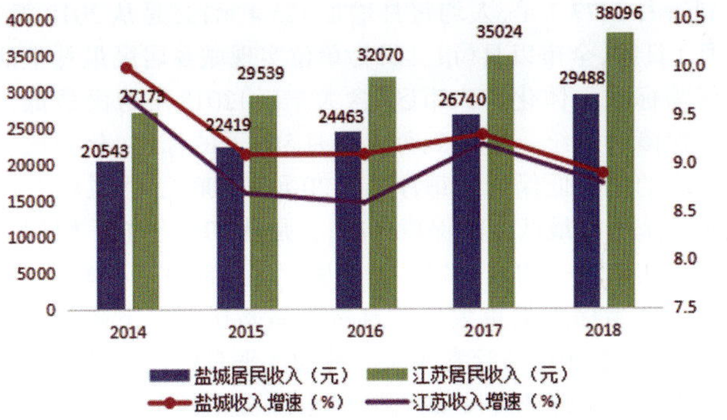

图33-09 2014—2018年江苏省/盐城市居民人均可支配收入增长情况对比图

入的比重为52.2%，拉动可支配收入增长4.4%。工资性收入增长原因，一是职工工资稳步提升。机关单位目标考核奖、事业单位增量绩效标准提高，企业工人工资普遍有所增长。二是最低工资标准提高。全市二类地区由每月1720元上调为1830元，增长6.40%，三类地区由每月1520元上调为1620元，增长6.58%。三是就业环境稳定。全年新增城镇就业人员12.2万人，城镇登记失业率保持1.78%的较低水平。

经营净收入 经营净收入平稳增长。人均经营净收入6971元，同比增长8.0%，占可支配收入的比重为23.6%，拉动可支配收入增长1.9%。经营净收入增长的主要原因，一是政府继续推动各类主体竞相创业，及时落实对各类经营主体的税收、补贴、减免费等扶持政策，全市个体私营经济发展较为旺盛。2018年，全市新注册登记私营个体企业10.50万户，其中新增私营企业3.62万户，新增个体工商户6.88万户。至年底，全市私营企业和个体工商户累计登记户数为61.8万户，其中私营企业16.4万户，个体工商户45.4万户，同比分别增长8.77%、6.98%，注册数量分别居全省第七和第五位；二是政府加大金融服务创业力度，进一步拓展了“苏微贷、小微贷、苏科贷、科技贷”等资金池业务，金融资本以更大力度流向实体经济。

财产净收入 财产净收入小幅增长。人均财产净收入1937元，同比增长3.6%，占可支配收入的比重为6.6%，拉动可支配收入增长0.2%。财产净收入增长原因主要有两点：一是房屋虚拟租金稳定增长。2018年，盐城市商品房销售额下降，但房价保持高位运行，房价上升带来房屋虚拟租金的增长，体现在居民财产净收入中；二是居民利息收入增加。至12月末，全市金融机构储蓄存款2902.1亿元，人均储蓄存款余额4.03万元，居苏北第一位。

转移净收入 转移净收入快速增长。人均转移净收入5194元，同比增长14.3%，增速在四大项中最快，占可支配收入的比重为17.6%，拉动可支配收入增长2.4%。转移净收入增长的主要原因有：一是2018年离退休人员养老金实现第14次连调，调整后全市企业离退休人员人均养老金达到每月2477.3元，人均每月增加125.4元；二是从2018年7月1日起，全市以县(市、区)为单位实现城乡居民最低生活保障标准一体化。大市区(含大丰区)2018年居民最低生活保障标准统一提高到每人每月580元的标准，分别比上年度的城乡低保标准每月增加20元和100元，各县(市)同步实施居民最低生活保障标准；三是从2018年1月1日起，全市实施统一的城乡居民基本医疗保险制度。并轨后，原新农合参保人员重大疾病自费药品率从50%下降到10%左右，城乡居民医疗费用实际补偿水平总体比上年同期提高3%；四是扶贫力度加大。2018年，全市扶贫资金合计投入29.11亿元，同比增长13.9%。

2018年全市居民人均可支配收入构成统计表

表33-41

指　标	总量(元)	占比(%)	增幅(%)
可支配收入	29488	—	8.9
(一)工资性收入	15385	52.2	8.3
(二)经营净收入	6971	23.6	8.0
(三)财产净收入	1937	6.6	3.6
(四)转移净收入	5194	17.6	14.3

二、全体居民消费

2018年，全体居民八大类消费支出三降五升。消费支出同比下降的有：食品烟酒支出4969元，同比下降5.8%；衣着支出1528元，同比下降1.0%；其他用品和服务支出426元，同比下降1.2%。消费支出同比上升的有：居住支出3454元，同比增长7.3%；教育文化娱乐支出2640元，同比增长3.8%；交通通信支出2399元，同比增长21.0%；医疗保健支出1148元，同比增长45.0%；生活用品及服务支出1015元，同比增长19.3%。从各类支出占消费支出的比重看，食品烟酒支出占消费支出比重位居前列，占28.3%，其次是居住支出占比为19.7%；其他依次为：教育文化娱乐支出占比为15.0%，交通通信支出占比为13.7%，衣着支出占比为8.7%，医疗保健支出占比为6.4%，生活用品及服务支出占比为5.8，其他用品和服务支出占比为2.4%。

城镇居民生活消费 恩格尔系数稳步下降。2018年，盐城城镇居民人均食品烟酒消费支出5534元，比上年同期下降4.6%，恩格尔系数为28.1%，比上年同期下降3.4%。说明盐城城镇居民的生活水平正在不断提升，有更多的“闲钱”投向医疗保健、通信、娱乐、服务等多元化消费。

享受型消费稳步上升。随着生活水平的提高，居民的消费水平和层次都在提升，城镇居民更注重居住环境的改善，服饰口味的提升和生活用品及服务方面的高质量需求。年内，盐城城镇居民人均居住消费支出3799元，同比增长17.1%，比上年同期提高9.7%。人均衣着消费1752元，同比增长10.5%，比上年同期提高6.6%。人均生活用品及服务支出1230元，同比增长16.7%，比上年同期提高14.2%。

医疗保健消费支出大幅提升。2018年盐城城镇居民人均医疗保健消费支出1285元，同比增长51.3%。医疗保健消费的大幅增长，主要源于城镇居民随着生活质量的提高，对健康、养生越来越重视，自我保健意识也越来越强烈，保健器具备受青睐，各种保健品和保健器材已经成为家庭日常消费品。加之城乡居民基本医疗保险制度和城镇居民大病保险制度的完善，老百姓不再“小病扛、大病拖”，有病能及时就医，每年还定期进行体检。

农村居民生活消费 吃、穿消费支出下降。吃和穿是老百姓的刚性需求，随着生活水平的提高，吃穿温饱基本需求早已经不是问题，农村居民手中的余钱转而投向其他消费。2018年农村居民人均食品烟酒消费支出为4164元，同比下降7.8%。人均衣着消费支出为1209元，同比下降16.5%。

住、行消费支出上升。安居才能乐业，近年来农村居民越来越注重居住环境的舒适，用在住房及改善居住条件上的支出涨幅较大。年内，农村居民人均居住消费支出为2964元，同比增长16.2%，比上年同期提高7.8%。随着盐城高铁的开通，农村道路的日益改善，智能终端的普及和移动网络的发展，交通通信更加的便利和畅通，促进交通通信费用较大增长。2018年农村居民人均交通通信消费支出为2061元，同比增长13.1%，比上年同期提高5.4%。

生活用品及服务支出快速增长。随着全面建设小康社会进程的不断推进，农村居民对于美好生活的需求不断提升，各种家用电器生活用耐用消费品需求也日趋多样化、智能化，对各种公共服务的需求也日益旺盛，服务消费成为消费领域新的增长点。2018年，盐城农村居民人均生活用品及服务支出708元，同比增长18.2%，比上年同期提高13.6%，增幅居八大类支出第二位。其他用品和服务人均消费支出291元，同比增长10.7%，比上年同期提高5.4%。

2018年全市居民人均消费支出构成统计表

表33-42

指　标	总量(元)	占比(%)	增幅(%)
居民消费支出	14153	—	5.7
(一)食品烟酒	4515	28.3	-5.8
(二)衣着	1447	8.7	-1.0
(三)居住	2551	19.6	7.3
(四)生活用品及服务	599	5.8	19.3
(五)交通通信	1822	13.6	21.0
(六)教育文化娱乐	2255	15.0	3.8
(七)医疗保健	701	6.5	45.0
(八)其他用品和服务	263	2.4	-1.2

第二节　住房和耐用消费品

2018年,盐城居民居住条件日益改善,耐用消费品升级换代,生活质量明显提高。

一、居住条件

房屋建筑质量有所提升。2018年,盐城居民房屋主要建筑材料为钢筋混凝土的户数比重为21.2%,比上年末提高2.2%;主要建筑材料为砖混材料的户数比重为49.3%,比上年末提高7.4%;主要建筑材料为砖瓦砖木的户数比重为29.4%,比上年末下降9.6%。

生活设施条件明显改善。从道路条件看,住房外道路为硬化路面的户比重达92.4%,比上年末提高4.3%。从饮用水条件看,主要饮用水来源为经过净化处理的自来水的户数比重达99.1%,比上年末提高5.3%;饮用前家里使用水过滤器的户数比重为5.7%,比上年末提高4.2%;获取饮用水存在间断或定时供水问题的户数比重仅为1.5%,比上年末下降8.9%。从卫生条件看,住宅内使用水冲式卫生厕所的户数比重为48.5%,比上年末上升7.2%;住宅内使用普通旱厕的户数比重为27.6%,比上年末下降13.1%。从能源条件看,主要炊用能源为天然气、煤气、液化石油气的户数比例为53.8%,比上年末提高14.0%。

人均住房建筑面积略有下降。2018年末,盐城居民人均住房建筑面积为45.8平方米,比2017年末减少1.1平方米。按常住地分,城镇常住居民人均住房建筑面积43.7平方米,与2017末持平;农村常住居民人均住房建筑面积49.0平方米,比2017年末减少1.9平方米。

二、家庭耐用消费品

家用汽车拥有量迅速提升。2018年,随着收入水平的不断提高,盐城居民家庭汽车拥有量快速增加,生活半径扩大,生活更加多彩。至年底,盐城每百户居民家庭拥有家用汽车26辆,同比增长45.3%。按常住地分,每百户城镇居民拥有家用汽车34辆,同比增长33.4%;每百户农村居民拥有家用汽车15辆,同比增长64.1%。

家用电器更新换代加快。热水器、排油烟机、微波炉等省时省力的电气化厨具和电器成为居民家庭的必备用品。至年底,盐城每百户居民家庭洗衣机、电冰箱、空调、热水器、排油烟机、微波炉拥有量分别为96、111、151、96、44、80台,同比分别增长0.3%、8.0%、17.9%、6.2%、12.8%和1.0%。

智能手机大幅普及,被替代消费品拥有量普遍下降。至2018年年底,盐城每百户居民家庭拥有智能手机230部,同比增长4.0%。其中接入互联网的157部,同比增长36.3%。随着智能手机的大幅普及,电脑、固定电话、照相机这些消费品的功能逐渐被智能手机所替代,拥有量也普遍下降。至年底,盐城每百户居民家庭电脑、固定电话、照相机拥有量分别为46、20、7台,同比分别下降16.8%、57.6%、57.2%。

2018年全市耐用消费品每百户家庭拥有量统计表

表33-43

指　标	全体居民	城镇居民	农村居民
1.家用汽车(辆)	26	34	15
2.摩托车(辆)	22	18	28
3.助力车(台)	132	142	119
4.洗衣机(台)	96	100	92
5.电冰箱(台)	111	112	111
6.微波炉(台)	80	88	69
7.彩色电视机(台)	152	162	139
8.空调(台)	151	177	116
9.热水器(台)	96	105	84
10.洗碗机(台)	1	1	0
11.排油烟机(台)	44	62	19
12.固定电话(线)	20	23	17
13.移动电话(部)	230	245	209
14.计算机(台)	46	63	24

(陈光亚　赵同庆)

第三节　居民消费价格

2018年盐城居民消费价格指数同比上涨1.9%,比年初确定的价格调控目标低1.1%,顺利完成全年价格调控任务。其中,消费品价格上涨2.3%,服务项目价格上涨1.3%。

2018年盐城居民消费价格指数运行特点：

八大类商品价格“七涨一跌”，涨价面比上年有所缩小。与2017年相比，食品烟酒类价格上涨1.9%，衣着类上涨2.3%，居住类上涨1.2%，生活用品及服务类上涨3.8%，交通和通信类上涨3.8%，教育文化和娱乐类上涨1.1%，医疗保健和个人用品类上涨1.1%，其他用品和服务类下跌0.3%。

食品价格小幅稳定上涨是居民消费价格指数温和上涨的主要影响因素。年内，食品类价格同比上涨1.8%，低于居民消费价格指数0.1%，影响总指数上涨0.34%。其中，猪肉价格同比下降7.8%，影响总指数下行0.2%；禽肉价格上涨8.6%，影响总指数上行0.09%；鸡蛋价格上涨11.57%，影响总指数上行0.05%；鲜菜价格上涨10%，影响总指数上行0.21%；水产品价格下降0.7%，影响总指数下行0.02%；食用油价格下降1.1%，影响总指数下行0.01%。

居民消费价格持续走高。年内，盐城市场消费价格水平处于高位运行，以2010年1月为基期，2018年各月消费价格水平均在123以上，即在盐城地区消费：2018年12月份的125.3元只相当于2010年1月的100元使用。

食品烟酒类和交通和通信类是居民消费价格指数上涨的主要因素。年内，食品烟酒类价格同比上涨1.9%，拉动居民消费价格指数上涨0.56%，对居民消费价格指数涨幅的影响达到29.5%。交通和通信类同比上涨3.8%，拉动居民消费价格指数上涨0.47%，对居民消费价格指数涨幅的影响达到24.7%。

居民消费价格指数涨幅低于全省与全国。年内，盐城居民消费价格指数涨幅为1.9%，比全省低0.4%，比全国低0.2%。在全省13个省辖市中最低。

2018年全市居民消费和商品零售价格指数统计表

表33-44

项目名称	上年同期=100
居民消费价格总指数	101.9
一、食品烟酒	101.9
1.食品	101.8
(1)粮食	100.8
(2)薯类	104.7
(3)豆类	96.9
(4)食用油	98.9
(5)菜	109.0
(6)畜肉类	96.9
(7)禽肉类	108.6
(8)水产品	99.3
(9)蛋类	110.0
(10)奶类	106.1
(11)干鲜瓜果类	102.6
(12)糖果糕点类	99.5
(13)调味品	102.9
(14)其他食品类	98.6
2.茶及饮料	101.5
3.烟酒	100.9
4.在外餐饮	103.0
二、衣着	102.3
三、居住	101.2
四、生活用品及服务	103.8
五、交通和通信	103.8
六、教育文化和娱乐	101.1
七、医疗保健	101.1
八、其他用品和服务	99.7
商品零售价格指数	101.9
一、食品	101.8
二、饮料、烟酒	101.1
三、服装、鞋帽	102.1
四、纺织品	102.8
五、家用电器及音像器材	99.5
六、文化办公用品	100.5
七、日用品	105.4
八、体育娱乐用品	102.1
九、交通、通信用品	99.9
十、家具	103.9
十一、化妆品	103.8
十二、金银饰品	94.3
十三、中西药品及医疗保健用品	102.8
十四、书报杂志及电子出版物	105.7
十五、燃料	107.1
十六、建筑材料及五金电料	103.3

（许　欣）

公共管理

□经济事务管理

□社会事务管理

第34章 经济事务管理

编 辑 许寅生

综 述

2018年，全市地区生产总值5487.1亿元，人均地区生产总值7.6万元（按2018年年平均汇率折算约1.15万美元），社会消费品零售总额完成1778.7亿元，外贸进出口总额完成95.5亿美元。全口径工业开票销售5528亿元，总量列苏北第一。新增高新技术企业数量、行政村双车道四级公路覆盖率、PM2.5年均浓度等6个高质量共性指标绝对水平位居苏北苏中前列。产业结构优化。第一产业实现增加值573.4亿元，第二产业实现增加值2436.5亿元，第三产业实现增加值2477.2亿元，三次产业比重为10.5:44.4:45.1。项目载体建设加快。147个“两重”项目完成投资926.3亿元，总投资144亿元中国海洋石油集团有限公司滨海LNG项目开工建设，总投资230亿元东山精密制造股份有限公司项目一期竣工投产，中国宝武钢铁集团有限公司2000万吨级绿色精品钢生产基地落户。园区创建提效增速。江苏省盐南高新技术产业开发区、建湖高新技术产业开发区、盐城环保高新技术产业开发区获批省级高新技术产业开发区，射阳港经济开发区创成省级经济开发区。财税金融稳健运行。一般公共预算收入完成381亿元，其中税收收入占比80.1%。各项贷款余额4998亿元，其中制造业贷款余额637亿元，居苏北第一。

推进产业结构优化。全市二、三产业增加值占地区生产总值比重达89.5%，三次产业比重为10.5:44.4:45.1，战略性新兴产业产值占工业总产值23.7%。主导产业保持良好态势。实施汽车、新能源、电子信息主导产业三年行动计划，东风悦达起亚汽车有限公司累计产销汽车36.16万辆、37万辆，首批400辆焕驰轿车出口埃及；新能源产业开票销售360亿元，新能源装机容量692.2万千瓦、发电量125.7亿千瓦时；电子信息产业开票销售428亿元，智能终端整机出货量突破3000万台。服务业发展提质增效。实现服务业税收276.4亿元。新增盐城环保科技城智慧谷等3家省级生产性服务业集聚示范区，江苏悦达物流有限公司、江苏华生基因数据科技股份有限公司入选省级生产性服务业领军企业和省级互联网平台重点企业。全市接待游客3390万人次，实现旅游收入390亿元。现代农业加快推进。全市粮食总产量703.5万吨，调减低效粮田面积4.95万公顷，新增设施农（渔）业面积9700公顷。京东、苏宁易购、淘宝、邮乐网“四大盐城特产馆”上线运行，农产品网上销售额119.7亿元。年内，盐城被省政府表彰为培育战略性新兴产业和发展生产性服务业成效明显的市。

推进供给侧结构性改革。全市淘汰纺纱产能4400吨、印染产能600万米、造纸产能1万吨，集中清理“僵尸企业”、闲置土地和低效厂房，盘活存量资源。江苏丰山集团股份有限公司IPO获批登陆上海证券交易所，新增“新三板”企业3家，江苏悦达集团有限公司15亿元市场化债转股项目成为苏北苏中首单。全市企业所得税减税24亿元，出口退税、增值税先征后退49亿元。新增公司制企业2.8万户，新开办企业平均用时提速至2个工作日。投资结构优化。工业技改投资同比增长17.1%，占工业投资47.2%。制造业投资占固定资产投资63%。民间投资同比增长15.1%，占全部投资76%。创新能力增强。新增高新技术企业285家，万人发明专利拥有量7.59件。江苏丰东热技术有限公司获评国家级制造业“单项冠军”企业，江苏东强股份有限公司、江苏科行环保科技有限公司入选国家知识产权示范企业。金风科技股份有限公司建成全国风电行业唯一的国家地方联合工程实验室；新增盐城高新技术产业开发区、江苏军曼农业科技有限公司等省级“双创”示范基地5家。

推进开放沿海。全市沿海港口货物吞吐量9500万吨，滨海港区20万吨以上级深水航道、淮河出海二级航道列入淮河生态经济带发展规划。大丰港区与上港集团达成集装箱业务战略合作，至上海港集装箱直达航班增至每周3班。沿海5个港城完成投资53亿元，滨海灵龙湖生态公园、射阳千鹤湖市民公园等建成开放。国家海洋经济发展示范区获得国家发改委、自然资源部批复。深化接轨上海。年内，盐城与上海市普陀区、虹桥商务区签订战略合作框架协议，举办盐城（上海）先进制造业投资说明会、上海服务业发展暨园区合作共建推介会、盐城名特优农产品

（上海）专场推介会、盐城旅游（上海）推介会等招商活动，共签约产业项目59个，总投资1512亿元。提升开放水平。年内，盐城举办中韩产业园合作协调机制第二次会议和第一届中韩产业园合作交流会，中韩（盐城）产业园建设实施方案获省政府批准。制定《关于推进“一带一路”建设盐城节点城市的实施意见》，实现在“一带一路”沿线国家和地区进出口22.9亿美元。（杨林森）

第一节　财政管理

2018年，全市实现一般公共预算收入381亿元，实现一般公共预算支出840亿元，全市财政收支稳定在合理区间。全年全市财政用于民生支出651.3亿元，占一般公共预算支出77%，保障新水源地及引水工程、市区快速路网三期工程、提高和统一城乡低保标准等重大工程、重点项目的实施。市财政筹措安排资金21亿元，支持高铁、高速、高架等重大基础设施项目建设。全市财政投入140亿元，支持落实国家和省市教育均衡发展政策；安排资金82.9亿元，支持深化医疗服务改革；投入资金11.4亿元，支持实施文化惠民工程；全市财政投入115.5亿元，落实省市富民增收政策，完善社会救助体系，实施兜底救助工程；安排资金98.2亿元，支持实施现代农业提质增效等“十大工程”建设，推进乡村振兴；安排资金25.7亿元，支持棚户区改造、保障性住房建设，改善群众居住条件。年内，市财政局连续七年被评为全省法治财政标准化管理成绩突出单位，获评2017—2018市级依法行政优秀示范项目。

一、涉企收费减免

2018年，全市减轻企业负担30亿元以上。调整和完善产业扶持政策，制定支持汽车、新能源、电子信息等重点产业发展激励措施。发挥财政专项资金引导作用，全市财政安排28.3亿元，支持中小企业转型发展，重点鼓励制造业企业技术改造、战略性新兴产业和现代服务业做大规模；安排科技人才专项资金49亿元，保障“聚力创新十条”政策落实，支持实施创新驱动战略。全市各级财政部门利用财企互动平台，开展财企对接、政策宣讲、进园区进企业服务等活动，帮助企业破解发展难题，推动企业转型发展。

二、政府债务管理

2018年，全市隐性债务化解实现债务规模和债务率“双降”。加快存量债务置换，存量债务置换率100%。严格债务风险监控，压实各地各相关单位主体责任，督促规范举债融资行为，防范化解债务风险。精准扶贫投入力度加大。市财政安排直接扶贫资金9524万元。全市财政年内投入各类扶贫资金33.6亿元，14.5万户建档立卡低收入人口和37个省定经济薄弱村实现脱贫。落实市委帮扶工作队资金管理办法等系列制度，推进“阳光扶贫”监管系统上线运行，开展扶贫资金专项检查，保证扶贫资金专款专用。保障生态治理资金需求。全市财政投入18.8亿元，支持开展化

2018年，盐城市财政安排专项资金支持沿海百万亩生态防护林工程建设　盐阜大众报社/供

工园区整治、“263”专项行动和蓝天保卫战三年行动计划。市新水源地及引水工程PPP项目建成通水，累计争取项目补助资金6.22亿元，全市近500万名群众饮用水安全得到保障。市区第Ⅲ防洪区水环境综合治理PPP项目成功招标。全市财政安排资金4.7亿元，支持沿海百万亩生态防护林工程建设，改善绿色生态环境。

三、政府产业基金

2018年，通过财政引导设立产业投资基金12支，协议投资项目48个，引导投资124.5亿元，带动社会资本投资97.9亿元。其中，中韩产业园基金投资项目数量和投资进度在全省6支区域基金中均排名第一。支持重大项目发展，产业基金出资7.24亿元，促成总投资15亿元的阿特斯电池片项目、25亿元的捷威动力电池生产线项目和10亿元的润阳光伏二期项目落地建设。助推政府和社会资本合作。全市PPP入库项目实现县（市、区）全覆盖，至年底有18个项目落地。坚持“积极稳妥、规范推进”原则，建立成本费用控制机制，压缩PPP投资规模，新水源地引水工程等3个市级重点PPP项目运营期政府付费节约111亿元，节约率30%。财政资金池业务。全市各类资金池为1085户中小微企业发放贷款36.9亿元。加大担保过桥力度，全市政策性担保公司为1216户企业提供担保110.3亿元，为431户企业提供过桥75.6亿元。推进市财政直属企业市场化业务。盐城国泰投资有限公司、盐城市创新创业投资有限公司和盐

2018年全市财政收入情况统计表

表34-45 单位:万元

指 标	总 额
一、一般公共预算收入	3810000
增值税	1219544
营业税	1661
企业所得税(40%)	319362
个人所得税(40%)	145699
资源税	1964
城市维护建设税	207898
房产税	185668
印花税	54329
城镇土地使用税	172347
土地增值税	325582
车船税	26393
耕地占用税	65099
契税	311497
专项收入	231213
行政性收费收入	181282
罚没收入	102853
国有资源(资产)有偿使用收入	204990
其他收入	52619
二、政府性基金收入	3553372
三、国有资本经营收入	49968
四、社会保险基金收入	3258833
五、上划中央收入	2126158
国内消费税	207368
国内增值税(50%)	1221198
企业所得税(60%)	479042
个人所得税(60%)	218550

2018年全市财政支出情况统计表

表34-46 单位:万元

指 标	总 额
一、一般公共预算支出	8400801
一般公共服务	869110
外交	—
国防	9286
公共安全	417356
教育	1386210
科学技术	284450
文化体育与传媒	119941
社会保障和就业	1144286
医疗卫生	783041
节能环保	177241
城乡社区事务	664985
农林水事务	1060740
交通运输	351641
资源勘探电力信息等事务	285828
商业服务业等事务	43000
金融支出	6084
援助其他地区支出	10299
国土资源气象等事务	175601
住房保障支出	300236
粮油物资储备管理事务	48131
债务付息支出	177683
其他支出	85652
二、政府性基金支出	4396126
三、国有资本经营支出	19406
四、社会保险基金支出	3042852

城市中小企业贷款担保有限公司开拓金融投资、工业地产、健康医疗等业务，拓展市场化经营。全年共缴纳入库税收9907万元，上缴国有资本经营收益3049万元。

四、财政管理改革

2018年，市财政局提高预算管理水平。加快预算执行进度，涉企类资金提前预拨，民生类资金按时拨付，市级专项资金支出进度超90%，上级专项转移支付执行进度达95%。拓展财政资金绩效评价广度，实现对100万元以上专项支出绩效目标全覆盖，并对市级68个项目开展预算部门自评价、涉及资金19.68亿元，对11个重点项目开展财政再评价、涉及资金5.78亿元。国库集中支付方式改革创新推进。在全省率先实施市级财政授权支付方式改革，厘清权责边界，建立起财政支付“直通车”，实现预算单位资金使用效率、效益“双提高”。财政资金管理加强。全年市级专项资金由91个压降为71个。盘活存量资金，全市补充预算稳定调节基金21.9亿元。市财政局配合市纪委监委开展宕欠公款清收工作，实施市级财政性存款招标存放，财政综合检查发现65个市级预算单位问题金额7.3亿元，提出整改意见150多条。

（曹志康）

2018年全市入选省PPP项目库项目一览表

表34-47

单位:亿元

序号	地区	项 目 名 称	投资金额	备 注
1	市直	盐城市新水源地及引水工程	52.34	财政部试点项目 省财政厅试点项目
2	市直	盐城快速路网三期工程项目	66.70	
3	市直	盐城市静脉产业园生活垃圾焚烧发电项目	6.60	
4	市直	盐城市静脉产业园配套工程	3.27	
5	市直	盐城市区第Ⅲ防洪区水环境综合治理(含黑臭水体治理)项目	45.44	
6	大丰	盐城内河港大丰港区大丰区专业市场现代服务业集聚区码头和物流广场工程项目	10	
7	大丰	盐城大丰区斗龙港国家一级渔港综合开发项目	14.10	
8	大丰	盐城大丰荷兰花海生态旅游基础设施及配套工程项目	30	
9	大丰	盐城大丰白驹古镇“水浒原乡”改扩建项目	32	
10	大丰	盐城大丰孔雀文化产业园基础设施建设项目	9.80	
11	大丰	盐城大丰草堰镇古盐运集散地旅游建设项目	6.67	
12	大丰	盐城大丰刘庄镇紫云山禅意文化康养小镇项目	6.50	
13	亭湖	盐城市亭湖区福利中心	1.84	财政部试点项目 省财政厅试点项目
14	亭湖	盐城亭湖区丹顶鹤风情小镇项目	16.16	省财政厅试点项目
15	盐都	盐城高新区工业污水处理厂项目	4.27	
16	盐都	盐城市盐都区残疾人康复托养中心和老年福利院项目	1.80	
17	盐都	盐城市盐都区龙冈桃园休闲小镇项目	34.30	
18	盐都	盐城市高新技术产业开发区污水管网建设项目	3	省财政厅试点项目
19	盐都	盐城盐都区郭猛镇杨侍片区旅游项目	9.02	
20	盐都	盐城市小马沟体育主题公园项目	8.13	省财政厅试点项目
21	盐都	盐城市盐都区集镇污水处理工程项目	1.50	
22	开发区	盐城经济技术开发区污水处理厂提标改造工程	0.60	
23	城南新区	盐城市城市近郊公园“四季花海”(城南林木生态园)项目	0.80	
24	响水	江苏响水港中心港区码头工程(小蟒牛作业区二期)项目	23.90	
25	响水	江苏省响水县城东新城项目	30	
26	响水	响水县云梯关旅游景区项目	10	
27	响水	江苏省响水县城东综合三甲医院项目	25.50	省财政厅试点项目
28	滨海	滨海县社会福利中心项目	1.80	省财政厅试点项目
29	滨海	滨海县医疗卫生机构搬迁工程项目	25.05	省财政厅试点项目
30	滨海	江苏省滨海县城市公共服务设施配套建设项目	12.07	
31	滨海	滨海县交通基础设施建设项目	9.34	
32	滨海	滨海县海港大道二期及火车站集疏运体系项目	6.33	

续表 34-47

序号	地区	项 目 名 称	投资金额	备 注
33	滨海	滨海县教育(体育)布局调整项目	11.93	
34	滨海	滨海县城市建设项目	7.68	
35	阜宁	阜宁县文化体育中心项目	10.02	
36	阜宁	江苏阜宁金沙湖基础配套设施建设及环境综合治理项目	17.50	省财政厅试点项目
37	射阳	射阳岛生态旅游开发项目	17.90	
38	建湖	建湖九龙口生态湿地旅游经济区项目	20.03	省财政厅试点项目
39	建湖	建湖高铁综合客运枢纽项目	5.19	
40	东台	东台市智慧城市项目	9.92	省财政厅试点项目
41	东台	东台市梨木街修复工程项目	3.07	省财政厅试点项目

第二节　税务管理

2018年，根据国地税征管体制改革方案，市国税局、市地税局合并为国家税务总局盐城市税务局。全年全市税务系统组织各项税费收入710.26亿元，同比增长8.4%。其中，税收收入534.16亿元，同比增长10.9%；一般公共预算收入305.13亿元，同比增长12.2%；社保费收入159.47亿元，与上年基本持平；各项基金(费)收入16.63亿元，同比增长8%。年内，市税务局先后被国家税务总局江苏省税务局评为江苏省税务系统绩效管理先进单位，被市委、市政府评为全市目标管理考核综合先进单位。

7月5日，国家税务总局盐城市税务局正式挂牌成立　　市税务局/供

一、国地税合并

2018年，市国税局、市地税局落实中央、国家税务总局关于税务机构改革的部署要求，按序时做好机构改革工作。6月27日，盐城市在机构改革工作领导小组下成立税务机构改革专项小组；7月3日，市政府召开全市国税地税征管体制改革座谈会；7月5日，国家税务总局盐城市税务局正式挂牌成立；7月20日，全市8个县(市、区)税务局统一挂牌成立，市、县两级税务机构完成合并。9月21日，国家税务总局盐城市税务局“三定”落实到位，全市82个新税务机构挂牌，标志市级税务机构合并实质性完成。

二、税制改革

2018年，市税务局落实增值税制度改革措施，加强政策效应调研分析。推进个人所得税改革，组织开展27场个人所得税专题政策培训，覆盖5046户次，对799户机关事业单位、重点税源企业开展上门辅导。推进社保非税征管职责划转组织数据迁移测试，集中调试共享平台，累计完成3058万条数据接收、检查和清洗。先行先试环保税开征工作，建立用好环保税税源信息库。年内，新推行的增值税降税率和留抵退税、小微企业所得税减免、个人所得税基本减除费用标准提高等税收优惠政策在盐城快速落实，纳税人税负显著降低。全年全市5.6万户一般纳税人因增值税率下调减税8亿元，房产税和土地使用税减免退税0.26亿元，275户先进制造业、现代服务业和电网企业期末留抵增值税退税4.91亿元，汇算清缴企业所得税退税2.69亿元。一般纳税人转小规模纳税人政策惠及1086户，小微企业减税2.5亿元，高新技术企业减免税额4.9亿元，出口退（免）税52.53亿元。

三、税务执法

2018年，市税务局加强依法行政，规范税收执法行为。完善税收政策确定性管理机制，推行依法行政“三项制度”试点，加强税收规范性文件和政府部门涉税规范性文件合法性审查和合规性评估工作，对税务系统2017—2018年制定的增量文件及2017年以前制定的存量文件进行整理排查。组织开展公职律师执业资格证申领工作，组织系统具有司法资格的人员组成专业化团队，依法受理复议案件申请3件，应对诉讼案件4件，胜诉率100%。减少审批审核，简化资料流程，简并操作流程，简化原国地税19个相同业务事项，与工商部门联合推行简易注销。全市有3.59万户新办纳税人首次办税无须进行信息补录；有1.49万户纳税人外出经营不再开具税收管理证明；可通过跨部门信息共享获取的证明资料不再报送，共取消报送资料1107项。全年全市新办纳税人7.21万户，注销纳税人0.49万户，新增纳税人6.72万户。至年底，全市有纳税人31.35万户，其中单位纳税人14.72万户、个体纳税人16.63万户；增值税纳税人26.38万户，其中一般纳税人5.52万户。

四、纳税服务

2018年，机构改革后，全市税务机关在全省率先实行“一窗一人一机双系统”服务标准，纳税人“进一个厅、取一次号、到一个窗口、报一套资料”即可办理涉税事项。落实国家税务总局“最多跑一次”要求和“便民办税春风行动”20项工作任务，对标分析10大类41项营商环境指标，改进服务水平。年内，盐城市办税平均时长为3分钟，平均等候时长为4分26秒。推行自助办税、电子税务局、手机APP等服务，线上业务量占比92.72%，7类110项业务实现“全程网上办”。简化发票管理流程，在全省率先推出O2O发票服务，“电子申请+邮递配送”发票7万户次。推出“新办企业”套餐服务，在0.5个工作日内完成企业从开业到领取发票的办理。多渠道开展税收政策宣传，举办实体纳税人学堂教学活动，全年开展宣传辅导167场次，召开纳税人座谈活动59场，覆盖628人次，发放调查问卷1115份。

五、税务风险管理

2018年，市税务局提升风险管理质效。组建项目团队，制定落实全市房地产业税收管理专项行动方案。完善风险模型，完成全省17个模型修正和7个模型新建任务，完成省税务局2018年风险应对案例库122户疑点数据增补。实行首次领取专票监控，加强虚开源头控制，全年共监控98批次，涉及纳税人859户次。依托金税三期和增值税发票系统，加大信息管税力度，风险分析识别指向性实现99%，全年推送风险应对任务2330户，完成2645户，应对总成效19.65亿元，补缴入库10.38亿元。联合市公安局、盐城海关、人民银行盐城中心支行开展打虚打骗，全年查处虚开骗税案件178个，涉及增值税专用发票8258份，金额8.7亿元，税额1.32亿元。

（杜　彦）

第三节　审　　计

2018年，全市审计机关完成审计项目312个，查出主要问题金额781.09亿元，发现非金额计量问题1605个；出具审计报告和专项审计调查报告385篇，被批示、采用142篇次；审计处理处罚金额177.45亿元；移送司法机关、纪检监察机关和有关部门处理事项140件，移送处理人员100人。审计促进整改落实有关问题资金77.11亿元；审计提出建议996条，被采纳864条；推动被审计单位制定整改措施25项；促进被审计单位建立、健全规章制度67项；提交审计信息459篇，被市级以上批示、采用162篇次；向社会公告审计结果87篇。开展“盐城地区精准扶贫与农民增收”课题研究，成果论文《盐城地区精准扶贫与农民增收研究》被江苏省政府表彰为江苏省第十五届哲学社会科学优秀成果奖。年内，市审计局获评全市目标任务考核综合先进单位，获全市五一劳动奖状、新水源地及跨区域引水工程单项奖等荣誉。

一、政策措施执行跟踪审计

2018年，市审计局对供给侧结构性改革、降税减费、政府债务和隐性债务、精准扶贫、“放管服”改革、重大项目推进、“四好农村公路建设”、长江经济带生态环境保护、“援疆援陕”等领域开展审计，促进取消、合并、下放行政审批事项10多项，促进政令畅通、政策见效和制度完善。

二、预算执行审计

2018年，市审计局开展“全口径”预算监督。对市财政和市本级430多家一、二级预算单位实施“全覆盖”监督，重点监督检查“八项规定”精神执行情况、财政资金统筹使用和绩效情况，参与“宕欠公款清理”“党费清查”等专项整治。选取商务发展和战略性新兴产业专项资金使用效果、重点工程建设绩效、税收收入质量、国有资本经营等8个专题开展专项审计，拓展“同级审”的广度和深度。

三、经济责任审计

2018年，市审计局对150多名领导干部实施任期经济责任审计，任中审计比例超过80%。同时下移监督关口，关注小微腐败，对52个村级组织负责人开展审计，移送案件线索78条。

四、固定资产投资审计

2018年，全市审计机关依法依规实施工程决算审计，研究跟踪审计工作思路、介入时间和具体流程，促进节约财政资金26.1亿元。“内环高架路网项目”和“新水源地建设项目”2个跟踪审计组，被授予市级“工人先锋号”称号。“四好农村路”审计项目累计向市纪检监察机关移送案件线索7件。

五、民生审计

2018年，全市审计机关服务基层、关注民生，组织实施民生领域的保障性安居工程、就业资金使用等专项审计10多项，促进惠民政策落实和民生资金真正用之于民、用出效益。对2016—2018年保障性安居工程跟踪审计情况进行总结，分析问题产生的原因，从体制、机制层面提出解决问题的建议。

六、国有企业审计

2018年，市审计局加强对相关企业资产负债损益全面监督，制定五年轮审一遍的工作规划。对13家国有企业经营绩效实行专项审计，促进国有经济布局优化、结构调整和战略性重组，推动企业完善治理、提质增效、防控风险和转型升级。

七、审计信息化建设

2018年，市审计局审计大数据分析中心建成并投入使用，以大数据集中分析发现的疑点为导向，累计采集1900多套财务数据并完成整理入库，提交15大类近万条疑点记录，实现由以单位为主体实施全面审计到以内容为主线实施全覆盖审计调查的转变。

（郭　红　陶振华）

第四节　统　　计

一、统计管理

2018年，全市统计工作加快构建适应高质量发展要求的统计工作体制。推进经济普查工作。全市近5000名普查员对15.3万户法人单位和产业活动单位、34.7万户个体工商户开展普查登记工作，单位清查取得预期效果。推广“五个一”统计法治工作法。市政府常务会议专题学习《统计违纪违法责任人处分处理建议办法》，首次举办全市领导干部依法统计专题培训班，全年统计法律法规教育宣传进入市、县两级党校10次；完成查处统计违法10个精品案件；完成统计执法检查、行政指导对象100家；完成100家村（社区）通过规范化验收；认定统计守信企业100家，纳入“诚信盐城”市政府信用网信用“红名单”，予以通报和授牌。深化统计体制改革。市统计局提请市委、市政府制定《关于深化统计管理体制改革提高统计数据真实性的实施方案》，联合市委研究室、市发改委制定《关于开展县级高水平全面建成小康社会监测统计工作的意见》，提升统计监测水平，为高质量发展提供统计支撑。

（卞永来）

二、统计调查

2018年，国家统计局盐城调查队撰写调查分析135篇，信息515篇。其中，2篇课题获国家统计局调查总队招标课题二等奖；1篇课题入选《国家统计局优秀党建课题报告和论文汇编》；3篇课题分别获得盐城市社科应用研究优秀结项课题一、二、三等奖；1篇课题获江苏省社科联立项、2篇课题获盐城市社科联立项。

民意调查。国家统计局盐城调查队组织开展全面从严治党等民意调查工作。与地方党政部门合作，利用调查网络，先后开展全市旅游问卷调查、“十一”黄金周国内旅游抽样调查、全市体育产业情况等专门调查或调研，反映社情民意，为部门决策提供参考。围绕经济和社会重点、热点问题，组织开展乡村振兴战略、节后企业复工情况、返乡农民工创业情况、精准脱贫精准扶贫情况、民间投资情况、高校应届毕业生就业创业情况、乡村旅游情况、“互联网+政务服务”情况、装备制造业发展情况、新动能成长情况等专题调研活动20余次。

农村调查。国家统计局盐城调查队开展春季休田及余粮出售情况、春耕备耕情况、夏收夏种形势、秋粮出售及秸秆利用情况、乡村环境治理情况、秸秆禁烧情况等农业调查工作。开展非洲猪瘟疫情情况、家禽养殖现状、生猪养殖情况、生猪价格情况等畜牧业调查工作。完成种植业调查、农产品价格、中间消耗调查样本轮换和畜禽样本核查工作。掌握农村经济发展变化情况，进行评估分析，为各级党政领导科学决策提供服务。市县联动开展农村统计调查数据质量检查工作，完成对农作物调查、遥感调查、主要畜禽监测调查、集贸市场价格调查、农产品价格调查、中间消耗调查等专业的全面自查，促进农村统计调查数据质量提升。多方联动完成农产品价格及中间消耗调查样本调整，建立畜禽快速调查联系点，配合总队组织畜禽电子一套表试用，推进畜禽遥感试点工作，完成秋冬播、春夏播两季无人机飞行任务。与市农科院、市粮食局合作，开展“部门联动、服务三农”系列活动，提升“三农”统计调查工作的能力和水平。

住户调查。国家统计局盐城调查队开展住户收支与生活状况调查、农民工监测调查、农民工市民化动态调查等国家法定统计调查项目。与市委农办、市人力资源和社会保障局等16家部门建立居民收入联席会议制度，多次为联席会议做全市居民收入增长形势汇报。与媒体合作，围绕全队重点工作开展宣传。年内，《今周刊》刊登《为国记账　为己理财——盐城市新一轮住户调查知识集锦》；《盐阜大众报》刊登《城乡居民收支水平将通过住户调查样本来体现——国家统计局盐城调查队主要负责人答记者问》；盐城市政府门户网站中国盐城以“盐城市住户调查工作介绍”为专题，邀请盐城调查队进行在线访谈。

价格调查。国家统计局盐城调查队开展居民购房意愿、市区居民常用药品价格、化工企业生产经营形势、原材料上涨对企业生产经营影响等专题调研。创新做好价格调查业务培训，推进全市调查企业电子台账建设，完善CPI调查样本信息库，用“外勤助手”软件助力CPI调查水平提升，梳理调查网点和规格品、建立“价一物”台账。加强与部门合作，召开各季度价格形势分析座谈会，定期向新闻媒体发布价格指数信息。开展第八个“价格数据质量检查月”活动，先后对8家样本企业开展统计执法检查，在严格执法同时对企业进行业务指导。

企业监测。国家统计局盐城调查队开展企业节后招工、企业出口情况、中美经贸摩擦影响下进出口外贸情况、新设小微企业监测、创业企业发展情况、“互联网+政务服务”状况等调查。对采购经理、新设小微企业全部样本开展数据质量大检查，对样本企业开展统计执法检查，推动基层企业数据质量提升。挖掘盐城企业发展热点、难点问题，拓展调研深度广度，编制盐城汽车指数，跟踪反映全市汽车产业发展情况。开展样本核查工作，建立健全调查样本数据库。

（王明富　高　明）

2018年，国家统计局盐城调查队住户调查员开展统计调查

国家统计局盐城调查队/供

第五节　国有资产监督管理

2018年，全市国资系统推进国企改革，深化国资国企监管和改制遗留问题处置。纳入全市企业国有资产统计报表汇编范围的国有企业（第一级次）计173户，其中市直企业21户，县（市、区）企业152户。全市国有及国有控股企业资产总额约9530亿元，净资产3508亿元，实现营业收入1361亿元。市属监管企业资产总额2792亿元，净资产1062

2018年市本级国有企业一览表

表34-48

序号	单位名称	地　　址
1	江苏悦达集团有限公司	江苏省盐城市世纪大道东路2号
2	新光集团有限公司	安徽省淮北市相山南路303号帝景大厦16楼A座
3	江苏银宝控股集团有限公司	盐城市人民南路1号华邦国际东厦17楼
4	盐城联孚石化有限公司	盐城市人民北路239号
5	盐城市产业投资集团有限公司	盐城市世纪大道金融城5号楼
6	盐城市国有资产投资集团有限公司	盐城市世纪大道669号
7	盐城市城市资产经营有限公司	盐城市世纪大道19号
8	盐城市交通控股集团有限公司	盐城市瑞安路7号
9	盐城市铁路投资发展有限公司	盐城市世纪大道金融城5号楼20层
10	盐城市市政公用投资有限公司	盐城市解放南路150号1102-1104室
11	盐城市国有资本运营发展有限公司	盐城市希望大道南路5号软件园1号楼
12	盐城市公共交通总公司	盐城市人民中路102号
13	盐城南洋机场有限责任公司	盐城市亭湖区南洋镇民航村
14	盐城市自来水有限公司	盐城市城南新区兴业路33号

续表34-48

序号	单位名称	地　　址
15	盐城市灌东经济开发投资有限公司	盐城市世纪大道中远世纪广场D栋9层
16	盐城市新滩经济开发投资有限公司	盐城市世纪大道中远世纪广场
17	盐城市海兴投资有限公司	盐城市世纪大道中远世纪广场
18	盐城文化艺术发展有限公司	盐城市城南新区聚亨路8号
19	盐城国泰投资有限公司	盐城市青年中路28号
20	盐城市中小企业贷款担保有限公司	盐城市青年中路28号
21	盐城市创新创业投资有限公司	盐城市青年中路28号

（叶子林）

亿元，实现营业收入1161亿元。

一、国企改革

2018年，市国资委推动市属企业国有资本布局优化调整，并制定切实计划组织实施，年内相继组建江苏燕舞航空产业集团有限公司和盐城市海兴集团有限公司；启动行政事业单位经营性资产集中统一监管工作，推动盐城招商场、盐城联孚石化有限公司划入盐城国有资产投资集团有限公司；规范企业董事会建设，制定印发《盐城市国资委关于加强市属企业董事会建设的实施意见》《盐城市市属企业董事会议事规则指引》等文件，指导并规范董事会决策行为；向11户市属企业委派外部董事，实现市属企业外部董事委派全覆盖，一批知名企业家、专家学者被纳入市外部董事人才库；围绕“降本节支”目标，完成市属企业公车改革工作，严控公务用车保障范围，取消车辆26辆，节支率27%；开展“三供一业”分离移交。市国资委制定印发《盐城市国有企业职工家属区“三供一业”分离移交工作实施方案》，成立专项工作小组开展调查摸底，协调市有关部门出台移交标准及流程，推进国有企业剥离供电、供水、供汽和物业等社会职能；市肉联厂破产清算工作组驻厂办公，成功召开职工代表大会，全票通过职工安置方案。至年底，该厂在职386名职工有383名签订解除协议和办理安置手续，完成率99.2%；10名职工遗属签订一次性解除协议，完成率100%。

二、国资监管

2018年，市国资委强化国资监督，促进企业规范运行。加强经济运行监测，按月统计分析市属企业经济运行情况，及时测算还款保障率等债务风险预警指标值，对达到风险提示或预警值的企业及时下发风险提示函。强化监事会监督，组织开展市属企业2016—2018年经营性投资项目运营情况专项检查，促进投资决策规范化，有效防控投资风险。跟踪督查市属企业“三项资金”专项监督检查后续整改工作，按月通报整改进度，对问题整改不力的4户企业下发督查通报。严格企业投资管理。研究制定市属企业投资监督管理办法，推行负面清单制度，严格项目前期论证。全年备案（审批）各类项目20个，否决企业投资基金、房地产等项目9个。年内，建立国资监管信息化平台，建成集中统一的国资国企监管数据中心，将13家市属企业纳入信息平台监管，实时监控财务运行动态，加强疑点排查分析和跟踪监督，初步实现信息化监管。

三、国有企业选介

国投集团　年内，盐城市国有资产投资集团有限公司总资产360亿元，实际开票收入235亿元、利润3.5亿元、税金5.8亿元。全年累计完成新增授信155亿元，根据需要实际募集到账资金111亿元。

地产置业板块。全年实施在建项目19项，投资总额150亿元，实现产值46亿元、全口径营收16.6亿元、利税2.06亿元。其中，实施工业地产项目4项，总投资56亿元，总建筑面积89万平方米，助推县区经济高质量发展；实施商业地产项目4项，总投资15.6亿元，总建筑面积27万平方米，精品酒店、高档写字楼、特色展馆等进一步丰富大市区城市功能。国投中科厂房等一批代建项目有序推进，获得投资方肯定。全年各类项目累计获得全国性和省市级奖项14项。其中，国投大厦项目获集团首个国家优质工程奖，QC小组获全国工程建设优秀QC小组二等奖。

商贸流通板块。大宗商品贸易方面，稳固煤炭、钢材、有色金属等传统业务，拓展木材、石化等新兴业务。全年实现开票销售185亿元，利税5.35亿元。其中，煤炭1078万吨，实现销售120亿元；钢材45万吨，实现销售19亿元；有色金属6.33万吨，实现销售34.7亿元；木材13.3万立方米，实现销售2.3亿元；稀释沥青、轻循环油等石化业务实现销售6.43亿元。公司业务覆盖国内27个省、直辖市，全球18个国家和地区，与中信泰富特钢、宝武鄂城钢铁、山西凌志能源等多家大型企业建立长期战略合作关系，与俄罗斯米歇尔、俄罗斯林业贸易、印尼卫莎能源等国际大型贸易公司开展国际贸易，煤炭、木材全年进出口总额达2.75亿美元。国投华东木材贸易中心先后引进两家木材行业龙头企业落户；与江苏浩弘能源科技公司合资成立国投石化公司，石化贸易成为大宗贸易新增长点；国投新材料公司积极实施由传统加工企业向高新科技企业的转型。举办第二届盐城国投集团开放合作洽谈会，推进全方位贸易合作，国内外300多位战略合作伙伴参会，签订17项合作协议，采购总额超120亿元、销售总额超130亿元。商业运营方面，先锋商业公司启动先锋国际广场商业综合体和文化街业态、交通动线调整工作，年内新签约迪卡侬、杭州味府、华住海友酒店等知名品牌连锁商户21家，新签约面积合计1.4万平方米。2018年10月，经市委、市政府会议研究决定，盐城联孚石化有限公司、盐城招商场整建制划入盐城国投集团。

金融服务板块。发挥综合融资平台功能，全年实现收入1.3亿元、利税4600万元。其中，盐城市亭湖区国发农村小额贷款有限公司全年开展资产证券化业务11次、共7500万元；开展小微企业私募债业务，为10家企业发债2030万元；筹建盐城国投普惠金融服务公司，助推传统金融机构升级发展。盐城国投担保有限公司全年洽谈企业54家，完成融资性担保业务40笔、咨询业务4笔，担保金额2.45亿元。盐城国投商务有限公司经省互联网金融协会认可，稳健开展P2P业务，首批通过省公安厅信息安全等级保护三级测评(全国仅431家)，同时陆续通过第三方机构检查、协会自律检查和行政检查(全国仅262家)。

江苏奥新新能源汽车有限公司生产车间　　孙海鹏/摄

高新科技板块。新能源汽车方面，江苏奥新新能源汽车公司响应“中国制造2025”战略，全年生产新能源汽车590辆，销售660辆，累计完成销售额1.1亿元；奥新先后有50款纯电动专用车列入国家产品公告目录，成为国内第四家获得燃料电池物流车生产资质的企业。电池产业方面，成立盐城国投中科新能源技术有限公司，主攻新能源电池系统的技术研发制造，初步形成新能源汽车、轨道交通、港口、低速车“四轮齐转”市场格局，重点开发高铁电池系统。科技成果产业化方面，盐城国投公共安全技术有限公司“狩猎战车”车载系统被公安部列入2018年科技成果试用推荐目录，全国仅34家；智能警务终端“亮剑壹号”签订首批产品采购合同，首批1200台套已供货给盐城市公安局及大部分县区公安局，在警务实战中发挥重要作用，助推“平安盐城”建设。

文旅健康板块。酒店运营方面，东郊迎宾馆全年实现营收9039万元，接待宾客7.55万人次，出租客房数6.3万间，用餐总人数33万人次。国投大酒店于2018年2月1日正式开业，当年实现营收2070万元，服务会议团队286场合计4.7万人次，接待喜宴276档合计3130桌，用餐总人数9万人次。项目推进方面，投资30亿元建设大丰麋鹿风情小镇、投资5亿元建设大丰森林公园；与万豪国际集团合作，在先锋国际广场筹建盐城首家国际品牌五星级酒店。健康产业方面，国投集团参股的中国健康云盐城健康呵护中心成功收购盐城泽瑞健康体检中心。

清洁能源板块。盐城市国能投资有限公司加强与中央、省属能源龙头企业合作，推进能源业务发展，年内实现开票收入29亿元，利税2.1亿元。风电投资方面，参股风电项目24个，其中陆上风电项目11个，海上风电项目13个，总装机规模合计441万千瓦，总投资730亿元，国能公司按持股比例权益规模125万千瓦，全部投产后年投资收益超10亿元。控股开发海上风电项目6个，总装机规模115万千瓦，总投资180亿元。光电投资方面，建湖县沿河镇50兆瓦“渔光互补”光伏电站累计发电1.67亿度、盐城综合保税区2.3兆瓦分布式光伏电站累计发电447万度。总投资3500万元的建湖县沿河镇生态农业园区项目，引江河东区域内渔业养殖全面投产，年创产值约2000万元，带动当地120人就业。火电投资方面，国能公司参股投资的中海石油气电集团有限责任公司阜宁县两台6F级天然气燃机热电联产项目已开工建设；江苏射阳港发电有限责任公司两台100万千瓦超超临界煤电机组扩建项目达成合作。新能源服务业方面，国能公司联合上海振华重工(集团)股份有限公司、新疆金风科技股份有限公司等合作组建江苏国能振华海上风电运维有限公司；投资2亿元建设盐城新能源大数据中心，引导区域内企业和居民向更加绿色低碳的生产和生活方式转变，初步建成智慧能源应用展示平台。

(国投集团)

城投集团　盐城市城市建设投资集团有限公司于2006年9月筹建，2007年2月正式挂牌，是由盐城市人民政府出资设立的国有一档企业，定位为城市综合运营商和服务商。盐城市城市建设投资集团有限公司与盐城市城市资产经营有限公司两块牌子、一套班子，协同运营。集团主营业务分为市政公用、水务环保、地产置业、文旅体育和城市服务5个板块。至2018年底，集团总资产

502亿元，净资产158亿元，全年实现主营收入18亿元，实现利润1.6亿元。全年集团承担市“两重一实”及城建项目16个，年计划投资19.16亿元，至年底实际完成投资89.72亿元。

“两重一实”项目。大洋湾生态组团项目计划投资10亿元，实际完成投资12.3亿元。组团（景区）新洋港南侧一期6000亩核心景区已基本建成，登瀛阁、金丝楠木馆、水上乐园等一批项目竣工投运，成功举办第四届大洋湾樱花节、中华龙舟大赛和盐城市首届大洋湾龙舟赛，央视新闻联播一年两次报道大洋湾，央视体育频道全程直播中华龙舟大赛，大洋湾被央视体育频道、中国龙舟协会、中视体育评为“优秀赛区”，盐城城投集团作为唯一企业代表，与福州市政府、长沙市政府等单位共同登台领奖。先锋岛生态组团项目计划投资1亿元，实际完成投资5.7亿元。组团城市设计方案已通过市规委会评审，新洋港景观项目建议书已通过市发改委审批。静脉产业园项目计划投资0.5亿元，实际完成投资0.5亿元。园区建设按计划有序推进，餐厨垃圾和生活垃圾焚烧项目项目主体处于施工环节，污水处理等PPP项目已确定社会资本方。

其他城建项目。“三治三化”棚户区改造项目计划投资2亿元，实际投资64亿元。瓢城记忆地块征收项目基本完成，天辰家属区入户调查结果已进行公示、征收补偿方案已通过，潮声路地块搬迁部分已基本完成。市区智能停车管理系统项目计划投资2000万元，实际完成投资2578.75万元；串场河景观带提升项目计划投资3000万元，实际完成投资4649万元；中心金库项目计划投资2000万元，实际完成投资5156万元；市旅游集散中心项目计划投资2000万元，实际完成投资2612万元；海盐博物馆改造提升项目计划投资2000万元，实际完成投资6971.1万元；城投置业凤凰汇·紫园项目计划投资1.2亿元，实际完成投资1.32亿元；城投中庚香城世家项目计划投资2亿元，实际完成投资2.14亿元；城投国强凤凰汇·天辰府项目计划投资1.2亿元，实际完成投资1.39亿元。（城投集团）

第六节　土地资源管理

2018年，全市土地面积土地面积16931平方千米，其中耕地8378平方千米、园地155平方千米、林地123平方千米、草地66平方千米，城镇村及工矿用地2288平方千米、交通运输用地522平方千米、水域及水利设施用地4817平方千米，其他土地581平方千米。全市海岸线长582千米，占全省海岸线总长度的56%；全市滩涂总面积4553平方千米，占全省滩涂面积70%。年内，市委、市政府制定印发《关于进一步加强耕地保护和改进占补平衡的实施细则》和《盐城市县（市、区）政府（管委会）耕地保护责任目标考核办法》，将耕地和永久基本农田保护等耕地保护责任履行情况纳入综合考核评价体系。盐都区、亭湖区被评为全省高标准厂房建设和使用先进地区，盐都区、建湖县、阜宁县被评为全省国土资源节约集约利用模范县（区），射阳县获全省国土资源节约集约利用进步奖。

一、土地征收与供应

2018年，全市上报农用地转用和土地征收报批批次（项目）120个、面积0.22万公顷，获批批次（项目）125个（含跨年度审批项目）、面积0.27万公顷。全市供应建设用地面积0.44万公顷，通过省备案审核通过实施农用地面积146.67公顷。实施完成耕地占补平衡项目库项目新增耕地面积0.41万公顷，完成省、市土地整治项目22个、投资8.4亿元，建成高标准农田规模面积2.24万公顷，新增耕地面积426.67公顷。参与省补充耕地指标交易面积539.28公顷，交易金额25.73亿元。处置批而未供土地面积680公顷，盘活利用存量建设用地面积0.3万公顷。

二、地籍管理

2018年，盐城组织开展第三次国土调查工作，全市国土系统落实资金2.3亿元，确定调查队伍46支，全面开展调查实施阶段工作。全域开展农房及宅基地统一登记发证试点工作，显化农民资源权益和资产收益，不动产权籍调查建库软件上线运行，形成12个试点镇村登记成果；开展特色田园乡村不动产登记工作，在试点区域内开展农民宅基地不动产权籍调查。推进东台市自然资源统一确权登记试点工作。开展国有农垦土地使用权确权登记。

三、土地储备和出让

2018年，全年发行土储专项债券26亿元，形成储备净地面积240公顷。全年大市区出让成交经营性土地31宗、面积184.6公顷，成交总价款82.67亿元。加大土地推介力度，组织参与2018中国（上海）城市土地展和2018江苏盐城服务业用地（上海）推介说明会。年内，市政府制定印发《关于进一步加强市区土地出让与储备工作的意见》，按照节约集约利用土地、有效提升主城区城市能级工作理念，规范土地决策程序。

四、国土资源执法

2018年，市国土局建立市局季度巡查、县局月度巡查、基层所周周巡查机制，对重点案件督促县（市、区）进行严肃查处问责。对卫片执法检查发现的问题、土地例行督察反馈的问题、大棚房整治排查的问题分别建立整改台账，实行销号管理。2017年土地例行督察发现问题整改个数到位率97.38%，面积到位率98.22%，金额到位率100%；2018年土地例行督察发现问题整改个数到位率89.68%，面积到位率93.63%，金额到位率100%。与市人力资源和社会保障局、市财政局等部门健全土地征收联动机制，落实征地预存款制度，履行征地前告知、批后实施等工作程序，推行征地项目社会稳定风险评估。

（吕景林）

第七节　价格监督管理

一、价格调控

2018年，盐城居民消费价格指数（CPI）同比上涨1.9%，比年度价格调控目标低1.1个百分点。年内，市物价局制定印发《盐城市全面深化价格机制改革行动方案（2018—2020）》。坚持价格调控联席会议制度，明确稳价目标和责任部门。关注粮油肉蛋菜等重要商品和服务价格行情，开展极端天气主副食品价格应急监测。加强旅游景点价格监管，对大洋湾生态旅游景区、大纵湖风景区等重要景点门票价格、食品餐饮价格及明码标价情况进行检查，督促景区落实价格优惠政策。落实清费减负政策降成本。1月1日起，国有产权交易服务费降低20%～60%，起重机械、电梯等特种设备强制性检验收费标准平均降低20%。市物价局对全市528家单位行政事业性收费收支情况进行审验，4月1日起，全市一般工商业及其他用电类别电价每千瓦时降低2.29分，全年减轻企业负担1.2亿元。落实余热、余压、余气自备电厂备用容量费减免政策，全年减少企业支出200余万元。

二、价格改革

2018年，市物价局统筹推进价格改革工作。推动水价改革。根据环保信用评价等级，对企业实行差别水价政策，明确化学需氧量、氨氮等主要污染物的有偿使用费标准及交易基准价格。组织开展农业水价综合改革业务辅导，指导各县（市、区）抓紧落实国家和省农业水价改革政策。调整天然气价格。落实国家和省资源性产品价格改革政策，完善煤热价格联动机制。新修订《盐城市煤热价格联动办法》，并根据新《办法》，对热力价格进行动态调整，完善热力价格形成机制，保障供需双方利益、服务企业发展。

三、收费管理

2018年，市物价局围绕群众关注热点，服务民生改善。

落实教育医疗价格政策。教育收费方面，调整市区公办幼儿园保育教育费标准，部署非营利性民办幼儿园收费调整工作。取消招收择校生“三限”政策，停止招收公办普通高中择校生，取消择校生收费。学生公交卡由包月优惠调整为按次计费优惠。制定市区家庭医生签约服务包价格，印发《盐城市基层医疗卫生机构医疗服务价格调整方案》，建立有利于分级诊疗的医疗价格体系。

完善交通物业价格政策。交通收费方面，清理农村客运线路价格，化解车型、线路与票价不一致的矛盾。取消出租车有偿使用服务费，全年减轻市区出租车车主负担1200余万元。组织实施市区巡游出租汽车运价改革和调整工作，市区出租车运价改革方案6月20日起执行，起步价由3千米7元调整为8元，计程单位运价每千米由1.6元调整为1.8元，返程加价由5千米以上调整为7千米以上加收50%空驶费，同时增加低速行驶费和夜间服务费，促进出租车行业健康发展。调整机动车安全技术检验收费政策，明确新能源号牌汽车、停放服务收费优惠政策。规范停车场及道路停车收费行为，向社会公布市区实行收费管理的停车点和停车泊位，未列入公布名单的停车泊位一律免费停车，接受社会监督。明确机动车停放服务收费三种价格形式的管理范围，修订市区差别化收费区域和收费标准。物业收费方面，明确物业服务收费政府指导价管理范围，化解“花园洋房”物业收费争议。制定市区新建居住区二次供水设施运行、维护和管理费用标准，制定人防易地建设费标准。制定住宅小区车位租金标准、汽车停放费标准、机械式车位停放费标准，化解物业服务收费矛盾。

细化民生兜底价格政策。养老收费方面，制定印发《盐城市养老服务机构收费管理实施细则》《社会福利院床位费和护理费标准》等文件，促进养老事业健康发展。殡葬收费方面，制定印发《盐城市殡葬服务收费管理实施细则》，核定公墓管理费收费标准。救助保障方面，完善社会救助和保障标准与物价上涨挂钩联动机制，加强平价商店管理，全年全市近百家平价商店年销售平价农副产品4.5万吨，让利2300余万元，惠及近2400万人次。

修订印发《民生价格政策解读》　3月，市物价局修订印发《民生价格政策解读》，该手册涉及物业、有线电视、水电气、停车、景区门票5大类100多项收费标准，通过市物价局门户网站、“盐城价格”微信公众号、户外大屏、街头设点等进行宣传，受到社会广泛欢迎。

四、物价监管

2018年，市物价局强化物价监管工作。开展供水、供气、电信、医药价格专项检查，全年全市办结价格违法案件60件，实施经济制裁2690万元。做好价格举报件办理，受理咨询投诉举报744件，全部在规定时间内给予答复。推进大监管大执法，市场价格检查实现全覆盖，重点检查大市区商业中心、车站码头、宾馆酒店等行业，规范经营者价格行为，防范价格欺诈等价格违法行为发生。年内，向城南新区范围内256家经营者发放价格政策提醒函和价格执法警示函500多份，纠正不规范用语200多处，免费赠送标价签3万余张，帮助设计公示表格式及完善内容100多份。

（惠恒松）

第八节　工商行政管理

2018年，全市新增各类市场主体10.89万户，市场主体总数65.04万户。新登记股份有限公司103户，股份有限公司总数402户。新申请商标注册2.67万件，注册商标总数5.34万件。全年查办各类经济违法案件821件，案值1864万元。新公示市级守合同重信用企业283家。受理消费者各类咨询、投诉、举报3.36万件，为消费者挽回经济损失929.3万元。通过动产抵押登记等措施助企融资145.19亿元，为65家民企提供精准普法上门服务。

一、工商登记注册和商事制度改革

2018年，市工商局深化商事登记制度改革，推进“先照后证”“证照分离”“多证合一”改革，调整前置审批事项165项，保留43项。优化企业开办流程，企业开办工商登记时限压缩到1.5个工作日之内。实施市场主体名称自主申报，取消名称预先核准环节。推进企业简易注销登记改革和个体工商户简易注销登记改革，办理各类市场主体简易注销登记1.3万户。发挥登记指导职能，推进全市农民资金互助合作社转籍工作。全年全市新注册登记私营个体企业10.51万户，其中新增私营企业3.63万户，新增个体工商户6.88万户。至年底，全市私营企业和个体工商户累计登记户数61.8万户，其中私营企业16.4万户，个体工商户45.4万户，同比分别增长8.77%、6.98%。全年全市私营个体企业期末注册资本金9465.6亿元，同比增长21%。其中，私营企业期末注册资本金9023.85亿元，个体工商户期末注册资本金441.75亿元，同比分别增长21.7%、8.9%。

2018年全市私营企业基本情况统计表

表34-49

项　目	新发展户数(户)	新增注册资本(万元)	按组成形式分类(户)					注册资本(万元)
			独资企业	合伙企业	有限责任公司	股份有限公司	合计	
合　计	36229	17504455.60	35365	1191	127370	473	164399	90238492.25
农、林、牧、渔业	1824	307288.10	3862	28	2575	6	6471	1665237.37
采矿业	1	4000	2	—	5	1	8	37177
制造业	6724	2740870.88	14478	533	23726	107	38844	19799765.34
电力、热力、燃气及水生产和供应业	72	120154	56	5	396	1	458	576897.18
建筑业	4424	4286911.45	208	10	16281	15	16514	19719000.61
批发和零售业	11760	2794311.46	12219	116	39227	35	51597	14193278.98
交通运输、仓储和邮政业	1034	311522.67	588	19	5153	4	5764	1909465.56
住宿和餐饮业	164	53674	211	13	821	3	1048	365594.15
信息传输、软件和信息技术服务业	366	120258	632	24	1555	9	2220	754143.34
金融业	14	103500	2	23	312	172	509	1312561.34
房地产业	818	293733.38	60	2	4402	7	4471	4085701.09
租赁和商务服务业	3027	1774698.42	1229	287	12970	15	14501	8692178.21
科学研究和技术服务业	4354	3604345.74	225	59	15483	93	15860	15235116.91
水利、环境和公共设施管理业	51	36446	14	2	287	1	304	309269.69
居民服务、修理和其他服务业	706	617034.50	846	28	2358	3	3235	623894.40
教　育	164	20510.90	84	7	372	—	463	71175.50
卫生和社会工作	63	107345	33	3	102	1	139	259756.78
文化、体育和娱乐业	662	207751.10	612	32	1344	—	1988	628113
其　他	1	100	4	—	1	—	5	165.80

2018年全市个体工商户基本情况统计表

表34-50

项　目	新发展数(户)	新增资金数额(万元)	户数(户)	资金数额(万元)
合　计	68792	1200594.44	453700	4417516.79
农、林、牧、渔业	2062	88312.50	12152	489301.63

续表34-50

项　　目	新发展数(户)	新增资金数额(万元)	户数(户)	资金数额(万元)
采矿业	1	20	7	93
制造业	3037	52906.32	24009	276268.40
电力、热力、燃气及水生产和供应业	4	46.50	57	840.20
建筑业	186	3434	828	11321.48
批发和零售业	34692	685998.54	295892	2403842.91
交通运输、仓储和邮政业	9284	122920.58	16824	231649.73
住宿和餐饮业	8292	100872.48	40914	453350.89
信息传输、软件和信息技术服务业	429	5743.10	1501	15795.75
金融业	—	—	9	118.80
房地产业	483	4554	637	5816.60
租赁和商务服务业	3543	53708.20	12650	144262.54
科学研究和技术服务业	153	2060.50	1605	13861.67
水利、环境和公共设施管理业	1	10	37	442.50
居民服务、修理和其他服务业	5804	68772.70	41949	313111.32
教　育	394	3867.50	955	10194.80
卫生和社会工作	57	951.56	264	2620.69
文化、体育和娱乐业	370	6415.96	3399	44547.58
其　他	—	—	11	76.30

2018年全市私营个体经济基本情况统计表

表34-51

地　区	私营企业户数(户)		个体工商户户数(户)		注册资本(万元)	
	总数	新发展数	总数	新发展数	总数	新发展数额
合　计	164399	36229	453700	68792	94656009.04	18705050.04
市　直	4893	56	—	—	5767395.71	143778
城　南	12709	2914	18074	3154	9423637.37	2142148.50
开发区	2352	317	4054	408	2732913.21	310743.10
亭　湖	26114	4631	59782	6667	12916542.54	2878303.16
盐　都	13426	2728	38255	4454	10172222.69	2068867.26
响　水	9347	2098	31005	4203	5170190.39	1129240.09
滨　海	12438	2453	43091	6452	6207698.32	1385203.70
阜　宁	18632	4204	53359	7661	9298591.91	1993810.78
射　阳	11478	3389	47786	6417	5453713.31	1034532.22
建　湖	13738	4602	46072	11372	8361577.60	1474961.62
大　丰	15262	2884	52307	6005	9564670.71	1672367.51
东　台	24010	5953	59915	11999	9586855.28	2471094.10

优化企业开办流程 年内,市工商局牵头推进"3550"改革,优化企业开办流程,实现新开办企业三个工作日内完成工商登记、刻制公章、银行开户、税务领票。全年全市工商、市场监管系统办理企业设立登记3.95万户,营业执照1个工作日内办结率99%。

实施市场主体名称自主申报 年内,市工商局推进企业名称登记改革,上线市场主体名称网上自主申报系统软件,查询名称、名称申报全部在外网完成,系统自动比对、核验、通过,实现名称登记与企业设立登记、变更登记合并办理。

"多证合一"改革 7月1日起,全市工商、市场监管系统梳理整合涉企证照事项,在工商登记中新纳入粮油仓储企业备案、旅行社服务网点备案等11项备案事项,在全市组织实施"三十证合一"改革,全面实行"一窗受理、一套材料、一份档案、信息共享、核发一照"工作模式。

"证照分离"改革 11月10日起,全市工商、市场监管系统对第一批106项涉企行政审批事项分别按照直接取消审批、审批改为备案、实行告知承诺、优化准入服务4种方式实施"证照分离"改革,为企业进入市场提供便利。

二、企业和市场监督管理

2018年,市工商局推进市场主体年报公示工作,2017年度全市企业年报率88.8%。落实"双随机一公开"监管制度、失信联合惩戒机制,推广市场监管信息平台应用,实施"双随机"不定向抽查企业1.4万户。牵头做好大市区58个农贸市场创建全国文明城市工作,实施集贸市场环境整治五大提升行动和创文突出问题专项整治,实行"挂场包保"和"一场一策",开展高频督查、现场观摩、激先促后、专项测评和奖惩问效,推动集贸市场整体创建水平提升。

三、商标管理

2018年,市工商局制订全市商标品牌培育发展年度目标计划,推动商标品牌培育发展工作纳入质量强市、开发园区提档升级、服务业集聚区等专项考核,组织全市工商、市场监管部门开展规模企业消除"无牌"、新设企业创牌、有牌企业拓牌3项行动,落实商标培育奖补政策,激发企业创牌热情。年内,全市新申请注册商标2.67万件,新增注册商标1.85万件,全市注册商标总数5.34万件。新增中国驰名商标6件,中国驰名商标总数67件。新增中国地理标志商标11件,中国地理标志商标总数40件,居全省第二位。

打造商标富农试点 年内,市工商局与阜宁县东沟镇嵩乳村建立商标扶贫挂钩帮扶机制,会商确定产业发展、商标先行的帮扶计划,指导培育"地龙"茨菇创建中国地理标志商标,帮助推进高品质、多元化、有机绿色"瓜果蔬菜"产业规划,放大地标绿色产业富农增收效应。

全市3件商标上榜"江苏省十大人气地理标志品牌" 年内,市工商局组织指导盐城特色品牌农产品参加"江苏省十大人气地理标志品牌"评选活动,东台西瓜、阜宁大糕、滨海白首乌3件商标成功入选,总数全省最多。

2018年全市新增中国驰名商标一览表

表34-52

序号	商标名称	注册人/所有人	商品/服务	认定时间
1	森风SENFENG	森风集团有限公司	替他人推销服务	2018.2.1
2	九龙口大闸蟹	建湖县九龙口闸蟹协会	螃蟹	2018.2.1
3	峰峰及图	江苏峰峰钨钼制品股份有限公司	钼、钨	2018.2.1
4	黄龙	盐城利民农化有限公司	杀害虫剂	2018.2.1
5	谷登	江苏谷登工程机械装备有限公司	钻机	2018.10.16
6	蓝宇及图	江苏蓝天环保集团股份有限公司	纺织品过滤材料	2018.10.16

2018年全市新增中国地理标志商标一览表

表34-53

序号	商标名称	注册人/所有人	商　品	认定时间
1	射阳大闸蟹苗	射阳县渔业行业协会	蟹苗	2018.1.21
2	滨海白首乌	江苏省白首乌产业协会	白首乌制食品	2018.2.14
3	东台灶猪	东台市地方特产行业协会	活动物	2018.2.14
4	盐东羊角椒	盐城市亭湖区盐东羊角椒协会	羊角椒(新鲜蔬菜)	2018.4.7
5	射阳海河西葫芦	射阳县海河镇农业技术推广服务中心	新鲜西葫芦	2018.5.21

续表34-53

序号	商标名称	注册人/所有人	商　品	认定时间
6	张庄草莓	盐城市盐都区张庄葡萄种植协会	草莓	2018.5.21
7	建湖三伏酱油	建湖县食品百货经销商会	酱油	2018.6.7
8	大丰脊尾白虾	盐城市大丰区三龙镇淡水养殖专业技术协会	脊尾白虾	2018.9.28
9	大丰大桥油桃	盐城市大丰区大桥镇油桃专业技术协会	新鲜桃	2018.10.28
10	响水西兰花	响水县西兰花产业协会	西兰花	2018.10.28
11	盐都草莓	盐城市盐都区草莓专业合作联社	新鲜草莓	2018.10.28

四、广告管理

2018年，市工商局宣传贯彻落实《中华人民共和国广告法》，开展广告法规培训4场（次），覆盖各类媒体、广告经营单位，受训人员300人次。加强广告监测管理，全年监测各类广告45.17万条（次）。落实盐城市整治违法金融广告联席会议制度，组织开展整治虚假违法医疗、药品、医疗器械、食品、保健食品、金融、房地产、教育培训等行业领域广告专项行动，加强非法金融广告资讯排查清理，全市立案查处各类虚假违法广告案件88件。推选《刀锋战士》影视公益广告作品获江苏省第五届“紫金奖”文化创意设计大赛优秀奖。

五、经济合同管理

2018年，市工商局加强经济合同管理，新公示市级守合同重信用企业283家，取消39家严重失信企业申报资格。开通网上动产抵押登记系统，实现动产抵押登记全程在线办理和一网通办，全年办理动产抵押登记497件，担保主债权145.19亿元。开展预付式消费、教育培训经营、网络交易平台等领域“霸王条款”整治规范工作，推广合同示范文本，与市房产局联合制定推广新版商品房买卖合同示范文本，联合有关部门推广存量房买卖居间合同、房屋租赁居间合同、居民生活供用水合同等示范文本。

六、经济监督检查

2018年，市工商局贯彻实施《中华人民共和国反不正当竞争法》《中华人民共和国反垄断法》，在全市开展“两反三打促公平”红盾砺剑执法行动，加大反垄断和反不正当竞争、打假、打欺和打传力度，全年查处各类经济违法类案件821件，罚没入库1864万元，查处10万元以上案件18件。推进无传销城市创建，联合公安部门开展“梳网清格”专项行动，对集聚型传销易发、多发区域、重点区域进行排查清理，清查涉嫌传销活动场地56处，捣毁传销窝点15个，查处涉传人员77人。

七、消费维权

2018年，市工商局围绕民生领域热点问题，集中整治非学历文化教育培训领域和网络交易平台格式条款，组织开展“倡导文明婚礼抵制陈规陋习”和预付卡消费行为专项治理。探索建立上海盐城消费维权合作机制，向上海消费者推介盐城特色产品和旅游服务。推进电信、金融、旅游、快递、粮油等行业放心消费创建工作，开发使用“智慧315”平台系统，建立起高效统一的投诉流转机制，全年共受理消费者投诉举报咨询3.03万件，为消费者挽回损失831.2万元。

在全省首家实施消费投诉公示试点工作　2月23日，市工商局制定《盐城市工商行政管理局消费投诉公示暂行办法》，开辟门户网站消费投诉公示专栏，对重热点消费投诉问题在全省率先实施公示，开展10期消费投诉公示。东台市、盐城市经济技术开发区同步实施试点工作。

八、网络商品交易监管

2018年，市工商局加强网络经营主体管理，全市有网络经营主体5.14万个，其中网站0.78万个、网店4.2万个、微信公众号0.16万个。加强网络市场监管，联合12个部门开

3月15日，盐城市第十八届“3·15”晚会举行　　市场监管局/供

展2018网络市场监管专项行动，查处网络违法案件269件，其中市场监管部门查处107件。深化网络定向监测工作，全年组织实施"年货节""双十一"网络服务交易等6次监测活动，监测网站891个、网店510个、商品853个、微信公众号43个。加强网络交易环境建设，全年完成5个交易平台上102家网店的150个批次儿童玩具、学步车、推车等抽检任务。"双十一"期间，携手7个部门组织61家企业开展"双十一"行政规范指导会，签订公开承诺书，开展《中华人民共和国电子商务法》等专题指导。（周鸿铭）

第九节　质量技术监督管理

2018年，盐城持续推进全国质量强市示范城市创建工作。市质监局落实质量强市工作任务，开展质量提升行动，确定8个产品质量示范点、4个服务质量示范点、3个工程质量示范点，对全市列入全省质量提升的10个重点行业和13个重点产品开展督查调研。组织召开全省石油装备行业质量提升现场推进会，展示全市石油装备行业质量提升成果。开展以"加强市场监管　建设质量强市"为主题的"质量月"活动，通过树立质量标杆和领先示范企业，推动企业增品种、提品质、创品牌，营造政府重视质量、企业追求质量、社会崇尚质量、人人关注质量的社会氛围。全市新增11个有机产品生产基地，新增有机产品种植基地面积585公顷，新获认证证书3376张，新获证组织1658家，总量继续保持苏北第一位。打造具有核心竞争力的检验检测服务品牌，国家风电设备和石油机械质检中心通过国家质量监督检验检疫总局验收，省移动智能终端和环保滤料质检中心建设完成设备招标和计量认证申报工作。

一、名牌创建

2018年，市质监局确定352家品牌培育重点名单，组织1家企业申报江苏省质量奖，111家企业（123个产品）申报江苏名牌、6家企业申报江苏省"双百品牌"，助推大丰旅游服务业、射阳大米争创江苏区域名牌，组织7家企业申报工业企业质量信用AAA级、20家企业申报工业企业质量信用AA级。支持鼓励全市战略性新兴产业实现高质量发展，在全市增补17家企业申报市长质量奖，2次组织专家进行评审，江苏悦达家纺有限公司、上海电气风电设备东台有限公司、江苏亚邦爱普森药业有限公司获得2017年度市长质量奖。

二、标准化管理

2018年，市质监局推进标准化技术组织建设，江苏省风电装备标准化技术委员会落户盐城。由盐城主导和参与制定的14项国家标准获批发布，射阳县市场监管局主导起草3个江苏省地方标准正式立项。响水西兰花种植等5个项目获批省标准化试点，8个省级标准化试点项目全部通过验收，大丰荷兰花海、恒北村乡村旅游服务被评定为优秀项目，组织召开全市26个部门参加的标准化工作联席会议。至年底，全市有农业标准化项目53个，服务业标准化项目28个，工业标准化项目17个，地理标志产品项目7个。

三、计量管理

2018年，全市质监系统发挥计量技术支撑作用，在全市范围组织开展"现场免费检测""实验室开放""计量器具你点我查""计量精准服务企业行"和"计量知识专题讲座"等"5·20世界计量日"系列宣传服务活动。开展"两免费"检定，全市189家集贸市场、1.23万台（件）计量器具和1751家农村医疗机构、1.01万台（件）计量器具受检，数据建档率100%，初检合格率99.5%，受检率100%，复检合格率100%。继续做好元旦春节期间餐饮、超市计量监督专项检查、"春耕"和夏粮收购期间农用物资计量专项检查和"两免费"检定工作。年内，20家省级诚信计量示范单位受到省质监局奖励，新培育45家省级诚信计量示范单位，1家企业获评省级能源计量示范单位。

四、质量监管

2018年，市质监局组织开展生产许可证获证企业证后专项监督检查，对全市140家钢铁、水泥、危化品及危化品包装物生产企业进行拉网式检查，全面掌握企业生产和产品质量状况。开展13类产品市级监督抽查工作，保障消费者合法权益。持续开展"质检利剑"行动，组织开展农资、建材、汽配、3C认证产品等8个领域专项检查行动。联合市有关部门组织开展严防"地条钢"死灰复燃工作，确保所有已整治的"地条钢"违法生产企业不死灰复燃和无新增"地条钢"违法生产企业。做好工业产品许可证目录压减、"一企一证""证照分离""先证后核"、许可委托事项下放等改革措施的工作承接，优化"不见面审批"事项清单，市质监局全年办结市本级行政许可4432件，省级委托事项184件，初审国发证材料65家，各类许可事项网上申请办理率100%。

五、特种设备安全管理

2018年，全市质监系统严守特种设备安全底线，开展燃煤锅炉整治，对全市每小时10蒸吨以上、每小时35蒸吨以下的燃煤锅炉实施淘汰或清洁能源替代。统筹整治压力管道，督促全市压力管道等特种设备按照法律法规和安全技术规范要求，做到"三落实、两有证、一应急"。开展大型游乐设施排查，全市143台（套）在用大型游乐设施实现定检率100%、合格率100%。完善电梯应急救援平台建设，增补119标识牌8063块，实现乘客电梯全覆盖。全市电梯应急处置平台接警1319起，解救被困人员2757人，一二级救援率99.6%，平均到达现场时间15分钟，平均解困救援时间2分钟。全市有112万只气瓶加装二维码，气瓶充装单位累计上传充装记录1720万条。（耿　忠　沈　可）

第十节　食品药品监督管理

2018年，全市有持证食品生产企业864家（含保健食品生产企业7家），食品加工小作坊1793家；食品流通经营主体3.6万户，保健食品经营企业1876家；持证监管餐饮服务单位2.17万家（餐饮服务经营单位1.96万家、单位食堂

2160家)；化妆品生产企业5家，化妆品经营企业4769家。全市药品生产企业39家，药品包装材料企业9家，医疗机构制剂室4家；药品批发企业18家，药品零售连锁企业22家，零售药店2428家；各类医疗机构3082家；医疗器械生产企业70家，医疗器械经营企业3143家。全年全市食药监系统出动执法人员1.23万人次，检查单位6135家次，立案查处各类食品药品违法案件860件，涉案总值975万元；处理投诉举报1385件，向公安机关移送涉刑案件或线索22件。年内，市食药监局获评2017—2018全国食品安全普法先进单位，“推行双随机抽查监管机制”被评为全市优秀依法行政示范项目，执法检查“双随机一公开”“保障群众‘舌尖上的安全’”项目被评为市首届十佳法治惠民实事项目。

一、食品安全监管

2018年，盐城加强食品安全监管。市政府常务会议审议通过《盐城市食品安全事故应急预案》。市食药监局规范行政许可，全年发放食品生产许可证224张，发放餐饮服务许可证3900家。年内，东台市被评为全省食品安全示范县(市、区)。

日常监管。年内，全市食药监系统在食品生产环节加强“一高一特”重点食品等专项检查，发布全市818家食品生产企业信用等级。在食品流通环节开展大市区猪肉市场专项清查和暗访，查处无检验检疫证明猪肉34.24吨。食品餐饮环节监管完成重大活动保障任务15个，累计保障20万余人次。全市1530家餐饮单位实施“明厨亮灶”建设，完成创建4条省级餐饮质量安全示范街(区)、320家省级餐饮质量安全示范店(食堂)。保健食品监管环节实施规范化管理，评比表彰保健食品化妆品经营企业“放心示范店”55家。

检验监测。年内，全市食药监系统开展“快检惠民生、为民办实事”活动，累计检测食用农产品1.07万批(次)，下架、销毁问题食品61批(次)。开展“你点我检365行动”，组织市、县、基层局三级检验机构，完成60万批次自主快检和5万批次监督抽检任务。年内，完成食品检验2474批、保健食品抽验71批，不合格39批。对全市4个乳制品企业三聚氰胺开展风险检测1000批次，合格率100%。

证照分离改革 年内，市食药监局制定印发《盐城市食品药品监管“证照分离”改革试点方案》，在盐城经济技术开发区、盐城高新产业技术开发区开展“证照分离”改革试点，采取强化指导、强化监督、强化事中事后监管等方式，依法赋权8个食品药品事权，解决企业准营环节办证多、办证难等问题。制定《盐城市微型餐饮备案和监督管理办法(试行)》，取消60平方米以下微型餐饮经营许可审批事项改为备案管理，破解“办照容易办证难”等突出问题。依据《盐城市食品小作坊登记管理办法(试行)》，组织落实4329家食品小作坊登记管理工作。

二、药品和医疗器械安全监管

2018年，市食药监局完成办理执业药师注册893件，新开办药品零售连锁企业1家、零售药店83家，办理药械出口销售证明21件、第一类医疗器械备案77件、制剂调剂80件。

日常监管。强化药品生产环节监管，开展中药注射剂、白矾专项检查、药品委托检验检查、飞行检查等61次，提升药品质量风险防范能力。在药品流通环节，与市卫计委联合开展疫苗流通和预防接种专项检查，封存、召回吉林长春长生冻干人用狂犬病疫苗6.28万支。在器械监管环节，加强无菌和植入性医疗器械监督检查，推进经营质量管理规范实施，先后检查三级监管医疗器械经营企业2580家、二级监管医疗器械经营企业37家、一级监管医疗器械经营企业60家。在保化监管环节，完成146个品种国产非特化妆品企业网上备案。

检测监测。加强抽检频次和力度，完成国家药品抽验58批、医疗器械抽验29批、化妆品抽验33批，省级化妆品抽验38批，市级药品抽样1037批，以及10家企业200个车间净化检测。

服务医药经济 年内，为推动全市医药产业高质量发展，市政府制定印发《关于印发全市促进化工产业转型升级培育发展医药产业意见的通知》，市食药监局制定印发《关于促进全市食品药品产业发展的实施意见》《盐城市医药产业园规划工作方案》，成立沪苏大丰产业联动集聚区工作站、滨海医药产业园工作站，推出15项具体服务措施。9月12日，市食药监局召开全市食药监系统服务医药产业发展工作推进会，签订10个项目，总投资额近30亿元。

药品安全风险隐患排查化解专项行动 年内，全市食药监系统围绕省食药监局明确的重点督查事项和重点排查风险点，开展药品安全风险隐患排查化解专项行动，监督检查8家药品生产、342家药品零售企业、10家医疗器械生产企业、1030家医疗器械经营企业、3家化妆品生产企业，督促企业整改违法违规问题1964项。开展医疗器械生产企业“风险预警、精准监管”专项行动，发布标准预警信息83条、不合格项目风险预警信息183条。 (陈永军 崔 伟)

第十一节 安全生产监督管理

2018年，全市发生生产安全事故628起，死亡309人，同比分别下降11.92%、14.64%。发生较大事故2起，死亡8人。其中，道路运输发生事故552起、死亡243人，同比分别下降13.75%、19.8%；工矿商贸发生事故55起、死亡63人，同比分别上升10%、14.55%；农业机械发生事故21起、死亡3人，同比分别下降8.7%、25%。至年底，全市累计有6076家企业通过安全生产标准化评审，其中一级企业3家、二级企业511家、三级企业4405家、小微企业1157家；全年市安监局对232家三级安全生产标准化达标企业运行质量进行审计，对34家企业实施摘牌。

一、安全生产责任制

2018年，市委、市政府印发《关于推进全市安全生产领域改革发展的实施意见》《盐城市党政领导干部安全生产责任制规定实施办法》《盐城市安全生产约谈办法(试行)》等文件，压实监管属地责任和部门监管责任。调整充实市安全生产委员会，成立7个安全生产专业委员会。全市市县两级政府全面调整为由担任本级党委常委的政府负责人分管安全生产工作。突出企业主体责任落实,加大守信激励和失信惩戒力度,对全市2656家高危和规模以上工业企业进行履责信用评估,先后对34家标准化企业实施摘牌,将19家企业列入"黄名单"警示管理,1家企业列入"黑名单"进行联合惩戒。市安监局制定实施《2018年安全生产过程考核办法(试行)》,实现过程考核与结果考核相统一。强化安全生产"一票否决"制度,对1284个单位、259名个人受表彰资格进行审核,否决2家单位和2家企业提名。

二、安全培训

2018年,全市特种作业培训3.29万人,高危行业主要负责人、安全管理人员培训3.48万人,其他从业人员培训31.22万人。开展打击假冒特种作业操作证专项行动,对527家企业进行执法检查,责令整改158家、罚款20.48万元。利用网站、微信、户外大显示屏、商业楼宇视频等平台,广泛宣传安全生产法律法规和安全生产知识,安排安全宣传教育"七进"活动107场,参与微信普法答题活动的人数超过2.7万人。健全安全生产隐患举报,建立"信息收集—交办—反馈—督查"工作机制和举报奖励制度,全年累计收到意见建议88条。注重"两微"平台建设,"安全盐城"微信公众号关注量达10万余人,微博平台在全国安监系统位列第11名。加大违法行为曝光力度,在市主流媒体和"安全盐城"微信公众平台等对各类安全生产问题隐患进行曝光,全年累计曝光企业170余家次。加快江苏沿海(响水)危化品应急救援基地建设,市安委会在阜宁举办全市危险化学品生产企业应急救援综合演练活动,全市开展灭火疏散、防汛防台风、危化品企业爆炸、海上搜救和海洋渔业等应急演练活动2760次,6.77万人参加。

三、安全隐患防控

2018年,市安监局组织开展全市安全生产大检查大整治大落实专项行动和安全生产五大行动,全市排查出15类10.2万个风险点,检查企业4万家次,排查各类隐患8万余条,市县共挂牌隐患372个(整改到位371个),停产停业整顿企业107家,关闭取缔企业26家。对生产安全事故异常的县(市、区)开展4次专项督查,检查48个镇(街道、园区)抽查116家企业;将事故多发的5个镇(园区)列入重点关注对象开展专项整治;组织省市专家开展5轮暗查暗访,立案77起,将问题突出的12个镇(街道、园区)作为重点检查单位;先后组织开展危险化学品、建筑施工、道路交通、大型商业综合体等专项整治和电气火灾、电动自行车等综合治理18批次。对事故频发的4个县(市、区)、6个行业和12个镇(街道、园区)进行市级专项督查和重点管理,关停企业154家,关闭取缔企业72家,挂牌督办企业和单位638家。

重点行业专项治理 年内,市安监局推进危化品综合治理,对国家安监总局和省安监局检查的10家化工企业督促其完成346条隐患整改,对271家化工企业进行风险评估分级,摸清"两重点一重大"企业分布等情况,推动化工园区提升安全管理水平。强化工贸企业风险排查,对全市2133家企业开展风险辨识评估,1507家企业实施风险分类和等级确定,1235家企业完成"一图二单三卡"绘制公示并建档。开展有限空间、粉尘防爆、涉氨制冷等系列专项治理,开展钢铁企业重大事故隐患排查治理专项行动,对违法违规行为进行立案查处,行政罚款100余万元。开展"职业健康执法年"活动,全年监督检查企业4902家,发现问题和隐患1.6万项,对148家企业给予警告和行政处罚,罚款219万元,提请关闭12家。严格执行烟花爆竹供货生产企业"一年一备"制度,持续规范产品源头关,开展烟花爆竹安全生产督查,对43家烟花爆竹经营单位进行暗访暗查,排查整治隐患和问题155条。对省安监局督查组排查发现的6项重大隐患、77项其他隐患和问题组织挂牌督办,年内全部整改到位并通过专家验收。市安全生产委员会分5批对55个单位的61条重大事故隐患和77条一般事故隐患进行挂牌督办,年内全部完成整改。

四、安监执法

2018年,市安监局开展执法大提升专项行动,全市实际检查企业2336家,立案总数1238起,事前立案1194起,简易程序488起,委托执法467起,事前处罚金额2346.7万元,5万元以上案件数124件,占事前立案数的10%。自8月起集中100天推动完成全年事前执法计划数,重点对危险化学品、非煤矿山、冶金、粉尘涉爆、烟花爆竹、建筑施工、其他工贸共7个行业领域重点企业开展检查,全面排查治理各类事故隐患,加大事前处罚力度,关停企业16家,吊销执照1家。

基层安监能力建设 年内,市安监局会同市编办对各县(市、区)基层安监能力建设情况进行专项督查和通报,推动全市26家重点工业园区、30家重点镇(街道)、53家一般镇(街道)单独设置安全监管机构。全市所有县(市、区)都聘请安全专家参与安全监管,8个县(市、区)、71个镇(街道、园区)、148家企业聘请第三方技术服务机构参与安全监管。完成安全生产培训机构社会化工作,全年累计培训从业人员38.4万人次。持续扩大安全生产责任保险覆盖面,安责险投保总额963万元,提供风险保障78亿元。组织市县两级114名监管监察人员参加监管执法资格培训和复训;与四川大学联合举办2期全市职业卫生、工贸行业和行政许可安全监管执法干部培训班,培训覆盖153人;与市委党校、苏州大学、首钢工学院联合举办4期培训班,对乡镇、开发区(园、区)分管领导、安全生产宣传教育、行政许可、安全生产行政执法条线的监管执法干部进行专业培训。

五、事故处理

2018年,市安监局加大一般事故提级调查、挂牌督办力度,全年调查处理生产安全事故54起,市级调查及市级提级调查14起,挂牌督办28起,追究责任单位11家,追究责任人38人、追究党政机关人员31人。对全市2016年至2017年已办结的108起生产安全事故调查处理和责任追究情况进行督查和综合评估,追究责任单位168家,追究相关责任人454人,立案294起,罚款4208.12万元;追究党政机关人员72人,检察机关立案14人。(余维云　孙成刚)

第35章　社会事务管理

编　辑　赵　丽

第一节　双拥优抚

一、双　拥

2018年，盐城制定印发《关于落实2018年度军地互办实事项目的通知》《2018年度军地互办实事计划》，继续在全市开展"军地互动、互办实事，我为双拥争贡献"活动。全市地方与驻盐部队结对443个，办实事422件，重点实事31件，重点实事投入资金5377万元，合计总投入资金5881.94万元。同时，部队主动与地方基层单位办实事111件，投入资金87.6万元。8月9日，在盐城舰赴亚丁湾护航凯旋时，由市委书记戴源带队，组织慰问团赴青岛慰问盐城舰官兵。年内，盐城军分区牵头对驻盐大市区各部队当年符合学前教育及义务教育条件的军人子女进行模底调查，经查共74名（幼儿园23名、小学42名、初中9名）。经市双拥办和军分区与市教育局协调，当年入学入托的军人子女全部进入具有优质资源的学校就读。全年，市区驻军部队中符合享受政府安置条件的随军家属91人。24名随军家属选择进社区工作，66名随军家属选择自谋职业领取一次性自谋职业补助金，1人决定2019年安置时选岗。

二、优抚安置

2018年，盐城发挥平台作用，实现优抚安置工作全覆盖。滨海县从重点镇、部门抽调5名科级干部在县级平台负责日常工作，并建立平台工作制度，保证平台有专人、有制度、有经费、有场所。年内，盐都区依托PPP养老项目建立光荣院并在光荣院举办优抚对象集中疗养工作，射阳军休所启动搬迁改造工程，阜宁、响水、建湖烈士陵园改造工程得到省民政厅验收批准。市、县两级民政部门在滨海县举行全市烈士命名镇（街）、村（居）烈士纪念设施修缮、事迹陈展启动仪式。年内，盐城开展全市残疾军人、带病回乡军人残病情鉴定和优抚对象疗养工作。推进残病情鉴定工作公开透明，提升残病情鉴定工作社会认可度，推动优抚对象疗养地方配套经费的落实。配合组织部做好退役士兵党员关系接续工作。

退役士兵村官培养　年内，全市继续拿出1000个公益性岗位，用于下岗失业志愿兵就业、再就业，再拿出1000个以上村干部岗位，供退役士兵专项竞选。该做法被新华社等媒体专门报道，在全省双优安工作年会上专题介绍。组织退役士兵首次参加全市创业富民大赛和全省百名退役士兵创业之星评选。

慰烈工程　至2018年底，全市有以烈士命名的镇（街）8个，村（居）120个。为传承红色基因，弘扬铁军精神，打造盐城文化标识，推动慰烈工程进一步深入开展，盐城决定从2018年下半年起，按照有墓、有碑、有亭、有阵地的原则，为群众瞻仰提供良好的环境"四有一达标"的要求，在全市全面开展做好以烈士命名的镇（街）、村（居）烈士墓地修缮、事迹展示工作。　　（市退役军人事务局）

第二节　慈善事业

一、盐城市红十字会

2018年，全市红十字会开展第22个"红十字博爱送万家"活动，累计发放332.34万元救助款物，救助慰问社区困难群众、失能老人、麻风休养员、贫困中小学生、结对帮扶、牵手致富困难家庭等。参加全市文化、科技、卫生"三下乡"活动，市红十字会筹集价值10.21万元的毛毯、羊毛被、羽绒服、棉袄等送温暖物资，慰问射阳县洋马镇困难群众。实施市红十字会备灾救灾中心二期3000平方米仓储楼建设项目，完成主体验收；9月，市红十字会医院1万平方米业务楼建成并投入使用。在盐城市未成年人社会实践基地，推进市红十字生命体验馆建设项目。市红十字会获评中国红十字会总会组织的报刊宣传工作先进集体特等奖，获省文明办、省红十字会等6部门颁发的"博爱青春"暑期志愿服务项目优秀组织奖。

市红十字会第六次代表大会 6月11—12日，市红十字会召开第六次代表大会。市委书记戴源、省红十字会副会长徐国林出席开幕会并讲话。大会审议通过《关于盐城市红十字会第五届理事会工作报告的决议》，选举66名理事组成第六届理事会，5名监事组成监事会，是全省首个设区市红十字会监事会。市红十字会第六届理事会聘请市委书记戴源，市委副书记、市长曹路宝为盐城市红十字会名誉会长。选举副市长葛启发为会长，乔静为常务副会长，徐维林为副会长。

备灾救灾 年内，市红十字会印发《关于做好2018年自然灾害救助工作的通知》，部署自然灾害备灾救助准备工作。开展应急救援队第四轮队长、副队长公开竞聘活动，选聘1名队长，3名副队长。开展世界急救日、防灾减灾日宣传活动，提升市民自救互救和防灾减灾能力。市红十字会联合市急救医疗中心在城南新区敬贤路实验小学开展红十字青少年防灾避险逃生演练活动；在王港小学开展生命健康安全教育活动，1600余名师生参加应急演练和健康安全教育活动。

博爱助学 年内，市红十字会、市教育局联合实施“红十字助学圆梦”项目，向市直250名家庭困难学生发放助学款7万元。市红十字会实施“圆梦起航——博爱助学”项目，向40名家庭困难的大学新生每人发放助学款4000元。开展“慰平助学金”发放活动，向10名家庭困难大学生，每人发放助学款1000元；开展“博爱助孤”捐赠活动，向市儿童福利院孤残儿童捐赠款物2.5万元。各地红十字会开展“博爱助学校园行”“助学圆梦大行动”“关爱留守儿童”等救助活动。全年全市红十字会系统救助慰问孤儿和困难学生3005人次，发放救助款物181.29万元。

博爱助医 年内，市红十字会继续与市卫计委联合开展“关爱生命红十字助医惠民”活动，市、县红十字会联合冠名红十字医院，救助大病困难患者，帮助困难家庭缓解看病困难等问题。全年全市红十字会系统救助慰问困难患者4184人次，发放救助款物178.56万元。实施中国红十字基金会“小天使”救助项目，年内资助白血病患儿55人，发放救助款135万元。

博爱家园 年内，市红十字会推进“博爱家园”内涵建设，开展防灾减灾宣传、养老照护服务、应急救护培训、博爱文化传播等工作，打造“博爱家园”品牌。市红十字会结合“6·23”救灾工作，在阜宁县板胡镇戚桥村和邵湛村推进“博爱家园”内涵建设，为灾区群众提供人道服务，中国红十字会总会肯定盐城结合救灾推进“博爱家园”建设的做法，12月推荐市红十字会代表江苏省参加在香港举办的灾后恢复重建项目研讨会，并作交流发言。盐城提前完成省红十字会下达的“十三五”“博爱家园”建设目标任务。

献血和捐献 年内，市红十字会做好捐献造血干细胞志愿者招募和再动员工作，不断扩大捐献造血干细胞志愿者队伍。全年采集志愿者血样841人份，初配再动员144份，高分辨检测27人，体检12人，成功捐献7例。市红十字会、市委宣传部、市文明办授予6名造血干细胞捐献者“爱心大使”称号。市、县红十字会开展无偿献血宣传推动工作，组织无偿献血志愿服务队开展宣传服务活动。市级机关红十字会连续第12年组织市级机关党员干部开展无偿献血活动；盐都区红十字会依托教育系统红十字会连续第18年开展教职员工集中无偿献血活动。加强遗体和人体器官捐献宣传，做好遗体和人体器官捐献见证等工作，不断提高遗体和人体器官捐献服务工作质量。年内，全市有13名爱心公民捐献41个器官、2对眼角膜，3名爱心公民捐献遗体，其中射阳就有6名爱心公民捐献18个器官，1名爱心公民捐献遗体。

志愿服务 年内，市红十字会在全省率先开展星级志愿者认定工作，授予全市327名志愿者星级志愿者证书。组织高校红十字会实施2018年大学生暑期“博爱青春”9个志愿服务项目，盐城师范学院“朝夕常相伴，青春共成长”项目获省“优秀项目奖”，市红十字会获省“优秀组织奖”。市红十字会组织6支专业志愿服务队常态化开展关爱孤残儿童、孤寡老人、应急救援、无偿献血、捐献造血干细胞宣传等特色红十字志愿服务活动，得到社会各界肯定。年内，全市红十字会系统有1名红十字志愿者被表彰为全国优秀红十字志愿者，1名红十字志愿者被评为“江苏好人”，7名红十字志愿者被评为五星级红十字志愿者，7名红十字志愿者被表彰为2016—2018年度江

10月15日，市红十字会开展情暖夕阳活动　　市红十字会/供

苏省优秀红十字志愿者，4名红十字志愿者被评为盐城市学雷锋志愿服务最美志愿者；4个红十字志愿服务组织被表彰为2016—2018年度江苏省优秀红十字志愿服务组织。

红十字养老照护 年内，全市红十字会推进养老服务试点工作，开展养老照护知识培训，面向志愿者、老人及家庭护理员普及养老照护知识；建立志愿者结对服务机制，推行“爱心养老服务卡”，开展养老照护志愿服务；开展困难老人帮扶救助活动，帮助困难家庭老人缓解生活困难。市红十字会在全省率先实施养老照护培训基地、实践基地项目，在市红十字会医院实施红十字博爱病房项目，成立“南丁格尔”志愿服务队。年内，全市红十字会完成养老照护入户志愿服务1253户，直接受益老人2112人，组织开展养老照护知识普及培训9501人次，分别完成省红十字会下达年度任务的278%、234%和211%；救助慰问失能困难老人3146人次，发放救助款物94.9万元。

群众性应急救护培训 年内，全市红十字会落实公益性应急救护培训工作，推进应急救护培训进学校、进社区、进农村、进机关、进企业工作，不断提升培训质量，超额完成省红十字会下达的救护员培训和普及性培训任务。全年全市培训1.15万名救护员，对9.56万人开展普及性培训。市红十字会举办全市应急救护技能选拔赛，提升救护培训师资业务水平。组织参加江苏省红十字会、江苏省总工会、江苏省人力资源和社会保障厅联合举办的全省红十字应急救护技能竞赛，盐城市红十字会代表队获团体二等奖。

（王　蕙）

二、盐城市慈善总会

2018年，全市慈善系统募集款物1.72亿元，其中市慈善总会募集款物1.20亿元；全市支出救助款物1.98亿元，近6.42万人次受益，其中市慈善总会支出款物1.25亿元，3.05万人次受益。在第五届中国城市公益慈善指数发布会上，盐城综合指数排名第32位，单项指数排名中“社会组织”位列第7位、“志愿服务”位列第14位。

爱心助学 年内，东风悦达起亚汽车有限公司“起亚健康加油站”项目出资33.5万元，为重点扶贫片区响水县七套中心小学建立爱心餐厅，改善学生就餐环境。劳动节期间，市慈善总会联合永宁汽车城及盐城书法家协会举办慈善助学活动，募集14.9万元资金及书法作品，对部分贫困学生进行每人3000元的资助。在中华慈善日期间，市慈善总会联合市福利彩票发行中心举行慈善宣传暨救助活动，为大市区10名特困大学生、10名特困中学生及10名大病救助患者分别发放3000元～5000元的救助金和生活用品，支出资金15万元。

慈善助医 年内，市慈善总会开展儿童大病救助工作，向省慈善总会申报儿童大病救助患者89名，结算215人次，省救助161.09万元，市配套救助资金38.09万元。开展成人大病救助工作，春节期间，市慈善总会在省慈善总会支持60万元成人大病救助资金基础上，配套40万元资金，对全市患有白血病、尿毒症、肝重症、肿瘤、癌症等患者实施1000～3000元标准的临时救助。开展慈善药品援助项目，提供格列卫、达希纳、易瑞沙、泰瑞沙、爱必妥、槐耳颗粒、特罗凯等特药发放服务。全年发放5352人次7591盒，药品价值1.13亿元。其中，援助血友病患者40人次14.03万元。12月23日，联合市社会救助中心在盐渎公园开展“关注公益，关爱健康——千人‘奕’起跑”活动，500名跑友为5名白血病患儿募集善款7.5万元。

扶贫助困 年内，市慈善总会开展春节慰问活动，组织40多万元资金，购买春节大礼包，为全市近千户特困单亲家庭、孤寡老人、残疾家庭等困难对象发放每户500元的慰问品。市慈善总会对阜宁县郭墅镇77户贫困家庭每户发放500元慰问品及1000元红包。深圳卡尔冈碳素有限公司向盐城捐赠5000台净水机，总价值1340万元，帮助困难家庭喝上洁净水。对接省慈善总会与中国人寿保险江苏省分公司开展慈善精准扶贫项目，滨海、阜宁、响水3县总保费143.79万元，总赔付金额111.87万元，赔付率77.80%，93人获得补偿，最高赔付9.89万元。国药集团慈善分会为滨海县八滩卫生院捐赠价值约30.5万元的医疗器械，改善基层医疗条件。国药集团募集价值396万元的6万瓶“凯思立”钙片援助部分困难家庭。

扶残助残 年内，市慈善总会开展“情系困境儿童”资助行动。在助残日期间，拿出9万元对市儿童福利院、残疾儿童康复中心的孤残儿童进行慰问。联合市妇联实施“少儿病残救助保险项目”，由市慈善总会出资对大市区1482名建档立卡户儿童每人每年发放1份爱心保险，提供儿童常见25种大病就诊即助5万元、儿童意外伤残最高资助3万元的双保障。

安老助老 在重阳节，市慈善总会联合江苏摩比斯汽车配件有限公司到开发区新城敬老院开展助老志愿活动，为老人捐赠价值3.5万元的羊绒衫。10月22日，联合协和慈善医院到市社会福利院开展义诊活动，现场接诊100多位老人，使老人们感受到温情温暖。12月24日，联合苏宁电易购1+1阳光志愿者开展“宁聚爱·益起来”公益活动，共同走进响水县社会福利中心，为老人们送去取暖器、微波炉、大米和食用油等生活必需品，志愿者和福利院老人们一起包饺子、交流沟通。

（市慈善总会）

第三节　民政管理

一、社区建设

2018年，盐城印发《关于加强城乡社区治理与服务的意见》。市财政安排500万元社区建设引导资金，全部用于市区20个社区新增服务设施建设项目，其中5个大项目，每个社区奖补55万元。东台“4个111”社区工作法（一委一日一视频、党建引领树旗帜，一会一队一中心、以群教群建和谐，一牌一站一张网、贴心服务愿万民，一周一信一广场、娱悦身心乐融融)被评为全国优秀社区工作法和2018年度全省现代民政建设优秀成果。大丰区恒北社区获"全国首批农村幸福社区示范单位"称号。城南新区"建设智慧邻里之家　打造社区治理服务综合体"获2017—2018年度江苏基层社会治理创新成果提名奖。68个城乡社区被授予"省和谐社区"称号。城南新区组织98名社区工作者，开展18场系统培训，开发设计全科社工培训考试软件，实现盐城全科社工培训零突破。射阳、东台、大丰、滨海4个县(市、区)与9个农场签订社区管理职能移交协议书。3月9日，"江苏·新北智慧社区论坛"在盐城举办，省社区主任与台湾里长就智慧社区建设、社区养老等课题进行对话交流，城南海德邻里之家的智慧社区建设受到与会领导及两岸嘉宾的肯定。

二、社会组织

至2018年底，全市登记社会组织9016个，其中社团4221个，民非4784个，基金会11个，全市万人拥有社会组织12.5个，等级评估数3450个。继续推进社会组织党建工作研究，结合社会组织日常监管工作，督促推动社会组织及时成立党组织和开展党的工作。至2018年底，全市建立党组织的社会组织有149个。贯彻落实《关于全面推进行业协会商会与行政机关脱钩工作的通知》，根据职责分工组织开展脱钩工作，指导督促各地推进脱钩工作。贯彻落实《江苏省社会组织信用信息管理办法》，推进社会组织信息公开。依托全省社会组织管理信息系统，建立健全社会组织年度报告制度、信息公开制度，规范公开内容、机制和方式。进一步加强社会组织监督管理力度，贯彻落实市委办、市政府办《关于改革社会组织管理制度促进社会组织健康有序发展的实施意见》，建立健全社会组织综合监管体系，依法查处社会组织违法违规行为，打击整治非法社会组织。

三、区划地名

2018年，盐城市下辖东台1个县级市和建湖、射阳、阜宁、滨海、响水5个县，以及盐都、亭湖、大丰3个区；30个街道、95个镇；2438个村(居、社区)。年内，对全市600多个地名进行命名更名。

四、婚姻登记

2018年，市民政局做好1980年后婚姻登记历史数据的补录工作，拓展婚姻登记网上预约业务，探索开展婚姻登记颁证和婚姻家庭辅导服务，为和谐婚姻家庭营造良好社会氛围。各地加快推进部门间信息共享工作，与房产、公积金、公证处、残联等部门实行信息共享。全年办理结婚登记6.08万对，离婚登记2.1万对，登记合格率100%。

五、收养登记

2018年，市民政局根据《盐城市收养子女家庭收养能力评实施办法》，全面实施收养评估工作，规范收养行为，全年评估119例，切实保障被收养儿童的生存、发展权，体现党和政府对困境儿童的关心、爱护，最大限度实现"儿童利益最大化"。

六、殡葬管理

2018年，根据党中央、国务院和省委、省政府部署要求，市政府办公室制定印发《盐城市殡葬改革工作联席会议制度》，市民政局联合市规划局、国土局、物价局等11个部门印发《盐城市殡葬领域突出问题专项整治行动方案》，7月13日以市政府名义召开全市殡葬领域突出问题专项整治工作会议，对专项行动进行专题部署。8月下旬，市殡葬改革联席会议组织民政、国土、工商、物价等11个成员单位，采取听取汇报、查阅资料、现场查看等方式，对各地整治情况进行专项检查指导。经过整治，全市有16个公益性公墓取得合法土地手续，收回社会资本投资的公益性公墓20个，取缔非法公墓26个、棺木制作点10个、无证石材销售点7个、无证服务中介、丧葬用品销售点29个，销毁封建迷信殡葬用品1650余件，规范服务中介、丧葬用品销售点273个。各地根据市委、市政府主要领导指示要求，加大散坟整治工作力度，研究细化整治方案，抢抓大寒和清明等有利时机，持续掀起散坟整治热潮，推进公益性公墓建设。全市迁移散坟2.88万座，建成公益性公墓42个。同时，各地推行花坛葬、树葬、草坪葬及骨灰撒散、深埋、寄存等绿色生态节地安葬方式，建设骨灰存放室(骨灰堂、骨灰塔、骨灰墙)等适应殡葬改革发展方向的立体式骨灰存放设施，进一步助推殡葬改革。　(市民政局)

第四节　人口管理

2018年，市卫生计生委等8部门联合印发《关于加快推进母婴设施建设的实施意见》，推动在公共场所和用人单位建设标准化的母婴设施，全市建成母婴室260个，有效满足公共服务需求。开展出生监测，组织生育政策实施效果评估，每月开展出生人口监测，每季分析人口形势，把握出生人口动态。进一步简化和规范计划生育证件管理，落实便民措施，做好群众办事堵点问题(有关生育服务登记工作)排查整改工作，完善生育登记服务制度，优化再生育审批管理，全年受理生育登记4.78万对，再生育审批1422对。加强全员人口信息平台、生育服务登记系统建设，提升数据质量，人口信息化建设达标率、出生信息与生育登记信息入库率及准确率达98%以上。坚持一票否决。在干部提拔任用、推荐代表、评先评优等方面坚持计划生育"一票否决"制度，全年市本级审核把关各类表彰和通报表扬23批次、242人次。年内，市卫生计生委围绕"提升流动人口健康"主题，开展"把健康带回家"流动人口卫生健康关怀关爱行动和农村留守儿童健康关爱工作，高质量实施流动人口基本公共卫生计生服务均等化和健康促进工作。亭湖区卫生计生委被国家卫健委表彰为全国流动人口动态监测调查优秀单位，东台市、射阳县被评为省流动人口基本公共卫生计生服务均等化示范县(市、区)。

计划生育家庭奖扶 年内，全市落实农村部分计划生育家庭奖励扶助制度，为24万名计划生育奖特扶对象发放扶助金2.9亿元。其中，奖扶对象21.88万人；独生子女伤残、死亡特扶对象1.08万人，计划生育手术并发症对象1.13万人。建立市属企业持证退休职工一次性奖励长效机制，联合市财政局、市人力资源和社会保障局、市国资委印发《市属企业持〈独生子女父母光荣证〉退休职工一次性奖励实施办法》。年内，兑现符合条件的市属企业持证退休一次性奖励对象3925人，发放一次性奖励金942万元。关心关爱计划生育特殊家庭，市财政安排人口和计划生育公益金50万元，救助计划生育困难家庭500户；为大市区2530名失独父母购买人身意外伤害综合保险，切实解决住院护理问题。推进幸福家庭建设，命名2个示范县(区)、20个示范镇(街道)、200个示范村(居)、500个示范户。

(刘海峰)

第五节 关心下一代工作

2018年，市关工委组织4547名有宣讲能力的“五老”(老干部、老党员、老劳模、老工人、老教师)，进村入校宣讲2138场，受教育青少年102.43万人次。编印《红色盐阜·英雄少年》小册子，选印20名抗日小英雄与日伪作斗争的故事，发至镇、村、校、企关工委供青少年阅读。同时组织中、小学生就地就近瞻仰革命纪念地，听老前辈讲新旧社会、改革开放前后家乡巨变，教育青少年从红色基因中汲取道德力量和精神支柱。7月1日，中国关工委主任顾秀莲对亭湖区关工委、东台市关工委和弶港镇关工委总结“传红色基因、颂改革开放”主题教育工作经验逐一作出批示，给予充分肯定。

一、结对帮教青少年

2018年，各地以村(居)关工委为单位，发动和组织“五老”与留守儿童等弱势青少年结对，协助家长、代理监护人做好教育、管护工作，做到思想上有人疏导，学习上有人辅导，生活上有人关心，言行上有人纠错。盐都区楼王镇关工委发动“五老”与留守儿童结对帮扶，全镇基本上实现留守儿童“六无”(无辍学失学，无打架斗殴，无迷恋网吧、游戏厅，无偷窃赌博，无人身伤害事故，无违法犯罪)要求。各县(市、区)关工委发动5455名“五老”，与1340名“五失”(失学、失业、失亲、失足、失能)青少年进行结对帮扶，转好率达91%以上。组织“五老”网吧义务监督员1400人，对全市城乡657家网吧进行日常巡查，一旦发现未成年人进入，及时向文化市场主管部门报告，依法查处。由点到面开展创建青少年零犯罪、零伤害社区(村)工作，收到显著成效。

校外教育辅导站建设 至年底，盐城各级关工委建成镇(街道)中心辅导站157家、社区(村)辅导站1966家，个人辅导点1584家，从事校外教育辅导的“五老”9288人，社会志愿者4172人。年内，全市各辅导站(点)开展各种文体辅导活动1.08万次，参与中、小学生68万多人次。其中，参与电子阅览室上网活动的中、小学生31.4万人次。年内，省关工委公布“全省校外教育辅导站优秀活动推广项目和特色活动品牌”获奖名单，响水县响水镇校外教育中心辅导站“感党恩，共话新时代，学榜样，同筑中国梦”获优秀特色活动推广项目特等奖，阜宁县阜城街道校外教育中心辅导站“纪念抗击阜宁6·23特大龙卷风两周年教育活动”和亭湖区便仓小学关工委“校站结合，留守儿童的快乐之家”获一等奖。盐城幼儿师范高等专科学校关工委“创新三结对，精准帮师生”获全国职业院校关工委“十佳创新事例”。

省关工委发出向李余礼学习的通知 9月28日，省关工委发出《关于在全省关工委系统开展学习李余礼同志先进事迹的通知》。射阳县海河镇条海村退休教师、村关工委副主任李余礼，他自费创办家庭辅导站11年，参加学习的留守儿童达850多人，被中国关工委表彰为全国关心下一代先进工作者。4月，李余礼被中央文明办评为“中国好人”。中央电视台和《人民日报》《新华日报》先后报道李余礼先进事迹。

二、扶困助学

2018年，大丰区万盈镇关工委注重关心帮扶弱势青少年，开展“四助”(经济上助困扶贫，学业上助学圆梦，事业上助就业致富，生活上助觅偶成家)关爱行动，得到镇、村(居)党政领导的重视和学校、企业等社会各方的支持。8月29日，中国关工委主任顾秀莲对盐都区楼王镇、大丰区万盈镇关工委的关爱留守儿童和弱势青少年工作作出批示，予以充分肯定。市关工委连续15年开展金秋助学活动，全年在市区资助贫困生90人。各县(市、区)关工委向《扬子晚报》推荐特困大学生、受助人数139人，向南京爱德基金会申报贫困家庭中小学生58人，向《关心下一代周报》“冰凌花”奖学金申报贫困家庭中小学生134人，加上社会爱心人士主动与关工委联系，捐资扶助经济困难家庭学生1.38万人和患有重大疾病青少年318人，全市各项累计捐助达320多万元。

三、帮助青年就业创业

2018年，各县(市、区)关工委组织老科技工作者2858人，对青年农民开展种、养、加工、营销等实用致富科技的培训，举办培训班1197期，受教育青年6.31万人，其中培训农村青年致富带头人1325人。在老科技的扶助下，建立青年创业示范基地465处、专业合作社等新经济体468家，评选青年创业之星305名。全市有1.05万名处于就业困境的农村青年，在关工委老干部帮助下，通过发展三产和高效农业等途径，找到脱贫致富的门路。8月，省关工委副主任费伟康一行到建湖县考察“三扶两创一促进”工作，对扶持大学生廖正军、鲁曼夫妇创业的老科技丁明省、帮助残疾青年赵宏程致富的老科技张玉明的先进事迹，给予高度评价。

(陆 舰)

第六节 老龄事业

2018年，全市有养老机构211家，其中公办养老机构146家(城市福利院13家、镇敬老院133家)、社会力量办养老机构65家。城市社区居家养老服务中心(站)覆盖率为100%，农村社区居家养老服务中心(站)覆盖率90%以上。全市有各类养老床位5.85万张(机构养老床位3.48万张；居家养老床位2.37万张)，其中护理床位2.05万张，每千名老人拥有养老床位数34.83张(按常住老年人口167.83万计算)。推动全市老年文化活动开展，《美落子》和《火把节》2个节目入选省第七届"中国人寿杯"老年春晚，展现当代老年人热爱生活、积极向上的精神风貌。提高老年人抗风险能力，老年人意外伤害综合保险参保率65%。强化医养结合，提升服务质量。20家养老机构内设医疗机构，6个县(市、区)建立失能特困老人集中供养护理院。强化跟踪评估，完成省"十三五"老龄事业发展规划中期评估工作，推动"十三五"老龄事业发展规划的落实。年内，开展以"关爱老人，构建和谐"为主题的第三届盐城市"敬老文明号"创建活动。市老龄委授予盐城市老年大学等35家单位第三届盐城市"敬老文明号"称号。

"敬老月"活动 年内，全市开展以"营造敬老爱老社会氛围、纪念改革开放40周年"为主题的"敬老月"活动，动员社会力量开展敬老爱老活动，为老年人送温暖、办实事、做好事、解难事。走访慰问养老服务机构和散居的百岁高龄老人，向老人们送去节日的问候和祝福。全市投入350万元，走访慰问老年人11万人次。表彰"孝亲敬老之星"和"最美养老护理员"，表彰他们在孝老敬老助老工作中做出的贡献。举办第二届"夕阳红"老年公益婚礼，18对老年夫妻身穿礼服婚纱走上红毯，重圆婚纱梦。 (陈万庆)

2018年全市百岁老人分布情况统计表

表35-54

县(市、区)	人　数
合　计	471
响水县	25
滨海县	63
阜宁县	46
射阳县	60
建湖县	23
东台市	139
大丰区	81
亭湖区	19
盐都区	15

第七节 助残事业

2018年，市残联组织参加第十届全省残疾人运动会，取得金牌15枚、银牌14枚、铜牌12枚。射阳县承建省跆拳道训练基地，首次代表省队参加全国比赛，获得1枚银牌、5枚铜牌。市特奥乒乓球队6名运动员代表江苏参加全国特奥赛8个单项比赛，获得5枚金牌、3枚银牌，团体总分第三名的好成绩。拍摄《逐梦同行——残疾人事业发展巡礼》专题片，排演配乐诗朗诵节目《妈妈我想对您说》，反映在党和政府的领导下，残疾人事业取得的主要成绩。开展残疾人工作先进集体、先进个人、按比例就业工作先进单位和个人评选表扬等工作，用正面典型激发广大残疾人通过自身奋斗，追求幸福生活的内生动力。利用"助残日"等活动，加大法律法规的宣传力度，提高残疾人学法、懂法、用法和守法意识，增强残疾人自我维权能力，营造全社会关心支持残疾人事业的浓厚氛围。畅通信访渠道，完善残疾人信访工作机制，开通"12385"残疾人服务热线。为1044户低收入重度残疾人家庭进行无障碍改造。倾听残疾人的呼声，在无障碍城市建设、保障残疾人机动轮椅车出行权利、残疾人免费乘坐公交车等问题上进行协调沟通。

一、残疾人康复

2018年，大市区实施市政府为民办实事项目——"关爱残疾人康复行动"，共投入资金4669万元，为年度计划的121%。全市共有3070名0～14岁残疾儿童接受康复训练；完成2478名贫困白内障患者免费复明手术；向1.18万名贫困精神病人免费发放第二代抗精神病药物；为8258名残疾人适配各类辅具1.1万件，为273人安装假肢、为295人安装矫形器。精准康复服务率全省排名第三，满意率达100%。

二、残疾人就业扶贫

2018年，全市各级残联把建档立卡残疾人脱贫攻坚作为头等大事，对所有建档立卡残疾人进行入户调查登记，详细了解家庭收支情况、服务需求、主要致贫原因、残疾人及配偶、子女的培训就业意向等信息，一户一表分析脱贫路径，确定帮扶办法。在精准分析的基础上形成调研报告和帮扶建议，报送市、县两级党委、政府。实施"残疾人幸福生活推进计划"，向建档立卡残疾人家庭捐赠8595台基本家电，价值近400万元。阜宁、滨海、响水3县实施省政府"光伏扶贫"项目，为近500户建档立卡成年重度残疾人家庭免费安装分布式光伏发电设备。

残疾人就业培训 年内，以建档立卡残疾人和残疾高校毕业生为重点，开展就业援助活动，新增残疾人实名制就业926名，实名制培训805名。组织全市残疾人职业技能选拔赛，参加全省第六届残疾人职业技能竞赛，周元军获电气安装项目第一名、倪智森获机电一体化项目第二名、施明明和徐鹏分别获糕点装饰制作和陶艺项目第三名；黄栎获省第三届创业创新大赛残疾人专项赛三等奖；王冬、杨汉文分别获得全省盲人按摩竞赛第一名、第二名。按比例安排残疾人就业工作保持苏北领先，全市共审核确认有1927个企业安置残疾人4848名，配合税务、财政部门征收残疾人就业保障金1.05亿元。

德国SES专家组织助残扶贫项目　年内，在市人力资源和社会保障局、市外国专家局的帮助下，市残联与德国SES高级专家组织开展合作，实施助残扶贫公益项目，有8个助残服务机构申报18个助残项目。有5名德国专家在市残疾人教育康复中心、协和医院、阜宁残疾人康复中心等机构，免费开展自闭症、听力言语、儿童神经系统和成人脑血管疾病康复等方面技术指导和学术交流活动，直接指导残疾儿童康复训练350人次，开办康复技术讲座5次，培训康复技术人员110人次。

三、残疾人生活保障

2018年，继三、四级智力和精神残疾人纳入"两项补贴"后，市民政局、市财政局和市残联联合发文，将所有三、四级残疾儿童纳入护理补贴，全市6314名残疾儿童受益。与中国联通、江苏有线和中国移动等通信运营商达成合作协议，推出面向残疾人的爱心专属套餐，大幅降低残疾人宽带上网、收看数字电视的费用；与市物价局协调，明确对残疾人合法驾驶的机动车实行免费停车3小时，为残疾人争取到更多优惠。

镇(街道)"残疾人之家"建设　镇(街道)"残疾人之家"是"十三五"基层基本公共服务体系的重要组成部分，年内，全市新建75个"残疾人之家"，121个镇(街道)全覆盖，提前两年实现市委、市政府确定的目标。"残疾人之家"为残疾人提供以辅助性就业为主，集托养、康复、培训、文化体育、维权等一体化服务，不断提高广大残疾人生活质量。

四、残疾人教育

2018年，市残联是全国唯一承办义务教育阶段特教学校和中职学校的设区市残联。年内，市仁爱学校有学前在训残疾儿童93名，义务教育阶段残疾学生134名；市特殊教育中等专业学校有在校残疾学生278名、残疾人家庭子女37名，基本满足中重度残疾人接受初、中等教育的需求。市残联办学是对全市残疾人教育体系的有益补充，形成全国独创的特教办学模式。

五、社会助残

2018年"助残日"前夕，市残联发出"积善助残、爱心公益倡议书"，省残疾人福利基金会、市慈善总会、北京市均豪物业盐城分公司、江苏仁禾中衡集团、江苏银宝集团、赵玉华等26个单位和个人捐赠善款和物资338万元。为帮助残疾人及其家庭疏导心理压力、解决心理难题、走出心理困境，市残联在市精神残疾人亲友协会、市心理咨询师协会的配合下，制定《关于开展残疾人心理服务的实施方案》，向全市广大心理学爱好者发布关爱残疾人心理健康倡议书，组建一支由近40名心理咨询师组成的服务残疾人的心理志愿者队伍。10月底，在市残疾人教育康复中心举办第一期"残疾儿童家长心灵增能活动"，计划到2020年，在全市完成构建残疾人心理服务体系，建立一支稳定的对残疾人开展心理服务的专业队伍，将残疾人心理服务延伸到学校、社区、残疾人之家和残疾人康复服务机构。　(夏景涛)

第八节　民族宗教事务

2018年，盐城市民宗系统开展民族团结进步创建活动。创新活动载体，引导各地因地制宜开展各种评比、创建活动，打造一批有特色、有亮点、有典型的民族工作示范点。组队参加省全运会群众比赛项目，盐城代表队珍珠球比赛项目获三等奖和体育道德风尚奖，板鞋竞速获三等奖。提升城市民族工作水平。创新少数民族流动人口服务管理体系，在少数民族人口相对集中的社区建立民族服务站，提高服务管理水平。建立统战、民宗、公安、城管、工商、民政、教育等部门协作机制，帮助解决"入寺""入口""入土"以及务工经商、子女入学等涉及宗教生活和民族风俗习惯的问题。先后为流动少数民族群众解决子女入学、市场经营等实际问题。加快推进民族村小康社会建设步伐，共向上争取少数民族发展资金850万元，协调5个民族村与省民宗委签订经济薄弱民族村帮扶协议。年内，盐城调整市委民族宗教工作领导小组，召开全市民族宗教工作会议和全市农村宗教工作会议，印发《关于加强和改进新时代全市民族宗教工作的实施意见》和《关于加强和改进新时代全市农村宗教工作的实施意见》。指导宗教界开展以国旗、《中华人民共和国宪法》等法律法规、社会主义核心价值观、中华优秀传统文化为主要内容进宗教活动场所的"四进"活动。与市委统战部联合举办第六期"统战学堂"，邀请省宗教局领导作专题讲座。推动宗教团体加强自身建设。印发《关于加强和改进新时代全市宗教团体工作的实施意见》，将市级宗教团体办公经费纳入财政预算。落实《盐城市星级宗教活动场所认定工作三年规划》，实现星级宗教活动场所认定工作全覆盖。　(华　林)

第九节　公共安全

一、气象测报

2018年，市气象局启动龙卷观测试验基地雷达网和海基观测站建设。完成滨海梯度风测风塔建设及设备安装。风廓线雷达、移动标校车等投入业务运行。启动10套城市自动气象站和15个能见度观测仪的建设工作。实施气象观测场标准化改造。江苏黄海区域海洋气象预警中心、阜宁县气象灾害监测预警中心、射阳县气象业务科普中心、东台气象科普园(二期)等一批重点项目按计划有序推进。启动响水、建湖台站整体搬迁。大丰气象站获首批中国五十年气象站认定。完成市级和8个县(市、区)预警信息发布中心的组建任务,市县政府相关管理办法覆盖率100%。

气象服务 年内,全市气象部门继续为农业农村、生态环境、交通运输、电力、保险等提供专业气象服务产品。围绕大宗农作物生产、特色农业生产等做好服务,与农业农村部门联合会商调查,开展农业气象灾害预警、评估,为规模种养户、新型农业经营主体等提供直通式气象服务。为海上风电、港口运输等重大工程开展气候可行性论证。落实打赢蓝天保卫战气象任务,与生态环境部门共同做好重污染天气预报预警工作。联合旅游主管部门加强灾害性天气旅游安全风险防控。

气象应急 年内,市气象局完成中国气象局龙卷业务试点建设任务,完善龙卷业务流程和制度,建成龙卷预警信息发布渠道、精准靶向发布系统和应急广播系统,配备无人机、卫星电话等。政府办印发龙卷、雷暴大风等致灾天气防御工作意见,修订气象灾害应急预案,首次明确龙卷应急响应启动标准和防御措施。建立健全气象信息全网发布绿色通道,针对暴雪、台风天气分别进行全网发布。加强基层气象灾害预警传播体系建设,市县政府均印发《基层气象灾害预警传播功能配置标准实施细则》。加强防灾减灾部门联动,参与全国综合减灾示范社区创建,推动基层气象信息发布融入全要素网格化社会治理体系。加大气象科普和气象法律法规宣传力度,增强全社会气象防灾减灾救灾意识。加强对低温冰冻、区域性大暴雨、台风、雾霾等灾害性天气的监测预报预警,为春节、国庆等重大节日,中华龙舟赛、大洋湾樱花节等重要活动提供高质量服务,基层群众对气象工作满意度在省属驻盐单位中位列第一。气象在突发事件应对救援等方面发挥重要作用,获"2016—2018年度全市海上搜救先进单位"称号。

气象依法行政 年内,市气象局加强气象行政审批服务,做好企业投资建设项目防雷并联审批,提高审批效率。动态调整政务服务事项清单和办事指南,推进不见面审批,"不见面"率100%。按照"放管服"改革要求,动态调整市、县气象部门实施的权责清单,及时完成动态管理修订入库。严格气球施放管理,全面实施气球活动和资质管理网上审批。加强与城管、公安等部门的合作,加大执法巡查力度,对4起违规放球案件予以警告。将防雷安全工作纳入政府安全生产考核细则。制定《盐城市防雷装置检测机构信用评价实施细则(试行)》,加强对防雷检测市场的规范化管理,防雷检测机构信用评价纳入地方企业信用评价体系。对全市808家易燃易爆防雷重点单位开展全覆盖检查,出具整改报告39份,整改率100%,与应急管理、环境、商务等部门开展联合检查29次。对全市50家旅游景点、21家防雷检测机构或分支机构开展"双随机"安全检查。完成盐城气象安全监管平台的开发和应用培训,依托平台实现网上防雷安全监管,现场检查全程留痕。

重大天气、灾害 5月16日午后到17日早上,全市出现明显的雷阵雨天气,雨量小到中等局部大到暴雨,同时伴有雷电、短时强降水、9~11级雷暴大风,极大风每秒30.7米(11级)出现在大丰区四卯酉闸,亭湖便仓和大丰区城区、刘庄等地出现冰雹。

6月26日下午,响水县南河镇遭遇风灾,6月27日夜间,响水黄圩镇遭遇风灾。6月27日副高南落,全市大部分地区出现暴雨到大暴雨,局部特大暴雨天气,最大降水量出现在亭湖青墩农业中心273.4毫米。

受2018第10号台风"安比"影响,截至7月23日14时全市出现大到暴雨、局部大暴雨,并伴有8~11级大风。全市152个区域站中,94站达到暴雨,最大在大丰海丰农场144.2毫米;119站出现8级以上大风,最大在东沙岛11级、每秒31.1米。

(陈　鑫　郭人杰)

盐城市防震减灾专题馆　　市科技馆/供

二、防震减灾

2018年,全市及邻区发生2.0级以上地震38次(范围:北纬32°~35°,东经119°~122°),其中3级以上地震10次。盐城防震减灾专题馆每年投入运行费用10万元加强维护更新,年内接待机关干部、农村留守儿童、社会群众2万多人次参观。城市地震活断层探测和地震小区划项目,总投资1800万元,完成地震勘探任务,开展地层样品分析。盐城市地震应急灾情速报获取与预评估项目通过验收,并投入运行。

推进国家地震烈度速报预警台站建设。按时完成盐城3个基本站(阜宁、滨海、盐都)选址确认工作。年内,盐城再次获江苏省防震减灾工作综合考核第一名,连续七年被中国地震局表彰为全国防震减灾工作先进单位。

监测预报 年内,全市各种监测台网运行正常,市级测震台网和纳入省级前兆台网所有测项资料连续率95%以上。至年底,全市建成由12个台组成的强震台网,8个台组成的测震台网和6个前兆监测手段、47个宏观观测点组成的前兆监测网;年内新增2个痕量氢观测手段,计21万元;在全省2017年度地震观测资料质量评比中,盐城大丰台前兆数据管理与系统维护、电磁波分获全省市属台站第一名、第二名;盐城强震台获全省强震动观测第一名。

震害防御 年内,盐城市建立和完善抗震设防要求监管制度,印发《关于进一步规范盐城市投资建设项目联合勘察、联合测绘和联合验收工作的指导意见》,将地震局的抗震设防要求管理列入建设项目"三个联合"工作的相关环节。做好抗震设防要求管理工作,并注重做好事中事后监管,及时提供地震动参数技术服务。利用媒体网络拓宽科普宣传途径,通过电视、电台、智慧盐城APP、中国盐城市网等形式开展"5·12"防灾减灾日、科普宣传周和国际减灾日宣传活动。推选2名选手参加第二届全国防震减灾科普讲解大赛,卞晶晶获全国三等奖,张雯雯获南方赛区优秀奖;组织"防震减灾,知识先行"为主题的江苏省防震减灾知识竞赛盐城选拔赛,其中射阳高中组、亭湖初中组分别参加省知识竞赛获得三等奖;邀请省地震局专家给市防震减灾联席会议成员、全市防震减灾工作人员做讲座。

应急准备 年内,盐城市推进地震应急灾情速报获取与预评估项目。4月,市地震局成立4个调研队,对全市430个村进行实地调研、收集数据,该项目已通过验收,并投入运行。加强应急救援队建设。盐城市综合应急救援支队有队员400多人,下设11个大队、13个中队。盐城市蓝天救援队有队员39名、志愿者40名,共有79人。年内,市地震应急通信队被评为全省业余无线电活动先进集体。盐城市消防支队特勤中队建立40人的专业地震应急救援队,配备应急救援车辆、破拆工具、救生设施等,并开展地震应急训练。完善地震应急指挥中心日常管理制度,日常运行正常,强化地震应急基础数据库维护和更新,及时购置提供抗震救灾公共服务产品。在2018年度全省地震应急技术系统运维考核中,盐城市地震局获全省第一名,并代表江苏参加中国地震局考核。 (皋古平)

三、应急救援

2018年,全市发生火灾554起,伤2人,受灾226户,烧毁建筑0.93万平方米,直接财产损失814.21万元。年内没有发生较大以上火灾事故。全市消防部队接警出动6998次,出动人员5.81万人次,出动各种消防车辆1.11万车次,抢救279人,疏散194人,抢救财产价值1528.8万元。从发生火灾的原因上看,电气火灾和用火不慎为引发火灾的主要原因。全年因违规用电引发的火灾281起,占火灾总起数50.72%;生活用火不慎引发火灾123起,占火灾总数22.2%;另外生产作业不慎引发的火灾53起,自燃引发的火灾24起,吸烟引发的火灾11起,各类放火引发的火灾9起,雷击引发的火灾1起,其他原因引起的火灾47起。从起火场所上看,住宅、宿舍类火灾起数居高不下。全年发生住宅、宿舍类火灾279起,占火灾总数46.57%;垃圾草堆、废弃场所类火灾118起,占火灾总起数21.3%;交通工具火灾94起,占火灾总起数16.97%;物资仓储场所火灾25起,占火灾总起数4.51%;厂房火灾21起,占火灾总起数3.79%。另外,厂房、物资仓储场所类火灾起数较少,但造成的经济损失较大。年内,全市发生厂房、物资仓储场所火灾46起,造成直接经济损失271.07万元,占总经济损失的33.29%。从行业类别上看,第一产业引起火灾79起,占总数的14.26%;第三产业引起火灾40起,占总数的7.22%;第二产业引起火灾30起,占总数的5.42%。从火灾发生的时间看,上午8:00~10:00时和10:00~12:00时为全天火灾高发时段,共发生火灾131起,占火灾总数23.65%。全年火灾形势平稳,未发生亡人火灾,在上午10:00~12:00时发生的火灾致2人重伤。年内,市消防支队被省消防总队评为先进支队和支队级党委好班子,25人立三等功,1人被评为江苏杰出青年岗位能手,1人被评为盐城市模范人民警察。

2018年全市火灾情况统计表

表35-55

地　区	火灾数(起)	死亡(人)	受伤(人)	直接经济损失(万元)	直接财产损失(万元)
合　计	554	—	2	814.36	814.21
亭湖区	87	—	—	36.12	36.02
盐都区	14	—	—	108.27	108.27
城南新区	24	—	—	8.70	8.70
响水县	9	—	—	5.5	5.5
滨海县	61	—	—	137.62	137.62

续表35-55

地　区	火灾数(起)	死亡(人)	受伤(人)	直接经济损失(万元)	直接财产损失(万元)
阜宁县	24	—	—	63.90	63.90
射阳县	9	—	—	45.10	45.10
建湖县	37	—	—	107.81	107.81
开发区	4	—	—	2.5	2.45
东台市	139	—	—	105.17	105.17
大丰区	146	—	2	193.67	193.67

消防设施建设　年内，全市新组建3个政府专职队，并对4个政府专职队完成提档升级。新建市政消火栓937只，推广安装独立式感烟火灾探测报警器1.30万只、简易喷淋装置905套、电气火灾监控系统814套，设置电动车集中停放点790处。持续推进消防设施联网监测系统建设，接入1543家设有消控室的单位，248家老工程中安装121家和266台云台摄像头；全市121个镇(街道)均设立消防工作办公室，在大丰区试点推广“全要素网格”消防管理模块，新建、升级251个社区微型消防站、528个村(居)微型消防站。

处置“5·1”建湖杰瑞钢带公司火灾事故　5月1日18:27，盐城市建湖县建阳镇石油产业园盐城杰瑞钢带有限公司厂房发生火灾。建湖消防大队调度中心接到“119”报警后，立即调派建湖中队、开发区政府专职队、上冈政府专职队共计7辆消防车、28名官兵前往处置，并向盐城市消防支队指挥中心报告，支队指挥中心迅速调集特勤中队、开发区中队、阜宁中队、战勤保障大队共计5辆消防车、26名官兵前往处置，支队全勤指挥部第一时间赶赴现场组织指挥。同时，建湖消防大队调度中心通知公安、医疗、安监等联动单位到场协同处置。各中队到场后立即展开灭火战斗，建湖中队、开发区中队在厂房西侧利用高喷炮打击火势，特勤中队、阜宁中队在厂房南侧、东侧利用移动炮、水枪阵地打击、堵截火势，战勤保障大队利用2台进口手抬泵向前方供水。22:05处置结束。

处置“12·12”盐都燃气管道泄漏起火事故　12月12日12:40，盐城市盐渎路与华夏路交界处工地燃气管道起火。市消防支队指挥中心接警后，迅速调集盐都中队和特勤中队8车30名官兵前往处置，并通知公安、医疗、燃气公司等联动单位到场协同处置。支队全勤指挥部第一时间赶赴现场组织指挥。12时46分，盐都中队到场后发现燃气管道泄露起火并引燃旁边的挖掘机，中队立即进行疏散人群和现场警戒，并通知燃气公司进行关阀处置，特勤中队13:10到场，13:13关阀到位，盐都中队、特勤中队协同灭火，3:30处置完毕。

处置“12·21”大丰境内液化天然气泄漏事故　12月21日9:22，大丰区228国道与351省道交界处三车相撞，其中1辆液化天然气槽罐车发生泄漏。大丰消防大队指挥中心迅速调集大丰中队、大丰临港专职队共6车27人前往现场处置。10:14，大丰中队抵达现场，指挥员展开勘察，发现罐车尾部发生泄漏，仅气体排放阀比较完整，能够使用。在燃气公司专业技术人员指导下，在罐车气相出口延长管下风向就地排放，同时中队铺设水幕水带隔离，并稀释已经气化的天然气。根据现场实际情况，中队指挥员利用手台泵供水，保证水带不间断喷射水幕，并设立1名安全哨，随时监控现场情况，定时汇报现场情况，同时对接交通、公安、安监等部门协商处置对策。由于阀口损坏，只能采取自然排空的方式，压力不足，排放速度十分缓慢。至12月24日上午，在政府统一调度和专家指导下，现场架设2支泡沫枪对两车碰撞处进行覆盖，随后利用吊机和拖车将槽罐车和货车分离，将事故车辆转移至331省道内。在处置过程中，严格落实防护、防冻、防静电等级措施，防止冻伤、窒息、燃烧、闪燃等意外事故，同时封闭道路。24日晚，经专业仪器检测，罐体内天然气已放空，空气中天然气含量在安全数值范围内，大丰中队与港区专职队相继归队。

消防监督执法　年内，盐城市消防系统开展冬春、春夏火灾防控专项行动，针对电动自行车、大型商业综合体和商场市场、人员密集场所、文物建筑和博物馆等重点场所开展消防安全专项整治行动。完成上合组织青岛峰会、上海进博会等重大活动和春节、中秋、国庆等重要节日消防安保任务。建立重大火灾隐患滚动挂牌机制，年内挂牌重大火灾隐患单位60家、区域性火灾隐患29处，逐一督促制定整改措施并落实整改。结合全省化工园区整治工作，推动化工园区消防安全升级，重新编制化工园区消防专项规划，争取各级政府拨款计划6500余万元用于加强园区消防队站、消防水源建设。全年全市消防部门检查单位3.6万家，督促整改隐患6.9万处，临时查封677家，责令“三停”(停产停业、停止使用、停止施工)364家，罚款1946.1万元，拘留152人。全年累计办理消防设计审核项目775个，消防验收项目499个，设计备案抽查项目1726个，竣工验收消防备案项目1344个，审批时限全部压缩至法定时限的50%以内。全市累计投入600万元用于景区、公园、文化广场等场所建设消防主题宣传阵地，征集甄选20条公益消防宣传作品，在全市3142块户外大屏、LED显示屏、楼宇电视等循环播放。

（崔　健　刘振东）

区域发展

- 东台市
- 建湖县
- 射阳县
- 阜宁县
- 滨海县
- 响水县
- 大丰区
- 盐都区
- 亭湖区

第36章　东台市

编　辑　高兰会

综　述

东台市地处长江三角洲北翼、江苏沿海中部，位于盐城、南通、泰州三市交会处，新长铁路、沈海高速公路、204国道、344国道、228国道、通榆河贯穿境内。市域总面积3176平方千米，辖镇14个及经济开发区、沿海经济区、城东新区、西溪景区，年末总人口110.56万人。2018年，实现地区生产总值870亿元，一般公共预算收入56.7亿元，完成固定资产投资460亿元，外贸进出口总额9.3亿美元，城乡居民人均可支配收入分别达38388元、23338元。

2018年东台市各镇(区)基本情况统计表

表36-56

镇(区)	土地面积(平方千米)	耕地面积(公顷)	年末人口(万人)	行政村(居)(个)	地区生产总值(亿元)				财政收入(万元)	固定资产投资(亿元)	规模以上工业投入(亿元)	粮食总产量(万吨)	人均可支配收入(元)
					合计	一产	二产	三产					
东台镇	179.68	10441.50	22.10	41	164.95	6.96	42.44	115.55	124157	25.47	16.58	9.87	29040
溱东镇	75.74	4421.50	4.09	14	55	2.69	30.82	21.49	29012	20.78	15.63	4.02	34350
时堰镇	102.26	6012.60	6.65	33	53.65	3.99	29.88	19.78	25831	16.34	14.33	5.71	29280
五烈镇	134.28	8128.70	8.45	33	49.28	6.64	20.54	22.10	20544	21.51	15.62	7.20	25170
梁垛镇	132.17	7904	7.79	34	63.73	5.02	36.64	22.07	46736	25.79	20.55	6.89	28250
安丰镇	71.28	4030.10	4.77	21	48.31	5.02	17.67	25.62	23508	27.03	20.99	4.33	27800
南沈灶镇	103.22	6548.80	4.96	18	24.90	5.94	6.95	12.01	8833	13.70	9.10	4.65	25070
富安镇	170.01	10035.30	8.94	37	62.40	9.62	27.30	25.48	25549	22.09	16.18	8.52	28050
唐洋镇	107.44	6410.60	4.62	21	28.37	5.08	9.86	13.43	8150	12.91	7.80	3.14	26030
新街镇	102.89	5825.40	3.93	18	25.79	8.02	5.82	11.95	7358	9.71	6.43	1.08	25550
许河镇	106.91	6851.40	4.54	20	27.42	6.72	8.64	12.06	7383	9.64	6.06	4.43	28110
三仓镇	157.26	10029.20	6.61	33	47.91	9.51	9.99	28.41	9940	15.25	11.89	4.16	27860
头灶镇	206.75	14015.40	7.13	29	51.39	8.49	23.60	19.30	15300	26.60	19.55	11.99	27410
开发区	73.83	—	4.69	11	84.52	1.96	62.75	19.81	165368	75.45	61	3.53	—
沿海区(弶港镇)	1236.44	15297.90	4.45	29	41.75	9.60	13.37	18.78	65170	60.89	49.35	6.15	30000
城东新区	38.46	—	2.41	8	24.39	1.27	6.98	16.14	71402	38.53	32.76	1.52	—
西溪景区	4.75	—	1.54	5	6.56	0.58	1.76	4.22	21719	6.50	—	—	—

第一节　经济发展

一、工业经济

2018年，东台市完成全口径工业开票销售880亿元、规上工业开票销售567.6亿元，连续四年入选全国工业百强县（市），被省政府表彰为制造业创新转型成效明显地区。实施新兴产业培育行动计划，新兴产业开票销售占比68%；电子信息产业规模突破200亿元，连续三年增幅保持30%以上；新能源装机总容量1500兆瓦，实现清洁能源发电量首超工业用电量的结构性变化。全年新开工、新竣工5000万元以上产业项目96个、52个，7个项目入选省重点工业投资项目计划，4个项目入选省工业强基储备项目库，科森光电液晶显示项目入选省新型显示集群2018年度重点工业投资项目。创成盐城市五星、四星和三星企业4家、3家和15家。新增开票销售超亿元工业企业19家、总数120家。新增规上企业50家，规上企业增长面63.2%。新获批国家高新技术企业61家、总数126家，全社会研发投入占地区生产总值2.25%。全市企业参与制订国家标准、行业标准8个，55个新产品新技术通过省级鉴定。新创国家知识产权示范企业1家、优势企业10家。江苏峰峰钨钼制品股份有限公司"峰峰及图"获批中国驰名商标，盐城宏景机械科技股份有限公司被列入省级高新技术自主创新标准化试点项目，上海电气风电设备东台有限公司获盐城市长质量奖，新认定省级研发机构9家。开展园区等级创建，江苏东台经济开发区创成国家级绿色园区、省生态工业园区，综合实力列省级开发区第十一位，东台市城东新区创成省级创业示范基地，富安镇、安丰镇分别获评省级双创示范基地、省级科技企业孵化器；江苏东台经济开发区、东台市城东新区、西溪景区、三仓现代农业产业园区和6家乡镇工业园区获评盐城市AAAAA级园区。

东台市获评全省制造业创新转型成效明显地区　5月29日，省政府办公厅发布《关于对2017年落实有关重大政策措施真抓实干成效明显地方予以督查激励的通报》，东台市被表彰为推进制造业创新转型成效明显地区。2018年，东台市实施重点技改、智能化改造项目153个，33家企业完成合作重组，盘活低效产业用地173.33公顷、闲置厂房32万平方米。全市CNC（数控机床）智能加工中心有1.25万台套、在役机器人281台、"上云"企业135家，江苏磊达股份有限公司获评省工业互联网发展示范企业。领胜城科技（江苏）有限公司W5无线充电模组车间、江苏生辉光电科技有限公司LED光源封装车间、中粮肉食（江苏）有限公司生猪屠宰深加工车间创成省示范智能车间。

二、农业经济

2018年，东台市实现农业总产值220亿元、农业增加值108亿元，创成国家农产品质量安全市、全国特色农产品优势区。全面完成农业结构调整三年行动，累计调减低效粮油面积2.11万公顷，新增园艺、特经等种植面积1.17万公顷、设施农业面积4600公顷。新增成片造林面积2186.67公顷、绿色通道近100千米，新创省级"三化"（珍贵化、彩色化、效益化）示范村6个，盐城市级森林小镇3家、森林村庄8个。开展农业产业化经营突破年活动，新开工海升生态农业等千万元以上产业化项目12个，规模以上农业龙头企业发展到310家。新增省乡镇电子商务特色产业园2个、省"一村一品一店"示范村4个，农产品电商年交易额超30亿元，获评中国电商示范百佳县（市）。新培育农业"三品"（无公害农产品、绿色食品和有机农产品）27个，新认定国家地理标志农产品3个。东台市现代农业产业园创成全省首批现代农业示范园；三仓镇入选全国"一村一品"示范镇，南沈灶镇果蔬椒乡创成省主题创意农园，五烈镇获评省"味稻小镇"。建设25个乡村振兴试点村、20个农民集中居住示范区，新增省级特色田园乡村试点村2个。东台市供销社进入全国县级社五强，省级以上示范合作社、家庭农场分别突破20个、300家，新型主体规模经营比重提高到43%。开展农村承包土地经营权抵押贷款试点，全年累计发放抵押贷款263笔，年末贷款余额9662万元。

东台市创成国家农产品质量安全市　11月，东台市通过第二批国家农产品质量安全县（市）创建试点考核验收。自2017年3月东台市被农业部确定为第二批国家农产品质量安全县（市）创建试点单位后，东台市加快农产品生产绿色化、规模化和品牌化发展，绿色优质农产品基地面积3.33万公顷以上；绿色食品总数46个，总产量达到20万吨，种植面积1.09万公顷，有机农产品2个；加强农业标准化技术规程生产，主导制订省地方标准12个、盐城地方规范9个，整理应用国家标准211个、行业标准186个；建立健全以东台市检测中心定量检测为主、各镇定性快速检测为辅、各生产主体自检为补的检测监测体系，农产品检测合格率100%。

三、第三产业

2018年，东台市完成服务业增加值415亿元，社会消费品零售总额290.1亿元，服务业增加值增速超地区生产总值增速2.2个百分点。建成盐城市服务业四星企业2家、三星企业3家，服务业规模以上企业23家，限上批零住餐企业28家；江苏黄海海滨国家森林公园项目入选省服务业重点项目，东台科技服务业集聚区获批省级生产性服务业集聚示范区。全年接待游客591.6万人次，实现旅游收入81.7亿元。安丰古镇被评定为国家AAAA级旅游景区，新街镇入选第六批江苏省特色景观旅游名镇（乡）名村，江苏黄海海滨国家森林公园、东台西溪旅游文化景区入选盐城十景。加快发展金融业，全市新增存款56.62亿元，年末各项存款余额830.87亿元；新增贷款44.27亿元，年末各项贷款余额509.21亿元，其中实体经济新增贷款58.3亿元，年末贷款余额422.7亿元。

第二节　社会事业

一、城乡建设

2018年，东台市加快推进城乡基础设施建设。盐通高铁东台段开工建设，东台高铁站设计方案通过国家铁路集团审查，高铁组团完成概念性规划、控制性详规编制。东兴高速完成工程环境影响评价第一次公示，敲定可行性研究方案。344国道东台段、610省道二期、城际快速路改造工程建成通车，形成市区大外环、市域一级公路大环线。改造提升东溱线、海南线等市域骨干道路110千米。提档升级农村公路270千米，新建农村四级公路240千米，改造危窄桥梁161座，行政村通双车道、四级及以上公路覆盖率100%。组织实施68项城建重点工程，15个老旧小区改造出新，污水管网建设、背街后巷改造、管道燃气通达等民生设施加快建设。推进城东新区现代新城建设，建成智慧城市展厅、购物公园等重点项目。推进新镇区建设，实施129项城镇化项目，加快实施一批商业综合体、农贸市场等功能性项目。推进特色田园乡村试点建设，方东村、甘港村创成省级特色田园试点村。高标准规划建设20个农民集中居住示范区，改造危房372户。

东台市获评江苏人居环境奖　4月4日，江苏省政府办公厅发文授予东台市江苏省人居环境奖。东台市自2015年启动创建以来，围绕7大类63项创建指标，累计投入超70亿元，完成各类建设项目373个，城市建成区面积扩大到36.4平方千米，城镇化率提高到58.5%，新建污水管网近200千米，城市生活污水集中处理率92.46%，城市生活垃圾无害化处理率100%，林木覆盖率27.3%，城市绿化覆盖率41.43%，城市绿地率39.18%。

二、社会民生

2018年，东台市20件为民办实事项目全部实施到位。新实施管道天然气进老旧小区8个，新增老旧小区住户配套天然气5500多户，管道天然气通达覆盖率85%。完成市区15个老旧小区技防、照明设施和环境出新改造。新建镇级养老综合服务站4个，实现镇域全覆盖。东台市第一小学本部迁建和开发区分校扩建工程投入使用，东台市幼儿园范公路分园和城东新区实验幼儿园建成开园，获评全国中小学校责任督学挂牌督导创新市，入选国家教育现代化监测样本县。新创二级综合医院3家、省示范镇卫生院1家、省示范村卫生室27个，被确定为省健康促进试点市、省儿童青少年近视防控试点市。“互联网+医疗健康”获世卫组织西太平洋地区联盟颁发的世界健康城市创新发展奖。新图书馆主体封顶，建成村（社区）综合文化服务中心206个，实现行政村全覆盖。开展就业创业服务，城镇新增就业再就业3.5万人，就业困难人员就业1210人，新增转移农村劳动力3657人，支持成功自主创业2498人，城东科技创业园获批省创业孵化示范基地。新增参保人员1.02万人，医疗保险、养老保险覆盖率均超98%，全市省内异地就医联网结算率90%，省外异地就医联网结算率60%。精准扶贫脱贫取得阶段性成效，绝对贫困户全部消除，低收入农户脱贫率82.9%，省定经济薄弱村全部达标。组织编制10大类83项“全要素网格”任务清单，网格化社会治理实现全覆盖。开展大排查大整治，严格落实安全生产责任制，未发生较大以上安全生产事故。深化“法治东台”“平安东台”建设，开展扫黑除恶专项斗争，获评省平安县（市）、省法治建设示范县（市）。

“互联网+医疗健康”项目获世界健康城市创新发展奖　10月17日，在马来西亚召开的第八届世界健康城市联盟大会上，东台市“互联网+医疗健康”项目获健康城市创新发展奖，东台成为国内唯一获得该奖项的城市。东台市借力“互联网+”，推动形成医疗资源“一张网”，建成远程会诊、影像诊断、临床检验（病理）、心电诊断、消毒供应等智慧健康“五大信息中心”和互联网医院，将优质医疗资源送到广大老百姓家门口，市域内就诊率持续稳定在90%以上，基层服务占比达80%。（韩　泽）

东台城区　　张　捷/摄

第37章 建湖县

编　辑　高兰会

综　述

建湖县地处盐城市中西部，土地总面积1155平方千米，下辖镇11个、街道3个和省级经济开发区、省级高新技术经济区和省级九龙口旅游度假区，总人口80万人。2018年，完成地区生产总值548.8亿元，一般公共预算收入28.32亿元，固定资产投资同比增长9%，社会消费品零售总额同比增长5.3%，城乡居民人均可支配收入分别达35000元、20155元。

2018年建湖县各镇（区、街道）基本情况统计表

表37-57

镇（区、街道）	土地面积（平方千米）	耕地面积（公顷）	年末人口（万人）	行政村（居）（个）	地区生产总值（亿元）				财政收入（万元）	固定资产投资（亿元）	规模以上工业收入（亿元）	粮食总产量（万吨）	人均可支配收入（元）
					合计	一产	二产	三产					
上冈镇	232	11620	14.77	44	68.79	10.61	23.10	35.08	22538	28	35.66	15	17968
建阳镇	96.23	4815	5.27	22	38.95	3.73	23.63	11.59	24200	2.50	25.69	5.81	19355
颜单镇	49.60	1700	2.46	8	19.25	2.54	10.15	6.56	6016	8.90	2.90	1.60	16839
恒济镇	80.08	3692	3.19	12	23.07	3.37	11.57	8.13	9832	17.50	9.80	4.09	18183
庆丰镇	93.16	5883	5.80	21	35.94	3.30	21.73	10.91	10334	9	1.18	6.40	19546
九龙口镇	68	3115	3.22	11	22.98	3.99	9.09	9.90	4402	10.86	6.30	3.95	18391
高作镇	70.10	4729	3.62	16	18.29	2.67	7.64	7.98	12921	9.57	10.77	5.10	18269
芦沟镇	85.86	4319	3.65	16	19.03	4.14	6.64	8.25	10339	13	2.31	5.51	17787
沿河镇	81.81	4662	3.70	15	18.51	3.24	6.90	8.37	6700	12.28	8.40	4.44	17715
冈西镇	68.11	4254	3.30	15	14.17	2.97	4	7.20	2998	5.89	8.09	5.15	16864
宝塔镇	50.80	2954	2.72	12	8.83	2.22	3.01	3.60	3684	9.27	2.41	3.64	14450
开发区（钟庄街道）	104	4546	6.35	21	55.20	2.79	42.38	10.03	39408	42.52	113.70	5.77	22231
高新区（塘河街道）	40.40	1823	3.29	8	40.08	0.59	33.98	5.51	5300	40.08	63	1.54	20485
近湖街道	45.48	2106	21.08	24	141.28	2.80	68.79	69.69	76072	46.41	44.75	2.54	34873

第一节 经济发展

一、工业经济

2018年，建湖县实现全口径开票销售400.7亿元，列全市第四位，较上年提高1个位次。全年新开工超亿元项目74个，项目数比上年净增24个；总投资10亿元的英能锂离子动力及储能电池、总投资10亿元的爱克斯罗伯特智能机器人等项目落户；竣工超亿元产业项目42个。江苏登达汽车有限公司与大唐高鸿数据网络技术股份有限公司、江苏悦达集团有限公司签订股权重组协议，贝肯锂电池负极材料、东西发动机、圣金特汽车配件等产业链关键项目竣工投产；江苏合泓通讯技术有限公司与中兴通讯股份有限公司合作，5G通讯制造实现突破。接轨上海，与上海市普陀区建立战略合作关系，与上海机床厂有限公司、光明米业（集团）有限公司、长三角旅游联盟签订战略合作协议。实施工业振兴行动计划，全年石油装备产业规上开票销售44.4亿元，企业增长面70%。通用机场取得最高标准A1跑道型机场运营许可证，建湖成为苏北首家持有“准飞证”的县级城市，中国飞龙通用航空有限公司成功入驻。开展“争星创优”活动，新增四星级工业企业1家、总数2家，新增三星级工业企业4家、总数7家，新增规模以上工业企业40家、总数378家。年内，江苏省建湖高新技术产业开发区获批省级高新技术产业开发区，智慧产业园被认定为省级留学回国人员创新创业园。新增国家级高新技术企业21家、总数78家，新增省级工程技术研究中心2家、总数52家，新获批省级双创示范基地1家；新增授权发明专利110件，增幅列全市第一位；万人发明专利拥有量4.8件；新增国家知识产权优势企业4家。

建湖通用机场获颁A类使用许可证 7月10日，建湖通用机场正式运营，成为“十三五”江苏省首家获批A1跑道型许可证的通用机场。建湖通用机场位于江苏省建湖高新技术产业开发区，总投资4.6亿元，飞行用地约40公顷，按照B级机场规划建设，跑道长800米、宽30米，包括场道设施、空管工程（含航管、通信、气象设施及机坪照明等）、综合指挥楼、维修机库、特种车库、动力中心、消防站、通航展示中心、航空加油站等附属配套设施，可为小型通用航空器制造企业提供试飞、转场基地，并广泛应用于应急救援、城市环保、农林作业、气象探测、科学实验、短途运输、低空旅游、公务飞行和飞行培训等通用航空飞行业务。年内，首家“国”字号央企中国飞龙通用航空有限公司入驻。

二、农业经济

2018年，建湖县新增稻（藕）田综合种养面积3333.33公顷、设施农（渔）业面积2426.67公顷，在全市率先建设恒济农业物联网、上冈贵澳农旅项目，恒济渔乐大世界项目建成全省循环水养殖示范基地和渔旅结合样板工程，“九龙口大闸蟹”被认定为中国驰名商标，“建湖大米”获评江苏大米十大区域品牌。发展农村电子商务，实现交易额16亿元，建湖县获评省农业电子商务示范县，上冈镇被评为省农业电子商务示范镇。培育新型农业经营主体，新发展农民专业合作社16家，专业大户550户、总数5850家，家庭农场79家、总数578家。加快高标准农田整县推进项目建设，新建高标准农田8666.67公顷。加大畜禽养殖污染整治力度，全县大型规模养殖场治理达标率100%。发展林业经济，新增成片林面积886.67公顷，林木覆盖率23.71%，建湖县国有林场改革通过省级验收。

蜻蜓农服入选全国新型职业农民培育示范基地 11月24日，农业部公布100家全国新型职业农民培育示范基地（第二批）名单，建湖县中农网购电子商务公司（蜻蜓农服）入选，全省仅4家单位入选。蜻蜓农服基地建立于2016年，资金投入1600万元，有专兼职教师9人，建有1000平方米可供300名以上学员学习的培训教室和网络平台，配置电脑、投影仪等现代教学设施设备，配有可供实践教学的无人机20架、物联网设备8套、滴灌设备5套，用于新信息、新品种、新技术、新模式、新设备示范展示和实习操作。至2018年底，蜻蜓农服基地开展现场观摩34期，接待种植大户、家庭农场主、农民专业合作社负责人等观摩人数2160人，其中2015年、2016年商务部主办的外籍农业官员、科技人员培训班2次在蜻蜓农服基地观摩。

“草浪牌”新型高效系列割草机获国家专利 12月27日，建湖翠湖园林绿化服务有限公司研制出的“草浪牌”新型高效系列割草机获国家专利局发明专利授权。“草浪牌”新型高效系列割草机具有轻巧灵活、操作方便、高效实用等特点，可切割高2米，直径1厘米的绿植，割排宽幅65厘米、100厘米、120厘米，每小时割草量分别可以达到0.1公顷、0.13公顷、0.2公顷，功效是人工的10～20倍，是普通小型割草机的3～5倍，产品广泛应用于环境整治、园林绿化、秸秆灭茬。

三、第三产业

2018年，建湖县加快旅游基础设施建设。推进九龙口景区建设，景区游客中心、江淮戏馆、湿地宣教、龙文化展示馆、芦荡客栈等项目投入运用，获评国家AAAA级景区、国家湿地公园。举办九龙口湿地风情旅游节暨首届体育·嘉年华活动、五谷丰登节、九龙口第二届诗赋大会等活动，被中央电视台《新闻联播》、江苏电视台《新闻空间站》栏目报道，九龙口风光片亮相央视主题宣传新媒体平台《1号线上》，在央视一套《大美中国》栏目播出。持续增强金融服务实体能力，538家企业接入省综合金融服务平台，270家企业（项目）线上线下融资对接近百亿元，表内贷款余额新增15.8亿元，制造业贷款增长1.1亿元。运用市场化手段帮助企业提供担保资金19.22亿元、过桥资金17.2亿元。加快进军资本市场，江苏博克斯科技股份有限公司在“创业板”完成上市股改，江苏军曼农业科技有限公司在江苏股权交易中心“农业板”挂牌。加快推进“破圈解链”，全年核销不良贷款2.2亿元，打包处置3.8亿元。现代物流便捷城乡，新增物流企业9家，县镇村三级物流网络体系不断完善。年内，江苏里下河物流园区与央企中远海运国际货运公司成功合作运营。

军曼农业挂牌江苏股权交易中心“农业板” 12月5日，江苏股权交易中心“农业板”开板暨首批企业挂牌仪式在南京举行。江苏军曼农业科技有限公司成为江苏股权交易中心“农业板”首批挂牌企业。江苏军曼农业科技有限公司位于建湖县高作镇陈甲村，成立于2013年，公司注册资金1500万元，拥有固定资产1740万元，占地面积66.67公顷，是一家集生态养殖、农产品加工销售、循环生态种植、羽毛工艺品研发制作为一体的特色农业，产、销、研基地、国家农业产业化龙头企业、江苏地区较大的优质火鸡生产基地、农产品生产与互联网销售的典范企业。至年底，建湖县在江苏股权交易中心挂牌企业49家。

第二节　社会事业

一、城乡建设

2018年，建湖县推进城市路网建设，人民路北延、物流大道北延等工程全面竣工，秀夫北路、镇北路、站前路加快建设。开展国家卫生县城、省级文明城市创建，完成县城房屋征收20.78万平方米，黑臭水体整治达标率86.6%，新增停车泊位6820个，建成垃圾分类试点小区61个、公厕13座，新改建压缩中转站、垃圾分拣中心等站场11座，城乡生活垃圾无害化处理率93%。启动新一轮全县镇村布局规划修编工作，推进整村撤并试点工作，打造美丽乡村，全年签订拆除协议5252户，拆除农村房屋4865户，分别完成97%、90%，宅基地复垦4254户185.07公顷。11个新建集中居住点1120套房屋基本封顶，709户危房改造到位。实施村庄生活污水治理工程，完成7个接管村庄、8个微动力处理村庄设施建设。加快完善交通干线路网，建宝路拓宽改造、芦东线等工程竣工，建宝路、233省道、人民路等下穿新长铁路工程建成通车，233省道、草庆线收尾，徐宿淮盐高铁完成铺轨，总投资6.37亿元的建湖高铁站房及综合客运枢纽配套工程开工建设。新改建农路74千米、农桥65座。优化调整城乡公交线路，新增城市公交车7辆。加快推进电网建设，建成投运首座智能装配式变电站110千伏冠华变。推进明珠路、丰收西路等路灯建设，改造后街背巷路灯线路1500余米。推进城乡污水处理设施建设，全市首家中水厂建成投运，完成30千米的县城主城区污水配套管网、20千米建制镇污水管网。推进水利工程建设，疏浚农村河道255条552万立方米，新(改)建泵闸站200座；新水源地及引水工程建湖支线建成通水，建湖县居民在各县(市)中率先喝上优质长江水。成功创建国家生态文明建设示范县，实现省级生态文明示范镇(街道)全覆盖。

建湖县创成国家生态文明建设示范县 12月12日，生态环境部公布第二批国家生态文明建设示范市县名单，建湖县位列其中，是盐城市第一家获此称号的县。建湖县坚定生态立县战略，以绿色发展为根本遵循，把生态文明建设作为经济社会发展的有效载体，作为惠及民生、建设宜居环境的重要举措，先后被评为国家级生态县、国家级生态示范区、全国绿化模范县和省级生态县、省级文明城市、省级卫生县城、省级园林城市等。

二、社会民生

2018年，建湖县推进教育事业发展，森达小学综合楼基建工程竣工，建湖中专东校区建成投用，建湖中专普通高校“专转本”录取率连续三年居全省第一位。推进卫生计生事业发展，加快公立医院改革，建立慢性病分级诊疗服务体系，建湖县人民医院接受三级乙等综合医院评审，新增名医工作室4个。推进文化广电事业发展，省杂技团被评为全省艺术创作工作先进单位，杂技《小桥　流水　人家》获大世界城市舞台年度榜单金奖。打造“周末文化超市”品牌，建湖县图书馆通过国家一级图书馆验收。全面落实富民增收政策，全年新增私营企业4602家、个体工商户11372户，建湖县被表彰为盐城市返乡创业先进县。城乡居民医疗保险参保人数实现全覆盖，城乡居民基本养老参保率99%。完成棚户区改造310户，新增住房公积金参保数5000人，发放公积金贷款1.8亿元。强化社会救助，全县建档立卡低收入农户4241户8822人实现脱贫、县内就诊医疗费用报销占比全市最高，城乡低保标准提高到每人每月580元，4000元以下低收入农户全面消除，20个经济薄弱村实现脱贫，全县14所敬老院全部升级为社区养老服务中心。

《小桥　流水　人家》获大世界城市舞台年度榜单金奖 (参见第279页同名条目)

建湖县老年人体育协会获评全国老年体育工作先进单位 12月6日，中国老年人体育协会公布2011—2016年度全国老年体育工作先进单位、先进个人和第九届全国健康老人评选结果，建湖县老年人体育协会被评为全国老年体育工作先进单位，离休女干部刘珂获评第九届全国健康老人。 (吕　霏)

第38章　射阳县

编　　辑　高兰会

综　　述

射阳县位于中国大陆南北地理分界线的东部起点，地处江苏沿海中心位置，全县海域面积5130.67平方千米，海岸线总长105.59千米，土地总面积2605.72平方千米，辖镇13个、省级经济开发区2个（江苏射阳经济开发区、江苏射阳港经济开发区）、市级园区1个（盐城市现代高端纺织产业区），有省属农场3家、市属盐场1家，行政村（社区）238个，年末户籍人口95.19万人。2018年，实现地区生产总值536.61亿元，一般公共预算收入26.36亿元，注册外资实际到账1.35亿美元、外贸进出口总额4.95亿美元，城镇和农村常住居民人均可支配收入分别31250元、19650元；被中国社科院评为全国县域经济综合竞争力百强县，再次入选全国县域经济百强县和县域营商环境百强县。

2018年射阳县各镇基本情况统计表

表38-58

镇	土地面积（平方千米）	耕地面积（公顷）	年末人口（万人）	行政村（居）（个）	地区生产总值（亿元）				财政收入（万元）	规模以上工业收入（亿元）	粮食总产量（万吨）	人均可支配收入（元）
					合计	一产	二产	三产				
合德镇	203.67	7432	19.22	34	80.37	3.50	21.21	55.66	35008	22.53	11.29	29835
临海镇	229.28	8835	7.85	20	38.82	6.36	13.14	19.32	10003	17.34	9.62	24200
千秋镇	157.54	10540	6.12	18	27.89	6.84	9.56	11.49	3309	11.21	11.05	20508
四明镇	173.40	9740	8.11	23	28.88	7.72	9.68	11.48	3310	2.81	10.70	17643
海河镇	242.40	14368	10.43	28	33.83	7.33	12.75	13.75	6115	7.88	16.10	21306
海通镇	88.60	4799	3.40	10	33.86	5.11	14.87	13.88	7011	15.12	2.63	26180
兴桥镇	127.28	8884	5.39	15	28.57	5.14	10.34	13.09	5315	7.43	7.43	23467
新坍镇	97.97	5000	4.98	14	21.92	4.64	6.61	10.67	4093	4.21	13.80	20533
长荡镇	95.99	6448	4.43	14	24.88	3.64	10.35	10.89	3309	2.87	5.13	21800
盘湾镇	94.95	4902	3.93	12	37.02	5.16	19.43	12.43	6773	11.56	4.26	27178
特庸镇	102.95	4250	4.05	12	24.24	4.21	8.47	11.56	3305	4.47	2.07	23837
洋马镇	98.57	6428	3.10	8	24.61	4.21	8.15	12.25	4038	7.15	4.06	24726
黄沙港镇	35.00	1129	1.88	8	37.38	10.84	9.31	17.23	10006	18.44	0.92	25309

第一节　经济发展

一、工业经济

2018年，射阳县完成全口径开票销售423.8亿元，规模以上开票销售268.4亿元，规模以上工业企业增长面62%，工业用电量8亿千瓦时，列入市统计的23项主要经济指标有22项增幅居全市前三位，其中一般公共预算收入、服务业增加值、注册外资实际到账等增幅列全市第一位。有亿元以上销售企业52家，千万元以上税收企业14家，射阳远景能源科技有限公司成为全县首家投产当年即实现开票销售40亿元、税收超亿元的工业企业，远景智慧风电产业园获批省级特色产业基地。新增规模以上工业企业54家、总数316家，新增国家高新技术企业23家、总数64家，“新三板”挂牌企业增至4家，创建市星级企业15家，84%规上企业建立产学研合作关系，37家企业成功“上云”。全年组织大型政银企对接活动8场，对接318个项目505.38亿元；组织丹顶鹤文化艺术节暨经贸洽谈会等招商活动57场次。全年新签约亿元以上项目148个，新开工亿元以上项目83个，新竣工亿元以上项目50个，新达产亿元以上项目32个；实施千万元以上技改项目68个、设备投入11亿元。年内，盐城海普润膜科技有限公司润膜项目获得投行摩根士丹利注资2569万美元，是射阳历史上单次引进外资最多的工业项目；公司获评2017—2018年度中国最具价值水处理国产膜品牌。

中国·射阳第十二届丹顶鹤文化艺术节暨经贸洽谈会举行　11月29日，中国·射阳第十二届丹顶鹤文化艺术节暨经贸洽谈会开幕式举行。200名海内外客商代表集聚射阳，现场签约项目32个。其中，30亿元项目1个，10亿元（不含10亿元）~30亿元项目4个，5亿元（不含5亿元）~10亿元项目4个，1亿元~5亿元项目22个；工业类项目28个、计划总投资102.92亿元，旅游类项目2个、计划总投资18亿元，金融类项目1个，人才类项目1个。28个工业项目中，机械电子类8个、高端纺织类7个、新材料类4个、健康类4个、新型建材类3个、新能源类1个、航空类1个。活动期间，射阳县举办重点项目集中签约、全县重大工业项目集中开工、射阳县庆祝改革开放40周年活动暨第五届“最美射阳人”评选揭晓、全县重大项目集中观摩、高层次人才合作对接恳谈会、国际杂技艺术交流会、庆祝改革开放40周年图片展、土地推介说明会、旅游产业暨旅游路线推介会、第二届特色农产品展销会暨食用菌产业创新发展论坛等活动，全面宣传射阳、推介射阳。

二、农业经济

2018年，射阳县粮食复种面积17万公顷，调减低产低效粮食作物种植面积8000公顷，调减油料种植面积333公顷。新增高效经济作物种植面积8300公顷，其中设施农业新增种植面积1600公顷。新造成片林面积2186.67公顷。新发展稻田综合种养、稻鳅复合经营面积730公顷。建成15个特色产业专业村，新建博海水产、丰悦源对虾等8个现代渔业产业基地。“乐活桑镇”获评省主题创意农园，凤凰现代农业园获评盐城市AAAAA级园区。全年生猪年饲养量124万头，生猪规模养殖比重91.6%；家禽年饲养量2700万羽，家禽规模养殖比重91%以上。新增省级畜牧生态健康养殖示范场2家，连续八年获评全国生猪调出大县。建成国家绿色食品标准化生产基地3.68万公顷，新创农业全国高新技术企业1个，省级以上龙头企业增至16家。实现农产品线上销售超20亿元。加强农业品牌建设。12月，射阳县在上海召开射阳大米新闻发布会，向上海市民推介射阳大米，展示射阳大米产业发展情况，宣传射阳大米品牌建设成果，拓宽销售渠道，提升射阳大米上海市场占有率。年内，射阳大米获第十六届中国农产品交易会金奖，第十六届中国粮油展金奖，在2018中国（黑龙江）国际大米节上被评为中国十大大米区域公用品牌、中国十大好吃米饭；“海河西葫芦”“射阳大闸蟹苗”获批国家地理标志产品。年内，射阳县获评全国“平安农机”示范县，创成国家级节水型社会达标县。

射阳县首届“中国农民丰收节”庆祝活动　9月23日至10月1日，射阳县首届“中国农民丰收节”庆祝活动举行。活动以“庆祝丰收、弘扬文化、振兴乡村”为主题，组织第二届菊花艺术节暨乡村旅游景点开园仪式、临海镇蒜文化艺术节、海河镇“硕果飘香丰收年”活动、最美农民评选、摄影

射阳县洋马镇鹤乡菊海现代农业产业园　　盐阜大众报社/供

图片展和农民画创作大赛。活动全面推广射阳农产品，进一步彰显“三农”工作的重要地位，提升全县农民的荣誉感、幸福感、获得感，传承弘扬中华农耕文明和优秀传统文化，促进农民增收致富，助力射阳休闲农业和乡村旅游，促进乡村振兴。

第二届特色农产品推介展销会 11月23—25日，第二届特色农产品推介展销会在射阳县城步行街广场举办。此次特色农产品展销会是2018年丹顶鹤文化艺术节暨经贸洽谈会的首个活动。参与此次农副产品展销的企业有近50家，展销各类农产品300多种，产品均为绿色食品、无公害农产品、有机食品，涵盖中药材、食用菌、蚕桑、海淡水养殖等射阳十大农业特色产业。

三、第三产业

2018年，射阳县实现服务业增加值255亿元。万人发明专利拥有量3.2件。贷款余额、制造业贷款占新增贷款比重均居全市前列。新增服务业规模以上企业34家、限上企业29家。成功举办首届射阳春季乡村旅游季暨“千鹤湖与您邂逅风车”活动、第二届菊花文化艺术节、第十一届万佛文化艺术节、千秋阳河湾首届乡村旅游节、首届海鲜菜烹饪技能大赛、“赏美景·品射阳”江苏人游射阳等乡村旅游活动，全年接待游客230万人次，实现旅游业收入22亿元。年内，获批30亿元林业贷款，是全国首家获批县；争取省旅游财政引导资金500万元，省产业引导基金2000万元。加快项目载体建设，安徒生童话乐园项目开工建设，该项目是国内第二家以安徒生命名的乐园项目、全市单体规模最大的大型文旅综合体；阳河湾等乡村特色旅游景点加快提升。年内，射阳县获评中国最美休闲度假胜地、中国最美生态文化旅游名县；洋马镇黄海居委会获评省级电子商务示范村，海通镇成功申报省级特色景观旅游名镇，日月岛生态旅游区被列入省重点旅游项目，石材产业园获批省级工业旅游示范区。

11月24日，射阳通用机场实现首飞　　吉东育/摄

第二节 社会事业

一、城乡建设

2018年，射阳高铁站及综合枢纽广场建成，正式开通北京、济南、青岛等方向高铁动车；盐射高速前期工作进展迅速，233省道建成通车。射阳港万吨级码头通过竣工验收，3.5万吨级航道及码头工程建成投用，5万吨级航道和黄沙河疏港航道纳入部省规划；黄沙港二期码头主体工程竣工。规划南部新城功能组团，统筹布局公共服务设施。总长11千米的开放大道花海绿廊一期工程竣工，集生态景观、步行休闲为一体的兴阳路天桥竣工。总投资40亿元的新城吾悦广场、总投资5亿元的世纪金源大酒店、总投资3.5亿元的凤凰文化广场等城市综合体项目落户。城乡生活垃圾实现无害化处理，城市亮化设施通亮率、设备完好率保持在98%以上。启动集镇和集中居住点标准卫生间建设，完成农村改厕1.44万座。全年累计完成棚户区改造2065户。实施改善农民群众住房条件三年行动计划，优化村庄规划空间布局，拆除农村危旧房1.4万户，新建示范居住点82个、房屋8529套。新建100千米农村道路、60座桥梁，镇村公交实现全覆盖。新建集镇雨污管网17.4千米。县镇联动实施加快四明镇、盘湾镇发展三年行动计划，“十里菊香”列入省级特色小镇培育计划，特庸王村入围省特色田园乡村。畜禽粪污无害化利用试点县创建工作全面展开，废弃物利用率90%以上。全面落实河长制，各级河长常态化巡河，以清理网箱养殖为重点的河湖“三乱”专项整治初见成效。疏浚整治农村河道1039万立方米，建成生态示范河道12条，新增城乡绿地325公顷，创成市级森林小镇2个。国省考断面水质均达III类标准。农作物秸秆综合利用率95%以上，连续12个秸秆禁烧季实现“零火点”。空气质量优良天数保持全市第一位。年内，射阳县防震减灾工作获国家地震局表彰，省优秀管理城市创建通过初步验收；新坍镇创成国家级卫生镇，长荡、兴桥等8个镇创成省生态文明建设示范镇。

江苏射阳通用机场首飞 11月24日11:10，天空联盟集团B-10NA特技飞行机、B-10HJ水陆两栖机从镇江飞抵江苏射阳通用机场，是江苏射阳通用机场首飞。江苏射阳通用机场位于江苏射阳经济开发区伍份村境内，总占地面积43.33公顷，场内分为飞行区、站坪区和生产及辅助设施区3个功能区。飞行区为2B等级，跑道长800米，宽30米，小型固定翼机位8个，直升机机位站坪6个，站坪区和生产及辅助设施区包括4800平方米业务综合楼、4800平方米食宿楼、6000平方米机库、仪表导航工程、灯光站、配电房等设施。机场主要满足运-5B、运-12等小型固定翼通用飞机驻场使用，兼顾S-76D和EC135型直升机起降需求，可提供抢险救护、海事救援、农业航空、气象探测、空中测绘、飞行培训、观光旅游、航空物流等服务，以及为航空产业园区航空器制造、维修、试飞等提供服务，是华东地区首个A1类仪表导航通用机场。

射阳站投入使用　12月26日，射阳站投入使用。射阳站位于射阳县海河镇，所处里程为青盐线399千米672米，是中国铁路上海局集团有限公司徐州车务段管辖的三等站，为客货共线铁路车站，最高聚集人数700人，为中型铁路客站。射阳站由中铁十局房建三标负责建设，设计年限50年，设防烈度7度，为线侧下式站房，车站建筑面积5998.17平方米，站场规模为2站台面4线（含2条正线）。射阳站站房综合楼平面呈长方形，根据抗震缝分为3个区，左右两侧为设备办公用房，中部为单层候车大厅，结构形式为钢筋砼框架结构，基础为钻孔水下灌注桩，候车大厅屋面为钢网架结构。

实施四明镇、盘湾镇发展三年行动计划　年内，射阳县制定《关于推动四明镇加快发展的意见》《加快四明镇发展三年行动计划实施方案（2018—2020）》，推动四明镇加快发展，高质量推进四明镇区域经济发展，把四明镇建设成为“产业兴旺、生态宜居、乡风文明、治理有效、生活富裕”的发展典型，打造乡村振兴战略的“四明样本”，推进县域经济协调发展。制定《关于推动盘湾镇加快发展的意见》，明确推动盘湾镇加快发展三年行动计划实施项目、资金来源、投入安排、政策、节点、任务等内容，打造全县开发开放“西南门户”、江苏沿海县域经济重点镇，建成全国有影响的韩资特色镇，探索江苏沿海极具样板效应的镇域高质量发展经验模式。

二、社会民生

2018年，射阳县实施为民办实事项目20项。新水源地及引水工程射阳支线建成通水。新港城人民医院加快推进，射阳县妇幼保健院主体封顶，新增名医工作室2个，获评省级流动人口卫生计生均等化示范县。射阳中学建成全市首批省级教师发展示范基地，射阳县高级中学获评省三星级高中，全县中考高分段、高考本科达线率继续保持全市前列，完成新城教育组团立项和选址。射阳县被国务院教育督导委员会确认为全国中小学校责任督学挂牌督导创新县。开展“万人创业就业”计划，新发展各类经营主体9806户，城镇登记失业率控制在1.8%，城乡居民收入增速均高于经济增速。农民资金互助合作社转籍工作全面完成，创成省金融生态达标县。深入推进“一全员四托底”，免费健康体检57万人、被央视报道并在全市推广，“四个托底”入选全省首批优秀法治实事项目。养老、医疗等5项保险经办服务规范便捷，被征地农民实现应保尽保。1.6万户建档立卡低收入人口脱贫，4个省定、8个市定经济薄弱村达标。县养老中心、家政服务中心全面运营，成功打造“射阳好阿姨”家政品牌；建成9家残疾人之家，实现镇区全覆盖。在全省率先配齐村级宣传文化管理员，村级综合性文化服务中心全面达标，建成长荡镇文化站、55个幸福小广场，文化“三送”村居社区全覆盖。组织第五届“最美射阳人”评选，1人入选“中国好人”，4人入选“江苏好人”“最美江苏人物”。年内，射阳县获评省双拥模范县、全省群众体育工作先进单位，获批全省新时代文明实践中心试点县。

央视报道射阳县全民健康体检工作　7月26日，中央电视台综合一频道《朝闻天下》栏目报道射阳县全民健康体检工作。2018年，射阳县投入9000万元全面启动实施全民健康体检工程，组织20家医疗机构，为城乡居民进行健康体检，推动广大人民群众从疾病治疗向早发现、早诊断转变。至2018年底，全县有57万人享受免费健康体检，占常住人口的64.78%。新发现高血压、糖尿病等慢性病患者6827人，后续查出肿瘤等重大疾病患者157例，均已落实转诊治疗、健康管理服务。射阳在全省率先实行“一全员四托底”民生救助办法，聚力实现幼有所育、学有所教、劳有所得、病有所医、老有所养、住有所居、弱有所扶。“一全员”指实施全民健康体检工程；“四托底”指对困境儿童和学生从出生到大学毕业前的生活、学习费用实行财政全额托底，对患重大疾病弱势群体实行全额免费托底，对生活困难群众实行春节、中秋等重大节日慰问托底，对危旧房特困户实行住房保障托底。至2018年底，射阳县“四托底”支出托底救助资金1.08亿元，惠及30万人次，其中“两困”生活教育托底救助3100人，医疗托底救助27.7万人次，节日生活托底1.99万户（人）次，住房保障托底686户。

《扇舞丹青·头顶技巧》获第六届莫斯科“偶像”国际马戏艺术节金奖　（参见第279页同名条目）

魔术《羽》获“金菊奖”　（参见第279页同名条目）

（陆　远）

第39章 阜宁县

编　　辑　高兰会

综　　述

阜宁县地处江苏沿海中部，南北长52.5千米，东西宽48千米，面积1439平方千米，辖建制镇13个、街道办事处4个、社区2个、省级经济开发区1个、现代服务业园区1个，年末总人口112.28万人。2018年，实现地区生产总值482.83亿元，一般公共财政预算收入27.7亿元，一、二、三产业比重12.20∶43.58∶44.22；完成社会固定资产投资266.4亿元，注册外资实际到账3535万美元，外贸进出口总额3.81亿美元，社会消费品零售总额134.7亿元；城乡居民人均可支配收入分别为24401元和18282元。

2018年阜宁县各镇(区、街道)基本情况统计表

表39-59

镇(区、街道)	土地面积(平方千米)	耕地面积(公顷)	年末人口(万人)	行政村(居)(个)	国内生产总值(亿元)				财政收入(万元)	人均可支配收入(元)
					合计	一产	二产	三产		
沟墩镇	112.09	7255	6.21	22	36.53	7.53	16	13	5071	21269
陈良镇	67.55	4441	4.41	16	16.55	3.38	6.60	6.57	2745	18869
三灶镇	88.70	6105	5.80	18	10.16	2.43	2.99	4.74	2434	15930
新沟镇	77.39	5212	5.26	15	21.15	4.15	10.85	6.15	7060	21841
陈集镇	85.82	5541	5.27	19	12.02	3.15	2.21	6.66	2969	16562
羊寨镇	94.25	5948	5.86	19	10.99	2.61	2.87	5.51	3207	15477
芦蒲镇	86.65	5013	5.10	19	10.14	2.54	2.54	5.06	2368	15400
板湖镇	69.27	4694	4.88	18	12.48	2.34	3.81	6.33	2719	17640
东沟镇	66.28	4106	5.10	19	37.73	2.67	22.69	12.37	7280	19627
益林镇	108.74	6695	9.40	24	60.14	4.56	37.95	17.63	23365	21095
古河镇	87.14	5925	5.81	20	11.20	3.03	3.05	5.12	1903	16701
罗桥镇	88.71	6072	5.97	20	14.87	4.14	4.23	6.50	2946	17338
郭墅镇	76.05	5054	5.05	17	34.33	1.92	28.03	4.38	18193	17736
硕集社区	47.32	3128	3.17	8	6.24	2.30	1.21	2.73	567	18712
公兴社区	57.72	3605	3.18	13	6.64	2.64	1.84	2.16	672	18518
现代服务业园区	13.24	235	0.77	3	6.29	0.07	4.38	1.84	9014	19081
阜城街道	64.67	2070	18.91	26	80.16	1.65	49.45	29.06	46132	26293
吴滩街道	87.96	6126	5.65	21	12.82	4.37	1.52	6.93	2003	17942
金沙湖街道	22.63	1168	2.26	7	4.56	1.27	0.40	2.89	7612	19166
花园街道	36.50	1552	4.25	17	41.41	2.12	33.62	5.67	41162	20556

第一节　经济发展

一、工业经济

2018年，阜宁县实现工业总产值570.2亿元，实现全口径工业开票销售408.3亿元，入库税金15.3亿元。其中，规上新能源产业实现开票销售63.5亿元；新材料产业加快提升，阜宁澳洋科技有限责任公司三期、盐城德安德新材料科技有限公司芳纶项目竣工投产；环保滤料产业获评2018年中国纺织服装行业十大特色集群，全国市场占有率42.5%。全年全县有开票销售超亿元企业45家、税收超千万元企业16家，阜宁协鑫光伏科技有限公司、阿特斯阜宁光伏发电有限公司创成省级示范智能车间，江苏蓝天环保集团有限公司"蓝宇及图"商标获评中国驰名商标。全年开工千万元以上项目153个，竣工千万元以上项目129个。与上海金山区签订全面战略合作协议，举办阜宁接轨上海"5+1"系列推介活动，签约工业项目17个，计划总投资46.5亿元。全年盘活闲置项目59个、土地面积70.87公顷、厂房17.8万平方米，阜城工业园、益林工业园获评盐城市AAAAA级工业园区，东沟工业园、陈集工业园获评盐城市AAAA级工业园区。新增国家高新技术企业31家、总数73家，万人发明专利拥有量4件以上。建成省级民营科技型企业57家、省级工程技术研究中心1家、省级工程技术中心1家，获批知识产权强省建设区域示范县。

"滤料小镇——中国阜城"产业推介会举行　9月19日，"滤料小镇——中国阜城"产业推介会暨中国过滤材料产业创新发展论坛在阜宁举行。中国纺织工业联合会党委书记高勇为中国环保滤料基布研发中心授牌，中国纺织工业联合会副会长、中国产业用纺织品行业协会会长李陵申，阜宁县委副书记、县长徐华明分别致辞并为"滤料小镇——中国阜城"集体商标和中国非织造行业智能制造试点示范产业园区揭牌。其间，阜城街道与上海天净环保设备有限公司、安徽中泰环保设备有限公司、江苏清风环保材料有限公司等6家企业集中签约项目6个，总投资6.9亿元，其中亿元以上项目4个；论坛发布"中国环保滤料产业——阜城公约"。阜宁县环保滤料产业集群起步于20世纪80年代，至2018年底，拥有各类企业176家，其中规模以上工业企业45家，先后获批中国环保滤料产业基地、国家火炬计划特色产业基地，阜城街道获得"中国环保滤料名镇"称号。

中海油阜宁燃气发电厂项目　（参见第44页同名条目）

二、农业经济

2018年，阜宁县实现农林牧渔业总产值120.25亿元。全年新增设施农业面积1466公顷、总面积1.77万公顷，新发展经济作物面积5416.6公顷、总面积5.22万公顷，推广稻虾综合种养面积2000公顷、总面积2200公顷。建立化肥减量增效示范基地20个，打造高效农业示范带2条，新建市级农业园区1个。新建高标准农田面积5133公顷、总面积6.8万公顷。创建生态养殖示范场202个，365家畜禽规模养殖场通过治理认定，创成省级畜禽生态养殖基地61个，生猪大中型规模养殖比重78.4%。在上海发布"七彩阜宁"农产品区域公用品牌，签订农业合作项目27个。阜宁大米获评第十六届中国国际粮油产品展销会金奖；阜宁大糕进入航空食品市场；罗桥镇入选省第二批"味稻小镇"。

首届阜宁农民丰收节　9月23日，阜宁县在七彩农业公园举办首届阜宁农民丰收节暨第二届七彩阜宁农业嘉年华活动。嘉年华活动期间，开展阜宁牛歌、七彩巧手编织等非遗文化展演，举行田间升旗仪式、千人丰收宴、七彩巧手表演、趣味农事竞技比赛等活动，邀请当地农民展示丰收的农产品。丰收节上，七彩阜宁农业公园签约成为南京餐饮商会有机蔬菜特供基地，并与京东集团达成"生鲜农产品合作伙伴"协议。

三、第三产业

2018年，阜宁县实现服务业增加值213.53亿元，实现社会消费品零售总额134.7亿元。益林镇玻璃文化产业园获评省级电商特色产业园，益林镇王楼村获评省级电商示范村，阜宁现代服务业园区获批省级示范物流园区。加快旅游产业发展，成功开展"接轨上海活动周"旅游专场活动，签约15个旅游合作重点项目协议，其中8个旅游开发建设项目计划总投资14.6亿元。开展四月踏春行、五月欢乐行、十月金秋行等旅游宣传营销活动，与上海鲸鱼文创合作，推出"阜星糕照"大糕商标、包装、手提袋等阜宁特色旅游文创商品；邀请上海专业设计团队打造"阜贵有礼"旅游商品形象店。成立阜宁旅游智库，首批聘请10名智库专家。阜宁金沙湖温泉度假村试运营，阜宁马家荡旅游景区获批国家AAA级旅游景区。全年接待游客204.65万人次，其中上海游客1万人次以上；实现旅游业总收入18.45亿元。

第二节　社会事业

一、城乡建设

2018年，阜宁县继续推进文明城市创建工作。组织第15次县城绿化会战，县城绿化覆盖率42.3%。改造出新市政道路15条，清理县城黑臭水体14条，整治提升老旧小区7个、低洼易涝片区5个，全面完成后街背巷路灯建设。宅基地自愿有偿退出试点复垦土地1000公顷，获评省国土资源节约集约利用模范县、省耕地保护工作先进县。完成农村改厕1万座。新建镇村污水管网70千米，创成生态河道10条，建成美丽宜居乡村42个。至年底，县城污水管网实现全覆盖，生活垃圾无害化处理率99%。连盐铁路阜宁东站开通运营，徐宿淮盐高铁阜宁段进入铺轨阶段，阜宁南站综合客运枢纽进展顺利，阜建高速连接线有序实施。全年新改建双车道四级公路93千米、桥梁66座。推进污染防治攻坚战，整改中央环保督察“回头看”交办等环境问题807件。关停化工企业5家，整治黑烟囱183个，关闭县城燃煤电厂，县域空气质量位居全省前列。全面建立县镇村三级河长制，排查整改河湖问题2858处。建成高标准农田林网面积3400公顷、森林村庄14个、射阳河绿廊63.43千米主林带工程，全县林木覆盖率26.25%。

《焦点访谈》介绍阜宁康居工程建设 1月27日晚，中央电视台《焦点访谈》播出《灾后重建的契机》，聚焦阜宁县康居工程建设，以一个个生动鲜活的故事向全国介绍乡村振兴的阜宁经验。从2016年8月开始，阜宁县实施康居工程，至2018年底，累计完成宅基地有偿退出3.94万户，托底安置2777户，竣工交付集中居住点98个、9318户。

阜宁东站投入使用 12月26日，阜宁东站投入使用。阜宁东站位于阜宁县吴滩街道合利社区，是中国铁路上海局集团有限公司徐州车务段管辖的二等站。阜宁东站建筑面积6000平方米，结构形式为钢筋混凝土框架结构，候车大厅屋面为钢网架结构。站场规模为2站台面5线（含2条正线），包括站前广场、客运站、公交站场、出租车停车场、社会车辆停车场等。

二、社会民生

2018年，阜宁实施增收富民“三个一万”工程，实现技能培训1.08万人，返乡创业就业1.13万人，闲置劳动力就业1.19万人，城镇登记失业率控制在4%以内。打好精准脱贫攻坚战，完成2.63万户低收入人口脱贫，51个经济薄弱村集体经营性收入达到18万元标准，建档立卡低收入人口县内住院平均结报比例90.6%。“五位一体”（提标拓面救助托底、民生保险救助托底、阶梯式救助托底、社会互助帮扶托底、康居工程改造托底）救急难实行一门受理，实现镇级托底救助中心帮办全覆盖。新建养老服务机构2个，建立老年人助餐点17个。全面完成镇区残疾人之家建设。在全市率先成立镇级医疗保险基金管理中心。完成5.2万平方米房屋征收工作，新安排各类保障性安居房3077套。推进军民融合发展，连续三届获评省双拥模范县。新增纯电动公交车50辆，在全市首家实现公交移动支付。育才路初中、长春路初中、新兴路小学建成使用，获评全国中小学责任督学挂牌督导创新县。完成阜宁县第三人民医院和8家卫生院门诊楼、病房楼建设任务，阜宁县人民医院成为南京鼓楼医院集团成员单位。新建农村文化大院107家，提质达标村（社区）综合文化服务中心187个，阜宁县图书馆获评国家全民阅读先进单位。开展“七五”普法教育，健全村法律顾问制度，办理法律援助案件1298件。开展安全生产大排查大整治，关闭取缔隐患企业58家。全面实现社会治理网格化，连续多年获评江苏省平安县。

全省健康扶贫现场推进会在阜宁召开 10月30日，全省健康扶贫现场推进会在阜宁县召开。省卫生健康委员会主任谭颖出席会议并讲话，省政府扶贫工作办公室副主任赵海峰出席会议，省卫生健康委员会巡视员何小鹏主持会议，盐城市副市长葛启发致辞，阜宁县委书记、县长徐华明介绍阜宁县相关工作开展情况。谭颖一行先后到阜宁县人民医院、东沟镇中心卫生院、东沟镇北堆村卫生室等地考察调研，详细听取阜宁县健康扶贫工作开展、特色做法和操作流程等工作情况汇报，观摩远程会诊、信息化建设和健康扶贫政策宣传等工作，并与医务工作者、病人及病人家属交谈，了解健康扶贫工作落实的措施和成效。徐华明介绍阜宁县健康扶贫部署及健康扶贫工作落实情况。座谈会上，谭颖对全省健康扶贫工作取得的成绩给予肯定；阜宁县、靖江市新桥村、宿迁市、南通市代表作交流发言。

淮剧《十品半村官》获评省紫金文化艺术节优秀剧目奖和优秀表演奖 （参见第278页同名条目）

阜宁县入选全国新时代文明实践中心建设试点县 11月8日，阜宁县新时代实践中心挂牌，标志着阜宁县全面开展全国新时代文明实践中心建设试点工作。此次全国新时代文明实践中心建设试点全国有50家，江苏省有8家，阜宁县为盐城市唯一入选试点。阜宁县新时代文明实践中心按照“45556”模式组织创建工作。实现四级全覆盖，阜宁县成立新时代文明实践中心，镇区（街道、社区）成立新时代文明实践所，村居（社区）成立新时代文明实践站，中心小学、村居卫生室和有条件的农民集中居住区设立新时代文明实践点。推行“五有”建设标准，达到有班子队伍、有合适阵地、有统一标识、有活动菜单、有规范制度。围绕群众需求，通过制订“菜单”、群众“点单”、志愿者“接单”，让群众真正从志愿活动中有获得感，让“文明实践”直抵人心，真正实现打通宣传群众、教育群众、关心群众、服务群众的“最后一公里”。构建5个服务平台，建立理论政策法规宣讲、文化服务、教育服务、科技科普服务、健康促进与体育服务五个服务平台，实现互联互通、共用共享。健全5支志愿服务队伍，组建理论政策法规宣讲、文化服务、教育服务、科技科普、健康促进与体育服务五支志愿服务队伍。打造六大文明实践活动品牌，打造理论宣传“万千百十”“文明进万家”六大文明实践活动品牌。

阜宁县首届农民体育健身大赛 3月24—25日，阜宁县首届农民体育健身大赛暨全国第二届农民体育健身大赛选拔赛在阜宁县实验小学苏州路校区举行。全县各镇区、街道和社区的200名农民运动员参加比赛。经过角逐，决出10个项目的96个奖项。最终，公兴社区获得团体总分第一名，最终遴选5名男子农民运动员5名女子农民运动员作为江苏省农民运动员代表参加全国农民体育健身大赛。在第二届全国农民体育健身大赛上，阜宁县获团体项目巧搓玉米送亲人、众人拔河男子组、女子组冠军，健身路径大比拼团体第二名，合力磨面满开怀团体第三名，个人项目1分钟单摇计数跳绳女子组朱晶晶冠军，男子组王加慧第三名，投飞镖女子组成前获第二名、裴琴获第五名。 （曹征雷）

第40章　滨海县

编　　辑　高兰会

综　　述

滨海县位于盐城市东北部，在北纬33°43′～34°23′与东经119°37′～120°20′之间。东临黄海，南依射阳河、苏北灌溉总渠与射阳县交界，西与涟水县毗邻，西南与阜宁县相连，北隔废黄河、中山河与响水县相望。东西最大直线距离55千米，南北最大直线距离47千米。县域面积1949.6平方千米，其中耕地面积9.99万公顷，滩涂面积1.07万公顷，海岸线44.6千米，辖镇（区、街道）16个，省级经济开发区1个，村（居、社区）296个。境内驻有省属国营滨淮农场、淮海农场（部分）以及市属新滩盐场。年末总人口122.52万人。2018年，实现地区生产总值462亿元、固定资产投资395亿元、一般公共预算收入28.94亿元；城镇居民人均可支配收入、农村居民人均可支配收入分别达31263元、17760元。年内，滨海县通过全国农村中医药工作先进县复评，获评省法治建设示范县。

2018年滨海县各镇（区、街道）基本情况统计表

表40-60

镇（区、街道）	土地面积（平方千米）	耕地面积（公顷）	年末人口（万人）	行政村（居）（个）	地区生产总值（亿元）				财政收入（万元）	固定资产投资（亿元）	粮食总产量（万吨）	人均可支配收入（元）
					合计	一产	二产	三产				
五汛镇	152.54	9579.80	8.77	31	39.25	7.18	17.12	14.95	7178	36.48	9.72	24743
蔡桥镇	92.07	5563.47	6.15	17	17.66	2.87	7.51	7.28	7340	19.28	6.18	20283
正红镇	145.29	8177.47	10.84	31	41.80	8.37	13.76	19.67	8915	9.02	11.05	22483
通榆镇	55.80	3214.01	4.03	11	13.29	1.92	6.67	4.70	7095	15.89	3.84	20450
天场镇	81.93	4375.39	5.07	14	15.73	1.57	10.44	3.72	10170	18.03	3.99	15267
界牌镇	122.69	7565.29	8.02	21	26.53	5.09	12.16	9.28	15106	21.00	8.02	16641
陈涛镇	110.89	6802.34	7.03	19	18.63	3.66	6.60	8.37	8645	13.50	5.92	15955
八巨镇	69.03	4304.26	5.29	12	19.23	2.76	9.27	7.20	12393	18.47	4.20	16553
八滩镇	111.14	6211.14	9.02	22	34.21	4.30	17.16	12.75	7563	40.49	7.17	21172
滨海港镇	139.62	5670.75	6.00	15	23.86	5.77	10.65	7.44	6061	21.23	5.43	20845
滨淮镇	227.38	12253.74	10.89	27	35.05	5.49	21.10	8.46	15105	50.57	12.42	20290
农业园区	63.17	3411.02	4.71	13	12.13	2.02	4.85	5.26	6778	15.21	3.48	16451
滨海港经济区	195.66	8296.56	9.20	21	25.18	5.79	8.91	10.48	8804	11.26	8.14	17473
东坎街道	98.53	3984.11	19.65	28	69.02	3.52	34.22	31.28	68492	66.33	2.84	22637
坎北街道	72.35	3236.96	6.06	13	7.75	2.87	1.28	3.60	4608	—	2.34	22478

第一节 经济发展

一、工业经济

2018年，滨海县实现全口径工业开票销售410.1亿元，全县规模工业开票销售突破300亿元，入库税收13.6亿元，入库税收增长面40%，其中新兴产业占比74.5%、化工产业占比下降8.9个百分点。工业用电量18.6亿千瓦时，全县单位地区生产总值能耗下降3.7个百分点。全年开展深圳新兴产业推介会等系列招商活动35次，新签约项目179个、新开工项目91个；实施亿元以上技改项目25个，关停重组化工企业19家，实现开票销售超亿元企业77家、税收超千万元工业企业29家，新增规模以上工业企业34家、高新技术企业16家，创成市三星级以上企业23家。沿海工业园获批中国智慧化工园区试点创建单位；总投资超千亿的中国宝武钢铁集团有限公司2000万吨绿色精品钢生产基地落户滨海港区，总投资超100亿美元的金光循环经济产业园加快推进，国家电力投资集团有限公司200万千瓦燃煤发电项目达产，亚洲最大单体海上风电场建成运营，中海油江苏滨海LNG（液化天然气）接收站项目开工建设，2000万吨天然气储运基地项目初步列入国家规划布点，中石油1000万吨液化天然气、150万吨液化石油气正式签约。港口物流园、10万吨级滨海港区航道疏浚、“挖入式”内港池等项目加快建设。

宝武精品钢生产基地落户滨海港区 （参见第187页相关条目）

亚洲最大单体海上风电场建成运营 6月30日，国家电投滨海北H2#40万千瓦海上风电项目第100台风机并网，标志着该项目实现全容量投运。该项目由国家电力投资集团有限公司江苏电力有限公司投资建设，总投资130亿元，总容量80万千瓦，分三期实施，包括北区一期10万千瓦海上风电、北区二期40万千瓦海上风电和南区三期30万千瓦海上风电，是亚洲一次性建成的最大近海单体海上风电场，在设计、造价、建设速度和质量管控上均走在同行前列。至年底，建成50万千瓦海上风电。

二、农业经济

2018年，滨海县调减低效粮油面积1.07万公顷，新增蔬菜园艺等特经作物面积9233.33公顷，累计播种面积16.17万公顷。加快设施农业、林果、蛋白桑、葡萄、白首乌等10个万亩特色产业基地建设，新增设施农业面积1440公顷，调增特经作物面积9333.33公顷，农经比提升到7.6:2.4。加快推进农产品品牌与质量建设，绿色优质农产品占比44.37%，滨海白首乌获得“江苏十大人气地理标志”品牌，“滨海大米”获江苏稻米博览会银奖。全年新引进2000万元以上农产品加工项目6个，农业龙头企业总数209家，农产品加工产值与农业总产值之比较上年提高0.13个百分点。全年全县农田基础设施总投入1.11亿元，新建高标准农田面积3666.67公顷，在黄河故道沿线及滩涂垦区建设农产品生产基地1266.67公顷；新增设施渔业面积133.33公顷。加快发展林业经济，万亩银杏、万亩林场等5个万亩基地基本建成，沿海百里风光带、古黄河森林公园等重点项目建设提速提效推进。新增成片造林面积1200公顷、林苗一体化基地66.67公顷；新建更新农田林网面积3333.33公顷，新建岭山、陈李、沙浦等林果高效村15个，四旁植树100万株，村庄绿化覆盖率达45%，全县林木覆盖率31.5%以上。

万亩银杏基地 万亩银杏基地位于滨海港经济开发区首乌村等村境内，规划面积800公顷，总投资1.9亿元，计划通过三年，将银杏岛建成北部门户形象展示区、森林核心区、外延绿道观光区、黄河故道及湿地水镜体验区等节点景观。年内，万亩银杏基本启动一期工程建设，完成投资1043万元，绿化造林面积87.33公顷，主要栽植银杏、池杉、垂丝海棠等27个品种苗木。

三、第三产业

2018年，滨海县实现第三产业增加值218.22亿元，社会消费品零售总额130.93亿元，其中商品零售额117.8亿元，餐饮收入额11.89亿元。新增滨海县苏强运输有限公司等规模以上服务业企业42家、总数306家。推进月亮湾旅游度假区等8个旅游项目建设，投入2.2亿元，开工建设月亮湾度假酒店等18个旅游配套项目，月堤海景公园、灵龙湖生态公园等建成使用。海滨风情小镇“三纵两横”路网、学校医院等基础设施和公共服务配套基本完善。投入3000万元，建设南湖文化主题公园，年内公园获评国家AAA级旅游风景区。开展第三届乡村旅游节、首届旅游行业服务技能大赛等系列活动。举办2018滨海（上海）文化旅游招商推介会，签约文旅项目9个，总投资18亿元。

月亮湾海滨旅游度假区 月亮湾海滨旅游度假区北接翻身河，南临古黄河，东濒黄海，总规划面积20平方千米，以“打造古黄河休闲旅游区、国家级海滨旅游度假区”为发展定位，打造省级旅游度假区和国家AAAA级旅游景区为目标，争创国家级旅游度假区和国家AAAAA级旅游景区。年内，月亮湾旅游度假区投入资金2.2亿元，开工建设月亮湾度假酒店等18个旅游配套项目，基本建成六合大道南延等道路工程，完成观海大道等主干道的绿化和温泉浴场钻井工程；建成景区停车场，启动游客中心等基础设施建设。

第二节 社会事业

一、城乡建设

2018年，滨海县7大类88项城建重点项目完成投入78亿元，通过国家级园林县城、省级优秀管理城市初验和省级文明城市、省级卫生县城复评，城镇化率57%。开展城市环境“三化三治”，完成棚户区改造2100户，建成口袋公园16个、健身步道26千米。推进城乡环境综合整治，“组保洁、村收集、镇转运、县处理”城乡垃圾收运处理体系全面建成，无害化处理率96%以上，新建改造城市公厕50座，农村改厕1.8万座。加快推进农民集中居住点建设，建成10个、在建27个、提升32个，入住农户3132户。蔡桥镇创成省级卫生镇，2镇2村入选省级生态文明建设示范镇(村)，8个村庄创成省级美丽乡村，建成森林小镇2个、森林村庄14个。统筹推进城市快速路网、城乡骨干路网、农村公路建设，海港大道、348省道建成通车，新增一级公路69千米，提档升级农村公路192千米，改造危桥81座。开展绿化造林，统筹实施园林城镇、生态园区、景观通道等绿化工程，新增城镇绿地120公顷，农业园区和天场镇成功创建市级森林小镇，348省道建成“三化”(彩色化、珍贵化、效益化)示范片，新建“三化”示范单位25个。

滨海港站投入使用　12月26日，滨海港站投入使用。滨海港站位于滨海县东坎街道医药产业园附近，距县城4.5千米，所处里程为青盐线353千米664米，是中国铁路上海局集团有限公司徐州车务段管辖的二等站，是连盐铁路上最大的县级火车站，直通青岛、北京、石家庄等地。滨海港站按照综合客运枢纽标准建设，客运为主、货运为辅，规模2台5线，站房面积1.01万平方米，建筑总高度16.57米，站台全长550米，总投资1.6亿元，站内设2站台12股道，设计旅客日均发送量为2000人次，远景规划为1万人次，分为候车大厅、出站厅和售票厅。站房前是一个带公园式的站前广场，功能齐备，满足市民日常出行需求。

二、社会民生

2018年，滨海县20件民生实事完成投入20.52亿元，全年民生投入占公共预算支出比重84.9%。29个教育布局均衡项目有序实施，城南初中、城西小学建成投用，全国中小学校责任督学挂牌督导创新县通过省级评估，创成全市唯一的江苏省校园足球特色县。滨海县人民医院、滨海县妇幼保健院和滨海县第三人民医院整体迁建项目加快推进，在全省率先开展全民健康免费体检，新设立名医工作站11个，成立孙颖浩院士工作站，通过全国农村中医药工作先进县复评，蔡桥镇卫生院创成省示范卫生院。累计建成镇文化站9个、村文化室296个，完成文化预约送戏下乡206场，淮戏《娘愿》获省优秀文艺成果奖，《特殊任务》获省五星工程奖。助推就业创业，开展“筑梦桑梓”返乡创业招商说明会系列活动，引进投资超1000万元返乡创业项目230个，新增私营企业2453家、个体工商户6415户，获评市返乡乐业工作先进县；电商产业园创成省级电子商务示范园、镇区全民创业园创成省三星级公共服务平台3个、创业创新示范基地2个。全面推行村级非现金结算、村居事务民主公开、村级资产资源网上平台交易3项制度，累计脱贫3.53万户、8.75万人，化解村级债务1.51亿元，20个省定、91个市定经济薄弱村年经营性收入全部达标，达到退出省重点帮扶县标准。机关事业养老保险制度改革完成，城乡基本医疗保险实现全覆盖，城乡低保、特困人员供养、残疾人“两项补贴”等救助标准逐年提高，社会福利中心建成。推行“网格化”社会治理，深化“平安滨海”建设，9月6日，滨海县被省委省政府表彰为2016—2017年度全省法治建设示范县。

滨海县创成江苏省青少年校园足球试点县　6月5日，江苏省教育厅办公室、省体育局办公室联合下发《关于公布江苏省第二批青少年校园足球试点县(市、区)名单的通知》，滨海县位列其中。根据青少年校园足球试点县(市、区)要重点抓好校园足球普及工作的要求，滨海县中小学把足球列入体育课教学内容，加大学时比重，以扶持特色带动普及；校园足球特色学校要将足球课列入校本课程，每周至少有1节足球课，每周有不少于2小时的足球活动时间；要加强足球特长生文化课教学管理，促进文化学习与足球技能共同发展，完善考试招生政策，激励学生长期积极参加足球学习和训练，允许足球特长生在升学录取时进入高一层次的校园足球特色学校，获得良好的特长发展环境；要建立联赛制度，抓紧完善常态化、规范化纵横贯通的高中、初中、小学足球竞赛体系，每年组织本辖区所有学校参与的校园足球联赛，特色学校每年要组织开展班级、年级、校际间的比赛。至年底，滨海县有全国校园足球特色学校18所，滨海第一初级中学在2018年“省长杯”校园足球比赛获得男子组第八名。

孙颖浩院士工作站落户滨海　11月25日，孙颖浩院士(滨海)工作站签约活动在上海长海医院举行。活动中，孙颖浩与滨海县人民医院负责人签署合作共建院士工作站协议，现场举行院士工作站授牌仪式。孙颖浩，中国工程院院士，主任医师、二级教授，博士生导师，973首席科学家，何梁何利基金获得者，2012年起任海军军医大学(第二军医大学)校长，2015年当选中国工程院院士(医药卫生学部)，擅长于前列腺癌和微创泌尿外科以及达芬奇手术机器人手术，在国内率先开展解剖性前列腺癌根治术及前列腺癌早期诊断和综合治疗方面的先进技术，首创并改进多项微创泌尿外科技术，在该领域获得多项重大奖项和荣誉。

新安村获批全国民主法治示范村　7月30日，滨海县东坎街道新安村获批第七批全国民主法治示范村。新安村位于东坎街道北端，327省道贯穿南北、连盐铁路横跨境内、南接滨海县城，北与界牌镇相邻、东和陈涛镇接壤，素有滨海县城“北大门”之称，先后获评江苏省文明村、江苏省新农村新家庭计划示范村、江苏省社会主义新农村建设示范村、江苏省村庄环境整治工作先进集体、江苏省生态村江苏省民主法治村，省级文化建设示范点等。近年来，新安村发挥村党组织的核心作用，不断加强村委会、治保会、人民调节调解委员会等组织机构建设，建立健全民主选举、民主决策、民主管理和民主监督制度，把法治宣传、依法治理与村级服务有机结合，使民主法治建设各项措施落实到位，村民自我管理、自我教育、自我服务、自我监督机制不断优化。

(王　敏)

第41章　响水县

编　　辑　高兰会

综　　述

响水县地处江苏东北部沿海、长江三角洲城市群最北部，是盐城的“北大门”，位于盐城、连云港、淮安三市交会处，沈海高速、临海高等级公路、204国道、326省道、通榆运河贯穿境内，拥有43千米的黄海岸线和46.5千米的灌河岸线。县域面积1461平方千米，辖镇8个、中心社区4个、省级经济开发区1个和工业经济区1个，村居152个，总人口62万人。2018年，实现地区生产总值345亿元，一般公共预算收入25.35亿元，进出口总额6.9亿美元，注册外资实际到账5769万美元，全口径工业开票销售806亿元，城乡居民人均可支配收入分别达到30142元、16989元。年内，响水县位居全国投资潜力百强县61位，获评中国西兰花之乡。

2018年响水县各镇基本情况统计表

表41-61

镇	土地面积（平方千米）	耕地面积（公顷）	年末人口（万人）	行政村（居）（个）	地区生产总值（亿元）				财政收入（万元）	规模以上工业收入（亿元）	粮食总产量（万吨）	人均可支配收入（元）
					合计	一产	二产	三产				
响水镇	68.96	2623.70	12.32	21	67.27	3.10	41.27	22.90	39726.41	24.08	3.75	44273
陈家港镇	83.76	3502.43	6.95	19	134.48	5.70	102.66	26.12	173705.33	700.44	4.60	44233
小尖镇	188.48	12631.03	10.31	30	26.15	8.11	3.08	14.96	10495.53	8.64	9.68	33729
黄圩镇	68.85	4439.21	3.56	10	8.69	2.20	1.81	4.68	2030.91	0.96	4.33	17374
大有镇	112.35	7543.88	6.14	14	16.65	4.69	3.70	8.26	8989.72	13.34	8.94	30580
双港镇	127.92	8160.58	6.35	17	17.94	4.97	4.07	8.90	6276.73	1.09	6.21	31583
南河镇	116.97	8299.31	6.24	19	12.19	4.73	1.87	5.59	2847.93	0.45	8.19	16799
运河镇	131.92	8721.99	7.60	22	16.75	3.94	4.43	8.38	5871.26	2.57	7.86	29279

第一节　经济发展

一、工业经济

2018年，响水县实现全口径工业开票销售806亿元。新增规模以上工业企业36家、总数147家，实现规模以上工业增加值147.57亿元。全县开票销售超亿元企业43家，其中江苏德龙镍业有限公司开票销售602.6亿元、纳税10.8亿元。新签约项目16个，其中超10亿元项目9个，超10亿元项目中体量最大的为总投资500亿元的现代化钢铁基地项目，一期投资150亿元，建设300万吨优特钢项目、60万吨铸管项目和30万吨环形链钢项目。新开工亿元以上项目32个、10亿元以上项目7个，2550热轧、1450冷轧等重特大项目有序推进，钜成新能源（响水）有限公司等项目竣工投产。新建镇区、园区标准厂房56万平方米，入园项目72个。至年底，响水建成智能终端产业园、高新技术产业园和11个镇区中小企业园。

探索"产业+资本+科技"的招商模式，发挥供应链金融平台作用，集聚电子信息、智能终端、数字技术、绿色动力、现代供应链、成品药等新兴产业，建立项目签约、项目开工、项目竣工季度循环滚动压茬推进机制。全年新引进实施江苏光融新能源科技有限公司亿元以上新兴产业项目20个，总投资60亿元。其中，江苏光融新能源科技有限公司等8个投资超亿元项目实现当年引进当年竣工投产。金属新材料、新能源等主导产业加快发展，高新技术产业投资、制造业投资分别增长20%和11%。新增高新技术企业16家、总数32家，实现高新技术产业产值268亿元。总投资26亿元的响水港区中心港区加快推进，2个5万吨级公共码头全面建成，保税物流园、口岸大厦等项目有序推进，重件公用码头开工建设；灌河口5万吨级航道整治工程被交通运输部列入"十三五"调整规划，争取到国家补助资金4.67亿元。全年响水港区实现货物吞吐量3010万吨。电子信息、智能终端、合金新材料、智能制造装备等区中园加快建设。德龙（印尼）产业园加快建设，投资9.29亿美元的一期15条镍铁生产线项目年内竣工投产，总投资90亿元的印尼二期项目启动建设。

响水海上风电工程获评优秀海洋工程 11月4日，在北京召开的2017年度中国海洋工程科学技术奖颁奖大会上，响水海上风电工程被评为优秀海洋工程，名列20个优秀工程第十位，是江苏省唯一上榜工程。响水海上风电工程位于响水县外侧海域，风电场离岸距离10千米，场区水深8米~12米，总装机容量202兆瓦，可实现年上网电量5亿千瓦时。该工程是中国第一条三芯220千伏超高压海缆项目和中国最早投运的三芯220千伏海缆项目，打破国外在该领域的技术垄断。同时建成的亚洲首座220千伏电压海上升压站，是在全球范围内首次实现复合筒型基础带风机一步式安装。2016年6月，项目建成投运。

二、农业经济

2018年，响水县实现农业总产值80.23亿元，其中农林牧渔业总产值73.08亿元，农林牧渔服务业7.15亿元，粮食播种面积8.52万公顷，粮食总产量60.17万吨。加快发展现代农业。全年调减低效粮食面积3733.33公顷，新增高效农业面积4533.33公顷。推进农业载体建设，华东地区最大的农旅综合体九丰农博园开园运营，灌江农副产品批发市场建成开业，28个标准化生态生猪养殖场投入使用，农产品网上销售突破10亿元，九丰果蔬、康庄大米、响水斑节虾等农产品品牌效应凸显，绿色优质农产品占比35%。发展生态养殖产业，新增省级生态健康养殖示范场2家、总数33家，大型规模畜禽养殖场治理率100%。采用县属国有企业建设国有林场模式，发展林业经济，沈海高速、连盐铁路沿线万亩薄壳山核桃基地面积706.67公顷，黄河故道沿线林果经济产业带新增面积173.33公顷，沿海万亩林场新栽植面积200公顷、总面积466.67公顷。年内，响水县获批全国率先基本实现主要农作物生产全程机械化示范县；响水县现代农业产业园区获批省级现代农业科技园区。

响水县获评中国西兰花之乡 11月2日，响水县在"第十六届中国国际农产品交易会暨第二十届中国中部（湖南长沙）农业博览会上被授予"中国西兰花之乡"称号。至年底，响水西兰花产业基本实现育苗、生产、加工、冷链物流等全产业链条建设，规模6666.67公顷，实现产值9亿元。南河镇是全市唯一的全国产业强镇建设示范镇。

三、第三产业

2018年，响水县实现服务业增加值133亿元，社会消费品零售总额77.69亿元；新增规模以上服务业企业25家、总数68家。全年全县新开工服务业亿元项目14个、新竣工服务业亿元以上项目10个。年内，响水镇桃园大酒店、陈家港镇港城迎宾馆竣工；响水县经济开发区全民健身中心、小尖粮食仓储、张集中心社区农副产品集散中心等项目进展加快。开展服务业招商引资工作，5月18日在盐城市战略性新兴产业暨现代服务业推介会上，签约服务业项目2个，总投资25.7亿元；在10月24号举行的盐城市服务业专项招商活动中，签约服务业亿元以上项目4个，总投资9.3亿元。加快发展农村电商产业，全年实现销售11.3亿元。新创省级电子商务示范村2个、市级电子商务示范村4个。农村淘宝、乡村旅游等新服务业加快推进，建成县镇村电商平台18个，创成弘益生态园、九丰农博园2个乡村旅游景区。推动旅游基础设施建设，继续实施云梯关景区建设，骨干路网基本建成，云梯关大桥启动建设；天荷源景区成为全国最大的荷花资源圃。至年底，全县有景点4个。金融业发展迅速，全县存贷款余额分别达到230亿元、196亿元，全年帮助企业提供贷款担保、过桥资金8.3亿元。

2018响水韩家荡荷花节开幕 7月29日，2018响水韩家荡荷花节在韩家荡天荷源万亩荷花园开幕。荷花节持续至8月28日，以"荷风雅韵　清莲飘香"为主题，举办开幕式文艺演出、"荷（和）美家庭爱心传递""荷约韩家荡、汇聚天荷源""黄河故道儿童绘荷大赛及荷塘旗袍走秀""爱在韩家荡、情定天荷源帐篷节，共植爱情树"等活动。开幕式上，南京农业大学产学研合作响水工作站、研究生实习基地正式签约揭牌。

韩家荡荷花资源圃 韩家荡荷花资源圃位于韩家荡天荷源景区，占地13.33公顷，规划设计精品荷花区、香叶荷花区、南京农业大学荷花实验新品种育种区、新品种荷花培育区、核辐照诱变育种实验区、碗莲荷花区等16个品种荷花种植区和5个品种睡莲种植区，收集种植品种荷花近1000种，主要来自美洲、日本、澳洲、南亚和中国东北、华北、西南等地。其中，主要名贵荷花品种有美洲的卡罗琳皇后、肯之梦；日本的唐招提寺莲、粉千叶；中科院培育的香叶荷花；以及大舞妃、达利河、大紫玉莲、杏花春雨、大红袍等国内知名品种荷花。韩家荡荷花资源圃已经成为全国最大、品种最多、最优的荷花种苗基地。

第二节 社会事业

一、城乡建设

2018年，响水县组织开展新一轮城市总规修编和镇区总规编制工作，统筹推进城乡一体化发展，常住人口城镇化率56.8%。城市功能不断提升。黄河路花轴、清源路、天马路等12条道路加快推进，火车站连接线建成通车。市民服务中心、全民健身中心、文化艺术中心等重点工程有序推进，灌江开元酒店开工建设，东鸣湖公园对外开放。对长江路、军民路、幸福路、东园路等11条道路黑色化改造，对城东、城南以及四排河、五排河、三洪河等道路河道截污纳管、雨污分流，建成60个智能公交站台。完成棚户区改造16万平方米，新建各类保障性住房1500套。年内，响水县通过省级卫生县城复审，蝉联"江苏省文明城市"称号。实施乡村振兴战略，与农民住房条件改善、集镇建设、新型农村社区建设、城乡建设用地增减挂钩、基层基本公共服务标准化配置、农村环境综合整治、美丽乡村建设、农村经营模式和机制创新等工作相结合，推进农村宅基地有偿退出。至年底，新增耕地面积733.33公顷，争取省级政策奖补资金5.7亿元。按照"小村大镇新城"的理念，系统谋划农民群众住房条件改善工作，探索农村居民跨区安置、集镇安置等创新机制，推进新型农村社区规划建设，新建新型农村社区16个。持续改善生态环境。推进污染防治攻坚战，疏浚整治河道469条，打造生态河道14条，城镇污水集中处理率提升5个百分点，灌河、通榆河沿线非法码头整治成效显著。完成国家交办的饮用水源地问题整改任务，地表水国省考断面消灭劣Ⅴ类。全面推行河长制，全域推进河道整治，完成1018处问题整改。全年空气质量优良天数304天。全年新增成片林面积800公顷、改造提升面积800公顷，新增城镇绿地面积130公顷，林木覆盖率27.6%，响水县张集社区韩荡村入选"盐城最美乡村"。

响水县站投入使用 12月26日，响水县站投入使用。响水县站位于响水县双港镇老舍中心社区，是中国铁路上海局集团有限公司徐州车务段管辖的三等站。响水县站建筑面积6000平方米，站场规模为2台4线，站房建筑面积5998平方米，地道建筑面积825平方米，站前平台2452平方米。

二、社会民生

2018年，响水县一般公共预算支出61.54亿元，用于民生支出48.27亿元，20件为民办实事工程完成年度目标任务。加快教育事业发展，改扩建学校29所。推进"健康响水"建设，建成名医工作室10个、省级示范卫生室29个，创新县级公立医院编制人事制度改革，获评江苏省慢性病综合防控达标区、江苏省卫生应急工作规范县，"爱心药品惠万家"创新制度代表江苏在全国作经验交流。实施文化惠民工程，151个村居综合性文化服务中心基本建成，绿岛影视城项目签约落户；戏剧《方向盘》获省"五星工程奖"戏剧类第一名、入选国家艺术基金资助项目；响水县获评中国小戏艺术之乡。不断健全社会保障体系。实施统一的城乡居民医疗保险制度；实现城乡低保标准一体化，所有低保对象月领低保金超过330元；健全县镇村三级联网社会救助体系，城乡基本社会保险覆盖率98%。推进就业创业，建立在外务工人员信息库和信息汇集交换中心，新增城镇就业1.07万人。继续实施精准脱贫，1.7万名建档立卡低收入人口实现脱贫，累计脱贫率84.5%；全面完成22个省定经济薄弱村脱贫任务；推进教育和健康扶贫，投入6585万元，惠及低收入人口2.3万人次。推进法治响水、平安响水建设，首次获评全省法治县创建先进单位。深化"放管服"改革，推进"一窗一网"利企便民集成改革，不见面、最多见一次面审批事项率90%以上，企业开办、施工许可、不动产交易登记等领域审批材料和审批时限不断精简，在全省率先实现不动产抵押登记便民服务点金融机构全覆盖，在全市率先启动工业用地先租后让改革试点。全面完成农村集体"三资"清产核资工作，土地承包经营权确权登记颁证工作首批通过省级验收，新增家庭农场80家、总数469家。

"爱心药品惠万家"创新制度代表江苏在全国作经验交流 5月11日，国家卫生计生委在深圳举办第一期国家基本药物政策培训班，响水县代表江苏作《爱心药品惠万家，精准扶贫保健康》的经验交流。"爱心药品惠万家"创新制度，是在政府建档立卡的低收入家庭65岁以上的高血压、糖尿病人中，实施慢性病基本药物免费供给制度。为策应政府精准扶贫政策，以人民健康为中心的健康扶贫理念，对低收入家庭因收入、经济负担等原因，无法进行慢性病治疗，通过基本药物免费供给，定期组织健康管理团队入户随访，实施健康评估、健康干预，免费提供治疗药物，进行全程、及时、有效的药物治疗，使其健康得到保障，缓解他们的生活困难，提高健康生活质量，增强获得感。

响水县获评中国小戏艺术之乡 5月17日，中国田汉研究会授予响水县"中国小戏艺术之乡"称号。响水县《风雪之夜》《贴春联》《打电话》《一梦醒来是早晨》《绝对保密》《公鸡做媒》《方向盘》等精品力作深受群众喜闻乐见，先后获中国滨州博兴小戏节最佳推荐剧目奖、"中华颂"全国小戏小品大展金奖、文化部群星奖，"华东六省一市戏剧小品大赛"金奖，江苏戏剧奖小戏小品奖一等奖、江苏省五星工程奖金奖，盐城市金菊杯小戏小品比赛一等奖、盐城市政府文艺奖一等奖等；获得过央视戏曲频道《一鸣惊人》栏目赛季金奖和最佳编曲奖，代表江苏参加中共中央宣传部、文化部主办的全国基层院团戏曲会演。 （潘建良）

第42章　大丰区

编　辑　高兰会

综　述

大丰区位于江苏沿海中部，是苏北唯一入选长三角城市群的海滨新城区，也是江苏省面积最大的城市区。区域总面积3059平方千米，下辖镇11个、街道2个，省级开发区2个，境内有江苏省属农场3家、上海市属农场1家，年末总人口71.09万人。2018年，全区实现地区生产总值699.93亿元，一般公共预算收入55.13亿元，注册外资实际到账1.5亿美元，外贸进出口总额23.07亿美元，全口径工业开票销售922.47亿元，固定资产投资增长8.6%。城镇、农村常住居民人均可支配收入分别为36462元、23055元。

2018年大丰区各镇(街道)基本情况统计表

表42-62

镇(街道)	土地面积(平方千米)	耕地面积(公顷)	年末人口(万人)	行政村(居)(个)	地区生产总值(亿元)				财政收入(万元)	固定资产投资(亿元)	规模以上工业主营业务收入(亿元)	粮食总产量(万吨)	人均可支配收入(元)
					合计	一产	二产	三产					
草堰镇	95.86	6070.18	3.74	13	21.62	4.11	6.01	11.50	11205	5.01	11.96	5.36	22920
白驹镇	113.27	6986.43	3.82	17	31.43	4.53	9.08	17.82	15713	8.54	11.51	7.86	23774
刘庄镇	96.39	5506.37	4.13	15	29.33	4.62	10.24	14.47	15586	5.56	16.15	5.93	23604
西团镇	86.38	5495.11	2.85	14	33.38	3.33	18.58	11.47	24375	8.33	44.46	4.39	23690
小海镇	123.81	8156.17	3.82	15	25	4.82	9.59	10.59	8270	4.51	16.10	5.67	22864
大桥镇	98.74	6425.08	3.14	13	12.91	4.17	1.96	6.78	11264	3.68	6.68	6.70	23137
草庙镇	124.14	8048.42	2.70	16	17.85	4.08	6.40	7.37	12107	6.40	15.38	6.91	23517
万盈镇	142.04	9402	4.62	18	26.14	5.23	7.04	13.87	14667	7.02	11.60	7.11	23194
南阳镇	94.29	5164.15	3.51	13	23.43	4.36	7.21	11.86	18688	11.18	9.11	2.55	25215
三龙镇	152.79	10098.01	5.34	22	27.10	8.91	6.04	12.15	8126	5.39	6.73	7.00	23344
新丰镇	276.21	16224.05	10.27	38	58.12	11.82	18.99	27.31	24636	16.85	46.73	7.86	25233
丰华街道	65.81	3582.72	2.93	11	48.05	3.04	22.96	22.05	162590	39.06	13.03	2.05	26221
大中街道	206.20	9689.65	15.81	58	160.08	7.01	43.38	109.69	—	38.86	49.47	4.41	26837

说明：大丰区大中镇分为丰华街道、大中街道2个街道，其中，丰华街道、大中街道数据不包括江苏大丰经济开发区、常州高新技术产业开发区大丰工业园、盐城市大丰区高新技术产业开发区数据

第一节 经济发展

一、工业经济

2018年，大丰区实现全口径工业开票销售收入922.47亿元，总量列盐城市首位，其中规模以上工业开票销售收入779.33亿元，规模以上工业企业主营业务收入811.72亿元。推进重大项目攻坚年活动和招商引资百日竞赛。全年新签约亿元以上项目186个；新开工亿元以上项目83.5个；新投产亿元以上项目47.5个。规模以上工业企业开票销售增长面65.9%，江苏中车电机有限公司、江苏北大荒油脂有限公司等14个工业企业开票销售超10亿元，江苏博汇集团、盐城市联鑫钢铁大丰有限公司等7个工业企业纳税超亿元，其中江苏博汇集团实现开票销售收入125.9亿元、纳税4.59亿元，盐城市联鑫钢铁大丰有限公司实现开票销售收入125.3亿元、纳税4.33亿元。培育壮大新兴产业，盐城大丰阿特斯阳光电力科技有限公司光伏组件项目投产，江苏长岳新能源汽车有限公司落户，江苏博敏电子有限公司入选国家"两化"融合管理体系评定企业。提档升级传统产业，21个项目列入盐城市"智能制造"重点工业项目，数量居盐城市第一位，江苏丰东热技术股份有限公司成为全国制造业单项冠军示范企业，"谷登"获中国驰名商标，江苏正大丰海制药有限公司获评省"质量标杆"。实施创新驱动，新增国家高新技术企业19个、总数88个，江苏中车电机有限公司、江苏森威精锻有限公司建成国家企业技术中心，江苏理研科技股份有限公司等5个企业获批国家知识产权优势企业。

举行2018中国大丰（首尔）投资环境说明会 11月13日，2018中国大丰（首尔）投资环境说明会在韩国首尔新罗酒店举行。韩国56个企业的60多名客商应邀参加会议。大丰宣传推介投资环境，现场集中签约汽车配件、半导体设备、国际物流、精炼铜、汽车模具、工业机器人6个项目。

二、农业经济

2018年，大丰区实现农林牧渔业总产值174.12亿元、增加值86.74亿元。推进农业供给侧结构性改革，加快调整农业结构，新增设施农业2040公顷、稻田综合种养2466.7公顷，调减低效粮油8200公顷，粮经比实现5.8∶4.2。加快农旅融合发展，七彩花田·梦幻迷宫获评全国五星级休闲农业与乡村旅游示范园区，丰收大地创成江苏省五星级乡村旅游区、盐城市AAAAA级园区。推进农业接轨上海，4家基地被上海市商务委授牌"上海市外蔬菜主供应基地"，数量列盐城市第一位。推进农业产业化发展，新建年投资额500万元以上农业龙头企业（项目）7个，完成投资9.05亿元。年内，江苏佳丰粮油工业有限公司被认定为农业产业化国家级龙头企业，至年底，大丰区有国家级龙头企业2个，国家级龙头企业数列盐城市第一位。推进农业绿色发展，扩大畜禽养殖禁、限养区范围，147个养殖场全部关闭拆除并生态修复到位。有效控制畜禽养殖污染，江苏省级规模场养殖污染治理验收认定率92.87%，生态健康养殖技术推广比重58.9%。加强农产品质量安全监管，新增绿色食品17个、总数70个，新增有机食品6个、总数13个，创建江苏省级绿色优质农产品基地9个。年内，大丰区通过全国农产品质量安全县核查验收。

三、第三产业

2018年，大丰区实现服务业增加值343.07亿元。新培植规模以上服务业企业29个、总数167个，新培植限额以上批零住餐企业37个、总数152个。加大服务业项目招引和建设力度，总投资40亿元的吾悦广场、30亿元的良友粮食仓储物流等项目成功签约；国际集装箱物流中心、红星美凯龙国际家居生活广场、阿姆斯特丹酒店、《只有爱》戏剧幻城等项目开工建设；安格粮食仓储竣工运营，大丰港区石化仓储扩建改造、大丰港区大宗农产品仓储物流、锦和科技大厦、威尔士财富广场（巧克力坊）、多功能汽车城等项目加快推进。坚持服务业集聚化发展，大丰港区现代物流中心创成江苏省级示范物流园、盐城市AAAAA级服务业集聚区，国际汽车试验服务中心、大丰商品市场集聚区、东方1号创意产业园创成盐城市AAA级服务业集聚区，丰华互联网创新创业园、荷兰风情小镇旅游休闲度假集聚区创成盐城市级服务业集聚区。推进物流业发展，66个规模以上物流企业实现营业收入25.3亿元。大丰港区成为全国40个物流节点之一，跻身中国风电叶片出口三大基本港口，全年完成货物吞吐量5114.99万吨，集装箱20.49万标箱，外贸吞吐量1186.64万吨。粮食进口、木材熏蒸、汽车物流等特色物流基地初具规模。推进文化旅游融合发展，大丰施耐庵故里七彩花田·梦幻迷宫建成国家级AAAA级景区，国家级AAAA级以上景区总数7个。全年实现旅游综合收入101.16亿元，接待游客1287.76万人次。推动电子商务、科技服务等新兴服务业态发展，全区主要商超电子商务应用率100%，规模企业电子商务应用率80%。推进电子商务示范创建，新丰镇全心村被认定为第六批省级电子商务示范村，大丰区电商产业园和三龙镇电商中心再次被认定为盐城市级电子商务示范园区。丰华互联网创新创业园入驻企业35个，卯酉创客邦入驻企业32个。推动金融创新发展，举办"金融优服务'两海'高质量"大丰政银企合作高峰恳谈会，授信企业155个、授信总额131.1亿元。江苏丰山集团股份有限公司在上海证券交易所挂牌交易，江苏金色农业科技发展有限公司、江苏大丰华丰种业股份有限公司在"新三版"挂牌。

第二节 社会事业

一、城乡建设

2018年，大丰区根据"盐丰一座城、规划一张图、建设一套表、管理一个网、城乡一盘棋、民本一本账"工作思路，开展城乡建设。调整城区区划，加快新型城镇化进程，撤销大中镇，设立丰华、大中2个街道。组织实施6大类45项城建重点工程，完成投资82.5亿元。推进“三治三化”专项行动。恒泰河、红花中心河等9条河道整治到位，黄海路、康平南路和11个老旧小区截污控源工程完工，城北污水处理厂迁扩建一期试运行。新建棚改安置房277套，搬迁棚户区居民1188户，拆除违法建设7.4万平方米。新建和提升城区绿化100万平方米，城市人均公共绿地面积15.2平方米。实施斗龙港生态组团5大类18项工程，完成投资18.5亿元，“水韵龙湾”城市森林公园一期开园。建成金丰路、春柳路两条鲜花大道以及人民路商业区、团结湖、五一湖片区亮化工程。坚持三级河长常态巡河制度，累计巡河7478次，制定“一河一策”506份。新建生态河道167条，疏浚整治大中沟108条，农村河道长效管护连续四年获评全省第一等次。开展交通重点工程大会战，盐通铁路大丰段快速推进，高铁站启动建设，新时代大道通车，盐丰公交东线开通运营，351省道大丰段全线贯通。新建和提档升级农路643千米。新造成片林2033.3公顷，造林面积连续两年居盐城市第一位、江苏省第二位。新丰镇建成盐城市森林小镇。改善农民住房条件，首批14个集中居住点新开工1027户，其中竣工797户。新创建江苏省级、盐城市级、大丰区级美丽宜居村庄22个、总数43个。新丰镇全兴村获评中国美丽休闲乡村。

水韵龙湾城市森林公园开园　9月8日，水韵龙湾城市森林公园一期工程对外开放。水韵龙湾城市森林公园是盐城市斗龙港生态组团的标志性工程，位于斗龙港生态组团老斗龙港以北、226省道以西，一期工程占地面积28公顷，以森林、水系为生态基底，定位“城市绿肺、森林氧吧”，规划植物品种194种、5万多株，其中高大乔木1.8万株，是盐城第一座城市森林公园。公园配套设施齐全，建有长500米、宽3米、高16米的玻璃栈道，贯穿观景台、水上森林等重要节点，是国内平原地区最长的空中玻璃栈道。

全心村获评中国美丽休闲乡村　10月24日，农业部公布2018年中国美丽休闲乡村名单，大丰区新丰镇全心村位列其中。全心村有居民2220户，耕地面积706.67公顷。该村注重生态环境保护，实施农村绿化和村庄环境综合整治等环境提升工程，美化村居环境。优化升级传统产业，将旅游业、花卉苗木业作为产业发展重点，建成规模苗木基地15个，带动周边8个村2000多户农民发展苗木种植。创建的国家AAAA级景区荷兰花海是国内种植面积最大、种类最多、形态最美、业态最全的郁金香花海，被誉为中国郁金香第一花海。

二、社会民生

2018年，大丰区18件区政府为民办实事工程完成投资23.5亿元，其中新水源地及引水工程大丰支线竣工通水。高考本科达线率盐城最高，被评为全国中小学校责任督学挂牌督导创新县（市、区）、江苏省平安校园建设示范区。大丰区人民医院新院区投入使用，盐丰医保一卡通正式启用，草庙镇、三龙镇创成国家卫生镇，万盈镇、小海镇、大桥镇创成省健康镇，获评省妇幼健康优质服务示范县（市、区）。新增便民阅读点22个，村（社区）综合性文化服务中心建成率100%。各镇体育健身“四有”（健身步道500米、1套健身路径、100平方米的健身广场、1个室内健身房）工程竣工，举办“风中足迹”马拉松邀请赛。建成苏北首家国家级数字档案馆。将2.7万名80周岁以上老年人列为政府购买居家社区养老服务对象，企业退休职工养老金水平盐城各县（市、区）最高，城乡居民基础养老金标准苏北第一。城镇登记失业率1.36%，城乡居民人均可支配收入分别达36462元、23055元。持续脱贫攻坚，完成脱贫3940户7122人，累计脱贫率84.4%。

大丰区建成全国中小学校责任督学挂牌督导创新区　2月5日，国务院教育督导委员会办公室公布第二批全国中小学校责任督学挂牌督导创新县（市、区）名单，大丰区位列其中。大丰区2014年起启动中小学责任督学挂牌督导工作，配齐配优专业队伍，科学规范程序内容，创新督导保障机制，推进管办评分离，全力推进“全国中小学校责任督学挂牌督导创新县（市、区）”创建工作。通过组织开展网络学习、专家讲座、现场观摩、考察交流等培训，构建督学学习交流平台，提高督学业务水平和能力。聘请60名专兼职责任督学，划分为6个中小学督学责任区和1个学前教育责任区，实现责任督学挂牌督导全覆盖，形成“1（责任区长）+2（责任督学）+X（学校督导干部）”的挂牌督导工作模式。组织责任督学开展邀请督导、专题督导、联合督导、随机督导等多形式挂牌督导。2016年，大丰区通过省级挂牌督导验收工作；2018年1月，教育部组织专家组对大丰挂牌督导创建工作实地评估验收，对该区挂牌督导“工作体系全方位、制度建设立体式、督导手段多样化、结果运用重实效”的创建工作给予肯定。

大丰区档案馆获评国家级数字档案馆　4月，大丰区档案馆获评国家级数字档案馆，是苏北首家国家级数字档案馆。大丰区档案馆于2002年启动馆藏档案目录数据库建设，并在全区机关企事业单位全面推广使用文档通用管理软件。2009年对馆藏珍贵档案和利用频率较高的档案进行分批扫描。2016年实行纸质档案与数字档案“双套制”进馆模式。至2018年底，大丰区档案馆完成馆藏文书档案的全文数字化工作100%，累计数字化加工档案2123千兆字节，形成文书案卷级目录5.9万卷，文件级目录137.7万条、一文一件目录18.23万条，会计档案4.5万册，照片档案2400张，图书资料1.18万册。全年接待档案查询3269人次。

（杨全辉）

第43章　盐都区

编　辑　高兰会

综　述

盐都区位于江苏省沿海中部，地处江淮之间，里下河腹部，为盐城市主城区之一，盐淮高速、宁靖盐高速、204国道贯通全境。区域总面积1015平方千米，辖镇8个、街道4个，国家级高新区1个、国家级台创园1个和省级旅游度假区1个，行政村（居委会）250个，年末总人口71.13万人。2018年，实现地区生产总值546.72亿元，一般公共预算收入33.02亿元，注册外资实际到账1.037亿美元，进出口总额10.55亿美元，城镇居民人均可支配收入38755元、农村居民人均可支配收入22356元，全面建成小康社会综合得分苏北领先。

2018年盐都区各镇（区、街道）基本情况统计表

表43-63

镇（区、街道）	土地面积（平方千米）	耕地面积（公顷）	年末户籍人口（万人）	行政村（居）（个）	地区生产总值（亿元）				财政收入（万元）	粮食总产量（万吨）	城镇居民人均可支配收入（元）	农村居民人均可支配收入（元）
					合计	一产	二产	三产				
大纵湖镇	93.03	5143	5.05	20	30.45	3.04	11.77	15.64	6503	2.76	41810	24252
秦南镇	127.51	7974	8.36	32	52.77	2.92	27.94	21.91	7317	10.70	40559	23497
郭猛镇	43.03	2267	4.93	10	34.68	1.75	18.57	14.36	7467	1.91	42193	24391
楼王镇	150.70	6648	6.86	28	36.58	4	17.18	15.40	4880	5.74	37513	21757
学富镇	83.33	4630	4.95	20	17.03	1.86	8	7.17	5037	5.31	38571	22326
尚庄镇	72.57	4045	5.71	18	26.54	3.10	7.72	15.72	2387	6.75	38079	22005
龙冈镇	96.83	5547	7.51	31	64.26	6.72	29.12	28.42	11676	6.59	44730	25908
大冈镇	101.42	4869	6.09	21	39.47	2	18.25	19.22	7556	4.97	39963	23144
大纵湖旅游度假区	38.47	999	1.57	6	9.79	1.27	0.07	8.45	1018	0.48	42442	24751
台创园	49.94	1388	0.92	12	3.05	0.23	1.02	1.80	581	2.19	38621	21643
盐龙街道	52.63	2032	5.01	15	89.42	0.36	77.51	11.55	52987	0.94	42249	24465
盐渎街道	61.01	1482	6.35	15	47.02	0.24	14.38	32.40	89553	1.41	43387	23882
潘黄街道	27.72	904	4.83	13	67.16	0.37	28.86	37.93	38008	0.67	44596	25887
张庄街道	22.85	1024	3.01	9	28.50	0.37	19.94	8.19	8706	0.77	41385	24007

第一节　经济发展

一、工业经济

2018年，盐都区实现全口径工业开票销售376亿元、规模以上工业开票销售265亿元、规模以上工业总产值719.94亿元，高新技术产业产值占比53.1%，全社会研发投入占比2.45%。新获认定市三星级以上工业企业8家，新增规模以上工业企业41家、开票销售超亿元企业9家，规模以上企业增长面64.6%。智能终端产业持续壮大，东山精密电子、维信电子等项目投产，燕东微电子、群晖科技等项目落户，累计集聚项目85个、投产达效企业53家，形成百亿级产业集群，其中盐城东山精密制造有限公司实现开票销售45亿元。转型升级成效显著，实施超千万元技改项目43个，培育省星级"上云企业"4家，新增省服务型制造示范企业4家，江苏盐电阀门有限公司获批全市唯一省工业设计中心，江苏悦达纺织集团有限公司被认定为省示范智能车间，江苏钰明集团有限公司创成全区首个国家绿色工厂，江苏维尔思环境工程股份有限公司在"新三板"成功挂牌，江苏悦达家纺有限公司获市长质量奖。年内，中科院盐城高通量计算研究院、上海大学盐都技术转移中心签约落户，智创谷总部研发区主体竣工，智创园获评省级智能终端众创社区。至年底，盐都区国家高新技术企业总数186家，授权发明专利量累计1217件，万人发明专利拥有量从13.93件提高到19.09件，新增省首台(套)重大装备6只、省"科技小巨人"企业1家、省"专精特新"产品1只、省企业技术中心6家、省级企业研发平台9家、"瞪羚"企业4家。举办首届智创盐都精英人才交流会等活动，引进顶尖人才5人、领军人才52人，市高层次人才创业大赛获奖数全市第一。年内，大纵湖、龙冈、张庄、大冈工业园区连续两年创成市AAAAA级乡镇工业园区，盐城高新技术产业开发区获批省"双创"示范基地，龙冈科技创业园等4个科技创业园获批省级科技企业孵化器。

东山精密LED封装项目投产　4月，落户盐城高新技术产业开发区的东山精密LED封装项目投产。该项目由苏州东山精密制造股份有限公司投资，是全球首家采用硅胶封装工艺项目，总投资300亿元以上，分3期建设，一期新上5500条LED封装生产线，月产能达3万KK(LED行业的灯珠数量通俗标示号，1K代表是1000，KK代表是百万件)，产量居全球第二位，年可实现销售60亿元，税收2亿元。至年底，东山精密LED封装项目实现开票销售45亿元，税收6000万元。

盐都区与上海闵行区达成战略合作框架协议　11月20日，盐都区与上海市闵行区签署战略合作框架协议，盐城高新技术产业开发区与莘庄工业区签订园区共建补充协议。盐都区将以此次签约为契机，学习闵行、学习先进、学习一流、学习国际，深化拓展与闵行在园区、科技、旅游、农业、城市管理、党的建设等方面的对接合作，加强两地日常对接和密切交流，推动全方位合作落地见效。当日，盐都区在上海举行盐都全面接轨上海(闵行)合作共建推介会，盐都区政府与上海银行股份有限公司盐城分行签订战略合作框架协议，各镇(区、街道)及相关区直部门分别与上海相关方面，签订合作交流单位协议10个、高层次人才协议10个和产业投资项目20个。

2018盐城5G商用智能终端会议　10月18日，以"智"创未来、"慧"聚终端为主题的2018盐城5G商用智能终端会议在盐城举行。会议由中国电子信息行业联合会和盐城市政府主办，盐城高新技术产业开发区承办。国内电子信息和通信技术领域的专家、企业家齐聚盐城，交流5G商用趋势，分享5G技术成果，推动5G领域核心技术、关键设备、行业应用健康发展，夯实和完善互联网、大数据、人工智能、云计算等信息网络服务基础，共同推动盐城电子信息产业做大做强，打造智能终端特色化产业地标。会上，盐城市政府和中科院签订高通量计算创新研究院项目，盐都区集中签约中科睿芯、燕东微电子、群晖科技等重大产业链项目，行业专家学者和企业代表围绕"新一代通信技术的发展机遇与挑战"进行圆桌对话，电信、移动、联通三大运营商集中展示5G商用最新成果。

二、农业经济

2018年，盐都区实现农林牧渔业总产值98.2亿元，农作物总播种面积8.28万公顷，其中粮食播种面积6.66万公顷，粮食总产量48.59万吨，油料产量0.55万吨，蔬菜产量

无土栽培草莓　　盐阜大众报社/供

大纵湖镇三官村　　盐阜大众报社/供

个主题展开庆祝活动，全面展现盐都区推动现代农业高质量发展现状。

三、第三产业

2018年，盐都区实现第三产业增加值238.13亿元，社会消费品零售总额196.9亿元，其中商品零售额156.8亿元，餐饮收入额20.6亿元；30家服务业龙头企业完成营业收入105亿元、税收7亿元。现代服务业扩量提质，实施服务业重点项目26个，新增规上服务业企业26家。海外海盐城汽车城、顺丰盐城智慧电商物流园投入运营，电商快递产业园快递日处理量占大市区80%，东方汽车广场乘用车销售占大市区70%，城西南现代物流园获评全国优秀物流园区。房地产业健康发展，实现商品房销售面积153万平方米。生态旅游蓬勃发展，东晋城业态招商、酒店托管、景区运营取得突破，蟒蛇河风光带建设有序推进，成功举办“花开盐都·春游水乡”“畅游盐都金秋行”等活动，大纵湖旅游度假区列入省级旅游风情小镇创建名单，秦南镇泾口村创成省级休闲农业精品村，大纵湖镇三官村、郭猛镇杨侍村被评为乡村振兴旅游富民先进村。至年底，盐都区接待游客600万人次，实现旅游综合收入78亿元。

33.61万吨。调减低效粮油作物3333.33公顷，新增稻渔综合种养2000公顷、设施农业666.67公顷、经济林果和经济作物666.67公顷。年内，盐都区通过省级农产品质量安全县验收；七星农场创成全国稻渔综合种养示范区，台创园创成全市首批AAAAA级现代农业园区，“盐都草莓”获评中国地理标志商标，楼王鼎绿蔬菜、大冈野绿芳地被认定为上海市外蔬菜主供应基地。农村集体产权制度省级试点改革稳步推进，集体资产清产核资全面完成，“三资”管理“盐都模式”全省推广，新组建村级股份（经济）合作社48个、总数83个，新发展家庭农场93家、总数668家，适度规模经营面积比重48.7%。

“盐都草莓”成功注册中国地理标志商标　9月，“盐都草莓”正式被国家知识产权局核准注册为中国地理标志商标，这是继“葛武嫩姜片”“龙冈茌梨”“大纵湖大闸蟹”后，盐都区第四件中国地理标志商标。草莓是盐都的特色富民产业，20世纪90年代末引进栽培后，有20多年的种植历史，主栽品种有红颜、宁玉、香蜜、法兰地、章姬等。“盐都草莓”按照规模化、特色化、绿色化、品牌化的发展模式，先后获得国家及省部级金银奖项40多个，注册商标20多个，“仰徐”“张庄”“采红”“味可佳”等多个草莓品牌畅销省内外。至年底，盐都区草莓种植规模866.67公顷，实现年产值3.6亿元。

举办首届中国农民丰收节暨第二届特色农产品展销会　9月20日，盐都区首届中国农民丰收节暨第二届特色农产品展销会开幕仪式在万达广场举行。此次特色农产品展销会设置展区14个，有企业设置展位83家，展销包括大纵湖大闸蟹、张庄藕粉圆、龙冈茌梨、秦南水牛肉在内的220多个特色农产品。首届中国农民丰收节期间，盐都区各地围绕欢天喜地庆丰收、成果展示晒丰收、品牌发布助丰收、农民声音颂丰收、百米长卷画丰收、小小农场闹丰收6

吾悦广场开工建设　8月27日，盐都区在盐渎街道举行盐城吾悦广场奠基暨全区重点产业项目集中开工活动。此次集中开工项目12个，涵盖智能终端、精密制造和现代服务业等产业，总投资32.2亿元，其中10亿元以上项目1个。吾悦广场项目作为主会场开工项目，是落户盐都的第二个大型城市综合体，由新城控股集团投资20亿元，征地4.53公顷，建筑面积约20万平方米，集购物、休闲、娱乐于一体，聚国际名品、星轶影城、科技体验等业态，年可实现营业收入8亿元。

第二节　社会事业

一、城乡建设

2018年，盐都区实施城建重点工程32项，开创路改造等道路连通工程加快实施，北大科技园、智创园工业邻里中心有序推进，盐城高新技术产业开发区科技广场、盐城枫叶国际学校、盐渎农贸市场建成使用，智创小镇入选第二批省级特色小镇。启动新一轮全国文明城市创建，推进市容环境、交通秩序、背街小巷等十大提升工程，打造神州路商业街、万达商圈等诚信示范街区，城市精细化建管水平提升。开展“三治三化”专项行动，新洋港、大马沟水环境整治有效推进，盐塘河等9条黑臭河道治理通过省级督查，改造棚户区2630户，拆除违法建设近20万平方米，完成12个老旧小区整治任务。推进乡村振兴十大重点工程，农村宅基地有偿退出88.13公顷。启动新型农村示范社区工程建设，盐渎花吉、尚庄塘桥等10个集中居住点全面开建，楼王镇获得省人居环境范例奖，潘黄新民、秦南灯塔通过省级美丽乡村验收。全年铺设燃气管网22千米、供水管网42千米，盐宝河大桥竣工通车，改造农村公路312千米、桥梁556座。年内，盐都区通过省"四好农村路"示范县创建验收。中央环保督察"回头看"交办的36个环境信访问题基本办结，依法关闭"散乱污"企业160家，整治"小铸造"企业37家，秸秆禁烧连续五年卫星监测"零火点"，规模畜禽、水产养殖场治理率分别达80%、65%。实施园林绿化项目79项，大马沟生态西园建成开放，小马沟城市绿廊南线贯通，新增城市绿地面积470公顷，城市绿化覆盖率提升到43.3%。新造成片林面积866.67公顷，新建森林村庄10个，大冈、学富创成市级森林小镇。疏浚整治农村河道353条，建设污水主支管网129千米，蟒蛇河饮用水源二级保护区生活污水全部接管纳网。

盐都区获评首批省级生态文明建设示范区　10月25日，省生态环境厅发布《关于命名第一批省级生态文明建设示范县（市、区）的通知》，盐都区入选第一批省级生态文明建设示范县（市、区）名单。盐都区以创建国家生态文明建设示范区为抓手，始终践行"生态优先、绿色发展"理念，开展"263""三治三化"专项行动，生态环境质量持续好转，创成国家生态区，获批国家生态镇9个、中国最美乡村2个、省美丽乡村5个，自然村环境综合整治实现全覆盖，空气质量优良天数比例达到80%以上，饮用水源水质达标率100%，连续四年被省林业局表彰为造林绿化成效显著县，生活垃圾收运智能管理的做法被住建部向全国推广。

10个新型农村示范社区重点项目开工建设　12月6日，盐都区新型农村示范社区重点项目集中开工仪式在盐渎街道花吉村举行。集中开工的10个新型农村示范社区规划建设房屋2000户左右，占地约53.33公顷。近年来，盐都区完善村庄布局规划，挖掘地方特色，统筹推进农村危旧房屋改造和新型农村示范社区建设，形成"一村一品、一村一韵"建筑风格，培育仰徐、泾口、杨侍、三官、三湾等特色村居，打造佳富、倪杨等7个省美丽乡村，建成庆福、晓庄等12个农民集中居住点。年内，盐都区按照"进城入镇一批、有偿退出一批、有序新建一批、改造提升一批"的工作路径，加快实施新型农村示范社区"55113"工程（5村集聚提升、5村修缮保护、10村集中新建、100村改造整治、每年退出3000户宅基地），全面提升农村面貌。

金贸集团获得国家建筑工程施工总承包特级资质　2月6日，江苏金贸建设集团有限公司被住建部授予"建筑工程施工总承包特级资质"，成为盐都区首家建筑工程特级资质企业。该公司拥有建筑、房地产、建材制造三大业务板块，形成设计、园林、贸易、金融、监理、物管等多元拓展的运营模式，获评盐城市建筑业五星企业，承建的国投嘉园酒店写字楼获"国家优质工程奖"。2018年，公司承接房屋建筑工程20多项，实现总产值45亿元，

二、社会民生

2018年，盐都区为民办实事项目10类26项，完成投资15.68亿元。全年财政支出中民生支出近80%。开展助困就业、助技乐业行动，全年新增就业1.2万人。持续开展"结一门穷亲、找一份事做"主题帮扶活动，建立医疗保障救助体系，建档立卡贫困农户和贫困人口脱贫率分别88.2%、89%，人均收入低于4000元的特困农户全部消除，36个市定经济薄弱村增收达标，4个省定经济薄弱村全部达标。社会保险新增参保4万人次、待遇水平稳步提升，城乡一体的居民医保制度平稳运行。社会事业全面发展。推进校外培训机构整治，有效治理校外代伙现象，高层次教育人才、省级课程基地数量均列全市第一位。建成健身步道11千米、村居文体广场100个，获评省群众体育先进单位。新建"名院名医"工作室4个，省级以上卫生镇实现全覆盖，获评省健康促进区。举办全国乡村优秀曲艺节目交流展演，淮剧《送你过江》获省紫金文化艺术节优秀剧目奖，新建基层公共文化服务中心79家。推进全国农村留守儿童关爱保护和困境儿童保障示范区创建，盐都区社会福利院二期加快建设，慈善爱心超市实现村居全覆盖，盐都区获评江苏省双拥模范区。加强社会治理，推进全要素网格化社会治理，有序创建"四好村居"，开展"扫黑除恶"专项斗争，外流涉羟整治成效显著，连续十四年获评江苏省平安区。完成"七五"普法中期检查，被表彰为全国法治县创建活动先进单位。建立健全应急管理体系，安全生产形势总体平稳。年内，盐都区行政中心获评国家级节约型公共机构示范单位；盐城市第一中学获评全国中学生志愿服务示范学校；丁德勤获评"中国好人"。

盐都区融媒体中心挂牌　7月18日，盐都区融媒体中心挂牌成立，是盐城市首家成立的区级融媒体中心。盐都区贯彻落实中央和省、市委要求，加快推进媒体深度融合发展的战略部署，融合区广播电视台、区新闻信息中心、区文化艺术中心3家单位资源，建设"中央厨房"，重构"采编发"新流程，建立统一指挥调度中心，统筹采编和技术力量，实现"一体策划、一次采集、多元生成、多渠道传播、全方位覆盖"的融合传播新格局。

淮剧《送你过江》获省紫金文化艺术节优秀剧目奖
（参见第278页同名条目）　（张　弛）

第44章 亭湖区

编　辑　高兰会

综　述

亭湖区地处中国江苏东北部、黄海之滨，是盐城市的中心城区，南与大丰区接壤，西与盐都区毗邻，北与建湖县、射阳县交界，区域面积800平方千米，下辖镇5个、街道5个、经济区3个，年末户籍总人口69.52万人。2018年，全区实现地区生产总值469亿元。全年实现规上工业开票销售195亿元，有规模以上工业企业207家，新增“四上”企业134家、销售超亿元企业13家、纳税超百万元企业20家、市级“星级”企业8家。设立服务业发展引导资金1亿元，实现服务业增加值269.97亿元，社会消费品零售总额291.33亿元，服务业入库税收22.75亿元。实现一般公共预算收入33.93亿元。城镇居民人均可支配收入42472元、农村居民人均可支配收入23010元。年内，亭湖区被中国中小城市发展指数综合评价为全国投资潜力百强区。

2018年亭湖区各镇（区、街道）基本情况统计表

表44-64

镇（区、街道）	土地面积（平方千米）	耕地面积（公顷）	年末人口（万人）	行政村（居）（个）	地区生产总值（亿元）				财政收入（万元）	固定资产投资（亿元）	规模以上工业总产值（亿元）	粮食总产量（万吨）	城镇居民人均可支配收入（元）	农村居民人均可支配收入（元）
					合计	一产	二产	三产						
南洋镇	129.56	7194.08	7.82	25	42.41	7.36	23.59	11.46	20355	7	12.80	5.17	—	25873
盐东镇	122.19	7594.47	6.13	14	31.26	5.36	18.39	7.51	9677	15.10	9.44	4.62	—	26062
黄尖镇	262.99	9099.06	4.49	10	15.15	7.45	1.60	6.10	6983	10.80	3.89	4.24	—	23063
新兴镇	87.61	4870.18	7.54	24	35.94	8.63	17.07	10.24	15515	46.70	9.16	5.12	—	26388
便仓镇	71.97	4510.08	6.24	13	13.74	5.13	3.75	4.86	9728	15.30	24.35	4.32	—	22924
环保科技城	48.17	2219.45	4.40	6	29.63	1.16	25.83	2.64	47965	25.20	61.02	1.24	34206	—
亭湖经济开发区	24.74	626.14	8.76	9	60.52	0.04	40.77	19.71	124780	60.60	56.09	0.05	35175	—
新洋经济区	29.59	778.32	5.01	12	48.67	0.44	24.62	23.61	70391	52.40	32.60	0.30	34416	—
大洋街道	7.78	67.57	3.66	8	35.31	—	3.84	31.47	30690	6.90	1.16	—	43517	—
五星街道	4.38	3.65	5.12	11	36.85	—	2.46	34.39	31522	54	1.31	—	43702	—
文峰街道	5.53	6.44	3.87	15	52.27	—	5.59	46.68	39444	8.30	0.65	—	43529	—
先锋街道	6.08	33.28	4.20	14	30.38	—	2.37	28.01	24226	10.80	0.61	—	43647	—
毓龙街道	5.44	3	2.29	14	46.84	—	3.55	43.29	41091	3.90	3.32	—	43525	—

第一节　经济发展

一、工业经济

2018年，亭湖区加快促进产业转型升级，实现规上工业开票销售195亿元，企业增长面同比增长66%，新增规上工业企业34家、总数207家。支持智能制造业发展，委托省经信研究院编制《亭湖区智能制造发展规划（2018—2022年）》，制定13条支持智能制造政策。至年底，全区实施智能化改造项目62个，完成投资26.1亿元，江苏长虹智能装备股份有限公司、江苏中天伯乐达变压器有限公司、盐城市圣泰阀门有限公司3家企业获评省星级上云企业。推进产业融合发展，实施工业互联网平台和标杆工厂培育行动，科行智云INSEE平台建成国内环保行业首家工业互联网平台；江苏中天伯乐达变压器有限公司获得国家"两化"融合管理体系评定，江苏圣泰阀门有限公司、江苏同和智能装备有限公司获评省"两化"融合管理体系贯标试点企业。推进项目建设，全年新开工超亿元项目33个，完成投资54.98亿元；新竣工超亿元项目28个，完成投资58.68亿元。推进创新创牌，全年累计新增省级企业技术中心3家、总数13家，新增省重点技术创新导向计划15个、总数16个，新增省级专精特新产品1只、总数3只，新增省首台（套）重大装备和关键部件2个、总数14个。年内，江苏长虹智能装备股份有限公司获评国家技术创新示范企业，是2018年苏北唯一一家获评企业。

科行智云INSEE平台　年内，江苏科行环保股份有限公司科行智云INSEE平台建成，是全国首个环保产业工业互联网平台。INSEE（INtelligent Solution for Ecology and Environment）平台是科行环保在大气污染防治细分领域，以"服务研发、服务客户、服务产业链"为宗旨，以建成国内首个环保产业"智能运营+智慧服务"的示范平台为目标，基于自身在环保装备领域的行业经验，联合华为云平台等第三方资源，引入云计算、大数据、物联网和人工智能技术倾力打造的环保产业工业互联网平台。INSEE平台一期重点打造协同研发设计、协同产业链和环保设备全生命周期管理等服务，为客户和行业提供先进能力的复制，为工业大气污染物防治领域提供端到端的综合运营方案以及完整的、全生命周期的智能环保解决方案。

二、农业经济

2018年，亭湖区实现农林牧渔业总产值62.87亿元。加快调整农业结构，新增蔬菜等经济作物面积2100公顷、总面积1.34万公顷，新增设施农业面积375公顷、总面积7670公顷。新增省级农业龙头企业1家、总数7家，新场田园综合体、鹿苑生态园通过全国休闲农业与乡村旅游三星级企业专家组现场评审，黄尖牡丹园获评省主题创意农业园。至年底，亭湖区高标准农田总面积2.45万公顷，占比突破62%；农业机械化水平87%。持续推进农村电子商务，便仓镇金陈村、南洋镇月青村、新兴镇三灶村获评2018年全省"一村一品一店"示范村。新发展农民专业合作社15家、总数423家，新发展家庭农场34家、总数225家，新型农业经营主体规模经营比重达55%。推进全程机械化示范县建设，通过全国第三批率先基本实现主要农作物生产全程机械化示范县验收；继续推进全国百家农村产权制度改革试点区工作，全区农村产权交易综合考核位列全市县区（市区）首位。年内，《新闻联播》《走进新农村》栏目先后对亭湖区全产业链联动打造田园综合体，助力休闲农游发展进行报道；亭湖现代农业产业园列入全省现代农业产业示范园。

推进全国百家农村产权制度改革试点区工作　年内，亭湖区继续推进全国百家农村产权制度改革试点区工作。按照《中共中央国务院关于稳步推进农村集体产权制度改革的意见》，结合亭湖实际，全面实施农村集体产权制度改革，健全完善赋予农民对集体资产股份的占有权、收益权，探索赋予农民对集体资产股份的有偿退出权、继承权，选择有条件的村（居）开展政经分离等试点工作。至2018年底，全区村级集体经济组织全面建立，"归属清晰、权责明确、流转顺畅、保护严格"的现代产权制度基本建立。

三、第三产业

2018年，亭湖区实现服务业增加值269.97亿元，同比增长7.9%，增速高于地区生产总值增速0.9个百分点，服务业增加值占地区生产总值的比重56.37%。全年全区实现社会消费品零售总额291.33亿元，服务业入库税收22.75亿元。全年全区服务业入库税收100万元以上企业273家，500万元以上企业78家，1000万元以上企业41家，5000万元以上企业4家，其中盐城市顺碧房地产开发有限公司实现入库税收15.12亿元，盐城华建置业有限公司实现入库税收7080万元，中国人寿保险股份有限公司盐城市分公司实现入库税收2806万元，盐城恒茂能源有限公司实现入库税收1321万元。招引服务业产业项目，新招引日立智能制造解决方案、和融风情街、物联网产业技术研究院、特斯拉汽车4S店、建材物流及仓储物流、电竞产业园、智慧名典教育等43个服务业项目。加快服务业集聚区建设。盐城市现代物流园区连续两年获评全国优秀物流园区；盐城环保科技城智慧谷获评省级生产性服务业集聚示范区。年内，盐城现代物流园、盐城环保科技城智慧谷、盐城农副产品加工交易园区3个服务业集聚区实现营业收入48.5亿元、税收2.1亿元，完成投资49.35亿元。推进亭湖生态经济区、331省道观光旅游带、千鹤湾等旅游项目建设。至年底，亭湖区有国家A级以上景区3家；省级工业旅游示范点1家；三、四星级乡村旅游点4家，高星级饭店3家。全年游客接待量突破280万人次，实现旅游总收入23亿元。

第二节 社会事业

一、城乡建设

2018年，亭湖区实施城建重点项目10类187项，完成投资310亿元。启动实施68个棚户区改造项目，改造住宅超1.2万户。新开工各类保障性住房1556套，基本建成各类保障性住房656套，装修公租(廉租)378套，城镇住房保障体系健全率92.5%。实施市政府家属区、文港组团等5个老旧小区综合整治工程，总投资2500万元改善整治小区人居环境。开展农村危房改造专项治理，完成163户省级农村危房改造。建设完成大洋湾、铠胜21千米供水主管网；新建城镇污水管网35千米，完成10个村庄生活污水处理示范工程建设。一期内环高架及串场河沿线157幢楼宇、二期内环高架纵深82幢楼宇亮化建设工程、三期城东片区155幢楼宇及东亭湖公园亮化建设工程投入使用，并建立长效管理机制。提档升级农村公路87千米，改造桥梁113座，丹鹤线、盐黄线等8条县道改造项目竣工，全面完成农村公路提档升级三年行动计划。优化城乡公交线路4条，迁移新洋港杂船1200余条。拆除违法建设2608起，面积约17.6万平方米，其中拆除新增违法建设497起，面积2.5万平方米。加强生活垃圾分类治理，垃圾分类居民小区、公共机构分别达到140个和129个，建成区生活垃圾分类设施覆盖率51%，无害化处理率98%以上。开展示范镇区创建，丹顶鹤小镇发起全国丹顶鹤迁徙保护联盟宣言，环保科技小镇入选省特色小镇创建名单，千鹤湾康养小镇进入省旅游特色小镇名录。加快水环境整治，完成新洋港亭湖段7千米、串场河沿线9条河道、中央环境保护督察“回头看”交办3条河道水环境整治任务；全年全区各级河长巡河3.63万次，其中区级河长巡河57次，下发交办单102份，交办事项226件，并聘请20名社会监督员对区级河道管理保护进行监督。疏浚农村大中小沟128条100千米、221万立方米。开展城镇园林绿化建设，建成森林生态示范村27个，林木覆盖率25.6%，城镇绿化覆盖率40.35%。年内，亭湖经济开发区创成省级生态工业园区；黄尖镇获中国最美村镇生态宜居奖，盐东镇创成省生态文明示范镇，南洋镇获评省“味稻小镇”。落实最严格的耕地保护和占补平衡制度，实施各类土地整治项目1000公顷，占补平衡项目新增耕地80公顷；推行节约集约利用，再开发城镇低效用地56.67公顷，盘活闲置土地8公顷。年内，亭湖区获评全国新型城镇化质量百强区。

推行无主管小区托底管理 年内，亭湖区将无主管小区托底管理作为民生实事工程，按照“政府引导，居民参与，一区一策”的思路和要求，在2017年托管55个小区的基础上，扩大托底管理的覆盖面，将从未落实过物业管理的216个老旧小区全部纳入托底管理范围。在托管模式上，既倡导小区居民实施自治，又允许街道社区委托物业企业托管；对不能引进物业企业，居民又无法自治管理的小区，由社区兜底管理。托管经费采取政府补贴大部分，居民负担小部分的办法来解决。至6月30日，新增托管的216个小区相继实施以保洁、保安、保绿为主要内容的基础性物业管理，小区环境卫生、秩序显著改观，面貌焕然一新，受到广大居民的肯定和好评。至年底，亭湖区拨付托底管理补助资金930多万元，小区托管总数271个，总建筑面积522.56万平方米，受益居民5.37万户。

完成农村公路提档升级三年行动计划 年内，亭湖区提档升级农村公路87千米，改造桥梁113座，丹鹤线、盐黄线等8条县道改造项目竣工。至年底，全面完成农村公路提档升级三年行动计划，累计提档升级农村公路475千米，改造桥梁562座。

二、社会民生

2018年，亭湖区城乡居民最低生活保障标准实现一体化，统一提高到每人每月580元。应保尽保覆盖面扩大，新增被征地农民参保4100人，企业职工养老、医疗、失业、工伤、生育保险总参保30.56万人，城乡基本社会保险覆盖率98%，居民人均拥有社会保险福利总额4373.3元。设立就业创业政策项目库，开展失业保险援企稳岗“护航行动”、技能提升“展翅行动”，新增城镇就业1.12万人，城镇失业人员再就业9163人，新增农村转移劳动力4526人，帮助企业引才用工1.1万人，打造全市首家返乡(下乡)科创孵化园。举办首届农民丰收节，便仓镇金陈村、南洋镇月青村、新兴镇三灶村获评全省“一村一品一店”示范村。为3.2万户烈属、军属和退役军人等家庭悬挂光荣牌，亭湖区获评江苏省第十一届双拥模范区。社会事业发展更优。建成先锋实验学校、文泽实验小学，创成省标教育技术装备先进校5所，义务教育优质均衡发展全市领先。新认定普惠性幼儿园18所，学前教育资源配置率达每万人1.43个。教育教学质量持续攀升，创建全国教育改革实验基地，创成全国中小学校责任督学挂牌督导创新区。获评全国国际象棋之乡，获得市级以上体育竞赛金牌138枚。城乡社区阵地建设达标率分别为56.7%、82.4%。建成新兴镇、毓龙街道社区卫生服务中心，新增省示范村卫生室8个，各类“中医馆”基层医疗机构全覆盖、居家养老上门服务城乡全覆盖，护理型床位占养老机构床位数58.1%。盐东镇、黄尖镇创成全国卫生镇，亭湖区卫计健康科普馆获批全国爱国主义教育基地，盐城小学获评全国学生营养与健康示范学校。全年文化惠民工程送戏下乡36场、电影1050场、图书1万册。6个基层文化站和122个村级综合性文化服务中心建成达标，亭湖区图书馆建成分馆27家。残疾人之家镇、街道实现全覆盖。

中国(盐城)国际象棋大师巅峰赛 (参见第303页同名条目)

(张 骢)

人物

□市级领导

□模范先进

第45章　市级领导

编　　辑　高兰会

第一节　新任市领导

曹路宝　男，汉族，安徽天长人，1971年9月出生，1993年8月参加工作，1990年12月入党，在职研究生学历，博士学位，高级会计师。1993年8月南京市税务局白下分局见习、科员；1994年9月南京市地方税务局白下分局科员、副所长；1997年1月任南京市地方税务局教育处副主任科员、主任科员；1998年3月任南京市地方税务局人事处处长助理；1999年11月任南京市地方税务局人事处副处长；2000年11月任南京市秦淮区副区长；2002年11月任南京市秦淮区委常委、常务副区长；2009年3月任南京市交通建设投资控股(集团)有限公司总经理、党委委员；2010年4月任南京市下关区委副书记、代区长；2011年1月任南京市下关区委副书记、区长；2013年4月任南京市鼓楼区委副书记、区长；2015年9月任南京市秦淮区委书记；2015年10月任南京市秦淮区委书记，南京市南部新城开发建设管委会主任、党组书记(兼)；2017年6月任南京市委常委、宣传部部长，秦淮区委书记，南京市南部新城开发建设管委会主任、党组书记(兼)；2017年8月任南京市委常委、宣传部部长；2018年4月任盐城市委副书记、代市长、市政府党组书记。1989年9月在北京财贸学院工商行政管理系工商行政管理专业学习；2001年9月至2004年4月东南大学经济管理学院产业经济学专业在职研究生学习，获经济学硕士学位；2004年3月至2012年12月东南大学经济管理学院管理科学与工程专业在职研究生学习，获管理学博士学位；2012年11月至2014年11月香港科技大学工商管理专业在职研究生学习，获工商管理硕士学位；2008年8月至12月，参加国家外国专家局公共政策和公共管理培训班，赴美国杜克大学学习；2018年6月25日至7月13日，参加中央党校市地党政主要领导干部任职培训班(第4期)；2018年9月1日至2019年1月14日，参加中央党校中青年干部培训一班(第45期)。十三届江苏省委候补委员，江苏省十三届人大代表，七届盐城市委委员，盐城市八届人大代表。

柏长岭　男，汉族，江苏连云港人，1969年9月出生，1992年8月参加工作，1992年6月入党，大学学历，学士学位。1992年8月江苏商业管理干部学院公共课教研室教师；1993年11月任江苏商业管理干部学院商校学生科副科长；1994年6月任江苏商业管理干部学院团委副书记兼商校学生科副科长；1998年3月任江苏省委省级机关工委组织部干部；1999年3月任江苏省委省级机关工委组织部副主任科员；2001年12月任江苏省委省级机关工委组织部主任科员；2002年8月任江苏省级机关团工委副书记；2005年8月任江苏省级机关团工委书记；2010年4月任江苏省委省级机关工委办公室主任；2011年10月任江苏省委省级机关工委组织部部长；2013年11月任江苏省委省级机关工委副巡视员；2015年6月任江苏省信访局副厅职信访督查专员；2016年12月任江苏省信访局副局长、党组成员；2018年7月任盐城市委常委、组织部部长。1988年9月在南京师范大学政教系思想政治教育专业学习。江苏省十三届人大代表，盐城市八届人大代表。

管亚光　男，汉族，江苏阜宁人，1959年10月出生，1979年9月参加工作，1978年10月入党，江苏省委党校研究生学历。1977年9月阜宁县北湾农中代课教师、新沟公社吉沟农中民办教师；1983年7月盐城市城区计划科、计经委办事员；1985年1月盐城市城区区委组织部办事员、组织员；1989年1月任盐城市城区统计局副局长、局长；1992年11月任盐城市城区财政局局长；1994年9月任盐城市城区财政局局长、地税局局长、党组书记；1995年3月任盐城市城区政府区长助理、财政局局长、地税局局长；1996年3月任盐城市城区政府副区长；1997年4月任盐城市城区区委常委、常务副区长；2001年1月任盐都县委常委、常务副县长；2002年12月任盐都县委副书记、代县长、县长；2004年2月任盐城市亭湖区委副书记、代区长、区长；2006年6月任盐城市政府副秘书长、市政府办公室党组成员(正处级)；2006年8月任盐城市交通局党委书记；2007年2月任盐城市交通局局长、党委副书记、市铁路筹建办公室主任；2008年3月任盐城市交通局局长、党委书记，市铁路建设办公室主任、党组书记；2009年8月任盐城市交通局局长、党委书记，市铁路建设办公室主任、党组书记、盐城港港口局党组书记；2010年2月任盐城市交通运输局局长、党委书记、市港口管理局党组书记；2015年11月任盐城市交通运输局局长、党委书记，市铁路建设办公室主任；2017年4月任盐城市城乡建设局局长、党委书记，市交通运输局党委书记、市铁路建设办公室主任；2018年9月任盐城市政协党组成员，市城乡建设局局长、党委书记，市交通运输局党委书记、市铁路建设办公室主任；2018年12月提名为盐城市政协副主席候选人，任市政协党组成员，市城乡建设局局长、党委书记，市交通运输局党委书记、市铁路建设办公室主任。1981年9月在淮阴供销学校计划与统计专业学习；1987年8月至1990年7月中央党校经济专业函授大专学习并毕业；2002年9月至2004年1月江苏省委党校政治经济学专业研究生学习并毕业。江苏省十二次、十三次党代会代表，江苏省十届人大代表，盐城市五次、六次、七次党代会代表，五届盐城市委候补委员，六届、七届盐城市委委员，盐城市三届、四届人大代表，盐城市六届、八届政协委员。

葛　冰　男，汉族，江苏兴化人，1970年9月出生，1992年8月参加工作，1991年12月入党，在职研究生学历，博士学位。1992年8月江苏省人民检察院干部、见习书记员、书记员、助理检察员；2001年11月任江苏省人民检察院反贪污贿赂局侦查三处副处长（2003年4月至2004年5月挂职任南京市秦淮区人民检察院副检察长）；2004年5月任南京市秦淮区人民检察院副检察长（正处级）；2006年12月任南京市鼓楼区人民检察院副检察长兼反贪污贿赂局局长；2008年7月任南京市鼓楼区人民检察院副检察长、党组副书记兼反贪污贿赂局局长；2009年12月任南京市建邺区人民检察院代检察长、检察长；2016年12月任南京市人民检察院检察委员会专职委员；2017年1月任南京市人民检察院副检察长、党组成员，三级高级检察官；2018年1月任南京市人民检察院副检察长、党组成员，二级高级检察官；2018年9月提名为盐城市人民检察院检察长候选人；2018年10月任盐城市人民检察院代检察长、党组书记。1988年9月南京大学法律系经济法专业学习；1999年9月至2002年6月南京大学法律专业学习，获法学硕士学位；2004年3月至2011年1月河海大学商学院技术经济及管理专业在职研究生学习，获管理学博士学位。盐城市八届人大代表。

第二节　市领导变动

戴　源　2018年4月任盐城市委书记、市人大常委会党组书记，不再担任市长职务。

王荣平　2018年4月调离。

陈红红　2018年7月任盐城市委副书记，不再担任副市长职务。

王　荣　2018年9月任盐城市委统战部部长，免去盐城市大丰区委书记职务。

尹卫东　2018年2月调离。

羊维达　2018年7月任盐城市政府党组副书记，免去盐城市盐都区委书记、盐城市委秘书长职务；8月任盐城市常务副市长。

崔　浩　2018年7月任盐城市委常委、市委秘书长，不再担任副市长职务。

顾云岭　2018年7月免去阜宁县委书记职务；8月任盐城市副市长。

孙光永　2018年9月调离。

第46章　模范先进

编　　辑　高兰会

第一节　国家级荣誉获得者

计成阜　男，汉族，江苏阜宁人，1973年12月出生，硕士研究生学历，阜宁县人民医院院长。计成阜注重学习，善于钻研，勇于创新，具有较高的业务水平，在开展造血干细胞移植手术方面取得明显成绩，是盐城市血液病治疗方面的学科带头人，牵头组建的血液科是盐城市重点学科、市级重点专科，结束阜宁县内及周边县疑难复杂血液病无法诊治的历史。拥有较强的组织管理和统筹协调能力，尤其是在改善医院服务态度、提升医疗质量、卫生行风建设等方面取得丰硕成果，努力将阜宁县人民医院打造成让患者、社会和政府都满意的优秀医疗机构，得到阜宁县委、县政府主要领导的肯定。2011年12月，被省人才办列入省"333"工程第四期第一批第三层次培养对象；2015年，获评江苏省首届卫生拔尖人才。2018年4月，被中华全国总工会授予"全国五一劳动奖章"。

徐保群　男，江苏盐城人，1982年5月出生，本科学历，江苏恒力组合机床有限公司技术部部长。徐保群2012年代表盐城市参加江苏省首届状元杯职工技能大赛，获得CDA(中国设计师协会)设计二等奖，被授予"江苏省五一劳动奖章"；2014年，主导设计国家C919项目中唯一一台国产专用机床-C919大型客机垂直尾翼安定面精加工平台并交付使用，同时取得"一种用于飞机尾翼安定面加工的专用夹具"的实用新型专利；2015年，主导设计重庆隆鑫四缸发动机机体开档及干涉面切削全自动专机，首次采用4片铣刀串联单面BBT50刀柄固定的方式，为国内外首创；2016年，负责设计数控钢板锯铣系列机床，攻克多重行业难关，初步取得成功，并进入小批量生产，填补国内市场钢板锯铣方面的空白，打破国外关于钢板锯切机床的垄断，获得"一种辅助龙门圆锯床切割钢板的装置"的发明专利，"一种倾斜式钢板运输装置"的实用新型专利。2018年4月，被中华全国总工会授予"全国五一劳动奖章"。

张　琴　女，江苏建湖人，1985年11月出生，本科学历，建湖县司法局庆丰司法所所长。张琴2011年加入司法行政队伍后，处理化解近400起矛盾纠纷。在工作中能严格执行机关管理制度，廉洁办事，以身作则、处事公正、关心群众，对每位当事人都能做到以诚相待，善于做群众思想政治工作，注意倾听群众的意见和要求，热心帮助群众解决实际困难；在调解案件中，以办事公平、公正赢得群众信任和认可。先后被评为江苏省社区矫正严格执法、严格管理集中整治活动先进个人，江苏省法律援助工作先进个人，优秀人民调解员，盐城市"忠诚卫士"，六五普法中期先进个人、新闻信息工作先进个人、三八红旗手、盐城市优秀普法志愿者、五一巾帼标兵、十大服务之星、建湖县综合先进个人、庆丰镇综合先进个人等。2018年5月，被司法部评为全国人民调解工作先进个人。

路乃国　男，江苏射阳人，1962年8月出生，大专学历，射阳县司法局临海司法所所长。路乃国自1999年3月任临海司法所长并兼任人民调解委员会主任、人民调解员后，组织参与调处各类疑难矛盾纠纷1311起，涉案金额950余万元。在工作中能及时准确掌握纠纷信息，将各村居的村组干部以及亲朋好友都纳入问询范围，做到第一时间到达矛盾纠纷现场，及时、主动参与纠纷调解；每年组织纠纷大排查4次，每月纠纷小排查2次，做到对易发生纠纷的重点户、重点人清楚，对易引起纠纷激化的纠纷类型和主要环节清楚，对失足青少年、两劳释解人员清楚，对已发生的纠纷调解情况清楚。2018年5月，被司法部评为全国人民调解工作先进个人。

董士玲　女，江苏射阳人，1981年10月出生，本科学历，射阳县人民法院黄沙港法庭庭长，二级法官。董士玲扎根基层，敢于担当、挑大梁，承办涉访、疑难复杂案件，从事民事审判工作10余年，办理案件2600余件，案件质量评查优秀，业绩考评综合评价优秀。2014年12月，被盐城市中级人民法院记个人三等功；2015年11月，被盐城市妇联授予"百佳书香女性"称号；2016年2月，被江苏省高级人民法院记个人二等功；2017年1月，被江苏省高级人民法院表彰为“全省优秀法官”。2018年1月，被最高人民法院评为全国法院先进个人。

周联联 女，江苏东台人，1967年9月出生，本科学历，盐城市中级人民法院少年及家事案件审判庭副庭长，四级高级法官。周联联从事民事审判工作19载，始终做到牢记使命，爱岗敬业，依法审理好每一件案件，累计办理案件2000余件，审判质效指标得到领导同事肯定。2012年，被江苏省高级人民法院评为全省法院调解能手；2013年4月，被盐城市政府评为劳动模范；2014年12月，被江苏省高级人民法院、省委宣传部等7部门评为江苏优秀法官，被江苏省高级人民法院记三等功。2018年3月，被全国妇联评为全国三八红旗手。

毕　侃 男，汉族，江苏阜宁人，1984年3月出生，本科学历，中共党员，市公安局亭湖分局禁毒大队一级警员。2007年6月，毕业于江苏警官学院刑事科学技术专业，2007年9月参加公安工作。2017年10月15日，在抓捕吸毒犯罪嫌疑人时，被嫌疑人驾驶车辆从其右小腿碾压而过，致使毕侃右腿小腿部位胫骨和腓骨中下段粉碎性骨折，伤势严重。伤愈以后，继续奋战在打击毒品违法犯罪一线，先后参与侦办各类涉毒违法犯罪案件112起，查处吸毒人员856人、涉毒刑事人员92人，缴获毒品冰毒120余克。2017年12月，被江苏省公安厅评为第五届江苏最美警察；2018年1月，被省文明办评为“江苏好人”。2018年3月，被公安部评为全国公安机关二级英雄模范。

经海虎 男，汉族，江苏盐城人，1986年9月出生，澳大利亚昆士兰科技大学研究生学历，教育硕士学位，共青团盐城市盐都区委副书记（兼职）、盐城市第一中学团委书记。2015年，经海虎接手盐城市第一中学团委工作后，推进先进性建设、健全“一心双环”团学组织格局及江苏省“六个一”团建项目示范校的各项创建；投身公益事业，2015—2018年累计志愿服务时间380小时，并善于利用网络等新媒体开展工作，打开线上线下志愿工作融合发展格局；不忘教书育人初心，所带班级在历届高考中成绩突出，高考重点本科达线率和英语成绩均列年级最前列，大批学生考入“985工程”“211工程”重点建设高校。该校团工作得到团中央和团省委各级领导肯定，并作为典型多次在中央团校、井冈山全国中学团委书记培训班等重大活动中作交流发言。2018年5月，被共青团中央表彰为全国优秀共青团干部。

张曼齐 女，汉族，江苏东台人，2001年7月出生，东台中学高二（1）班团支部书记。张曼齐品学兼优，乐观向上，尊敬师长，勤学好问，具有很强的求知欲和上进心，关心集体，有强烈的集体荣誉感，热心投入班级的建设，积极参加班级和学校组织的各类活动，为学校、班级争得荣誉；热爱国学，饱读诗书，积极传播传统文化。热爱生活，尊老爱幼，孝亲敬老，助人为乐，独立自主，与灾区孩子成为手拉手伙伴。先后获评江苏省首届百名美德少年、江苏省国学达人挑战赛冠军，获得全国青春国学荟“国学达人”挑战赛特等奖。2017年，被团中央评为全国“最美中学生”。2018年5月，被共青团中央表彰为全国优秀共青团员。

唐　超 男，汉族，江苏建湖人，1963年5月出生，本科学历，盐城市地震局办公室主任。唐超自2017年10月担任盐城市地震局办公室主任以后，围绕全市防震减灾中心工作，带领办公室全体人员认真履行职责，较好完成各项工作任务。强化防震减灾法制意识，组织全市防震减灾工作人员进行法制培训，制定法制宣传计划，加强行政执法队伍建设，提升依法行政能力。以身垂范带领办公室人员服务大局，强化机关规范化管理，制定工作目标责任制，改进工作作风，提高服务质量。协调报社、电视台、科协科技馆，通过报刊、电视、网络、轨道交通刊登、播放地震科普知识，宣传防震减灾法律法规，深入开展地震科普宣传，受益群众达万人次。先后获得市委、市政府及相关部门授予的盐城市“十佳勤政廉政干部”、盐城市科学技术进步一等奖、二等奖各一项、“城市建设先进个人”、优秀党务工作者、优秀党员、先进个人及江苏省地震局“地震工作先进工作者”等，2次获三等功。2018年12月，被中国地震局评为2018年度全国市县防震减灾人员考核先进工作者。

徐红岩 男，江苏丹阳人，1959年11月出生，博士研究生学历，滨海吉尔多肽有限公司董事长，江苏省人大代表。徐红岩毕业于美国麻省大学，先后投资1.5亿元、1.2亿元，创办滨海吉尔多肽有限公司和多肽成品药公司，首次在世界上实现达托霉素（Daptomycin）人工全合成，率先在国内合成出依非巴特（Eptifibatide）、奥曲肽等高难度复杂药物多肽，填补中国在多肽领域多项技术空白，实现多肽制备领域技术突破，实现多肽成套产品国产化。2010年，获中国多肽学术大会颁发的“多肽杰出应用奖”；主持国家“十二五”重大新药专项等各级国家、地方科技项目15项，获得授权受理发明专利119件，在国内外著名期刊发表论文19篇，获得中国侨联第五届中国侨界创新成果奖、省级科技进步奖三等奖1项；入选江苏省“双创计划”，获首届中国留学生人才归国创业腾飞奖，江苏省侨界杰出人物提名奖、盐城市侨联表彰的盐城最美侨界之星和海归新侨创新创业盐城贡献奖等。是上海市学科带头人、上海市“千人计划”专家，江苏省留学回国先进个人、江苏省产业教授、江苏省高层次创业创新优秀人才、江苏省“侨界之星”。2018年8月，被中华全国归国华侨联合会和国务院侨务办公室评为全国归侨侨眷先进个人。

平海清 女，江苏大丰人，1966年4月出生，江苏省委党校研究生学历，江苏省盐城市国家税务局税务师。平海清立足工作岗位，遵章守纪、严于律己，爱岗敬业、踏实工作，树立忠诚干净担当的侨眷形象；在本职岗位建功立业的基础上，热心侨务事业，搭建推广平台，光大祖国医学，促成南京中医药大学与日本综合整体学院等大学合作办学，确保南京中医药大学教授定期赴日开设专题讲座，2批日本学生每年到南京中医药大学留学中医学的合作项目；发挥海外人脉优势，搭建协作平台，促进合作共赢，为地方企业牵线搭桥，促成6个合作意向项目和1个落户项目，为地方发展贡献侨智侨力。先后获评全省归侨侨眷先进个人、盐城最美侨界之星，获得全市侨联系统侨花贡献奖；多次获市国税局、市级机关工委表彰的优秀公务员、优秀党员，被市国税局授予三等功1次；是江苏省国税局"廉政干部"、江苏省巾帼建功标兵、盐城市首届"十佳文明市民"，其家庭先后获评国"五好文明家庭"、全省"五好文明家庭"、盐城市"十佳热心公益家庭"。2018年8月，被中华全国归国华侨联合会和国务院侨务办公室评为全国归侨侨眷先进个人。

吴春安 男，江苏建湖人，1969年5月出生，江苏省委党校研究生学历，建湖县侨联主席。吴春安自2001年8月任县侨联副主席后，克服人手少、经费紧的实际困难，开展侨联各项活动，帮助服务企业融资招工解难题，帮助困难农户助困扶贫送温暖，完成招商引资8个开工项目、3个签约项目，2016年建湖县侨联被建湖县委、县政府表彰为招商引资工作先进集体；开展侨联交流联谊，接待华侨华人52批350多人次，聘请5名侨界专家，协助引进2名海外高层次人才，建立3个联络联谊微信群；参政议政建言咨政，撰写的6件提案被县政协表彰为优秀提案。2006年，建湖县侨联被盐城市政府表彰为全市侨务工作先进集体；2012年，被省侨联表彰为全省侨联工作先进集体。2002年，吴春安被省侨联表彰为全省侨联工作先进个人；2005年，被省人事厅和省侨联表彰为全省侨联系统先进工作者；2015年、2016年，连续两年被建湖县委县政府表彰为目标任务绩效考核综合先进个人。2018年8月，被中华全国归国华侨联合会评为全国侨联系统先进个人。

第二节　省级荣誉获得者

陈　鹏　男，汉族，江苏阜宁人，1966年11月出生，本科学历，中共党员，盐城市公安局经济技术开发区分局党委书记、局长。1988年7月，毕业于苏州大学电子信息工程专业，同年8月参加公安工作。2009年，陈鹏担任盐城市公安局经济技术开发区分局党委书记、局长，针对盐城市经济技术开发区经济社会发展现状，团结带领开发区公安分局全体民警，刻苦钻研业务，勤勉扎实工作，创新开发区园区警务等制度，深入推进社会治安防控体系建设，开发区发案数逐年下降，社会治安状况明显好转。带领全体民警先后破获省公安厅督办涉及数亿元的非法吸收公众存款案、鹤凯电子股份有限公司1.8亿元合同诈骗案等系列大要经济案件，挽回损失1亿余元。先后被市政府记个人二等功1次、三等功2次。2018年12月，被江苏省委、省政府评为社会治安综合治理先进个人。

傅　军　男，汉族，江苏建湖人，1971年11月出生，本科学历，中共党员，盐城市公安局网络安全保卫支队政委。1994年8月参加公安工作。傅军自任市公安局科技信息化处（公安数据网络管理处）处长以来，按照盐城治安防控体系建设"四个一"总体布局，统筹技防城、雪亮工程、技防入户、村村通、铁桶阵、警务大数据工程载体，整体规划设计、统一建设标准，打造"管点、控线、成圈、联网"立体化设防城市。全市技防城、320道路监控建设处于全省前列，科信处先后被省公安厅记集体二等功2次；视频监控建设应用受到部、省肯定，2016年在公安部全国公共安全视频监控建设工作推进会议上经验交流；智慧铁桶阵被《法制日报》评为全国十大智慧警务建设案例；推出的狩猎战车、亮剑一号智能终端等实战产品，获专利权4项、软件著作权3项，狩猎战车获省公安厅创新二等奖。2006年11月，被公安部评为全国人口信息管理系统建设先进个人；2009年4月，获得"盐城市五一劳动奖章"；2009年9月，被盐城市委、市政府评为盐城市十佳政法干警；先后立二等功1次、三等功2次。2018年12月，被江苏省委、省政府评为社会治安综合治理先进个人。

钟　旭　男，汉族，江苏滨海人，1977年1月出生，本科学历，中共党员，滨海县公安局刑警大队大队长。1997年7月毕业于江苏省人民警察学校交通管理专业，同年8月参加公安工作。2015年10月，钟旭任刑警大队大队长，率领大队民警先后攻克系列流窜杀人案、温某某"民族资产解冻"诈骗案等一批有影响案件，追回潜逃25年的命案逃犯，实现命案全破、八类案件破案率保持在95%以上；快破大案的同时，注重多破民生小案，组织侦破侵财案件1700余起，抓获侵财犯罪嫌疑人620余人，侵财案件破案率从20%提升至34%。2018年1月，被市公安局评为盐城最美警察；2018年8月，被市人社局、公安局评为盐城市模范人民警察。2018年12月，被江苏省委、省政府记个人二等功一次。

第三节　"好人"典范

2018年，盐城市培育和践行社会主义核心价值观，注重实践养成，汇聚精神力量，全市上下持续涌现出一大批"好人"典范。至年底，全市有11名好人代表入选"中国好人榜"，22人（组）好人代表入选"江苏好人榜"，60人（组）好人代表入选"盐城好人榜"，盐城"厚德盐城"品牌持续彰显。

一、"中国好人"简介

时宽义　男，汉族，1973年6月生，中共党员，响水县公安局党委委员、刑警大队大队长。时宽义自参加工作以来，时刻牢记人民警察的责任与担当，英勇无畏，冲锋在前，先后10余次抓捕持刀歹徒，保护群众的生命安全。工作以来侦破命案53起，破获公安部、省公安厅挂牌的一批大案、要案，为人民群众挽回经济损失2000余万元。2016年8月底，亲自率领抓捕组抓获公安部督捕的河南省袭警持枪逃犯，抓捕过程中英勇负伤。先后立个人二等功1次、三等功

3次，被评为盐城市第七届劳动模范，当选盐城市第七届人大代表。2017年5月被公安部评为全国优秀人民警察，2017年12月被盐城市文明委评为盐城市道德模范。2018年1月，入围“中国好人榜”敬业奉献典型。

王浩春 男，1951年生，江苏亭湖人。王浩春热心社会公益事业，是社区的平安志愿者、文明城市创建的劝导员，为维护社区和谐稳定做出自己的努力。2017年8月5日下午，王浩春下楼看到一个人鬼鬼祟祟坐在别人电瓶车上，就主动上前制止。坐在电瓶车上的李某拒绝承认自己偷东西，并与王浩春发生争论。恼羞成怒的李某扬起菜刀，一刀砍在他的头上。随后，李某拿着刀继续向王浩春砍去，王浩春几经挣扎，英勇搏斗，终于在车库出口的水泥台上将李某摁住，并使出全身力气呼救。在小区一楼开店铺的邻居看见后赶紧报警并拨打“120”。5分钟后，特警赶到现场将李某制服。此时，王浩春头部多处头皮撕裂，其中3刀直接砍到颅骨，导致颅骨骨折。王浩春面对歹徒，挺身而出、大义凛然，用瞬间的选择维护正义、担当道义。2018年2月，入围“中国好人榜”见义勇为典型。

周为华 女，1945年生，江苏阜宁人。39年前，周为华丈夫不幸因病离她而去，留下两个尚未成年的孩子和3万多元看病欠下的债务。年轻的周为华坚定地选择留在这个家，独自担负起抚养两个孩子的重任。1996年4月的一天，在外打工的小儿子突患急性脑膜炎住进医院，虽抢救及时，但导致智力低下。2000年初，大儿子不幸患病离世，留下不到一米高、患有类风湿关节炎、靠双手撑地行走且生活无法自理的媳妇以及一个不到3个月的女儿。面对困境，周为华起早摸黑，种地、养猪、做小工，什么挣钱就干什么，不怕苦不怕累，坚强地撑起这个残缺的家庭，让老母亲和智力低下的儿子健康地活着，让残疾的大媳妇重拾生活的信心并帮助其重新找到婆家。39年来，尽管历经磨难，但周为华从未向镇、村党组织伸手，从不差村组一分钱的税费，并且用卖粮食、养猪、做杂工积攒下的钱，还清为丈夫、儿子、媳妇治病欠下的近16万元债务。2018年3月，入围“中国好人榜”孝老爱亲典型。

李余礼 男，1940年生，江苏射阳人。2007年，退休教师李余礼看到村里许多学龄儿童因父母常年在外打工，家庭教育成为大难题，他说服家人创办全市首家留守儿童校外义务辅导站，为乡邻留守儿童义务进行校外辅导。李余礼不断提升辅导站基础设施，先后投入28万元，建设阳光玻璃房，添置课桌、电脑、钢琴等教学设备。李余礼还自己动手制作各类学习卡片1000多套上万张，编写《音序歌》《单复韵母歌》等十几首儿歌。即使患癌化疗8次，仍始终牵挂着村里的留守儿童，病痛稍有好转就坚持教学。2007—2018年，他辅导的学生多达850余人。李余礼为当地留守儿童助学、筑梦的义教之举，也感动激励周围的人加入到关心留守儿童的行列。2018年4月，入围“中国好人榜”助人为乐典型。

陈扣连 男，1974年出生，江苏建湖人，中共党员，建湖县人民检察院政治部主任。2014年9月起，陈扣连作为下访干部先后在建湖县上冈镇桃园村、大志村担任“第一书记”。初到桃园村，陈扣连看到村民外出道路为一条泥泞坑洼的1400米长农村小道，立即想方设法解决出行困难。10月道路破土动工，11月道路通车。陈扣连对因病致贫的癌症患者周某、肾功能衰竭的村民陈某等人，及时与帮扶单位对接落实解困资金；帮助家境贫困的未成年人肖某减免学费、伙食费；为肝坏死的村民筹集每月输血救命费用；鼓励村民王美云带头创业扩大养鸡场规模，帮她争取在项目资金上的扶持。2015年8月，陈扣连完成在桃园村一年的下访工作后，担任上冈镇大志村“第一书记”继续开展下访工作。2016年底，回到建湖县人民检察院工作后，仍一如既往地接待着村民，继续帮助大家解决困惑和难题。2017年1月，陈扣连被评为江苏省“最美基层干部”。2018年5月，入选“中国好人”榜敬业奉献典型。

仇玉彩 男，1953年3月生，江苏大丰人，中共党员，大丰区航运公司退休职工。2018年2月7日10:40，大丰区大中街道西河口社区一居民家中突然着火。仇玉彩听见有人喊“救火啊、救火啊……”仇玉彩立即冲进火海。在准备往里走时，脚下被东西绊一下，发现是个小孩。仇玉彩一边抱起小孩往外跑，一边大声呼喊让人拨打报警电话。之后，仇玉彩再次冲入屋内火海将小孩的奶奶救了出来。仇玉彩虽已年过六旬，毅然冲进火海彰显勇者气魄。2018年6月，入选“中国好人榜”见义勇为典型。

王子纯 男，1956年1月生，江苏东台人，中共党员，江苏东强股份有限公司董事长、党委书记。王子纯坚持诚信经营，与客户共赢。要求企业采购优质原辅材料，不断优化生产工艺，产品合格率保持在100%，“东强”商标被认定为中国驰名商标，公司连续15年被认定为国家重点高新技术企业、全国诚信守法乡镇企业、全国守合同重信用企业。坚持诚信纳税，自1985年公司创建以来，公司累计向国家缴纳税金8亿多元，被评为盐城市纳税前20强企业。注重关爱员工，为全体员工足额缴纳“五险一金”，员工薪酬逐年增长，投资8000多万元，建造“东强人才公寓”“员工功臣楼”“专家楼”“东强研发楼”。注重诚信回报，王子纯累计向“希望工程”、东台中学、见义勇为基金会、慈善基金会、残疾人基金会、阜宁龙卷风灾后重建等公益事业以及社会困难群体捐资捐物近2000万元。王子纯享受国务院特殊津贴，被授予中国“当代发明家”称号，获评全国优秀科技工作者、全国质量工作先进个人、省劳动模范、省优秀共产党员和江苏最美双创之星等。2018年7月，入围“中国好人榜”诚实守信典型。

吕其俊 男，1955年生，江苏滨海人。2017年12月10日8:30左右，响水县陈家港镇海安集境内一处船闸河边传来呼救声：“快来人、快来人啊，有小孩掉河里啦……”正在附近临时居住的吕其俊听到呼救声后，连忙飞奔到现场，眼看着孩子只剩下头部和双手在河面上扑腾，吕其俊心中一紧，衣服和鞋子都没脱，便纵身一跃跳进冰冷刺骨的河水中。吕其俊发现落水小男孩快要沉入水底了，赶紧游过去，一把拽住小男孩，随即再夹着小男孩转过身去抓住小女孩，一手一个，把他们两个兜着用劲往岸边游！在岸边等候救援的村民合力将两名小孩从水中拉到岸上，带回房间换上干净衣服。2018年8月，入围"中国好人榜"见义勇为典型。

刘　婵　女，汉族，1967年7月生，中共党员，盐城市公安局亭湖分局法制大队(信访办)二级警长。从警31年来，刘婵深情爱民，坚守信访岗位12年，将信访窗口变成普法教育、心理疏导、人生引导、帮扶解困基地，累计接待5300多名信访人，通过办理信访案件依法处理121人、破案150起，为群众挽回经济损失105万元、上级交办36起案件全部化解，停访息诉率100%，撰写的《信访问题分类化解工作法》被江苏省公安厅作为群众工作创新工程典型经验在全省公安机关推广，刘婵工作室被评定为盐城市公安局民警随岗培训基地。2014年被公安部表彰为全国公安机关爱民模范，2015年被公安部表彰为全国公安系统二级英模，曾获评江苏最美警察、江苏省岗位学雷锋标兵、全省公安重点信访案件专项治理工作成绩突出个人、全省公安机关执法示范岗位、全省公安机关巾帼建功标兵、江苏好人等，立一等功1次、三等功2次。2018年9月，入围"中国好人榜"敬业奉献典型。

丁德勤　男，1959年10月出生，盐都区畜牧兽医站水电工。丁德勤热心公益，奉献社会，利用空闲时间骑着自己发明的半自动"吸钉车"，义务吸(捡)废钉子、螺丝、钢筋头等。8年来累计骑行6万多千米，吸捡铁钉、螺丝等车胎"杀手"4000余千克。变卖废钉杂物换来的钱，全部购买成营养品赠送给附近敬老院老人。丁德勤不但"吸(捡)铁钉"，还义务管护热水河、新洋港河，清理河道垃圾，打捞水面的漂浮物，印发宣传材料，呼吁居民不再向沟河内倾倒垃圾等杂物。丁德勤热心公益事业，先后被评为江苏省劳动模范、江苏好人、第五届盐城市道德模范，其家庭也先后被评为盐城市最美家庭、盐城市文明家庭等。2018年10月，入围"中国好人榜"助人为乐典型。

杨洪雨　男，1972年11月生，江苏阜宁人，盐城市人民检察院检察法警支队主任科员。2016年4月以来，杨洪雨先后任板湖镇党委副书记、孔荡村、三鑫村"第一书记"。在"6·23"特大龙卷风自然灾害抢险救灾中，第一时间冲在抢险救灾第一线，连续奋战20多天，发动亲友为灾民捐赠钱物价值40多万元，帮助受灾群众重建家园树立信心；坚持脱贫与致富两手抓，通过土地流转，成立专业合作社，发展规模养殖和绿色生态农业，带领发动群众走出一条乡村振兴之路，打造的"扶贫开发'五一二二'孔荡模式"在市县得到全面推广；狠抓党建坚强党总支，创造了"等靠没希望，争先勇担当，实干奔小康"的孔荡精神。杨洪雨工作成绩突出，先后被省扶贫济困领导小组授予"全省扶贫济困奖"，被省委宣传部、市委宣传部授予江苏省"最美基层共产党员"、盐城市"时代先锋"等称号。2018年11月，入围"中国好人榜"敬业奉献典型。

二、"江苏好人"名录

毕　侃　吕其俊　邓　兵　仇玉彩　陈晓平
杨兰俊　吴美德　余　勇　蔡德洪　蔡渠祥
徐达庆　王子纯　[周弘进]　[徐坚强]　卞康全
蔡顺成　洪　刚　许海兰　杨洪雨　陈必胜
包　斌　陆一军　杜甫秀　乐华泽　柏志全

三、"盐城好人"名录

高培林　周弘进　顾寿义　施　兵　孙红灿
王志金　杨佃丹　贾良军　董淑丽　余　勇
蔡德洪　蔡渠祥　徐达庆　胡迎春　程玉华
洪秀梅　吴雨芳　戴　凤　陆立萍　夏素红
陈必胜　卞康全　包　斌　陆一军　王海丰
洪　刚　李仕梅　袁建进　徐坚强　宗劲松
孙吕山　施培栋　许海兰　杜甫秀　蔡顺成
[梁国权]　林海平
盐城市第三人民医院保安中队28人团体
乐华泽　张　清　吴高中　柏志全　李惠平
树竹友　乔约华　韩立坚　张红叶　张大中
李佩才　殷友菊　黄长华　季洪球　裴华英
[徐粉干]　许　军　徐　萍　董　华　蒋更林
刘国臣　陈远龙　王　勃　仲继春　李成义
徐卫林　尤莉莉　于　云　蔡金玲

说明：加□为逝世人物

附录

□重要文献
□组织机构
□文件目录
□荣誉榜
□出版书目
□媒体报道

附　录

编　辑　高兰会

重要文献

坚持解放思想　突破“两海两绿”
为推动高质量发展走在苏北苏中前列而奋斗

——在市委七届七次全会第一次全体会议上的讲话

（2018年12月29日）

戴　源

市委七届七次全会的主要任务是：高举习近平新时代中国特色社会主义思想伟大旗帜，深入贯彻党的十九大和十九届二中、三中全会精神，认真落实中央经济工作会议和省委十三届五次全会部署，动员全市上下进一步解放思想、改革创新，以担当作为、干事创业的奋斗精神，决战决胜高水平全面建成小康社会，奋力推动盐城高质量发展走在苏北苏中前列。

下面根据市委常委会讨论精神，我讲四个方面意见。

一、深入贯彻党的十九大精神，高质量发展开局良好

今年以来，我们坚持以习近平新时代中国特色社会主义思想为指导，团结带领全市广大党员干部群众，聚焦“高质量发展走在苏北苏中前列”目标定位，积极实施“产业强市、生态立市、富民兴市”，深入推进“开放沿海、接轨上海，绿色转型、绿色跨越”，打好“三大攻坚战”，统筹做好稳增长、促改革、调结构、惠民生、防风险各项工作，经济社会发展和党的建设各项事业取得明显进步，高质量发展起步良好。

*一是牢牢把握政治站位，对标坚定、对表坚决。*始终把深入学习贯彻习近平新时代中国特色社会主义思想、党的十九大精神和习近平总书记对江苏工作系列重要讲话指示精神，作为统领一切工作的总纲，市委常委会带头加强学习、及时贯彻，推动改革再深入、实践再创新、工作再落实。按照省委对盐城高质量发展走在苏北苏中前列的要求，在全市范围内深入开展解放思想大讨论活动，建立高质量发展监测评价和年度考核指标体系，主要经济指标保持在合理区间，新增高新技术企业数量、制造业投资占比等多项高质量指标位居全省或苏北苏中前列。

*二是切实加强系统谋划，方向明确、指向清晰。*加强顶层设计，科学统筹谋划，明确“两高”目标、“三市”战略和“两海两绿”路径，致力走出一条符合中央和省委要求、具有盐城特色的高质量发展新路。突出开放沿海，获批国家海洋经济示范区，加快中韩（盐城）产业园建设，汽车出口实现零的突破，沿海发展全面起势。强化接轨上海，一批重大项目建设取得突破，沪苏（大丰）产业联动集聚区建设全面提速，产业接轨、市场接轨、科创接轨如火如荼。推动绿色转型，高新技术产业产值占规上工业产值37%，战略性新兴产业同比增长22%，成为高质量发展的有力支撑。探索绿色跨越，生态旅游保持22%的增速，生态品牌影响力不断放大。视野的改变带来格局的拓展，“两海两绿”成为当前盐城破解主要矛盾、争创优势、走在苏北苏中前列的现实路径。

*三是聚焦发展关键事项，亮点频现、重点突破。*重抓关键性、撬动力强的工作，一批事关长远、牵动全局的事项取得实质性进展。产业项目在持之以恒推动下实现历史性突破，宝武钢铁2000万吨绿色精品钢铁生产基地项目正式落户，成为盐城改革开放以来第一个单体千亿级特大产业项目。生态品牌在锲而不舍努力中取得历史性进展，国务院正式同意我市黄海湿地项目作为2019年国家申报世界自然遗产项目，找到了“绿水青山”转化为“金山银山”的突破口。区域交通格局在全力以赴推动中发生历史性变化，12月26日盐青铁路正式通车，标志着盐城迈入高铁时代，区域经济地理版图加速重构。农村贫困人口年人均纯收入全部达到国家4000元的脱贫标准，已消除绝对贫困现象。在许多领域，我们正在从“有没有”向“好不好”“积累量”向“提升质”转变。

*四是持续提振作风状态，塑形有效、铸魂有力。*扎实开展“全面从严治党主体责任落实年”活动，着力提振干事创业“精气神”。着眼激励担当作为，制定出台鼓励激励、容错纠错、能上能下“三项机制”，为担当者担当、为负责者负责。开展“履职不尽责、服务不担当”专项整治，引导市级机关各部门服务意识再增强、履职能力再提升、办事效率再提高。各条线、各板块始终保持良好的精神状态、扎实的工作作

风，形成凝心聚力、干事创业的浓厚氛围。积极支持人大、政府、政协围绕中心开展工作，加强人大立法工作，推进政协协商民主，深化群团组织改革，巩固了团结奋进的良好政治局面。

每一份可圈可点的努力，汇聚起来就是奋斗逐梦的盐城故事；每一个日新月异的变化，累积起来就是值得铭记的历史痕迹。时间砥砺信仰，岁月见证初心。今天的成绩，为今后发展打下了坚实基础；发展的实践，为继续前行积累了宝贵财富。成绩的取得，铭刻着中央和省委、省政府的领导支持，凝聚着广大干部群众的辛勤汗水。我们要乘势而上、接续奋斗，在如期高水平全面建成小康社会、推动高质量发展征程中，再接再厉，再创辉煌。

二、把握稳中求进总基调，坚定高质量发展走在苏北苏中前列的目标追求

2019年是中华人民共和国成立70周年，是决胜全面建成小康社会的关键之年，是决战精准脱贫、推动高质量发展取得突破的关键之年。中央经济工作会议明确“五个坚持”“六个稳”，勾勒了明年经济工作的主要方向。省委十三届五次全会突出强调，变中求稳要有“进”的信心、优化结构要有“稳”的定力、走在前列要有“新”的作为、解放思想要有“深”的拓展，这是贯彻落实中央精神、深入研判江苏发展大势的科学把握，是我们做好明年工作的基本遵循。

*变中求稳要有“进”的信心，这是我们的责任所在。*发展从来不会一帆风顺，总是在应对各种变局中闯关超越。要始终看到全球化的大势不可逆，我国经济长期向好的态势不会变。坚持“两高”目标、“三市”战略、“两海两绿”路径，是我们应对变化的根本抉择。对盐城而言，稳是进的根基，“进”是当前发展阶段最迫切的需要。金光、宝武项目的落地，为更快地“进”奠定了基础；盐青铁路通车、徐宿淮盐高铁和盐通高铁建设，为更广地“进”拓展了空间；申遗工作的实质性推进，为更好地“进”赢得了条件。我们一定要抓住“一带一路”、长三角一体化、淮河生态经济带发展规划以及长江流域“共抓大保护、不搞大开发”等叠加机遇，落实好国家减税降费政策，激发企业活力，促进实体经济，在合理区间里争取最好的结果。

*优化结构要有“稳”的定力，这是我们的任务所在。*经济下行压力加大的情况下，转型的过程必然是痛苦的，付出一定代价是必须的、也是值得的，否则未来将付出更大代价，并且会影响重大项目的建设。盐城产业结构不优仍然是一个突出的问题，打赢污染防治攻坚战仍然是一项艰巨的任务，我们需要有“任凭风浪起、稳坐钓鱼台”的定力，不为困难增多所畏惧，不为外部议论所困惑，该调的继续调，该转的接着转，该干的必须干，以更加坚定的决心为“两海两绿”积蓄势能、打开空间。

*走在前列要有“新”的作为，这是我们的使命所在。*推动高质量发展走在苏北苏中前列，是省委交给我们的光荣使命，没有现成路径可行，没有固定经验可循，必须按照习近平总书记强调的“创造性地贯彻落实”，正确看待长期积累形成的历史问题，用新的发展去纠正实践中出现的偏差，解决好历史欠账，保护还旧账、敢担责的干部，涵养重落实、敢突破的风气，低调务实不张扬、撸起袖子加油干，在新起点上续写好“将改革开放进行到底”的新篇章。

*解放思想要有“深”的拓展，这是我们攻坚克难的力量所在。*习近平新时代中国特色社会主义思想，闪烁着引领时代、昭示未来的真理光芒。要在解放思想中更加主动汲取真理的力量、信仰的力量、奋进的力量，把思想解放的过程变成把握规律、用好规律，抓住机遇、创造新的更大机遇的过程，在更广阔的时空格局中审视把握今天的工作，以发展的生动实践展现“四个自信”，在新的征程上留下奋进者的身影、刻下改革者的脚印。

明年工作总体要求是：坚持以习近平新时代中国特色社会主义思想为指导，按照党的十九大、十九届二中、三中全会、中央经济工作会议和省委全会部署，统筹推进“五位一体”总体布局，协调推进“四个全面”战略布局，坚持稳中求进工作总基调，坚持新发展理念，坚持推动高质量发展，坚持以供给侧结构性改革为主线，坚持深化市场化改革、扩大高水平开放，加快建设现代化经济体系，继续打好“三大攻坚战”，按照“产业强市、生态立市、富民兴市”战略，走好“两海两绿”路径，统筹推进稳增长、促改革、调结构、惠民生、防风险各项工作，进一步稳就业、稳金融、稳外贸、稳外资、稳投资、稳预期，为高水平全面建成小康社会收官打下决定性基础，推动高质量发展走在苏北苏中前列。

明年经济社会发展的主要预期目标是：经济增长达到6.5%以上，一般公共预算收入增长6.5%左右。全市制造业投资占固定资产投资比重达到63%，全社会研发投入占GDP比重达到2.16%。一般贸易进出口占比达到80%以上，营商环境指数位居苏北苏中前列。城乡居民收入分别增长8.2%和8.5%，努力实现各项工作稳中有进、稳中快进、稳中优进。

三、认真落实中央和省委决策部署，推动高质量发展不断取得新突破

做好明年工作，关键在于咬定目标不放松，不断丰富拓展“两海两绿”路径，突出抓重点、补短板、强弱项，努力开创高质量发展新局面。

一要聚焦能级提升，加快构建三大体系。聚焦现代产业体系、交通体系、城镇体系，培植核心竞争力，把握未来发展战略主动。

一是加快建设现代化产业体系。产业是城市的支撑，是盐城提升能级和核心竞争力的关键。要强化重大产业项目引领力。围绕产业链、创新链和城市功能链，瞄准世界500强、国内500强，开展产业链精准招商，全年力争新签约10亿元以上产业项目25个。积极推进“千企升级”计划，聚焦1000家产业基础好、创新能力强、发展潜力大的高成长型企业，支持企业技术改造、兼并重组、挂牌上市。实施专精特新小巨人培育计划，培育一批单项冠军、隐形冠军。抓好“两重一实”项目，重点推动宝武钢铁2000万吨绿色精品钢铁基地、金光循环经济高科技产业园等重特大项目建设，形成龙头企业顶天立地、配套企业铺天盖地的发展格局。要提高特色产业竞争力。坚持抓龙头、筑链条、建集群，深入实施汽车、新能源、电子信息主导产业三年行动计划。继续发展壮大汽车整车和零部件等传统优势领域，支持悦达打造以汽车为主的产业集团，发展自主品牌汽车。支持大丰依托汽车试验场，发展汽车全产业链项目。拓展新能源汽车、智能网联车、汽车后市场等领域，推动北汽新能源汽车项目建设、江苏新能源汽车研究院研发运营，确保新能源汽车销售超万台。聚焦新能源产业前沿制造、研发平台和运营维护等高附加值环节，吸引龙头企业布局制造基地、研发中心和风场运维。推动电子信息产业迈向中高端，突出发展智能终端、光电子、汽车电子等产业，突破集成电路、物联网等高端行业。推动现代化钢铁基地建设，支持滨海依托宝武钢铁、响水依托德龙，建设现代化钢铁基地和不锈钢产业园，打造更多产业地标。加快现代服务业提质提效，构建以现代物流、商贸服务、金融服务和生态旅游为主导，以科技服务、大数据、文化创意为先导，以共享经济、现代供应链等新兴业态为主的现代服务业体系。推动房地产市场健康有序发展。要提升园区载体承载力。深入开展“等级创建”活动，落实重点园区主导产业定位方案，引导重点园区聚焦2～3个主导产业，建设相匹配的基础设施、研发平台等，打造一批有竞争力的百亿级特色产业集群。乡镇工业园聚焦富民产业，推动就近就地就业。坚持“亩均效益论英雄”，深入开展“三项清理”工作，推进工业企业资源节约利用综合评价，清理“僵尸企业”，提高闲置土地、空置厂房利用率，引导资源要素向高效益、高技术、高成长企业集聚。

二是构筑现代化交通运输体系。交通基础设施是区域发展的先导力量。要围绕打造长三角城市群区域性综合交通枢纽，在互联互通上下功夫。加快推进高铁网络建设。积极贯彻省委新一轮铁路发展的决策部署，抢抓机遇推动市域内铁路网络建设，盐徐高铁建成通车，盐通高铁完成线下工程，盐泰锡常宜铁路和大丰港区、滨海港区等铁路支线加快规划建设，盐城高铁综合客运枢纽主站与盐徐高铁同步建成。完善市域交通运输结构。市区内环高架三期建成通车，开工建设盐城至射阳高速，加快建成125省道盐城段、229省道东台段等国省干线公路，不断完善市区至县城公路网络。高标准推进“四好农村路”建设。着力打造区域协同的航空枢纽。大力发展航空物流和临空经济，加强与东部机场集团沟通协作，加密至韩国、台北等航线，优化北上广深等国内重要城市航班，开通盐城—首尔国际货运航线。积极推进通用航空机场建设，做大做强通用航空产业园区。推进燕舞航空产业集团实体化运作，加快空港经济区规划建设，强化与国内外知名物流企业合作，打造高效的铁公水空联运枢纽。

三是打造现代化城镇体系。坚持市县协调、城乡融合，优化城镇布局，提升城市综合竞争力。不断提升中心城市首位度。提升主城区规划水平，推动城市组团式发展、市县协同发展，通过基础设施的规划建设，产业功能的布局优化，密切主城区和县(市)之间联系，加快盐丰快速通道建设，加速盐丰一体化进程。大力发展都市经济，大丰区围绕飞地经济、海洋经济，密切与上海对接招商和主城区沟通，推动临港产业园和沪苏(大丰)产业联动集聚区项目集聚；盐都区依托国家级高新区，发展电子信息、科技研发和总部经济，推进高新区科创新城、北大科技园等创新载体建设；亭湖区围绕传统商圈复兴、环保服务和现代物流业，加快建军路商圈改造提升，完善环保科技城配套服务，建设城北综合铁路货运中心；市开发区围绕中韩(盐城)产业园产城融合核心区建设，做大汽车主业，发展韩国文化、健康医疗和商务服务等产业；城南新区重点发展大数据、金融服务和城市休闲业态，繁荣发展商业街区。提升城市建管水平，紧扣“十没有”“二十有”标准，持续开展“三治三化”专项行动，年内完成1.7万户棚户区(危旧房、城中村)改造任务。扎实推进文明城市创建，打造文明、和谐、宜居的品质城市。深入实施乡村振兴战略。坚持“有形与无形齐抓、重点与全面兼顾”，把农业转型、农房改善、农村改革作为乡村振兴重要抓手。扎实推进农民群众住房条件改善，集成特色田园乡村、土地整治和农村人居环境整治等各项政策，完成“十镇百村”首批示范镇村建设和4500户“四类重点对象”危房改造，启动新一轮示范镇村建设。尊重群众意愿，结合重点交通线、重点园区、特色村庄，优化农民集中居住点布局规划建设。统筹做好农村道路、水利设施和教育卫生、文化体育等配套，全面提升村庄形态。在推动藏粮于地、藏粮于技落实落地的基础上，继续推动农业结构调整和农业转型升级，大力实施蔬菜园艺“1050”工程，打造10大精品产业和50个万亩以上特色基地；深入推进“百家农业龙头企业提升行动”，兴办规模以上农产品加工企业60家以上；积极发展“互联网+农业”“休闲旅游+农业”等新产业新业态。扎实推进新一轮农村改革，探索推进农村宅基地所有权、资格权、使用权“三权分置”改革，完善农村宅基地有偿退出机制。全面推开农村集体产权制度改革工作。开展家庭农场和农民专业合作社示范创建行动，撬动社会和金融资本协同支持乡村振兴。扎实推进新时代文明实践中心建设，深入开展文明家庭、文明镇村创建活动，全面提升乡村文明程度。

二要围绕动能转换，激活三大动力源。全面激活改革、开放、创新“三大动力源”，推动改革之手删繁就简，降低制度成本；开放之手海纳百川，增加资源集聚；创新之手拉动引擎，推动动力转换。以改革开放再出发，为发展注入新动能。

一是坚持用改革的办法破解发展难题。改革推进到今天，比想法更重要的是办法，比办法更关键的是担当，要站稳人民立场推进改革。深化供给侧结构性改革，巩固“三去一降一补”成果，推动优质资源向优势企业集聚。扎实开展营商环境综合改革，深化“放管服”，聚焦企业和群众需求，推动“3550”改革常态化、标准化。完善“不见面审批”，让数据多跑路，让群众少跑腿，市级层面行政许可事项力争做到全部“不见面”。统筹推进综合行政执法体制改革，整合执法资源，提升执法效能。深化要素配置机制改革，全面提升企业融资、土地供应、水电气保障等服务和供给水平。进一步激活各类市场主体活力，构建“亲”“清”新型政商关系，推动支持民营经济发展的政策举措落地落实落细；突破投融资体制改革，创造公平竞争的市场环境，更大力度支持本土民营企业发展，增强微观主体活力。深化国资国企改革，完善经营业绩考核。全面完成市县党政机构改革，确保上下贯通、执行有力、效能提升。

二是坚持用开放的视野拓展发展空间。盐城外贸依存度只有11.5%，远低于全国33.6%、全省46.6%的平均水平。要拓展更大的开放格局，不以盐城为世界，而以世界谋盐城。深度融入"一带一路"建设，推动更多企业参与全球产业链分工，支持汽车、电子信息、新能源等产业拓展"一带一路"沿线国家市场，提升盐城产品国际影响力。在全市域推进中韩（盐城）产业园建设，打造中韩经贸合作典范。加快复制上海等自贸区改革试点经验，推动中韩产业园合作协调机制、合作交流会等各项工作机制常态化，争取举办中韩（盐城）贸易投资博览会，促进中韩自由贸易协定各项政策落地见效。发挥淮河生态经济带出海门户作用，统筹推进宝武精品钢、印尼金光、国电投、中海油等重大项目建设，打造全国特大项目集中区资源综合利用循环经济样板。

三是坚持用创新驱动提升发展质量。创新是制约盐城未来发展的突出短板。要坚持政府主导、企业主体、科研主力"三位一体"，深入实施创新驱动发展战略。强化企业主体地位，开展千家高企培育和"星企引航"计划，推动大中型工业企业和规模以上高新技术企业普遍建立研发机构。抓好创新平台建设，加强与高校、科研院所、专家团队合作，创设新型研发机构。发挥现代金融的支持作用，做好科技与金融融合发展文章，以上市为目标，加快企业股份制改造，引进更多战略投资者。鼓励优质风投创投、券商、会计师事务所、律师事务所等来盐设立分支机构，引导各类社会资本、产业资本和金融资本参与产业创新。注重人才的引领作用，落实"人才新十条"，深入实施"双招双引"工程，集聚一批高层次人才和团队。实施星级企业家能力提升、百名新生代企业家培育等重点工程，不断提升本土人才层次。

三要发挥比较优势，打好三大特色牌。持续用好沿海、上海、生态"三张特色牌"，打造地域经济标识。

一是顺时应势打响沿海牌。江苏的生产力布局，前一千年是运河经济，近二百年是长江经济，未来必将是沿海经济。省委提出要隆起沿海经济带，盐城沿海岸线长、腹地广、空间大，是发展最大潜力和优势所在。要放大港口资源优势，加快实施盐城港扩容提升工程，努力形成临港工业及物流业发达、综合运输体系完善、功能配套齐全的现代港口经济体系。要优化沿海产业布局，滨海和响水高起点建设东部沿海现代化大工业基地；大丰、东台、射阳加快产业结构调整，重点推动新能源、电子信息产业等集群发展；内陆板块建湖、阜宁大力发展生态产业、绿色经济，与沿海发展形成优势互补。发挥河海联动开发示范区作用，增强辐射带动能力。围绕海洋产业链、创新链、价值链，加快国家海洋经济发展示范区建设步伐。

二是抢抓机遇打好上海牌。接轨上海，就是接轨机遇、接轨高质量发展、接轨国际化和现代化。要推动产业接轨，深入开展对接服务上海招商年活动，主动对接受空间制约的汽车制造、新能源装备等大工业，力争年内引进上海亿元以上项目50个。要注重市场接轨，以农产品进入上海为切入点，深化与上海光明、上海蔬菜等龙头企业合作，加强与盒马鲜生等电商平台对接，做好射阳大米、东台西瓜、七彩阜宁区域公共品牌宣传推介，确保主要农产品在上海市场销售额稳定在300亿元以上。要强化科创接轨，全面推进产学研合作、园区共建、载体平台、科技服务等方面的互联互融，加快盐城（上海）国际科创中心建设，打造上海科创成果转化基地，实现创新在上海、转化在盐城。积极对接上海教育、医疗、文化等领域高端资源，引进"名校名师""名院名医""名团名人"。

三是依托资源打好生态牌。绿色生态是盐城最大财富和特色，生态保护没有"天花板"，没有最好，只有更好。要全力以赴推进申遗，申报世界自然遗产是盐城新时代面临的"生态考题"。要倍加珍惜这份世界稀有的生态家园，把守护、保护作为第一责任，积极探索建立国家公园体制试点，扎实做好申遗后续工作，争取申遗一举成功。高起点编制生态文明建设规划，积极创建国家生态文明建设示范区。积极推进生态防护林建设，瞄准国家森林城市、国际湿地城市"双城"同创目标，坚持造林与造景结合、生态效益与经济效益统一，加快森林小镇和森林村庄建设，提前一年完成百万亩生态防护林建设任务，建成江苏沿海的生态绿色屏障。要重点突破生态旅游，全力招引战略性投资主体发展旅游全产业链项目，加快推进西部湖荡湿地、东部黄海湿地等一批精品线路、特色景区和旅游风情小镇建设，打造长三角特色鲜明的生态休闲旅游目的地。要积极培育生态文化，持续开展生态卫士评选等活动，创作更多像《鹤魂》这样的文艺精品，让徐秀娟精神和生态保护理念在盐城市民中广泛实践、不断传承、发扬光大。积极筹办世界湿地生态旅游大会，进一步提升盐城国际影响力。

四要决胜全面小康，打赢三大攻坚战。强化底线思维，提高政治站位，站在全局和战略高度，科学施策、精准发力。

一是继续打好防范化解重大风险攻坚战。妥善处理地方债务风险，控制增量、化解存量，做到坚定、可控、有序、适度。重点防控金融风险，严厉打击非法集资，推动农民资金互助合作社进入规范管理轨道，引导各类资金向实体经济集聚，确保不发生区域性、系统性金融风险。高度关注各类社会风险，确保不发生影响全局的重特大事件。

二是坚决打好精准脱贫攻坚战。明年是脱贫攻坚决战年，要强化兜底保障，聚焦低收入人口、经济薄弱村、重点片区，精准扶贫、精准脱贫，加快推进低保与扶贫开发政策有效衔接，将所有符合低保条件的建档立卡户纳入保障范围。全面落实社会救助、健康扶贫等政策措施，控减贫困家庭因病支出，以非常之策"攻城拔寨"。要因地制宜发展特色产业，强化"企业+合作社+贫困户"利益联结，增强贫困群众持续增收能力。实施"阳光扶贫"，继续开展市县领导干部挂钩、南北对口挂钩、工作队驻点等帮扶活动，促进经济薄弱村长期稳定增收。同时，要总结推广基层成功经验，研究解决好收入水平略高于建档立卡贫困户的群体缺乏政策支持等问题。

三是全力打好污染防治攻坚战。深入实施"263"专项行动，牢牢把握污染防治主动权。坚决抓好环保督察"回头看"问题整改，针对国家、省环保督察中反馈的突出问题，开展系列专项整治、集中攻坚。全力打好蓝天、碧水、净土保卫战，整治扬尘、工业废气、秸秆焚烧等大气环境问题，全面落实断面长治水责任，加大畜禽养殖、水产养殖污染治理力度，加强危废处理设施建设，持续改善水生态、土壤生态。加大化工园区整治力度，坚决关停治理无望的化工企业，为高质量发展赢得更大空间。

五要着眼民生关切，提升群众三大感受。全力增强百姓获得感、幸福感和安全感，实现好、维护好、发展好人民群众根本利益。

一是突出富民增收，不断提升群众获得感。百姓获得感最直接的体现是增加收入。要抓住创业就业富民"牛鼻子"。盐城各类市场主体数已突破64.3万户，是经济进一步发展的动力源，是就业富民的重要力量。要加大重点群体创业服务力度，深入落实省"富民33条"和市"富民10条"政策，激发自主创业热情。积极推进创业载体建设，实施"创业盐城"行动，引导更多人创业致富。要稳住就业基本盘，扎实做好高校毕业生、农村劳动力、就业困难人员等重点群体就业服务，坚持产业升级和扩大就业规模、调整就业结构联动推进。推动社会保障扩面提质，深入实施全民参保计划，深化医保支付方式改革，完善统一的城乡居民基本医保制度和大病保险制度，提升城乡居民养老保险制度一体化水平。完善"大救助"工作机制，加强困难涉军群体救助慰问，切实维护残疾人、留守儿童等弱势群体利益，确保小康路上一个不少。

二是健全公共服务体系，不断提升群众幸福感。全面落实省基层基本公共服务功能配置标准，推动资源跟着需求走、服务跟着居民走。突出问题导向，持续加大财政投入，努力补齐民生社会事业短板，集中力量抓一批群众看得见、摸得着的好事实事。加强教育资源供给，深化教育体制改革，确保2020年消除"大班额""大校额"，大力推进弹性离校、课后服务、中小学生集中就餐服务等教育惠民工程，努力办好人民满意的教育。推动驻盐高校适应产业发展新变化，优化学科设置，实现产学研有机衔接。加强医疗卫生资源供给，深化医药卫生体制改革，创建高水平医院和临床专科，全面改善医疗服务，努力破解群众"看病难、看病贵、看病烦"问题。加快建立健全多层次社会化的养老服务体系，鼓励社会资本以多种形式进入养老服务领域。丰富优质公共文化供给，加快公共文化阵地建设，积极改进送文化下乡方式。大力弘扬"铁军精神"，做好新四军纪念馆展陈提升工作。加大对省淮剧团、省杂技团等省级院团和市级骨干院团支持力度，加强与知名文艺团体合作，提升文化对外影响力。组织办好中华龙舟大赛、市运会等体育赛事，推动大型体育场馆向公众免费或低收费开放，广泛开展全民健身活动，积极创建国家全民运动健身模范市。

三是深化平安盐城建设，不断提升群众安全感。始终绷紧安全稳定这根弦，坚持"三到位一处理"化解社会矛盾，加强重点领域、重点行业、重点群体风险防控，进一步化解存量、遏制增量。深入开展扫黑除恶，突出依法严惩、除恶务尽，深挖彻查"保护伞"，推动专项斗争向纵深推进。加强社会治理体系建设，创新升级社会治安防控体系，持续开展"黄海行动""梳网清格"，提升社会治理现代化水平。做好应急管理机构改革，推动各项工作有序衔接、平稳过渡。加强安全生产源头管控，提升事故应急处置能力，夯实安全生产基层基础，确保企业、城市和区域安全发展。全面推进依法治市，深化司法体制综合配套改革，加强社会诚信体系建设，推动德治法治融合，提高群众满意度。

四、全面落实新时代党的建设总要求，凝聚高质量发展强大力量

扛起主责、抓好主业、当好主角，推动全面从严治党向纵深发展。

一要切实增强"政治统领"的思想自觉，营造心齐气顺劲足的良好氛围。把坚决贯彻落实党中央决策部署和习近平总书记指示批示作为最大政治，切实增强"四个意识"，坚定"四个自信"，践行"两个维护"。突出抓好政治建设，严肃党内政治生活，认真抓好省委巡视反馈问题整改，强化政治担当、历史担当、责任担当。深层次推进解放思想，结合"不忘初心、牢记使命"主题教育活动，认真落实中心组学习"四巡"工作制度，推动党员干部对习近平新时代中国特色社会主义思想真正做到入脑入心、笃信笃行。坚持党管宣传、党管意识形态，牢牢掌握意识形态工作领导权，把党的声音传播好，把社会进步的主流展示好，把人民群众的心声反映好。组织实施"固本培源""铸魂补钙""强筋壮骨"三大行动，建好用好新四军干部学院，打造全市党性教育示范基地，放大"铁军精神"时代效应。充分发挥党总揽全局、协调各方的领导核心作用，健全人大组织制度和工作制度，支持人大依法行使立法权、监督权、决定权、任免权，更好发挥人大代表作用，支持政府依法行政，把握新时代人民政协的新方位新使命，强化思想政治引领，切实履行政治协商、民主监督、参政议政职能，在建言资政和凝聚共识两方面"双向发力"。调动各民主党派、工商联、无党派人士和社会各界参与改革发展实践的积极性，巩固和发展最广泛的爱国统一战线。完善党管武装制度，积极做好双拥工作，推进军民深度融合发展，做好退役军人权益保障工作，凝聚高质量发展强大合力。

二要充分释放"三项机制"的现实效应，锻造忠诚干净担当的骨干队伍。坚持新时期好干部标准，严把德才标准，加强政治体检，坚持公正用人，认真落实"三项机制"，深化运用"五突出、五强化"机制。坚持鲜明地"用"，突出事业为上、以事择人，突出想干事、能干事、干成事、不出事，合理用好各年龄段干部。坚持果断地"调"，突出政治、作风、实绩考核，建立健全体现高质量发展要求的考核指标体系，将考核结果与选拔任用、评先评优、治庸治懒结合起来。坚持精准地"容"，把准"三个区分开来"重要内涵，切实做到上级为下级担当、组织为干部担当。坚持科学地"育"，围绕"两海两绿"现实需要，抓好各级各类干部培训，把干部人才工作的"势能"转化为推动发展的"动能"。

三要牢固树立大抓基层的鲜明导向，打造全面进步过硬的坚强堡垒。以提升组织力为重点，以学习贯彻党支部工作条例为抓手，坚持问题导向，推动实现农村、街道社区、机关、"两新"组织等各领域党建一体推进、整体加强。以村（社区）"两委"集中换届为契机，选优配强基层党组织带头人，管好用活退役士兵村干部，积极培养“定制村干”，精准选派第一书记，全面推行村书记、主任“一肩挑”，打造一支善谋发展、善抓改革、善带民富的带头人队伍。切实加强党支部标准化规范化建设，探索建立区域性、综合型党组织，健全完善稳定的基层组织运转、活动阵地建设、基层干部报酬等保障机制。深入实施“强化五个基本、建强组织体系”三年行动计划，循环整顿经济薄弱、组织软弱村党组织，推动基层党组织更加积极主动地联系群众、服务群众，共同创造美好生活。

*四要始终保持常抓长治的恒心定力，弘扬严谨务实的优良作风。*把作风建设牢牢抓在手上，围绕打造“清风盐城”品牌，努力管出习惯、抓出成效、化风成俗。锲而不舍落实中央八项规定精神，集中整治形式主义、官僚主义，坚决反对特权思想、特权现象。加大群众身边腐败和作风问题整治力度，一体推进“正风肃纪镇村行”和“正风肃纪看机关”专项行动，从严查处影响市场主体健康发展的作风和腐败问题。开展常态化教育提醒、监督检查、通报曝光，以作风建设“大力度”催生高质量发展“加速度”。

*五要一体推进不敢腐不能腐不想腐，维护风清气正的良好政治生态。*坚持无禁区、全覆盖、零容忍，有力削减存量、有效遏制增量，持续巩固发展反腐败斗争压倒性胜利。深化纪检监察体制改革，扎实推进纪律监督、监察监督、派驻监督、巡察监督“四个全覆盖”。强化标本兼治，紧盯公权力运行各个环节，完善问题发现、矫正、防范工作机制，进一步扎紧不能腐的笼子、增强不想腐的自觉。认真落实严管厚爱要求，深入践行“四种形态”，切实让党员干部少犯错、不犯错、不再犯同样的错。建立政治生态监测评价工作机制，定期开展体检画像和变化情况剖析。各级干部特别是领导干部要牢记政治红线、法纪红线、道德底线，坚持秉公用权，主动接受监督，树立良好家风，永葆清正廉洁的浩然正气。

同志们，新时代是奋斗者的时代。让我们更加紧密地团结在以习近平同志为核心的党中央周围，在省委、省政府的坚强领导下，进一步解放思想、开拓创新，埋头苦干、锐意进取，为推动盐城高质量发展走在苏北苏中前列，高水平全面建成小康社会而努力奋斗！

政府工作报告

（2019年1月22日）
曹路宝

2018年工作回顾

过去的一年，面对错综复杂的宏观形势，我们认真贯彻落实习近平新时代中国特色社会主义思想和党的十九大精神，按照中央和省市委决策部署，坚持稳中求进工作总基调，全面贯彻新发展理念，围绕“两高”目标、“三市”战略，深入践行“两海两绿”发展路径，全力打好“三大攻坚战”，统筹做好稳增长、促改革、调结构、惠民生、防风险、保稳定各项工作，经济社会发展稳中有进，高质量发展开局良好，较好地完成了市八届人大二次会议确定的目标任务。全市地区生产总值增长5.5%，固定资产投资增长9.4%，一般公共预算收入381亿元、增长5.8%，其中税收收入305亿元、增长12.2%，税收占比80.1%。注册外资实际到账9.13亿美元，增长15.8%；外贸进出口总额95.5亿美元，增长10.4%。全口径工业开票销售5528亿元，增长17%。城乡居民人均可支配收入分别达到35831元、20358元，增长8.2%和8.8%。居民消费价格指数涨幅1.9%。

*现代产业体系加快建设。*持续开展“产业项目载体提升年”活动，“两重一实”项目完成投资1100亿元，新开工亿元以上产业项目270个、竣工185个，制造业投资占固定资产投资比重63%。主动承接长江经济带产业转移，宝武集团2000万吨级绿色精品钢生产基地落户盐城，实现了重特大产业项目的历史性突破。东山精密、中天光纤、阿特斯光伏电池、富乐德半导体等重大项目竣工投产。提档升级传统产业，510个千万元以上技改项目完成投资428亿元，新增省级智能车间示范项目9个，300家规模以上企业“上云”。东风悦达起亚焕驰轿车出口埃及、菲律宾，迈出开辟海外汽车市场第一步。培育战略性新兴产业，全年产值增长22%，占工业总产值比重23.7%。新能源发电量占全市用电量比重39%，海上风电总装机容量150万千瓦，居全国首位。加快发展现代服务业，服务业增加值增长8.1%，对经济发展贡献率50%以上，社会消费品零售总额增长6.8%。新增省级生产性服务业集聚示范区3家，创成国家AAAA级旅游景区4家。全社会存款6421亿元，增长3.3%；贷款余额4998亿元，增长16.6%。

*创新发展能力显著增强。*强化企业创新主体作用，新增高新技术企业285家，金风科技建成风电行业国家地方联合工程实验室，新创国家级企业技术中心2家、国家知识产权优势企业54家，新增省级企业研发机构44家、“专精特新”产品27个、“科技小巨人”企业13户，签约和实施产学研合作项目1140项。全社会研发投入占GDP比重2.1%，提高0.07个百分点。高新技术产业产值占规模以上工业产值比重37%。万人发明专利拥有量7.59件。围绕创新链做实资金链，设立产业投资基金12支，总规模260亿元。持续实施“515”人才引进计划，出台人才激励“10条政策”，发放人才资助资金1.12亿元，引进各类领军人才361名。

*沿海发展水平不断提升。*深入推进沿海开发，盐城港新增万吨级以上码头泊位3个，全年吞吐量9500万吨。滨海港区30万吨级深水航道等工程列入淮河生态经济带发展规划。获批国家海洋经济发展示范区。以接轨上海推动开放沿海，组织1026家单位参加首届中国国际进口博览会，在上海成功举办系列专题推介活动，盐城（上海）国际科创中心入驻科技型企业16家。实施新一轮基础设施建设三年行动计划，完成年度投资638亿元。盐青铁路正式通车，盐城驶入“高铁时代”。盐徐高铁完成线下工程，盐通高铁桥梁桩基工程任务过半。南洋国际机场T2航站楼建成运营，新增和恢复香港、长春等航线，全年旅客吞吐量182万人次。盐城至南京等5条高速公路列入省高速公路网规

划。水利、电力、通信等基础设施建设得到新的加强。

乡村振兴战略全面实施。推动农村产业兴旺，调减低效粮田74.2万亩，粮食总产量140.7亿斤，新增设施农(渔)业14.5万亩，兴办投资500万元以上农业龙头企业60家，培育销售超千万元农业电商企业53家，获批省现代农业科技园区4家，绿色优质农产品比重38%，响水荣获“中国西兰花之乡”称号，东台、大丰通过全国农产品质量安全县验收。促进城乡深度融合，常住人口城镇化率64.03%。开展农村环境整治提升行动，建成省美丽乡村20个，大丰新丰镇全心村获评“中国美丽休闲乡村”。新改建农村公路1418公里、桥梁801座，15个镇新开镇村公交，行政村双车道四级公路实现全覆盖。完成农村康居工程三年行动计划，累计改造危旧房18万户，开展农民群众住房条件改善工作并启动“十镇百村”试点。深化农村土地“三权分置”、农村产权制度改革，新建家庭农场563家，新增农民专业合作社493家。

改革开放力度持续加大。深化供给侧结构性改革，帮助企业降低成本38.9亿元，实现直接融资398.5亿元，新增新三板企业3家，丰山集团在A股成功上市。推进“放管服”改革，“3550”改革实现常态化、制度化，在全国首家全面推行“三书合一”，在全省首推投资建设项目不见面图审改革。调整优化国有资产布局，完善国有企业运行监管体制。加强政府性债务管理，严格控制新增债务，妥善化解存量债务。税收征管体制改革顺利推进。中韩(盐城)产业园建设实施方案获省政府批准，中韩(盐城)产业园发展基金引导投资76.3亿元，其中撬动社会资本59.6亿元。中韩产业园合作协调机制第二次会议、第一届中韩产业园合作交流会和第六届中韩公共外交论坛在盐城召开。推动园区等级创建，滨海港工业园区加快建设，射阳港经济开发区成为省级开发区，建湖高新区、盐南高新区、盐城环保高新区获批省级高新区。

中心城市功能更加完善。突出规划引领，修编新一轮城市总体规划，实施城建重点项目189项，完成投资354亿元。推进“五大组团”建设，南海未来城组团开工建设南海公园等项目，大洋湾生态组团建成登瀛阁、长乐水世界等项目，高铁枢纽组团启动建设高铁站房，先锋岛生态组团完成部分地块改造建设，斗龙港生态组团建成城市森林公园一期项目。开展“三治三化”专项行动，全市改造棚户区3.36万户、475.4万平方米，其中市区改造棚户区1.87万户、251万平方米，整治6个老旧小区、30万平方米，拆除各类违法建设54.2万平方米。新四军重建军部纪念塔(大铜马)复位，启动建军路商圈改造。市区内环高架三期主体工程完成50%以上。开工建设盐渎路跨通榆河大桥，打通一批“断头路”。按照“十没有”“二十有”标准实施城市精细化管理，开展工地围挡、户外广告、停车秩序整治行动，全国文明城市创建深入推进。

生态环境治理扎实有效。坚决打好污染防治攻坚战，贯彻中央环保督察整改要求，推进“263”“绿盾2018”等专项行动，抓好十大挂牌督办工程，实行环境保护行政执法与司法联动，依法有力处置辉丰公司污染违法等问题，一批历史遗留问题得到有效解决。新关停化工生产企业22户、危化品码头4个，化工生产企业入园率85%，保持全省第一。大力推进节能减排，非电行业煤炭消费比2016年减少97万吨，创建国家绿色工厂3家、国家绿色园区1家。PM2.5年均浓度43微克/立方米。整治城市黑臭河道21条，城镇污水集中处理率84%，地表水国省考断面消灭劣Ⅴ类。全面推行河长制，实施21条河湖“一河一策”整治行动，全国水生态文明城市试点建设通过验收。大型规模畜禽养殖场治理率100%。推广垃圾分类处理，加强固体废弃物、有毒化学品和垃圾处置，危废处置能力新增6.2万吨。国务院正式同意我市黄海湿地项目申报世界自然遗产，接受世界自然保护联盟现场考察评估。成功举办2018黄(渤)海湿地盐城国际会议。创建国家森林城市，新增成片林15.45万亩、改造既有林16.8万亩，建成森林小镇24个、森林村庄112个，城镇绿地新增3447公顷，绿化造林总量全省第一。建湖创成国家生态文明建设示范县，九龙口景区获批国家湿地公园。

民生幸福指数稳步提高。坚持民生优先发展，民生类支出占财政支出比重77%，20件民生实事完成年度投资173.7亿元。新水源地及跨区域引水工程建成通水，在全省率先完成全市域水源地达标整治，“一桶水”工程全面完成。打好精准脱贫攻坚战，14.5万建档立卡低收入人口和37个省定经济薄弱村实现脱贫，农村贫困人口年人均纯收入全部达到国家4000元的脱贫标准，消除绝对贫困现象。促进就业创业，新增城镇就业11万人，城镇登记失业率控制在1.8%。加快教育事业发展，盐城工学院获批硕士学位授予单位，新建、改扩建各类学校66所，重奖名师、引进名校，普通高中录取率65.3%，提高10个百分点，教育领域突出问题专项治理取得明显成效。推动“健康盐城”建设，新设立院士工作站2个、名院名医工作室8个，新增省级临床重点专科7个，新创省示范镇卫生院11个、示范村卫生室133个。实施文化惠民工程，全面完成村(社区)综合文化服务中心建设任务，淮剧《送你过江》荣获省紫金文化艺术节优秀剧目奖。新当选“中国好人”11名。阜宁成为全国新时代文明实践中心试点县。市区新建健身步道25公里，改造50个老旧小区体育设施。参加第19届省运动会，成功举办中华龙舟赛等赛事活动。健全社会保障体系，实施全市统一的城乡居民医疗保险制度，提高城乡居民低保标准，在苏北率先实现城乡一体化。深化法治盐城、平安盐城建设，大力开展扫黑除恶专项斗争，组织系列“黄海行动”和“梳网清格行动”，连续七年获评省社会治安综合治理工作先进市。扎实抓好信访稳定，进京、去省非访数持续下降。强化安全生产监督管理，事故起数和死亡人数继续保持双下降。民族团结进步活动广泛开展，宗教工作进一步加强。支持驻盐部队建设，落实拥军优属政策，军政军民团结更加巩固。

一年来，我们加强政府自身建设，自觉接受市人大依法监督、市政协民主监督，认真听取民主党派、工商联、人民团体和各界人士意见，办理市人大代表议案建议162件、市政协委员提案346件，办结率100%，满意和基本满意率99.8%。审计、统计、物价、供销社、公积金、人民防空、防灾减灾、食品药品、质监等工作得到加强，外事、侨务、对台、档案、科协、地方志、妇女、儿童、青少年、老龄、慈善、残疾人、红十字等工作取得新的进展。

各位代表，过去一年的成绩来之不易，这是省委、省政府和市委正确领导的结果，是全市人民不断解放思想、改革创新，锐意进取、团结奋斗的结果。在此，我谨代表市人民政府，向广大干部群众，向全体人大代表、政协委员，向离退休老同志，向各民主党派、工商联、人民团体和各界人士，向驻盐人民解放军、武警官兵、公安干警和省属各单位，向所有关心和支持盐城发展的海内外朋友，致以崇高的敬意和衷心的感谢！

在肯定成绩的同时，我们也清醒地看到，当前经济社会发展还存在一些问题：经济结构还不够优化，发展活力与动力还不足，经济密度不高，科技创新支撑不够；中心城区服务能力还不强，市县经济联系不够紧密，实现乡村振兴任重道远；民生领域还存在短板，公共服务保障不均衡，环境保护压力依然较大；政府服务效能还不高，自身能力水平还有不少差距，营商环境有待进一步优化，等等。对这些问题，我们一定高度重视，采取有力有效措施，切实加以解决。

2019年工作安排

2019年是新中国成立70周年，是决胜全面建成小康社会的关键之年。今年政府工作的总体要求是：坚持以习近平新时代中国特色社会主义思想为指导，全面贯彻党的十九大、十九届二中、三中全会、中央经济工作会议和省市委全会部署，统筹推进“五位一体”总体布局，协调推进“四个全面”战略布局，坚持稳中求进工作总基调，坚持新发展理念，坚持推动高质量发展，坚持以供给侧结构性改革为主线，坚持深化市场化改革、扩大高水平开放，加快建设现代化经济体系，继续打好“三大攻坚战”，按照“产业强市、生态立市、富民兴市”战略，走好“两海两绿”路径，进一步稳就业、稳金融、稳外贸、稳外资、稳投资、稳预期，统筹推进稳增长、促改革、调结构、惠民生、防风险、保稳定各项工作，为高水平全面建成小康社会收官打下决定性基础，推动高质量发展走在苏北苏中前列。

今年全市经济社会发展主要预期目标是：地区生产总值增长6.5%以上，一般公共预算收入增长6.5%，固定资产投资增长8%，全社会研发投入占GDP比重2.16%，社会消费品零售总额增长8%。城乡居民收入分别增长8.2%和8.5%，居民消费价格指数涨幅控制在3%左右。节能减排完成省定目标。外贸进出口和利用外资稳中提效，营商环境指数位居苏北苏中前列。

当前，宏观形势复杂多变，需要积极应对，主动作为。我们必须始终高举新时代改革开放旗帜，认真落实省委“进、稳、新、深”工作要求，坚定改革开放再出发的信念，汇聚强大力量，站稳人民立场，持续发力、协同发力、精准发力，将改革进行到底。通过深化改革破解难题、拓展空间、促进发展，坚持向改革要动力，用改革推动“进”，以改革确保“稳”，努力实现各项工作稳中有进、稳中快进、稳中优进，确保完成全年目标任务。

一、深入践行创新发展理念，培育经济增长新动能

*推动制造业高质量发展。*围绕建设现代化产业体系，聚焦优势主导产业，整合产业链资源，加大招商力度，提升制造业发展水平。坚定不移推动汽车产业转型发展，积极应对传统汽车市场下滑和新能源汽车快速成长的市场变化，发展自主品牌汽车、新能源汽车、智能网联车、汽车零部件和汽车后市场，引进更多的汽车领军企业，加快向“三个千亿”目标迈进。支持东风悦达起亚开拓市场，支持悦达集团培育以汽车为主的核心竞争力。推动新能源产业打造全产业链，主攻科技研发、核心部件、运维服务等高附加值环节，推进阿特斯、天合等高效光伏电池和组件项目建设，促进光伏发电向设备制造、能源物联网发展，强化智能微电网建设和利用；支持金风科技、远景能源等项目建设，大力发展海上风电，培育科研创新能力，打造新能源创新发展示范城市。推动电子信息产业高端发展，抢抓5G和新一代信息技术发展机遇，聚焦智能终端、集成电路、人工智能等领域，积极招引行业龙头项目，加快东山精密、领胜科技等重点项目建设。推动钢铁产业加快布局，全力服务宝武精品钢、德龙不锈钢等项目建设。推动机械、纺织、化工等传统产业转型升级，落实智能制造发展计划，实施500个千万元以上技改项目，新增500家规模企业“上云”，增创新的发展优势。

*积极培育现代服务业。*推动先进制造业与现代服务业融合发展，实施物流业发展行动计划，建设公铁水联运的物流基地、港口物流园和空港经济区，开辟对韩货运全货机业务，提升内河航道运输能力，培育汽车、钢材、建材等市场群，构建现代物流集疏运体系。积极发展都市经济，引导行业相近、类型相同的企业集群发展，培育总部经济、数字经济、平台经济等新业态，打造一批主题楼宇、高产楼宇。推动房地产市场健康有序发展。提升金融商贸能级，发展现代金融、商贸流通、教育医疗、育幼养老、文化旅游等服务业，推进建军路商圈改造、金融城二期建设和高铁枢纽片区开发等项目，优化整合消费市场，提升城市商业魅力。发展大数据产业，加快载体平台和重大项目建设，强化大数据商业服务能力。

*着力增强产业创新能力。*完善科技创新体系，创建国家创新型城市。围绕优势产业突破创新能力，发挥企业主体作用，推动规模以上企业普遍设立研发机构，强化核心技术研究开发。开展知识产权强企行动，高新技术企业数突破1000家。加强产学研合作，实施30项重点研发和科技成果转化项目，推进江苏新能源汽车研究院等平台建设，培育科技孵化器、众创空间，促进科技与产业深度融合。深化企业“争星创优”活动，实施“千企升级”计划，支持企业技术改造、兼并重组、挂牌上市，培育一批“专精特新”产品和“科技小巨人”企业。落实人才激励“10条政策”，深入推进“双招双引”工程，开展星级企业家能力提升、新生代企业家培育等工作，新增省级“双创”示范基地2家。加快培育创新文化，营造更加浓厚的创新氛围。

*全力推进重大项目建设。*大力实施“两重一实”项目，坚持双月现场观摩推进，完善领导挂钩和协调会办机制，突出产业导向、投资规模、建设进度、产出效益等重点，开展重

大项目等级评价，树立高质量推进项目的鲜明导向。围绕重点领域，推进对韩日合作，深化与欧美、港澳台经贸交流，加强与北京、上海、深圳等城市产业对接，瞄准国内外行业先进企业，强化专题招商、以商引商和产业链招商，全年新签约10亿元以上产业项目25个。

二、深入践行协调发展理念，构建全域统筹新格局

坚持规划引领。完成新一轮城市总体规划修编，推动“多规合一”，指导做好县域、县城、集镇和乡村建设规划，构建现代化城镇体系，促进市与县互动并进、城与乡深度融合，引领城乡一体化高质量发展。优化城市空间布局，建设盐丰快速通道，实施通榆河、串场河沿线景观提升工程，沿新长铁路向南连接大丰推进盐丰一体化，向北延伸至新兴、上冈建设物流集聚区拓展城市功能，打造城市南北向产业发展轴线；向西建设高水平的科创园区，向东联动空港经济区、环保科技城，沿蟒蛇河、新洋港串联珍禽保护区、大洋湾景区、先锋岛生态组团和大纵湖旅游景区，构筑城市东西向生态发展轴线。在城市周边构建布局合理、功能互补、快速联通的卫星镇网络，切实增强城市辐射带动功能。

强化中心城区发展能级。稳步有力推动城市组团建设，南海未来城组团建成南海公园、中华海棠园核心景区，市民中心对外开放；大洋湾生态组团加快功能配套，建设以生态康养为特色的旅游景区；高铁枢纽组团建成综合客运枢纽主站，同步启动片区功能建设；先锋岛生态组团重点打造新洋港景观带，推进沿线片区开发；斗龙港生态组团实施民宿村、实景演艺等生态旅游项目；小马沟组团着力建设生态宜居的城西新空间。持续开展“三治三化”专项行动，市区实施棚户区改造1.7万户、187万平方米，新建安置房1.3万套，整治老旧小区11个，积极推动老居民楼加装电梯。全面实施第Ⅲ防洪区水环境治理，完成33条黑臭河道整治任务，提高城镇污水集中处理水平。逐步削减存量违法建设，实现违法建设“零新增”。提升垃圾分类处理覆盖率，静脉产业园投入使用，市域生活垃圾在全省率先实现全量焚烧发电。加大全国文明城市创建力度，落实“十没有”“二十有”标准，以“绣花”功夫管好城市，提升精细化管理水平。

扎实推进乡村振兴。大力发展现代农业，调整优化农业产业结构和产品结构，鼓励有条件地区推行轮作休耕，新增高标准农田40万亩、设施农业20万亩、综合种养面积30万亩，新建50个万亩以上优质农产品基地，培育优质粮油、规模畜禽、绿色蔬菜等9个百亿元级优势特色产业。推进“互联网+现代农业”，新增投资500万元以上农业龙头企业100家，农产品网络销售突破150亿元。强化农业科技创新与推广，设立农业科技创新基金，每个县（市、区）创办一个省级农业科技园区。继续深化农村改革，稳妥推进农村承包地和宅基地“三权分置”，全面推开农村集体产权制度改革，促进新兴经营主体多元融合发展。全面推进农民群众住房条件改善工作，完成“十镇百村”首批示范镇村建设，改善3万户农民群众住房条件。打造特色田园乡村，高标准建设“四好农村路”，创建20个省、市级特色田园乡村和260个美丽宜居村庄。推进新时代文明实践中心建设，开展文明家庭、文明镇村创建活动，提高乡村文明程度。

加强基础设施建设。构建现代化交通体系，盐徐高铁建成通车，盐通高铁完成线下工程，加快盐泰锡常宜铁路和大丰港区、滨海港区等铁路支线规划建设，开工建设盐城至射阳高速公路，启动东环路南延至盐淮高速等工程，完善通用机场服务设施。加快市区路桥建设，完成市区内环高架三期、盐渎路跨通榆河大桥、东进路东延、五台山路北延等工程。启动城西潘黄地块土地整理工作。提高市区公交出行通达率，镇村公交线路开通率达90%，更新200辆新能源公交车，加强停车设施建设和智能化管理。推进海绵城市和地下综合管网、管廊建设，实施水利重点工程，增强城市防洪排涝能力。强化能源、民防、信息化等工程建设，推动城乡道路交通、供水供电、供热供气、通信网络、物流配送等基础设施互联互通、共建共享。

三、深入践行绿色发展理念，增创生态环境新优势

打造绿色生态品牌。大力推进绿色转型、绿色跨越，积极创建国家生态文明建设示范区。全力做好黄海湿地申报世界自然遗产工作，争取申遗一次成功。围绕争创国际湿地城市，以两个自然保护区和一批湿地公园为主体，实施湿地生态修复工程，试点推动生态清淤、聚泥成岛。以创建国家森林城市为抓手，持续推进绿化造林，新增成片林13.1万亩，改造既有林16万亩，建成森林小镇10个、森林村庄100个，城镇绿化覆盖率38.2%，提前一年建成百万亩生态防护林。

提升资源利用效率。严守生态保护红线、环境质量底线、资源利用上线和环境准入负面清单，严守永久基本农田和城市开发边界，深入实施土地综合整治工程。深化生态环境损害赔偿、排污权有偿交易、企业排污许可等制度改革。开展工业企业资源集约利用综合评价，支持各类园区创建绿色园区，新创国家级绿色工厂3家。持续推进“僵尸企业”、闲置土地、低效厂房专项清理行动，盘活资产资源，激活发展动力。制定重点行业、产品和设备能效指导目录，实施一批绿色节能改造项目，实现能源消费总量和强度“双控”目标。

发展湿地生态旅游。积极招引战略性投资主体，发展旅游全产业链项目，建设西部湖荡湿地、东部黄海湿地等一批精品线路、特色景区，打造以“大纵湖—九龙口—马家荡”为代表的旅游景观带，扩大面向高速、高铁沿线特别是上海的旅游市场，争创长三角生态休闲旅游目的地和国家全域旅游示范区。大力培育千鹤湾、大纵湖等10个旅游风情小镇，建设龙冈桃花园等100个精品民宿，荷兰花海争创国家AAAAA级旅游景区。加快建湖九龙口、射阳日月岛、东台黄海森林等项目建设，积极筹办世界湿地生态旅游大会，举办旅游系列宣传活动，开发特色文化旅游产品，促进文化与旅游深度融合。

四、深入践行开放发展理念，开拓对外合作新空间

更大力度开放沿海。全面落实现代海洋经济功能区规划，探索盐场、滩涂、岸线等资源保护与利用新模式，建设国家海洋经济发展示范区。优化沿海产业布局，滨海、响水高起点建设东部沿海现代化大工业基地，大丰、东台、射阳重点推动新能源、电子信息等产业集群发展，建湖、阜宁大力

发展生态产业、绿色经济，形成陆海统筹、优势互补的发展格局。发挥淮河生态经济带出海门户作用，加快滨海港工业园区集疏运体系建设，统筹推进宝武、金光、中海油、国家电投等重大项目，打造特大项目集中区资源综合利用循环经济示范基地。推动盐城港扩容提升，加快响水港区、射阳港区两个5万吨级航道建设，开展滨海港区30万吨级深水航道、滨海港直连工程、大丰港区15万吨级深水航道前期工作。加快港城建设，提升配套服务功能。加强海洋渔业资源保护，探索海洋养殖新模式，推进弶港、黄沙港、斗龙港等渔港经济区建设。

更深层次接轨上海。深化产业接轨、市场接轨、科创接轨，学习上海先进理念和管理经验，更好融入长三角高质量一体化发展。推动"一区三基地"建设，加快建设沪苏大丰产业联动集聚区，全面承接孵化上海高新技术产业项目，引进上海亿元以上项目50个。拓展市场空间，加强产销对接，加快上海优质农产品供应基地建设。大力推进盐沪养老一体化，加快上海生态旅游康养基地建设。强化科技合作，用好盐城（上海）国际科创中心，组织园区、企业对接上海高校和科研院所，新签约和实施产学研合作项目200个，加快上海科创成果转化基地建设。广泛开展盐沪社会事业合作，促进优质公共服务资源共建共享。

更高水平做强园区。扎实推进中韩（盐城）产业园建设，全市域、全领域、全方位推动中韩合作。围绕经贸、文化等重点领域，争取落地一批重大项目，核心区外贸出口额、实际利用外资占全市比重分别达到15%、25%，为全省"一带一路"交汇点建设提供有力支撑。借鉴自贸区试点经验，推动开发区与大丰港联动发展，提升对韩合作服务水平，实现集成创新。深化园区"等级创建"，引导重点园区聚焦主导产业，做优基础设施和研发平台，打造一批百亿元级特色产业集群。推动开发区、高新区当好开放型经济龙头，积极推进园区托管改革，乡镇工业园区以创业就业和富民增收为重点发展特色产业。强化园区经济密度和投资强度管控，促进园区高质量发展。

更加主动开放市场。全面提升对外开放水平，注册外资实际到账10亿美元，外贸进出口总额增长5%。支持企业加快"走出去"，推动汽车、风电、光伏等产业海外发展。进一步向民企开放市场，拓展民间投资领域，真心实意支持民营经济发展，制定扶持激励措施，降低税费负担和生产要素成本，充分激发各类市场主体活力，培育更多优秀的本土企业和本地企业家。扎实开展营商环境综合改革，优化亲商富商环境。深化"放管服"改革，推广"一窗通办、一网通行"利企便民不见面服务，80%以上事项"一窗"分类受理，100个高频事项"最多跑一次"。整顿和规范市场秩序，严肃查处各类损害发展环境行为，依法保护企业自主经营权。加快国有企业专业化、市场化改革，优化资产布局，提升经营效益。探索国有企业混合所有制改革，完成经营性事业单位改革改制工作。

五、深入践行共享发展理念，促进民生福祉新提升

完善就业创业和社会保障体系。健全稳就业、促创业、防失业的综合政策体系，吸引盐城籍在外人员回乡创业就业，做好高校毕业生、农村劳动力等重点群体就业服务，鼓励各类经营主体为适能劳动者提供更多就业岗位，鼓励园区和企业更多使用农村转移劳动力，新增城镇就业9万人，城镇登记失业率控制在3%以内。实施"创业盐城"行动计划，拓展"互联网+"等创业新空间，发挥创业富民效应。强化政策富民，健全与经济发展相适应的收入增长机制，提高城乡居民收入。深入实施全民参保计划，做好社保费征收改革，完善社保基金监督体系和风险防控机制，确保社保基金安全平稳运行。大市区实行基本医疗保险统筹，提供优质均衡医疗保障服务。深化国家"救急难"社会救助综合试点，兜住民生底线。

提高公共服务供给质量。坚持尽力而为、量力而行，继续实施20件民生实事，不断增强人民群众的获得感和幸福感。全面落实省基层基本公共服务功能配置标准，确保按期达标。优先发展教育事业，推进教育现代化，扩大优质教育资源供给，加快学前教育优质普惠发展，全市新建、改扩建中小学和幼儿园74所。加强校长、教师队伍建设，培育引进更多名校名师。支持高等院校与地方经济联动发展，提升职业教育水平。深化教育体制改革，推进主城区高中集中统一管理，继续实施普通高中资源增扩。实施智慧教育工程，推广中小学校"弹性离校、课后服务、集中就餐"，推动校园体育设施有序向社会开放。深入推进"健康盐城"建设，深化医疗卫生体制改革，加强医疗资源供给。大力提升县级医疗机构服务能力，县域就诊率达90%以上。实施市中医院扩建、市一院南区二期、市儿童医院等重点项目，新增省示范镇卫生院6个、示范村卫生室60个，启动全民健康体检，加强药品、疫苗监管，提高公共医疗服务水平。创建国家全民运动健身模范市，举办市第八届运动会等赛事活动。鼓励社会资本进入养老服务领域，提供居家和社区养老、机构养老、医养结合等多样化服务。加大残疾人关爱力度，落实保障政策和救助制度。加强农贸市场建设，继续推进"厕所革命"，完善社区服务设施功能。

推动文化繁荣发展。积极培育和践行社会主义核心价值观，大力宣传"中国好人"、生态卫士等先进典型，提升公民文明素质和社会文明程度。建强文化阵地，完成新四军纪念馆展陈提升改造工程，完善村（社区）综合性文化服务中心，新建60家阅读新空间，建设一批24小时自助图书馆（柜）。积极发展文化产业，规划建设文化产业集聚区，扶持发展一批文化企业。鼓励文艺创作，传承红色文化，支持淮剧、杂技等文化团体发展，打造一批特色文化街区，丰富群众精神文化生活。

继续加强和创新社会治理。创新升级社会治安防控体系，推进扫黑除恶专项斗争向纵深发展，深化"黄海行动""梳网清格行动"，进一步增强人民群众安全感。健全社会矛盾多元化调解机制，依法分类处理信访问题。加强应急管理体系建设，增强气象等灾害监测和预警能力，有效应对和处置各类突发事件。深入推进"七五"普法，提升全民法律素养。发挥社会组织作用，推动社会治理重心下移和网格化管理，提升社区治理服务能力，实现政府治理与社会调

节、居民自治良性互动。扎实抓好双拥共建，做好退役军人保障工作，营造安定有序的发展环境。

各位代表，全面建成小康社会，实现第一个百年奋斗目标，是我们党向人民、向历史作出的庄严承诺。我们必须强化责任担当，坚持底线思维，打好打赢"三大攻坚战"，使全面建成小康社会得到人民认可、经得起历史检验。

坚决打好防范化解重大风险攻坚战。采取更加有力有效措施，严控金融、社会等领域的风险隐患。加强政府投资项目源头管理，加大政府债务化解力度，确保不发生政府性债务风险，确保不新发生违规融资行为，确保债务规模和债务率得到有效控制。采取园区托管、债务置换等方式，有效化解镇村债务。深化地方金融监管体制改革，严厉打击非法金融活动，推动农民资金互助合作社规范管理。强化社会面防控，全面排查整治重点领域、重点行业、重点群体风险隐患。严格落实安全生产责任制，遏制较大事故，杜绝重特大事故，确保人民群众生命财产安全。

坚决打好精准脱贫攻坚战。聚焦低收入人口、经济薄弱村和重点片区，深入推进精准脱贫，因地制宜发展特色高效产业，壮大村级集体经济，拓宽农民增收渠道，完成建档立卡低收入人口省定脱贫任务，滨海、响水两县和省定经济薄弱村全部实现脱贫，达到"摘帽"标准。严格对照"两不愁、三保障"要求，强化兜底保障，全面落实教育、医疗、低保等扶贫政策，促进政策性保障与扶贫有效衔接。推进"阳光扶贫"，严格扶贫资金监管，提高资金使用效率。继续做好援疆、援青以及与陕西铜川、辽宁阜新对口协作工作。

坚决打好污染防治攻坚战。坚持末端治理与源头防控"两手抓"，以中央和省环保督察交办问题整改为重点，开展"263""绿盾""散乱污企业"整治等专项行动，打好蓝天、碧水、净土保卫战。加强工业、能源等领域污染治理，持续提升空气质量，PM2.5年均浓度小于41微克/立方米。大力推进水环境整治，推动河(湖)长制常态化，开展黄海入海水系全流域治理，加快畜禽水产养殖、近海水域等污染防治，入海河流水质提升、稳定达标。实施土壤污染治理与修复工程，促进土壤可持续利用。持续实施化工园区专项整治、化工企业"四个一批"专项行动，坚决关停环保隐患突出、无法通过整治验收的化工生产企业。

建设人民满意的政府

新的形势和任务，对政府自身建设提出新的更高要求。我们将始终坚持用习近平新时代中国特色社会主义思想武装头脑、指导实践、推动工作，以人民为中心，不忘初心、牢记使命，切实提高政治站位，树牢"四个意识"，坚定"四个自信"，坚决做到"两个维护"，更好发挥政府作用，更加让人民满意，努力当好新时代的答卷人。

深入解放思想，打造创新政府。始终保持开拓创新的勇气、敢为人先的锐气和蓬勃向上的朝气，紧盯走在前列的目标定位，在坚决守住稳定、安全、廉政、生态四条底线的前提下，创造性地开展工作。注重学习新知识、新政策、新经验，着力增强"八个本领"，更多采取改革的办法和市场化、法治化手段，破解发展难题，推动经济社会高质量发展。

勇于担当作为，打造效能政府。坚持在市委领导下开展工作，按照中央和省市决策部署，坚决有力抓好贯彻落实，全面提升政府工作执行力。围绕推动经济发展、改革开放、城乡建设、文化建设、生态环境、人民生活"六个高质量"发展要求，实行清单式管理，确保有部署、有落实、有督查、有结果。大力弘扬求真务实作风，着力加强效能建设，雷厉风行、紧张快干，做细做实做好各项工作。强化督查问责和绩效考评，落实"三项机制"要求，营造敢负责、勇担当、善成事的浓厚氛围。

加快职能转变，打造服务政府。稳妥有序推进政府机构改革，优化机构设置和职能配置，为社会提供更多更优的公共服务。坚持以信息化提升工作效能，加快政务云门户建设，推动"互联网+政务服务""互联网+为民服务"。完善网上服务与实体大厅相结合的一体化政务服务模式，实现高频服务事项移动端办理，精心打造城市智能门户，努力让群众享受到方便快捷的公共服务。以更实举措优化发展环境，深化"暖企行动"，构建"亲""清"新型政商关系，让各类市场主体放心创业、安心发展。

依法履行职责，打造法治政府。坚持依宪施政、依法行政，突出抓好集体学法、出庭应诉等制度落实，增强政府及工作人员学法用法能力。修订完善政府工作规则，健全政府决策机制，强化重大行政决策合法性审查，推进依法、科学、民主决策。深化综合行政执法改革，建立健全权责统一、权威高效的体制机制。主动接受人大法律监督和工作监督、政协民主监督，提高建议和提案的办成率、满意度，更加重视司法监督、审计监督、舆论监督。推进重点领域政务公开，做好政策解读回应，提高政府工作公信力。

持续改进作风，打造勤廉政府。坚决贯彻执行中央八项规定及实施细则，以永远在路上的执着，严格落实全面从严治党各项要求。紧盯突出问题，持之以恒深化"四风"整治，坚决破除形式主义、官僚主义。大力弘扬爱岗敬业、只争朝夕的干事创业精神，和全市人民一起拼搏、一起奋斗，实干在前。全面落实党风廉政建设责任制，强化部门单位的主体责任，健全内控机制，防控廉政风险，严格控制"三公"经费和一般性支出。坚决有力整改中央、省委巡视以及市委巡察反馈问题，主动接受纪委、监委监督，配合做好"正风肃纪看机关"等专项行动，以为民务实、廉洁高效的良好形象取信于民。

各位代表！时代因奋斗而常新，城市因梦想而远行。让我们更加紧密地团结在以习近平同志为核心的党中央周围，在省委省政府和市委的坚强领导下，进一步解放思想、开拓创新，锐意进取、担当实干，以优异成绩庆祝中华人民共和国成立70周年，为高水平全面建成小康社会、高质量发展走在苏北苏中前列而不懈奋斗！

组织机构

一、市级机构及负责人

中共盐城市委员会

书　记　戴　源（2018.04—）
　　　　王荣平（—2018.04）
副书记　戴　源（—2018.04）
　　　　曹路宝（2018.04—）
　　　　陈红红（女）（2018.07—）
常　委　张礼祥
　　　　潘道津
　　　　尹卫东（—2018.02）
　　　　王　荣
　　　　王小红（女）
　　　　杨　军（—2018.11）
　　　　吴晓丹（女）
　　　　柏长岭（2018.07—）
　　　　羊维达
　　　　崔　浩（2018.07—）
　　　　常新生（2018.11—）
秘书长　羊维达（—2018.07）
　　　　崔　浩（2018.07—）
副秘书长　卫永标
　　　　　乐　超
　　　　　蒋国良
　　　　　刘光球
　　　　　黄　冬（—2018.10）
　　　　　崔恒华（2018.02—）

盐城市人民代表大会常务委员会

书　记　戴　源（2018.04—）
　　　　王荣平（—2018.04）
主　任　王荣平（—2018.04）
副主任、副书记　倪　峰
副主任　尹金来
　　　　邹毅实
　　　　马俊健
　　　　周键云（女）
秘书长　徐国均
副秘书长　刘连才（—2018.12）
　　　　　王克林
　　　　　曹子洪

盐城市人民政府

代市长　曹路宝（2018.04—）
市　长　戴　源（—2018.04）
副市长　陈红红（女）（—2018.07）
　　　　羊维达（2018.08—）
　　　　蒋　巍
　　　　孙　轶
　　　　崔　浩（—2018.07）
　　　　葛启发
　　　　李逸浩
　　　　王巧全
　　　　顾云岭（2018.08—）
秘书长　徐龙波（—2018.10）
　　　　郭玉生（2018.10—）
副秘书长　姚学龙
　　　　　陈　锋
　　　　　王政权
　　　　　张步胜
　　　　　仇鼎文
　　　　　顾亚军
　　　　　唐　宏
　　　　　郝瑞耀

中国人民政治协商会议盐城市委员会

主席、书记　李　驰
副书记　王锦胜
副主席　吕拔生
　　　　孙长春
　　　　王锦胜
　　　　沈洪清
　　　　顾云岭（—2018.07）
　　　　姜友新（女）
　　　　唐伯平
　　　　孙大明
秘书长　殷　勇
副秘书长　洪承志
　　　　　赵　勃
　　　　　李大林
　　　　　李巧云（女）
　　　　　王东升（兼）
　　　　　王永和（兼）
　　　　　孙秀丽（女）（兼）
　　　　　姜菊萍（女）（兼）
　　　　　张永辉（兼）
　　　　　陈守年（兼）

中共盐城市纪律检查委员会

书　记　王小红（女）
副书记　刘正秀（女）
　　　　刘向阳
　　　　孙红亮
常　委　张鹏程（—2018.12）
　　　　张炜东

路竞竞(女)
张国锋
张永娣(女)

盐城市监察委员会

主　任　王小红(女)(2018.01—)
副主任　刘正秀(女)(2018.01—)
　　　　刘向阳(2018.01—)
　　　　孙红亮(2018.01—)
委　员　张鹏程(2018.01—2018.12)
　　　　张炜东(2018.01—)
　　　　张永娣(女)(2018.01—)
　　　　徐　定(2018.01—)
　　　　胡中兵(2018.01—)
第一派驻纪检监察组组长　王本成
第二派驻纪检监察组组长　吴宏庆
第三派驻纪检监察组组长　周为勇
第四派驻纪检监察组组长　季志良
第五派驻纪检监察组组长　孙仁宏
第六派驻纪检监察组组长　余进成
第七派驻纪检监察组组长　胡　铭
第八派驻纪检监察组组长　郭九地
第九派驻纪检监察组组长　许学荣
第十派驻纪检监察组组长　皋古庆
第十一派驻纪检监察组组长　曹　阳
第十二派驻纪检监察组组长　潘卫东
第十三派驻纪检监察组组长　苗春荣
第十四派驻纪检监察组组长　孙　蒙
第十五派驻纪检监察组组长　陈友根
第十六派驻纪检监察组组长　王世法
第十七派驻纪检监察组组长　吴进中
第十八派驻纪检监察组组长　李士俊
第十九派驻纪检监察组组长　刘　杰
第二十派驻纪检监察组组长　刘亚东
第二十一派驻纪检监察组组长　刘玉才

盐城市中级人民法院

院长、书记　王世华
副院长、副书记　吴海龙
副院长　马生安(—2018.02)
　　　　胡　勇
　　　　许建兵
　　　　李　悦(女)(2018.02—)
政治部主任　李　悦(女)(—2018.12)
　　　　　　杨越华(女)(2018.12—)
审判委员会专职委员　宋长琴(女)
　　　　　　　　　　潘华锋

盐城市人民检察院

代检察长、书记　葛　冰(2018.10—)
检察长、书记　孙光永(—2018.09)
副检察长　陈国华
　　　　　刘必宁
　　　　　姚　图
政治部主任　童加舟
大中地区人民检察院检察长　征汉年
检察委员会专职委员　马　筠(女)
　　　　　　　　　　潘跃林

市委工作机构

市委办

主　任　刘光球
副主任　周　卫
　　　　钱　勇
　　　　马志宏

组织部

部　长　柏长岭(2018.07—)
　　　　尹卫东(—2018.02)
副部长　华林泰
　　　　顾汝华
　　　　成　辉
部　委　潘亚军
　　　　袁加珍(2018.02—)

宣传部

部　长　吴晓丹(女)
副部长　史学健
　　　　蒋东仁
　　　　薛万昌
　　　　周柏青

统战部

部　长　王　荣(2018.09—)
副部长　季　放
　　　　黄　斌

农村工作办公室

主　任　乐　超
副主任　金骏培
　　　　赵寿华
　　　　栾　峰

政法委员会

书　记　张礼祥
副书记　高维华
　　　　蔡晓钧
政治部主任　蔡晓钧

机关工委
书　记　朱传洲
副书记　刘古佐
　　　　陈铁军
纪工委书记　韦　明
工委主任　夏新瑞

台湾工作办公室(台湾事务办公室)
主　任　尹贵尧
副主任　刘开俊
　　　　黄益成
　　　　张　健
　　　　袁　溥(女)(2018.02—)

机构编制委员会办公室
主　任　张玉春
副主任　胥晨霞(女)
　　　　姜国华
　　　　刘　毅

市委部门管理机构

老干部局
局　长　顾汝华
副局长　陈　勇
　　　　赵光华

信访局
局　长　崔恒华
副局长　徐汉林
　　　　陈海峰
　　　　唐海峰
　　　　刘　军

保密委员会办公室
主　任　王　琦

机要局
局　长　陈　良

市委直属事业机构

党　校
校　长　陈红红(女)(2018.07—)
书记、副校长　叶茂楼
副校长、副书记　郭　云(女)
副校长　李德新
教育长　李建兵

盐阜大众报报业集团
社长、书记　朱志和
副社长　崔宇宙
　　　　颜廷亮
副总编　周　劲
　　　　季学根
　　　　孙凤志
　　　　陆应铸
　　　　陈志燕(女)

盐城广播电视台
台长、书记　戴为洋
副台长　陈晓光
　　　　胥爱华
　　　　王　康
　　　　唐卫华
纪委书记　葛明翔

档案馆(局)
馆(局)长　王加林
副馆(局)长　赵弘迈(女)
　　　　　　王明友
　　　　　　房　标

党史工作办公室
地方志办公室
主　任　茆贵鸣
副主任　王海燕(女)
　　　　吴建新
　　　　张守中

市委其他挂牌、合署机构

研究室
主　任　卫永标

全面深化改革领导小组办公室
副主任　齐　华

督查室
主　任　赵国锋

巡察工作办公室
主　任　孙红亮
专职副主任　刘怀瑞

巡察组
专职组长　张鹏程(—2018.12)
　　　　　郑　琳(女)
　　　　　顾文明
　　　　　颜　彦
　　　　　谢　伟
专职副组长　曹干方
　　　　　　刘汝华

许岩峰
祁玉华
崔成江
花鲁宁
张　桐
吴昊天
徐文蕴(女)

企业工委
书　记　华林泰

非公有制企业和社会组织工作委员会
书　记　嵇红梅(女)
副书记　沈卫民
黄　斌(兼)
鞠烨平(兼)
陈　政(兼)
许宝贵(兼)

市人才工作办公室
主　任　邓小锋

市党员干部现代远程教育中心
主　任　王大为

外宣办
主　任　史学健
副主任　高爱军

文明办
主　任　周柏青
副主任　夏　斌

市互联网信息办公室
主　任　乔宗华

综治办
主　任　高维华
副主任　姚世健
封　潮
顾海文

事业单位登记管理局(事业单位监督管理局)
局　长　张玉春
副局长　姜国华

市人大机关

办公室
主　任　王克林
副主任　姚　刚
顾晓军

研究室
主　任　刘连才(—2018.12)
副主任　严东升

内务司法委员会
主　任　汪寿明

预算工作委员会
主　任　王　琼
副主任　李　梅(女)

农村工作委员会
主　任　张永春
副主任　陈向前

教科文卫委员会
主　任　蔡浩然
副主任　陈益林

环境资源城乡建设委员会
主　任　杨　柳
副主任　蒋　春

人事代表联络委员会
主　任　杨　刚
副主任　金祖亚

民族宗教侨务外事委员会
主　任　顾云峰
副主任　冯　佐

法制工作委员会
主　任　吴　敦
副主任　姚长俊

市政府工作机构

政府办
书　记　郭玉生(2018.10—)
徐龙波(—2018.10)
主任、副书记　姚学龙
副主任　顾光明
张　波
徐金珠
胡柏林
王　胜

发展和改革委员会
主任、书记　苏　冬

副主任　于广华
张子生
朱如万
左文亮
杨劲松
袁永军

经济和信息化委员会

主任、书记　陈　斌
副主任、副书记　袁志亚
副主任　陆达成
颜开建
沈影帆
薛友祥
陈　军

教育局

局长、书记　戴红光
副局长、副书记　郑英舜
副局长　江　楫
丁才林
教育工委副书记　邹必俊
督导室主任　刘广平
工委主任　张　斌

科学技术局

局　长　崔文军
书　记　周晓棣
副局长　倪晓峰
丁桂林
缪志伟

公安局

局长、书记　王巧全
副局长、副书记　姜学儒
吴柏林
副局长　张满昌
朱晓明
王玉海
王　炜
政治部主任　孙玉东

民政局

局长、书记　谷红彬
副局长　姜冠军
鞠烨平
彭　涛
戴云峰
双拥办专职副主任　戴云峰

司法局

局长、书记　李从洋
副局长、副书记　孙　亚
副局长　郭乃军
董清平
王永忠
朱维明

财政局

局长、书记　肖汝宏
副局长、副书记　王乃凤
副局长　虞　水
俞全新
吴启飞

人力资源和社会保障局

局长、书记　王　娟(女)(—2018.12)
副书记　吴　刚
副局长　汤习成
王道远
顾正钧
顾红榜
孙　伟

国土资源局

局长、书记　徐增产
副局长　樊　荣
张中俊
铁小军
冯一飞

规划局

局长、书记　张亚钊
副局长、副书记　杨义宽
总规划师　宋迎春

城乡建设局

局长、书记　管亚光
副局长　李爱进
花　青
叶小强
朱　超
工委主任　朱端倪
总工程师　魏　炜

城市管理局

局长、书记　夏思军
副局长、副书记　王玉新
副局长　樊　玮
王建安

刘文明
吕　伟

住房保障和房产管理局
局长、书记　羊维元
副局长、副书记　张亚仿
副局长　曹晓祥
张伯林

交通运输局
书　记　管亚光
副局长　周　忠
薛　华
裴义婷(女)
崔　花(女)
傅清贤
总工程师　陈惠民
工委主任　许　卫

港口管理局
局长、书记　戚太龙
副局长　赵　飞
高曙红

水利局
局长、书记　许德智
副局长、副书记　许世刚
副局长　何玉良
王国佐
刘智华
樊六亚
工委主任　张建华
总工程师　仲　跃

农业委员会
主任、书记　施建霞(女)
副主任、副书记　王旭东
副主任　计　宏
孙新建
王甫同
滕友仁
总农艺师　张玉林

海洋与渔业局
局长、书记　糜　海
副局长　陈培岭
朱其平
杨　满
王　辉

商务局
局长、书记　王　亚
副局长、副书记　贾子农
严　中
副局长　夏丁华(—2018.02)
程　颖(女)
工委主任　陈国亮

文化广电新闻出版局
局长、书记　季德荣
副书记　孙为祥
副局长　王永和
吴春杏
王胜利
唐文健
朱　超

卫生和计划生育委员会
主任、书记　徐　杰
副主任、副书记　张慧娟(女)
副主任　张桂芹(女)
房安银
孙长春
工委主任　陈旭东

审计局
局长、书记　吴先国
副局长　陈献东
孙红青(女)
刘秋风(女)
总审计师　李树峰

环境保护局
局长、书记　周　俊
副局长、副书记　孔令逸
副局长　王　海
总工程师　曹江林

旅游局
局长、书记　童　健
副局长　陈锦还
吴志宾

体育局
局　长　汤冬青
书　记　方仕德
副局长　杨君明
周继明
杜明东

统计局
局长、书记　胥传广
副局长　魏文华
　　　　李　刚
　　　　瞿建权
总统计师　朱　杰

安全生产监督局
局长、书记　刘　源
副局长、副书记　李新昌
副局长　仲汉鹏
　　　　陈爱宏
　　　　朱国华
　　　　许立设
总工程师　薛家玉

工商行政管理局
局长、书记　刘永前
副局长、副书记　季鹏飞
副局长　刘连荣
　　　　葛　龙
　　　　陈德美
　　　　陈　政

质量技术监督局
局长、书记　洪家宁
副局长　王海南
　　　　孟令永
　　　　王东升
　　　　杨　樾
　　　　王德祥

食品药品监督管理局
局长、书记　高　定
副局长、副书记　韩植林
副局长　钱钦晖
　　　　李国光
　　　　曹　伟

物价局
局长、书记　范建江
副局长　姜桂阳
　　　　卞长春

粮食局
局长、书记　崔成富
副局长　朱胜东
　　　　万　宏
　　　　袁明明(女)
工委主任　刘　兵(—2018.02)

市级机关事务管理局
局长、书记　蔡群华
副局长　夏仲书
　　　　张芬萍(女)
工委主任　侍晓红(女)

民族宗教事务局
局　长　季　放
副局长　马登军
　　　　王启东
　　　　王尤东
　　　　吴风俊

民防局
局长、书记　孔逸忻
副局长、副书记　黄　实
副局长　张永祥
　　　　滕春青

法制办公室
主任、书记　戴红春
副主任　骆海豹
　　　　雍庆丰
　　　　薛为民(2018.02—)

外事办公室
主任、书记　董玲玲(女)
副主任　周晓晴(女)
　　　　陆　帅

国资委
主任、书记　张乃文
副主任　王　健
　　　　何　忠
　　　　丁万林
第一市属企业监事会主席　成友贵(2018.02—)
第二市属企业监事会主席　张晓政
第三市属企业监事会主席　张晓鸣
第四市属企业监事会主席　蒋　斌

市委市政府派出机构

政务服务管理办公室
书记、主任　王绍前
副主任　薛杰堂
　　　　邢晓峰
　　　　张锡良

驻沪联络处
主　任　顾向阳
副主任　陈新峰

驻宁办
主　任　韩　健(女)

驻京联络处
主　任　顾明东

驻深圳办
主　任　吴志鸿

苏州盐城沿海合作开发园区
书　记　蒋国良
副书记、主任　陈　豪(2018.05—)
副书记、纪工委书记　范品才(—2018.05)
副书记、副主任　陈　豪(—2018.05)
副主任　韦向东
　　　　褚国栋
　　　　王　平(—2018.05)
　　　　柳建洪(2018.05—)
　　　　王　兵(2018.05—)
纪工委书记　刘卫刚(2018.05—)

市政府直属事业机构

接待办公室
主任、书记　张玉辉(2018.02—)
副主任　张玉辉(—2018.02)
　　　　臧海波

公积金管理中心
主任、书记　李正林
副主任　徐克新
　　　　唐仕洪
　　　　魏彧晖

地震局
局长、书记　唐耀华
副局长　韦凯昌

供销合作总社
主任、书记　蒋红萍(女)
副主任　周　鸣
　　　　李海宁
　　　　葛广东
工委主任　石　峰
监事会主任　赵金华

黄海经济区建设指挥部办公室
主　任　顾亚军
副主任　杨亚成
　　　　龚春红(女)

农业科学研究院
院长、书记　葛汉勤
副院长　孙明法
纪委书记　王乃顶
副院长　葛兆建
　　　　吴　春

江苏盐城国家级珍禽自然保护区管理处
主　任　蒋　巍(兼)(2018.12—)
　　　　邹毅实(兼)(—2018.12)
书　记　陈志会(2018.12—)
副主任　朱照伟(—2018.12)
　　　　陈　浩
　　　　吕明光

江苏省大丰麋鹿国家级自然保护区管理处
主　任　孙大明
书　记　宋　勇(兼)
副主任　沈　华

仲裁委秘书处
秘书长　戴红春(兼)
副秘书长　许　亮(2018.02—)

市政府其他挂牌、合署机构及部门下属单位

研究室
主　任　李晓奇
副主任　武正华

市委、市政府总值班室(应急管理办公室)
主　任　徐金珠

督查室
主　任　王　胜

口岸办
主　任　朱　杰

电子政务办公室
主　任　邓　伟

金融办
主　任　朱金明
副主任　吴　江
　　　　孙秀春

沿海办
主　任　苏　冬(2018.02—)
副主任　韦向东

中小企业局
局　长　陈　斌

知识产权局
局　长　崔文军

维稳办
主　任　王巧全(兼)
副主任　陈玉龙
　　　　顾富昌

专门办
副主任　邱文广
　　　　杨连君

苏北农村人才市场管委会办公室
主　任　吴　刚
副主任　陈吕生
　　　　还少丹

城市管理行政执法局
局　长　夏思军

数字化城市管理监督指挥中心
主　任　王玉新(2018.12—)
　　　　陈　锋(兼)(—2018.12)
副主任　夏思军
　　　　吴　松

铁路建设办公室
主　任　管亚光
副主任　陈建斌
　　　　商　颖
　　　　杨　华

盐城港港口局
局　长　戚太龙

林业局
局长、书记　符文华
副局长　俞全胜
　　　　汤中文

农业资源开发局
局长、书记　袁冬青
副局长　宋成荣
　　　　董庆余
　　　　刘井良

招商局
局　长　王　亚

贸促会
会　长　夏丁华(2018.02—)
　　　　王　亚(—2018.02)
副会长　王　卉(女)

文物局、版权局
局　长　季德荣

政府侨务办公室
政府港澳事务办公室
主　任　董玲玲(女)

人民防空办公室
主　任　孔逸忻

公安局指挥中心(办公室)
主　任　王　健

公安局国保支队
支队长　刘安民
政　委　梅继军

公安局治安支队
支队长　曹志祥
政　委　徐成文

公安局交通警察支队
支队长　陈卫平

公安局刑警支队
支队长　熊新民
政　委　王晓静

公安局经侦支队
支队长　孙志平
政　委　秦正龙

公安局巡特警支队
政　委　崔开蕴

公安局技侦支队
支队长　朱长征
政　委　夏咸健(2018.02—)

公安局监所管理支队
政　委　葛玉龙

国库集中支付中心
主　任　唐　康

劳动监察支队
支队长　张益明

国土资源监察支队
支队长　李荣祥

规划管理监察支队
支队长　唐孝岗

园林管理局
局　长　许国兴

城市管理行政执法支队
支队长　潘建华

不动产登记中心(房产交易中心)
主　任　季　峰

渔政监督支队
支队长　陆为平
政　委　宋建联

文化行政综合执法支队
支队长　高庆云

环境监察局(环境监察支队)
局长(支队长)　王瑞涛

水源保护区环境监察支队
支队长　王　彬

安全生产监察支队
支队长　陈恒洪

国际交流中心
主　任　申　森

新四军纪念馆
馆　长　孙为祥
副馆长　马　松(2018.02—)
　　　　铁春燕(女)

海盐博物馆
馆　长　颜世勋

公共资源交易中心
主　任　刘益彬

房屋征收办公室
主　任　阮绍荣

对外建筑管理处
主　任　倪圣江
书　记　严东鸣

公路管理处
主　任　杨　春

航道管理处
书　记　周　忠
副书记、主任　徐　军

地方海事局
局　长　陈正华
书　记　单永平

交通运输管理处
主　任　薛　锋

水利工程管理处
主　任　潘明华

通榆河枢纽工程管理处
主　任　朱榛国

市区防洪工程管理处
主　任　张　勇

新洋农业试验站
站长、书记　洪立洲

一　院
书记、院长　李大林
副书记、副院长　查文章
　　　　　　　　朱向军
副院长　柏宏坚
　　　　嵇友林
　　　　李明祥
　　　　闻国华
纪委书记　卞学梅(女)

一院城南医院
院　长　李大林(兼)
副院长　邓义军
　　　　李奇志(女)
　　　　李　浒
　　　　李自强

卫生监督所
所长、书记　严东明

疾病预防控制中心
主　任　沈进进

妇幼保健院
书记、院长　卞洪亮

中医院
院　长　崔国静(女)

二　院
院　长　王　正

劳动就业中心
主　任　丁保华

社会劳动保险中心
主　任　陈竹山

城南科教城管委会
书　记　周键云(女)(—2018.12)
主任、副书记　郭庆生
副主任　施志彬
　　　　周志成
　　　　屠兆斌
　　　　丁金海
　　　　谢　纬

大数据产业管理办公室
主　任　陆晓钢
副主任　刘必利

大丰麋鹿湿地旅游经济区管理委员会
副主任　仇　飞

东台沿海湿地旅游度假经济区
主　任　吕洪涛(2018.02—)
　　　　高　翔(—2018.02)

盐城大纵湖湿地旅游度假经济区
主　任　唐小荣

市政协机关

办公室
主　任　赵　勃
副主任　徐翠华(女)
　　　　潘迎华

研究室
主　任　洪承志
副主任　商中兵

教文卫体委员会
主　任　孙国栋
副主任　孙福军

经济科技委员会
主　任　高晨光
副主任　厉汝标

港澳台侨委员会
主　任　陈乃军(2018.12—)
　　　　董小平(—2018.12)
副主任　程　宁

提案委员会
主　任　戴晓春
副主任　陆体兵

学习文史委员会
主　任　徐于斌(女)
副主任　周　耀

委员联络委员会
主　任　顾慧春(女)
副主任　孙良成

人口资源环境委员会
主　任　徐晓明

社会法制和民族宗教委员会
主　任　裴磊滨
副主任　李立公

民主党派

民主同盟盐城市委员会
主　委　唐伯平
副主委　姜菊萍(女)
　　　　薛和平(女)(兼)
　　　　郭列平(兼)

民主建国会盐城市委员会
主　委　穆向明
副主委　陈　军(兼)
　　　　孙秀丽(女)
　　　　吴海燕(女)(兼)

民主促进会盐城市委员会
主　委　朱雪梅(女)
副主委　张永辉
　　　　张学军(兼)

农工民主党盐城市委员会
主　委　孙长春
副主委　陈守年(兼)
　　　　胥江华
　　　　邓义军(兼)

九三学社盐城市委员会
主　委　孙大明
副主委　刘秋风(女)(兼)
　　　　王东升(兼)
　　　　陈苏宁(女)

群团机构

总工会
主　席　沈洪清
书记、副主席　单玉梅(女)
副主席　周新民
　　　　许宝贵
　　　　周彩枫
　　　　王　龙

团市委
书　记　尹同阳
副书记　夏　威(—2018.02)
　　　　李晓明
　　　　徐　健
　　　　周　昉(女)

妇　联
主席、书记　盛　艳(女)
副主席　徐　丹(女)
　　　　高清华(女)
　　　　胡忠秀(女)
妇儿工委办专职主任　王　艳(女)

科　协
主席、书记　徐瀚文
副主席　张琍琍(女)
　　　　高福华

侨　联
主　席　季卫军
副主席　李永红(女)
　　　　张中明

文　联
主　席　薛万昌
副主席　张曙光

社科联
副主席　陈玉林
　　　　胡晓军

残　联
理事长、书记　刘桂湘(女)
副理事长　黄文玉
　　　　　陈汝进
　　　　　朱友余

工商联
主　席　吕拔生
书　记　黄金文
副主席　赵德生
　　　　李建松

红十字会
副会长　乔　静(女)
　　　　徐维林

双重及垂直领导单位

国家税务总局盐城市税务局
(2018年6月由盐城市国税局、盐城市地税局合并组建)
局长、书记　丁报庆(2018.06—)
副局长、副书记　苏延法(2018.06—)
副局长　吴　刚(2018.06—)
　　　　黄斌斌(2018.06—)
　　　　孟宪春(2018.06—)
　　　　张　军(2018.06—)
　　　　刘　进(2018.06—)
　　　　嵇海林(2018.06—)
　　　　陈洪军(2018.06—)
　　　　何国栋(2018.06—)
总经济师　余　群(2018.06—)
　　　　　严汝青(2018.06—)
总会计师　吴泉芳(2018.06—)
　　　　　胥　峰(2018.06—)
纪检组长　王云龙(2018.06—)

盐城气象局
局长、书记　吴一鸣
副局长　冯还岭
　　　　张志刚
纪检组组长　刘　青

盐城海关

（2018年4月盐城出入境检验检疫局划入盐城海关）

关　长　沙锦锋（2018.12—）

关长、书记　顾克中（—2018.12）

副关长、缉私分局局长　王伟民（兼）

南京海关第十四派驻纪检组组长　孙国防（2018.12—）

副关长　李　健（2018.12—）

　　　　单衡明（2018.12—）

　　　　申于盐（2018.12—）

　　　　曹　中（2018.12—）

　　　　孙兆定

　　　　葛海琴（2018.12—）

　　　　史国庆（—2018.12）

纪检监察特派员　贺步强（—2018.12）

盐城海事局

局长、书记　彭　凌

副局长　李海波

　　　　周海东

　　　　史德华

省统计局盐城调查局

局　长　侯海连

副局长　卞永来

国家统计局盐城调查队

队长、书记　陈锦龙

副队长　郭宗林（—2018.06）

　　　　苏正芳（2018.01—）

纪检组组长　徐正洪

盐城邮政管理局

副局长　单　纯（主持工作）

盐城邮政分公司

总经理、书记　朱明华

副总经理、工会主席　刘艳梅（女）

副总经理、纪委书记　黄　海

副总经理　沈晓建

盐城电信分公司

总经理、书记　石　磊

副总经理、纪委书记　徐乐华

副总经理、工会主席　钱　进

副总经理　刘世伟（—2018.12）

　　　　　吴信和

　　　　　赵宏志（2018.12—）

盐城移动分公司

总经理、书记　徐　宁（女）

副总经理　叶　松

　　　　　王　俊（女）

　　　　　杭晓明

盐城联通分公司

总经理、书记　杨　军

纪委书记　杨　帆

副总经理　宋文豪

　　　　　夷淑华

盐城铁塔分公司

总经理　沈　文

副总经理　梁茂华

　　　　　彭明瑞（2018.03—）

盐城供电公司

总经理、副书记　张　强

书记、副总经理　张义奇

副总经理　施　展

　　　　　赵　阳

　　　　　王国平

　　　　　周　宇

　　　　　张文华（2018.01—）

纪委书记　岳志刚（—2018.08）

　　　　　龚　彧（2018.08—）

党委委员　李勇健（2018.08—）

盐城发电有限公司

总经理、副书记　王爱军（2018.03—）

　　　　　　　　陈顺全（—2018.03）

书　记　单锦宏（—2018.06）

副总经理　刘忠德

纪委书记、工会主席　沈　军

射阳港发电有限责任公司

董事长、书记　刘晓龙（2018.03—）

总经理、副书记　陈顺全（—2018.03）

　　　　　　　　吴　江（2018.10—）

书　记　刘晓龙（—2018.03）

纪委书记、工会主席　肖文强（—2018.09）

副总经理、总工程师　薛巨勇

副总经理　黄迎华

　　　　　陈益飞（2018.10—）

盐城市烟草专卖局（省烟草公司盐城市公司）

局长、经理、书记　赵宏贵（2018.07—）

　　　　　　　　　张加成（—2018.01）

副经理　丁　伟

副局长　路圣兵

纪检组长　袁　炜

省盐业集团苏盐连锁有限公司盐城分公司(盐务管理局)
局长、总经理、副书记　王绪林
书记、副局长、副总经理　钱海涛
副局长、副总经理、纪委书记、工会主席　尚元富
副总经理　李兆生
　　　　　孙召俊

中石化江苏盐城石油分公司
经理、书记　顾亚平(2018.11—)
经理、副书记　顾亚平(—2018.11)
书　记　徐立东(—2018.11)
副经理　张　弘(—2018.03)
　　　　孙　练

中石油江苏盐城销售分公司
经理、副书记　陈大振
书记、副经理　陆　敏(—2018.01)
副经理　于勤来(—2018.01)
　　　　王丙辉(2018.01—)
财务总监　周　军(—2018.01)
　　　　许永胜(2018.01—)

省广电有线信息网络股份有限公司盐城分公司
总经理、书记　曹有成
副总经理　李庆龙
　　　　　祝　星
　　　　　郭　政
纪委书记　宦广华

金融、保险机构

人民银行盐城市中心支行
行长、书记　姚盛敏
副行长　荀　嵩
　　　　从　斌
　　　　吴从法
纪委书记　高　瞻(—2018.10)
　　　　　戴　凯(2018.12—)
工会主席　李　文

盐城银保监分局
(2018年12月由盐城银监分局机构改革更名)
局长、书记　葛步明
副局长　彭松志
纪委书记　韩树荣(女)

工商银行盐城市分行
行长、书记　陈向东
副行长　曾　理(女)
　　　　范立兵
　　　　薛桂英(女)(2018.04—)
纪委书记　徐　晓

农业银行盐城市分行
行长、书记　顾　明
副书记、副行长　钱月军
纪委书记　朱余明
副行长　陈必森
　　　　徐　铁

中国银行盐城分行
行长、书记　陶继勇(2018.03—)
代行长　陶继勇(—2018.03)
纪委书记　朱国庆
副行长　陈　俊
　　　　张　宏
　　　　颜荣康(2018.05—)
　　　　范　冕(2018.08—)
　　　　周一青(女)(—2018.04)
　　　　黄　健(—2018.10)

建设银行盐城分行
行长、书记　陈永斌(2018.01—)
　　　　　　潘劲松(—2018.01)
副行长　王锡权
　　　　朱洪娣(女)(—2018.12)
　　　　耿红斌(2018.01—)
　　　　纪家中(2018.12—)
纪委书记　秦　岭

交通银行盐城分行
行长、书记　杨玉琴(女)
副行长　聂碧辉(2018.06—)
　　　　蔡　萍(女)(2018.04—)
　　　　赵　军(—2018.07)
　　　　王　军(—2018.10)

农业发展银行盐城市分行
行长、书记　丁　洪(2018.06—)
　　　　　　姜加强(—2018.06)
副行长　刘从万
副行长、工委主任　肖葆华(—2018.11)
　　　　　　　　　潘向阳(2018.11—)

江苏银行盐城分行
行长、书记　张建军
副行长　陈　锋
　　　　吴建生
　　　　吴殿波
　　　　杨清春

中国邮政储蓄银行盐城市分行
行长、书记　庄号召(2018.02—)
　　　　　　何道友(—2018.02)
副行长　薛　冰
　　　　何　敏
　　　　唐　静(女)

中信银行盐城分行
行长、书记　王　军
副行长　钱　俊
　　　　储向梅(女)
党委委员、行长助理　王　旭

华夏银行盐城分行
行　长　陆文胜(2018.05—)
　　　　徐桂林(—2018.05)
副行长　丁俊根
首席风险官　王　俊

浦发银行盐城分行
行长、书记　陈　煜(2018.05—)
　　　　　　李建宏(—2018.05)
副行长　张金权
　　　　孙　军(—2018.01)
　　　　袁晓明(2018.03—)
党委委员、行长助理　张延军(2018.02—)

招商银行盐城分行
行　长　王　凯
副行长　曹洪义(—2018.10)
　　　　孙文峰

江苏盐城农村商业银行股份有限公司
董事长、书记　李一平
行长、副书记　杭　辉(—2018.05)
　　　　　　　费　翔(2018.05—)
监事长、纪委书记　李成彬(2018.05—)
副行长　李成彬(—2018.05)
　　　　陈　旭
　　　　费　翔(—2018.05)
　　　　张洪国(2018.06—)
　　　　贾中军
　　　　杨书琴(女)

人民财产保险公司盐城市分公司
总经理、书记　朱礼荣(—2018.01)
副总经理、副书记　宋建新(2018.06—)(主持工作)
纪委书记、副总经理　匡加桂
副总经理　刘宏进(—2018.03)
　　　　　宋建新(—2018.06)

人寿保险公司盐城市分公司
总经理、书记　姚盛锋
副总经理　柏根榕
　　　　　刘　健(2018.04—)
　　　　　刘金扬
　　　　　周云飞(2018.02—)

人寿财产保险公司盐城中心支公司
总经理　李友军(2018.02—)
副书记、副总经理　李友军(—2018.02)
副总经理　蔡义峰(2018.03—)
　　　　　孙国志(2018.01—)

太平洋财产保险公司盐城中心支公司
总经理、书记　孙学理
副总经理　王华生
　　　　　崔晓刚

太平洋人寿保险公司盐城中心支公司
总经理　周旭东
副总经理　王正华(—2018.11)
　　　　　李仲跃(2018.10—)

江苏省信用再担保公司盐城分公司
副总经理　吴居海

紫金财产保险股份有限公司盐城分公司
负责人　杨　娟(女)(2018.05—)
总经理、书记　马吉良(—2018.04)
副总经理　杨海峰(—2018.11)
　　　　　杨　娟(女)(—2018.05)
总经理助理　徐志峰(2018.08—)

中储棉盐城有限公司
书记、副总经理　王跃文
副总经理　张　军

各类学校

盐城工学院
书　记　刘祖汉(2018.09—)
　　　　葛世伦(—2018.09)
院　长　叶美兰(女)
副书记、副院长　方海林(女)
副书记　薛　浩
副院长　邵　荣
　　　　宋长春
　　　　王路明
　　　　王资生
纪委书记　陈春雷

盐城师范学院
书　记　戴斌荣
副书记、院长　方　忠
副书记、副院长　黄志纯
副书记、纪委书记　刘必清
副院长　曹　健(—2018.09)
　　　　陈昌远(—2018.09)
　　　　崔　刚
　　　　庞　波(2018.09—)
　　　　张桂华
　　　　汤克明(2018.09—)
　　　　毕凤珊(女)(2018.09—)

盐城开放大学
党总支书记　高　健
校　长　杨　军
副校长　朱思亮
　　　　周学高

盐城工业职业技术学院
书　记　邵从清(2018.09—)
　　　　姜朋明(—2018.09)
副书记、院长　李仁和
副书记　张林龙(2018.10—)
副院长　张林龙(—2018.10)
　　　　孙卫芳(女)
　　　　刘必千
　　　　蔺　俊(2018.10—)
纪委书记　徐伯静(—2018.10)
　　　　　夏燕萍(2018.10—)

江苏医药职业学院
书　记　郝达富(2018.09—)
　　　　王光文(—2018.09)
副书记、院长　乔学斌(—2018.09)
　　　　　　　陈国忠(2018.09—)
副书记、纪委书记　李玉华(—2018.10)
副书记　李玉华(2018.10—)
副院长　陈国忠(—2018.09)
　　　　王　辉
　　　　高璀乡(女)
　　　　侍杏华
纪委书记　徐伯静(2018.10—)

盐城幼儿师范高等专科学校
书　记　刘毓航(女)
副书记、校长　姜统华
副书记、副院长　张体松(2018.02—)
纪委书记　马　力(2018.02—)
副院长　陈长飞(2018.02—)
　　　　崔　霞(女)(2018.02—)

江苏省盐城技师学院
书　记　顾强生
副书记、院长　瞿才新
副院长　王东生
　　　　李成飞
　　　　陈远芝
　　　　夏建友
纪委书记　杨桂春

盐城生物工程高等职业技术学校
校长、书记　张国山(2018.12—)
　　　　　　陈乃军(—2018.12)
副校长　成敦杰
　　　　朱余清
　　　　童朝亮
　　　　王　会
纪委书记　谷远钧

盐城中学
校长、书记　张瑞卿
副校长　朱　俊(女)
　　　　谢兆贵
　　　　陈俊江
　　　　李　生
纪委书记　树如同

盐城机电高等职业技术学校
校　长　茆艾磊(2018.02—)
　　　　马　松(—2018.02)

盐城市经济管理学校
校　长　季万新

盐城市高级实验中学
校　长　李　生(兼)

盐城市初级中学
校　长　朱　斌

盐城市第一小学教育集团
校　长　瞿汉荣

二、县级机构及负责人

响水县

中共响水县委员会
书　记　崔爱国

副书记　单永红
邵礼青
吴红才(—2018.12)
常　委　李运连
刘中连
孙庆树
徐　莉(女)
杨荣生
陈　刚
夏红霞(女)
顾建明
陆文忠(2018.02—)

响水县人大常委会
主　任　杨毅坚
副主任　李　刚
张孝将
王建成
顾祝生

响水县人民政府
县　长　单永红
副县长　刘中连
张善荣
桑良举
许丽萍(女)
薛风林
王鲁文

政协响水县委员会
主　席　裴彦贵
副主席　陈　骧
陆从华
张　瀚
周汝琴(女)

中共响水县纪律检查委员会
书　记　陈　刚(兼)

响水县监察委员会
主　任　陈　刚(兼)

响水县人民法院
院　长　徐　祥(2018.12—)
谭　斌(—2018.12)

响水县人民检察院
检察长　陈宏成

滨海县

中共滨海县委员会
书　记　钱武华
副书记　刘永轩
张孝荣
常　委　周　岚(女)
沈卫东
李　杰
王海荣
徐　亚
李　军
许晓云(—2018.05)
高明荣
陈亚新(2018.05—)

滨海县人大常委会
主　任　宋滨东
副主任　韩立扩
薛正红(女)

滨海县人民政府
县　长　刘永轩
副县长　周　岚(女)
赵远新
夏　威(2018.02—2018.12)
王成松
程　熙(女)
沈乃峰
于　宽
田海波(—2018.02)

政协滨海县委员会
主　席　姚兆春(女)
副主席　郑成铨
王亚平
姜浩然
侯德志

中共滨海县纪律检查委员会
书　记　李　杰(兼)

滨海县监察委员会
主　任　李　杰(兼)

滨海县人民法院
院　长　丁　煌

滨海县人民检察院
检察长　王志道

阜宁县

中共阜宁县委员会
书　记　徐华明(2018.09—)
　　　　顾云岭(—2018.07)
副书记　张利华(2018.12—)
　　　　徐华明(—2018.09)
　　　　林　进(—2018.12)
　　　　李　强(2018.12—)
常　委　吴启标
　　　　李　强
　　　　丁政万
　　　　朱　玲(女)
　　　　卜宪沛(—2018.05)
　　　　倪一华
　　　　罗时荣
　　　　王　宁
　　　　周达虎
　　　　赵东平(2018.05—)

阜宁县人大常委会
主　任　林　进(2018.12—)
　　　　王　强(—2018.12)
副主任　王　飞
　　　　陈志国
　　　　计　俊
　　　　戴卫东

阜宁县人民政府
县　长　张利华(2018.11—)
　　　　徐华明(—2018.11)
副县长　吴启标
　　　　张桂军
　　　　吴正年
　　　　沈恩山(—2018.12)
　　　　郭碧玉(女)
　　　　徐　义
　　　　徐向东(2018.12—)

政协阜宁县委员会
主　席　吴晓飞
副主席　蔡如航
　　　　路宝亚
　　　　李德平
　　　　嵇　田

中共阜宁县纪律检查委员会
书　记　倪一华(兼)

阜宁县监察委员会
主　任　倪一华(兼)

阜宁县人民法院
院　长　丁益钧(2018.12—)
　　　　黄旭东(—2018.12)

阜宁县人民检察院
检察长　李　响

射阳县

中共射阳县委员会
书　记　唐　敬(2018.11—)
　　　　戴荣江(—2018.10)
副书记　吴冈玉(女)
　　　　唐　敬(—2018.11)
　　　　张鹏程(2018.12—)
常　委　周天石
　　　　徐年舫(—2018.12)
　　　　董光威
　　　　田国举
　　　　徐　曼(女)
　　　　张哲峰
　　　　胡国良
　　　　戴　勇
　　　　田海波(2018.02—)
　　　　张文斌(2018.12—)

射阳县人大常委会
主　任　季晓春
副主任　王占芬(女)
　　　　周明荣
　　　　戴　淦

射阳县人民政府
县　长　吴冈玉(女)(2018.11—)
　　　　唐　敬(—2018.11)
副县长　田国举
　　　　戴翠芳(女)
　　　　崔晓荣
　　　　徐旭东
　　　　戴　翔
　　　　徐向东(—2018.12)
　　　　丁红兵(2018.12—)

政协射阳县委员会
主　席　邱德兵
副主席　刘守明
　　　　陈以奎
　　　　刘锦和

刘　慧（女）
陈少祥

中共射阳县纪律检查委员会
书　记　胡国良（兼）

射阳县监察委员会
主　任　胡国良（兼）

射阳县人民法院
院　长　王如平

射阳县人民检察院
检察长　许正胜

建湖县

中共建湖县委员会
书　记　陈　平
副书记　祁从峰（2018.12—）
薛盛堂（—2018.10）
吴　云
常　委　须卫琴（女）
徐宁建
倪世勇
施　伟（—2018.05）
孙海山
陈巍亮
许　刚
顾加广
徐　军（2018.05—）

建湖县人大常委会
主　任　张连国
副主任　徐为祥
唐广群
刘登石
唐　坤

建湖县人民政府
县　长　祁从峰（2018.11—）
薛盛堂（—2018.09）
副县长　徐宁建
何春明
金　明
刘兆云
申建春（女）
臧　冲

政协建湖县委员会
主　席　俞进虎
副主席　葛正光
陈秀花（女）
曹征松
丁红兵（—2018.12）
徐守忠
郭　刚（2018.12—）

中共建湖县纪律检查委员会
书　记　须卫琴（女）（兼）

建湖县监察委员会
主　任　须卫琴（女）（兼）

建湖县人民法院
院　长　许雪峰（2018.12—）
杨越华（女）（—2018.12）

建湖县人民检察院
检察长　胡立东

东台市

中共东台市委员会
书　记　陈卫红（女）
副书记　王旭东
许　峰
常　委　陆汉超
陈晓俊
邱海涛
陈玉龙
周爱东
金学宏
吴　琼
王爱军

东台市人大常委会
主　任　崔　康
副主任　刘树斌
赵良钢
黄淑华（女）
李春桃

东台市人民政府
市　长　王旭东
副市长　陈晓俊
徐　越
马正华
孙燕春（女）
杨云峰
孙高明

政协东台市委员会
主　席　鲍　宇
副主席　郑静波
　　　　陈志文
　　　　焦小平
　　　　鲍家峰

中共东台市纪律检查委员会
书　记　王爱军(兼)

东台市监察委员会
主　任　王爱军(兼)

东台市人民法院
院　长　谭　斌(2018.12—)
　　　　周　宏(—2018.12)

东台市人民检察院
检察长　张扣华

大丰区

中共大丰区委员会
书　记　薛盛堂(2018.09—)
　　　　王　荣(—2018.09)
副书记　宋　勇
　　　　陈湘珍(女)
常　委　陈允春
　　　　郭　超
　　　　蔡保生
　　　　石根美
　　　　罗　强
　　　　董　坤
　　　　周小进
　　　　韦应生
　　　　陈　豪

大丰区人大常委会
主　任　范大玉
副主任　江志坚
　　　　江　波(女)
　　　　朱国新
　　　　赵晓庆

大丰区人民政府
区　长　宋　勇
副区长　郭　超
　　　　韦　国
　　　　赵玉霞(女)
　　　　董　毅(—2018.06)
　　　　张林海
　　　　沈　阳
　　　　陈高亚
　　　　潘仁山

政协大丰区委员会
主　席　袁国萍(女)
副主席　汤小山
　　　　褚国栋
　　　　钱　江
　　　　李志阳

中共大丰区纪律检查委员会
书　记　陈允春(兼)

大丰区监察委员会
主　任　陈允春(兼)

大丰区人民法院
院　长　朱　亮

大丰区人民检察院
检察长　张春山

盐都区

中共盐都区委员会
书　记　吴本辉(2018.09—)
　　　　羊维达(—2018.07)
副书记　王　娟(女)(2018.12—)
　　　　吴本辉(—2018.09)
　　　　冯明印
常　委　朱金南
　　　　陈志会(—2018.12)
　　　　王铁根
　　　　葛建华
　　　　商建明
　　　　陈育群
　　　　沈潜辉
　　　　张云云(女)

盐都区人大常委会
主　任　顾其斌
副主任　葛永良
　　　　方　平
　　　　郝汉金

盐都区人民政府
区　长　王　娟(女)(2018.11—)
　　　　吴本辉(—2018.11)
副区长　陈志会(—2018.12)
　　　　肖乐农

彭向洪(—2018.07)
陈　霞(女)
徐永生
诈大猛
王纯国(2018.12—)

政协盐都区委员会
主　席　张建洋
副主席　季　风
阮宜春
段学标
张荣銮(女)

中共盐都区纪律检查委员会
书　记　朱金南(兼)

盐都区监察委员会
主　任　朱金南(兼)

盐都区人民法院
院　长　韩　标

盐都区人民检察院
检察长　钱亚祥

亭湖区

中共亭湖区委员会
书　记　李东成
副书记　张宏春
张利华(—2018.12)
常　委　祁新桐
沈　政
徐海宁
孙庆树(2018.02—)
顾　硕
徐维林(—2018.05)
连　倩(女)
徐　曼(女)(2018.02—)
周晓东
郭忠俊(2018.05—)

亭湖区人大常委会
主　任　吕　锦
副主任　张春秀(女)
吕志平
陈云龙
成月红(女)

亭湖区人民政府
区　长　张宏春
副区长　祁新桐
周质恂
李建荣
孙　红(女)
王　健
张素东
张伟中

政协亭湖区委员会
主　席　孙红艳(女)
副主席　王达军
朱淑萍(女)
李洁莲(女)
张敬东
邹永公

中共亭湖区纪律检查委员会
书　记　连　倩(女)(兼)

亭湖区监察委员会
主　任　连　倩(女)(兼)

亭湖区人民法院
院　长　詹荣安

亭湖区人民检察院
检察长　樊　杉

盐城经济技术开发区

中共盐城经济技术开发区工作委员会
书　记　戴荣江(2018.10—)
郭玉生(—2018.09)
副书记　徐龙波(2018.10—)
祁从峰(—2018.12)
郑荣文
委　员　李新华
黄郁华
瞿　斌
孟　晶
林　彬
李东前
陈　鹏
周　翔
邓既明
尹红炎(—2018.05)
欧红标(2018.05—)

盐城经济技术开发区管理委员会
主　任　徐龙波(2018.09—)
郭玉生(—2018.09)

副主任　祁从峰
　　　　黄郁华
　　　　瞿　斌
　　　　孟　晶
　　　　林　彬
　　　　陈　鹏
　　　　邓既明

中共盐城经济技术开发区纪律检查工作委员会
纪工委书记　李新华(兼)

盐城经济技术开发区监察工作委员会
主　任　李新华(兼)

盐城经济技术开发区法院
院　长　刘海玉

盐城经济技术开发区检察院
检察长　李　勤(女)

城南新区

中共盐城市城南新区工作委员会
书　记　周键云(女)(—2018.12)
副书记　杨雪峰
　　　　郭庆生
委　员　朱国成
　　　　唐高明
　　　　陆友江
　　　　崔成江
　　　　潘迎华
　　　　王　岭
　　　　周志成
　　　　屠兆彬
　　　　王大为
纪工委书记　崔成江(兼)

盐城市城南新区管理委员会
主　任　杨雪峰
副主任　朱国成
　　　　唐高明
　　　　潘迎华
　　　　王　岭
　　　　周志成
　　　　屠兆彬

文件目录

一、盐发文件

关于进一步保障和改善民生的实施意见　盐发〔2018〕1号　(2018年1月30日)

关于认真组织开展2017—2018年度全市基层党员干部冬训工作的意见　盐发〔2018〕2号　(2018年1月9日)

关于构建和谐劳动关系的实施意见　盐发〔2018〕3号　(2018年1月9日)

关于进一步加强耕地保护和改进占补平衡的实施细则　盐发〔2018〕4号　(2018年3月1日)

关于加强盐城滨海新区(盐城滨海新区临港经济区)发展的意见　盐发〔2018〕5号　(2018年3月23日)

印发《关于贯彻实施乡村振兴战略的行动方案》的通知　盐发〔2018〕7号　(2018年5月9日)

关于印发《盐城市脱贫攻坚三年行动计划(2018—2020年)》的通知　盐发〔2018〕8号　(2018年5月9日)

关于庆祝改革开放40周年活动安排相关事项的通知　盐发〔2018〕10号　(2018年5月15日)

关于深化农村集体产权制度改革的实施意见　盐发〔2018〕11号　(2018年6月15日)

关于市委常委会解放思想专题民主生活会情况的通报　盐发〔2018〕12号　(2018年8月7日)

2018年度盐城市各县(市、区)目标任务综合考核意见　盐发〔2018〕13号　(2018年9月12日)

2018年度市级机关部门(单位)目标任务综合考核意见　盐发〔2018〕14号　(2018年9月12日)

关于加强和改进新时代民族宗教工作的实施意见　盐发〔2018〕15号　(2018年10月8日)

印发《关于加快改善全市农民群众住房条件推进城乡融合发展的实施办法》的通知　盐发〔2018〕17号　(2018年11月1日)

关于加强城乡社区治理与服务的意见　盐发〔2018〕18号　(2018年11月15日)

关于加强和改进新时代人民政协工作的意见　盐发〔2018〕19号　(2018年11月22日)

关于印发《盐城市滨海港工业园区管理办法》的通知　盐发〔2018〕20号　(2018年11月24日)

关于推进安全生产领域改革发展的实施意见　盐发〔2018〕21号　(2018年12月3日)

印发《关于支持检察机关公益诉讼工作的意见》的通知　盐发〔2018〕22号　(2018年12月31日)

关于建立市政府向市人大常委会报告国有资产管理情况制度的意见　盐发〔2018〕23号　(2018年12月29日)

二、盐委文件

关于盐城市2017年度河长制工作的报告　盐委〔2018〕1号　(2018年1月15日)

关于推荐孙大明、孙维亚分别作为省第十三届人民代表大会常务委员会委员候选人人选、预备推荐人选的请示　盐委〔2018〕2号　(2018年1月19日)

关于成立市区“三治三化”专项行动指挥部的通知　盐委〔2018〕3号　(2018年1月27日)

关于印发2017年度全市目标任务综合考核结果的通知　盐委〔2018〕4号　(2018年2月8日)

关于2017年人口和计划生育工作情况的报告　盐委〔2018〕5号　(2018年2月8日)

关于报批建湖县上冈镇行政管理体制改革方案的请示　盐委〔2018〕7号　(2018年3月27日)

关于履行全面从严治党主体责任述职会上省委主要领导点评意见整改落实情况的报告　盐委〔2018〕8号　(2018年5月3日)

关于调整盐城市创建全国文明城市领导小组和指挥部组成人员的通知　盐委〔2018〕9号　(2018年5月9日)

关于近期盐城市和亭湖区落实省纪委专责监督意见工作情况的报告　盐委〔2018〕10号　(2018年6月1日)

关于《盐城市高质量发展工作方案》的报告　盐委〔2018〕11号　(2018年6月7日)

关于贯彻落实省委常委(扩大)会议精神的汇报　盐委〔2018〕15号　(2018年6月20日)

关于表彰优秀共产党员、优秀党务工作者、先进基层党组织的决定　盐委〔2018〕16号　(2018年6月27日)

关于贯彻落实全省长江经济带发展工作推进会主要精神的报告　盐委〔2018〕17号　(2018年6月29日)

关于对省委常委会解放思想大讨论活动征求意见建议情况的汇报　盐委〔2018〕18号　(2018年7月2日)

关于盐城新水源地及引水工程有关情况的报告　盐委〔2018〕19号　(2018年7月6日)

关于市委常委会解放思想专题民主生活会情况的报告　盐委〔2018〕20号　(2018年7月30日)

关于请求支持盐城建设沿海钢铁产业基地的请示　盐委〔2018〕21号　(2018年8月3日)

关于盐城市委、市政府领导班子成员分工调整的请示　盐委〔2018〕22号　(2018年8月6日)

关于成立市委巡视联络工作领导小组的通知　盐委〔2018〕23号　(2018年8月2日)

关于调整市委巡察工作领导小组的通知　盐委〔2018〕24号　(2018年8月17日)

关于市委常委工作分工的通知　盐委〔2018〕25号　(2018年8月16日)

关于中央巡视反馈意见整改情况的报告　盐委〔2018〕26号　(2018年8月30日)

关于邀请美国前首相戴维·卡梅托(David Cameron)参加2018盐城绿色智慧能源会议的情况报告　盐委〔2018〕27号　(2018年8月31日)

关于同意成立中共国家税务总局盐城市税务局委员会的批复　盐委〔2018〕28号　(2018年9月4日)

关于盐城市委常委会专题民主生活会情况的报告　盐委〔2018〕30号　(2018年9月10日)

关于市委常委会专题民主生活会情况的通报　盐委〔2018〕31号　(2018年9月18日)

关于上报政府隐性债务化解实施方案的报告　盐委〔2018〕32号　(2018年10月8日)

关于成立江苏省盐南高新技术产业开发区管理机构并明确正处级规格的请示　盐委〔2018〕33号　(2018年10月8日)

关于加快改善农民群众住房条件工作情况的报告　盐委〔2018〕34号　(2018年10月22日)

关于上报政府隐性债务化解实施方案的报告(第二次)　盐委〔2018〕35号　(2018年10月26日)

关于盐城市学校建设情况的汇报　盐委〔2018〕36号　(2018年11月1日)

关于宝武钢铁集团在盐城建设绿色精品钢基地的报告　盐委〔2018〕38号　(2018年11月11日)

关于恳请省领导出席宝武盐城绿色精品钢基地项目签约活动的请示　盐委〔2018〕40号　(2018年11月13日)

关于同意召开中国共产党盐城师范学院第三次代表大会的批复　盐委〔2018〕41号　(2018年11月15日)

关于同意召开中国共产党盐城幼儿师范高等专科学校第一次代表大会的批复　盐委〔2018〕42号　(2018年11月15日)

关于同意召开中国共产党盐城工业职业技术学院第二次代表大会的批复　盐委〔2018〕43号　(2018年11月15日)

关于同意召开中国共产党江苏医药职业学院第一次党员大会的批复　盐委〔2018〕44号　(2018年11月15日)

关于资助2018年度创新创业领军人才的决定　盐委〔2018〕45号　(2018年11月22日)

关于贯彻落实习近平总书记对江苏工作重要指示批示精神的报告　盐委〔2018〕46号　(2018年12月13日)

关于贯彻落实习近平总书记“6·23”特大龙卷风冰雹灾害抢险救灾重要指示批示精神的报告　盐委〔2018〕47号　(2018年12月13日)

关于补选曹路宝、柏长岭两名同志为省人大代表的请示　盐委〔2018〕49号　(2018年12月24日)

关于报批盐城市机构改革方案的请示　盐委〔2018〕50号　(2018年12月28日)

三、盐政发文件

盐城市人民政府关于下达2018年市政府为民办实事项目任务的通知　盐政发〔2018〕1号　(2018年1月17日)

盐城市人民政府关于印发盐城市生态河湖行动计划(2018—2020年)的通知　盐政发〔2018〕9号　(2018年2月6日)

盐城市人民政府关于开展第三次全市土地调查的通知　盐政发〔2018〕10号　(2018年2月23日)

盐城市人民政府关于印发盐城市政府投资重大工程项目管理办法的通知　盐政发〔2018〕11号　(2018年3月1日)

盐城市人民政府关于第五届盐城仲裁委员会组成人员的通知　盐政发〔2018〕18号　(2018年3月24日)

盐城市人民政府关于印发2018年全市深化"放管服"改革工作要点的通知　盐政发〔2018〕28号　(2018年4月29日)

盐城市人民政府关于公布第四批市级非物质文化遗产代表性项目名录的通知　盐政发〔2018〕32号　(2018年5月30日)

盐城市人民政府关于进一步加强市区土地出让与储备工作的意见　盐政发〔2018〕40号　(2018年7月16日)

盐城市人民政府关于我市做好第四次全国经济普查工作的通知　盐政发〔2018〕38号　(2018年7月18日)

盐城市人民政府关于公布2017年度盐城市科学技术奖获奖项目名单的通知　盐政发〔2018〕45号　(2018年7月16日)

盐城市人民政府关于印发盐城市"一窗通办、一网通行"利企便民不见面集成改革工作方案的通知　盐政发〔2018〕41号　(2018年7月18日)

盐城市人民政府关于市政府领导工作分工的通知　盐政发〔2018〕49号　(2018年8月2日)

盐城市人民政府关于印发盐城市城镇新建居住区配建学校实施办法(试行)的通知　盐政发〔2018〕58号　(2018年8月20日)

盐城市人民政府关于做好2017年度退役士兵接收安置工作的通知　盐政发〔2018〕78号　(2018年11月21日)

盐城市人民政府关于成立江苏燕舞航空产业集团有限公司的通知　盐政发〔2018〕80号　(2018年12月16日)

盐城市人民政府关于成立盐城市海兴集团有限公司的通知　盐政发〔2018〕81号　(2018年12月16日)

四、盐办发文件

关于细化分解市委七届五次全会重点工作任务的通知　盐办发〔2018〕1号　(2018年1月5日)

印发《关于进一步加强和改进离退休干部工作的实施办法》的通知　盐办发〔2018〕2号　(2018年1月8日)

关于印发《政协盐城市委员会2018年度协商计划》的通知　盐办发〔2018〕3号　(2018年1月15日)

关于印发《全市南北镇村对口挂钩帮扶方案》的通知　盐办发〔2018〕4号　(2018年1月19日)

印发《关于深化公安执法规范化建设的实施意见》的通知　盐办发〔2018〕5号　(2018年1月25日)

关于下达2018年全市重大项目和重点工程投资计划的通知　盐办发〔2018〕6号　(2018年1月22日)

关于在全市开展以"不忘初心、牢记使命"为主题的"大学习大调研大落实"活动的通知　盐办发〔2018〕7号　(2018年2月13日)

关于印发2018年市委重点工作督查计划安排的通知　盐办发〔2018〕8号　(2018年2月24日)

印发《关于在全市开展"产业项目载体提升年"活动的实施意见》的通知　盐办发〔2018〕9号　(2018年2月27日)

关于转发《2018年全市宣传思想文化工作要点》的通知　盐办发〔2018〕10号　(2018年2月27日)

关于公布2017年度招商引资和项目推进工作考核结果的通知　盐办发〔2018〕11号　(2018年3月1日)

关于印发《全市党委信息工作考核评比办法(2018年)》的通知　盐办发〔2018〕12号　(2018年3月7日)

关于印发盐城滨海新区(盐城滨海新区临港经济区)工作运行办法的通知　盐办发〔2018〕13号　(2018年3月23日)

印发《关于推进"正风肃纪镇村行"专项行动的实施方案(2018年度)》的通知　盐办发〔2018〕14号　(2018年3月26日)

印发《关于实施城市基层党建"五化"提升行动的意见》的通知　盐办发〔2018〕15号　(2018年3月23日)

关于下达2018年全市国民经济和社会发展预期目标的通知　盐办发〔2018〕16号　(2018年4月3日)

转发《中共盐城市人大常委会党组关于改进审计查出突出问题整改情况向市人大常委会报告机制的意见》的通知　盐办发〔2018〕17号　(2018年4月3日)

关于印发《中国盐城丹顶鹤国际湿地生态旅游节暨第十一届海盐文化节总体工作方案》的通知　盐办发〔2018〕18号　(2018年4月8日)

印发《关于推进农村财务管理体制机制创新试点的实施方案》的通知　盐办发〔2018〕19号　(2018年4月12日)

印发《关于对全市经济薄弱村实行市、县(市、区)部门和企事业单位驻村帮扶全覆盖的意见》的通知　盐办发〔2018〕20号　(2018年4月18日)

关于印发全市实施乡村振兴战略重点工作(项目)目标任务及分解表的通知　盐办发〔2018〕21号　(2018年4月18日)

关于印发《盐城市特色田园乡村建设实施方案》的通知　盐办发〔2018〕22号　(2018年4月20日)

关于督办市政协重点提案的通知　盐办发〔2018〕23号　(2018年4月11日)

关于进一步推进中央环保督察问题整改坚决打好污染防治攻坚战的通知　盐办发〔2018〕24号　(2018年4月27日)

关于印发《中共盐城市委党的建设工作领导小组2018年工作要点》的通知　盐办发〔2018〕25号　(2018年5月7日)

关于组织实施乡村振兴"十大工程"的通知　盐办发〔2018〕26号　(2018年5月8日)

关于印发《盐城市创建全国文明城市三年行动计划(2018—2020年)》的通知　盐办发〔2018〕27号　(2018年5

月9日）

关于调整市领导联系街道、市各有关部门（单位）挂钩社区（村）开展创建全国文明城市工作安排的通知 盐办发〔2018〕28号 （2018年5月9日）

关于印发《盐城市生态文明建设目标评价考核实施办法》的通知 盐办发〔2018〕29号 （2018年5月14日）

关于开展“全面从严治党主体责任落实年”活动的实施意见 盐办发〔2018〕30号 （2018年5月17日）

印发《关于开展解放思想大讨论活动的实施方案》的通知 盐办发〔2018〕31号 （2018年5月16日）

关于转发《盐城市文联改革实施方案》的通知 盐办发〔2018〕32号 （2018年6月1日）

关于印发《中共盐城市委落实全面从严治党主体责任的清单》的通知 盐办发〔2018〕33号 （2018年4月21日）

关于转发《市委宣传部、市委政法委、市“扫黄打非”工作领导小组办公室2018年“扫黄打非”行动方案》的通知 盐办发〔2018〕34号 （2018年6月5日）

关于印发《市委全面深化改革领导小组工作规则》《市委全面深化改革领导小组专项小组工作规则》和《市委全面深化改革领导小组办公室工作细则》的通知 盐办发〔2018〕35号 （2018年5月30日）

关于印发《中共盐城市委全面深化改革领导小组2018年工作要点》的通知 盐办发〔2018〕36号 （2018年5月30日）

关于全面深入开展农村集体资产清产核资工作的通知 盐办发〔2018〕37号 （2018年6月14日）

关于印发《盐城市毒品问题严重地区责任考评办法》的通知 盐办发〔2018〕38号 （2018年6月20日）

关于印发《盐城市党政干部鼓励激励实施办法》《盐城市党员干部和公职人员容错纠错实施办法》《盐城市推进党政领导干部能上能下实施办法》的通知 盐办发〔2018〕39号 （2018年7月3日）

关于印发《中国人民政治协商会议盐城市委员会提案办理协商办法》的通知 盐办发〔2018〕40号 （2018年7月4日）

关于印发《中共盐城市委贯彻落实省委〈关于推进巡察工作向纵深发展的意见〉的实施办法》的通知 盐办发〔2018〕41号 （2018年7月5日）

关于印发《中共盐城市第七届委员会巡察工作规划（修订）》的通知 盐办发〔2018〕42号 （2018年7月5日）

印发《关于推荐县处级干部申报省级以上表彰奖励工作的管理办法》的通知 盐办发〔2018〕43号 （2018年7月17日）

印发《关于深化统计管理体制改革提高统计数据真实性的实施方案》的通知 盐办发〔2018〕44号 （2018年7月24日）

印发《关于建立健全市领导牵头联系重点改革任务责任制的实施办法》的通知 盐办发〔2018〕45号 （2018年8月20日）

印发《关于传承弘扬铁军精神的实施方案》的通知 盐办发〔2018〕46号 （2018年8月1日）

关于印发《盐城市贯彻〈江苏省委军民融合发展委员会2018年工作要点〉的实施意见》的通知 盐办发〔2018〕47号 （2018年8月6日）

关于细化分解市委七届六次全会重点工作任务的通知 盐办发〔2018〕48号 （2018年8月10日）

关于切实做好2018年度市领导挂钩帮扶经济薄弱村发展集体经济项目实施工作的通知 盐办发〔2018〕49号 （2018年8月13日）

关于公布市级总河长市级河长湖长的通知 盐办发〔2018〕50号 （2018年8月24日）

印发《中共盐城市委贯彻落实省委〈《关于对江苏省委巡视工作开展专项检查的情况报告》整改工作方案〉的具体整改措施》的通知 盐办发〔2018〕52号 （2018年9月5日）

印发《关于加强巡视巡察整改和成果运用工作的意见》的通知 盐办发〔2018〕53号 （2018年9月5日）

关于印发《盐城市市级党政机关办公用房权属统一登记工作实施方案》的通知 盐办发〔2018〕54号 （2018年9月5日）

印发《关于促进盐台经济文化交流合作的若干措施》的通知 盐办发〔2018〕55号 （2018年9月10日）

印发《关于改革社会组织管理制度促进社会组织健康有序发展的实施意见》的通知 盐办发〔2018〕56号 （2018年9月11日）

印发《关于建立环境保护行政执法与司法联动机制的实施意见（试行）》的通知 盐办发〔2018〕57号 （2018年9月25日）

印发《关于加强党员干部和公职人员廉政教育的实施意见（试行）》的通知 盐办发〔2018〕58号 （2018年9月25日）

关于印发《盐城市农村人居环境整治三年行动实施方案》的通知 盐办发〔2018〕61号 （2018年10月29日）

印发《关于全市重点经济技术园区主导产业定位的方案》的通知 盐办发〔2018〕63号 （2018年11月15日）

印发《关于进一步把社会主义核心价值观融入法治盐城建设的实施意见》的通知 盐办发〔2018〕64号 （2018年11月15日）

印发《关于开展2018年全市开发园区“等级创建”的意见》的通知 盐办发〔2018〕65号 （2018年11月15日）

印发《关于集聚人才引领高质量发展的十条激励政策》的通知 盐办发〔2018〕66号 （2018年11月22日）

印发《关于贯彻落实中央纪委和省委工作部署集中整治形式主义、官僚主义的实施方案》的通知 盐办发〔2018〕67号 （2018年12月4日）

印发《关于加强全市政协党的建设工作的实施意见》的通知 盐办发〔2018〕68号 （2018年12月6日）

关于统筹规范督查检查考核工作有关事项的通知 盐办发〔2018〕69号 （2018年12月7日）

关于印发2018年度全市各县（市、区）目标任务综合考

核实施细则的通知　盐办发〔2018〕70号　(2018年12月9日)

关于印发《2018年度盐城市市级机关部门(单位)目标任务综合考核实施细则》的通知　盐办发〔2018〕71号　(2018年12月9日)

关于印发《中共盐城市委联系服务专家工作方案》的通知　盐办发〔2018〕72号　(2018年12月26日)

印发《关于在全市开展司法体制综合配套改革的实施意见》的通知　盐办发〔2018〕73号　(2018年12月29日)

关于印发《盐城市党政领导干部安全生产责任制规定实施办法》的通知　盐办发〔2018〕74号　(2018年12月31日)

五、盐办文件

关于戴金成同志任职的请示　盐办〔2018〕1号　(2018年1月4日)

关于印发《2017年度全市党委信息工作考核结果》的通知　盐办〔2018〕2号　(2018年2月8日)

关于滨海射阳境内沈海高速沿线烟囱排查情况的报告　盐办〔2018〕4号　(2018年2月24日)

关于印发《盐城市关心下一代工作委员会2017年主要工作情况和2018年工作要点》的通知　盐办〔2018〕5号　(2018年2月24日)

关于成立全市扫黑除恶专项斗争领导小组的通知　盐办〔2018〕6号　(2018年3月20日)

关于成立盐城市环境保护督察整改工作领导小组的通知　盐办〔2018〕10号　(2018年6月4日)

关于调整中韩(盐城)产业园建设工作领导小组组成人员的通知　盐办〔2018〕11号　(2018年6月11日)

关于市纪委派驻纪检组更名及相关事宜的通知　盐办〔2018〕12号　(2018年6月27日)

关于赴德国丹麦英国经贸招商活动的报告　盐办〔2018〕13号　(2018年8月2日)

关于调整盐城市全面推行河长制领导小组成员的通知　盐办〔2018〕14号　(2018年8月24日)

关于印发《盐城市全面推行湖长制工作实施方案》的通知　盐办〔2018〕15号　(2018年8月27日)

关于成立宝武梅钢盐城绿色环保精品钢基地项目推进领导小组的通知　盐办〔2018〕17号　(2018年9月3日)

关于成立市推进“一带一路”建设工作领导小组的通知　盐办〔2018〕18号　(2018年8月31日)

关于戴源、曹路宝等同志有关议事协调机构职务调整的通知　盐办〔2018〕19号　(2018年9月19日)

关于申请协调新婚夫妇向革命烈士献花活动补充的请示　盐办〔2018〕20号　(2018年9月21日)

转发《中共盐城市人大常委会党组关于加强人大机关思想政治和能力建设的意见》的通知　盐办〔2018〕21号　(2018年10月16日)

关于成立盐城市推动长江经济带发展领导小组的通知　盐办〔2018〕22号　(2018年11月7日)

关于调整盐城市接轨上海工作领导小组组成人员的通知　盐办〔2018〕23号　(2018年11月19日)

关于做好2019年度重点党报党刊发行工作严格规范报刊发行秩序的通知　盐办〔2018〕24号　(2018年11月20日)

印发《盐城市深入推进审批服务便民化实施方案》的通知　盐办〔2018〕25号　(2018年12月3日)

关于公布2018年度沿海百万亩生态防护林工程建设工作考核结果的通知　盐办〔2018〕26号　(2018年12月18日)

六、盐政办发文件

盐城市人民政府办公室关于分解落实2018年市政府工作报告主要目标任务的通知　盐政办发〔2018〕1号　(2018年2月26日)

盐城市人民政府办公室关于全面治理拖欠农民工工资问题的实施意见　盐政办发〔2018〕2号　(2018年2月23日)

盐城市人民政府办公室关于公布2017年度“争星创优”活动优胜企业和企业家名单的通知　盐政办发〔2018〕3号　(2018年2月9日)

盐城市人民政府办公室关于公布2017年度盐城市青少年科技创新奖评选结果的通知　盐政办发〔2018〕4号　(2018年1月25日)

盐城市人民政府办公室关于公布2017年度市政府门户网站内容保障工作考核结果的通知　盐政办发〔2018〕5号　(2018年2月5日)

盐城市人民政府办公室关于创新政府配置资源方式的实施办法　盐政办发〔2018〕8号　(2018年2月22日)

盐城市人民政府办公室关于公布2017年度全市政府办公室系统调研工作竞赛结果的通知　盐政办发〔2018〕9号　(2018年2月27日)

盐城市人民政府办公室关于下达市区2018年度城市建设任务的通知　盐政办发〔2018〕10号　(2018年2月14日)

盐城市人民政府办公室关于印发2018年全市深化投融资体制改革重点工作任务的通知　盐政办发〔2018〕15号　(2018年3月22日)

盐城市人民政府办公室关于印发盐城市超标粮食处置实施意见的通知　盐政办发〔2018〕17号　(2018年3月29日)

盐城市人民政府办公室关于印发深入推进供销合作社综合改革2018行动计划的通知　盐政办发〔2018〕18号　(2018年3月29日)

盐城市人民政府办公室关于印发2018年度规范性文件制定计划的通知　盐政办发〔2018〕20号　(2018年4月2日)

盐城市人民政府办公室关于印发2018年全市沿海发展工作要点的通知　盐政办发〔2018〕21号　(2018年4月2日)

盐城市人民政府办公室关于印发盐城市进一步深化基本医疗保险支付方式改革实施方案的通知　盐政办发

〔2018〕24号 （2018年3月28日）

盐城市人民政府办公室关于印发盐城市电动汽车充电设施专项规划（2018—2020年）的通知 盐政办发〔2018〕25号 （2018年4月12日）

盐城市人民政府办公室关于印发2018年盐城市融入长三角城市群建设重点工作任务的通知 盐政办发〔2018〕26号 （2018年4月9日）

盐城市人民政府办公室关于印发盐城市第二次全国污染源普查实施方案的通知 盐政办发〔2018〕27号 （2018年4月13日）

盐城市人民政府办公室关于公布2017年度全市建筑业发展工作考核结果的通知 盐政办发〔2018〕28号（2018年4月18日）

盐城市人民政府办公室关于印发加强全市中小学幼儿园安全风险防控体系建设实施意见的通知 盐政办发〔2018〕30号 （2018年4月27日）

盐城市人民政府办公室关于公布2017年度盐城市人民政府专利奖获奖名单的通知 盐政办发〔2018〕32号（2018年4月18日）

盐城市人民政府办公室关于印发盐城市"证照分离"改革试点工作方案的通知 盐政办发〔2018〕33号 （2018年5月5日）

盐城市人民政府办公室关于印发加强盐城市市区老旧小区长效管理实施意见的通知 盐政办发〔2018〕35号（2018年5月15日）

盐城市人民政府办公室关于做好粮食生产功能区和重要农产品生产保护区划定建设工作的通知 盐政办发〔2018〕36号 （2018年5月14日）

盐城市人民政府办公室关于印发进一步做好市区城市危房解危工作意见的通知 盐政办发〔2018〕37号 （2018年5月23日）

盐城市人民政府办公室关于印发全市畜禽养殖废弃物资源化利用工作方案的通知 盐政办发〔2018〕38号（2018年5月26日）

盐城市人民政府办公室关于印发盐城市全面推进政务公开工作实施方案的通知 盐政办发〔2018〕39号 （2018年6月4日）

盐城市人民政府办公室关于加强龙卷雷暴大风等致灾天气防御工作的意见 盐政办发〔2018〕40号 （2018年6月2日）

盐城市人民政府办公室关于印发盐城市突发事件预警信息发布管理办法的通知 盐政办发〔2018〕41号 （2018年6月30日）

盐城市人民政府办公室关于修订盐城市气象灾害应急预案的通知 盐政办发〔2018〕42号 （2018年6月30日）

盐城市人民政府办公室关于印发汽车新能源电子信息等产业发展三年行动计划的通知 盐政办发〔2018〕44号（2018年7月3日）

盐城市人民政府办公室关于印发盐城市区建设项目联合测绘暂行办法的通知 盐政办发〔2018〕45号 （2018年7月1日）

盐城市人民政府办公室关于做好当前和今后一段时期就业创业工作的实施意见 盐政办发〔2018〕47号 （2018年8月25日）

盐城市人民政府办公室关于加强人防工程平时使用和维护管理工作的意见 盐政办发〔2018〕48号 （2018年8月27日）

盐城市人民政府办公室关于印发全市企业"争星创优"认定办法的通知 盐政办发〔2018〕49号 （2018年9月15日）

盐城市人民政府办公室关于印发大力推进畜禽养殖污染防治工作意见的通知 盐政办发〔2018〕50号 （2018年9月21日）

盐城市人民政府办公室关于印发盐城市县（市、区）政府（管委会）耕地保护责任目标考核办法的通知 盐政办发〔2018〕51号 （2018年9月25日）

盐城市人民政府办公室关于印发全市推进公共资源配置领域政府信息公开实施方案的通知 盐政办发〔2018〕54号 （2018年11月10日）

盐城市人民政府办公室关于公布盐城市第八届职业技能大赛暨第四届"江苏技能状元"大赛盐城选拔赛优秀选手和选送单位名单的通知 盐政办发〔2018〕55号 （2018年11月19日）

盐城市人民政府办公室关于印发盐城市食品安全事故应急预案的通知 盐政办发〔2018〕56号 （2018年11月8日）

盐城市人民政府办公室关于印发盐城市深化"放管服"改革转变政府职能重点任务分工方案的通知 盐政办发〔2018〕57号 （2018年11月24日）

盐城市人民政府办公室关于公布2017年度盐城市市长质量奖获奖企业名单的通知 盐政办发〔2018〕58号（2018年12月1日）

盐城市人民政府办公室关于印发进一步扩大和升级信息消费持续释放内需潜力实施方案的通知 盐政办〔2018〕59号 （2018年12月1日）

盐城市人民政府办公室关于印发盐城市水土保持规划（2015—2030年）的通知 盐政办发〔2018〕60号 （2018年12月3日）

盐城市人民政府办公室关于印发盐城市慢性病防治中长期规划（2018—2025年）等疾病防治规划的通知 盐政办发〔2018〕61号 （2018年12月1日）

盐城市人民政府办公室关于印发盐城市工业企业资源集约利用综合评价办法（试行）的通知 盐政办发〔2018〕62号 （2018年12月14日）

盐城市人民政府办公室关于开展全市政策性粮食库存数量和质量大清查的通知 盐政办发〔2018〕63号 （2018年12月12日）

盐城市人民政府办公室关于印发盐城市政务信息系统整合共享工作实施方案的通知 盐政办发〔2018〕64号（2018年12月14日）

盐城市人民政府办公室关于印发盐城市进一步优化电力接入营商环境实施办法(试行)的通知　盐政办〔2018〕66号　(2018年10月29日)

盐城市人民政府办公室关于印发盐城市工业互联网平台和标杆工厂培育行动实施方案(2018—2020年)的通知　盐政办发〔2018〕68号　(2018年12月27日)

盐城市人民政府办公室关于印发全市推进重大建设项目批准和实施领域政府信息公开实施方案的通知　盐政办发〔2018〕72号　(2018年12月30日)

七、盐政规发文件

盐城市人民政府关于印发盐城市市区旧城区(棚户区)改建房屋征收及有关问题处理意见的通知　盐政规发〔2018〕1号　(2018年4月8日)

盐城市人民政府关于印发盐城市内部审计工作规定的通知　盐政规发〔2018〕2号　(2018年12月1日)

荣誉榜

一、省级以上集体荣誉

2018年,全市上下坚持以习近平新时代中国特色社会主义思想为指导,深入贯彻中共十九大和十九届二中、三中全会精神,统筹推进"五位一体"总体布局,协调推进"四个全面"战略布局,坚持稳中求进工作总基调,践行新发展理念,聚焦"高质量发展走在苏北苏中前列"目标定位,实施"产业强市、生态立市、富民兴市",深入推进"开放沿海、接轨上海,绿色转型、绿色跨越",全力打好"三大攻坚战",经济社会发展和党的建设各项事业取得明显进步,高质量发展取得良好成效。全市多个单位集体获得国家、省级多项表彰。

2018年全市部分部省级集体荣誉一览表

表附-65

单位名称	荣誉名称	授奖单位	授奖时间
盐城市供销合作总社	全国供销合作社系统先进集体	人力资源和社会保障部、中华全国供销合作总社	2018.1
亭湖区人民检察院	全国检察文化建设示范院	最高人民检察院	2018.2
盐城市公安局	平安中国之珠	公安部	2018.4
阜宁县新沟镇人民调解委员会	全国人民调解工作先进集体	司法部	2018.5
盐城市大丰区人民调解委员会	全国人民调解工作先进集体	司法部	2018.5
盐城市公安局交通警察支队车辆管理所	一等车辆管理所	公安部	2018.6
阜宁县罗桥镇张赵村	全国民主法治示范村	司法部、民政部	2018.7
盐城南洋机场有限责任公司"蓝天金盾"班组	2016—2017年度全国民航"安康杯"竞赛优胜班组	中国民航局	2018.7
江苏医药职业学院	2018年"挑战杯——彩虹人生"全国职业学校创新创效创业大赛特等奖	共青团中央、教育部、人力资源和社会保障部、中国科协、全国学联	2018.8
盐城工业职业技术学院	2018年"挑战杯——彩虹人生"全国职业学校创新创效创业大赛特等奖	共青团中央、教育部、人力资源和社会保障部、中国科协、全国学联	2018.8
盐城生物工程高等职业技术学校	2018年"挑战杯——彩虹人生"全国职业学校创新创效创业大赛特等奖	共青团中央、教育部、人力资源和社会保障部、中国科协、全国学联	2018.8
江苏省东台中等专业学校	2018年"挑战杯——彩虹人生"全国职业学校创新创效创业大赛二等奖	共青团中央、教育部、人力资源和社会保障部、中国科协、全国学联	2018.8
亭湖区人民检察院	全国检察机关第九次"双先"表彰集体一等功	最高人民检察院	2018.11
东台市弶港镇小学少先队大队	全国优秀少先队集体	共青团中央、教育部、全国少工委	2018.12
盐城经济技术开发区步凤镇人武部	江苏省军区基层武装工作先进单位	江苏省军区	2018.1
盐城经济技术开发区消防大队	党的十九大消防安保工作先进大队	江苏省消防总队	2018.1
盐城经济技术开发区	全省信访工作"三无"县(市、区)	江苏省信访局	2018.2
盐城分行贸易金融部	江苏省五一巾帼标兵岗	江苏省总工会	2018.3

续表附-65

单位名称	荣誉名称	授奖单位	授奖时间
盐城经济技术开发区工会	江苏省模范职工之家	江苏省总工会	2018.4
大丰区人民检察院侦查监督科	江苏省工人先锋号	江苏省总工会	2018.4
盐城南洋机场有限责任公司团委	2017年度江苏省五四红旗团委	共青团江苏省委	2018.4
盐城市人民检察院团支部	江苏省五四红旗团支部	共青团江苏省委	2018.5
东台市人民检察院团支部	江苏省五四红旗团支部	共青团江苏省委	2018.5
盐城南洋机场有限责任公司	2016—2017年度民航华东地区“安康杯”竞赛组织工作优秀单位	民航华东局	2018.5
盐城南洋机场有限责任公司机务工匠班组	2016—2017年度民航华东地区“安康杯”竞赛优胜班组	民航华东局	2018.5
东台市青年志愿者协会	2018年江苏青年志愿者服务春运“暖冬行动”先进集体	共青团江苏省委、江苏省经信委、江苏省公安厅、江苏省交通运输厅	2018.5
大丰区公安局交通警察大队城区一中队志愿服务队	2018年江苏青年志愿者服务春运“暖冬行动”先进集体	共青团江苏省委、江苏省经信委、江苏省公安厅、江苏省交通运输厅	2018.5
盐城师范学院文学院青年志愿者协会	2018年江苏青年志愿者服务春运“暖冬行动”先进集体	共青团江苏省委、江苏省经信委、江苏省公安厅、江苏省交通运输厅	2018.5
盐城交通控股志愿服务队	2018年江苏青年志愿者服务春运“暖冬行动”先进集体	共青团江苏省委、江苏省经信委、江苏省公安厅、江苏省交通运输厅	2018.5
盐城经济技术开发区新城街道	2017年度全省基层党员冬训工作示范街道	江苏省委组织部、江苏省委宣传部	2018.6
东台市蓝天救援队	优秀七彩志愿服务团队	共青团江苏省委、江苏省志愿者协会	2018.6
亭湖区仁禾中衡志愿者服务队	优秀七彩志愿服务团队	共青团江苏省委、江苏省志愿者协会	2018.6
江苏医药职业学院预防保健协会	优秀七彩志愿服务团队	共青团江苏省委、江苏省志愿者协会	2018.6
盐城工业职业技术学院青年志愿者服务队	优秀七彩志愿服务团队	共青团江苏省委、江苏省志愿者协会	2018.6
盐城市滨海县坎北街道响坎村	优秀七彩结对社区	共青团江苏省委、江苏省志愿者协会	2018.6
盐城市亭湖区五星村	优秀七彩结对社区	共青团江苏省委、江苏省志愿者协会	2018.6
盐城市盐都区刘朋社区	优秀七彩结对社区	共青团江苏省委、江苏省志愿者协会	2018.6
共青团盐城市委	七彩志愿服务组织奖	共青团江苏省委、江苏省志愿者协会	2018.6
盐城市少工委	首届江苏省红领巾“创未来”创新创意创造征集展示活动“优秀组织奖”	江苏省少工委办公室	2018.6
共青团盐城市委	江苏省职业学校创新创效创业大赛优秀组织奖	共青团江苏省委、江苏省教育厅、江苏省人力资源和社会保障厅、江苏省科协、江苏省学联	2018.7
江苏医药职业学院团委	江苏省职业学校创新创效创业大赛优秀组织奖	共青团江苏省委、江苏省教育厅、江苏省人力资源和社会保障厅、江苏省科协、江苏省学联	2018.7
江苏东台中等专业学校团委	江苏省职业学校创新创效创业大赛优秀组织奖	共青团江苏省委、江苏省教育厅、江苏省人力资源和社会保障厅、江苏省科协、江苏省学联	2018.7
射阳县团史教育馆	江苏省团史主体宣传阵地	共青团江苏省委	2018.9
共青团盐城市委	全省团属报刊宣传“2018年度先进单位”	共青团江苏省委	2018.9

续表附-65

单位名称	荣誉名称	授奖单位	授奖时间
盐城新能源汽车及汽车零部件产业园	省级孵化器	江苏省科学技术厅	2018.9
盐城经济技术开发区步凤镇全民创业园	省级孵化器	江苏省科学技术厅	2018.9
共青团盐城市委	江苏省“青年大学习”诵读《梁家河》活动优秀组织单位	共青团江苏省委	2018.10
江苏悦达集团有限公司	为改革开放作出突出贡献的先进集体	中共江苏省委、江苏省人民政府	2018.12
盐城市公安局指挥中心	社会治安综合治理先进集体	中共江苏省委、江苏省人民政府	2018.12
盐城市信访局	2015—2018年全省社会治安综合治理先进集体	中共江苏省委、江苏省人民政府	2018.12
盐城经济技术开发区综治办	2015—2018年度社会治安综合治理先进集体	中共江苏省委、江苏省人民政府	2018.12
东台市人民检察院	全省检察机关第七次“双先”表彰先进集体	江苏省人民检察院、江苏省人力资源和社会保障厅	2018.12
盐都区人民检察院	全省检察机关第七次“双先”表彰先进集体	江苏省人民检察院、江苏省人力资源和社会保障厅	2018.12
盐城经济技术开发区新城街道南舍村	江苏省和谐社区建设示范社区(村)	江苏省民政厅	2018.12
盐城经济技术开发区新城街道三星社区	江苏省和谐社区建设示范社区(村)	江苏省民政厅	2018.12
盐城经济技术开发区新城街道新林社区	江苏省和谐社区建设示范社区(村)	江苏省民政厅	2018.12
盐城经济技术开发区韩资工业园	省级和谐劳动关系创建示范园区	江苏省协调劳动关系三方委员会	2018.12

二、综合考评

2018年,在年度目标绩效考核中,全市多个部门、单位和个人被评为年度先进。

综合先进和优秀

(一)县(市、区)

一等奖:东台市　盐都区　射阳县　建湖县

二等奖:亭湖区　滨海县　响水县

三等奖:阜宁县　城南新区

(二)市级机关部门(单位)

市财政局　市发改委　市国资委　市经信委

市商务局(贸促会)　市农委　市统计局

市交通运输局(铁路办)　市城建局(市地震局)

市水利局　市规划局　市公安局　市工商局

市中级人民法院　市检察院　市信访局　市人社局

市住房公积金管理中心　市卫计委

市政务服务管理办公室　市妇联　市编办

市级机关工委　市委党校(行政学院)　市总工会

盐城广播电视总台　市国土局　市审计局

国家税务总局盐城市税务局

国家统计局盐城调查队　人民银行盐城市中心支行

盐城海关　盐城供电公司　市公安消防支队

交通银行盐城分行　江苏银行盐城分行

中国银行盐城分行　建设银行盐城分行

农业银行盐城分行　民生银行盐城分行

工商银行盐城分行　人保财险盐城市分公司

平安人寿盐城中支　太保产险盐城中支

平安产险盐城中支　中国人寿盐城市分公司

太保寿险盐城中支　悦达集团　城投集团

国投集团(国能公司)　市铁投公司

单项奖

(一)县(市、区)

1.经济发展高质量单项奖(招商引资和项目推进工作)

盐都区　响水县　滨海县

2.改革开放高质量单项奖(开放型经济建设工作)

大丰区　东台市　盐城经济技术开发区

3.城乡建设高质量单项奖(棚户区改造和农民群众住房条件改善工作)

亭湖区　阜宁县　城南新区

4.文化建设高质量单项奖(文明创建工作)

东台市　大丰区　盐都区

5.生态环境高质量单项奖(水环境质量改善工作)

射阳县　阜宁县　建湖县

6.人民生活高质量单项奖(富民增收工作)

亭湖区　城南新区　盐城经济技术开发区

(二)市级机关部门(单位)

1.宝武精品钢生产基地项目服务单项奖

滨海港工业园区管委会(滨海新区)　市发改委　市经信委

2.新水源地及跨区域引水工程建设单项奖

市城建局　市财政局　市审计局

3.生态林工程建设单项奖

市林业与园林局　市交通运输局　市城建局

4.盐青铁路工程建设单项奖

市交通运输局　市铁投公司　市国土局

综合先进个人

(一)县(市、区)

刘　宇　王晓峰　叶　俊　夏海燕　严加康　吴金仲　孙育军　郑　政　张志艳　高　淦　张者森　乔干群　王海兵　杨兴远　刘　燕　于木村　邱军华　于正权　杨正卫　戴　勇　曹海军　徐拥军　张　磊　梁建兵　胡宾生　刘成军　魏佳兵　孙　勇　桑　胜　时宽义　潘　伟　袁　宏　邓颖峰　吕文斌　陈春平　曹志伟　蔡强胜　许洪华　吴一凡　程　红　丁长海　张　梅　秦峻亚　傅步霞　严桂花　付　阳　朱　花　季新凯　刘德隆　杨春光　彭广林

(二)市级机关部门(单位)

俞　亮　刘海峰　刘中明　夏斯馨　朱　陈　谷清华　陈　雯　孙德军　王　会　朱　芳　周庆干　薛海明　吴晓雪　许仁德　吴汇文　郑岁寒　接道新　陈　锋　丁小虎　朱建奇　邹苏豫　朱高峰　吴旭东　韩咏生　王卫东　邵如江　接燕萍　唐晓军　陶振华　苏　峰　陈金荣　黄红香　吴桂高　花德政　郑　荣　程　蓉　刘永珍　王海涛　高旭芹　陈俊刚　张英虎　张仁勇　孙　敏　陈光亚　卢俊杰　朱晓春　王树林　俞仁元　桂玉燕

出版书目

2018年全市部分出版书目一览表

表附-66

序号	书　名	编著者	出版单位	出版时间
1	《古井》	郭苏华	《短篇小说》杂志社	2018.1
2	《大河之蜕》	王立辉	南京大学出版社	2018.1
3	《文学语言变革与中国文学文体的现代转型》	王佳琴	中国社会科学出版社	2018.1
4	《蝮蛇行动》	徐向林	中国城市出版社	2018.3
5	《盐韵》	赵永生	江苏人民出版社	2018.3
6	《楝书花开》	郭苏华	江苏人民出版社	2018.3
7	《旧时光》	高　承	江苏人民出版社	2018.5
8	《在缝隙里明媚生长》	颜巧霞	中国社会出版社	2018.5
9	《麋鹿的传说》	刘立云	河海大学出版社	2018.5
10	《人间有味是清欢:苏东坡的诗词人生》	吕远洋	江苏凤凰文艺出版社	2018.5
11	《蔷薇河》	李有干	江苏凤凰少儿出版社	2018.6
12	《浮生六记》(译)	刘莹莹	北方联合出版传媒(集团)股份有限公司万卷出版公司	2018.6
13	《历史的风尚·明朝》	黄　欣	中国质检出版社	2018.7
14	《建湖年鉴(2018)》	建湖县地方志办公室	方志出版社	2018.7
15	《盐城统计年鉴(2018)》	盐城市统计局 国家统计局盐城调查队	中国统计出版社	2018.8
16	《荠菜花开》	宋本竞	江苏人民出版社	2018.8

续表附-66

序号	书　名	编著者	出版单位	出版时间
17	《与燕共舞》	殷　毅	江苏人民出版社	2018.8
18	《盐城年鉴(2018)》	盐城市地方志办公室	方志出版社	2018.9
19	《淮剧艺术丛书》	陆连仑	中国戏剧出版社	2018.10
20	《响水年鉴(2018)》	响水县地方志办公室	线装书局	2018.10
21	《经营自己,才能成就更好的自己》	胥加山	百花洲文艺出版社	2018.10
22	《生命的荣光:朱务平烈士传》	吴万群	江苏凤凰文艺出版社	2018.10
23	《字花·尘烟》	张　锐	江苏人民出版社	2018.11
24	《凝望岁月》	姜建国　姜沁汐	江苏人民出版社	2018.11
25	《文史亭湖(2018卷)》	亭湖区政协学习文史委员会	江苏人民出版社	2018.11
26	《盐城赋(续)》	许正和	江苏人民出版社	2018.11
27	《东台年鉴(2018)》	东台市地方志办公室	江苏人民出版社	2018.11
28	《阜宁年鉴(2018)》	阜宁县地方志办公室	江苏人民出版社	2018.11
29	《射阳年鉴(2018)》	射阳县地方志办公室	江苏人民出版社	2018.11
30	《盐都年鉴(2018)》	盐都年鉴编纂委员会	方志出版社	2018.11
31	《亭湖年鉴(2018)》	亭湖区地方志办公室	江苏人民出版社	2018.11
32	《大丰年鉴(2018)》	大丰区地方志办公室	中州古籍出版社	2018.12
33	《滨海年鉴(2018)》	滨海县地方志办公室	江苏人民出版社	2018.12
34	《我的大学》	陆德宇	江苏凤凰文艺出版社	2018.12
35	《走进金田》	丁年庆	江苏人民出版社	2018.12
36	《你若爱,生活哪里都可爱》	陆可爱	四川民族出版社	2018.12
37	《平原之魂》	韦江荷	四川民族出版社	2018.12
38	《响水文学四十年》	《响水文学四十年》丛书编委会	江苏人民出版社	2018.12

媒体报道

2018年,全市新闻宣传战线围绕学习宣传习近平新时代中国特色社会主义思想在盐城落地生根的生动实践,围绕提高新闻舆论的传播力、引导力、影响力、公信力,紧扣市委七届六次、七次全会精神,坚持以人民为中心,坚持围绕中心服务大局,坚持创优争先担当作为,加大与中央、省级以及境外媒体的合作力度,组织和宣传报道盐城坚持"两高"目标、"三市"战略、"两海两绿"路径的发展实践和突出成效,宣传报道各地各部门跨越发展、走在前列的经验做法,宣传报道基层群众中涌现出来的先进典型和感人事迹,激发全市上下奋进逐梦高质量发展的精气神。

盐城,一个让人打开心扉的地方!一年来,令人振奋的深刻变化、前所未有的蓬勃生机、幸福美好的发展前景,吸引人民日报社、新华社、中央广播电视总台等媒体记者纷纷采访报道。《人民日报》头版刊发《盐城:千里海疆植绿不止》,点赞盐城绿色发展的经验做法;新华社《"两海两绿":盐城高质量发展新路径》阅读量超77万人次;央视《中国舆论场》推出盐城专题节目,直播互动超16万人次。见诸报纸、荧屏、电波以及新媒体的忠实记录,定格盐城广大干群凝心聚力共同建设美好家园的身影,记载盐城在全面建成小康社会的道路上迈出的坚实步伐。

据不完全统计,2018年盐城在《人民日报》单发稿件25篇,央视《新闻联播》用稿37条,《新华日报》头版用稿40篇,江苏卫视《江苏新时空》栏目用稿277条。

2018年主流媒体报道盐城·报纸宣传一览表

表附-67

媒体名称	新闻标题
《人民日报》	筑牢生态屏障　振兴绿色产业　盐城千里海疆植绿不止
《人民日报》	打造东部沿海“塞罕坝”
《人民日报》	企业上“云”提升发展质量
《人民日报》	提升行政运行效能
《人民日报》	护航发展大局　聚焦民生热点　保障民生要常态化
《人民日报》	让创业者想回家愿回家
《人民日报》	江苏盐城建立“人大代表之家”和“人大代表联络站”
《人民日报》	江苏盐城市纪委监委举办“纪检监察开放日”活动
《人民日报》	盐城推进社会治安防控体系建设　让群众感受平安就在身边
《人民日报》	江苏盐城:社区强警务　平安“压舱石”
《人民日报》	揭开“世界华人联合会”真相
《人民日报》	“怕死,我就不当缉毒警察”
《人民日报》	退休教师义务助学十一年　李余礼让留守儿童快乐学习
《人民日报》	放弃大城市工作的鲁曼夫妇——养殖养出名堂　致富不忘老乡
《人民日报》	江苏响水:种菜靠技术　致富有支部
《人民日报》	滨海大数据平台助脱贫
《人民日报》	江苏大丰多措并举稳增长
《人民日报》	江苏盐城城南新区着力建设“空中开发区”
《人民日报》	“含绿量”大了　“含金量”增了
《人民日报》	走村入户访民情　排忧解难惠民生
《人民日报》	江苏盐城亭湖区纪检监察部门助力治污攻坚战
《人民日报》	第七届盐城环保产业博览会举行　用创新推动环保产业发展
《人民日报》	东台黄海森林公园体验春日的光影
《人民日报》	淮剧《送你过江》　宏大主题从“小”说起
《人民日报》	盐城国际象棋大师巅峰赛　中国棋手韦奕加赛快棋获胜
《人民日报》	地方国企混改探路研讨会召开
《人民日报海外版》	鹤舞盐城湿地
《人民日报海外版》	麋鹿在江苏省大丰麋鹿保护区
《人民日报海外版》	黄海森林公园
《人民日报海外版》	收割机在江苏省盐城市稻田晨收割
《人民日报海外版》	快去九龙口
《人民日报海外版》	相看两不厌　唯有故乡菊
《人民日报海外版》	江苏台农园兰花幽香飘
《人民日报海外版》	实战训练为打赢
《新华每日电讯》	江苏盐城:向海而生摸索新路
《新华每日电讯》	里下河的千年“人水传奇”
《新华每日电讯》	青岛至盐城铁路开通　三地结束不通动车历史

续表附-67

媒体名称	新闻标题
《新华每日电讯》	助乡村振兴的这朵“花”名扬海内外
《新华每日电讯》	顾正红:在五卅运动中永生
《光明日报》	江苏:种下道德种子　收获满园芬芳
《光明日报》	戏曲现代戏创作与“盐城现象”
《光明日报》	江苏盐城建设治安防控体系“四个一工程”
《经济日报》	红旗村增收的秘密
《经济日报》	“风光产业”加速智能转型
《经济日报》	江苏滨海壮大临港产业　打造沿海经济增长新引擎
《经济日报》	陈中柱:一掷头颅救万夫
《新华日报》	盐城:砥砺实干　锚定苏北苏中前列
《新华日报》	盐城奋力走在苏北苏中前列
《新华日报》	盐城涵养文明　心田之上“种”春风
《新华日报》	盐城:让乡土人才破“土”而出
《新华日报》	盐城:种下“青山”换“金山”
《新华日报》	黄海湿地　答好“申遗”这道考题
《新华日报》	湖滨农家乐　北鹭又归来
《新华日报》	盐城新水源地83公里引水主线今通水
《新华日报》	勇于担当　以造福人民为最大政绩
《新华日报》	向海而兴　奋楫争先
《新华日报》	沿海崛起　绿色跨越　推动高质量发展走在苏北苏中前列
《新华日报》	融接上海　盐城发展迈向高质量
《新华日报》	聚绿汇智　描绘产业发展新蓝图
《新华日报》	精神高地　涵养文明之城精气神
《新华日报》	绿色跨越　争当生态建设“绿先锋”
《新华日报》	乡村振兴　秀美田园铺展新画卷
《新华日报》	湿地之都　大美盐城
《新华日报》	九霄尽遨游　五洲任驰骋
《新华日报》	新水源　盐城写在大地上的惠民答案
《新华日报》	盐城:构筑高铁“一张网”　通达百姓“幸福路”
《新华日报》	盐城旅游:让生态红利福泽全域
《新华日报》	盐城:精心守护生态底色筑牢高质量发展生命线
《新华日报》	碧水靓飘城　生态美如画
《新华日报》	响水:弯道超车驶向高质量之路
《新华日报》	响水高效农业再刮“头脑风暴”
《新华日报》	滨海加快集聚高质量发展新动能
《新华日报》	滨海以开明开放促沿海开发
《新华日报》	阜宁破解因病返贫之困　健康扶贫扶起美好生活新希望
《新华日报》	阜宁新农村迎来“新乡土时代”

续表附-67

媒体名称	新闻标题
《新华日报》	射阳：对标“五好”推动乡村振兴
《新华日报》	射阳：“统”出活力赋能乡村振兴
《新华日报》	建湖：乡村聚人气　产业添活力
《新华日报》	建湖启动自然村庄整村改造试点
《新华日报》	东台：创新转型支撑高质量发展
《新华日报》	东台争做融入长三角排头兵
《新华日报》	大丰打造高质量全域旅游目的地
《新华日报》	做强旅游做优生态成为大丰不二选择
《新华日报》	盐都：智能终端产业园成经济新地标
《新华日报》	盐都抢占智能终端产业风口
《新华日报》	亭湖：高质量发展“含金”又含“绿”
《新华日报》	亭湖：把监督哨设在群众身边
《新华日报》	第一届中韩产业园合作交流会在盐城开幕
《新华日报》	盐城城南新区产城相融智慧发展既要加速度更要吸引力
《人民政协报》	把群众的小事实事作为履职的大事
《人民政协报》	将满满正能量持续传递到人民群众中间
《人民政协报》	为乡村振兴献策
《中国纪检监察报》	江苏盐城精准监督推动问题整改到位
《中国纪检监察报》	江苏盐城监督环环相扣　促巡察成果颗粒归仓
《中国纪检监察报》	“正风肃纪镇村行”　剑指“微腐败”
《中国纪检监察报》	江苏盐城到发案单位开展警示教育
《中国组织人事报》	创新有所需　盐城有所应
《组织人事报》	江苏盐城市：建立“统一活动日”制度　探索基层党建新模式
《法制日报》	提供中国平安方案“走出去”成熟样本
《法制日报》	盐城智慧警务引领高质量平安建设
《人民公安报》	盐城“四个一工程”夯实平安根基
《人民公安报》	盐城：梳网清格　社会治理从最小单元入手
《人民公安报》	盐城：以交通“善治”提升民生“温度”
《人民公安报》	盐城沿海大通道如何“转危为安”
《人民法院报》	滨海“赋能”给每一位代表委员
《检察日报》	盐城亭湖：利用破坏性程序骗取外卖平台首单优惠
《农民日报》	阜宁：重建中蹚出振新兴路
《农民日报》	县域经济创新发展的“东台辩证观”
《农民日报》	江苏大丰：丰收在握喜开颜
《农民日报》	江苏省盐城市盐都区创新开展信息进村入户工程纪实
《中国县域经济报》	江苏滨海提升发展“绿含量”
《中国县域经济报》	江苏建湖振兴乡村全面演进
《中国县域经济》报	江苏省盐城市亭湖区交出暖心民生答卷

续表附-67

媒体名称	新闻标题
《中国青年报》	盐城团组织:地方发展军功章有青年一份
《中国青年报》	盐城团组织:青年创意市集助乡村振兴
《中国妇女报》	江苏盐城“绿色庭院贷” 藏“绿”基层 藏富于民
《中国妇女报》	江苏盐城妇联创新开展妇女先进典型评选
《中国教育报》	聚焦江苏盐城师范学院品质化建设之路
《中国财经报》	江苏射阳“ABC”评标新办法屏蔽围标串标
《中国劳动保障报》	“招工引匠”鼓声急 “民众置业”春潮涌
《中国劳动保障报》	打造“五零”服务 群众少跑腿办事快
《中国劳动保障报》	让企业不失“面子” 劳动者不丢“里子”
《中国自然资源报》	江苏盐城:“亩产英雄榜”倒逼园区节地
《中国自然资源报》	江苏盐城打造不动产登记学习型窗口
《中国环境报》	射阳推行环保网格化寻访采报制
《中国环境报》	魅力亭湖描绘绿色发展最美底色
《健康报》	江苏阜宁:不让“病根”变“穷根”
《中国旅游报》	花海缤纷全域绽放
《中国旅游报》	江苏射阳美食旅游的开发策略
《中国信息报》	适应改革新时代 谋划统计新思路
《粮油市场报》	盐城:多元收购行合力 优质优价惠粮农
《粮油市场报》	盐城40多种大米产品“香飘”春城昆明
《中国邮政快递报》	智能信包箱建设盐城经验出炉记
《中华读书报》	李有干为儿童文学写作延续现实主义精神一脉
《中国海洋报》	盐城:潮平岸阔风正劲
《中国海洋报》	东台:海岸森林湿地生态美
《中国农村信用合作报》	8亿余元贷款支持春耕生产
《中国人口报》	大丰区:“有偿服务”带动“自主签约”
《中国人口报》	东台市:分级诊疗有“智慧”
《中国社会报》	盐城市全面做好困境儿童关爱保障
《中国社会报》	这里老人的幸福指数为啥越来越高
《中国社会报》	从“群众知道你不知道”到“群众知道我更明了”
《中国审计报》	盐城市将稳评费用纳入部门年度财政预算
《中国食品安全报》	致力食品药品安全 共创健康美好生活
《中国水运报》	大丰港向绿色低碳迈进
《中国医药报》	盐城市严把网络“年货节”食药安全
《中国文化报》	雕塑文化进小学
《中国文化报》	盐城:村级宣传文化管理员接地气有热情
《人民与权力》	重抓学习调研和落实开创盐城人大新局面
《江苏政协》	坚持陆海统筹 打造盐城沿海发展新优势
《党建研究》	梨花满山园 朝霞映海天

续表附-67

媒体名称	新闻标题
《现代领导》	奏响深化党建制度改革最强音
《中国共青团》	“我们身边的好青年”:打造青年身边的青春榜样
《中国房地产》	不忘初心　托起住房困难群体“安居梦”
《档案与建设》	把握新时代　学习新思想　实现档案工作的“三转变两突破”
《现代快报》	迁走8年　盐城大铜马又回“家”了
《现代快报》	男子追女友跑了8公里　求爱成功
《现代快报》	三千佳作聚盐城诗歌朗诵会
《现代快报》	盐城连云港通动车啦
《现代快报》	盐城市首届广场舞大赛总决赛收官
《现代快报》	女孩突发癫痫倒地　外卖大姐将手指放进她嘴里防咬舌
《扬子晚报》	青盐铁路今天正式开通动车
《扬子晚报》	宁盐高速走向图曝光,明年开工
《扬子晚报》	徐宿淮盐铁路新洋港斜拉桥顺利合龙
《扬子晚报》	大丰区:锁定经济高质量　绘就发展新篇章
《江苏法制报》	苏陕警务合作的“盐铜样板”
《江苏法制报》	盐城全力构筑反电信网络诈骗“防控网”
《江苏法制报》	盐城检查推进主责主业　夯实基层基础
《江苏教育报》	让“合适的教育”生动展开
《江苏教育报》	为内涵发展注入“红色动力”
《江苏教育报》	加速“盐粒子”结晶
《江苏工人报》	盐城市总等六部门联合举办大型市民文化节
《江苏工人报》	盐城强力推进劳模党支部“双创双提升”
《江苏金融报道》	新“飞地经济”助力长三角一体化迈向“高阶”
《繁荣》	省民协采风创作基地在建湖街揭牌

2018年主流媒体报道盐城·广电宣传一览表

表附-68

媒体名称	新闻标题
中央电视台《新闻联播》	扩大农产品进口　促进全球贸易增长
中央电视台《新闻联播》	顾正红:在五卅运动中永生
中央电视台《新闻联播》	两条铁路开行　八纵八横添新线
中央电视台《新闻联播》	2018中华龙舟大赛江苏盐城站开赛
中央电视台《新闻联播》	江苏:三权分置带来康居新貌
中央电视台《新闻联播》	盐城至南通高铁今天开工建设
中央电视台《焦点访谈》	藏粮于地　藏粮于技
中央电视台《焦点访谈》	新时代怎么干　灾后重建的契机
中央电视台《晚间新闻》	江苏盐城:新航站楼启用　助力长三角机场群发展
中央电视台《朝闻天下》	国内通航最大订单交付首批飞机

续表附-68

媒体名称	新闻标题
中央电视台《朝闻天下》	江苏盐城:新水源地及引水工程主线通水
中央电视台《朝闻天下》	江苏盐城:大批候鸟过境栖息　随后向北迁徙
中央电视台《朝闻天下》	梅花点缀河道　现“水韵梅花”景观
中央电视台《新闻直播间》	江苏盐城:数九寒天　麋鹿生活“衣食无忧”
中央电视台《中国舆论场》	揭秘会生长的城市:江苏盐城
中央电视台《中国新闻》	江苏:盐城至南通高铁今天开工
中央电视台《中国新闻》	青岛—盐城铁路今天开通运营
中央人民广播电台	江苏盐城:用爱心铸就文明城市的底色
中央人民广播电台	江苏盐城南洋国际机场T2航站楼正式对外运营
中央人民广播电台	江苏盐城至南通高铁开建　时速350　工期4年
中央人民广播电台	时隔九年　江苏盐城一见义勇为市民获褒扬
江苏卫视	盐城:绿色发展　向海而兴
江苏卫视	千里海疆植绿不止　盐城持续推进“一片林”工程
江苏卫视	盐城:高质高效推进重大项目建设
江苏卫视	旧貌变新颜　盐城“6·23”灾后重建两周年
江苏卫视	盐城200万市民喝上长江水
江苏卫视	聚焦优质制造　悦达:一辆车带动一座城
江苏卫视	盐城:司机保安爱心接力　常年帮助盲人就医
江苏卫视	盐城努力打造“海上三峡”　148亿新能源产业项目集中签约
江苏新闻广播	江苏各地特色博物馆不小心会惊艳到你!
江苏新闻广播	《食养中国》滨海首乌
江苏新闻广播	便民! 支付宝“刷”脸认证可查询个人住房公积金信息

2018年主流媒体报道盐城·网络宣传一览表

表附-69

媒体名称	新闻标题
人民网	盐城税务系统机构改革成效获点赞
人民网	江苏海上风电装机规模逾200万千瓦,占全国近七成
人民网	江苏盐城:引来长江水福泽千万家
人民网	盐城千里海疆植绿不止
人民网	盐城挖掘振兴乡村能工巧匠　让人才破“土”而出
新华网	2018上海·盐城宣传文化周在沪启动
新华网	冲关申遗,盐城营造湿地生态新样本
新华网	环保产业勾画“上扬曲线”科技动力　助推盐城绿色跨越
新华网	江苏盐城:村支书们有“三忙”
新华网	江苏盐城:向海而生摸索新路
新华网	盐城:基层组织迎来“最可爱的人”

续表附-69

媒体名称	新闻标题
中国新闻网	江苏盐城海上风电规模年底将150万千瓦　打造“海上三峡”
中国新闻网	江苏盐城跨区域引水工程收官500万人喝上长江水
中国新闻网	江苏盐城至南通高铁今天开工
中国新闻网	盐城将实施统一城乡居民医保制度　690万居民受益
中国新闻网	中韩盐城产业园举行投资说明会　打造中外高端合作新高地
中国江苏网	盐城申遗　彰显“独一无二”
中国江苏网	盐城盐碱地头年种稻实现“超高产”
中国江苏网	彰显优势　盐城着力打造上海“后花园”
中共江苏省委新闻网	浩荡江水润盐城　盐城新水源地83公里引水主线今通水
中共江苏省委新闻网	盲人患者给厚德盐城出了一道考题
中共江苏省委新闻网	盐城:“互联网+农业”为乡村振兴添活力
中共江苏省委新闻网	盐城:立足沿海谋崛起　奋力走在苏北苏中前列
中共江苏省委新闻网	盐城驶入“高铁时代”
中共江苏省委新闻网	盐城挖掘振兴乡村能工巧匠　让人才“破”土而出
光明网	以通报倒逼问题整改　盐城曝光21起典型案例
凤凰网	砥砺实干　锚定苏北苏中前列
新浪网	盐城涵养文明　心田之上“种”春风
腾讯网	盐城:高质量发展走在苏北苏中前列
网易	盐通高铁正式开建　未来盐城至上海只要1小时
搜狐网	智慧能源示范区专家指导委员会在江苏盐城成立

2018年主流媒体报道盐城·外向宣传一览表

表附-70

媒体名称	新闻标题
《荷兰日报》	Artikel Leidsch Dagblad Kleintje Pils
《欧洲时报》	盐城城南新区:打造都市经济集聚区
《侨报》	安丰古镇喜迎游客
《侨报》	中国东台:一座神奇生长的城市
《侨报》	滨海,10万吨级深水港引来464亿元投资
《俄罗斯龙报》	江苏东台:一座神奇生长的城市
香港《大公报》	滨海港提速发展　建能源产业基地
香港《大公报》	月亮湾海滨风情小镇露姿容
香港《大公报》	欧美征糖税　冷了蔗糖火了甜叶菊
香港《大公报》	新产业链助东台西瓜卖靓价

索　引

编　辑　许寅生

说　明

1.本索引采用主题分析法编制，按标引词第一字汉语拼音字母顺序排列，同音字按声调排列，音调相同按下一字的音序排列。

2.章、节标题用小5号黑体字标示，正文所作款目，全部用小5号宋体字标示。

3.标引词后的数字表示内容所在页码，数字后的字母a、b分别表示左、右两栏。

4.本索引编有附见系统和参见系统。附见款目放在主款目下行缩一字排；部分款目在索引中重复出现。

C

D

E

F

G

H

I

J

K

L

T

W

X

Y

Z

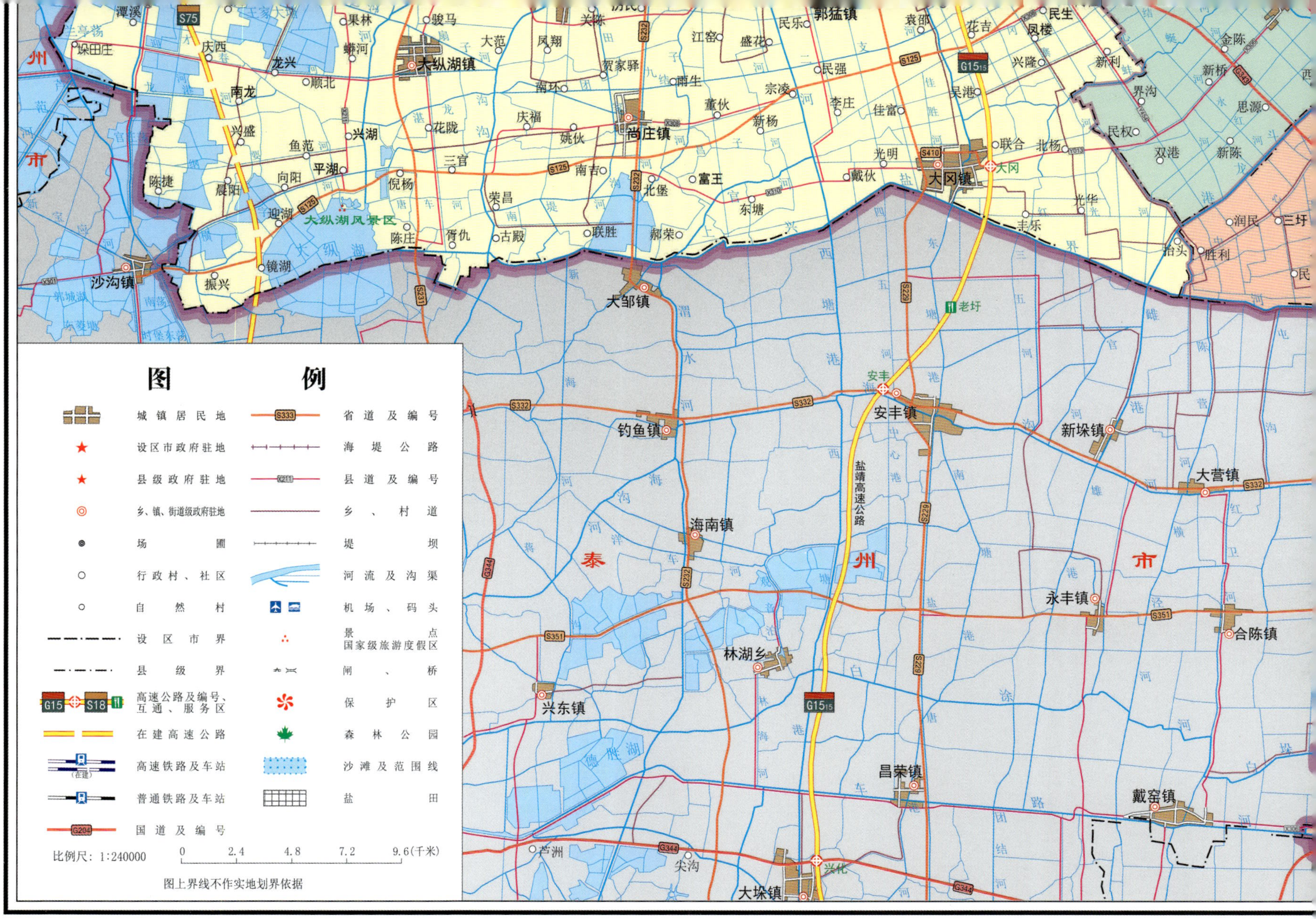

江苏省基础地理信息中心　编制　　盐城市自然资源和规划局　监制

盐城市地图

黄
海
盐
城
候
鸟
栖
息
地
翻身河口
淤黄河闸
废黄河口
干河
扁担港
二罾口
扁担河口
淮海农场
六垛
盐店
二垛
头厂
新东
金海
双洋闸
双洋河口
中五
团洼
华兴
双洋
运粮河闸
运粮河口
滨南
运粮
临海农场
竹节
射阳港
射阳港闸
S329
三角镇
南洋
海通镇
中尖
通兴
张网
射南
大尖
射阳县
合顺
运棉
大兴
黄沙港镇
新淤
东方
日新
新洋农场
射阳盐场
幸福
洋河
盐城国家级珍禽自然保护区
新灶
贺东
东港
新洋港闸
西潮河闸
潘东
兴垦
药材
滨海森林公园
新闸
兴农
洋马镇
裕丰
港中
盐城国家珍禽自然保护区
黄尖镇
涵洞
洋西
洋尖

审图号：苏J（2019）21号　　2019年11月印制

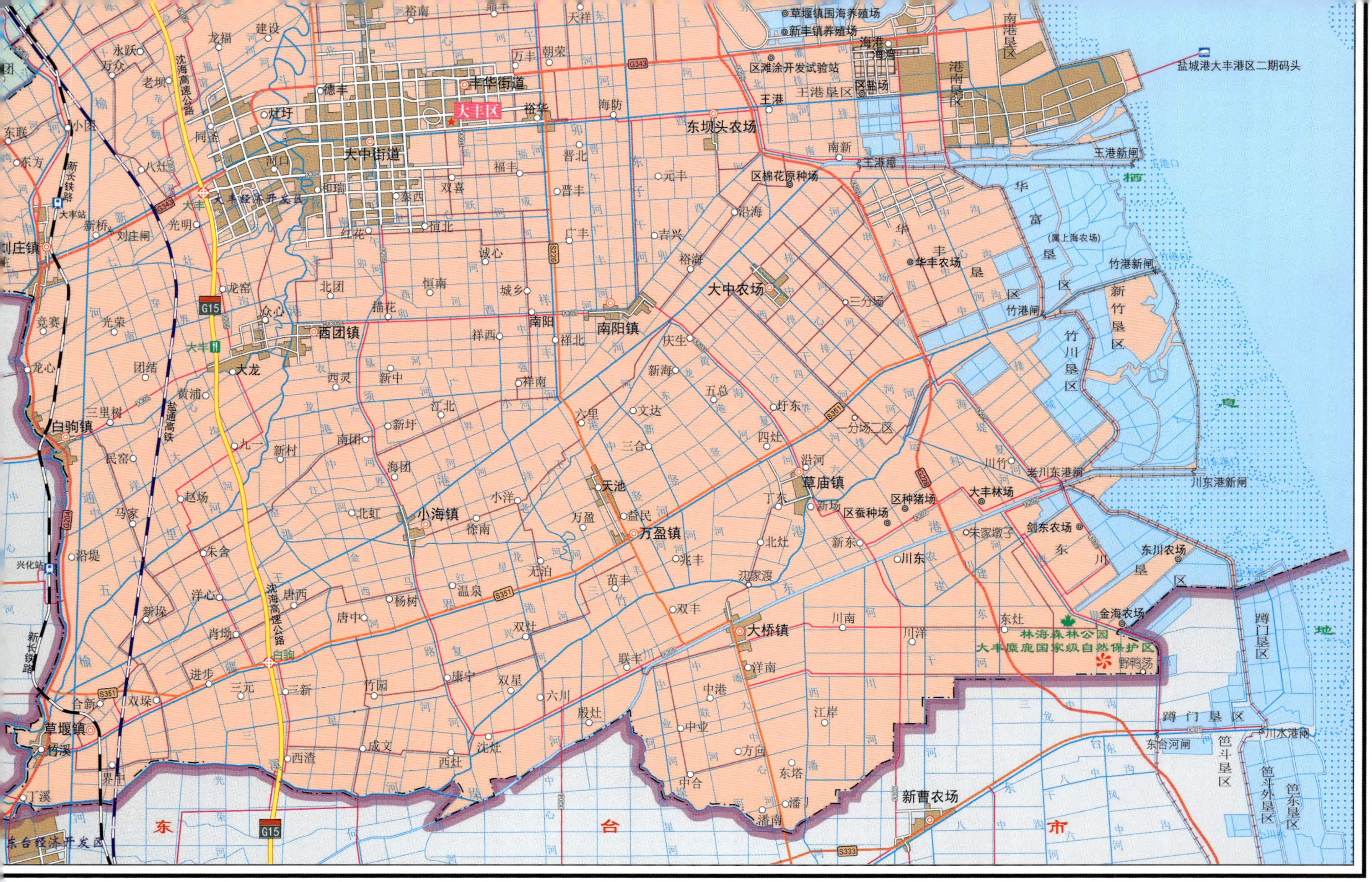

审图号：苏J（2019）23号　　2019年11月印刷

灌西盐场
圩丰镇
洋桥农场
同兴镇
四队镇
连
云
港
市
图河镇
杨集镇
堆沟港镇
灌东盐场
陈家港镇
新滩盐场
滨淮农场
双港镇
南河镇
田楼镇
响水县
响水镇
响水经济开发区
三口镇
黄海农场
大有镇
滨淮镇
八滩镇
滨海港镇
小尖镇
界牌镇
八巨镇
五套
运河镇
百禄镇
陈涛镇
坎北街道
东坎街道
滨海县
坎南街道
滨海经济开发区
新集镇
黄圩镇
淮
临海镇
五港镇
天场镇
蔡桥镇
五汛镇
石湖镇
通榆镇
唐集镇
东胡集镇
正红镇
四明镇
千秋镇
三灶镇
羊寨镇
郭墅镇
安
阜城街道
阜宁县
花园街道
阜宁经济开发区
吴滩街道
南集镇
陈集镇
新沟镇
金沙湖街道
芦蒲镇
海河镇
板湖镇
陈良镇
沟墩镇
苏嘴镇
新坍镇
兴桥镇
宝塔镇
古河镇
东沟镇
益林镇
复兴镇
市
罗桥镇
高作镇
钟庄街道
冈西镇
上冈镇
长荡镇
盘湾镇
射阳经济开发区
沈海高速公路

盐城市区图
宝塔镇
高作镇
钟庄街道
冈西镇
上冈镇
长荡镇
盘湾镇
特庸镇
建阳镇
建湖站
庆丰站
近湖街道
塘河街道
建湖县
庆丰镇
芦沟镇
颜单镇
沿河镇
新兴镇
南洋镇
新洋街道
东亭湖街道
亭湖区
张庄街道
先锋街道
文峰街道
五星街道
新河街道
黄海街道
盐城市
盐都区
盐渎街道
潘黄街道
新都街道
龙冈镇
盐龙街道
大冈镇
学富镇
楼王镇
秦南镇
伍佑街道
新城街道
便仓镇
盐城北站
盐城站
新长铁路
徐宿淮盐高铁
青盐铁路
盐洛高速公路
盐靖高速公路
盐城南洋机场
盐龙湖风景区
建湖经济开发区

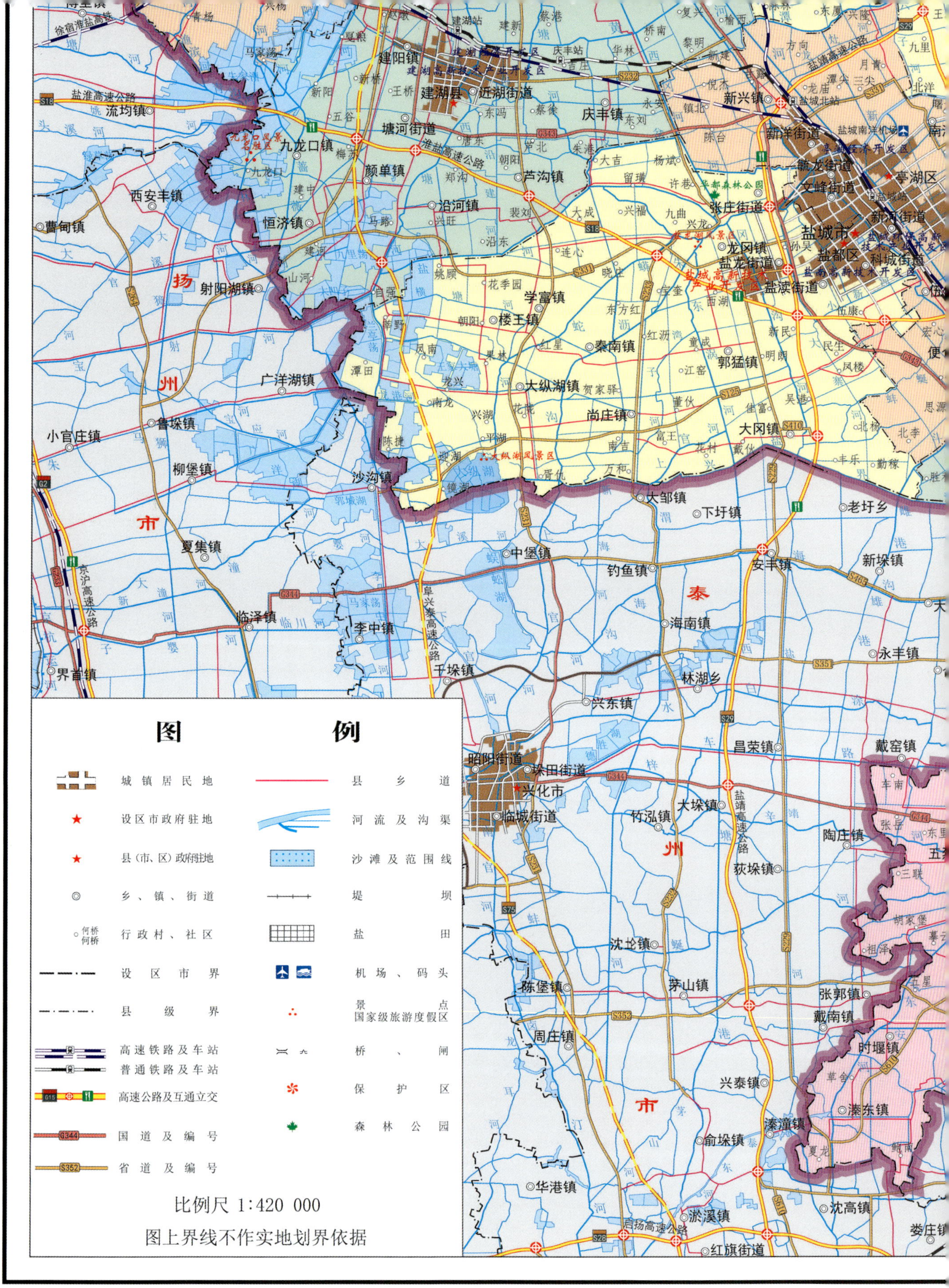

江苏省基础地理信息中心　编制　　盐城市自然资源和规划局　监制

黄
海
大丰港区
盐城港大丰港区一期码头
大丰港经济开发区
滨海森林公园
盐城国家珍禽自然保护区
金海岛垦区
定海农场
新洋港闸
新洋港
西潮河闸
兴农
新闸
涵洞村一组
望鹤
黄洋
堤西
五分场一队
四分场二队
洋马镇
黄尖
黄尖镇
学滩
涵洞
洋尖
花川
指南
新冲
吉家灣子
东南
中东
方强农场
市方强镇堤防管理所
兴垦闸
五孔闸
三里闸
下坝
斗龙垦区
斗南北垦区
开明
区粮棉良种场
斗龙
大丰闸
斗龙港闸
斗南芦苇公司
海北垦区
大丰麋苑
市苇鱼养殖场
卯龙垦区
李灶
盐东镇
生建
新建
庆丰
艳阳
桂英
洋桥口
和平
洋桥
丰富
久丰
斗龙
三龙镇
龙西
龙王庙
正洋
新民
坞港
曙阳
盐城环保高新技术产业开发区
引水
增产
新坍
前进
富强
农十五队
稻麦原种场
五丰
圩中
东团
美满
新洼
腰港
龙南
农十二队
丰余
海丰垦区
农十七队
农五队
三龙
长坍
方强
老墩
大明
红升
伍龙
步凤镇
齐贤
安龙
伍新
时丰
上海农场
四岔河
四卯酉闸
三总村十组
金西
金墩
群乐
紫园
板土
三总
仁北
农九队
三总村一组
兆顺
王姚
开发区
大丰北
全心村三组
仁南
五大队
南京农科院养殖场
盐洛高速公路
庆元
车滩
太兴
新丰镇
鼎丰村九组
海丰
四大队
袁坟
赤旗
沙港
同丰